KULTURHISTORISCHES
MUSEUM
MAGDEBURG

Sonderausstellung
unter der Schirmherrschaft
von Bundespräsident
Frank-Walter Steinmeier

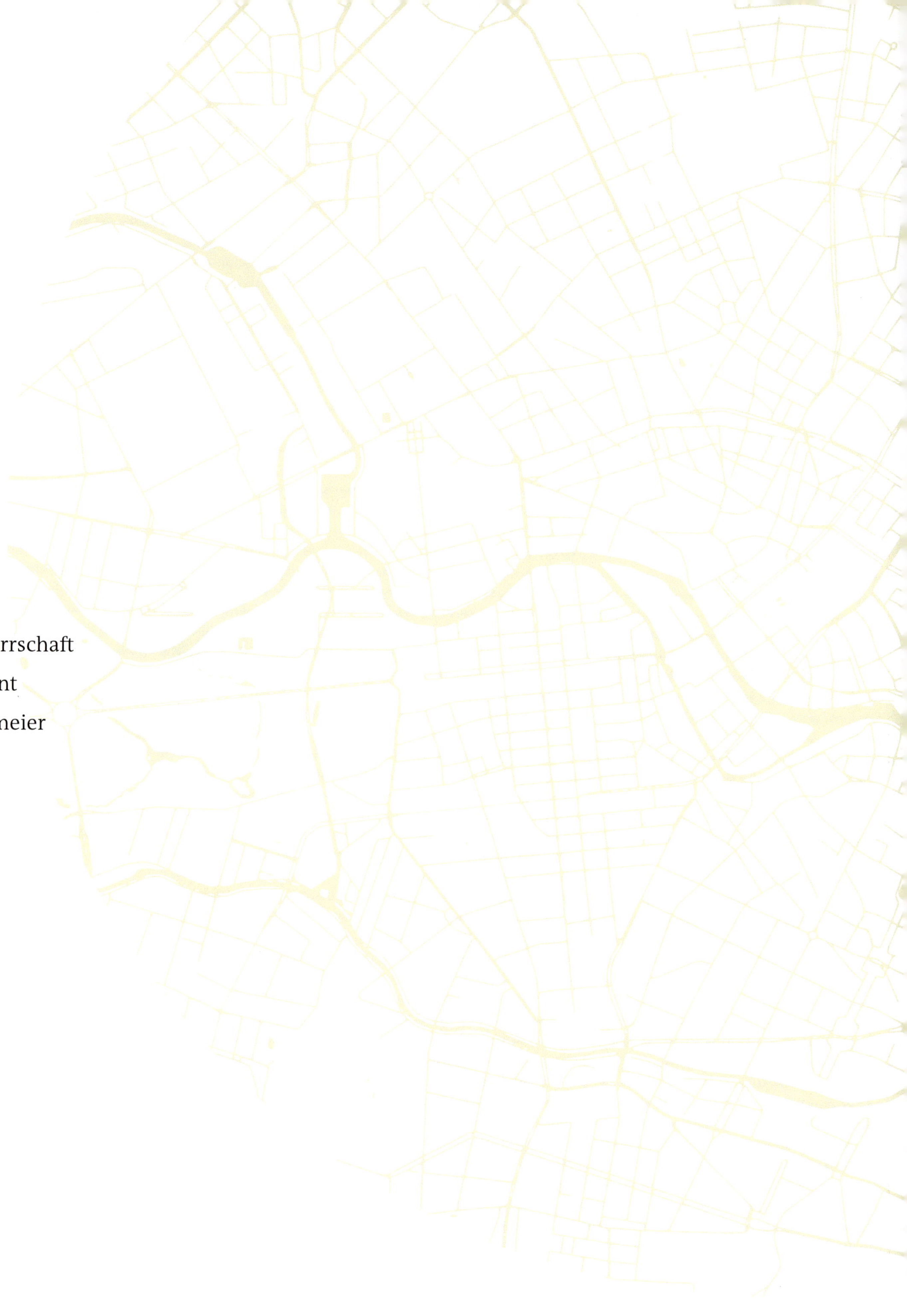

Faszination Stadt

Die Urbanisierung Europas im Mittelalter und das Magdeburger Recht

Herausgegeben von

Gabriele Köster · Christina Link

SANDSTEIN VERLAG

Träger und Partner

ottostadt magdeburg

ZMA ZENTRUM FÜR MITTELALTERAUSSTELLUNGEN

Sächsische Akademie der Wissenschaften zu Leipzig

Förderer

SACHSEN-ANHALT

Ostdeutsche Sparkassenstiftung gemeinsam mit der Stadtsparkasse Magdeburg

mit Hilfe des PS-Lotterie-Sparens

KULTUR STIFTUNG · DER LÄNDER

EvS ERNST VON SIEMENS KUNSTSTIFTUNG

Kloster Bergesche Stiftung

LOTTO Sachsen-Anhalt

INHALT

II. Die Sphären der Stadt

Gerichtsbarkeit und Rechtsprechung

Politik und Selbstverwaltung

Kirche und religiöses Leben

Handel und Wirtschaft

Auftritt des Bürgers

III. Netzwerke von Städten und Städtern

Epilog

Zur Rezeption des sächsisch-magdeburgischen Rechts

Anhang

Geleitwort

In diesen Monaten, gut 30 Jahre nach der Friedlichen Revolution und dem Fall der Berliner Mauer, wird uns erneut bewusst, welch großes Glück wir haben: Wir leben in einem Land, das Menschen- und Bürgerrechte garantiert. Wir alle wählen unsere politischen Vertreter selbst – frei, geheim und unmittelbar. Deutschland ist ein demokratischer und freiheitlicher Rechtsstaat – das ist unser großes Glück.

Der deutsche Weg zu Freiheit und Demokratie war beschwerlich und verschlungen. Es war kein gerader Weg, kein einfacher und auf ein vorbestimmtes Ziel zulaufender, sondern ein Weg mit Um- und Abwegen. Erst nach dem folgenreichsten dieser Abwege, nach der moralischen und materiellen Verheerung des »Dritten Reichs« und Jahrzehnten der Teilung unseres Landes und Europas, wurden Einigkeit und Recht und Freiheit zum Glück aller Deutschen.

Und doch kann man unser Land nicht denken ohne die weit verzweigten Wurzeln der Freiheitsbestrebungen, die über Jahrhunderte in die Vergangenheit zurückreichen. Wenn wir genau hinschauen, dann entdecken wir frühe Anfänge von Selbstbestimmung und Gewaltenteilung schon im Mittelalter: die alte Reichsverfassung etwa, die Freiheitsforderungen der deutschen Bauern oder den Stolz der Freien Städte.

»Stadtluft macht frei.« Den Satz kennen die meisten von uns. Er erzählt von diesen alten Wurzeln: Wer in die Stadt zieht, gewinnt Freiheit. Die Ausstellung »Faszination Stadt. Die Urbanisierung Europas im Mittelalter und das Magdeburger Recht« erinnert uns an diese alten Wurzeln. Spätestens im 14. Jahrhundert schuf das Magdeburger Recht, das sich weit in Mittel- und Osteuropa verbreitete, erste Ansätze für Rechtsgarantien, die heute in den Grundrechten der persönlichen Freiheit und körperlichen Unversehrtheit Niederschlag gefunden haben. Das Stadtrecht wiederum trennte die Rechtsprechung von der Gesetzgebung und schuf verlässliche Grundlagen für Wirtschaft und Handel.

Sehr gern habe ich deshalb die Schirmherrschaft über diese Ausstellung übernommen. Ich freue mich über diesen Beitrag des Kulturhistorischen Museums Magdeburg zur Erinnerung an unsere vielfältigen Traditionen von Freiheit und Rechtstaatlichkeit – und ich wünsche der Ausstellung viele interessierte Besucherinnen und Besucher.

Berlin, im Juli 2019
Der Bundespräsident · Frank-Walter Steinmeier

◄ Himmlisches und irdisches Gericht, um 1430 (Kat.-Nr. II.3)

Grußwort

»Modern denken« lautet das Motto, das sich das Land Sachsen-Anhalt im 100. Jubiläumsjahr des Bauhauses 2019 gegeben hat. Das Dessauer Bauhaus gehörte zur künstlerischen Avantgarde, es zeichnete sich durch Experimentierfreude, den Glauben an eine bessere Zukunft, Mut und Offenheit aus. Seine Ideen sind in unserem Bundesland weiterhin wirksam. Innovationen und fortschrittliches Denken sind aber kein Spezifikum eines bestimmten Jahrhunderts. Jede Epoche hat ihre eigene Modernität. Ein solches Modernitätsphänomen war der mittelalterliche Städteboom. Städtische Zentren und die Ausweitung urbanen Lebens im hohen und späten Mittelalter haben die Geschichte Europas stark beeinflusst. Auch vom Gebiet des heutigen Landes Sachsen-Anhalt gingen damals wichtige Impulse aus. Hier entstanden das Magdeburger Recht und der Sachsenspiegel.

Der Sachsenspiegel Eikes von Repgow ist das älteste Prosawerk in deutscher Sprache und bedeutendste deutsche Rechtsbuch des Mittelalters. Entstanden zwischen 1220 und 1235, ist der Sachsenspiegel ein beeindruckendes Zeugnis für die beginnende Vereinheitlichung der mittelniederdeutschen Schriftsprache. Gemeinsam mit dem Magdeburger Stadtrecht fand er große Beachtung und wurde umfassend rezipiert. Aufgrund der mittelalterlichen deutschen Siedlungs- und Kolonisationsbewegung verbreitete sich das sächsisch-magdeburgische Recht besonders schnell und nachhaltig in Osteuropa. Diese europäische Kulturleistung bindet Sachsen-Anhalt und die heutige Landeshauptstadt Magdeburg seit Jahrhunderten in europäische Bezüge ein und bietet ein tragfähiges und bis heute wirksames kulturgeschichtliches Fundament für ein friedvolles Zusammenleben und einen gedeihlichen Austausch in Europa.

Das ist nicht selbstverständlich. Denn das Magdeburger Recht und die sogenannte deutsche Ostsiedlung im Hochmittelalter wurden in der Zeit des Nationalsozialismus als Argumente für die Legitimierung einer aggressiven und zerstörerischen deutschen Ostpolitik und Ostexpansion missbraucht. Umso erfreulicher ist die Tatsache, dass das Magdeburger Recht heute wieder in vielen postsowjetischen Staaten Ostmitteleuropas als Wurzel kommunaler Selbstbestimmung und moderner Staatlichkeit bewusst wahrgenommen und seiner in einer lebendigen Geschichtskultur gedacht wird. Zahlreiche Denkmäler sowie die Benennung von Straßen und Plätzen erinnern an das Magdeburger Recht. Für dessen Wirkmächtigkeit spricht ebenso der hohe Anklang, den seit 2006 die Wanderausstellung »Sachsenspiegel und Magdeburger Recht – Grundlagen für Europa« der Landeszentrale für politische Bildung Sachsen-Anhalt erfährt. Sie wird wissenschaftlich begleitet von Prof. Dr. Heiner Lück, Lehrstuhlinhaber für Bürgerliches Recht, Europäische, Deutsche und Sächsische Rechtsgeschichte der Martin-Luther-Universität Halle-Wittenberg. Zu sehen war die Ausstellung bisher in Deutschland, Polen, der Ukraine und Weißrussland. Einmal mehr zeigt sich: Europas Zukunft liegt auch in seiner gemeinsamen Geschichte und seinen universellen Werten begründet. Wir bleiben aufgefordert, die Realität unseres historischen Erbes immer wieder neu zu entdecken und zurückzugewinnen.

Zunächst verbreitete sich das sächsisch-magdeburgische Recht in den historischen Landschaften des heutigen Sachsen-Anhalts. Erzbischof Wichmann von Magdeburg (amt. 1152/1154–1192) und seine Nachfolger, die Markgrafen von Brandenburg und die Fürsten von Anhalt, beförderten das Wachstum ihrer Städte und ihren wirtschaftlichen Aufschwung durch die Gewährung städtischer Rechte nach Magdeburger Vorbild. Das sächsisch-magdeburgische Recht ist daher ein zentrales Thema der Landesgeschichte Sachsen-Anhalts.

Diese faszinierenden Zusammenhänge, die Interdependenz von europäischer Urbanisierung und Magdeburger Recht, werden nun auf Grundlage neuester Forschungen in einer großen Ausstellung im Kulturhistorischen Museum Magdeburg thematisiert. In diesem Kontext ist ausdrücklich das Akademieprojekt »Das sächsisch-magdeburgische Recht als kulturelles Bindeglied der Rechtsordnungen Ost- und Mitteleuropas« zu nennen. Es läuft unter der Leitung von Prof. Dr. Heiner Lück und ist an der Sächsischen Akademie der Wissenschaften zu Leipzig, die für Sachsen, Sachsen-Anhalt und Thüringen zuständig ist, angebunden. Mittlerweile steht es kurz vor der Vollendung. Zusätzlich bereichern internationale Leihgaben aus Städten, Orten und Regionen, die einen Bezug zum sächsisch-magdeburgischen Recht haben, die anspruchsvolle Ausstellung.

Ebenso zu begrüßen ist, dass das vom Land Sachsen-Anhalt institutionell geförderte Zentrum für Mittelalterausstellungen zu dieser großen Sonderausstellung in bewährter Form ein Korrespondenzortprojekt konzipiert und koordiniert hat. Unter dem Motto »Stadt, Land, Recht. Unterwegs auf den Spuren des Magdeburger Rechts« wird das Thema in das Land hineingetragen und damit ein Kulturraum erschlossen, in welchem die Städte oft in hohem Maße ihr mittelalterliches Stadtbild bewahrt haben. Ich freue mich sehr, dass sich Salzwedel, Haldensleben, Halle (Saale), Burg, Stendal, Tangermünde, Zerbst, Aken (Elbe), Reppichau und Quedlinburg als Korrespondenzorte an der Ausstellung beteiligen und mit ihren Rathäusern, Rolanden, Märkten und Stadtmauern einen visuellen Bezug zur Ausstellung herstellen.

Das Land Sachsen-Anhalt hat all diese Vorhaben freudig und engagiert unterstützt. Ich wünsche der Ausstellung viel Erfolg und eine weit überregionale Wahrnehmung und Wertschätzung.

Ministerpräsident des Landes Sachsen-Anhalt
Reiner Haseloff

Grußwort

Seit jeher sind die Magdeburger Europäer. Einer der frühen Gestalter Europas, Kaiser Otto der Große (geb. 912, reg. 936–973), widmete dem Grenzort zu den Slawen an einem wichtigen Übergang über die Elbe besondere Aufmerksamkeit. Er gestaltete seine Lieblingsresidenz Magdeburg zur erzbischöflichen Metropole aus.

Die Erzbischöfe waren Protagonisten europäischer Politik. Sie vermittelten zwischen Kaiser und Reich, studierten in Paris und Bologna und agierten in Italien. Später wurde die Stadt an der Elbe zu einem transnationalen Bezugspunkt für zahlreiche Stadtgründungen in Mittel- und Osteuropa. Etwa 1 000 Städte bis über Kiew und Smolensk hinaus organisierten ihr Zusammenleben in einem Rahmen, der am Modellfall Magdeburg entwickelt worden war: dem Magdeburger Stadtrecht und den aus ihm hervorgegangenen Varianten. Wenn es Streit über seine Auslegung und Anwendung gab, wandten sie sich jahrhundertelang an den Magdeburger Schöffenstuhl als maßgebliche Instanz. Fernhändler und Reisende profitierten in besonderem Maß von dem Schutz des Magdeburger Rechts. So erstarkte in Magdeburg und andernorts die städtische Wirtschaftskraft und mit dieser das gesamte Gemeinwesen. Als wichtige Binnenstadt war die Handelsmetropole Magdeburg in das europäische Netzwerk der Hanse integriert.

Die europäische DNA der heutigen Landeshauptstadt von Sachsen-Anhalt hat den Stadtrat bereits 2011 bewogen, die Bewerbung Magdeburgs als Kulturhauptstadt Europas 2025 zu beschließen. Während der Laufzeit dieser Ausstellung werden wir die Bewerbungsunterlagen einreichen. Gemäß dem berühmt gewordenen Essaytitel des Philosophen Odo Marquard (1928–2015) »Zukunft braucht Herkunft« unterstützt die Landeshauptstadt Magdeburg ihr Kulturhistorisches Museum seit vielen Jahren ideell und finanziell bei der wissenschaftlichen Aufarbeitung und überregional wirksamen Präsentation der maßgeblichen Themen der Stadtgeschichte in europäischen Bezügen.

Mehr als 650 000 Besucherinnen und Besucher sind allein für die drei Ausstellungen des Europarats und die Landesausstellungen zu Otto dem Großen, Magdeburg und Europa (2001), dem Heiligen Römischen Reich (2006) und dem Rückbezug des ottonischen Kaisertums auf das Kaisertum der Antike, das byzantinische Kaisertum und das Karls des Großen (2012) oft von weit her nach Magdeburg gereist und haben mit ihrer Begeisterung nicht zuletzt auch das Selbstbewusstsein der Magdeburger Bürgerinnen und Bürger und den Stolz auf ihre Geschichte gestärkt.

Ich wünsche mir, dass ebenso die Ausstellung »Faszination Stadt. Die Urbanisierung Europas im Mittelalter und das Magdeburger Recht« eine derartige Wirksamkeit entfaltet und mit dieser Ausstellung der Beitrag der Städte an der kulturgeschichtlichen Fundierung Europas und der Bedeutung mittelalterlicher Stadtrechte als eine Wurzel moderner Staatlichkeit eine angemessene Würdigung erfährt.

Die bekannten Fakten belegen aber leider auch, dass das Magdeburger Recht und seine Verbreitung in der Zeit des Nationalsozialismus zur Legitimierung einer verbrecherischen Ostpolitik missbraucht wurden. In Magdeburg gab es in der damaligen Zeit dafür sogar ein »Institut« zur Erforschung des Magdeburger Rechts. Eine zeitgleiche Tafelausstellung widmet sich unter anderem diesem Thema. Umso mehr freue ich mich, dass heute die Sicht auf dieses europäische Kulturphänomen in den Staaten Ostmitteleuropas nicht länger von diesem Missbrauch verstellt ist, sondern das Magdeburger Recht in einer lebendigen Geschichtskultur als historische Wurzel kommunaler Selbstverwaltung und als Ausweis der Zugehörigkeit zu Europa verstanden wird. Die Sächsische Akademie der Wissenschaften hat in den vergangenen Jahren in großartiger Weise dazu beigetragen, ein umfassendes Bild über die Bedeutung des Magdeburger Stadtrechts für Europa zu schaffen. Zudem leisten viele Personen und Institutionen aus zwölf Staaten Ostmitteleuropas durch ihren wissenschaftlichen Rat und die Bereitstellung hochrangiger Leihgaben Beiträge zu dieser Ausstellung. Ausdrücklich begrüße ich, dass das Kulturhistorische Museum sich gemeinsam mit der Landeszentrale für politische Bildung und dem Zentrum für Mittelalterausstellungen der Kulturstiftung Kaiser Otto in einer Tafelausstellung dem schwierigen Thema der Rezeptionsgeschichte des Magdeburger Rechts stellt.

Einer der zentralen Begriffe der Ausstellung »Faszination Stadt. Die Urbanisierung Europas im Mittelalter und das Magdeburger Recht« ist der der Vielfalt: die Vielfalt der Wege des Transfers und der Rezeption des Magdeburger Stadtrechts ebenso wie die Vielfalt der Städte, die sich dieses Stadtrechts oder Teilen dessen bedienten.

Bereits seit 1985 würdigt die Europäische Union den Anteil der Städte an der kulturellen Vielfalt sowie an den Gemeinsamkeiten in Europa, indem sie jeweils für ein Jahr den Ehrentitel »Kulturhauptstadt Europas« verleiht. Mit Krakau (Polen) im Jahr 2000, Hermannstadt/Sibiu (Rumänien) 2007, Vilnius (Litauen) 2009, Pécs (Ungarn) 2010, Košice (Slowakei) 2013 und Breslau (Polen) 2016 wurden bereits einige Städte des Magdeburger Rechts mit diesem Titel gewürdigt. Ebenfalls könnten West-Berlin 1988 und Prag (Tschechische Republik) 2000, wo die Kleinseite Magdeburger Recht hatte, hinzugerechnet werden. Mit Kaunas (Litauen) wird 2022 eine weitere Stadt des Magdeburger Rechts folgen. Magdeburg würde sich glücklich schätzen, wenn es sich ab 2025 zu diesem illustren Kreis zählen darf. Die Stadt sieht sich bereit, auch im heutigen Europa einen individuellen Beitrag zur Vielfalt der Kultur und zum städtischen Leben zu leisten. Ich danke allen Beteiligten am Zustandekommen der Ausstellung und begrüße ihre Besucherinnen und Besucher von nah und fern sehr herzlich in der Landeshauptstadt!

Oberbürgermeister der Landeshauptstadt Magdeburg
Lutz Trümper

HER · IACOB
Mayland
Venedig
Inspruck
Ofen
Nüremberg
Antorff
Craca
Lisbona

Vorwort

»Faszination Stadt« handelt von der Anziehungskraft der ortsfesten und verdichteten Siedlung von Menschen und gleichzeitig von der Ausstrahlung, die diese in allen gesellschaftlichen Bereichen entfalten können. Doch das enge Zusammenleben führt auch zu einer Erhöhung des Konfliktpotenzials. Die in Recht gegossene soziale Ordnung und Frage nach der Freiheit des und der Einzelnen ist in Städten von offenkundiger Bedeutung. Dies gilt für alle historischen Epochen seit der »Erfindung« der Stadt und ganz besonders für uns heute im Zeitalter der Globalisierung und einer Weltbevölkerung von weit mehr als sieben Milliarden Menschen. Der Blick ins Mittelalter führt uns zu einem der entscheidenden Wendepunkte in der Geschichte der europäischen Stadt. Die in dieser Zeit erfolgte Entwicklung von Stadtgestalt und kommunaler Selbstverwaltung wirkt bis heute in der Organisation unserer Städte und in unserem Verständnis von Politik und Staat nach. Hier setzt unsere Ausstellung an.

Zu den großen europäischen Themen der Magdeburger Stadtgeschichte gehört ohne Frage das Magdeburger Recht und die Verbreitung dieses mittelalterlichen Stadtrechtes in über 1 000 Städten und Ortschaften auf dem Gebiet von elf heutigen Staaten in Ostmitteleuropa. Nachdem das Kulturhistorische Museum die drei Europarats- und Landesausstellungen »Otto der Große, Magdeburg und Europa« (2001), »Das Heilige Römische Reich Deutscher Nation« (in Kooperation mit dem Deutschen Historischen Museum 2006) und »Otto der Große und das Römische Reich« (2012) der Gestaltung Europas im 10. Jahrhundert und der Integration des heutigen Sachsen-Anhalt als Zentralregion in das mittelalterliche Reich gewidmet hat, ist es nun an der Zeit, diesem transnationalen Phänomen des Hoch- und Spätmittelalters eine kulturhistorische Großausstellung in internationaler Perspektive zu widmen und in dieser Grundlagen unserer europäischen Gegenwart und Zukunft in der Geschichte anschaulich zu machen.

Im 30. Jahr des Falls des »Eisernen Vorhangs«, der Europa für Jahrzehnte geteilt und den Blick auf verbindende Themen oft verstellt hat, sind die Voraussetzungen gegeben, eine derartige Unternehmung durchzuführen, die in beträchtlichem Umfang eine internationale Kooperation von Expertinnen und Experten unterschiedlicher Fachgebiete, Leihgebern und staatlichen Stellen erfordert. Das hohe Maß an Bekenntnis zu dem Thema und der Bereitschaft an diesem Projekt mitzuwirken, das wir von Anfang an erfahren haben, war und ist eine beglückende Erfahrung, für die wir sehr dankbar sind. An dem Machbarkeits-Workshop zu der Ausstellung, den wir im November 2016 durchgeführt haben, unserem wissenschaftlichen Beirat, der sich im Oktober 2017 konstituierte sowie der vorbereitenden wissenschaftlichen Tagung, die im Oktober 2017 stattfand und deren Beiträge inzwischen als wissenschaftliche Begleitpublikation zu der Ausstellung vorliegen, haben insgesamt 46 Historiker, Rechtshistoriker, Archäologen, Kunsthistoriker und Sprachwissenschaftler aus Deutschland, Polen, Tschechien, der Slowakei, Ungarn, Litauen, Weißrussland, der Ukraine und Russland mitgewirkt. Die 408 Leihgaben wurden uns von 102 Leihgebern aus 11 Staaten für die Dauer

◄ Die Goldene Schreibstube der Fugger in Augsburg, Detail aus Abb. 227, S. 646

der Ausstellung großzügig zur Verfügung gestellt und am Katalog haben 161 Autoren aus den bereits genannten Staaten (sowie Belgien, Österreich und Lettland) mitgeschrieben. Unser herzlicher Dank gilt dem Bundespräsidenten, Dr. Frank-Walter Steinmeier, der die Schirmherrschaft für die Ausstellung übernommen hat, und hiermit nicht zuletzt die Internationalität sowohl des Themas als auch seiner Bearbeitung würdigt.

In den Tagen des 80. Jahrestages des deutschen Überfalls auf Polen am 1. September 1939 und dem mit ihm verbundenen Ausbruch des Zweiten Weltkrieges ist darauf hinzuweisen, dass die Begeisterung für das Thema in unseren Nachbarländern nicht selbstverständlich ist. Die Verbreitung des Magdeburger Rechts gehört zu den Themen des Mittelalters, die gemeinsam mit der sogenannten deutschen Ostsiedlung von den Nationalsozialisten für politische Zwecke missbraucht wurden. Es wurde zur propagandistischen Legitimierung des Planes zur «Sicherung des deutschen Lebensraums im Osten« vereinnahmt. In Magdeburg trug das auf Initiative des nationalsozialistischen Oberbürgermeisters Dr. iur. Fritz Markmann 1940 gegründete »Institut zur Erforschung des Magdeburger Rechts« bis 1945 und auch unser Museum hierzu bei.

Eine gründliche Revision des Verständnisses des Magdeburger Rechts erfolgte in den vergangenen Jahrzehnten durch eine internationale Forschergemeinschaft, an der Wissenschaftlerinnen und Wissenschaftler aus allen Ländern mit Städten Magdeburger Rechts entscheidenden Anteil hatten. Sie arbeiteten den großen Anteil der Rezipienten des Magdeburger Rechts und des sich gemeinsam mit ihm verbreitenden Sachsenspiegels an dem Verbreitungsprozess heraus. Nicht nur ging die Initiative zur Übernahme oft von regionalen Landesherren aus, sondern das Stadtrecht wurde auch an lokale Bedürfnisse und Gegebenheiten angepasst, und erfuhr zahlreiche Aus- und Umformungen. Diese neuen Erkenntnisse über einen transnationalen Austausch und Diskurs möchten wir nun einer großen Öffentlichkeit präsentieren. Eine Kooperation mit dem von Prof. Dr. Heiner Lück geleiteten Forschungsprojekt »Das sächsisch-magdeburgische Recht als kulturelles Bindeglied zwischen den Rechtsordnungen Ost- und Mitteleuropas« an der Sächsischen Akademie der Wissenschaften hat die Grundlage dafür gelegt, dass die Ausstellung die aktuelle Forschungsdiskussion adäquat widerspiegelt. Herr Prof. Dr. Lück und sein Team haben uns außerdem an ihrem in mehr als einem Jahrzehnt aufgebauten internationalen Forschungsnetzwerk teilhaben lassen und hiermit die Berufung eines internationalen wissenschaftlichen Beirates und die gemeinsame Durchführung der internationalen und interdisziplinären Tagung »Kulturelle Vernetzung in Europa. Das Magdeburger Recht und seine Städte« entscheidend gefördert.

Bei unseren Recherchereisen in die Länder mit Städten Magdeburger Rechts und in den Gesprächen mit den Kolleginnen und Kollegen haben wir erfahren dürfen, in wie hohem Maße das Magdeburger Recht heute über den wissenschaftlichen Diskurs hinaus zur lebendigen Geschichtskultur gehört, als europäisches Kulturphänomen verstanden und als Wurzel kommunaler Selbstverwaltung angesehen wird. Selten haben wir so hohe Bereitschaft erlebt, mitzuwirken und an der Ausstellung Anteil zu haben. Für die Ausstellung bedeutet dies, dass uns aus vielen Museen, Archiven und Bibliotheken Hauptwerke für die Dauer der Ausstellung zur Verfügung gestellt wurden, die äußerst selten auf Reisen gehen. Die Ausstellung besteht daher aus zahlreichen großen und kleinen Höhepunkten. Nur einer sei hier genannt. Seit mehr als einem Vierteljahrhundert gelingt es erstmals wieder, die vier mittelalterlichen Bilderhandschriften des Sachsenspiegels im Original für einige Wochen zu Beginn der Laufzeit der Ausstellung zusammenzuführen. Wir sind allen unseren Leihgebern zu großem Dank verpflichtet und hoffen, dem uns erwiesenen Vertrauen in allen Aspekten gerecht werden zu können.

Die Stadt Magdeburg hat sich spätestens anlässlich des 800. Jubiläums der Besserung des Magdeburger Rechts durch Erzbischof Wichmann (amt. 1152/54–1192) 1188 im Jahre 1988 zu dieser multilateralen Auffassung des Kulturphänomens bekannt und das Jubiläum feierlich im Rathaus in Anwesenheit zahlreicher Oberbürgermeister und Bürgermeister von Städten Magdeburger Rechts begangen. Sie wurde hierbei von dem kürzlich verstorbenen Rechtshistoriker und Fachmann für das Magdeburger Recht Prof. Dr. Rolf Lieberwirth (1920–2019) beraten, der zu den Wegbereitern der neuen Forschungen zum Magdeburger Recht gehörte. Seither war das Magdeburger Recht ebenso wie der Sachsenspiegel in Magdeburg immer wieder Thema von Tagungen und auch Ausstellungen und gehört zur Erinnerungskultur der Stadt. Das Kulturhistorische Museum Magdeburg hat daher von Anfang an große Unterstützung erfahren, als es die Durchführung einer international vorbereiteten Großausstellung zum Magdeburger Recht und den Effekten des mittelalterlichen Stadtrechts auf Wirtschaft, Kultur und Selbstverständnis der Städte vorschlug. 2014 fasste der Stadtrat der Landeshauptstadt Magdeburg einen Grundsatzbeschluss zu Realisierung und Finanzierung der Ausstellung. Oberbürgermeister Dr. Lutz Trümper, der Bürgermeister und Beigeordnete für Kultur, Schule und Sport, Dr. Rüdiger Koch (bis 2015), und sein Nachfolger, Prof. Dr. Matthias Puhle, unterstützen das Projekt in hohem Maße. Wenn sich die Landeshauptstadt Magdeburg zurzeit um den Titel Kulturhauptstadt Europas im Jahre 2025 bewirbt, so geschieht dies auch mit dem Wissen, dass diese Stadt in ihrer Geschichte einmal so großen Anteil an einem transnationalen europäischen Städtenetzwerk hatte.

Das Land Sachsen-Anhalt und Ministerpräsident Reiner Haseloff persönlich haben uns bei der Umsetzung unseres Vorhabens von Anfang an ideell unterstützt und eine großzügige finanzielle Förderung für die Ausstellung bereitgestellt. Sachsenspiegel, Magdeburger Recht und ihre gemeinsame Verbreitung als sächsisch-magdeburgisches Recht sind zentraler Bestandteil der Landesgeschichte Sachsen-Anhalts. Am Anfang seiner Erfolgsgeschichte steht die Bewidmung weiterer Städte im Erzstift Magdeburg durch Erzbischof Wichmann und seine Nachfolger. Die Landeszentrale für politische Bildung hat daher unter der wissenschaftlichen Begleitung von Prof. Dr. Heiner Lück die Wanderausstellung »Sachsenspiegel und Magdeburger Recht – Grundlagen für Europa« erstellen lassen, die seit 2006 an zahlreichen Orten im In- und Ausland zu sehen war, unter anderem in Brüssel, Warschau, Krakau und Minsk. In Kooperation mit der Landeszentrale für politische Bildung und dem Zentrum für Mittelalterausstellungen der Kulturstiftung Kaiser Otto wurde anlässlich unserer Ausstellung ein Ausstellungsteil zu der wechselhaften Rezeptionsgeschichte des Magdeburger Rechts erstellt. In erneuerter Gestalt und ergänzt um die Rezeptionsgeschichte wird die Wanderausstellung im Anschluss an unsere Ausstellung erneut auf Reisen gehen. Außerdem koordiniert das vom Land Sachsen-Anhalt institutionell geförderte Zentrum für Mittelalterausstellungen der Kulturstiftung Kaiser Otto, das in allen Belangen der Ausstellung an unserer Seite steht, auch diesmal wieder ein Korrespondenzortprojekt, das die Ausstellung mit den originalen historischen Schauplätzen und Erinnerungsorten im Land verknüpft. Wir freuen uns sehr, dass die Korrespondenzorte von Aken bis Zerbst in weiteren Ausstellungen und Veranstaltungen das Ausstellungsthema vertiefen und mit lokalen Aspekten bereichern. Ganz besonders freut uns, dass die Initiative des Zentrums für Mittelalterausstellungen auch im Nachbarland Brandenburg aufgegriffen wurde und die Arbeitsgemeinschaft Städte mit historischen Stadtkernen des Landes Brandenburg das Ausstellungsthema in diesem Jahr aufgreifen und in das nächste Jahr hineinführen wird.

Auf Initiative des Kulturausschusses des Bundestages und namentlich seiner Vorsitzenden Katrin Budde, MdB erhalten wir aufgrund der europäischen Relevanz des Themas und seiner Bedeutung als eine der Wurzeln moderner Rechtsstaatlichkeit einen erheblichen Beitrag zur Finanzierung der

Ausstellung aus Bundesmitteln. Die Beauftragte der Bundesregierung für Kultur und Medien hatte bereits zuvor die Durchführung der internationalen und interdisziplinären Fachtagung zur Vorbereitung der Ausstellung im November 2017 großzügig gefördert. Wesentlichen Anteil an der Finanzierung der Ausstellung und ihrer Vorbereitung haben außerdem die Ostdeutsche Sparkassenstiftung gemeinsam mit der Stadtsparkasse Magdeburg, die Kulturstiftung der Länder, die Kloster Bergesche Stiftung, die Ernst von Siemens Kunststiftung und Lotto Sachsen-Anhalt. Allen unseren Partnern und Förderern sei herzlich gedankt!

Das Kulturhistorische Museum Magdeburg hat zum ersten Mal in einem so großen Umfang Leihgaben aus Ostmitteleuropa für eine Ausstellung angefragt. Bei diesem Unterfangen erhielten wir vermittelnde Unterstützung durch den Bischof von Magdeburg, Dr. Gerhard Feige. Dafür möchten wir herzlich danken. Ebenfalls von großem Wert für uns war die langjährige Kooperation mit dem Historischen Museum Krakau und namentlich dessen Direktor, Michał Niezabitowski. Seit mehr als zehn Jahren begleitet und unterstützt er die Planungen zu einer Magdeburger Großausstellung zum Magdeburger Recht. Durch regelmäßigen Kollegenaustausch haben wir in besonderer Weise an den Erfahrungen seines Hauses teilhaben können und von den Krakauer Kollegen immer wieder sehr kompetente und unkomplizierte Unterstützung erhalten.

Zu danken haben wir auch für Wohlwollen und Unterstützung seitens der Politik, namentlich Frau Angelika Viets, bis Sommer 2019 Botschafterin der Bundesrepublik Deutschland in Vilnius, Herrn VLR I Dr. Bertram von Moltke, Referatsleiter im Auswärtigen Amt und seinen Mitarbeitern sowie dem Staatsminister und Minister für Kultur Rainer Robra und der Justizministerin des Landes Sachsen-Anhalt Anne-Marie Keding.

In besonderer Weise gilt unser Dank den Autoren dieses Kataloges. Manchmal in recht knapper Zeit haben sie höchst informative und lesenswerte Texte verfasst, die es ermöglichen, das Panorama der Städte Magdeburger Rechts und das Phänomen des Rechtstransfers facettenreich darzustellen. Die kompetente und ausgesprochen ästhetische Drucklegung der Katalogtexte wie auch des vorausgehenden Tagungsbandes und des Kurzführers lag in den Händen des Sandstein Verlages, Dresden. Dem Verlagsleiter, Herrn Lutz Stellmacher, sowie insbesondere Christine Jäger-Ulbricht, Michaela Klaus, Sina Volk, Katrin Hoyer und allen anderen beteiligten Mitarbeiterinnen und Mitarbeitern möchten wir ebenfalls für die besonnene und stets angenehme Zusammenarbeit danken.

Die Gestaltung der Ausstellungsarchitektur lag in den Händen von neo.studio, Berlin. Ihnen gebührt unser Dank für die sehr gute, stets von angenehmem Pragmatismus geprägte Zusammenarbeit und vor allem ihre spannenden Gestaltungsideen und deren professionelle Umsetzung. Die Gestaltung des wunderbaren Hauptmotivs und aller Werbemittel verantworteten die Mitarbeiterinnen und Mitarbeiter von atelier42, Halle (Saale). Auch ihnen sind wir zu großem Dank für die stets konstruktive Zusammenarbeit und die vielen sehr guten Gestaltungsideen verpflichtet, haben sie es doch geschafft, der »Faszination Stadt« mit nur einem Motiv Ausdruck zu verleihen.

Die beste Ausstellung ist nichts ohne ihre Besucher. Bei Öffentlichkeitsarbeit, Pressearbeit und Tourismusmarketing wurden wir von CAB artis unterstützt, ebenso von unserem Partner, der Magdeburg Marketing und Tourismus GmbH. Das Stadtmarketing ProM stand uns bei der Bewerbung der Ausstellung ebenso hilfreich zur Seite wie unsere Medienpartner MDR, Magdeburger Volksstimme und Ströer. Auch dafür möchten wir danke sagen.

Dass der Festakt zur Ausstellungseröffnung in der besonderen Atmosphäre des Domes Sankt Mauritius und Katharina zu Magdeburg stattfinden kann, haben wir der Domgemeinde und namentlich Herrn Domprediger Jörg Uhle-Wettler zu danken. Es ist nicht zuletzt außerordentlich passend, die Eröffnung dieser Schau in unmittelbarer Nähe zur Grablege Erzbischof Wichmanns von Seeburg vorzunehmen, der großen Anteil an der Besserung und Verbreitung des Magdeburger Rechts hatte.

Zuletzt und doch zuvörderst gilt unser Dank dem Sonderausstellungsteam des Kulturhistorischen Museums Magdeburg und den Kollegen vom Zentrum für Mittelalterausstellung, die mit enormem Einsatz und großem Sachverstand die Umsetzung dieser Ausstellung und ihrer Begleitpublikationen überhaupt erst möglich gemacht hat. Nur durch ihre Begeisterungsfähigkeit und ihr außerordentliches Engagement konnte die Idee zu dieser Ausstellung umgesetzt werden. Auch allen anderen Mitarbeitern des Kulturhistorischen Museums Magdeburg, die – oft neben ihrer alltäglichen Arbeit – dem Sonderausstellungsprojekt erhebliche Unterstützung gewährten, möchten wir sehr herzlich danken.

Bleibt uns nur, den Besuchern der Ausstellung und den Lesern dieses Kataloges interessante Stunden, neue Erkenntnisse und Eindrücke zu wünschen. Wir hoffen, Ihnen einen Teil der »Faszination Stadt« in der Vielfalt der Städte Ostmitteleuropas weitergeben zu können und Ihren Blick zu schärfen für das Verbindende, das im täglichen politischen Geschäft zu häufig in den Hintergrund gerät.

Direktorin der Magdeburger Museen · Gabriele Köster
Projektleiterin · Christina Link

Wissenschaftlicher Beirat

Prof. Dr. Heiner Lück, Sächsische Akademie der Wissenschaften zu Leipzig (Vorsitzender)

Prof. Dr. Matthias Asche, Universität Potsdam

Dr. Natalia Bilous, Kiew/Kyjiv

Dr. Wieland Carls, Sächsische Akademie der Wissenschaften zu Leipzig

Roman P. Chmelyk, Historisches Museum Lemberg/L'viv

Prof. Dr. Albrecht Cordes, Goethe-Universität Frankfurt a. M.

Prof. Dr. Roman Czaja, Nikolaus-Kopernikus-Universität Thorn/Toruń

Prof. em. Gerhard Dilcher, Goethe-Universität Frankfurt a. M.

Prof. Dr. Thomas Duve, Max-Planck-Institut für Europäische Rechtsgeschichte, Frankfurt a. M.

Prof. Dr. Caspar Ehlers, Max-Planck-Institut für Europäische Rechtsgeschichte, Frankfurt a. M.

PD Dr. Jiří Fajt, Leibniz-Institut für Geschichte und Kultur des östlichen Europa (GWZO), Leipzig

Dr. Wilfried Franzen, Leibniz-Institut für Geschichte und Kultur des östlichen Europa (GWZO), Leipzig

Prof. Dr. Stephan Freund, Otto-von-Guericke-Universität Magdeburg

PD Dr. Katalin Gönczi, Sächsische Akademie der Wissenschaften zu Leipzig, Arbeitsstelle Magdeburg

◄ Die Ratsherren der Stadt Hamburg treten zu einer Sitzung zusammen,- Detail aus Abb. 242, S. 689

Weronika Grochowska, Nationalmuseum Danzig/Gdańsk

Prof. Dr. Rolf Hammel-Kiesow, ehem. Archiv der Hansestadt Lübeck, Europäisches Hansemuseum Lübeck

Prof. Dr. Matthias Hardt, Leibniz-Institut für Geschichte und Kultur des östlichen Europa (GWZO), Leipzig

Prof. Dr. Christofer Hermann, Universität Danzig/Gdańsk

Prof. Dr. Danuta Janicka, Nikolaus-Kopernikus-Universität Thorn/Toruń

Dr. Jolanta Karpavičienė, Nationalmuseum Palast der Großfürsten von Litauen, Vilnius

PD Dr. Olga Keller, Eberhard Karls Universität Tübingen

Prof. Mykola Kobylec'kyj, Universität Lemberg/L'viv

Dr. Olga Kozubska-Andrusiv, Ukrainian Catholic University, Lemberg/L'viv

Dr. hab. Bogusław Krasnowolski, Jagiellonen-Universität Krakau/Kraków

Dr. Maciej Łagiewski, Städtisches Museum Breslau/Wrocław

Dr. Marija Lazar, Sächsische Akademie der Wissenschaften zu Leipzig

Prof. Dr. Christian Lübke, Leibniz-Institut für Geschichte und Kultur des östlichen Europa (GWZO), Leipzig

Dr. Maciej Mikuła, Jagiellonen-Universität Krakau/Kraków

Dr. Balazs Nagy, Central European University Budapest

Michał Niezabitowski, Historisches Museum der Stadt Krakau/Kraków

Prof. Dr. Zdzisław Noga, Pädagogische Universität Krakau/Kraków

Prof. Dr. Rimvydas Petrauskas, Universität Vilnius

Prof. Dr. Jerzy Piekalski, Universität Breslau/Wrocław

Prof. Dr. Matthias Puhle, Landeshauptstadt Magdeburg

Prof. Jacek Purchla, Internationales Kulturzentrum Krakau/Kraków

Prof. Dr. Andreas Ranft, Martin-Luther-Universität Halle-Wittenberg

Prof. Dr. Alexander Rogatschewskij, Universität St. Petersburg

Prof. Dr. Bernd Schneidmüller, Universität Heidelberg

Prof. Dr. Stephan Selzer, Helmut Schmidt Universität Hamburg

Prof. Dr. Petra Skřejpková, Karlsuniversität Prag/Praha

Dr. Jiří Sousa, Karlsuniversität Prag/Praha

Prof. Dr. Libuše Spáčilová, Universität Olmütz/Olomouc

Prof. Robert Traba, ehem. Zentrum für Historische Forschung Berlin der Polnischen Akademie der Wissenschaften

Dr. Janusz Trupinda, Schlossmuseum Marienburg

Dr. András Végh, Historisches Museum der Stadt Budapest

Prof. Dr. Barbara Welzel, Technische Universität Dortmund

Dr. Marius Winzeler, Nationalgalerie Prag/Praha

Leihgeber

Bartfeld/Bardejov, Slowakei
- Šarišské múzeum v Bardejove [Scharosches Museum Bartfeld]

Berlin, Deutschland
- Geheimes Staatsarchiv Preußischer Kulturbesitz
- Staatliche Museen zu Berlin, Ethnologisches Museum
- Staatliche Museen zu Berlin, Münzkabinett
- Staatsbibliothek zu Berlin – Preußischer Kulturbesitz
- Stiftung Stadtmuseum Berlin

Braunschweig, Deutschland
- Herzog Anton Ulrich-Museum Braunschweig, Kunstmuseum des Landes Niedersachsen
- Stadtarchiv Braunschweig

Breslau/Wrocław, Polen
- Archiwum Państwowe we Wrocławiu [Staatsarchiv Breslau]
- Biblioteka Uniwersytecka we Wrocławiu [Universitätsbibliothek Breslau]
- Muzeum Architektury we Wrocławiu [Architekturmuseum Breslau]
- Muzeum Miejskie Wrocławia [Museum der Stadt Breslau]
- Zakład Narodowy im. Ossolińskich [Ossolinski-Nationalinstitut Breslau (Ossolineum)]

Brüssel, Belgien
- Privatsammlung

Budapest, Ungarn
- Eötvös Loránd Tudományegyetem [Eötvös Loránd Universität]
- Budapesti Történeti Múzeum, Vármúzeum [Historisches Museum Budapest, Schlossmuseum]
- Iparművészeti Múzeum [Kunstgewerbemuseum]
- Szépművészeti Múzeum [Museum der bildenden Künste Budapest]
- Magyar Nemzeti Múzeum [Ungarisches Nationalmuseum]

Bromberg/Bydgoszcz, Polen
- Muzeum Okręgowe im. Leona Wyczółkowskiego w Bydgoszczy [Regionalmuseum Leon Wyczolkowski in Bydgoszcz]

Danzig/Gdańsk, Polen
- Archiwum Państwowe w Gdańsku [Staatsarchiv Danzig]
- Klasztor OO. Dominikanów w Gdańsku, Parafia św. Mikołaja [Dominikanerkloster Danzig, Pfarrgemeinde St. Nikolai]
- Muzeum Archeologiczne w Gdańsku [Archäologisches Museum in Danzig]
- Muzeum Gdańska [Museum von Danzig]
- Muzeum Narodowe w Gdańsku [Nationalmuseum Danzig]
- Polska Akademia Nauk, Biblioteka Gdańska [Polnische Akademie der Wissenschaften, Bibliothek Danzig]
- Uniwersytet Gdański, Instytut Archeologii i Etnologii [Universität Danzig, Institut für Archäologie und Ethnologie]

Dresden, Deutschland
- Sächsische Landesbibliothek – Staats- und Universitätsbibliothek Dresden
- Staatliche Kunstsammlungen Dresden, Münzkabinett
- Staatliche Kunstsammlungen Dresden, Rüstkammer

Elbing/Elbląg, Polen
- Muzeum Archeologiczno-Historyczne w Elblągu [Archäologisch-historisches Museum in Elbing]

Enns, Österreich
- Museum Lauriacum

Görlitz, Deutschland
- Kulturhistorisches Museum Görlitz
- Stadtverwaltung Görlitz, Ratsarchiv Görlitz

Goslar, Deutschland
- Stadt Goslar, Goslarer Museum

Göttingen, Deutschland
- Niedersächsische Staats- und Universitätsbibliothek

Grodno/Hrodna, Belarus
- Hrodzenski dzeržaŭny historyka-archealahičny muzej [Staatliches historisch-archäologisches Museum Grodno]

Halle (Saale), Deutschland
- Franckesche Stiftungen zu Halle an der Saale, Bibliothek
- Kulturstiftung Sachsen-Anhalt – Kunstmuseum Moritzburg Halle (Saale)
- Stadtarchiv Halle (Saale)

Hamburg, Deutschland
- Museum für Kunst und Gewerbe
- Staats- und Universitätsbibliothek Hamburg Carl von Ossietzky

Heidelberg, Deutschland
- Universitätsbibliothek Heidelberg

Herrieden, Deutschland
- Pfarrkirchenstiftung St. Vitus und St. Deocar Herrieden

Jena, Deutschland
- Hilprecht-Sammlung im Eigentum der Friedrich-Schiller-Universität Jena

Kaschau/Košice, Slowakei
- Východoslovenské múzeum [Ostslowakisches Museum]

Kauen/Kaunas, Litauen
- Kauno miesto muziejus [Kaunas city museum, Lithuania]

Kiew/Kyjiw, Ukraine
- Nacional'nyj muzej istoriji Ukrajiny [Nationalmuseum der Ukrainischen Geschichte]

Krakau/Kraków, Polen
- Archiwum Narodowe w Krakowie [Nationalarchiv Krakau]
- Uniwersytet Jagielloński – Biblioteka Jagiellońska [Jagiellonen-Universität – Jagiellonische Bibliothek]
- Muzeum Historyczne Miasta Krakowa [Historisches Museum der Stadt Krakau]
- Muzeum Narodowe w Krakowie [Nationalmuseum Krakau]

Kremnitz/Kremnica, Slowakei
- Národná banka Slovenska – Múzeum mincí a medailí, Kremnica [Nationalbank der Slowakei – Museum für Münzen und Medaillen, Kremnitz]

Krossen/Krosno, Polen
- Muzeum Podkarpackie w Krośnie [Museum Karpatenvorland von Krosno]

Leipzig, Deutschland
- Stadtgeschichtliches Museum Leipzig

Lemberg/L'viv, Ukraine
- L'vivs'kyj istoryčnyj muzej [Historisches Museum Lemberg]

Leutschau/Levoča, Slowakei
- Slovenské národné múzeum – Spišské múzeum v Levoči [Slowakisches Nationalmuseum – Zipser Museum in Leutschau]

Lublin, Polen
- Muzeum Lubelskie w Lublinie [Lublin Museum]
- Archiwum Państwowe w Lublinie [Staatsarchiv Lublin]

Lübeck, Deutschland
- Archiv der Hansestadt Lübeck
- St. Annen-Museum, Leihgabe der Union Evangelischer Kirchen in der EKD, Kat.-Nr. II.106

Lüneburg, Deutschland
- Ratsbücherei der Hansestadt Lüneburg

Madrid, Spanien
- Museo Nacional Thyssen-Bornemisza [Nationalmuseum Thyssen-Bornemisza]

Magdeburg, Deutschland
- Kulturhistorisches Museum Magdeburg
- Kulturhistorisches Museum Magdeburg, Dauerleihgabe der Nord/LB Norddeutsche Landesbank, Kat.-Nr. I.15
- Kunstmuseum Kloster Unser Lieben Frauen

Minsk, Belarus
- Natsional'nyj istoričeskiy muzey Respubliki Belarus' [Nationalhistorisches Museum der Republik Belarus]

Mir, Belarus
- Mir, Ustanove Muzej »Zamkavy Kompleks Mir« [Museum »Schlosskomplex Mir«]

Neisse/Nysa, Polen
- Muzeum Powiatowe w Nysie [Bezirksmuseum Neisse]

Neusohl/Banská Bystrica, Slowakei
- Stredoslovenské múzeum Banská Bystrica [Mittelslowakisches Museum]

New York, USA
- New York City Department of Social Services, Human Resources Administration [Verwaltung der Stadt New York, Personalabteilung]

Nürnberg, Deutschland
- Germanisches Nationalmuseum
- Germanisches Nationalmuseum, Leihgabe der Bundesrepublik Deutschland, Kat.-Nr. I.31, II.28, II.173, II.188, II.214
- Germanisches Nationalmuseum, Leihgabe Freiherrliche von Harsdorfersche Familienstiftung, Kat.-Nr. II.137, II.138

Oldenburg, Deutschland
- Landesbibliothek Oldenburg, Leihgabe der Niedersächsischen Sparkassenstiftung, Kat.-Nr. I.8

Olmütz/Olomouc, Tschechische Republik
- Vlastivědné muzeum v Olomouci [Heimatmuseum Olmütz]
- Zemský archiv v Opavě, Státní okresní archiv Olomouc [Landesarchiv in Troppau, Staatliches Bezirksarchiv Olmütz]

Pelplin, Polen
- Muzeum Diecezjalne w Pelplinie [Diözesanmuseum Pelplin]

Perleberg, Deutschland
- Stadt- und Regionalmuseum Perleberg
- Stadtarchiv Perleberg

Plock/Płock, Polen
- Muzeum Mazowieckie w Płocku – the Mazovian Museum in Płock [Masowisches Museum in Plock]

Prag/Praha, Tschechische Republik
- Národní galerie v Praze – National Gallery in Prag [Nationalgalerie Prag]

Prenzlau, Deutschland
- Dominikanerkloster Prenzlau – Kulturhistorisches Museum

Pressburg/Bratislava, Slowakei
- Slovenská národná galéria [Slowakische Nationalgalerie]
- Archív mesta Bratislavy, Zbierka drobných tlačí [Archiv der Stadt Pressburg/Bratislava, Sammlung kleiner Drucke]

Przemyśl, Polen
- Muzeum Narodowe Ziemi Przemyskiej [Nationalmuseum im Przemyśler Land]

Radom, Polen
- Kuria Diecezji Radomskiej [Kurie der Diözese Radom]

Sillein/Žilina, Slowakei
- Považské múzeum, Žilinský samoprávny kraj [Museum der Region Povaszko, Regierungsbezirk Sillein]

Stendal, Deutschland
- Altmärkisches Museum der Hansestadt Stendal
- Amt für Denkmalpflege der Stadt Stendal

Stettin/Szczecin, Polen
- Muzeum Narodowe w Szczecinie [Nationalmuseum Stettin]

Tangermünde, Deutschland
- Stadt Tangermünde, Städtische Museen

Thorn/Toruń, Polen
- Muzeum Okręgowe w Toruniu [Bezirksmuseum Thorn]
- Parafia p. w. Świętego Jakuba Apostoła w Toruniu [Pfarrgemeinde St. Jakob in Toruń]

Troppau/Opava, Tschechische Republik
- Slezské zemské muzeum v Opavě [Schlesisches Landesmuseum von Troppau]

Uppsala, Schweden
- Uppsala universitetsbibliotek [Universitätsbibliothek Uppsala]

Warschau/Warszawa, Polen
- Biblioteka Narodowa w Warszawie [Nationalbibliothek Warschau]
- Muzeum Narodowe w Warszawie [Nationalmuseum Warschau]

Wieliczka, Polen
- Muzeum Żup Krakowskich Wieliczka [Museum der Krakauer Salinen in Wieliczka]

Wilna/Vilnius, Litauen
- Bažnytinio paveldo muziejus [Museum für das kirchliche Kulturerbe des Erzbistums Vilnius]
- Lietuvos mokslų akademijos Vrublevskių biblioteka [Wroblewski Bibliothek der Litauischen Akademie der Wissenschaften]

Wolfenbüttel, Deutschland
- Herzog August Bibliothek Wolfenbüttel

Würzburg, Deutschland
- Kunstsammlungen der Diözese Würzburg

Zwickau, Deutschland
- Kunstsammlungen Zwickau – Max-Pechstein-Museum
- Priesterhäuser Zwickau

Uršula Ambrušová
Anna Baranowska-Fietkiewicz
Andrej F. Bashkevich
Elisabeth Bartel
Judit Benda
Martina Bernátová
Felix Biermann
Joanna Błoch
Birgitt Borkopp-Restle
Beate Braun-Niehr
Michał Broda
Sascha Bütow
Dušan Buran
Wieland Carls
Beata Ceynowa
Rima Cicėnienė
Patrycja Ciecior
Albrecht Cordes
Roman Czaja
Bartłomiej Czarski
Dolores Delgado Peña
Elena V. Denis
Laure Dorchy
Ulf Dräger
Ulrike Dura
Stephan Dusil
Sabina Drożdziecka
Thomas Ertl
Anna Frąckowska
Agnieszka Franczyk-Cegła
Wilfried Franzen
Stephan Freund
Katrin Frey
Jürgen Geiß-Wunderlich
Katalin Gönczi
Agnieszka Gola
Karolina Gołąb-Malowicka
Weronika Grochowska
Maike Günther
František Gutek
Christoph Gutmann
Daniel Haas Kianička
Thomas Haffner

Autorinnen und Autoren

Ondřej Haničák
Katalin Harsányi Szcsuka
Claus-Peter Hasse
Ivan Havlice
Felicitas Heimann-Jelinek
Christian Heitzmann
Vera Henkelmann
Vera Henze-Mengelkamp
Christofer Herrmann
Jürgen Heyde
Wilhelm Hollstein
Bärbel Hornemann
Štefan Hrivňák
Maritta Iseler
Joanna Jabłońska-Dyrda
Ralf Jacob
Andrea Jakubcová
Ondřej Jakubec
Izabela Jastrzembska-Olkowska
Martina Junghans
Bohdan Kaňák
Jolanta Karpavičienė
Olga Keller
Malgorzata Kochanowska
Arkadiusz Koperkiewicz
Gabriele Köster
Bogdan Kościński
Krzysztof Kossarzecki
Olga Kotková
Olga Kozubska-Andrusiv
Michael Krawczyk
Jacek Kriegseisen
Hiram Kümper
Karolina Kurant-Bochniak
Marcin Kurr
Agata Larczyńska
Henriette Lavaulx-Vrécourt
Marija Lazar
Rainer Leng
Tomasz Leszczyński
Christina Link
Lech Łopuski
Christian Lübke
Heiner Lück
Jewgenij A. Machnach
Tomasz Maćkowski
Henrike Manuwald
Wojciech Marcinkowski
Magdalena Marosz
Sigita Maslauskaitė-Mažylienė
Adriana Matejková
Zbigniew Miecznikowski
Magdalena Mielnik
Klaus-Peter Müller
Martin Müller
Monika Müller
Rudolf Nádaskay
Anna Nadolska
Mária Novotná
Vladimir Neumann
Michał Niezabitowski
Joachim Oelsner
Anna Paulina Orlowska
Yulia Otashevska
Ildikó Pandur
Henryk Paner
Jacek Partyka
Monika Paś
Kerstin Petermann
Jerzy Piekalski
Viktória Pomázi-Horváth
Györgyi Poszler
Dorota Powirska
Dariusz Przybytek
Matthias Puhle
Inga Puidokienė
Diána Radványi
Adelheid Rasche
Anja Rasche
Matteo Rebeggiani
Frank Riedel
Stephan Selzer
Urszula Sieńkowska
Renate Schelling
Bernd Schneidmüller
Holger Schuckelt
Dirk Schumann
Balázs Semsey
Peter Sjökvist
Tetiana Sosnowska
Jiří Šouša
Kinga Stabrawa-Powęska
Henning Steinführer
Philipp Steinkamp
Christian Stoess
Małgorzata Surmacz
Katalin Szende
Beata Sztyber
Ágoston Takács
Szilveszter Terdik
Ulrike Theisen
Achim Timmermann
Tomasz Torbus
Ewa Trawicka
Jan J. Trzynadlowski
Andreas Uhr
Sabine Ullrich
András Végh
Orsolya Veress
Christina Weigand
Kai Wenzel
Aleksandra Wilgocka
Uwe Winkler
Michał Franciszek Woźniak
Dorota Zahel
Heike Zech
Antoni Ziemba
Jacek Zinkiewicz

Dank

Rat und Unterstützung gewährten

Barbara Babińska, Danzig/Gdańsk
Georg Bandarau, Magdeburg
Irina Barke, Berlin
Elisabeth Bartel, Berlin
Dr. Martina Barth, Magdeburg
Dr. Martin Baumeister, Berlin
Britta Becker, Magdeburg
Rita Berning, Magdeburg
Dr. Hartmut Beyer, Wolfenbüttel
Krzysztof Blau, Magdeburg
Prof. Dr. Birgitt Borkopp-Restle, Bern
Sandy Bring, Dresden
Beatrix Buckholz, Magdeburg
Bartek Bukowski, Magdeburg
Angela Bunge, Magdeburg
Dr. Dušan Buran, Bratislava
Prof. Dr. Peter Burschel, Wolfenbüttel
Dr. Arne Butt, Hannover
Beata Ceynowa, Danzig/Gdańsk
Dr. Rima Cicenienė, Vilnius
Almuth Corbach, Wolfenbüttel
Manfred Cuno, Calbe
Elena Denis, Mir
Matt Dhaiti, New York
Laure Dorchy, Brüssel/Bruxelles
Prof. Dr. Frank Druffner, Berlin
Jens Eckhardt, Magdeburg
Bożena Figiela, Przemyśl
Joanna Fikus, Warschau/Warszawa
Agnieszka Franczyk-Cegła, Breslau/Wrocław
Dr. Katrin Frey, Prenzlau
Mathias Geraldy, Magdeburg
Astrid Gerber, Magdeburg
Anna Goebel, Friedberg
Michał Grabowski, Krakau/Kraków
Dr. Maike Günther, Leipzig
Dr. hab. Pawel Gut, Stettin/Szczecin
Tilman von Harsdorf, Nürnberg
Prof. Dr. Stephan R. Hauser, Konstanz
Dr. Dieter Heckmann, Berlin
Hans-Joachim Herbig, Ostritz

◄ Darstellung des sechsten Gebots von Hans Maler, 1528/29, Detail aus Abb. 70, S. 144

Claudia Herrmann, Halle (Saale)
PD Dr. Jürgen Heyde, Leipzig
Siegfried Hoche, Görlitz
Dr. Helmuth Hörold, Magdeburg
Dr. Martin Hoernes, München
Kristin Hostmann, Magdeburg
Dr. Susanne Jäger, Leipzig
Helena Jankowska-Paluch, Lublin
Dmitrij Jazevich, Minsk
Gisela Jeanvré, Magdeburg
Krister G. E. Johnson, Magdeburg
Dr. Robert Jop, Lublin
Katarzyna Klare, Magdeburg
Jana Kocourek, Dresden
Inga Kopciewicz, Bromberg/Bydgoszcz
Dr. Arkadiusz Koperkiewicz, Danzig/Gdańsk
Susanne Kopp-Sievers, Bernburg
Melina Krause, Berlin
Tanja Krombach, Potsdam
Dr. Thomas Krzenck, Leipzig
Dr. Dominik Kuhn, Lübeck
Aleksandra Kujawa-Eberharter, Warschau/Warszawa
Zoja Kurjanova, Minsk
Astrid Kuscher, Magdeburg
Łukasz Kyc, Krosno
Denis Lisejchikov, Minsk
Natalja Lisejchikova, Minsk
Jewgenij Machnach, Grodno
Maciej Majewski, Thorn/Toruń
Dr. Wojciech Marcinkowski, Krakau/Kraków
Felix Meister, Magdeburg
Andrea Meyer, Magdeburg
Zbigniew Miecznikowski, Płock
Magdalena Mielnik, Danzig/Gdańsk
Dr. Katarzyna Moskal, Krakau/Kraków
Dr. Klaus-Peter Müller, Oldenburg
Piotr Opaliński, Krakau/Kraków
Yasemin Pamuk, New York
Tobias Panke, Görlitz
Prof. Dr. Gyula Pápay, Rostock
Ulf Pasewald, Magdeburg
Christiane Peuschel, Magdeburg
Dr. Albrecht Philipps, Hannover
ks. prał. mgr Edward Poniewierski, Radom
Dr. Dietmar Popp, Marburg

Dr. Veit Probst, Heidelberg
ks. Wincenty Pytlik, Pelplin
Dr. Adelheid Rasche, Nürnberg
Friedrich-Wilhelm von Rauch, Berlin
Ulrike Reichert, Köln
Ulrike Reichmann, Halle (Saale)
Alexandra Rießler, Magdeburg
Britta Rodiek, Magdeburg
Corinna Roeder, Oldenburg
Prof. Dr. Stefan Rohdewald, Gießen
Christian Ruddies, Magdeburg
Andrea Rudolph, Dresden
Alexander Salomon, Berlin
Alexandra Schebesta, Wolfenbüttel
Bärbel Schön, Magdeburg
Michael Heinrich Schormann, Hannover
Christoph Seidel, Magdeburg
Urszula Sieńkowska, Elbing/Elbląg
Paul Spies, Berlin
Dr. Henning Steinführer, Braunschweig
Lutz Stellmacher, Dresden
Szymon Stenka, Thorn/Toruń
Sandra Y. Stieger, Magdeburg
Małgorzata Surmacz, Lublin
Gabrielius Sužiedėlis, Kaunas
Dr. Ewa Szymańska, Danzig/Gdańsk
Dr. Dagmar Täube, Lübeck
Ljudmila Tolkacheva, Minsk
Elvira Tschenisch, Magdeburg
Domprediger Jörg Uhle-Wettler, Magdeburg
Heike Utesch, Magdeburg
Benedek Varga, Budapest
Orsolya Veress, Budapest
Dr. Anna Walczak, Danzig/Gdańsk
Aldona Warzecha, Warschau/Warszawa
Patricia Werner, Berlin
Aleksandra Wilgocka, Stettin/Szczecin
Prof. Dr. Hanna Zaremska, Warschau/Warszawa
Dr. Karin Zech, Nürnberg
Dr. Nicole Zeddies, Berlin
Prof. Antoni Ziemba, Warschau/Warszawa
Dr. Karin Zimmermann, Heidelberg
Jacek Zinkiewicz, Krakau/Kraków
Jékely Zsombor, Budapest
und dem Verein zur Förderung der Museen der Landeshauptstadt Magdeburg e.V.

IMPRESSUM

AUSSTELLUNG

Gesamtleitung
Dr. Gabriele Köster

Projektleitung
Dr. Christina Link

Idee und Konzeption
Dr. Gabriele Köster
Dr. Christina Link

Ausstellungskuratoren
Dr. Christina Link
Philipp Steinkamp M. A.

Leihverkehr
Philipp Steinkamp M. A. (Leitung)

Mitarbeit
Stefanie Bose M. A.
Dr. Ewa Gossart
Dr. Christina Link
Almuth Müller M. A.
Karina Nowak
Kontor für Kulturgeschichte,
Dr. Anja Rasche

Presse- und Öffentlichkeitsarbeit / Marketing
Heinrich Natho M. A. (Leitung)
CAB artis Kulturmanagement,
Mistendorf
Janina Lamowski M. A.

Grafisches Erscheinungsbild
atelier42 visuelle kommunikation,
Halle (Saale)

Mitarbeit an der Umsetzung für Werbemittel
Jeannette Lieberwirth

Internetpräsentation
atelier42 visuelle kommunikation,
Halle (Saale)

Konzeption und Redaktion
Heinrich Natho M. A
Janina Lamowski M. A.

Ausstellungsarchitektur und -grafik
neo.studio Neumann Schneider
Architekten, Berlin

Mitarbeit an der Umsetzung der Ausstellungsgrafik
Jeannette Lieberwirth

Betreuung
Dr. Christina Link
Philipp Steinkamp M. A.

ausführende Firma
Tischlerei Schuster, Bautzen

Medienstationen
neo.studio Neumann Schneider
Architekten, Berlin

Betreuung
Dr. Christina Link
Sabine Ullrich M. A.

Mitarbeit
Martin Müller M. A.

Schöffenstationen
Dr. Christina Link
Prof. Dr. Albrecht Cordes

Ausstellungstexte
Dr. Christina Link
Dipl. Journalistin Cornelia Heller
Sabine Ullrich M. A.

Lektorat
Kontor für Kulturgeschichte,
Dr. Anja Rasche

Audioguide
Antenna International, Berlin

Betreuung
Dr. Christina Link

Konservatorische Betreuung
Dipl.-Rest. Tilman Krause (Leitung)
Dipl.-Rest. Sebastian Anastasow
Dipl.-Rest. Ernst Thomas Groll
Dipl.-Rest. Lena Güßbacher
Dipl.-Rest. Cornelia Hanke
Dipl.-Rest. Ulrich Schreinert
Dipl.-Rest. Bernd Staschull
Dipl.-Rest. Cordula Teuffert

Aufbau und Technik
Jens Kutzner (Leitung)
Holger Glossmann
Jeannette Lieberwirth
Jörg Mysliwiec
Jens Zuber

Museumspädagogik
Janina Lamowski M. A.

Historisches Spiel »Megedeborch«
Heinrich Natho M. A.
Hartmut Ramme

Korrespondenzortprojekt »Stadt Land Recht. Unterwegs auf den Spuren des Magdeburger Rechts«
Betreuung
Dr. Sascha Bütow
Holger Schmidt M. A.

Eröffnungsveranstaltung
Katrin Schumann

Verwaltung
Dipl.-Verw.wirt Uwe Korb (Leitung)
Anja Schaubs
Katrin Schumann (seit Jan. 2019)

Mitarbeit
Kerstin Fischer
Kerstin Flachs
Grit Köhler

Sekretariat
Carola Lipaczewski
Nancy Dohms (bis Juni 2019)

Bibliothek
Elke Salomon

Führungsdienst
Magdeburg Marketing Kongress- und Tourismus GmbH

Schulung und Betreuung
Janina Lamowski M. A.
Heinrich Natho M. A.

Informationsservice
Carola Lipaczewski

Museumsservice
Sabine Jechorek
Astrid Laurent
Janine Paschke
Klaus Möwes
b.i.g. Sicherheit gmbh, Halle (Saale)

Versicherung
ÖSA Öffentliche Versicherungen Sachsen-Anhalt

Transporte
Hasenkamp Internationale Transporte GmbH, Berlin

Übersetzungen
Dr. Martin Baumeister, Nürnberg
Maria Beckova, Magdeburg
Anna Goebel M. A., Friedberg
Krister G. E. Johnson M. A., Magdeburg
Katarzyna Klare, Magdeburg

Praktika / ehrenamtliche Tätigkeit
Caroline de Boor, Julius Köster, Susann Steinhaus

KATALOG

»Faszination Stadt.
Die Urbanisierung Europas im Mittelalter und das Magdeburger Recht«

1. September 2019 – 2. Februar 2020

Herausgeber
Dr. Gabriele Köster
Dr. Christina Link

Konzeption
Dr. Gabriele Köster
Dr. Christina Link

Leitung Katalogredaktion
Darja Jesse M. A. (Gesamtkoordination), Sabine Ullrich M. A.

Textredaktion/Korrektorat
Dr. Sascha Bütow, Darja Jesse M. A., Dr. Christina Link, Martin Müller M. A., Dr. Doreen Pöschl, Julia Saborowski M. A., Dr. Michael Stöneberg, Dr. Ulrike Theisen

Wissenschaftslektorat
Dr. Carola Hoécker, Heidelberg

Verlagslektorat
Sina Volk, Sandstein Verlag

Bildredaktion
Dr. Sascha Bütow, Lina Frubrich M. A., Darja Jesse M. A., Martin Müller M. A., Sabine Ullrich M. A.

Bildbeschaffung
Dr. Sascha Bütow, Patricia Hein B. A., Martin Müller M. A., Karina Nowak B. A., Julia Saborowski M. A., Sabine Ullrich M. A.

Quellen- und Literaturverzeichnis, Register
Daphne Schadewaldt M. A., Wiesbaden

Wissenschaftliche Kartografie
Prof. Dr. Gyula Pápay, Rostock

Stadtpläne
StepMap GmbH, Berlin

Übersetzungen
Dr. Martin Baumeister, Nürnberg
Stefanie Bose M. A., Leipzig
Sandra Ewers M. A., Berlin
Anna Goebel M. A., Friedberg
Agnieszka Grzybkowska M. A., Berlin
Lilla Mátyók-Engel M. A., Berlin
Dr. Ira Oppermann, Berlin
Irina Schicketanz, Hamburg
Ilona Wandtke M. A., Neuss

Gestaltung
Michaela Klaus, Jakob Stoy, Sandstein Verlag

Umschlaggestaltung
atelier42 visuelle kommunikation
Furák, Girod, Pockrandt GbR

Satz und Reprografie
Gudrun Diesel, Katharina Stark, Jana Neumann, Sandstein Verlag

Druck und Verarbeitung
Grafisches Centrum Cuno GmbH & Co. KG, Calbe

Schrift
The AntiquaB, Akkurat

Papier
MultiArt Silk 150 g/m²

Die Deutsche Nationalbibliothek verzeichnet diese Publikation in der Deutschen Nationalbibliografie; detaillierte bibliografische Daten sind im Internet über http://dnb.dnb.de abrufbar.

www.sandstein-verlag.de
ISBN 978-3-95498-453-4

Zur Sonderausstellung ist im Sandstein-Verlag auch ein Kurzführer erschienen.

IVSTITIA
RATIO
INDAGATIO
MISERATIO
MISERICORDIA

Einführung

GABRIELE KÖSTER, CHRISTINA LINK

Faszination Stadt

Die Urbanisierung Europas im Mittelalter und das Magdeburger Recht

Die europäische Stadt ist im Diskurs um Stadtplanung und Stadtentwicklung heute zu einer festen Bezugsgröße, zu einem Qualitätsbegriff geworden. Ihre Vielgestaltigkeit und jeweilige Einzigartigkeit, die Fortdauer ihrer Bauten und Strukturen, an denen sich ihre individuelle Geschichte ablesen lässt, die zentrale Bedeutung öffentlicher Räume – von Rathaus und Markt ebenso wie von Sakralbauten und Kultureinrichtungen – gelten uns als wertvolles und unersetzbares Gut, als bewahrenswerter Gegenentwurf zu mancher gesichts- und geschichtslosen Megacity der Moderne. Diese Wertschätzung von historisch gewachsenen Städten ist nicht so sehr in nostalgischer Rückwärtsgewandtheit begründet, sondern vor allem in den überschaubaren und Orientierung bietenden Dimensionen von Gebäuden, Straßen und Plätzen sowie in dem ausgewogenen Verhältnis zwischen den privaten und wirtschaftlichen Interessen des Einzelnen und den Erfordernissen des Gemeinwesens.

Für Hunderte von Städten und Ortschaften in Mittel- und Ostmitteleuropa – unter ihnen so namhafte wie Breslau/Wrocław, Krakau/Kraków, Danzig/Gdańsk, Lemberg/L'viv, Wilna/Vilnius, Kiew/Kyjiv und Minsk – ist ihre Identität als europäische Stadt bis heute mit dem Namen der Stadt Magdeburg verbunden. Die Bewidmung mit Magdeburger Recht wird oftmals in der Selbstdarstellung der Städte als Schlüsselmoment, wenn nicht gar als Anfangspunkt der Stadtgeschichte angesehen. Als im Hoch- und Spätmittelalter die Städte Europas zu einer neuen Blüte kamen, hielt die Stadtkultur auch in Regionen Einzug, in denen man nicht an erloschene römisch-antike Traditionen anknüpfen und diese wiederbeleben konnte. In ihrer Organisation und Verwaltung orientierten sich viele Städte – sei es bei ihrer Gründung, sei es im Verlauf ihrer Geschichte – an erfolgreichen benachbarten Gemeinwesen. Manche Stadtrechte erfuhren auf

Abb. 1
Breslau/Wrocław im Reisetagebuch des Pfalzgrafen Ottheinrich, 1536/37. Universitätsbibliothek Würzburg, Delin.VI,9,48

diese Weise große Verbreitung, so das Recht der Hansestadt Lübeck, das sogenannte lübische Recht, im Hanseraum und das Magdeburger Recht, das, gemessen an seiner Verbreitung und der Geltungs- bzw. Einflussdauer, als das erfolgreichste unter den mittelalterlichen Stadtrechten gelten kann. Es war wohl neben der geografisch günstigen Lage Magdeburgs und den weitläufigen Handelsbeziehungen der Stadt zudem die Balance der Gewalten, die das Magdeburger Recht so erfolgreich machte. Mindestens elf heutige europäische Staaten – außer Deutschland ebenso Polen, Litauen, Lettland, Weißrussland, Russland, die Ukraine, Tschechien, die Slowakei, Ungarn und Rumänien – haben in ihrer Geschichte Städte und Ortschaften mit Magdeburger Recht aufzuweisen, das im Fall von Kiew bis in das 19. Jahrhundert hinein Gültigkeit hatte (vgl. den Beitrag von Heiner Lück, S. 46).

Markt, Handel und Gewerbe waren die treibenden Kräfte der neuen Urbanisierung in ganz Europa. Herrscher und Landesherren konnten die Entwicklung dieser Zentren befördern, indem sie den Kaufleuten und Gewerbetreibenden besondere Rechte und Freiheiten gewährten. Sie wählten dieses Instrument der Wirtschaftspolitik in der Regel zunächst gern, da sie aus den Städten erhebliche Einkünfte ziehen konnten. In der Folge emanzipierten sich erfolgreiche Städte immer wieder von ihren Landesherren und gerieten mit ihnen in Konflikt. Die Bürger der Stadt genossen Freiheiten für ihre Person, ihre Familie und ihren Besitz, die vielen Landbewohnern und Hofleuten verwehrt blieben. Der weithin bekannte Rechtsgrundsatz »Stadtluft macht frei nach Jahr und Tag« zeigt die Attraktivität dieser Privilegien für viele Landleute, die zu Städtern wurden. Die Bürger einer Stadt erhielten oder errangen außerdem das Recht, ihr Gemeinwesen in hohem Maß selbst zu bestimmen und zu verwalten. Neben dem Stadtrecht, mit dem der Landesherr diese Freiheiten gewährte, war die Gemeinschaft der Bürger, die sich durch Leistung eines Bürgereids konstituierte, die Grundlage dieser privilegierten Situation. Max Weber hat aus diesen Besonderheiten bereits im frühen 20. Jahrhundert das Konzept der »okzidentalen Stadt« entwickelt. In ihrer Ausrichtung auf Verfassung, Recht, Freiheit und Friede (Dilcher 2018, S. 217) wird die kommunale Stadt des Mittelalters nicht nur als Vorläufer heutiger kommunaler Selbstverwaltung, sondern darüber hinaus zudem als eine Wurzel moderner Staatlichkeit angesehen. Besonders in Litauen und der Ukraine lässt sich heute eine lebendige Geschichtskultur feststellen, in der die nach dem Ende der Sowjetunion wiedergewonnene kommunale Eigenverantwortung unmittelbar mit dem Magdeburger Recht verknüpft wird (vgl. den Beitrag von Olga Kozubska und Jolanta Karpavičienė, S. 732 ff.).

Der Transferprozess des Magdeburger Rechts lief überaus komplex und vielgestaltig ab (vgl. S. 50 ff.). Die Initiative ging in den seltensten Fällen von Magdeburg aus. Lediglich in der frühen Zeit der Verbreitung stattete der Magdeburger Erzbischof auch die anderen Städte seines Domstifts mit dem Recht seiner Metropole aus. Nur im Deutschordensland wurde das Magdeburger Recht in der Sonderform des Kulmer Rechts von einem Fremdherrscher oktroyiert. In der großen Überzahl der Übertragungen stattete ein regionaler Landesherr die Städte mit einem Recht aus, das bereits in der Region bekannt war und das sich offenbar so bewährt hatte, dass eine Übernahme erfolgversprechend für die Entwicklung der Stadt erschien. Dieser Prozess der Aneignung schloss Umformulierungen und Adaptionen an lokale Notwendigkeiten und Gebräuche sowie Missverständnisse und Übertragungsfehler ein, sodass sich unter dem Sammelbegriff »Magdeburger Recht«, das auch »deutsches Recht« genannt wurde, in der Praxis sehr unterschiedliche Rechtsgewohnheiten ausgeprägten. Die Rezeption des nicht kodifizierten Magdeburger Stadtrechts erfolgte offenbar in enger Verbindung mit der des Sachsenspiegels, der Landrecht und Lehnrecht enthielt, sodass sich in der Forschung für den Gesamtkomplex die Bezeichnung »sächsisch-magdeburgisches Recht« durchgesetzt hat.

Abb. 2
Krakau/Kraków im Reisetagebuch des Pfalzgrafen Ottheinrich, 1536/37. Universitätsbibliothek Würzburg, Delin.VI,9,49

Die internationale und interdisziplinäre Erforschung dieses komplexen Prozesses in den vergangenen Jahrzehnten – und hier ist besonders auf das Forschungsprojekt der Sächsischen Akademie der Wissenschaften zu Leipzig zum sächsisch-magdeburgischen Recht als kulturellem Bindeglied zwischen den Rechtsordnungen Ost- und Mitteleuropas zu verweisen – hat dazu geführt, dass frühere nationalistische und kulturchauvinistische Auffassungen der Übertragung eines überlegenen deutschen Rechts gründlich widerlegt und revidiert wurden. Heute kann der nationalsozialistischen Instrumentalisierung des Magdeburger Rechts, an der die Stadt Magdeburg intensiv beteiligt war (vgl. den Beitrag von Heiner Lück, S. 702 ff., und von Sabine Ullrich, S. 718 ff.), die Erkenntnis entgegengestellt werden, dass es sich bei der Verbreitung des sächsisch-magdeburgischen Rechts um ein transnationales europäisches Kulturphänomen handelte, bei dem man nicht zwischen Absendern und Empfängern unterscheiden, durchaus aber viele Akteure identifizieren kann. Dieses Phänomen zeugt von Kommunikation und Vernetzung untereinander in einer Zeit vor der Ausbildung supranationaler Strukturen in Europa (vgl. den Beitrag von Bernd Schneidmüller, S. 60 ff.) und ist somit im Rückblick ein Baustein unserer gemeinsamen Geschichte.

Die Städte des Magdeburger Rechts sind in ihrer Gestalt und gesellschaftlichen Struktur ebenso unterschiedlich und vielfältig wie die Transferprozesse des Rechts. Gemeinsam ist ihnen allenfalls, dass in ihnen – wie bei allen kommunal verfassten Städten des Mittelalters – Rathaus und Markt das städtische Zentrum bilden. Schon das Schöffengericht zur Anwendung des Magdeburger Rechts musste nicht baulich eigenständig in Erscheinung treten, wie dies in Magdeburg der Fall war, sondern konnte auch im Rathaus oder – wie in Krakau – in der Burg angesiedelt sein. Wenn daher in einer Ausstellung die Städte Magdeburger Rechts in den Blick genommen werden, kann es nicht um die Postulierung eines besonderen Stadttypus oder die Abgrenzung

Abb. 3
Prag/Praha im Reisetagebuch des Pfalzgrafen Ottheinrich, 1536/37. Universitätsbibliothek Würzburg, Delin.VI,10,41

DIE·KINIKLICH·S
TAT·BRAG·IN·BEHEM

der Städte Magdeburger Rechts gegenüber anderen mittelalterlichen Stadtkommunen gehen. Doch ermöglicht uns das verbindende Kulturphänomen des Magdeburger Rechts, in dieser Ausstellung eine Städtelandschaft in den Blick zu nehmen, die bisher in ihrer Relevanz für die Gestaltung Europas nicht genügend gewürdigt wurde.

Der Blick in diese Städte erweist sie als Möglichkeitsräume, in denen Wirtschaftskraft und Kreativität zusammenkamen, als Laboratorien neuer Ideen, Techniken und Künste. Diejenigen, die diese Möglichkeiten zu nutzen wussten, bildeten eine neue Elite mit weltläufigem Lebensstil. Gleichzeitig muss das siedlungsgeografische Phänomen »Stadt« von der politisch-sozialen Organisationsform unterschieden werden. In sogenannten Gruppenstädten hatten einzelne rechtlich unabhängige Teilstädte unterschiedliche Rechtsformen. Außerdem war das Recht an die Person gebunden und nicht an einen Geltungsraum. In einer Stadt lebten daher viele Gruppen, die nicht dem städtischen Recht unterworfen waren. Privilegiert im Rechtsstatus waren die stadtansässigen Adligen und Kleriker. Jüdische Einwohner hatten meist eine besondere Rechtsstellung. Ebenso konnten verschiedene Ethnien und Konfessionen, die in einer Stadt zusammenlebten, rechtlich unterschiedlich gestellt sein. Viele Stadteinwohner wie beispielsweise Tagelöhner, Arbeiter und Dienstboten oder Prostituierte hatten keine Möglichkeit, das Bürgerrecht zu erlangen und in den Genuss der städtischen Freiheiten zu gelangen. Auch unter den Bürgern der Stadt prägten sich Differenzierungen zwischen ratsfähigen und nicht-ratsfähigen Berufen und Familien aus, sodass nur eine städtische Elite tatsächlich am Stadtregiment teilhatte. Wenn wir daher in den kommunalen Strukturen des Mittelalters Wurzeln unserer heutigen Staatlichkeit und unseres Demokratieverständnisses erkennen können, so soll – ebenso wie bei den Demokratien der antiken griechischen Städte und der Vertretung der Bürger durch Konsuln in den antiken römischen Städten – der Blick auf die Unterschiede nicht verstellt sein. Es versteht sich von selbst, dass eine Ausstellung die räumliche und zeitliche Komplexität des Themas nicht umfassend und abschließend, sondern allenfalls exemplarisch und durch das Setzen von Schlaglichtern aufzeigen kann.

Die Ausstellungskonzeption

Die Ausstellung »Faszination Stadt« ist in drei große Abschnitte gegliedert, in denen ausgehend vom Stadtrecht die Entwicklung der vielfältigen Städtelandschaften Ostmitteleuropas und die Faszination, die von den einzelnen Städten ausging, in den Blick genommen wird. Dieser Erzählung vorangestellt ist ein Prolog, der zu den Anfängen der Wohnform »Stadt« zurückführt. Die »Geburt der Städte«, die großen Epochen der Stadtkultur und die verschiedenen Ausformungen des Konzepts »Stadt« zwischen Jericho, Rom, Xi'an und New York werden hier aufgerufen. Was sind die Vorteile, was die Herausforderungen der städtischen Lebensform, die offensichtlich ein Erfolgsmodell darstellt, da es weltweit immer mehr Menschen in Städte zieht (vgl. den Beitrag von Christina Link, S. 74 ff.)? Mit der Konzentrierung zahlreicher Menschen auf engem Raum, die einander zumindest teilweise fremd waren, scheint bald die Notwendigkeit entstanden zu sein, Recht zu kodifizieren. Jedenfalls stammen die ersten erhaltenen Rechtsaufzeichnungen, der Kodex Ur-Nammu und der Kodex Hammurapi, aus den frühen Städten des Zweistromlands.

Abb. 4
Liegnitz/Legnica im Reisetagebuch des Pfalzgrafen Ottheinrich, 1536/37. Universitätsbibliothek Würzburg, Delin.VI,7,47

I. Städteboom im Mittelalter

Die Verbindung von Stadt und Recht ist auch charakteristisch für die im ersten großen Kapitel der Ausstellung vorgestellte Expansion städtischen Lebens über weite Teile des europäischen Kontinents. Die »okzidentale Stadt des Mittelalters« mit ihren Charakteristika, insbesondere mit ihrer speziellen rechtlichen Verfasstheit und der darin begründeten Selbstverwaltung, verbreitete sich bis weit nach Ostmitteleuropa. Die Herausbildung von Stadtrecht auf Grundlage des geltenden Landrechts der Zeit und insbesondere die Entwicklung des sächsischen Rechtskreises, in dem mit dem Sachsenspiegel das wirkmächtigste deutschsprachige Rechtsbuch des Mittelalters und zugleich dasjenige Stadtrecht aus dem deutschsprachigen Raum mit der größten Reichweite entstanden, werden hier in den Blick genommen. Die vier berühmten Bilderhandschriften des Sachsenspiegels sind mit ihren anschaulichen Miniaturen und deren reicher Bildsprache einzigartige Quellen für das Rechtsleben des Mittelalters. Auf der gleichen Grundlage, dem Gewohnheitsrecht der Sachsen, entstand einige Jahrzehnte zuvor das Magdeburger Stadtrecht, das die Summe aller Bestimmungen und Privilegien der erzbischöflichen Metropole Magdeburg umfasst (vgl. den

Beitrag von Heiner Lück, S. 92). Auch andere Stadtrechte werden hier zur Sprache kommen, wie das lübische Recht, das ebenfalls eine Vielzahl von Städten beeinflusste. Es schließt sich eine Präsentation einzelner Städte an, die in ihrer Geschichte das Magdeburger Recht übernahmen, anwandten oder in die Entwicklung eines eigenen Stadtrechts einbezogen.

Die Vielfalt der Beispiele ermöglicht es, die Bandbreite der Übertragungswege, Vorgeschichten und Auswirkungen des Rechtstransfers aufzuzeigen. Magdeburg selbst, Breslau, Krakau, Danzig, Ofen/Buda, Lemberg und Wilna sind die Protagonisten, deren Stadtentwicklung hier vorgestellt wird. Die Übernahme und Aneignung des Rechts stehen dabei im Fokus, und die Leistungen von Übersetzern, Glossatoren und Bearbeitern der verschiedenen Rechtstexte, Schöffensprüche und Kompilationen sollen hervorgehoben werden. Das Magdeburger Recht war durch sie kein statisches System, sondern ein wandelbares Modell, dessen Erfolg unter anderem in dieser Anpassungsfähigkeit begründet liegt. So formierten sich auch zahlreiche lokale Varianten des Rechts, die ihrerseits als Grundlage für Rechtsübernahmen dienten. Am Ende mag die Erkenntnis stehen, dass die Inhalte, die unter dem Titel »Magdeburger Recht« zusammengefasst wurden, nur schwer zu greifen sind. Dieser Titel spielte jedoch eine wesentliche Rolle als Marke, gewissermaßen als Qualitätslabel für ein modernes, besonders entwicklungsförderndes und freiheitliches Stadtrecht. Die jeweiligen Inhalte waren indes eine »Gemeinschaftsproduktion« vieler und keinesfalls nur »made in Magdeburg«.

Gezeigt wird zudem Entstehung und Ende von Alt-Wartenburg/Barczewko im Ermland, einer in der sogenannten Großen Wildnis geschaffenen Stadtanlage des 14. Jahrhunderts, die nur etwa zwei Jahrzehnte nach ihrer Gründung bei einem feindlichen Überfall zerstört und niedergebrannt wurde. Die aktuellen Ergebnisse der archäologischen und bauhistorischen Forschungen eines deutsch-polnischen Wissenschaftlerteams illustrieren in hervorragender Weise den Prozess der Lokation, also der planmäßigen Neuanlage einer kompletten Stadt, wie er für das spätmittelalterliche Ostmitteleuropa und die großen Migrationsprozesse der Epoche charakteristisch ist.

Eine Auswahl an Städten treffen zu müssen, ist schwer und erfordert auch Verzicht auf Städte und Ortschaften, die es verdienten, in ihrer Einzigartigkeit hier vorgestellt zu werden. Für die Ausstellung fiel die Auswahl auf solche Orte, die als erfolgreiche Vorbilder die »Faszination Stadt« bei ihren Zeitgenossen auslösten. Dieser Katalog enthält weitere Porträts von Städten, deren Geschichte nicht weniger spannend ist, die aber ebenso nur exemplarisch für die große Zahl an Orten Magdeburger Rechts stehen können.

II. Die Sphären der Stadt

Der zweite große Ausstellungsteil widmet sich ganz der Strahl- und Innovationskraft der Städte. In allen Lebensbereichen entstanden in mittelalterlichen Städten entscheidende zukunftsträchtige Neuerungen. Angefangen beim Gerichtsverfahren über Politik und Selbstverwaltung, Kirche und religiöses Leben bis hin zu Handel und Wirtschaft und der Gestaltung des persönlichen Umfelds von Bürgern wurden alle städtischen Sphären durch rechtliche Bestimmungen gestaltet und gelenkt. Jeder dieser fünf Lebensbereiche hatte seinen Platz im Stadtraum und formte diesen. Wo spielten sich Handel, Politik und Religionsausübung ab? Welche Gebäude, Straßen oder Plätze wurden von den Bürgern für bestimmte Zwecke geschaffen und genutzt? Am Anfang

Abb. 5
Będzin mit Sławków und Olkusz im Reisetagebuch des Pfalzgrafen Ottheinrich, 1536/37. Universitätsbibliothek Würzburg, Delin.VI,9,36

jedes Abschnitts wird der ihm zugeordnete Teil der Stadttopografie präsentiert. Anschließend werden die Erzeugnisse städtischer Produktion, Verwaltung und Erfindungsgabe genutzt, um das hohe Niveau zu zeigen, dass diese im Mittelalter erreichen konnten. Zugleich entfaltet sich anhand der Exponate eine kulturhistorische Erzählung über spezielle Aspekte städtischen Lebens. Das Wirken des Rechts in der Stadt auf alle Bereiche scheint darin immer wieder auf.

Gerichtsbarkeit und Rechtsprechung

Nach einer Einleitung, die die städtischen Gerichtsorte vorstellt, steht der Zusammenhang zwischen religiösen Vorstellungen vom Jüngsten Gericht und den diesseitigen Richtern und Schöffen im Fokus. Darstellungen von Christus als Weltenrichter wurden nicht nur als Siegelbild verwendet, beispielsweise des Magdeburger Schöffenstuhls, sondern sie hingen auch in vielen Gerichtsstuben. Das Gerichtsverfahren und seine Besonderheiten bilden den Kern dieses Abschnitts. Eine wichtige Innovation im Rechtsleben des Mittelalters ergab sich durch die verstärkte Nutzung von schriftlichen Aufzeichnungen. Beweiskraft hatten nicht mehr nur die Zeugenaussage, der Eid oder das Gottesurteil, sondern ebenso das Dokument – Kennzeichen einer Rationalisierung im mittelalterlichen Recht. Wachstafeln mit den Mitschriften aus Prozessen des 15. Jahrhunderts zeigen deutlich den Vorgang der Verschriftlichung auf.

Politik und Selbstverwaltung

Das mittelalterliche Stadtrecht begründete eine neue soziale und rechtliche Gruppe: den Bürger. Der Bürgerstatus war in der Regel an das Geschlecht, eine »rechte Geburt«, an den Ehestand, an Wohlstand und christliche Religionszugehörigkeit geknüpft. Die Bürger wiederum schlossen

Abb. 6
Oppeln/Opole mit Groß Strehlitz/Strzelce Opolskie im Reisetagebuch des Pfalzgrafen Ottheinrich, 1536/37. Universitätsbibliothek Würzburg, Delin.VI,9,29

sich zur Stadtgemeinde zusammen und hatten als Genossenschaft die Möglichkeit, ihre Belange weitgehend selbstbestimmt zu regeln. Der Status des Bürgers, seine Rechte und Pflichten sowie die Stadtobrigkeit und -verwaltung, die das Geschick der Städte lenkte, werden in diesem Abschnitt vorgestellt. Das Rathaus war in vielen Städten sichtbares Zeichen der Selbstverwaltung. Durch die Stadtbefestigung grenzte sich die Stadtbürgerschaft sichtbar nach außen hin ab, einerseits zum Schutz vor Angriffen, andererseits zur Bewahrung ihrer Exklusivität.

Städtische Verwaltung und Infrastruktur, Einrichtungen für Wasserver- und -entsorgung, zum Feuerschutz oder die Nutzung von Uhren und Glocken sind wichtige Bereiche des städtischen Lebens, in denen zugleich zahlreiche Konfliktherde lauerten. Es gab jedoch außerdem eine große Zahl von Einwohnern der Stadt, die keinen Bürgerstatus hatten und dennoch Teil der Gemeinschaft waren, wie Arme, Tagelöhner oder Personen mit unehrenhaften Berufen, wie Henker oder Prostituierte. Auch weitere Gruppen wie Kleriker oder Studenten unterstanden einem anderen Recht und waren nicht Bürger der Stadt. Ein komplexes soziales und teils multiethnisches Gemisch von Menschen ist eines der Kennzeichen von Städten.

Religiöses Leben und Kirche

Das religiöse Leben bestimmte in besonderer Weise die Topografie und ebenso die weithin sichtbare Silhouette der Städte: durch Kirchen und Klöster und ihre hohen Türme sowie durch Pfarreisprengel und Dombezirke oder durch Synagogen und Spitäler. Gemeindekirchen waren Orte, in denen sich das bürgerliche Selbstbewusstsein präsentierte, wo Bürger adelsgleich nach der Sorge für ihr Gebetsgedenken strebten. Viele der großen Pfarreikirchen, zum Beispiel in Krakau und Breslau, konkurrierten in puncto Größe und Ausstattung mit Kathedralen. Bürgerliche Stiftungen von Kirchenausstattungen machen zugleich den Reichtum der Bürger deutlich und ihren Zugriff auf hochkarätige Künstler bzw. Handwerker ihrer Zeit. Zahlreiche Objekte von hoher Qualität belegen die erheblichen finanziellen Möglichkeiten, den großen Willen zur Repräsentation im kirchlichen Raum, aber auch die große Frömmigkeit und die Sehnsucht der Bürger nach Vorsorge für das Jenseits. Hierzu gehören unter anderem karitative Stiftungen und die soziale Fürsorge für andere in Spitälern, durch Almosen oder in Bruderschaften und Zünften. Hier muss wiederum die Frage nach den »anderen«, das heißt den Andersgläubigen in den Städten, gestellt werden: nach Armeniern, Orthodoxen und Juden, Hussiten oder später Lutheranern und Calvinisten. Auch diese Religions- und Konfessionsgruppen fanden ihren Platz in der Stadt.

Handel und Wirtschaft

Daran schließt sich eine Darstellung der ökonomischen Sphäre der Stadt an. Sie brachte ebenfalls charakteristische Elemente der Stadttopografie hervor wie den Markt, Handwerkerstraßen und -viertel, Kaufhäuser oder Stadtwaagen, wie Hafenanlagen oder Zunftstuben. Die reichen Fernkaufleute, häufig zugleich die wichtigsten Mitglieder der städtischen Elite, übernahmen auch die Rolle von Kreditgebern, nicht zuletzt für Adel und Könige. Einige Bürgerfamilien, wie die Krakauer Boner oder die Thurzo, häuften enorme Vermögen an und stiegen schließlich in den Adelsstand auf.

Städte spielten nicht nur eine zentrale Rolle als Umschlagplatz für Waren, sondern entwickelten sich außerdem schnell zu Produktionszentren für zahlreiche Güter. Die handwerkliche Produktion und ihre herausragenden Ergebnisse begleiten die Besucher bereits durch die ganze Ausstellung. In diesem Abschnitt wird ein gesonderter Blick auf die Zünfte in den Städten geworfen, auf ihre rechtliche Verfasstheit und ihre Rolle für die und in der Stadtgesellschaft. Der »Kunstmarkt« im späten Mittelalter unterlag einem Wandel: Handwerker fertigten herausragende Luxusgüter nicht mehr nur im Auftrag, sondern produzierten vereinzelt auch für den freien Markt, wobei teils erhebliche Investitionen erforderlich waren. So wurden neben den Handwerkern ebenso deren Produkte »mobiler«, die auf großen Messen und Märkten angeboten wurden. Innovation im städtischen Raum fand jedoch nicht nur im Bereich des Handwerks statt. Für einige Städte des Magdeburger Rechts, insbesondere in der heutigen Slowakei, ist der Bergbau mit seinen spätmittelalterlichen Innovationen hochrelevant.

Auftritt des Bürgers

Die letzte städtische Sphäre ist die des bürgerlichen »Privatlebens« und der Selbstdarstellung des Bürgers und der Bürgerin. Die Entwicklung der Städte fällt zusammen mit der Entwicklung des Individuums. Der Bürger und die Bürgerin waren rechtlich vom Sippenverband losgelöst und hatten einen Rechtsstatus als Einzelpersonen. In der eher anonymen Stadtgesellschaft entstand zudem ein Verlangen danach, ihre persönliche Bedeutung allgemein sichtbar zu machen. Repräsentation betraf also nicht nur die Stadt als Ganze und ihre einzelnen Organe, sondern auch die einzelnen Mitglieder des Bürgertums. Das Patrizierhaus des Spätmittelalters mit seiner prächtigen Architektur und Innenausstattung repräsentiert diese Sphäre in der Stadttopografie.

Abb. 7
Glatz/Kłodzko im Reisetagebuch
des Pfalzgrafen Ottheinrich, 1536/37.
Universitätsbibliothek Würzburg,
Delin.VI,6,37

Beispielsweise bei Festen und Turnieren versuchten Bürger, den Adel nachzuahmen. Sie ließen sich porträtieren, strebten nach Bildung und sozialem Aufstieg, was ihnen häufig gelang. Insbesondere die weite Verbreitung von Bildung und die fortschreitende Alphabetisierung der Bevölkerung stellten eine wichtige Entwicklung dar, die etwa dem Siegeszug des Buchdrucks erst den Weg bereitete.

III. Netzwerke von Städten und Städtern

Am Ende der Ausstellung wird der Blick noch einmal auf die Vernetzung der vielen Hundert Städte in Ostmitteleuropa und darüber hinaus geweitet. Neben Kontakte der Städte zum Zweck von Rechtsanfragen traten wirtschaftliche Beziehungen und familiäre Netzwerke, wie etwa das der schlesischen Patrizierfamilie Popplau, die durch Heirat gewissermaßen neue »Knotenpunkte« für ihr Netzwerk zu knüpfen verstand. Verkehr und Mobilität, Reisen und Pilgern, Konflikt und Kooperation stehen hier im Vordergrund. Am Ende soll ein Eindruck von der kulturellen Vernetzung entstehen, die die Städte des Spätmittelalters verband. Die starken historischen Bindungen, die aus deutscher Perspektive nach West- und Südeuropa bestehen, existieren ebenso nach Mittel- und Osteuropa. Ein zentrales Ziel der Ausstellung ist es, diese gemeinsame europäische Vernetzung deutlich zu machen.

Heute leben weltweit mehr als die Hälfte der Menschen in Städten, in Deutschland bereits drei Viertel der Bevölkerung. Die Frage nach dem Zusammenleben in Städten ist daher für uns von großer Relevanz. Viele Aspekte dieses Zusammenlebens im Mittelalter, die in der Ausstellung aufgezeigt werden, sind auch heute von großer Aktualität: der Umgang mit Migranten, das Zusammenleben von Menschen unterschiedlicher kultureller Herkunft und religiöser Überzeugungen, die Bedeutung von Ordnungspolitik oder von Bildung und Wissenschaft. Neue Fragen sind hinzugekommen, vor allem die Frage nach dem verantwortlichen Umgang mit unseren Ressourcen, die mit der Urbanisierung der Welt unmittelbar zusammenhängt. Das Mittelalter kann auf unsere heutigen Fragen keine Antworten geben, aber es kann »als ferner Spiegel« (Barbara Tuchman) den Diskurs über diese und andere Fragen – wie beispielsweise die transnationale Vernetzung von Städten – anregen und befördern. Nicht zuletzt hierzu soll diese Ausstellung beitragen.

Literatur

Dilcher 1996 c | Dilcher 2002 | Dilcher 2018 | Isenmann 2014 | Le Goff 1978 | Leipzig Charta 2010 | Lück 2018 b | Meier 1994 | Meier 2009 | Pitz 1991 | Schmieder 2012 | Schulz 1992 | Weber 1921.

HEINER LÜCK

Das Magdeburger Recht als europäisches Kulturphänomen

Europas gemeinsame Grundlagen

Geringfügig aktualisierte und variierte Fassung von Lück 2015.

Es besteht seit längerer Zeit weitgehend Einigkeit darüber, dass die in Europa lebenden Völker durch gemeinsame Grundlagen miteinander verbunden sind. Dazu gehören natürliche Gemeinsamkeiten, etwa das Klima und die natürliche Beschaffenheit des Lebensraums. Die naturräumliche Ausdehnung Europas wurde seit der Antike auch stets geografisch und damit regelmäßig willkürlich, also begrenzt durch natürliche Erscheinungen der Erdoberfläche, begriffen. Heute ist Europa eher eine Idee als eine geografische Größe. Die weiterhin anzutreffende Auffassung, Europa sei jener Teil der Erde westlich von Asien, der sich zwischen Spitzbergen und Kreta in Nord-Süd-Richtung sowie von der portugiesischen Atlantikküste bis zum Ural in West-Ost-Richtung erstrecke, geht auf den schwedischen Geografen Philipp Johann von Strahlenberg (1677–1747) zurück.

Hinzu kommen gesellschaftliche Erscheinungen, welche die diesen Naturraum besiedelnden Staaten und Völker initiiert, wahrgenommen und verarbeitet haben. Dazu gehören gemeinsam erlebte Konflikte und deren Lösungen, nationale bzw. ethnische sowie religiös bedingte Abgrenzungs-, Vereinnahmungs-, Assimilations- und Ausmerzungsstrategien sowie deren Überwindung. Nicht zuletzt sind Sprache und Schrift Kulturelemente, die trotz ihrer Verschiedenartigkeit gemeinsame Wurzeln und sogar gemeinsame Elemente aufweisen. Letztere bilden wiederum Fundamente für Kunst und Kultur, womit sich Völker, Volksgruppen, Nationen, Staaten und andere Gemeinschaften jeweils selbst definieren, sich damit zwangsläufig voneinander abgrenzen, auf einer abstrakteren Ebene jedoch wieder miteinander verbinden, etwa mittels der Religion und Schriftzeichen. Diesem Wechselspiel von Einheit und Vielfalt wohnen immer Wertevorstellungen inne. Insbesondere im modernen Europa werden Letztere als verbindende Klammern bemüht, zum Beispiel durch Menschenrechte, Rechtsstaatlichkeit, Toleranz und Chancengleichheit.

Recht als Kulturerscheinung

Neben Sprache, Kunst, Denken und Brauchtum ist auch das Recht eine Ausdrucksform bzw. ein Teilbereich der Kultur. Es bedeutet Abgrenzung und Verbindung zugleich. Da das Recht lange Zeit mündlich tradiert wurde (»Gewohnheitsrecht«), hat es von Anfang an Elemente in sich aufgenommen, die für die Lösung der gerade anstehenden Probleme praktikabel erschienen. Trotz des in Antike und Mittelalter vorherrschenden Personalitätsprinzips, nach dem jeder Mensch in eine bestimmte Rechtsordnung hineingeboren und unabhängig von seinem Aufenthaltsort danach behandelt wird, und der Existenz ständischer bzw. sozialer Rechtskreise (Bauern, Bürger, Adel, Handwerker, Soldaten, Kleriker usw.) gab es auch stets Verbindendes zwischen diesen Rechtssegmenten. Wie bei Sprache und Kunst wurden Elemente fremder Rechte übernommen und der eigenen Rechtsordnung durch Hoheitsakt einverleibt. Motive und Mechanismen dieses »Rechtstransfers« waren dabei sehr unterschiedlich. Auf jeden Fall kam es auch auf dem Gebiet der Kulturerscheinung »Recht« zur Herausbildung gemeinsamer Grundlagen in Europa. Das bekannteste Beispiel von fundamentaler Bedeutung ist die Rezeption des römisch-kanonischen Rechts, welches während des Spätmittelalters und der Frühen Neuzeit – maßgeblich vermittelt durch Kirche und Universitäten – in die verschiedenen Rechtsordnungen Europas, wiederum in unterschiedlicher Intensität (auf dem europäischen Festland stark, in England schwach), eindrang. Hierher gehört auch das sächsisch-magdeburgische Recht, das neben dem römisch-kanonischen Recht Hunderte von Städten und anderen Siedlungen sowie Landschaften in Mittel- und Ostmitteleuropa beeinflusst hat (Karte S. 48/49).

VERBREITUNGSGEBIET DES MAGDEBURGER RECHTS
UM DIE MITTE DES 18. JAHRHUNDERTS
1: 5 000 000
0 100 200 300 400 km
O S T S E E
Meerbusen von Riga
Gotland
Öland
Bornholm
Rügen
Kgr. Dänemark
Seeland
Fünen
Lolland
Falster
Fehmarn
Kgr. Preußen
Hzm. Mecklenburg
Vorpommern
Kfsm. Hannover
Kfsm. Brandenburg
Kfsm. Sachsen
Fsm. Anhalt
Ldgft. Thüringen
Kgr. Böhmen
Mähren
Nebenkarte
Kfsm. Bayern
Österreich
Ebm. Salzburg
Kgr. Ungarn
Fsm. Siebenbürgen
Galizien
Alpen
REP. VENEDIG
Waldkarpaten
Hohe Tatra
Niedrige Tatra
Erzgebirge
Riesengeb.
Sudeten
Böhmer Wald
Bayerischer Wald
Schwäbische Alb
Fränkische Alb
Thüringer Wald
Harz
Elbe
Oder
Weichsel
Donau
Memel
Düna
Narew
Spree
Havel
Inn
Theiß
Plattensee
Neusiedler See
MAGDEBURG
Riga
Königsberg/Kaliningrad
Danzig/Gdańsk
Stettin/Szczecin
Berlin-Cölln
Breslau
Warszawa/Warschau
Kraków/Krakau
Lwów/Lemberg
Wilno/Vilnius
Kowno/Kaunas
Grodno
Brest-Litowsk
Lublin
Poznań
Toruń
Dresden
Leipzig
Halle
Prag/Praha
Brünn/Brno
Olmütz
Wien
Pressburg/Bratislava
Buda
Linz
Salzburg
München
Regensburg
Nürnberg
Hamburg
Lübeck
Kiel
Kopenhagen
Angaben zur Verleihung des Magdeburger Rechts: H. Schmidt
Kartographie: G. Pápay

ZENTRUM FÜR MITTELALTERAUSSTELLUNGEN

ZMA

Orte mit Magdeburger Recht

Datierung nach der Verleihung des Magdeburger Rechts	Datierung nach der Verleihung des ersten Stadtrechts
● 12. Jahrhundert	▲ 12. Jahrhundert
● 13. Jahrhundert	▲ 13. Jahrhundert
● 14. Jahrhundert	▲ 14. Jahrhundert
● 15. Jahrhundert	▲ 15. Jahrhundert
● 16. Jahrhundert	▲ 16. Jahrhundert
● 17. Jahrhundert	▲ 17. Jahrhundert
● 18. Jahrhundert	▲ 18. Jahrhundert

Abkürzungen

A. Andrychów	*L.W. Lidzbark Warmiński*
B. Bochnia	*N.M. Nowe Miasto Lubawskie*
Ba. Barczewo	*N.W. Nowy Wiśnicz*
Bi. Bisztynek	*N.S. Nowy Sącz*
D.Dobczyce	*M. Myślenice*
D.E. Deutsch Eylau	*Mo. Mohrungen*
D.M. Dobre Miasto	*O.S. Osiek Jasielski*
G. Gerdauen	*P.E. Preußisch Eylau*
Dr. Drenfurth	*P.H. Preußisch Holland*
K. Kazimierz	*S. Skawina*
K.S. Kamionka Strumiłowa	*Sk. Skotschau*
L. Lanckorona	*Sc.Schwarzwasser*
Li. Liebstadt	*S.J. Staryj Jarytschiw*
Lie. Liebemühl	*W. Wieliczka*
L.M. Lipnica Murowana	*Wa. Wadowice*

○ Ort ohne Datierungsangabe (in der Regel nicht beschriftet)

□ Orientierungsort

Grenze des Heiligen Römischen Reiches Deutscher Nation

Grenze des Hasburger Reiches

sonstige Grenze

Hzm. Schlesien (1742 preußisch)

Geistliches Gebiet im Heiligen Römischen Reich Deutscher Nation

Fortschritt durch Stadtrecht

Von den im Mittelalter vorhandenen »Rechtskreisen« – wie beispielsweise dem Stadtrecht, Landrecht, Lehnrecht und Kirchenrecht – ging vor allem vom Stadtrecht eine zukunftsweisende Wirkung aus. So waren in den Städten die für die Rechtsordnung(en) auf dem Land typischen Abhängigkeitsverhältnisse aufgehoben. Das bekannte Rechtssprichwort »Luft macht eigen. Stadtluft macht frei nach Jahr und Tag« bringt diesen Zusammenhang zum Ausdruck.

Während im ländlichen Bereich die Existenz von Recht als gegeben angesehen wurde, gingen die Städte früh dazu über, nach aktuellen praktischen Bedürfnissen Recht bewusst zu setzen. In Verbindung mit dem vorhandenen Gewohnheitsrecht wurde das Stadtrecht durch die Rechtsanwendung der städtischen Gerichte sowie der sogenannten Oberhöfe und Schöffenstühle lebensnah weiterentwickelt. Aufgrund der Struktur und Funktion früher Handelsplätze lag es nahe, dass insbesondere städtische Belange wie Handel, Handwerk, Friedenssicherung und Besitzgarantien rechtlich geregelt wurden. Modern wirkt auch die Praxis, neu gesetztes Recht als Ratswillküren und Ratsbeschlüsse den versammelten Bürgern als Adressaten und Träger der städtischen Rechtsordnung öffentlich zu verkünden. In den Städten setzte früh die Verschriftlichung der Rechtskultur ein, wovon die niedergeschriebenen Rechtsgeschäfte, Gerichtsentscheidungen und Schöffensprüche in den entsprechenden städtischen seriellen Quellen wie zum Beispiel den Schöffenbüchern künden. Im Bereich des Strafrechts und Strafprozesses lässt sich eine zügige Verfolgung und Aburteilung von Straftätern feststellen. Dem Charakter der Handel treibenden Kaufmannsfamilien ist es wohl geschuldet, dass mit den Stadtrechten eine erhebliche Verbesserung der Rechtsstellung der Kaufmannsfrau im Besonderen und der Frau im Allgemeinen erreicht wurde, vor allem in Bezug auf die Geschäftsfähigkeit und das Erbrecht, die Absicherung der Witwe. Aufgrund der an effizienter Rechtsdurchsetzung interessierten Stadt und der dynamischen Abwicklung von Handelsgeschäften kam es zu einer spürbaren und zukunftsweisenden Reduzierung der Formalien im Prozess.

Schließlich trug die gesamte Stadtverfassung mit der ihr eigenen Balance der Gewalten in der Stadt und über die Stadt, das heißt Stadtherr, Rat, Stadtgericht und Schöffenkollegium, erheblich zur Stabilisierung und Verstetigung der städtischen Rechtsordnung bei. Mit der Gründung von Städtebünden schützten sich die Städte vor Übergriffen durch stadtfremde bzw. städtefeindliche Gewalt. Ein Musterbeispiel für die Zusammenführung der genannten fortschrittlichen Merkmale der Stadtrechte stellt das berühmte Stadtrecht von Magdeburg dar (Abb. 8).

Rechtstransfer und Rechtsverwandtschaften

Aufgrund der unübersehbaren Vorteile, die das Stadtrecht gegenüber dem Landrecht hatte, wurden Stadtrechte, in denen diese Merkmale besonders ausgeprägt und lebensfähig waren, von anderen Städten übernommen bzw. begehrt. Dabei waren die Wege dieses Rechtstransfers unterschiedlich. Sie reichten von der gewaltsamen Übertragung (etwa im Gebiet des Deutschen Ordens) über vertragliche Regelungen zwischen Stadtherrn und Stadt sowie über ausdrückliche Privilegierungen durch die Stadtherren (»Bewidmung«) bis hin zur pragmatischen Anwendung eines brauchbaren Stadtrechts durch die jeweilige Stadt, sofern sie die wirtschaftliche und politische Stärke für eine solche selbstständige »Ausstattung« bzw. »Nostrifizierung« mit einem

Abb. 8
Herzog Bolesław V. von Polen ließ 1257 die Stadt Krakau planmäßig gründen und verlieh der Siedlung mittels dieses Lokationsprivilegs das Magdeburger Recht. Krakau, Archiwum Narodowe w Krakowie, Sig. Perg. 2

Abb. 9
Heute im Südosten der Slowakei gelegen, gehört Kaschau/Košice zu einer Reihe von städtischen Zentren des mittelalterlichen Ungarns, die durch das Magdeburger Recht bedeutenden Aufschwung nahmen

bestimmten Stadtrecht hatte. Diese Transferprozesse führten dazu, dass viele Städte aufgrund ihres jeweiligen Stadtrechts, das oft lokalbezogen variiert war, mit anderen Städten »verwandt« waren. Die Wissenschaft des 19. Jahrhunderts hat für diese Geflechte den Begriff »Stadtrechtsfamilien« eingeführt und diesen mit den Termini »Mutterstädte«, »Tochterstädte«, »Enkelstädte« und »Rechtszug an den Oberhof« kombiniert. Die moderne Forschung verweist zwar kritisch darauf, dass das eine von der Realität entfernte Idealvorstellung sei, doch ist bislang noch kein anderer diese komplexen Erscheinungen umfassender oder gar besserer Begriff gefunden worden (Abb. 9).

Magdeburg als Ausstrahlungs- und Rückkopplungsort

Eines der wirkungsmächtigsten deutschen Stadtrechte des Mittelalters war das berühmte Stadtrecht von Magdeburg. Es wurde nicht nur hundertfach an andere Städte und Dörfer übertragen, sondern auch von solchen begehrt. Das Stadtrecht von Magdeburg übte eine erhebliche Anziehungskraft aus. Im Rahmen der von Magdeburg aus verlaufenden Rechtstransferprozesse war man sich dessen bewusst, dass das attraktive Stadtrecht einen Namen trägt, eben jenen von Magdeburg. Inwieweit immer bekannt war, wo Magdeburg liegt oder was es mit dieser Stadt auf sich hat, war nicht die Frage. Vielmehr ging es um die Inhalte dieses Rechts, die insbesondere die bereits geschilderten Vorteile in der Stadtverfassung und für die private Rechtssicherung mit sich brachten und mit dem variantenreich erscheinenden Begriff »Magdeburger Recht« – einer modernen Marke gleich – bezeichnet waren. Somit hat Magdeburg als Ursprungsort einer unvergleichlich populären wie lebensfähigen Stadtrechtsordnung von der Elbe bis etwa an den Dnjepr (Kiew/Kyjiv) ausgestrahlt.

An den Orten, in denen Magdeburger Recht bzw. Varianten davon galten, war man sich dessen bewusst, dass in der namengebenden Stadt bzw. in den näher liegenden Tochterstädten gediegene Kenntnisse zu diesem Recht vorhanden waren. Vor allem aber gingen beim Magdeburger Schöffenstuhl viele Rechtsfragen ein, wo sie rechtskundig beantwortet wurden. Insofern gab es eine intensive Rückkopplung der Städte Magdeburger Rechts in die sogenannte Mutterstadt des Magdeburger Rechts oder in eine näher gelegene Tochterstadt mit gleichem oder ähnlichem Recht. Diese Praxis ist vor allem deshalb bemerkenswert, weil man vor Ort nicht aus Machtbehauptung darauf bestand, das Recht um jeden Preis selbst anzuwenden bzw. auslegen zu wollen. Vielmehr wurde der Sachkunde respektvoll der Vorrang eingeräumt.

Verbreitung des Magdeburger Rechts

In enger Verbindung mit dem Sachsenspiegel gelangte das Magdeburger Recht unter anderem nach Schlesien, Polen, ins Deutschordensland, ins Baltikum (Litauen, Livland), in die Ukraine, nach Böhmen, Mähren und nach Ungarn. Die in diesen Gebieten und auf dem Weg dorthin entstandenen neuen Rechtstexte, die in der Regel ein Gemisch aus Sachsenspiegel-Recht und Magdeburger Recht darstellen, nennen das aus dem Elbe-Saale-Raum stammende Recht *ius Theutonicum*, *ius Maideburgense* oder *ius Saxonum*. Rechtsmaterien mit ursprünglich verschiedenen, voneinander abgrenzbaren Inhalten gingen so ineinander über. Als weit verbreitete und ganz übliche Bezeichnung für diesen Normenkomplex setzte sich *ius Maideburgense* (Magdeburger Recht) durch.

Von zentraler Bedeutung für die Verbreitung des sächsisch-magdeburgischen Rechts nach Ostmitteleuropa war das bis 1335 polnische Herzogtum Schlesien. Noch im 13. Jahrhundert wurden die schlesischen Städte Goldberg/Złotoryja (1211), Breslau/Wrocław (vor 1241), Neumarkt/Środa Śląska (1235) und Glogau/Głogów (1263) mit Magdeburger Recht bewidmet. Von Schlesien aus wurden das Magdeburger Stadtrecht und der Sachsenspiegel nach Polen übernommen. Der alten polnischen Königs- und Universitätsstadt Krakau/Kraków kam dabei eine tragende Rolle zu. Nach den bezeugten Sachsenspiegel-Handschriften und der Präsenz des Magdeburger Rechts muss Kleinpolen, das heißt das Gebiet um Krakau, als ein Zentrum der Verbreitung und Anwendung deutschen bzw. sächsisch-magdeburgischen Rechts angesehen werden. Die Stadt Krakau war bei ihrer Neugründung 1257 mit Magdeburger Recht bewidmet worden.

Kasimir III. der Große (reg. 1333–1370) sorgte als König von Polen für zahlreiche Privilegierungen in den von ihm neu gewonnenen Ostgebieten Volhynien, Galizien und Podolien, die heute größtenteils vom Territorium der Ukraine erfasst werden (Abb. 10). Im Jahr 1356 verbot Kasimir den Rechtszug nach Magdeburg und richtete in Krakau das berühmte Obergericht, auch Oberhof genannt, für die kleinpolnischen Städte Magdeburger Rechts ein, das *ius supremum Maideburgense castri Cracoviensis*. Damit wurde einerseits der Rückgriff auf den Schöffenstuhl der »Mutterstadt« Magdeburg verlegt, andererseits die Anwendung des Magdeburger Rechts in seiner Krakauer Ausformung königlich legitimiert.

In Krakau entwickelte sich über die rege Spruchtätigkeit des Obergerichts hinaus unter den günstigen Bedingungen einer Residenz- und Universitätsstadt eine besondere Rechtsliteratur zum Sachsenspiegel und zum Magdeburger Recht. Völlig neue Möglichkeiten der Verbreitung

Abb. 10
Grabmal König Kasimirs III. von Polen in der Krakauer Wawel-Kathedrale, ca. 1371 auf Bestreben seines Neffen und Nachfolgers, König Ludwig d' Anjou, errichtet

von Rechtsquellen hatten sich mit der Erfindung des Buchdrucks eröffnet, die auch Krakau zu einem prosperierenden Druckort werden ließ. So publizierte der königlich-polnische Kanzler Jan Łaski (1456–1531) 1506 eine lateinische Fassung des Sachsenspiegels und des Magdeburger Weichbilds (Stadtrechts) neben heimischen Rechtsquellen. Der Krakauer Stadtschreiber Nikolaus Jaskier (1504–um 1560) gab lateinische Ausgaben des glossierten Sachsenspiegels und des glossierten Weichbilds heraus, die im Jahr 1535 als gedruckte Bücher erschienen. Zur sprachlichen Weiterentwicklung vor Ort gehörte auch das Werk des polnischen Rechtsgelehrten Bartholomäus Groicki (um 1534–1605), welches 1558 unter dem Titel »Artykuły prawa majdeburskiego, które zowią Speculum Saxonum« (Artikel des Magdeburger Rechts, welche man Speculum Saxonum nennt) im Druck erschienen war. Aus der Feder desselben Autors stammt die Rechtssammlung »Porządek sadów i spraw miejskich prawa majdeburskiego w Koronie Polskiej« (Stadtgerichts- und Prozessordnung des Magdeburger Rechts im Kronland Polen), die später in Oberungarn, vor allem aber in den Gebieten der späteren Ukraine, Anwendung fand. Die genannten Schriften spielten eine herausragende Rolle bei dem Transfer des sächsisch-magdeburgischen Rechts in Polen und darüber hinaus. Sie lösten offenbar etliche Probleme der fremden Rechtssprache zugunsten einer sich formierenden polnischen Fachsprache des Rechts.

Weit nördlich von Krakau, im Deutschordensland, entwickelten sich die Städte Kulm/Chełmno und Thorn/Toruń zu Metropolen deutschen Rechts und verhalfen dem sächsisch-magdeburgischen Recht zu einer beachtlichen Wirkung. Grundlage war die berühmte »Kulmer Handfeste« von 1233, ein vom Deutschen Orden verliehenes Stadtrechtsprivileg. Die darauf beruhende Ausformung eines speziellen Kulmer Rechtstyps schloss die Übernahme diverser Regelungen des Flämischen Rechts ein. In dem in Richtung Nordosten benachbarten Litauen sind neben vielen anderen Städten Wilna/Vilnius (1387), Kauen/Kaunas (1408) und Traken/Trakai (um 1400) als Städte Magdeburger Rechts bezeugt (Abb. 11). Spuren des sächsisch-magdeburgischen Rechts finden sich auch in den drei Fassungen des Litauischen Statuts (1529, 1566, 1588). Im historischen Livland entstanden spezielle Bearbeitungen des Sachsenspiegels, so der »Livländische Spiegel« und das »Livländische Ritterrecht« in mehreren Redaktionen. Bemerkenswert ist, dass der Sachsenspiegel, der während seiner Verbreitung in Ostmitteleuropa eine Symbiose mit dem Magdeburger Recht eingegangen war, noch das Zivilgesetzbuch der Republik Lettland (*Civillikums*) von 1937 beeinflusste.

Das Magdeburger Recht war auch im Gebiet des heutigen Weißrussland (Belarus), welches historisch zum Großfürstentum Litauen gehörte, präsent. Hier prägte es insbesondere die Verfassung und das Recht der Stadt Minsk (1499). Weitere Städte Magdeburger Rechts in Belarus waren unter anderen Brest, Grodno/Hrodna und Orscha.

Von herausragender Bedeutung war die Privilegierung der galizischen Stadt Lemberg (1356), des heutigen ukrainischen L'viv, mit Magdeburger Recht. Darauf folgte eine große Anzahl von Privilegien, darunter jenes des Großfürsten Alexander (reg. 1492–1506) für die »kleinrussische« (später ukrainische) Metropole Kiew um 1497 (Abb. 12). Das sächsisch-magdeburgische Recht ging in den bedeutenden Kodifikationsentwurf des ukrainischen Rechts von 1743 ein, der »Prawa po kotorym suditsja malorossijskij narod« (Rechte, nach denen das kleinrussische Volk Recht spricht). Er wurde aufgrund des zentralistisch geprägten politischen Gegenwinds aus Russland nicht in Kraft gesetzt. Es kann jedoch davon ausgegangen werden, dass die Bestimmungen des Entwurfs in aktualisierter und einer den Verhältnissen angepassten Form dennoch in der Rechtspraxis Berücksichtigung fanden. Dessen ungeachtet waren und sind sich die Ukrai-

Abb. 11
Von den im heutigen Staatsgebiet Litauens gelegenen Städten erhielt Traken/Trakai 1441 das Magdeburger Recht

Incipit ordo ad regem
benedicendum conse-
crandum et coronan-
dum quando nouus
a Clero et populo in Re-
gem sublimatur. Et pri-
mo anteq[uam] exeat de
thalamo induatur ve-
stibus cum orac[i]o[n]ib[us]

infrascriptis ante in-
dumentum dicat ps[almum]
Quare fremuerunt
gentes et timor
domini permanens
usq[ue] ad finem. et stati[m]
induatur. Primo in-
duatur tunica dicens
Ut diligam iustitiam

◄ Abb. 12
Krönung König Alexanders I. von Polen im Jahr 1501, Darstellung im Pontificale des Erasmus Ciołek, nach 1510. Krakau, Biblioteka Książąt Czartoryskich, MS. Czart. 1212, fol. 36

Abb. 13
Denkmal für das Magdeburger Recht in Kiew, erbaut zwischen 1802 und 1808

ner, das »kleinrussische Volk« im Titel des Entwurfs, der westlich-deutschen Rechtstradition bewusst. Ein Denkmal von 1802 erinnert noch heute am Ufer des Dnjepr daran, dass Kiew eine Stadt des Magdeburger Rechts war (Abb. 13).

Im Königreich Böhmen und in der ihm lehnsrechtlich verbundenen Markgrafschaft Mähren gehörten mehrere, vor allem im Norden gelegene Städte der Magdeburger Stadtrechtsfamilie an. Für sie hatte Leitmeritz/Litoměřice eine besondere Bedeutung. Diese Stadt unweit von Prag/Praha hatte spätestens 1262 Magdeburger Recht erhalten. Aber auch beispielsweise Olmütz/Olomouc, Leobschütz/Głubczyce, Königgrätz/Hradec Králové, Troppau/Opava und ein Stadtteil von Prag (die heute sogenannte Kleinseite/Malá Strana) waren Städte bzw. eine Siedlung des Magdeburger Rechts. Die Zentralfunktion von Leitmeritz ergab sich aus dem Vorhandensein eines Oberhofs für die böhmischen Städte und Siedlungen Magdeburger Rechts in Böhmen. Er konnte sich bis zur Mitte des 16. Jahrhunderts behaupten. Das Magdeburger Recht wurde seitdem massiv zurückgedrängt und schließlich 1579 durch eine umfassende Kodifikation des böhmischen Stadtrechts in tschechischer Sprache von Pavel Kristián von Koldín ersetzt. Zuvor war der Rechtszug nach Magdeburg durch die Gründung eines zentralen Appellationsgerichts für das Königreich Böhmen auf der Prager Burg 1548 unterbunden worden. Auf das Ganze gesehen hat das Magdeburger Recht nur einen relativ kleinen Teil der Städte und Dörfer im Norden Böhmens und Mährens beeinflusst. Ungeachtet der Bewidmungen fand das sächsisch-magdeburgische Recht in Gestalt des sogenannten Meißner Rechtsbuchs im böhmischen und mährischen Raum sowie darüber hinaus Verbreitung.

In Nomine Domi
ni Amen · Anno
Eiusdem · M · CC
C lxx ·

Iudices Iurati et Seni
ores prouincie terre
Scepusiensis · Conse
dentes · Sagacitate in
genij · Maturitate cō
silij · iura a predecesso
ribus suis legittime et racio
nabiliter edita et Statuta a pri
meuis fundacionis Prouincie tē
poribus cōmuni bono vsui et uti
litati tenaci memoria in casibus

◄ Abb. 14
Die »Zipser Willkür« wurde 1370 verfasst und enthält Ergänzungen der Jahre 1505 und 1516. Budapest, Országos Széchényi Könyvtár, Cod. Germ. 35, Deckblatt

Zu den bedeutendsten Rechtstexten sächsisch-magdeburgischer Provenienz im mittelalterlichen Ungarn zählen das »Ofner Stadtrechtsbuch«, das »Silleiner Stadtrechtsbuch« und die »Zipser Willkür«. Das von Magdeburg stark beeinflusste »Ofner Stadtrechtsbuch« aus dem 15. Jahrhundert diente unter anderem als Grundlage für die Rechtsprechung des Tavernikalgerichts für die sieben ungarischen Königlichen Freistädte Ofen/Buda, Kaschau/Košice, Pressburg/Bratislava, Ödenburg/Sopron, Tyrnau/Trnava, Bartfeld/Bardejov und Eperies/Prešov. Später kam noch Pest hinzu. Deutlichen Bezug zum Magdeburger Stadtrecht und zum Sachsenspiegel weist auch das »Silleiner Stadtrechtsbuch« auf. Es enthält für die Zeit von 1373 bis 1561 mehrere lateinische, deutsche und slowakische Texte, darunter auch einen jeweils vollständigen Text des Sachsenspiegels und des Sächsischen Weichbildrechts. Bei der »Zipser Willkür« handelt es sich um ein 1370 von Richtern, Geschworenen und Ältesten der Zips (einer Landschaft unterhalb der Hohen Tatra in der Slowakei) aufgezeichnetes Rechtsbuch (Abb. 14). Es geht im Kern auf ein Privileg des ungarischen Königs Stephan V. (reg. 1270–1272) von 1271 zurück, in dem die Rechte der »Provincia Saxonum de Cips« fixiert waren. Als Quellen lassen sich der Sachsenspiegel, das Iglauer Stadtrecht, Brünner Satzungen und flämisches Recht ausmachen.

Aktuelle Bedeutung des Magdeburger Rechts

Es ist ein gewisses Phänomen, dass das Magdeburger Recht, dessen Ursprung in das Hochmittelalter zurückreicht, noch heute als Erscheinung bekannt und im Verständnis vieler Menschen durchgängig positiv besetzt ist. Dafür gibt es mehrere Gründe. Sie speisen sich vor allem aus der Perspektive der Städte, die ihr Recht als Magdeburger Recht gesehen und erlebt haben. Die Städte betrachten retrospektiv in ihrem traditionellen wie aktuellen kollektiven Bewusstsein den Eintritt in die Magdeburger Stadtrechtsfamilie regelmäßig als bedeutendes und zukunftweisendes Ereignis ihrer Stadtgeschichte. Von besonderer aktueller Bedeutung ist die städtische Autonomie. Sie war auch im Magdeburger Stadtrecht ausgebildet (freilich nicht nur in diesem). Somit nimmt es nicht wunder, dass gerade die Städte in Ostmitteleuropa ihr behauptetes und gelebtes, keineswegs selbstverständliches Selbstverwaltungsrecht auf das Magdeburger Recht zurückführen.

Literatur
von Bunge 1879, S. 95–158 | Czaja 2018 | Dusil 2018 | Eichler/Lück 2008 | Gönczi 1997 | Gönczi 2018 | Janicka 2018 | Karpavičienė 2008 | Keller 2008 | Kobyleckyj 2008 | Köster/Link/Lück 2018 | Kozubska-Andrusiv 2018 | Lieberwirth 1986 | Lück 1990 | Lück 2009 | Lück 2013 | Lück 2015 | Lück 2018 a | Lück 2018 b | Lück 2018 c | Łysiak 1990 | Mikuła 2018 | Muzeum Historyczne Krakowa 2007 a | Muzeum Historyczne Krakowa 2007 b | Piirainen/Papsonová 1992 | Slavičkova 2013.

BERND SCHNEIDMÜLLER

Europa und das Magdeburger Recht

Über die Andersartigkeit des Mittelalters

Eine Ausstellung über das Magdeburger Recht und seine Bedeutung für die mittelalterliche Urbanisierung erschließt in überraschender Weise europäische Rechtsräume und soziale Verknüpfungen in ihrer historischen Andersartigkeit. In der Moderne orientierten sich die Menschen am großen Ganzen von Staat, Nation oder politischen Blöcken. Die Erfahrungen der letzten Jahrzehnte bescherten uns ein neues Gespür für politische Zufälle und für die Chancen des Wandels. Trotz mancher aktuellen Anfechtungen lernen wir nach den nationalen Katastrophen des 20. Jahrhunderts, in größeren Zusammenhängen zu denken und zu leben, in europäischen oder gar in globalen. Nach dem Zweiten Weltkrieg und nach dem Ende des Kalten Krieges führte die Sehnsucht der Völker nach einer stabilen Friedensordnung zur Idee vom europäischen Haus. Es baute auf gemeinsamen Überzeugungen vom Wert des Rechts, der Kultur und der Demokratie auf. So nahm und nimmt das Experiment Europa Fahrt auf. Dabei sind wir Zeitzeugen eines Umbruchs, der den alten Kontinent in gravierender Weise erneuert. Jetzt gibt Europa seinen Namen für eine Union von Staaten. Wir kennen heute weder das Ziel der europäischen Reise noch die Biegungen der nächsten Streckenabschnitte. Wie immer wir die Zukunft auch beurteilen, eines hat uns die Geschichte der letzten 30 Jahre gelehrt: Europa ist heute mehr als der Name einer Landmasse, die man bei einem Blick auf die Weltkarte auch als westliches Anhängsel von Asien halten könnte.

Mittlerweile hat sich Europa zu einer Leitvorstellung und zu einer Lebenswelt entwickelt, die von den Menschen zwar unterschiedlich begriffen oder beurteilt werden mag, die aber bereits in der Wirklichkeit angekommen ist. Eine wichtige Grundlage für das Bekenntnis zu Europa sind die sehr verschiedenen historischen Erfahrungen der Menschen. Vergangene Wahrnehmungs- und Handlungsmuster bieten uns keine Kopiervorlagen für Gegenwart und Zukunft. Sie lehren uns allerdings, dass frühere Generationen ihre großen Menschheitsfragen anders angingen und dass es deshalb in der Geschichte keine Alternativlosigkeiten gibt. Die Geschichte des Magdeburger Rechts und seiner Wirkungen im mittelalterlichen Europa ist ein gutes Beispiel für die Kraft von historischer Sensibilisierung und für unerwartete Zusammenhänge, die wir in ihrer Kreativität für Europa neu entdecken. Die Übernahme des Magdeburger Rechts vollzog sich im mittleren und östlichen Teil des spätmittelalterlichen Europas, ohne dass diese Rechtsordnung je mit dem Wort oder der Idee Europa in Zusammenhang gebracht worden wäre. Die von der Elbe ausgehende Ordnung hieß vielmehr magdeburgisches Recht, sächsisches Recht oder deutsches Recht. Europa war ein geografischer Raum, der damals in den Lehrbüchern vorhanden war – nicht im Recht, nicht in der Politik, nicht in den Herzen. Angesichts aktueller Erfahrungen bietet uns das Studium des Magdeburger Rechts eine Begegnung mit einer anderen Welt.

Übertragung, Annahme und Weiterentwicklung der Rechtspraktiken in den Ländern östlich der Elbe folgten nämlich keinen Befehls- und Verordnungskartellen, auch wenn manche Herrschaftsträger die Verbreitung durchaus beförderten. Adlige Stadtgründer in Ostmitteleuropa gaben ihren Städten das Magdeburger Recht auf den Weg. Viele Siedler transportierten auf ihren weiten Wanderungen von West nach Ost das Recht als Fundament ihres kommunalen Lebens. Dabei vollzog sich die Ausbreitung ganz anders als die Setzung europäischen Rechts in unserer Gegenwart. Die Attraktivität des Magdeburger Rechts ergab sich nämlich aus seiner Offenheit, aus seiner Flexibilität für neue Situationen oder Nutzer und vor allem aus seiner Menschennähe. Der Wurzelgrund dieses Rechts entstand in vielfältigen Verbindungen älterer Rechtspraktiken im Norden des heutigen Deutschlands und band Gewohnheiten aus der ländlichen und städtischen Lebenswelt zusammen. Er war also nicht von Prinzipien, sondern von Erfahrungen geformt.

Gesunder Menschenverstand und der Gerechtigkeitssinn von Gemeinschaften beförderten die Weiterentwicklungen des Magdeburger Rechts, seine Anwendungen und seine Auslegungen. Dafür stand die Autorität des Magdeburger Schöffenstuhls, der erst auf Anfragen tätig wurde, Einzelfälle abwog und seine Sprüche als rechtskundigen Rat verschickte. Das waren keine Befehle, nicht einmal nötigende Weisungen. Keine Polizeigewalt stand hinter dem Schöffenstuhl und setzte seine empfohlenen Lösungen zur Streitschlichtung durch. Die Empfänger mussten mit den Schöffensprüchen umgehen, die ihre Lebenswirklichkeit erst durch die Akzeptanz im sozialen Leben erlangten.

Aus der verstreuten Überlieferung entdecken wir heute wieder neu den Fleiß der Magdeburger Schöffen, die Tausende von Rechtsanfragen bedachten und ihre Sprüche über Hunderte von Kilometern verschickten. Die Expertise der rechtskundigen Männer folgte keinem kodifizierten Gesetz, sondern beruhte auf einer immensen Kenntnis geschriebener und gelebter Rechtstraditionen, auf Weisheit und gesundem Menschenverstand. Erst die Gelehrsamkeit studierter Universitätsjuristen und die Durchsetzungskraft territorialisierter Staatlichkeit brachten diese gelebte Gerechtigkeit aus der Mitte der städtischen Lebenswelt seit dem 16. Jahrhundert zum Erliegen. Bis in die Frühe Neuzeit wirkten noch die unkontrollierten Strömungen von Recht, in der Ukraine gar bis ins mittlere 19. Jahrhundert. Die Kommunikationsnetze, die in wechselseitigen »flows« keinen klaren Richtungen folgten, überspannten weite Räume von der Elbe bis zum Dnjepr. Wir müssen diese ganz besondere Geografie im zusammenwachsenden Europa erst wieder neu entdecken. Kluge Menschen des späten Mittelalters fügten ihren Rechtsraum anders in das größere Ganze ihrer Welt ein. Sie bemühten dafür nicht das Wort oder die Idee von Europa. Vielmehr verknüpften sie die Ursprünge ihres Rechts mit imperialen Stiftertaten und rückten es selbstbewusst und gleichrangig neben die ganz andere Welt des ebenfalls von Kaisern kodifizierten römischen Rechts.

Eike von Repgow (um 1180 – nach 1233) benannte im 13. Jahrhundert die christlichen Kaiser Konstantin den Großen (reg. 306–337) und Karl den Großen (reg. 768–814) als die Urheber des sächsischen Rechts. Es war für ihn keine selbst geschaffene Ordnung des sächsischen Volkes, sondern vielmehr gesatztes Kaiserrecht. Die Buch'sche Glosse notierte im zweiten Viertel des 14. Jahrhunderts, dass drei große Kaiser dieses Recht gemehrt hätten: Otto der Große (reg. 936–973), Otto II. (reg. 973–983) und Friedrich Barbarossa (reg. 1152–1190). Historiker und Rechtshistoriker lächeln heute über solche mittelalterlichen Fiktionen einer kaiserlichen Stiftung und verkennen dabei ihre wichtige Bedeutung. Den Kennern des mittelalterlichen Rechts der Sachsen kam es bei seiner Herleitung von christlichen Kaisern nämlich darauf an, ihre eigene Rechtswelt in gleicher Würde neben die des römischen Rechts zu rücken, das von Kaiser Justinian (reg. 527–565) kodifiziert und an den hohen Rechtsschulen der lateinischen Christenheit gelehrt wurde. Heute kennen wir den neuzeitlichen Siegeszug des geschriebenen Rechts über Europa und die ganze Welt hinweg. Im spätmittelalterlichen Sachsen nahm man dagegen die Konkurrenz mit dieser anderen Rechtstradition noch ganz selbstbewusst auf. Mit den vorbildlichen christlichen Kaisern Konstantin dem Großen und Karl dem Großen beanspruchte man sogar die bedeutenderen Gründungsväter. Dass Recht einmal zu einer Domäne von Universitäten und studierten Juristen werden würde, war damals noch keineswegs abgemacht.

Die Geschichtswissenschaft des 20. Jahrhunderts wollte Europa in zwei große Teile zergliedern, in die Gebiete innerhalb und außerhalb der Grenzen des antiken *Imperium Romanum*. Sie wurden als älteres und jüngeres Europa einander gegenübergestellt. Auch wenn die Limes-

Grenze den späteren Jahrhunderten manche Weichen stellte, ist das Bild von alt und neu, von zivilisatorischem Fortschritt und lernender Akkulturation nicht richtig. Erfahrungen der gegenwärtigen Globalisierung haben uns das Verhältnis von Geben und Nehmen, von Belehren und Lernen, von Fortschritt und Rückschritt wieder neu sehen gelehrt. Die postkolonialen Kulturwissenschaften mussten in internationalen Diskursen lernen, in dieser »Provinzialisierung Europas« neu zu denken und zu forschen. Ebenso kritisch könnte man den »Lobpreis der Verwestlichung« auf den Prüfstand stellen. Das würde neue Denkmodelle befördern, kulturelle Überlegenheiten oder Lernprozesse aus Rückständigkeit infrage stellen und Einsichten in beständige Prozesse von Vermischung eröffnen. In solchen Perspektivierungen wächst der alten Welt des Magdeburger Rechts und der Urbanisierung im mittleren und östlichen Europa eine neue Würde zu.

Diese Neubewertung entspringt keineswegs nur aktuellen Gerechtigkeitsideen des 21. Jahrhunderts, die nach langen Jahrzehnten von Imperialismus, Nationalismus und Blockbildung endlich auf die Menschen in Europa schauen. Ein Blick auf das mittelalterliche Verständnis von Europa und auf seine Einbettung in die ganze Welt macht uns klug und bescheiden zugleich. Dafür greifen wir die Aussage auf, dass Europa keine politische Leitvorstellung des Mittelalters bildete. Wort und Modell waren in den Pergamenten und Papieren zwar durchaus vorhanden. Europa markierte damals aber eine geografische Größe. Der Begriff war zudem nicht besonders verbreitet. Und er zielte nicht auf eine politische, religiöse oder kulturelle Einheit ab. Deshalb lohnt es sich, erst einmal das zu bedenken, was Europa früher nicht war. Nur so können wir Europa in seiner ganz anderen Bedeutung für das mittelalterliche Jahrtausend angemessen begreifen. Mit der Betonung der Unterschiede entgehen wir einer abwegigen, anachronistischen Indienstnahme Europas für gegenwärtige Sehnsüchte, die in Wirklichkeit etwas anderes wollen als historische Erkenntnis. Ich nannte Europa früher einmal einen Abrufbegriff, den jede Generation für sich neu benutzte und verformte. Dies greife ich hier auf und bedenke dabei die Grenzerfahrungen und Grenzüberschreitungen in jenem Kommunikationsraum, den das Magdeburger Recht des späteren Mittelalters formte. Für die mittelalterlichen Bilder von Europa können wir jetzt ein grundlegendes Buch von Klaus Oschema (2013) benutzen, das die Quellen klug zusammenfügt und analysiert.

Was meinte Europa im Mittelalter nicht? Hier sind zwei zentrale Unterschiede zur Gegenwart herauszustellen. Europa als geografische Größe rief früher (1) keinerlei Vorstellungen eines unveränderlichen Geschichtsraums hervor; und es besaß (2) keinerlei Bedeutung für die Stiftung religiöser, kultureller oder politischer Einheit. Diese Andersartigkeit soll hier in zwei Schritten erläutert werden:

(1) Die Aussagen von der Herkunft der Völker und Kulturen beschrieben im Mittelalter Europa als beständigen Zuwanderungsraum. Jeder historische Fortschritt beruhte auf Eroberung und Migration. Die Wanderer bestimmten die Zukunft, die Sitzenbleiber gingen unter. Ihre Konturen erlangte die europäische Geschichte seit dem 3./4. Jahrhundert durch Bewegungen, Veränderungen, Zäsuren. Die mittelalterlichen Völker leiteten ihre Herkunft und ihre Erfolge aus Migrationen ab. Viele Dynastien oder Völker, voran die Franken, stilisierten sich als Nachfahren der aus Kleinasien aufbrechenden Trojaner. Die Iren führten sich auf asiatische und nordafrikanische Vorfahren zurück. Mittelalterliche Christen wussten ihren Sehnsuchtsort in Jerusalem und in Palästina, dem Land von Leiden, Sterben und Auferstehung Jesu Christi. In Jerusalem sollte sich einst auch die Geschichte der Menschheit vollenden. Das Paradies und die Herkunft des Menschengeschlechts siedelten die Bibelkundigen des Mittelalters im Osten Asiens an, jenseits

von Indien. Aus Asien oder Ägypten stammten auch die Grundlagen von Religion, Herrschaft und Gelehrsamkeit. In diesem mittelalterlichen Wertekartell war nichts wirklich Grundlegendes in Europa entstanden. Alles war dorthin gekommen. Erst am Ende des Mittelalters, im Moment der großen Ausbreitung der Europäer über die ganze Erde, propagierten humanistische Gelehrte die Einheit der Menschen mit ihrem Heimatboden. Die Germanen seien, so las man jetzt in den Büchern, auf ihrer eigenen Erde entstanden, nicht dorthin gekommen. Europäische Intellektuelle um 1500 entdeckten plötzlich den Zauber des Indigenats; das meint das Eingeborensein in einer Heimat mit unvordenklicher Geschichte. Auf diesem verhängnisvollen Wurzelboden nisteten später die nationalistischen Ideen von der Reinheit der Völker. Das Mittelalter hatte zuvor ein gänzlich anderes Modell verkündet, nämlich die produktive Kraft von beständiger Vermischung und Wanderungsdynamik.

(2) Die Christenheit breitete sich im Mittelalter durch die Mission der europäischen Völker aus. Die lange Verdrängung der als Heidentum stigmatisierten Vielgötterreligionen dauerte von der Spätantike bis ins späte 14. Jahrhundert. Am Ende öffnete sich 1386/87 auch noch das heidnische Litauen dem Christengott. So konkurrierten beim Ausgang des Mittelalters im vormals heidnischen Europa nur noch die drei monotheistischen Religionen miteinander: Judentum, Christentum und Islam. Keine einzige dieser Glaubensrichtungen war in Europa entstanden, keine einzige propagierte Europa als Idee. Christentum und Islam zielten vielmehr auf die Bekehrung aller Menschen. Das Missionsgebot Jesu Christi verpflichtete seine Jünger, die Frohe Botschaft bis an die Enden der Erde zu tragen. Auch wenn sich das Christentum im Mittelalter vor allem in Europa entfaltete, durfte und wollte es sich auf gar keinen Fall mit diesem Kontinent verknüpfen. Deshalb entwickelten die römischen Päpste – als Nachfolger des Apostelfürsten Petrus und als Stellvertreter Gottes auf Erden – ihren universalen Anspruch, in dem Europa keine Rolle spielen konnte.

In vergleichbarer Weise beanspruchte auch das mittelalterliche Kaisertum von seinen Prinzipien her Universalität. Ein Bezug auf Europa hätte nur eine unerträgliche Minderung bedeutet. Deshalb führten zunächst die Kaiser in Konstantinopel/Byzanz die Idee der antiken römischen Kaiser weiter, die nach ihrem Selbstverständnis über ein »Reich ohne Grenzen« herrschten. Das neue Rom, das heutige Istanbul, lag geografisch ohnehin am äußersten Ende Europas und verklammerte in seiner Mittelmeerherrschaft Asien, Europa und Afrika. Als Karl der Große 800 vom Papst in Rom die Kaiserkrone empfing, eröffnete er ein christliches Konkurrenzkaisertum. Seit Otto dem Großen 962 führten die ostfränkisch-deutschen Herrscher diese Kaiseridee weiter und gaben ihr eine dezidiert römische Wurzel. Das Heilige Römische Reich band sich begrifflich oder ideengeschichtlich niemals an Europa, auch wenn es in Europa lag. Eine Miniatur im »Liber Floridus« des Lambert von Saint-Omer aus dem 12. Jahrhundert zeigt den römischen Kaiser Augustus (reg. 27 v. Chr. – 14 n. Chr.) deshalb mit einer Kugel der ganzen Welt in der Hand, auf dem die damals bekannten Erdteile *Asia*, *Europa* und *Africa* eingeschrieben waren (Abb. 15).

Diese politische Marginalisierung Europas im Mittelalter versteht sich als Antwort des Historikers auf ebenso platte wie abwegige Konstruktionen unserer Gegenwart, die Europa gern aus einer uralten Geschichte entwickeln wollen. Was aber war Europa im Mittelalter dann? Das antike Wissen hatte die ganze bekannte Welt in drei Kontinente gegliedert: Asien, Europa und Afrika. Mittelalterliche Autoren griffen dieses Modell auf und entwickelten es weiter. Ihre Karten unterscheiden sich vollkommen von unseren Sehgewohnheiten. Auf den runden Weltkarten des frühen und hohen Mittelalters (in Form eines O) nahm – in Form eines eingeschriebenen T –

Abb. 15
Augustus hält eine TO-Karte der Welt als Globus in seiner Hand. »Liber Floridus« des Lambert von Saint-Omer, Gent, Universiteitsbibliotheek, Ms. 92, fol. 138v

Abb. 16
Europa im »Liber Floridus« des Lambert von Saint-Omer, um 1120. Gent, Universiteitsbibliotheek, Ms. 92, fol. 241r

Asien die obere Hälfte des Erdkreises ein, Europa und Afrika jeweils ein Viertel. Jerusalem bildete seit der Zeit der Kreuzzüge den Mittelpunkt der Welt. Hier verschmolzen Geografie und Heilsgeschichte miteinander. Deshalb wurde zumeist die ganze Welt erfasst, was eine nur auf Europa beschränkte, segmentierende Kartografie ausschloss. Erst seit dem 12. Jahrhundert – ein Beispiel bietet der genannte »Liber Floridus« des Lambert von Saint-Omer – gewährte man der eigenen Lebenswelt ein etwas größeres Darstellungsinteresse (Abb. 16).

Das Lehrbuch des westgotischen Bischofs Isidor von Sevilla (amt. 600–636) hatte dem Mittelalter das biblische Wissen von den drei Söhnen Noahs überliefert. Isidor teilte die Welt unter Noahs Söhnen Sem, Japhet und Cham auf und wies diesen die Kontinente Asien, Europa und Afrika zu. In solcher Konfiguration waren sie im Alten Testament noch gar nicht präsent. Noahs

Abb. 17
Weltkarte mit Zuweisung der Erdteile an die drei Söhne Noahs. Jean Mansel, La fleur des histoires, um 1455, Bruxelles, Bibliothèque Royale Albert Ier, Ms. 9231, fol. 281v

Nachkommen, so lernten es dagegen die Theologen des Mittelalters, hätten in drei Völkergruppen die drei Kontinente besiedelt (Abb. 17). Im 12. Jahrhundert wurde dieses Konzept von Honorius Augustodunensis weiterentwickelt. Sein »Bild der Welt« verband die Geografie mit sozialen Unterschieden. Schon in biblischer Zeit sei das Menschengeschlecht in drei Stände aufgeteilt gewesen, in Freie, Krieger und Sklaven. Die Freien stammten von Sem, die Krieger von Japhet und die Sklaven von Cham ab. Diese Abwertung Afrikas grub tiefe Spuren in das Denken der Menschen.

Die Kartografie veränderte sich vom 13. bis zum 16. Jahrhundert und gab empirischen Erfahrungen von Reisenden bald einen breiteren Raum als heilsgeschichtlichen Mustern. Der spätmittelalterliche Wandel von der ursprünglichen Ausrichtung des Kartenbilds nach Osten (»oriens«)

zur Bevorzugung des Nordens dürfte der Macht der Kompassnadel gefolgt sein. Sie bot in der nautischen Praxis zunehmende Sicherheit. Freilich drang dieser fundamentale Richtungswechsel, der unsere Sehgewohnheiten bis heute formt, nicht bis in die elementare Begrifflichkeit vor. Hartnäckig hält sich das Wort »Orientierung« (nicht etwa »Nordierung«) bis heute im Sprachgebrauch, obwohl der Orient/Osten als heilsgeschichtliche Bezugsgröße für Ausgang und Ziel der Menschen sein Strukturierungsmonopol für die Darstellung der Welt längst eingebüßt hatte. Auf der Ebstorfer Weltkarte (um 1300) lagen das Paradies und damit der Ursprung der Menschheit östlich von Indien noch oben (Abb. 18). Die »praxisorientierten« Portulankarten – Darstellungen von Küstenlinien und Häfen – waren dagegen nach Norden gerichtet und kamen ohne Heilsgeschichte aus.

In den Praktiken der geografischen Welterfassung büßte Europa vom 15. zum 16. Jahrhundert seine Fläche in einem ganzen Viertel der Welt mehr und mehr ein. Die portugiesischen Seefahrten in den Südatlantik ließen die vorher ungeahnte Ausdehnung Afrikas erkennen. Das stutzte das zuvor als gleich groß gedachte Europa auf ein bescheidenes Ausmaß zurück. Mit der Erfahrung der Neuen Welt beschleunigte sich im 16. Jahrhundert die Reduktion der europäischen Fläche im Verhältnis zur Erde noch weiter. So schrumpfte der Kontinent beim Sprung der Europäer über die Meere auf den Kartenbildern der ganzen Welt immer weiter zusammen. Die europäische Kartografie blieb indes selbstbewusst und ließ Bedeutung nicht mehr aus geografischer Größe entstehen. Am Ende des 16. Jahrhunderts wurde das berühmte Kartenbild von Europa als Königin gedruckt (vgl. Abb. 162, S. 306). Im Mittelalter wäre eine solche *Europa regina* noch undenkbar gewesen. Erst in der Neuzeit schwang sie sich zur Herrin der Welt auf. Europas Grenzen waren im Mittelalter nach drei Himmelrichtungen sicher bestimmt: Im Süden trennte das Mittelmeer Europa von Afrika, im Westen markierte der Atlantik das Ende der Erde (*finis terrae*). Skandinavien galt seit seiner Christianisierung vom 9. Jahrhundert an als Teil Europas. Ältere Ethnografen hatten die Goten noch aus Skandinavien nach Europa kommen lassen. In den Worten Isidors von Sevilla stieß Europa im Norden an das »ewig gefrorene Meer«.

Undeutlich blieben dagegen die Vorstellungen von Europas Ostgrenze. Sie schien nicht von natürlichen geografischen Barrieren geformt. Darum gründete die Trennung von Asien und Europa auf kulturellen Setzungen. Erst durch Wiederholung schufen sie geografisches Wissen. Es wäre mongolischen oder chinesischen Weltvorstellungen des 13. oder 14. Jahrhunderts gänzlich fremd gewesen. Isidor von Sevilla nannte in seinem frühmittelalterlichen Lehrbuch eine Linie von den Mäotischen Sümpfen am Asowschen Meer über den Don bis zum Sarmatischen Meer (Ostsee) als Ostgrenze. Lange bildete in den Köpfen der Gelehrten der Don die Grenze. In seiner Beschreibung Asiens und Europas folgte Aeneas Silvius Piccolomini (1405–1464), der als Papst den Namen Pius II. annahm, Isidors Autorität: »Europa und Asien sind durch einen Landrücken verbunden, der sich zwischen den Mäotischen Sümpfen und dem sarmatischen Meer bis oberhalb der Quellen des Don hinzieht« (Helmrath 2007, Quelle 1).

Doch diese Grenzziehung wurde im Spätmittelalter diskutiert und verändert. Der venezianische Mönch Fra Mauro (gest. 1459) machte auf seiner Weltkarte den Nil zur Grenze zwischen Asien und Afrika (Abb. 19), mochte sich aber bei der Trennung Asiens von Europa nicht festlegen: »Über die Teilung der Erde, das heißt Asien, Afrika und Europa, habe ich unter den Kosmographen und Historikern vielfältigere Meinungen gefunden, als ich wohl sagen kann. Die alten Griechen und Römer behaupten, dass [...] der Nil Asien und Afrika trennt und der Tanais [Don] Europa und Asien. [...] Andere, die moderne Meinungen ausdrücken, berücksichtigen, dass die

Abb. 18
Ebstorfer Weltkarte, um 1300, Abzeichnung nach dem 1943 verbrannten Original. Ebstorf, Kloster Ebstorf

Abb. 19
Fra Mauro, Mappa mundi, zeitgenössische Kopie nach dem verlorenen Original, vor 1459. Venedig, Biblioteca Nazionale Marciana

Edill [Wolga], die ins Kaspische Meer mündet, mehr aus dem Norden fließt als der Tanais und sie urteilen, dass jener Fluss eine bessere Grenze zwischen Europa und Asien darstellt. Diese zweite Meinung scheint klarer und überzeugender und erfordert viel weniger das Entwerfen imaginärer Linien als bei den Autoren, die die vorherige Trennung vorschlagen. Ich werde nicht detailliert auf diese Teilung eingehen, aber ich halte es für richtig, die Ansichten jener anzugeben, die der Wahrheit näherkommen« (Edson 2008, S. 186 f.).

In den großen Kartenwerken von Martin Waldseemüller oder von Gerhard Mercator aus dem 16. Jahrhundert zählte das Land östlich des Dons noch nicht zu Europa. Mit dem 18. Jahrhundert schob man im Gefolge der russischen Reichsbildung Europas geografische Grenze beherzt bis zum Ural hinaus. Politische und religiöse Grenzerfahrungen schufen im ausgehenden Mittelalter am Rand Ostmitteleuropas dagegen andere Differenzierungen, die über die Jahrhunderte in den Köpfen blieben. Die zunehmende Unterscheidung der römisch-lateinischen und der griechisch-orthodoxen Christenheit sowie die Erfahrungen der mongolischen Expansion und Herrschaftsbildung seit dem 13. Jahrhundert ließen die Königreiche Polen und Ungarn im 15. Jahrhundert zu einem sogenannten Bollwerk der Christenheit (*antemurale christianitatis*) erwachsen. Der 1572 in Nürnberg gedruckte Atlas des Abraham Ortelius zählte Moskowien dann aber schon eindeutig zu Europa, während der Ural (»Zona mundi montes«) damals noch mitten in Asien lag (Ortelius 2006, S. 20 f., 122, Abb. 6; Abb. 20). Vor dieser Integration Russlands hatten die Menschen in Europa freilich die Eroberung Konstantinopels durch das osmanische Heer Sultan Mehmeds II. 1453 verkraften müssen. Das byzantinische Kaiserreich hatte zuvor Europa mit Asien verklam-

Abb. 20
Abraham Ortelius, Karte des östlichen Europa bis Moskowien, Atlas von 1572. Wolfenbüttel, Herzog August Bibliothek, Cod. Guelf. 2.1.1 Georg. 2°

mert. Sein Untergang und der Verlust der Kaiserstadt am Bosporus beflügelten die Europa-Ideen der westlichen Christenheit nachhaltig. Aus politischen wie propagandistischen Gründen setzte mit dem 15. Jahrhundert erstmals eine Identifikation der Christenheit mit Europa ein.

Es waren vor allem die Grenzerfahrungen am östlichen wie am südöstlichen Rand des Kontinents Europa, die in den neuzeitlichen Jahrhunderten ihre historischen Bilder von kultureller wie religiöser Einheit und gemeinsamer Geschichte formten. Sie hatten kaum etwas mit mittelalterlichen Vorstellungen oder Lebenswirklichkeiten gemeinsam. In den Grenzräumen und Schnittfeldern des östlichen Europa schuf das Magdeburger Recht auf andere Weise einen weiten Rechtsraum, der von der Elbe bis zum Dnjepr reichte und den wir nach den Katastrophen des 20. Jahrhunderts jetzt wieder neu erfahren. Zu diesen Erfahrungen vergangener Andersartigkeiten gehört auch das historische Erfolgsrezept des Magdeburger Rechts. Es überzeugte durch Flexibilität und Menschennähe, nicht durch Zwang und Gehorsam. Damit überwand es politische und sprachliche Grenzen und erfüllte die Sehnsüchte seiner vielen Nutzer nach Recht und Gerechtigkeit.

Quellen
Flint 1982 | MGH Fontes iuris N.S. 1/1 | MGH Fontes iuris N.S. 7/1-3.

Literatur
Baumgärtner/Kugler 2008 | Borgolte 2006 | Edson 2007 | Edson 2008 | Helmrath 2007 | Köster/Link/Lück 2018 | Mauntel 2018 | Moraw 1995 | Ortelius 2006 | Oschema 2013 | Reichert 2013 | Schneidmüller 2011 | Schneidmüller 2014 | Schneidmüller 2019.

Veteris Vrbis
...uitatis Noua
N
D
L
B
G
O
P
A
E
VISTVLA

I.
Städteboom im Mittelalter

CHRISTINA LINK

Prolog

Der Ursprung der Städte

Irgendwann, mehrere Tausend Jahre vor unserer Zeitrechnung, lebten die ersten Menschen in einer Stadt. Ob sie sich dessen bewusst waren und ob sie ihre Siedlung selbst mit einem anderen Begriff bezeichneten, wissen wir nicht. Der Übergang vom Dorf zur Stadt war sicherlich fließend, denn der Stadtentstehung war bereits eine lange Phase der Sesshaftigkeit vorausgegangen. Nach vielen Jahrtausenden Nomadentum hatten sich, soweit wir das heute wissen, am Ende der letzten Eiszeit etwa 13 000 Jahre v. Chr. die ersten Jäger und Sammler in Siedlungen niedergelassen. Einige Hundert Einwohner beherbergten diese ersten Dörfer. Diese Entwicklung wurde durch ungünstige Klimaveränderungen zunächst wieder gestoppt und begann um 9 600 v. Chr. erneut. Zunächst entstanden Siedlungen mit ein paar Dutzend, dann wiederum mit mehreren Hundert Menschen. Schauplatz dieser Revolution der Sesshaftigkeit war der sogenannte Fruchtbare Halbmond, die Region zwischen Mittelmeer und Persischem Golf nördlich der arabischen Halbinsel (Abb. 21). Das Gebiet umfasste den Norden des heutigen Ägypten, die heutigen Staaten Israel, Jordanien, den Libanon und jeweils den Norden Syriens und des Irak sowie den Südosten der Türkei. Möglich wurden die Sesshaftwerdung und das Wachstum der Siedlungen durch die Entwicklung von Ackerbau und Viehzucht in eben dieser Region. Günstige klimatische Bedingungen und neue Entwicklungen im Ackerbau führten dazu, dass ein Landwirtschaft betreibender Teil der Bevölkerung eine Gruppe von Spezialisten miternährte, die sich anderen Aufgaben widmete und in nicht-agrarischen Siedlungen lebte. Diese Spezialisten waren einerseits Fürsten oder Verwaltungsbeamte, andererseits Handwerker oder Ingenieure, die neue Werkzeuge für die Landwirtschaft lieferten, wodurch sich die Erträge weiter erhöhten.

Im Fruchtbaren Halbmond lagen schließlich auch die ersten Städte, die wir kennen: Jericho, Uruk, Ur, Nippur, Babylon. Wann jedoch welche von diesen Siedlungen als Stadt bezeichnet werden kann, ist nur schwer festzulegen. Natürlich erschwert die zeitliche Distanz uns diese Bestimmung, vor allem aber ist die Antwort auf die Frage nach der ersten Stadt abhängig von der Definition dieses Begriffs. Was ist eine Stadt? Wie grenzt sie sich von anderen Siedlungsformen ab? Bedarf es einer ganz bestimmten Anzahl von Einwohnern, um eine Ansammlung von Wohnstätten und Menschen eine Stadt zu nennen? Braucht sie eine feste Begrenzung, etwa eine Mauer? Muss sie eine eigene Verwaltungsstruktur haben? Verschiedene wissenschaftliche Disziplinen wie Soziologie, Geografie, Geschichtswissenschaft, Architektur und andere beantworten die Frage nach einer Definition jeweils unterschiedlich. Der Begriff Stadt schließt ja Siedlungen in allen Weltgegenden und allen Epochen seit der Jungsteinzeit ein.

Als »Minimaldefinition«, die im Wesentlichen alle Stadtformen erfasst, kann man die folgenden fünf Kriterien benennen (nach Clark 2016, S. 4):

- relativ hohe Bevölkerungsdichte,
- ökonomische Funktionen für die Stadtbewohner und das Umland,
- komplexe politische und gesellschaftliche Struktur, die aber nicht zwingend institutionell gefasst sein muss,
- kultureller Einfluss auf das Umland sowie
- eine spezifische bauliche Struktur, häufig mit herausgehobenen öffentlichen Gebäuden und Plätzen.

Nach dieser Definition können wir spätestens im 4. Jahrtausend v. Chr. für Mesopotamien und das Niltal von Städten sprechen und ab dem 3. Jahrtausend vor unserer Zeitrechnung für das Industal und China. Von da an entstanden immer mehr und immer neue Städte.

Abb. 21
Die ersten Städte im vorderasiatischen Siedlungsraum

Sucht man nach den treibenden Kräften für Urbanisierung, so geraten drei Faktoren in den Blick. Zunächst sind da wirtschaftliche Beweggründe: Menschen zogen in Städte, um Handel zu treiben und als Handwerker, Ingenieure oder Dienstleister ihre Produkte oder Leistungen anzubieten. Zweitens waren es machtpolitische Interessen, umgesetzt von Herrschern oder später von ganzen Staaten, die häufig zu einer geplanten Städtegründung führten. Und drittens förderten verschiedene Formen von Migration, sei es Binnenwanderung oder »transnationale« Migration, temporäre oder dauerhafte Zuwanderung, das Wachstum von Städten.

Der nicht-agrarische Charakter der Städte und die große Masse an Bewohnern brachte eine Reihe von Grundproblemen mit sich, die in der Geschichte immer wieder gelöst werden mussten. Das primäre Problem war eines der verlässlichen Versorgung mit Ressourcen: Wasser und Lebensmittel zur Ernährung der Bevölkerung und Rohstoffe zur Aufrechterhaltung des wirtschaftlichen Betriebs. Hinzu kam die Schwierigkeit des »Nachschubs« von Einwohnern. Bis weit in die Neuzeit hinein herrschte in Städten im Vergleich zum Umland eine deutlich erhöhte Sterblichkeitsrate. Schlechte hygienische Verhältnisse, Feuergefahr und teils auch Gewalt trugen dazu bei. Die Städte saugten also stetig Menschen aus dem Umland ab. Immigration war seit jeher ein wesentliches Lebenselixier für Städte. Diesen Herausforderungen begegnete man in der Regel mit einer durch Handelsverbindungen oder Abhängigkeitsverhältnisse bestimmten Stadt-Umland-Beziehung.

Die Voraussetzung für einen funktionierenden Handel und damit den lebenserhaltenden Zustrom von Waren in die Stadt war ein gewisses Maß an Ordnung und Sicherheit. So formierten sich in Abhängigkeit vom jeweiligen politischen und kulturellen Setting rechtliche, verwaltungstechnische und fiskalische Strukturen. Das Zusammenleben zahlreicher, einander größtenteils unbekannter Menschen auf engem Raum scheint bereits früh eine schriftliche Fixierung von

Abb. 22 ▶
Gesetzesstele des babylonischen Königs und Reichsgründers Hammurapi (reg. 1792–1750 v. Chr.). Oben: Darstellung des Hammurapi vor einer Gottheit, darunter: Gesetzestexte, um 1700 v. Chr. Paris, Musée du Louvre

Regeln und Verwaltungsakten erforderlich gemacht zu haben. Hierfür fanden verschiedene Städte bzw. deren Herrscher unterschiedliche Lösungen. Die ältesten aufgeschriebenen Gesetze, die wir kennen, stammen aus dem Zweistromland aus eben jenen ältesten Städten der Menschheitsgeschichte: der Kodex Urnammu oder der Kodex Hammurapi. Hier haben wir es jeweils mit einer Rechtssetzung durch den König zu tun – eben den sumerischen König Urnammu, der zwischen 2112 und 2095 v.Chr. über die Stadt Ur herrschte und schließlich auch Uruk, Nippur und weitere Städte in seine Herrschaft eingliederte, und Hammurapi I. von Babylon (reg. 1792–1750 v.Chr.), nach dem die zweite Sammlung von Rechtssprüchen benannt wurde und der ebenfalls König von Sumer und Akkad war. Der auf zahlreichen Stelen und Tontafeln erhaltene Kodex Hammurapi (Abb. 22) beschäftigt sich mit einer Vielzahl von Themen: Neben Strafrechtsfragen und Sachbeschädigung stehen die von den Untertanen zu leistenden Abgaben, prozessrechtliche Fragen, aber ebenso Vermögens-, Familien- und Erbrecht im Fokus. Ähnliche Themen – Familien- und Erbrecht, Schuld- und Sachenrecht sowie Prozessrecht – waren beispielsweise auch Teil der römischen Zwölftafelgesetze oder der mittelalterlichen Stadtrechte Europas.

Die Geschicke dieser ersten Städte im Vorderen Orient wurden zunächst von ihren Herrschern, von Königen und Pharaonen gelenkt, die die Zentren der Macht, die Tempel- und Palastkomplexe planvoll organisierten und entwickelten. Aufgrund dieser herrschaftlich dominierten Phase hat man die altorientalischen Städte lange als autokratisch regierte Residenzen einer frühdemokratischen, bürgerschaftlichen Stadt der europäischen Antike, namentlich der griechischen Polis, gegenübergestellt. Bereits der Historiker Jacob Burckhardt wies jedoch Ende des 19. Jahrhunderts auf phönikische Vorbilder für die griechischen Städte hin. Die Altorientalistik betont heute, dass im 1. Jahrtausend v.Chr. auch in Städten Mesopotamiens Elemente bürgerschaftlicher Selbstverwaltung zu finden sind. Räte und Bürgerversammlungen wurden also nicht im antiken Griechenland ersonnen. Vielmehr stehen wir einer allgemeinen Fortentwicklung des Konzepts »Stadt« im Laufe der Zeit gegenüber, deren prominentestes Produkt zweifelsohne die griechische Polis war, die uns nach wie vor als Urform der modernen Städte gilt.

Mit den griechischen Poleis betrachten wir zugleich den Anfang der Stadtentwicklung auf dem europäischen Kontinent. Etwa um 900 v.Chr. – und damit sehr spät, verglichen mit dem asiatischen und afrikanischen Kontinent – entstanden sie als Stadtstaaten, das heißt in sich geschlossene Verwaltungseinheiten bestehend aus einer Siedlung mit urbanem Charakter und deren Umland. Die kleinteilige Herrschaftsstruktur Griechenlands entsprach der Geografie des Landes, wo kleinere Ebenen durch Gebirgszüge abgetrennt werden und zahlreiche Inseln und Halbinseln das Landschaftsbild prägen. Die bekannteste der Poleis ist sicherlich Athen, das aber keinesfalls als typisch gelten kann (Abb. 23). Athen mit seinen etwa 40 000 Bewohnern übertraf die übrigen griechischen Stadtstaaten bei Weitem, die in der Regel nur einige Hundert oder Tausend Einwohner hatten. Das Zukunftsweisende an dieser Stadtform war ihre Selbstverwaltung, also die Lenkung der städtischen Geschicke durch die Einwohner der Stadt selbst. Volksversammlung und Rat der Fünfhundert waren die Institutionen, die die Politik – ein von dem Wort Polis abgeleiteter Begriff – in der Stadt gestalteten. Die Mitglieder dieser Gremien waren jedoch keinesfalls alle Städter. Einwohner des gesamten Areals der Polis, auch der umliegenden Dörfer, hatten darin Sitz und Stimme. Mit der Autonomie einher ging ein starkes Selbstbewusstsein der Städte. Nicht von ungefähr ist die Bezeichnung für Athen in griechischer Sprache beispielsweise kein räumlicher Begriff, sondern die Bezeichnung für »alle Athener« (*hoi Athenaioi*). Der Charakter dieses Gemeinwesens als Personenverbandsstaat wird darin deutlich. Die pro-

Abb. 23
Tetradrachme aus Athen mit Darstellung des Kopfes der Athena, der Schutzgöttin der Stadt, mit attischem Helm und Eule, um 500 v. Chr. Berlin, Staatliche Museen – Preußischer Kulturbesitz, Münzkabinett

minenten Gebäude in diesen Städten, wie auch später in den Städten des Römischen Reichs, sind häufig Tempel, Theater, Stadien oder Badehäuser – also Einrichtungen für die Gemeinschaft. Paläste oder große Mausoleen für Einzelpersonen treten eher in den Hintergrund.

Diese Stadtstaaten funktionierten jedoch nicht als isolierte Herrschaftsbereiche. Vielmehr gründeten sie aus ökonomischen oder militärstrategischen Motiven selbst neue Städte und wurden Teil eines effektiven Städtenetzwerks. Die Autonomie der einzelnen Stadt in diesem Geflecht war von zentraler Bedeutung. Denn nur dadurch waren die Städte in der Lage, flexibel zu agieren. Die Einwohnerzahl der Städte wurde wohl bewusst in einem gewissen Rahmen gehalten, um sozialen Zusammenhalt zu erleichtern. Bei wachsendem Bevölkerungsdruck errichtete man eine Kolonie – das ist also ebenfalls eine Veranlassung für die Gründung einer neuen Stadt. Die Mehrheit der insgesamt etwa 1 500 im ganzen Mittelmeerraum verbreiteten Poleis waren demnach planvolle Gründungen – ein Muster, das die Griechen vermutlich von den Phöniziern übernahmen und später an Rom weitergaben, das bei der Anlage von Städten ähnlich verfuhr.

Das Römische Reich war insgesamt ein Verband von mehr als 1 000 Städten, der von der Stadt Rom beherrscht wurde. Neue Städte, sogenannte *coloniae*, wurden in baulicher Hinsicht als »kleines Rom« nach dessen Vorbild angelegt. Daneben gab es *municipia*, das waren Orte, die nicht neu gegründet, sondern durch Rom umgeformt wurden. Auch deren Einwohner hatten häufig römisches Bürgerrecht. Dadurch, dass jeder römische Bürger ein Bürger Roms war, unabhängig davon, in welcher Stadt er wirklich lebte, wurde Rom zumindest in der Theorie zu einem riesigen Stadtstaat. In Städten, deren Einwohner nicht das volle Bürgerrecht besaßen, waren die Einwohner umso mehr von Rom abhängig und dienstpflichtig. Eine *Lex municipii* regelte die Verwaltung dieser Städte (vgl. Kat.-Nr. I.2). Eine weitere Konstante in der Geschichte der Städte ist die Frage nach den Grenzen von deren Einfluss und ihrem Umgang damit. Städte sind eben eher Punkte auf einer Landkarte, nur wenige verfügen über eine nennenswerte Fläche. Verlässt der Bürger seine Stadt, ist er mit anderen Herrschaftsstrukturen, Organisationsformen und rechtlichen Konstellationen konfrontiert. Städte versuchten zu allen Zeiten, ihren Einfluss auch über ihre Grenzen hinaus auszudehnen. Dies geschah durch Gründung von Außenposten, durch Eroberung eines Territoriums oder durch Vernetzung und Bündnisse.

Am Ende der Antike fiel das florierende Städtewesen Europas langsam dem Vergessen anheim. Einzelne Städte überdauerten zwar, sie waren jedoch nur noch Schatten ihrer einstigen Größe. Ein Grund dafür mag sein, dass die verschiedenen Gruppen, die im Rahmen der Völkerwanderung nach Europa drängten, nicht über eine Stadtkultur verfügten. Hinzu kamen klimatische und ökonomische Veränderungen sowie politische Verwerfungen, die die stabile Versorgung großer städtischer Gemeinwesen unmöglich machten. Das dichte Städtenetzwerk, das zwischen dem 1. Jahrtausend vor und dem 5. Jahrhundert n. Chr. im Mittelmeerraum bestanden hatte, wurde in dieser Form erst wieder in der Neuzeit erreicht. Rom, das im 3. Jahrhundert n. Chr. etwa eine Million Einwohner hatte, war zu diesem Zeitpunkt die größte Ansammlung menschlicher Wohnstätten, die es je in Europa gegeben hatte. Auch hinsichtlich der Stadtgröße wurde der Urbanisierungsgrad des antiken Europa erst wieder in der Neuzeit erreicht. Bei der Entwicklung der Städte handelt es sich keineswegs um eine stringente Bewegung vom Dorf zur Stadt, von der obrigkeitlich beherrschten zur genossenschaftlich organisierten Stadt. Vielmehr ergaben sich Phasen der Urbanisierung und Stadtflucht, der Stadtgründungen und des Niedergangs urbanen Lebens.

Anderswo in der Welt bestanden Städte jedoch unverändert fort. Die global am stärksten urbanisierte Gegend in der Zeit des europäischen Mittelalters war sicherlich China. Eine Vielzahl von Städten existierte hier, einige davon mit mehr als einer Million Einwohnern, andere mit mehreren 100 000. Seit dem 3. Jahrtausend hatte China eine urbane Revolution erlebt, nachdem bereits seit dem 6. vorchristlichen Jahrtausend größere Siedlungen bestanden hatten. Insbesondere entlang der Flüsse entwickelten sich teils riesige Städte. Im Gegensatz zu Europa entstanden viele chinesische Städte vorrangig als Verwaltungszentren für das riesige chinesische Reich. Auch wurden sie zunächst nicht als besondere Herrschaftsbereiche betrachtet oder als solche verwaltet. Erst im Verlauf des Mittelalters wuchs das Bewusstsein für die Andersartigkeit der Stadt. Denn mit der Zeit übernahmen auch diese Städte wichtige Aufgaben als Handelszentren und wurden von einer speziellen urbanen Kultur geprägt. Einige der Städte existierten über viele Jahrtausende und bis heute fort, wie Zhengzhou in der Provinz Henan oder die heutige Hauptstadt Peking, die Ende des 2. Jahrtausends v. Chr. gegründet wurde. Zeichen dieser großen Kontinuität ist unter anderem die Tradition des Cheng Huang, des Stadtgotts (Kat.-Nr. I.3). Zuerst im 3. Jahrtausend v. Chr. belegt, existieren bis heute in chinesischen Städten Tempel für die Schutzgottheit. Seit dem 14. Jahrhundert n. Chr. wurden die Tempel der Stadtgötter von der Regierung vereinnahmt, sie wurden als »spiritueller Magistrat« angesprochen und waren gewissermaßen ein »himmlisches Spiegelbild« der Stadtverwaltung. Häufig wurden die Geister verstorbener Amts- oder Würdenträger zu Stadtgöttern gewählt. In Shanghai fungieren bis heute zwei Generäle und ein Gelehrter als Stadtgötter. Der Cheng-Huang-Tempel in Shanghai wurde während der Kulturrevolution zerstört bzw. zweckentfremdet, in den 1990er Jahren jedoch wieder mit der alten Funktion eingerichtet (Abb. 24).

Diese Stadtgottheiten werfen ein Schlaglicht auf eine weitere Konstante städtischer Entwicklung und städtischen Lebens: die Stiftung von Gemeinschaft durch übergeordnete Ideen oder Glaubensinhalte. Auch griechische und römische Städte verfügten über Stadtgottheiten, allen voran Athene, die Göttin der Weisheit. Mittelalterliche Städte hatten Stadtpatrone. Diese dienten unter anderem der Identifikation mit der eigenen Stadt, die wiederum Voraussetzung ist für ein Engagement im Rahmen städtischer Selbstverwaltung und auch einen wichtigen Faktor bei der Herstellung von Ordnung und Akzeptanz städtischer Anordnungen und Regelungen darstellt. Städte waren daher immer um ein »Image« bemüht und um eine »Corporate Identity«, die Identifikation schuf.

Abb. 24
Statuen der Stadtgötter im Chenghuang Miao in Shanghai, China

Nach dem Niedergang der antiken Städte ergab sich in Europa seit dem 11. Jahrhundert wieder eine Renaissance urbanen Lebens. Fortbestehende Städte wurden wiederbelebt und neue gegründet. Diese Entwicklung begann in Italien. Allen voran entwickelten sich die Städte Venedig, Genua und Pisa so zu Handels- und regelrechten Seemächten. Pisa war zugleich eine der ersten Städte, für die Ratsherren und somit die neue kommunale Verfassungsform belegt ist. Von Italien breitete sich eine Welle der Urbanisierung über Europa aus – zunächst entlang des Städtegürtels zwischen Norditalien, Burgund, entlang des Rheins bis nach Flandern, später auch in andere Regionen. Treibende Faktoren waren vor allem eine Veränderung des Klimas und die damit einhergehende Bevölkerungszunahme und Verbesserung der Ertragssituation in der Landwirtschaft. Der Weg in die Stadt war für viele Menschen attraktiv, und Stadtherren beförderten diesen Prozess, um aus den aufsteigenden Städten Einnahmen in Form von Bargeld generieren zu können bzw. Städte auch als Zentren zur verwaltungstechnischen und fiskalischen Durchdringung ihrer Herrschaftsgebiete zu etablieren.

Das Ergebnis dieser mittelalterlichen Stadtgründungs- und Stadtentwicklungsphase ist die heutige reiche Städtelandschaft unseres Kontinents – wobei die Dichte von Städten und ihre Größe stark variieren. Im weltweiten Vergleich ist auffällig, dass Europa so gut wie keine Megacities hervorgebracht hat, also Städte mit mehr als 10 Millionen Einwohnern. Es dominiert eher die Kleinteiligkeit mit nur wenigen Großstädten, die ein paar Millionen Einwohner haben. In ande-

Abb. 25
Die Großstadt als bedrohliches Chaos, laut, schrill und menschenfeindlich im Gemälde »Metropolis« von George Grosz, 1916/17. Madrid, Museo Thyssen-Bornemisza

ren Teilen der Welt stellt sich das ganz anders dar. Von den 31 Megacities im Jahr 2018 lagen lediglich vier (bzw. 3 ½) Städte auf dem europäischen Kontinent. An Platz 15 dieser Städte findet sich Istanbul – eine Stadt, die ja bekanntlich zur Hälfte in Asien liegt. Erst auf Platz 22 folgt mit Moskau die erste rein europäische Stadt (12,8 Mio.). Die Plätze 25 und 29 belegen Paris (10,9 Mio.) und London (10,4 Mio.). Damit sind diese Metropolen sehr weit entfernt von den größten städtischen Agglomerationen der Welt. Deren größte, Tokio, beherbergt 37,5 Millionen Menschen, gefolgt von Delhi mit 28,5 Millionen. Eine Ursache dafür mag der große Erfolg der Urbanisierung des Mittelalters sein, die eine Vielzahl städtischer Zentren schuf und nicht nur einige wenige.

Das Verhältnis zu unseren Städten ist seit jeher zwiespältig – insbesondere, wenn sie eine derartige Größe erreichen wie die genannten. Auf der einen Seite ist die »Faszination Stadt« nach wie vor wirksam. Urbane Kultur verbinden wir mit Freiheit, mit Kultur und Bildung, mit Diversität, Kreativität und Weltläufigkeit. Auf der anderen Seite sprechen wir vom »Großstadtdschungel« und fürchten den Lärm und die Unberechenbarkeit der Großstadt (Abb. 25). Gewalt und Kriminalität sind verstärkt städtische Phänomene, sodass wir heute mancherorts sogar von »No-Go-Areas« sprechen und bestimmte Zonen in der Stadt vor allem nachts meiden. Bereits das Mittelalter hatte Bilder, um diesen Gegensatz auszudrücken, die es antiken Texten entnahm: das himmlische Jerusalem und die Hure Babylon. Die Offenbarung des Neuen Testaments liefert die Vorlagen für diese Bilder, die vor allem eine moralische Wertung enthalten. Babylon steht sinnbildlich für alle Sünden und Verfehlungen des Menschen, kulminierend in den Verlockungen der Stadt. Zugleich erzählt die Geschichte vom Turmbau zu Babel von der größten aller menschlichen Sünden, nämlich sich selbst zum Gott aufschwingen zu wollen. Demgegenüber steht das himmlische Jerusalem als das neue Paradies, das die Menschen im Jenseits erwartet – eben kein Garten Eden wie der der Genesis, sondern eine Stadt, wohlorganisiert, der Höhepunkt göttlicher Ordnung (vgl. Kat.-Nr. I.5 und I.6).

Die heutigen Städte mühen sich, die Attraktivität und den Chancenreichtum für alle ihre Bürger zu erhalten, sozialen Zusammenhalt zu stärken und ein lebenswertes Zuhause zu werden (Kat.-Nr. I.4). Dafür wird Stadtbürgerschaft aufgewertet und wieder in den Mittelpunkt gestellt. Doch die Bemühungen gehen noch darüber hinaus. Die Initiative eines Global Parliament of Mayors soll helfen, die großen Probleme der Menschheit zu lösen, wie Klimawandel, Migration oder demografischen Wandel und soziale Segregation. Der mittlerweile verstorbene Begründer dieser globalen Steuerungsplattform, Dr. Benjamin Barber, ging davon aus, dass Bürgermeister diejenigen seien, die konkret und nah an den Menschen Politik umsetzten und die Wirkungen der Politik unmittelbar erführen. Zugleich werden bald zwei Drittel der Menschheit in Städten leben. Die Bürgermeister verträten also eine große Mehrheit der Menschen weltweit. Auf dieser Grundlage sei ein Netzwerk von Bürgermeistern am ehesten in der Lage, Probleme zu lösen, bei denen nationale und klassische multilaterale Strukturen versagen. Die Stadt als kleinste politische Grundeinheit wird wiederentdeckt. Ihre Innovationskraft und lange erfolgreiche Geschichte scheint angesichts von Globalisierung und der Schwäche der Nationalstaaten ein Rettungsanker, ein himmlisches Jerusalem.

Literatur
Barber 2013 | Clark 2016 | Melville 2007 | Tarpin 1999 | Wiesehöfer 2009.

I.1

Plan des antiken Nippur (»Ältester Stadtplan der Welt«)

Nippur (Südirak), um 1400 v. Chr.

Tontafel, Beischriften in Keilschrift

H 21,5 cm, B 17 cm

Jena, Friedrich-Schiller-Universität, Hilprecht-Sammlung Vorderasiatischer Altertümer, HS 197

Im Verlauf des 4. Jahrtausends v. Chr. entstanden im südlichen Mesopotamien Städte, die über mehr als drei Jahrtausende als politische oder religiöse Zentren die Entwicklung der Region bestimmten. Zu diesen gehört Nippur, etwa 180 Kilometer südöstlich des heutigen Bagdad, der Hauptstadt des Iraks, gelegen. Besiedlung konnte in Nippur vom 5. Jahrtausend v. Chr. bis zum 8. Jahrhundert n. Chr. nachgewiesen werden. Als Kultort des Enlil, einer der Hauptgötter im Pantheon des Alten Mesopotamien, gewann die Stätte schon früh überregionale Bedeutung. Unter den vielen Tausenden von Keilschrifttexten, die die Ausgrabungen hier zutage gefördert haben, befindet sich eine Tontafel mit Wiedergabe des Umrisses der Stadt. Eine Beischrift in der Mitte der Tafel nennt den Ortsnamen »Nippur«. Neben dem Verlauf der Stadtmauer (mit Angaben zur Länge der einzelnen Abschnitte sowie Stadttoren), einem Stadtgraben und wichtigen Wasserläufen (unter anderem Euphrat und ein »Kanal in der Mitte der Stadt«) sind einige weitere Areale eingezeichnet und durch Beischriften erklärt, so zum Beispiel die Heiligtümer des Stadtgottes Enlil und seiner Gemahlin Ninlil (im unteren Abschnitt des Objekts). Es sind aber auch Flächen markiert, die in anderen Quellen nicht bezeugt sind, während eine Anzahl der bei den Ausgrabungen nachgewiesenen Bauten fehlt.

Die obere Tafelkante entspricht der Himmelsrichtung Südwest (diese von der heutigen Praxis abweichende Orientierung ist beispielsweise außerdem auf arabischen Karten des Frühmittelalters bezeugt). Betrachtet man, wie meist üblich, die Tafel im Querformat, dann wird (um 45 Grad im Uhrzeigersinn verschoben) eine erstaunliche Übereinstimmung mit dem Befund an der heutigen Ruinenstätte erkennbar. Unter Zugrundelegung der Maßangaben an den Mauerabschnitten ergibt sich, dass eine relativ genaue Wiedergabe etwa im Maßstab 1 : 9 200 vorliegt. Ob es sich um ein Dokument der Stadtplanung oder um den Zustand nach einem Wiederaufbau handelt, ist nicht zu erkennen.

I.2

Der Rand der Tafel ist nur an zwei kleinen Stellen erhalten, sonst ist er abgebrochen. Die rechte obere Ecke wird jedoch ergänzt durch ein Fragment eines Duplikats mit ungefähr denselben Abmessungen, das bei den Ausgrabungen in Assur gefunden worden ist (Berlin, Vorderasiatisches Museum, VAT 9423; nicht in der Ausstellung). Es handelt sich dabei um ein Exemplar, das die Assyrer bei Kriegszügen nach Babylonien erbeutet hatten.

Die Bedeutung, die Stadtmauer und Stadttoren beim Nippur-Plan beigemessen wird, hat zu der Vermutung geführt, dass es sich um eine Darstellung der Verteidigungsanlagen der Stadt handeln könnte. In der auf dem Fragment rechts oben erhaltenen Beischrift »Feldlager« könnte ein weiteres Indiz dafür gesehen werden.

Beide Exemplare tragen auf der Rückseite eine beschädigte Datierung. Beim Berliner Fragment ist erkennbar, dass sie einem Typ entspricht, der bis kurz nach 1400 v. Chr. gebräuchlich war. Obwohl sie beim Jenaer Exemplar bis auf geringe Reste verloren ist, ergibt sich für dieses aus verschiedenen Überlegungen eine ähnliche Datierung. *Joachim Oelsner*

Literatur
Klein 1998–2001 | Neumann 2018 | Oelsner 2011 | Stein 2017.

I.2

Römisches Stadtrecht von Lauriacum

Severisch, 3. Jahrhundert n. Chr.

Bronze

Fundort: Lauriacum, heute Enns, Legionslager

H 8,5 cm, B 14 cm, D 0,4 cm

Enns, Museum Lauriacum, Fragment 1

Das Fragment einer Bronzetafel mit Inschrift fanden Archäologen 1906 bei Grabungen im Legionslager von Lauriacum, dem heutigen Enns. Es wurde im 4. Jahrhundert zusammen mit einer Goldkette und 325 Münzen in einem Heizkanal der Kaserne der 1. Kohorte der *Legio II Italica* deponiert und ist somit Teil eines spätantiken Hortfunds.

Durch die Auswertung der erhaltenen Textzeilen kann die Tafel den *leges municipalis,* den römischen Stadtrechten, zugeordnet werden. Diese regelten die zivil- und verwaltungsrechtlichen Aspekte der zum *municipium* (Stadt) erhobenen zivilen Siedlungen bzw. als *municipium* gegründeten Neuansiedlungen. Allerdings ist bis heute nicht abschließend geklärt, ob die in Lauriacum gefundenen Fragmente, die aufgrund von Materialbeschaffenheit und Buchstabengröße mehreren Urkunden zugeordnet werden müssen, auch tatsächlich das Vorhandensein einer *lex Lauriacensis* belegen oder verschlepptes Beutegut benachbarter *municipia* sind. Für unsere Betrachtung ist diese Frage jedoch unerheblich, denn die Fragmente zeugen in jedem Fall für die Verleihung römischer Stadtrechte an zivile Siedlungen in Noricum unter dem römischen Kaiser Septimius Severus und besonders unter seinem Nachfolger Caracalla. Die römische Provinz Noricum umfasste die heutigen österreichischen Bundesländer Kärnten, Salzburg, Oberösterreich, Niederösterreich und Steiermark sowie den Südosten Bayerns mit dem Chiemgau und Teile Tirols. Der Besitz dieser Provinz war für Rom von besonderem Interesse, bildete doch die Donau mit dem sogenannten Donaulimes eine der Reichsaußengrenzen. Es verwundert daher nicht, dass diese Provinz im 3. Jahrhundert flächendeckend mit römischen Stadtrechten und damit einhergehend mit römischem Bürgerrecht für alle Bewohner ausgestattet wurde.

Die ersten, offensichtlich nach Paragrafen geordneten und im Wortlaut angeglichenen *leges municipales,* datieren in die zweite Hälfte des 1. Jahrhunderts und stammen aus Spanien. Mit bis heute 42 bekannten Fragmenten bilden die hispanischen Bronzeinschriften die am besten dokumentierte Festlegung römischen Verwaltung- und Zivilrechts. Die öffentliche Anbringung des verliehenen Stadtrechts muss für die Bevölkerung der *municipia* von großem Wert gewesen sein, denn es wurden ausschließliche kostbare Materialien, hauptsächlich Bronze, für die Niederlegung verwendet.

Das in Lauriacum gefundene Fragment 1 deckt sich weitestgehend mit dem Paragrafen 25 der *lex Salpensana*, dem in flavischer Zeit niedergeschriebenen Stadtrecht der hispanischen Stadt Salpensa. Der Text regelt die Stellvertretung der beiden obersten Beamten, *II viri*, *duumviri* oder *duoviri*, bei Abwesenheit. Aus der Zahl der Gemeinderäte, der *decuriones*, ist ein *praefectus* zu stellen. Der Ernannte darf dabei nicht jünger als 35 Jahre alt sein und muss einen Eid auf Jupiter, den Divus Augustus und alle anderen vergöttlichten Kaiser sowie an die Schutzgeister, Genien und Penaten des regierenden Kaisers ablegen.

Die letzte Reihe der Inschrift erlaubt eine eindeutige Datierung in die Zeit des severischen Kaisers Caracalla zwischen 211 und 217 n. Chr. Neben dem hohen Materialwert der Bronzetafeln belegt gerade die fast wortgetreue Vergleichbarkeit der Texte den besonderen Stellenwert der *leges municipalis*. Denn es lässt sich beobachten, dass das einmal abgefasste städtische Recht, wenn auch mit leichten zeitbedingten Modifikationen und landestypischen Zusätzen, über fast zwei Jahrhunderte beibehalten und mit Ausdehnung des Römischen Reichs und der Befestigung seiner Außengrenzen auch in die entfernten Provinzen mitgeführt wurde. Es ist daher als essenzieller Teil römischer Verwaltung und ziviler Rechtsstellung der römischen Städte zu betrachten. *Ulrike Theisen*

Literatur
Eck 2016 | Galsterer 2000 | Galsterer/Galsterer 1971 | Grassl 2004 | Vetters 1991 | Weber 1972.

I.3
Stadtgott (*chenghuang* 城隍)

China, Ming-Dynastie (14.–17. Jahrhundert)
Bronze, vergoldet; auf Holzsockel
H 61,5 cm, B 34 cm, T 23 cm, G 12,8 kg
Staatliche Museen zu Berlin, Ethnologisches Museum, I D 37666

Zu den wichtigsten lokalen Gottheiten in China gehörten die sogenannten Stadtgötter (*chenghuang* 城隍), wörtlich übersetzt »Götter der Stadtgräben und Stadtwälle«. Jede befestigte Stadt in China war von einem Wall (*cheng*) umgeben, der normalerweise aus zwei parallel zueinander verlaufenden Wänden bestand, zwischen denen ein Graben (*huang*) ausgehoben wurde. Jede solcherart umwallte Stadt hatte ihren eigenen Stadtgott. So wie der weltliche Beamte, der *Mandarin*, die Stadt vor sichtbaren Gefahren schützte, so beschützte der Stadtgott als himmlischer *Mandarin* die Einwohner seines Territoriums vor spirituellen Feinden und bösen Einflüssen und Dämonen. Er kümmerte sich um das Wohlergehen des Volks und um Frieden, er sorgte für Regen, bewahrte die Menschen vor Unwettern und Krankheiten. Er kümmerte sich um die Toten und schützte die Seelen der Verstorbenen. Er kontrollierte die Sittlichkeit des Volks durch seine Aufgabe, den Herrschern der Unterwelt über alle Tugenden und Untugenden der Menschen zu berichten, welche dementsprechend belohnt oder bestraft wurden. Wenn Kinder erkrankten und die Gefahr bestand, dass sie sterben könnten, gingen die Eltern zum Tempel des Stadtgotts, opferten Räucherwerk und flehten ihn an, ihr Kind zu retten.

Die Stadtgötter sollen ihren Ursprung in der Zeit des legendären Kaisers Yao haben (3. Jahrtausend v. Chr.). In der Ära der Tang-Dynastie (7.–9. Jahrhundert) waren die Stadtgötter noch nicht überall angesehen, aber man baute ihnen zu Ehren schon Tempel und brachte Opfergaben dar. Spätestens ab der Ming-Dynastie (ab dem 14. Jahrhundert) waren die Stadtgötter offiziell anerkannt. Ihre Tempel wurden nach einer festgelegten Konstruktion errichtet, die den Residenzen der Beamten (chin. *Mandarin*) entsprach: mit einer Fahnenstange vor dem Tor und einer großen Halle, in deren Mitte eine überlebensgroße Figur des Gotts thronte. Er war mit einem langen Gewand bekleidet, einem Gelehrtenhut und schwarzen Satinstiefeln mit dicken weißen Sohlen. Der hier präsentierte Stadtgott ist sitzend auf einem Thron dargestellt, dessen Sockel mit Ornamenten verziert ist. Wie der weltliche Mandarin trägt er die Tracht eines offiziellen Beamten mit dem hierfür typischen Hut. In den vor seiner Brust gefalteten Händen hielt er ehemals eine Tafel (chin. *hu*), die zum Aufschreiben von Berichten und Befehlen des Herrschers verwendet wurde. Er hat einen langen Bart, als Zeichen von übernatürlicher Kraft und Tapferkeit. Links und rechts vom Stadtgott waren seine Helfer, Gesandten und Gefolgsmänner aufgereiht, die ihn täglich darüber informierten, was in seinem Territorium passierte und die seine Anordnungen und Befehle durchführten.

Je nach der Wichtigkeit einer Stadt gab es eine hierarchische Rangfolge der einzelnen Stadtgötter, die wiederum den höchsten Gottheiten unterstanden, wie dem Souverän (*Yuhuang Shangdi*) oder dem Oberherrn des Taishan-Bergs (*Dongyue Dadi*). Den Stadtgöttern selbst unterstanden die jeweiligen Lokalgottheiten des zugehörigen Gebiets. Die beiden wichtigsten waren die Erdgötter bzw. Ortsgötter (*Tudi Gong*), die jeweils einem Dorf zugeordnet waren, und die Herdgötter (*Zao Jun*), die jeder Haushalt hatte. Der Posten des Stadtgotts wurde vom Volk erwählt. Meistens handelte es sich um den Geist eines verdienstvollen Kriegers, eines tapferen Manns oder einer berühmten Persönlichkeit. Es konnte aber auch eine legendäre fiktive Person sein. Wenn der Geist (*shen*) sich um das Wohlergehen der Stadt kümmerte, blieb er in seinem Amt. Aber sobald ein Unglück geschah oder die Stadt nicht mehr florierte, wurde der Geist abgesetzt und ein neuer gewählt, vorausgesetzt, die Wahl wurde vom Oberhaupt der taoistischen Religionsgemeinschaft bewilligt.

I.3

Im Laufe des Jahres wurden mehrere Feste zu Ehren des Stadtgotts gefeiert, unter anderem zu seinem Geburtstag am 25. Tag des neunten Monats. Er wurde außerdem sowohl zu Neujahr als auch an jedem 1. und 15. Tag des Monats verehrt. Darüber hinaus fanden drei Mal im Jahr zu seinen Ehren besondere Prozessionen statt, an Terminen, die nach dem Mondkalender festgelegt wurden. Hierbei sammelten sich die Einwohner und begleiteten ihren Stadtgott bei der Inspektion seines Territoriums. Zusätzliche Prozessionen fanden statt, wenn Seuchen drohten, und man hoffte, dass die Lokalgottheiten durch ihre Inspektion das Territorium »magisch« sichern würden. *Henriette Lavaulx-Vrécourt*

Literatur
Burckhardt 1953, S. 170–172 | Goodrich 1964, S. 194–199 | de Groot 1977, S. 586–596 | Müller 1989, S. 114 | Stevens 1997, S. 170–173.

I.4

IDNYC – Personalausweis der Stadt New York

New York, 2019

Kunststoff

H 5,4 cm, B 8,6 cm

New York City Department of Social Services, Human Resources Administration

Seit Januar 2015 gibt die Stadt New York die »IDNYC« aus, einen Personalausweis, den jeder Einwohner der Stadt ab dem zehnten Lebensjahr beantragen kann. Der Ausweis wird unabhängig von Nationalität, Aufenthaltsstatus und Vorstrafenregister allen Personen gewährt, die einen Wohnsitz oder einen festen Bezugspunkt in New York nachweisen können und einen Beleg für ihre Identität vorlegen. So können zum Beispiel auch illegale Einwanderer oder Obdachlose – Letztere mit Bestätigung einer Sozialeinrichtung oder eines Obdachlosenasyls über ihren dauerhaften Aufenthalt in der Stadt – in den Besitz eines solchen Ausweises gelangen. Für den Nachweis des Wohnsitzes ist dabei beispielsweise die Telefon- oder Wasserversorgungsrechnung oder ein Schreiben einer städtischen Institution oder Versicherung aus jüngerer Zeit ausreichend.

Auf dem Stadtgebiet von New York ermöglicht der Ausweis den Zugang zu öffentlichen Gebäuden mit Personenkontrolle, kann als Ausweis für die öffentlichen Bibliotheken genutzt werden, dient bei Kontakt mit der Polizei zur Feststellung der Personalien und wird von einigen Banken als Identitätsnachweis bei der Eröffnung eines Bankkontos akzeptiert. Weitere Vergünstigungen, wie eine freie Jahresmitgliedschaft bei Museen, Vergünstigungen bei öffentlichen Kursangeboten und Fortbildungen oder Rabatte bei Kinos oder Geschäften sollen die Attraktivität des Ausweises für die Stadtbürgerschaft steigern. Die Karte dient zudem als Organspendeausweis.

Die ID-Card ersetzt auf dem Stadtgebiet also den in den USA als Identitätsausweis üblichen Führerschein oder einen vom Bundesstaat ausgestellten Personalausweis. Eine solche institutionalisierte Stadtbürgerschaft soll illegale Einwanderer, Obdachlose oder straffällig gewordene Personen in die Stadtgesellschaft zurückholen und allen Teilhabe am gesellschaftlichen Leben ermöglichen. Sie existiert auch in anderen US-

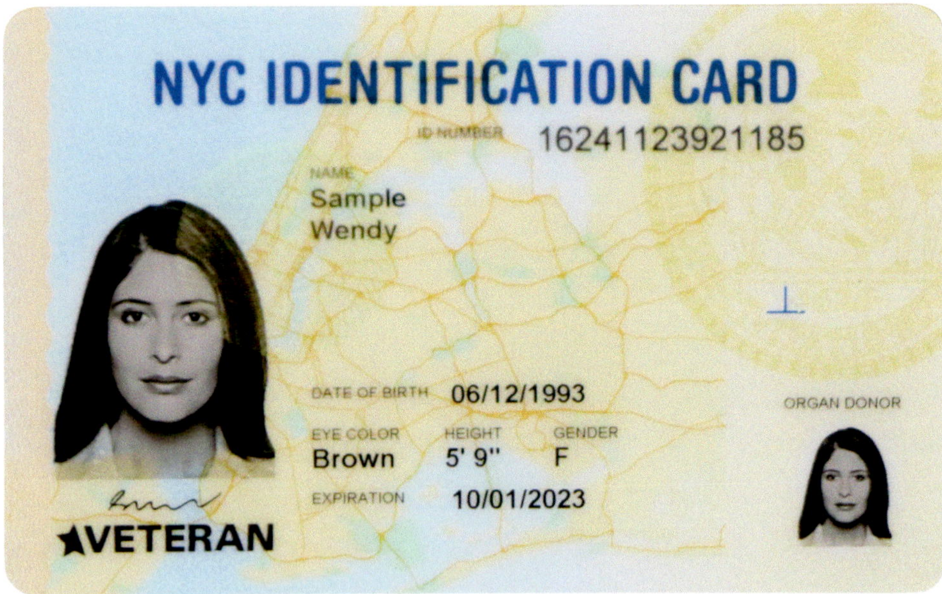

I.4

Städten. Vorreiterin war die Stadt New Haven in Connecticut, gefolgt von Städten wie San Francisco, New Jersey, Washington oder Chicago.

An diese offiziellen Ausweise knüpft die »Hamburg Urban Citizenship Card« des Netzwerks »Recht auf Stadt« an, die einzige vergleichbare Karte im deutschsprachigen Raum. Bei dem Projekt des im Vorfeld des G20-Gipfels im Jahr 2017 entstandenen Netzwerks werden die mit städtischen Personalausweisen verbundenen Ziele noch einmal besonders deutlich. »Wie können wir erreichen, dass alle Menschen, die in unserer Stadt leben, dieselben Möglichkeiten und Rechte haben?«, formulierte die Initiative »Recht auf Stadt« 2017 ihr Motiv für die Ausgabe eines solchen inoffiziellen Ausweises. Hier richtet sich die Maßnahme explizit auch gegen Gentrifizierung und möchte damit allen Menschen die Freiheit, sich im gesamten Stadtraum zu bewegen, und Zugang zu allen Möglichkeiten, die die Stadt bietet, geben. *Christina Link*

Literatur
City of New York: IDNYC, online abrufbar unter: www1.nyc.gov/site/idnyc/index.page (letzter Zugriff am 11.5.2019) | Netzwerk Recht auf Stadt: Recht auf Stadt. Netzwerk von Hamburger Initiativen für eine Stadt für alle, online abrufbar unter: http://urban-citizenship-hamburg.rechtaufstadt.net/ (letzter Zugriff am 11.5.2019).

I.5

Apokalypse: Das himmlische Jerusalem

Wittenberg 1524, Georg Lemberger (Formschneider), Melchior Lotther d.J. (Drucker)

Blatt mit Holzschnitt

H 14,6 cm, B 9,3 cm

Braunschweig, Herzog Anton Ulrich-Museum, Kupferstichkabinett, GLemberger AB 3.33

Wer wollte nicht einen Blick auf das himmlische Jerusalem als eben jenen Ort der Verheißung erhaschen, der dem Evangelisten Johannes am Ende der Apokalypse offenbart wurde (Offb 21, 9–27)? Mit seinem Holzschnitt zum himmlischen Jerusalem, der 1524 erstmals in zwei kleinformatigen Ausgaben des Neuen Testaments in der Lutherübersetzung bei Melchior Lotther d.J. (1490–1542) in Wittenberg erschienen ist (VD16 B 4350, B 4351), steht Georg Lemberger (1490–1540) in einer wohlbekannten motivischen Traditionslinie. Sie reicht über die Illustrationen der Cranach-Werkstatt zum 1522 gedruckten »Septembertestament« (VD16 B 4318) zurück bis auf Albrecht Dürers (1471–1528) gut ein Vierteljahrhundert zuvor bei Anton Koberger (1440–1513) publizierter Holzschnittfolge zur Apokalypse.

Bis zum Ende des 17. Jahrhunderts beschränkten sich die Illustrationen der Lutherbibel neben einigen ausgewählten Szenen im Alten Testament, die sich auf das Neue Testament beziehen lassen, auf die Offenbarung des Johannes im Neuen Testament. Um die angedeutete Neugier und Schaulust der Menschen zu bedienen, endete praktisch jeder Bildzyklus zur Illustration der Vision des Johannes nach dem Untergang des alten Jerusalem mit einem unverstellten Blick auf das neue Jerusalem. Ins Bild gesetzt wurde keine verifizierte Ansicht Jerusalems, sondern eine didaktische Abbildung der Johannes offenbarten Stadt, die dem Betrachter als Impuls zur gedanklichen Ausgestaltung dienen konnte.

Die angeführten Holzschnitte zeigen alle das Motiv eines Engels, der dem Evangelisten Johannes das vom Himmel herabgekommene neue Jerusalem als einen göttlichen Ort präsentiert, dessen Tore von Engeln bewacht werden. In seiner Adaption der im großen Folioformat gedruckten Vorlage aus der Cranach-Werkstatt verdichtete Lemberger die Komposition zu einem im kleinen Oktavformat druckbaren Holzschnitt: Er rückte die beiden Protagonisten eng zusammen, behielt ihren erhöhten Standpunkt bei und steigerte die Dramatik der Darstellung, indem er den Standpunkt des Betrachters absenkte und den Abhang, an dem Johannes mit in Gebetshaltung gefalteten Händen leicht gebeugt neben einem Engel steht, als eine große, nahezu schwarze Fläche behandelte. Der Engel steht dabei mit Johannes quasi im Licht und weist ihn mit seinem ausgesteckten rechten Arm auf das himmlische Jerusalem in Gestalt einer idealtypischen, nicht näher zu identifizierenden mittelalterlichen Stadt hin. Sie wird von massiven Befestigungsmauern mit drei über Brücken zugänglichen Stadttoren geschützt, an denen jeweils ein Engel mit eindrucksvoll geöffneten Flügeln postiert ist. Die ganze Szene wird nicht zuletzt durch die Wolken am Himmel und den reichen, nicht näher definierten Pflanzenbestand atmosphärisch aufgeladen.

In der kompakten Verdichtung des visionären Geschehens diente Georg Lembergers Holzschnitt, der in zahlreichen Lutherbibeln über einen Zeitraum von mehr als 35 Jahren von unterschiedlichen Druckern in Wittenberg und Nürnberg genutzt worden ist, auch selbst als Vorlage für Holzschnitte zur Bibelillustration. Diese erschien etwa in Wittenberg bei Hans Lufft (1495?–1584) in Ausgaben des Neuen Testaments in der Lutherübersetzung der Jahre 1530 (VD16 B 4516) und 1535 (VD16 ZV 1848). Fünf Jahre zuvor hatte sich Lufft die Druckstöcke für seine Quartausgabe noch bei Mechior Lotther d.J. geliehen

I.5

(VD16 B 4503). Das ausgestellte Exemplar stammt, wie der Zustand des Druckstocks und die Stellung der Typen des Bibeltextes auf der Rückseite des Blattes belegen, aus der bei Lotther in Wittenberg gedruckten Erstausgabe von 1524 (VD16 B 4350). *Andreas Uhr*

Literatur
Grote 1933, S. 21 | Reindl 2010, Bd. 2, S. 30, H 1524.4.35 | Schmidt 1962, S. 11 | Schoch/Mende/Scherbaum 2002, S. 104, Nr. 126 | VD16.

I.6

Aurelius Augustinus (354–430): De Civitate Dei cum Commentario

Basel (Johann Amerbach), 1489

Papier, 268 Blätter; Holzschnitt des Meisters des Haintz Narr und Kommentare der Dominikaner Thomas Waleys (gest. 1349) und Nicolaus Trivet (gest. 1328); zusammengebunden mit Augustinus' »De Trinitate«

H 34 cm, B 23 cm

Halle, Franckesche Stiftungen, BFSt: 41 A 6 [1]

Ein Holzschnitt mit der Darstellung der beiden Städte Jerusalem und Babylon bildet auf der Rückseite des Titelblatts den Auftakt zu der 1489 bei dem Basler Drucker Johann Amerbach erschienenen Ausgabe von Augustinus' »De Civitate Dei« (Von der Gottesstadt). Im Exemplar der Franckeschen Stiftungen wendet sich in einem zweispaltigen Text der Klosterhumanist Conrad von Leonberg (Extemporaneum Con. Leontorij), der über enge Kontakte zu Basler Druckern verfügte, mit einer kurzen Rede an den Leser.

Der Meister des Haintz Narr veranschaulichte die Ausführungen Augustinus' zum Dualismus der himmlischen und der irdischen Stadt, der *civitas dei*, die mit dem himmlischen Jerusalem, und der *civitas terrena* oder *civitas diaboli* (Teufelsstadt), die mit dem heidnischen Babylon gleichgesetzt werden. Über den beiden Städten steht das Autorenbild des Kirchenvaters Aurelius Augustinus, der als Gelehrter in einer Schreibstube wiedergegeben ist. Die Inschrift zu seinen Füßen »Insultat babylon. Syon urbs ut s[anc]ta exsultet« (Babylon verhöhnt. Auf dass die heilige Stadt Zion frohlocke) verweist auf den Gegensatz der beiden Städte, deren Geschichte, Gegenwart und Zukunft Augustinus im zweiten Teil seiner Erzählung als biblische Heilsgeschichte beschreibt. Nach Augustinus gehört jeder Mensch einer der beiden *civitates* an, die für ihn sowohl die Gemeinschaft der Bürger einer Stadt unter der Herrschaft eines Regenten als auch einen nicht im geografischen Sinne lokalisierbaren Ort bedeuten. Zur Gemeinschaft der beiden Städte gehören Menschen und Engel; die der *civitas dei* sind die Erwählten und Heiligen unter der Herrschaft Gottes, die bis zum Jüngsten Gericht als Pilger oder Fremde auf Erden leben. Die Menschen und Engel der *civitas terrena* werden als die Verworfenen und Gefallenen unter der Herrschaft des Teufels bezeichnet. Jedoch ist ein Über-

gang von der irdischen in die himmlische Stadt möglich. Beide Städte bzw. Gemeinschaften existieren vermischt nebeneinander, die jeweilige Zugehörigkeit ist bei Augustinus eine innere Orientierung. Sie wird als »Staatsbürgerschaft« gesehen, die auch in der Fremde beibehalten wird. Erst am Ende der Geschichte werden beide Städte voneinander getrennt und bestehen ewig fort. Über den Sieg der *civitas dei* über die *civitas terrena* berichtet Augustinus in den letzten Büchern seiner Abhandlung.

Der Holzschnitt zeigt die beiden Städte Jerusalem und Babylon im Kampf. In Babylon, der *civitas diaboli*, greifen die gefallenen Engel als teuflische Gestalten das himmlische Jerusalem mit Steinen und Waffen an. Das himmlische Jerusalem wird bereits als sicherer Ort des ewigen Friedens gezeigt, dessen Stadttore offen stehen. Es wird als Sieger aus dem Kampf hervorgehen. Im Vordergrund stehen sich die Brüder Kain und Abel als Stadtgründer gegenüber. Kain ist als Bauer Babylon zugeordnet, sein Bruder Abel als Hirte dem himmlischen Jerusalem. Zwei Spruchbänder erläutern ihre Anwesenheit: »Urbs dicata deo: Abel fundavit sanguine iusti« (Die Gott geweihte Stadt: Abel gründete sie mit dem Blut des Gerechten) und »In sathane sedem: Cayn illam condidit urbem« (Zum Wohnsitz Satans. Cayn hat diese Stadt gegründet). Für Augustinus ist die von Kain gegründete Stadt Babylon, die Stadt der Verwirrung, das Sinnbild aller irdischen Städte, die nur äußeren Wohlstand, den Schutz ihrer materiellen Güter und äußeren Frieden anstreben. *Kerstin Petermann*

Literatur
Augustinus 1997 | Bernet 2007 a | van Oort 1991.

Landrecht und Stadtrecht

HEINER LÜCK

Der Sachsenspiegel im Spannungsfeld von Landrecht und Stadtrecht

Vom Sachsenspiegel und vom Magdeburger Stadtrecht sind während des Mittelalters wirkungsmächtige Impulse für die europäische Rechtsgeschichte ausgegangen. Diese Normenkomplexe prägten nicht nur das Recht und die Rechtswirklichkeit in Mittel-, Ost- und Norddeutschland, sondern auch weit darüber hinaus, vor allem in den ostmitteleuropäischen Ländern. Letzteres erfolgte sehr nachhaltig, wie es die lange Geltungsdauer und Beachtung der in Rede stehenden Rechtsquellen bis ins 19. Jahrhundert unzweifelhaft erkennen lassen. Diese beiden Rechtsquellen, die mit ihrer vielfältigen Überlieferung und Bearbeitung als nicht statisch feststehende Normenkomplexe aufzufassen sind, sollen in ihrem Wechselverhältnis vorgestellt werden.

Vom ungeschriebenen ländlichen Gewohnheitsrecht zum Sachsenspiegel

Der zwischen 1220 und 1235 wohl im östlichen Harzvorland entstandene Sachsenspiegel ist der populärste und wichtigste Repräsentant deutscher Rechtsbücher. Der in Mittelniederdeutsch verfasste Text beinhaltet vorwiegend Regeln, die für die ländliche Bevölkerung – Bauern und Adlige – galten. Sein Verfasser Eike von Repgow (um 1180 – nach 1233, Abb. 26) gehörte einer Familie an, die in Reppichau bei Köthen und Umgebung ansässig war. Seit 1159 lässt sie sich in diesem Raum urkundlich nachweisen. Nach eigenem Zeugnis des Verfassers handelt es sich bei seinem Werk um eine Übersetzung aus dem Lateinischen (Abb. 27). Der genaue Entstehungsort ist bislang nicht ermittelt worden. Laut einer viel beachteten jüngeren Hypothese soll dafür ein Zisterzienserkloster, und zwar jenes in Altzella bei Meißen, infrage kommen. Ein aus vorreformatorischer Zeit erhaltener Bibliothekskatalog bildet für diese Überlegungen den Ausgangspunkt. Angesichts der erheblichen Anzahl von Zisterzienserklöstern im mitteldeutschen Raum zwischen Harz und der Mark Meißen (Walkenried, Pforta, Sittichenbach, Michaelstein und viele andere) mit entsprechenden Bibliotheken sowie der Existenz mehrerer Schulen der Bettelorden in Magdeburg und vor allem der berühmten Domschule daselbst erscheint die Festlegung auf ein bestimmtes Kloster als nicht überzeugend.

Abb. 26
Miniatur Eikes von Repgow als Verfasser des Sachsenspiegels in der Oldenburger Bilderhandschrift von 1336. Oldenburg, Landesbibliothek, Cim I 410, Leihgabe der Niedersächsischen Sparkassenstiftung, fol. 6r1 (Kat.-Nr. I.8)

Abb. 27
Burg Falkenstein im Harz: Eike von Repgow übersetzte den Sachsenspiegel auf Wunsch des Grafen Hoyer von Falkenstein aus dem Lateinischen ins Niederdeutsche

Die Überlieferung des Sachsenspiegels mit etwa 470 erhaltenen Textzeugen ist stattlich. Darunter befinden sich die vier berühmten Bilderhandschriften aus dem 14. Jahrhundert, die ganz wesentlich zur Anziehungskraft des Rechtsbuchs in der Forschung und zum gegenwärtigen Wissen über das mittelalterliche Recht beigetragen haben. Seit der Edition der Glosse des Johann von Buch (um 1290–1356) zum Sachsenspiegel-Landrecht werden auch die glossierten Fassungen des Sachsenspiegels (Land- und Lehnrecht) in die Forschung einbezogen. Nimmt man Grund und Bedingungen der Aufzeichnung des Rechts um 1225 im östlichen Harzvorland in den Blick, so lässt sich Folgendes erkennen: Der Sachsenspiegel wurde offenbar als Reaktion auf die unübersichtlich gewordene Rechtsvielfalt in Mitteldeutschland, bedingt durch die Anwesenheit von Franken, Sachsen, Schwaben, Flamen und Slawen – eingebettet in die allgemeine Tendenz zur Verschriftlichung des Rechts im frühen 13. Jahrhundert – geschaffen. Darauf deutet auch die Vorrede »Von der Herren Geburt« (Ssp. Ldr., S. 53 f.) hin, die zwar nicht von Eike, aber doch noch aus dem 13. Jahrhundert stammt. Die Überlieferung des Sachsenspiegels setzt mit zwei Handschriften ein: dem sogenannten Harffer Sachsenspiegel von 1295 und dem Leidener Kodex, der wohl Ende des 13. Jahrhunderts entstand. Weder ein Autograf des Eike von Repgow noch eine Abschrift aus der Entstehungszeit haben sich erhalten.

Der Sachsenspiegel umfasst zwei große Teile: das Landrecht und das Lehnrecht. Hinzu kommen Vorreden, ein Text des Prologs und der Prolog selbst. Zu dieser sogenannten Mitüberlieferung gehören in mehreren Handschriften ferner Kapitelverzeichnisse, Register, der Mainzer Reichslandfriede von 1235 und das sogenannte Judenprivileg (1288) von Markgraf Heinrich dem Erlauchten von Meißen (reg. 1221–1288). Zur Genesis seines Werkes teilt der Verfasser im Text des Prologs mit, dass das Recht, welches er in seinem Buch aufzeichnet, von den Vorfahren überkommen sei (Ssp. Ldr., S. 41). Für Herkunft und Charakter des Rechts ist das Selbstverständnis des Sachsenspiegels als »Kaiserrecht« von grundsätzlicher Bedeutung. Der Verfasser des Sachsenspiegels führt das Sachsenrecht auf die Kaiser Konstantin den Großen (reg. 306–337) und Karl den Großen (reg. 768–814) zurück.

Der Sachsenspiegel beinhaltet nach herrschender traditioneller Auffassung primär elbostfälisches Gewohnheitsrecht (sächsisches Landrecht), was insbesondere in den zahlreichen detaillierten Bestimmungen über das Zusammenleben von Fürsten, Adligen (Dorfherren; Dorfgründern/Lokatoren), zinspflichtigen freien Bauern und abhängigen ländlichen Dorfbewohnern sowie im Miteinander von Menschen, Tieren und der Natur schlechthin zum Ausdruck kommt. Territorial galt dieses Recht nur für einen Teil des sächsischen Stammesgebiets. Die Landschaften Holstein, Stormarn und Hadeln waren ausgenommen (Ssp. Ldr. III 64 § 3). Die Aussagen über die rechtliche Stellung von Papst, Kaiser, König und Fürsten im Landrecht sowie im Lehnrecht, dem zweiten großen Teil des Sachsenspiegels, machen deutlich, dass die Rechtsvorstellungen und das Rechtswissen Eikes von Repgow weit über das Recht der Sachsen im Sinn eines personenbezogenen Partikularrechts hinausgingen. Das Bedürfnis des Autors, auch allgemeine Rechtsauffassungen und Rechtssätze für alle Personen, die dem Recht unterworfen sind, aufzuschreiben, belegen mehrere Formulierungen in den Vorreden und im Prolog. Inhaltlich umfasst das Landrecht jene Rechtsnormen, die man nach heutigen Ordnungsvorstellungen dem Verfassungs-, Verwaltungs-, Straf-, Sachen-, Schuld-, Familien- und Erbrecht sowie dem Gerichtsverfassungs- und Prozessrecht zuordnen könnte – also das Recht schlechthin. Das Lehnrecht ist als das Recht der Lehnsherren und Lehnsleute (Vasallen) wegen seines Umfangs und seiner grundlegenden Bedeutung für das Funktionieren der hierarchisierten mittelalterlichen Gesellschaft in einem zweiten Teil des Rechtsbuchs zusammengefasst.

Im Sachsenspiegel, insbesondere in dessen Landrechtsteil, sieht die traditionelle Forschungsliteratur der »Deutschen Rechtsgeschichte« im Wesentlichen das nahezu frei von römischem und kanonischem Einfluss niedergeschriebene elbostfälische Gewohnheitsrecht. Doch hatten schon Richard Schröder und Eberhard Frhr. von Künßberg in ihrem einflussreichen Lehrbuch (1922, S. 722) herausgestellt: »Das römische Recht kannte er [Eike von Repgow] nur von Hörensagen. Kanonische Quellen [...] hat er benutzt.« In jüngster Zeit konnten mehrere römische und kanonische Rechtssätze im Sachsenspiegel ausgemacht werden. Nach dem Text ist das Dienstmannenrecht wegen seiner Unübersichtlichkeit ausdrücklich ausgenommen (Ssp. Lnr. 63 § 2). Stadtrecht enthält der Sachsenspiegel ebenfalls nicht. Dessen ungeachtet steht das Landrecht des Sachsenspiegels in einem engen Zusammenhang mit dem Stadtrecht. Das Magdeburger Stadtrecht ist in seiner breiten Entfaltung ohne das Sachsenspiegel-Recht nicht denkbar. Die von der Forschung konstruierte und vielleicht überbewertete Idealvorstellung von zwei getrennten Rechtskreisen (Landrecht und Stadtrecht) kann nicht uneingeschränkt aufrechterhalten werden.

Von Magdeburger Rechtsgewohnheiten zum Magdeburger Stadtrecht

Es besteht weitgehend Einigkeit darüber, dass Sachsenspiegel und Magdeburger Recht unabhängig voneinander entstanden sind. Erst im Laufe ihrer weiteren Entwicklung erfolgten eine gegenseitige Annäherung sowie – je weiter sich die beiden Normenkomplexe nach Osten verbreiteten – eine Vermischung und sogar eine gegenseitige Durchdringung. Wesentlich früher als das im Sachsenspiegel schriftlich fixierte Landrecht hatten sich in der Kaiser-, Erzbischofs- und Handelsmetropole Magdeburg an der mittleren Elbe auf dem Weg der Gewohnheit Normen (sog. Gewohnheitsrecht) herausgebildet, die für Handel und Handwerk sowie für die Balance der Machtverhältnisse in der sich entwickelnden Stadt praktikabel und günstig waren. Die in Magdeburg geltenden Rechtsgewohnheiten, auf die sich Urkunden seit dem 10. Jahrhundert beziehen, sind noch nicht als »Stadtrecht« anzusehen. Dem allgemeineren Begriff »Magdeburger Recht«, der so nichts über die Qualität des damit gemeinten Rechts aussagt, können sie freilich schon zugeordnet werden. Offensichtlich waren damit zunächst nur der Markt (*forum*) und die Bewohner der Marktsiedlung (*cives forenses*) gemeint. So kann man in einem Diplom König Ottos III. (reg. 983–1002) aus dem Jahr 989 für den Bischof von Halberstadt lesen, dass der Bischof die Regalien Markt, Münze, Zoll und Bann so ausüben soll, wie es in der Stadt Magdeburg üblich sei: »sicut relique civitates Magadaburg« (MGH DD O III, Nr. 55, S. 461).

Im Jahr 994 sind den Kaufleuten von Quedlinburg die Rechte, welche die Kaufleute von Köln, Mainz und Magdeburg bereits besaßen, ausdrücklich verbrieft worden. In der königlichen Urkunde heißt es: »in mercatorio iure [...] Coloniae, Magontie, Magadaburch similibusque nostrae [...] concessum« (MGH DD O III, Nr. 155, S. 567). Jahrzehnte später wurden diese Vorrechte von König Heinrich III. (reg. 1039–1056) unter Einbeziehung Goslars als weiteres Vorbild bestätigt: »lege ac iusticia vivant, quali mercatores de Goslaria et de Magdeburga [...] usi sunt et utuntur« (25. Juli 1042, Tilleda; MGH DD H III, Nr. 93, S. 120). Die Tatsache, dass hier nicht auf ein »Stadtrecht« oder auf ein ausschließlich für Kaufleute geltendes Recht Bezug genommen wird, belegt der Rückgriff auf Magdeburger Rechtsgewohnheiten in einer Urkunde für einen Ort, in dem es gar keine Kaufleute gab. Poppendorf, eine Wüstung zwischen Magdeburg und Heyrothsberge, liefert ein solches Beispiel: »iusticiam et consuetudinem Magadeburgensis fori« (UB Erzstift Magdeburg 1, Nr. 310, S. 392).

Einem sich allmählich entwickelnden »Stadtrecht« sehr nahe steht dagegen das Privileg für die Bürger von Jüterbog von 1174. Darin legte der Erzbischof Wichmann von Magdeburg (amt. 1152–1192) fest: »omnes habitatores [...] quod civibus de Iutterbogk [...] libertatem illius iuris donavimus, quo civitas Magdeburgensis fruitur et honorata est« (UB Erzstift Magdeburg 1, Nr. 343, S. 453). Alle Einwohner Jüterbogs sollten also fortan die Freiheit – eine Schlüsselkategorie für »Stadtrecht« überhaupt – genießen, welche in der Stadt Magdeburg bereits praktiziert werde. Zum Gerichtsverfahren bemerkt die Urkunde: »ad exemplum et formam iuris sui ius civitatis Magdeburgensis habeant«. Damit wurde der Siedlung Jüterbog die Möglichkeit eröffnet, ihre Rechtsprechung auf der Grundlage des Magdeburger Modells zu gestalten. Eine Stadtqualität des Empfängerorts in Bezug auf Magdeburger Rechtsgewohnheiten war dafür offenbar nicht Voraussetzung. Gerade in der zuletzt genannten Urkunde wird Jüterbog nicht als Stadt, sondern als »provincia« und »ville fori in terra Iuterbogk« (UB Erzstift Magdeburg 1, Nr. 343, S. 453), das heißt als »Land«, bezeichnet. Die genannten Rechte (*iura*), Gewohnheiten (*consuetudines*), Gerichtsgebräuche (*iusticia*) usw. sind nicht zwangsläufig »Stadtrechte«, »Stadtgewohnheiten«, »Stadtgerichtsgebräuche«. Es bietet sich an, hierfür den Begriff »Kolonistenrecht« (Schlesinger 1953/1961, S. 124 f.) zu verwenden, ging es doch darum, eine Siedlung bzw. deren Bewohner mit einem Recht auszustatten, das sie von der Rechtsordnung des umliegenden Landes (Landrecht) und den dort agierenden Herrschaftsträgern abgrenzte.

Die Wahrnehmung von »Stadtrecht« ist gewiss von der Existenz einer »Stadt« im Rechtssinn abhängig. Das in der Stadt geltende Recht müsste sich auch vom Recht der Umgebung unterscheiden, Überschneidungen freilich nicht ausgeschlossen. Die frühen Belege für Rechtsgewohnheiten Magdeburger Provenienz deuten darauf hin, dass in den betreffenden Orten tatsächlich ein anderes Recht als das, welches den jeweiligen Ort umgab, galt. Während der 1170/1180er Jahre, also in der Amtszeit des bedeutenden Erzbischofs Wichmann, werden die Dinge etwas deutlicher. Unter ihm scheint sich eine erhebliche Weiterentwicklung Magdeburgs, nicht nur als geistliche Metropole, vollzogen zu haben. Dabei ging es im Wesentlichen um die Abschaffung der strengen Formalitäten im Prozess mit erheblichen Risiken für die streitenden Parteien vor Gericht, der sogenannten *vare*. Eine solche Regelung enthält das bereits genannte Privileg für Jüterbog 1174, vor allem aber das berühmte Privileg, welches Erzbischof Wichmann 1188 der Stadt Magdeburg erteilte. Der Umstand, dass rechtliche Besonderheiten zugunsten einer Stadt von einem hohen kirchlichen Würdenträger, der zudem kirchenrechtlich gebildet war, bestätigt wurden, hat dieser Urkunde gewiss ein respektvolles Ansehen verliehen. Die Urkunde scheint so etwas wie eine Initialzündung für die Weitergabe dieses für Kaufleute und Bürger sehr praktikablen Stadtrechts gewesen zu sein. Es ist daher wohl kein Zufall, dass etwa seit der Wende vom 12. zum 13. Jahrhundert zahlreiche Verleihungen des Magdeburger Rechts an andere Städte zu beobachten sind, wie zum Beispiel an Goldberg/Złotoryja (1211), Spandau (1232), Prenzlau (1235), Guben/Gubin (1235), Stettin/Szczecin (1237) und Breslau/Wrocław (vor 1241). Dieses Recht ist vor allem von den Magdeburger Schöffen, die in Gestalt ihres Schöffenstuhls eine stabil verfasste und weithin geachtete Institution besaßen, entwickelt und gestaltet worden.

Landrecht und Stadtrecht: Berührungspunkte, Parallelen und Symbiose

Besonders in der Rechtsmitteilung von 1261 für die schlesische Metropole Breslau, eine der wichtigsten »Tochterstädte« Magdeburgs, wird deutlich, dass die Magdeburger Schöffen den Sachsenspiegel als einen Teil des von ihnen akzeptierten und angewandten Rechts ansahen. In dieser Rechtsmitteilung werden unzweifelhaft mehrere Regeln des Sachsenspiegels wiedergegeben. Die Magdeburger Schöffen übersandten in diesem Kontext der Stadt Breslau wahrscheinlich eine Sachsenspiegel-Handschrift. Demgegenüber lassen sich die erbrechtlichen Regelungen, welche in der hallischen Rechtsmitteilung für Neumarkt/Środa Śląska von 1235 aufscheinen, nicht zwingend dem Sachsenspiegel-Recht zuordnen. Diese entsprechen offenbar recht allgemeinen gewohnheitsrechtlichen Regeln, welche im Elbe-Saale-Gebiet seit langem galten.

Das Magdeburger Recht beinhaltete vor allem einen Typus von Stadtverfassung, der sich durch bestimmte Organe und deren Verhältnis zueinander auszeichnet: den stadtherrlichen Vogt, der in Magdeburg Burggraf und in anderen Städten Schultheiß oder Präfekt hieß, den Rat, das Schöffenkollegium und die Bürgerschaft. Diese Institutionen erscheinen in den frühen Urkunden mehr oder weniger differenziert ausgebildet in einer Beziehung zum Markt und zu den darauf

Abb. 28
Marktkreuz mit Handschuh des Königs, aus der Dresdner Bilderhandschrift des Sachsenspiegels. Dresden, Sächsische Landesbibliothek – Staats- und Universitätsbibliothek, Mscr. Dresd. M 32, fol. 28v4 (Kat.-Nr. I.9)

agierenden Kaufleuten. Somit lässt sich das Marktrecht als Kern des Magdeburger Rechts im späten 12. Jahrhundert ausmachen. Dass diese Erscheinungen noch weit von einem »Stadtrecht« entfernt sind, belegen auch die Regelungen des Sachsenspiegels zur Marktgründung. Das Marktgründungsrecht ist eines von mehreren wichtigen, wirtschaftlich nutzbaren Hoheitsrechten des Königs (Regalien). Der Sachsenspiegel legt fest, dass der König als Zeichen seiner Einwilligung zur Marktgründung seinen Handschuh an die tatsächlichen Gründer senden soll (Ssp. Ldr. II 26 § 4). Die Bilderhandschriften des Sachsenspiegels zeigen das Marktkreuz, an dem der Königshandschuh hängt (Abb. 28). Ferner durften nur Märkte in einer Entfernung von mindestens einer Meile zum nächsten vorhandenen Markt angelegt werden (Ssp. Ldr. III 66 § 1).

Diese Regeln gehören weder zum Stadtrecht noch zum Landrecht. Sie sind dem Reichsrecht zuzuordnen. Aus solchen Märkten sind häufig Städte hervorgegangen. Die fundamentale, auf dem Inhalt des Sachsenspiegels beruhende Aussage der Forschung, dass der Sachsenspiegel kein Stadtrecht enthalte, ist dennoch zutreffend. Berührungspunkte mit Elementen, welche zur städtischen Rechtssphäre gehören, finden sich freilich. So ist etwa die Regelung darüber, wie beim Kauf einer möglicherweise gestohlenen Sache bzw. Ware auf dem Markt zu verfahren ist (Ssp. Ldr. II 36 § 4), eine auch typisch stadtrechtliche. Hinzu kommt die bloße Erwähnung der sich von den Dörfern, den Burgen und dem Land unterscheidenden Siedlung »Stadt« (vgl. Ssp. Ldr. II 71 § 5; III 78 § 5; III 87 § 2; Ssp. Lnr. 10 § 5; 60 § 1). Ebenso sind aus der Anlage von Dörfern »aus wilder Wurzel« (Ssp. Ldr. III 79) im Zuge einer intensiven Siedlungstätigkeit später Städte bzw. stadtähnliche Siedlungen und Mischformen hervorgegangen (Abb. 29). Diese Siedlungen lebten nach einem besonderen (Dorf-)Recht, welches sich vom allgemein gültigen Landrecht unterschied. Damit liegt eine Gemeinsamkeit mit der »Stadt« im Rechtssinn vor. Parallelen lassen sich auch in den Strukturen der Gerichtsverfassung finden. Das Phänomen von Dörfern mit Stadtrecht (»Erscheinung der städtischen Dorfrechte« – Weitzel 1980, S. 70) lässt sich ebenfalls in polnischen Gebieten und im Deutschordensland beobachten.

Die im Magdeburger Recht geregelte Balance der Gewalten über den Markt, das Marktgeschehen und die Marktsiedlung war wohl für die Attraktivität des Magdeburger Rechts entscheidend. Ein zentrales Element dieser Stadtverfassung war der Magdeburger Schöffenstuhl, der ganz wesentlich zur Ausformung des Magdeburger Stadtrechts in Gestalt Tausender von Schöffensprüchen (Rechtsweisungen und Rechtsmitteilungen) beigetragen hat (Abb. 30). Der vermutlich daraus entstandene wichtigste und strahlkräftigste Text des Magdeburger Rechts, das soge-

◄ Abb. 29
Neugründung einer Siedlung »aus wilder Wurzel«, Miniatur aus der Heidelberger Bilderhandschrift des Sachsenspiegels. Heidelberg, Universitätsbibliothek, Cod. Pal. germ. 164, fol. 26v4-5 (Kat.-Nr. I.7)

Abb. 30
Siegelstempel des Magdeburger Schöffenstuhls, darin als Motiv Jesus Christus als Weltenherrscher, Anfang 16. Jahrhundert. Kulturhistorisches Museum Magdeburg Fe 790 (Kat.-Nr. II.4)

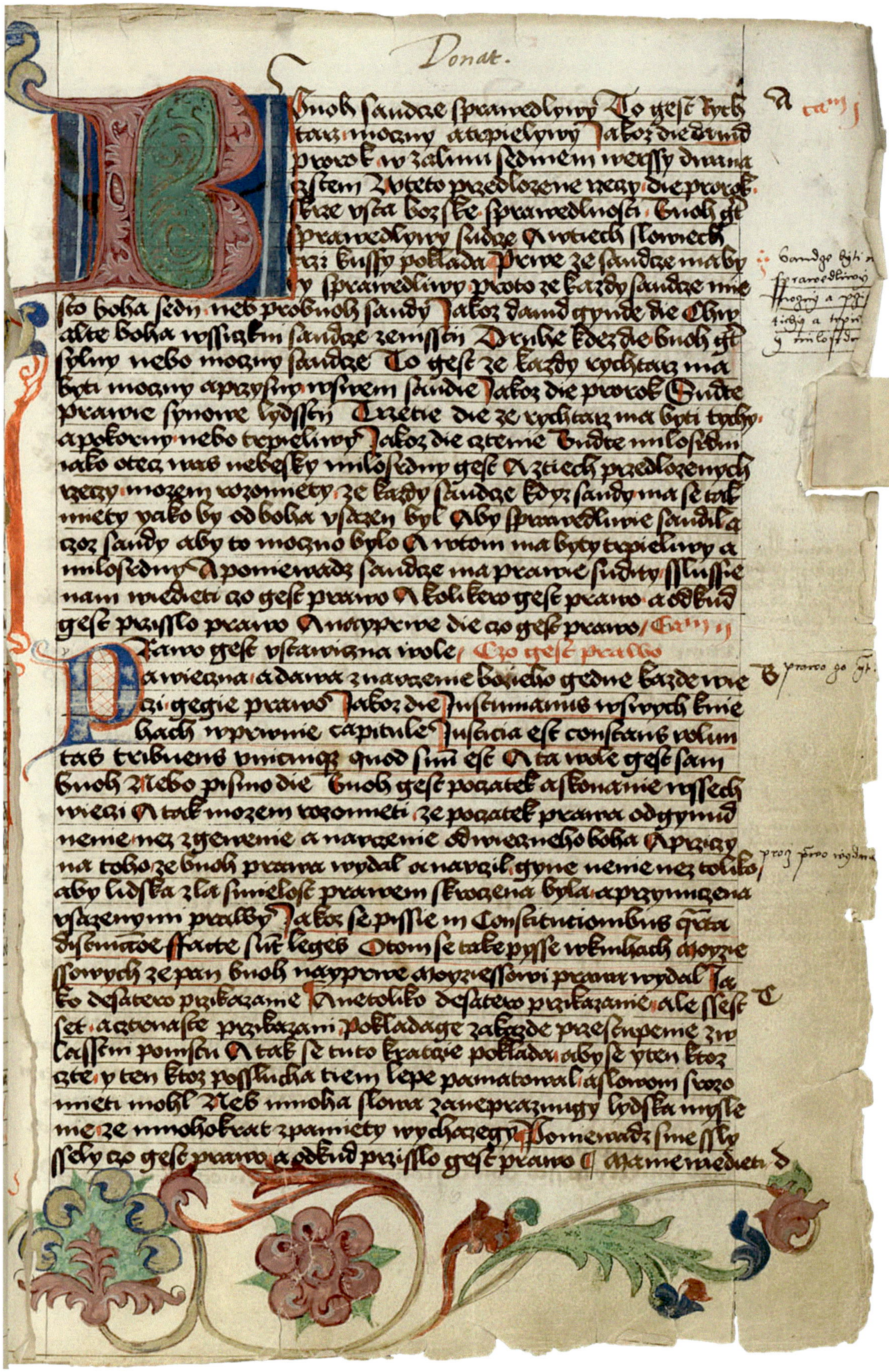

Abb. 31
Erste Seite aus der tschechischen Übersetzung des Sächsischen Weichbildrechts. Prag, Parlamentní knihovna, Práwa saszká, fol. 87r

nannte Sächsische Weichbild, heißt nicht umsonst auch »Rechtsbuch von der Gerichtsverfassung« (Abb. 31). In Krakau/Kraków wird die Nähe des dort durch ein spezielles Obergericht praktizierten Magdeburger Rechts besonders deutlich, wenn man bedenkt, dass der polnische König Kasimir III. der Große (reg. 1333–1370) eine Sachsenspiegel-Handschrift anschaffen und auf seinem Schloss aufbewahren ließ. Dieses Obergericht war zwar keine städtische, sondern eine königliche Institution, doch fielen zahlreiche Städte und Dörfer in Krakaus Umgebung in seine Zuständigkeit, sodass sich auch in dieser Konstellation Sachsenspiegel-Landrecht und Magdeburger Stadtrecht berühren (Abb. 32, 33, 34).

Abb. 32
Kasimir der Große (Kazimierz III. Wielki), König von Polen, dargestellt als Kirchenstifter in einem Relief von 1464 in Wiślica, Stiftskirche

Es überrascht somit nicht, dass Magdeburger Recht und Sachsenspiegel-Recht inhaltlich große Ähnlichkeiten aufweisen. Jedenfalls ist zutreffend, dass das »sächsisch-magdeburgische Recht [...] einen prinzipiellen [...] inhaltlichen Gegensatz zwischen Stadtrecht und Landrecht nicht kennt« (Weitzel 1980, S. 80). Im Jahr 1535 erschien in Krakau eine lateinische Übersetzung des glossierten Sachsenspiegels und des glossierten Magdeburger Rechts, besorgt von dem Krakauer Stadtschreiber Nikolaus Jaskier (1504 – um 1560, Kat-Nr. I.53) Es war also ein städtischer Amtsträger, der das Recht aus Mitteldeutschland mit den bis dahin erfolgten örtlichen Überformungen erstmals als gedruckte Bücher für die lateinkundigen Eliten weiträumig und nachhaltig verbreitete. Die Bearbeitung von einem in städtischen Diensten stehenden Mann und das gleichzeitige Erscheinen der beiden gedruckten Ausgaben belegen das enge Miteinander von Landrecht und Stadtrecht. Der fast synonyme Gebrauch der Bezeichnungen »Magdeburger Recht« und »Sachsenspiegel« im Titel des 1558 erschienenen Werkes »Artykuły prawa majdeburskiego, które zowią Speculum Saxonum« (Artikel des Magdeburger Rechts, die man Speculum Saxonum nennt) von Bartholomäus Groicki (um 1534–1605, Kat-Nr. 52) zeigt eine weitere Stufe des Ineinandergreifens von Sachsenspiegel (Landrecht) und Magdeburger Recht (Stadtrecht).

Selbstverständlich gab es über Magdeburg und sein Recht hinaus weitere Berührungspunkte zwischen dem Sachsenspiegel (Landrecht) und anderen Stadtrechten. Zum einen existiert eine Fülle von Sachsenspiegel-Handschriften, die im Auftrag von Städten angefertigt oder von diesen angeschafft worden sind (Abb. 35). Auch einzelne Bürger lassen sich als Besitzer solcher Handschriften nachweisen. Schon aufgrund dieses Befunds kann man davon ausgehen, dass der landrechtlich geprägte Sachsenspiegel in der städtischen Rechtspraxis angewandt wurde.

Abb. 33
Kasimir/Kazimierz, heute ein Stadtteil von Krakau, wurde 1335 von König Kasimir dem Großen mit Magdeburger Recht beliehen

Abb. 34
Die Tuchhallen auf dem Hauptmarkt der Stadt Krakau wurden auf Veranlassung von König Kasimir dem Großen für den Handel mit englischem und flämischem Tuch errichtet

Abb. 35
Einer der ältesten Textzeugen des Sachsenspiegels und gleichzeitig ein seltener Fund: die Kopenhagener Fragmente des Sachsenspiegels, die als Lesezeichen genutzt worden sind, beide Längsstreifen gehören zum selben Blatt, um 1400. Kopenhagen, Det Kongelige Bibliotek, Ms. NKS Cod. 1479, 2°, Bl. 1 und Fragm. 1866

Ebenso geht aus Rechtsbelehrungen und Rechtsmitteilungen mehrerer Städte an andere (anfragende) Städte der Gebrauch des Sachsenspiegels hervor, wie in Goslar, Hildesheim und Minden. Ein Artikel des Sachsenspiegels ist in das deutsche Stadtrecht von Hildesheim (um 1300) eingegangen. Einen deutlichen Beleg städtischer Pragmatik liefert die Sachsenspiegel-Handschrift der Stadt Oschatz von 1382, an deren Ende eine Willkür des Rates mit einer Spezifizierung des Oschatzer Erbrechts in Bezug auf die »Gerade«, das heißt ein nur an weibliche Nachkommen weiterzugebender Teil des Nachlasses, angefügt wurde. Schließlich sei auf eine Inschrift im Rathaus der erzgebirgischen Stadt Marienberg verwiesen, die ein Zitat aus der Buch'schen Glosse des Sachsenspiegels wiedergibt. Überhaupt scheint es so, als ob der Sachsenspiegel zuerst in den Städten für die Rechtspraxis bedeutsam war. In mehreren Städten fungierten prachtvoll ausgestattete Sachsenspiegel-Handschriften zur Repräsentation von Rat und Bürgerschaft, was zum Beispiel die Titelseiten von Handschriften aus Lüneburg und Braunschweig deutlich erkennen lassen.

Zum anderen lassen sich inhaltliche Einflüsse des Sachsenspiegel-Landrechts auf diverse Stadtrechte feststellen, wie beispielsweise das Hamburger Stadtrecht (Hamburger Ordeelbook 1270), das Bremer Stadtrecht (1303) und das Stader Stadtrecht (1279). Eine besonders sympathische Zuwendung seitens der Städte erfuhr der Sachsenspiegel im Kontext der Auseinandersetzung um das päpstliche Verbot von 14 angeblich kirchenrechtswidrigen Artikeln (*articuli reprobati*). Dieses Verbotsverfahren hatte der Kleriker Johannes Klenkok (um 1310–1374) angestrebt und 1372 tatsächlich eine Verbotsbulle des Papstes erwirkt. Der Magdeburger Schöffenstuhl trat dem entschieden entgegen, indem er mehrere Hundert Briefe an Städte sowie andere Gerichtsherren verschickte und für die weitere hohe Akzeptanz des Sachsenspiegels warb. Somit waren es auch die Städte, welche für das ihnen inzwischen vertraute »Landrecht« des Sachsenspiegels und für dessen Nützlichkeit aus eigenem Interesse eintraten.

Schluss

Sachsenspiegel (Landrecht) und Magdeburger Recht (nicht von vornherein »Stadtrecht«) sind unabhängig voneinander entstanden. Das Magdeburger Stadtrecht hat sich gegen Ende des 12. Jahrhunderts aus einem nicht näher verifizierbaren Markt- und Kaufmannsrecht des 10. Jahrhunderts zu einem für die städtische Bevölkerung – d. h. nicht nur für die Kaufleute – günstigen Recht entwickelt. Seit dem 13. Jahrhundert führte man das Magdeburger Stadtrecht und das Landrecht des Sachsenspiegels – vermittelt durch die Rechtspraxis und die Kompilation normativer Texte (Stadtrechtsaufzeichnungen) – teilweise zusammen. Das sehr viele Varianten aufweisende »sächsisch-magdeburgische Recht« wurde an seinen Anwendungsorten durch dort ansässige Herrschaftsträger, Amtspersonen (Schreiber), Rechtspraktiker und Rechtsgelehrte pragmatisch den örtlichen Bedingungen angepasst. Die entstehungsbedingte Unterscheidung von Landrecht (Sachsenspiegel) und Stadtrecht (Magdeburger Recht) schwand zunehmend mit der weiteren Profilierung des sächsisch-magdeburgischen Rechts, die mit seiner Verbreitung in Ostmitteleuropa einherging.

Quellen
Ebel 1989 | MGH DD H III | MGH DD O III | Ssp. Ldr. = MGH Fontes iuris N. S. 1/1 | Ssp. Lnr. = MGH Fontes iuris N. S. 1/2 | UB Erzstift Magdeburg 1 | UB Halle 1.

Literatur
Altensleben 2007 | Bertelsmeier-Kierst 2007 | Drescher 1991 | Ebel 2004 | Elmshäuser/Hofmeister 2003 | Lade-Messerschmied 1991 | Landau 2005 | Lieberwirth 1988 | Lieberwirth 1990 | Lück 2017 | Lück 2018 a | Scheele 2010 | Schlesinger 1953/1961 | Schmidt-Wiegand/Hüpper 1991 | Schröder/Künßberg 1922 | Trusen 1985 | Weitzel 1980.

HENRIKE MANUWALD

Rechts-gewohnheiten zum Anschauen

Die Bilderhandschriften des Sachsenspiegels

Die Bilderhandschriften des Sachsenspiegels: ein Ausnahmefall

In der reichen Überlieferung des Sachsenspiegels mit über 470 bezeugten Handschriften sind Bilder eine Ausnahme. Zwar wurden einige wenige Handschriften mit einzelnen Bildern ausgestattet, doch können Bilder für die Benutzung des Rechtsbuchs nicht notwendig gewesen sein. Vor diesem Hintergrund ist es umso erstaunlicher, dass gegen Ende des 13. Jahrhunderts, wohl im nordöstlichen Harzvorland, das Projekt in Angriff genommen wurde, den Sachsenspiegel-Text in seiner ganzen Länge fortlaufend mit Federzeichnungen zu versehen. Heute dokumentieren noch vier teils fragmentarisch erhaltene Handschriften dieses Illustrationskonzept, die sogenannten Bilderhandschriften oder *Codices picturati* des Sachsenspiegels:

- H: Heidelberg, Universitätsbibliothek, Cpg 164; ostmitteldeutscher Raum, frühes 14. Jahrhundert (nach 1295, vor 1304?) (vgl. Kat.-Nr. I.7, Abb. 36)
- O: Oldenburg, Landesbibliothek, Cim I 410, Leihgabe der Niedersächsischen Sparkassenstiftung; Rastede, 1336 (vgl. Kat.-Nr. I.8, Abb. 38)
- D: Dresden, Sächsische Landesbibliothek – Staats- und Universitätsbibliothek, Mscr. Dresd. M 32; Raum Meißen, um 1350 (vgl. Kat.-Nr. I.9, Abb. 37)
- W: Wolfenbüttel, Herzog August Bibliothek, Cod. Guelf. 3.1 Aug. 2°; Raum Meißen, drittes Viertel des 14. Jahrhunderts (vgl. Kat.-Nr. I.10, Abb. 39)

[Die Handschriften werden im Folgenden mit den Siglen ihrer heutigen Aufbewahrungsorte benannt. Von allen Handschriften liegen Faksimileausgaben vor; Volldigitalisate der Handschriften sind online zugänglich.]

Die Bildprogramme dieser Handschriften sind einander so ähnlich, dass sie miteinander verwandt sein müssen, weshalb man eine sogenannte Stammhandschrift als Ausgangspunkt erschlossen hat. Die genauen Zusammenhänge zwischen den erhaltenen Handschriften lassen sich jedoch nur schwer bestimmen, zumal damit zu rechnen ist, dass der Text und die Bilder aus je unterschiedlichen Vorlagen übernommen sein könnten. Eine direkte Verwandtschaft wird nur für D und W diskutiert: Das Bildprogramm von D könnte die Vorlage von W gebildet haben, wenn es sich nicht um zwei einander nahestehende Schwesterhandschriften handelt. Ansonsten sind mit Sicherheit Zwischenstufen anzunehmen, jeweils zwischen H und O und der Stammhandschrift, wenn auch H und O in einigen Fällen Bilderfindungen bewahrt haben, die sich weniger von denen der Stammhandschrift entfernt haben dürften als die entsprechenden Darstellungen in D und W. Die vier erhaltenen Bilderhandschriften stehen also für eine größere Gruppe gleichartiger Handschriften, mindestens sieben. Sie bezeugen, dass das Konzept der durchgehenden Bebilderung des Sachsenspiegel-Textes mehr als 70 Jahre lang erfolgreich war und sich regional bis in den Oldenburger und Meißener Raum verbreitete.

Erstaunlich an den *Codices picturati* des Sachsenspiegels ist nicht, dass Rechtshandschriften überhaupt mit Bildern ausgestattet wurden: Prächtig illuminierte Rechtshandschriften in lateinischer Sprache sind für den Bereich des kanonischen und des römischen Rechts belegt. Die dafür – wie auch für andere Textsorten – etablierten Arten der materiellen Verbindung von Text und Bild finden sich auch im Korpus der Sachsenspiegel-Handschriften: Die älteste datierte Sachsenspiegel-Handschrift, der »Harffer Sachsenspiegel« von 1295 (Privatbesitz Antonius Graf von Mirbach-Harff, Gräfliches Hausarchiv, ohne Signatur), zum Beispiel ist mit zwei historisierten Initialen ausgestattet.

Abb. 36
Heidelberger Bilderhandschrift des Sachsenspiegels, frühes 14. Jahrhundert: Gerichtsszenen, die Sachsen mit Hiebmessern zeigen (z. B. in der untersten Bildzeile). Heidelberg, Universitätsbibliothek, Cpg 164, fol. 24r (Kat.-Nr. I.7)

Abb. 37
Dresdner Bilderhandschrift des Sachsenspiegels, um 1350: Gerichtsszenen mit zahlreichen sogenannten Urteilsrosen. Dresden, Sächsische Landesbibliothek – Staats- und Universitätsbibliothek, Mscr. Dresd. M 32, fol. 50r (Kat.-Nr. I.9)

Dit is der sassē speyghel

Des hilighen geystes
minne. de sterke mi
ne sinne. dat ik recht
und vnrecht der sas
sen be scede na godes hulden. vnde
na der werlde vromen. Des ne
kan ich al ene nicht ghe don. dar
vmme bid ich tho helpe alle gode
lude de rechtes gered. oft en ienich
rede be iechene. de min dūme sin
vormyde. dar dit bok nicht af ne
spricht. dat se dat na rechte be sce
den na irme sinne. so se it recht
weten. Van rechte ne sal neman
ne wisen leue. noch lede. torn noch
gyft. God is selven regt. dar
umme is eme regt lef. dor dat sen
se sich alle vore. den en ghe richte
van godes halven be volen si. dat
se al so richten. alse godes torn. vñ
sin ge richte genedeliken over se ir
gan mothe. God de dar is be
gyn. vnd ende aller goden dinge
de makede aller erst hymel vnd
erden

Abb. 38
Oldenburger Bilderhandschrift des Sachsenspiegels, 1336: Eingangsseite mit Autorfigur (oben), die von der Heilig-Geist-Taube inspiriert wird. Oldenburg, Landesbibliothek, Cim I 410, Leihgabe der Niedersächsischen Sparkassenstiftung, fol. 6r (Kat.-Nr. I.8)

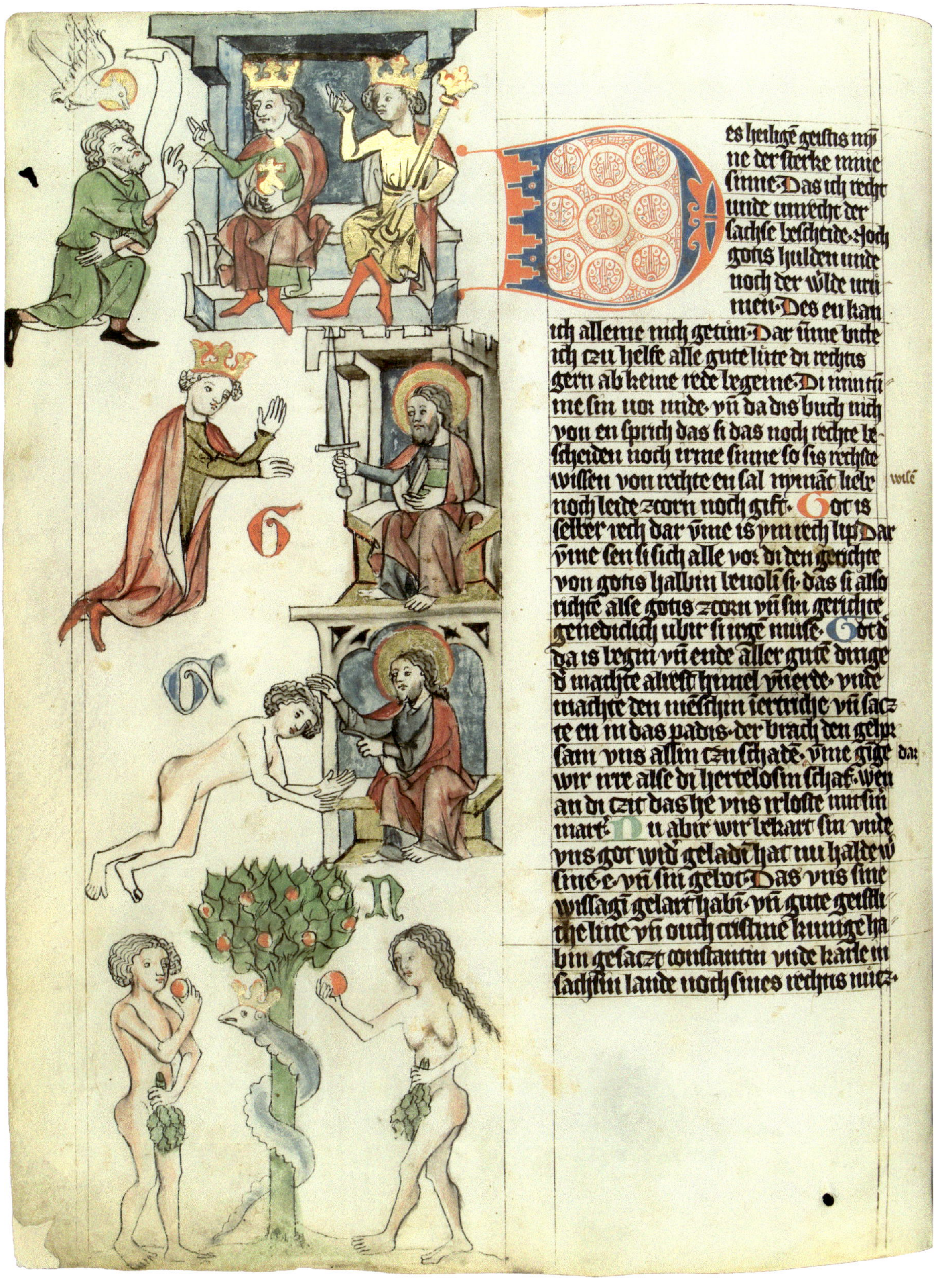

Abb. 39
Wolfenbütteler Bilderhandschrift des Sachsenspiegels, 3. Viertel 14. Jahrhundert: Eingangsseite mit Autorfigur (oben), die vor Karl dem Großen und Konstantin kniet. Wolfenbüttel, Herzog August Bibliothek, Cod. Guelf. 3.1 Aug. 2°, fol. 9v (Kat.-Nr. I.10)

ingheit vnd ghew[er]e nat siner vn
schult er blibit ane schaden er-
enhaben deme kempflichen an
gesprochen. ¶ En weiz er dez vre
debrechirz namen nicht er bed
agen vnbenant. ¶ Geczugis sal
der man ubir sechs wochen wilko
men dez sich der man geanamit
ader zu hant aber wil. Sal man
abir eigin geczugen daz muz zu
hant ader zu dem nehesten din
ge geschen. ¶ Der richter der sal
vmer den man vregen aber an
sines vorsprechen wort ghee vn
sal urteils vragen zwischen zwey
er manne rede. vnd vragit er na
ch sinem mutwillen. vnd nicht
nach rechte. daz en schat noch in
vromit urkenne. welchis orteil
iz man irsten vragit. daz sal ma
zu irsten vinden vnd teiln. ¶ z
Beide cleger vnd uf den dy clage
ghet muzen wol gesprechte habe
vmme iczliche rede drys ens. also
lange bez sy der vrone bote wider
in heischit. ¶ In allen steten ist ge
richte. da der richter mit urteilen
richtet. ¶ Offinbar sal der mann
nicht sprechen vor gerichte. sint er
einen vorsprechen hat. ez en sy daz
en der richter vrage aber an sinez
vorsprechen wort ghe. so muz er w
wol sprechen yo ader nein. ader
gesprechis bitten. Wo gerichte sin sol

... ne articulus
... lerunt achter
... leye stucke. In
... dem irsten ¶.
... wil er sprechen
... von dem gerufte
... n dem anderen
... ¶ wil er lernen
... wye man eine
vredebrechen beclagen sal dez namen
man nicht weiz. In dem dritten ¶ w
il er sagin wen man geczugis wilko
men sal. In dem vyerden ¶ wil er den
richter leren wy er sich halden sulle i
sime gerichte. In dem funften ¶. welch
orteil man irst vinden sal. In dem sechz
ten ¶ von gesprechte. In dem sebinden ¶
wen in richter richten sal. In dem achten
¶ wy man sich halden sal in gerichte
Ny ¶. vindestu nach eyn ander in deme
texte. ¶ Dez sprichit er zu dem irsten. Nota
vmme bloz gerufte etc. Dez vornym alz
iz in dem nehesten ar. geglosiret ist. ¶
Vnd sprichit vort in dysem ¶. wolvordert
er abir sine clage nach rechte etc. Daz hast
tu auch. C. de calumpniatoribus. l. mater
l. qui vero. l. calumpnia. Daz vornym
doch alsus daz sich der cleger mit der clage Nota
vor drierleye ding bewaren sol. zu dem
irsten daz er keine lesterliche clage an primo
an grife. daz ruret er da da er sprichit.
ane kampf. zu dem anderen mol daz ii.
er sich keniz geczugis vormessen sul
le. daz ruret er da er sprichit. Geczugis
sal der man etc. ¶ Zu dem dritten mol iii
daz er en nicht angrife. Tehet er disir
dinger eynich da muste er dem richter
vmme wetten. vnd muste buze geben
dem den er beclait hette. ¶ Daz schentlich no
clagen vorbut er da er sprichit. er en ha
be en kempflichen an gesprochen. Kem
pflich heist alzo viel alz schentlich. Alz
ir syet myn dyp ader dem glich. ut ff de i
niurys et famosis libellis. l. Iniuria. der no
dez den anderen beschuldigite da muste er
vorsweren nicht alleine in vnserem r
rechte. sunder auch in keiser rechte
ut ff de iniurys. l. hac lege ¶ Vnd au
ch in geistlichem rechte. ut ex. v. de pur
gatione canonica. c. Inter ceteros qui ad pur
gandam alicuius infamiam inducuntur
id solum tenentur iuramento affirmare
quod veritatem cum credant dicere qui purgat.
¶ Daz er sich auch geczugis nicht vormeze no
sol. daz hat man da er sprichit. Geczugis
rechte ab er sprechen solde bewart er sich
an dysen stucken nicht er wirt schadehaft
ut s. l. ii. ar. xxii. ¶ Volkumt iem sines
geczugis etc. ut Inst. de pena teme litiga
ncium. ¶ Item actoris quoque calumpnia co

◄ Abb. 50
Schlesische Sachsenspiegel-Handschrift, um 1386: Ein Richter bekommt seine Zunge herausgeschnitten, weil er entgegen der Anordnung des Königs eine Gerichtssitzung abgehalten hat. Berlin, Staatsbibliothek zu Berlin – Preußischer Kulturbesitz, Mgf 631, fol. 90v (Kat.-Nr. I.12)

Abb. 51
Eingangsminiatur einer Sachsenspiegel-Handschrift des Lüneburger Rats, Anfang 15. Jahrhundert: Karl der Große übergibt Widukind den Sachsenspiegel in Anwesenheit von Eike von Repgow und Mitgliedern des Rats. Lüneburg, Ratsbücherei, Jurid. 2, fol. 20v

In einer um 1386 in Schlesien entstandenen deutsch-lateinischen Sachsenspiegel-Handschrift mit Glossen (Berlin, SBPK, Mgf 631, Abb. 50) sind neben historisierten Initialen auch gerahmte Miniaturen in Textspalten integriert. Die prächtigen Sachsenspiegel-Handschriften des Lüneburger Rats aus dem 15. Jahrhundert (Lüneburg, Ratsbücherei, Ms. Jurid. 1 und 2, Abb. 51) weisen ganzseitige Eingangsminiaturen auf. Demgegenüber stellt die kontinuierliche Aufteilung der Seiten der *Codices picturati* in eine Text- und eine Bildspalte ebenso eine Seltenheit dar wie die Anbindung einzelner Zeichnungen an den Text über die Wiederholung von Abschnittsinitialen im Bild. Diese Verweiszeichen erfüllen eine ähnliche Funktion wie heute Anmerkungszahlen in wissenschaftlichen Veröffentlichungen. Eine solche Verweistechnik – mithilfe von Buchstaben oder anderen Zeichen – war schon in wissenschaftlichen lateinischen Handschriften des Mittelalters verbreitet, um Kommentarbemerkungen mit dem Haupttext zu vernetzen. Vereinzelt sind auch Handschriften belegt, bei denen geometrische Zeichen in Text und Bild angeben, auf welche Textstelle sich eine Randzeichnung bezieht.

d' helm ist vch benennet nicht.
Noch and' wapfen noch d' schilt.
Ob uch des vrowe nicht beuilt.
gebet mir sus vwer stivre.
do gelobete im div gehivre.
von silb' von golde. von andrem solde.
des antwort ich dir genůch.
Mer dan ich des ie gewůch.
Wolt ir nv horen wiez geste.
Vmbe den zorn den ir hortet e.
Wer den zů sůne brachte.
Wie dem markise nachte.
vrowede vn̄ hoher můt.
Vn̄ wie ir lip vn̄ ir gůt.
Vn̄ ir gvnst mit herzen sinne.
div romische kvniginne.
Mit truwen gap in sin gebot.
des was kyburge not.
Ob dem markise wol gelanc.
den minne vn̄ iamer twanc.
War pfandes het h' gelazen dort.
siv prubet ouch den grozen mort.
d' uf alyschanz geschach.
dar zů daz vorhtlich vngemach.
da kybvrc inne bleip.
div in nach helfe von ir treip.
kybvrc was sin liebeste pfant.
Nach ir im sin vrowe swant.
vngedulchlich muse h' leben.
Sin esse im nieman ůber geben.

◄ Abb. 52
Fragment des »Willehalm« Wolframs von Eschenbach mit ähnlicher Seitenanlage wie die Bilderhandschriften des Sachsenspiegels, um 1270/1275. München, Bayerische Staatsbibliothek, Cgm 193,III, fol. 1r

Eine direkte Parallele für die Verwendung von Abschnittsinitialen als Verweiszeichen und die Aufteilung der Seiten in eine Text- und eine Bildspalte, die mit kolorierten Federzeichnungen ohne Rahmung gefüllt ist, stellt jedoch allein die fragmentarisch erhaltene »Große Bilderhandschrift« des Versepos »Willehalm« Wolframs von Eschenbach dar, die um 1270/1275 entstanden ist (München, BSB, Cgm 193,III, Abb. 52; Nürnberg, Germanisches Nationalmuseum, Graphische Slg., Kapsel 1607, Hz 1104–1105). Vermutlich steht sie in einem Werkstattzusammenhang mit der Stammhandschrift der *Codices picturati* des Sachsenspiegels. Das gilt ebenfalls für Fragmente einer lateinischen Chronik, des »Pantheon« Gottfrieds von Viterbo, aus dem vierten Viertel des 13. Jahrhunderts (Berlin, SBPK, Ms. Lat. fol. 887; Dresden, SLUB, Mscr. Dres. App. 2982). Dort sind Randzeichnungen über die Wiederholung von Abschnittsinitialen mit dem Text verbunden. Die Handschriften mit den Verweisinitialen sind im Kontext weiterer Handschriften aus der Region zu sehen, bei denen mit der Anordnung von Text und Bildern auf der Handschriftenseite experimentiert wurde (allerdings ohne eigene Bildspalte). Diese Handschriften zeichnen sich ebenfalls durch einen engen inhaltlichen Bezug der Bilder auf den Text aus.

Zu Tisch mit dem Schwert im Hals? Zur Zeichenhaftigkeit der Bilder

Wie lässt sich Recht verbildlichen? Geht es um strafrechtliche Zusammenhänge, bietet es sich an, die Tat und die dadurch begründete Bestrafung darzustellen. Solche Bildtypen finden sich in den Bilderhandschriften des Sachsenspiegels, wenn zum Beispiel die Bestrafung eines bei Tag begangenen Korndiebstahls durch Enthauptung der Bestrafung eines bei Nacht begangenen Korndiebstahls durch das schimpflichere Erhängen gegenübergestellt wird (W, fol. 35r4, Abb. 53). Allerdings erschließt sich bei diesen Bildern, die auf den ersten Blick szenisch wirken, der Sinn nur, wenn man bei der Betrachtung die Bildelemente in einen logischen Zusammenhang bringt. Während die Sonne (links) und der Mond mit Sternen (rechts) den Zeitpunkt des Diebstahls anzeigen, verweisen das Schwert (links) und die Säule mit Seil (zwischen den Diebstahlsszenen) auf die in Zukunft zu erwartenden Strafen. Die einzelnen Bildelemente sind verschiedenen Realitätsebenen zuzuordnen: Das Schwert soll nicht etwa als neben dem Dieb schwebend aufgefasst werden, sondern ist ein Bildzeichen, das allein an die Rezipientinnen und Rezipienten gerichtet ist.

Abb. 53
Wolfenbütteler Bilderhandschrift des Sachsenspiegels, 3. Viertel 14. Jahrhundert: Strafen für Korndiebstahl bei Tag und bei Nacht. Wolfenbüttel, Herzog August Bibliothek, Cod. Guelf. 3.1 Aug. 2°, fol. 35r4 (Kat.-Nr. I.10)

Abb. 54
Dresdner Bilderhandschrift des Sachsenspiegels, um 1350: Ein Bürge schwört, dass ein Beklagter wegen Krankheit nicht vor dem Richter erscheinen kann. Dresden, Sächsische Landesbibliothek – Staats- und Universitätsbibliothek, Mscr. Dresd. M 32, fol. 23r3 (Kat.-Nr. I.9)

Da nur etwa ein Viertel des Sachsenspiegel-Textes mit strafbaren Handlungen befasst ist und sonst wesentlich abstraktere Rechtsgebiete abgehandelt werden – wie das Verfahrensrecht, die Rechte verschiedener Personengruppen oder das Lehnrecht –, wird deutlich, vor welcher Herausforderung die Illustratoren bei einer durchgehenden Bebilderung des Textes gestanden haben müssen. Sie haben sich zum einen geholfen, indem sie Bildelemente, die sich an der Lebenswelt orientieren, so zusammengestellt haben, dass abstrakte Zusammenhänge erschlossen werden können. Zum anderen haben sie das Repertoire um Bildzeichen erweitert, die nur in den Sachsenspiegel-Illustrationen eine feste konventionelle Bedeutung haben. Ein Beispiel für die erste Methode ist die Darstellung eines Bürgen, der vor einem Richter auf ein Reliquienkästchen schwört, dass ein Beklagter aufgrund von Krankheit nicht habe zur Gerichtsverhandlung erscheinen können (D, fol. 23r3 zu Ldr. II 4 § 3, Abb. 54; vgl. O, fol. 40r1). Auf der Basis kulturellen Kontextwissens muss erschlossen werden, dass die Verhandlung wohl nicht neben einem Bett

Abb. 55
Heidelberger Bilderhandschrift des Sachsenspiegels, frühes 14. Jahrhundert: Ein Mann schwört, er habe nicht gewusst, dass er einen Geächteten bewirtet habe. Heidelberg, Universitätsbibliothek, Cpg 164, fol. 15v3 (Kat.-Nr. I.7)

stattfindet, sondern dass die im Bett liegende Person als abwesend zu denken ist und für den Inhalt des Schwurs steht. Eine Erweiterung der bildlichen Ausdrucksmittel ist bei einer Bildzeile zu beobachten, die im Prinzip ähnlich angelegt ist (H, fol. 15v3 zu Ldr. III 23, Abb. 55; vgl. O, fol. 69v2): Hier ist – so kann man aus dem Text erschließen – rechts visualisiert, wie ein Mann schwört, er habe nicht gewusst, dass er einen verfesteten (d. h. einen geächteten) Mann bewirtet habe. Der Verfestete ist – ebenso wie sonst in den *Codices picturati* – in der Bewirtungsszene (links) mit einem Schwert im Hals dargestellt, zum Zeichen der Gefährdung seines Lebens. Das Schwert scheint ihn aber nicht beim Essen zu stören und ist für den Gastgeber offenbar nicht sichtbar; vielmehr dient es als ein Signal für die Rezipientinnen und Rezipienten der Handschrift.

Die Trennung der Realitätsebenen ist aber nicht immer so deutlich, weil Figuren auch mit ihren Attributen in der Hand dargestellt sind, sie also zu tragen scheinen wie andere Gegenstände auch. Das gilt zum Beispiel für die Sachsen, die an den kurzen Hiebmessern (althochdeutsch/mittelhochdeutsch: *sahs*) in der Hand zu erkennen sind (H, fol. 24r zu Ldr. III 69 f., Abb. 1; vgl. D, fol. 50r, Abb. 2); ihr Attribut ist aus dem Wort »Sachse« hergeleitet. Auch bei den Gesten der Figuren ist manchmal schwer zu entscheiden, ob sie an Rechtsgesten angelehnt sind oder ob es sich um konventionalisierte Bildzeichen handelt: Bei der Geste, in der ein Mann die Schwurhand eines anderen Mannes am Gelenk packt (vgl. ebd. jeweils die dritte Bildzeile), ist wohl Letzteres der Fall: Ausgedrückt werden soll damit, dass der stehende Mann das Urteil, das der auf der Bank sitzende Schöffe gefunden hat, anficht. Eindeutig ist ein symbolischer Charakter bei den stilisierten Rosen, die für ein Urteil stehen (auf denselben Seiten zu sehen), oder auch bei den in manche Bilder integrierten Zahlzeichen. In einem Bild zur Belehnung in H (fol. 6v3 zu Lnr. 24, Abb. 56) steht die römische II neben dem Viertelmond oben links für eine Zweiwochenfrist. In dieser Frist hat der zu belehnende Mann die Güter (auf die er Anspruch erhebt) seinem Herrn rechtsverbindlich zu »benennen«, wenn der Mann diese Benennung nicht sofort durchführen kann. Im Bild ist die zeitliche Alternative dadurch ausgedrückt, dass der Mann in der Bildmitte auf zwei verschiedene Halmgruppen zeigt, mit einer dritten Hand deutet er auf seinen Mund (da es um die Benennung der Güter geht) und mit zwei weiteren Händen bietet er sich dem sitzenden Herrn als Lehnsmann an! Mehrarmige und mehrköpfige Figuren kommen in den *Codices picturati* gelegentlich vor, aber eine solche Durchbrechung realitätskonformer Darstellungsprinzipien bleibt im Bildprogramm eine Seltenheit.

Abb. 56
Heidelberger Bilderhandschrift des Sachsenspiegels, frühes 14. Jahrhundert: Mithilfe der fünfarmigen Figur werden die Bedingungen für eine Belehnung visualisiert. Heidelberg, Universitätsbibliothek, Cpg 164, fol. 6v3 (Kat.-Nr. I.7)

Abb. 57
Wolfenbütteler Bilderhandschrift des Sachsenspiegels, 3. Viertel 14. Jahrhundert: Ein Lehnsmann (dreiarmige Figur) beweist mithilfe von sieben Zeugen (links), welches Lehnsgut ihm zusteht. Wolfenbüttel, Herzog August Bibliothek, Cod. Guelf. 3.1 Aug. 2°, fol. 66v3 (Kat.-Nr. I.10)

Die vier *Codices picturati* des Sachsenspiegels im Vergleich

Da von H etliche Blätter verloren sind und die Bebilderung in O nicht zu Ende geführt wurde, liegt nur etwa ein Fünftel des Sachsenspiegel-Textes in allen vier *Codices picturati* bebildert vor. Der Vergleich zwischen diesen Bildern hat gezeigt, dass die Bildprogramme niemals nur kopiert, sondern auch bearbeitet wurden. Zwar gibt es in W durchaus Zeichnungen, bei denen in D vorhandene rechtsrelevante Details fehlen, aber eben auch den umgekehrten Fall, dass Zeichnungen in W präziser dem Text entsprechen als die in D. Die Veränderungen im Bildprogramm bezeugen für jede einzelne der Bilderhandschriften eine Auseinandersetzung mit den vorgefundenen Visualisierungen und mit dem Sachsenspiegel-Text. Neben der teilweise erfolgten Anpassung der Realien (Bekleidung, Bauten usw.) und des Stils an die Darstellungskonventionen zur Entstehungszeit der jeweiligen Handschrift betreffen die Veränderungen folgende Bereiche:

Umgang mit der Zeichenhaftigkeit

In D und W sind naturwidrige Bilderfindungen wie mehrarmige Figuren weniger häufig als in H und O. In der analogen Darstellung in W zur besprochenen fünfarmigen Figur in H hat die Figur jedoch immerhin noch drei Arme (W, fol. 66v3, Abb. 57). Dargestellt sind hier nicht zwei verschiedene Güter, sondern der Zeugenbeweis, den der Mann antritt (vgl. die Zeugen links im Bild). Es ist also einfach ein anderer Aspekt des Textes visualisiert. Daneben gibt es aber auch Fälle, bei denen rechtsrelevante Bildzeichen weggelassen sind. Zum Beispiel fehlt das Hiebmesser in der Hand der knienden Figur ganz rechts in der zweiten Bildzeile auf fol. 50r in D (Abb. 2), sodass sie nicht als Sachse erkennbar ist (vgl. dagegen H, fol. 24r2, Abb. 1). Andererseits ist in D und W der Anteil symbolischer Bildzeichen höher als in H und O. So finden sich etwa auf derselben Seite in D in der dritten Bildzeile Urteilsrosen, die in H nicht vorhanden sind.

Anpassung an den regionalen Kontext

Am offensichtlichsten ist eine Anpassung des Bildprogramms der *Codices picturati* an verschiedene regionale Kontexte bei den Wappen, wie sie zum Beispiel zu Beginn des Lehnrechts bei der Visualisierung der sogenannten Heerschildordnung zu finden sind. In H (fol. 1r1, Abb. 58) wird der vierte Heerschild durch das Wappen der Grafen von Wernigerode mit zwei Fischen repräsentiert, in W (fol. 59r1, Abb. 59) und D (fol. 57r1) dagegen durch ein Wappen mit einem schwarzen Andreaskreuz – das Wappen der Meinheringer, die Burggrafen von Meißen waren. Beim sogenannten Bauernkalender – einer Reihe von Bildmotiven, die für Abgaben an bestimmten Zinstagen stehen (Ldr. II 58 §2) – folgen D (fol. 33r) und W (fol. 39r) ebenfalls anderen Prinzipien als H (fol. 9r) und in diesem Fall auch O (fol. 58r). Beispielsweise ist der Lämmerzehnt in H (fol. 9r4, Abb. 60) und O (fol. 58v4) durch Schafe vor einem Baum visualisiert, der auf Brauchtum am Tag der Heiligen Walburga, dem 1. Mai, verweist (wahrscheinlich ist ein Maibaum gemeint). Dagegen ist in D (fol. 33r4) und W (fol. 39r, Abb. 61) Walburga durch eine Heiligenfigur repräsentiert. Verweise auf das Brauchtum sind in D und W auch an anderer Stelle im Bauernkalender geringer ausgeprägt als in H und O, während die Heiligenverehrung in den Vordergrund gerückt ist. Das verweist wahrscheinlich auf regionales Brauchtum, mag aber auch vorlagenbedingt sein.

Abb. 58
Heidelberger Bilderhandschrift des Sachsenspiegels, frühes 14. Jahrhundert: sogenannte Heerschildordnung mit dem Wappen der Grafen von Wernigerode (zwei Fische, rechts in der zweiten Reihe) als viertem Heerschild. Heidelberg, Universitätsbibliothek, Cpg 164, fol. 1r1 f. (Kat.-Nr. I.7)

Abb. 59
Wolfenbütteler Bilderhandschrift des Sachsenspiegels, 3. Viertel 14. Jahrhundert: sogenannte Heerschildordnung mit dem Wappen der Meinheringer (schwarzes Andreaskreuz, links in der zweiten Reihe) als viertem Heerschild. Wolfenbüttel, Herzog August Bibliothek, Cod. Guelf. 3.1 Aug. 2°, fol. 59r1 (Kat.-Nr. I.10)

◄ Abb. 60
Heidelberger Bilderhandschrift des Sachsenspiegels, frühes 14. Jahrhundert: Im sogenannten Bauernkalender ist zur Datierung des Lämmerzehnts (wahrscheinlich) ein Maibaum (oben rechts) abgebildet. Heidelberg, Universitätsbibliothek, Cpg 164, fol. 9r4–9 (Kat.-Nr. I.7)

Abb. 61
Wolfenbütteler Bilderhandschrift des Sachsenspiegels, 3. Viertel 14. Jahrhundert: Im sogenannten Bauernkalender ist zur Datierung des Lämmerzehnts die Heilige Walburga (oben in der Mitte) abgebildet. Wolfenbüttel, Herzog August Bibliothek, Cod. Guelf. 3.1 Aug. 2°, fol. 39r4–8 (Kat.-Nr. I.10)

Anpassungen an zeitgenössische Vorstellungen zur Rechtsbegründung

Konzeptionell besonders aufschlussreich sind die Unterschiede in der Bebilderung der Prosaprologe des Sachsenspiegels in O (fol. 6r1, Abb. 3) gegenüber D (fol. 3v1) und W (fol. 9v1, Abb. 4): In O steht im ersten Bild eine Figur mit Kutte (aber ohne Tonsur) im Zentrum, in der man den Autor zu sehen hat. Ihm zugeordnet sind ein Buch und eine Taube mit Kreuznimbus, die den Heiligen Geist repräsentiert, um dessen Unterstützung der Verfasser nach dem Text bittet. In D und W kniet dagegen eine Autorfigur vor zwei gekrönten Herrschern, die nach dem Text als die christlichen Herrscher Konstantin (reg. 306–337) und Karl der Große (reg. 768–814) zu identifizieren sind. Dass Karl als Begründer des im Sachsenspiegel aufgezeichneten Rechts erscheint, entspricht einer im 14. Jahrhundert weit verbreiteten Auffassung, die ihren Niederschlag noch in der Eingangsminiatur der Lüneburger Sachsenspiegel-Handschrift Jurid. 2 (Abb. 6) gefunden hat.

Zur Funktion der Bilder

Eine der frühesten Äußerungen zu den Bilderhandschriften des Sachsenspiegels stammt von Johann Wolfgang von Goethe (1749–1832), der 1810 auf Durchzeichnungen von Blättern der Oldenburger Handschrift gestoßen war und sich für deren Veröffentlichung einsetzte. In einem Brief aus dem Jahr 1817 bemerkte er dazu: »Es wird dabey zur Sprache kommen, daß nicht allein der ungebildete, sondern auch der durchaus reingebildete, natürliche Mensch dasjenige mit Augen sehen will, was ihm durch's Ohr zukommt« (Goethe 1903; von Amira 1902, S. 20). Trotz intensiver Bemühungen in den darauffolgenden 200 Jahren hat sich die Funktion der Bilder nicht eindeutig klären lassen. Ausschließen kann man, dass die Bilder den Text für Leseunkundige ersetzen sollten. Dagegen spricht schon die Tatsache, dass – trotz der Bilderdichte – etliche Rechtsartikel nicht bebildert sind. Bei anderen Rechtsartikeln wiederum ist nur die Ausgangssituation visualisiert, nicht aber der Rechtssatz selbst. In solchen Fällen kann das Bild zwar als Finde- oder Erinnerungshilfe dienen, nicht aber als Textersatz. Die Aussparung der Rechtsregel in einigen der bildlichen Darstellungen ist als Argument dagegen angeführt worden, dass die Bilder als visueller Kommentar dienen könnten. Jedoch kann auch eine Konkretisierung der Ausgangssituation dazu beitragen, einen Rechtssatz besser fassbar zu machen. Neben Bildern, die eine Situation oder einen Begriff präzisieren, finden sich außerdem Bilder, die Rechtskonsequenzen beispielhaft veranschaulichen oder Handlungsanweisungen geben, sofern man mit der Zeichenhaftigkeit der Illustrationen vertraut ist. Die Vielfalt der Bildtypen ist es auch, die eine zusammenfassende Bestimmung der Funktion der Bilder erschwert.

Umso wichtiger ist es, die Anlage der Seiten und das System der Verweisbuchstaben, das offenbar zum ursprünglichen Konzept gehört hat, in die Überlegungen mit einzubeziehen. Dass der Text und die Bilder in zwei Spalten nebeneinander angeordnet sind, ist ein Indiz dafür, dass sie zusammen rezipiert werden sollten. Auch eine Lehrsituation ist in diesem Zusammenhang erwogen worden. Mit der Verwendung von Verweisbuchstaben ordnen sich die Handschriften in eine gelehrte Kommentartradition ein. Die Technik der kolorierten Federzeichnung könnte ebenfalls auf eine Kommentartradition hindeuten, da rahmenlose Federzeichnungen für kommentierende Bilder verbreitet waren. Dass im Vergleich zu gerahmten Deckfarbenminiaturen eine als bescheidener einzuschätzende Technik gewählt wurde, darf nicht darüber hinwegtäuschen, dass die Bilderhandschriften des Sachsenspiegels repräsentative Objekte darstellen, schon wegen der Menge an Pergament, die die Anlage der Seiten erfordert. Die Dresdner und die Wolfenbütteler Handschrift stechen durch ihr großes Format und die reiche Verwendung von Gold noch einmal besonders hervor. Potente Auftraggeber dürften solche Bilderhandschriften des Sachsenspiegels auch zu Repräsentationszwecken haben anfertigen lassen.

Für die Identifikation möglicher Auftraggeber ist die Anpassung der Wappen in den einzelnen Handschriften aufschlussreich; zumindest kann man daraus ein Interesse an der aktuellen politischen Situation rekonstruieren. Eindeutig identifizieren lässt sich nur der Auftraggeber der Oldenburger Handschrift, weil hier das Wappen des Grafenhauses von Oldenburg in das Autorbild (fol. 6r1, Abb. 3) integriert ist. Dass dieses Wappen tatsächlich auf den Auftraggeber verweist, belegt die lateinische Nachschrift (fol. 193v/194r). Aus ihr geht hervor, dass Graf Johann III. das Buch im Benediktinerkloster Rastede schreiben ließ, und zwar nicht – so wird betont –, um neue Rechtsregeln einzuführen, sondern um dem Abbrechen der mündlichen Rechtsüberlieferung entgegenzuwirken. Die Begründung mag einen topischen Charakter haben. Auf jeden Fall sind in der Handschrift aber ein Anspruch auf herrscherliche Repräsentation (durch das Wappen) und auf eine praktische Benutzung verbunden, wobei nicht thematisiert wird, welche Rolle die Bilder dabei spielen sollen. Über Gebrauchsspuren lässt sich nur nachweisen, dass die Oldenburger Handschrift – ebenso wie die anderen Bilderhandschriften des Sachsenspiegels – benutzt wurde.

Die Verbindung eines Repräsentationsanspruchs mit dem Bemühen, rechtliche Abläufe zu visualisieren, ist auch bei lateinischen Rechtshandschriften zu beobachten, die jedoch – abgesehen von nachgetragenen Kommentarzeichnungen – meist mit eingestreuten Deckfarbenminiaturen ausgestattet sind und den kommentierenden Charakter der Bilder damit in der Regel nicht so stark hervorheben. Was die *Codices picturati* des Sachsenspiegels neben der fortlaufenden Bebilderung des Textes auszeichnet, ist ihr besonders ausgeprägtes Ringen um eine möglichst genaue visuelle Darstellung rechtlicher Ausgangssituationen und der daraus folgenden Konsequenzen. Das hat nicht nur dazu geführt, dass teilweise ein eigenes bildliches Zeichensystem entwickelt wurde, sondern auch dazu, dass zahlreiche Alltagssituationen dargestellt wurden, die sonst nicht den Weg ins Bild gefunden haben. Das macht die Bilderhandschriften des Sachsenspiegels zu einzigartigen kulturhistorischen Zeugnissen.

Literatur
von Amira 1902 | von Amira 1905 | Bauer 2006 | Braun-Niehr 2008 | Braun-Niehr 2017 | Eckhardt 2004, bes. S. 64 – 66 | Goethe 1903, Nr. 7809, S. 178 f., hier S. 179 | Händl 2017 | Heitzmann 2017 | Hüpper 1992 | Janz 1993 | König 2010 | Kümper 2006 | Lade-Messerschmied 1997 | Lade-Messerschmied 2011 | Lieberwirth 1993 | Lück 2017 | Manuwald 2008, bes. S. 370 – 533 | Manuwald 2009 | Michael 2003 | Milde 1995 | Munzel-Everling 2008 | Naß 2001 | Päsler 2009 | Schmidt-Wiegand 1993 a | Schmidt-Wiegand 1999 | Schmidt-Wiegand 2002 | Wittekind 2018.

I.7

Heidelberger Bilderhandschrift des Sachsenspiegels

Ostmitteldeutschland,
frühes 14. Jahrhundert (nach 1295, vor 1304?)

Pergament, 30 Blätter;
kolorierte Federzeichnungen

H 30,0 cm, B 23,5 cm

Heidelberg, Universitätsbibliothek,
Cod. Pal. germ. 164

Die Heidelberger Bilderhandschrift des Sachsenspiegels, vermutlich für einen thüringischen Auftraggeber geschaffen, ist der älteste der vier erhaltenen *Codices picturati*. Allerdings geht sie nicht direkt auf die postulierte Stammhandschrift (X) zurück, für die ein Werkstattzusammenhang mit der um 1270/1275 entstandenen sogenannten Großen Bilderhandschrift des »Willehalm« Wolframs von Eschenbach erwogen wird (vgl. Abb. 52, S. 112 im Essay von Heike Manuwald). Als Zwischenglied rekonstruiert die Forschung eine weitere Handschrift (Y), die auch dem Dresdner *Codex picturatus* (Kat.-Nr. I.9) als Vorlage diente. Anhaltspunkte für die regionale und zeitliche Einordnung des Heidelberger Exemplars liefern Schrift, Schreibsprache und Besonderheiten der Wappen bei der Heerschildordnung, den sächsischen Fahnlehen und einer Belagerungsszene. Die kolorierten Federzeichnungen, die den Text fortlaufend in einer Bildspalte begleiten, wurden von einer nichtprofessionellen Hand ausgeführt. Stilistische Eigenheiten wie die leichte, am hochgotischen Gestaltideal orientierte Biegung einiger Figuren, die angedeutete Schrittstellung von Stand- und Spielbein und das in ausgeprägten Wellen herabfallende Haar dürften von der Vorlage vermittelt sein. Sie legen eine Entstehung der Handschrift im ersten Jahrzehnt des 14. Jahrhunderts nahe.

Heute ist die Heidelberger Bilderhandschrift – wohl aufgrund intensiven Gebrauchs – mit 30 Blättern auf etwa ein Drittel ihres einstigen Umfangs reduziert. Erster bekannter Vorbesitzer war der Augsburger Patrizier Ulrich Fugger (1526–1584). Nach dessen Tod fand der Kodex Eingang in die Bibliotheca Palatina. Im 1571 erstellten Inventar der Fuggerschen Büchersammlung ist er als »ein altt uff Perment geschrieben buchlin von Lehenrechten und andern, mit alttfranckischen figuren« verzeichnet, was auf einen schon damals fragmentarischen Erhaltungszustand schließen lässt. Denn die ehemals achte

I.7 fol. 7v und fol. 8r

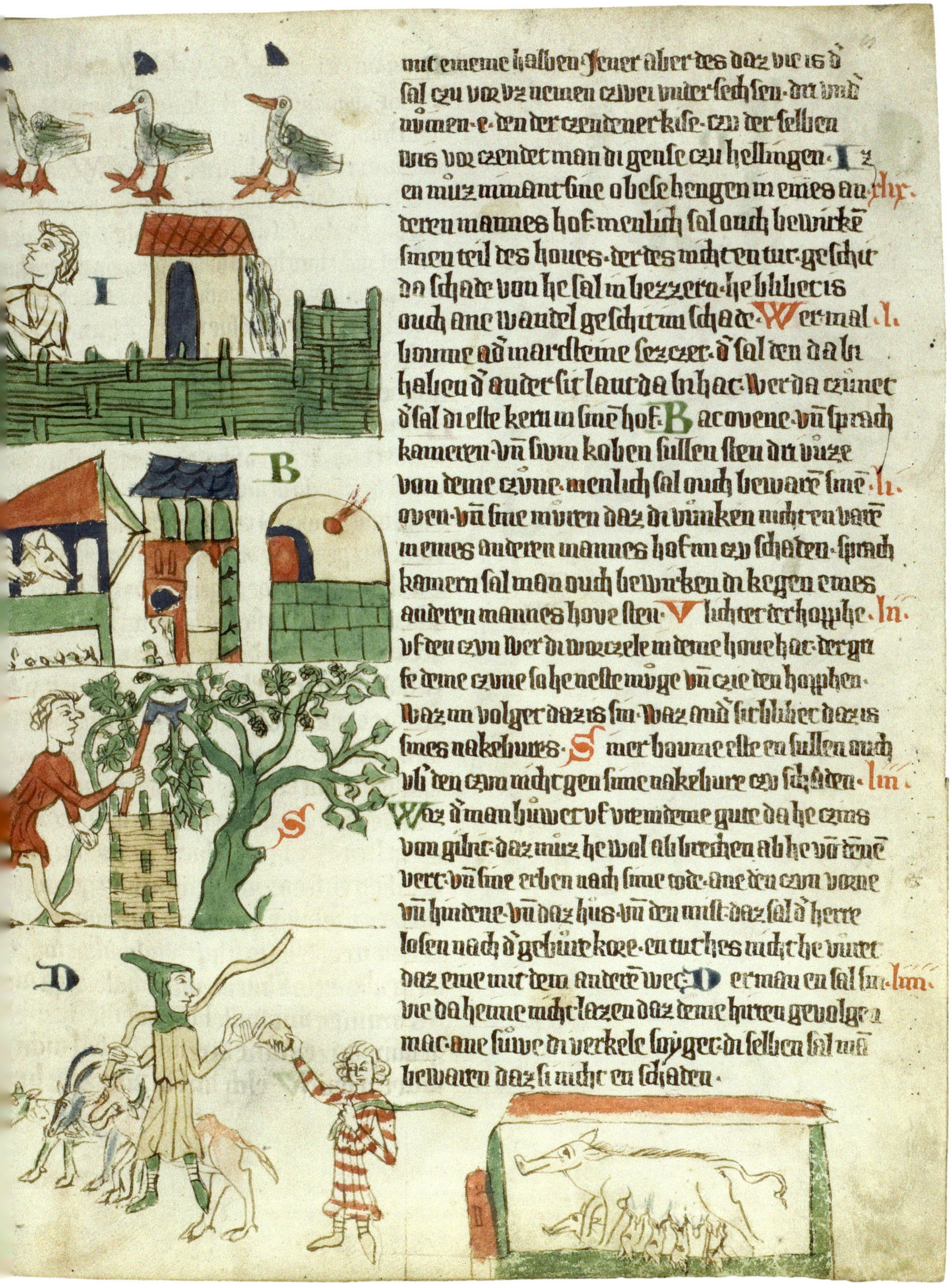

Lage mit der intakten Anfangsseite des Lehnrecht-Teils wurde erst an den Beginn der Handschrift gestellt, als man die verbliebenen, an den Rändern beschnittenen Blätter neu gebunden hat. Die jetzt unmittelbar aufeinander folgenden Blätter 7 und 8 bildeten ursprünglich das äußere Doppelblatt der vierten Lage, waren also durch sechs Blätter voneinander getrennt. Daher stehen nun Bestimmungen zur Beweisführung vor Gericht auf fol. 7v (Ldr. II 22 §1–5) den Regelungen zur Entrichtung des Gänse-Zehnts, zum Nachbarrecht und über den Hütelohn auf fol. 8r (Ldr. II 48 §12; Ldr. II 49 §1–II 54 §1) gegenüber. Die im Vergleich mit den übrigen *Codices picturati* recht breite Textkolumne rückt bis an die Bildspalte heran. Wie in den Exemplaren in Dresden und Wolfenbüttel (Kat.-Nr. I.9 und I.10) sorgt die Wiederholung der Abschnittsinitialen neben den Darstellungen für deren Verklammerung mit dem zugehörigen Text, den sie gleichsam »kommentieren«. So geben die auf fol. 7v illustrierten Möglichkeiten der Beweisführung vor dem thronenden Richter anschauliche Handlungsanweisungen für das Verhalten bei Gericht. Obwohl im Text nicht eigens erwähnt, wird – wie damals üblich – der Eid auf ein Reliquienkästchen abgelegt.

Dass die Federzeichnungen das Auffinden einzelner Rechtssätze unterstützen und beim Memorieren wichtiger Bestimmungen helfen konnten, führen die einprägsamen Bilderfindungen auf fol. 8r vor Augen. Um Schaden vom Nachbarn abzuwenden, muss ein Hof eingezäunt werden; das Regenwasser darf von der Traufe nur auf das eigene Grundstück fließen. Abstandsregeln für Schweineställe, offene Aborte und Backöfen müssen zur Minderung von Geruchsbelästigungen bzw. zur Vermeidung von Brandgefahr eingehalten werden. Im nächsten Bild zieht der Bauer den auf dem eigenen Boden wurzelnden Hopfen zu sich heran, während er einen über den Zaun hängenden Ast des Nachbarbaums mit der Axt abschlägt. Für die letzte Szene nutzte der Zeichner auch den Raum unterhalb der Textspalte: Zu ihrem Schutz bleibt die ihre Ferkel säugende Sau im Stall zurück, während der Hirte andere Tiere auf die Weide führt.

Beate Braun-Niehr

Literatur
Braun-Niehr 2017 | Eike von Repgow 2009 | Eike von Repgow 2010 a | Eike von Repgow 2010 b | Manuwald 2008, S. 412–472 | Riedl 1998, bes. S. 67–102.

I.8

Oldenburger Bilderhandschrift des Sachsenspiegels

Kloster Rastede, 1336

Pergament, 136 Blätter; teilkolorierte Federzeichnungen

H 32,8 cm, B 22,8 cm

Oldenburg, Landesbibliothek Oldenburg, CIM I 410

Die 136 Pergamentblätter der Oldenburger Bilderhandschrift des Sachsenspiegels sind in 20 Lagen von zumeist vier Bogen eingeteilt. Der Text ist in gotischer Textura verfasst, die Initialen wechseln durchgängig zwischen rot und blau. Die innere Textspalte zu je 30 Zeilen wird auf 81 Blättern des Landrechts durch eine äußere Bildleiste illustriert. Diese zeigt überwiegend Umrisszeichnungen der Figuren, ohne Binnenzeichnung der Gesichter und ohne Ausmalung. Nur 44 Szenen auf 14 Seiten sind in sorgfältiger Kolorierung vollständig ausgeführt. Der Grund dafür ist nicht überliefert.

Die Handschrift ist in mehrfacher Hinsicht originell, weswegen die Forschung sie einem eigenen Überlieferungsstrang im Stemma der Codices picturati zuordnet. Etwa 40 Szenen aus der Bildleiste finden keine Parallelen in den drei anderen noch existierenden Bilderhandschriften, dagegen fehlt mit einer Ausnahme die sonst übliche Verklammerung von Text und Bild mithilfe des Eintrags von Bildbuchstaben in die Zeichnungen.

Auch der Text hebt sich ab. Er hat noch die ursprüngliche auf die Entstehungszeit zwischen 1220 und 1235 zurückgehende Einteilung in fünf Bücher, während die anderen Bilderhandschriften bereits in drei Bücher des Landrechts und ein weiteres des Lehnrechts unterteilt sind. Nur der Oldenburger Kodex ist in mittelniederdeutscher Sprache verfasst und nennt am Ende, im lateinisch geschriebenen Kolophon, Schreiber und Entstehungsumstände. Danach hat der Mönch Hinrich Gloyesten, der aus dem niederen oldenburgischen Adel stammte und dessen Familie Güter in der Nähe Oldenburgs besaß, die Textabschrift im Benediktinerkloster zu Rastede im Jahr 1336 beendet, und zwar im Auftrag des Oldenburger Grafen Johann III. (bezeugt 1302–1345). Weil fast alle ritterlichen Rechtskundigen gestorben waren und die Rechtsunsicherheit im Land gestiegen war, sollte laut Kolophon den

I.8 fol. 17v und fol. 18r

men is sinen eruen nicht mer lo
nes plichtich to gheuende. den alse
he uordenet hadde unde eme werde
to der tit do he starf. Dar na mot
de urowe teghen den eruen mitde
len alhe houede spise. de na den drit
teghesten ouer blef in iewelken ho
ue eres mannes eder wer de was
binnen sinen weren. So sal de
urowe to herwede gheuen eres
mannes swert un dat beste ors
ghesadelet eder pert. dat beste har
nasch dat he hadde to enes mannes
liue do he starf an sinen gheweren
enen herpole dat is en bedde. en
kussen. en lilaken. en dischlaken.
twe beckene un enen dwelen. Dit
is en ghemene herwede to gheue
de un recht allen ne settet dar de
lude mer to dat dar to nicht ne
hort. Swes dat wif nicht ne he
uet deser dinghe. des ne darf se

jungen Rittern und Dienstleuten das Recht ihrer Eltern vor Augen geführt und sie in seiner Anwendung gefestigt werden. Die Existenz des Kodex sollte ihnen Grundlage zur Beilegung von Streitigkeiten sein.

Anlass für die Rechtsunsicherheit der Zeit bot auch die engere oldenburgische Geschichte mit einer seit dem Ende des 13. Jahrhunderts in eine Oldenburger und eine Delmenhorster Linie geteilten Grafschaft und einem Gütertausch der Oldenburger Grafen unmittelbar vor Entstehen der Handschrift, der ihre landesherrliche Autorität im Ammerland wesentlich erweiterte.

Die Vorlage der Oldenburger Handschrift ist vermutlich am Welfenhof zu Lüneburg zu finden. Johann III. war Sohn Johanns II. (bezeugt 1272–1315) und der braunschweigisch-lüneburgischen Herzogin Elisabeth (gest. vor 1298). Er stammte also vom welfischen Herzogshaus ab, womit den Oldenburgern eine Rangerhöhung durch Ansippung gelungen war, die sie vorteilhaft von der engeren Umgebung unterschied. Elisabeth wird auch im Kolophon genannt, ihr Vater, ebenfalls ein Johann (um 1242–1277), begegnet dort sogar in roter Auszeichnungsschrift. Wenn Einigkeit besteht, dass die Bilder in den Handschriften die Lektüre des Textes nicht ersetzen können, sondern ihn ergänzen, interpretieren und leichter zugänglich machen, so hat der Oldenburger Kodex, dessen Wappen am Anfang ebenfalls auf den Grafen verweist, auch didaktische und repräsentative Absichten, nicht zuletzt gegenüber den Delmenhorstern. Johann III. war die Autorität, die seinem Adel zu Rechtsbesserung verhalf, den Rechtsfrieden im Land wahrte.

In den aufgeschlagenen Seiten (fol. 17v/18r) geht es um Erbregelungen. Erst 30 Tage nach dem Tod des Mannes wurde die Erbteilung vorgenommen. Links oben achtet der Erbe gegenüber der trauernden Witwe darauf, dass in dieser Zeit nichts verloren geht. Darunter wird vom Erben oder von der Witwe selbst dem Gesinde der ihm bis zum Tod des Mannes zustehende Lohn gezahlt und es – wie Hund und Katze – verköstigt. Von diesen beiden ist im Text nicht die Rede, dessen Regelungen ansonsten differenzierter sind, als das Bild auszusagen vermag: Das Gesinde soll bis zum Tag der Erbteilung im Dienst bleiben, um sich eine neue Stelle suchen zu können. Hat es schon zu viel Lohn erhalten, darf es den behalten. Nur im Bild deuten dagegen zwei Dienstleute an, dass sie bereits entlohnt worden sind. Im Gegensatz zu ihrer Zufriedenheit wird im dritten Bild dem Knecht höherer Lohn vorenthalten. Daneben fordert der Erbe des verstorbenen Knechts dessen noch ausstehenden Lohn ein.

Auf der rechten Seite hilft ein Diener bei der sogenannten Musteilung, der Aufteilung aller Speisevorräte zwischen Witwe und Erben 30 Tage nach dem Tod des Erblassers. Die Gesten könnten als Angebot und Ablehnung zu deuten sein. Unten rechts übergibt die Witwe den Erben ihres Mannes das sogenannte Heergewäte, die Kriegsausrüstung: Schwert, Harnisch, das beste, schon gesattelte Pferd und – so der Text – Bett, Kissen, Laken, zwei Schüsseln und ein Handtuch. Der älteste Erbe ist am Bart, der jüngste am kleinen Wuchs erkennbar. Die Witwe schwört, dass sie weitere Stücke nicht besitzt. *Klaus-Peter Müller*

Literatur
Der sassenspeyghel 1995 | Lück 2017, bes. S. 48–53 | Milde/Schmidt-Wiegand 1992 | Schmidt-Wiegand 1993 b | Schmidt-Wiegand 1995/96.

I.9 fol. 3v

I.9

Dresdner Bilderhandschrift des Sachsenspiegels

Raum Meißen, um 1350

Pergament, 92 Blätter; kolorierte Federzeichnungen, teils vergoldet und versilbert

H 33 cm, B 26 cm

Dresden, Sächsische Landesbibliothek – Staats- und Universitätsbibliothek, Mscr.Dresd.M.32

Die Dresdner Bilderhandschrift ist die vollständigste und künstlerisch qualitätvollste der vier erhaltenen durchgängig illustrierten Handschriften des Sachsenspiegels. Die rund 4 000 Figuren in 924 Bildstreifen zeichnen sich durch eine feine Zeichnung und eine differenzierte Kolorierung aus. Letztere ist leider durch einen schweren Wasserschaden, den die Handschrift infolge der Bombardierung des ehemaligen Gebäudes der Sächsischen Landesbibliothek im Februar und März 1945 erlitten hat, nur noch ansatzweise erkennbar.

Die reiche, relativ gut erhaltene Vergoldung verleiht dem Kodex den Charakter einer Prachthandschrift, deren Auftraggeber und Benutzer aufgrund der vorkommenden Wappen unter den Burggrafen von Meißen oder den Herren von Colditz zu suchen sind. Der erste Nachweis der Handschrift findet sich im frühesten Katalog der Bibliothek des Kurfürsten August von Sachsen (reg. 1553–1586) aus dem Jahr 1574: »Ein gar alter Sachssenspiegel auf pergament geschriben unnd mit altväterischen figuren gemahlt welcher nach [sic!] Eck vonn Repchens gewest sein solle«.

Außer den beiden Hauptteilen des Sachsenspiegels, also dem Landrecht und dem Lehnrecht, sind in der Dresdner Handschrift der vom Stauferkaiser Friedrich II. (reg. 1212–1250) erlassene Mainzer Reichslandfrieden von 1235 sowie drei Vorreden und ein Prolog überliefert, die teils von Eike von Repgow selbst, teils aus späterer Zeit stammen.

Die aufgeschlagene linke Seite (fol. 3v) zeigt in der Bildspalte zum Prolog »Des Heiligen Geistes Minne« zuoberst den Autor Eike von Repgow mit der Geisttaube und einer Schriftrolle vor den Recht setzenden Kaisern Konstantin (reg. 306–337) und Karl dem Großen (reg. 768–814). Darunter sieht man den Kaiser vor Gott mit dem Richtschwert, Gott als Schöpfer des Menschen sowie

I.9 fol. 4r

Adam und Eva beim Sündenfall. In der Bildspalte zu Beginn des Landrechts auf der rechten Seite (fol. 4r) überreicht Gott dem Papst das geistliche und dem Kaiser das weltliche Schwert – symbolisch für die geistliche und die weltliche Macht gemäß der Zwei-Schwerter-Lehre. In den darunter folgenden Bildstreifen hält der Kaiser dem Papst, der von seinem Schimmel absteigt, Zügel und Steigbügel (Strator- bzw. Marschalldienst) und ein Bischof, ein Domprobst, ein Gaugraf und ein Schultheiß halten ihre jeweiligen Sendgerichte ab. Die goldenen, blauen oder roten Buchstaben in den Bildspalten korrespondieren mit den Initialen der dazugehörigen Textabschnitte.
Thomas Haffner

Literatur
Eike von Repgow 2002 | Eike von Repgow 2006 | Eike von Repgow 2011 | Hoffmann (im Erscheinen).

I.10

Wolfenbütteler Bilderhandschrift des Sachsenspiegels

Obersachsen/Raum Meißen,
3. Viertel 14. Jahrhundert

Pergament, 86 Blätter; kolorierte, teils vergoldete Federzeichnungen und Gold

H 35 cm, B 27 cm

Wolfenbüttel, Herzog August Bibliothek,
Cod. Guelf. 3.1 Aug. 2°

Die Wolfenbütteler Handschrift ist die jüngste unter den vier Bilderhandschriften des Sachsenspiegels. Sie besitzt zwar nicht das umfangreichste, aber das am besten erhaltene Bildprogramm, das zudem in besonders hoher Qualität ausgeführt wurde. Im Vergleich zu ihrer Vorlage, der Dresdner Handschrift, weist die Wolfenbütteler bisweilen eine weniger drastische Darstellungsweise und einige Ergänzungen auf. So sind etwa die Personendarstellungen sorgfältiger, die Kleidung ist der Zeit angepasst. Die reiche Ausstattung der Handschrift mit Farben und Gold zeugt von einem hohen Anspruchsniveau. Der Auftraggeber für diese prachtvolle Ausstattung ist indessen unbekannt.

I.10 fol. 10v und fol. 11r

Die aufgeschlagene Doppelseite zeigt links (fol. 10v) vom zweiten bis zum vierten Bildfeld die Abfolge der Weltalter: Adam steht für das erste, Noah, der in einer stilisierten Miniatur-Arche sitzt, für das zweite, Abraham mit spitzem Judenhut für das dritte, Mose mit den Tafeln der Zehn Gebote für das vierte, König David mit der Harfe (als Verfasser der Psalmen) für das fünfte und Jesus Christus (bei der Geburt im Stall mit Ochs und Esel) schließlich für das sechste Weltalter. Eine Gruppe von fünf Personen versinnbildlicht das siebte und letzte Weltalter. Darunter ist im fünften Bildfeld die Heerschildordnung dargestellt, das Abbild der lehnrechtlichen Gliederung im Reich. Sieben Wappen stehen für die hierarchisch geordneten sieben Heerschilde: Der schwarze Adler auf goldenem Grund steht für den König, es folgen Wappen der geistlichen Reichsfürsten, der Laienfürsten (hier vertreten durch das Wappen der Markgrafen von Meißen) und für drei weitere Ränge des niederen Adels.

Auf der gegenüberliegenden Seite (fol. 11r) geht es um Verwandtschaftsgrade, Eheschließung und Erbrecht. Die zweigeschlechtliche Figur mit Kopf von Ehefrau und -mann soll die Stellung von Voll- und Halbgeschwistern veranschaulichen. Eine Eheschließung sollte bis zum siebten Verwandtschaftsgrad vermieden werden. Damit war die Norm des Sachsenspiegels rigoroser als das Kirchenrecht, doch Eike von Repgow konstatierte (fol. 11v): »Der Papst kann kein Recht setzen, mit dem er unser Landrecht oder Lehenrecht schmälert.« *Christian Heitzmann*

Literatur
Digitalisat der Handschrift und Erläuterungen: http://diglib.hab.de/mss/3-1-aug-2f/start.htm | Caviness/Nelson 2018 | Eike von Repgow 2006 a | Heitzmann 2017 | Manuwald 2016 | Milde/Schmidt-Wiegand 1992 | Schmidt-Wiegand 2009.

I.11

Sächsisches Landrecht mit Glosse

Ostfalen, 2. Drittel 14. Jahrhundert

Pergament, 2 + 151 Blätter

H 48 cm, B 34,5 cm

Berlin, Staatsbibliothek zu Berlin – Preußischer Kulturbesitz, Handschriftenabteilung, Ms. germ. fol. 512

Die hier ausgestellte Handschrift bietet das Landrecht des Sachsenspiegels in einer überarbeiteten, um 1300 entstandenen Fassung. Im Gegensatz zu früheren Versionen ist hier erstmals das Land- vom Lehnrecht getrennt und in drei separate Bücher eingeteilt, die mit Inhaltsangaben (Rubriken) eigens aufgeschlüsselt sind. Textlich liegt eine enge Verwandtschaft mit den vier großen und bekannten Bilderhandschriften des Sachsenspiegels vor (Kat.-Nr. I.7–I.10).

Neben dem Haupttext enthält der Kodex einen Kommentar (Glosse) des gelehrten Juristen und märkischen Hofrichters Johann von Buch (um 1290 – um 1356). Dieser hatte um 1325 auf der Grundlage seiner Rechtsstudien (vermutlich in Bologna) einen volkssprachlichen Kommentar zum Sachsenspiegel verfasst, der vornehmlich Wort- und Sacherläuterungen, Begriffsdefinitionen, vor allem aber Parallelbezüge (Allegationen) zum lateinischen Zivil- und Kirchenrecht enthält. Dieser Kommentar ist hier in Form einer sogenannten Klammerglosse arrangiert, die den Haupttext des sächsischen Landrechts in einer kleineren Schrifttype umschließt. Für diese Form der Glossenhandschriften standen lateinische Rechtskodizes aus Bologna und Paris im 13. und 14. Jahrhundert Pate. Ostfälische Eigenheiten der Schriftsprache, dazu der Buchschmuck sowie der Schriftbefund sprechen für eine Entstehung des aufwendig hergestellten Rechtsbuchs im zweiten Drittel des 14. Jahrhundert zwischen Weserbergland und Harz.

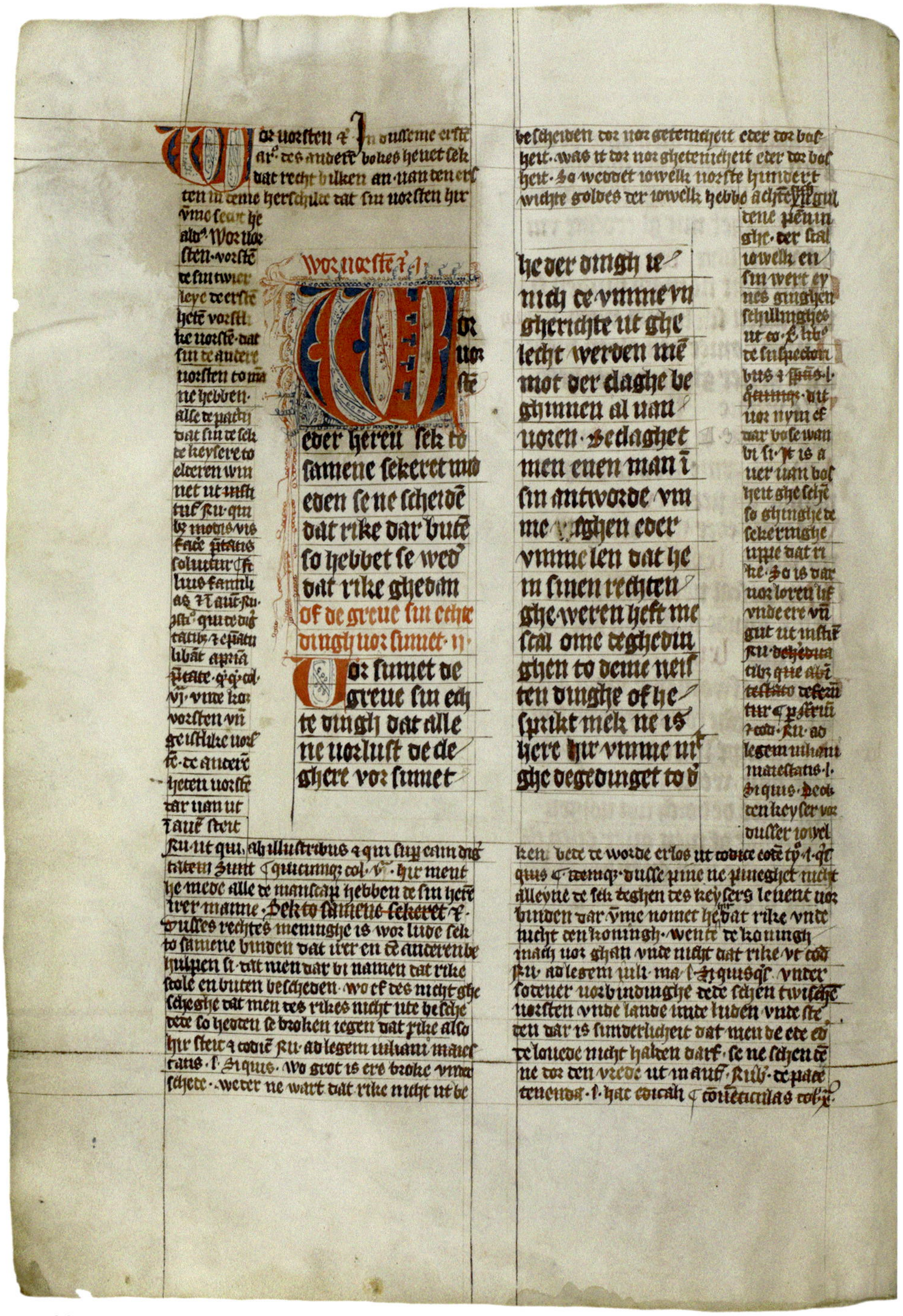

I.11 fol. 38v

Etwa ein Jahrhundert später (1441) befand sich der mit Kommentaren gelehrt aufbereitete Kodex im Westfälischen, genauer: in der großen Reichs- und Hansestadt Dortmund. Laut Vermerk (IIr) gehörte er damals dem Patrizier, Ratsherrn und zeitweiligen Bürgermeister Christoffer Hengstenberg (gest. 1495). Seinen heutigen Holzdeckeleinband mit Langriemenschließen erhielt die Handschrift wohl im 15. Jahrhundert in Dortmund, wie die ehemals zwischen Vorderdeckel und Buchblock eingeklebte Urkunde eines städtischen Notars von 1403 beweist. Offenbar war der ursprüngliche Einband durch häufige Benutzung fragil geworden und konnte den Buchblock nicht mehr ausreichend schützen. Es ist nicht ausgeschlossen, dass das großformatige Rechtsbuch auch im Dortmunder Ratsarchiv, in dessen Besitz es danach kam, für einige Zeit noch für die Rechtsprechung verwendet wurde. Nachdem Westfalen Anfang des 19. Jahrhunderts an Preußen gefallen war und Dortmund als Reichsstadt nicht mehr existierte, war der Text obsolet

und die Handschrift zu einem historischen Objekt geworden. 1835 spürte ihn der königlich-preußische Gymnasialdirektor Bernhard Thiersch (1793–1855) im städtischen Archiv auf, reklamierte ihn unter fadenscheinigen Besitzansprüchen für Preußen und ließ ihn 1836/37 an die Königliche Bibliothek zu Berlin verkaufen.
Jürgen Geiß-Wunderlich

Literatur
Becker/Overgaauw 2003, Nr. 148 (Bernd Michael | Lit.) | Homeyer 1931–1934, Nr. 53 | Oppitz 1990, Nr. 122.

I.12

Glossiertes Weichbild und Landrecht

Schlesien, um 1386

Pergament, 240 Blätter, lateinisch-deutscher Text

H 42 cm, B 28,5 cm

Berlin, Staatsbibliothek zu Berlin – Preußischer Kulturbesitz, Handschriftenabteilung, Ms. germ. fol. 631

Der Sachsenspiegel des Eike von Repgow (um 1180 – nach 1233) spielte bei der Verbreitung des Magdeburger Stadtrechts nach Ostmitteleuropa eine dominante Rolle. Dieses entwickelte sich als »Weichbild« – abgeleitet vom niederdeutschen *wic* (Siedlung) und *bilde* (Recht) – aus einer Sammlung von Privilegien der städtischen Kaufleute, die zunächst neben dem Land- und Lehnrecht der Herren und landsässigen Bevölkerung gültig waren. Die erfolgte Kodifizierung im Dreischritt von eigenem Recht, Gerichtsordnung und Chronik durch die Schöffen Magdeburgs im 11./12. Jahrhundert ist als Form der Emanzipation vom erzbischöflichen Stadtherrn und seiner Vögte zu verstehen, die sich in ihrer Rechtsprechung nach dem lateinischen Kirchen- bzw. dem niederdeutschen Land- und Lehnrecht richteten.

Im Zuge der massenhaften Neugründung von Kaufmannsstädten nach deutschem Recht im spätmittelalterlichen Ostmitteleuropa findet sich die Verbindung zwischen Magdeburger Stadtrecht und dem sächsischen Land- und Lehnrecht häufig in der Handschriftenüberlieferung. Sie verschränkt nicht nur das sächsisch-magdeburgische Land- und Stadtrecht, sondern schafft durch die Glossierung und teilweise

I.12 fol. 85v

Übersetzung ins Lateinische eine rechtsverbindliche Kodifizierung nach dem Muster des gelehrten lateinischen Zivil- und Kirchenrechts.

Eröffnet wird das hier vorliegende Textensemble durch das Weichbild (fol. 1ra–37ra), dem ein eigenständiger, nur in dieser Handschrift überlieferter Kommentar beigegeben ist. Während der »Mainzer Landfrieden« (fol. 37rb–39vb) des Stauferkaisers Friedrich II. (reg. 1212–1250) den reichsrechtlichen Charakter der Rechtstextsammlung unterstreicht, bietet der abwechselnd auf Deutsch und Latein geschriebene Text des sächsischen Landrechts (fol. 40rb–234vb) mit einer erweiterten Glosse nach der Fassung des märkischen Juristen Johann von Buch (um 1290–1356) eine gelehrte Sammlung, die auf dem Niveau der lateinischen Rechtshandschriften aus Bologna und Paris stand. Dem entspricht auch das zweispaltige Layout nach dem Muster norditalienischer und französischer Rechtshandschriften mit ihren in den Textfluss integrierten Blattgoldminiaturen, etwa in einer schematischen Gerichtsszene (fol. 85va). Bildkünstlerisch stehen diese Miniaturen denjenigen des zweibändigen »Großen Liegnitzer Sachsenspiegels« sehr nahe, der im Umfeld des schlesischen Herzogs Ruprecht I. (reg. 1367–1409) und seines Rechtsberaters Nikolaus Wurm (vor 1350 – um 1401) um 1386/87 entstanden ist (Kat.-Nr. I.16). Die Entstehung in einer schlesischen Stadt deutschen Rechts unterstreichen zudem die regionaltypischen Eigenheiten der Schreibsprache.

Die Handschrift wurde 1850 von dem preußischen Oberbergrat Karl Steinbeck (1785 – nach 1852) im schlesischen Brieg/Brzeg für die Königliche Bibliothek in Berlin erworben. Es ist gut möglich, dass der Kodex ebenso dort geschrieben und verwendet wurde, denn auch diese Handelsstadt war eine Neugründung nach Magdeburger bzw. Halle-Neumarkter Recht. Eine Rarität sind die beiden mit Schlössern gesicherten Buchschließen am Einband, mit denen die rechtskundigen Hüter ihr Stadtrecht einst vor unrechtmäßiger Einsicht und vor Missbrauch schützten.
Jürgen Geiß-Wunderlich

Literatur
Becker/Overgaauw 2003, Nr. 149 (Bernd Michael | Lit.) | Homeyer 1931–1934, Nr. 63 | Oppitz 1990, Nr. 133.

I.13

Lüneburger Ratshandschrift des Sachsenspiegels

Lüneburg, um 1443
Pergament, 283 Blätter
H 48 cm, B 30 cm
Lüneburg, Ratsbücherei, Ms. Jurid. 1

Der Kodex gehört zu einer Gruppe von Sachsenspiegel-Handschriften, die der Rat zu Lüneburg in Auftrag gegeben hat. Neben einer aus der Zeit kurz nach 1400 entstandenen Handschrift (Lüneburg, StadtA Dep. RatsB. Ms. Jurid. 2 = Oppitz Nr. 976) hat sich in Lüneburg die hier präsentierte Handschrift erhalten. Sie ist um 1443 entstanden und enthält den Text des Sachsenspiegel-Landrechts mit der Glosse des Brand von Tzerstede (um 1400–1451). Der Glossator, welcher sich 1414 in den Matrikeln der Universität Leipzig findet, war seit 1436 Ratsherr in Lüneburg. Die Handschrift ist überwiegend in Niederdeutsch abgefasst. Die ältere Lüneburger Sachsenspiegel-Handschrift des »Lüneburger Schlüssels des sächsischen Landrechts« (Oppitz Nr. 971) und eine Lüneburger Schwabenspiegel-Handschrift (Oppitz Nr. 977) bildeten Vorlagen. An mehreren Stellen finden sich Remissorien auf den Lüneburger Schwabenspiegel (»Kaiserrecht«).

Als Anfangsbuchstaben im rubrizierten zweispaltigen Text erscheinen blaue Lombarden mit Fleuronnée in Rot und Blau. Weiter beeindrucken an einigen Stellen siebenzeilige gespaltene Zierinitialen in Gold und Blau. Diese sind mit braun-rötlichem Fleuronnée verziert. Auf fol. 2v bis 5v befinden sich vier Bildseiten, die der Buchmaler Hans Bornemann zwischen 1442 und 1448 schuf: Christus überreicht vom Himmel aus dem Papst und dem Kaiser je ein Schwert (fol. 2v); der Kaiser auf dem Thron belehnt vier Fürsten mit sächsischem, bayerischem, schwäbischem und fränkischem Wappen und übergibt dem Herzog von Sachsen eine Lehnsurkunde (fol. 3v); der Kaiser übergibt dem Herzog von Sachsen eine Lehnsurkunde (fol. 4v); Kaiser Friedrich II. (reg. 1212–1250) händigt eine Lehnsurkunde für das Herzogtum Braunschweig an Herzog Otto das Kind aus, und Letzterer gibt das in einer Urkunde verbriefte Lüneburger Stadtrecht an Lüneburg weiter (fol. 5v). An den Rändern des letzten Bildes sind das Stadtwappen von Lüneburg sowie 24 Wappen von Lüneburger Patriziern abgebildet.

Mit diesem Sachsenspiegel-Exemplar liegt eine repräsentative, sorgfältig gearbeitete und opulent verzierte Prachthandschrift des Lüneburger Rats vor. *Heiner Lück*

Literatur
Drescher 1991 | HAB Handschriftendatenbank [o. D.] | Kaufmann 2008 | Naß 1986 | Olberg-Haverkate 2017, S. 103, 221 | Oppitz 1990, Nr. 975 | Stähli 1981, S. 120 f.

I.13 fol. 2v

STEPHAN DUSIL

Streit und Schlichtung

Konfliktbeilegung in spätmittelalterlichen Städten

Nach einem Stadtbrand im Jahr 1188 befanden sich die Bürger Magdeburgs in einer schwierigen Lage und bedurften der Hilfe. Erzbischof Wichmann unterstützte sie mit einem Privileg, das den Wiederaufbau der Stadt und das Leben innerhalb der Stadtmauern erleichtern sollte. Ein wichtiger Punkt des Zusammenlebens war das Gerichtsverfahren, das Wichmann gleich im ersten der neun Punkte seines Privilegs nannte. Er bewilligte den Bürgern, dass die *Vara* vor Gericht – bis auf wenige Ausnahmen – für immer aufgehoben sein solle: »districtio, que Vara appellatur [...] perpetualiter postposita sit« (UB Magdeburg 1, S. 30 f.). Diese *Vara* – im modernen Deutsch häufig als »Gefahr« übersetzt – war ein wichtiges Element des mittelalterlichen Prozessrechts: Eine Partei konnte Nachteile erleiden, wenn sie vorgeschriebene Förmlichkeiten nicht beachtete. Zu diesen Förmlichkeiten zählten beispielsweise die wörtliche Wiederholung eines Eides oder das Erscheinen der genauen Anzahl der vor dem Prozess angekündigten Zeugen. Als zu erleidende Nachteile kamen Bußzahlungen an den Richter, aber auch der Verlust des gesamten Prozesses in Betracht. Bei der von Erzbischof Wichmann 1188 abgeschafften *Vara* könnte es sich um solche Bußzahlungen gehandelt haben: Die Bürger sollten nicht mehr gezwungen sein, bei der Nichtbeachtung von Förmlichkeiten eine Buße an den Richter zu zahlen, sondern sie sollten ihr Geld lieber in den Wiederaufbau der Stadt Magdeburg stecken. Zudem konnte Wichmann so den Prozess für Bürger wie für Fremde verlässlicher – da voraussehbarer – gestalten und damit die Attraktivität von Magdeburg als Marktplatz weiter steigern. Wichmann versuchte also über das Prozessrecht, die Wirtschaftskraft Magdeburgs und seiner Bürger zu stärken.

Das Beispiel Erzbischof Wichmanns und des Magdeburger Privilegs von 1188 weist auf die Bedeutung des Prozessrechts für das Zusammenleben hin. Wenn Menschen zusammenleben, entstehen Konflikte – und für diese Konflikte werden Institutionen geschaffen, welche diese in einem geordneten und friedlichen Verfahren schlichten und beilegen sollen. Diesen Konflikten wie ihrer Lösung widmet sich dieser Beitrag: Welche Situationen führten immer wieder zu Konflikten? Mithilfe welcher Institutionen und in welchen Verfahren wurden sie beigelegt? Und inwiefern sind diese Konfliktlösungen in der Stadt anders als auf dem Land und somit »neu«?

In einer Stadt gab es viele Konflikte: Beleidigungen, Messerstechereien, Schlägereien im Wirtshaus; Erbstreitigkeiten, Differenzen über die auf dem Markt gekaufte Ware und das Nichtbezahlen von Schulden; schließlich Auseinandersetzungen der Stadtbewohner mit dem Rat über ihre politische Beteiligung an der Stadtherrschaft – oder gar Konflikte des Rats mit dem Stadtherrn wegen dessen Gerichtsrechten und anderen Berechtigungen in der Stadt. Diese Aufzählung möglicher Konflikte zeigt vielfältige Auseinandersetzungspotenziale: entweder zwischen den Bürgern (oder Stadtbewohnern ohne Bürgerrecht) oder zwischen dem Rat und den Stadtbewohnern oder auch zwischen der Stadt als Gesamtheit und dem Stadtherrn. Von diesen verschiedenen Möglichkeiten sollen hier exemplarisch nur die Konflikte zwischen den Bürgern näher betrachtet werden. Denn Konflikte der Stadtbewohner mit dem Rat und Konflikte mit dem Stadtherrn sind eher außergewöhnliche, nicht vorhersehbare oder planbare Auseinandersetzungen, für die in der Regel weder Institutionen noch Verfahren zur Konfliktbeilegung geschaffen wurden. Für die Auseinandersetzungen zwischen den Bürgern lassen sich hingegen – in Magdeburg, Lübeck, Halle, Leipzig und anderen Städten – neue Institutionen und Verfahren der Konfliktbewältigung finden.

Verschriftlichung des Rechts: Selbstvergewisserung und Friedenssicherung

Mittelalterliches Recht ist im Gegensatz zum heutigen Recht weitgehend mündlich tradiert. Bis ins 13. Jahrhundert hinein sind schriftliche Rechtsquellen selten, wenn man von dem an Universitäten gelehrten römischen und kanonischen Recht absieht. Erst ab dem ausgehenden 12. Jahrhundert setzte eine weit um sich greifende Verschriftlichungswelle ein: Der anglonormannische Jurist Ranulf de Glanville (um 1120–1190) zeichnete Ende der 1180er Jahre die Gesetze und Gewohnheiten des Königreichs England auf, Eike von Repgow (um 1180 – nach 1233) verfasste vor 1235 den Sachsenspiegel als Aufzeichnung der sächsischen Gewohnheiten, und der Schwabenspiegel, um 1275 in Augsburg niedergeschrieben, spiegelt Land- und Lehnrecht des süddeutschen Raums wider. Teil dieser europaweiten Verschriftlichungswelle sind auch die frühen Stadtrechte, die im 12. und vor allem im 13. Jahrhundert entstanden. Diese Stadtrechte sind häufig keine Privilegien des Stadtherrn mehr, sondern autonomes, selbst gesetztes Recht der Bürger und unterscheiden sich damit prinzipiell von Privilegien wie dem von Erzbischof Wichmann aus dem Jahr 1188. Die Stadt Lübeck zum Beispiel schrieb ihr Stadtrecht 1243 für die Stadt Tondern/Tønder auf und sandte ihr einen Rechtskodex. Dieses Recht wird auch als »Willkürrecht« bezeichnet, da es mit dem freien Willen gesetzt (»gekoren«) wurde; es ist also das städtische Statutar- und Satzungsrecht. Mittelalterliches Stadtrecht unterscheidet sich von heutigem Recht, da es keine Kodifikation ist, also nicht den Anspruch erhebt, ein umfassendes und widerspruchsfreies System eines Rechtsgebiets (wie das heutige Zivilrecht oder Strafrecht) darzustellen. Vielmehr hielt man Einzelfälle, häufig Sonderfälle, für verschriftlichenswert, sodass sich die allgemeinen Regeln oder die Prinzipien des Rechts meist nur schwer erschließen lassen (Abb. 62).

◄ Abb. 62
Das sogenannte Soester Nequambuch aus dem 14. Jahrhundert ist ein anschaulicher Beleg städtischer Gerichtsbarkeit und enthält mehrere farbige Miniaturen zu mittelalterlichen Rechtsthemen, hier die oft angewandte Strafform des Räderns. Soest, Stadtarchiv, A2771, fol. 8

Abb. 63
Sogenannte Kerbzettel enthielten vertragliche Vereinbarungen; beide Vertragspartner erhielten nach Ausfertigung einen Teil des ursprünglich als Rolle ausgestellten Schriftstücks. Hier schloss der Rat der Stadt Zerbst im Jahr 1479 mit Meister Hans Smedt eine Vereinbarung über den Bau des östlichen Giebels am Rathaus. Zerbst, Stadtarchiv, Or. Pap. Chirographum 1. Hertel III, 353, 2. Alt-Zerbst 1911 n. 128

Die Sätze, die niedergeschrieben wurden, waren – so ist zu vermuten – oft umstritten. Eine solche schriftliche Festlegung fand häufig in einer Krise statt, sei es einer wirtschaftlich-sozialen Krise, nach innerstädischen Bürgerkämpfen oder nach Auseinandersetzungen zwischen Bürgern und Stadtherrn. So formulierten auch die Bürger von Soest ihr Stadtrecht 1225/26 in einer Zeit des Aufruhrs gegen die Herrschaft des Kölner Erzbischofs, um sich ihrer eigenen Rechte zu vergewissern und die des Stadtherrn zurückzudrängen. Stadtrechte entstanden also häufig in Krisensituationen und dienten als Ort der Erinnerung an Rechte eben auch der Krisenbewältigung. Schriftlich festgehaltenes Recht konnte besser als mündlich überliefertes Recht vorgezeigt, bewiesen und verteidigt werden. Vor allem konnten aber dadurch Streitfälle unter den Bürgern geschlichtet werden (Abb. 63).

Städtische Institutionen zur Konfliktbewältigung

In der Stadt des Mittelalters wohnten Menschen verschiedener Stände zusammen: Ratsherren und Schöffen, Fernhandelskaufleute, Krämer, Handwerker, Geistliche und Adlige. Für diese Bewohner waren auch verschiedene Gerichte zuständig. Das Schöffen- und das Ratsgericht sind typische städtische Gerichte (Abb. 64). In Magdeburg stand das Schöffengericht unter Vorsitz des Burggrafen, eines Vertreters des Stadtherrn, und war personell vom Rat abgetrennt. In anderen Städten wie Lübeck hingegen war der Rat Verwaltungs- und Rechtsprechungsorgan zugleich. Darüber hinaus lassen sich in größeren Städten auch Niedergerichte finden, die kleinere Angelegenheiten beurteilten.

Da das Recht im Mittelalter aber nicht (nur) territorial, sondern auch personal gedacht wurde, war ein jeder nach seinem ihm persönlich zukommenden Recht zu beurteilen. So entstanden in der Stadt weitere Gerichte, die die personale Gebundenheit des Rechts deutlich zeigen: Für Auseinandersetzungen innerhalb einer Zunft (wie Bäcker oder Schmiede) war das Zunftgericht zuständig. Konflikte zwischen Studenten oder Professoren hingegen legte das universitätsinterne Gericht bei (häufig der Rektor der Universität). Kleriker waren schließlich als exempte Gruppe nicht dem städtischen, sondern nur dem kirchlichen Gericht, dem Offizialat, unterworfen, und darüber hinaus war das kirchliche Gericht auch für Ehesachen der Bürger zuständig. Für Auseinandersetzungen zwischen Bürgern und Fremden – zu denken ist zum Beispiel an die Fernhandelskaufleute – bestand häufig ein Gastgericht. Das gedrängte Zusammenleben von Menschen innerhalb einer Stadtmauer führte zwar vermehrt zu Konflikten, doch bestanden zugleich in der mittelalterlichen Stadt viele Institutionen, die diese beilegen konnten. Die Stadt war somit nicht nur Konfliktraum, sondern auch Friedensraum, in dem der besondere und von den Bürgern geschworene Frieden auch umgesetzt werden sollte (Abb. 65). Die vielen institutionellen Angebote der Konfliktbeilegung und Friedensschaffung zeugen davon.

Verfahren zur Konfliktbeilegung

Die verschiedenen Gerichte in der Stadt sollten Auseinandersetzungen zwischen Bürgern beilegen. Dabei konnten sich die Bürger zweier prinzipiell verschiedener Verfahren bedienen, nämlich der streitigen Entscheidung oder der Schlichtung im nicht-förmlichen Verfahren. Auf letztere gütliche Beilegung von Auseinandersetzungen wurde schon damals großer Wert gelegt. Der Lübecker Rat wollte die Parteien genauso zu einem gütlichen Ausgleich bringen wie die

Abb. 64
Darstellung des achten Gebots von Hans Maler, 1528/29, wonach der Mensch niemals falsches Zeugnis gegenüber seinem Nächsten ablegen solle: Die Stadträte bemühten sich ebenso um ein friedliches Miteinander der Menschen unterschiedlichen Standes. Dresden, Städtische Galerie, Inv.-Nr. 1968/39

Abb. 65
Darstellung des zehnten Gebots von Hans Maler, 1528/29, wonach der Gläubige nichts begehren dürfe, was sein Nächster besitzt: Mittelalterliche Stadträte verfolgten in Übereinstimmung mit der christlichen Lehre das Ziel, die Einwohner der Stadt zur Einhaltung von Eintracht und Gemeinwohl anzuhalten. Dresden, Städtische Galerie, Inv.-Nr. 1 968/41

Abb. 66
Darstellung des fünften Gebots von Hans Maler, 1528/29, wonach es strikt verboten war, jemanden zu töten: Im Mittelalter kam es innerhalb des städtischen Lebens des Öfteren zu Mordfällen, wogegen Gerichte teils mit Härte vorgingen. Dresden, Städtische Galerie, Inv.-Nr. 1968/36

Abb. 67
Darstellung des neunten Gebots von Hans Maler, 1528/29, welches besagt: »Du solt keins Andern weib Begern«: Zahlreiche innerstädtische Konflikte wurzelten nicht selten in persönlichen Beziehungen. Dresden, Städtische Galerie, Inv.-Nr. 1968/40

»Klageherren« in Köln, die auf einen Vergleich drangen. Darüber hinaus lassen sich auch im Soester Recht die beiden Prozessformen erkennen, denn es spricht von »iuste vel amicabiliter«, das heißt »mit Recht oder freundschaftlich«.

Im Rahmen der streitigen Entscheidung einer Rechtssache lassen sich innerhalb der mittelalterlichen Stadt gerade beim »Straf«-Recht verschiedene Prozessformen erkennen. Während das Verfahren vor dem Ratsgericht eher formfrei war, waren vor dem Vogtgericht mit Schöffen strenge Formvorschriften zu beachten. Gerade bei Konflikten, die mit schweren Gewalttätigkeiten wie Totschlag einhergingen (Abb. 66, 67), war in der Regel das Vogtgericht zuständig. Dieses bestand aus einem Richter (häufig dem Vogt als Vertreter des Stadtherrn), welcher das Verfahren leitete, und Schöffen, die das Urteil fanden. Das Urteil erging aufgrund formaler Beweismittel wie zum Beispiel Eideshelfern, die den Eid eines Beklagten als »reine und nicht meine« unterstützten. Sie bezeugten also den Leumund des Beklagten, indem sie seinen Eid als richtig ansahen, und trafen keine inhaltlichen Aussagen über das vorgeworfene Geschehen.

Anders war das Verfahren vor dem Ratsgericht ausgestaltet. Der Rat urteilte prinzipiell nicht über das »Recht«, also über die traditionellen, überkommenen Gewohnheiten wie das Schöffengericht, sondern nur über die von ihm selbst gesetzten Willküren. Typische vom Rat zu behandelnde Delikte waren das Messerzücken oder die Beleidigung. Ein solches Verfahren habe in Lübeck, so die Forschung, eher die Form eines Verwaltungsakts gehabt, da es allein mit dem Eid des Beklagten beigelegt wurde.

Wofür war das Schöffengericht und wofür das Ratsgericht zuständig? Eine Linie, welche die Kompetenzen abgrenzt, ist schwer zu ziehen, da sie sich ständig veränderte. So erstarkte beispielsweise der in Magdeburg 1244 erstmals urkundende und seit 1293/1295 auch personell von den Schöffen getrennte Rat und zog immer mehr Kompetenzen innerhalb der Stadt an sich. Doch während die Magdeburger Schöffen im Spätmittelalter innerhalb der Stadt an Einfluss einbüßten, stieg ihre Reputation als Rechtsautorität für andere Städte. Häufig konnte der Rat sogar die eigentlich dem stadtherrlichen Vogtgericht vorbehaltene Blutsgerichtsbarkeit erringen und damit Todesurteile vollstrecken. Zugleich wandelte sich das Verfahren vor dem Ratsgericht durch die Aufnahme von Elementen des römisch-kanonischen Prozessrechts. Dieser sich langsam herausbildende »städtische Inquisitionsprozess« zielte auf Ermittlung der Wahrheit und schloss die Folter des Beschuldigten mit ein. Da dieser Prozess auch ohne Kläger seitens der städtischen Autoritäten angestrengt werden konnte (sogenannte Offizialmaxime), unterstreicht die neue Prozessform den städtischen Strafanspruch. Zugleich macht der städtische Inquisitionsprozess deutlich, dass der Rat innerhalb der Stadt unbedingt Frieden stiften wollte.

Es griffe allerdings zu kurz, wollte man Konfliktbeilegung in der spätmittelalterlichen Stadt auf den institutionalisierten städtischen Strafanspruch reduzieren, denn Auseinandersetzungen zwischen Menschen bzw. Familien wurden auch weiterhin durch Sühneverträge beendigt, die eine ältere Form der Konfliktbeilegung darstellten. Diese Sühne bestand aus einem finanziellen Ausgleich für die geschädigte Partei, der *compositio*, aufgrund derer das Unrecht beseitigt werden sollte. Der Rat akzeptierte einen solchen »privaten« Ausgleich häufig nur dann, wenn er an der Sühne beteiligt war. Heimliche Sühnen ohne Beteiligung des Rats (»Hehlsühnen«) waren verboten. Insofern trat der Rat bei diesem »privaten Ausgleich« ebenfalls als friedensschaffende Instanz innerhalb der Stadt auf (Abb. 68). Das Nebeneinander von beiden Institutionen ist aufschlussreich, weil es zeigt, dass sich der obrigkeitliche Strafanspruch nur langsam

Abb. 68
Sühnekreuze waren bereits im Mittelalter ein älteres Verfahren zur Wiedergutmachung von Straftaten, insbesondere Mord. Einen prominenten Fall stellt die Ermordung des Propstes Nikolaus von Bernau 1324/25 durch Berliner Bürger dar: Im Rahmen der städtischen Sühneleistung wurde ein Sühnekreuz vor dem Westportal der Marienkirche aufgestellt, Aufnahme 1940. Bildarchiv Preußischer Kulturbesitz, Bild-Nr. 40007684

gegenüber der älteren Form des Ausgleichs durchsetzen konnte. Die Forschung hat in diesem Kontext vom Entstehen des »öffentlichen Strafrechts« in den Städten gesprochen, zugleich aber darauf hingewiesen, dass die modernen Kategorien von »privat« und »öffentlich« die mittelalterliche städtische Lebenswelt kaum zu fassen vermögen. Die städtische Beteiligung bei der eigentlich »privaten« Sühne zwischen den Parteien zeigt deutlich, dass sich diese modernen Kategorien in der spätmittelalterlichen Stadt überlagerten.

So wichtig der Rat und die Schöffen für den Ausgleich von erlittenem Unrecht waren, so wichtig waren sie auch für Konflikte in dem Bereich, den man heute als Zivilrecht bezeichnen würde. Erbteilungen, Testamente und Eheverträge, Kaufverträge, Beteiligungen an Handelsgesellschaften und Konkurse bildeten immer wieder auftretende Streitpunkte zwischen den Bürgern. Für solche Fragen waren – je nach Gerichtsverfassung und Themengebiet – entweder der Rat oder die Schöffen zuständig (Abb. 69). In diesem Kontext ist das kirchliche Gericht, das Offizialat, zu erwähnen, denn es wurde auch auf einem Gebiet angerufen, für das es ursprünglich nicht eingerichtet worden war. Eigentlich war das kirchliche Gericht *ratione materiae* für Verlöbnis- und Ehesachen (Abb. 70) und *ratione personae* für Angelegenheiten von Klerikern, Witwen und

Abb. 69
Darstellung des siebten Gebots von Hans Maler, 1528/29, welches mahnt, weder zu rauben noch zu stehlen: Im Sinne christlicher Moralvorstellungen war es auch im Mittelalter strikt verboten, sich unrechtmäßig am Besitz anderer zu bereichern. Dresden, Städtische Galerie, Inv.-Nr. 1968/38

Abb. 70
Darstellung des sechsten Gebots von Hans Maler, 1528/29, wonach es verboten ist, Ehe zu brechen oder Unzucht zu treiben: Kirchliche Gerichte befassten sich auch mit ehelichen Angelegenheiten. Dresden, Städtische Galerie, Inv.-Nr. 1968/37

Waisen kompetent, doch wurde es gerade auch bei Schuldverträgen angerufen. Waren diese nämlich beeidet, so stellte der Bruch des Leistungsversprechens eine Sünde dar, für die das kirchliche Gericht zuständig war. Zudem durfte es über Fragen des Wuchers sowie über Forderungen urteilen, die an Kleriker abgetreten worden waren. Das kirchliche Gericht bot zwei entscheidende Vorteile: Zunächst besaß der römisch-kanonische Prozess aufgrund seiner Schriftlichkeit eine eigene Rationalität, sodann waren die Drohung mit Interdikt und Exkommunikation effiziente Möglichkeiten, um säumige Schuldner zum Bezahlen zu bewegen – die Drohung, das Seelenheil des Schuldners in Gefahr zu bringen, erlaubte eine überregionale Durchsetzung von privatrechtlichen Ansprüchen.

Konfliktlösung innerhalb und außerhalb der Stadt

Die städtische Obrigkeit versuchte vielerorts, die Rechtsprechung innerhalb der Stadt zu bündeln und an sich zu ziehen. So wie der Rat in Magdeburg im Laufe des 13. Jahrhunderts immer stärker geworden war, so zog auch der Lübecker Rat viele Kompetenzen des stadtherrlichen Vogtgerichts an sich. Insofern lassen sich in den großen und machtvollen Städten erfolgreiche Autonomiebestrebungen ausmachen, die sich auch auf die Konfliktlösung auswirkten. Der Rat versuchte, sein Konfliktlösungsmonopol innerhalb der Stadtmauern durchzusetzen. Dazu gehörte auch, dass die Städte Privilegien erlangten, denen zufolge die Bürger von auswärtigen Gerichten befreit waren, wie beispielsweise das *privilegium de non evocando*, das Ulm 1359 und Nürnberg spätestens 1470 erhielt. Andere Städte verboten ihren Bürgern, sich der geistlichen Gerichtsbarkeit in weltlichen Sachen zu bemühen, und versuchten damit, der Attraktivität des kirchlichen Gerichts gegenzusteuern. Dies verdeutlicht der Bund von Goslar und anderen welfischen Städten 1368 und 1396 (Abb. 71).

Abb. 71
Der Pranger war ein bedeutender Ort des Strafvollzugs: Er wurde wie im Fall des schlesischen Bad Landeck/Lądek-Zdrój symbolkräftig vor dem Rathaus bzw. auf dem Marktplatz errichtet, um damit zugleich die ratsherrliche Gerichtshoheit zu verdeutlichen.
Lądek-Zdrój, Rathaus und Marktplatz

Abb. 72
Darstellung des ersten Gebots von Hans Maler, 1528/29, wonach der Gläubige keine anderen Götter neben Gott haben solle: Städte bezogen im Rahmen ihrer Rechtsprechung entscheidende Legitimation von Gott selbst und nahmen diesen als obersten Richter wahr. Dresden, Städtische Galerie, Inv.-Nr. 1968/32

Abb. 73
Darstellung des zweiten Gebots von Hans Maler, 1528/29, wonach der Name des Herrn nicht leichtfertig oder unnütz zu gebrauchen sei, veranschaulicht am Beispiel dreier Herren beim Glückspiel mit Karten, die in dieser abwegigen Situation mit erhobener Schwurhand Aufrichtigkeit verkünden. In vielen mittelalterlichen Städten befanden sich zeichenhafte Hinweise auf die Rechtsprechung Gottes, die über aller weltlicher Rechtsgewalt stand, ihr aber zugleich Legitimation verlieh. Dresden, Städtische Galerie, Inv.-Nr. 1968/33

Die Bestrebungen des Rats, Konflikte ohne Einschalten einer dritten Gewalt und innerhalb der eigenen Stadtmauern beizulegen, endeten jedoch dann, wenn die Konfliktlösung außerhalb der Stadt unvermeidlich war. Kaufleute, die Geschäfte in anderen Städten abgeschlossen hatten und dort vor Gericht standen, benötigten obrigkeitliche Hilfe. Für solche Situationen schlossen Städte Justizverträge, die dem Fremden prozessualen Schutz gewährten und ihm Zugang zu den Gerichten eröffneten. Häufig war in solchen Verträgen auch festgehalten, dass der Kaufmann in einer fremden Stadt nicht für Schulden eines Mitbürgers in Anspruch genommen werden konnte – jeder sollte also nur für seine eigenen Schulden haften. Auf Kooperation zielten auch die Zuversichtsbriefe (*litterae respectivales*), die der Rat an eine andere Stadt schickte und in denen er um die Übergabe von Erbschaften bat, die anderswo angefallen waren. Der Rat sorgte so dafür, dass Konflikte auf die für die eigenen Bürger beste Weise gelöst wurden.

Dass die Suche nach einem vorteilhaften Urteil nicht an den Stadtmauern endete, zeigen auch die vielen Urteilsschelten und Appellationen, die an eine »Rechtsautorität« geschickt wurden. Ob Lübecker Rat oder Magdeburger Schöffen, bei Uneinigkeit über das Recht oder Unzufriedenheit mit dem Urteil konnten die Parteien das Urteil an ein autoritatives Gericht, den sogenannten Oberhof, ziehen (»schelten«), der den Fall entschied. Die Magdeburger Schöffen entschieden Rechtsfälle aus Mittel- und Osteuropa, der Lübecker Rat indessen Rechtsfälle aus dem Ostseeraum. Obwohl das Archiv der Magdeburger Schöffen bei der Zerstörung der Stadt durch Tilly 1631 vernichtet worden ist, so zeigen die bisher edierten Urteile, die in den Archiven der anfragenden Städte bewahrt sind, welche wichtige Funktion die rechtsweisenden Städte für die Parteien besaßen (Abb. 72, 73).

Konfliktlösung durch Konfliktvermeidung

Die bislang dargestellten Institutionen und Verfahren zielten auf die Beilegung eines bereits entstandenen Konflikts. Besser, als eine Auseinandersetzung beizulegen, ist es jedoch, zu verhindern, dass eine solche überhaupt entsteht. Auch hier hielten mittelalterliche Städte verschiedene Instrumentarien bereit, die ein dauerhaft friedvolles Zusammenleben ermöglichen sollten. Eine erste Möglichkeit der Friedensschaffung ist Rechtssicherheit: Wussten die Parteien genau, was von ihnen erwartet wurde und welche Erwartungen sie haben durften, dann ließen sich Konflikte vermeiden. Rechtssicherheit konnte zum Beispiel durch die Beurkundung wichtiger Rechtsgeschäfte hergestellt werden. Und in diesem Sinn war der Rat – übrigens genau wie das geistliche Gericht – auch in Nachlass-, Kindschafts- und Vormundschaftssachen zuständig und beurkundete Rechtsgeschäfte (Abb. 74).

Neben dieser Beurkundungsfunktion des Rats stellte die Urfehde eine zweite Möglichkeit da, Konflikte zu vermeiden. Eigentlich war die Urfehde das beeidete Versprechen des unterlegenen Fehdegegners, Frieden zu wahren und auf Rache zu verzichten. In der Stadt wurde dieses Instrument aufgenommen und zur Friedenswahrung gegenüber Bürgern und Rat eingesetzt: Vor der Freilassung musste der städtische Gefangene schwören, für die Haft keine Rache zu nehmen und auch keine Ansprüche gegen die Stadt vorzubringen. Darüber hinaus war es auch möglich, dass Beklagte schwören mussten, gewisse Dinge zu unterlassen, beispielsweise Messer zu tragen oder Wirthäuser zu besuchen. Urfehdebücher hielten den Namen und die näheren Umstände der Urfehde für die Nachwelt fest.

Abb. 74
Darstellung des vierten Gebots von Hans Maler, 1528/29, wonach Vater und Mutter stets zu ehren seien: Ratsherrliche Politik reichte zum Zweck der Konfliktlösung mitunter in heute als privat geltende Bereiche und befasste sich auch mit innerfamiliären Streitigkeiten und deren Lösungen. Dresden, Städtische Galerie, Inv.-Nr. 1968/35

Abb. 75
Darstellung des dritten Gebots von Hans Maler, 1528/29, wonach der Heilige Tag zu feiern sei: Feiertage strukturierten und ordneten das Leben mittelalterlicher Menschen nachhaltig, indem sie nach Rechtsstreitigkeiten zur Versöhnung, Wiedergutmachung oder Urteilsverkündung genutzt wurden. Dresden, Städtische Galerie, Inv.-Nr. 1968/34

Abschließend sei auf eine dritte Möglichkeit hingewiesen, Frieden zu schaffen, nämlich Stadtverweisung und Strafwallfahrten. Die Stadtverweisung konnte eine peinliche Strafe ersetzen und schloss den Verurteilten vorübergehend oder dauerhaft aus der städtischen Gemeinschaft aus. Die Strafwallfahrt – zum Beispiel nach Santiago de Compostela – bedeutete eine zeitlich begrenzte Ausweisung, die nach Erreichen des Pilgerziels wieder aufgehoben wurde. Beide Arten der »Verbannung« schwanken zwischen Strafe für begangenes Unrecht und Vermeidung zukünftigen Unrechts. Sie entzogen einerseits dem Täter den ihn schützenden Raum der Stadt, beraubten ihm seiner Existenzgrundlage und verhinderten ein Ehe- und Familienleben, andererseits vermieden sie weiteren durch ihn verursachten Unfrieden innerhalb der Stadt. Auch konnte der Verbannte nicht mehr Opfer von Rachehandlungen werden.

Neue Formen der Konfliktlösung in der Stadt: Justizangebot und Justiznutzung

Die Stadt des ausgehenden Mittelalters bot mit ihren verschiedenen Institutionen und Verfahren eine Vielzahl von Angeboten, um Konflikte zu vermeiden oder sie friedlich beizulegen. Warum aber entstanden so viele verschiedene Institutionen? Eine Erklärung fand die ältere Forschung, indem sie auf die Obrigkeit blickte und die Etablierung von Gerichten als Versuch des »Staates« (worunter auch die »Stadt« als Herrschaft zu fassen ist) verstand, Recht durchzusetzen und Frieden zu schaffen. Das theoretisch geforderte Gewaltmonopol des Staates sollte also mithilfe von Gerichten auch umgesetzt werden. Im Gegensatz dazu erklärte die jüngere Forschung das Entstehen von Gerichten von der Nachfrageseite her: Bürger hätten einen erhöhten Bedarf an gerichtlicher Konfliktlösung entwickelt, was zur Einrichtung verschiedener Gerichte führte. In diesem Sinn waren also die Nachfrageseite und damit die »Justiznutzungen« entscheidend. Damit geht jedoch eine zweite Fragestellung einher: Warum sollte ein Dritter – nämlich die Schöffen oder der Rat – einen Konflikt zwischen Privatpersonen lösen? Während einige Rechtshistoriker darauf verwiesen, dass spätmittelalterliche Laien- und Gelehrtengerichte eine eigene, attraktive Rationalität boten, sahen andere städtische Prozesse als Fortsetzung außergerichtlicher Streitigkeiten in rechtlichen Formen. Der Prozess habe der Kanalisierung von Emotionen wie Rache und Feindschaft und damit auch der Bewältigung eben dieser Emotionen gedient.

Auch wenn die Frage nach den Gründen für das Entstehen vieler verschiedener Gerichte innerhalb einer Stadt nicht in allen Einzelheiten geklärt ist, besteht wohl Einigkeit darüber, dass Konflikte zwischen Menschen, die auf engem Raum zusammenleben, in geregelten Bahnen gelöst werden sollten. Dafür boten in den Städten die vielfältigen Gerichte, Verfahrensarten und Strategien zur Konfliktvermeidung eine geeignete Grundlage. Es wurde somit »Friede durch Recht« geschaffen (Abb. 75).

Quellen
UB Magdeburg 1.

Literatur
Arlinghaus 2006 | Arlinghaus 2018 | Bader/Dilcher 1999 | Carlen 1987 | Cordes 2015 | Dilcher 1996 a | Dilcher 1996 b | Dinges 2000 | Dusil 2007 | Dusil (im Erscheinen) | Ebel 1953 | Ebel 1961 | Ebel 1971 | Gubler 2015 | Isenmann 2014 | Kannowski 2001 | Lange 2016 | Lieberwirth 1990 | Lück 1996 | Lück 2009 b | Meyer 2009 | Puhle 2018 a | Schuster 2000 | Schwerthoff 1991 | Smail 2013 | Turnau 2007 | Wanke 2007 | Weitzel 1981.

Das Magdeburger Recht

Überlieferung und Inhalte

Wappenstein des Magdeburger Schöffenstuhls (Umzeichnung aus: Clericus 1884). Magdeburg, Kulturhistorisches Museum

Das »Magdeburger Recht« im engeren Sinn ist das Recht der erzbischöflichen Metropole Magdeburg, das sich im Laufe des Hochmittelalters vom im Umland geltenden sächsischen Landrecht ablöste und von da aus weiterentwickelte. Im weiteren Sinn bezeichnet »Magdeburger Recht« das eigene, als freiheitlich und innovativ empfundene Stadtrecht, das unter dieser Bezeichnung an eine große Zahl von Städten verliehen oder unter diesem Namen von ihnen übernommen wurde. Über eine lange Kette von Weitergabe und Aneignung lassen sich diese jeweiligen Stadtrechte am Ende häufig bis nach Magdeburg zurückverfolgen. Der weitere Begriff bezieht sich also nicht auf einen bestimmten, klar abzugrenzenden Bestand von Regeln und Rechtsnormen, der sich in einer Vielzahl von Städten von Magdeburg bis weit nach Osten wiederfinden ließe. Er verweist vielmehr auf eine große Gruppe von rechtlichen Ordnungen, die durch ihre Nutzer in die Tradition des Rechts von Magdeburg gestellt wurden. Man kann nicht einmal sagen, dass sich dieses Recht allein auf Städte bezog. Auch Dörfer und kleinere Siedlungseinheiten bedienten sich des Magdeburger Rechts.

Die erste Bedeutung von »Magdeburger Recht« lässt sich knapp erläutern: Es ist die Gesamtheit der Rechte, die in der Stadt Magdeburg galten, bestehend aus dem Gewohnheitsrecht des Umlands, den Privilegien, die die Stadt im Laufe der Zeit erwarb, und dem durch die städtische Selbstverwaltung neu gesetzten Recht (vgl. zur Entwicklung Magdeburgs und seines Stadtrechts den Beitrag von Stephan Freund, S. 190 ff.). Das städtische Recht wurde im Laufe der Zeit ergänzt, erweitert und verändert. Ab dem 13. Jahrhundert kennzeichnete die Stadtverfassung Magdeburgs eine weitgehende und mit Ende des Jahrhunderts vollständige Trennung zweier Kollegien, des Rats und des Schöffenstuhls. Der Rat war zuständig für die Verwaltung der Stadt, die Festlegung neuer Rechtsnormen – der sogenannten Willküren – und übernahm schließlich auch die Gerichtsbarkeit bei Verstößen gegen Willkürrecht und bei Fragen von »Erbe und Eigen« (vgl. zur Magdeburger Stadtverfassung den Beitrag von Heiner Lück, S. 46 ff.).

Der Schöffenstuhl bestand aus elf auf Lebenszeit gewählten Mitgliedern, die den vornehmen bürgerlichen Familien entstammten und frei, unbescholten und redegewandt sein sollten. Über eine juristische Ausbildung verfügten sie nicht. Auf Grundlage ihrer Lebenserfahrung und ihrer in der Praxis erworbenen Rechtskenntnisse fungierten sie zum einen als Kollegium von Urteilern im Gericht des Burggrafen bzw. des Schultheißen, der als Richter dem Gericht vorsaß. Zum anderen entwickelte der Magdeburger Schöffenstuhl eine umfangreiche und von großer Autorität geprägte Tätigkeit als rechtsberatendes Kollegium. Nach der Zerstörung des Schöffenstuhlgebäudes im Dreißigjährigen Krieg blieben in Magdeburg nur wenige Relikte dieser wichtigen Institution übrig, von denen zwei in der Ausstellung zu sehen sind: ein Wappenstein vom zerstörten Schöffenstuhlgebäude (Kat.-Nr. I.14) und ein Siegelstempel (Kat.-Nr. II.4).

Damit sind zwei Punkte angesprochen, die wesentlich für das »Magdeburger Recht« in der zweiten oben genannten Bedeutung sind: die Zweiteilung der Stadtverfassung, die in den meisten Städten zu finden ist, deren Selbstverwaltung auf dem Magdeburger Recht basierte; und die intensive Kommunikation zu Rechtsfragen, die Magdeburg mit vielen seiner sogenannten Tochterstädte verband. Aus den Anfragen beim Schöffenstuhl ging eine besondere Quellengruppe hervor, die für den Magdeburger Rechtskreis charakteristisch und zugleich einzigartig ist: die Schöffensprüche. Beginnend mit dem 14. Jahrhundert sind Tausende von Sprüchen des Magdeburger Schöffenstuhls überliefert, die jeweils zu einer Anfrage in Rechtssachen eines Rats oder eines anderen Schöffenstuhls Stellung nehmen (Kat.-Nr. I.15). Wegen der Zerstörung des Schöffenstuhl-Archivs im Jahr 1631 verfügen wir nur noch über die Schreiben, die bei den Empfängern aufbewahrt wurden, und nicht mehr über die Dokumentation der Schöffen in Magdeburg.

Die ältesten Belege für das Magdeburger Recht stammen aber aus der Zeit des 12. Jahrhunderts. Dabei handelt es sich um Bewidmungen anderer Städte, wie Stendal (1145), Leipzig (um 1161) oder Jüterbog (1174). Es folgten im 13. Jahrhundert Rechtsweisungen für andere Orte, die eine umfangreichere Zusammenstellung mehrerer Rechtssätze enthielten und das Magdeburger Recht teilweise dokumentieren, wie etwa die Rechtsweisung für Breslau/Wrocław aus dem Jahr 1261 (Kat.-Nr. I.32) oder weitere für Goldberg/Złotoryja (1211), Leitmeritz/Litoměřice (13. Jahrhundert) oder Görlitz (1304). Eine Aufzeichnung von Teilen dieses Rechts erfolgte im 13. Jahrhundert mit dem »Buch von der Gerichtsverfassung«, einem Teil des sogenannten Weichbildrechts, das spätestens ab dem 15. Jahrhundert eine weite Verbreitung fand. Als zweckorientierte kompilierte Rechtsaufzeichnung – ähnlich dem Sachsenspiegel – fixierte es die geltenden Rechtsgewohnheiten. An verschiedenen Orten entstanden zudem Sammlungen von Schöffensprüchen für einzelne Städte, wie etwa für Krakau/Kraków (Kat.-Nr. I.15), die zunächst die Sprüche nur bündelten und sie später thematisch ordneten (Kat.-Nr. III.10). Die Summe der Schöffensprüche (Rechtsmitteilungen und Rechtsweisungen) bildet den Kern dessen, was wir Magdeburger Recht nennen. Eine generelle Aufzeichnung des Magdeburger Rechts als Ganzes hat es nie gegeben.

Was beinhaltet das Magdeburger Recht? Welche Bestimmungen sind charakteristisch dafür? Zum einen macht die beschriebene Quellenlage eine Erfassung »des Magdeburger Rechts« zu einer gigantischen Forschungsaufgabe. Zum anderen führten die enorme räumliche Reichweite über das gesamte Ostmitteleuropa und die lange Dauer seiner Bedeutung bis ins 19. Jahrhundert sowie die Weitergabe an etwa 1 000 Orte natürlich zu Veränderungen und Anpassungen. Die Tatsache, dass es den Bedürfnissen vor Ort jeweils angepasst wurde, macht geradezu das Wesen dieses Stadtrechts aus und ist zugleich Grund für seine große Bedeutung. So entstanden zahlreiche lokale Varianten des Magdeburger Rechts, die wiederum weitergegeben bzw. übernommen wurden. Dazu gehören etwa das Halle-Neumarkter, das Breslauer, Leitmeritzer oder das Kulmer Recht, das auf der Grundlage der »Kulmer Handfeste« (Kat.-Nr. I.17) sogar auf ein ganzes Gebiet samt Städten und Dörfern übertragen wurde. Zugespitzt kann man sogar sagen, dass in Magdeburg selbst irgendwann das Magdeburger Recht nicht mehr galt: Der Rat setzte neues Recht, das von dem abwich, was die Schöffen mit ihren Sprüchen »schöpften«. Und da der Rat auch selbst als Gericht für gewisse Belange fungierte, urteilte dieser zuweilen anders als die Schöffen. Auch nach dem Ende des Magdeburger Schöffenstuhls und seiner Tätigkeit wurde das »Magdeburger Recht« weiterhin verliehen, übernommen und verbreitet.

Das Magdeburger Recht ist also vor allem – und das führt beide eingangs genannten Bedeutungen zusammen – das »Recht der Magdeburger Schöffen« (Ebel 2004). In verschiedenen Sammlungen und Rechtsbüchern lebte dieses Magdeburger Recht fort und wurde so bis weit in die Neuzeit hinein noch gebraucht. Für die Weiternutzung des Begriffs, der gewissermaßen als »Marke« verwendet wurde, war es allerdings nicht erforderlich, dass es auch inhaltlich mit dem übereinstimmte, was die Schöffen einst für Recht befunden hatten.

Doch zurück zu den Inhalten. Wichtig ist, sich vor Augen zu führen, dass im Mittelalter in keiner Rechtssphäre ein lückenloses System von Rechtssätzen existierte, wie wir das in der Gegenwart erwarten. Es wurden in der Regel diejenigen Bereiche geregelt, die besonders konfliktträchtig waren oder in denen nicht altes Gewohnheitsrecht für klare Verhältnisse sorgte. In den Schöffensprüchen finden wir also immer wieder einige zentrale Themen, die im Landrecht nicht geregelt waren oder die im neuen Lebensumfeld Stadt neu und anders organisiert wurden. Ein ganz wesentlicher Bestandteil war vor allem die bereits erwähnte zweiteilige Stadt- bzw. Gerichtsverfassung, die als besonders ausgewogen gelten kann. Daneben waren speziell Fragen des Besitzes relevant, die in die Bereiche Erbrecht oder eheliches Güterrecht gehörten. Zudem urteilten die Schöffen in Fragen des Handels- und des Prozessrechts, besonders der Beweisführung. Sie äußerten sich dagegen nicht in rechtlichen Belangen des Landesherrn wie dem Lehnrecht, zu Fragen des Kirchenrechts, zu nicht magdeburgischem Willkürrecht und spätestens ab dem 15. Jahrhundert kaum noch zum Strafrecht.

Besonders wegweisend im Magdeburger Recht war der Bereich des Erbrechts. Während in einem ländlichen Umfeld mit landwirtschaftlicher Wirtschaftsstruktur der Besitz für die gesamte Großfamilie wesentliche Grundlage des Lebensunterhalts war, verhielt sich dies in der Stadt anders. Handwerker und Kaufleute hatten eher ein Interesse daran, den Besitz in der eigenen Kleinfamilie zu halten und auf diesem Weg ein Vermögen zu bilden. Das Erbrecht spiegelt diesen Wandel der Verhältnisse wider. Nach Stadtrecht wurde ab dem 13. Jahrhundert die »Vergabung von Todes wegen« möglich, ein Rechtsgeschäft zu Lebzeiten des späteren Erblassers, bei dem er Teile seines Besitzes an einen späteren Erben vergab. Vergeben werden konnte, was nicht zum »Erbe« der Familie gehörte, sondern selbst im Lauf des Lebens erworben worden war. Wirksam wurde das Geschäft jedoch erst nach dem Tod des ersteren. Im 15. Jahrhundert ersetzte man dieses Instrument durch das Testament, das eine einseitige Erklärung des Erblassers darstellt und dessen Wirkungen erst mit dem Tod des Letzteren eintreten. Die Stadtbürger und auch -bürgerinnen hatten so die Möglichkeit, frei vom Verwandtenerbrecht Sachen beispielsweise an ihre Ehegatten zu vererben, die sonst nicht geerbt hätten. Neu im Magdeburger Recht war zudem die Gleichstellung von Söhnen und Töchtern als Erben ihrer Eltern.

Das Magdeburger Recht war eines von vielen Stadtrechten. Zahlreiche Städte verfügten über ein eigenes Recht, das sie auch an andere Orte weitergaben. Prominente Beispiele sind etwa das Recht von Freiburg im Breisgau, das Soester, Nürnberger, Braunschweiger (Kat.-Nr. I.21) oder das lübische Recht (Kat.-Nr. I.20). Die Regelungen, die diese Rechte für bestimmte rechtliche Fragen fanden, waren teilweise ähnlich, teilweise anders als beim Recht von Magdeburg. Allen gemeinsam war, dass sie innovative Lösungen für die Probleme des städtischen Lebens bereithielten und Motoren der Rechtsentwicklung waren. So beförderten sie beispielsweise die Rationalisierung des Prozessrechts: Gottesurteile wurden abgeschafft, Eidhelfer durch Tatzeugen ersetzt und die sogenannte Sippenhaft beseitigt. Ganz wesentlich an allen Stadtrechten und ein Hauptgrund für die Attraktivität der Städte war zudem das Recht der Bürger, Besitz zu erwerben und relativ frei über diesen Besitz zu verfügen – ein gravierender Unterschied zu den Verhältnissen auf dem Land, wo für die allermeisten die wesentliche Lebensgrundlage, nämlich der bewirtschaftete Ackerboden, in der Verfügungsgewalt eines Grundherrn lag. *Christina Link*

Literatur

Ebel 1992 | Ebel 2004 | Kümper 2009, S. 392 ff. | Lieberwirth 1990 | Lück 2004 | Lück 2018 a.

I.14

I.14

Wappenstein des Magdeburger Schöffenstuhls

Magdeburg, Bei der Hauptwache, 1590

Sandstein

H 70 cm, B 68 cm, T 13 cm

Kulturhistorisches Museum Magdeburg, 92:16

Die Magdeburger Schöffenkammer veränderte mehrfach ihren Sitz, blieb aber immer im Bereich des merkantilen und politischen Zentrums der Stadt Magdeburg, des Alten Markts. Ihr erster Sitz war an der Nordostecke des Alten Markts, schräg gegenüber dem Rathaus, früher Alter Markt 16. Nach dem Streit mit dem Rat um die Stadtbücher 1293 bezogen die Schöffen das Eckhaus Johannisbergstraße/Hartstraße, früher Johannisberg Nr. 1, gegenüber der Südseite des Rathauses. Weil dieses Gebäude als brandgefährdet galt, verlegte man 1425 erneut den Sitz der Schöffenkammer. Hierzu erwarb der Magdeburger Rat das Haus Kleidermarkt Nr. 1, welches später Hinter dem Kleiderhof 1 und seit dem 18. Jahrhundert Bei der Hauptwache 1 wurde. Somit lag die Schöffenkammer nunmehr gegenüber der Nordfassade des Rathauses bis zur Zerstörung Magdeburgs 1631 im Dreißigjährigen Krieg. Der Stadtplan von Hans Rentz aus dem Jahr 1552 zeigt dort ein eher schmuckloses Gebäude. Es dürfte jedoch im Jahr 1590 repräsentativ ausgebaut worden sein, denn aus dieser Zeit stammt der so datierte Stein.

Der Wappenstein zeigt das gleiche Motiv wie das auf den Siegeln des Magdeburger Schöffenstuhls: Christus als Weltenrichter auf einem Regenbogen thronend, die Füße auf der Weltkugel, die Hände mit den Wundmalen zum Betrachtenden geöffnet. Als Attribute seines Kreuzestodes umgeben ihn drei Nägel, eine Lanze und die Dornenkrone. Die Umschrift lautet FAC IVSTE, VT IVSTIS IVSTVS SIS. PRAEMIA IVSTIS: IVSTA DEI IVSTI DEXTERA IVSTA DABIT – »Tue recht, dass Du seist gerecht den Gerechten, gerechten Preis den Gerechten wird geben die gerechte Rechte des gerechten Gottes.« Der sicherlich aus der Hand eines gelehrten Humanisten stammende Vers enthält sieben Mal ein Wort mit dem Stamm *ius* (Recht) und bezieht sich damit auf die Anzahl der Marterinstrumente Christi. Die erwähnte »Rechte Gottes« zitiert die schon im Alten Testament erwähnte gerechte Hand Gottes, spielt aber zugleich auch auf die zur Eidesleistung vor Gericht gehobene Hand an. Es handelt sich um das Weltgericht am Ende aller Zeiten, wie es in mittelalterlichen und frühneuzeitlichen Darstellungen oft in Rathäusern angebracht war und das die Richter, Schöffen und Rechtsuchenden zu gerechtem Denken und Handeln ermahnen sollte.

In der Glosse zum Sächsischen Weichbildrecht wurde konkret die Anbringung von Weltgerichtsdarstellungen in Rathäusern und Gerichtsstätten gefordert: »Wo der Richter richtet, an derselben Statt und in derselben Stunde, so sitzet Gott in seinem göttlichen Gerichte über dem Richter und über die Schöppen, und darum soll ein jeder Richter in dem Rath-Hauß lassen mahlen das streng Gericht unseres Herren Jesu Christi. Daß ist dem, daß er gedenken soll an das Gericht, daß es unseres Herren sey, und daß er auch gedenken soll, daß er ein Richter sey des Volcks, das Gott erlöset hat mit seinem theuren Blut.« (zitiert nach Brand 2005, S. 171). Dasselbe nahm offensichtlich die Magdeburger Schöffenkammer für sich in Anspruch, denn auch wenn in ihr selbst nicht Recht gesprochen wurde, waren ihre Weisungen selbstverständlich dennoch Rechtsakte von höchstem Anspruch, die das Schicksal vieler Menschen bestimmten. *Claus-Peter Hasse*

Quellen
Janicke 1869, S. 173 | Neubauer 1931, bes. S. 167 f., 197, 292 f.

Literatur
Brand 2005 | Buchda 1941 | Lück 2017, bes. S. 138 | Schild 1988, bes. S. 71.

I.15

Magdeburger Schöffensprüche

Mitteldeutschland, Ende 14. Jahrhundert und Ende 15. Jahrhundert

Papierhandschrift in Pergamenteinband, 142 Seiten

H 31 cm, B 23 cm

Kulturhistorisches Museum Magdeburg, Dauerleihgabe der NORD/LB Norddeutsche Landesbank

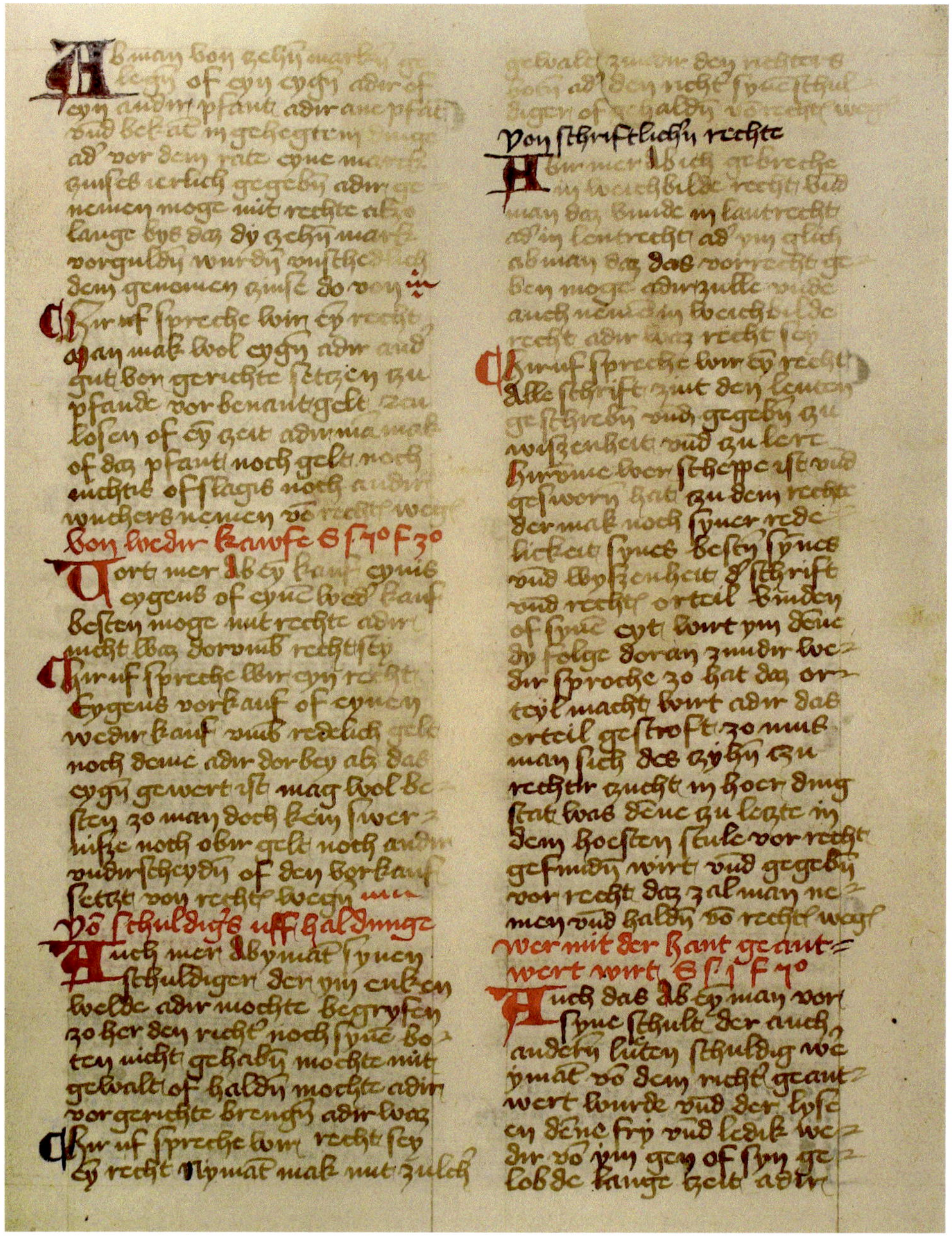

I.15 S. 33

Die Phase der vollen Entfaltung und Blüte des Magdeburger Rechts dauerte von etwa 1300 bis 1500. In dieser Zeit entwickelte der Magdeburger Schöffenstuhl eine wachsende Spruchtätigkeit, es bildeten sich typische Arten des Rechtszugs heraus und die Oberhoffunktion Magdeburgs verstärkte sich. Im Zuge der sich im Spätmittelalter intensivierenden Schriftlichkeit entstanden berühmte Rechtszusammenstellungen, beispielsweise der »Rechte Weg« in Breslau/Wrocław und die »Magdeburger Urteile« in Krakau/Kraków. Über die polnischen Städte wurde dabei das Magdeburger Recht in das damalige Großfürstentum Litauen vermittelt, unter anderem nach Lemberg/L'viv, Kiew/Kyjiv und Minsk (heute Teil Weißrusslands und der Ukraine). Für diese Epoche war ferner das Anlegen von Schöffenspruchsammlungen kennzeichnend. Es verfestigte sich die Tradition einer spezifisch sächsisch-magdeburgischen Rechtsliteratur, das sogenannte Weichbild (Weichbildchronik und Weichbildrecht).

Damals ist im mitteldeutschen Raum auch die vorliegende spätmittelalterliche Handschrift entstanden, die in mehreren wissenschaftlichen Editionen des 19. Jahrhunderts erwähnt und teilweise publiziert wurde. Das Rechtsdenkmal enthält 291 Magdeburger Schöffensprüche vom Ende des 14. Jahrhunderts, meist mit räumlichen Bezug auf Krakau, sowie angefügt zwei Leipziger

Schöffensprüche vom Ende des 15. Jahrhunderts. Die Zusammenstellung gibt ein deutliches Zeugnis ab für die Wirkung des Magdeburger Rechts bis nach Kleinpolen und nach Krakau trotz des Statuts von Wiślica 1347 und des Verbots des Rechtszugs nach Magdeburg 1365. In einigen der in der Handschrift wiedergegebenen Schöffensprüche kann man zudem die gebräuchliche Verfahrensweise beim Rechtszug plastisch nachvollziehen: Zuerst wird der Fall geschildert, dann die Anfrage des Vogts und der Geschworenen von Krakau formuliert, und schließlich sprechen die Magdeburger Schöffen Recht. Der auf Seite 33 befindliche Rechtsspruch ist insofern von großer Bedeutung, weil er das Gefüge zwischen Sachsenspiegel, Weichbildrecht und Magdeburger Recht meisterlich beschreibt. Unter der Überschrift »Von schriftlichen rechte« wird nämlich die Wirkmächtigkeit der niedergeschriebenen Rechtsnormen des Weichbildrechts sowie des Land- und Lehnrechts (= Sachsenspiegel) auf die Urteile der Schöffen und Geschworenen in wenigen Worten diskutiert und abschließend die höchste rechtsfindende Urteilskraft herausgearbeitet. Dies sei der »hoeste stule«, der Magdeburger Schöffenstuhl also. Somit sind die hier gezeigte Spruchsammlung und der ausgewählte Schöffenspruch hervorragende Denkmale dafür, dass der Schöffenstuhl in Magdeburg durch das ganze Mittelalter hindurch bis in die Frühe Neuzeit die höchste Belehrungsinstanz für die Städte mit Magdeburger Recht war oder zumindest seinen Anspruch hierauf erhob. Die Sprüche für Krakau sind darüber hinaus ein bedeutendes Dokument für jahrhundertelange Rechtsbeziehungen zwischen den Tochterstädten und dem Oberhof Magdeburg, welche wirtschaftlich, rechtlich und sprachlich prägend gewirkt haben.
Claus-Peter Hasse

Literatur
Muzeum Historyczne Krakowa 2007 a, IV. 3, S. 245 (Claus-Peter Hasse) | Oppitz 1990, Nr. 959 | Puhle 1992, V./10, S. 272 (Heidelore Schulz) | Puhle 2005, S. 144 (Claus-Peter Hasse, Alexander Schubert).

I.16

Großer Liegnitzer Sachsenspiegel (Fragment)

Liegnitz/Legnica, 1386/87

Pergament, 345 (ursprünglich 389) Blätter

H 40 cm, B 30 cm

Berlin, Staatsbibliothek zu Berlin – Preußischer Kulturbesitz, Handschriftenabteilung, Hdschr. 392

Ausgestellt ist der zweite Band des »Großen Liegnitzer Sachsenspiegels«, der sich bis zum Ende des Zweiten Weltkriegs im Besitz der dortigen Kirchenbibliothek Peter und Paul befand. Während hier 26 Blätter am Anfang verschollen sind, ging der erste Band mit dem kommentierten Sachsenspiegel-Landrecht nach 1945 komplett verloren. Bis zu diesem Zeitpunkt hatten sich die beiden Bände 630 Jahre lang ununterbrochen in der schlesischen Handelsstadt deutschen Rechts befunden, und zwar bis Mitte des 17. Jahrhunderts im Besitz des Rats und danach in der genannten Kirchenbibliothek.

Schlüsselfigur der hier vorliegenden Rechtssammlung ist der biografisch schwer fassbare Jurist Nikolaus Wurm (vor 1350 – um 1401), der in der Überlieferung als gelehrter Rechtsstudent in Bologna und als Diener des schlesischen Herzogs Ruprecht I. von Liegnitz (reg. 1367 – 1409) bezeichnet wird. Mit Wurms Namen verbinden sich mehrere Kommentare zum Sachsenspiegel, zum Magdeburger Stadtrecht (Weichbild) und daraus erwachsene deutsche Rechtsbücher. Diese konzentrierten sich im letzten Drittel des 14. Jahrhunderts in auffälliger Weise in Ruprechts Residenzstadt Liegnitz.

Da der verlorene erste Band auf 1386 datiert ist, lässt sich die Abschrift der vorliegenden Handschrift auf etwa 1386/87 ansetzen. Damit gehört der Kodex in die Anfangszeit einer Blüte volkssprachlich-gelehrter Rechtspflege unter Herzog Ruprecht, der als 20-Jähriger 1367 die Regierungsgeschäfte in Schlesien übernahm und seine Herrschaft in der Folge energisch ausbaute. Der vorliegende Band überliefert das Magdeburger Weichbild mit einer anonymen Glosse (fol. 27ra – 128rb), den »Mainzer Landfrieden« des Kaisers Friedrich II. mit einem Kommentar von Wurm (fol. 129ra – 145rb) sowie das Lehnrecht des Sachsenspiegels mit einer ebenfalls von ihm erweiterten Glosse. Während die Kommentare das lateinisch-gelehrte in das volkssprachliche Recht einbringen, bestätigt die Schlussschrift des Weichbilds (fol. 128rb) explizit seine Entstehung »sub umbra alarum« (unter den Schatten der Flügel), das heißt im Auftrag Herzog Ruprechts. Damit präsentiert sich das Liegnitzer Textensemble als landesherrlich-schlesisches Stadtrecht. Seine Entstehung, Zusammensetzung und Überlieferung korrespondierten mit den politischen Interessen des Herzogs. Er ließ sich durch den studierten Juristen Wurm das Recht seiner Residenzstadt Liegnitz wissenschaftlich kodifizieren und kommentieren, wohl nicht zuletzt, um damit seine Herrschaft zu legitimieren.

Das Weichbild und der »Mainzer Reichslandfriede« sind mit einfachen Federzeichnungen geschmückt, die sich vage an die Ikonografie der bebilderten Sachsenspiegel-Bilderhandschriften anlehnen. Die prächtige Widmungsinitiale mit Darstellung eines Kaisers am Beginn des Lehnrechts (fol. 150v) beschwört ebenso wie die Federzeichnung eines königlichen Marktkreuzes (fol. 32v) die imperiale Gültigkeit des landesherrlichen Stadtrechts in Liegnitz.

Der nach 1945 fragmentierte Rest des symbolträchtigen Textensembles wurde über unbekannte Zwischenstufen erst 1993 aus dem Besitz des Hamburger Antiquars Jörn Günther von der Berliner Staatsbibliothek angekauft.
Jürgen Geiß-Wunderlich

Literatur
Becker/Overgaauw 2003, Nr. 158 | Homeyer 1931 – 1934, Nr. 717 | Oppitz 1990, Nr. 1295d | Schiewer 1999, Sp. 1441 – 1449.

·ij· ar· lxj
ar· lij

nicht · Diz ist darumme daz dy keiserliche
gewalt dysin kirche gebin hat und daz be
zeichint und bezugit der hantschuch ·
und dy geweltliche gewalt daz cruze · &
s · l · i · y · ar · levij · t · von dem altin kirche
§ Nu nennit uns den aldin kirch &c
vt c · celsus quia ad eciam consiguunt · l ·
fach · l · denunciata · § Nota Diz selb
hot gestanden lange czit daz iz genant
ist wichbilde als wir auch vor gesprochin
habin · wen iz ir hub sich by konnig
§ Heinrichis geczeiten · vt · vy · d · sue
uero consuetudinis · und ist auch also an
dy romer also komen und hot den name
behalden unvorwandelt · vt ff · de munici
pales · l · Roma · Wy magdeburch
aus gesatzt ist und wy halle daz aus
gestift ist dy wichbilde recht beschirme

x Nu nennit wy dy stat czu
Magdeburch allir erst besatzt
besatzt wart mit des landes
willen und bestetigit an dysen re
chte wen iz noch wichbilde recht hot
und daz eldest von dem lande ist · und
halle daz aus gestift wart · und dar

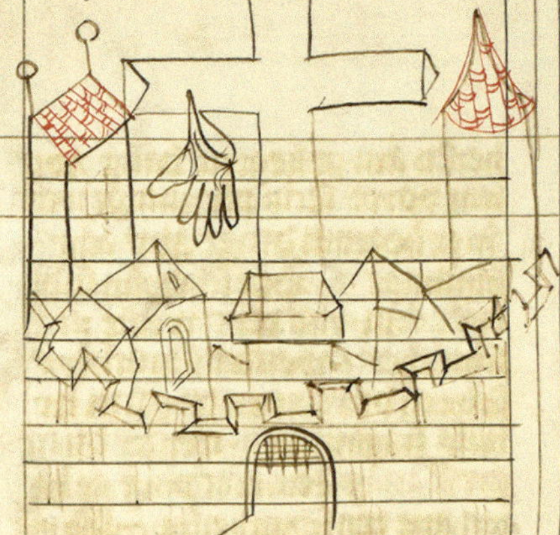

nunne sullin alle dy von polen
und von behemen · und aus der
marke von meysin und aus der
marke von lusitz und von den ste
tin allin dy dar binnen begriffin
sein ir rechte holn § Kunnen abir
dy von halle der urteils nicht ·
und wirt in bruch an eime urteil
so daz sys nicht vinden kunnen
so mussin sy iz czu magdeburg ge
n alles mit eime rechte begriffin
ist · Darumme daz sy all wichbilde
recht beschirmen czu sachsin in
dem lande · daz mag abir in lant
rechte nicht geschen daz man sich
aus eine marke czyhe in eine grave
schaft mit eim gescholden urteil
wen der margreff dinget by syns
selbis huldin daz tut der greff ·
nicht der dinget under konnigs
banne · Daz tut man auch in al
len steten do des konnigis ban ist
Undir konnigis banne wettit
man dem vogte acht schillinge
von gedinge mit der schepfin ur
teil daz selbe ist des burgrefen ·
Des wisse daz man dem schult

I.16 fol. 32v

I.17

Erneuerte »Kulmer Handfeste«

um 1251

Pergament

H 54,5 cm, B 40,5 cm

Berlin, Geheimes Staatsarchiv Preußischer Kulturbesitz, Sig. XX. Hauptabteilung, Historisches Staatsarchiv Königsberg, Perg. Schieb. I, Nr. 12

I.17

Der Begriff »Handfeste« bezeichnet im vom Deutschen Orden beherrschten Preußen eine Siedlungs- oder Lokationsurkunde, die die Rechte und Pflichten der Bewohner eines neu angelegten Ortes sowie dessen räumliche Abgrenzungen beschreibt. In anderen deutschsprachigen Gebieten ist der Begriff auch ganz allgemein als Synonym für Urkunde belegt. Die »Kulmer Handfeste« wurde nach dem Ort ihrer Ausstellung benannt. Im Dezember 1233 ließen der Hochmeister des Deutschen Ordens Hermann von Salza (amt. 1210–1239) und der Landmeister von Preußen Hermann Balk (amt. 1230–1239) die Handfeste für die Städte Kulm/Chełmno und Thorn/Toruń ausfertigen. Sie regelte zunächst die Verhältnisse für diese ältesten beiden Stadtgründungen des Ordens im Kulmerland. Danach wurden die Bestimmungen auf alle weiteren Stadtgründungen übertragen. Da sie außerdem grundlegende Fragen für das gesamte Herrschaftsgebiet regelte, wurde die »Kulmer Handfeste« auch als »Grundgesetz« (Janicka 2016) für das Deutschordensland bezeichnet. Vermutlich im Jahr 1244 verbrannte das lateinische Original der Urkunde, sodass im Jahr 1251 eine Erneuerung der Handfeste erstellt wurde – diesmal in zwei Exemplaren, eines für Thorn und eines für Kulm. Neben dem hier gezeigten Exemplar ist eine weitere Ausfertigung erhalten, die sich im Staatsarchiv Thorn befindet.

Die Gründung dieser beiden Städte erfolgte im Zuge einer gewaltsamen Eroberung des Kulmerlands. Auf Aufforderung des Herzogs von Masowien und mit politischer Rückendeckung von Kaiser Friedrich II. (reg. 1212–1250) und Papst Gregor IX. (amt. 1227–1241) eroberte der im Heiligen Land im Kontext der Kreuzzüge gegründete Ritterorden das Gebiet an der unteren Weichsel von den dort siedelnden heidnischen Pruzzen. 1231 begann der Feldzug, noch im selben Jahr wurde in Thorn eine Burg errichtet, zwei Jahre später erfolgten die genannten ersten Stadtgründungen. Diese hatten zum Ziel, Einwanderer aus deutschsprachigen Gebieten in das Kulmerland zu holen, die die Herrschaft des Ordens stabilisieren und die Christianisierung der Region befördern sollten.

Die Inhalte der Handfeste beziehen sich auf die Rechtsverhältnisse der Stadt und ihrer Bürger. Es wird ausdrücklich Bezug auf das Magdeburger Recht genommen, das zur Regelung der Verhältnisse in der Stadt herangezogen werden solle. Daneben flossen auch Bestimmungen aus dem schlesischen und flämischen Recht ein. Abweichungen ergaben sich zum Beispiel hinsichtlich der Stadtverfassung: So wurden Organe der städtischen Selbstverwaltung etabliert, aber nicht in Form der typisch magdeburgischen Schöffenverfassung, sondern mit gewähltem Richter, Rat und Schultheißen. Daneben wurde festgelegt, dass der Kulmer Stadtrat als Obergericht für das

I.18

Kulmerland fungieren sollte – dennoch sind einige Anfragen beim Magdeburger Schöffenstuhl aus dem Ordensland erhalten.

Die »Kulmer Handfeste« stellt das erste schriftliche Dokument des Kulmer Rechts dar, einer Variante des Magdeburger Rechts, die im gesamten Ordensland inklusive dörflicher Siedlungen galt. Weitere Orte in Zentralpolen wurden ebenfalls mit dem Kulmer Recht ausgestattet.
Christina Link

Literatur
Armgart 2012 | Janicka 2016.

I.18

Löwenberger Rechtsbuch (»Rotes Buch«)

Löwenberg/Lwówek Śląski (?), um 1311/1323

Pergament, 196 Blätter; eingeklebte Illustrationen in Vorder- und Hinterdeckel

H 25,5 cm, B 20,5 cm

Breslau/Wrocław, Archiwum Państwowe, 82/1040/0/1 (früher: Rep. 132 a, Dep. Miasta Lwówka, Nr. 1)

Ein frühes Zeugnis der Verbindung von Sachsenspiegel und Magdeburger Recht im städtischen Kontext ist das Rechtsbuch der niederschlesischen Stadt Löwenberg. Das nur in einer Handschrift überlieferte Rechtsbuch ist in der städtischen Registratur und in der älteren Literatur regelmäßig als »Rotes Buch« bezeichnet worden, was auf die ursprüngliche Farbe des mittlerweile stark verblichenen Ledereinbands anspielt. Im Vorder- und Hinterdeckel sind jeweils farbige Federzeichnungen auf Papierblättern eingeklebt: vorn Christus als Weltenrichter, hinten die Verkündung Mariens. Das Rechtsbuch stammt wohl aus dem zweiten Jahrzehnt des 14. Jahrhunderts und wäre damit noch vor der wirkmächtigen Landrechtsglosse des Johann von Buch (um 1290 – um 1356) entstanden. Es beinhaltet einen der ersten umfänglichen Texte, die durch Verbindung unterschiedlicher stadt- und landrechtlicher Rechtsquellen eine Art gemeines Sachsenrecht kompilierten.

Wesentliches Fundament ist der Sachsenspiegel Eikes von Repgow (um 1180 – nach 1233), der aber durch Hinzuziehung von Magdeburger Rechtsmitteilungen an Breslau und Görlitz aus den Jahren 1261 und 1304 sowie weiterer Rechtsaufzeichnungen bearbeitet und erweitert worden ist. Der Schöpfer des Löwenberger Rechtsbuchs hat also das Land- und Lehnrecht des Sachsenspiegels bereits zum Magdeburger Rechtskreis – das heißt als Teil ein- und desselben Normkomplexes – gezählt und hatte entsprechend keine gedanklichen Probleme damit, beides auch textlich miteinander zu verbinden. So ergänzte er beispielsweise das vergleichsweise knappe Judenrecht des Sachsenspiegels durch einen ausführlichen Judeneid, der offenkundige Parallelen zum Verfahren der Magdeburger

I.19

Weichbildvulgata hat. Ebenso ist die Magdeburger Weichbildchronik in das Rechtsbuch mit aufgenommen worden.

Neben den großen sächsisch-magdeburgischen Rechtsbüchern und Magdeburger Rechtsmitteilungen hat zudem lokales Recht im Löwenberger Rechtsbuch Eingang gefunden. Außerdem kommen wohl Einflüsse aus Siedlungskontexten zum Tragen. Das sogenannte Kampfrecht etwa weist starke Parallelen zu einem Weistum auf, das aus dem Örtchen Bacharach im Hunsrück überliefert ist: Im Mordprozess tritt erst der Fürsprech, also eine Art Anwalt, auf. Daraufhin zieht der Kläger sein Schwert und ruft dreimal den Namen des Beklagten aus. Dieses symbolisch aufgeladene Rechtsritual findet sich später auch in anderen schlesischen Rechtsquellen. Das Löwenberger Rechtsbuch aber ist unter ihnen die früheste Aufzeichnung.

Konsequent hat der Bearbeiter des Löwenberger Rechtsbuchs sein Werk wohl nicht als eine Kompilation des sächsischen, sondern schlechthin des deutschen Rechts, als *ius Theutonicum*, gesehen. Dem Rechtsbuch voran steht weiterhin die Reimvorrede des Sachsenspiegels (»Gott hat die Sachsen wohl bedacht / indem dieses Buch ist nun vorgebracht […]«). Dabei sind aber die *sassen* der Vorlage hier und an anderer Stelle stets durch *dutsche* ersetzt worden. *Hiram Kümper*

Literatur
Geike 1942 | Kümper 2009, S. 352–357, 620–622.

I.19

Sogenanntes »Statut Łaskiego«

Co[m]mune incliti Polonie Regni priuilegium co[n]stitutionu[m] [et] indultuu[m] publicitus decretorum approbatoru[m]q[ue] : cum non[n] ullis iuribus ta[m] diuinis q[uam] humanis / p[er] [...] Alexa[n]drum [...] Regem polonie [...]

Krakau/Kraków (Druckerei Johann Haller), 1506

Papier, 351 Blätter, Holzschnitte

Blätter: H 28,2 cm, B 20,3 cm

Einband: H 29 cm, B 21,8 cm, T 5,7 cm

Berlin, Staatsbibliothek zu Berlin – Preußischer Kulturbesitz, Abteilung Historische Drucke, 4" Ho 15050

Das »Statut Łaskiego« (Statut von Jan Łaski) ist eine amtliche Gesetzessammlung von polnischen Rechtsakten, Beschlüssen und Rechtsnormen, die im Frühjahr 1506 in der Druckerei von Johann Haller in Krakau in lateinischer Sprache erschien. Die Sammlung wurde vom polnischen König Alexander I. der Jagiellone (reg. 1501–1506) auf dem berühmten Sejm (Reichstag) von Radom im Jahr 1505 an den Sekretär und Großkanzler von Polen, Jan Łaski (1456–1531), in Auftrag gegeben, in weniger als einem Jahr zusammengestellt und vom König selbst bestätigt. Der polnische Adlige und Politiker Jan Łaski, der nicht nur das höchste weltliche Amt des Großkanzlers, sondern auch die höchste geistliche Position als Erzbischof von Gnesen/Gniezno und Primas von Polen erlangte, ließ alle bis dahin in Polen bekannten Rechtsquellen des alten polnischen Rechts, aber auch die Quellen des in den polnischen Städten geltenden deutschen Rechts des 14. Jahrhunderts in lateinischer Fassung zusammentragen. Mit geringfügigen Korrekturen und Randbemerkungen versehen, wurden sie in Krakau in Druck gegeben. Darüber hinaus ließ Jan Łaski vier Holzschnitte anfertigen, die alle Ausgaben der Sammlung – oft an unterschiedlichen Stellen – illustrieren. Sie betonen die Rolle des Großkanzlers, seiner Familie und seiner Wappengemeinschaft (Korab) im rechts- und innenpolitischen Leben Polens. Besonders bekannt sind zwei Holzschnitte: Der eine zeigt die symbolische Übergabe der fertigen Sammlung auf dem Sejm von Radom, der gleichzeitig die Geburtsstunde des Parlamentarismus in Polen markiert. Der andere bildet die »private« Übergabe der Sammlung von Jan Łaski an Alexander I. ab und hebt die Rolle des Königs als Gesetzgeber besonders hervor. Für die politische Situation in Polen und Litauen kann die Sammlung als erste Kodifizierungsbestrebung angesehen werden, die diese zwei bis dahin in Personalunion verbundenen Staaten auf dem Weg in die Adelsrepublik und die Realunion von 1569 unterstützen und stärken sollte.

Im ersten Teil der Sammlung befinden sich die Statuten und Erlasse der polnischen Könige Kasimir III. (reg. 1333–1370), Władysław II. Jagiełło (reg. 1386–1434), Johann I. Albrecht (reg. 1492–1501) und seines Nachfolgers und Initiators der Sammlung Alexander I. Der zweite Teil bietet auf über 90 Blättern das Magdeburger Recht (*Juris Magdemburgensis*) mit dem *Juris Feodalis* und der Zusammenfassung zum Zivilrecht von Raymundus Partenopensis, von dem lange angenommen wurde, dass er aus Magdeburg stamme. Somit wird deutlich, dass die Sammlung für alle Stände in Polen – Adlige, Stadtbürger und Bauern – verbindlich gelten sollte. Das Werk wird gekrönt und gesegnet durch die »Gottesgebärerin« Maria, die in der am Anfang des Registers befindlichen »Bogurodzica«, dem ältesten religiösen Lied sowie dem ältesten bekannten poetischen Text Polens, erstmals in einem Druck verherrlicht wird.

Von den ursprünglich zwölf auf Pergament und 150 auf Papier gedruckten Folianten sind nur wenige Exemplare erhalten. Der vorliegende Papierdruck wurde am 27. November 1678 vom Greifswalder Rechtsgelehrten Johannes Pomereschius (1624–1689) an den Großen Kurfürsten Friedrich Wilhelm von Brandenburg (reg. 1640–1688), auf den die Gründung der Churfürstlichen Bibliothek zu Cölln an der Spree – der heutigen Staatsbibliothek zu Berlin – zurückgeht, als Geschenk überreicht. In der vierseitigen handschriftlichen Widmung, die sich am Anfang des Werks befindet, wird dem Großen Kurfürsten als Kenner und Verfechter des Magdeburger Rechts großes Lob ausgesprochen. *Vladimir Neumann*

Literatur

Tafiłowski 2007 | Uruszczak 2007.

I.20

Elbinger Kodex des lübischen Rechts

Lübeck (?), um 1270/1280

Pergament, mit Deckfarben illuminiert, Ledereinband

H 29 cm, B 22,5 cm

Danzig/Gdańsk, Archiwum Państwowe w Gdańsku, Codex APGd 369 1/1

An das Verbreitungsgebiet des sächsisch-magdeburgischen Rechts schloss sich im Norden das Gebiet des lübischen Rechts an. Lübeck war die Stadt mit der zweitgrößten Stadtrechtsfamilie nach Magdeburg und übertrug sein Recht seit den 1230er Jahren auf rund 80 bis 100 Städte im ganzen Ostseeraum. Viele dieser Städte ließen sich in Lübeck ihr neues Stadtrecht aufschreiben, sodass eine ansehnliche Zahl solcher Kodices erhalten geblieben ist. Das preußische Elbing/Elbląg ist – Zufall der Überlieferung – die Stadt mit der reichsten Überlieferung, nämlich elf erhaltenen Handschriften; auf Platz zwei folgt Reval/Tallinn mit fünf. Der hier ausgestellte Kodex umfasst 161 Artikel, ist damit länger als die lateinischen Handschriften, aber unter den deutschen der kürzeste. Er ist nicht sicher datierbar, gilt jedoch als die älteste Handschrift in deutscher Sprache. »Er wurde vom Elbinger Rat in Auftrag gegeben und vermutlich von einem in der Elbinger Delegation mitgereisten Elbinger in der Lübecker Kanzlei angefertigt« (Wolf 2008, S. 333).

Das Gebiet um Danzig und Elbing – und überhaupt der Landstreifen südlich des Südufers der Ostsee – ist die Zone, in der magdeburgisches und lübisches Recht einander begegneten. So hat beispielsweise Danzig 1263 einen Kodex lübischen Rechts, nämlich den letzten in lateinischer Sprache, bestellt, sich dann aber im 14. Jahrhundert umentschieden und von da an nach Magdeburger Recht gelebt. Dazu passt es, dass in vielen Gründungsprivilegien den Siedlern die Wahl ihres Rechts freigestellt wurde.

Warum entschied man sich für das eine oder für das andere Recht? Eine klare Antwort hat die Forschung noch nicht gefunden. Sicher hatte es etwas mit dem Rechtszug zu tun, also mit der Frage, welche Stadt man als höhere Gerichtsinstanz bevorzugte, wo es schneller ging und weniger kostete. Ein wichtiger Unterschied zwischen den beiden Rechtskreisen bestand in der Ge-

I.20

richtsverfassung: In den Städten lübischen Rechts war der Rat zugleich auch Gericht, während im Magdeburger Einflussgebiet ein vom Rat separater Schöffenstuhl Recht sprach. Was das materielle Recht angeht, so spielt es eine Rolle, dass Lübeck sein Recht fast nur an Städte weitergab, während das magdeburgische Recht auch in vielen Dörfern und ländlichen Kommunen galt. Dementsprechend wird in den Handschriften lübischen Rechts wie jener aus Elbing stärker die städtische Rechts- und Lebenswelt abgebildet als weiter südlich im Binnenland. An der Küste finden sich zum Beispiel mehr handels- und natürlich auch mehr seerechtliche Bestimmungen.

Die Rechtssprache des lübischen Rechts war von den Anfängen um 1225 (»Rostocker Fragment«) bis in die 1260er Jahre ein mittelalterliches Latein, in das viele niederdeutsche Fachtermini aufgenommen wurden, weil für sie keine lateinischen Entsprechungen zur Verfügung standen. Um 1270, quasi von einem Tag auf den anderen, wechselte der Lübecker Rat dann aber die Sprache seiner Gesetze, und dafür ist der ausgestellte Kodex ein früher Zeuge. Von da an war Niederdeutsch die wichtigste Rechtssprache im ganzen Ostseeraum. *Albrecht Cordes*

Literatur
Cordes 2016 | Ebel 1971, S. 205 | Päsler 2003, S. 120 f. | Wolf 2008, S. 333 f.

I.21

Stadtrecht der Braunschweiger Altstadt, sogenanntes Ottonianum

Braunschweig, wohl 1227

Pergamentblatt, beschädigtes Hängesiegel [Herzog] Ottos, genannt das Kind, an roten Seidenfäden

H 58 cm, B 44 cm

Braunschweig, Stadtarchiv, A I 1 Nr. 2 a

Das sogenannte Ottonianum ist die früheste Aufzeichnung über das in der Braunschweiger Teilstadt (Weichbild) Altstadt gültige Recht. Die Bezeichnung ist von Herzog Otto genannt das Kind (1204–1252) abgeleitet, mit dessen Siegel das Stadtrecht beglaubigt ist. Otto war ein Enkel Heinrichs des Löwen (um 1129/30–1195) und erhielt 1235 aus der Hand Kaiser Friedrichs II. (reg. 1212–1250) das Herzogtum Braunschweig(-Lüneburg) als Lehen, das im Zuge der staufisch-welfischen Aussöhnung als Reichsfürstentum geschaffen worden war. Die schriftliche Aufzeichnung des Braunschweiger Stadtrechts steht aller Wahrscheinlichkeit nach im Zusammenhang mit dem 1227 nach dem Tod seines Onkels Pfalzgraf Heinrich (1174–1227) erfolgten Herrschaftsantritt Ottos in den welfischen Allodialgütern. Otto vermochte sich in der wichtigsten Stadt seines Herrschaftsbereichs zunächst nur mit Mühe gegen staufische Ansprüche, die unter anderem von Teilen der Bürgerschaft und Ministerialen vertreten wurden, durchzusetzen. Dabei versuchte er, die Braunschweiger Bürger in den Weichbilden Hagen und Altstadt für sich zu gewinnen und bestätigte ihnen in jeweils eigenen Dokumenten ihre Rechte und Freiheiten.

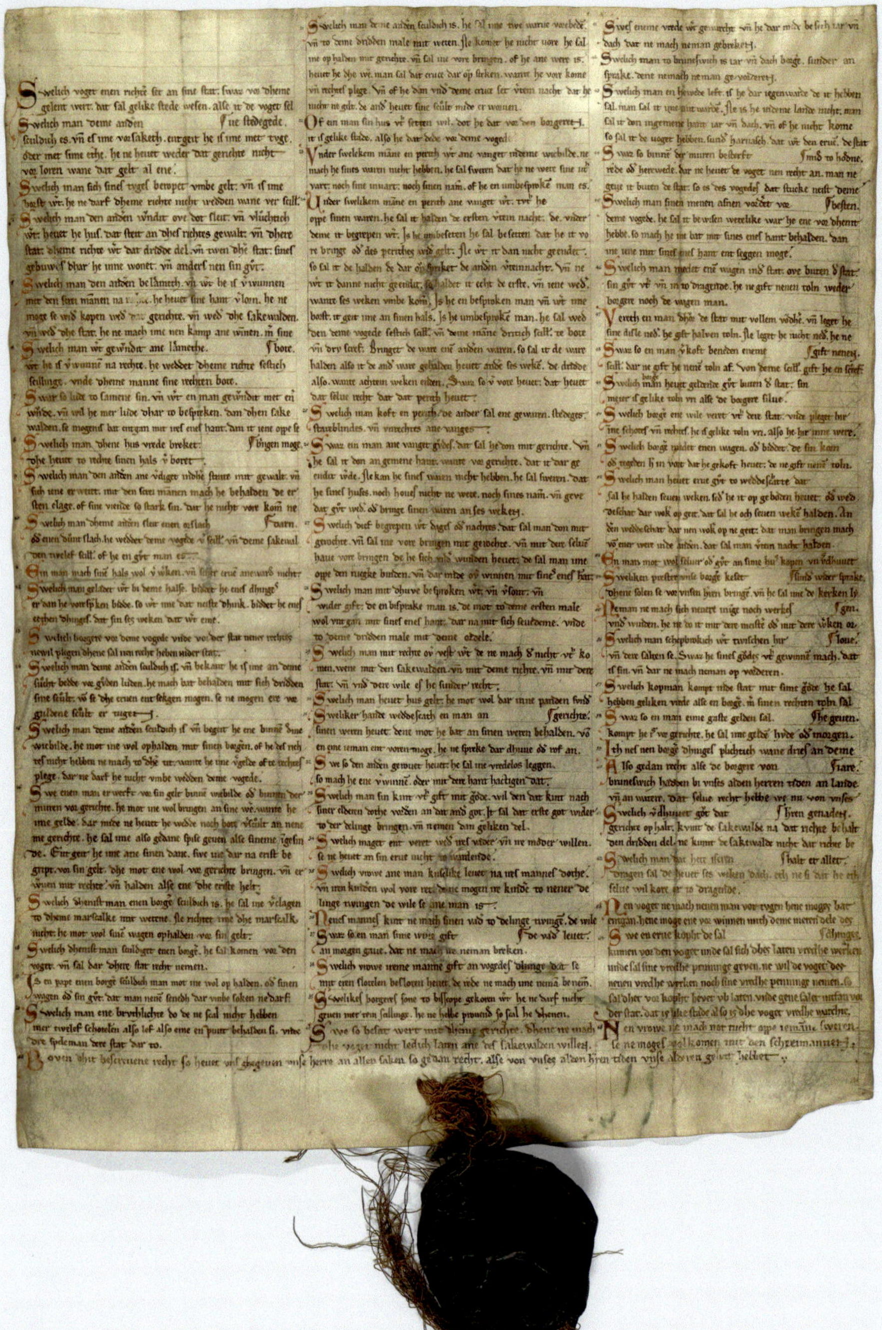

I.21

Das Ottonianum ist ein großformatiges Pergamentblatt, dessen mehrspaltige Gestaltung und Schrift an eine Buchseite erinnern. Es ist keine Urkunde im engeren Sinn, sondern eine durch den Stadtherrn besiegelte Stadtrechtsaufzeichnung. Namentlich wird Otto im Stadtrecht nicht erwähnt. Der Text hat keine Eingangs- oder Schlussformel, es werden weder ein Aussteller genannt noch Angaben zum Zeitpunkt der Niederschrift gemacht. Vermutlich legten die Bürger der Braunschweiger Altstadt das auf ihre Veranlassung hin aufgezeichnete Stadtrecht ihrem Stadtherrn zur Besieglung vor. Es handelt sich beim Ottonianum also um keine auf stadtherrlichem Willen gründende Neuschöpfung eines Stadtrechts, sondern lediglich um eine Bestätigung der in Braunschweig geltenden, gewohnheitsrechtlichen Regelungen, deren Wurzeln wahrscheinlich ins 12. Jahrhundert zurückreichen.

Das Ottonianum gehört zu den ältesten Rechtsaufzeichnungen in mittelniederdeutscher Sprache. Es umfasst insgesamt 66 Artikel, die verfassungs-, verwaltungs-, straf-, prozess-, zivil-, erb-, güter- und zollrechtliche Bestimmungen enthalten. Mehrere Paragrafen betreffen die Zusammensetzung und Arbeitsweise des Stadtgerichts. Es wurde durch den stadtherrlichen Vogt und Vertreter der Bürgerschaft gebildet. Die im Gericht vertretenen Bürger fanden in der Gerichtsversammlung (dem Echteding) das Recht, das von dem den Vorsitz führenden Vogt lediglich verkündet wurde. Im Gegensatz zum Magdeburger Recht gab es in Braunschweig also keine Schöffen. Die Regelungen des Ottonianums bildeten die Grundlage für die weitere Entwicklung des Braunschweiger Stadtrechts bis zur Stadtrechtsreformation von 1532. Darüber hinaus wurde das im Ottonianum fixierte Stadtrecht auf eine Reihe weiterer Städte – darunter Celle, Einbeck, Duderstadt und Wernigerode – übertragen. *Henning Steinführer*

Quellen
Hänselmann 1873, Nr. 2, S. 3–7.

Literatur
Diestelkamp 1961 | Frensdorff 1905 | Garmann 1978 | Hänselmann 1892–1894 | Lockert 1979 | Schottelius 1904.

Die Städte des Magdeburger Rechts

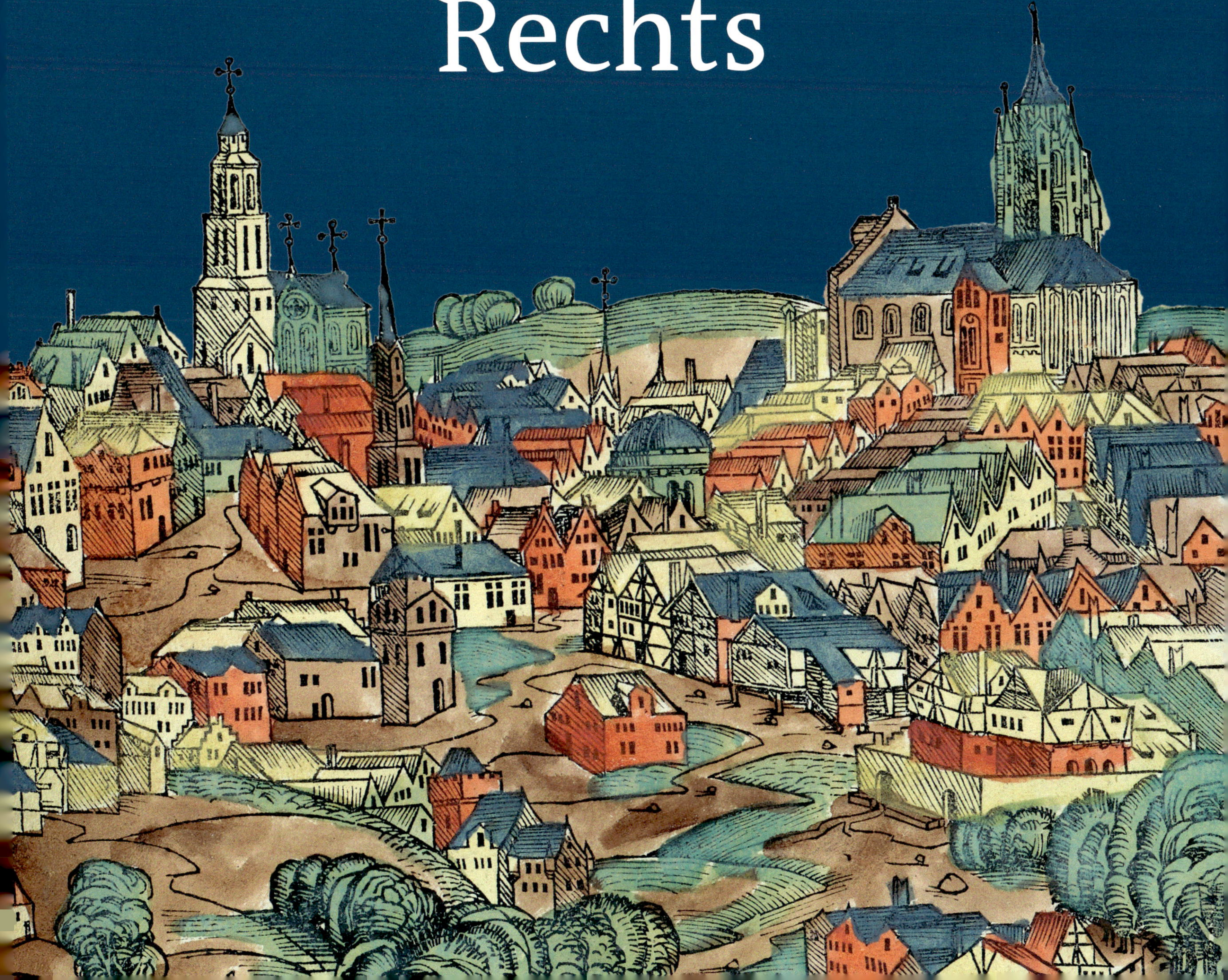

CHRISTIAN LÜBKE

Die Stadt vor der Stadt

Entstehungsfaktoren und Entwicklungsphasen städtischer Siedlungen im östlichen Europa vor der Epoche der Stadtrechtsverleihungen

»Da die große Handelsstraße von Westen nach Osten mitten durch die Stadt führte und die Reisenden ganz zwangsläufig veranlasste, sich bei uns aufzuhalten und sich mit dem zum Lebensunterhalt Nötigen zu versorgen, haben wir über sie alle nur möglichen Güter erworben. Deshalb bevölkerte auch immer eine bunte Menge von Einheimischen und Fremden die Straßen der Stadt, dass es leichter schien, den Sand am Meer zu zählen als die, die zum Markt kamen und Handelsgeschäfte tätigten.« (Kaminiates 1975, Kap. 9). Diese Beschreibung städtischen Lebens ist noch nicht einem der Handelszentren an der spätmittelalterlichen West-Ost-Achse der *via regia* gewidmet, die den Westen Europas von Santiago de Compostela kommend mit Kiew/Kyjiv im Osten verband, sondern sie galt dem byzantinischen Thessaloniki an der *via egnatia*, einer römerzeitlichen Straße und Teilstrecke zwischen Rom und Konstantinopel. Der Verfasser der Schrift, Johannes Kaminiates, lebte an der Wende zum 10. Jahrhundert, als Städte der geschilderten Art zwar Wirtschaftsleben und Verkehr in Regionen dominierten, die in der Tradition des Römischen Reichs standen; zum Erscheinungsbild des östlichen Europas gehörten solche Städte damals aber noch nicht.

Als eine Grenze des Römerreichs (und auch seiner Nachfolger) gegenüber den als barbarisch empfundenen Regionen im Osten (und Norden) des Kontinents galt traditionell die Donau. Dies zeigt sich in einer merkwürdig anmutenden Völkerliste des 9. Jahrhunderts, die – ungeachtet der offenen Fragen zu Zeit und Umstand ihrer Entstehung – Zustände »am nördlichen Ufer der Donau« (»ad septentrionalem plagam Danubii«) erfasst, die einige Jahrzehnte vor die zitierte Notiz des Johannes Kaminiates zurückreichen. Als Entstehungsort dieser frühmittelalterlichen (heute in der Bayerischen Staatsbibliothek in München aufbewahrten) Handschrift, des sogenannten »Bayerischen Geographen«, gilt Regensburg, die Residenz der Herrscher des Ostfränkischen Reichs, das alte *Castra Regina* der Römer an der oberen Donau. Der »Bayerische Geograph« listet insgesamt 59 Namen von Völkerschaften auf, von denen einige auf die Grenzregion des Frankenreichs gegenüber den slawischen Gemeinschaften östlich von Elbe und Saale verweisen, andere Namen aber die Erfassung eines viel weiteren Raums bis ins Kaukasusvorland und von dort nach Norden bis ins Baltikum anzeigen. Aus der Sicht der Stadtgeschichtsforschung ist die knappe Beschreibung des Umfangs der einzelnen mit Namen versehenen Gemeinschaften lediglich durch die Anzahl ihrer *civitates* interessant, die man aber nicht als »Städte« im Sinn ihrer viel späteren Erscheinungsweise auffassen darf. Die genannten Zahlen reichen von sieben solcher Einheiten für die Linonen (»Linaa ... civitates VII.«), einem Stamm an der unteren Elbe (bei Lenzen) im heutigen Brandenburg, bis zu fantastischen 516 *civitates* für die nicht näher zu lokalisierenden *Stadici* (»Stadici, in qua civitates DXVI«). *Civis* (Bürger) und *civitas* (Bürgerschaft) – das waren ursprünglich Ausdrucksformen des antiken römischen Selbstverständnisses, die zu Grundbegriffen der europäischen Zivilgesellschaft geworden sind, deren Entstehung ohne die Entwicklung städtischer Kultur seit dem Mittelalter kaum vorstellbar ist.

Die Anwendung des lateinischen Begriffs *civitas* ist aber im Laufe der Jahrhunderte durchaus verschieden gewesen, und ein vergleichender Blick auf seinen Gebrauch im Sinn von »Bischofssitz mit umliegendem Sprengel« seit der Spätantike erlaubt die Vermutung, dass auch der »Bayerische Geograph« und seine Informanten ein räumliches Verständnis von ihm hatten. Demnach waren die *civitates* »nördlich der Donau« Siedlungsgefilde (oder Mikroregionen in moderner Terminologie), die sich um einen befestigten Zentralort herum erstreckten, der den Bewohnern als Versammlungs- oder Fluchtort diente. Tatsächlich ist es abschnittsweise möglich, eine Deckungsgleichheit der von der archäologischen Forschung festgestellten Burganlagen mit der vom »Bayerischen Geographen« genannten Anzahl der *civitates* festzustellen. Die überwiegend

◄ Abb. 76
Kunstschmiedearbeiten aus Mikultschitz/Mikulčice: Anhänger, Riemenzunge, Ohrgehänge und Kreuz. Überregionale Herkunft und Einflüsse illustriert das Silberkreuz, welches womöglich eine koptische oder syrische Arbeit des 8./9. Jahrhunderts ist. Brünn, Archeologický ústav AV ČR, 2/57, 609/85, 1022/56, 1122a/57-1, 1122a/57-5, 1122b/57-1, 1122b/57-5, 1311/56, 1344/56-1, 1344/56-2, 1620/57-1

in Holz-Erde-Konstruktionen entstandenen Burgwälle, die man fallweise als Keimzellen späterer Städte erkennen kann, prägten jedenfalls in großer Zahl über Jahrhunderte den gesamten Osten des Kontinents jenseits von Elbe und Saale.

Die spärlichen Informationen in der Völkerliste des »Bayerischen Geographen« sind nicht nur auf einen Mangel an Kontakten in weiter entfernte Regionen jenseits des Grenzgebiets an Elbe, Saale und Donau zurückzuführen. Vielmehr spiegelt sich darin auch die Außensicht auf eine noch wenig entwickelte »Grauzone« (Gieysztor 1997, S. 13 ff.), in die seit dem 6. Jahrhundert überwiegend slawisch sprechende Gemeinschaften eingewandert waren. Ihre wenig differenzierte Sachkultur mit gleicher Machart von Keramik, Wohnbauten und Verteidigungsanlagen bot kaum Anreize für die Entwicklung von Tausch-, Fernhandels- und Marktstrukturen mit entsprechenden Siedlungsplätzen. Allerdings sollte sich dieser Befund – je nach Region in unterschiedlichem Tempo – bald ändern. Dafür sorgten Kontakte und Einflüsse aus den Nachbarregionen in die Peripherie der »Grauzone« hinein sowie die auch durch sie angestoßene allmähliche Ablösung älterer Stammesstrukturen durch herrschaftliche Elemente zunächst auf lokaler und regionaler Ebene, die sich dann seit dem 9. und vor allem 10. Jahrhundert zu großflächigen und stabilen Fürstenherrschaften fortentwickeln konnten.

Das erste beeindruckende Beispiel dafür bildet das Reich der Mährer unter der Herrschaft der Mojmiriden (benannt nach dem Fürsten Mojmir, der um 830–846 regierte). Zu den Rahmenbedingungen der altmährischen Herrschaftsbildung gehörten das zuvor durch Kaiser Karl den Großen besiegelte Ende des Awarenreichs im pannonischen Raum, die Verfügbarkeit hervorragender Handwerker, vor allem von Kunstschmieden (Abb. 76), in diesem Gebiet, das Anwachsen des grenzüberschreitenden Handels, die gegenseitige Konkurrenz des weströmisch-fränkischen und des byzantinisch-oströmischen Reichs und die Wirkung des Christentums, das von beiden Seiten missionierend in slawische Siedlungsgebiete vordrang. So entstanden im Bereich des linken Donau-Nebenflusses March (Morava) innerhalb weniger Jahrzehnte ausgedehnte komplexe Siedlungsagglomerationen, die herrschaftlich-repräsentative und administrative (Fürstensitz und -hof), militärische (Stationierung einer bewaffneten und berittenen Groß-

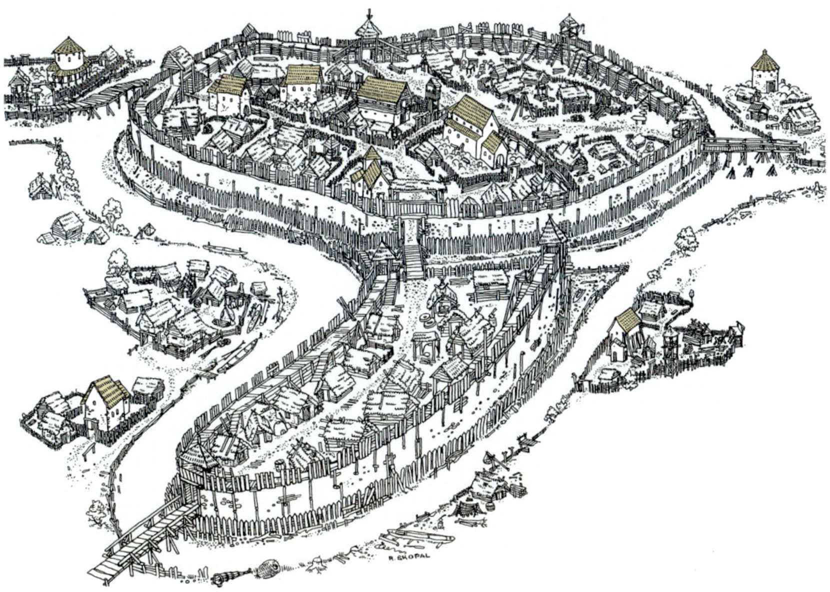

Abb. 77
Im zweiten Drittel des 9. Jahrhunderts etablierte sich im weiteren Gebiet um die March (Morava) das Großmährische Reich. Kennzeichnend dafür war der rasche Aufstieg komplexer Siedlungsanlagen wie Mikulčice-Valy. Womöglich war Mikultschitz/Mikulčice Sitz der mährischen Fürsten und Hauptstadt ihres Reichs

gefolgschaft), kultische (christliche Kirchen) und ökonomische (Handwerkersiedlungen, Anschluss an Fernhandelswege) Funktionen vereinten, wie dies an den archäologisch gut erforschten Plätzen Mikultschitz/Mikulčice (Abb. 77), Altstadt/Stare Město u Uherského Hradiště bei Ungarisch Hradisch und Pohansko (alle in der heutigen Tschechischen Republik gelegen, weitere in der Slowakei) zu erkennen ist. Allerdings hat sich dieser frühe Stadttyp des östlichen Europas nicht festigen und fortentwickeln können, weil das Mährerreich durch innere Konflikte sowie infolge kriegerischer Ereignisse, darunter besonders die Eroberung des Karpatenbeckens durch die Ungarn, unterging und die Siedlungen verlassen wurden.

Ein anderer Frühstadttyp, der nach einer gewissen Erfolgszeit ebenfalls von der Landkarte Osteuropas verschwand, ist schon am Ende des 8. Jahrhunderts weiter im Norden entstanden – an den Ufern der für die damalige Ökonomie bedeutsamen Ostsee. Von den dortigen Handelsplätzen erzählen zwei angelsächsische Reiseberichte des 9. Jahrhunderts, des Angelsachsen Wulfstan und des Norwegers Othere. Während Wulfstan entlang der südlichen Ostseeküste, des Wendlands (*Weonoðland*), bis zum Handelsplatz Truso im Weichselmündungsgebiet segelte und dort die baltischen Pruzzen (*Estum*) kennenlernte, beschrieb Othere eine Schifffahrt vom nordnorwegischen Helgeland um das Nordkap herum ins Weiße Meer und in die nördliche Dvina sowie eine andere Reise nach Westen und Süden. Was für Wulfstan der Startpunkt seiner Reise war, bildete für Othere das Ziel: der Ort »bei den Heiden« (æt Hæþum), also Haithabu/Hedeby (Abb. 78), und damit ein Handelsplatz und Hafen, der unter dem Namen »Sliesthorp« (später Schleswig) im Jahr 808 das Ziel der vom dänischen König Gudfred (reg. um 804–810) erzwungenen Umsiedlung von Kaufleuten aus Reric war. Die Überreste Rerics konnten vor wenigen Jahrzehnten bei Groß Strömkendorf an der Wismarer Bucht freigelegt werden. Otheres Lokalisierung Haithabus »zwischen den Slawen und Sachsen und Angeln, und es gehört zu den Dänen« (Bately/Englert 2007, S. 17 f.) darf als Hinweis auf die charakteristische ethnische Vielfalt solcher Plätze gelten. So wusste denn auch die Vita des heiligen Ansgar, des »Apostels des Nordens«, dass in Haithabu im 9. Jahrhundert Kaufleute »aus allen Ländern« (Vita Anskarii, cap. 24) zusammenkamen.

Das friedliche Miteinander von Menschen ganz verschiedener Herkunft und Religion war ein prägendes Merkmal der Seehandelsplätze. Diese erlangten immer größere Bedeutung, als ein transkontinentales Handelssystem entstand, das den Ostseeraum in einer Zone der Gewichtsgeldwirtschaft mit Zentralasien vereinte, von wo arabische Silbermünzen (Dirheme) seit dem späten 8. Jahrhundert über das Kaspische Meer und die osteuropäischen Flusssysteme ins Ostseegebiet gelangten. Ein in Alt-Ladoga/Staraja Ladoga vergrabener Münzschatz weist als letztes Prägedatum einer Münze das Jahr 786/87 auf. Außer im Ladoga- und Ilmensee-Gebiet, wo Nowgorod/Velikij Novgorod entstand, fanden sich Horte mit Dirhemen aus der ersten Hälfte des 9. Jahrhunderts vorwiegend an der südlichen Ostseeküste. In Ralswiek auf Rügen wurde bei archäologischen Grabungen in einem in der Mitte des 9. Jahrhunderts niedergebrannten Haus der bisher größte Schatz arabischer Silbermünzen gefunden, der aus 2 211 zum Teil prägefrischen Münzen und Münzstücken mit einem Gewicht von 2 750 Gramm besteht. Dies lässt erahnen, welch hoher Profit im damaligen Fernhandel zu erzielen war und in die frühstädtischen Siedlungen floss. Die Schlussmünze datiert hier auf das Jahr 844.

Für die Seehandelsplätze hatte das Meer die gleiche Funktion wie anderswo Landwege, und ihr Entstehen ist ohne die auf Schifffahrt spezialisierten und unternehmungslustigen Nordmänner, die man im Osten Waräger, aber auch Rus nannte, nicht vorstellbar. Die Rus befuhren nicht nur

Abb. 78
Eines der wichtigsten Handelszentren und eine frühe Siedlung mit stadtähnlichem Charakter war das im 8. Jahrhundert entstandene Haithabu/Hedeby. Gelegen an der Schlei, einem Meeresarm der Ostsee, und unweit der Nordsee war es der Knotenpunkt von Fernhandelsrouten zwischen Westeuropa, Skandinavien und dem Ostseeraum bis zu seiner Zerstörung 1066

das Meer, sondern ebenso das osteuropäische Flusssystem, vor allem von Wolga und Dnepr, und sie stellten somit die Verbindung zum Kalifat von Bagdad und zum Byzantinischen Reich her, wo die Kaiserstadt Konstantinopel bevorzugtes Ziel war. Deshalb entstanden an den Flüssen gleichermaßen multiethnische Handelsplätze (wie Alt-Ladoga, Nowgorod (Abb. 79 und 80) mit der älteren Siedlung Rjurikovo Gorodišče, Bolgar an der Wolga), in denen das Zusammenleben auf der Basis des traditionellen Gastrechts selbst organisiert war. In die Belange dieser Handelsniederlassungen mischten sich benachbarte Mächtige in der Regel nicht ein. Auf die Dauer allerdings war dieses Modell nicht haltbar, denn mit der Formierung zentralisierter Fürstenmacht durch die Dynastien der Přemysliden in Böhmen, der Piasten in Polen, der Arpaden in Ungarn und der Rjurikiden in der Kiewer Rus seit dem 10. Jahrhundert ging deren Anspruch auf die Durchsetzung ihrer Herrschaft über fest umgrenzte Gebiete und auf die Kontrolle über das Handelsgeschehen einher.

Wie einträglich der Handel für die Fürsten war, zeigt am eindrücklichsten das Beispiel Prags, wo im Tal an der Moldau – nach dem Ende des Mährerreichs und wegen der zeitweiligen Unterbrechung der Donauschifffahrt durch die Ungarn – bis zur Mitte des 10. Jahrhunderts ein neuer zentraler Markt im West-Ost-Handel entstand. Nach Prag/Praha »kommen aus der Stadt Krakau die Rus und die Slawen mit Waren, und es kommen zu ihnen aus den Ländern der Türken

Abb. 79
Verkehrsgünstig gelegen am transkontinentalen Schifffahrtsweg von der Ostsee zum Schwarzen Meer entwickelte sich Nowgorod seit dem 10. Jahrhundert zum einträglichsten Handels- und Wirtschaftszentrum Nordosteuropas, das sich gegenüber der Macht der altrussischen Großfürsten von Kiew und Moskau politische Selbstständigkeit errang und bis ins späte 15. Jahrhundert bewahrte. In Nowgorod unterhielten skandinavische (Gotländer) und deutsche (Hanse-)Kaufleute ihre Handelsniederlassungen, Stadtansicht von Adam Olearius

Mohammedaner, Juden und Türken gleichfalls mit Waren und gangbaren Münzen und führen von ihnen Sklaven, Zinn und verschiedene Felle aus« (Jacob 1927, S. 12), so beschrieb der jüdische Handelsreisende Ibrāhīm ibn Ja'qūb aus dem Kalifat von Córdoba in den 960er Jahren den damaligen Handelsverkehr und meinte mit den Marktbesuchern neben den Rus und den Slawen Muslime, Juden und Ungarn (= Türken). Etwa zur gleichen Zeit soll der Kiewer Fürst Swjatoslaw I. (reg. 959–972) eine Verlagerung seiner Herrschaft in die von ihm eroberte bulgarische Hauptstadt Preslaw/Veliki Preslav erwogen haben mit den Worten: »Mir gefällt es nicht, in Kiew zu sein, ich will in Perejaslawetz an der Donau leben, weil das die Mitte meines Landes ist, weil hier alle Reichtümer zusammenkommen: aus Griechenland kostbare Stoffe und Gold, Wein und die verschiedensten Früchte; aus dem Land der Tschechen und Ungarn Silber und Pferde, aus der Rus aber Pelzwerk, Wachs und Honig und Sklaven« (Grasshoff 1986, S. 74 f.) (Abb. 81).

Wie in Altmähren vereinten sich im Umfeld der fürstlichen Höfe die wichtigsten städtischen Funktionen, wobei die Erscheinungsweise der Siedlungen aber deutlicher durch die Burg (lat. *urbs*, slaw. *grad*, *gorod* u. Ä.) bestimmt wurde. Die Burg bildete das dominierende Element, an die sich weitere, meist tiefer gelegene Bereiche anschlossen, wo Handwerker und Kaufleute ihre Häuser, Werkstätten und Lager hatten. In diesen Siedlungen im Tal (lat. *suburbium*, slaw. *podol*) legten am Fluss die Handelsschiffe an. Dieser Typ von »Burgstadt« war offenbar so charakteristisch für die Erscheinungsweise des nach den Rus benannten Landes entlang der dortigen Handelswege, dass die von den Nordleuten verwendete Bezeichnung *Garðaríki* (»Reich der Burgstädte«) in die altnordischen Quellen gelangte.

Mit der einsetzenden Christianisierung vervollständigten dann Kirchen, die meist in die Burg hinein gebaut wurden, das Bild dieser Siedlungen. Sie stellten jetzt Städte im funktionalen Sinn dar, in denen das fürstliche Herrschaftselement überwog. Bemerkenswert ist vor allem, dass sich

Abb. 80 ►
Die reich bebilderte Bronzetür entstand ursprünglich um 1152/1154 in einer Magdeburger Werkstatt auf Bitten des Płocker Bischofs Alexander (amt. 1129–1156). Unter ungeklärten Umständen – als Beute oder als Geschenk – gelangte die »Magdeburger Tür« zwischen dem 13. und 15. Jahrhundert vom polnischen Płock nach Nowgorod, wo sie bis heute das Westportal der Sophienkathedrale schmückt

in schriftlichen Quellen Hinweise auf die Ausbildung eigener städtischer Identitäten (Bewohnernamen wie *Kyjane* für Kiewer, *Ladožane* für Ladogaer, *Misnenses* für Meißener) und damit zusammenhängende Willensbildungen finden. Dabei ging es in den altrussischen Burgstädten um das Aufkommen einer Versammlung der Freien, des *veče,* das sich aber nur in Nowgorod zu einem festen Element des politischen Lebens fortentwickelte und die Macht der Fürsten weitgehend einschränkte, während wenige Familien, deren Reichtum auf Besitzungen außerhalb der Stadt bis weit in den Nordosten hinein basierte, die wichtigsten innerstädtischen Ämter besetzten. Bis zu seiner militärischen Unterwerfung 1471 und 1478 durch Großfürst Iwan III. von Moskau (reg. 1462–1505) hatte sich in Nowgorod mit seinem »Herrenrat« (*sovet gospod*) eine Institution entwickelt, die strukturelle Ähnlichkeit zu den Städten im Westen mit ihren ratsfähigen Familien aufwies. Allerdings war dies ein Sonderweg, der in anderen Städten der Rus keine Parallelen fand.

Abb. 81
Das »Goldene Tor« wurde auf Befehl Jaroslaw I. des Weisen als Haupttor von Kiew/Kyjiv erbaut, wovon die altrussische Chronik zum Jahr 1037 berichtet. Der Name spielt auf das »Goldene Tor« in Konstantinopel an und stellt Kiew damit in eine Reihe mit der Hauptstadt des Byzantinischen Reichs. Bei der Eroberung Kiews 1240 durch die Mongolen gelang es den Belagerern nicht, das Tor zu stürmen, verwüstet wurde es erst nach dem Fall der Stadt. Bis ins 18. Jahrhundert diente das Tor, obwohl schwer beschädigt, als Hauptzugang zur Stadt und für zeremonielle Aufzüge. Rekonstruktionsarbeiten erfolgten ab dem 19. Jahrhundert, besonders in den 1970er Jahren

Die Entwicklung von Burgen zu Burgstädten hing mit der Durchsetzung der Fürstenmacht zusammen, die auf der Verfügbarkeit von bewaffneten Gefolgschaften beruhte. Für deren Entlohnung waren die Beute aus Kriegszügen und die Profite aus dem Handel, darunter mit ver-

Abb. 82
Sarkophag des heiligen Adalbert in der Kathedrale zu Gnesen/Gniezno. Adalbert (von Prag) wurde in Magdeburg geistlich erzogen und ging als Missionar zu den heidnischen Prußen, die ihn 997 erschlugen. Im Jahr 1000 pilgerte Kaiser Otto III. an seine Grabstätte in Gnesen, um an seinen Reliquien zu beten. Die historischen Ereignisse sind als »Akt von Gnesen« bekannt. Otto III. gründete das Erzbistum Gnesen und machte Polen damit kirchlich unabhängig

sklavten Menschen, notwendig. Am Beispiel des Herrschaftsgebiets der polnischen Piasten lässt sich der Konzentrationsprozess gut verfolgen, in dessen Verlauf im früheren 10. Jahrhundert die Stammesstrukturen zerstört wurden, wodurch ältere Burgen (mit den sie umgebenden Mikroregionen) ihre Funktion verloren. An ihre Stelle traten wenige große »staatliche« Burgen, die unter der Regie der Piasten errichtet wurden, von denen später Gnesen/Gniezno (Abb. 82) als fürstlicher Zentralort und Posen/Poznań als erster Bischofssitz herausragten. Nach Gnesen unternahm Kaiser Otto III. (reg. 983–1002) im Jahr 1000 eine Pilgerreise an das Grab des heiligen Adalbert, des 997 bei dem Versuch der Prußenmission ermordeten Bischofs von Prag. Fürst Boleslaus, genannt der Tapfere (reg. 992–1025), bereitete dem Kaiser, der in Gnesen (*in civitate Gnesni*) eine Urkunde ausstellte, einen großartigen Empfang und demonstrierte bei dieser Gelegenheit, in welchem Umfang repräsentative Handelsware an seinen Hof gelangt war.

Während Gnesen damals zur eindrucksvollen Metropole einer neu errichteten polnischen Landeskirche wurde, war das Geschehen auf dem Prager Markt durch den Verlust der Kontrolle über Fernhandelswege sowie durch innerdynastische Kämpfe der böhmischen Přemysliden beeinträchtigt. Nach Beilegung dieser Auseinandersetzungen konnte Prag aber – begünstigt auch durch die Krise des Reichs der Piasten in den 1030er Jahren – seine Rolle als führender Handelsplatz des östlichen Mitteleuropas wieder einnehmen. Dokumentiert wird dies unter anderem durch die erzwungene Überführung der Gebeine des heiligen Adalbert (1038), dessen Verehrung neben die des heiligen Wenzel trat und die sakrale Bedeutung Prags erhöhte. Seit 973 war Prag formell Sitz eines Bischofs, allerdings als Bestandteil des Erzbistums Mainz. Das sollte sich erst unter dem Luxemburger Karl (als Karl IV. römisch-deutscher König seit 1346 und Kaiser 1355–1378) ändern, der schon vor seiner nominellen Regierung als König von Böhmen (seit 1347) die Erhöhung des Bistums Prag zu einem eigenständigen Erzbistum einleitete. Der polnische Erzbischofssitz Gnesen samt dem ganzen Land erholte sich dagegen nur langsam von der Krise, sodass noch zu Beginn des 12. Jahrhunderts der Chronist Gallus Anonymus klagte, das Land der Polen liege abseits der Pilgerstraßen und sei, abgesehen von einigen Handelsreisenden in die Rus, nur wenigen bekannt (Bujnoch 1978, S. 47 f.)

Auch im Reich der ungarischen Arpaden trat die Sakralfunktion einer Stadt neben die Bedeutung als Herrschersitz, nämlich in Gran/Esztergom an der Donau, wo die ungarischen Könige für ihre Residenz auf alte römische Baustrukturen zurückgreifen konnten und wo kurz nach 1000 ein Erzbischofssitz eingerichtet wurde. Noch zu Lebzeiten König Stephans I. (Großfürst seit 997, König 1000–1038) wurde zudem die sakrale Bedeutung des ungarischen Krönungsorts Stuhlweißenburg/Székesfehérvár erhöht. Denn in der dortigen Basilika bestattete man den 1031 nach einem Jagdunfall verstorbenen Thronfolger Emmerich (Imre), an dessen Grab bald zahlreiche Pilger beteten und der 1083 heiliggesprochen wurde. Stephan hatte für seinen Sohn einst Belehrungen (*admonitiones*) niedergeschrieben, in denen er das Wohlergehen des Königreichs mit der Anwesenheit fremder »Gäste« (*hospites*) verknüpfte, von deren Kenntnissen und Fertigkeiten man profitieren könne. Er nahm damit programmatisch und terminologisch das vorweg, was die späteren Stadtgründer überall im Bereich lateinischer Schriftlichkeit umsetzen sollten: die Anwerbung von als *hospites* bezeichneten Fachleuten, die seit dem 13. Jahrhundert für einen infrastrukturellen »Landesausbau« (*aedificatio terrae*) mit einem neuen Städtenetz benötigt wurden, darunter Fernhändler, Handwerker, Bergleute und andere Spezialisten (Abb. 83). Tatsächlich haben die ungarischen Könige aber schon viel früher begonnen, solche Fachleute anzuwerben und anzusiedeln – allerdings noch nicht in rechtlich vereinigten Städten, sondern in räumlich voneinander getrennten, ethnisch bestimmten Siedlungen, deren Spezialisierung anfangs vorrangig der Sicherstellung einer vielseitigen landwirtschaftlichen Produktionspalette für die königlichen Höfe diente. An der königlichen Residenz Gran, zugleich Sitz des ungarischen Erzbischofs, ist zu beobachten, wie solche Siedlungen zu einem Gebilde zusammenwuchsen. Hier bezeugen ein jüdischer Friedhof und der die dort wohnenden »Armenier« bezeichnende Ortsname Örmény die Wohnplätze bestimmter Gruppen von Fernhändlern. Im 12. Jahrhundert kamen noch die *latini* genannten Kaufleute dazu, die sich im darauffolgenden Jahrhundert innerhalb der Königlichen Freistadt Gran als »Stadt der Lateiner« (*civitas Latinorum*) um eine Nikolaikirche ansiedelten. Es waren hauptsächlich aus dem Westen eingewanderte Franzosen, Wallonen und Italiener. Bei Stuhlweißenburg wohnten die *latini* seit dem 12. Jahrhundert separat von der damaligen Stadt in einer eigens ummauerten Siedlung (*suburbium, civitas exterior*).

Auch in Polen entwickelten sich unter der Herrschaft Bolesławs III. (reg. 1102–1138) an günstig gelegenen Plätzen komplexe frühstädtische Strukturen ähnlich jenen in Ungarn. Im schlesischen Teil der piastischen Herrschaft hatte der Bischof von Breslau/Wrocław seinen Sitz innerhalb der fürstlichen Burg auf einer Insel in der Oder. Im 12. Jahrhundert entstand eine jüdische Siedlung in einer Reihe von Suburbien außerhalb der Wallanlagen, aber in unmittelbarer Nähe zur Burg und in günstiger Lage zum Oderlauf und damit zum Handelsgeschehen. Ähnlich lag die Siedlung der Wallonen (*platea Romanorum*), die sich aber vorrangig mit der Weberei beschäftigten. Ihre Ansiedlung um eine Mauritiuskirche geht wahrscheinlich auf den Breslauer Bischof Walter von Malonne (amt. 1149–1169) zurück. Ein ganz ähnliches Bild bot in der Mitte des 13. Jahrhunderts das zeitweise als Sitz des ungarischen Herzogs fungierende Neutra/Nitra. Der Wohnplatz der Juden, hier allerdings befestigt und in den Quellen als *castrum Iudeorum* erwähnt, reihte sich in andere Elemente des gesamten Stadtensembles ein; vergleichbar war auch das jüdische Viertel in die Stadtanlage der Altstadt Prags eingebettet.

Abb. 83 ▸
Bevölkerungswachstum und wirtschaftliche Entwicklung (Geldsystem, Arbeitsteilung, neue Techniken) förderten den Wunsch nach Urbarmachung unerschlossener Gebiete und stießen die Phase des hochmittelalterlichen Landesausbaus in Ostmitteleuropa an. Vor allem deutsche Bauern und Stadtbewohner siedelten sich in den neu gegründeten oder umstrukturierten Dörfern und Städten an. Kennzeichen vieler dieser Orte wurde das »deutsche Recht«, darunter das Magdeburger Recht. Die Karte illustriert die verschiedenen Phasen des Prozesses von Zuwanderung, Kolonisierung und Urbanisierung.

Bildzitat aus: Putzger Historischer Weltatlas 104. Aufl. 4. Druck 2016, S. 89

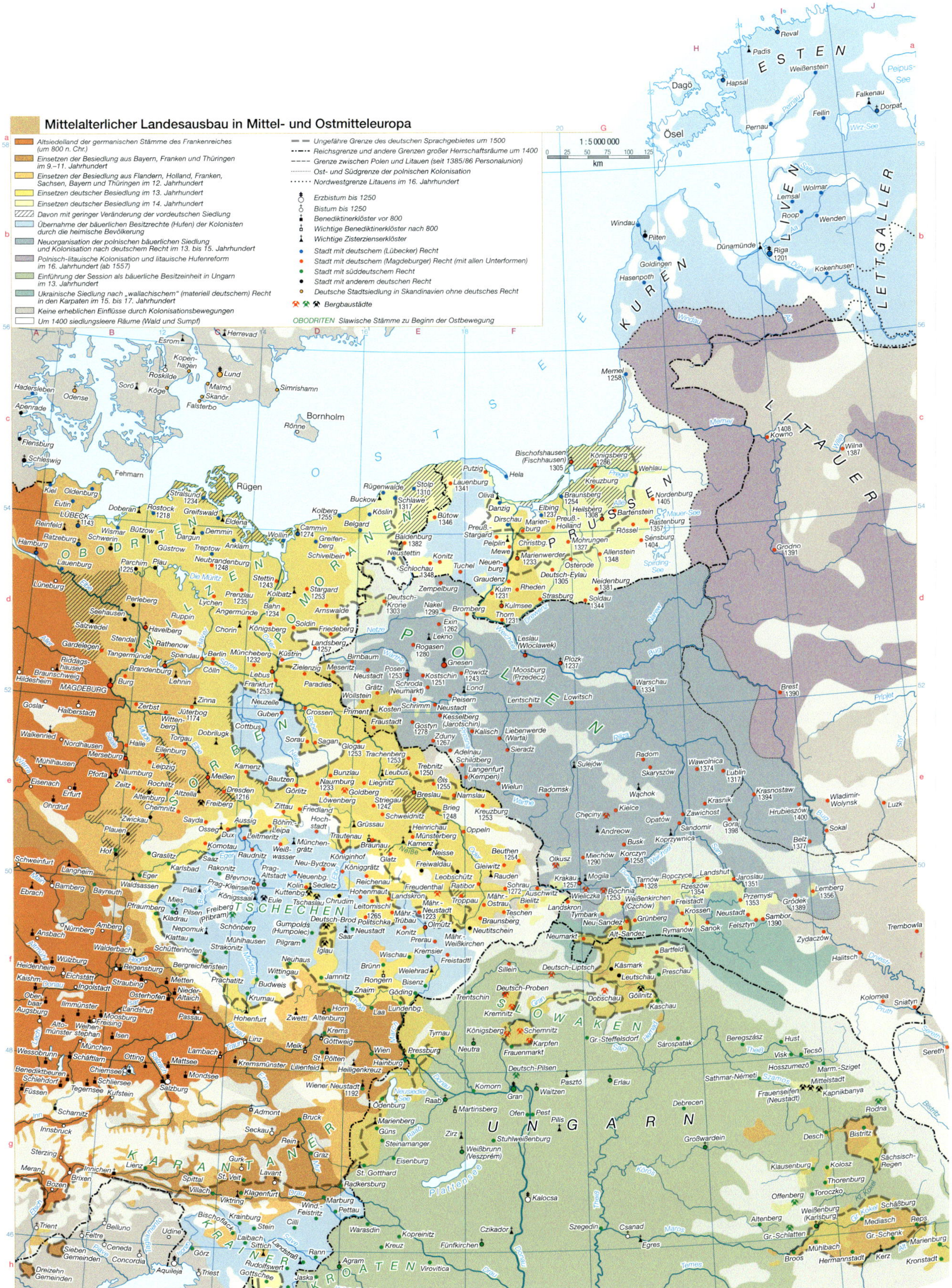
Mittelalterlicher Landesausbau in Mittel- und Ostmitteleuropa
Altsiedelland der germanischen Stämme des Frankenreiches (um 800 n. Chr.)
Einsetzen der Besiedlung aus Bayern, Franken und Thüringen im 9.–11. Jahrhundert
Einsetzen der Besiedlung aus Flandern, Holland, Franken, Sachsen, Bayern und Thüringen im 12. Jahrhundert
Einsetzen deutscher Besiedlung im 13. Jahrhundert
Einsetzen deutscher Besiedlung im 14. Jahrhundert
Davon mit geringer Veränderung der vordeutschen Siedlung
Übernahme der bäuerlichen Besitzrechte (Hufen) der Kolonisten durch die heimische Bevölkerung
Neuorganisation der polnischen bäuerlichen Siedlung und Kolonisation nach deutschem Recht im 13. bis 15. Jahrhundert
Polnisch-litauische Kolonisation und litauische Hufenreform im 16. Jahrhundert (ab 1557)
Einführung der Session als bäuerliche Besitzeinheit in Ungarn im 13. Jahrhundert
Ukrainische Siedlung nach „wallachischem“ (materiell deutschem) Recht in den Karpaten im 15. bis 17. Jahrhundert
Keine erheblichen Einflüsse durch Kolonisationsbewegungen
Um 1400 siedlungsleere Räume (Wald und Sumpf)
Ungefähre Grenze des deutschen Sprachgebietes um 1500
Reichsgrenze und andere Grenzen großer Herrschaftsräume um 1400
Grenze zwischen Polen und Litauen (seit 1385/86 Personalunion)
Ost- und Südgrenze der polnischen Kolonisation
Nordwestgrenze Litauens im 16. Jahrhundert
Erzbistum bis 1250
Bistum bis 1250
Benediktinerklöster vor 800
Wichtige Benediktinerklöster nach 800
Wichtige Zisterzienserklöster
Stadt mit deutschem (Lübecker) Recht
Stadt mit deutschem (Magdeburger) Recht (mit allen Unterformen)
Stadt mit süddeutschem Recht
Stadt mit anderem deutschen Recht
Deutsche Stadtsiedlung in Skandinavien ohne deutsches Recht
Bergbaustädte
OBODRITEN Slawische Stämme zu Beginn der Ostbewegung
1 : 5 000 000
0 25 50 75 100 125
km
OSTSEE
ESTEN
LIVEN
KUREN
LETTGALLER
LITAUER
PRUSSEN
POMORANEN
OBODRITEN
WILZEN
SORBEN
POLEN
TSCHECHEN
SLOWAKEN
UNGARN
KARANTANER
KRAINER
KROATEN
© 2011 Cornelsen

Zu den in diesem Überblick genannten Regionen von Stadtentwicklung und Fürstenmacht muss abschließend noch eine Landschaft hinzugefügt werden, die sich dem ansonsten üblichen Prozess von Herrschaftsexpansion und Christianisierung widersetzte. Es handelt sich um die Gebiete einiger slawischer Gemeinschaften (lat. *gentes*), die in der zweiten Hälfte des 10. Jahrhunderts durch Markenverfassung und Kirchenorganisation (die Erzbistümer Hamburg-Bremen und Magdeburg) bereits in das ottonische Reich integriert schienen, sich aber nach einem erfolgreichen Aufstand von 983 bis in das 12. Jahrhundert hinein ihre auf alten slawischen Traditionen beruhende Eigenart bewahren konnten. Sie waren zeitweise unter der Führung des die Fürstenmacht ebenso wie das Christentum bekämpfenden Lutizenbunds vereint. Nach dessen Verfall seit der zweiten Hälfte des 11. Jahrhunderts bestand die vorchristliche, gentile Religion noch regional in der Koexistenz mit christlichen slawischen Fürsten weiter fort, zum Beispiel bei den Abodriten (im heutigen Ostholstein und Mecklenburg), den Hevellern (im Havelgebiet) und den Pomoranen, wo in der Odermündung der polyethnische Handelsplatz Wollin/Wolin (auch als Jumne/Jomsburg oder Vineta bekannt) noch bis ins 12. Jahrhundert hinein Bedeutung hatte. Außerdem existierten zwischen Elbe und Ostsee slawische Burgstädte mit zum Teil erheblicher Handelskompetenz wie Starigard/Oldenburg, Alt-Lübeck oder Brandenburg an der Havel. Und nach der Eroberung durch sächsische Fürsten, darunter vor allem Heinrich der Löwe (Herzog von Sachsen 1142–1180, gest. 1195) und Albrecht der Bär (Markgraf von Brandenburg 1150–1170), existierten einige frühere Suburbien im späteren Herrschaftsgebiet der Markgrafen von Brandenburg als stadtnahe Dienstsiedlungen (Kietze) weiter und bilden bis heute als ein im Stadtbild etwa von Brandenburg oder Berlin-Köpenick erkennbares Quartier ein lebendiges Zeugnis dieser Slawenzeit.

Mit dem Ausgreifen der sächsischen Fürsten und Bischöfe auf die Gebiete jenseits der Elbe und schließlich mit der Eroberung der letzten großen slawischen Burganlage am Kap Arkona auf Rügen durch die Dänen (1168) entstand eine Situation, in der ausgerechnet diese Länder Schauplatz einer Art von Initialzündung für das weite Teile des östlichen Europas erfassende Phänomen des Landesausbaus wurden. Schon der Zeitzeuge Helmold von Bosau (um 1120 – nach 1177) bilanzierte in seiner »Slawenchronik«, dass das ganze Slawengebiet zwischen Ostsee und Elbe durch Gottes Gnade in ein Siedlungsland der Sachsen verwandelt worden sei, in dem Städte und Dörfer erbaut würden und die Zahl der Kirchen und Diener Christi zunehme. Die Motivation für den Wandel entsprang aber hauptsächlich wirtschaftlichem Interesse. Denn als Ergebnis des rasanten Anwachsens des Städtewesens in Süd-, West- und Mitteleuropa – und damit auch der Arbeitsteilung zwischen Stadt und Land – war der Bedarf an Getreide und damit an Geld gewachsen. Der Anbau von Getreide entwickelte sich zu einem profitablen Geschäft. Die neuen Territorialherren östlich der Elbe setzten daher in großem Maßstab auf die Anwendung moderner Methoden für die effektivere Bodennutzung, wofür sie Spezialisten und Siedler vor allem aus dem Westen der damaligen deutschen, aber auch niederländischen und flämischen Siedlungsgebiete anwarben, die unter Vermittlung spezieller Siedlungsunternehmer (Lokatoren) neue Dörfer und Städte anlegten. Im 12. Jahrhundert waren rund 200 000 Personen auf 50 000 Bauernstellen an dem frühen, etwa bis zur Linie Schwerin-Spandau-Dresden reichenden Landesausbau beteiligt. Sie bildeten ein demografisches Potenzial, das über Generationen für eine Migration noch weiter nach Osten bereit war.

Damit trugen sie zur Ablösung der älteren Sozialverfassung in Böhmen, Polen und Ungarn bei. Bis dahin waren die dortigen Herrschaftsrechte flächendeckend durch das Fürstenrecht (lat. *ius ducale*) geregelt, das den Fürsten mittels ihrer hohen Beamten, Burgvorsteher (Kastellane, *comites*) und Hofverwalter Zugriff auf die Arbeitskraft der breiten Bevölkerung gestattete, die bestimmte Dienste für die fürstliche Verwaltung zu leisten sowie festgeschriebene Abgaben in Form von handwerklichen Produkten abzuliefern hatten. Diese Dienstorganisation erfasste zwar unmittelbar ganze Dörfer in der Nähe von Burgen und fürstlichen Wirtschaftshöfen, aber es mangelte ihr an wirtschaftlicher Effizienz und Innovationskraft, und im Verhältnis zur gewünschten Geldwirtschaft war sie inkompatibel. Auch wenn das neue System rasch Anklang bei den Landesherren im östlichen Mitteleuropa fand, versuchten diese anfangs noch, die beiden Ordnungen nebeneinander bestehen zu lassen: das innovative »deutsche Recht« (*ius Theutonicum*) für die dörflichen und städtischen Neusiedler, das Fürstenrecht für die Alteingesessenen vom Land. Das ist deutlich in einer Formulierung der Lokationsurkunde für Krakau/Kraków zu sehen, wonach die Lokatoren dem Fürsten Bolesław V. versprechen mussten, »keinen uns oder der Kirche oder sonst irgendjemand zugeschriebenen oder freien Polen, der auf dem Land lebt, zum Mitbürger zu machen.« (Helbig/Weinrich 1970, S. 295). Letztlich aber bedeutete die Einführung des neuen Systems seine Anwendung auch auf die schon bestehenden älteren Siedlungen und somit die umfassende, flächendeckende Neuorganisierung des Wirtschaftssystems. Dabei wurden die neuartigen Städte im Westslawischen schon terminologisch von den alten geschieden, indem man – parallel zum Deutschen – im Unterschied zum älterem *gard, gród, hrad* (»Burg«) jetzt die Übersetzung des lateinischen Wortes *locus* (»Ort, Stätte«) als Bezeichnung für sie übernahm, nämlich *miasto, město*. Das eindrucksvollste Zeugnis der Neuerung sind aber bis heute die Grundrisse der Planstädte mit ihrem Schachbrettmuster, rechteckigem Marktplatz mit Rathaus und Breiter oder Langer Straße. Sie waren Ausdruck für die Planmäßigkeit des ganzen Systems, in das sich die Städte und ihre Kultur jetzt einreihten.

Quellen
Bayerischer Geograph: Ein Digitalisat des Textes ist einsehbar unter http://daten.digitale-sammlungen.de/~db/0001/bsb00018763/images/index.html?id=00018763&fip=193.174.98.30&no=&seite=321 und ...=322 | eine frühere kritische Edition bei Herrmann 1965, S. 220–221 | beste Edition mit ausführlichen Erläuterungen zu den einzelnen Ethnonymen bei Nazarenko 1993, S. 7–51 | Gallus Anonymus: Bujnoch 1978 | Helmold von Bosau: Stoob 1983 | Ibrāhīm ibn Ja'qūb (nach al-Bēkrī): Jacob 1927, S. 11–18 | Kaminiates 1975 | Neugründung Krakaus nach Magdeburger Recht 1257: Helbig/Weinrich 1970, Nr. 77, S. 290–297 | Otheres und Wulfstans Reisen: Sweet 1883, S. 17 f. (Othere), S. 19–21 (Wulfstan) | neueste Edition von Wulfstans Text: Bately 2009 | neueste Edition von Otheres Text: Bately/Englert 2007, S. 40–50 | Radziwiłł-Chronik: Grasshoff 1986 (deutsche Übersetzung einer aus dem 15. Jahrhundert stammenden Abschrift der altrussischen Chronik »Povest' vremennych let« (»Erzählung der vergangenen Jahre«) | Vita Anskari 1961.

Literatur
Gieysztor 1997.

KATALIN GÖNCZI

Ostmitteleuropa

Der politische Raum des sächsisch-magdeburgischen Rechts im Mittelalter

Wo liegt »Ostmitteleuropa«? In den Geschichtswissenschaften ist der Bedeutungsgehalt dieses Begriffs schwankend. Grenzen und Landschaften Ostmitteleuropas wurden in der Geschichtsschreibung durchgängig abhängig von politischen Strömungen festgelegt. Zeitweise wurde Ostmitteleuropa als eine zweite Region des christlichen Abendlands beschrieben oder als Zwischenzone zwischen West und Ost. Einflussreich waren lange Zeit auch jene Ansichten, die Ostmitteleuropa als einen einheitlichen Raum betrachteten: Vom Atlantik aus gesehen charakterisierten sie das östliche Europa als Region der Peripherie. In neuerer Zeit geriet Ostmitteleuropa als Teil der Regionalstudien (*area studies*) in den Blickpunkt historischer Forschungen.

Doch nicht durch Grenzziehungen, sondern durch die Hervorhebung der Vielfalt Ostmitteleuropas und mit Blick auf die vielen Verknüpfungen seiner Geschichte mit der Geschichte anderer europäischer Landschaften findet man einen ergiebigen und vielschichtigen Ansatz. Und mit diesem Blickwinkel lässt sich auch jener intensive Austausch innerhalb des östlichen Europas veranschaulichen, der Voraussetzung und Auslöser für den Transfer des sächsisch-magdeburgischen Rechts war. Politik-, Verfassungs- und Transfergeschichte waren, wie im Folgenden gezeigt wird, umfassend verzahnt und verflochten.

Die Entstehung und die Etablierung von Herrschaftszentren in Ostmitteleuropa

Charakteristisch für das östliche Europa bereits in der frühen Phase der Herausbildung von Herrschaftszentren waren die ethnische, konfessionelle und kulturelle Vielfalt und die Verflechtungen unterschiedlicher Kulturen: Slawen, Balten und Ungarn trafen hier als heidnische Stämme aufeinander, und seit der Frühgeschichte in der Region waren im östlichen Europa ebenso jüdische und muslimische Kaufleute unterwegs. Die ersten herrschaftlichen Zentren formierten sich im 9. Jahrhundert, zunächst das Großmährische Reich und die Kiewer Rus, deren Etablierung eng mit der Christianisierung der Länder zusammenhing. Dieser Prozess wurde durch Missionare unterstützt, die auf Einladung der vor Ort ansässigen Fürsten ins Land kamen.

In der Frühgeschichte Osteuropas waren sowohl das westliche als auch das östliche Christentum in der Region präsent: Abhängig von der politischen Orientierung der Landesherren stammten die Missionare entweder aus dem Ostfrankenreich oder aus dem oströmischen Byzanz. Zur Bekehrung der Stammesführer und ihrer Gefolgschaft entsandten die Bistümer Regensburg, Passau und Salzburg Priester in die Region. In der Folge wurden mehrere böhmische Stammesfürsten im Jahr 845 in Regensburg getauft. Das Christentum nach byzantinisch-orthodoxer Tradition vermittelten hingegen die Mönche Kyrill und Method und ihre Schüler, als sie in der zweiten Hälfte des 9. Jahrhunderts im Zentrum des Großmährischen Reiches für ihren Glauben warben. Ihre Mission führte vor Ort aber zu Konflikten mit dem lateinischen Klerus, sodass die Bekehrer aus Byzanz nach dem Tod Methods das Land verließen.

Auch vom Ostfrankenreich ferner liegende Gebiete Ostmitteleuropas wurden von der lateinischen Heidenmission erfasst: Prediger aus dem römisch-deutschen Reich bereisten Polen, Ungarn und die Kiewer Rus, wobei die Missionen von Adalbert von Prag (956–997) und Brun von Querfurt (974–1009) umfassend in den Chroniken überliefert sind. Die Mission von Brun, die 1009 mit seinem Märtyrertod endete, reichte bis an die Grenze von Litauen, wie sich der Chronistik der Quedlinburger Annalen entnehmen lässt. In diesen Annalen wird zum ersten

Mal »Litauen« als Land erwähnt. Durch die Erweiterung der Stammesgebiete bildeten sich als Herrschaftsgebiete die Länder der Polanen und der böhmischen Stämme heraus. Eine ganz andere Entwicklung lässt sich bei den Ungarn feststellen, deren Fürsten sich erst nach der Niederlage auf dem Lechfeld (955) für die Annahme des Christentums und für die Ansiedlung im Karpatenbecken entschieden. Die politische Macht der Herrscher beruhte auch in dieser Region einerseits auf ihrer sakralen Legitimation (also ihrem Näheverhältnis zu Gott), andererseits auf ihrer Fähigkeit zur militärischen Führung und Regierung, der sogenannten Idoneität.

Erst im Laufe des 12. Jahrhunderts, nach jahrzehntelangen Thronwirren, konnten sich die Dynastien dauerhaft etablieren. So kamen die Piasten in Polen, die Přemysliden in den böhmischen Ländern, die Arpaden in Ungarn und die Rjurikiden in der Kiewer Rus an die Macht, denn die Herrschaft des Stammesführers wurde nun erblich übertragbar. Dabei bestimmte anfangs das Senioratsprinzip die Thronfolge (der älteste männliche Familienangehörige wird Herrscher), während sich die Primogenitur (»Erstgeborenenprinzip«) als Nachfolgeprinzip für den Titel des Landesherrn erst im 12. Jahrhundert durchsetzen konnte. Für den Zusammenhalt der Länder sorgte zudem der traditionelle Kult eines Heiligen, der nicht nur in den Kreisen der Kirche auf Widerhall stieß. In Böhmen beispielsweise ist die Verehrung des heiligen Wenzels seit dem 10. Jahrhundert belegt.

Diese frühen Monarchien existierten dann »im Spannungsfeld von christlichen Großmächten« (Font 2008, S. 18), wurden also vom Heiligen Römischen Reich und von Byzanz beeinflusst. Um den Einfluss des ersteren zu verringern, bemühten sich die Landesherren, die Christianisierung ihrer Länder selbst aktiv zu betreiben, indem sie zum Beispiel die Errichtung von Bistümern in ihren Ländern förderten. Nach der Anerkennung durch den Papst bzw. als Gegenleistung der Unterstützung des Kaisers erhielten die Landesherren den Königstitel. Eine Stabilisierung der Erbkönigreiche fand in Polen, Böhmen und Ungarn ab dem 12. Jahrhundert statt, während auf dem Gebiet von Litauen die Missionierung und die Formierung von weltlicher Herrschaft seit der Mitte des 13. Jahrhunderts erfolgte.

Die Königsfamilien stellten – mit Unterstützung ihrer Gefolgschaft – die Würdenträger und den königlichen Rat, die zusammen an der Spitze der zentralistisch regierten Länder standen. Parallel zur königlichen Regierung baute der Landesherr seine Herrschaft auch auf der regionalen Ebene aus. Recht schnell entwickelte sich eine Burgverfassung, deren Dienstleute dem Vertreter des Königs, dem *comes* (župan, ispán, Woiwode) unterstanden. Diesen Verwaltungszentren kam eine wichtige Rolle ebenso in Zusammenhang mit der Siedlungsentwicklung zu, denn ihre Suburbien verfügten dank der Einwohnerdichte über Marktplätze und sie stellten damit die Vorläufer der Städte dar. Zusätzlich übernahm auf der lokalen Ebene die Kirche wichtige Aufgaben. Sie war Träger der Schriftlichkeit seit der Frühgeschichte der ostmitteleuropäischen Länder. Auch in weltlichen Angelegenheiten erfüllte die Kirche wichtige Aufgaben, wie bei Urkundenerstellungen und bei Beweisführungen (zum Beispiel bei Gottesurteilen). Als Bildungsstätten waren die Domkapitel und Klöster von zentraler Bedeutung.

Zeit der Umbrüche

Ab der Mitte des 12. Jahrhunderts kam es in einigen Ländern Ostmitteleuropas zu einer konstanten Entwicklung, weil sich die Herrscherdynastien ihre Macht über mehrere Generationen sichern konnten. Parallel dazu setzte eine Umbruchszeit ein, deren Katalysatoren in erster Linie Fernkaufleute (unter ihnen auch Juden und Muslime), Siedler und Pilger waren. Durch die Kreuzzüge und die Siedlungsbewegung rückte Ostmitteleuropa dem westlichen Europa näher. Das Bevölkerungswachstum in Westeuropa, das auf agrartechnische Erneuerungen und dadurch besser gesicherte Ernährung zurückging, führte seit dem späten 12. Jahrhundert zu einer Ansiedlungswelle vom Westen aus in den Osten Europas. Dabei zogen zuerst zahlreiche italienische, französische, wallonische und flämische Siedler in Richtung Ostmitteleuropa. Anschließend kamen aus dem Heiligen Römischen Reich Bauern und Bergleute, die von den Kreuzfahrern Berichte über die spärlich bewohnten Landschaften Ostmitteleuropas erhalten hatten. Diese Siedler wurden von den Fürsten ins Land gerufen und standen als privilegierte Gäste (*hospites*) unter königlichem Schutz, denn sie unterstützten die Bestrebungen der Landesherren, die Einnahmen durch Bergbau und Bewirtschaftung der Felder zu erhöhen und die Landesgrenzen zu verteidigen.

Diese gesamteuropäische Siedlerbewegung (vom Westen Europas nach Ostmitteleuropa), die im Laufe des 13. Jahrhunderts viele Landschaften Ostmitteleuropas prägte, löste wesentliche Veränderungen in der Siedlungsstruktur von Polen, Böhmen, Mähren und Ungarn aus. Die neuen Siedler ließen sich rund um die Burgen und Königssitze nieder, und aus diesen Suburbien entwickelten sich dann die späteren Handels- und Bergstädte. Nicht nur Städte mit deutscher Bürgerschaft, sondern auch größere Siedlungsflächen entstanden auf diese Weise an etlichen

Abb. 84
Die Einfälle der Mongolen nach Ostmitteleuropa im 13. Jahrhundert, nach Paul Robert Magocsi

Abb. 85
Die Schlacht bei Liegnitz/Legnica am 9. April 1241: Das mongolische Heer unter Baidar Khan besiegt Heinrich II., Herzog von Schlesien, Darstellung aus dem 14. Jahrhundert im Schlackenwerther Hedwigs-Kodex. J. Paul Getty Museum Ms. Ludwig XI 7 (83. N.126), fol. 11v (Ausschnitt)

Orten Ostmitteleuropas, zum Beispiel in der Zips und in Siebenbürgen. Den neuen Siedlern gewährten die Landesherren eine verbesserte Rechtsstellung durch Privilegien, die in der Regel Autonomie und Zollfreiheit beinhalteten. Auf diese als *ius Theutonicum* (deutsches Recht) bezeichneten Freiheiten wurde später verwiesen, wenn einer Bürgergemeinde wiederum Stadtprivilegien verliehen wurden. Die Siedlerfreiheiten stellten also die früheste Erscheinungsform des Stadtrechts in Ostmitteleuropa dar.

Anhand des Landesausbaus lässt sich auch der Weg des sächsisch-magdeburgischen Rechts in Richtung Ostmitteleuropa aufzeigen, denn den so entstandenen Gemeinden in Schlesien, Kleinpolen, Nordwestböhmen und Mähren wurde seit dem frühen 13. Jahrhundert gemäß dem *ius Maideburgense* (Magdeburger Recht) eine freiheitliche Rechtsstellung eingeräumt. Landesausbau und Rechtsverleihungen, wie die des *ius Maideburgense*, waren aber im Fall der ungarischen Stadtentwicklung nicht miteinander verbunden, denn im Königreich Ungarn dienten die Freiheiten aus der Königsstadt Stuhlweißenburg – trotz der größeren Anzahl deutscher Siedler – als Grundlage bei den Stadtprivilegien. Im Großfürstentum Litauen, wo der Landesausbau das Land nicht erfasste, wurde in den Stadtprivilegien hingegen unmittelbar auf das *ius Theutonicum* bzw. auf das *ius Maideburgense* verwiesen.

Im Laufe des 13. Jahrhunderts kam es zu einer Zäsur in der politischen Entwicklung der Region, als die Mongolen in mehreren Feldzügen Polen, Ungarn und das Territorium der russischen Fürstentümer überfielen (Abb. 84). Das Heer von Batu Khan hinterließ verödete Landschaften und zerstörte Siedlungen (Abb. 85). Nach dem Rückzug der Mongolen aus Ungarn und Polen bemühten sich die Landesherren bei dem Wiederaufbau ihrer Länder um die Befestigung der Siedlungen. Dies führte zu zahlreichen Neugründungen und Privilegierungen der Städte. Zur Förderung der Siedlungsentwicklung erfolgte nach dem Mongolensturm die Bestätigung des Magdeburger Rechts für Breslau/Wrocław; an Krakau/Kraków wurde ebenfalls das Magdeburger Recht verliehen. Thronwirren und das Auftreten neuer Herrscherdynastien, wie den Anjou und den Luxemburgern, markierten den Beginn des 14. Jahrhunderts im östlichen Europa. Diese durch Eheschließungen verbündeten Herrscherhäuser setzten die Regierung der inzwischen etablierten Monarchien fort. Die Territorien der Königreiche Polens und Ungarns festigten sich, während die litauischen Großfürsten ihren Herrschaftsbereich durch dynastische Bündnisse oder militärische Feldzüge erweiterten: nach Süden bis zum Schwarzem Meer und nach Osten bis zu den russischen Fürstentümern.

Im Laufe des 13. und 14. Jahrhunderts bildeten sich auch Ämter am königlichen Hof. Neben dem königlichen Rat gab es als Würdenträger die Stellvertreter des Königs, die Befugnisse in der Verwaltung und als oberste Richter im Namen der Könige ausübten. Am Hof entstand eine säkuläre Wissenskultur, die sich durch die Gründungen von Universitäten in den Residenzstädten Prag/Praha (1348) und Krakau (1364, Abb. 86) weiter verfestigen konnte. Diese Wissenszentren suchten zahlreiche Studenten aus Ostmitteleuropa auf, und so wurden die auswärtigen Universitätsbesuche (*peregrinatio academica*) eine etablierte Institution für Bildungswege in jener Zeit. Durch diese Universitätsbesuche wurden die antiken Traditionen – wie das römische Recht – aber nicht nur vor Ort gepflegt, sondern die ehemaligen Studenten vermittelten die Rechtskenntnisse anschließend auch an ihre Herkunftsländer. Trotz Vorbehalten gegenüber dem als »Kaiserrecht«

Abb. 86
Collegium Maius, das älteste Gebäude der 1364 gegründeten Jagiellonischen Universität in Krakau/Kraków, heute Universitätsmuseum

verstandenen römischen Recht übte das römisch-kanonische Recht durch diese studierten Juristen Einfluss auf die Rechtsordnungen in Ostmitteleuropa aus. Die Rezeption des römisch-kanonischen Rechts erreichte die Länder im östlichen Europa folglich auf einem theoretischen, also indirekten Weg. In der Rechtsgeschichte wird dieser Vorgang als »stille Rezeption« bezeichnet.

Zeit der Bündnisse

Die politische Entwicklung Ostmitteleuropas war ab dem 14. Jahrhundert durch Einigungen auf verschiedenen Ebenen neu geschlossene Bündnisse geprägt. So fand 1335 in Plindenburg/Visegrád im Donauknie ein Treffen der Könige von Böhmen, Polen und Ungarn statt, bei dem sie ihre territorialen Ansprüche und politischen Pläne aufeinander abstimmten (Abb. 87). Auch wurden in Visegrád Beschlüsse zu den Handelswegen gefasst, um das Stapelrecht von Wien zu umgehen, damit die auswärtigen Kaufleute auf der Durchreise von der Pflicht befreit wurden, ihre Ware in Wien zum Kauf anzubieten. Folglich wurde der Warenverkehr aus dem Westen über Brünn/Brno und Ofen/Buda weiter ausgebaut. Weiter führten Bündnisse unter den Herrschern zur Entstehung von überterritorialen Reichen. Zurückgeführt auf familiäre Verbindungen, Thronfolgeverträge oder auf die Königswahl, kamen zuerst Personalunionen zustande. Zwischen Ungarn und Polen entstand eine solche Verbindung erstmals im Jahr 1370, als Ludwig I. (reg. 1370–1382) aus der neapolitanischen Linie der Anjou-Dynastie und seit 1342 König von Ungarn nach dem Aussterben der Piastendynastie von den polnischen Ständen zum König gewählt wurde. Diese Union zwischen Polen und Ungarn war aber personengebunden und löste sich nach dem Tod des Herrschers auf.

Eine viel stärkere Bindung bestand zwischen dem Königreich Polen und dem Großfürstentum Litauen. Die Ländergemeinschaft beruhte zuerst auf der Eheschließung zwischen dem litauischen Großfürsten Jogaila (reg. 1386–1434) und der polnischen Thronfolgerin Hedwig von Anjou

Abb. 87
Burg Plindenburg/Visegrád in Ungarn, seit 1325 Residenz des ungarischen Königs Karl I. Robert, 1335 Treffpunkt der Könige von Böhmen, Polen und Ungarn

Abb. 88
Hedwig von Anjou, Königin von Polen, und ihr Gemahl Jogaila, litauischer Großfürst, Detail aus der Chronica Polonorum (Geschichte Polens), Ausgaben von 1519 und 1521. Warschau/Warszawa, Biblioteka Narodowa SD XVI.F.611 adl. (Kat.-Nr. II.208)

(reg. 1384–1399, Abb. 88). Der Heirat und damit verbundenen Taufe des litauischen Großfürsten folgten mehrere Verträge, die die sozialen, konfessionellen und verfassungsrechtlichen Verbindungen zwischen Polen und Litauen festigten. Die lokale Verwaltungsstruktur und die Institution der Ständeversammlung wurden von Polen übernommen, auch die Freiheiten des litauischen Adels erweiterte der Herrscher nach dem polnischen Modell. Litauische Adlige, die sich taufen ließen, wurden im Hinblick auf das Erbrecht, den Grundbesitz und das Eherecht dem polnischen Adel gleichgestellt. Die Polnisch-Litauische-Union konnte sich gegenüber dem Deutschen Orden und dem Großfürstentum Moskau durchsetzen.

In den Ländern Ostmitteleuropas etablierten sich die Ständeversammlungen als Foren der politischen Konsensbildung. Neben dem Klerus (*praelati*) bestimmte der im 14. Jahrhundert rechtlich ausdifferenzierte Adel die ständische Politik. Angehörige des Hochadels (*barones*) und des mittleren Adels (*nobiles*) bildeten ein politisches Gegengewicht gegenüber dem Landesherrn, was die Zentralmacht der Herrscher einschränkte. Der politisch und auch zahlenmäßig starke Adel in Polen und Ungarn traf somit auf eine geschwächte Zentralmacht; dazu trug ebenfalls die Umformung der Länder zu Wahlmonarchien erheblich bei. So lässt sich Polen-Litauen als Adelsrepublik bezeichnen, in der der König seit der Radomer Verfassung (1505) nur mit Zustimmung des Adels Gesetze verabschieden konnte. Außer in Polen gab es in Ungarn dominierende Bündnisse (»Ligen«) der Magnatenfamilien, die unter anderem die Königswahl und die politische Orientierung des Landes bestimmten.

In Siebenbürgen bildeten die privilegierten Stände anhand der ethnischen Zugehörigkeiten die *Unio Trium Nationum,* die aus dem ungarisch dominierten Adel, aus freien Szeklern und aus Sachsen bestand. Dieses Dreierbündnis in Siebenbürgen kam 1437 zustande, um einen Bauernaufstand niederzuschlagen. Außerdem richteten sich die gemeinsamen Interessen der Verbündeten gegen eine Ausdehnung des Osmanischen Reiches. Auch auf der Ebene der Städte intensivierten sich die Verbindungen in Form von Städtebünden. Diese beruhten auf gemein-

In nomine domini amen. Anno nativitatis eiusdem millesimo quadringentesimo quartodecimo indictione septima die martis decima mensis Septembris hora vesperorum vel quasi pontificatus sanctissimi in Christo patris et domini nostri domini Johannis divina providencia pape vicesimitercii anno quinto in Collegio Karoli sito in maiori Civitate Pragensi ...

samen Rechtsgrundlagen wie dem Magdeburger oder auch dem lübischen Recht, dem Stadtrecht von Lübeck. Zu diesen stadtrechtlichen Verbindungen zählten im Königreich Ungarn ebenso Bündnisse, wie zum Beispiel zwischen den Königlichen Freistädten, den nieder- und oberungarischen Bergstädten und den Zipser Städten. Die intensivste Verbindung gab es zwischen den sieben Königlichen Freistädten, die mit einem Mandat im ungarischen Landtag vertreten waren und sich seit der Mitte des 15. Jahrhunderts am königlichen Obergericht der Städte durch Beisitzer beteiligten.

Da die Heiratspolitik der Herrscherdynastien zur Entstehung multiethnischer Großmächte in Ostmitteleuropa führte, entstanden insbesondere im 15. Jahrhundert ethnisch-konfessionelle Spannungen und Unruhen in diesen Ländern. An erster Stelle sind die sozialen und nationalen Unruhen in Böhmen als Folge der Hussitenbewegung zu erwähnen: Als 1409 das sogenannte Kuttenberger Dekret (Abb. 89), ein Erlass des böhmischen Königs, das Stimmrecht der böhmischen Nation an der Universität Prag gegenüber den übrigen Nationen vervielfachte, verließen die deutschen Magister und Studenten die Universität und die Stadt Prag. In Ungarn kam es primär aus sozialen Gründen zu Aufständen, die sich wie in Ofen 1439 gegen die deutsche Oberschicht der Stadtbürger richteten. Die sozialen Unruhen spitzten sich in Ungarn zu einem landesweiten Bauernaufstand zu, nach dessen Niederlage im Jahr 1514 das Abzugsrecht der Bauern auch gesetzlich unterbunden wurde.

Zur umfangsreichsten Herrschaftsausdehnung in Ostmitteleuropa führte die Vermehrung der Länder der Habsburger durch dynastische Verbindungen. Nach dem frühen Tod Ludwigs II. (geb. 1506, reg. 1516–1526, König von Böhmen, Kroatien und Ungarn) in der Schlacht von Mohács erwarben die Habsburger durch Erbvertrag und Königswahl die Herrschaft über die Länder der böhmischen Krone; außerdem erhielten sie auf diese Weise den Königstitel von Ungarn, das seit den osmanischen Eroberungen nur noch den nördlichen Landesteil umfasste. Die zweite große überregionale Länderkonstellation war die Adelsrepublik Polen-Litauen, die bis zu den Teilungen Polens am Ende des 18. Jahrhunderts bestand.

Ausklang

Verschiedene Identitäten, in ethnischer und religiöser Hinsicht, und vielfältige politische Verflechtungen prägten die Geschichte der Region »Ostmitteleuropa« im Mittelalter. Erst diese Offenheit für Veränderung und Transfer ermöglichte die Akzeptanz eines Rechts, das ursprünglich aus der geografisch weit entfernten Stadt Magdeburg stammte.

Literatur
Berend/Urbańczyk/Wiszewski 2013 | Conze 1992 | Font 2008 | Lübke 2004.

Abb. 89
Kuttenberger Dekret, Erlass des böhmischen Königs Wenzel IV. vom 18. Januar 1409. Prag, Univerzita Karlova, I/68

Angaben zur Verleihung des Magdeburger Rechts: H. Schmidt
Kartographie: G. Pápay
VERBREITUNGSGEBIET DES MAGDEBURGER RECHTS
ENDE DES 13. JAHRHUNDERTS
1:3 500 000
0
100
200
km
O S T S E E
LITAUEN
Memel/
Klaipeda
Memel
Tilsit/
Sowetsk
Königsberg/
Kaliningrad
Pregel
Fischhausen
Fünen
Seeland
Lolland
Falster
Bornholm
Rügen
Usedom
Wolin
Holstein
Lübeck
Rostock
Stralsund
Schwerin
Hamburg
Mecklenburg
Müritz
Elbe
Braunschweig
Salzwedel
Gardelegen
Stendal
Tanger-
münde
Jerichow
Haldensleben
Burg
MAGDEBURG
Braunschweig
Bm.
Hildesheim
Bm. Halberstadt
Bode
Aller
Havel
Perleberg
Pritzwalk
Wittstock
Kyritz
Ruppin
Neuruppin
Rathenow
Brandenburg
Wusterwitz
Spandau
Berlin-
Cölln
Spree
Strausberg
Lebus
Frankfurt
Brandenburg
Pommern
Neubrandenburg
Prenzlau
Neuwarp
Pölitz
Stettin/
Szczecin
Gollnow
Massow
Altdamm
Penkun
Greifenhagen
Pyritz
Arnswalde
Schloppe
Woldenberg
Friedeberg
Dramburg
Bm.
Cammin
Köslin/
Koszalin
Stolp/
Słupsk
Pommerellen
Gdańsk/
Danzig
Tczew
Malbork
Tolkemit
Preußisch
Holland
Christburg
Deutscher Orden
Spirdingsee
Goniądz
Grudziądz/
Graudenz
Kulm
Rehden
Brodnica
Kulmsee
Bydgoszcz/
Bromberg
Golub-
Dobrzyń
Thorn/
Toruń
Gniewkowo
Netze
Kcynia
Masowien
Narew
Weichsel
Brześć
Kujawski
Włocławek/
Leslau
Płock/
Płock
Bug
Warszawa/
Warschau
Warthe
Kłecko
Gniezno
Pobiedziska
Kostrzyn
Poznań/
Posen
Buk
Słupca
Zbąszyń
Środa Wielkopolska
Kościan
Kuczbork
Jarocin
Kalisz/
Kalisch
Pobiedziska
Krobia
Koźmin
Kobylin
Łódź /
Lodsch
Sieradz
KGR. POLEN
Jüterbog
Wittenberg
Lausitz
Lübben
Guben
Cottbus
Anhalt
Sachsen
Quedlinburg
Bernburg
Mulde
Saale
Halle
Leipzig
Merseburg
Mühlhausen
Unstrut
Naumburg
Weißenfels
Wurzen
Erfurt
Thüringen
Rochlitz
Chemnitz
Zwickau
Meissen
Vogtland
Plauen
Bm.
Würzburg
Main
Bm. Bamberg
Oberpfalz
Eger
Budissin
Löbau
Görlitz
Reichenbach
Dresden
Pirna
Schönberg
Seidenberg
Oder
Naumburg
a. d.Bober
Sorau
Sagan
Sprottau
Beuthen
Glogau
Herrenstadt
Trachenberg
Lüben
Leubus
Trebnitz
Bunzlau
Lauban
Dahme
Neumarkt
Löwen-
berg
Goldberg
Liebenthal
Jauer
Kostenblut
Greiffen-
berg
Lähn
Striegau
Viehau
Breslau/
Wrocław
Freiburg
Ohlau
Brieg
Strehlen
Löwen
Schurgast
Falkenberg
Neisse
Oppeln/
Opole
Konstadt
Kreuzburg
Kępno
Wieluń
Landsberg
Radomsko
Mstów
Kielce
Opatów
Zawichost
Chęciny
Sandomierz
Busko-Zdrój
Pacanów
Nowy Korczyn
Olkusz
Kraków/
Krakau
Brzesko
Bochnia
Schlesien
Zülz
Leschnitz
Ujest
Schönnich
Kosel
Allenstein
Ratibor
Auschwitz
Jägerndorf
Vidnava
Freiwaldau
Glatz/
Kłodzko
Reichenberg/
Liberec
Aussig/
Ústí n.L.
Leitmeritz
Brüx
Raudnitz
Melnik
Budin
Laun
Karlsbad/
Karlovy Vary
Prag
Kleinseite
Prag/
Praha
Nimburg
Kolin
Königgrätz/
Hradec Králové
Pschelautsch
Chrudim
KGR. BÖHMEN
Leitomischl
Politschka
Gewitsch
Hohenstadt
Neustadt
Ostrau/
Ostrava
Liebau
Braunsberg
Lipnik
Olmütz/
Olomouc
Weißkirchen
Mähren
Brünn/
Brno
Moldau
Podolin
Tschernowitz
Leutschau
Eperies
Deutsch-Liptsch
Waag
Göllnitz
Kaschau/
Košice
Neusohl/
Banská Bystrica
Schemnitz/
Banská Štiavnica
Gran
Karpfen
Tyrnau
Neutra/
Nitra
March
KGR. UNGARN
Pressburg/
Bratislava
Wien
Linz
Donau
Österreich
Komorn/
Komárno
Erlau/
Eger
Theiß
Neusiedler
See
Ödenburg
Gebiet russischer Fürstentümer
ZENTRUM FÜR
MITTELALTERAUSSTELLUNGEN
ZMA
Orte mit Magdeburger Recht
Datierung
nach der Verleihung
des Magdeburger Rechts
Datierung
nach der Verleihung
des ersten Stadtrechts
12. Jahrhundert
13. Jahrhundert
12. Jahrhundert
13. Jahrhundert
Orientierungsort
Grenze des Heiligen Römischen
Reiches Deutscher Nation
Polnisches Herrschaftsgebiet in der
ersten Hälfte des 13. Jahrhunderts
Geistliche Gebiete im Heiligen
Römischen Reich Deutscher Nation
Erzbistum Magdeburg
Kleinflächige Territorien im Heiligen
Römischen Reich Deutscher Nation

VERBREITUNGSGEBIET DES MAGDEBURGER RECHTS ENDE DES 15. JAHRHUNDERTS MIT DEN ORTEN, DENEN IM 14. UND 15. JAHRHUNDERT DAS MAGDEBURGER RECHT VERLIEHEN WURDE
1:6 000 000
0
100
200
300
400
km
ZENTRUM FÜR MITTELALTERAUSSTELLUNGEN
ZMA
Ba. Barczewo
Bi. Bisztynek
C. Ciężkowice
D. Dobczyce
D.M. Dobre Miasto
G. Gerdauen
K. Kazimierz
J. Jeziorany
L. Lanckorona
Li. Liebemühl
L.M. Lipnica Murowana
L.W. Lidzbark Warmiński
M. Myślenice
N.M.L. Nowe Miasto Lubawskie
N.S. Nowy Sącz
O. J. Osiek Jasielski
R. Riesenburg
S. Skawina
Sa. Saalfeld
Sk. Skawinki
T. Tymbark
W. Wadowice
Wi. Wieliczka
Wig. Wigsatsdt
Finnland
Finnischer Meerbusen
KGR. SCHWEDEN
OSTSEE
KGR. DÄNEMARK
DEUTSCHER ORDEN
ZARENTUM MOSKAU
GROSSFÜRSTENTUM LITAUEN
KÖNIGREICH POLEN
KGR. UNGARN
Hzm. Preußen (unter polnischer Oberhoheit)
Kfsm. Brandenburg
Hzm. Mecklenburg
Hzm. Mecklenburg-Strelitz
Pommern
Hzm. Schlesien
Kgr. Böhmen
Mgft. Mähren
Ehzm. Österreich
Hzm. Kärnten
Siebenbürgen
Fsm. Moldau
Budschak
Kfsm. Sachsen
Hzm. Holstein
Hzm. Braunschweig
Gft. Ruppin
Herrschaftsgeb. der Wettiner
Oberpfalz
Fsm. Bayreuth
Bm. Würzburg
Bm. Bamberg
Bm. Halberstadt
Fsm. Anhalt
Fsm. Ansbach
Vänersee
Vättersee
Gotland
Öland
Seeland
Fünen
Lolland
Falster
Fehmarn
Rügen
Usedom
Wollin
Bornholm
Dagö
Ösel
Meerbusen von Riga
Peipussee
Düna
Memel
Pregel
Njemen
Weichsel
Oder
Elbe
Warthe
Netze
Bug
Narew
San
Pripet
Dnjepr
Desna
Dnjestr
Donau
Theiß
Maros
Körös
Gran
Waag
March
Moldau
Eger
Saale
Mulde
Havel
Spree
Aller
Pruth
Plattensee
Neusiedler See
Müritz
Spirdingsee
MAGDEBURG
Kopenhagen
Kalmar
Reval
Riga
Pskov
Memel
Tilsit
Kowno
Wilno
Minsk
Grodno
Witebsk
Smolensk
Polazk
Gorodok
Merkinė
Gomel
Tschernigow
Kiew
Brest-Litowsk
Drahitschyn
Ratno
Königsberg
Pillau
Gdańsk
Stolp
Köslin
Leba
Hela
Toruń
Bydgoszcz
Grudziądz
Olsztyn
Płock
Włocławek
Poznań
Kalisz
Łódź
Warszawa
Lublin
Kielce
Sandomierz
Kraków
Łańcut
Przemyśl
Lwów
Łuck
Żytomierz
Tarnopol
Winnica
Czerniowce
Kopaihorod
Chmielnik
Bartfeld
Kaschau
Munkacs
Neusohl
Schemnitz
Neutra
Pressburg
Wien
Komorn
Raab
Buda
Erlau
Debrecen
Bistritz
Jassy
Klausenburg
Stuhlweißenburg
Szeged
Arad
Hermannstadt
Kronstadt
Graz
Breslau
Oppeln
Glatz
Königgrätz
Olmütz
Brünn
Troppau
Teschen
Prag
Pilsen
Karlsbad
Aussig
Dresden
Leipzig
Halle
Erfurt
Nürnberg
Regensburg
Berlin-Cölln
Stettin
Wittenberg
Zerbst
Lübeck
Kiel
Rostock
Stralsund
Schwerin
Stargard
Apenburg
Wilsnack
Fiddichow
Frankfurt
Sternberg
Krosno
Sącz
Bochnia
Wieliczka
Tarnów
Rzeszów
Jarosław
Drohobycz
Stryj
Sambor
Halicz
Kołomyja
Śniatyn
Buczacz
Skała
Nowa Uszyca
Jarmolińce
Latyczów
Dubno
Równo
Krzemieniec
Orte mit Magdeburger Recht
Datierung nach der Verleihung des Magdeburger Rechts
Datierung nach der Verleihung des ersten Stadtrechts
14. Jahrhundert
15. Jahrhundert
14. Jahrhundert
15. Jahrhundert
Orientierungsort
Grenze des Heiligen Römischen Reiches Deutscher Nation
Geistliche Gebiete in dem Heiligen Römischen Reiches Deutscher Nation
Erzbistum Magdeburg
Kleinflächige Territorien in dem Heiligen Römischen Reich Deutscher Nation
Angaben zur Verleihung des Magdeburger Rechts: H. Schmidt Kartographie: G. Pápay

Magdeburg

Vom Marktprivileg zum Stadtrecht

Das bis in die Frühe Neuzeit hinein als Stadt des Magdeburger Rechts berühmte und weit in den Osten Europas ausstrahlende Magdeburg erscheint im Jahr 805 erstmals in der schriftlichen Überlieferung. Als einer von mehreren im Diedenhofener Kapitular Kaiser Karls des Großen (reg. 768–814) genannten Kontrollposten entlang von Elbe und Saale sollte von *magadoburg* aus der Waffenhandel in die slawische Welt unterbunden werden.

Nach dieser urkundlichen Ersterwähnung dauerte es über 100 Jahre, bis Magdeburg wieder genannt wurde: Am 21. September 937 gründete König Otto I. (reg. 936–973) hier ein den Heiligen Innozenz, Petrus und Mauritius geweihtes Benediktinerkloster, das er in den folgenden Jahren reich ausstattete. Da das mittelalterliche Reich keine Hauptstadt hatte, übte der römisch-deutsche König seine Herrschaft in permanentem Ritt durch die einzelnen Regionen aus. Magdeburg, an einer Furt über die mittlere Elbe und damit in der Kontaktzone zur slawischen Welt gelegen, wurde dabei Ottos bevorzugter Aufenthaltsort.

Für Magdeburg ist in den Schriftquellen ein *palatium* Ottos I. bezeugt, worunter ein oder mehrere repräsentative Gebäude zu verstehen sind, in denen er als König und seit 962 als Kaiser seine Regierungsgeschäfte tätigte, Gesandtschaften empfing, Urkunden ausstellte und Recht sprach. Der Ort muss demnach schon früh baulich ausgestaltet worden sein. Im Jahr 968 gelang es Otto schließlich, Magdeburg vom Papst zum Sitz eines Erzbischofs erheben zu lassen. Die neu eingerichteten Bistümer Merseburg, Meißen und Zeitz sowie Havelberg und Brandenburg wurden Erzbischof Adalbert von Magdeburg (amt. 968–981) als Suffragane unterstellt. Riesige, vielfach noch vollends zu christianisierende Gebiete östlich der Elbe zählten zum Einflussgebiet des neuen Erzbistums. Magdeburg stand nun nominell gleichrangig neben Trier, Mainz, Köln, Salzburg und Hamburg-Bremen, den altehrwürdigen Erzbistümern des Reiches (Abb. 91).

Dem rasanten Aufstieg Magdeburgs folgte ein lang andauernder Niedergang. Im Sommer 983 machte ein Slawenaufstand einen Großteil des rechts der Elbe Erreichten zunichte: Die Bischofssitze in Brandenburg und Havelberg gingen ebenso verloren wie die Oberherrschaft über jene Gebiete. Das noch junge Erzbistum war in

Abb. 90
Grabmal Erzbischof Wichmanns im Chorumgang des Magdeburger Doms. Bronze, vor 1207

Abb. 91
Der Magdeburger Dom von Südosten. An der Stelle des heutigen gotischen Domes vom Anfang des 13. Jahrhunderts stand auch der Dom Ottos des Großen

seiner Ausdehnung dadurch empfindlich geschmälert. In der Folgezeit lockerten sich die Bindungen Magdeburgs zum Königtum. In der Zeit der späten Ottonen hatte Magdeburg durch die Einrichtung des Erzbistums Gnesen unter Otto III. (reg. 983–1002) eine weitere erhebliche Minderung seines Einflusses Richtung Osten hinzunehmen. Zur Zeit Heinrichs II. (reg. 1002–1024) avancierte infolge von dessen konfliktreicher Polenpolitik Merseburg zum bevorzugten königlichen Aufenthaltsort in Ostsachsen. Mit dem Übergang der Königsherrschaft an die Salier setzte sich Magdeburgs Bedeutungsrückgang fort. Unter Konrad II. (reg. 1024–1039) und Heinrich III. (reg. 1039–1056) wurde Goslar zum wichtigsten Ort in Sachsen.

Ab der zweiten Hälfte des 11. Jahrhunderts überschatteten Auseinandersetzungen Heinrichs IV. (reg. 1056–1105) und Heinrichs V. (reg. 1105–1125) mit dem sächsischen Adel das Verhältnis zu den Magdeburger Erzbischöfen. Räumlich spielten sich diese Konflikte vielfach in der Region um den Harz ab, was zur Folge hatte, dass der König einerseits häufig »nah«, andererseits aber Magdeburg und seinen Erzbischöfen infolge ihrer Verwicklung in die Konflikte Königs »fern« war. Dadurch verlor die Magdeburger Kirche weiter an Einfluss, Gebieten und herrscherlicher Gunst. In der Zeit Lothars III. (reg. 1125–1137), auf dessen Betreiben Norbert von Xanten zum Erzbischof von Magdeburg (amt. 1126–1134) erhoben wurde, kam es kurzfristig zu einer Wiederannäherung, doch unter dem Staufer Konrad III. (reg. 1138–1152) geriet Magdeburg, das sich auf die Seite der konkurrierenden Welfen gestellt hatte, erneut in eine schwierige Lage. Erst mit dem Episkopat Wichmanns von Seeburg (amt. 1152/54–1192), der auf Betreiben Friedrichs I. Barbarossa (reg. 1152–1190) von Naumburg nach Magdeburg versetzt worden war, beruhigten sich die Verhältnisse, und es begann eine erneute Glanzzeit Magdeburgs (Abb. 90).

Abb. 92
Privileg Erzbischof Wichmanns von Magdeburg für die Altstadt Magdeburg von 1188 in einer Abschrift für die Stadt Goldberg/Złotoryja von 1211. Marburg, Lichtbildarchiv älterer Originale, Nr. 5644

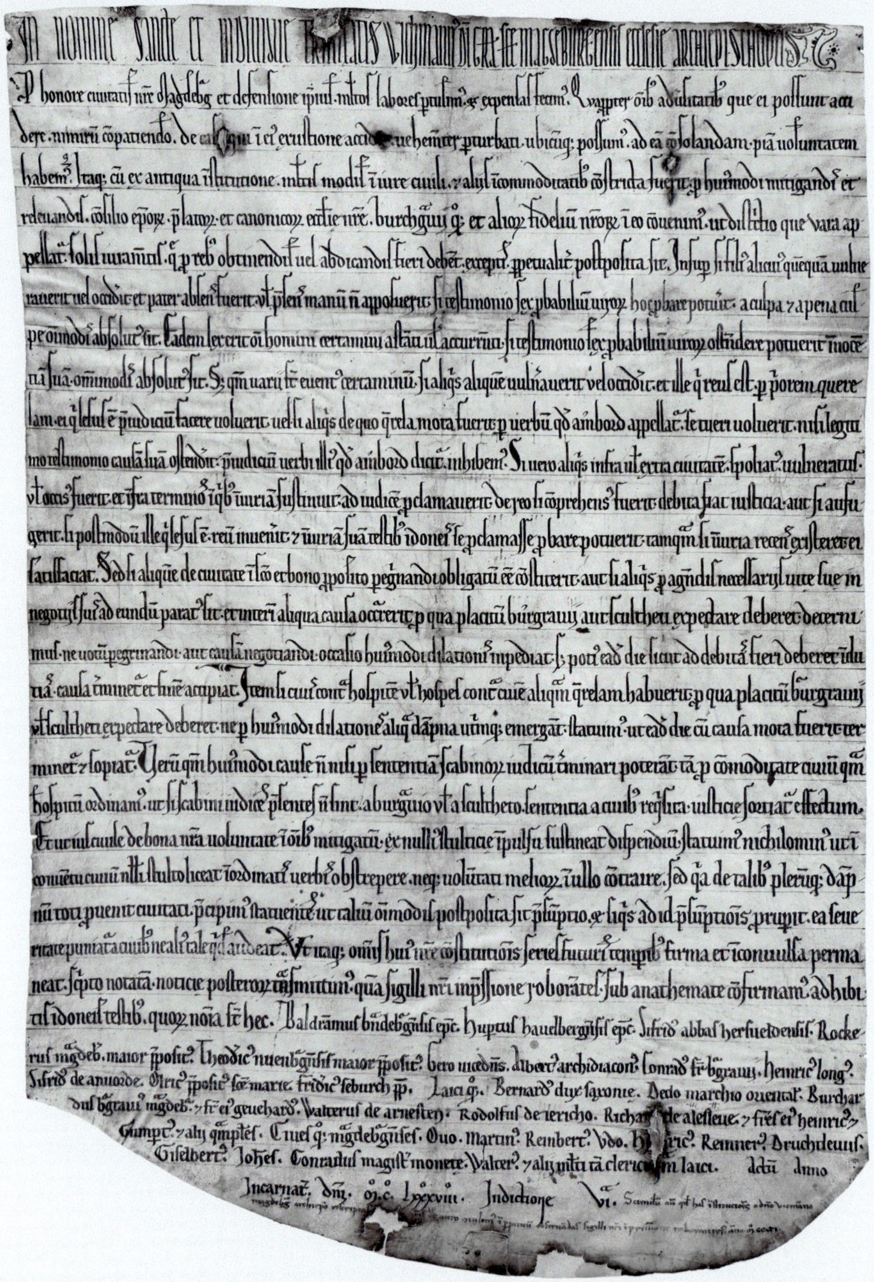

Kirchen- und reichspolitischer Rückschritt auf der einen, innerer, siedlungs- und baugeschichtlicher Fortschritt auf der anderen Seite – so könnte man die Entwicklung Magdeburgs seit dem 11. Jahrhundert charakterisieren. Schon am Ende des 10. Jahrhunderts hatte sich in Magdeburg eine Kaufmannssiedlung mit Marktrecht etabliert. Deren Entwicklung wurde begünstigt durch die Lage am Ostrand der ertragreichen Magdeburger Börde an der Elbe. Diese stellte zugleich eine wichtige Verkehrsader von Süden nach Norden dar, von deren Handel per Schiff die sich entwickelnde Stadt profitierte. Otto I. hatte die Zoll- und Münzeinkünfte in den Jahren 937 und 942 dem Moritzkloster überlassen. Die Einkünfte aus diesem *mercatus* bestätigte er 965 nochmals und überließ dem Moritzkloster damit zugleich seine Verfügungsgewalt über den Markt und dessen Bewohner. 968 gingen diese Rechte an den Erzbischof über, der von da an Stadtherr war. Zusätzlich erhielt er den Königsbann über Magdeburg (die königlichen Rechte) sowie die Rechtsprechung über die in der Urkunde erstmals genannte Gruppe der Juden und die übrigen ansässigen Kaufleute. Otto II. bestätigte und erweiterte diese Verfügungen in den Jahren 973, 975 und 979 und gewährte den in Magdeburg lebenden Kaufleuten überdies Befreiung von allen städtischen Abgaben und den Wege-, Brücken- und Flusszöllen. Für 1016 nannte Bischof Thietmar von Merseburg (amt. 1009–1018) in seiner Chronik »optimi civitatis«, womit eine herausgehobene Schicht innerhalb der Stadt greifbar wird. Konrad II. betonte 1025 in einer Privilegienerneuerung, dass die Magdeburger im Reich und in den »barbaricis regionibus« (barbarischen Regionen) Handel treiben dürften (Diplom Konrads II. Nr. 18 vom 4. Februar 1025, MGH DD C II, S. 21). Dies hat die städtische und wirtschaftliche Entwicklung Magdeburgs nachhaltig gefördert. Die weitere innerstädtische und rechtliche Entfaltung Magdeburgs ist in Umrissen erkennbar: Für das 11. Jahrhundert ist ein Stiftsvogt bezeugt, der im Rahmen der bischöflichen Stadtherrschaft die hohe Gerichtsbarkeit, also auch die Blutgerichtsbarkeit versah und die militärische Befehlsgewalt innehatte.

Für das Jahr 1100 wird für Magdeburg ein Niedervogt des Stadtgerichts genannt, der spätere Schultheiß. Damals sind auch erstmals die *cives urbis* zu greifen, die Bürger der Stadt. Neben dem Schultheißen fungierten sie später als Schöffen (»Schöppen«). Spätestens zu diesem Zeitpunkt

Abb. 93
Franz Hogenberg: Magdeburg a venere, Kupferstich 1572. Magdeburg, Kulturhistorisches Museum, Gr 27.21

existierte in Magdeburg eine städtische Gemeinde mit eigener Niedergerichtsbarkeit, aber in Abhängigkeit vom erzbischöflichen Stadtherrn. In der zweiten Hälfte des 12. Jahrhunderts sind Innungen nachweisbar (Gerber und Schuhmacher, Gewandschneider, Schilderer), Indiz für eine zunehmende handwerkliche Differenzierung. In der ersten Hälfte des 13. Jahrhunderts entwickelte sich ein Stadtrat, der – in Teilen in Auseinandersetzung mit den Erzbischöfen, die nominell weiterhin die Stadtherren blieben – fortan im Wesentlichen die innerstädtischen Geschicke bestimmte. Seit dem ausgehenden 13. Jahrhundert war Magdeburg Mitglied der Hanse und des sächsischen Städtebunds. Versuche Magdeburgs, Freie Reichsstadt zu werden, scheiterten, wenngleich sich die Bindungen an den Erzbischof immer mehr lockerten und dieser schließlich im frühen 16. Jahrhundert seinen Amtssitz in die Moritzburg nach Halle verlagerte.

Neben dem Fernhandel war insbesondere die Rechtsentwicklung für den Aufstieg Magdeburgs seit dem 12. Jahrhundert verantwortlich. In jener Zeit hatten sich die gesellschaftlichen Verhältnisse gegenüber dem 10. Jahrhundert drastisch gewandelt, Folge eines seit der zweiten Hälfte des 11. Jahrhunderts in Europa einsetzenden, von klimatischen, politischen und sozialen Veränderungen ausgelösten Wandlungsprozesses, der zahlreiche Aspekte des damaligen Lebens betraf. Erzbischof Wichmann reagierte darauf sowie auf lokale Erfordernisse und ließ eine Reihe von Rechtsverbesserungen vornehmen, um die Stellung der Kaufleute und der Bürger zu stärken. In einer erzbischöflichen Urkunde von 1188 sind einige dieser Neuerungen greifbar: Die Gerichtsgefahr wurde beseitigt, Formfehler führten somit von nun an nicht mehr automatisch zu einer Niederlage vor Gericht. Die Haftung des Vaters für Vergehen seines Sohnes wurde aufgehoben, was bedeutet, dass an die Stelle der bisherigen Sippenhaftung das moderne und bis heute gültige Prinzip der »Strafbarkeit auf eigene Verantwortlichkeit« trat. Die Verjährung im Falle schwerer Vergehen wurde beseitigt. Und nicht zuletzt wurde die Möglichkeit, Gerichtsverfahren zu verschleppen, eingeschränkt (Abb. 92). Für die Weitsicht Wichmanns spricht, dass diese Vergünstigungen für Einheimische wie Ortsfremde gleichermaßen gelten sollten. Damit wurde die Attraktivität Magdeburgs als Handelsplatz gestärkt. Das schon bald sogenannte Magdeburger Recht war in starkem Maß Kaufmannsrecht, entwickelte sich aber auch zu einem Stadtrecht. Weitere Maßnahmen dienten dem Schutz von Bürgerversammlungen, die damit zugleich als Instrument der innerstädtischen politischen und rechtlichen Entscheidungsfindung sichtbar wurden.

Das Magdeburger Recht gewann Vorbildcharakter für zahlreiche andere Städte, insbesondere in Ostmitteleuropa, wo es vielfach mit deutschem Recht schlechthin gleichgesetzt wurde. Magdeburg und die Orte mit Magdeburger Recht (insgesamt etwa 1 000) blieben zum Teil über Jahrhunderte in Kontakt. In strittigen Fällen wandte man sich nach Magdeburg und bat dort um Rechtsauskunft (»Rechtszug nach Magdeburg«). Der Magdeburger Schöffenstuhl besaß damit als sogenannter Oberhof die Interpretationshoheit über das Recht und übte auf diese Weise in der Rechtsausbildung über Jahrhunderte hinweg großen Einfluss aus.

Magdeburg nahm in der Folgezeit einen weithin erkennbaren Aufschwung. Die städtische Siedlung wurde deutlich erweitert (Abb. 93). Zahlreiche neue geistliche Einrichtungen etablierten sich. Die berühmte Magdeburger Sakraltopografie entstand, dazu gehörten der ab 1209 neu erbaute Dom (erstmals auf dem Gebiet des deutschen Reichs des Mittelalters in gotischen Formen), das bereits im 12. Jahrhundert errichtete Kloster Unser Lieben Frauen, die Markt- und Ratskirche St. Johannis, die Pfarrkirche St. Petri und weitere Klöster, unter anderen der Franziskaner und Dominikaner – und ab 1240 der sogenannte Magdeburger Reiter. Aus einer kleinen Siedlung wurde bis ins Spätmittelalter eine der größten Städte Deutschlands. *Stephan Freund*

Quellen
MGH DD C II.

Literatur
Becher 2006 | Beumann 2000 | Ehlers 2012 | Freund 2012 | Kunz 2017 | Puhle 2001 | Puhle 2009 | Puhle 2018 | Puhle/Petsch 2005.

I.22

I.22

Das älteste Siegel der Stadt Magdeburg

Typar um 1240, Ausprägung 1438
Urkunde, Pergament
Siegel, Wachs
H 14,5 cm, B 28 cm, D 8 cm
Kulturhistorisches Museum Magdeburg, 04:3

Das Siegel der Stadt Magdeburg im Mittelalter gehört zugleich zu zwei Typen von mittelalterlichen Siegeln: den sogenannten redenden Siegeln, also Siegel, die den Stadtnamen im Bild wiedergeben, und den sogenannten Stadtabbreviatursiegeln. Diese stellen als ein idealisiertes Bild der bürgerlichen Stadt die städtische Befestigung mit Tor und Türmen dar. Das Siegel Magdeburgs nun zeigt eine weibliche Person über einem Stadttor, welches eine mit Galerien versehene Mauer öffnet, an deren Flanken je ein Gebäude steht. Dieses besteht jeweils aus einem mit Kuppelhauben und Kugelspitzen versehenen runden Turm und einem daran gebauten, mit Öffnungen versehenen Baukörper, auf dessen Dach sich hinten ebenfalls Kugelspitzen befinden. Vermutlich wurden damit Kirchen dargestellt. Auch wenn man in derlei Stadtdarstellungen auf Siegeln gelegentlich auf eine Wiedergabe des himmlischen Jerusalem zu schließen glaubte, wird hier doch auf die Wehrhaftigkeit der Stadt Magdeburg und zugleich die geistliche Bedeutung als Erzbistumssitz verwiesen worden sein.

Die einen recht großen Raum einnehmende weibliche Person steht mit leicht angewinkelten Armen und ausgestreckten Händen über der Stadt. Sie ist durch ihr offenes Haar und das mit langen Hängeärmeln versehene Kleid deutlich als Jungfrau kenntlich gemacht. Das gleiche Bild – mit der Ausnahme, dass die Jungfrau dort einen Jungfernkranz hält – weist auch das erstmals 1265 belegte Sekretsiegel der Altstadt auf. Da damals noch ohne negative oder standesmäßige Einordnung das niederdeutsche Wort »Magd« für eine Jungfrau verwendet und eine Befestigung »Burg« genannt wurde, handelt es sich um ein typisches redendes Wappen: »Magd« und »Burg« sind Magdeburg. Wie bei anderen redenden Siegeln des Mittelalters ging es dabei nicht um eine etymologisch richtige Darstellung, sondern um eine lautliche Umsetzung des Stadtnamens.

Das Siegel trägt die Umschrift »+ SIGILLVM . BVRGENSIVM . IN MAGDHEBVRCH« (Siegel der Bürger in Magdeburg) und dokumentiert die Rechtsfähigkeit der städtischen Gemeinde formal nach außen hin. Auch wenn etwa zur gleichen Zeit erstmals Ratsherren erwähnt werden, ist das Stadtsiegel zwar ein bedeutender Indikator für die wachsende Selbstständigkeit der Stadtgemeinde, aber die Tatsache der eigenen Siegelführung reicht nicht zum Beweis, dass schon der Rat als alleinige Vertretung der Stadt im vollen Umfang tätig war. Das Siegel Magdeburgs wurde erstmals in einer Urkunde von 1244 erwähnt und hat sich dann an der berühmten Rechtszuweisung für Breslau/Wrocław von 1261 (Kat.-Nr. I.32) bis heute erhalten. Der erste Siegelstempel der Stadt Magdeburg blieb das ganze Mittelalter und dann sogar noch bis zur Zerstörung der Stadt 1631 im Gebrauch und legte so Zeugnis ab von der Kontinuität der städtischen Gemeinde. Aus diesem Grund wurde auch die hier vorliegende Urkunde vom 1. Oktober 1438 mit dem traditionsreichen Siegel versehen. In der in mittelniederdeutscher Sprache verfassten

I.22 Siegel der Stadt Magdeburg mit Urkunde

Urkunde bezeugen der Rat und die Innungsmeister der Altstadt Magdeburg, dem Rat und den Vorstehern des Heilig-Geist-Spitals in Pritzwalk eine jährliche Rentenzahlung verkauft zu haben. *Claus-Peter Hasse*

Quellen
UB Magdeburg 1, S. 56 f., Nr. 107, S. 68 f., Nr. 128, mit Tafel I, Abb. 1 | UB Magdeburg 2, S. 515 f., Nr. 385.

Literatur
Ehbrecht 2001, S. 427 | Lück 2017, S. 138 | Magdeburger Wappen | Puhle 2005, S. 104 (Matthias Puhle, Claus-Peter Hasse) | Schich 2009.

I.23

Münzen des Erzbischofs Wichmann von Seeburg-Gleiß

Erzbistum Magdeburg, Wichmann von Seeburg (1152–1192)

a)

Brakteat, Silber

D 2,9 cm, G 0,83 g

Kulturhistorisches Museum Magdeburg, 2684/1978

Erzbistum Magdeburg, Wichmann von Seeburg (1152–1192)

b)

Brakteat, Silber

D 2,3 cm, G 0,73 g

Kulturhistorisches Museum Magdeburg, 36/1962

Im Heiligen Römischen Reich deutscher Nation gab es keine »Reichswährung«, sondern neben dem Herrscher durften im Prinzip alle geistlichen und weltlichen Herren sowie auch privilegierte Städte Münzen prägen. Dennoch lassen sich regional und temporär typische Geldstücke unterscheiden. So kam im Lauf des 12. Jahrhunderts im mitteldeutschen Raum als neue Hauptmünze ein einseitig geschlagener dünner Silberpfennig auf, der Brakteat. Seine größere Fläche bot den Stempelschneidern Platz für eine künstlerische Ausgestaltung des Münzbilds. Als im 13. Jahrhundert die Schrötlinge im Durchmesser immer geringer wurden, nahm jedoch die Qualität der Brakteaten erheblich ab. In der Regierungszeit Erzbischof Wichmanns von Seeburg (amt. 1152/1154–1192) wurde eine große Anzahl von unterschiedlichsten Brakteaten geprägt. Denn er führte als erster Magdeburger Erzbischof die jährliche Münzverrufung ein, bei der alte Münzen eingelöst und neue unter Einnahme einer Gebühr ausgegeben wurden. Später ließ Erzbischof Wichmann sogar zweimal jährlich alle im Umlauf befindlichen Brakteaten umtauschen. Das brachte ihm beträchtlichen Gewinn, da man beim Wechseln der alten Münzen weniger neue erhielt.

Diese »Steuer« traf besonders die kleinen Händler, Handwerker und Bauern, weil die Großhändler vorwiegend Warengeschäfte betrieben oder in Barrensilber verrechneten. Zahlreiche Münzverrufungen und die lange Amtszeit Erzbischof

I.23 a und I.23 b

Wichmanns erklären die große Vielfalt der in den erzbischöflichen Münzstätten Magdeburg und Halle hergestellten Pfennige. Obschon eigentlich für den lokalen Handel geprägt, waren sie ebenfalls im Osten Europas wohl aufgrund ihres Silbergehalts beliebt. Größere Mengen, meist von sogenannten Moritzpfennigen, wurden in der Lausitz, in Schlesien sowie in Polen gefunden.

Die unter Erzbischof Wichmann entstandenen Münzen gehören zu den schönsten und am besten durchgestalteten Brakteaten überhaupt. In der Regel weisen sie drei typische Bilder mit hohem Wiedererkennungswert auf. Auf den Moritzpfennigen war der Magdeburger Stiftsheilige, der heilige Mauritius, dargestellt. Beim vorliegenden Beispiel befindet sich seine Halbfigur mit Heiligenschein und Krauskopf gekennzeichnet unter einem doppelten Dreibogen. Mauritius trägt ein Kettenpanzerhemd, darüber einen mittels einer Gewandschließe zusammengehaltenen Mantel. In der rechten Hand hält er eine mit einem Kreuz gekrönte Fahne mit drei Lätzen, in der Linken ein Schild, worüber sich wiederum ein Kreuz befindet. Über den Dreibogen erheben sich drei Kuppeltürme, wovon der mittlere über eine doppelte Kuppel verfügt. Dazwischen stehen aufrechte Kreuzstäbe. Ein Perlkreis umgibt die ganze Szenerie mit der Umschrift »S[[AN] C[TV]S -• MAVRICIVS DVX •« (Der heilige Herzog/Anführer Mauritius).

Die als Bischofspfennige bezeichneten Stücke zeigen ein Bild des Erzbischofs, und die sogenannten Burgbrakteaten stellen die Stadt Magdeburg mit Kirchen, Türmen und Mauern dar. Auf der ausgewählten Münze befinden sich über und unterhalb einer Mauer oben drei mehrgeschossige Kuppeltürme, darunter ein einfacher Kuppelturm. Alles umgibt ein doppelter Perlkreis mit der Umschrift »+ MAGEDEBVRGENSIS«. *Claus-Peter Hasse*

Literatur

Mehl 2011, Bd. 1 (Textteil), S. 33–39, Bd. 2 (Katalog), Nr. 248, S. 503 f., Nr. 302, S. 532 f. | Suhle 1950.

I.24

Sternförmige Fibel

Magdeburg, 1. Hälfte 13. Jahrhundert

Fundort: Magdeburg, Johanniskirchhof

Bronze

D 5,0 cm

Kulturhistorisches Museum Magdeburg, Jkf 89, 30; F. 70/54,60/52

Die über das gesamte Altstadtgebiet von Magdeburg verbreiteten Fundstellen der Stadtkerngrabungen erbrachten eine Vielzahl von Befunden und Objekten, die direkt oder indirekt auf Buntmetall verarbeitende Betriebe schließen lassen. Neben zahlreichen Erzeugnissen aus Bronze und Messing konnten Unmengen an fragmentarischen, aber auch intakten Schmelz- und Gießgefäßen und Produktionsabfällen wie Schlacke, Gusstropfen und Gussabfälle aufgedeckt werden. Die rund 400 Fundkomplexe belegen eine Blüte der Buntmetallverarbeitung im 12. und 13. Jahrhundert. Die erste urkundliche Erwähnung eines metallverarbeitenden Gewerbes da-

I.24

tiert auf den 22. Mai 1244, in der der Rat der Stadt Magdeburg die Innung der Schwertfeger oder Klingenschleifer bestätigt.

Die kleine sechseckige Fibel wurde bei Grabungen durch den Archäologen Ernst Nickel im Ostteil des Johanniskirchhofs gefunden. Die Außenseiten dieser sternförmigen Gewandschließe sind bogenförmig ausgespart, die Enden knubbenartig verdickt. Die Mitte bildet ein etwas unregelmäßiges, offenes Sechseck mit einem flachen Dorn, der als Verschluss dient. Die Schauseite ist zusätzlich mit kurzen Strichpunzierungen verziert. Die kleine Brosche ist besonders bemerkenswert, da eine der sogenannten Törichten Jungfrauen aus dem Jungfrauenportal des Magdeburger Doms und die beiden Begleitskulpturen des Magdeburger Reiters ganz ähnliche Gewandschließen tragen. Insbesondere die Fibel der Schildträgerin weist eine signifikante Übereinstimmung mit der beschriebenen Brosche auf. *Ulrike Theisen*

Literatur
Matthies 1991, Bd. 2 (Katalog), S. 230, Nr. 1132, Taf. 28:10 | Nickel 1964, S. 57, Taf. 67 | Puhle 1992, S. 232, Farbtaf. 10.

I.25

Schmuckscheibe

Magdeburg, 11. – 13. Jahrhundert

Fundort: Magdeburg, Alter Markt

Bronze

D 4,5 cm

Kulturhistorisches Museum Magdeburg, AM 55, 75/I; 0. 00/1

Die leicht gewölbte, durchbrochene Schmuckscheibe stellt aufgrund ihrer feinen Ausarbeitung einen besonders qualitätvollen Metallfund aus der Magdeburger Altstadt dar. Sie wurde bei Grabungen in einer Abfallgrube im direkten Umfeld der alten Münze auf dem Alten Markt von Magdeburg gefunden. Die generell hohe Dichte von Buntmetallwerkstätten im Bereich der Magdeburger Altstadt und die hohe Qualität der Erzeugnisse lassen vermuten, dass der Schmuckanhänger in Magdeburg gefertigt wurde.

Der Reif des Anhängers hat nach außen hin aneinanderstoßende, mit Gravuren verzierte Kreisbögen und eine quer zur Scheibe angebrachte Trageöse. Die Mitte ziert ein nach rechts gewandter stilisierter Vogel mit löffelförmigen Ohren und einem nach oben geschwungenen, fächerförmigen Schwanz. Die Plastizität des Vogels wird durch gepunzte Punkt- und Strichgravuren verstärkt.

I.25

Schmuckanhänger dieser Art sind in den Regionen nördlich des Mains zwischen Rhein und Elbe weit verbreitet. Ihre Funktion ist bis heute allerdings nicht abschließend geklärt. Sie werden sowohl als Schmuckanhänger oder Amulette als auch als Zierrat an Pferdegeschirren im Bereich des Brustriemens gedeutet. *Ulrike Theisen*

Literatur
Matthies 1991, Bd. 1 (Text), S. 44 ff., Taf. 26:10 u. Bd. 2 (Katalog), S. 148, Nr. 106 | Nickel 1964, S. 23 f., Taf. 64 c | Puhle 1992, S. 233, Farbtafel 10.

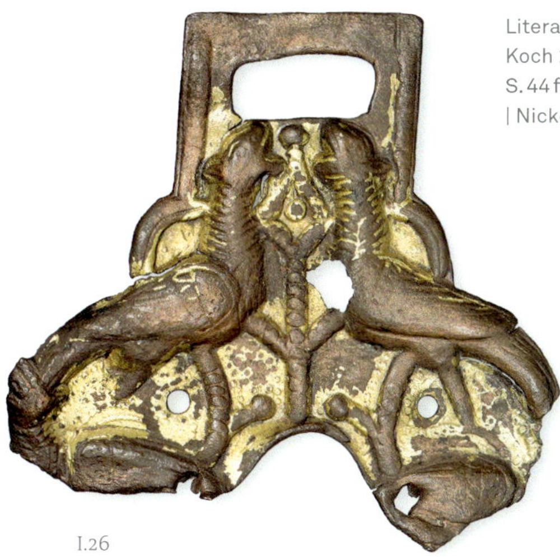

I.26

I.26

Wangenplatte einer Pferdetrense mit Riemendurchzug

Magdeburg, 10. Jahrhundert

Fundort: Magdeburg, Spiegelbrücke

Bronze, gegossen, Schauseite punziert und vergoldet

H 5,4 cm, L 5,4 cm, Dicke 0,1 – 0,3 cm

Kulturhistorisches Museum Magdeburg, Spbr. 9-14-15/12/53,85-117

Der Zierbeschlag wurde 1960 bei den Stadtkerngrabungen von Ernst Nickel in einer Abfallgrube an der Spiegelbrücke nördlich der Johanniskirche gefunden. Die beiden unteren Enden des Beschlags sind abgebrochen, am oberen Abschluss befindet sich eine rechteckige Öse zur Befestigung. Zwei stilisierte Vogelpaare flankieren eine Rankenpflanze mit Knospe. Hierbei handelt es sich wahrscheinlich um die stark schematisierte Darstellung eines Lebensbaums. Die unten angeordneten Tiere verschlingen die Schwänze der oberen Vögel. Die gesamte Schauseite des Beschlags war ursprünglich vergoldet. Auf den erhabenen Stellen ist diese Vergoldung abgerieben. Der Vergleich mit einem Fund des 10. Jahrhunderts aus Lübeck legt nahe, dass es sich bei dem Schmuckbeschlag um die Wangenplatte einer Pferdetrense handelt. Stilistisch stehen der Magdeburger Beschlag, die Trensenbeschläge aus Lübeck und eine Zierleiste mit Vogeldekor aus Mainz südenglischen Metallarbeiten des sogenannten Winchester-Stils nahe. Aufgrund einiger Formendetails ist aber davon auszugehen, dass es sich um ein lokales Erzeugnis handelt. *Ulrike Theisen*

Literatur
Koch 2005, S. 66 f. | Matthies 1991, Bd. 1 (Text), S. 44 ff., Taf. 19:1 a-b, Bd. 2 (Katalog), S. 148, Nr. 06 | Nickel 1962.

I.27

Ein Paar Schläfenringe

Magdeburg, 2. Hälfte 10. Jahrhundert

Fundort: Magdeburg, Breiter Weg 101

Silberdraht

D 2–3 cm

Kulturhistorisches Museum Magdeburg, Br.W. 101/4/51,72–31

Bei den ovalen Ringen mit s-förmig gebogenen Schleifenenden handelt es sich vermutlich um sogenannte Schläfenringe. Solche Ringe waren Bestandteil slawischen Frauenschmucks, sie wurden in das Haar eingeflochten oder zierten ein Stirnband oder eine Haube. Ob es sich bei der Trägerin tatsächlich um eine Slawin oder um eine Frau aus der sächsischen Bevölkerung, die lediglich eine bevorzugte Schmuckform adaptierte, gehandelt hat, lässt sich aus dem Fundkontext nicht bewerten, da sich in den Altstadtgrabungen immer wieder gemischte Fundinventare mit Gebrauchs- und Kulturgütern beider Gruppen nachweisen lassen. *Ulrike Theisen*

I.27

I.28

Keramik aus dem Siedlungskomplex am Johanniskirchhof

Magdeburg, 9.–11. Jahrhundert

Fundort: Magdeburg, Johanniskirchhof

a)

Irdenware

Standbodengefäß mit umlaufender Wellenverzierung mittelslawischer Keramik

H 16,6 cm, max. D 18,3 cm

Kulturhistorisches Museum Magdeburg, Jkf 92,00/H,00/54,20-1

b)

Kugeltopf

Irdenware, weiche Grauware

H 18,3 cm, max. D 18,0 cm

Kulturhistorisches Museum Magdeburg, Jkf 50,1/b.1/53,8-605

Wie bei den Keramikfunden aus den Stadtkerngrabungen lässt sich auch bei den Töpferwaren aus dem Bereich des Johanniskirchhofs eine starke Durchmischung mittelslawischer Ware und weicher Grauware feststellen. Die Kugeltöpfe aus Grauware werden dabei eher der sächsischen Bevölkerungsgruppe zuordnet. Beide Keramikqualitäten wurden in einheimischen Kleinmanufakturen hergestellt und zählen nicht zu den weit gehandelten Exportgütern wie zum Beispiel die weißtonige, hart gebrannte und mit rotem Dekor versehene sogenannte Pingsdorfer Ware. Vielmehr ist anzunehmen, dass es sich ausschließlich um lokal gefertigte Produkte handelt, die somit von der gemischt sächsischen und slawischen Bevölkerung Magdeburgs vom 9. bis zum 11. Jahrhundert zeugen. *Ulrike Theisen*

Literatur

Kunz 2017, S. 91–95, 161 | Nickel 1964, S. 55–62, 93–97, Taf. 49 b u. 50 c | Pöppelmann 2001, S. 318 f.

I.28 a und I.28 b

Leipzig

Zwischen 1156 und 1170
mit hallisch-magdeburgischem Recht
bewidmet

Abb. 94
Nach der Verleihung des Stadt- und Marktrechtes 1165 errichteten die Leipziger Bürger eine Kirche, die dem heiligen Nikolaus, dem Schutzpatron der Handelnden und Reisenden, geweiht ist

Die im Freistaat Sachsen gelegene Stadt Leipzig ist heute mit knapp 600 000 Einwohnern die größte Stadt Mitteldeutschlands. Die reiche Geschichte Leipzigs ist in erster Linie geprägt durch eine lange Tradition als Messe- und Handelsplatz von europäischer Bedeutung. Darüber hinaus war und ist Leipzig mit seiner 1409 begründeten Universität ein bedeutendes Zentrum für Wissenschaft, Bildung und Kultur. Leipzig war Wirkungsort zahlreicher wichtiger Persönlichkeiten des deutschen Kultur- und Geisteslebens, unter denen Johann Sebastian Bach (1685–1750) eine herausgehobene Stellung einnimmt. Die jüngere Geschichte der Stadt ist verknüpft mit der »Friedlichen Revolution« von 1989, die zum Ende der DDR führte und von Leipzig wesentliche Impulse empfing.

Im Zusammenhang mit dem Magdeburger Recht hat Leipzig vor allem Bedeutung, weil die zwischen 1156 und 1170 erfolgte Erhebung zur Rechtsstadt durch den Meißner Markgrafen Otto (reg. 1156–1190), einem Verwandten des Magdeburger Erzbischofs Wichmann, eines der frühesten Beispiele für die Bewidmung einer Kommune mit Magdeburger Recht ist (Abb. 94).

Der etwas mehr als 100 Kilometer südwestlich Magdeburgs an einem Übergang über die Weiße Elster gelegene Ort Leipzig wird für das Jahr 1015 erstmals als »urbs Libzi« in der Chronik des Bischofs Thietmar von Merseburg (amt. 1009–1018) erwähnt (Bünz 2015, S. 86–89). In der Folgezeit hatten sich im Umfeld dieser Burg mehrere Siedlungskerne gebildet, an denen Handwerker ansässig waren und die von Kaufleuten frequentiert wurden. Diese Siedlungen wurden unter der Herrschaft Markgraf Ottos aus der Familie der Wettiner, der später wegen der Silberfunde im Osterzgebirge den Beinamen »der Reiche« erhielt, in der Mitte des 12. Jahrhunderts baulich verdichtet und zu einer Stadt im Rechtssinn erhoben. Leipzig ist vermutlich der erste Ort, der von den Wettinern mit Stadtrecht begabt wurde. Dieser Rechtsakt steht am Anfang einer Reihe von Stadtgründungen im Raum östlich der Saale, die in den Kontext des mittelalterlichen Landesausbaus gehören. Von der Förderung des Städtewesens versprachen sich die Fürsten vor allem Impulse für die wirtschaftliche Entwicklung ihres Herrschaftsbereichs.

Über die Umstände der Stadterhebung Leipzigs hat sich mit dem sogenannten Stadtbrief ein bemerkenswertes Dokument erhalten, das von hoher Bedeutung auch für die allgemeine Stadtgeschichtsforschung ist (Abb. 95). Eine Stadtrechtsverleihung wurde vor dem 13. Jahrhundert nur selten schriftlich festgehalten, da der mündliche Privilegierungsakt als vollkommen ausreichend angesehen wurde. Vereinzelte Schriftzeugnisse sind unter anderem für Augsburg (1156), Stendal (nach 1160), Jüterbog (1174) oder Lübeck (1188) überliefert.

Abb. 95
1160 erhielt Leipzig von Markgraf Otto dem Reichen von Meißen Stadtrecht nach Magdeburger und Hallischem Vorbild, die überlieferte Aufzeichnung darüber, der sogenannte Stadtbrief, wurde vermutlich um 1215 gefertigt. Stadtarchiv Leipzig, Urk.-K. 6,1

Der Stadtbrief, der auch über die um 1160 erfolgte Bewidmung Leipzigs mit dem Magdeburger Recht Auskunft gibt, ist eine nachträgliche, wahrscheinlich im zweiten Jahrzehnt des 13. Jahrhunderts entstandene Aufzeichnung. Dennoch wird ihr Inhalt nach einhelliger Meinung der Forschung als echt angesehen. Vieles spricht dafür, dass die Niederschrift des Dokuments im Zusammenhang mit einem Aufstand der Leipziger Bürger gegen Markgraf Dietrich (reg. 1198–1221), einem Sohn Ottos, in den Jahren 1215/16 steht. Die Bürger, die nach größerer Selbstbestimmung strebten, hatten sich mit lokalen Adligen verbündet und waren zunächst erfolgreich gegen Dietrich vorgegangen. Diesem gelang es erst 1216 mit der Unterstützung des Stauferkönigs Friedrich II. (reg. 1212–1250), den Aufstand niederzuwerfen und die Herrschaft über die Stadt wiederherzustellen. Der Stadtbrief ist keine Urkunde im engeren Sinne, sondern eine protokollartige Aufzeichnung. An dem etwa postkartengroßen, beidseitig beschriebenen Pergament hängt ein echtes, allerdings auf dem Kopf stehendes Reitersiegel des Markgrafen Otto. Der Stadtbrief selbst ist nicht datiert. Unter Berücksichtigung der Daten des Herrschaftsantritts Ottos (1156) und des Ablebens des unter den Zeugen genannten Bischofs Johannes von Merseburg (1170) ist jedoch eine ungefähre zeitliche Eingrenzung möglich.

Die detaillierten Regelungen des Stadtbriefs beginnen mit der Mitteilung, dass Markgraf Otto die Stadt zur Bebauung ausgeteilt bzw. parzelliert und unter dem Versprechen seiner Gnade unter Halle-Magdeburgischem Recht begründet habe: »O[tto] dei gratia Misnensis marchio Lipz edificandam distribuit sub Hallensi et Magedeburgensi iure additto pietatis promisso constituit« (UB Leipzig 1, Nr. 2, S. 1 f.). Den Bürgern wird zugesichert, dass der Markgraf nur im Fall eines Italienzugs eine geringe Steuer von ihnen fordern würde. Sodann wird der Geltungsbereich des städtischen Rechts, das sogenannte Weichbild (*wicbilede*), festgelegt und die Lage der diesen Rechtsbereich begrenzenden Weichbildzeichen bestimmt. Von den weiteren Regelungen des Stadtbriefs sei hier nur noch erwähnt, dass die an den Müller zu leistende Mühlenabgabe (übereinstimmend mit dem Magdeburger Recht) auf den 18. Scheffel festgelegt wurde und dass die Leipziger Bürger ihre Lehen und Erbgüter gemäß Markrecht besitzen sollten (»secundum fori conventionem«) (UB Leipzig 1, Nr. 2, S. 2).

Abb. 96
Altes Rathaus Leipzig, urkundlich erwähnt wurde ein Leipziger Rathaus erstmals 1360

Die Echtheit des Inhalts vorausgesetzt, liegen mit dem Leipziger Stadtbrief eine der frühesten Erwähnungen des Magdeburger Rechts, das älteste Zeugnis des auf diesem beruhenden Hallischen Stadtrechts sowie eine der ersten Nennungen des Begriffs »Weichbild« vor.

Im Unterschied zu Magdeburg erlangten Leipzig und die anderen Städte des wettinischen Herrschaftsgebiets keine Unabhängigkeit von ihren Stadtherren. Obwohl sich auch in Leipzig noch im 13. Jahrhundert eine Ratsverfassung etablierte, blieb die Stadt in den sich im späten Mittelalter ausbildenden wettinischen Territorialstaat integriert. Die positive Entwicklung Leipzigs wurde durch diesen Mangel an kommunaler Autonomie freilich nicht behindert. Leipzig hatte als Handelsplatz wohl schon im 12. und 13. Jahrhundert eine herausgehobene Stellung im mitteldeutschen Raum, seit der Mitte des 15. Jahrhunderts stiegen die Leipziger Messen dann zu reichsweiter Bedeutung auf.

Über die Organisation des Gerichtswesens und Rechtspraxis in Leipzig lassen die Schriftquellen erst ab dem 14. Jahrhundert Aussagen zu. Im Jahr 1304 werden erstmals Schöffen erwähnt, die unter dem Vorsitz des landesherrlichen Schultheißen das Stadtgericht bildeten. Dieses Gericht ging 1423 zunächst pfandweise und 1435 endgültig an die Stadt über. Den Vorsitz hatte nunmehr ein vom Rat eingesetzter Stadtrichter inne. Das Schöffen- bzw. Stadtgericht war laut der seit dem 15. Jahrhundert erhaltenen Schöffenbücher außer für die Hoch- und Niedergerichtsbarkeit auch für Fälle der freiwilligen Gerichtsbarkeit zuständig. Insbesondere in diesem Bereich überschnitt sich seine Tätigkeit mit der des Rats. Neben der auf die Stadt beschränkten gerichtlichen Zuständigkeit trat nachweisbar schon seit dem 14. Jahrhundert das Wirken der Leipziger Schöffen als Spruchkollegium. Wurden die Leipziger Schöffen in dieser Funktion für Rechtssuchende von außerhalb tätig, standen sie unter dem Vorsitz eines Schöffenmeisters. Ähnlich wie der Magdeburger Schöffenstuhl genossen auch die Leipziger Schöffen aufgrund ihrer Rechtskundigkeit hohes Ansehen und wurden regelmäßig um Rechtsauskunft ersucht. Der Wirkungsbereich reichte dabei weit über die wettinischen Territorien hinaus.

Ein gravierender Unterschied zwischen Leipzig und Magdeburg bestand in der personellen Zusammensetzung der jeweiligen Schöffenstühle: Während in Magdeburg Schöffen- und Ratskollegium scharf voneinander getrennt waren, rekrutierte sich das Leipziger Schöffengericht ausschließlich aus Ratsmitgliedern (Abb. 96). Die Funktion des dem Spruchkollegium vorsitzenden Schöffenmeisters hatte seit der zweiten Hälfte des 15. Jahrhunderts in der Regel ein Bürgermeister inne. Bedingt durch diese Verquickung von Rats- und Schöffenkolleg traten seit den 1470er Jahren, beginnend mit dem Bürgermeister Magister Johann Schober (um 1425–1480), auch an der Universität ausgebildete Ju-

Abb. 97
Leipzig im Reisetagebuch des Pfalzgrafen Ottheinrich 1536/37, Ansicht von Südosten, zu sehen sind u. a. das Rathaus und die Nikolaikirche. Universitätsbibliothek Würzburg, Delin.VI,8,13

risten in den Schöffenstuhl ein. »Damit ist der Leipziger Schöffenstuhl das älteste regionale Gericht Deutschlands, in dem Rechtsgelehrte tätig wurden« (Kern 2015, S. 218).

Seit 1409 war Leipzig Sitz einer Universität, die insbesondere auf Betreiben der Meißner Markgrafen Friedrich IV. (reg. 1381–1428) und Wilhelm II. (reg. 1407–1425) gegründet worden war, die den Auszug der deutschen Nationen aus Prag/Praha zur Etablierung einer Hohen Schule in ihrem Herrschaftsgebiet zu nutzen wussten. Die Juristenfakultät der neu eingerichteten Universität etablierte sich im Laufe des 15. Jahrhunderts als ein weiteres kollegiales Spruchorgan, das regelmäßig von außen um Rechtsunterweisung ersucht wurde und mit dieser Tätigkeit neben dem Leipziger Schöffenstuhl stand. In schwierigen Fällen konnte es vorkommen, dass der Schöffenstuhl juristische Beratung bei der Fakultät einholte. Mitunter verfassten beide Kollegien sogar gemeinsame Gutachten. Auch der Einzugsbereich der Spruchtätigkeit der Juristenfakultät war nicht auf das Herrschaftsgebiet der Wettiner beschränkt, sondern reichte deutlich darüber hinaus.

Bereits im Jahr 1432 hatte Kurfürst Friedrich II. (reg. 1428–1464) – dessen Vater, Markgraf Friedrich IV., hatte 1423 von König Sigismund (reg. 1411– 1437) die sächsische Kurwürde erhalten – für seinen Herrschaftsbereich den Rechtszug nach Magdeburg untersagt. Stattdessen sollten seine Untertanen in erster Linie in Leipzig bei den dortigen Schöffen bzw. bei der Juristenfakultät der Universität Rechtsunterweisung einholen. Die kurfürstlichen Untertanen sollten »sentencien, rechtis underwisunge und bescheidunge zu Liptzk an unsern doctoren erbarn [die Juristenfakultät] und vorstendigen burgern daselbist [der Schöffenstuhl] addir an andern vorstendigen luten in unsern landen und nicht zu Magdeburg, als vormals geschen ist, holen suchen und bekomen« (Distel 1887, S. 110 f.).

Neben der Spruchtätigkeit von Schöffenstuhl und Juristenfakultät erlangte Leipzig durch Einrichtung eines Oberhofgerichts (1483/1488) als Ort der Rechtsprechung eine herausgehobene Bedeutung für die wettinischen Lande. Im Jahr 1574 wurde der Leipziger Schöffenstuhl aus der Zuständigkeit der Stadt herausgelöst und zu einem landesherrlichen Gericht umgewandelt, das bis 1831 Bestand hatte und für das ganze Kurfürstentum bzw. Königreich zuständig war (Abb. 97).

Fußend auf dieser langen Tradition als Ort der Rechtsprechung wurde 1877 in Leipzig das Reichsgericht als oberstes deutsches Gericht eingerichtet. Seit 2002 ist Leipzig Sitz des Bundesverwaltungsgerichts, das im Gebäude des ehemaligen Reichsgerichts untergebracht ist.
Henning Steinführer

Quellen
Kunze 2012 | UB Leipzig 1.

Literatur
Blaschke 1994 | Bünz 2009 | Bünz 2015 a | Bünz 2015 b | Distel 1887 | Döring 2016 | Dusil 2012 | Kern 2015 | Lück 1997 | Pätzold 2008 | Steinführer 2012 | Steinführer 2015 | Wejwoda 2012, bes. S. 82–97.

Berlin-Cölln

Zwei mittelalterliche Marktorte an der Spree – eine selbstbewusste Doppelstadt

Ohne seinen Bären als Wappentier lässt sich Berlin heute kaum vorstellen. An zahllosen Plätzen in der Stadt begegnet er uns als Denkmal, Hinweisgeber oder imagefördernde Attribut von Unternehmen und Vereinen. Unstrittig ist, dass der Bär bereits im Mittelalter seinen Weg in das Siegel der Stadt Berlin gefunden hat. Ähnlich prächtig, wie er im hier gezeigten Sekretsiegel aus dem Jahr 1540 zu sehen ist (Kat.-Nr. I.29), erscheint der Bär 1338 erstmals in der Mitte eines ratsherrlichen Siegels. Noch älter ist eine aus dem Jahr 1280 stammende Darstellung zweier Bären, die einen in der Mitte des Siegels stolz stehenden Adler als Wappentier Brandenburgs einrahmend anblicken. Diese und weitere Beispiele zeigen, dass sich das Berliner Siegelbild über Jahrhunderte gewandelt und der Bär erst allmählich zum untrennbar mit der Bürgerschaft verbundenen Wappentier avancierte.

Abb. 98
Marienkirche in Berlin, 1292 erstmals urkundlich erwähnt

Vieles spricht dafür, den Ursprung des Bärenmotivs im Ortsnamen Berlins zu suchen, der vermutlich auf das slawische Wort *brlo* zurückgeht, womit ein im Sumpf liegendes Trockengebiet bezeichnet wurde. Tatsächlich dürfte diese Beschreibung der topografischen Situation zur Zeit der Gründung Berlins nahekommen. So entstanden im Bereich des hier gebildeten Niederungsgebiets der Spree gegen Ende des 12. Jahrhunderts die zwei im Zusammenspiel von Neu- und Altsiedlern geprägten Orte Berlin und Cölln an gegenüberliegenden Seiten des Flusses. Deren Entwicklung wurde in erster Linie durch Verkehr und Handel begünstigt, der die örtlichen Gewerke wie beispielsweise Kürschner, Schuhmacher und Schneider stärkte. So stießen in Berlin-Cölln zwei wichtige Landstraßen aufeinander, die hier einen Kreuzungs- und Umschlagspunkt bildeten. Eine von ihnen verband Magdeburg mit Posen/Poznań, Breslau/Wrocław und weiteren Siedlungen im heutigen Polen. Die andere Straße verlief zwischen Meißen, den Lausitzen und den sich an der Ostseeküste entwickelnden Handelszentren. Die Spree selbst bildete wie schon zur slawischen Zeit einen kaum weniger bedeutenden Verkehrsweg, der Berlin mit Hamburg, Fürstenwalde, dem Spreewald und dem Dahmeland verband.

Das Zentrum der frühstädtischen Entwicklung Berlins befand sich im Bereich des Alten Marktes, der heute Molkenmarkt genannt wird und in dichter Nachbarschaft der Nikolaikirche liegt, deren bauliche Spuren bis in die Zeit um 1232 zurückverfolgt werden können (Abb. 99). Mit der nach Norden gerichteten Erweiterung der Stadt entstanden in der zweiten Hälfte des 13. Jahrhunderts der Neue Markt und die dortige Marienkirche, die 1292 erstmals urkundlich erwähnt wird. (Abb. 98) Cöllns Entwicklung dagegen ist eng mit der dortigen Petrikirche verbunden, deren bauliche Reste bis in die erste Hälfte des 13. Jahrhunderts zurückgehen. Zu dieser Zeit war hier ein Pfarrer namens Symeon tätigt, der als Zeuge eines am 28. Oktober 1237 getätigten Rechtsgeschäfts Erwähnung findet. Dabei handelt es sich um den ersten schriftlichen Nachweis der Doppelstadt Berlin-Cölln überhaupt, auf dem wiederum bis heute gefeierte Jubiläumsveranstaltungen beruhen. Dessen ungeachtet gelang es der archäologischen Forschung, in den zurückliegenden Jahren in Berlin und Cölln Gräber ausfin-

Abb. 99
Die Nikolaikirche wurde etwa zwischen 1230 und 1250 erbaut und ist das älteste erhaltene Gebäude des mittelalterlichen Berlin

dig zu machen, die aus der Zeit kurz nach 1150 stammen. Auch künftig versprechen solch anschauliche Funde ein besseres Verständnis der frühstädtischen Entwicklung Berlin-Cöllns und seiner ersten Einwohner für einen ansonsten nur mit wenigen Schriftquellen gesegneten Zeitabschnitt.

Kaum anders sieht es für jene Zeit aus, in der Berlin und Cölln zu Rechtsstädten heranwuchsen, da dementsprechende Privilegien nicht überliefert sind. Immerhin bietet die um 1280 verfasste »Sächsische Fürstenchronik« einen Hinweis auf Ereignisse, die sich um 1240 zugetragen haben sollen. Demnach hätten die gemeinsam regierenden brandenburgischen Markgrafen Johann I. (reg. 1220–1266) und Otto III. (reg. 1220–1267) Berlin und weitere Städte erbaut. Wie heute glaubwürdig vermutet wird, bezog sich der Chronist mit dieser Bemerkung keineswegs auf die erstmalige Errichtung Berlins, sondern auf einen von beiden Landesherren unterstützten Ausbau der Stadt. Diese Deutung deckt sich mit den bereits angesprochenen bauhistorischen und archäologischen Befunden. Auf diese Weise gewinnt man das Bild zweier in der Mitte des 13. Jahrhunderts stark an wirtschaftlicher Kraft gewinnender Gemeinwesen, wobei Berlin auf lange Sicht stärker profitierte.

Dieser Prozess umfasste ebenso einen Ausbau der städtischen Infrastruktur, indem zum Beispiel zwischen Berlin und Cölln mitten durch die Spree ein Mühlendamm aufgerichtet wurde, den man in seinem Innern auf einer Höhe von sechs Metern mit Kalkstein verfüllte (Abb. 101). Dieses Bauwerk diente nicht nur dazu, den Verkehr über die Spree zu führen, sondern gleichfalls den Fluss anzustauen, um mit seiner Hilfe Wassermühlen anzutreiben. Um solche für das Wohlergeben der Bürger notwendigen Baumaßnahmen zu realisieren, war eine Billigung der Markgrafen eine unabdingbare Voraussetzung, obwohl schriftliche Nachweise hierüber fehlen. Die Landesherren selbst profitierten vom wirtschaftlichen Erfolg der Doppelstadt, da auf der Berliner Seite des Mühlendamms der sogenannte Mühlenhof lag, der zum markgräflichen Besitz gehörte und beträchtliche Handelseinnahmen erzielte. Ganz in der Nähe manifestierte sich nämlich die 1298 von Markgraf Otto V. (reg. 1267–1298) bestätigte »Berliner Niederlage«, die Kauf- und Fuhrleute dazu zwang, ihre Güter niederzulegen und drei Tage zum Kauf anzubieten oder sich durch die Zahlung einer Gebühr von dieser Pflicht zu befreien. Damit vollzogen sich wichtige bauliche und wirtschaftliche Aufschwünge, die den Angaben der »Sächsischen Fürstenchronik« entsprechen könnten. So waren es mit großer Wahrscheinlichkeit ebenfalls die beiden Markgrafen Johann und Otto, die das Brandenburger Stadtrecht auf Berlin und Cölln übertrugen, das im Kern sächsisch-magdeburgischen Ursprungs war. Wann dieser Rechtsakt erfolgte, ist jedoch nicht mit letzter Sicherheit zu bestimmen. Fest steht allerdings, dass es vor 1253 geschehen sein muss, da die Stadt Berlin ihr Recht in diesem Jahr nachweislich an Frankfurt (Oder) weitergab.

Sowohl Berlin als auch Cölln bauten bis zum Ende des 13. Jahrhunderts ihre Handels- und Verkehrsbeziehungen aus. Diese erstreckten sich bis in den Raum der Hanse, die mit ihren Handelszentren Hamburg und Stettin/Szczecin zahlreiche aus Berlin-Cölln stammende Kaufleute an-

Abb. 100
Im Inneren des Kaufhauses Wertheim hatten sich bauliche Reste des Hohen Hauses, dem Aufenthaltsort der brandenburgischen Markgrafen im mittelalterlichen Berlin-Cölln, erhalten.

Abb. 101
Berliner Mühlendamm: Die königlichen Mühlen, um 1850, Stahlstich von Payne nach Alexander Carse. Magdeburg, Kulturhistorisches Museum

zog. Wie das »Hamburgische Schuldbuch« aus dem Jahr 1288 belegt, reichten die Kontakte aber auch darüber hinaus bis nach Flandern. Eine beliebte Exportware bildete der sogenannte Berliner Roggen, der ursprünglich von den Feldern der umliegenden Landschaften Teltow und Barnim stammte, wo etwa 40 vermögende Bürgerfamilien aus Berlin-Cölln Besitzrechte in rund 90 Dörfern ausübten.

Die Doppelstadt kennzeichnet damit ein durchaus ansehnlicher Wohlstand, der auch darin zum Ausdruck kommt, dass sich dort in der zweiten Hälfte des 13. Jahrhunderts zwei Bettelorden niederließen, die Franziskaner in der Berliner Klosterstraße und die Dominikaner am Ende der Brüderstraße auf der Cöllner Stadtseite. Laut der Ordenstradition der Franziskaner hielt der Orden 1252 sogar eine Versammlung in Form eines Provinzialkapitels in Berlin ab, womit die zentralörtliche Funktion der Stadt und ihre Prosperität unterstrichen werden. Beide Städte besaßen getrennte Räte, Schöffen und Rathäuser. Für gemeinsame Anliegen wurde auf der zwischen beiden Städten über die Spree führenden Langen Brücke ein weiteres Rathaus errichtet, dessen Ersterwähnung ins Jahr 1324 datiert. Seit dem 14. Jahrhundert kam es zu wiederholten Versuchen, Berlin und Cölln miteinander zu vereinen, was allerdings aufgrund unterschiedlicher Interessenlagen beider Räte scheiterte. Ein Zusammenschluss wurde erst 1709 unter König Friedrich I. (reg. 1701–1713) vollzogen. Trotz häufiger innerer Meinungsverschiedenheiten hielten die Räte beider Städte jedoch für ihre nach außen gerichtete Politik größtenteils zusammen.

Insbesondere mit dem Aussterben der brandenburgischen Askanier als Landesherren 1319/20 gelang es Berlin-Cölln, ein hohes Maß an Autonomie zu entwickeln. Gemeinsam mit anderen Bürgerschaften wurden Städtebündnisse ge-

Abb. 102
Stark idealisierte Ansicht Berlins im Reisetagebuch des Pfalzgrafen Ottheinrich, 1536/37. Universitätsbibliothek Würzburg, Delin.VI,8,17

schlossen, deren Ziele unter anderem in der Sicherung der Straßen, der Gewähr von Frieden und der Unteilbarkeit Brandenburgs lagen. Den Räten beider Städte gelang es außerdem, sich die hohe Gerichtsbarkeit anzueignen und damit Urteile über »Leib und Leben« zu fällen. Dass dieser mächtigen Gewalt auch Taten folgten, beweist das im Berliner Stadtbuch überlieferte »Buch der Übertretungen«, das über 130 Rechtsfälle enthält, die im Berlin des 14. Jahrhunderts verhandelt worden waren. Nicht selten lautete das festgesetzte Strafmaß auf Tod durch Erhängen, Köpfen oder lebendiges Begraben. Dabei ging man auch gegen adlige Missetäter vor, die beispielsweise Überfälle und Diebstähle begangen hatten. In aufsehenerregender Weise ist zum Beispiel Nikolaus von Ileburg 1424 in Berlin öffentlich verbrannt worden, weil er das Hospital in Mühlberg/Elbe angegriffen hatte. Der Stadtrat ließ somit keinen Zweifel daran aufkommen, dass er für sich auch über die städtischen Grenzen hinaus eine Mitverantwortung für Friedenssicherung und Gemeinwohl beanspruchte.

Berlin erschien nun verstärkt als Haupt der Mark Brandenburg, wie sich etwa der Chronist Engelbert Wusterwitz (um 1385–1433) ausdrückte. Er wurde in dieser Ansicht dadurch gestärkt, dass sich Vertreter brandenburgischer Städte häufig in Berlin-Cölln trafen, um sich gegenseitig ihrer Rechte zu vergewissern. Auch die brandenburgischen Stände kamen 1280 erstmals urkundlich nachgewiesen in Berlin zusammen. Die Landesherren gastierten gleichfalls des Öfteren in Berlin, wo sie in ihrem sogenannten Hohen Haus in der Klosterstraße Quartier nahmen (Abb. 100). Mit dem Herrschaftsantritt des Kurfürsten Friedrich II. (reg. 1430–1470) wuchs jedoch dessen Wunsch, Berlin-Cölln zur Residenzstadt auszubauen. Dagegen formierte sich zwischen 1442 und 1448 Widerstand, der als »Berliner Unwillen« in die Geschichte einging. Im Ergebnis hat er den Schlossbau auf dem Werder bei Cölln nicht verhindern können. Zwar deutete man früher das nach den Ereignissen entstandene Berliner Siegel, das einen auf dem Rücken des Berliner Bären stehenden Adler zeigt, als landesherrliche Demütigung Berlins, wirklich beweisen ließ sich diese Behauptung mangels Quellen allerdings nicht. Stattdessen blieben der zentral auf dem Wappen aufgebrachte Bär und ein starkes Zusammenwachsen von Stadt und Residenz zurück, das die Berliner und Cöllner Geschichte bis ins 20. Jahrhundert hinein bestimmte (Abb. 102). *Sascha Bütow*

Literatur

Bergstedt 2011 | Fritze/Schich 2000 | Historische Kommission zu Berlin 2012 | Melisch 2014 | Müller-Mertens 2017.

I.29

Typar des Sekretsiegels der Stadt Berlin

Berlin, um 1540
Silber, Guss, Stempelschnitt
Siegelstempel: H 2,9 cm, B 2,6 cm
Tülle: H 1,6 cm, D 1,5 cm
Stiftung Stadtmuseum Berlin, IV 85/176 H

Der silberne Siegelstempel hat eine hochlänglich achteckige Form. Am Siegel wurde eine silberne Tülle angelötet, die mit zwei Bohrungen versehen ist. Diese Halterung diente zur Befestigung des (fehlenden) Holzgriffs. Der Stempelschnitt zeigt im Stil der Renaissance ein mit Arabesken verziertes Wappenschild, in dem ein rechtshin schreitender halbaufrechter Bär mit Halsband und Ring mittels Stichel und Meißel in das Metall eingraviert wurde. Über der heraldischen Kartusche befindet sich ein geschwungenes Band mit der Inschrift »CIVITAS BERLIN« (Stadt Berlin). Das vermutlich um 1540 in Berlin gefertigte Bildnis präsentiert in der städtischen Wappenkunde zum ersten Mal den Bären allein in aufrechter Haltung und mit einem wirklichen Halsband. In ähnlicher Gestalt kommt dieses Sinnbild in der Berliner Numismatik, auch hier erstmalig, auf den in der hiesigen Münze geprägten städtischen Silberpfennigen von 1539 bis 1542 vor. Die Gestaltung des Siegels und der Münzen – der Bär mit Halsband und Ring – symbolisiert die seit der Mitte des 15. Jahrhunderts erzwungene Unterwerfung der Stadt Berlin unter die Hohenzollern, die Markgrafen von Brandenburg.

Das Petschaft war bis 1709 in der städtischen Kanzlei in Gebrauch. Sekretsiegel, oder Geheimsiegel, wurden im Mittelalter als zweites Siegel zur Kontrolle und als nochmalige Echtheitsbestätigung der Schriftstücke auf die Rückseite des Hauptsiegels oder auch des »Großen Siegels« eingedrückt. Zu dieser Zeit waren nur mit diesem kleinen Siegel gezeichnete Dokumente noch nicht rechtswirksam. Ab dem Spätmittelalter fand dann diese zierlichere Form der Beglaubigung billigende Verwendung bei Beurkundungen alltäglicher und relativ unwichtiger Amtsgeschäfte und Briefe.

I.29

Dieses Typar gelangte durch eine Überweisung des Berliner Magistrats, zusammen mit weiteren zahlreichen kommunalen Sachzeugen, in den 1870er oder 1880er Jahren in das 1874 gegründete Märkische Provinzial-Museum (heute Stiftung Stadtmuseum Berlin). *Uwe Winkler*

Literatur
Buchholz 1890.

Thorn

Der Deutsche Orden installiert ein Recht

Abb. 103
Das Brückentor an der Weichsel in Thorn/Toruń, 1432 erbaut als Teil der vorhandenen mittelalterlichen Stadtbefestigung des 13. und 14. Jahrhunderts

Die Entstehung der Stadt Thorn/Toruń steht im engen Zusammenhang mit dem Aufbau der Landesherrschaft des Deutschen Ordens an der Ostsee. Im Jahr 1231 überquerte eine Abteilung der Deutschordensritter die Weichsel und begann mit der Eroberung des Kulmerlands. Bei der Furt durch die Weichsel errichtete der Deutsche Orden eine Burg, die in der heutigen Ortschaft Alt-Thorn/Stary Toruń liegt. Neben der Burg entstand bald auch eine städtische Siedlung (Abb. 103). In den nächsten Jahren gründete der Deutsche Orden noch zwei weitere Städte im Kulmerland, Kulm/Chełmno (1232) und Rehden (1234), und außerdem in Pomesanien Marienwerder/Kwidzyn (1234) und Elbing/Elbląg (1237) am Frischen Haff. Weil das Gebiet, in dem 1231 das Schloss und die Stadt Thorn errichtet wurden, durch Überschwemmungen bedroht war, wurden 1236 die Stadt und wenige Jahre später ebenso die Ordensburg etwa zehn Kilometer östlich auf eine rund 18 Meter über dem Weichselspiegel liegende Anhöhe verlegt. Am 28. Dezember 1232 oder 1233 stellten der Hochmeister Hermann von Salza (um 1179–1239) und der Landmeister für Preußen und Livland Hermann Balk (gest. 1239) ein Privileg – die sogenannte »Kulmer Handfeste« – aus, in dem sie den Städten Kulm und Thorn das Magdeburger Recht verliehen. Die sächsisch-magdeburgische Rechtsordnung wurde im Ordensland durch die Übernahme der Elemente aus anderen Rechtskreisen ergänzt. Zu den wichtigsten Veränderungen zählten die Einführung des flämischen Erbrechts und die Herabsetzung der Strafgelder auf die Hälfte im Vergleich zu Magdeburg. Darüber hinaus gründete der Landesherr in Kulm einen Oberhof des Magdeburger Rechts, dessen Wirkungskreis das ganze Ordensland umfassen sollte. Die »Kulmer Handfeste« sowie die Urteile des Oberhofes in Kulm und des Magdeburger Schöffenstuhls übten einen ausschlaggebenden

Einfluss auf die Ausbildung des Kulmer Rechts aus, das in Preußen auch als das Landrecht galt. Der Deutsche Orden und die preußischen Bischöfe verliehen das Kulmer Recht an 88 Städte, zahlreiche Dörfer und Rittergüter.

Die räumliche Entwicklung der Stadt fand in drei Phasen statt: Die Nordgrenze der ältesten Stadt reichte um 1236 bis zum südlichen Straßenrand des späteren Markts. Die Hauptachse auf der Ost-West-Linie bildete die St.-Anna-Straße. Sie führte vom Altthornischen Tor zur Pfarrkirche und zum daneben gelegenen Platz, der zum Bau von Einrichtungen für den Kleinhandel bestimmt war. Im Rahmen der zweiten Etappe der Stadtausbreitung wurde der rechteckige Markt am Anfang der 1250er Jahre abgesteckt, als das Gebiet der ehemaligen Nordvorstadt in die Stadt einverleibt wurde. Die dritte Phase der Formung der räumlichen Struktur war die 1264 erfolgte Gründung der Neustadt im Gebiet der früheren Burgfreiheit (Abb. 104). Das Gebiet an der Weichsel zwischen beiden Städten war von der Burg und der Vorburg in Anspruch genommen.

In der Frühphase der Stadtentwicklung stand der Gemeinde ein Schultheiß vor, der entsprechend dem Gründungsprivileg von den Bürgern gewählt werden sollte, wobei dem Deutschen Orden das Recht zur Bestätigung des Kandidaten für dieses Amt zustand. Um 1250 bildete sich der Stadtrat heraus, der nach und nach immer größeren Einfluss auf die Stadtregierung gewann. In Thorn setzte sich wie in den anderen nach der »Kulmer Handfeste« gegründeten Städten die Einteilung in Rat- und Schöffenkollegium nach dem Vorbild der Magdeburger Rechtsordnung durch. Der Rat übte die höchste exekutive und legislative Gewalt aus und verfügte auch über gewisse gerichtliche Kompetenzen. Das Hauptorgan des Gerichtswesens war die Schöffenbank unter der Leitung des Schultheißen, der zugleich Richter war. Am Ende des 13. Jahrhunderts ordnete sich der Stadtrat von Thorn das Amt des Schultheißen unter und erlangte das Recht zur Ernennung der Schöffen. Im Jahr 1346 überließ der Hochmeister den Ratsherren und Bürgern die niedere und obere Gerichtsbarkeit im Gebiet der Vorstädte und der städtischen Landgüter.

Abb. 104
Chor der Pfarrkirche St. Jakob, errichtet ab 1309 für die Bewohner der Thorner Neustadt

Wie die Stadträte anderer großer preußischer Städte strebte der Thorner Rat ebenfalls danach, das Recht zu einer vom Landesherrn unabhängigen Beamtenwahl sowie zur Beschließung von Willküren zu erlangen. Diese Befugnisse wurden 1338 durch die Magdeburger Rechtsweisung für Kulm bestätigt.

Im 14. Jahrhundert begann der Rat der Altstadt Thorn, die Vermittlung Kulms zu umgehen und legte die gescholtenen Urteile den Magdeburger Schöffen zur Entscheidung vor. 1458 übernahm der Thorner Rat die Befugnisse des höheren Gerichts des Kulmer Rechts und behielt sie bis Anfang des 17. Jahrhunderts (Abb. 105). Nicht nur Städte aus Königlich-Preußen und aus Ermland, auch die aus Kujawien und Masowien gingen Thorn um Rechtsbelehrungen an. Mit der Entscheidung juristischer Zweifelsfälle hängt das um 1400 vom Stadtschreiber Walther von Bunzlau begründete Buch zusammen, das die juristischen Anfragen an Magdeburg und die Rechtsweisungen der Magdeburger Schöffen enthielt. Die Rechtsordnung der Neustadt Thorn stützte sich auf das Kulmer Recht und auf das Vorbild der Altstadt. Geringeres wirtschaftliches Potenzial im Vergleich zu der Altstadt Thorn und das Fehlen einer starken Kaufmannsschicht bewirkten, dass es dem neustädtischen Stadtrat erst Mitte des 14. Jahrhunderts gelang, sich das Amt des Richters unterzuordnen.

Abb. 105
Das Altstädtische Rathaus, Ansicht von Osten. Gezeichnet von dem Thorner Weißgerber und Amateurzeichner Georg Friedrich Steiner (1704–ca. 1766), aus einem im Zweiten Weltkrieg verlorenen Album, publiziert 1925 von Reinhold Heuer in: Das Merkwürdigste in, bei und um Thorn, Berlin 1925, Abb. 9. Thorn/Toruń, Muzeum Okręgowe w Toruniu

Abb. 106
Das Rathaus in der Neustadt Thorn, seit 1667 evangelische Kirche der Heiligen Dreifaltigkeit, Ansicht von Südwesten. Gezeichnet von dem Thorner Weißgerber und Amateurzeichner Georg Friedrich Steiner (1704–ca. 1766), aus einem im Zweiten Weltkrieg verlorenen Album, publiziert 1925 von Reinhold Heuer in: Das Merkwürdigste in, bei und um Thorn, Berlin 1925, Abb. 24. Thorn/Toruń, Muzeum Okręgowe w Toruniu

Abb. 107
Grundriss der Stadt Thorn, Altstadt und Neustadt mit Festungsanlagen, 1641 von Matthäus Merian. Topographia Germaniae, Bd. 16, S. 50–52, Thorn/Toruń, Archiwum Państwowe w Toruniu

Um die Wende zum 15. Jahrhunderts wurde der Thorner Stadtraum einschließlich des Burggebiets von etwa 11 000 Menschen bewohnt. Die Altstadt mir den Vorstädten zählte rund 7 500 Einwohner, während sich ihre Anzahl in der Neustadt auf etwa 2 500 belief. Die beiden Thorner Städte unterschieden sich voneinander nicht nur hinsichtlich der Einwohnerzahl, sondern ebenso durch deren soziale Struktur. In der Altstadt Thorn bildeten Kaufleute die größte Berufsgruppe. Im Jahr 1395 übten 30 Prozent der Steuerzahler (868 Personen) diesen Beruf aus. Aus den reichen, Fernhandel treibenden Kaufleuten ging die Führungsgruppe hervor. In der Neustadt Thorn lebten die meisten Einwohner vom Handwerk. Unter den neustädtischen Ratsherren kann man sowohl Einzelhändler und Bierbrauer als auch Handwerker finden (Abb. 106).

Die bedeutende Rolle Thorns im Handel zwischen West- und Nordeuropa einerseits und Ost- und Mittelosteuropa andererseits ergab sich aus seiner günstigen Verkehrslage an der Grenze zwischen Ordensland und Königreich Polen sowie im Schnittpunkt der Weichselroute mit den Landwegen nach Masowien, Kujawien, Ruthenien und Schlesien. Bereits Mitte des 13. Jahrhunderts erlangte Thorn Handelsprivilegien in Kujawien, Masowien, in Großpolen und Pommerellen. Im Laufe der zweiten Jahrhunderthälfte knüpften die Thorner Kaufleute Handelskontakte mit Flandern sowie mit Krakau/Kraków und Breslau/Wrocław. Die Zusammenarbeit mit westfälischen Kaufleuten machte im 14. Jahrhundert die Ausdehnung der Handelseinflüsse Thorns im Gebiet der Niederlande möglich. Die Handelskontakte der Altstadt Thorn im Süden reichten bis nach Wladimir-Wolinsk/Wolodymyr-Wolynskyj, Lemberg/L'viv und Oberungarn (heutige Slowakei). Die Konkurrenz seitens der Stadt Danzig/Gdańsk verursachte, dass der Thorner Handel vom Anfang des 15. Jahrhunderts an allmählich den unmittelbaren Zugang zu Seestraßen und westeuropäischen Märkten verlor: Die Handelskontakte der Thorner Kaufleute umfassten hauptsächlich die Gebiete Polens und Schlesiens. Für die Ausfuhr nach Westen waren Holz, Wachs, Kupfer aus Oberungarn und insbesondere Getreide von größter Bedeutung. Unter Importwaren dominierten Luxusartikel wie Tuche, Gewürze, Wein sowie Salz und Fisch.

Der Anteil am hansischen Handel setzte das Engagement für politische und diplomatische Aktivitäten der Hanse voraus. Der Rat der Altstadt Thorn stieg 1280 zum ersten Mal in die hansische Politik ein, indem er die von Lübeck unternommenen Bemühungen um die Verlegung des Stapels von Brügge nach Aardenburg unterstützte. Zwischen 1356 und 1410 nahmen die Ratssendeboten der Altstadt Thorn an 60 Hansetagen und hansischen Verhandlungen teil. Aus der Krise des Fernhandels resultierte auch das abnehmende Interesse des Stadtrats für die Beziehungen zur Hanse. In der ersten Hälfte des 15. Jahrhunderts war die Stadt nur bei 18 hansischen Versammlungen vertreten. Die wirtschaftliche Entwicklung der Stadt Thorn, die noch keinen unmittelbaren Zugang zur Weichsel besaß, gründete hauptsächlich auf lokalem Handel und Handwerksproduktion.

Die Altstadt Thorn gehörte zusammen mit Kulm, der Altstadt Elbing, der Rechtstadt Danzig, der Altstadt Königsberg/Kaliningrad, Kneiphof und Braunsberg/Braniewo zur Gruppe der großen preußischen Städte, die sich sowohl durch das aus der Teilnahme am hansischen Fernhandel resultierende wirtschaftliche Potenzial als auch durch die gegenüber kleineren Städten privilegierte politische Position auszeichneten. Ab der ersten Hälfte des 14. Jahrhunderts nahmen die Vertreter der Räte großer Städte an den vom Hochmeister einberufenen Zusammenkünften teil, wo Entscheidungen bezüglich des Landes und der Teilnahme der preußischen Städte an der Hanse getroffen wurden. Thorn gehörte zu den aktivsten Teilnehmern am politischen Leben im Ordensland. Die Ratsherren der Altstadt nahmen bis 1454 an 329 Städte- und Ständetagen teil. Ab den 1430er Jahren arbeitete die altstädtische Führungsgruppe mit dem Rittertum des Kulmerlands an der Bildung der Ständeopposition gegen den Deutschen Orden zusammen. 1440 wurde bei einer Zusammenkunft in Marienwerder eine Konföderation namens Preußischer Bund gegründet, der die Interessen der Städte und des Rittertums gegenüber dem Landesherrn verteidigen sollte. In Thorn tagte der Geheime Rat, der ab 1453 die Tätigkeit des Preußischen Bundes anführte und Vorbereitungen zu einem Aufstand gegen den Deutschen Orden anfing. Zunächst schloss sich auch die Neustadt Thorn der Konföderation der preußischen Stände an, aber unter dem Druck des Komturs trat der neustädtische Rat aus dem Preußischen Bund aus. Die Eroberung der Burg durch die Thorner Bürger am 8. Februar 1454 war der Auslöser zum Aufstand gegen den Deutschen Orden in ganz Preußen. Am 6. März huldigten in Krakau die Delegaten des Preußischen Bundes mit dem Bürgermeister der Altstadt Thorn dem polnischen König Kasimir IV., der Preußen der polnischen Krone einverleibte. Der Rat der Altstadt Thorn nutzte die neue politische Situation zur Liquidierung der verfassungsrechtlichen Besonderheit der Neustadt Thorn aus. Der Inkorporationsakt vom 8. März 1454 sah die Abschaffung des neustädtischen Rats vor, erhalten geblieben war nur ein besonderes Schöffengericht für die neustädtischen Bürger. Die Eingliederung Preußens in das polnische Königreich initiierte den Dreizehnjährigen Krieg der preußischen Stände und Polens gegen den Deutschen Orden, der durch den in Thorn 1466 geschlossenen Frieden beendet wurde. Kraft dessen wurde der westliche Teil des Ordensstaats, das sogenannte Königlich-Preußen mit den größten Städten Thorn, Danzig und Elbing, dem polnischen Königreich angeschlossen. Das Kulmer Recht war in Thorn bis zur zweiten Teilung Polens 1793 in Kraft, danach wurde die Stadt dem Königreich Preußen einverleibt (Abb. 107). *Roman Czaja*

Literatur
Biskup 1999 | Kamińska 1980 | Mikulski 1999 | Tandecki 2008.

Breslau

Planstadt der schlesischen Herzöge

Die schlesische Hauptstadt Breslau/Wrocław liegt an der Oder, was großen Einfluss auf die Strukturen der mittelalterlichen Besiedlung hatte. Das natürliche, besonders reich entwickelte Gewässernetz bildete sich aus mehreren Flussarmen der Oder in ihrem breiten Tal und drei in sie mündenden Flüssen sowie den zahlreichen Altarmen. Die Gewässer änderten auf natürliche Weise ihren Lauf, sodass mehrere einzelne Flussinseln entstanden. Die größte Bedeutung für die frühe Siedlungsentwicklung der Stadt Breslau besaßen sowohl die Dom- und Sandinsel als auch die Areale im Uferbereich auf beiden Seiten des Oderstroms.

Die Umwandlung Breslaus vom frühen, polyzentrischen Siedlungskomplex in eine Rechtsstadt des 13. Jahrhunderts geschah im Rahmen der allgemeinen Entwicklungen in Mittel- und Westeuropa. Die florierende wirtschaftliche Entwicklung des Westens intensivierte den Fernhandel und den Informationsaustausch. Eine erhebliche Bevölkerungszunahme führte zu einer Auswanderungswelle und infolgedessen zu Bevölkerungswachstum im Osten. In Schlesien verlief dieser Transformationsprozess im Gegensatz zu anderen Gebieten in Europa friedlich. Die Neusiedler aus dem Westen waren im Handel, Handwerk und in der Landwirtschaft erfahren, weswegen sie den Grundherren sehr willkommen waren. Durch diesen Siedlungsprozess wurden neue Städte und Dörfer gegründet, welche die Grundherren als ihre eigenen Investitionen zur Förderung der Entwicklung ihres Herrschaftsbereichs (*melioratio terrae nostrae*) betrachteten. In Breslau waren solche Investoren und Förderer die örtlichen Fürsten der Dynastie der schlesischen Piasten.

Der Zustrom von Kaufleuten und Handwerkern aus dem Westen in manche ostmitteleuropäische Städte hatte noch vor der Bildung der Stadtgemeinden im rechtlichen Sinn stattgefunden. Einige Quellen deuten darauf hin, dass dies auch

Abb. 108
Breslau/Wrocław, im Zentrum der Große Ring und das Rathaus

Abb. 109
Breslau, die Stadt des Magdeburger Rechts um 1300, bearbeitet von Małgorzata Chorowska

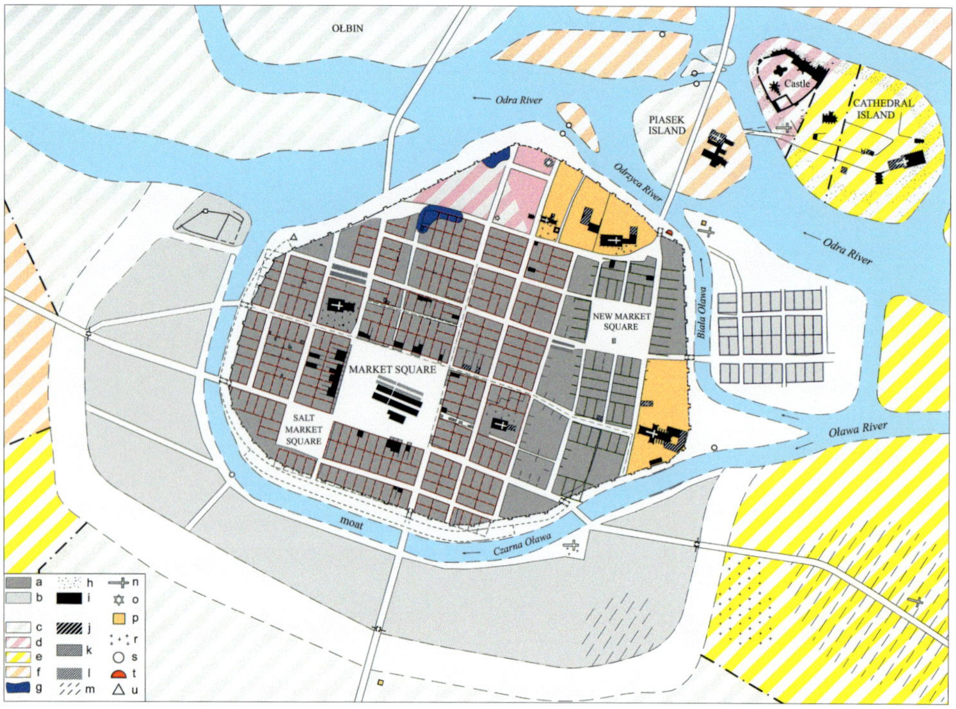

Legende

a Stadtgebiet
b außerhalb der Stadtmauern
c städtischer Besitz
d Besitz des Herzogs
e kirchlicher Besitz
f klösterlicher Besitz
g jüdische Siedlung (nach archäologischem Befund)
h Reste des Burgwalls auf der Dominsel
i Steinbauten (nach archäologischem Befund)
j Steinbauten (vermutete Grundrisse)
k Holzbauten (dendrochronologisch datiert)
l Holzbauten (vermutete Grundrisse)
m Siedlungen
n Kirche (keine exakte Lage)
o Synagoge
p Hospital (Hl. Geist, St. Elisabeth, Corpus Christi)
r Friedhof
s Mühle
t Kretscham (Schenke)
u Schlachthof

in Breslau der Fall war. Bis zur Wende vom 12. zum 13. Jahrhundert diente den Einwohnern der Handwerker- und Marktsiedlung auf dem linken Oderufer die St.-Adalbert-Kirche als Zentrum. Der Bau der Kirche St. Maria Magdalena im neu besiedelten Stadtteil scheint die Entstehung der neuen Gemeinde in Breslau Anfang des 13. Jahrhunderts widerzuspiegeln. Hierbei kann ebenso die Behauptung gewagt werden, dass sich dort die ersten deutschsprachigen Ansiedler in Breslau niederließen. Einzelne Schriftquellen aus dieser Zeit erwähnen Bewohner mit deutsch klingenden Namen wie zum Beispiel Gerung(us). Im Jahr 1214 wurde schließlich der rechtliche Vertreter der neuen Stadtbewohner, der Schultheiß Godinus (*scultetus Godinus*) bestätigt.

Am westlichen Rand der Stadt siedelten sich jüdische Kaufleute an und im Osten wallonische Weber. Die Anwesenheit ethnisch fremder Ansiedler in den ersten Jahrzehnten des 13. Jahrhunderts bedeutete aber keine wesentlichen Änderungen der Raum- und Siedlungsstruktur. Dazu kam es erst in den 1330/40er Jahren, als in einem bislang unbewohnten Gebiet der Stadt – westlich von den älteren polyzentrischen Handwerker- und Marktsiedlungen – ein neuer, anders organisierter Siedlungsbereich angelegt wurde.

Das Zentrum des neuen Stadtteils bildete ein viereckiger Marktplatz, etwa 180 mal 200 Meter groß, der in Breslau bis heute als »Der Ring« (Rynek) bezeichnet wird (Abb. 109). Um ihn herum wurden in regelmäßigen Abständen die Straßen und Grundstücke für die bürgerlichen Häuser abgesteckt. Ob der gleichmäßig angeordnete Stadtplan direkt mit einem Gründungsakt in Verbindung stand, ist bisher unsicher. Mehrere Rechtsverleihungen für Breslau sind überliefert. Im Jahr 1261 erfolgte der letzte derartige Rechtsakt, bei dem Herzog Heinrich III. von Schlesien (reg. 1248–1266) und sein Bruder Wladislaw, später Bischof von Salzburg (amt. 1265–1270), Breslau mit Magdeburger Recht bewidmeten. Die Blockrandbebauung um den Markt wurde in 60 Fuß breite und 120 Fuß lange Grundstücke aufgeteilt. Die Bürgerhäuser im nördlichen Teil der Stadt hatten eine Breite von 40 Fuß. In einigen Fällen wurde die ursprüngliche Parzellengröße aufgrund der im 13. Jahrhundert errichteten Back-

Abb. 110
St. Elisabeth in Breslau. Die gotische Backsteinkirche in der Altstadt zählt zu den ältesten und größten der Stadt

Abb. 111
Die älteste Stadtansicht der prosperierenden Metropole Breslau stammt aus der Weltchronik des Hartmann Schedel, gedruckt in Nürnberg 1493. Darmstadt, Technische Universität, Inc. VI/14, Bl. 234

steinhäuser angepasst, die meisten Parzellen wurden jedoch anlässlich von Erbschaftsteilungen oder Verkäufen schnell verändert. In der Mitte des Platzes wurden im Laufe der Jahrzehnte das Rathaus, die Tuchhalle und gemauerte Verkaufsstände aus Backstein errichtet (Abb. 108).

Die erste Breslauer Stadtmauer umfasste eine Fläche von etwa 40 Hektar. Innerhalb der Mauern lag das ursprünglich der Bürgergemeinde zugeteilte Gelände sowie das Kernstück der alten Handwerker- und Kaufleutesiedlung um die Kirche St. Adalbert, in der noch das fürstliche Landrecht galt. Außerhalb der Stadtmauern blieb ein Teil des schon vor der Stadtgründung besiedelten Gebiets, für das somit das Stadtrecht nicht galt. Die alte Siedlung *ad sanctum Adalbertum* wurde nach 1261 aufgelöst. An ihrer Stelle wurde das gleichmäßig geplante *novum forum*, der Neumarkt, errichtet. Zu dieser Zeit kam es auch zu Erweiterungen der Stadt, die zu deren Ausbreitung nach Süden und Westen führten. In der ersten Hälfte des 14. Jahrhunderts wurde schließlich ein zweiter Gürtel zur Befestigung von ganz Breslau erbaut.

Innerhalb der geometrisch strukturierten Stadt befanden sich drei rechteckige Marktplätze: der zentral gelegene Ring, der von Südwesten an den Ring grenzende Salzmarkt und der jüngere Neumarkt. Archäologische Untersuchungen des Straßennetzes bestätigen deren Kontinuität vom Spätmittelalter bis heute. Die Straßen wurden zunächst mit einer festen Holzoberfläche befestigt und zur Stabilisierung schrittweise mit einem Steinpflaster versehen. Zur Erweiterung Breslaus wurde 1263 östlich der Altstadt die Neustadt ebenfalls in einer gleichmäßigen Struktur angelegt. Sie verfügte jedoch nicht über eigene Befestigungsanlagen. Das gesamte von den Breslauer Bürgern bewohnte Gebiet erreichte damals eine Fläche von etwa 140 Hektar. Außerhalb der bewohnten Stadt befanden sich die Fürstenburg an der Oder und die kirchlichen Enklaven: die Dominsel, die Sandinsel mit Augustinerabtei und nördlich davon Elbing/Ołbin mit der Prämonstratenserabtei.

In der frühen Bürgerstadt existierten zwei Pfarrkirchen: St. Maria Magdalena östlich des Marktplatzes und St. Elisabeth an dessen nordwestlicher Ecke (Abb. 110). Einzigartig war die Situation der Bettelorden in Breslau. Ähnlich wie in Prag/Praha und Krakau/Kraków kamen sie noch vor der Lokation oder während der Neuanlage in die Stadt. Die Dominikaner hatten im Jahr 1226 die schon existierende St.-Adalbert-Kirche übernommen. Die Franziskaner erhielten für ihren Klosterbau ein Gelände bei der Sandbrücke, das wahrscheinlich am Markt der älteren Siedlung gelegen war.

Der Zustrom neuer Einwohner aus West- und Mitteleuropa und die daraus resultierende Neustrukturierung und Neuorganisation der Stadtgemeinde verursachten einen allgemeinen Wandel der Wirtschaftsorganisation, des bürgerlichen Bauwesens, der Sachkultur und des Lebensstils. Die Transformation der Stadt und der städtischen Lebensweise erfolgten über mehrere Jahrzehnte, wovon insbesondere archäologische Quellen zeugen. Die traditionellen Baukonstruktionen – Blockbau und Flechtwerk – wurden von Anfang des 13. bis Mitte des 14. Jahrhunderts durch die westliche Bauweise ersetzt, unter an-

Abb. 112
Altes Rathaus und Wahrzeichen der Stadt Breslau an der südöstlichen Ecke des Großen Rings

derem durch die als Ständerbau bezeichnete Konstruktion, die sich später als schlesische Variante des Fachwerks weiterentwickelte. Erste bürgerliche Häuser aus Ziegelsteinen sind für die Mitte des 13. Jahrhunderts belegt. Etwa 100 Jahre später sind sie bereits zur dominierenden Bauweise geworden. Auch die Wohnbedingungen hatten sich geändert: Durch die Einführung von Kachelöfen am Ende des 13. Jahrhunderts hatte sich die Heizsituation verbessert. Später hielt durch die Nutzung von Kerzenständern und Öllämpchen künstliche Beleuchtung Einzug in die Häuser.

Die Wasserversorgung der Stadt erfolgte zunächst über Brunnen, die auf einzelnen bürgerlichen Grundstücken lagen. Bereits zu Beginn des 14. Jahrhunderts wurde mit dem Bau von Wasserwerken begonnen. Bis zum 16. Jahrhundert entstanden drei »Wasserkünste«, die Wasser aus den Flüssen Oder und Ohlau pumpten. Sie waren mit Rohrsystemen aus Holz oder Keramik verbunden, sodass das Wasser durch die Straßen zu öffentlichen und privaten Brunnen gelangte. Die Abwasserentsorgung und ein ordnungsgemäßer sanitärer Zustand der Stadt wurden durch private Kloaken auf den einzelnen Grundstücken und durch öffentliche Gossen (Abwasserrinnen) in den Straßen gesichert.

Das Erscheinungsbild der Stadt Breslau, ihre gut entwickelte bürgerliche Kultur und der relativ hohe Lebensstandard ihrer Einwohner waren das Ergebnis des Gründungsprozesses nach Magdeburger Recht (Abb. 111). Noch heute ist das im 13. Jahrhundert entstandene Stadtbild gut erkennbar. Die Form des damaligen Marktplatzes blieb unverändert, obwohl sich die darum befindlichen Gebäude veränderten. Das Rathaus steht noch am ursprünglichen Ort, wurde im Spätmittelalter aber mehrmals im spätgotischen Stil umgebaut (Abb. 112). Heute ist dort der Sitz des Historischen Museums der Stadt Breslau. Daneben stehen die Tuchhallen und Kramläden aus Backstein in ihrer ursprünglichen Gestalt; sie sind nach wie vor durch drei Gässchen geteilt. Der Markt erfüllt immer noch die wichtigsten seiner früheren Funktionen. Dort befindet sich der Sitz des Stadtpräsidenten und des Stadtrats. Der Platz sowie zahlreiche Cafés und Restaurants sind ein beliebter Treffpunkt für Einwohner und Touristen in Breslau. Der schachbrettartige Plan der Straßen der Altstadt blieb unverändert, ebenso wie die dazwischen liegenden Häuserblocks. In vielen ehemaligen Bürgerhäusern, vor allem in Kellern und im Erdgeschoss, blieben Ziegelmauern aus dem 13. und 14. Jahrhundert erhalten und dienen als Innendekoration von Restaurants und Geschäften. Die Breslauer Universität liegt heute an der Stelle der ehemaligen Burg am nördlichen Ende der Altstadt.
Jerzy Piekalski

Literatur
Atlas historyczny 2017 | Konczewski/Piekalski 2011 | Młynarska-Kaletynowa 1986 | Mühle 2015 | Piekalski 2015.

I.30

»Die Contrafactur der Stadt Breslau«, der erste Stadtplan Breslaus

Breslau/Wrocław, Weihner, Barthel & Sohn, Original 1562

Faksimile: Breslau, Karl Gustav Förster, 1929

Lithografie, 16 Blätter

Gesamtgröße: H 190 cm, B 192 cm

Berlin, Staatsbibliothek zu Berlin – Preußischer Kulturbesitz, Kartenabteilung, Sig. Kart. X 20610

1562 erstellten die Kartografen Barthel Weihner und sein Sohn Bartholomäus die »Contrafaktur der Stadt Breslau« im Auftrag des Breslauer Patriziers Georg Uber anlässlich der Krönung des neuen böhmischen Königs Maximilian II. von Habsburg (reg. 1562–1576).

Der Stadtplan mit nördlicher Ausrichtung im Maßstab von etwa 1:1400 wurde aus 16 Blättern fast quadratisch (186 × 187cm) zusammengesetzt. Er enthält weder Maßstabsleiste noch Zahlenmaßstab, Legende oder Titelkartusche. Der Titel wurde im oberen Teil in kleiner, schlecht leserlicher schwarzer Schrift platziert; Informationen finden sich in Kartuschen an der Seite. Die gesamte Karte ist dank Farbwahl, präziser Zeichnungen und Beschreibungen in deutscher und lateinischer Sprache gut lesbar. In der oberen linken Ecke steht eine Widmung an den römisch-deutschen König und Kaiser Ferdinand I. von Habsburg (reg. 1531–1564) und seinen Sohn Maximilian II. anlässlich der Prager Krönung von 1562. Die restlichen Ecken sind mit Wappen des Königreichs Böhmen, der Stadt Breslau und des Breslauer Bischofs Kaspar von Logau (amt. 1562–1574) verziert.

I.30

Die Karte zeigt eine Stadt mit 25 000 Einwohnern, die an einem großen Fluss mit Inseln liegt. Hier kreuzten sich wichtige Handelsrouten Europas: die *via regia*, auch Hohe Straße genannt, und die Bernsteinstraße, die von der Adria bis zur Ostsee führte. Zu sehen ist die von Gräben und Stadtmauern umgebene Stadt mit rechtwinkligem Straßenraster. Die Karte zeichnet sich durch außergewöhnliche Genauigkeit und Liebe zum Detail aus: Zum ersten Mal wurden die Namen der Straßen und der Plätze der Stadt berücksichtigt. Die Autoren zeichneten und beschrieben alle wassernutzenden Anlagen: Wasserrad, Mühlen, Mälzereien, Bleichereien, Walkmühlen, Sägewerke, Papiermühlen, Schlachthöfe und Getreidespeicher.

Der urbane Raum wird durch Hunderte Gebäude aus Stein und Holz dargestellt. Viele sind beschriftet, vor allem diejenigen mit sakraler (Dom, Klöster, Pfarrkirchen), administrativer und öffentlicher (Rathaus, Kaserne, Krankenhäuser, Gefängnis) Bedeutung. Die bereits anlässlich der türkischen Bedrohung 1529 auf Beschluss des Stadtrats abgerissene Klosteranlage Elbing/Ołbin ist ebenfalls bezeichnet.

Das Original, das einst zu den Beständen der Universitätsbibliothek Breslau zählte, wurde 1945 für verloren erklärt und ist nur in Reproduktionen überliefert: in vielen hervorragenden Lithografien in Originalgröße aus dem 19. Jahrhundert sowie in kleinerem Format von 1929, wie das vorliegende Exemplar. Weihners Stadtplan von Breslau ist heute eine unverzichtbare Quelle von unschätzbarem Wert für historische Forschungen zur Stadt Breslau. *Dariusz Przybytek*

Literatur
Atlas historyczny 2017 | Kononowicz 1999 | Małachowicz 1985 | Szynkiewicz 2011 | Wytyczak 2000.

I.31

Typar/Petschaft der Stadt Breslau

Breslau/Wrocław, nach 1530

Silber mit Siegelplatte; gegossener Griff; Umschrift (Siegelplatte): »+ S[igillum] + SENATVS . POPVLIQ[ue] VRATISLAVIENSIS«

H 8,9 cm, D 4,6 cm

Nürnberg, Germanisches Nationalmuseum, SiSt 5670

Die Verwendung eines Siegels zur Beglaubigung von Urkunden und anderen Dokumenten gewann im Spätmittelalter für Städte zunehmende Bedeutung. Das Siegel kündet von der Fähigkeit des Rats, selbst Gesetze und Statute aufstellen sowie Übereinkünfte schließen zu dürfen. Aus diesem Grund wurden Stadträte ebenso ersucht, vorhandene Privilegien, Abschriften oder Zeugenaussagen zu bestätigen und mit ihrem Siegel Rechtskraft zu verleihen.

Die vom Siegelinhaber verwendeten Darstellungen konnten sich jedoch aufgrund herrschaftlicher Zugehörigkeit, wechselnder Symbolsprache und ratsherrlicher Vorlieben verändern, wofür die Stadt Breslau ein anschauliches Beispiel bietet. Die dortige vom schlesischen Herzog gegründete Bürgerschaft erhielt 1261 das Magdeburger Recht (vgl. den Beitrag von Jerzy Piekalski, S. 213–216) und griff in frühen Siegeln auf den Adler als Wappentier Schlesiens und des regierenden Fürstenhauses zurück. Außerdem nutzten die Ratsherren Darstellungen des in einer Schüssel liegenden, abgeschlagenen Haupts Johannes des Täufers, der innerhalb des Bistums Breslau verehrt wurde. Nachdem sich Mitte des 14. Jahrhunderts die Könige von Böhmen in Schlesien als Oberlehnsherren durchsetzten, fand auch der von ihnen als Wappentier verwendete Löwe Eingang in das Breslauer Stadtsiegel. Um 1400 schließlich tauchten zwei weitere Symbole auf: Johannes der Evangelist, dessen Kopf aus einer umgedrehten Krone ragt, sowie ein »W«, das den Anfangsbuchstaben des slawischen Stadtnamens Wratislavia markiert.

Diese Figuren und Zeichnungen nutzte die Stadt Breslau auf ihren Siegeln bis ins 16. Jahrhundert hinein keineswegs einheitlich. Um 1530 jedoch strengten die dortigen Ratsherren die Gültigkeit eines neuen Wappens an, das die bisher verwendeten Darstellungen zusammenführen sollte.

I.31

Dessen Gültigkeit wurde der Stadt am 12. März 1530 von König Ferdinand von Böhmen (reg. 1526–1562, Kaiser 1558–1564) bestätigt und zwar in der Weise, dass alle mit älteren Siegeln ausgestatteten Dokumente ihre Rechtskraft beibehalten sollten. Bei der Beschreibung des neuen Siegelbilds war jedoch ein Fehler unterlaufen: Johannes der Evangelist war aufgrund seiner langen Haare und zarten Gesichtszüge mit der heiligen Dorothea verwechselt worden, die die Breslauer Bürgerschaft gleichfalls verehrte. Noch im selben Jahr bemühte sich der Breslauer Rat deshalb um eine Neuausfertigung der Urkunde durch Kaiser Karl V. (reg. 1519–1556). Das von ihm bestätigte Stadtwappen wurde als Zeichnung in die kaiserliche Urkunde eingefügt und entspricht dem Bild auf der Siegelplatte des vorliegenden Typars: ein viergeteiltes Wappenschild mit dem böhmischen Löwen in der rechten oberen Ecke, dem schlesischen Adler neben ihm, dem »W« in der rechten unteren Ecke und links daneben dem aus einer umgedrehten Krone herausragenden Kopf des Evangelisten Johannes. In der Mitte befindet sich der abgeschlagene Kopf Johannes des Täufers auf einer Schüssel. *Sascha Bütow*

Literatur
Mühle 2015, bes. S. 74 f. | Roehl 1900 | Walter 1992.

I.32

Magdeburger Weistum für die Stadt Breslau von 1261

Magdeburg, 1261, und Breslau, 1261–1283

Pergament, zwei Hängesiegel (Herzog Heinrich III. von Schlesien-Breslau; Stadt Magdeburg)

H 66,2 cm, B 66,7 cm

Breslau/Wrocław, Archiwum Państwowe we Wrocławiu, Dokumenty miasta Wrocławia, 24 z 1261 roku

In diesem Weistum (im Sinne von Rechtsbelehrung) teilten die Magdeburger Schöffen und Ratmannen (Ratsherren) Herzog Heinrich III. (reg. 1248–1266) und den Bürgern von Breslau auf deren Wunsch das Recht der Stadt Magdeburg mit. An der Urkunde hängen das beschädigte Siegel Herzog Heinrichs III. (»[…] SIGILLVM […]«) und das der Stadt Magdeburg (»+ SIGILLVM BVRGENSIUM IN MAGDHEBVRCH«). Außer diesem Original sind noch mehrere weitgehend textgleiche Abschriften überliefert. Die Urkunde wurde von zwei verschiedenen Schreibern ausgefertigt, von denen einer die Vorderseite in zwei Kolumnen (bis § 64) beschrieben hat und ein späterer wohl erst in Breslau die Rückseite (§§ 65–79) mit einer Kolumne, die deshalb als Nachtrag angesehen wird, der zwischen 1261 und 1283 angefügt wurde. Die von der Forschung vorgenommene Einteilung in Paragrafen findet sich in der Urkunde nicht. Dort sind diese Sinneinheiten durch größere Abstände oder teilweise auch durch die Verwendung von Initialen kenntlich gemacht.

Inhaltlich geht es unter anderem um die Konstitution der Stadtverfassung mit Burggraf, Schultheiß, Ratmannen und Schöffen, um Maße und Gewichte, Straf- und Bußzahlungen, Regelungen zum Erbrecht, Gerichts- und andere Fristen, geraubtes Gut und wie man es zurückbekommt, Mündigkeit, Unfreiheit und Bürgschaft. Nach Paragraf 64 versicherten die Magdeburger, dass sie den Breslauern helfen wollten, dieses Recht einzuhalten, wenn sie darum gebeten würden; zudem werden die Namen der zur Zeit dieser Rechtsverleihung im Amt befindlichen Schöffen und Ratmannen genannt. Das Hilfsangebot in Rechtsfragen begründete auch das Verhältnis zwischen den Breslauern, die das Magdeburger Recht in ihrer Stadt etablieren wollten, und den Magdeburgern, die als Urheber Fach-

Das Weistum für Breslau ist überlieferungsgeschichtlich zudem deshalb bedeutsam, weil es insgesamt zwölf Paragrafen enthält (§§ 62–73), in die Inhalte des Sachsenspiegels aus fünf Artikeln nahezu wörtlich aufgenommen wurden. Der Beginn der Übernahme in Paragraf 62 des Weistums entspricht dabei den Sätzen acht und neun des Artikels 62 im ersten Buch des Sachsenspiegel-Landrechts. Diese Urkunde ist die älteste erhaltene (Teil-)Überlieferung des Sachsenspiegels, der erst etwa 30 Jahre vorher von Eike von Repgow (um 1180– nach 1233) aufgezeichnet wurde. Ein weiteres Weistum, das als Ergänzung zu dem von 1261 zu verstehen ist, haben die Magdeburger Schöffen und Ratmannen den Breslauer Bürgern am 8. November 1295 mitgeteilt. Sprachlich sind diese Urkunden für Schlesien insofern eine Besonderheit, als im 13. Jahrhundert Urkunden hier noch nicht in der Vernakularsprache (Volkssprache) Deutsch, sondern stets auf Latein verfasst wurden. *Wieland Carls*

Quellen
Faksimile und Transkription: www.rzuser.uni-heidelberg.de/~cd2/MagdebR/ | Schlesisches Urkundenbuch 3, S. 248–255, Nr. 381.

Literatur
Irgang 1995.

I.32

leute in Fragen dieses Rechts waren. Vom Anfang des 14. bis zur Mitte des 16. Jahrhunderts sind über 700 Anfragen der Breslauer Schöffen bei ihren Magdeburger Kollegen belegt. Die Paragrafen 65 bis 79, die als in Breslau hinzugefügt gelten, behandeln unter anderem Fragen der Rechtmäßigkeit von kämpferischen Auseinandersetzungen, die richtigen Worte eines Vorsprechen (jemand, der vor Gericht für den Beklagten oder den Kläger spricht), das Recht eines Knechts auf Zahlung seines Lohns sowie die Beweiskraft von Zeugen. Die in diesem Weistum versammelten rechtlichen Bestimmungen umfassen im Kern das, was zu jener Zeit unter Magdeburger Recht zu verstehen war. Deshalb wurden diese Inhalte immer wieder in Kompilationen von Texten Magdeburger Rechts wie dem Sächsischen Weichbild, aber auch in spätere Rechtsweisungen – zum Beispiel für die Stadt Schweidnitz/Świdnica (1363) – aufgenommen oder an andere Städte weitergegeben (von Breslau an Glogau/Głogów 1314).

Schemnitz

Zentrum des Bergbaus in Oberungarn

Das 12. und 13. Jahrhundert war eine Zeit bedeutender wirtschaftlich-gesellschaftlicher Veränderungen in Europa sowie der inneren Konsolidierung des Königreichs Ungarn. In den damals bedeutenden Bergbauregionen begannen die versprengten Bergbausiedlungen, sich zu Bergstädten zu wandeln (Abb. 113). Schemnitz/Banská Štiavnica gilt als die älteste Bergstadt der Slowakei. Ein intensiver Bergbaubetrieb auf dem Gebiet um Schemnitz entwickelte sich seit dem letzten Viertel des 12. Jahrhunderts. Das Stadtgebiet wurde als *terra banensium* (Land der Bergleute) erstmals in einer Urkunde des Graner/Esztergomer Erzbischofs Martyrius (amt. 1151–1158) aus dem Jahr 1156 erwähnt, die in einer Abschrift von 1347 erhalten ist. Die früheste authentische schriftliche Quelle zu Schemnitz ist eine Urkunde von 1217, in der erstmals Silbergewinnung an einem Ort mit der Bezeichnung *Bana* vermerkt ist. In einer weiteren Quelle, einer Urkunde von 1228, wird das Gebiet um die Stadt als *argenti fodina* (Silbermine) bezeichnet.

In das ungarische Königreich wurden zu dieser Zeit technisch fortschrittlichere Berg- und Hüttenarbeiter sowie Münzmacher aus Kuttenberg/Kutná Hora, Tirol, der Steiermark, Kärnten und später auch Sachsen angeworben, die neue Methoden der Erzförderung mitbrachten und gemeinsam mit der ortsansässigen Bevölkerung die Grundlage für einen moderneren und effektiveren Bergbau und das Aufblühen der Bergstädte schufen. Die Bergstädte erhielten seit dem 13. Jahrhundert von den jeweiligen Herrschern bestimmte Vorrechte und wurden zu sogenannten Freien Königlichen Bergstädten. Schemnitz bekam diese Privilegien wahrscheinlich im Jahr 1238. Obwohl das Stadt- und Bergrecht von Schemnitz in der heutigen Slowakei entstand, waren seine Autoren deutschsprachig; es wurde auf Deutsch verfasst, weil dies im 13. Jahrhundert in Schemnitz gesprochen und geschrieben wurde. Das ursprüngliche Schemnitzer Stadtrecht gehört zu den ältesten Stadtrechten der Slowakei, und das Schemnitzer Bergrecht ist das älteste seiner Art. Zudem musste bereits im ersten Drittel des 13. Jahrhunderts in Schemnitz ein Gewohnheitsbergrecht existiert haben. Die Abfassung des Stadt- und Bergrechts wurde der Tradition nach von den Schemnitzer Schöffen auf Geheiß des ungarischen Königs Bélas IV. (reg. 1235–1270) erstellt (Abb. 114). Inhalt dieses ersten Privilegs war die Verleihung der richterlichen und verwaltungsmäßigen Unabhängigkeit, das Recht der freien Erzförderung sowie das Recht auf eine eigene Gesetzgebung.

Abb. 113
Karte der mittelslowakischen Bergbauregion mit den Wappen der sieben mittelslowakischen Bergstädte auf der Titelseite der »Neuen Bergordnung des Königreichs Ungarn«, Wien 1760. SBM – Slovenské banské múzeum Banská Štiavnica, Bibliothek, T 752

Abb. 114
Béla IV. König von Ungarn (reg. 1235–1270) veranlasste nach einer Tradition die Abfassung des Stadt- und Bergrechts von Schemnitz/Banská Štiavnica. Abbildung aus der »Chronica Hungarorum« des János Thuróczy, Augusburg 1488, Budapest, Széchényi-Nationalbibliothek (Országos Széchényi Könyvtár), Inc. 1143, fol. i08v

Das ursprüngliche Stadt- und Bergrecht von Schemnitz wurde 1442 aufgrund von Bränden nach der Plünderung durch die Armee des Bischofs Simon Rozgonyi von Erlau/Eger/Jáger (amt. 1438–1444) und des Adligen Ladislav Čech aus Lewenz/Levice (Ladislav Lévai), Vorsteher des ungarischen Komitats Bars (amt. 1439–1441, gest. 1454), vernichtet. Im Laufe des 15. und 16. Jahrhunderts berief sich die Stadt jedoch mehrfach auf die ursprünglichen Privilegien, um die ungarischen Herrscher beispielsweise dazu zu bewegen, die Stadt von Wegezöllen, fiskalischen Regalabgaben und Zöllen zu befreien oder um das Recht bewilligt zu bekommen, in den königlichen Wäldern Holz für den Bergbau zu schlagen.

Die älteste erhaltene schriftliche Ausführung des Stadt- und Bergrechts von Schemnitz befindet sich im sogenannten »(Zweiten) Schemnitzer Stadtbuch« (1466, Kat.-Nr. I.33, Stadt- und Bergrecht von Schemnitz). Das Buch hat einen hölzernen Einband mit rotem Lederüberzug, silbernen Schmiedeelementen und der Darstellung von Löwenköpfen. Außer den städtischen Notizen und Texten zum Stadt- und Bergrecht beinhaltet das Stadtbuch auch Darstellungen des Stadtwappens, der Wappen von Schemnitzer Bürgerfamilien oder der Kreuzigung Jesu, die von Valentinus Gobil stammen, der 1432 als Schreiber in Schemnitz nachweisbar ist. Der eigentliche Text des Stadt- und Bergrechts fand auf Deutsch Eingang in das Stadtbuch. Bei dessen Ausarbeitung bezog man sich auf Abschriften der deutschen Fassung des Bergrechts von Iglau/Jihlava. Der einführende Teil des Rechtsbuchs wurde vom ursprünglichen Schemnitzer Recht sowie des bis dahin in der Praxis angewendeten Stadtrechts übernommen. Die weiteren Kapitel des Textes weisen formale Merkmale auf, die zur Regierungszeit König Bélas IV. (1235–1270) unüblich waren und zahlreiche für die Zeit fortschrittliche Elemente enthalten.

Das Stadtrecht umfasste Freiheiten und Privilegien der Bürger sowie Strafen bei Verstößen gegen diese Rechte. Es sprach insbesondere den Schemnitzer Ringbürgern bzw. Waldbürgern – reiche, überwiegend deutschstämmige, am Ring oder Markt ansässige Stadtbürger und Montanunternehmer – weitreichende Rechte zu (Abb. 115). Sie unterstanden keiner Obrigkeit, lediglich der Jurisdiktion ihrer selbst frei gewählten Vertreter, also dem Richter und den Mitgliedern des Stadtrats. Die Bestimmungen des Stadtrechts behandelten außerdem die Wahl des Richters und der Schöffen, die gemeinsam den Stadtrat bildeten. Die Wahlen waren gemäß königlicher Anordnung alljährlich am kirchlichen Feiertag Mariä Lichtmess (2. Februar) durchzuführen. Zum Richter sollte ein ehrenhafter Mann gewählt werden, der bereits ein Jahr Mitglied des Stadtrats war. Diese Funktion wurde meist von Vertretern der reichsten städtischen Schichten ausgeübt. Gemeinsam mit vier Mitgliedern des Stadtrats aus der vorangegangenen Wahlperiode hatte der neu gewählte Richter die Aufgabe, den neuen Stadtrat vorzuschlagen und zu bestätigen. Auch der städtische Bergmeister war Mitglied des Stadtrats; die Tätigkeit der Kanzlei wurde von einem Notar ausgeübt, der die Stadt ebenso in Rechtsangelegenheiten vertrat. Die Artikel des Stadtrechts enthielten zudem weitere Rechte und Pflichten des Richters und der Schöffen, Anordnungen bei deren Verleumdung sowie Regelungen zu deren Bestrafung.

Abb. 115
Schemnitz im 17. Jahrhundert. Kupferstich von Gerard Bouttats nach einem unbekannten Zeichner, 1676. SBM – Slovenské banské múzeum Banská Štiavnica, UH 798

Zu den Rechten und Freiheiten des Stadtrechts gehörten weiterhin der Schutz der persönlichen Freiheit, des Lebens, der Gesundheit, des privaten Eigentums, der Religion, des Friedens, der Richtigkeit von Maßen und Gewichten auf dem Markt, die Möglichkeit der Anrufung des städtischen Gerichts, die Bestrafung von Hexen, Dieben, Räubern und Falschspielern sowie unter anderem die Verurteilung bei Mord und Körperverletzung. Der Umfang der Strafen bewegte sich zwischen Verbannung aus der Stadt über die Zahlung von Bußgeldern, Gefängnis, Folter, Rädern, Abschlagen von Händen bis hin zu Enthauptung, Ertränken und Verbrennen. Wer sich strafbar machte, musste auch damit rechnen, die Privilegien und Rechte eines Stadtbürgers zu verlieren. Moralische Frevel wurden mit besonders hohen Strafen geahndet. Große Aufmerksamkeit wurde zudem dem Schutz des Privateigentums und des Hausfriedens gewidmet. Wenn man zum Beispiel bei der Verteidigung seines Besitzes oder Hauses einen Angreifer oder Einbrecher totschlug, so sollte man dafür nicht bestraft werden. Brandstiftung und Diebstahl wurden äußerst streng geahndet: Versteckte man einen Dieb, wurde man ebenso schuldig gesprochen wie der Dieb selbst. Wer drei Mal bei der Verwendung eines falschen Gewichts oder Maßes erwischt wurde, bekam die Hand abgeschlagen. Interessant sind ebenso die Bestimmungen zur geistigen Sühne verbunden mit der Verpflichtung zu einer Pilgerreise nach Rom, zum heiligen Jakob nach Santiago de Compostela oder nach Jerusalem zum Heiligen Grab.

Das Schemnitzer Bergrecht ist kürzer als das Stadtrecht, enthält aber alle für die Organisation von Bergbautätigkeiten notwendigen Vorschriften. Es regelte die rechtlichen Angelegenheiten des Bergbaus wie auch des Hüttenwesens, zum Beispiel die Grenzen der Grubenfelder, ihre Verpachtung und Nutzung, das Zusammentreffen zweier Stollen (Gegenortvortrieb), Bestimmungen zu Probestollen, Erbstollen, freien Schächten, Blindschächten und flachen Versuchsvortrieben sowie das Genehmigen von kürzeren oder längeren Zeiten der Arbeitsunterbrechung (zum Beispiel bei Krankheit oder zu kirchlichen Feiertagen), die Anteilsverpachtung, den Bau von Hütten und Mühlen auf fremdem Besitz, das Verbot der Enteignung von Bergbaubesitz bei Nichtzahlung von Schulden und Ähnliches (Abb. 116). Bei Verstoß gegen eine der Bestimmungen wie beispielsweise bei der Verschiebung oder Beschädigung der Grenzpflöcke, mit denen die Grubenfelder abgesteckt wurden, drohte dem Schuldigen der Verlust seines Besitzes oder

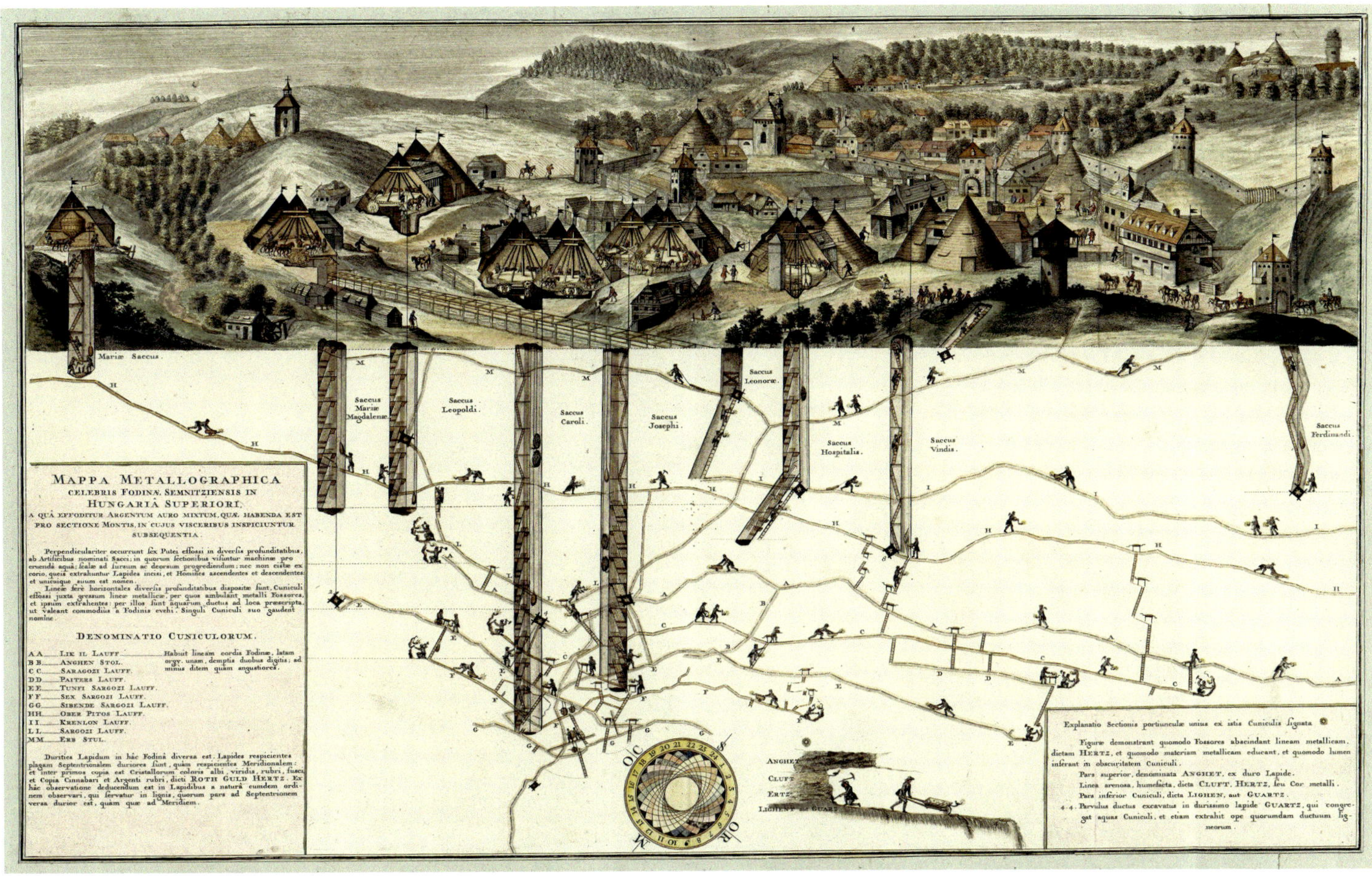

Abb. 116
Das Bergwerkswesen der Neuzeit von Schemnitz illustriert die mit einer Vielzahl von Details versehene Karte von Luigi Ferdinando Marsigli – »Mappa Metallographica Celebris Fodinae Semnitziensis In Hungariâ Superiori«, 1726. Dresden, Sächsische Landesbibliothek – Staats- und Universitätsbibliothek Dresden, Kartensammlung. SLUB/KS B1163

gar der Tod. Im Recht sind weiterhin die Funktion eines Bergmeisters sowie seine Ernennung, Befugnisse und Abberufung erwähnt. An einem Ratsbeschluss zur Beilegung von Konflikten sollten sowohl die Mitglieder des Stadtrats, die Schöffen, drei erfahrene und unbeteiligte Fachleute aus den Reihen der Montanunternehmer als auch eine staatliche Hoheit in Person des Kammergrafen beteiligt sein.

Die Erstellung des Stadt- und Bergrechts sowie die Klärung von Rechtsstreitigkeiten bedurften profunder juristischer Kenntnisse und Erfahrungen der einzelnen Ratsmitglieder, der Vertreter der Bergkammer und ebenso der Schemnitzer Bürger. Das Schemnitzer Stadt- und Bergrecht war Vorbild für die spätere Verleihung von Stadtrechten und Privilegien an andere Bergstädte im Königreich Ungarn, wie an Neusohl/Banská Bystrica (1255), Kremnitz/Kremnica (1328), Geib/Hybe (1265), Libethen/Ľubietová (1379), Bries/Brezno (1380), Göllnitz/Gelnica (1287), Pukanz/Pukanec (um 1321), Rosenau/Rožňava (Ende 13. Jahrhundert), Jossau/Jasov (1243), Zipser Neudorf/Spišská Nová Ves (1380), Liptsch/Ľupča (1263 und 1270). Am bedeutendsten waren das »goldene Kremnitz«, das »silberne Schemnitz« und das »kupferne Neusohl«, benannt nach den wichtigsten dort gewonnenen Rohstoffen.

Den gerufenen »Gästen« (*hospites*) aus anderen Regionen verlieh der Herrscher ähnliche Privilegien wie in deren Heimat. Als König von Ungarn schenkte Sigismund von Luxemburg (reg. 1411–1437) die prosperierenden mittelslowakischen Bergstädte und das Sohler Dominium im Jahr 1424 seiner Ehefrau Barbara von Cilli (1390–1451) als Widerlage (Witwengut) der ungarischen Königinnen, die dadurch finanziell abgesichert waren und gleichzeitig politischen Einfluss erlangten. Im Jahr 1425 befreite Sigismund die Bergstädte von der Zahlung von Wegzoll und anderer Gebühren bei der Einfuhr von Waren.

Zur Wahrnehmung gemeinsamer wirtschaftlicher und anderer Interessen schlossen sich 1388 in der Allianz der mittelslowakischen Bergstädte zunächst sechs und ab 1453 sieben Bergstädte (*Septem civitates montane superiores*) zusammen: Kremnitz, Schemnitz, Neusohl, Pukanz, Königsberg/Nová Baňa, Libethen und Dilln/Banská Belá. Die Städte verteidigten gemeinsam ihre Interessen im Bergbau, in der Auswahl der Gruben, der Einführung einer neuen Bergordnung, aber auch gegen das expandierende Osmanische Reich und in anderen Angelegenheiten.

Das Gebiet, auf dem Edelmetalle geschürft wurden, gehörte ausschließlich dem Herrscher (Berghoheit des Königs, Bergregal). Die ortsansässigen Montanunternehmer führten einen bestimmten Pflichtteil des geförderten Erzes, die sogenannte Urbühr, an den König ab. Die ältesten Verwaltungsinstitutionen im Bergwesen waren die sogenannten Bergkammern, deren Anfänge bis in die Zeit der Arpaden zurückreichen. Ihre Aufgabe war hauptsächlich das Eintreiben der für den Herrscher bestimmten Urbühren von den Montanunternehmern, die außerdem dazu verpflichtet waren, das gewonnene Gold und Silber bei den Kammern zu wechseln. An der Spitze der Kammer stand ein Beamter, der Kammergraf (*comes camerae*), der als einziger dazu berechtigt war, die Reinheit der Metalle festzulegen. Ursprünglich gab es in allen Bergstätten eigene Bergkammern, jedoch verschwanden diese mit der Reduzierung der Fördermengen allmählich. Mitte des 15. Jahrhunderts gab es sie nur noch in Schemnitz, Kremnitz und Neusohl.

Die Entwicklung des Bergbaus im 16. Jahrhundert wurde wesentlich von den politischen Verhältnissen mitbestimmt. Als Folge der Schlacht bei Mohács im Jahr 1526, als die osmanische Armee die südlichen Teile Ungarns besetzte, verließen viele Bergbauunternehmer das Land, was zum Niedergang des Bergbaus sowie der Metallproduktion in der Region führte. Die Habsburger, die den ungarischen Thron erlangten, verfolgten in der Verwaltung des Bergbaus und der damit zusammenhängenden Fachgebiete ein Zentralisierungsprinzip. Die neue gemeinsame Bergordnung der sieben Bergstädte von 1550 (»Bercksordnung der Freyen Künigklichen Bercksstätt in der Tron Hungern«) sowie die Bergordnung des Kaisers und ungarischen Königs Maximilians II. (reg. 1562–1576) von 1573 proklamierten die Anstellung eines Hauptkammergrafen, dem die gewählten Bergmeister der einzelnen freien königlichen Bergstädte unterstellt werden sollten. Die Bergverwaltung wurde zentral neu organisiert und dem Amt des Hauptkammergrafen als oberstem Verwaltungsorgan der Kammern und des Bergwesens in der Mittelslowakei des 16. Jahrhunderts unterstellt. Dieses neue Amt hatte im 16. Jahrhundert seinen Sitz im Gebäude des Kammerhofs in Schemnitz, wo es allmählich mit der Bergkammer verschmolz (Abb. 117). Dem Amt oblag die Verwaltung des Bergwesens in der gesamten mittelslowakischen Bergbauregion. *Adriana Matejková*

Literatur
Čelková/Čelko 2017 | Juck 1990 | Lichner 2002 | Marsina 1990 b | Piirainen 1986 | Vozár 2002.

Abb. 117
Schemnitz beherbergt neben Freiberg/Sachsen die älteste Hochschule für Montanwissenschaften. Aufbauend auf der 1735 gegründeten »Berg Schola« (Bergschule) entstand zwischen 1762 und 1770 die Bergakademie Schemnitz. Die Abbildung zeigt das Gebäude des Rektorats aus dem 19. Jahrhundert

I.33 Einband

I.33 Einleitungsminiatur

I.33

Stadt- und Bergrecht von Schemnitz

Schemnitz, vor 1513

Pergament, 19 Blätter; Holzeinband, Silberbeschläge auf den Deckeln

H 38,5 cm, B 27,5 cm

Budapest, Magyar Nemzeti Múzeum, 61.53.C

Schemnitz/Banská Štiavnica/Selmecbánya gehörte zu den sieben oberungarischen Bergstädten (Neusohl/Banská Bystrica, Kremnitz/Kremnica, Libethen/Ľubietová, Dilln/Banská Belá, Pukanz/Pukanec, Königsberg/Nová Baňa) und war eine Königliche Freistadt mit königlicher Münze. Seine berühmten Erzlagerstätten führten gold-, silber-, blei- und teilweise kupferhaltige Silber- und Bleierze. Von seinen zuletzt elf Erbstollen war der im 14. Jahrhundert angeschlagene Bieber-Stollen der älteste und der seit 1494 bestehende Handel-Hodritscher-Stollen mit 25 000 Metern der längste. König Béla IV. (reg. 1235–1270) hatte Schemnitz in der Mitte des 13. Jahrhunderts zur Königlichen Freistadt erhoben. Die Stadt wurde von flandrischen und niedersächsischen Kolonisten bevölkert, ihr Stadt- und Bergrecht bildete eine der Rechtsgrundlagen für mehrere andere Bergstädte. Die Vielzahl von Quellen, aus denen sich das Schemnitzer Stadtrecht selbst speiste, belegt die intensive Rezeption von Rechtstexten in Ungarn und das Vorhandensein unterschiedlicher Rechtstraditionen. Unter anderem spielte dabei auch das Magdeburger Recht eine Rolle, das vermittelt über das Ofner Stadtrecht wirksam wurde. So gibt es im Schemnitzer Stadtrecht in den Bereichen des Erb-, Sachen- und Strafrechts Übereinstimmungen mit dem »Ofner Stadtrechtsbuch«. Das Ofner Recht war prägend für andere Stadtrechte im Donau- und Karpatenraum, fungierte gleichsam als Drehscheibe und transferierte das sächsisch-magdeburgische Recht sowie dasjenige der süddeutschen Städte.

Das in seinem Kern bedeutend ältere, aus der Zeit vor 1255 stammende Stadt- und Bergrecht von Schemnitz wurde im Jahr 1466 verschriftlicht und bekam 1513 mit dem vorliegenden Kodex eine eindrucksvolle Edition. Er ist in frühneuhochdeutscher Sprache geschrieben und enthält nach einer Einleitung in 67 mit Überschriften versehenen Paragrafen Regelungen zum städtischen Recht sowie zum Bergrecht, wobei der Stadtrechtsteil der umfangreichere ist. Die wichtigste und allen ungarischen Stadt- und Bergrechten gemeinsame Bestimmung darin war die freie Wahl des Richters oder des Gemeindevorstehers. Die vorgesehene Bestätigung dieser Wahl durch den König sicherte dessen Rechte. Der Holzeinband des Stadtrechtsbuchs war ursprünglich mit Samt bezogen und mit silbernen Beschlägen geschmückt. In seiner Mitte befindet sich ein Email mit dem Stadtwappen von Schemnitz, vermutlich eine Arbeit des dortigen Goldschmiedes Valentin, der seit 1513 auch Schultheiß war. Dem Text vorangestellt wurde im Jahr 1573 eine Eröffnungsminiatur: »Christus am Kreuz, am Fuße des Kreuzes kniende Frau, im Hintergrund Ansicht von Schemnitz, Männer zu Fuß und zu Pferde. Breiter Renaissancerahmen mit allegorischen Gestalten. Unten das Wappen von Schemnitz, links die Jahreszahl« (Vizkelety 1973, S. 112). Die Kreuzigungsszene setzte die Stadt und ihr Recht in einen heilsgeschichtlichen Rahmen und wurde zugleich für die Eidesleistung verwendet. *Claus-Peter Hasse*

Literatur
Gönczi/Carls 2013, S. 65, S. 132 | Piirainen 1986 | Vizkelety 1973, Nr. 42, S. 111 f.

Ofen

Neugründung an einem besonderen Ort

Budapest, die Hauptstadt des ehemaligen Königreichs Ungarn wie auch des heutigen Ungarn, wurde 1873 durch die Vereinigung von Ofen/Buda, Pest und Alt-Ofen/Óbuda geschaffen. Die Geschichte dieser drei Städte und der sie umgebenden Ballung von Siedlungen begann jedoch schon einige Hundert Jahre vor der Zusammenlegung, nämlich im Mittelalter (Abb. 119). Das Entstehen eigenständiger Siedlungen im Umfeld von Königsresidenzen ist ein in Zentraleuropa an mehreren Orten erkennbares Muster – gute Beispiele dafür sind Prag/Praha in Böhmen und Krakau/Kraków in Polen. Die »Hauptstadt« des mittelalterlichen Ungarn war Ofen, welches im frühen 15. Jahrhundert ständiger Aufenthaltsort des königlichen Hofs wurde und dies bis zum Fall des eigenständigen Königreichs Ungarn blieb.

Der königliche Sitz war jedoch keine isolierte und abgegrenzte Entität oder gar eine von Dörfern und Gehöften umgebene Metropole, sondern lediglich das Element einer Agglomeration verschiedener Bevölkerungszentren. Diese umfasste außerdem die Königliche Freistadt Pest, Alt-Ofen als Stadt der Königin sowie weitere Märkte und Dörfer.

Budapest liegt im ehemaligen Kerngebiet des Königreichs Ungarn, das im Mittelalter üblicherweise als *medium regni* bezeichnet wurde. Diese Region im Besitz der einheimischen Herrscherdynastie der Arpaden war leicht auf dem Landweg zu erreichen. Nach der Gründung des christlichen Königtums entwickelten sich hier die frühen Herrschersitze von Gran/Esztergom und Stuhlweißenburg/Székesfehérvár. In Alt-Ofen (neuzeitliche Bezeichnung, im Mittelalter auf Deutsch auch Etzelburg genannt) gründeten König Stephan der Heilige (reg. 997/1000–1038) und seine Nachfolger Kollegiatkirche an der Stelle, an der das ehemalige römische Lager von Aquincum gelegen hatte. Neben der Kirche entstanden bald ein königlicher Gutshof sowie später eine Burg.

In der ersten Hälfte des 13. Jahrhunderts nahmen die auf den gegenüberliegenden Ufern der Donau gelegenen Orte Alt-Ofen und Pest dann allmählich die typischen Eigenarten westeuropäischer Städte an, hauptsächlich bedingt durch die Ankunft von neuen Siedlern, welche das Donautal abwärts zogen. So existieren etwa Aufzeichnungen eines wallonischen Einwohners von Alt-Ofen (*Latinus*), der aus dem Rheinland hierherkam, und auch die Anzahl der Süddeutschen, *Theutonici* genannt, wuchs in Pest beständig. Eine kleine Siedlung namens Kreinfeld/Kispest (*Minor Pest*) entstand auf dem gegenüberliegenden Ufer der Donau im heutigen Distrikt Tabán. Sie wurde von Sachsen (*Saxones*) bewohnt. In den 1230er Jahren war Pest eine wohlhabende Stadt. Die Einwohner besaßen das Recht, Richter und Pfarrer frei zu wählen. Die Siedlung wurde mit einem Graben befestigt, und unter ihren Gebäuden fanden sich ein Dominikanerkloster sowie (möglicherweise) eine Niederlassung der Franziskaner.

Abb. 118
Mehrstöckiges gotisches Wohnhaus im Ofner Burgviertel, Úri utca 31

Die frühstädtische Entwicklung von Alt-Ofen und Pest kam mit dem Mongoleneinfall von 1241/42 erst einmal zum Erliegen, um in der Folge eine veränderte Form anzunehmen. Beide Städte und die umgebenden Dörfer waren entvölkert und ihre Bauten nur noch Ruinen. Dass die Städte nicht endgültig verschwanden, ist weitgehend dem ungarischen König Béla IV. (reg. 1235–1270) zu verdanken. Er entkam seinen Verfolgern, kehrte nach dem Abzug der Mongolen zurück und ging mit großer Energie an den Wiederaufbau seines zerstörten Königreichs. Das Plateau des bislang nahezu unbevölkerten Burgbergs – südlich von Alt-Ofen und gegenüber von Pest gelegen – verwandelte er in ein neues Zentrum der deutschsprachigen Bevölkerung, welche Pest auf der kaum zu verteidigenden Donauebene verließ (Abb. 118). Zusätzlich umgab er die neue Siedlung mit Befestigungen. In dieser Zeit trat die charakteristische westliche Form mittelalterlicher ummauerter Städte zum ersten Mal im Königreich Ungarn auf, und weitere Orte folgten in den nächsten Jahrzehnten.

Die Rechte der neuen Stadt basierten auf jenen, die den Einwohnern von Pest bereits früher gewährt worden waren. Bei der Gründung Ofens/Budas beließ es Béla IV. der Einfachheit halber bei einer Ausweitung der alten Rechte von Pest auf die neue Stadt. Somit besaßen nun die Bürger beider Städte dasselbe Recht. Pest wurde dabei als Teil des Territoriums von Ofen angesehen. Die breite Donau, die zwischen den beiden Städten lag und noch nicht über Brücken verfügte, bildete jedoch eine Barriere für die alltägliche Kommunikation. Dadurch behielt Pest trotz seiner Unterordnung unter Ofen ein gewisses Maß an eigenständiger Verwaltung. Der Rat von Ofen bestand aus einem *rector*, der durch den König ernannt wurde, und zwölf Schöffen oder Ratsherren, während die inneren Angelegenheiten von Pest durch einen Richter und vier Schöffen geregelt wurden, die jedoch von den Ratsherren von Ofen eingesetzt wurden. Um 1346/47 erlangte Ofen auch das alte Recht, die eigenen Richter zu ernennen, wieder zurück.

Abb. 119
Ofen/Buda, Pest und ihre Umgebung, Anfang 16. Jahrhundert. Entwurf András Végh, Zeichnung Béla Nagy

Abb. 120
Teilweise idealisierte Ansicht von Ofen/Buda in der Schedelschen Weltchronik, kolorierter Holzschnitt, erstmals gedruckt 1493 in Nürnberg. Darmstadt, Technische Universität, Inc. VI/14, Bl. 139

Die Mehrheit der Einwohner der neuen Stadt war durch das Donautal aus den süddeutschen Gebieten eingewandert. Von Anfang an lebten neben den Deutschen aber ebenso Ungarn in der Stadt, jedoch in wesentlich geringerer Anzahl. Die Juden bildeten in der Zeit nach seiner Gründung die dritte ethnische Komponente von Ofen. Die herrschende Oberschicht dieses Gemeinwesens war eine Gruppe von Familien, die von deutschen Rittern (*milites*) abstammte. Sie trugen häufig den Titel *comes* und betätigten sich im Handel wie im Erwerb von Ländereien. In einigen Fällen stiegen sie sogar in den ungarischen Adel auf.

Vom 14. Jahrhundert an gab es deutliche Veränderungen in der sozialen und ethnischen Zusammensetzung der Stadtbevölkerung. König Ludwig der Große (reg. 1342–1382) begann in den 1370er Jahren den groß angelegten Ausbau seiner königlichen Residenz. Dieser wurde durch König Sigismund von Luxemburg (reg. 1387–1437) fortgesetzt und zu einem Abschluss gebracht. Er verlegte 1408 seinen Hof von Plindenburg/Visegrád nach Ofen, wo der Königssitz bis zum Ende des Mittelalters verblieb. Die ein halbes Jahrhundert dauernde Herrschaft von König Sigismund verwandelte das Leben in Ofen in beträchtlichem Maß. Die Anwesenheit des Königs und seines Gefolges zog allmählich mehr und mehr Adlige und kirchliche Institutionen Ungarns in die Stadt, und diese strebten danach, sich in Ofen eigene Sitze zuzulegen. Eine neue ethnische Zusammensetzung prägte nunmehr Ofen, und die Eliten, welche die Angelegenheiten der Stadt regelten, wechselten.

Während die deutsche Bevölkerung schrumpfte, möglicherweise durch das Nachlassen von Zuzüglern, wuchs die Zahl und wirtschaftliche Stärke der Ungarn, vermutlich aufgrund eines gegenläufigen Trends. Einige erkennbare Entwicklungen unterstreichen diese Annahme: So wurden etwa die ungarische Pfarrei im Burgviertel unabhängig und eine weitere eigene Pfarrei in der Vorstadt eingerichtet. Auch die Einteilung der Pfarreigrenzen nach der ethnischen Zuordnung der Bürger wurde endgültig festgelegt. Die Verwaltung der Stadt reagierte später nur noch auf Änderungen in der allgemeinen Kirchenorganisation. Nach Ausschreitungen im Jahr 1439 konnten bestehende Spannungen nur durch eine Teilung der Macht in der Stadt abgebaut werden. Ab diesem Zeitpunkt wurde das Amt des Richters jährlich abwechselnd von Ungarn und Deutschen bekleidet. Beide Gemeinschaften erhielten je sechs Vertreter im Stadtrat, und auch die 100 Sitze im Wahlkollegium für den Richter und die weiteren wichtigsten Ämter wurden hälftig geteilt. Diese Lösung erwies sich als tragfähig, und der innere Frieden der Stadt blieb bis zur osmanischen Eroberung gewahrt.

Parallel zu den Veränderungen in der ethnischen Zusammensetzung gab es im 15. Jahrhundert zudem größere Umstrukturierungen in der deutschsprachigen Führungsschicht der Stadt. Die führenden Familien der Gründungszeit verschwanden allmählich, und ihre Stellen wurden durch deutsche Handelsherren eingenommen, die in jüngerer Zeit zugereist waren. Darunter spielten Familien aus Nürnberg die wichtigste Rolle, aber es gab auch einen bedeutenden Zuzug aus Wien (Abb. 120). Dieser Personenkreis betätigte sich hauptsächlich im Tuchhandel, investierte jedoch ebenso in den Handel mit Edelmetallen und erwarb Kupferminen in Oberungarn. Daneben entstand außerdem eine ungarische Oberschicht, deren Wohlstand hauptsächlich auf Viehhandel beruhte.

Weiterhin wandelten sich die Beziehungen zwischen Ofen und Pest in der Zeit nach 1400. Der Rat von Ofen setzte nicht mehr den Richter von Pest ein, und die städtische Verwaltung, aus einem Richter und vier Ratsherren bestehend, wurde unabhängig von Ofen. Pest erlebte im 15. Jahrhundert zudem einen deutlichen demografischen und wirtschaftlichen Aufschwung. Die hauptsächlich von Ungarn bewohnte Stadt erhielt unter der Herrschaft von Matthias Corvinus (reg. 1458–1490) den mit Ofen gleichberechtigten Rechtsstatus zurück; eine neue Stadtmauer zeugte ebenso davon, dass Pest seine frühere Stärke wiedererlangte.

Abb. 121
Ofen/Buda, Kupferstich, 1598 oder 1601 von Johann Siebmacher-látkép A. Budapest, Budapesti Történeti Múzeum

Für Ofen und Pest erbrachten all diese ethnischen und sozialen Veränderungen letztlich eine Verbesserung ihrer Position. So wurde Ofen in den Jahren nach dem Tod des Königs Sigismund offiziell der Vorrang unter den ungarischen Städten eingeräumt. Sieben Königliche Städte – Ofen, Pressburg/Bratislava, Tyrnau/Trnava, Ödenburg/Sopron, Kaschau/Košice, Eperies/Prešov und Bartfeld/Bardejov – erlangten eine Stellung, in der nur das Gericht des Tarnakmeisters als Berufungsinstanz über ihrer Gerichtsbarkeit stand. Dadurch bildete sich eine höhere Liga ungarischer Königsstädte, welche als »Königliche Freistädte« bezeichnet wurden. Auch Pest stieß am Ende des Jahrhunderts zu dieser Gruppe.

In diesen Gerichten (*sedes tavernicalis*) konnten Urteile nur durch Protonotare des Tarnakmeisters (*magister tavernicorum*) und städtische Schöffen bzw. Laienrichter gefällt werden. Deren Vorgehen basierte auf dem Stadtrecht von Ofen. Das »Ofner Stadtrechtsbuch« wurde im ersten Viertel des 15. Jahrhunderts verfasst (Kat.-Nr. I.34). Im Vorwort wird dabei das Magdeburger Recht als Vorbild des Textes genannt, es weist jedoch ebenfalls einen deutlichen Einfluss süddeutscher Rechtsbücher (wie des Schwabenspiegels) auf.

Die osmanische Invasion traf das Zentrum des Königreichs Ungarn unvorbereitet, so wie Pest und Alt-Ofen 300 Jahre zuvor der Mongoleneinfall. Nach der Niederlage der Streitmacht der Ungarn bei Mohács am 29. August 1526 und dem Tod König Ludwigs II. (reg. 1516–1526) auf der Flucht marschierte Sultan Süleyman (reg. 1520–1566) ungehindert in die evakuierten Städte Ofen und Pest ein. Als Ofen 1541 endgültig unterworfen worden war, veränderte sich die ethnische und religiöse Zusammensetzung seiner Einwohnerschaft vollständig und es nahm die Eigenarten einer Festungsstadt an der Peripherie der islamischen Welt an (Abb. 121). *András Végh*

Quellen
Gárdonyi 1936 | Kubinyi 1997 | Kumorovitz 1987 | | Mollay 1959.

Literatur
Biegel 1991 | Gönczi 1997 | Kubinyi 1972 | Nagy 2016 | On Common Path 2016 | Rady 1985 | Végh 2015.

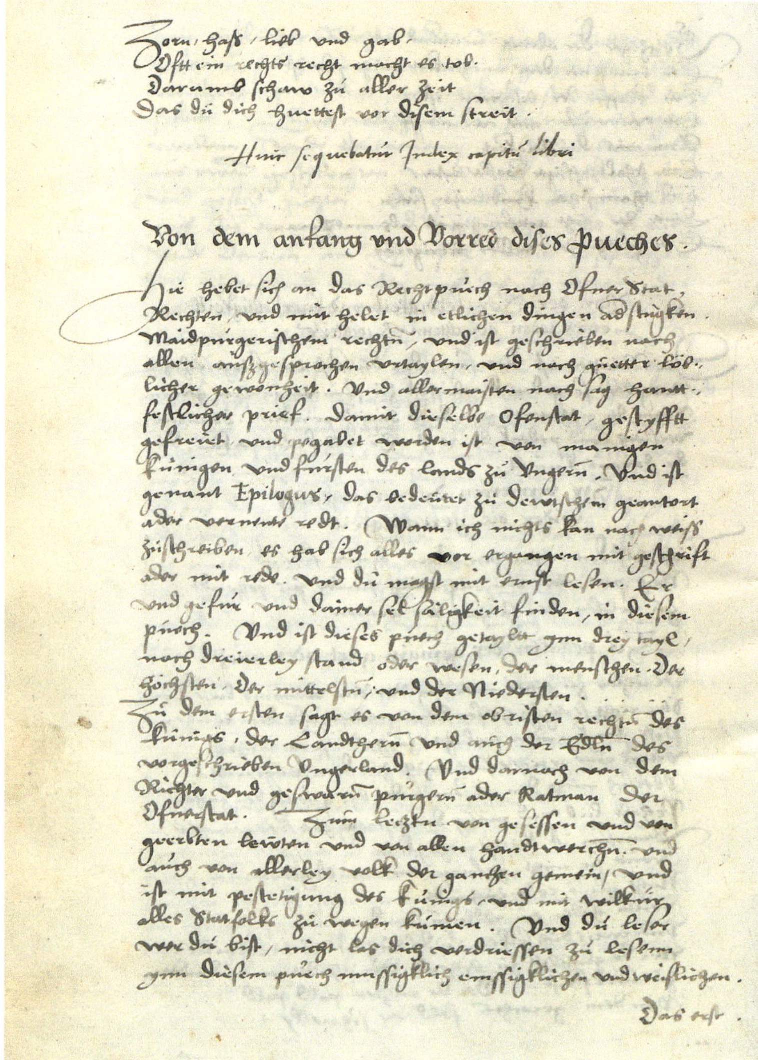
Zorn, hass, lieb und gab.
Offt ein rechts recht macht es tod.
Darumb schaw zu aller zeit
Das du dich huetest vor disem streit.

Von dem anfang und Vorred diser puecher.

I.34

I.34
Ofner Stadtrecht

Kaschau/Košice, um 1560
Schreiber: Leonhartus Cromer (Notar)
Papier, 185 Blätter
H 30 cm, B 21 cm
Budapest, Eötvös Loránd Tudományegyetem, Cod. B 31

Dieses Stadtrechtsbuch stammt aus Ofen/Buda, einem Teil des heutigen Budapest. Es gehört zur Quellengattung der städtischen Rechtsaufzeichnungen und stellt eine der bedeutendsten Quellen des Stadtrechts im mittelalterlichen Königreich Ungarn dar. Die Entstehung des Ofner Rechtsbuchs datiert man auf die ersten Jahrzehnte des 15. Jahrhunderts, denn Änderungen in der Stadtverfassung von 1439 – als Folge eines Handwerkeraufstands – wurden nicht mehr in das Rechtsbuch aufgenommen.

Ofen war die wichtigste Königliche Freistadt und zugleich Residenzstadt, daher war das im »Ofner Stadtrechtsbuch« aufgezeichnete Stadtrecht landesweit richtungsweisend. Gemäß dem Ofner Recht gehörten zu den Stadtfreiheiten: die freie Wahl der Gemeindevorsteher (das Stadtrechtsbuch enthält eine Wahlordnung und mehrere Eidesformeln), die Wahl der Seelsorger, die Befreiung vom Beherbergungszwang, die Zollfreiheit und das Stapelrecht. Auf der Grundlage des Ofner Rechts entstanden innerhalb Ungarns stadtrechtliche Verbindungen, und kleinere Städte wandten sich zur Entscheidung von Rechtsstreitigkeiten an den Stadtrat in Ofen. Das

Ofner Recht diente zudem als Leitfaden für die Rechtsprechung des königlichen Appellationsgerichts in städtischen Angelegenheiten (Tavernikalgericht).

Die Mundart des in gotischer Schrift verfassten Textes des »Ofner Stadtrechtsbuchs« ist bayerisch-österreichisch mit mitteldeutschen Elementen. Die Handschrift enthält keine Initialen. Der Verfasser bezeichnet sich im Rechtsbuch als »Johannes«. In der Literatur ist nicht eindeutig geklärt, ob es sich bei dem Verfasser um den Stadtrichter Siebenlinder oder ein Ratsmitglied bzw. den Stadtschreiber handelt. Aus der Übernahme von Themen aus deutschen Rechtsaufzeichnungen, aus dem systematischen Aufbau und der Gedankenführung kann man schließen, dass es sich bei dem Verfasser um einen Rechtskundigen aus der Ofner Oberschicht handelt. Die Zitate aus den Privilegien deuten außerdem darauf hin, dass der Verfasser als Angehöriger des Stadtregiments Zugang zu den städtischen Quellen hatte.

Das Ofner Stadtrecht besteht aus einem Prolog, einem Register und 445 Artikeln mit privat-, straf- und verfahrensrechtlichen Bestimmungen. Rechtsquellen für das »Ofner Stadtrechtsbuch« waren die königlichen Privilegien, die städtischen Rechtsgewohnheiten, Traditionen der Kaufmannschaft und die autonome Rechtssetzung der Stadt. Am Anfang des Rechtsbuchs wird das Magdeburger Recht als Authentizitätsformel verwendet – dies belegt die Bekanntheit und Bedeutung des Magdeburger Rechts in der Stadt Ofen. Auf einen Rechtstransfer aus deutschen Rechtsquellen deutet hin, dass zum Beispiel die Zweischwerterlehre wie im »Schwabenspiegel« formuliert ist; außerdem gibt es thematische Übereinstimmungen mit den Magdeburger Rechtsquellen. Vermittlungswege waren der Donauhandel – via Regensburg, Wien und Pressburg/Bratislava – und die Handelsverbindungen nach Polen.

Das »Ofner Stadtrechtsbuch« ist in drei Handschriften überliefert, die ursprünglich aus Kaschau/Košice, Pressburg/Bratislava und Klausenburg/Cluj-Napoca kamen, also aus Städten des Ofner Rechts. Zwei Handschriften befinden sich gegenwärtig in Budapest und eine in Bratislava. *Katalin Gönczi*

Literatur
Oppitz 1990, S. 433.

I.35

I.35

Steintafel mit einer Inschrift

Ofen/Buda (?), 2. Hälfte 13. Jahrhundert

Fundort: Ofen

Stein

Budapest, Magyar Nemzeti Múzeum, 61.12.B

Die Steintafel wurde in Budapest bei Ausgrabungsarbeiten gefunden. Sie stammt vermutlich aus dem mittelalterlichen Ofen und war am dortigen Rathaus angebracht. Ihre lateinische Inschrift lautet: »GAVDEAT HIC SOSPES VENIENS HUC CIVIS ET OSPES AC VENIAM LAPSI CAPIANT ET PREMIA IVSTI«. Mit diesem Spruch sollte der Leser angeregt werden, den sicheren Zuzug von Bürgern und Gästen in die Stadt zu bejubeln, auch Sünder (*lapsi*) aufzunehmen und die Rechtschaffenen (*iusti*) zu belohnen. Die aufstrebende Stadt sah sich damit selbst als ein Schutz, Sicherheit und sozialen Frieden gewährender Ort. Damit zeigt sich ein äußerst seltenes und deshalb hoch einzuschätzendes Beispiel für die Selbstwahrnehmung einer städtischen Gemeinschaft, die sich vor dem Hintergrund des hochmittelalterlichen Landesausbaus allmählich konstituierte und von Zuzüglern unterschiedlicher Herkunft geprägt war.

Die Inschrift spiegelt damit durchaus historische Tatsachen wider, der ungarische König Béla IV. (reg. 1235–1270) betrieb nämlich – nach einem verheerenden Mongoleneinfall im Jahr 1241 – einen planmäßigen Ausbau der auf dem Burgberg gelegenen und später so benannten Siedlung Ofen/Buda. Aus dem älteren Alt-Ofen/Óbuda zogen vor allem ungarischstämmige Personen in den Jahren 1243 bis 1247 in die neue Siedlung. Etwas zeitversetzt folgten deutsche Siedler, die aus dem auf der anderen Donauseite liegenden Pest kamen. Dieser Gruppe bestätigte der König 1244 bereits zuvor erhaltene Privilegien, die ihnen unter anderem die freie Richter- und Priesterwahl zubilligten. Zu den in der Inschrift genannten »[h]osp[it]es« (Gäste) zählten außerdem aus Österreich, Regensburg, Sachsen und Teilen Ungarns stammende Neuankömmlinge. Diese in unterschiedlichen Wellen verlaufenden Zuwanderungen erfuhren während der zweiten Hälfte des 14. Jahrhunderts eine merkliche Steigerung, als vor allem die guten Handelskontakte Ofens in den Süden des Reichs – insbesondere nach Nürnberg – viele von dort stammende Kaufleute zum Umzug auf den Burgberg veranlassten. Auch eine größere jüdische Gemeinde hatte sich zu diesem Zeitpunkt in Ofen etabliert.

Zur Regelung des innerstädtischen Lebens übernahm das neue Ofen das Magdeburger Recht aus der Stadt Pest. So vielfältig die Herkunft der auf dem Burgberg siedelnden Bürger allerdings war, nahm das hier rezipierte Stadtrecht auch Einflüsse anderer Rechtsgewohnheiten aus Österreich und Gebieten Ungarns auf. Unzweifelhaft manifestiert sich hier zugleich ein gutes Stück der Anziehungskraft, die Ofen auf unterschiedliche Siedlergruppen ausübte und die so bildlich in Form der aus dem Mittelalter stammenden Inschriftentafel begegnet. *Sascha Bütow*

Literatur
Gönczi 2018 | Magyar 1991 | Szekely 1973.

Krakau

Eine europäische Metropole des Magdeburger Rechts

Die neue Stadtgründung nach dem Magdeburger Recht, verkündet am 5. Juni 1257 durch Herzog Bolesław V. den Schamhaften (reg. 1243–1279), gehörte für Krakau/Kraków zu den Ereignissen von fundamentaler Bedeutung (vgl. Abb. 8, S. 51). Obwohl sie vor allem ein juristisches und stadtplanerisches Unternehmen war, gingen von der Gründung wichtige Impulse für gesellschaftliche Veränderungen aus. In relativ kurzer Zeit wurde Krakau, das aus einer Herzogsburg und einer am Fuß der Burg angelegten Siedlung bestand, zu einer europäischen Metropole mit einem der wichtigsten Handelsplätze und einem bedeutenden selbstverwalteten politischen Zentrum.

Abb. 122
Florianstor, Porta Gloriae von Krakau/Kraków, 13./14. Jahrhundert

Es ist selbstverständlich, dass Unternehmungen von solch gewichtigen Folgen nicht an einem Tag entstehen; die Vorbereitungen begannen viele Jahre früher. Der Plan entstand am Hof des Vaters von Bolesław V., Herzog Leszek dem Weißen (gest. 1227), und wurde dann von Heinrich dem Bärtigen (gest. 1238) sowie dessen Sohn fortgesetzt. Diese Herzöge, deren Herrschaft in die stürmischen Jahre des Kampfes um den Herzogsthron auf dem Wawelschloss fiel, erkannten in Krakau einen Garanten für ihre Position in ganz Polen. Vereinzelte, jedoch in ihrer Aussage eindeutige Quellen zeugen davon, dass sich in Krakau zwischen 1220 und 1241 die erste städtische Gemeinde formte, die nur von kurzer Dauer war und deren Niedergang mit der politischen Katastrophe – dem Fall der schlesischen Herrscherdynastie der Piasten – in Verbindung zu setzen ist (Mongoleneinfall in Polen 1241).

Wann traf Fürst Bolesław V. die Entscheidung, einen weiteren, diesmal breit angelegten Ansiedlungsversuch im weitgehend zerstörten Krakau zu unternehmen? Wie sehr war er an diesem gelungenen Projekt beteiligt? Die Protagonisten dieses epochalen Umbruchs der Stadtgeschichte werden in der auf Latein verfassten Lokationsurkunde erwähnt: »[W]ir versprechen unseren Vögten: Gedek, genannt Stilvoyt, Jakub, früher Richter in Neisse/Nysa, und Dytmar, genannt Wolk, die persönlich vor uns erschienen sind […].« Die Neugründung Krakaus unterscheidet sich insofern von anderen Siedlungsunternehmungen, als dass der Herzog sogar drei Vögte engagiert hatte, um sie durchzuführen. Dies war offenbar ebenso der Größe der Aufgabe geschuldet, wie der Überzeugung, dass es sich um eine vielversprechende Investition handele.

Zwei von den drei in der Gründungsurkunde aufgeführten Vögten werden auch in anderen Quellen genannt: Gedko Stilwoyt und Dytmar Wolk waren eng mit Breslau/Wrocław verbunden. Gedko, mehrmals in städtischen Urkunden als Zeuge überliefert, war Besitzer einer Mühle an der Ohle und seit 1261 vermutlich Schöffe in Breslau. Der Rufname Stilwoyt scheint darauf hinzudeuten, dass er aus einer Breslauer Familie von Vögten stammte. Er war ein geschäftstüchtiger Mann, wahrscheinlich deutscher Abstammung, der sich in der städtischen Verwaltung gut auskannte. Dytmar Wolk erscheint ebenfalls in Breslauer Urkunden. Ob er mit dem dort Mitte des 13. Jahrhunderts genannten Dytmar Ruthenus (Ruthene) identisch ist, ist unsicher, möglicherweise leitet sich sein Rufname vom ruthenischen Wort »wolk« (Wolf) ab. Der dritte Vogt, Jakub aus Neisse, wird in der Stadt Neisse im Jahr 1254 als Schultheiß genannt, war also ebenfalls mit Schlesien verbunden und machte dort seine Erfahrungen in Verwaltungs- und Rechtsbelangen. Alle drei verschwanden sehr schnell aus Krakau, wo bereits 1264 in einer Urkunde von Bolesław V. für die Stiftskirche St. Michael auf dem Wawelhügel der Krakauer Vogt Raszko genannt wird. Vermutlich verkauften Gedko, Dytmar und Jakub, nachdem sie ihre Aufgabe der Stadtgründung mit Erfolg beendet hatten, vom Herzog mit zahlreichen Geschenken und Privilegien bedacht, ihre Anteile in der Stadt und zogen weiter, wobei sie ihr nicht gerade geringes Vermögen noch vergrößerten. Welche Rolle Herzog Bolesław V. bei der Neugründung Krakaus spielte, ist nicht einfach festzustellen. Wenn er auch kein ausgeprägtes politisches Talent hatte, war er doch ein geschickter Verwalter. Besondere Bedeutung maß er der Entwicklung der Stadtbesiedlung bei. Außer Krakau, welches sein größter Erfolg war, gründete er Bochnia, Zawichost, Jędrzejów, Skaryszew und Nowy Korczyn. Konsequent nahm er ein Rechtsmodell für diese Städte an, das damals als *ius Theutonicum* (deutsches Recht) und heute in der Forschung als Magdeburger Recht bezeichnet wird.

Im Jahrbuch des Krakauer Kapitels der sogenannten Wawel-Kathedrale steht zum Jahr 1257: »Cracoviensis civitas iuri Theutonico traditur et situs fori per advocatos et domorum et curiarum immutatur« (Die Stadt Krakau wurde dem deutschen Recht unterstellt, und die Lage von Plätzen, Häusern und Herrenhäusern wurde durch die Vögte verändert). Der Chronist, der die Aufzeichnungen des Jahrbuchs auf dem Wawelhügel – Symbol für den Sitz des Krakauer Kapitels – verfasste, befand von dieser »Höhe« aus, dass die Geschehnisse in der Stadt erwähnenswert wären. Unser Vorteil gegenüber dem Verfasser des zitierten Textes besteht darin, dass wir heute den Umfang der in der Stadt vollzogenen stadtplanerischen, wirtschaftlichen, politischen, demografischen und auch sozialen Veränderungen aus einer Distanz von mehreren Jahrhunderten beurteilen können. Der Chronist beschrieb das, was er mit eigenen Augen sah: die großen Investitionen und die Umgestaltung der Stadt. Er konnte jedoch nicht vorhersehen, dass 760 Jahre später die 13 Millionen Touristen, die jedes Jahr den Krakauer Markt betreten, sein Erstaunen und seine Bewunderung für die stadtplanerische Weisheit und ästhetische Qualität der Anlage teilen würden. Auch war für ihn nicht absehbar, dass sich Krakau zu einem der wichtigsten internationalen Handelsräume im mittelalterlichen Europa entwickeln würde, aber ebenso zu einem zentralen Ort politischer Ereignisse und Schmelztiegel verschiedenster Kulturen. Der symmetrische, schachbrettartig angeordnete Grundriss der Altstadt, die seit vielen Jahren zum UNESCO-Weltkulturerbe gehört, ist heute eine der größten Touristenattraktionen.

Abb. 123
Die Barbakane in Krakau ist dem Florianstor vorgelagert und wurde 1498/99 errichtet. Sie gilt als die größte erhaltene Barbakane Europas

Die Zeit, in der die Stadt Krakau unter Magdeburger Recht stand, zählt zu den besten Jahren ihrer Geschichte. Insgesamt waren es über 500 Jahre, von denen vor allem die erste Hälfte von außergewöhnlichen Entwicklungen und bedeutenden Leistungen gekennzeichnet war. Es kommt nicht oft vor, dass politische Organisationen und Körperschaften so lange ihre Wachstumsdynamik beibehalten. Erst das Gesetz »Von den Städten«, beschlossen durch den Großen Reichstag der Adelsrepublik (18. April 1791), das die bisherigen Grundsätze der Stadtverwaltung abschaffte, beendete dieses Kapitel in der Geschichte Krakaus. In den ersten Jahrzehnten nach 1257 florierte die Stadt und erfreute sich des Respekts und Wohlwollens der Krakauer Herzöge. Bereits der Nachfolger von Bolesław dem Schamhaften, Leszek der Schwarze (reg. 1279–1288), zeigte sich der Stadt für ihre Treue während des Aufstands der Ritterschaft 1285 erkenntlich und erteilte ihr im darauffolgenden Jahr das Privileg der Stadtbefestigung. Diese Holz-Erd-Befestigungsanlagen waren so wirksam, dass sie bereits 1287/88 der Stadt dabei halfen, einen weiteren Überfall der Mongolen auf Kleinpolen abzuwehren. Welch einen starken Platz dieses Ereignis im kollektiven Gedächtnis Krakaus einnimmt, bezeugt der alljährliche Brauch des tartarischen Kriegers Lajkonik, der auf einem Steckenpferd mit seinem Gefolge am achten Tag nach dem Fronleichnamsfest (Abb. 122) herumreitet.

Nach dem Tod des ohne Nachkommen verstorbenen Leszek dem Schwarzen und der vermutlichen Benennung des Breslauer Herzogs Heinrich IV. Probus (reg. 1288–1290) zu seinem Nachfolger blieben die Krakauer Bürger ihm in seinen Bemühungen um den Krakauer Thron treu. Nach dem frühen Tod des vielversprechenden Herrschers übernahm der böhmische König

Abb. 124
Der Marktplatz von Krakau mit Marienkirche, Tuchhallen und freistehendem Rathausturm

Abb. 125
Krakau im 17. Jahrhundert. Im Norden die nicht befestigte Stadt Kleparz, im Süden die Stadt Kazimierz. Virtuelle Rekonstruktion, Cracovia 3D

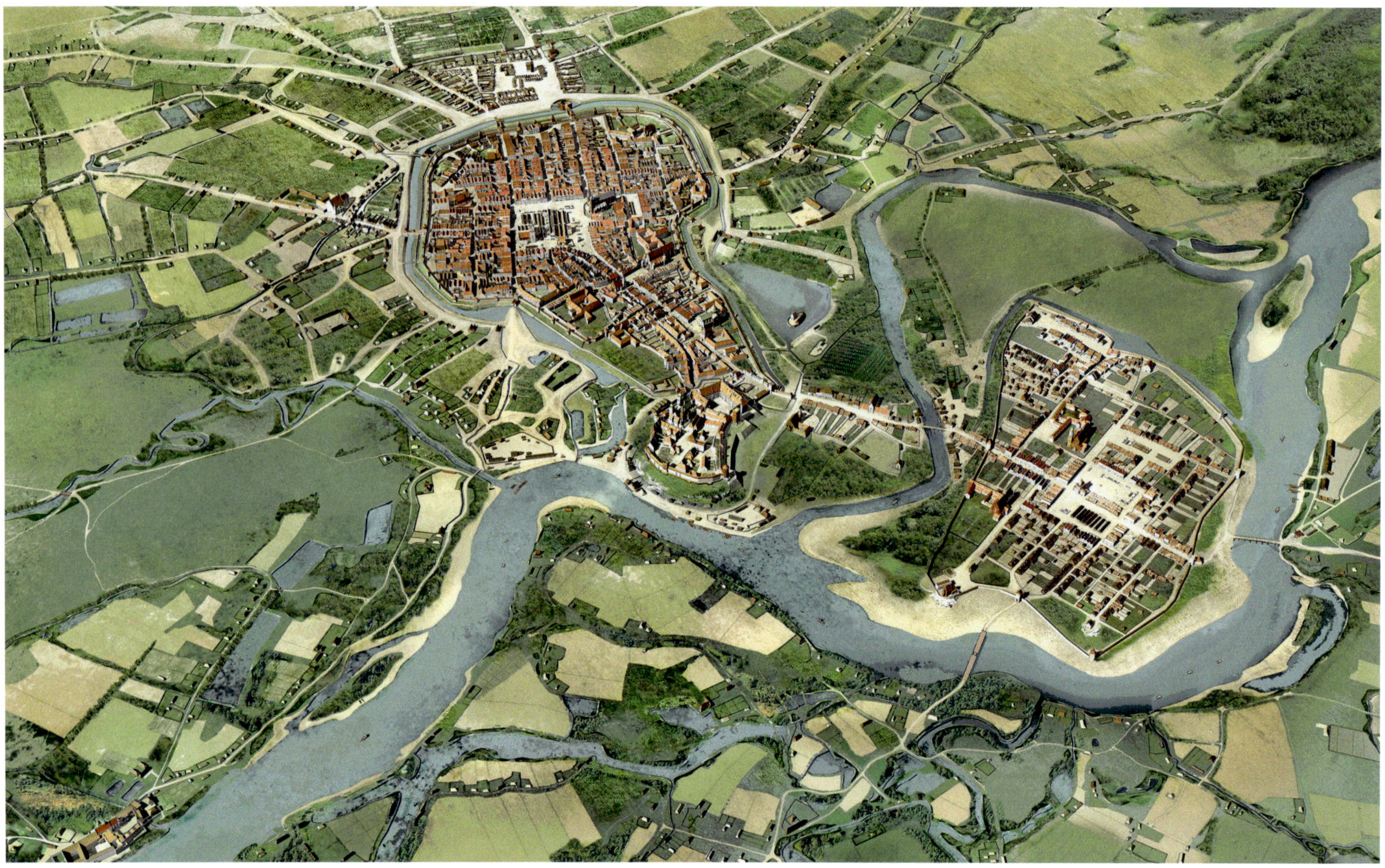

Wenzel II. (reg. 1278/1290–1305) den Krakauer Thron. Während seiner Herrschaft wurde die Stadtbefestigung durch eine steinerne Mauer ersetzt und der Umfang der städtischen Befestigung deutlich vergrößert. Ein Rest davon ist heute eines der Symbole Krakaus: das Florianstor (Abb. 122 und Abb. 123). König Władysław Ellenlang (reg. 1306–1333 in Krakau, 1320–1333 als König von Polen), der 1306 Krakau einnahm und sich die Gunst der Krakauer Bürger sichern wollte, verlieh der Stadt im selben Jahr ein Privileg von fundamentaler Bedeutung für ihre wirtschaftliche Entwicklung: das Stapelrecht für Kupfer. Seit 1387 war Krakau Mitglied der Hanse und im Kreise dieser Verbindung von Handelsstädten unter dem Namen »das Kupferhaus« bekannt.

Die Bürgerschaft Krakaus wurde bald zu einer politischen Macht und der politische Ehrgeiz ihrer Anführer zur Ursache des ersten ernsthaften Konflikts zwischen Stadt und Herzog. Im Mai 1311 mischten sich die Krakauer Bürger, vor allem Siedler deutscher Abstammung, in den politischen Streit um die Besetzung des Krakauer Throns ein, lehnten sich unter Führung des Vogts Albert gegen den Herzog Władysław Ellenlang auf und unterstützten seinen Gegenspieler, den Herzog Bolesław von Oppeln (reg. 1281–1313). Władysław ließ schließlich im Mai 1312 die Stadt besetzen und die Aufrührer hinrichten. Ein stummer Zeuge des Aufruhrs ist ein 693 Kilogramm schwerer Bleilaib, der aus jener Zeit stammt und 2005 bei archäologischen Ausgrabungen auf dem Hauptmarkt in Krakau gefunden wurde (Abb. 124). Wahrscheinlich wurde er im Frühjahr 1312 von seinem Besitzer vergraben, der zu den Aufrührern gehörte und im Anbetracht der nahenden Niederlage sein Vermögen verstecken wollte. Vermutlich konnte er die Worte »soczewica miele, koło młyn« nicht korrekt aussprechen. Laut Überlieferung ließ der Herzog auf diese Weise die deutsche Abstammung der Bürger überprüfen und diejenigen hinrichten, die an diesen schwierigen polnischen Wörtern sprachlich scheiterten. Nach der Niederschlagung des Krakauer Aufstands änderten sich die Machtverhältnisse in der Stadt. Das allmächtige Vogtamt wurde seines Vermögens und seiner Privilegien beraubt, und zum ersten Akteur wurde der Stadtrat. Der Herzog nahm zwar vielen Bürgern Leben und Vermögen, doch die wirtschaftlichen Privilegien der Stadt griff er nur vorübergehend an, gab sie 1320 schrittweise wieder zurück und verlieh ihr sogar neue. Sowohl er als auch sein Sohn Kasimir der Große (reg. 1333–1370) unterstützten weiterhin die Stadt, die eine wichtige Position in den politischen und wirtschaftlichen Plänen der letzten Piasten einnahm.

1320 wurde Władysław Ellenlang in Krakau zum König von Polen gekrönt. Seither war Krakau bis zum Ende der Monarchie die wichtigste Krönungsstadt der polnischen Könige. Jeder gekrönte König unternahm den ersten offiziellen Besuch seiner Herrschaft vom Wawel nach Krakau, wo er auf dem Hauptmarkt den Treueeid der Stadtbürger entgegennahm. In der Folgezeit wurde aus Krakau ein großes Handelsimperium, ein europäisches Finanzzentrum und ein wichtiges Produktionszentrum, in dem die Fleisch- und Lederverarbeitung die wichtigste Rolle spielten. Krakau beherrschte die Handelsmärkte für Kupfer und Blei, nahm einen zentralen Platz im Salz- und Leinenhandel ein, vermittelte zwischen anderen Handelspartnern im lukrativen Gewürzhandel mit der Levante, im Weinhandel mit Ungarn und Eisenwarenhandel mit Österreich.

Auch die Bevölkerung wuchs mit dem wirtschaftlichen Aufschwung. Krakau hatte Mitte des 13. Jahrhunderts etwa 3 000 Einwohner. Schon 100 Jahre später lebten in der Stadt rund 12 000 Menschen. Diese Bevölkerungsentwicklung führte zu einer Ausweitung der Stadtsiedlung. Zuerst entstand 1335 am südlichen Stadtrand Krakaus eine neue Stadt namens Kasimir/Kazimierz, benannt nach ihrem Gründer, dem polnischen König Kasimir dem Großen. 1366 gründete er am Nordrand der Stadt eine neue Stadt namens Florencja. Sehr schnell erhielt sie einen anderen Namen, Kleparz, dessen Ursprung unklar ist. Auf diese Weise veränderte sich die *civitas* Krakau in eine dreistädtische Agglomeration (Abb. 125). Mitte des 15. Jahrhunderts zählte diese Stadtsiedlung 20 000 Einwohner, Anfang des 16. Jahrhunderts wuchs ihre Zahl auf etwa 40 000. Die Position der Stadt wurde von weiteren Königen der Jagiellonen-Dynastie verstärkt: Sowohl Władysław II. Jagiello (reg. 1386–1434) als auch sein Sohn Kasimir (reg. 1447–1492) erweiterten die Privilegien der Stadt. Władysław verlieh Krakau 1387 das sogenannte Wegerecht, das die Kaufleute dazu verpflichtete, auf ihren Reisen den Weg über Krakau einzuschlagen. Die erworbenen Privilegien wurden der Stadt in feierlicher Form von seinem Sohn mehrfach bestätigt, erstmals 1457. Festlicher Höhepunkt in der Geschichte

Abb. 126
Bürgerhaus am Hauptmarkt 16. Im 14. Jahrhundert Eigentum des Krakauer Bürgers Mikołaj Wierzynek d. J. (gest. 1368), heute Sitz eines der berühmtesten Restaurants

Krakaus war der berühmte Krakauer Fürstentag von 1364, bei dem Mikołaj Wierzynek (Wirsing, gest. 1368) für die nach Krakau gekommenen Monarchen, Fürsten und andere Würdenträger ein Festmahl ausrichtete (Abb. 126). Die Pracht und der Reichtum dieses Ereignisses wurden zum Thema mehrerer Historienbilder.

Das Magdeburger Recht ist bis heute in der Raumordnung der Stadt, ihrer Architektur, in den Verkehrsachsen und der Platzierung der Grünanlagen sichtbar. Diese Elemente sind mit Modernem verflochten: der Entwicklung von Tourismus, Gastronomie, Hotels und vielen anderen Unternehmen der Freizeitbranche. Das Krakau des Magdeburger Rechts ist wie ein logischer Algorithmus, der die Grundparameter für die Stadt und das kollektive Gedächtnis ihrer Bewohner darstellt. Auf dieser Basis entstehen die Gemeinschaft und die gesellschaftlichen Grundwerte, ohne welche eine Entwicklung nicht möglich ist. Man kann also mit einem Zitat aus der Gründungsurkunde vom 5. Juni 1257 schließen: »Da diese Gemeinschaft von Menschen, die natürlich ist und als solche gilt, Gerechtigkeit auf Erden walten lässt, so ist sie günstig für Alle, und der Gerechtigkeit selbst gleich.« *Michał Niezabitowski*

Literatur
Niezabitowski 2007 | Ożóg 1987 | Rajman 2004 | Starzyński 2010 | Wyrozumski 1992.

I.36

I.36

Siegelstempel des Höheren Gerichts des deutschen Rechts auf der Krakauer Burg

Krakau/Kraków, 14. Jahrhundert

Eisen, graviert; Siegelfeld: Piastenadler mit Krone; Umschrift: + S[IGILLUM] . IVRIS . THEVTVNICI . IN . CASTRO.

D 3,6 cm

Krakau/Kraków, Archiwum Narodowe w Krakowie, 29/661/0/-/91

Das Höhere Gericht des deutschen Rechts auf der Krakauer Burg wurde von König Kasimir dem Großen (reg. 1333–1370) im Jahr 1356 als höchstes und ordentliches Gericht gegründet. Es sollte als Gericht für die Königlichen Städte und Dörfer sowie für alle Städte und Dörfer dienen, die nach deutschem Recht regiert wurden. Es wurde installiert, um ein Berufungsgericht nach deutschem Recht zu gründen und auf diese Weise die polnischen städtischen Gerichte von den Entscheidungen des Magdeburger Gerichts – der bisherigen Berufungsinstanz in strittigen Fragen – unabhängig zu machen. Ein Gericht des deutschen Rechts auf der Krakauer Burg existierte zwar bereits seit einigen Jahrzehnten, jedoch nur als Hofgericht.

Das Höhere Gericht des deutschen Rechts sollte mit seiner Reichweite das ganze Königreich erfassen, in der Praxis beschränkte es sich jedoch auf Kleinpolen. Im 14. und 15. Jahrhundert spielte es eine große Rolle als Ständegericht für Schulzen- und Vogtämter (das sogenannte Lehngericht) in den königlichen Domänen sowie in jenen Domänen von Adligen und Geistlichen, deren Eigentümer damit einverstanden waren. Ab dem 16. Jahrhundert wurde es beinahe ausschließlich zum Berufungsgericht für die Königlichen Städte in Kleinpolen und ihre Vogt- und Schöffengerichte.

Am höchsten in der Hierarchie der Gerichte des deutschen (städtischen) Rechts stand aber das zur selben Zeit wie das Höhere Gericht des deutschen Rechts einberufene Gericht der sechs Städte. *Magdalena Marosz*

Literatur
Piekosiński 1899, S. 245, Fig. 294, Nr. 446 | Wenzel-Homecka 1970.

I.37

Lokationsprivileg der Stadt Lublin

Krakau/Kraków, 15. August 1317

Pergament

H 45 cm, B 34 cm

Krakau/Krakow, Archiwum Państwowe w Lublinie, Dml, sygn.1

Zu Beginn des 14. Jahrhunderts war das heutige Gebiet Polens in mehrere Herzogtümer zergliedert, die sich im Besitz verschiedener Zweige der Familie der Piasten befanden. Ein ansehnliches Gebiet machte dabei das Herzogtum Krakau-Sandomir aus, oft als Kleinpolen bezeichnet. Bewaldete Höhen und Hügel prägten große Teile der sich zwischen Weichsel, Wieprz, unterem San und Tyśmienica erstreckenden Landschaft, zu der auch das Lubliner Gebiet gehörte. In diesem Teil Polens kam es erst zu Beginn des 14. Jahrhunderts zu einem systematischen Landesausbau, der eng mit Herzog Władysław Ellenlang (reg. 1306–1333, seit 1320 als König) und König Kasimir dem Großen (reg. 1333–1370) verbunden ist. Von polnischen Historikern wird diese Periode daher häufig als Umbruchszeit angesehen.

Lublin wurde in dem genannten Gebiet zwischen mittlerer Weichsel und Dunajec als erste städtische Siedlung 1317 planmäßig gegründet und erhielt, wie das vorliegende Privileg Herzog Władysławs zeigt, in diesem Zusammenhang das magdeburgische Recht (*iure Maydburgensi*). Aus dem Dokument ist weiterhin zu erfahren, dass der Aufbau der Stadt und die damit verbundene Organisation in die Hände des Krakauer Bürgers Maciej (dt. Matthias, gest. um 1330) gelegt wurden. Dieser war dem Herzog alles andere als unbekannt, da er seinem Landesherrn als Statthalter (*procurator*) diente und außerdem das Amt eines Erbvogts der Stadt Opatowiec ausübte. Somit verfügte Maciej über einen reichen Erfahrungsschatz, den der Herzog bei der planmäßigen Lokation der Stadt Lublin nutzen wollte.

Die Gründung Lublins erfolgte jedoch nicht aus wilder Wurzel. Im Rahmen seiner Tätigkeiten konnte Maciej stattdessen an eine Siedlung anknüpfen, die unmittelbar an die auf einem Hügel errichtete Lubliner Burg grenzte. Eine weitere Siedlung befand sich nordöstlich davon im Anschluss an die Kirche des Archidiakonats. Lublin war damit bereits zu dieser frühen Zeit ein herrschaftlicher und kirchlicher Zentralort. Mit dem 1317 einsetzenden Ausbau zur Rechtsstadt wurden diese vorhandenen Siedlungsteile erweitert. Auch hierüber gibt das herzogliche Privileg Auskunft, indem der Bürgerschaft 100 Hufen zur Anlage von Wohngrundstücken, Ackerflächen und Gärten übertragen wurden. Lublin erhielt außerdem eine Befreiung von Steuerzahlungen für 20 Jahre. Die Rechtsprechung sollte in den Händen des Maciej liegen. In sein Urteil durften keine landesherrlichen Gefolgsleute mit eigenen Vorladungen eingreifen. Jedoch war es den Lubliner Bürgern möglich, Berufung beim Landesherrn einzulegen.

Ausgestattet mit diesen und weiteren Rechten entwickelte sich Lublin nicht zuletzt durch seine verkehrsgünstige Lage, die dem Ort Handelskontakte mit dem Schwarzmeerraum, den Küstenstädten an der Ostsee und Städten in Ungarn sowie Masowien bescherte, zu einem bedeutenden und systematisch ausgebauten städtischen Zentrum. *Sascha Bütow*

Literatur
Hoff 1942 | Rozwalka/Niedzwiadek/Stasiak 2004 | Szczygieł 2017.

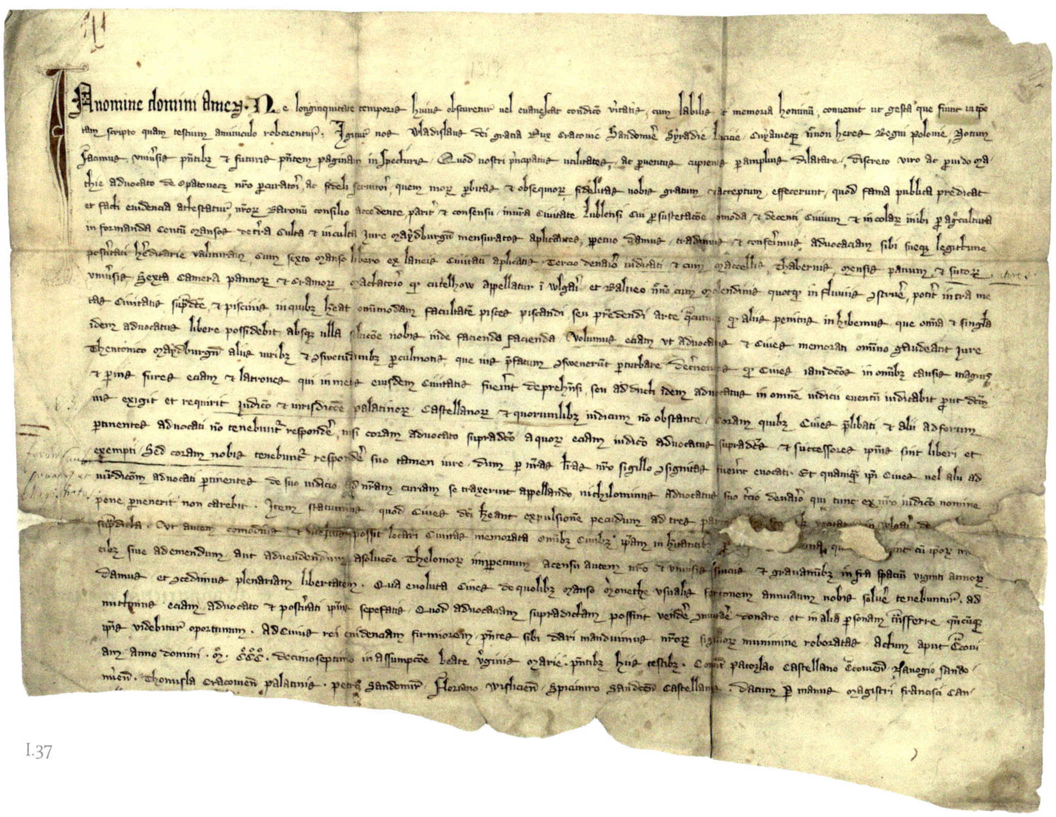
In nomine domini amen.

I.37

Prag

Vier Städte, vier Rechtsordnungen

Dem aufmerksamen Pragbesucher, der vor der astronomischen Uhr (*orloj*) in der Altstadt stehen bleibt, fällt vielleicht die goldene Inschrift auf, die sich über einem malerischen Renaissance-Fenster des bunten Hauses links von der eigentlichen Uhr befindet: »Praga caput regni« (Abb. 127). Die Prager übersetzen sie scherzhaft mit »Prag, kaputt vom Regen«. Die Inschrift wurde wahrscheinlich zur Zeit der Hussitenkriege – nach der Niederlage Sigismunds von Luxemburg (reg. 1411–1437) im Kreuzzug gegen die Hussiten – dort angebracht.

Tatsächlich bedeutet die Inschrift jedoch, dass »Prag, die Hauptstadt des Königreichs« ist. Gemeint ist damit die besondere Stellung von Prag/Praha in der wechselvollen Geschichte des tschechischen Staats, die bis heute ihre Gültigkeit nicht verloren hat. Prag verkörperte die wichtigste, größte und bevölkerungsreichste Metropole des böhmischen Staats. Die Schönheit dieser hunderttürmigen Stadt, reich an verschiedenen architektonischen Stilen, vielfältiger Kultur und Besiedlung sowie Naturraum und Erlebnisorten, wird bis heute, also mehr als 1 100 Jahre nach der Gründung der Stadt, von ihren Bewohnern und Besuchern gleichermaßen bewundert. Anhand archäologischer Funde und durch historische schriftliche Zeugnisse von Chronisten und Reisenden ist Prag im Frühmittelalter als slawisches Burgareal belegt, das in den Jahren 882 bis 885 gegründet wurde. Bereits zu dieser Zeit taucht der Name Prag auf, dessen Bedeutung bis heute jedoch nicht zufriedenstellend erklärt ist.

Die älteste schriftliche Erwähnung ist auf das 10. Jahrhundert datiert. Der jüdisch-arabische Kaufmann Ibrāhīm ibn Ja'qūb, der in der zweiten Hälfte des 10. Jahrhunderts Mitteleuropa bereiste, bezeichnete in seinem Reisebericht Prag als »principalis urbs Sclavorum« (Hauptstadt der Slawen). Obwohl also eine Siedlung mit dem Namen Prag sehr früh entstand, formte sich Prag als wirkliche Stadt relativ spät. Erst der aufklärerische Herrscher Joseph II. (1765–1790 Kaiser, ab 1780 auch böhmischer König) entschied nach einer Inspektionsreise durch Böhmen, Mähren und Schlesien (1771) mit einem Patent vom 12. Februar 1784, die vier Prager Städte zu vereinigen und damit die Reste ihrer Selbstverwaltung aufzuheben und sie in die einheitliche Verwaltungsstruktur der Habsburger Monarchie einzugliedern.

Bis zu dieser Zeit war Prag eine Städtegruppierung, zusammengesetzt aus mehreren in Verwaltung und Recht eigenständigen Siedlungen im Umkreis zweier Burgzentren der Přemysliden-Dynastie: der Prager Burg/Pražský hrad, gegründet in den 880er Jahren, und Wyschehrad/Vyšehrad (auch Prager Hochburg), gegründet um die Mitte des 10. Jahrhunderts. Mit der Erlangung des Titels des Erbkönigtums unter dem Přemysliden Ottokar I. (reg. 1198–1230) im Jahr 1198, bestätigt durch die Goldene Sizilianische Bulle Friedrichs II. von 1212, und der Entwicklung der hochfeudalen Monarchie wurden Teile des Burgvororts (*podhradie*), wo sich heute der Altstädter Platz befindet, vereint.

Auf Grundlage der vom König verliehenen Sonderrechte entstand um 1235 die Prager Altstadt als privilegierte Königliche Stadt, das heißt eine rechtliche Korporation mit freien Stadtbürgern, für die der Grundsatz »Stadtluft macht frei« galt, sowie weiteren Einwohnern. Seit Ende des 13. Jahrhunderts und besonders zur Zeit der Hussitenkriege und des Ständewesens emanzipier-

Abb. 127
Goldene Inschrift »Praga caput regni« über dem Renaissancefenster neben dem Prager Rathaus

ten sich zunehmend die Königlichen Städte, an deren Spitze die Prager Altstadt stand, und wurden zu einem der Hauptakteure der politischen und wirtschaftlichen Entwicklung des Landes.

Die Stadtbürger rekrutierten sich nicht nur aus der ursprünglichen slawischen Bevölkerung, sondern gleichermaßen aus den Bewohnern der älteren romanischen (burgundischen) Siedlungen und der deutschen Marktflecken (*emporii*). Insbesondere dank der letztgenannten Siedler konnte sich das Stadtrecht als ein spezieller Rechtskomplex von der bisher dominierenden einheitlichen Rechtsordnung (*ius Slavicum*) loslösen. Ursprünglich wurde die Prager Altstadt auf Grundlage des Nürnberger Rechts verwaltet. Ihr Recht entwickelte sich jedoch sehr schnell selbstständig weiter, insbesondere unter dem Einfluss des böhmischen örtlichen Gewohnheitsrechts und der angewandten Gerichtspraxis des Stadtgerichts, das seit 1235 zivile und strafrechtliche Dinge regelte und sich ab 1355 eine Transaktionsordnung für Immobilien und der damit verbundenen absoluten Rechte vorbehielt. Tätig wurden hier aber auch andere, spezialisierte Gerichte wie das Sechsherrengericht (strafrechtliche Angelegenheiten) und das Zehnherrengericht (Streitigkeiten über Schulden). So entstand ein spezifisches Recht, das sogenannte Altstädter Recht (*ius civitatis Pragensis*), welches erst 1310 im »Liber vetustissimus Antiquae Civitatis Pragensis« niedergeschrieben wurde. Dessen ungeachtet entschied man vor allem auf Grundlage der Urkunden und der Rechtspraxis des Stadtrats und der Gerichte. Das Altstädter Gericht war Schöffenstuhl und Oberhof für alle Städte Mittel- und Südböhmens. Die Prager Altstadt war gleichzeitig auch eine der Königlichen Städte, die rechtlich nicht an einen Unterkammerbeamten, das heißt einen für die Königsstädte zuständigen Landesminister, gebunden war. Prag unterstand direkt dem König.

Das zweite urbane Zentrum des mittelalterlichen und frühneuzeitlichen Prags bildete ein Teil des Territoriums der heutigen Kleinseite/Malá Strana (Abb. 128). Ursprünglich wurde es auch als *Nova Civitas sub Castro Pragensis* (Neue

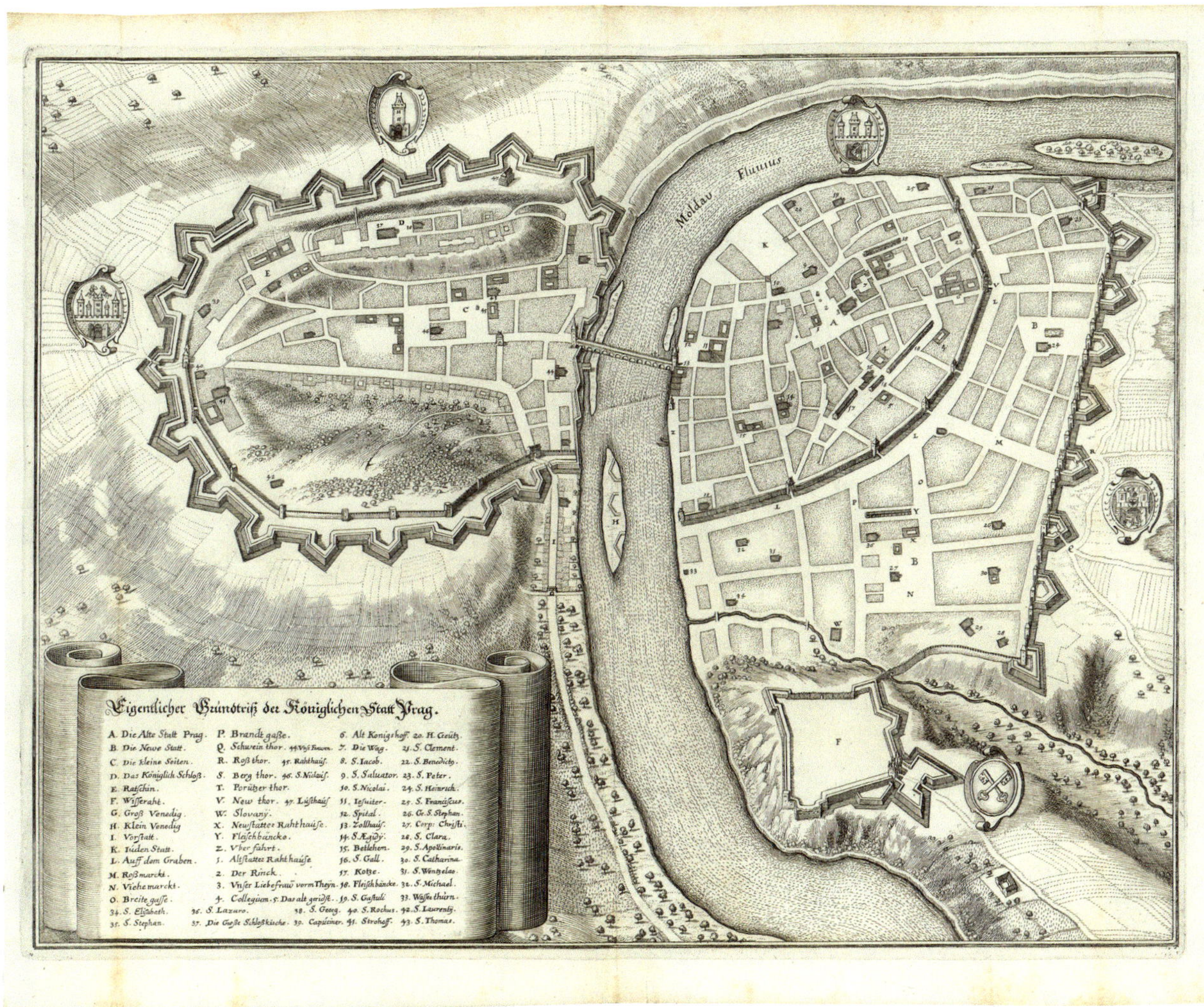

Abb. 128
Stadtplan Prags von 1650, links der Moldau die heutige Prager Kleinseite (Malá Strana), Topographia Bohemiae, Moraviae Et Silesiae des Matthaeus Merian. Düsseldorf, Universitäts- und Landesbibliothek Düsseldorf

Abb. 129
Prag/Praha in der Schedelschen Weltchronik von 1493. Holzschnitt, Darmstadt, Universitäts- und Landesbibliothek Darmstadt, Inc. VI/14, fol. 229v/230r

Stadt unterhalb der Prager Burg) und von 1320 bis 1896 als Kleinere Stadt/Menší Město/*Civitas Minor Pragensis* bezeichnet. Die heute verwendete Benennung Kleinseite wurde inoffiziell bereits seit dem 15. Jahrhundert benutzt. Die Kleinseite wurde 1257 von König Ottokar II. (reg. 1253–1278) am linken Moldauufer gegründet. Ottokar, genannt Eiserner und Goldener König, hatte die Bevölkerung der ursprünglichen slawischen Siedlung vertreiben und an dieser Stelle deutsche Kolonisten aus Sachsen ansiedeln lassen (Lokation). Wie in anderen Städten des sächsisch-magdeburgischen Rechtskreises gibt es hier ebenfalls ein rechtliches Dokument, die Gründungsurkunde der Kleinseite, in welcher der König den Kolonisten ausdrücklich erlaubte, sich in Rechtsangelegenheiten ihres eigenen mitgebrachten Rechts zu bedienen. Dieses eigene

Recht, in Tschechien als Magdeburger-Leitmeritzer Recht bezeichnet, war Hauptattribut der neu entstandenen freien städtischen Korporation. Die eigentliche Urkunde ist nicht erhalten geblieben. Es finden sich jedoch in späteren Konfirmationsurkunden Hinweise darauf, wie zum Beispiel in einer königlichen Urkunde von 1312, laut der das städtische Gericht der Kleinseite und der zugehörigen Orte Recht nach Magdeburger Recht sprechen sollte.

Auf der Kleinseite bestand das Gericht aus einem königlichen Richter und zwölf Schöffen. Letztendlich wurde das Gerichtsamt (tsch. *rychta*) jedoch durch die Stadtverwaltung losgekauft, und der Richter war dann polizeilicher Beamter der Stadt, der nur noch über weniger wichtige Auseinandersetzungen richtete. Als wichtiges Organ der Selbstverwaltung der Stadt gewannen die Schöffen (*consules*) zunehmend an Bedeutung. Im Unterschied zur Prager Altstadt wurde die Kleinseite nicht Oberhof für andere rechtliche Gebiete in Böhmen. Für die Städte des sächsisch-magdeburgischen Rechts war solch ein hiesiger Oberhof die nordböhmische Stadt Leitmeritz/

Litoměřice. Die Kleinseite wandte sich für Rechtsauskünfte bis zum Jahr 1387 an Magdeburg, als Wenzel IV. von Luxemburg (1363–1419 König von Böhmen, 1376–1400 römisch-deutscher König) durch ein Mandat entschied, dass Gesuche auf Rechtsauskunft von nach Magdeburger Recht sprechenden Stadtgerichten fortan ausschließlich nach Leitmeritz oder an die königlichen Beamten gesendet werden sollten. Nach dem Ende der Hussitenkriege, die auch dazu führten, dass die Handwerker Anteil an der Stadtregierung der Prager Städte erlangten, kam es zur Tschechisierung der Städte, auch der Kleinseite. Wahrscheinlich wurde unter anderem aus diesem Grund im Jahr 1485 durch den böhmischen König Vladislav II. dauerhaft angeordnet, dass das für die Kleinseite zuständige Schöffengericht zukünftig die Prager Altstadt und nicht mehr Leitmeritz sein sollte. Damit war das Ende des Magdeburger-Leitmeritzer Rechts in Prag besiegelt.

Der Hradschin (Hradčany, auch Prager Oberstadt/Horní město pražské) ist chronologisch gesehen die dritte Stadt der Prager Stadtgemeinschaft. Im Gegensatz zu den anderen (Freien) Prager Städten unterstand sie als Lehen den Grafen der 1320 gegründeten Prager Burg. Deshalb galten hier erstmals um 1350 niedergeschriebene Untertanenordnungen. Die ursprüngliche Kleinseite wurde in der Zeit der Belagerung der Prager Städte durch die Armeen der Kreuzzügler (Hussitenkriege) 1420 zerstört und erlangte erst mit dem Wiederaufbau von 1507 die Position einer Freien Stadt. Sowohl die Kleinseite als auch der Hradschin fielen 1541 einem verheerenden Brand zum Opfer, der zudem einen Großteil der Gebäude der Prager Burg zerstörte. Mit endgültiger Wirksamkeit wurde der Hradschin durch König Rudolf II. (1575–1611 König von Böhmen, 1576–1612 Kaiser) in den Jahren 1592 bzw. 1598 zur Königlichen Stadt erhoben. Die letzten rechtlichen Ansprüche des Burggrafen der Prager Burg gegenüber den Bewohnern des Hradschins erloschen jedoch erst 1612 gänzlich, nachdem ein Gerichtsstreit zwischen dem Burggrafen und dem böhmischen König bezüglich der Besitzrechte entschieden worden war. Dennoch galt für die Stadt auch danach eine spezifische Rechtsordnung, denn sie verfügte nicht über eine eigene Jurisdiktion; ihre Rechtsstreitigkeiten wurden bis zu den Reformen Maria Theresias im Jahr 1756 von der Kleinseite geregelt.

Die letzte der Prager Städte, die Prager Neustadt/Nové město pražské, war ebenfalls eine Freie, sogenannte Königliche Stadt. Den Grundstein ihrer Befestigung legte Karl IV. (1346–1378 römisch-deutscher König, 1347–1378 König von Böhmen) am 16. März 1348 mit einem städtebautechnisch gut durchdachten Konzept des französischen Architekten Mathias von Arras (1290–1352), welches eine regelmäßige Verkehrswegeplanung und eine geplante Verteilung der städtischen Schlüsselbauten beinhaltete. Die Gründung der Prager Neustadt war Teil der Bemühungen Karls IV., Prag nicht nur zu einer Metropole der Länder der Böhmischen Krone, sondern auch des Heiligen Römischen Reichs aufsteigen zu lassen. Integrale Bestandteile dieser Anstrengungen waren der Bau des St.-Veits-Doms auf der Prager Burg sowie der Bau der prächtigen Karlsbrücke/Karlův most, welche die im Jahr 1342 durch ein Hochwasser zerstörte Judithbrücke/Juditin most ersetzte. Drei wichtige rechtliche Dokumente – die Papstbulle vom 26. Januar 1347, die Gründungsurkunde vom 7. April 1348, die von Karl IV. als König von Böhmen ausgestellt wurde, und das kaiserliche Eisenacher Diplom vom 14. Januar 1349 – ermöglichten in Prag die Schaffung der ältesten Hochschule östlich des Rheins und nördlich der Alpen, die das Modell der Universitäten von Paris und Bologna kombinierte. 1372 entstand in den Prager Städten infolge eines Streits, der zum Bruch zwischen der Juristen- und der Artistenfakultät führte, eine eigenständige Prager Rechtsuniversität. Die Beziehungen beider Universitäten zu den Prager Städten wurden 1374 durch die Anerkennung der Universitätsprivilegien durch Prag – vor allem der Selbstverwaltung der universitären Körperschaften und der unabhängigen Jurisdiktion des Rektors über die Mitglieder der akademischen Gemeinde – reguliert. Die Prager Neustadt erlangte mit der Zeit Privilegien, die in zwei Rechtsbüchern, dem »Liber sententiarum aureus« von 1389 und dem »Praxis et casus cancellariae civilis« vom Schreiber Prokop im Jahr 1456, schriftlich festgehalten wurden.

Außer den vier Prager Städten befanden sich im zentralen Territorium Prags noch eine Reihe weiterer separater, patrimonialer Siedlungen, die über sogenannte Nebenrechte (postranní práva), das heißt über eine eigene herrschaftliche Gerichtsbarkeit, verfügten. Ihre Bewohner waren in der überwiegenden Mehrheit Untertanen verschiedener geistlicher Obrigkeiten, die nicht als Stadtbürger angesehen wurden und somit nicht über die Rechte eines privilegierten, freien Standes verfügten. Besondere Rechtsvorschriften galten für Mitglieder der jüdischen Gemeinde, für die vom König ein Beamter, der sogenannte jüdische Richter, bereitgestellt wurde. Der rechtliche Schutz (nicht nur) der Prager Juden von Seiten des böhmischen Königs wurde durch die *Statuta judeorum* von 1254 gewährleistet, welche 1356 und 1394 durch Privilegien Karls IV. sowie Wenzels IV. erweitert wurde. Diesen Vorschriften zufolge waren die Juden direkt der königlichen Krone unterstellt, und der Schutz der Juden gehörte zu den Regalien des Königs, den *iura regalia* – einem königlichen Hoheitsrecht, das der königlichen Krone Vermögensvorteile einbrachte. Karl IV. ermöglichte, dass die jüdische Prager Josefstadt/Josefov in die Befestigung der Prager Altstadt einbezogen wurde; in die Prager Administration jedoch wurde die Josefstadt erst im Jahr 1850 eingegliedert.

Die Regierungszeit Karls IV. (als böhmischer König) war der Höhepunkt der Entfaltung der mittelalterlichen Prager Städte. Um die Mitte des 14. Jahrhunderts existierten zwischen den zwei Königsburgen Prags vier Städte nebeneinander, die durch vier verschiedene Rechtssysteme verwaltet wurden. Doch bereits damals rückte eine weitere konzeptionelle Idee ins Bewusstsein, welche die Verwaltung Prags und damit ihre Rechtsordnung betraf: die Bemühung nämlich, diesen Partikularismus zu überwinden und die Prager Städte zu vereinigen. Es waren zunächst vor allem machtpolitische und später eher technisch-organisatorische Gründe, die zu diesen Überlegungen geführt hatten. Die Komplexität und die Pluralität der administrativen Organisation und der unterschiedlichen Normen steigerten nämlich die Kosten und erschwerten ein gezieltes wirtschaftliches Funktionieren der städtischen Verwaltung, insbesondere dann, wenn es nötig war, flexibel zu reagieren. Die Prager Altstadt und Neustadt bemühten sich als Erste um eine Vereinheitlichung und wurden in den Jahren 1367 bis 1377, 1421 bis 1424 und 1518 bis 1528 (nur vorübergehend) vereinigt.

Die Rechte des bürgerlichen Stands und insbesondere die führende, sehr autonome Rolle der Prager Städte wurden mit dem Aufstieg der Habsburger, die die Zerschlagung einer einheitlichen Prager Verwaltung verfolgten, stark angegriffen. Der böhmische König Ferdinand I. (reg. 1526/27–1564) hatte 1528 den Zusammenschluss der Prager Städte aufgehoben und jegliche Bemühungen zu dessen Erneuerung unter Androhung der Todesstrafe verboten. Nach der Unterdrückung des Ständeaufstands von 1547/48 wurden die Privilegien der Städte schließlich weiter eingeschränkt und die königliche Kontrolle über die Städte ausgeweitet. Damit einher ging die Gründung der Appellationskammer (*consilium apellationum*) im Jahr 1548, der als Anrufungsgericht alle städtischen Gerichte untergeordnet wurden. Mit der Herausgabe einer einheitlichen Kodifizierung des Stadtrechts 1579 – unter der Bezeichnung »Stadtrechte des Böhmischen Königreichs« / Práva městská Království českého« – wurde das Ende des Magdeburger-Leitmeritzer Rechts schließlich besiegelt. Das vom Altstädter Kanzler Pavel Kristián aus Koldín (Pawel Krystyan z Koldina, Paulus Christianus z Koldina, 1539–1589) auf Grundlage des Altstädter Rechts verfasste Gesetzbuch wurde 1589 durch die Appellationskammer als für das Gerichtswesen rechtsverbindlich anerkannt.

Protest leisteten die nach Magdeburger Recht urteilenden Städte, allen voran Leitmeritz, die ihre Rechtspraxis nicht vertreten sahen. Erst 1610 wurde der Widerstand gebrochen, und Koldíns Gesetzbuch erlangte auf Beschluss des Landtags für ganz Böhmen exklusive Gültigkeit. Dies wurde durch einen Beschluss der Appellationskammer bestätigt und nicht nur auf die Königsstädte, sondern ab dem Jahr 1666 auch auf die untertänigen Städte übertragen. 1697 wurde das Rechtsbuch ebenso in Mähren zur ausschließlichen Quelle städtischer Rechtsprechung. Seit der Herausgabe der »Verneuerten Landesordnung« – ein durch Ferdinand II. (reg. 1617–1637) im Jahr 1627 erlassenes absolutistisches Grundgesetz für das Königreich Böhmen – war die Entwicklung der Verwaltung und der Gerichtsbarkeit der Prager Städte untrennbar mit der Entwicklung des absolutistischen Staats und dessen Anforderungen verbunden. Andererseits bescherte die Regierungszeit der Habsburger (ab 1526, Schlacht bei Mohács) den Prager Städten ein neues Stadtbild. Im Zuge der Brandkatastrophen 1541 im Hradschin und in der Kleinseite sowie 1689 in der Altstadt wurden großzügige Wiederauf- und Umbauarbeiten durchgeführt. Die umfassende Stadterneuerung verdankt Prag aber auch der Tatsache, dass Rudolf II. sie ab 1583 zu seinem Aufenthaltsort wählte und Prag damit wieder zu einer kaiserlichen Residenzstadt wurde. Diese Zeit kann als zweites goldenes Zeitalter der Prager Städte bezeichnet werden.

Die dauerhafte Vereinigung der Prager Städte und aller angrenzenden Siedlungen erfolgte im Jahr 1784, als ein einheitliches System der staatlichen und gerichtlichen Verwaltung entstand, dessen Teil die Städte wurden. Damit verloren die Städte die letzten Überreste ihrer Privilegien, die ihre Funktion als selbstverwaltete Körperschaften betrafen. Diese Regulierung war ein unabdingbarer Zwischenschritt zur Abschaffung der Überbleibsel der feudalen Verwaltung und des territorialen wie organisatorischen Partikularismus der Prager Städte, die die wirtschaftliche und urbane Entwicklung der (Gesamt-)Stadt bremsten. Das neue Prag wurde zum Mittelpunkt von Kultur, Politik und Verwaltung und gleichzeitig ein Zentrum der Industrie mit großer Anziehungskraft für die Landbevölkerung. Diese Veränderungen ermöglichten in den Jahren 1848/49 die kontinuierliche Entwicklung einer modernen Prager Selbstverwaltung. Folge dieser Modernisierung war zugleich die große Sanierungswelle in den 1890er Jahren, der Teile des historischen Zentrums Prags zum Opfer fielen. Andererseits gewannen die Stadt durch die umfassende Umgestaltung ein modernes Aussehen und vor allem die Bewohner der Stadtviertel mehr Lebensqualität, die zu dieser Zeit bereits durch sehr schlechte hygienische Bedingungen maßgeblich beeinträchtigt war.

Der letzte historische Meilenstein auf dem Weg Prags zur Hauptstadt des souveränen tschechoslowakischen Staats war die Entstehung des sogenannten Großen Prags. Der gesamte Unifizierungsprozess der Prager Städte gelangte damit zu seinem Höhepunkt. Auf Grundlage des Gesetzes Nr. 114/1920 der Gesetzes- und Verordnungssammlung wurden 1922 in der Umgebung Prags 37 Städte und dörfliche Orte eingemeindet. Die schrittweise Ausdehnung der Hauptstadt durch die Eingemeindung der umliegenden Ortschaften und nicht zuletzt ausgedehnter Neubausiedlungen schritt im 20. Jahrhundert weiter fort.

Am Übergang des Jahrtausends jedoch begann eine erneute Änderung der urbanistischen Ausrichtung der Stadt. In Übereinstimmung mit modernen Erkenntnissen und Trends wandelt sich die Stadt allmählich zu einer urbanen Ganzheit, die den Anforderungen einer langfristig haltbaren Entwicklung gerecht werden will. Die Industrie verlagerte sich in Industriegebiete, und die Bewohner zieht es immer mehr in die Satellitensiedlungen im Prager Umland. Anstelle der Unifizierung rückt nun wieder eine Stratifikationstendenz in den Vordergrund. Diese Entwicklung spiegelt sich zweifelsohne auch in den Stadtteilen Prags wider, die zuvor die sogenannten Prager Städte bildeten, inklusive der Kleinseite, also des Prager Stadtteils, wo das Magdeburger-Leitmeritzer Recht galt. Seit 1992 gehört die unter Denkmalschutz stehende Prager Innenstadt zum UNESCO-Weltkulturerbe, und im Jahr 2000 wurde Prag dank seiner historischen Stadtteile zur einer der Europäischen Kulturhauptstädte ernannt.

Die Kleinseite ist heute ein malerisches Fleckchen, das von Touristen und Studenten vor allem wegen des unverwechselbaren Charmes seiner Barockarchitektur, Cafés, Geschäfte und kulturellen Stätten, aber ebenso der Ruhe an den Moldauufern, in den Parks und unter den Arkaden aufgesucht wird. Das ist jedoch nur ein Gesicht der Kleinseite. Gleichzeitig ist sie das Stadtviertel Prags, wo in uralten Palästen die höchsten Verfassungsorgane der gesetzgebenden und ausführenden Gewalt der Tschechischen Republik ihren Sitz haben. Aus dieser Perspektive betrachtet, hat sich die Kleinseite, die hinsichtlich ihrer Stadtrechtskultur der Prager Alt- und Neustadt ehemals hintenangestellt war, im 21. Jahrhundert von den früheren Prager Städten zur prestigereichsten Adresse entwickelt. *Jiří Šouša*

Quellen

Emler 1874.

Literatur

Bastl 2003 | Čelakovský 1886 | Degen/Levinka 2019 | Hlavsa 1957 | Ledvinka/Pešek 1985 | Ledvinka/Pešek 1998 | Ledvinka/Pešek 2000 | Merian 1650 | Pátková 2011 | Pelzbauerová 2008 | Šouša 2015 | Spáčil/Spáčilová 2018 | Teige 1902 | Tomek 1892.

Danzig

Der Bernstein- und Getreidelieferant Europas

Die Karriere des Gebiets an der Weichselmündung als bedeutender Handelsort reicht bis in die Zeit der Antike zurück. Hier begann die sogenannte Bernsteinstraße, eine der ältesten europäischen Handelsrouten, auf der das begehrte Harz, als »Tränen der Sonne« verehrt, bis nach Rom und Ägypten geliefert wurde. Dank des Bernsteins erhielten auch die römischen Geschichtsschreiber Kunde vom Weichselfluss, den sie als Grenze zwischen germanischen, baltischen und slawischen Völkern beschrieben.

Der Name Danzigs/Gdańsk taucht in den historischen Quellen erstmals am Ende des 10. Jahrhunderts in der *Vita sancti Adalberti* auf. Der Prager Bischof Adalbert (amt. 982–997) setzte 997 von der Stadt Danzig (»urbem Gyddanyzc«) aus auf die östliche Weichselseite über, um die Prußen zu missionieren. Nach dem dort erlittenen Märtyrertod kaufte der polnische Herzog und spätere König Boleslaus der Tapfere (Bolesław Chrobry, Herzog ab 992, König ab 1000 bzw. 1025, gest. 1025) den Heiden den Leichnam Adalberts ab, indem er den Toten mit Gold aufwiegen ließ. Der Herzog brachte die sterblichen Überreste des Märtyrers in den Dom zu Gnesen/Gniezno, wo er seitdem als Nationalheiliger Polens verehrt wird.

Danzig war der Hauptort einer zum polnischen Staatsverband gehörenden slawischen Herrschaft, aus der später das Herzogtum Pommerellen hervorging. Dieses wurde seit dem 12. Jahrhundert von der Dynastie der Samboriden regiert, die unter Herzog Swantopolk II. (reg. 1220–1266) die politische Unabhängigkeit von Polen erlangten. Swantopolk bemühte sich tatkräftig um den Ausbau seiner Hauptstadt Danzig. 1224 gründete er eine deutsche Kaufmannsstadt nach lübischem Recht, vermutlich schon am Ort der heutigen Rechtstadt, und 1227 holte er den Dominikanerorden in die Stadt. Zur Zeit Swantopolks besaß Danzig vier Siedlungsbereiche: die herzogliche Burg, eine Siedlung (Hakelwerk) der Fischer und Bernsteinsammler mit polnischem Recht, die Altstadt mit der Pfarrkirche St. Katharinen und die Kaufmannsstadt mit der Pfarrkirche St. Marien. Hier lebten drei Volksgruppen nebeneinander: Pomoranen, Prußen und Deutsche, wie bei der Beschreibung der Todesfeierlichkeiten für Swantopolk 1266 ausdrücklich erwähnt ist.

Nachdem mit Herzog Mestwin II. (reg. 1266–1294) 1294 die Dynastie der Samboriden ausgestorben war, kam es zu einem langwierigen Erbfolgestreit um den Besitz Danzigs und Pommerellens zwischen Polen, Brandenburg und dem Deutschen Orden. In diesem Konflikt konnte sich der Orden schließlich durchsetzen, wobei die Einnahme der Stadt Danzig 1308 den entscheidenden Moment bildete. Die polnische Seite verklagte danach den Orden wegen eines angeblichen Massakers, bei dem fast die gesamte Stadtbevölkerung (bis zu 10 000 Menschen) umgebracht worden sei, während die Deutschherren entgegneten, sie hätten lediglich 16 Verbrecher hingerichtet. Dieser mittelalterliche Propagandakrieg wirkt bis heute nach, wie sich an der unterschiedlichen Haltung der polnischen und deutschen Geschichtsschreibung zu diesem wirklichen oder vermeintlichen Massaker zeigt. Wo

Abb. 130
Ansicht der Stadt Danzig/Gdańsk aus »Civitates Orbis Terrarum«, Bd. 2, von Georg Braun und Franz Hogenberg (1575). München, Bayerische Staatsbibliothek, 2 Mapp. 41

die historische Wahrheit liegt, ist schwer zu sagen, da schon die mittelalterlichen Quellen von starker Parteilichkeit geprägt sind und ein Durchdringen zur faktischen Wahrheit dadurch kaum mehr möglich erscheint.

Unter dem neuen Landesherrn kam es zu einem bedeutenden wirtschaftlichen Aufschwung. Im Laufe des 14. Jahrhunderts wuchs Danzig zur größten und reichsten Stadt des Ordenslands heran. Dabei achtete der Deutsche Orden streng darauf, eine Reihe von politischen und ökonomischen Vorrechten gegenüber der Stadt zu behaupten. Symbol der Ordensherrschaft wurde die anstelle der pommerellischen Herzogsburg errichtete Konventsburg des Deutschen Ordens an der Mottlau. Als ein weiteres Element der Herrschaftssicherung durch den Orden ist die »Umrechtung« Danzigs vom lübischen zum Kulmer Recht 1343 anzusehen.

Keine Stadt im Ostseeraum verfügte im Spätmittelalter über eine derart ausdifferenzierte und komplizierte urbanistische Struktur wie Danzig. Der Ort bestand aus mehreren rechtlich eigenständigen Städten, zuzüglich besonderer Stadtteile. Dominiert wurde dieser städtische Organismus von der Rechtstadt, die als Zentrum des Fernhandels die Ökonomie und Politik Danzigs bestimmte. Nördlich davon lag die ältere, aber politisch und wirtschaftlich weit weniger bedeutendere Altstadt. Diese verfügte dennoch über ein eigenes Stadtrecht und einen Rat, ebenso wie die nordöstlich anschließende, 1380 nach Kulmer Recht gegründete Jungstadt (1455 abgebrochen). Westlich der Rechtstadt erstreckte sich die vom Handwerk geprägte Vorstadt, die keinen eigenen Rat stellte, aber immerhin einen selbstständigen Pfarrbezirk bildete. Der Rechtstadt zugeordnet war schließlich noch die östlich davon gelegene ausgedehnte Speicherinsel, das Wahrzeichen der Danziger Handelsmacht, auf der sich bis zu 300 große Magazinhäuser der Danziger Kaufleute befanden (Abb. 133). Der Vorrang der Rechtstadt gegenüber den anderen Städten und Stadtteilen zeigte sich auch daran, dass zunächst nur hier eine massive Stadtbefestigung bestand. Erst am Beginn der Frühen Neuzeit wurde der gesamte Stadtorganismus durch zusammenhängende moderne Befestigungswerke geschützt, die Danzig bis zum 18. Jahrhundert in ein uneinnehmbares Bollwerk verwandelten.

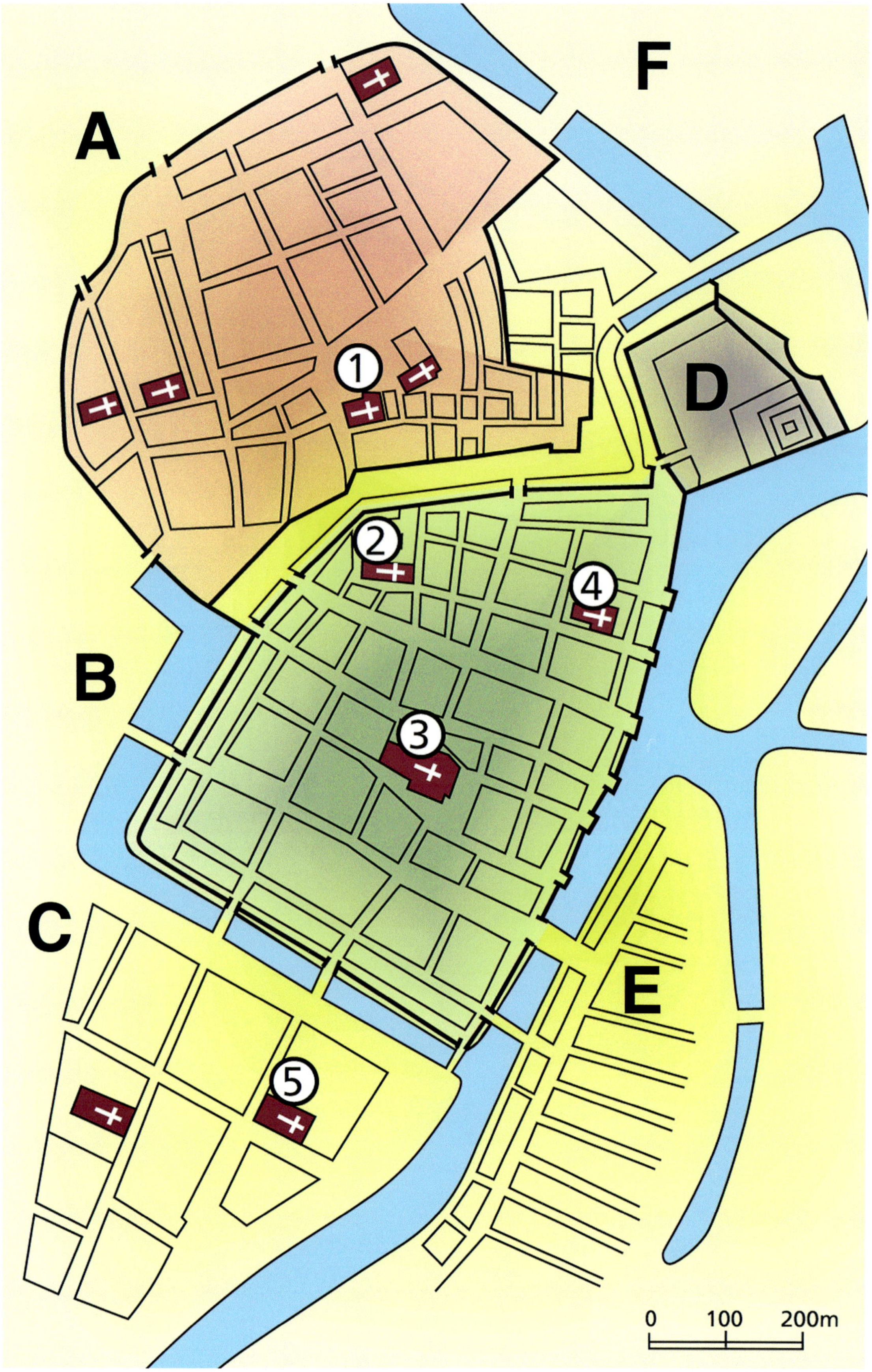

Abb. 131
Lageplan der Danziger Stadttopografie um 1400. A = Altstadt; B = Rechtstadt; C = Vorstadt; D = Deutschordensburg; E = Speicherinsel; F = Jungstadt. 1 = St. Katharinen; 2 = St. Nikolai (Dominikaner); 3 = St. Marien; 4 = St. Johann; 5 = St. Peter und Paul

Abb. 132
Das große Danziger Stadtsiegel (um 1400) mit einer Hansekogge als Wahrzeichen der Handelsstadt Siegel an einer Urkunde von 1457, Danzig/Gdańsk, Archiwum Państwowe w Gdańsku, LXXX 45

Abb. 133
Der Danziger Hafen an der Mottlau (links: Speicherinsel, rechts: Rechtstadt) in einem Kupferstich von Aegidius Dickmann (1617). Amsterdam, Rijksmuseum, RP-P-1901-A-22334

Die Bedeutung Danzigs lässt sich auch an der Sakraltopografie der Stadt ablesen (Abb. 131). Um 1400 gab es im gesamten städtischen Siedlungsbereich fünf Pfarreien, zwei in der Rechtstadt (St. Marien, St. Johannis) und je eine in der Altstadt (St. Katharinen), der Jungstadt (St. Bartholomäus) und der Vorstadt (St. Peter und Paul). Daneben existierten drei Klöster der Bettelorden: eines der Dominikaner in der Rechtstadt, eines der Franziskaner in der Vorstadt und eines der Karmeliter in der Jungstadt (nach 1455 in die Altstadt verlegt). Hinzu kam noch das große Doppelkloster der Birgitten in der Altstadt. Zu erwähnen ist in diesem Zusammenhang auch das bedeutende Zisterzienserkloster Oliva/Oliwa, nördlich vor den Toren Danzigs gelegen. Im Ostseeraum konnte nur Lübeck eine vergleichbare Fülle an kirchlichen Einrichtungen vorweisen.

Trotz oder gerade wegen des enormen wirtschaftlichen Aufstiegs wuchs am Beginn des 15. Jahrhunderts die Unzufriedenheit der Danziger Bürgerschaft mit ihrem mächtigen Landesherrn. Besonderen Anstoß bei den Kaufleuten erregte der Umstand, dass der Deutsche Orden selbst umfangreich Handel trieb und verschiedene Privilegien und Monopole (zum Beispiel den Bernstein- und Salzhandel) für sich beanspruchte. Nach der verlorenen Schlacht bei Tannenberg/Stębark (1410, im Polnischen Bitwa pod Grunwaldem) musste der Orden neue Steuern erheben, um die Kriegsschulden bezahlen zu können. Dies verschlechterte seine Beziehung zu Danzig noch mehr, sodass die Stadt eine Führungsrolle in der ständischen Oppositionsbewegung des 1440 gegründeten Preußischen Bunds einnahm. 1454 erklärten Danzig und der Bund ihrem Landesherrn den Krieg. Die Danziger Ordensburg wurde erstürmt und dem Erdboden gleichgemacht. Die Aufständischen erkannten den polnischen König Kasimir IV. (reg. 1447–1492) als neuen Schutzherrn an und huldigten diesem. Der Krieg mit dem Deutschen Orden dauerte noch bis 1466, als im ersten Thorner Frieden die Oberherrschaft Polens über Danzig bestätigt wurde.

Durch die Verbindung mit der polnischen Adelsrepublik eröffneten sich Danzig neue wirtschaftliche Perspektiven und Möglichkeiten. Der gesamte über See abgewickelte Außenhandel Polens lief über Danzig, eine Monopolstellung, die der Stadt fast unermessliche Einkünfte verschaffte (Abb. 132). Das Hauptexportgut bildete Getreide, das aus ganz Polen über die riesigen Danziger Speicher nach Europa verkauft wurde. Die Bevölkerungszahl wuchs vor dem Hintergrund der wirtschaftlichen Expansion im 16. Jahrhundert auf etwa 55 000, hinzu kam ein fast 650 Quadratkilometer großes Umland mit 70 Dörfern, sodass Danzig quasi den Charakter einer ausgedehnten Stadtrepublik erhielt. Der königliche Schutzherr nahm, abgesehen von der frühen Reformationszeit, keinen entscheidenden Einfluss auf die Stadtpolitik. Danzig und Polen waren eine für beide Seiten lohnende Symbiose eingegangen: Polen gewährte der Stadt großzügige Freiheiten und Privilegien, Danzig füllte im Gegenzug die königliche Kasse und leistete häufig militärischen Beistand. Dieses Bündnis erwies sich so lange als erfolgreich, wie beide Partner stark waren, also vom mittleren 15. bis zum 17. Jahrhundert.

Einen besonderen Konfliktpunkt bildete allerdings die Konfessionsfrage. Unter den Einwohnern Danzigs fanden die reformatorischen Ideen schnell Verbreitung, schon 1520 wurden hier erste Schriften Luthers gedruckt und ab 1523 in der Marienkirche im neuen Geist gepredigt (Abb. 134). Unter dem Einfluss reformatorischer Prediger radikalisierten sich Teile der Bevölkerung, was 1525 zu einem Aufstand gegen das alte

Stadtregiment führte. Der polnische König Sigismund I. (reg. 1507–1548) schlug die Revolte 1526 gewaltsam nieder, ließ deren Anführer hinrichten und den Protestantismus verbieten. Der Sieg der Katholiken währte jedoch nur kurze Zeit, denn Danzig wandte sich bald wieder der Lehre Luthers zu, was König Sigismund II. August (reg. 1548–1572) 1557 endgültig anerkennen musste.

Mit dem politischen und wirtschaftlichen Niedergang der polnischen Adelsrepublik sank im 18. Jahrhundert auch der Stern Danzigs. Das einst mächtige Handelsbündnis der Hanse erlosch, gleichzeitig begann die polnische Adelsrepublik, in sich zusammenzufallen. Als Danzig im polnischen Erbfolgekrieg 1734 König Stanislaus Leszczyński Schutz bot, stand sie plötzlich allein im Machtkampf mit Russland und dessen sächsischen Verbündeten. Eine russische Belagerung zwang die Stadt zur Kapitulation, und erstmals seit der Eroberung durch den Deutschen Orden 1308 musste sich Danzig einem mächtigeren Gegner ergeben. Diese Niederlage bedeutete das Ende Danzigs als eigenständiger Machtfaktor im Nordosten Europas. Die Zerstörungen und Kriegsschulden lasteten noch lange auf der Stadt und sie wurde, wie die ganze Adelsrepublik, zum Spielball der benachbarten Großmächte. Der Abstieg in die wirtschaftliche und politische Bedeutungslosigkeit war unaufhaltsam und gipfelte in den polnischen Teilungen. 1793 musste sich Danzig schließlich als einfache Provinzstadt in das Königreich Preußen eingliedern lassen.
Christofer Herrmann

Literatur
Cieślak 1978 | Cieślak 1982 | Curicke 1687 | Kizik 2013 | Simson 1913 | Simson 1917.

Abb. 134
Blick über den Langen Markt auf die Marienkirche

I.38

Urkunde mit dem Hauptsiegel der Stadt Danzig für den Lübecker Rat

Danzig/Gdańsk, 12. Juni 1473

Pergament

H 40 cm, B 40 cm

Lübeck, Archiv der Hansestadt Lübeck, Anglicana 170

In dieser Urkunde vom 12. Juni 1473 stellten Bürgermeister und Rat der Stadt Danzig den Ratsleuten Bernhard Pawest und Rudolf Veltstede sowie dem Ratssekretär Johann Lyndow ein Mandat für die Verhandlungen mit England in Utrecht aus. Beglaubigt wurde die Vollmacht mit einem gut erhaltenen, großen Stadtsiegel. Um die Wende vom 14. auf das 15. Jahrhundert war das alte Danziger Hauptsiegel (vgl. Kat.-Nr. I.40) durch ein neues ersetzt worden. Es orientiert sich zwar ikonografisch durchaus an seinem Vorgänger und ist mit acht Zentimetern Durchmesser nur unwesentlich größer, zeigt aber die deutlich gestiegenen künstlerischen Ansprüche und Möglichkeiten.

Das Feld des Hängesiegels wird fast völlig ausgefüllt von einem Seeschiff in voller Fahrt. Künstlerisch anspruchsvoll sind die Wellen um den Schiffsrumpf gestaltet; nicht weniger beachtlich die perspektivische Drehung des Schiffes, die sich besonders gut an Vorder- und Hinterkastell erkennen lässt. Der lang gezogene Mast ragt in die umlaufende Inschrift hinein. Er ist nach vorn mit drei, nach hinten mit sechs starken Tauen befestigt und gekrönt von einem Mastkorb, zu dem eine Strickleiter führt. Seitwärts aus dem Mastkorb ragt eine Flagge, deren zwei lange Enden sich kunstvoll weit hinab um den Mast und das Tauwerk schlingen. Sie trägt das Zeichen der Ordensherrschaft: die zwei übereinanderstehenden Kreuze. Auf der anderen Seite des Mastkorbs, zum Bug hin, bietet ein sechsstrahliger Stern Hilfe zur Navigation. Das Siegelfeld wird umrahmt von einem Spruchband, das reich mit Blumen verziert ist, über den beiden Schiffskastellen ausschlägt und eine Inschrift in Frakturschrift trägt: »sigillum : burgensium : in : dantzike :«.

Das Siegel wurde spätestens seit der städtischen Verfassungsreform von 1526 ausschließlich für Urkunden und andere Schriftstücke verwendet, die im Namen aller drei städtischen Leitungsinstitutionen, der sogenannten Ordnungen, aus-

I.38

gestellt wurden: also im Namen des Rats, der Schöffen und der Hundertmannschaft, die als gewählte Repräsentanten der Bürgerschaft fungierten. In dieser Funktion ist das Hauptsiegel fast vier Jahrhunderte, bis zum Übergang an das Königreich Preußen 1793, in Gebrauch gewesen. Trotzdem sind nur wenige gut erhaltene Abdrücke auf uns gekommen, zu denen auch das Lübecker Exemplar zählt.

In der Hansegeschichte spielte das neue Danziger Hauptsiegel aus den Jahren um 1400 eine besondere Rolle: Im Rückgriff auf eine Stadtchronik des 17. Jahrhunderts wurden das Schiff auf dem Siegelbild von der älteren Forschung als Holk, das Schiff auf dem Siegel des 13. Jahrhunderts (Kat.-Nr. I.40) als Kogge identifiziert und damit ein angenommener Umbruch in der hansischen Seeschifffahrt vom einem zum anderen Schiffstyp begründet. Daran sind in jüngerer Zeit Zweifel angemeldet worden. Die Debatte ist aber noch nicht abgeschlossen. *Hiram Kümper*

Literatur
Curicke 1687, S. 148 f. | Ellmers 2010 | Ewe 1972, S. 128 (Nr. 53) | Knetsch 1904, S. 102 f. mit Tafel I (Nr. 5) | Paulsen 2016, S. 188–197.

I.39

Urkunde mit dem Sekretsiegel der Stadt Danzig für den Lübecker Rat

Danzig/Gdańsk, 12. Mai 1476

Pergament

H 35 cm, B 30 cm

Lübeck, Archiv der Hansestadt Lübeck, Anglicana 220 b

Mit dieser Urkunde bestätigten Bürgermeister und Rat der Stadt Danzig den Lübeckern, dass sie den Vertrag von Utrecht anerkennen und daher zukünftig allen englischen Kaufleuten, die in Danzig Handel treiben wollen, solchen »gudtliken« (in gutem Willen) zu gestatten, sie »seker unde unvorhinderth« (sicher und ungehindert) in den Hafen und in die Stadt einzulassen. Sie sollten dieselben Privilegien genießen, die auch den anderen »frunde von der Duetschen Hanse« in diesem »land to Prussen« zugestanden wurden.

Das Wachsiegel, das diese Bestätigung beglaubigte, gleicht auf dem ersten Blick dem großen Hauptsiegel der Stadt (Kat.-Nr. I.38), das aber deutlich größer und schmuckvoller ausgestaltet war und nur für die wichtigsten Beurkundungen gebraucht wurde. Für den diplomatischen Verkehr zwischen den anderen Hansestädten fand dagegen üblicherweise ein kleineres Siegel, das sogenannte Sekret, Anwendung. In einer zwar deutlich späteren Kanzleiordnung aus dem Jahr 1580 heißt es ausdrücklich, dass alle über See in fremde Länder ausgehenden Urkunde und Briefe (*sehbriefe*) mit dem Sekret gesiegelt werden sollen.

Das Siegelbild zeigt ein Seeschiff mit Vorder- und Hinterkastell in voller Fahrt, ähnlich dem des jüngeren Danziger Hauptsiegels (Kat.-Nr. I.38). Auch hier ragt der Mast, mit den übereinanderstehenden Kreuzen des Deutschen Ordens beflaggt, unmittelbar in die Siegelumschrift hinein. Sie ist in Fraktur ausgeführt und lautet: »‡ secretum * civitatis * dantzike«. Als Trennzeichen zwischen den Worten fungieren eingangs ein Doppelkreuz, das vermutlich die übereinander stehenden Kreuze der Ordensflagge aufgreift, im Folgenden dann Blattornamente, die kunstvoll jeweils aus den Buchstaben herausranken und in der Umschrift hier im Text nur ganz unzureichend durch einen schlichten Stern (*) vertreten werden.

Im Gegensatz zum Hauptsiegel scheint allerdings der Rumpf des Schiffs in diesem Siegelbild anders beplankt, weshalb es oft als Kogge angesprochen worden ist, während die Chronik des Georg Curicke (1687) das Schiff des Hauptsiegels deutlich als Holk bezeichnet. Über die typologische Entwicklung dieser Schiffstypen und die mögliche Verdrängung des einen durch den anderen ist eine heftige Debatte in der Hansegeschichte entsprungen, bei der gerade die Danziger Schiffssiegel traditionell eine wichtige Rolle als Bildquellen gespielt haben. Sie hat in den letzten Jahren wieder Fahrt aufgenommen und ist noch nicht abgeschlossen.

I.39

Vom Danziger Sekretsiegel sind noch zahlreiche Abdrücke erhalten. Vossberg hat für seine Danziger Münzgeschichte von 1852 sogar noch auf den erhaltenen Siegelstempel (Typar) zurückgreifen können und bietet eine entsprechend saubere Umzeichnung. Das Lübecker Exemplar, das in der Ausstellung gezeigt wird, ist allerdings noch sehr gut erhalten, sodass man auch hier viele der feinen Details gut erkennen kann.
Hiram Kümper

Literatur
Curicke 1687, S. 148 f. | Ellmers 2010 | Ewe 1972, S. 35 (Foto dieser Urkunde) und 128 (Nr. 54) | Knetsch 1904, S. 103–105 mit Tafel I (Nr. 4) | Vossberg 1852, Tafel II (Nr. G).

I.40

Urkunde des Danziger Rats für Lübeck mit dem alten Hauptsiegel

Danzig/Gdańsk, 7. September 1299

Pergament

H 37 cm, B 42 cm

Lübeck, Archiv der Hansestadt Lübeck, Pomeranica 35

Diese Urkunde ist ein frühes Zeugnis für die sich intensivierenden Verbindungen zwischen den Städten Lübeck und Danzig. Herzog Władysław I. (reg. 1306–1333), der 1320 nach langen Kämpfen und vielen Rückschlägen den polnischen Thron besteigen sollte, hatte 1298 den Lübecker Bürgern und *omnes, qui ipsorum reguntur nomine* (also wohl »allen, die in ihrem Namen regiert werden« – wen das aber eigentlich meint, darüber rätselt man seit zwei Jahrhunderten) ein günstiges Strandrecht, umfangreiche Geleitrechte und Zollfreiheiten erteilt. Außerdem durften sie in Danzig ein eigenes Haus bauen, um ihre Waren feilzubieten, und sollten ihre Rechtsstreitigkeiten untereinander selbst regeln dürfen. Gerade Letzteres erinnert stark an die Privilegien, die später die vier hansischen Kontore in Brügge, London, Bergen und Nowgorod genossen. Im Gegenzug erwartete Władysław die Hilfe der Lübecker gegen die *invasores*, also die Eindringlinge, in seine Lande. 1299 bestätigte und erweiterte er diese Privilegien noch einmal. Mit dem hier gezeigten Dokument vom 7. September 1299 nahm der Rat von Danzig diese neuerlichen Privilegien zur Kenntnis und versprach den Lübeckern ihre Unterstützung bei der Aufrechterhaltung. Die Rolle des Vermittlers spielte in diesem wie auch schon in früheren Fällen gegenüber dem Herzog ein Dominikanermönch namens »Meister Bernhard«.

Große Bedeutung hat diese Urkunde aber vor allem wegen des anhängenden Wachssiegels. Es handelt sich dabei um den ältesten noch erhaltenen Abdruck des alten Danziger Hauptsiegels, das so nicht einmal in Danzig selbst noch zu finden ist. Das große Rundsiegel mit einem Durchmesser von stattlichen 7,8 Zentimetern zeigt ein aus vier Planken gezimmertes Schiff in voller Fahrt. Es ist vorn und hinten mit einer gezinnten Brustwehr versehen. Der Mast wird durch je drei Taue gehalten und von einem dreizinnigen Mastkorb sowie einer schmucklosen Flagge geziert. Vor dem Schiff weist ein achtstrahliger Stern am Himmel den Weg. Die Siegelumschrift in gotischer Majuskel zwischen zwei Perlenreihen lautet: »+ SIGILLVM : BVRGENSIVM : IN DANTZIKE«. Rund ein Jahrhundert später wurde das große Hauptsiegel durch ein neues ersetzt (Kat.-Nr. I.38). Dieses neue Siegel trug dann bereits das Herrschaftszeichen des Deutschen Ordens. In der hansischen Geschichtsforschung spielt dieses Siegel eine wichtige typologische Rolle, weil es gemeinsam mit späteren Danziger Siegeln als Bildquelle für die Entwicklungsgeschichte der Kogge und konkurrierender Schiffstypen herangezogen wurde. Die Debatten um ihren Aussagewert sind gerade in den letzten Jahren wieder hochgekocht und wohl so bald noch nicht abgeschlossen. *Hiram Kümper*

Quellen
UB Lübeck 1, Nr. 684, 702–705 | UB Lübeck 2, Nr. 107 (= diese Urkunde).

Literatur
Ellmers 2010 | Ewe 1972, S. 37 (Foto) und S. 128 (Nr. 53) | Knetsch 1904, S. 100 f. mit Tafel I (Nr. 1) | Paulsen 2016, S. 188–197.

I.40

Lemberg

Eine Stadt, vier Gemeinden

Die Stadt Lemberg/L'viv in der Ukraine liegt an einer alten Handelsstraße, die einst von Regensburg und Nürnberg über Prag/Praha und Krakau/Kraków weiter bis nach Konstantinopel und zu den Hafenstädten am Schwarzen Meer führte. Archäologische Funde haben ergeben, dass die Gegend bereits seit dem 6. Jahrhundert besiedelt war. Als Herrschaftszentrum ist der Ort erstmals um die Mitte des 13. Jahrhunderts belegt, als Fürst Danylo von Halitsch (reg. 1205–1264, seit 1253 Königstitel) aus der Dynastie der Rurikiden dort eine Burg errichten ließ; der Name der dazugehörigen Stadt wird mit seinem Sohn Lev in Verbindung gebracht, der von 1264 bis 1301 im Fürstentum Halitsch regierte (seit 1269 Königstitel). Aus den ersten Jahrzehnten liegen nur wenige Informationen über die Entwicklung der Stadt vor. Dies änderte sich in der Mitte des 14. Jahrhunderts, als das Fürstentum nach dem Tod des letzten Rurikidenherrschers durch den polnischen König Kasimir den Großen (reg. 1333–1370) erobert wurde.

Unter der Herrschaft der polnischen Könige überflügelte Lemberg bald das alte Fürstenzentrum Halitsch/Halyč an Bedeutung. Die Stellung, welche der Stadt zugedacht war, zeigte sich bereits im sogenannten Lokationsprivileg, der Urkunde über die Verleihung des Magdeburger Stadtrechts von 1356. Kraft dieser Urkunde war Lemberg fortan von der Gerichtshoheit aller Amtsträger mit Ausnahme des Königs selbst und des von ihm eingesetzten Vogts ausgenommen. Umfangreiche Landschenkungen sorgten dafür, dass der Einfluss des Stadtrechts nicht an den Stadtmauern endete, sondern auch das Umland mit erfasste. Soweit entsprach die Urkunde König Kasimirs dem gängigen Typus von Stadtrechtsverleihungen – doch das Privileg enthielt einen Passus, der in der Geschichte des Magdeburger Rechts in Polen einmalig war: Der König wandte sich darin nicht allein an die (katholische) Bürgergemeinde (»civitas«), sondern auch an die Angehörigen anderer Bevölkerungsgruppen (»gentes« bzw. »nationes«). Namentlich zählte die Urkunde die Armenier, Juden, Ruthenen, Tataren und andere Gruppen auf, »welcher Art und welchen Standes sie auch seien« (Kapral' 1998, Nr. 1, S. 27–32) (Abb. 135). Sie alle sollten ebenfalls das Magdeburger Recht nutzen können und unter dem Vorsitz des königlichen Vogts ihr eigenes Gericht halten. Sollten sie das Magdeburger Recht nicht annehmen wollen, könnten sie auch nach ihren eigenen Gesetzen Recht sprechen. Damit konnten sich nach dem Lokationsprivileg in Lemberg mehrere prinzipiell gleichrangige Rechtssubjekte etablieren.

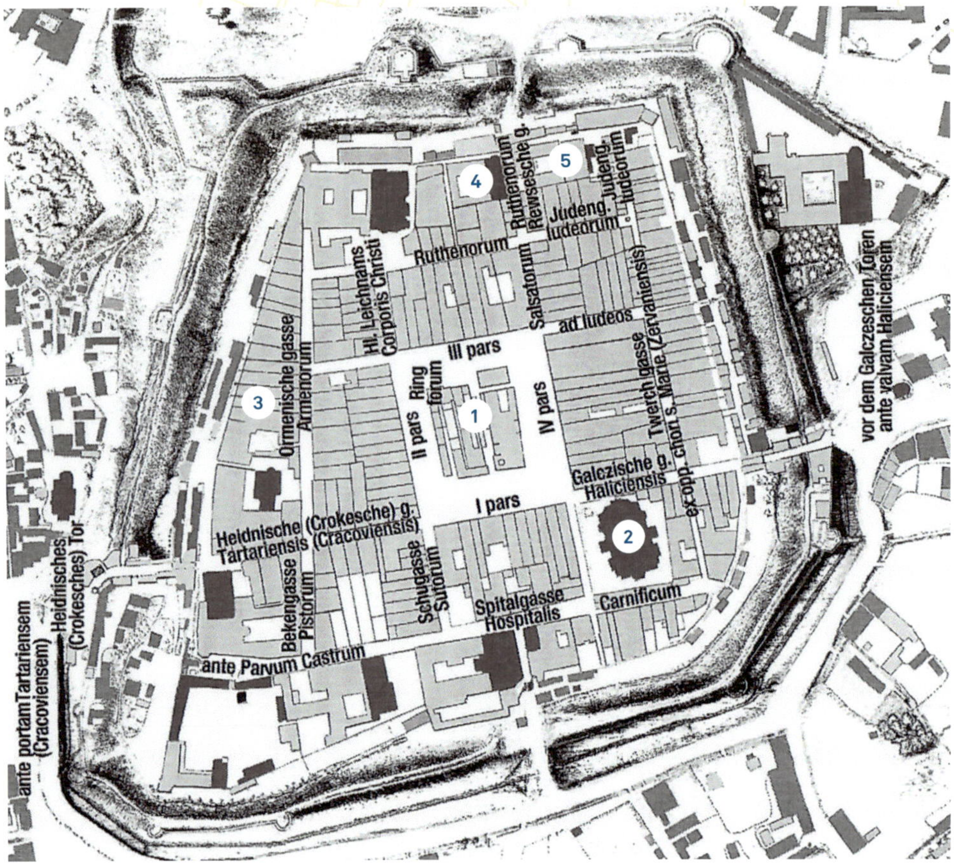

Abb. 135
Sozialtopografischer Stadtgrundriss von Lemberg/L'viv

1 Rathaus
2 katholische Kathedrale
3 armenische Kirche und Viertel
4 orthodoxe Kirche und Viertel
5 jüdische Synagoge und Viertel

Abb. 136
Gedenkstätte und Reste der Lemberger Synagoge »Goldene Rose«, 1582 von Paolo Italus erbaut

In den folgenden Jahrzehnten kam es in der Tat zur Bildung mehrerer Gemeinden in Lemberg, aber es zeigte sich auch, dass die Lokationsurkunde mehr ein Angebot zur Selbstorganisation war, als dass sie eine bereits vorhandene Ordnung widergespiegelt hätte. In den folgenden Jahrzehnten konstituierten sich neben der Bürgergemeinde noch eine armenische Gemeinde und eine jüdische Gemeinde als Organe einer eigenen rechtlichen Selbstverwaltung (Abb. 136). Dabei lehnten die Juden eine Rechtsform im städtischen Rahmen ab und erwirkten 1367 ein eigenes Privileg, welches »dem Richter der Stadt« keinerlei Hoheit über die jüdische Bevölkerung gab (Kapral' 2000, Nr. 108, S. 381–388). Tataren sind ebenfalls als Bewohner der Stadt nachgewiesen, doch strebten sie zu keiner Zeit eine Selbstverwaltung an. Auch die Ruthenen sind bereits in den ältesten städtischen Dokumenten greifbar, eine politische Interessenvertretung im Sinn einer eigenen Selbstverwaltung findet sich aber erst zu Beginn des 16. Jahrhunderts.

So waren es neben den Bürgern die Armenier, welche das Angebot der Lokationsurkunde aufgriffen. Seit 1378 hatten beide Gruppen jeweils einen eigenen Vogt, der auch direkte Kontakte zum König und seinen Würdenträgern pflegte. Innerhalb der Stadtmauern bildeten sich um die Kirchen und die Synagoge herum Siedlungsschwerpunkte der verschiedenen Bevölkerungsgruppen heraus, die später als armenisches, ruthenisches und jüdisches Viertel im Stadtplan hervortraten. Namen wie »Armenische Gasse« oder »Judengasse« sind zwar bereits zu Beginn des 15. Jahrhunderts in den Quellen belegt, es gab aber keinen Zwang, sich im »eigenen« Viertel niederzulassen. Akten zu Immobilienkäufen und -verkäufen aus dem frühen 15. Jahrhundert zeigen, dass sich ein Teil der armenischen Häuser um die Kirche herum konzentrierte (Abb. 137). Daneben gab es aber noch einen zweiten Schwerpunkt weiter nördlich in der Nähe des Dominikanerklosters, während das armenische Badehaus ursprünglich am Markt lag. Auch die älteste Erwähnung der Judengasse steht im Zusammenhang mit einem Haus, welches einer Ruthenin gehörte. Gehandelt wurden Immobilien schon überwiegend innerhalb der jeweiligen Gruppen, doch waren Geschäfte zwischen Armeniern, Bürgern, Juden und Ruthenen ebenfalls keine Seltenheit. Immobilien wurden gern als Sicherheitsleistung im gegenseitigen Kreditverkehr eingesetzt, nur selten wechselte aber ein Haus den Besitzer, weil eine Schuld nicht beglichen werden konnte; die Geste, mit der die Forderung des Geschäftspartners abgesichert wurde, war von größerer Bedeutung als der Sachwert (Abb. 138).

Abb. 137
Armenische Kathedrale in Lemberg, der Altarraum gehört zum ältesten Teil der Kirche, errichtet im 14. Jahrhundert vom schlesischen Baumeister Doring nach dem Vorbild der Kathedrale von Ani

Abb. 138
Marktplatz in Lemberg, die mittelalterliche Altstadt von Lemberg ist seit 1998 UNESCO-Weltkulturerbe

Auch die Gruppen an sich darf man sich nicht als hermetisch voneinander abgegrenzt vorstellen. Heiratsverbindungen zwischen Katholiken und Orthodoxen bzw. Juden erforderten in der Regel die Konversion eines der Partner – in der Regel zum Katholizismus; entsprechend selten waren sie. Anders im Fall der Armenier: Teile des armenischen Klerus, vor allem im sogenannten Kleinarmenien (Kilikien), unterhielten enge Kontakte zur katholischen Kirche, und der Papst hatte die Dominikanermönche im östlichen Europa eigens mit der Seelsorge unter den Armeniern betraut. Heiratsverbindungen in beide Richtungen waren keine Seltenheit, ebenso enthielten viele armenische Testamente unter anderem auch Stiftungen für katholische Kirchen und Klöster.

Attraktiv für Armenier wie Ruthenen war der Bürgerstatus, welcher die volle Teilhabe an den Handels- und Zollprivilegien der Bürger sicherte. Bereits in den ältesten Stadtbüchern erscheinen einzelne Ruthenen und Armenier mit dem Namenszusatz »civis« (Bürger). Im Fall der Armenier war die Nachfrage nach dem Bürgerstatus so groß, dass sie in der Mitte des 15. Jahrhunderts als Bedrohung für die armenische Selbstverwaltung wahrgenommen wurde. Im Jahr 1440 fühlte sich König Władysław III. (König von Polen 1434–1444, König von Ungarn 1440–1444) genötigt, die Grundlagen der ethnischen Ordnung klarzustellen: er wolle, dass »die eines Glaubens sind, auch eines Rechts teilhaftig werden […], damit sie einander umso besser unterstützen können« (Kapral' 2000, Nr. 40, S. 130 f.). An die Gruppe armenischer Kaufleute gerichtet, die sich erst dem Magdeburger Recht unterstellt und danach den König um Erlaubnis gebeten hatten, gewährte er den Wechsel der Statusgruppe – allerdings unter der Bedingung, dass sie weiterhin die armenischen Steuern entrichten sollten.

Zu dieser Zeit hatte sich das politische Klima sowohl überregional als auch in der Stadt selbst gewandelt. Władysław III. bereitete sich als König von Polen und Ungarn auf einen Kreuzzug gegen das Osmanische Reich vor, um dessen Vorrücken auf Konstantinopel womöglich noch aufzuhalten. In dieser Atmosphäre religiös aufgeladener Spannung inszenierte sich der Lemberger Rat gegenüber dem König als »Vormauer der Christenheit« (Kapral' 1998, Nr. 31, S. 90–94). Er hob die Verdienste der Stadt in der Abwehr äußerer Feinde hervor und leitete daraus einen Vorrang auch gegenüber allen Nichtkatholiken in der Stadt ab, die »wie alle Fremden« (ebd.) ausschließlich dem Gericht des Rates unterworfen sein sollten. Die armenische Gemeinde wehrte sich ein Vierteljahrhundert lang gegen den wachsenden Hegemonieanspruch des Rats, bis 1469 das Amt des armenischen Vogts aufgehoben wurde. Die Ältesten der Gemeinde sollten fortan, ähnlich wie die bürgerlichen Schöffen, unter dem Vorsitz des städtischen Vogts, der vom Rat eingesetzt wurde, zu Gericht sitzen. Gegen Ende des 15. Jahrhunderts wandten sich die armenischen Ältesten wiederholt an den König, weil ihre Rechte vom bürgerlichen Magistrat nicht geachtet würden. Die Bürger hatten ihre Hegemonie mittlerweile auch auf die städtische Wirtschaft ausgedehnt, Juden und Armenier klagten immer wieder über Einschränkungen ihres Handels. Der Rat hingegen berief sich auf das Beispiel anderer Städte nach Magdeburger Recht, besonders Krakaus, wo der Magistrat ebenfalls gegen »ungebührlichen« Handel der »Fremden« vorginge (vgl. Heyde 2014, S. 126–137).

Der polnische König mahnte hier wie in Krakau wiederholt, eine einvernehmliche Lösung innerhalb der Stadt zu finden, vermied aber eine eigene Stellungnahme. Die Klagen der armenischen Ältesten wurden immer wieder vorgebracht, bis schließlich der Lemberger Rat 1518 ein umstrittenes Todesurteil gegen einen Armenier fällte. Die Verwandten des Angeklagten wandten sich an den König, der den Prozess an das königliche Gericht ziehen wollte. Der Rat hatte inzwischen aber das Todesurteil bereits vollstreckt – und der König ließ nun die Bürgermeister in Haft setzen. Die armenischen Ältesten argumentierten, dass ein solcher Skandal nur möglich gewesen sei, weil der Rat ihnen systematisch das eigene Recht verweigert habe. Sie legten dem König im folgenden Jahr eine lateinische Kodifikation des armenischen Rechts vor, die auf dem Reichstag offiziell bestätigt wurde. Zugleich bekräftigte der König die Privilegien der armenischen Gemeinde, einschließlich derjenigen, die sich auf den armenischen Vogt bezogen hatten. Zwei Jahre später klagte der Rat dann, dass mittlerweile wiederum Katholiken nicht einmal mehr als Zeugen vor dem armenischen Gericht zugelassen würden.

Zur gleichen Zeit wandten sich die Ältesten der Ruthenen in Lemberg an den König und protestierten gegen Einschränkungen beim Ankauf von Häusern außerhalb des ruthenischen Viertels. Der König bestätigte ihre Stellung als Vertretung der ruthenischen Bevölkerung, seit dieser Zeit existierte damit auch eine ruthenische Selbstverwaltung. Eine Initiative des Rates, der 1521 einen Brief an den Magistrat von Posen/Poznań schrieb, in dem er zur Vertreibung der jüdischen Bevölkerung in den Städten des Königreichs aufrief, blieb dort zunächst ohne Echo. Der große Stadtbrand von 1527 und die anschließenden Anstrengungen zum Wiederaufbau ließen die Konflikte zwischen den Gruppen erst einmal in den Hintergrund treten.

Was blieb, war die institutionalisierte Selbstverwaltung der Armenier, Juden und Ruthenen, die sich auch in der zweiten Hälfte des 16. Jahrhunderts immer wieder beim König und seinen Beamten in der Abwehr von Hegemoniebestrebungen seitens der Bürger Gehör verschafften. (Abb. 139) *Jürgen Heyde*

Quellen

Kapral' 1998 | Kapral' 2000.

Literatur

Heyde 2011 | Heyde 2014 | Janeczek 2011 | Janeczek 2003 | Lübke 2003 | Lück 2009 c | Osipian 2018 | von Werdt 2006.

Abb. 139
Stadtsilhouette von Lemberg, kolorierte Grafik aus »Civitates Orbis Terrarum«, Bd. 6, von Georg Braun und Franz Hogenberg, 1617. München, Bayerische Staatsbibliothek, 2 Mapp. 41

I.41

I.41

Wetterfahne in Form eines Löwen vom alten Rathaus in Lemberg

Frühes 17. Jahrhundert

Kupferplatte mit Weißblech und Gusseisen, vergoldet

H 90 cm, B 140 cm, T 12 cm

Lemberg/L'viv, L'vivs'kyj istoryčnyj muzej, MT-1578

Das Rathaus erfüllte innerhalb einer mittelalterlichen Stadt viele zentralörtliche Funktionen in Hinsicht auf Politik, Stadtverwaltung, Wirtschaft und Handel. Ratsherren legten daher oft großen Wert auf die repräsentative Ausgestaltung dieses von Einheimischen, Gästen und hohen Würdenträgern aufgesuchten Gebäudes. Als eine besondere Demonstration von Stärke und Wehrhaftigkeit ließen manche Stadträte ihr Rathaus mit einem Turm ausstatten, wie es höchstwahrscheinlich schon im 15. Jahrhundert auch in Lemberg geschah. Der dortige Rathausturm wurde sogar mit einer Uhr versehen und trug an seiner Spitze eine Wetterfahne in Form eines vergoldeten Löwen. Dieser markiert bis heute einen zentralen Bestandteil des Lemberger Stadtwappens und geht zurück auf König Lev (Leo, Löwe, um 1228 – um 1301), der das junge städtische Gemeinwesen in der zweiten Hälfte des 13. Jahrhunderts förderte und der entstehenden Stadt den Namen verlieh.

Während ältere mittelalterliche Stadtsiegel noch einen auf vier Beinen in einer Toröffnung stehenden Löwen zeigen, stützt sich das Tier in der Darstellung der Wetterfahne allein auf seine Hinterbeine; mit den Vorderpfoten umgreift er einen dreihügligen Berg mit einem darin steckenden achtzackigen Stern. Zudem trägt er eine Krone, die ihrerseits auf eine in der Frühen Neuzeit erfolgte Hinzufügung im Wappenbild verweist und den Status Lembergs als Haupt- und Königsstadt symbolisiert. Mit diesen wichtigen Herrschaftsattributen spiegelte die als Löwe gestaltete Wetterfahne das Selbstverständnis der Lemberger Bürgerschaft wider, die aus der eigenen städtischen Geschichte und dem engen Bezug zum Landesherrn die entscheidende Legitimation zog.

Entsprechend hoch war der symbolische Wert des Löwen, der in der Wahrnehmung der frühneuzeitlichen Stadtbevölkerung zuweilen mit dem Schicksal Lembergs in Verbindung gebracht wurde. So brach sich innerhalb der Einwohnerschaft große Sorge Bahn, als ein am 7. Juli 1672 heftig aufziehender Sturm die Wetterfahne von der Spitze des Rathausturms zu Boden blies. In einigen Bevölkerungskreisen wurde darin ein schlechtes Omen hinsichtlich des beständig näher rückenden osmanischen Heers gesehen, das zuvor die Stadt Kamjanez-Podilskyj erobert hatte und auch für Lemberg zur Gefahr wurde.

Unabhängig solcher Prophezeiungen ließ der Rat die Wetterfahne erneut an den Turm des Lemberger Rathauses anbringen. Seine Darstellungsform fand durch ein Privileg Kaiser Josephs II. (reg. 1765–1790) im Jahr 1789 sogar Einzug in ein wiederum leicht verändertes Stadtwappen. Erst nachdem das Rathaus 1826 stark beschädigt und daraufhin abgerissen wurde, änderte sich die Bestimmung der Wetterfahne, die allmählich zum musealen Objekt wurde, ihre identitätsstiftende Bedeutung dabei jedoch keineswegs einbüßte. *Sascha Bütow*

Literatur

Chodynicki 1830, bes. S. 75–77 | Stroehl 1904, S. 76 f. | Trawkowski 1991.

Wilna

Christianisierung und religiöse Toleranz

In einem Schreiben vom 25. Januar 1323 des damals noch heidnischen Großfürsten von Litauen Gediminas (reg. 1316–1341) wird Wilna/Vilnius zum ersten Mal erwähnt: Er lud Christen aus aller Welt ein, vor allem Kaufleute und Handwerker aus deutschen Städten (darunter auch Magdeburg), sich in Wilna niederzulassen. Archäologische Ausgrabungen zeigen, dass die Siedlung am Zusammenfluss von Neris und Vilnelė schon früher entstanden war, ihr Name leitet sich von dem Fluss Vilnelė ab.

Auf dem Territorium des heutigen Wilna existierten im 14. Jahrhundert einige Siedlungen mit verschiedenen ethnokonfessionellen Einwohnerschichten. In der sogenannten Unteren Stadt wohnten die Handwerker und Kaufleute, die den Hof des Großfürsten von Litauen versorgten. Jenseits des Flusses Vilnelė befand sich die »Kurvenstadt«, wo die einheimische heidnische Bevölkerung lebte. Neben dem Handels- und Kommunikationsweg in die östlichen Gebiete des Großfürstentums lag laut schriftlicher Überlieferung die *civitas ruthenica*; in diesem Teil von Wilna wohnte die christlich-orthodoxe Gemeinde, die anscheinend aus den von Ostslawen (Vorfahren der heutigen Weißrussen und Ukrainer) besiedelten Landschaften des Großfürstentums eingewandert war. Im Westen von Wilna siedelten katholische Deutsche, für die in dem damals heidnischen Wilna die heute noch existierende Kirche St. Nikolaus erbaut wurde.

Abb. 140
Zwei katholische Kirchen in Wilna/Vilnius, links St. Anna, rechts St. Franziskus und Bernhard

Die Christianisierung des Großfürstentums Litauens war für die weitere Entwicklung von Wilna entscheidend. Die Personalunion mit Polen seit dem Jahr 1386 und die katholische Taufe Litauens im darauffolgenden Jahr bedeuteten auch eine zivilisatorische Wende in die westliche Richtung (Abb. 140). In diesem Kontext der »Okzidentalisierung« und der Verbreitung der westlichen Kultur erreichte Litauen das Magdeburger Recht. Jogaila, Großfürst von Litauen (reg. 1377–1381, 1382–1401) und König von Polen (reg. 1386–1434), verlieh während der Taufaktion von Litauen im Februar und März 1387 das »Magdeburger Recht, das deutsches Recht genannt wird« an »Bürger, Einwohner und an die ganze Gemeinde« (Dubiński 1788, S. 1). Obgleich Wilna ethnokonfessionell segmentiert war, wurde durch das Magdeburger Recht angestrebt, eine einheitliche städtische Bürgergemeinde zu schaffen und rechtlich zu verankern. Später wurde das Magdeburger Recht nicht nur für Wilna, sondern auch für andere Städte Litauens zum Modell einer westlich orientierten Selbstverwaltung. Die weitere Urbanisierung des Großfürstentums wurde auf die Entwicklung der magdeburgischen Selbstverwaltung ausgerichtet. Etwa 250 Städte bzw. kleinere Siedlungen des Großfürstentums, die sich heute nicht nur auf dem Territorium Litauens, sondern ebenso in Weißrussland, der Ukraine und teilweise in Polen und Russland befinden, erhielten im Lauf der nächsten vier Jahrhunderte das Magdeburger Recht.

Wegen der unzureichenden Quellenlage können die Anfänge der Selbstverwaltung in Wilna nach Einführung des Magdeburger Rechts nicht detailliert erschlossen werden. Konkretere Kenntnisse über die Anwendung des Magdeburger Rechts geben spätere Privilegien, darunter vor allem das Privileg des litauischen Großfürsten Sigismund (Žygimantas) Kęstutaitis (reg. 1432–1440), das er 1432 an Wilna verliehen hat. »Jus Theutonicum quod Magdeburiense dicitur« – in

Abb. 141
Das Rathaus von Wilna/Vilnius, Ende 18. Jahrhundert durch den Architekten Laurynas Stuoka-Gucevičius im klassizistischen Stil umgebaut

der ruthenischen Version des Privilegs »prawo nemeckoje Magdeburskoje« – sollte der ganzen Stadt verliehen worden sein, sowohl den Bürgern und Einwohnern katholischer Konfession als auch den Ruthenen: »civibus et incolis […] tam fidei catholicae cultoribus quam etiam ruthenis« (Dubiński 1788, S. 2–5). Die erste Definition umfasste Deutsche, Polen und katholisch getaufte Litauer, die zweite Bezeichnung enthielt den Hinweis auf christlich-orthodoxe Ostslawen. In dieser Urkunde wie auch in späteren Konfirmationsprivilegien wird bestätigt, dass Wilna wie Krakau/Kraków das deutsche magdeburgische Recht behalten sollten. Am Beispiel der polnischen Hauptstadt Krakau lässt sich festmachen, wie sich das sächsisch-magdeburgische Recht von Ostmitteleuropa nach Osten ausbreitete. Mit der Zeit übernahm Wilna die Rolle eines Vorpostens in diesem Prozess und wurde bei der Verleihung des Magdeburger Rechts als Beispiel für andere Städte des Großfürstentums Litauen genannt.

Dieselbe Regel der Bewidmung des Magdeburger Rechts sowohl an Katholiken als an Orthodoxe war auch in den Konfirmationsprivilegien späterer Herrscher üblich, die die Hauptstadt Wilna wirtschaftlich und sozial stärken wollten. In dieser Hinsicht war die Regierungszeit von Alexander dem Jagiellonen (1492–1506 Großfürst von Litauen, seit 1501 zudem König von Polen) von entscheidender Bedeutung. Alexander bestätigte und erweiterte nicht nur die früheren magdeburgischen Privilegien, sondern erließ viele neue Vergünstigungen für die Stadt (wie Steuererleichterungen, Zollerlasse, Stapelrecht). So gründete er zum Beispiel die ersten Handwerkerzünfte in Wilna. Am wichtigsten war aber sein Privileg von 1505, in dem er den Bau einer Stadtmauer anordnen ließ. Dadurch erhielt Wilna eine ähnlich topografische und urbanistische Struktur, wie sie für die Lokation der ostmitteleuropäischen Städte während der deutschen Ostbesiedlung im 13./14. Jahrhundert charakteristisch war. Sitz der städtischen Verwaltung war das Rathaus, das in Wilna im 15. Jahrhundert gebaut wurde (Abb. 141).

Die innere Stadtverfassung, die an die ethnokonfessionelle Zusammensetzung der Stadtbevölkerung angepasst wurde, legte der Großfürst von Litauen und König von Polen Sigismund I. der Alte (reg. 1506/07–1548) in einem Schreiben am 9. September 1536 genau fest. Der Stadtrat von Wilna bestand aus 24 Ratsleuten und zwölf Bürgermeistern, die ihre Ämter bis zum Lebensende ausübten. Die eine Hälfte der Beamten war katholisch, die andere Hälfte orthodox. Sogar in den Quellen wurde der eine Teil des Rats »katholische«, manchmal sogar »litauische Seite«, der andere Teil »ruthenische Seite« genannt. Jedes Jahr übte die Tätigkeit dieser Institution der sogenannte Sitzende Rat aus. Dieser bestand aus sechs Personen und wurde jährlich aus den 36 Ratsmitgliedern nach dem Rotationsprinzip gebildet, wodurch er ethnokonfessionell besetzt war. Zwei von vier Ratsleuten und einer von zwei Bürgermeistern waren katholisch, zwei andere Ratsleute und der Bürgermeister vertraten die Orthodoxen. Sigismund I. wies in seinem Schreiben darauf hin, dass die Stadtkasse und die Privilegien in einer Kiste mit vier Schlössern aufzubewahren seien. Zwei Schlüssel besaß der katholische und die anderen zwei der orthodoxe Bürgermeister.

Sigismund I. trennte auch die Funktionen des Rats und des Schöffenstuhls. Der Vogt und der Schöffenstuhl bekamen danach das Recht, ein separates Siegel zu verwenden. Auf diesem Siegel ist wie beim Magdeburger Schöffenstuhl Christus als Richter abgebildet. Diese Parallele verkörpert symbolisch die Identität der durch das Magdeburger Recht vereinigten europäischen Städte. In Wilna gab es in der Regel vier bis zwölf Schöffen, jeweils zur Hälfte katholisch und orthodox. Das ethnokonfessionelle Prinzip wurde auch in der Verwaltung und Kontrolle des Stadtfiskus sowie in der differenzierten Schriftführung angewandt. Der Stadtrat und das Schöffengericht hatten dementsprechend katholische und ruthenische Stadtschreiber (Abb. 142). Die Verbreitung des Protestantismus seit Mitte des 16. Jahrhunderts und die Gründung der Unierten Kirche änderten zwar die doppelte Struktur der magdeburgischen Stadtverfassung nicht, modifizierten aber teilweise die ethnokonfessionelle Zusammensetzung der Selbstverwaltungsorgane. Protestanten schlossen sich der katholischen Seite des Rats bzw. des Schöffenstuhls an, Unierte hingegen der orthodoxen Seite. Die zahlenmäßige Dominanz der Unierten gegenüber den Orthodoxen in Wilna führte zur Veränderung der Bezeichnung des entsprechenden Teils der Stadtorgane. Seit Ende des 16. Jahrhunderts begann man, die orthodoxe Seite des Stadtrats und des Schöffenstuhls als »unierte« zu bezeichnen. Vögte waren jedoch immer katholisch. Die magdeburgische Stadtverfassung in Wilna blieb sogar bis zur Auflösung des polnisch-litauischen Staats unverändert.

Die gleiche ethnokonfessionelle Vertretung war in der Kaufmannsgilde (*communitas mercatoriae*) von Wilna, die aus 60 Männern bestand, zu beobachten. Sie erlangte in der Mitte des 17. Jahrhunderts das Recht, sich unmittelbar an der Verwaltung der Stadt und der Finanzkontrolle

Abb. 142
Karte von Wilna in Litauen, aus »Civitates Orbis Terrarum«, Bd. 3, von Georg Braun und Franz Hogenberg 1572. München, Bayerische Staatsbibliothek, 2 Mapp. 41

zu beteiligen. Ethnokonfessionelle Vielfalt und dementsprechend die Vertretung in verschiedenen Varianten galt ebenso für die Verwaltung der Handwerkerzünfte. Im Statut der Mützenmacherzunft (1636) war es beispielsweise vorgesehen, dass jedes Jahr in die Verwaltung vier Oberzunftmeister (*senjores/starszyje*) – zwei Katholiken und zwei Unierte – gewählt wurden. Die Verwaltung der Gerberzunft bestand aus zwei Katholiken, zwei Unierten und zwei Lutheranern, die im Statut (1672) »Deutsche« genannt wurden. Die Mitglieder der Schlösserzunft wählten seit 1663 jährlich zwei Oberzunftmeister »aus Litauen«, das heißt Katholiken, und den dritten »aus Deutschen« bzw. aus Lutheranern.

Bis zur Mitte des 17. Jahrhunderts erlebte Wilna eine in der Literatur sogenannte »goldene Zeit«. Die Stadt entwickelte sich zu einem bedeutenden Zentrum für den Handel zwischen Westen und Osten. In der Hauptstadt des Großfürstentums Litauen lebten damals mehr als 20 000 Einwohner verschiedener ethnokonfessioneller Gruppen friedlich nebeneinander: Litauer, Polen, Deutsche, Ruthenen und viele andere Einwohner verschiedener Nationalitäten, darunter auch Italiener, Ungarn, Holländer und andere. Der überwiegende Teil war katholisch: In der Stadt gab es 23 katholische und neun unierte Kirchen sowie jeweils eine orthodoxe, lutheranische und calvinistische Kirche. Die im 14. Jahrhundert aus der Krim ins Großfürstentum zugewanderten Tataren, die am Rande von Wilna wohnten, und die Juden, die sich in der Stadt allmählich ansiedelten, hatten ebenfalls eigene Gebetshäuser – Moscheen und Synagogen. Die nichtchristlichen Gemeinden lebten nach gesonderten Privilegien, die ihnen von den Herrschern verliehen wurden. Tataren und Juden hatten keine Bürgerrechte und waren nicht von der magdeburgischen Selbstverwaltung abhängig.

Die Stadtverfassung und das Magdeburger Recht umfassten auch nicht das ganze Territorium von Wilna: Es gab sogenannte Jurisdiken, also bestimmte Stadtteile, die den Staatsbehörden, dem Bischof von Wilna, anderen kirchlichen Institutionen oder dem Adel unterstanden. Diese Umstände zerstörten einerseits die administrative, territoriale und rechtliche Einheitlichkeit von Wilna, andererseits riefen sie die Notwendigkeit nach der Suche eines gemeinsamen Lebensmodells in der ganzen Stadt hervor. In dieser Situation führten verschiedene Konfessionen trotzdem eine relativ friedliche Koexistenz miteinander. Davon zeugt unter anderem die schriftliche Kommunikation zwischen Behörden in den administrativ unterschiedlichen Teilen von Wilna. Natürlich gab es in den Zeiten religiöser Unruhen auch manche Konflikte. In der ersten Hälfte des 17. Jahrhunderts wurde beispielsweise nach einigen Zusammenstößen zwischen Katholiken und Calvinisten deren Gebetshaus *extra muros* (außerhalb der Mauern) der Stadt verlegt. Doch kam es nicht zu größeren blutigen Auseinandersetzungen, Andersgläubige wurden weiterhin toleriert.

Die Bedingungen für die Entwicklung von Wilna waren seit Mitte des 17. Jahrhundert sehr ungünstig: Sechs Jahre lang wurde die Stadt von Moskauer Truppen belagert, geplündert, beraubt und zerstört. Sie verlor dadurch – wie Magdeburg während des Dreißigjährigen Kriegs – einen großen Teil ihrer Archivbestände. Obwohl sich die litauische Hauptstadt nach der russischen Besetzung (1655–1661) langsam wieder erholte, waren die weiteren Tendenzen der politischen, sozialen und wirtschaftlichen Staatsentwicklung für die Geschichte von Wilna nicht gut. Eine negative ökonomische Konjunktur beschränkte den Außenhandel. Dauernde militärische Auseinandersetzungen mit Schweden und Russland, der Nordische Krieg, Pestepidemien und Hungersnöte schwächten die Landwirtschaft, führten zum Rückgang der Stadtbevölkerung sowie zu Änderungen in der ethnokonfessionellen Zusammensetzung.

Trotz aller Schwierigkeiten und Schäden blieb Wilna die größte magdeburgische Stadt auf dem Territorium des Großfürstentums Litauen. Das sächsisch-magdeburgische Recht verkörperte für die Bürger die Komponenten ihrer sozialen

Abb. 143
Blick über die Altstadt von Wilna und ihre zahlreichen Sakralbauten (u. a. St. Anna und die Kathedrale der Himmelfahrt der Gottesmutter)

Existenz, was sich auch im Selbstbewusstsein der Einwohner von Wilna widerspiegelt. Die Stadtelite verteidigte die rechtliche Immunität damit, dass sie nach dem *Saxon* bzw. Magdeburger Recht privilegiert sei.

Als 1776 die Selbstverwaltungsbehörden auf Beschluss des Sejms in vielen Städten des Großfürstentums Litauen aufgelöst wurden, bewahrte Wilna das Magdeburger Recht weiter. Die Geschichte dieses Rechts in Litauen war nach der Auflösung des polnisch-litauischen Staats 1795 allerdings noch nicht zu Ende. Nach der Eingliederung des größten Teils des ehemaligen Großfürstentums Litauen in das zaristische Russland blieb dieses Recht formal in den Zentren der russischen Verwaltungsbezirke gültig, vor allem in Wilna. Obwohl die Stadt äußerlich ihre Autonomie verlor, behielt sie innerlich die magdeburgische Stadtverfassung, und ihre Institutionen wendeten weiter das sächsisch-magdeburgische Recht an. In den offiziellen Schreiben an die Zarenbehörden wiesen sie ausdrücklich darauf hin, dass Wilna sich an das Magdeburger Recht und alte Privilegien halte. Mit der Zeit wurde diese Selbstverwaltung aber zunehmend eingeschränkt und in das Verwaltungssystem des russischen Zarenreichs eingegliedert. Administrative Funktionen des Rats bzw. des Magistrats übernahm die Duma, die aufgrund der russischen Gesetze 1808 geschaffen wurde. Fünf Jahre später wurde die Institution des Vogts abgeschafft und die Tätigkeit des Schöffenstuhls beendet. 1840 wurde in den westlichen Teilen des Russischen Reichs, darunter auch Litauen, die endgültige Abschaffung des Litauischen Statuts zusammen mit dem sächsisch-magdeburgischen Recht bekannt gegeben. Dieses Recht wurde auch in Wilna nicht mehr angewandt, wo man 1866 schließlich den Magistrat auflöste.

Ethnokonfessionelle Vielfalt in Wilna zieht sich wie ein roter Faden durch alle Jahrhunderte. Auch heute noch ist das friedliche Zusammenleben verschiedener Konfessionen, Völker und Kulturen die Visitenkarte der Hauptstadt Litauens, deren Altstadt seit 1994 Teil des UNESCO-Weltkulturerbes ist (Abb. 143 und Abb. 144).
Jolanta Karpavičienė

Quellen
Dubiński 1788.

Literatur
Baranowski 2000/2007 | Bardach 1988 | Frick 2008 | Frick 2013 | Karpavičienė 2008 a | Katalynas 2006 | Kiaupa 2007 | Ragauskas 2002 | Rimša 2007.

Abb. 144
Altstadt von Wilna, heute UNESCO-Welterbe

I.42

Erneuerung der stadtrechtlichen Bewidmung an Wilna

Traken/Trakai, 23. September 1432

Pergament, Text in ruthenischer Sprache; verzierte, über vier Zeilen gehende Initiale; Hängesiegel fehlt, Flechtband aus Seide vorhanden

H 43 cm, B 48 cm; Umbug (*plica*): H 8 cm

Wilna/Vilnius, Lietuvos mokslų akademijos Vrublevskių biblioteka, Handschriftenabteilung (WLLAS MD/LMAVB RS) F1-14 hg

Als der Stadt Wilna am 22. März 1387 das Magdeburger Recht verliehen wurde, war dies der erste derartige Vorgang im Großfürstentum Litauen. Danach verbreitete sich das Magdeburger Recht allmählich über das ganze Großfürstentum: 1390 wurde es an Brasta (heute Brest in Belarus), 1408 an Kauen/Kaunas und um 1409 an Trakai und weitere Städte verliehen. Leider hat sich die originale Urkunde der ersten Bewidmung an Wilna nicht erhalten, ihr Inhalt ist lediglich in späteren Dokumenten und Bestätigungen überliefert. Die hier abgebildete Urkunde von 1432 ist das älteste erhaltene Dokument, in dem die Vergabe von Vorrechten an Wilna schriftlich festgehalten ist.

Der Großfürst von Litauen, Sigismund Kęstutaitis (reg. 1432–1440), verlieh darin der Stadt Wilna aufs Neue das Magdeburger Recht, um sie für ihre Treue zu belohnen, aber ebenso als Grundlage für die weitere Verbesserung der Lebensverhältnisse. Die Urkunde galt für alle Stadtbewohner, sowohl für Katholiken als auch Ruthenen. Sie erklärte die Gesetze und Rechte des Großfürstentums in der Stadt für aufgehoben und damit zugleich die Autorität des Wojewoden und anderer hoher Amtsträger des Großfürsten. Die Regierung der Stadt wurde an den Vogt (bzw. Bürgermeister, wójt) übertragen, der zugleich oberster Richter der Stadt sein sollte.

Um neue Einwohner in die Stadt zu locken und die Lebensbedingungen der Stadtbewohner zu verbessern, gewährte der Herrscher der Stadt die Erlaubnis, eine öffentliche Waage zu besitzen, um Wachs und andere Waren abzuwiegen, und ein Gebäude für die Schafschur zu errichten. Zudem erlaubte er, nicht nur ihre bestehenden Tuchhandlungen weiter zu betreiben, sondern auch vier weitere zu eröffnen. Er verlieh zudem das Recht, Schänken für Met, Wein und Bier sowie Lagerhallen zu betreiben. Die Stadt blieb jedoch wie in alten Tagen verpflichtet, jährlich einen Teil des erwirtschafteten Gewinns an den Großfürsten oder seinen Statthalter abzuliefern.

Die abgebildete Urkunde wurde seit 1852 im Zentralarchiv in Wilna verwahrt und 1896 der Handschriftenabteilung der Öffentlichen Bibliothek von Wilna übergeben. Die Regierung des russischen Zaren ließ sie 1915 in die Kaiserliche Bibliothek im Öffentlichen Museum (Rumjanzew-Museum) in Moskau bringen, der späteren Lenin-Bibliothek der UdSSR und heutigen Russischen Staatsbibliothek. 1946 wurde die Urkunde schließlich der Litauischen Akademie der Wissenschaften (WLLAS) übergeben und kam so wieder in ihre Heimatstadt zurück. *Rima Cicėnienė*

Quellen
Dubiński 1788, S. 3–5 | Sobranie 1843, T. 1, S. 4–6, Nr. 4.

Literatur
Jasas 1980, S. 30, Nr. 36.

Kedahnen

»Magdeburgien« im Großfürstentum Litauen

Die höchste Kategorie der städtischen Siedlungen im Großfürstentum Litauen, das zwischen dem 13. und 18. Jahrhundert – seit dem Ende des 14. Jahrhunderts in Personalunion und nach 1569 in Realunion mit Polen – existierte, bildeten die mit dem Magdeburger Recht privilegierten selbstverwalteten Städte. Es gab über 250 Siedlungen solcher Art. Sie machten etwa acht bis neun Prozent aller Ortschaften in der städtischen Landschaft des Großfürstentums aus, in der kleine semi-agrarische Marktflächen dominierten. In den historischen Quellen wurden solche Siedlungen »magdeburgische Städte«, ihre Einwohner »Bürger des Magdeburger Rechts« genannt, Stadt- und Gerichtsverfassungen wurden direkt als »Magdeburgien« bezeichnet. Diese Quellenterminologie, die die Selbstverwaltungsstadt sowie ihre Elemente verkörperte – als magdeburgisch wurden zum Beispiel Stadtbücher, Siegel, Wappen, Eide der Bürger und städtischer Beamter bezeichnet – wurzelt auch in der wissenschaftlichen Literatur und ist bis zum heutigen Tag im historischen Gedächtnis der Menschen lebendig.

Abb. 145
Marktplatz von Kedahnen/Kėdainiai, eine der ältesten Städte Litauens, gelegen am Fluss Nevėžis, 51 Kilometer nördlich von Kaunas

Magdeburgische Städte bildeten nach ihrer Zugehörigkeit einige typologische Gruppen. Zur größten und zahlreichsten gehörten sogenannte großfürstliche Städte. Der Herrscher selbst war der höchste Oberherr solcher Städte, die sich auf den großfürstlichen Domänen befanden. Nur eine Selbstverwaltungsstadt gehörte der katholischen Kirche – das Zentrum des Bistums von Schemaiten, Medeniken/Varniai, erhielt 1635 das Magdeburger Recht. Die Adelsfamilien des Großfürstentums von Litauen erteilten (oder bemühten sich um) die magdeburgischen Privilegien für fast 30 Ortschaften, die sich heute nicht nur in Litauen, sondern auch in Weißrussland und teilweise in Polen sowie in der Ukraine befinden. Solche seit dem 16. Jahrhundert im Großfürstentum bestehenden Siedlungen werden in der wissenschaftlichen Literatur gewöhnlich als private magdeburgische Städte bezeichnet. Um die Entwicklung der Städte zu beschleunigen, wurde das magdeburgische Selbstverwaltungsmodell von den Adelsgeschlechtern Sanguškos (poln. Sanguszkowie), Chodkevičiai (poln. Chodkiewiczowe), Sapiegos (poln. Sapiehowe), Kiškos, Radvilos (poln. Radziwiłł) und anderen in den Siedlungen eingesetzt, die sich auf ihren privaten Landgütern befanden. Dabei war die Familie Radvilos führend, die seit dem 15. Jahrhundert zur politischen Elite des Großfürstentums gehörte.

Kedahnen/Kėdainiai ist ein charakteristisches Beispiel für eine private magdeburgische Stadt des Großfürstentums Litauen. 1372 wurde sie erstmals schriftlich erwähnt. Die Blütezeit der Ortschaft, die im Zentrum Litauens am Fluss Nevėžis und an den Wilna/Vilnius und Kauen/Kaunas mit Riga und Königsberg/Kaliningrad verbindenden Handelswegen lag, begann im 15. Jahrhundert, nachdem der Großfürst von Litauen und König von Polen Kasimir IV. der Jagiellone (reg. 1440–1492, König seit 1447) den Ort der Adelsfamilie Radvilos geschenkt hatte (Abb. 145). 1544 heiratete Ona Radvilaitė (1525–1560) Stanislovas Kiška (gest. 1554), den Woiewoden von Vitebsk. Dadurch gelangte die Ortschaft in den Besitz der Adelsfamilie Kiškos. Das Ehepaar konvertierte zum protestantischen Glauben und unterstützte die Vertreter der radikalsten Richtung – die Antitrinitarier, wodurch Kedahnen im katholischen Großfürstentum zu einem wichtigen Zentrum der Reformation wurde (Abb. 146). Auch kümmerten sich die Kiškos darum, dass sich in Kedahnen protestantische Handwerker und Händler ansiedelten. Weiter ließen sie einen Flusshafen errichten, die Struktur der Siedlung verbessern und ausbauen, neben dem Alten Marktplatz entstand ein neuer Großer Marktplatz. Jonas Kiška (1547–1592), Kastellan von Wilna, setzte die Tätigkeiten seiner Eltern fort. Dank seiner Bemühungen wurde die erste Handwerkerzunft gegründet und ein weiterer Marktplatz eingerichtet, neben dem die Vorstadt Knypava entstand, wo sich deutsche Händler aus Königsberg ansiedelten.

Auf Bitte von Jonas Kiška verlieh der polnische König und litauische Großfürst Sigismund III. Wasa (reg. 1587–1632) am 15. April 1590 an Kedahnen das Privileg des Magdeburger Rechts. Formell gesehen wäre es ausreichend gewesen, wenn Jonas Kiška an die Privatstadt das Privileg der Selbstverwaltung verliehen hätte. Jedoch strebte er wie die meisten litauischen Adligen nach zuverlässiger Legitimierung und Prestige, die deshalb oft dafür sorgten, dass ihre Städte mit Magdeburger Recht von den Staatsherrschern privilegiert wurden. Im Privileg von 1590 wurde darauf hingewiesen, dass die Stadt Kedahnen und ihre Einwohner dieses Recht, das »Ius Maideburgicum, quod et Theutonicum vocant« – wie Wilna, Kauen und andere Städte im Großfürstentum Litauen – verwenden dürfen (Tyla 2002, S. 78–82). Auch die späteren Konfirmationen dieses Privilegs (1648, 1650, 1701, 1762, 1792) wurden stets von den Königen von Polen und Großfürsten von Litauen ausgestellt. Im Privileg von 1590 wurden die Bürger berechtigt, Stadtwappen und Siegel mit der Heraldik-Symbolik der Adelsfamilie Kiškos zu verwenden.

Die magdeburgische Selbstverwaltung von Kedahnen wurde erst in der ersten Hälfte des 17. Jahrhundert vollständig verwirklicht, nachdem die Stadt durch Heirat wieder an die Magnatenfamilie Radvilos fiel. Bis zum Ende des 17. Jahrhunderts herrschten die Vertreter des evangelisch-reformierten Zweigs dieses Geschlechts, die Fürsten von Birsen/Biržai und Dubingiai, über die Stadt. Die Besitzer von Kedahnen, Kristupas II. Radvila (1585–1640), Großhetman und Woiewode von Wilna, und seine Frau Ona Kiškaitė Radvilienė (1593–1644), verliehen der Stadt 1627 ein Privileg, das die frühere Symbolik im Stadtwappen änderte. Die Privatstadt hatte von nun an das Recht, einige Wappenmotive der Fürstenfamilie Radvilos für das Stadtwappen zu verwenden, nämlich den Flügel eines einbeinigen Adlers, der in seiner Kralle ein Hufeisen mit drei Kreuzen hält. Das letzte Element erinnerte an den früheren Stadtbesitzer aus dem Adelsgeschlecht Kiškos. Weitere Dokumente regelten die Zeit der Wochen- und Jahresmärkte, erlaubten die Gründung weiterer Handwerkerzünfte und legitimierten eine Kaufmannsgilde.

Um die Entwicklung Kedahnens voranzutreiben, lud Kristupas II. Radvila Kaufleute und Handwerker unterschiedlicher ethnokonfessioneller Zugehörigkeit ein, sich in seiner Privatstadt anzusiedeln. Im 17. Jahrhundert ließen sich in der Stadt erstmals jüdische Zuwanderer und verstärkt evangelisch-reformierte Schotten nieder, die vor religiösen Verfolgungen in ihrer Heimat geflohen waren (Abb. 147). Als Kaufleute und Handwerker, die im Zentrum von Kedahnen neben dem Großen Marktplatz ihre Häuser bauten, integrierten sie sich bald in die Stadtelite und bestimmten das Religionsleben der evangelisch-reformierten Gemeinde. Neben dem Marktplatz Knypava ließ sich indes eine kleine Gemeinde der Orthodoxen nieder, die aus den östlichen Gebieten des Großfürstentums zugewandert waren und eine Kirche für ihren Gottesdienst errichten ließen. Auf diese Weise wurde die soziale Landschaft der Stadt, in der bis dahin die reformierten Einwohner litauischer und polnischer Abstammung dominierten, multikulturell und multikonfessionell.

In Kedahnen errichtete man bald darauf ein neues Viertel mit einem Marktplatz, das Jonušava/Neu-Kedahnen genannt wurde, nach dem Sohn des damaligen Stadtherrn. Die Handfeste (1643) von Ona Kiškaitė Radvilienė garantierte den Neusiedlern wirtschaftliche Vergünstigungen sowie rechtliche Immunität. In Jonušava siedelten vor allem deutsche Lutheraner, die eine Kirche, eine Schule und ein Spital bauen ließen.

Ein wichtiger Impuls für die weitere Entwicklung von Kedahnen war die Regierungszeit des Fürsten Jonušas Radvila (1612–1655), der auch als zweiter Stadtgründer bezeichnet wird. Er erließ an Kedahnen über 30 Vorschriften, Handfesten und andere Dokumente und veranlasste die Bürger, aktiver an der Stadtverwaltung mitzuwirken. Auf sein Ersuchen hin erteilte der Großfürst von

Abb. 146
Noch heute gibt es in Kedahnen eine evangelisch-reformierte Kirche, im katholischen Litauen eine Seltenheit

Abb. 147
Kunstprojekt am ehemaligen Haus eines schottischen Kaufmanns in Kedahnen

Abb. 148
Die beiden Synagogen in Kedahnen

Litauen und König von Polen Władysław IV. Wasa (reg. 1632–1648) am 28. April 1648 ein Konfirmationsprivileg. Damit erneuerte und ergänzte er nicht nur die Handfeste des Magdeburger Rechts von 1590, sondern legitimierte juristisch zugleich zwei Gemeinden mit Magdeburger Recht: die des alten Kedahnen mit der einheimischen und schottischen evangelisch-reformierten Bevölkerung und die des »neuen« Kedahnen im Viertel Jonušava, zu dem die deutschen Lutheraner gehörten. Beiden Gemeinden wurde das Recht eingeräumt, eigene Wappen zu führen, die gemeinsamen Institutionen der Stadt- und Gerichtsverfassung sollten aber beibehalten werden. Diese wurden nach dem Paritätsprinzip gebildet, wie schon in den Vorschriften der Stadtordnung von Jonušas Radvila 1647 angekündigt: »Alle Beamten sollen gewählt werden, ohne ihre Nationalität, Herkunft oder Religion zu berücksichtigen« (Tyla 2002, S. 191). Von der Zugehörigkeit zu einer Stadt zeugte »der Eid, der im Magdeburger Recht erläutert« war (Tyla 2002, S. 222). Auf eine spezielle Anweisung des Stadtherrn 1652 mussten nicht nur Magistratsmitglieder, sondern ebenso andere Bürger den Eid ablegen. Danach erhielten sie entsprechende »Ausweiskarten«, die, vom Oberbürgermeister unterzeichnet, mit den Siegeln beider Städte – des »alten« Kedahnen und von Jonušava – versehen waren.

Obwohl in Kedahnen Ämter der Selbstverwaltung nach der Verleihung des Magdeburger Rechts 1590 vorhanden waren (in den Quellen sind Vogt, Bürgermeister, Ratsmänner, Schöffen und Stadtschreiber erwähnt), wurden erst in der Regierungszeit von Jonušas Radvila die Stadt- und Gerichtsverfassung genau festgelegt und die Vorrechte der Stadtorgane mit deren Tätigkeiten reglementiert. Der Vogt war als Vertreter des Stadtherrn in den kleineren magdeburgischen Städten des Großfürstentums Litauen in der Regel ein Adliger, der gewöhnlich vom Stadtherrn auf Lebenszeit eingesetzt wurde. Doch Kedahnen bildete in dieser Hinsicht eine seltene Ausnahme. Auf Initiative des Fürsten Jonušas Radvila wurde in Kedahnen das Modell der Bekleidung der Vogtei angewandt, das seit dem ausgehenden 16. Jahrhundert in Kauen und seit dem frühen 17. Jahrhundert in Wilna existierte. Seit dem 19. Oktober 1647 hatte die Gemeinde von Kedahnen urkundlich fixiertes Vorrecht, auf ihre eigene Entscheidung vier Adlige als Vögte vorzuschlagen. Einer von ihnen wurde vom Stadtbesitzer zum Vogt ernannt.

Die Struktur von »Magdeburgien« wurde in Kedahnen auch deutlich rechtlich abgegrenzt. Im Konfirmationsprivileg für Kedahnen 1648 wurde betont, dass *ex civibus et per cives* (Tyla 2002, S. 200) sechs Schöffen, zwei Bürgermeister und vier Ratsmänner sowie ein Stadtschreiber gewählt werden mussten. Die Stadtordnung für Kedahnen von 1653 wies darauf hin, dass die Kompetenz der Stadtinstitutionen der magdeburgischen Handfeste zufolge »ausdrücklich getrennt« werden solle. Deswegen müssten alle *actiones civiles* – wie verschiedene Verträge, Verschuldungen, Vermögensgeschäfte, testamentarische Verfügungen und andere Angelegenheiten, die nicht Straftaten betrafen – im Amt der Bürgermeister und Ratsmänner geregelt werden. Das Vogt- und Schöffengericht war für die Behandlung der Strafsachen zuständig (Tyla 2002, S. 251). Die Stadtbeamten sollten sich in ihrer Tätigkeit von den Quellen des Magdeburger Rechts leiten lassen und, wenn sie keine nötige Information darin fanden, das Kaiserrecht anwenden.

Anders als in den anderen magdeburgischen Städten, in denen nur ein Teil der Gemeinde am Funktionieren von »Magdeburgien« beitrug, waren in Kedahnen alle Stadtbürger daran beteiligt. Seit Ende des 16. Jahrhunderts sind dort *Decemviri* (Zehnmännerkollegium) bekannt. Die Institution *tertius ordo communitatis* wurde auf Initiative des Fürsten Jonušas Radvila Mitte des 17. Jahrhunderts auch urkundlich legitimiert. Diesen magdeburgisch vereideten Vertretern der Gemeinde wurde unter anderem das Vorrecht zuerkannt, »die Privilegien, Rechte, Ordnung sowie Freiheiten der Stadt zu schützen« (Tyla 2002, S. 253). Sie beobachteten die Magistratssitzungen und kontrollierten die Finanzen. Von ihnen wurden die Schöffen, Ratsmänner und Bürgermeister gewählt.

Jonušas Radvila bezog jedoch die anwachsende jüdische Gemeinde nicht in diese Freiheiten und Vorrechte ein. Die jüdischen Einwohner waren nicht der städtischen Rechtsprechung, sondern der des Hofs unterworfen. Sie siedelten sich in einem separaten Viertel von Kedahnen neben dem Alten Marktplatz an. Dort wurde eine Synagoge gebaut (Abb. 148). Außerdem gründeten sie einzelne Zünfte. Jonušas Radvila förderte auch die Wirtschaft und die Gründung von Handwerkszünften. In einem Schreiben von 1652 lud er deutsche Kaufleute und Handwerker ein, sich in Kedahnen niederzulassen, und betonte dabei die für den Handel günstige Lage der Stadt, »in welcher der Kauffhandel aus Preussen, Liefflandt, Churlandt, Samogiten undt Littauen offentlich getrieben [wird]« und »freye Religions Exercitium, sowohl Augsburgischer alß Lutheranischer Confession, absonderlich von jeder in ihrem eigenen Kirchen exerciret wirdt, über daß mitt deutschen Magdeburgischen Rechte privilegiret« (Tyla 2002, S. 227–229). Jonušas Radvila war zudem die Stadterweiterung sehr wichtig: 1654 erlaubte er den Einwohnern, nur Steinhäuser mit Dachziegeln zu bauen und Plätze, Straßen und Höfe mit Steinen zu pflastern. Auf dem Großen Marktplatz wurden eine imposante evangelisch-reformierte Kirche im Stil der Renaissance und ein Rathaus gebaut, die sich bis heute erhalten haben.

Die zielgerichteten Tätigkeiten von Jonušas Radvila, die Beteiligung der Stadtbürger, die friedliche Koexistenz verschiedener Konfessionen und die religiöse Toleranz waren wichtige Bedingungen für die rasche Entfaltung der Stadt. Mitte des 17. Jahrhunderts wohnten in Kedahnen über 4000 Menschen, darunter die Vertreter von sechs ethnokonfessionellen Gruppen. Unter Jonušas Radvila entwickelte sich die Stadt zu einem bedeutenden Zentrum des Protestantismus mit einem Gymnasium, Bibliotheken und einer Druckerei, wo das wichtigste Werk des litauischen Schrifttums 1653 gedruckt wurde: eine Sammlung von religiösen Texten (»Knyga nobažnystės krikščioniškos«) in litauischer Sprache, an deren Vorbereitung auch der Bürgermeister Steponas Jaugelis-Telega (um 1600–1668) beteiligt war.

Abb. 149
Stadtwappen von Kedahnen

Nach dem Tod von Jonušas Radvila, der sich mit anderen Adligen im Vertrag von Kedahnen 1655 unter den Schutz des protestantischen Schwedens gestellt hatte, änderte sich das friedvolle Leben in der prosperierenden Stadt. Dazu trugen politische Unruhen und Kriegskonflikte im Land bei, die nach der Auflösung der Union mit Schweden eintraten. Ab 1659 verwaltete Boguslavas Radvila (1620–1669), ein Vetter von Jonušas, die Stadt Kedahnen. Er berücksichtigte die Bittgesuche der Stadtbewohner, die Situation in der Stadt zu regeln und die ehemalige magdeburgische Ordnung wiederherzustellen. Er verlieh außerdem Handelsprivilegien, gründete neue Handwerkerzünfte, erneuerte und bestätigte die Stadtordnungen. Die instabile politische Lage und die stagnierende Wirtschaft wirkten sich jedoch ungünstig auf die weitere Entwicklung Kedahnens aus. Nach dem Aussterben der Linie der Fürsten von Birsen und Dubingiai ging die Stadt im 18. Jahrhundert in den Besitz des katholischen Zweigs der Adelsfamilien Nesvyžius und Olyka über. Kedahnen erlebte die frühere Blütezeit nie wieder. Dank der Bemühungen der Stadtbewohner blieben die Hauptelemente der magdeburgischen Stadtverfassung jedoch weiterhin bestehen. Nach der Auflösung des litauisch-polnischen Staates Ende des 18. Jahrhunderts und der Besetzung des ehemaligen Territoriums des Großfürstentums durch Russland wurde die magdeburgische Selbstverwaltung in Kedahnen aufgehoben. Die erhaltene urbanistische Struktur der Altstadt von Kedahnen zeugt jedoch heute noch von der »am meisten städtischen« Stadt in Litauen (Abb. 149). *Jolanta Karpavičienė*

Quellen
Tyla 2002

Literatur
Juknevičius 2010 | Karpavičienė 2009 | Kosman 2004 | Rimša 2001 | Rimša 2007 | Tyla 2002 | Tyla 2002 a | Žirgulis 2002.

I.43

Bestätigungsprivileg für die Stadt Kedahnen/Kėdainiai

Wilna/Vilnius, 28. April 1648

Bestätigung der Verleihung des Magdeburger Rechts an die Stadt Kedahnen/Kėdainiai, unterzeichnet von Władysław IV. Wasa (»Vladislaus rex«), dem König von Polen

Pergament, 4 gebundene Blätter, mit Gold und Silberpulver verziert, Flechtschnur aus blauer Seide und gelbem Faden mit vergoldetem Silber, das Siegel fehlt

H 35 cm, B 26,5 cm

Vilnius, Lietuvos mokslų akademijos Vrublevskių biblioteka, MD F1-259

Im Großfürstentum Litauen gab es Städte im staatlichen oder privaten Besitz. Letztere waren in der Regel durch Adlige oder die Kirche auf deren eigenem Land gegründet worden. Die Besitzer, welche die Bedeutung der Selbstverwaltung für das Wachstum einer Stadt erkannten, bemühten sich, die entsprechende Rechtsgrundlage für ihre Städte zu erwerben. Im 16. Jahrhundert konnten Birsen/Biržai, Njaswisch, Sluzk und weitere private Städte einen solchen Status erlangen.

Kedahnen wurde das Magdeburger Recht im Jahr 1590 durch Sigismund III. Wasa (reg. 1587–1632), den König von Polen und Großfürsten von Litauen, verliehen. Dies geschah auf Antrag des Kastellans von Wilna, Jonas Kiška (Jan Kiszka, 1552–1592). Die Stadt ging 1614 in den Besitz der Fürsten von Radziwiłł über. In der schnell wachsenden Stadt gab es mindestens zehn Handwerkszünfte, eine Händlervereinigung sowie neu entstandene Vororte mit eigenem Marktplatz. Seit 1643 war es Zuwanderern gestattet, im westlichen Teil der Stadt zu siedeln, der nach dem Fürsten Janusz Radziwiłł (1612–1655) *Ianopolis vulgo Januszów* oder *Jonušava* benannt wurde.

1648 erlangte Janusz Radziwiłł, der Starost von Samogitien und Feldhetman von Litauen, ein weiteres Privileg für die Stadt. Der König von Polen und Großfürst von Litauen, Wladysław IV. Wasa (reg. 1632–1648), bestätigte der Stadt Kedahnen das 1590 verliehene Magdeburger Recht und gewährte der Stadt zusätzlich neue Vorrechte. Er legte das Prozedere für die Wahl des Stadtoberhaupts, der Bürgermeister, Räte und des Kanzlers fest wie auch die jeweiligen Zuständigkeitsbereiche. Der König bestätigte außerdem die Statuten für alle Zünfte der Stadt, begründete eine Bevorratung von Hanf, Leinen und Getreide in eigenen Lagerhäusern und erlaubte die Veranstaltung von Märkten und Messen.

Durch die Urkunde verlieh der Herrscher zugleich ein Stadtwappen an Neu-Kedahnen, die ehemalige Vorstadt Jonušava, und bestätigte das Wappen von Kedahnen, das der Stadt 1627 durch den früheren Besitzer Krzysztof Radziwiłł (1585–1640) verliehen worden war. Diese Wappen lagen dann auch den offiziellen Siegeln der Stadt zugrunde: Das Siegel von Kedahnen (fol. 2v) zeigt eine geflügelte Adlerklaue (dem Wappen der Radziwiłłs entlehnt), und das von Jonušava den Buchstaben »I« und einen Fürstenhut (dem Wappen der Kiszkas entlehnt). Dieses Vorrecht wurde noch dadurch aufgewertet, dass es der Stadt den Gebrauch von rotem Siegelwachs gestattete (zuvor war grünes Wachs vorgeschrieben). Bis dahin hatte ein solches Vorrecht lediglich (seit 1568) die Stadt Wilna genossen.

Mit dieser Urkunde wurden die zwei rechtlich anerkannten Gemeinwesen zu einer Stadt vereint, die durch denselben Magistrat regiert wurde. Die calvinistischen Einheimischen lebten dabei im alten Kedahnen, die zugereisten deutschen Lutheraner in Neu-Kedahnen. Es weist einiges darauf hin, dass Kedahnen zu dieser Zeit zur drittgrößten Stadt – nach Wilna und Kauen/Kaunas – auf dem Gebiet des heutigen Litauen heranwuchs.

Die in Latein verfasste Urkunde wurde wahrscheinlich im Voraus angefertigt (um 1647), um einen günstigen Augenblick abzupassen, in dem sie dem Herrscher zur Unterschrift vorgelegt werden konnte. Im Frühjahr 1648 besuchte Władysław IV. die Stadt Wilna, und Janusz Radziwiłł gab ein prächtiges Fest für das Königspaar, bei dem er zwei ausgesuchte Pferde als Geschenk präsentierte. Im Laufe dieses Festes dürfte der König dann die vorbereitete Urkunde unterschrieben haben.

Das Dokument wurde ursprünglich im Privatarchiv des letzten Stadtherrn, Marian Hutten-Czapski (1816–1875), aufbewahrt. Als Strafe für seine Teilnahme am Aufstand von 1863 wurde sein gesamter Besitz inklusive Bibliothek und Archiv beschlagnahmt. 1896 wurde das Dokument der Handschriftenabteilung der Öffentlichen Bibliothek von Wilna übergeben. Die Regierung des russischen Zaren ließ es 1915 in die Kaiserliche Bibliothek des Öffentlichen Museums bzw. Rumjanzew-Museums in Moskau bringen, der späteren Lenin-Bibliothek der UdSSR und heutigen Russischen Staatsbibliothek. 1946 gelangte die Urkunde schließlich an die Litauische Akademie der Wissenschaften (WLLAS) in Wilna – und sie kehrte damit an ihren Ursprungsort zurück. *Rima Cicėnienė*

Quellen
Arheografičeskij sbornik 1867–1904, Bd. 8, S. III, S. 301–306, Nr. 70.

Literatur
Jasas 1980, S. 374 f., Nr. 935 | Rimša 1992, Bd. 2, S. 76–168 | Rimša 1998, S. 53–56 | Rimša 2007, S. 453–458 | Tyla 2002.

VLADISLAVS IV
DEI GRATIA REX POLONIÆ MAG: DVX LIT-
uaniæ Russiæ Prussiæ Masouiæ Samogitiæ Liuon. Smolensci Cze-
rnihouiæ, Necnon Suecorum Gottoru. Vandaloruq. Hæreditar. Rex.
Vniuersis & singulis quorum interest
præsentes Inspecturis et lecturis notum testamq. facimus

I.43

Radun’

Verleihung des deutschen Stadtrechts an die Ortschaft

Abb. 150
Skirgajlo (um 1354–1397), Bruder des litauischen Großherzogs und polnischen Königs Władysław Jagiełło (Jogaila) (geb. vor 1362, Großherzog 1377, König 1386–1434). 1839, unbekannter Künstler, Litauisches Kunstmuseum, LDM G10216

Nach Meinung einiger Historiker wird der Ort Radun’/Rodūnia erstmals 1217 in schriftlichen Quellen (Chroniken, Annalen usw.) genannt, als einer der sich zu dieser Zeit häufig ereignenden Kämpfe zwischen den Rittern des Deutschen Ordens und dem »weißrussisch«-litauischen Heer stattfand, bei dem letzteres siegte. Da es keinen genauen Beweis dafür gibt, dass sich diese Schlacht tatsächlich in der Nähe von Radun’ ereignete, ist es sicherer, dessen erste Erwähnung in das Jahr 1387 zu datieren, als der Ort Radun’ als Eigentum des Fürsten Skirgajlo Olgerdowic galt. Skirgajlo Olgerdowic war Fürst von Polozk/Polazk (1377–1381, 1387–1397), Traken/Trakai (1382–1392), Regent von Litauen (1386–1392), Fürst von Minsk (1387–1397), Swislotsch/Swislatsch (1387–1397) und Kiew/Kyjiv (1393–1397) (Abb. 150).

Umstritten ist auch, wann Radun’ das Magdeburger Stadtrecht erhalten hat. Einige Wissenschaftler datieren die Verleihung auf 1641, andere auf 1649. Alle sind sich aber einig, dass zur Zeit des polnischen Königs und Großfürsten von Litauen Johann III. (Jan III.) Sobieski (reg. 1674–1696) eines der Attribute des Magdeburger Stadtrechts als visuelle Bestätigung dieser Verleihung schon existierte: Dies spiegelt sich im Wappen von Radun’ wider, auf dem ein roter Krebs auf silbernem Grund dargestellt ist.

Radun’ war nachweislich 1766 im Besitz des Mszislauer Kastellans Yusef Tyschkewic, ab 1832 wurde die Ortschaft für zwölf Jahre an den Gutsbesitzer Julian Haiewinskij verpachtet. Laut erster überlieferter Volkszählung lebten im 16. Jahrhundert in Radun’ etwa 2 000 Einwohner in insgesamt 210 Häusern. Neben einem großen Markt befanden sich in diesem Städtchen im Jahr 1538 sieben Straßen. Eine mehrbändige polnische Enzyklopädie beschreibt Radun’ in dieser Zeit als einen sehr wichtigen Ort. 1866 wurden in Radun’ allerdings nur noch 91 Häuser erwähnt, in denen 869 Menschen lebten. Laut statistischen Angaben von 1897 stieg die Zahl der Einwohner wieder auf 1 621, auf 313 Häuser verteilt. Laut aktuellen Angaben leben heute 2 229 Menschen in Radun’.

Wie viele weißrussische Städte und Ortschaften des Großfürstentums Litauen und Königreichs Polen ging auch Radun’ seinen eigenen Weg zur Selbstverwaltung. Die meisten Informationen darüber beziehen sich auf das 18. Jahrhundert, nämlich auf die Regierungszeit des Königs von Polen und Großfürsten von Litauen, Stanisław II. August Poniatowski (reg. 1764–1798, Abb. 151). Zu dieser Zeit befand sich Radun’ im Staatsbesitz und war Teil des Lidsker Kreises der Wilnaer Woiwodschaft. Stanisław August Poniatowski wurde 1764 zum Monarchen der Adelsrepublik »Rzeczpospolita« (1788–1792) gewählt. Seine Regierungszeit ist durch zahlreiche Reformen, welche auf die Verbesserung der Verwaltungsführung und Ordnung sowie auf die Erfüllung der Voraussetzungen für eine stabile Entwicklung im Land abzielten, gekennzeichnet.

Eine der Richtlinien war die Reform der Stadtregierung, die sich ursprünglich auf den Finanzbereich bezog. Weitere wichtige Reformen von Stanisław August Poniatowski waren:

Abb. 151
Stanisław II. August Poniatowski (reg. 1764–1798),
König von Polen und Großfürst von Litauen.
Porträt von Marcello Bacciarelli, 1768,
Warschauer Königsschloss, Marmorsaal

1) Zunächst ist die Verfassung »Die Bedingungen unserer königlichen Städte und Ortschaften in der Polnischen Krone und im Großfürstentum Litauen« von 1768 zu erwähnen. Sie betraf hauptsächlich Städte mit dem Magdeburger Stadtrecht. Der Sejm bestätigte die früheren Rechte der Städte und Ortschaften, jedoch wurden gerichtliche Angelegenheiten in Zivilsachen des Magistrats und Berufungen der Bürger, die zuvor vom Magistrat entschieden wurden, in die Zuständigkeit des Ältestengerichts übergeben; für Strafsachen war das Hof- und Assessorgericht zuständig.

2) Der Warschauer Außerordentliche Sejm verabschiedete 1775 die Verfassung »Wiederholt über Städte und Ortschaften«, welche Städte und Ortschaften des Großfürstentums Litauen nach ihrem wirtschaftlichen Potenzial und ihrer Bedeutung in drei Ebenen, sogenannte Klassen, unterteilte. Radun' wurde der dritten Ebene, den »Ortschaften« zugeordnet.

3) Auf der Suche nach den günstigsten Wegen für die Entwicklung der Städte ihres Landes verabschiedeten die Abgeordneten des vierjährigen Sejms der polnisch-litauischen Adelsrepublik Rzeczpospolita am 18. April 1791 das Gesetz »Unsere freien königlichen Städte in den Staaten von Rzeczpospolita«, wonach alle Einwohner staatlicher städtischer Siedlungen, welche eine liegende Habe aufgrund Privateigentums besaßen, persönlich für frei erklärt wurden. Alle Bürger, die im Handel tätig waren, fielen von nun an unter das Stadtrecht und wurden in die Stadtbücher eingetragen. Das Gesetz setzte die Appellationsgerichte der Stadt fest.

Darüber hinaus wurde 1791 eine Reihe von Gesetzen und Gesetzgebungsakten zur Stadtreform verabschiedet, nämlich: a) »Die interne Anordnung der freien Städte von Rzeczpospolita in der Polnischen Krone und im Großfürstentum Litauen«; b) »Eine Warnung vor der Einführung des Rechts in unseren Städten, die davor königlich waren und nun frei in der Rzeczpospolita sind«; c) »Anordnung städtischer Gerichte und Assessorien«; d) »Innere Anordnung von Städten«.

◄ Abb. 152
Friedrich August II., Kurfürst von Sachsen und als Augustus III. König von Polen und Großfürst von Litauen (reg. 1733/36–1763). Porträt von Pietro Rotari, 1755, Staatliche Kunstsammlung Dresden, Gemäldegalerie Alte Meister, 99/77

Zusammen mit dem oben genannten Gesetz vom 18. April 1791 über freie Städte bestätigte der Monarch von Rzeczpospolita den Städten alle ihre Privilegien und verpflichtete sich dazu, ihnen Bestätigungs- oder Renovationsvorrechte (*diplomata renovationis*) zu erteilen. In der Kanzlei des Großfürstentums Litauen wurde ein spezielles Buch für die Eintragung der Renovationsvorrechte angelegt. Derzeit befindet es sich unter der Nummer 556 im Bestand der Litauischen »Metrika«. Es enthält 74 Privilegien für Städte und Ortschaften des Großfürstentums Litauen von 1791 bis 1792, darunter für 18 Städte und Ortschaften, deren Verwaltungszentren auf dem Territorium des heutigen Belarus (Weißrussland) lagen.

Am 23. Juni 1792 erhielt die Ortschaft Radun' ein Bestätigungsprivileg. Dessen Original ist in dem oben erwähnten Buch der Litauischen »Metrika« in polnischer Sprache veröffentlicht. Eine der Voraussetzungen für die Erteilung dieses Privilegs war die Bereitstellung von Dokumenten, die den ursprünglichen städtischen Status der Siedlung bestätigten. In diesem Zusammenhang waren im Privileg gleich zwei frühere Privilegien erwähnt: das Privileg, das am 22. November 1744 vom polnischen König und Großfürsten von Litauen, August III. (reg. 1733/36–1763) (Abb. 152), an die Stadt verliehen wurde und in welchem »eindeutig« über das Privileg des polnischen Königs und Großfürsten von Litauen Johann III. Sobieski aus dem Jahr 1679 gesagt wird, dass Radun' bereits das Magdeburger Stadtrecht hatte. Ferner wurde im Privileg vom 23. Juni 1792 das Stadtwahrzeichen von Radun' erwähnt, über das die Ortschaft »schon seit langer Zeit« verfügte: das bereits erwähnte Wappen, ein roter Krebs auf silbernem Grund.

Auf Grundlage der verbliebenen Daten kann man den Vorgang des Erlangens eines Bestätigungsprivilegs der Ortschaft Radun' im Jahr 1792 nachvollziehen. In diesem Zusammenhang ist das Dokument mit dem Titel »Die Kosten für die Erlangung des Privilegs von Radun' 1792«, entdeckt von der litauischen Forscherin Ramunja Schmigelskite-Stukene, von großer Bedeutung. Nach der Verabschiedung des Gesetzes »Über freie Städte« 1791 beschlossen die Bürger von Radun', ihren Beauftragten nach Warschau/Warszawa zum König von Polen und Großfürsten von Litauen zu schicken. Am 2. Juni 1792 wurde bei einer Sitzung des Stadtrats von Radun' beschlossen, mit der Erlangung des Privilegs eine ausgewählte Person, nämlich den Vogt der Ortschaft, zu beauftragen. Um das Privileg zu erhalten, war es notwendig, vor dem König von Polen und Großfürsten von Litauen Stanisław August Poniatowski in Warschau zu erscheinen. Mit dem Ziel, die notwendigen rechtlichen Dokumente für die Durchführung der »Warschauer Geschäftsreise« zu sammeln, erhielt man in der Stadt Lida/Lyda ein spezielles gestempeltes Papier für amtliche Dokumente, zudem wurde eine Vollmacht erstellt und unterzeichnet. Am 4. Juni 1792 übergaben die Ratsherren von Radun' ihrem Vertreter, Vogt und Einwohner der Ortschaft Radun', Frantischek Grinfeld, im Landgericht des Lidaer Kreises der Stadt Lida die Vollmacht. Frantischek Grinfeld erhielt von der Zivilkommission des Lidaer Kreises zusätzlich einen Sonderausweis für seine Reise nach Warschau. Kasimir Tychkewic, der Älteste von Radun' und Schatzmeister (Podskarbij) des Großfürstentums Litauen, half Grinfeld dabei, das Privileg zu erhalten. Es dauerte fast drei Wochen, bis der Radun'er Beauftragte das Privileg bekam, das der König von Polen am 23. Juni 1792 unterzeichnete.

Im Laufe dieser drei Wochen wurde daran gearbeitet, die ehemaligen Privilegien von Radun' in den Büchern der »Metrika« des Großfürstentums Litauen zu finden, die damals in Warschau aufbewahrt wurden. Diese Arbeit kostete 216 Zloty. Für das Pergament wurden 20 Zloty, für das Schreiben des Privilegs 90 Zloty, für die Eintragung in die »Metrika« des Großfürstentums 20 Zloty, für eine Seidenschnur und eine Metallschüssel mit Deckel zum Bedrucken 36 Zloty usw. bezahlt. Außerdem waren für die »Entlohnung« der Beamten der Kanzlei hohe Ausgaben erforderlich: Der königliche Sekretär und Jägermeister des Lidaer Kreises, Vinzent Belopetrowic, erhielt 108 Zloty; der Unterkanzler des Großfürstentums Litauen für das Aufbringen des Kleinen Siegels des Großfürstentums Litauen auf das Privileg 270 Zloty. Insgesamt hat der bevollmächtigte Vertreter der Bürger von Radun' 1265 Zloty und 19 Griwny für den Erhalt des Privilegs bezahlt. Dabei entfielen 850 Zloty, über die Hälfte des Betrags, auf das tatsächliche Privileg und seine Beglaubigung.

Anscheinend wurde das ausgegebene Geld vom Magistrat der Ortschaft Radun' an Frantischek Grinfeld übergeben, demgemäß war ein Bericht über den aufgewendeten Betrag notwendig. Diese Tatsache zeigt eine aktive Position der Bürger von Radun' bei der Bestätigung und Sicherung ihrer Rechte, die ihre eigenen Mittel in die Erwerbung des Bestätigungsprivilegs investiert hatten. Andere weißrussische Städte des Großfürstentums Litauen und Königreichs Polen wiederum erhielten ähnliche Privilegien durch die Bemühungen ihrer Herren.

Das Bestätigungsprivileg von Radun' vom 23. Juni 1792 ist somit ein bemerkenswertes Beispiel aus der Geschichte der Geschäftsabwicklung des Großfürstentums Litauen gegen Ende des 18. Jahrhunderts und eine wichtige schriftliche Quelle. Darüber hinaus hat dieses Dokument eine bedeutende Rolle in der Geschichte der Ortschaft gespielt, weil es den Status von Radun' als Freie Stadt schriftlich fixiert hat. Zudem enthält es Informationen über das Magdeburger Recht und das alte Wahrzeichen der Stadt. Der Erhalt dieses Privilegs ist zweifellos eine Manifestation der aktiven sozialen Position der Bürger von Radun' bei der Wahrung ihrer Freiheiten, Rechte und Privilegien. *Olga Keller*

Quellen

Minsk, Nacyjanal'nyj histaryčny archiŭ Belarusi [Historisches Nationalarchiv der Republik Belarus in Minsk], Bestand 1767, Heft 1, Akte 298.

Literatur

Dounar 2016 | Krenj 2004 | Rimša 2007 | Saneuski 2006 | Słownik Geograficzny 1888 | Sprawocnik 2002 | Strenkouski 2013.

I.44

Bestätigungsprivileg für die Stadt Radun'

Warschau/Warszawa, 23. Juni 1792

Urkunde mit der Bestätigung des Magdeburger Rechts der Stadt durch Stanisław II. August Poniatowski, König von Polen und Großfürst von Litauen

Pergament, Papier, 4 Blätter, Verzierungen mit goldener Tinte

H 35 cm, B 23,5 cm

Wilna/Vilnius, Lietuvos mokslų akademijos Vrublevskių biblioteka, MD F1-362

Radun' (litauisch: Rodūnia) ist eine Stadt des ehemaligen Großfürstentums Litauen im heutigen Weißrussland (Belarus). Man nimmt allgemein an, dass der Stadt 1679 das Magdeburger Recht und ein Wappen, auf dem ein roter Flusskrebs auf silbernem Feld abgebildet ist, verliehen wurden. Während des Kriegs gegen das Großfürstentum Moskau wurde die Stadt 1655 niedergebrannt und ihr Archiv nach Moskau weggeführt. In der zweiten Hälfte des 18. Jahrhunderts erholten sich das Großfürstentum Litauen und seine Städte allmählich von den langen Kriegen gegen Schweden und Russland und den Seuchen und Hungersnöten, welche dem Staat mehr als 100 Jahre lang zugesetzt hatten. Im Jahr 1766 wurde Radun' schließlich durch Józef Skumin Tyszkiewicz (1716–1790), den Kastellan von Mszislau, erworben.

Der Große Sejm, die parlamentarische Versammlung des polnisch–litauischen Unionsstaats (formell der Krone des Königreichs Polen und des Großfürstentums Litauen), die von 1788 bis 1792 tagte, versuchte nicht nur, den Staat zu modernisieren, sondern auch, die Städte zu reformieren. Von April bis Oktober 1791 verabschiedete der Sejm drei grundlegende Gesetze, welche die Unabhängigkeit der Städte im Unionsstaat neu bekräftigten. Ihnen wurden damit jene Vorrechte wieder zuerkannt, die sie in der Vergangenheit eingebüßt hatten. Von 1791 bis 1792 erlangten insgesamt 74 Städte, darunter auch Radun', die Vorrechte sogenannter Freistädte zurück.

Der polnische Text der Urkunde, mit welcher der König von Polen und Großfürst von Litauen, Stanisław II. August Poniatowski (reg. 1764–1798), der Stadt Radun' das Magdeburger Recht wieder bestätigte, enthält auch neue Vorrechte, die der Sejm den Städten zugebilligt hatte. Diese befassen sich mit den internen Vorschriften der Städte und billigen den Stadtbewohnern neue Rechte zu.

Die Urkunde enthält außerdem eine Zeichnung des Stadtwappens in einer ovalen Kartusche (fol. 2r), welches zusätzlich durch das heraldische Siegel der Stadt bestätigt wurde. Die gewährten Vorrechte in Glaubensangelegenheiten kosteten die Stadt Radun' einiges: Sie zahlte für die Ausfertigung der Urkunde die beträchtliche Summe von 534 Gold-Zloty: 20 für das Pergament; 90 für das Schreiben des Textes; 36 für den Behälter des königlichen Siegels, Flechtband und Bindung; 108 an den Sekretär und 270 Gold-Zloty (»czerwony złoty«) an den Unterkanzler für das Siegel.

Die Urkunde wurde seit der Mitte des 19. Jahrhunderts in der Handschriftenabteilung der Öffentlichen Bibliothek von Wilna aufbewahrt. Die Regierung des russischen Zaren ließ sie 1915 – wie das Bestätigungsprivileg für die Stadt Kedahnen/Kėdainiai (Kat.-Nr. I.43) – in die Kaiserliche Bibliothek im Öffentlichen Museum in Moskau bringen. 1946 wurde sie dann der Litauischen Akademie der Wissenschaften (WLLAS) in Wilna übergeben. *Rima Cicėnienė*

Quellen

Lietuvos Metrika 2005, S. 164–166, Nr. 73.

Literatur

Glemža 2010, S. 32, 118, 121 f., 144, 238–243 | Jasas 1980, S. 494 f., Nr. 1270 | Rimša 1999, S. 104 | Rimša 2007, S. 194.

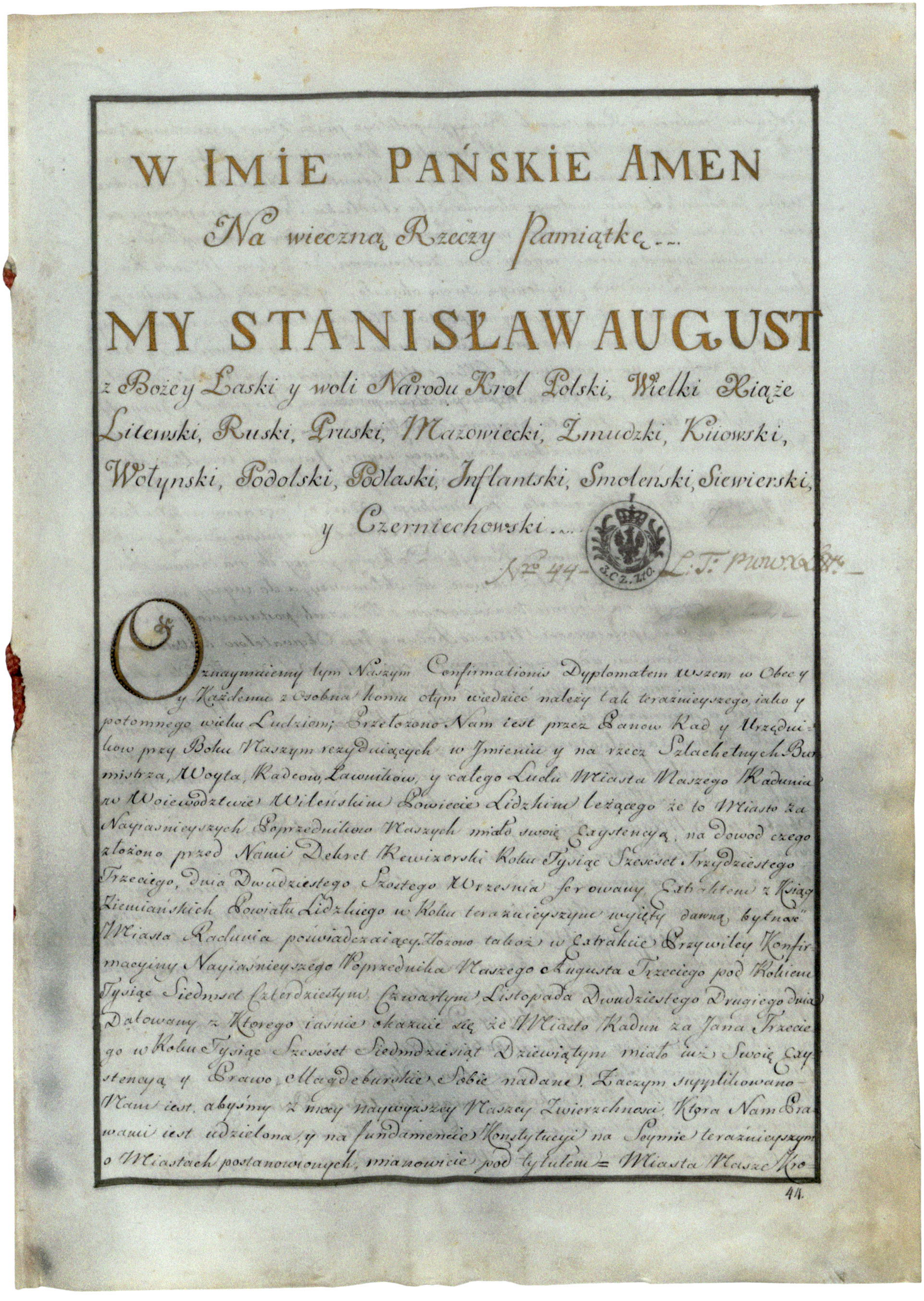
W IMIE PAŃSKIE AMEN

Na wieczną Rzeczy Pamiątkę...

MY STANISŁAW AUGUST

z Bożey Łaski y woli Narodu Krol Polski, Wielki Xiąże Litewski, Ruski, Pruski, Mazowiecki, Żmudzki, Kijowski, Wołynski, Podolski, Podlaski, Inflantski, Smolenski, Siewierski, y Czerniechowski...

No 44 — L. T. Pww. [illegible]

Oznaymuiemy tym Naszym Confirmationis Dyplomatem wszem w Obec y y Każdemu z Osobna komu o tym wiedzieć należy tak teraźnieyszego, iako y potomnego wieku Ludziom; Przełożono Nam iest przez Panow Rad y Urzędników przy Boku Naszym rezyduiących w Jmieniu y na rzecz Szlachetnych Burmistrza, Woyta, Radcow, Ławnikow, y całego Ludu Miasta Naszego Radunia w Woiewodztwie Wilenskim Powiecie Lidzkim leżącego że to Miasto za Nayiasnieyszych Poprzednikow Naszych miało swoię Egzystencyą, na dowod czego złożono przed Nami Dekret Rewizorski Roku Tysiąc Szescset Trzydziestego Trzeciego, dnia Dwudziestego Szostego Wrzesnia ferowany Extraktem z Xiąg Ziemianskich Powiatu Lidzkiego w Roku teraźnieyszym wyięty dawną bytnoć Miasta Raduni poświadczaiący. Złożono takoż w Extrakcie Przywiley Konfirmacyiny Nayiasnieyszego Poprzednika Naszego Augusta Trzeciego pod Rokiem Tysiąc Siedmset Czterdziestym Czwartym Listopada Dwudziestego Drugiego dnia Datowany z ktorego iasnie okazuie się że Miasto Radun za Jana Trzeciego w Roku Tysiąc Szescset Siedmdziesiąt Dziewiątym miało iuż Swoię Egzystencyą y Prawo Magdeburskie Sobie nadane. Zaczym supplikowano Nam iest, abyśmy z mocy nayżwyższey Naszey Zwierzchnosci, ktora Nam Prawami iest udzielona, y na fundamencie Konstytucyi na Seymie teraźnieyszym o Miastach postanowionych, mianowicie pod tytułem = Miasta Nasze Kro-

44.

I.44

Alt-Wartenburg

Gründung und Untergang einer Lokationsstadt in der »Großen Wildnis«

Beim Dorf Alt-Wartenburg/Barczewko unweit von Allenstein/Olsztyn (Woiwodschaft Ermland und Masuren, Nordostpolen) liegen am Ufer des Wadangsees die Wälle der ersten Stadt Wartenburg, die bei einer kriegerischen Zerstörung im Jahr 1354 unterging. Ein neuerlicher Aufbau, die heutige Stadt Wartenburg/Barczewo, erfolgte an anderer Stelle. Seitdem liegen die Überreste der Initialgründung unberührt in der Erde. Ein Projekt der Universitäten Danzig/Gdańsk und Greifswald, das maßgeblich durch die Beauftragte der Bundesregierung für Kultur und Medien, aber auch durch die Universität Danzig, die Gemeinde Barczewo und den Historischen Verein für Ermland gefördert wird, erforschte diesen Platz in den letzten Jahren.

Im Vergleich mit den anderen in der Ausstellung thematisierten Städten Magdeburger Rechts wirkt das im ehemaligen Hochstift Ermland und in der alten preußischen Landschaft Galinden gelegene Alt-Wartenburg sehr bescheiden. Das ursprünglich von Graben und Wall umgebene, unregelmäßig-ovale Stadtterrain befand sich auf einem Geländesporn, der kaum mehr als zwei Hektar Fläche bot. Kurz vor oder um 1330 siedelte sich dort eine kleine Gruppe von Kolonisten wohl hauptsächlich aus Schlesien an, nachdem der ermländische Bischof Eberhard von Neiße (amt. 1300/01–1326) im Jahr 1325 in der Nähe eine Burg hatte errichten lassen. Darf man eine solche Siedlung schon zur Kategorie der Städte zählen? Das kann eindeutig bejaht werden, und zwar aufgrund rechtlicher, sozialer und städtebaulicher Betrachtungen.

Abb. 153
Heutige Ansicht des ehemaligen Stadtwalls von Alt-Wartenburg

Aus rechtlicher Sicht lässt sich der Status als Stadt in den zeitgenössischen Schriftquellen belegen. So wird der Ort erstmals 1337 in einer Urkunde als »Wartberg Ciuitate« bezeichnet, wobei auch die beiden Schulzen (Vorsteher der Siedlergemeinschaft), die Brüder Johannes und Peter, namentlich genannt wurden. Als rechtliche Grundlage für den Stadtstatus dienten die Lokationsurkunden (sogenannte Handfesten), die im 14. Jahrhundert für fast alle ermländischen Städte überliefert sind. Die Alt-Wartenburger Handfeste ist allerdings nicht erhalten, da sie bei der Zerstörung 1354 verbrannt sein dürfte. Bekannt sind dagegen die Lokationsurkunden der benachbarten Städte, deren Gründung zeitlich nahe der von Alt-Wartenburg lag (Guttstadt/Dobre Miasto: Handfeste 1329; Rößel/Reszel: Handfeste 1337; Seeburg/Jeziorany: Handfeste 1338). Die dort vorhandenen, auf dem Kulmer Recht basierenden Bestimmungen unterscheiden sich nur in einigen Details. Daher liegt es nahe, dass die verlorene Handfeste von Alt-Wartenburg einen vergleichbaren Inhalt besessen hat. Der städtische Charakter dieser durchweg recht kleinen Sied-

Abb. 154
Zeichnerische Rekonstruktion der Gründungsphase der Stadt um 1330: Die Neusiedler roden das zukünftige Stadtterrain, Befestigung und erste Häuser entstehen und der Ort wird vermessen

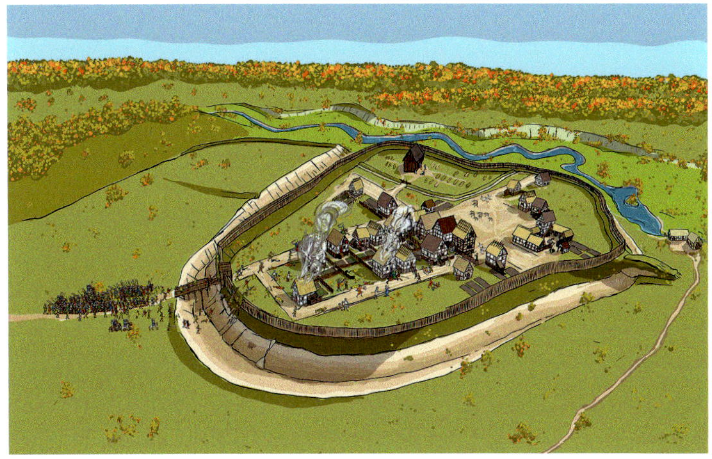

Abb. 156
Rekonstruktion des Zustands der wachsenden Stadt am Tag der Zerstörung 1354

lungen zeigt sich deutlich anhand bestimmter Merkmale – etwa dem Recht, Markt zu halten und den Ort zu befestigen, oder an der Art der erwähnten öffentlichen Einrichtungen, insbesondere dem Kaufhaus (*Mercatorium*) und der Badestube. In den zeitgleichen Handfesten von Dörfern kommen derartige Bestimmungen nicht vor.

Die in den Urkunden genannten städtischen Einrichtungen fanden in der urbanistischen Struktur der ermländischen Kleinstädte ihren Niederschlag. Das zeigt sich auch in Alt-Wartenburg. Die bis zum Zeitpunkt der Zerstörung 1354 errichteten etwa zwei Dutzend unterkellerten Fachwerkhäuser wurden entlang zweier parallel verlaufender Straßen sowie um einen rechteckigen Marktplatz (etwa 40 × 60 Meter Seitenlänge) herum angelegt. An der Südseite des Marktes befand sich das »Kaufhaus«, das besagte *Mercatorium*, als größtes Gebäude der Stadt (Abb. 157). Es bestand aus drei Flügeln um einen Innenhof, in dem sich unter anderem Öfen für handwerkliche Zwecke befanden. In den Kaufhausflügeln wurden in der Stadt hergestellte oder durch Handel erworbene Waren gelagert und verkauft. Am östlichen Stadtrand konnte das Badehaus lokalisiert werden, das sich von den übrigen Häusern durch das Vorhandensein eines großen Ofens, aber auch zahlreicher Funde tönernen Trink- und Schenkgeschirrs unterschied. Die vom Markt und den dortigen Häuserzeilen etwas abgerückte Lage erklärt sich aus der Feuergefahr, die durch den regelmäßigen Heizbetrieb entstand.

Zur Stadt gehörte ebenfalls eine Pfarrkirche, die sich in Alt-Wartenburg nebst Friedhof nordöstlich des Markts befand. Der Ort besaß mithin alle Elemente, die zu einer urbanen Ansiedlung gehörten: einen Marktplatz mit prominent platziertem, administrativen und ökonomischen Zwecken dienendem Kaufhaus, ein regelmäßiges Straßennetz, eine Befestigung, Kirche und Friedhof, ein Badehaus und zahlreiche Bürgerhäuser; auch wenn diese – wie ganz Alt-Wartenburg – im Wesentlichen aus Holz und Lehm bzw. Fachwerk bestanden, bestätigen die rechteckigen, über Treppen und Rampen zugänglichen Keller doch einen urbanen Bautyp, der viele Vergleiche in den mittelalterlichen Städten des östlichen Mitteleuropas findet. Die Stadt entstand ohne Vorgänger, und ihr Grundriss wurde gleich anfangs durch Vermessung festgelegt – eine Planstadt »aus wilder Wurzel«.

Ein relevanter Unterschied zwischen Stadt und Dorf bestand auch in der Sozialstruktur der Bevölkerung. Nach Ausweis der Funde (Pflüge, Hacken, Beile, Sensen und andere agrarische Geräte) gingen viele Bewohner zumindest teilweise auch der Landwirtschaft nach und können somit als »Ackerbürger« bezeichnet werden. Diese Tätigkeit diente jedoch nur der Selbstversorgung in einer Zeit, als es in der Umgebung noch keine Dörfer gab, deren Bauern durch Getreideanbau und Viehzucht die Belieferung der Stadt mit Lebensmitteln sicherstellen konnten. Daneben waren in Alt-Wartenburg alle wesentlichen Handwerksberufe vertreten: Fischer, Metzger, Müller, Schmied, Bader, Töpfer, Zimmerer usw. Der Lokator musste offenbar bei der Auswahl der Siedler für die Stadtgründung genau darauf achten, dass jedes grundlegende Handwerk vertreten war, damit der neu angelegte Ort funktionieren konnte. Alt-Wartenburg befand sich während der ersten beiden Dekaden seiner Existenz noch in den zeitgenössisch als »Große Wildnis« bezeichneten, nur dünn besiedelten Waldgebieten im Südosten des Preußenlandes. Zwar wurde die Stadt am Wadangsee bald in das Kommunikations- und Handelsnetzwerk des Preußenlandes einbezogen, wie Importwaren und Produkte gehobenen städtischen Handwerks belegen. Die schon bestehenden Städte, aus denen man Handelswaren beziehen konnte, waren aber weit entfernt und damals nur durch schlechte Wege erreichbar (Osterode/Ostróda 53 Kilometer westlich, Heilsberg/Lidzbark Warmiński 35 Kilometer nördlich). So musste die große Masse des alltäglichen Bedarfs an Handwerksware vor Ort hergestellt werden, wozu eine gut organisierte Arbeitsteilung notwendig war.

Auch in anderen Gegenden Ermlands und des Ordenslandes lässt sich nachweisen, dass bei der Aufsiedlung einer Teilregion zuerst eine Burg zur Terrainsicherung angelegt wurde (im hier betrachteten Fall die Burg Wartenberg im Jahr 1325), bald darauf eine Stadt als zukünftiges wirtschaftliches Zentrum und erst danach Bauerndörfer und Einzelhöfe. So ist in der Umgebung von Alt-Wartenburg 1346 die früheste Dorfgründung

Abb. 157
Blick in den Innenhof des Kaufhauses mit handwerklichen Produktionsstätten und Verkaufsständen, Rekonstruktionszeichnung auf Grundlage der archäologischen Befunde

nachweisbar, mehr als 15 Jahre nach Anlage der Stadt. Diese Vorgehensweise machte es erforderlich, dass in der frühen Siedlungsphase die erste Generation der Bürger einer neu gegründeten Stadt die Tätigkeiten von Handwerkern und Bauern gleichzeitig ausüben musste. Dies erforderte ungeheure Anstrengungen, Geschick und eine große Risikobereitschaft, die – wie das Schicksal Alt-Wartenburgs zeigt – das Risiko totalen Misslingens und Lebensgefahr einschloss.

Wie kann man erklären, dass sich trotz dieser Gefährdungen und Mühen immer wieder genügend Menschen fanden, die das Wagnis der Beteiligung an einer Stadtgründung unter solchen Bedingungen eingingen, zudem in einer so entlegenen Region? Ein wesentlicher Grund lag in dem hohen Maß an persönlicher und wirtschaftlicher Freiheit, die den Neusiedlern durch die ihnen mit der Stadtgründung verliehenen Rechte garantiert wurden. Wer die Mühen und Gefahren der Aufbauphase auf sich nahm, hatte die Aussicht darauf, später ein Leben in relativ großer Freiheit und Wohlstand führen zu können. Diese Perspektive überwog im Verbund mit dem zeitlosen Reiz des Neuanfangs das Risiko ökonomischen Scheiterns, von Hunger und Gewalt. Die in vielen Variationen bekannte Volksweisheit »Den ersten der Tod, den zweiten die Not, den dritten das Brot« sollte sich für die Bewohner der Stadt am Wadangsee jedoch in ihrer schlimmsten Form bestätigen.

Alt-Wartenburg ging noch zu Lebzeiten der ersten Siedlergeneration unter. Die Kolonisten fielen den schweren Auseinandersetzungen zwischen dem Deutschen Orden und dem Großfürstentum Litauen zum Opfer, die das 14. Jahrhundert prägten. Im Winter 1354 überfiel ein litauisches Heer unter Führung der beiden Großfürsten Kynstut (Kęstutis; reg. 1347–1382) und Olgerdt (Algirdas; reg. 1345–1377) die junge Stadt, brannte sie vollständig nieder und tötete alle Bewohner. Dieses Ereignis ist chronikalisch durch den Ordensherold Wigand von Marburg überliefert und lässt sich anhand der aktuellen archäologischen Forschungen eindrucksvoll bestätigen. Der Ort fand in einer Brandkatastrophe sein Ende, die durch die Münzfunde sowie die sämtlich vor dem Zerstörungsjahr liegenden dendrochronologischen Daten der Bauhölzer auch zeitlich bestätigt wird.

Die Neugründung Wartenburgs/Barczewo erfolgte einige Jahre später etwa sechs Kilometer entfernt. Dank dieses Umstands bewahrte der zerstörte Ort die unter der Erde verborgenen Relikte einer Lokationsstadt im frühesten, sozusagen embryonalen Entwicklungsstadium. Ohne die Katastrophe von 1354 befände sich auf der einsamen Anhöhe am Wadangsee heute ein Provinzstädtchen, dessen Geschichte nur die Lokalhistoriker interessieren würde. Infolge der damaligen unglücklichen Ereignisse bilden die in einer Art »Pompeji-Effekt« schlagartig aus dem Alltagsgebrauch gerissenen und dann über 660 Jahre unberührten Bauten und Sachgüter des untergegangenen Ortes heute ein überregional bedeutendes Objekt der archäologisch-historischen Stadtforschung. In den Kellern der damals verbrannten Häuser finden sich Tongefäße, Werkzeuge aller Art, Silbermünzen und Dinge des Alltags, oft noch in der Art, wie sie sich am Tag der Zerstörung im Jahr 1354 dort befunden haben. Von dem Gewaltereignis zeugen die überall verteilten Armbrustbolzen und Pfeilspitzen, insbesondere aber auch die Skelette von Stadtbewohnern, die damals erschlagen und von den herabfallenden Balken ihrer Häuser begraben worden waren. Mit jedem neu untersuchten Haus erweitert sich unser Wissen über die soziale und wirtschaftliche Struktur der Kleinstadt. Die auf dem Friedhof freigelegten Gräber aus den beiden ersten Jahrzehnten ihrer Existenz sind ein unschätzbarer genetischer Informationsspeicher für die Bevölkerungsgeschichte des zweiten Viertels des 14. Jahrhunderts im Ermland.

Alt-Wartenburg steht in der Ausstellung stellvertretend für die Vielzahl der Kleinstädte der Ostsiedlungszeit, die zwischen dem 12. und 15. Jahrhundert auf Grundlage des Magdeburger Rechts oder verwandter Rechte gegründet worden sind. Der Stadtcharakter ergab sich dabei nicht zwingend aus einer großen Bevölkerungszahl, sondern vor allem aus den oben genannten rechtlichen, sozialen, wirtschaftlichen und urbanistischen Merkmalen.

Felix Biermann, Christofer Herrmann, Arkadiusz Koperkiewicz

Literatur

Biermann/Herrmann/Koperkiewicz 2016 a | Biermann/Herrmann/Koperkiewicz 2016 b | Fox 1989 | Röhrich 1903.

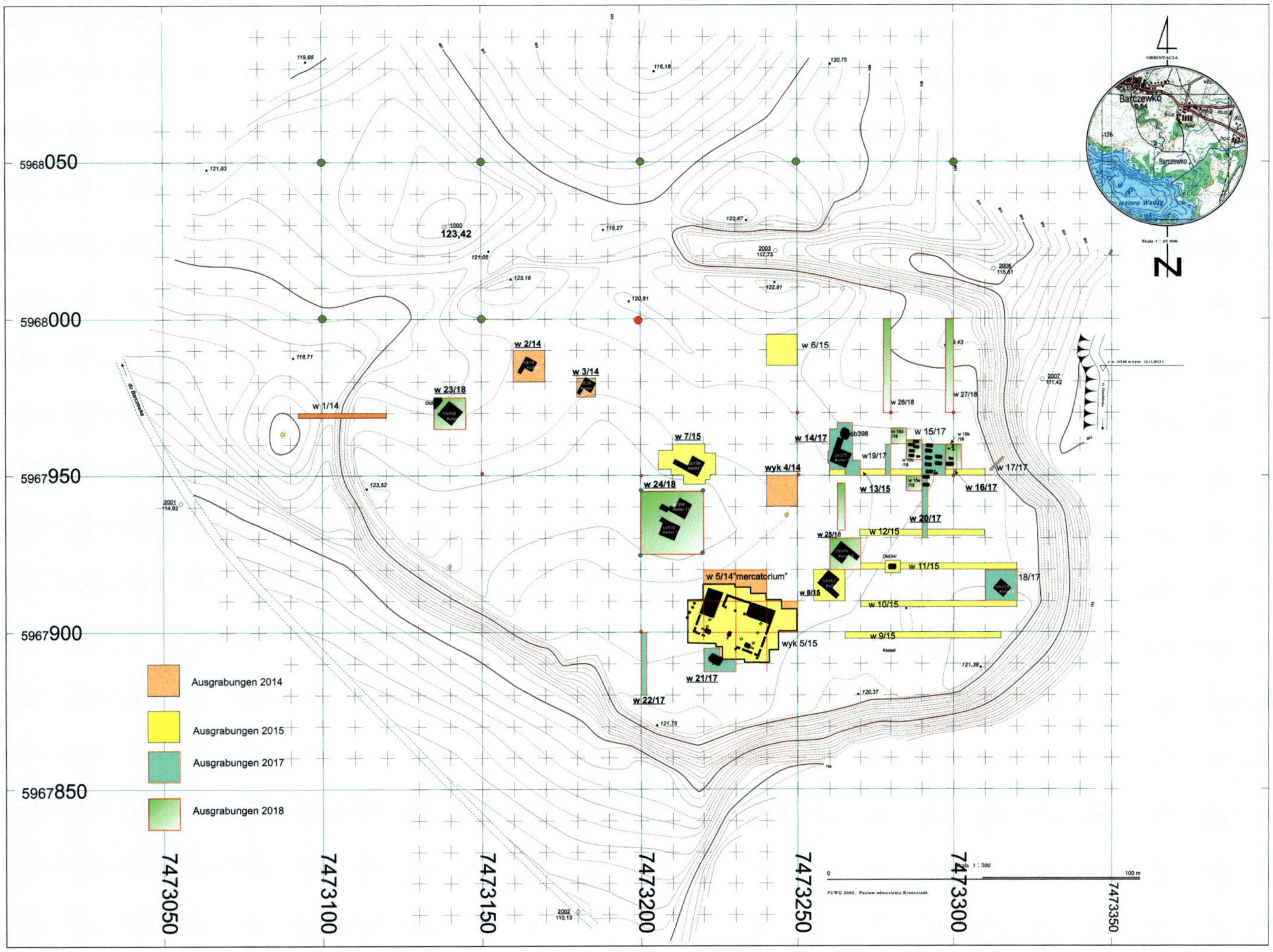

Abb. 158
Geländeplan der ehemaligen Siedlungsstätte mit Einzeichnung der zwischen 2014 und 2018 durchgeführten archäologischen Sondagen

I.45

Archäologische Funde aus der mittelalterlichen Stadtwüstung Alt-Wartenburg/Barczewko im Ermland

Die schlagartige Zerstörung der Stadt (Alt-)Wartenburg (Gemeinde Barczewo, Woiwodschaft Ermland und Masuren, Nordostpolen), die sich nach ihrer Gründung durch das ermländische Bistum in den 1320er Jahren zunächst gut entwickelt hatte, bei einem litauischen Angriff im Jahr 1354 verursachte eine besondere archäologische Situation. Die Ausgrabungen brachten viele Dinge zutage, die seit jenem Unglückstag an Ort und Stelle verblieben oder damals in die Keller gestürzt waren: neben verschiedensten Sachgütern auch Lebensmittelvorräte wie Hühnereier oder im Feuersturm verteiltes Getreide. Von dem schrecklichen Ereignis zeugen aber auch unter den Trümmern begrabene Gebeine zu Tode gekommener Menschen.

Die hier präsentierte Fundauswahl gewährt Einblick in den Alltag, die Wirtschaft und die Lebensbedingungen in einer kleinen Stadt des 14. Jahrhunderts, doch ebenso in den Gewaltakt, der am Ende der hoffnungsfrohen Gründungsgeschichte der ermländischen Ortschaft stand.

I.45 1 a–g

Landwirtschaftliche Werkzeuge

Aus den Kellern der wüsten Stadt
Alt-Wartenburg, nach 1325–1354

a) Spatenbeschlag, Eisen
H 30 cm

b) Axt, Eisen
H 30 cm

c) Schar und Vorschneidemesser vom Pflug (Sech), zum selben Gerät gehörig; Eisen
Schar: H 30 cm; Sechs: L 45 cm

d) Hacke, Eisen
H 20 cm

e) Forke mit Tülle, Eisen
H 40 cm

f) (Kurzstiel-) Sense, Eisen
L 50 cm

g) Großer Wetzstein, beigefarbener Sandstein
L 40 cm

Danzig/Gdańsk, Instytut Archeologii i Etnologii, Uniwersytet Gdański, 230/15, 26/15, 105/15, 62/15, 132/15, 141/15, 254/15, 112/14

In den Kellern, die 1354 zerstört wurden, bewahrten die Bewohner ihre Vorräte sowie diverse Gerätschaften auf, mit denen sie ihren Lebensunterhalt bestritten. Darunter sind viele Agrargeräte und Werkzeuge, die bei Rodungsarbeiten benötigt wurden. Das verwundert nicht, befanden sich die Siedlung und ihr Wirtschaftsraum bei ihrem Untergang doch noch in der Aufbauphase. Überdies spielte die Landwirtschaft allgemein eine große Rolle in den spätmittelalterlichen Kleinstädten des Preußenlands. In manchen Kellern waren mehr Agrargeräte vorhanden als in anderen, deren Inventare dafür mehr Trink- und Tafelgefäße, Fischereiutensilien oder Münzen umfassten – darin mag sich die soziale Gliederung und Arbeitsteilung innerhalb der Stadt abzeichnen.

Die hier gezeigten Gerätschaften fanden sich fast alle in einem Keller am Markt, der auch Daubenfässer, Vorratsgefäße und allerlei weitere Dinge enthielt. 1354 standen oder lehnten sie hier an den Wänden und geben so einen guten Einblick in den agrarischen Werkzeugbestand eines Haushalts. Der Besitzer kann wohl als Ackerbürger bezeichnet werden, der im Keller alle Geräte aufbewahrte, die er für die Bewirtschaftung seiner Felder und Äcker vor der Stadt benötigte: Hacken und Spaten zur Bodenbearbeitung, ein Wendepflug für die Bestellung, eine Sense – wohl ehemals mit kurzem Stiel – zur Ernte von Getreide oder für den Grasschnitt, ein außergewöhnlich großer Wetzstein zur Schärfung derselben. Eine Forke ist als Mistgabel indirekter Hinweis auf die Tierhaltung; diese wird auch durch die vielen Knochen vor allem von Hühnern, Rindern und Schweinen angedeutet (Bestimmung: Daniel Makowiecki), die überall im Stadtgelände als Schlacht- bzw. Nahrungsabfälle ans Tageslicht gelangten. Bei einigen Gerätschaften waren noch Reste der verkohlten Holzstiele nachweisbar. Eine große Axt typischer spätgotischer Gestalt war für Zimmermanns- und Rodungsarbeiten gleichermaßen geeignet; als Waffe wurde sie zumindest am Tag des litauischen Angriffs nicht eingesetzt, denn sie war damals in dem Keller verblieben.

Die Werkzeuge entsprechen allgemein üblichen spätmittelalterlichen Formen. Hacke und Spaten, unverzichtbare Hilfsmittel beim Ausroden des Siedlungs- und Wirtschaftsareals sowie bei jedweder Erdarbeit, stehen symbolhaft für die großen Mühen der Stadtgründungsgeneration. Rar und bemerkenswert sind die beiden eisernen Beschläge des Pfluges, die an der Wand des Kellers noch nebeneinander lagen und zum selben Gerät gehörten – die kräftige Schar war so geschmiedet, dass sie den Boden wendete, das Vorschneidemesser riss die Erde vorher auf. Es waren Elemente eines sehr leistungsfähigen und effektiven Beet- oder Wendepflugs. Diese Art von Pflügen war die Grundvoraussetzung für den erfolgreichen Landesausbau, der rasch hohe Erträge an Feldfrüchten zu erbringen vermochte.

I.45 2a–k

Utensilien für Küche, Handwerk und Alltagsgestaltung

Aus den Kellern der wüsten Stadt Alt-Wartenburg, nach 1325–1354

a) Buntmetallkessel mit Eisenhenkel und rekonstruiertem Tonunterbau/-ofen
D 80 cm, H 50 cm

b) Bratspieß mit tordiertem Schaft und Ösenring, Eisen
L 120 cm

c) Zwei halbmondförmige Schuster- oder Wiegemesser (?) mit Tülle, Eisen
L 20 und 30 cm

d) Haubeil (Metzgerbeil), Eisen
L 35 cm

e) Löffel mit langem, durchbrochenem Stiel
L 40 cm

f) Bügelschere, Eisen
L 25 cm

g) 20 Angelhaken mit Öse und Widerhaken, Eisen und Buntmetall
H etwa 3 cm

h) Zwei Eiskrebse, Eisen
D bis zu 6 cm

i) Zwei Vorhängeschlösser, ein Bart- und zwei Steckschlüssel, Eisen und Buntmetall
Schlosszylinder: D bis zu 4 cm; Schlüssel: L bis zu 9,5 cm

j) Verzierter Kästchenbeschlag mit zwei Schlüssellöchern, Buntmetall
D bis zu 4,4 cm

k) 31 Keramikgefäße
H bis zu 30 cm

Danzig/Gdańsk, Instytut Archeologii i Etnologii, Uniwersytet Gdański, 140/15, 143/15, 142/15, 191/15, 481–483/15, 127/1413, 158/14, 297/15, 132/18, 50/18, 26/14, 112/15, 46/14, 37/15, 250/15, 144-147/17

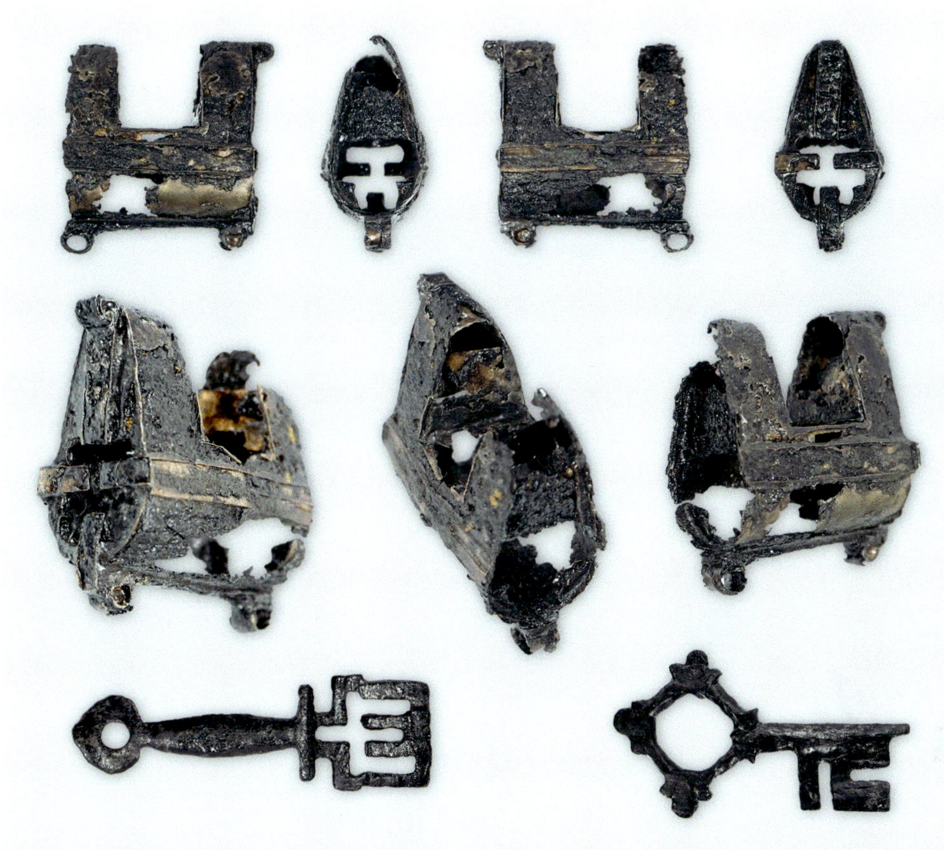

I.45 2i

Die Keller von Alt-Wartenburg bargen auch viele Utensilien für die Küche, das Handwerk und die allgemeine Haushaltsführung, die zum Teil in den Kellern verwahrt worden waren, teils aber auch mit den zusammenbrechenden Häusern aus den Erdgeschossen in die Gruben gelangten. Besonders eindrucksvoll ist ein großer Kessel aus Buntmetall mit eisernem Henkel, der zur Zubereitung beträchtlicher Mengen von Suppe sowie zum Brauen von Bier geeignet war. Er fand sich in einem grubenhausartigen Nebengebäude im Hof eines Hauses an der östlichen Marktseite, das als Lagerhaus, möglicherweise aber auch als separate Küche diente. Die Unterbringung der Küche in einem Nebengebäude findet diverse Parallelen und war zum Zweck des Brandschutzes sinnvoll. Verzierte und verziegelte Lehmbrocken im Umkreis des Kessels sprechen dafür, dass er an Ort und Stelle in einem aus Ton aufgebauten Ofen zum Einsatz gekommen ist. Im selben Kontext fanden sich zwei Bratspieße, darunter ein großes und verziertes Exemplar, das mit 120 Zentimetern Länge zum Garen ansehnlicher Braten geeignet war. Ferner lagen dort zwei ungewöhnliche, halbmondförmige Messer mit jeweils einer zentralen Tülle für die Griffe. In ihrer Form ähneln sie historischen Ledermessern (»Schusterhalbmond«). Ihre Fundlage neben Kessel und Bratspießen mag andeuten, dass sie hier eher als Küchengerät eingesetzt wurden – mit den Wiegemessern ließ sich zum Beispiel

I.45 2b

I.45 2k

Gemüse zerkleinern. Als Küchenwerkzeug diente auch ein eiserner Kochlöffel. Ein schweres Haubeil fand sicher bei der Metzgerei Gebrauch, wie außerdem zahlreiche Tierknochen mit Hack- und Schneidespuren belegen. Eine mittelgroße Bügelschere konnte zum Schneiden von Tuch, zur Schafschur, aber auch für alle möglichen anderen Zwecke verwendet werden.

Einige Einwohner waren Angler, wozu sich der nahe Wadangsee, aber auch andere Gewässer der Umgebung anboten. Das wird der Bereicherung des Speiseplans und als Grundlage für einen mäßigen Fischhandel gedient haben. Zeugen der Fischerei sind – abgesehen von wohl als Netzsenker verwendeten Tongewichten sowie vielen Fischschuppen und -gräten – über 50 feine Angelhaken meist aus Eisen, seltener aus Buntmetall. In einem Keller fanden sich mehrere Dutzend solcher Haken, alle von derselben Gestalt und teils noch in Bündeln zusammenhaftend. Hier wohnte demnach ein Fischer oder jemand, der diese Utensilien in der Siedlung vertrieb. Vom Fischfang künden auch typische eiserne Klammern mit drei Haken, die man sich unter den Fuß schnallte, um Eisflächen zu betreten. Diese sogenannten Eiskrebse kamen sicherlich besonders beim Eisangeln auf dem winterlich zugefrorenen Wadangsee zum Einsatz.

Bart- und Steckschlüssel verschiedener Formen sowie Vorhängeschlösser und Schlossbleche von Kästchen zeugen vom zeitlosen Bemühen, Räume, Dinge bzw. allgemein wertvollen Besitz vor fremdem Zugriff zu schützen. Oft sind Schlüssel und Schlösser verziert, in Alt-Wartenburg zeittypisch im überregional gültigen spätgotischen Stil. Die komplizierten Schlossmechanismen belegen das große Geschick der örtlichen Schlosser oder zumindest den Zugang der Wartenburger zu solchen Spitzenprodukten städtischen Metallhandwerks im Wege des Handels.

Die Masse der Funde besteht aus Keramik – viele Dutzend komplette oder aus Scherben rekonstruierte Gefäße liegen vor. Etliche sind beim Brand von 1354 verbrannt, geschmolzen und verzogen. Die Vielfalt an Töpfen, Krügen und Kannen, kleinen Schalen und großen Schüsseln spiegelt den variantenreichen Einsatz dieser Gefäße für alle möglichen Zwecke wider; oft enthalten sie im Inneren auch organische Anhaftungen der darin verwahrten, erwärmten oder genossenen Nahrungsmittel. Die Mehrzahl der Behältnisse entspricht einer eher oxidierend gebrannten Standbodenware mit gerieften, zuweilen zusätzlich verzierten Schultern sowie Kragen- bzw. Karniesrand, die im 14. Jahrhundert in den Niederlassungen der Neusiedler im Preußenland vorherrschte. Die Traditionen dieses Geschirrs lagen im Südwesten – namentlich wohl in Schlesien, von wo ein Großteil der Kolonisten gekommen sein dürfte. Diese Keramik war das Produkt professioneller Töpfer, die im Ermland und sicherlich auch im unmittelbaren Umkreis der Stadt wirkten.

Daneben kommt in geringerem Maß eine unregelmäßig gebrannte, gröbere und weichere Standbodenware vor, die oft wellenverziert ist und im Vergleich mit der beschriebenen Keramik durchaus archaisch erscheint. Diese Tonware steht in prußischer Töpfertradition, die wiederum starke slawische Einflüsse aufweist, und wurde in den einheimischen Siedlungen Galindens noch im 14. Jahrhundert erzeugt und verwendet. Ihr Gebrauch auch in Wartenburg dürfte von Kontakten zwischen den Bewohnern der Stadt und jenen ihrer Umgebung künden. Befunde vom Friedhof deuten unabhängig davon an, dass auch alteingesessene Prußen in der Stadt präsent waren oder zumindest zu deren Pfarrgemeinde gehörten.

Von weiträumigen Verbindungen und der Integration Wartenburgs in ein überregionales urbanes Kommunikationsnetzwerk künden hingegen mehrere Steinzeugkrüge mit Henkeln und Wellenfuß, die aus dem berühmten Töpferzentrum Siegburg und aus anderen Orten im Rheinland stammen. Diese Gefäße waren nicht nur von großer Qualität und Schönheit, sondern wegen ihrer porzellanartigen Dichte auch als Trink- und Tafelgeschirr beliebt. Sie gelangten mit dem Hansehandel über Nord- und Ostsee in die großen Hafenstädte des Ordenslands wie Danzig/Gdańsk und Elbing/Elbląg, wo sie namhaft auftraten; in eine kleine Stadt des Hinterlands kamen sie in viel kleinerer Zahl, da aufwendige Fluss- und Landtransporte ihren Preis erheblich erhöhten. Sie hatten hier aber sicherlich eine besondere Relevanz für die Einwohner als Widerschein urbaner Lebensart aus den großen Küstenmetropolen und fernen Ländern im Westen.

Keramik war als alltägliches Gebrauchsgut selbstredend in jedem Haushalt vorhanden, wie die große Zahl und weite Verbreitung der Funde zeigt. Eine besonders große Menge solcher Behältnisse – darunter sind viele Krüge, Kannen und Trinkschalen – fand sich aber in einem isoliert am östlichen Rand der Stadt gelegenen Gebäude, das sich zudem durch einen großen, steingesetzten Ofen auszeichnete. Daher haben wir in diesem Bauwerk vermutlich das städtische Badehaus vor uns, das nach schriftlichen Quellen in aller Regel zu den Städten des Preußenlandes gehörte, dem eine Schankwirtschaft angeschlossen war.

I.45 3 a–f

Kleidung, Tracht und Schmuck

Aus Kellern und Siedlungsschichten der wüsten Stadt Alt-Wartenburg, nach 1325–1354

a) Tuchplombe mit Liliensymbol aus Tournai, Blei
D 1,8 cm

b) Lange verzierte Riemenzunge, Buntmetall
L 4 cm

c) Drei verzierte, teils geöste Gürtelbeschläge, Buntmetall
L bis zu 7,2 cm

d) Zoomorph verzierter, fischähnlicher Beschlag oder Anhänger mit drei Ösen, Buntmetall
D 3,8 cm

e) Zwei Fingerringe, offen und verziert, Silber
D je 2,3 cm

f) 25 Besatzstücke und Beschläge zu Gürtel und Kleidung, Buntmetall, teils vergoldet
D bis zu 2 cm

Danzig/Gdańsk, Instytut Archeologii i Etnologii, Uniwersytet Gdański, 63/17, 408/15, 480/15, 2/15, 135/15, 157/15, 38/15, 50/15, 53/15, 86/14, 92/14, 92/17, 94/14, 111/14, 116/5, 139/14, 160/15, 176/14, 289/15, 314/15, 105/17, 205/14, 240/15, 241/15

Der bescheidene Wohlstand der Bewohner Alt-Wartenburgs trotz der zweifellos harten Gründerjahre, aber auch das Bemühen, in der »Großen Wildnis« die vertraute urbane Lebenskultur zu pflegen, spiegeln sich in den metallenen Relikten von Kleidung, Tracht und Schmuck wider. Gewebe sind zwar nicht erhalten, aber eine Tuchplombe mit der typischen Lilie aus dem berühmten wallonischen Textilproduktionszentrum Tournai beweist, dass man am Fern- bzw. Hansehandel mit hochwertigen Stoffen partizipierte. Im spätgotischen Stil verzierte Riemen- und Gürtelbeschläge aus Buntmetall entsprachen zeitgenössischer Mode und wurden in derselben Art und Weise auch von den Bewohnern der großen Städte an der Ostsee getragen. Gegossener und pressblechgetriebener, teils vergoldeter Zierrat aus Buntmetall – rosetten- oder sternförmige, rankendekorierte Gürtel- und Textilapplikationen, Bortenspanner (zur Stabilisierung des Leibriemens), ein brezelförmiges Zierobjekt aus gewundenem Draht – liegt in großen Mengen vor und beleuchtet das Bedürfnis, die Sonntagstracht stattlich und ansprechend zu gestalten. Solche Dekoration entsprach dem damals in ganz Mittel- und Nordeuropa üblichen Geschmack. Bei Adligen, wohlhabenden Kaufleuten und anderen Mitglieder sozial elitärer Gruppen waren derlei Besatzstücke gern aus Edelmetall. Die weniger privilegierten Bevölkerungsteile ahmten diesen Kleidungsstil mit wohlfeilen Erzeugnissen aus Bronze und Messing nach.

Überregionale Modeerscheinungen bestätigten auch diverse Schmuckstücke, darunter die beiden hier gezeigten offenen, mit Verzierungen versehenen Silber-Fingerringe. Sie fanden sich beide nebeneinander auf dem Boden eines brandzerstörten Kellers am Markt, und zwar bei den Gebeinen eines im Feuersturm von 1354 getöteten, von Brandschutt begrabenen, etwa einjährigen Kindes (anthropologische Bestimmung: Alicja Drozd-Lipińska). Die Ringe wurden sicher nicht von diesem Kleinkind getragen. Daher mag man erwägen, ob sie von der verzweifelten Mutter neben ihrem hier abgelegten Kind am Ort zurückgelassen worden waren. Ein eigentümliches Bronzeobjekt, das an einen Fisch erinnert, könnte schließlich von einem Trachtstück oder von einem liturgischen Gerät herrühren.

I.45 4a–i

I.45 4a–i

Geld

Aus einem Keller und dem Kaufhaus der wüsten Stadt Alt-Wartenburg, nach 1325–1354

17 Münzen (Brakteaten), Silber
D um 1,5 cm

a) Fünf Brakteaten, Deutscher Orden in Preußen, Münzbild Krone, Typ T 11, etwa 1337/38–1345, aus dem Kaufhaus

b) Brakteat, Deutscher Orden in Preußen, Münzbild Rechteck, Typ T 12, etwa 1340/1343–1347/48, aus dem Kaufhaus

c) Brakteat, Bistum Ermland, Münzbild Schild und Stern, Typ T 13, etwa 1345, aus dem Kaufhaus

d) Brakteat, Deutscher Orden in Preußen, Münzbild lateinisches Kreuz, Typ T 9, etwa 1317/18–1327/28, Schnitt 7, Keller von Haus 3

e) Brakteat, Polen (?), Münzbild Buchstabe D, Dobrin/Dobrzyń (?), Typ E 9.2, etwa 1337–1343, Schnitt 7, Keller von Haus 3

f) Brakteat, Polen (?), Münzbild Buchstabe B, Brest/Brześć Kujawski (?), Typ E 8.1, etwa 1337–1343; Schnitt 7, Keller von Haus 3

g) Brakteat, Deutscher Orden in Preußen, Münzbild Tor, Typ T 10, etwa 1327/28–1337/38, aus dem Kaufhaus

h) Drei Brakteaten, Deutscher Orden in Preußen, Münzbild Schild und Kreuz, Typ T 8, etwa 1307/08–1317/18, aus dem Kaufhaus

i) Zwei Brakteaten, Deutscher Orden in Preußen, Münzbild Tor mit einer Schräge, Typ T 15, etwa 1347/48–1357/58, aus dem Kaufhaus

Danzig/Gdańsk, Instytut Archeologii i Etnologii, Uniwersytet Gdański, 163/14, 208/14, 209/14, 210/14, 5/15, 58N/15, 94C/15, 155A/15, 155J/15, 226C/15, 228A/15, 228B/15, 228C/15, 228D/15, 228G/15, 228I/15

Handelstätigkeit, Integration in den Wirtschaftsraum des Ordenslandes sowie erste Wohlstandsakkumulation belegen die Münzen, von denen in Alt-Wartenburg bislang 157 Stück geborgen wurden. Teilweise sind es Einzelfunde im Siedlungsgelände, die zu verschiedenen Anlässen verloren und nicht wiedergefunden worden waren; über 50 lieferte der Schutt des Kaufhauses, was dessen Bedeutung als ökonomisches Herz der Stadtgründung unterstreicht. Teils befanden sich die Münzen in den Häusern ihrer Besitzer und verblieben dort, als die Gebäude im Jahr 1354 der litauischen Zerstörung zum Opfer fielen. Einige wurden aus diesem Anlass auch intentionell verborgen: In mehreren Kellern fanden sich Ballungen von Münzen hinter den Wandhölzern sowie in den Füllschichten – offenkundig kleine Barschaften, die in höchster Not verloren oder versteckt worden waren. Die Eigentümer hatten keine Gelegenheit mehr, ihren Besitz zu bergen, was auf ihr trauriges Schicksal hinweist: Sie waren gefangen, hinweg geführt oder gar erschlagen worden. Der eher geringe Umfang der Münzsammlungen mag andeuten, dass es zu größeren Vermögensbildungen in der Stadt noch nicht gekommen war.

Bei den Geldstücken handelt es sich durchweg um einseitige Prägungen aus Silber, die als Brakteaten bezeichnet werden. Dieses Kleingeld bestimmte den alltäglichen Handel und Münzumlauf jener Region und Epoche. Meistens liegen Ausgaben des Deutschen Ordens vor, weniger auch des Bistums Ermland, der polnischen Herzogtümer Kujawien und Masowien. Erwartungsgemäß stammen sie durchweg aus den Jahrzehnten vor 1354 (Bestimmung: Borys Paszkiewicz). Ihre Menge belegt den im späten Mittelalter nicht selbstverständlichen Sachverhalt, dass man auch an einem eher entlegenen Ort am Rand der »Großen Wildnis« Handelsgeschäfte im Wesentlichen unter Verwendung von gemünztem Silber abwickelte.

I.45 5a–e

Waffen und Reitausrüstung

Aus Kellern und Siedlungsschichten der wüsten Stadt Alt-Wartenburg, nach 1325–1354

a) Hiebmesser (»Bauernwehr«), Eisen
L 45 cm

b) Zwei Reitersporen ehemals mit Rädchen und das Rädchen eines weiteren Sporns, Eisen
H der Sporen 15 cm, D des Rädchens 4 cm

c) 20 Pfeilspitzen und Armbrustbolzen, meist mit Dorn, seltener mit Tülle, Eisen
L meist um 4 cm

d) Zwei Speerspitzen mit Tülle, Eisen
L bis zu 10 cm

e) Ringförmiger Trensenbeschlag, Buntmetall
D 10 cm

Danzig/Gdańsk, Instytut Archeologii i Etnologii, Uniwersytet Gdański, 140/15, 242/15, 10/15, 21/15, 36/15, 43/14, 44/14, 88/15, 113/15, 129/14, 154/15, 161/14, 167/15, 171/14, 193/15, 199/15, 329/15, 342/15, 384/15, 182/15, 185/15

Während ein Großteil der sonstigen Funde mit dem kriegerischen Ereignis von 1354 nur indirekt zu tun hat, indem dieses zu ihrer Ablagerung im Boden führte, sind die durchaus massenhaft geborgenen Waffen anders zu beurteilen: Ein großer Teil davon kam beim Überfall auf Wartenburg zum Einsatz. Das gilt vor allem für die bislang gehobenen gut 80 Armbrustbolzen und Pfeilspitzen, die sich über das ganze Stadtgelände verteilen, außen am Abhang des Geländesporns auftraten und häufig im Brandschutt der Keller lagen. Anscheinend wurde an jenem Tag nicht nur die Stadt von außen beschossen, sondern es kam auch zu Schießereien innerhalb ihrer Wälle und Straßen.

Die Armbrustbolzen sind in der Regel kräftig verdickt, vierkantig und spitz zulaufend. Man kann sich die furchtbare Wirkung vorstellen, die diese Projektile beim Aufprall auf einen menschlichen Körper entfalten mussten. Die Pfeilspitzen sind etwas zierlicher. Der Großteil der Spitzen weist Dorne auf, die in die hölzernen Schäfte getrieben waren. Gegenüber der Tüllenschäftung bot diese Variante den Vorteil schnellerer Produktion. Überdies brachen die Eisenspitzen beim Aufprall auf ein hartes Ziel zuverlässig aus dem Holzschaft. So konnten die Pfeile oder Bolzen vom Gegner nicht zurückgeschossen werden. Tüllen kommen nur selten vor, vorwiegend bei den Pfeilspitzen. Diese sind auf dem Alt-Wartenburger Kampfplatz geringer vertreten als Armbrustbolzen: Etwa zwei Drittel der Projektile können der Armbrust, ein Drittel dem Bogen zugewiesen werden. Das lässt auf eine gegenüber der Armbrust abnehmende Bedeutung von Pfeil und Bogen in der Region schließen. Die effektive, treffsichere und enorm durchschlagstarke Armbrust hatte sich im Militärwesen bereits weitgehend durchgesetzt.

Das galt gleichermaßen für Litauer wie Deutsche – zu allen Zeiten orientierten sich Kriegsgegner in ihrer Bewaffnung aneinander. Es ist daher kaum möglich, die einzelnen Armbrustbolzen oder Pfeilspitzen nach ihrem Typ den Angreifern

I.45 5a

oder Verteidigern zuzuweisen. Im Falle Alt-Wartenburgs spricht die historische Überlieferung freilich dafür, dass die meisten Spitzen von den Angreifern abgeschossen wurden. Im Übrigen findet zum Beispiel ein relativ leichtes Pfeileisen mit vierkantiger Spitze, davon abgesetztem Schaft und nochmals abgesetztem Dorn tatsächlich gute Vergleiche unter den bekannten litauischen Militaria. Einige der Projektile mögen auch zum für Jagdzwecke vorgehaltenen Bestand in Wartenburg gehört haben. Die Praxis des Jagens in der Stadt beleuchten die Knochen von Rehen, Hirschen, Wildschweinen und anderen Wildtieren unter den Schlachtabfällen. Die Mehrzahl der Eisenspitzen belegt aber die Brutalität des Untergangs der Stadt im Jahr 1354.

Ein langes Hiebmesser, eine sogenannte Bauernwehr, dürfte sicherlich einem Wartenburger Einwohner gehört haben. Solch eine Waffe trug man als Mehrzweckutensil, doch zugleich als soziales Emblem wohl oftmals bei sich. Bei dem Stück ist der einfache Handschutz in Form eines separaten, verlängerten Niets mit rundem Kopf erhalten, der am Übergang des Hefts zur Klinge quer in die Angel geschoben worden war. Zwei kleine Speerspitzen dürften von leichten Wurfwaffen stammen. Mehrere Reitersporen bzw. deren Fragmente, die mit ihren aufgewölbten Bügeln und Rädchen gut ins 14. Jahrhundert passen, wurden hingegen – ebenso wie ein ringförmiges Trensenteil aus Buntmetallblech – von gut ausgestatteten Reitern verwendet, die wir im Kreise der Ordensritter, Beauftragten des Bistums oder sozial hervorgehobenen Bürger suchen dürfen. Im Stadtgelände fanden sich entsprechend auch Pferdeknochen und sogar ein ganzes Pferdeskelett, was die Nutzung von Pferden als Reit- und Arbeitstiere in der Stadt untermauert.
Felix Biermann, Christofer Herrmann,
Arkadiusz Koperkiewicz

Literatur
Biermann/Herrmann/Koperkiewicz 2016 a,
Biermann/Herrmann/Koperkiewicz 2016 b |
Biermann/Herrmann/Koperkiewicz 2018 |
Fox 1989 | Röhrich 1903.

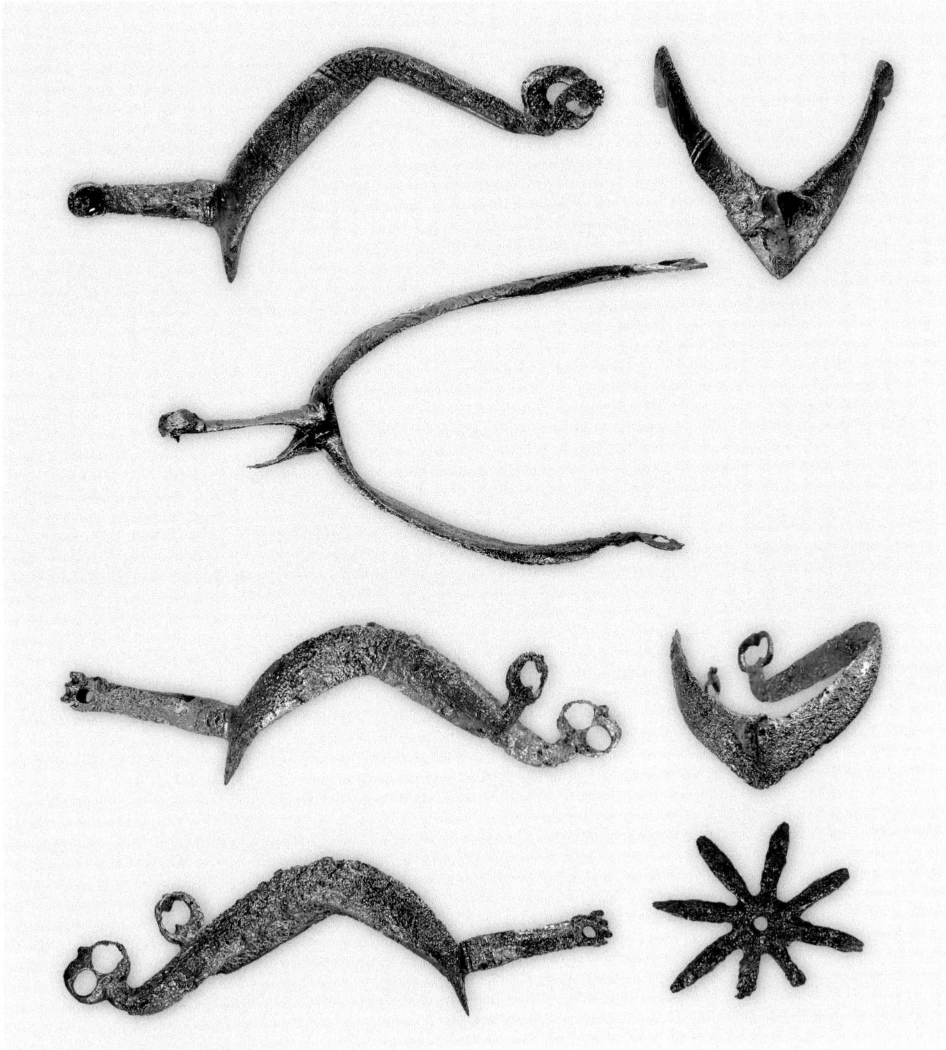

I.45 5b

Rechtstransfer und seine Mechanismen

Szene aus der Heidelberger Bilderhandschrift des Sachsenspiegels, Cod. Pal. germ. 164, fol. 20r/3. Universitätsbibliothek Heidelberg, Codex Palat. Germ. 164 (Kat.-Nr. I.7)

Magdeburg, Berlin, Dresden – viele der über 1 000 Städte sächsisch-magdeburgischen Rechts können heute nicht mehr auf ein exaktes Datum des Erhalts ihrer Stadtrechtsprivilegien verweisen. Gleichwohl interessieren sich Historiker seit Generationen für die näheren Umstände, die zu einer solch beeindruckenden Ausbreitung innerhalb Ostmitteleuropas führten. Dabei stehen sie vor der spannenden Frage, auf welchen konkreten Wegen sich der Rechtstransfer vollzog und welchen Akteuren bzw. Faktoren die alles entscheidende Bedeutung zufiel. Nicht immer jedoch ermöglichen die örtlichen Quellen eine allumfassende Beschreibung dieses interessanten Phänomens. Hinzu treten methodische Erwägungen. So legt der Begriff »Transfer« den Fokus stärker auf den Übertragenden des Rechts, während der ebenso gebräuchliche Begriff »Rezeption« eher auf denjenigen verweist, der sich um die Aneignung des Rechts bemühte. Dazwischen entfaltet sich eine Vielzahl von Übertragungs- und Aneignungsvorgängen, die häufig von mehreren Handlungsträgern beeinflusst wurden. Einige wenige Beispiele sollen im Folgenden helfen, diesen Rechtstransfer und seine Mechanismen zu verstehen.

Wie zahlreiche Untersuchungen erwiesen haben, steht die Ausbreitung des sächsisch-magdeburgischen Rechts gen Osten in engem Zusammenhang mit dem in gleiche Richtung führenden Landesausbau. So war es kein Geringerer als Erzbischof Wichmann von Magdeburg (amt. 1152/54–1192), der sich im Rahmen seines eigenen Landesausbaus des in Magdeburg geltenden Stadtrechts bediente: bei der Neugründung von Marktorten wie Burg, Calbe, Taucha und Wusterwitz. Die damit verbundenen Absichten Wichmanns zeigen sich beispielhaft in Jüterbog. Den dortigen Siedlern erteilte er 1174 dieselben Rechte, wie sie die Bürger in Magdeburg besaßen (Abb. 159). Zudem fügte der Erzbischof der Stadtrechtsurkunde die Bestimmung hinzu, dass sich alle weiteren im Land (*terra*) Jüterbog zu gründenden Marktsiedlungen in ihrer rechtlichen Verfasstheit wiederum am Hauptort Jüterbog orientieren sollten. Mit dieser Privilegierung verband sich also ein über die Grenzen Jüterbogs hinaus beabsichtigter Zugriff ins umgebende Land, welches Wichmann für sein Erzbistum zu erschließen beabsichtigte. Das Netz der nach magdeburgischem Vorbild verfassten Siedlungen wurde zudem durch gegenseitige Zollfreiheiten bestärkt, die auch die größeren Kommunen Magdeburg und Halle einschlossen. Die bei Wichmann zu beobachtende systematische Übertragung des magdeburgischen Stadtrechts auf erzbischöfliche Kommunen stellt ihn selbst als einen entscheidenden Akteur des Rechtstransfers heraus, obschon hier eine Beteiligung der auf sein Geheiß ins Land gerufenen Siedler nicht auszuschließen ist.

Eine solche Beteiligung mit der Lokation und Gründung von Städten betrauter Siedler lässt sich in Perleberg beobachten, das sich im 13. Jahrhundert zur Stadt entwickelte. Die junge Siedlung gehörte zum ansehnlichen Herrschaftskomplex der Familie der Edlen Gans, die aus der Altmark kommend in der jenseits der Elbe liegenden Prignitz einen eigenen Landesausbau mit der Gründung von Burgen, Städten, Dörfern und Klöstern betrieb. In ihrem Gefolge befanden sich zahlreiche Siedler, die zum großen Teil ebenfalls aus der Altmark stammten. Viele von ihnen dürften auch aus Salzwedel gekommen sein, dessen Stadtrecht sich stark am magdeburgisch-sächsischen Recht anlehnte, aber ebenso Bestimmungen von Rechten aus Lüneburg, Lübeck, Hamburg und Westfalen aufnahm. Daraus entstand eine eigentümliche Mischung rechtlicher Normen, die im Zuge der Siedlungsbewe-

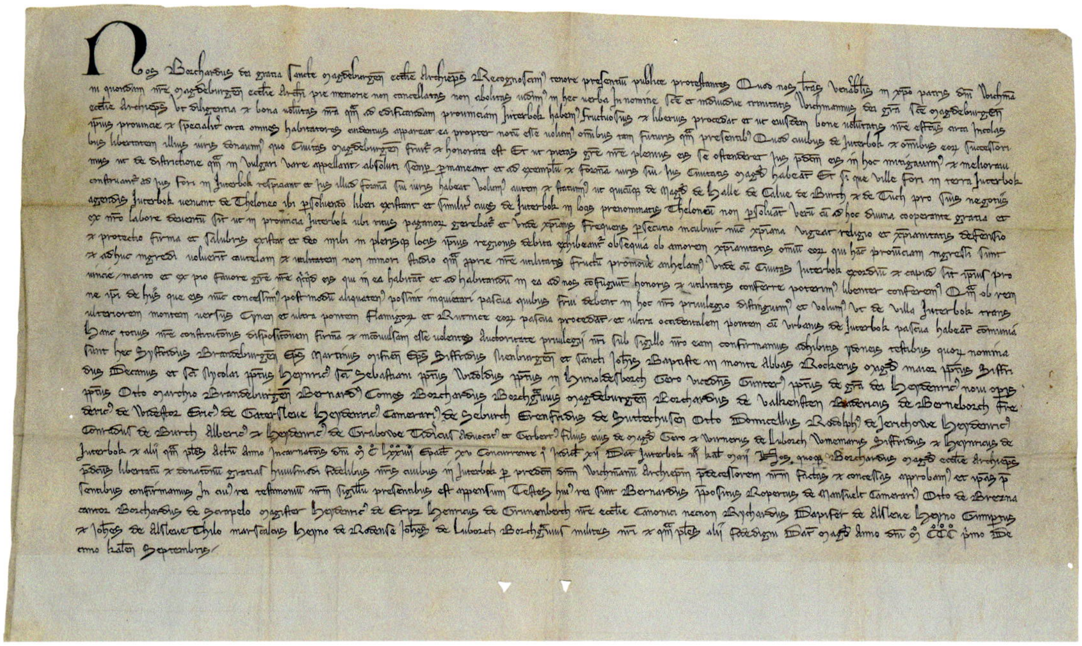

Abb. 159
Erzbischof Wichmanns Privileg für Jüterbog vom 29. April 1174 als Insert in einer Bestätigungsurkunde Erzbischof Burchards von Magdeburg (amt. 1296–1305), ausgestellt am 23. August 1301 in Magdeburg. Archiv Museum im Mönchenkloster Jüterbog, Inv.-Nr. V-6174-S

gung auch nach Perleberg gelangten. Den Nachweis hierüber erbringt eine im dortigen Stadtarchiv überlieferte Urkunde von 1239 (Kat.-Nr. I.46). Dabei handelt es sich nicht um eine originäre Stadtrechtsverleihung, sondern um ein Weistum und eine Beistandsbekundung der Salzwedeler Bürger für Perleberg. Im Vorfeld der Urkundenausfertigung waren zwei aus Perleberg stammende Abgesandte namens Gerardus von Hertesberg und Worlevus von Perleberg nach Salzwedel gereist, um im Auftrag der Perleberger Bürger und ihres Herrn Johann Gans des Jüngeren eine Bestätigung darüber einzuholen, dass in Perleberg das Salzwedeler Recht herrsche. Die eigentliche Übertragung dieses Rechts schien demnach bereits viel früher stattgefunden zu haben.

Dass die Perleberger Siedler im Rahmen dieses Transfers als entscheidende Akteure anzusehen sind, ist allerdings mit Blick auf die 1239 abgefasste Urkunde unstrittig. Sie dürften ihrem Herrn gegenüber den starken Wunsch geäußert haben, nach den in Salzwedel geltenden Gewohnheiten auch in Perleberg leben zu wollen. In den mit Johann Gans hierüber getroffenen Aushandlungen hatte sicher auch der Umstand eine Rolle gespielt, dass die Salzwedeler Rechte ihm und seinem Vogt einen Anteil an bestimmten in der Stadt anfallenden Strafzahlungen zubilligten. Der Herr von Perleberg erklärte somit die Rechtsgültigkeit der von seinen Bürgern gewünschten Rechteübertragung, indem er die Bestätigungsurkunde von 1239 seinerseits konfirmierte und ihr sein inzwischen verloren gegangenes Siegel anhängen ließ. Daneben erklärten die Salzwedeler Ratsherren ihrerseits die Bereitschaft, den Schutz der von Perleberg erworbenen Rechte zu garantieren für den Fall, dass diese durch Krieg und landesherrliche Konflikte in Gefahr gerieten. So erscheint der in Perleberg zu beobachtende Rechtstransfer weniger von grund- und landesherrlicher Weisung als vielmehr von Bestrebungen und Aushandlungen der Siedler abhängig gewesen zu sein.

Im Herrschaftsgebiet des Deutschen Ordens wiederum ist hinsichtlich der Gründung von Städten von einer starken, von manchen Historikern sogar als »autoritär« bezeichneten Verleihung von Rechten auszugehen. Eine besondere Bedeutung hierbei erlangte die »Kulmer Handfeste«, die ein wesentliches Mittel für den Transfer des sächsisch-magdeburgischen Rechts im Kulmerland und darüber hinaus darstellte (Kat.-Nr. I.17). Namentlich ist dieses bis heute viel beachtete Dokument mit dem Hochmeister des Deutschen Ordens, Hermann von Salza (amt. 1210–1239) (Abb. 160) und dem Landmeister für Preußen, Hermann Balk (amt. 1230–1239) eng verbunden, die die »Handfeste« 1232 bzw. 1233 als Gründungsprivileg ihrer Städte Kulm/Chełmno und Thorn/Toruń ausfertigten. Dabei folgte man dem in Magdeburg geltenden Stadtrecht jedoch nicht blindlings, sondern nahm zahlreiche Neuerungen und Anpassungen vor, die sich an Rechtsgewohnheiten in Schlesien und anderen Regionen orientierten. Zu erkennen ist dies zum Beispiel sowohl an der Übernahme des flämischen Erbrechts als auch an der Festlegung der flämischen Hufe als allgemeingültiges Landmaß im gesamten Ordensgebiet. Über Kulm und Thorn hinaus bildete die »Handfeste« die entscheidende Grundlage für weitere Siedlungs-, Markt- und Städtegründungen des Deutschen Ordens. Die hieraus entstehenden Transferwege wurden von Kulm abhängig gemacht, indem der Hochmeister dort einen sogenannten Oberhof etablierte, der in Fragen des sächsisch-magdeburgischen Rechts als Rat erteilende Instanz angerufen werden sollte.

Durch diese von seinen höchsten Amtsträgern getroffenen Festlegungen sticht der Deutsche Orden als deutlicher Gestalter des Rechtstransfers in seinem Herrschaftsgebiet hervor. Tatsächlich jedoch ist es alles andere als eindeutig, wer die Handelnden im Rahmen der Abfassung der »Kulmer Handfeste« waren. Auch hier könnten die ins Land gerufenen Siedler und Kaufleute Einflüsse auf die Ausgestaltung des Rechtstextes geltend gemacht haben. So wurden beispielsweise unter den für die Rechtmäßigkeit der »Handfeste« herangezogenen Zeugen Siedler aus Meißen erwähnt, die ihren Weg ins Kulmerland fanden, wo sie offensichtlich einen bedeutenden Anteil an den vom Orden beabsichtigten Städtegründungen besaßen. Die 1251 erneuerte Fassung vermag dies zu bestätigen. Zum Zeit-

Abb. 160
Hermann von Salza (amt. 1210–1239), Hochmeister des Deutschen Ordens. Abbildung der Statue am Ostportal der Weichselbrücke bei Thorn/Toruń, Holzstich aus der Illustrirten Zeitung vom 25. Mai 1878, Nr. 1821, Sammlung Konrad Klein

punkt ihrer Abfassung waren nämlich bereits weitere Amtsträger und Siedler aus den Gebieten um Magdeburg und Halle im Ordensland eingetroffen. Daher wirkt es geradezu unwahrscheinlich, dass nicht auch diese Siedlergruppen ähnlich wie in Perleberg auf ein Fortbestehen ihnen bekannter Rechtsgewohnheiten am neuen Ort drängten. Dies ändert freilich nichts an der Tatsache, dass der Deutsche Orden die »Kulmer Handfeste« als ein probates Mittel des Landesausbaus zu nutzen vermochte.

Darüber hinaus ist die »Kulmer Handfeste« neben anderen wie etwa aus Breslau/Wrocław, Krakau/Kraków oder Ofen/Buda stammenden Rechtsbüchern ein beredtes Beispiel dafür, dass sich Rechtstransfer vielfach überhaupt erst durch örtliche Bearbeiter und Schriftkundige vollziehen konnte, indem sie sich mit dem sächsisch-magdeburgischen Recht geistig auseinandersetzten und es an örtliche Gegebenheiten anpassten. Bestätigungs-, Lokations- und Stadtrechtsurkunden fassten diese fern von Magdeburg in Schemnitz/Banská Štiavnica, Danzig/Gdańsk, Wilna/Vilnius und andernorts vollzogenen Rechtsaneignungen in schriftliche Form, auf die sich Städte in Konfliktfällen berufen konnten. Nicht selten wurde auch der Weg zurück nach Magdeburg beschritten, um bei den dortigen Schöffen Rat zu suchen. Neben den Bürgerschaften waren aber ebenfalls die am Rechtstransfer beteiligten Stadt- und Landesherren darum bemüht, mittels Schöffensprüchen aus Magdeburg Argumente für ihre Position innerhalb der städtischen Verfassung zu erlangen.

In diesem kommunikativen Geschehen mit wahrlich »wandernden« Schöffensprüchen manifestiert sich schließlich eine weitere wichtige Grundlage für die Übertragung und Aneignung des sächsisch-magdeburgischen Rechts innerhalb Ostmitteleuropas. Der stete Blick in die Region hin zu den örtlichen Beispielen zeigt dabei sehr anschaulich, dass Rechtstransfer im besten Wortsinn mitnichten einen einmaligen Akt darstellte, sondern am ehesten als ein Prozess zu verstehen ist, in den viele Akteure und – neben Magdeburg – zahlreiche weitere Vermittlungsräume eingebunden waren. Wie viele Forscher anerkennend hervorheben, liegt gerade darin der große Erfolg des sächsisch-magdeburgischen Rechts begründet. *Sascha Bütow*

Literatur
Czaja 2018 | Ebel 2009 | Gönczi/Carls 2013, S. 287 | Lück 2018 b.

I.46

Erteilung einer Rechtsauskunft der Stadt Salzwedel für Perleberg

Salzwedel, 29. Oktober 1239

Pergament, Hängesiegel nicht mehr vorhanden

H 21 cm, B 31 cm

Perleberg, Leihgabe der Rolandstadt Perleberg, Stadtarchiv, Urk. 001

In dieser lateinischen Urkunde, die am 29. Oktober 1239 ausgestellt wurde, erteilt die Stadt Salzwedel auf Bitte der Perleberger Bürgerschaft und ihres Stadtherrn, des Edlen Johann Gans, eine Rechtsauskunft, da deren Salzwedeler Recht auch in Perleberg galt. Sechs einzelne Rechtssätze, die für Perleberg als Salzwedeler Recht bestätigt werden, sind niedergeschrieben. Für den Perleberger Handel besonders wichtig waren das Verbot falschen Maßes und die Verpflichtung zur Instandhaltung der Brücken. Die anderen Bestimmungen betrafen unter anderem den Schutz von Amtsträgern, namentlich auch der Perleberger Ratsherren. Zusammen mit dem Schustergilde-Privileg vom 27. März 1239 – in einem Transsumpt von 1332, ebenfalls im Perleberger Stadtarchiv überliefert – lässt die Urkunde für Perleberg eine bereits voll entwickelte Fernhandelsstadt vermuten, was auch zahlreiche archäologische Funde bestätigen.

Die Salzwedeler Rechtsauskunft nach Perleberg ist in mehrfacher Hinsicht bemerkenswert. Sie bezeugt mit dem sieben Monate älteren Privileg des Stadtherrn für die Perleberger Schusterzunft das Bestehen Perlebergs als Stadt im Rechtssinn. Sie ist das älteste Zeugnis für die Existenz des Salzwedeler Rechts und charakterisiert Perleberg als das älteste Mitglied der Salzwedeler Stadtrechtsfamilie. Zudem wird in ihr erstmals der Rat der Stadt Salzwedel als Institution benannt.

Die brandenburgischen Landschaften der Altmark und Prignitz verband in ihrer Geschichte weit mehr, als sie durch den Elbestrom als natürliche Grenze trennte. So übernahmen alle bedeutenden Prignitzer Städte ihr Stadtrecht von den altmärkischen Städten und holten von dort immer wieder Rechtsauskünfte ein. Seehäuser Recht wurde auf Pritzwalk übertragen. Mit Stendaler Recht wurden Wusterhausen (wohl 1233) und Kyritz (1237), die damals zum Ländchen Wusterhausen, einer unabhängigen Herrschaft der Edlen von Plotho, gehörten, bewidmet. Wittstock erhielt 1248 Stendaler Recht, allerdings hinsichtlich der Erbfolge bei Ehegatten mit anderen Bestimmungen als in Stendal üblich, sodass Wittstock schließlich ein eigenständiges Stadtrecht herausbildete, das dann auf Wilsnack übertragen wurde. 1256 bewidmete auch Graf Günther von Arnstein das Zentrum seiner Herrschaft, das 1291 erstmals so bezeichnete Neuruppin, mit Stendaler Recht. *Frank Riedel*

Quellen

Codex diplomaticus Brandenburgensis 1, S. 122 f.

Literatur

Auf den Spuren 2018 | Katalog 1907 | Riedel 2006 | Riedel 2009.

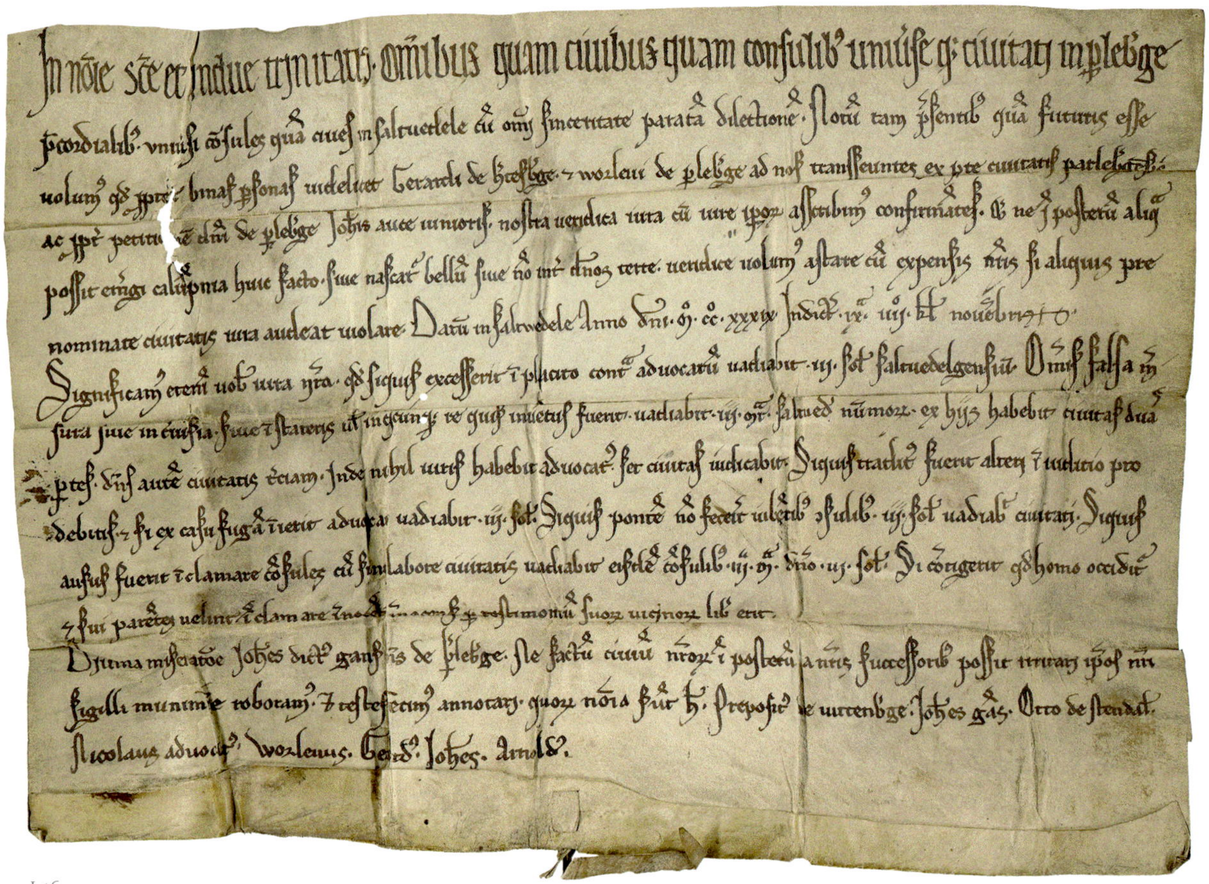

I.46

I.47, I.48 ohne Abb.

Magdeburger Schöffensprüche für den Schöffenstuhl von Görlitz

Nr. 116 (2.12.1472, Vorderseite), Nr. 146 (21.10.1475, Rückseite)

Pergament, Siegelreste (Nr. 116), papiergedecktes Siegel (Nr. 146)

Görlitz, Ratsarchiv, Nr. 116 u. Nr. 146

Im Ratsarchiv von Görlitz haben sich neben vielen anderen Schriften des frühneuzeitlichen Rechtswesens mehr als 490 Anfragen der Görlitzer Schöffen an den Schöffenstuhl von Magdeburg mit den entsprechenden Urteilen der Magdeburger Kollegen aus der Zeit zwischen 1414 und der ersten Hälfte des 16. Jahrhunderts zu einem großen Teil (399) im Original erhalten. Görlitz hat 1304 – wie schon Breslau/Wrocław 1261 und viele andere Städte auch – auf eigenen Wunsch von den Magdeburger Schöffen ein Weistum erhalten, das dem Görlitzer Schöffenstuhl als Grundlage für die Rechtsprechung dienen sollte. Görlitz wurde damit zu einer Stadt Magdeburger Rechts. Die Zusage der Schöffen, ihre Kollegen, für die das Recht ja neu war, in Zweifelsfragen zu beraten, gehörte zu einer solchen Rechtsverleihung dazu. Die Görlitzer Urkunden, von denen hier eine (Nr. 116) mit der Vorder- und die andere (Nr. 146) mit der Rückseite gezeigt werden, zeugen von diesem Vorgang der Rechtsberatung durch den Magdeburger Schöffenstuhl.

Die Prozesse, in denen die Görlitzer Schöffen selbst ein Urteil finden konnten, wurden in den Rats- und Schöffenbüchern der Stadt verzeichnet, die sich ebenfalls zahlreich in Görlitz erhalten haben. Konnten die Schöffen sich aber nicht auf ein Urteil einigen oder verlangten die Prozessparteien nach einer Rechtsbelehrung aus Magdeburg, wurde das mündliche Verfahren mit Reden und Gegenreden der streitenden Parteien aufgeschrieben und mit der Bitte um ein Urteil (»Bitten uch Jn vlieſʒe vnns hiruff uwern Rechtſpruch vnnder uwrem Sigel beſchreben ʒcuſenden«) durch einen Boten zu den Magdeburger Schöffen geschickt. Dort wurde der Fall vorgetragen, das Urteil der Schöffen von einem Schreiber direkt unter diese Anfrage geschrieben (»Hir vff ſprechen wyr Scheppenn ʒcu Magdborgk vor recht«, Nr. 116) und dann die Urkunde wieder nach Görlitz zurückgeschickt. Die Adressierung erfolgte auf dem als Brief gefalteten Pergamentbogen (auf der Rück- bzw. Dorsoseite: »Den Erſamen wolweiſʒin Scheppinn ʒcu Gorlitʒ vnnſern biſunderen lieben frunden«, Nr. 146). Die Urkunde musste sowohl auf dem Weg nach Magdeburg als auch auf dem Rückweg versiegelt sein, um zu verhindern, dass der Text unterwegs verändert wurde. Hierfür schnitt man kleine Schlitze in den geschlossenen Brief, durch die dünne Pergamentstreifen gezogen und dann mit dem Wachs des Siegels verklebt wurden.

Das Urteil wurde erst mit der Verkündung durch das anfragende Gericht rechtskräftig. Die Prozessparteien mussten – zusätzlich zu den Kosten am heimischen Schöffenstuhl – für den Boten und für das Urteil der Magdeburger Schöffen bezahlen. Das Verfahren konnte nun fortgeführt werden, bis es gegebenenfalls erneut zu einer

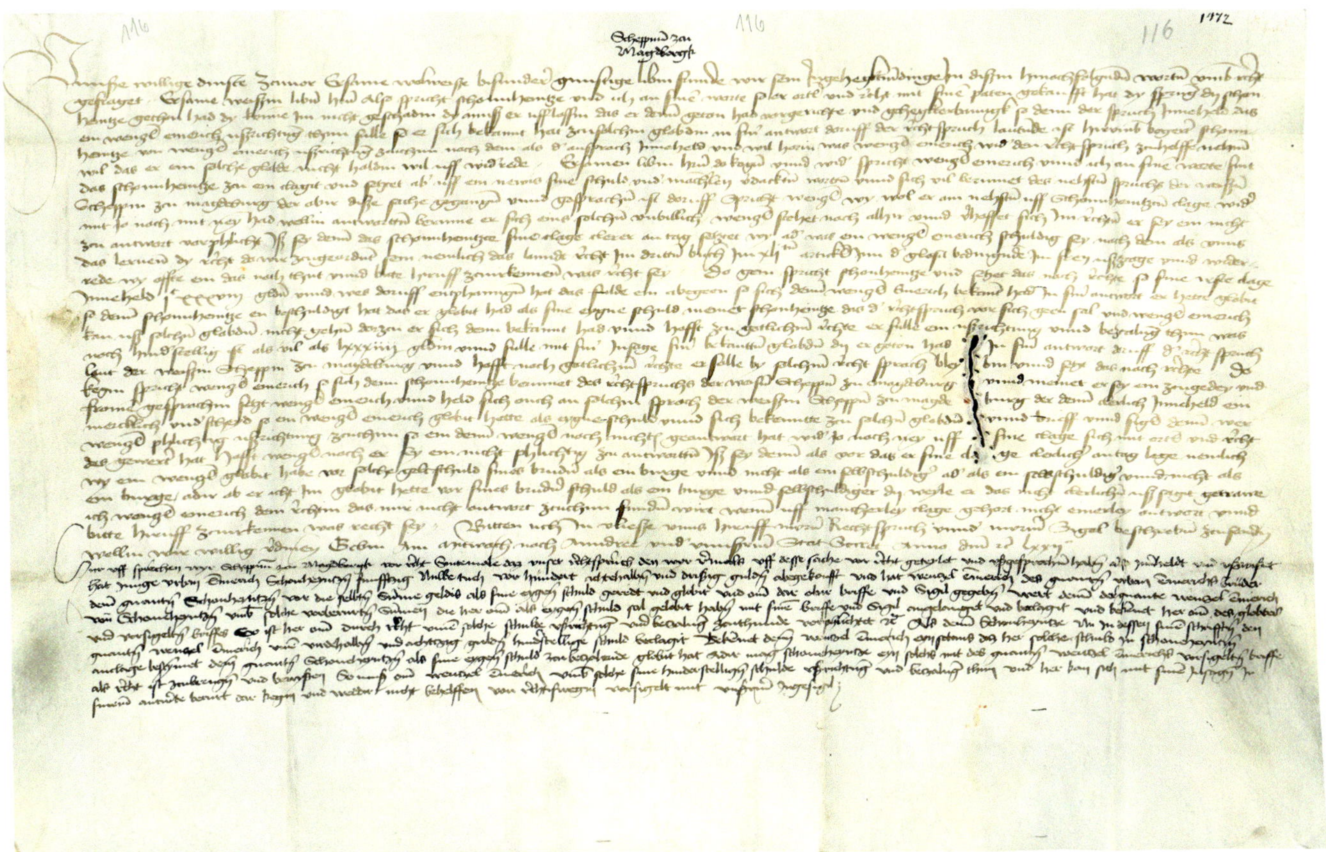

I.47

Rechtsfrage kam, die den Magdeburgern vorgetragen werden sollte. So finden sich manchmal im Verlauf eines Prozesses über einen längeren Zeitraum mehrere Anfragen mit Urteilen der Magdeburger, wie auch bei dem Streit, der in Nr. 116 verhandelt wird und bei dem es immerhin um 138 ½ Gulden geht. Schon zu einem früheren Zeitpunkt (19. 9. 1472) hatten sich die Görlitzer Schöffen mit einer Anfrage in dieser Sache an ihre Magdeburger Kollegen gewandt (Görlitz, Ratsarchiv, Nr. 114).

Da das Magdeburger Recht vor allem ein Spruchrecht war, dem kein Gesetzestext zugrunde lag, sondern das sich auf Privilegien, Willküren, aber im Wesentlichen auf schon einmal gefundene Urteile (Rechtssprüche) bezog, wurden die von den Magdeburgern eingeholten Sprüche aufbewahrt, um sie bei einer ähnlich gelagerten Rechtsfrage zu Rate ziehen zu können. Neben den Namen der Prozessparteien, wie auf der Dorsoseite von Spruch Nr. 146 (»Meifter Jacoff, Sigmund Fuger«), finden sich deshalb oft auch Hinweise auf den Gegenstand des Verfahrens. Die Magdeburger haben die von ihnen erteilten Sprüche ebenfalls gesammelt, jedoch sind diese Aufzeichnungen wohl 1631 bei der Verwüstung der Stadt zerstört worden. Daher sind die heute noch in Görlitz, aber auch in Breslau, Liegnitz/Legnica und vielen anderen Städten erhaltenen Originalurteile des Magdeburger Schöffenstuhls für das Verständnis und die Erforschung des Magdeburger Rechts von großer Bedeutung. *Wieland Carls*

Literatur
Carls 2018 | Ebel 2004, bes. S. 437–460 | Neumann 1851.

I.49

Themis vom Gebäude des Kiewer Magistrats

Kiew/Kyjiv, Ende 18. Jahrhundert

Kupferlegierung, schwarzes Metall, geprägt, mit Schraubverbindungen

H 148 cm, B 56,5 cm, T 24,5 cm

Kiew/Kyjiv, Nacional'nyj muzej istoriji Ukrajiny, SK-184

Das Magdeburger Recht wurde in Kiew im Lauf der 1490er Jahre auf Grundlage von mehreren Privilegien des litauischen Großfürsten Alexander Jagiellończyk (reg. 1492–1506) eingeführt. Dessen Nachfolger bestätigten wiederholt diesen Rechtsstatus. Die polnischen Könige und litauischen Großfürsten, denen zu dieser Zeit Teile der Ukraine gehörten, luden Handwerker und Händler ein, sich in der Stadt niederzulassen. Dadurch sollte das wirtschaftliche Wachstum gestärkt werden. Gemäß dem Magdeburger Recht wurde in der Stadt eine gewählte Regierung – der Magistrat – gebildet. Dessen Mitglieder konnten nur von jenen Vollbürgern der Stadt gewählt werden, die Steuern auf Grundeigentum zahlten und einen Eid geleistet hatten. Die Wahlen fanden normalerweise jährlich und drei Wochen vor Ostern statt.

Der Magistrat bestand aus zwei regierenden Gremien: dem *Lava*-Gericht (Schöffenbank), in welchem der *Vijt* den Vorsitz hatte, und dem Rat, der vom *Burmister* geleitet wurde. Das *Lava*-Gericht befasste sich überwiegend mit Fällen krimineller Natur. Der Rat wiederum war administrativ ausgerichtet, er kümmerte sich um Besitzfragen sowie wirtschaftliche Belange. Der Magistrat trat im Rathaus zusammen, das sich auf dem Podil befand, dem damaligen Zentrum des wirtschaftlichen Lebens von Kiew.

Das erste Kiewer Rathaus wurde vermutlich zu Beginn des 16. Jahrhunderts als Holzbau errichtet. Erst am Übergang vom 17. zum 18. Jahrhundert wurde ein Rathaus aus Stein erbaut. Mehrfach brannte das Rathaus ab. Nach einem Feuer im Jahr 1718 gelang es den Bürgern erst fast 20 Jahre später, den Wiederaufbau zu finanzieren. Das neue Gebäude bekam ein hohes Dach, zwei Stockwerke mit Raumfluchten und einen vornehm gestalteten Vorbau mit Prunktreppe. Fanfaren ertönten dreimal am Tag, und am Abend spielten Musikanten auf der Terrasse. Innen gab es Räumlichkeiten für die Verwaltung der Zünfte, die Stadtkasse, das Archiv und zwei Säle für feierliche Anlässe. Im Untergeschoss lagerten Kanonen und Waffen.

Das Rathaus wurde von einem 30 Meter hohen Turm überragt, geschmückt mit einer Uhr und der Skulptur des Erzengels Michael, der mit seinem Speer einen Drachen tötet. Die abgebildete Statue der Göttin der Gerechtigkeit, Themis, zierte ebenfalls das Gebäude und stand oberhalb der Vorhalle. Auf dem Sockel der Staue steht folgende Inschrift: »Hergestellt im Dezember 1777, den 20. Dezember unter der Herrschaft des Herrn, des Hofrats des Vojt [Vogts] Hryhorij Sidorovič Pyvovarov, des Burmisters [Bürgermeisters] Dymytrij Aleksandrovič und des Raitsa [Ratsherrn] Nikolai Leontovič.« Im Gegensatz zu antiken Vorbildern sind die Augen der Kiewer Themis weit geöffnet, und ihre Augenbinde ist auf die Stirn hochgeschoben. Die Göttin ist in lange Gewänder gekleidet, über denen sie eine kurze Tunika trägt – oder eine barocke Rüstung, ähnlich denjenigen, in welchen die ukrainischen Ikonenmaler die Heiligen Barbara und Ekaterina darstellten. In ihren Händen hielt die Themis einst die Attribute der Rechtsprechung: das Schwert und die Waage.

1811 wurde das Rathaus im Zuge eines weiteren Großbrands auf dem Podil schwer beschädigt. Die Statue muss aufgrund der Hitze der Flammen gestürzt sein und verformte sich dabei. Im Jahr 1910, als die Statue durch einen Nachkommen des damaligen Bürgermeisters dem Kiewer Museum übergeben wurde, bestand sie aus fünf Fragmenten. Der Kopf der Themis steckte dabei in dem größten der Fragmente, in ihrem Torso. Die beiden Arme waren an den Ellbogen mit Schrauben verbunden. Das letzte Fragment war der Sockel in Form einer Halbkugel. Waage und Schwert sind nicht erhalten – vom Schwert blieb nur der Griff. Nach dem Feuer wurde das Rathaus nicht mehr restauriert. Die Überreste wurden abgerissen und die Ziegelsteine für andere Bauten verwendet. Ebenso gingen die Jahre des Magdeburger Rechts in Kiew in dieser Zeit zu Ende.

Es sollte erwähnt werden, dass Kiew – wie auch andere ukrainische Städte – von Anfang an nicht die vollständigen Privilegien des Magdeburger Rechts genoss. Stadtrechte und -freiheiten wurden in Kiew nur auf bestimmte Viertel ausgedehnt (Podil, Ščekavycja, Luk'janivka und Kudrja-

I.49

vec'), während andere von Woiwoden (Verchnje Misto) oder Kirchen (Eigentümer des Kiewer Höhlenklosters und andere) regiert wurden. Bestimmten Werkstätten wurde vorgeschrieben, dass sie Waffen herstellen oder sich an verschiedenen Befestigungsarbeiten betätigen sollten. Die Bürger von Kiew waren zwar unabhängig in der Verwaltung und in rechtlichen Verfahren. Sie waren jedoch dem König und dem Kiewer Woiwoden in militärischen Belangen unterstellt.

Die Besonderheit der Geschichte des Magdeburger Rechts in Kiew war der ständige Kampf des Magistrats gegen die Einmischungen von Vertretern der Zentralregierung in die Angelegenheiten der Stadt. Dies betraf vor allem die städtischen Einnahmen. Die Vertreter der königlichen Verwaltung – und später der Hetman- und der Zaren-Verwaltung – behielten die städtischen Angelegenheiten stets im Blick, welche die Privilegien der Stadt und ihrer Einwohner zwar bestätigten, sie zugleich aber mehr und mehr einschränkten. Endgültig wurde das Magdeburger Recht in Kiew 1834 durch den russischen Zaren Nikolaus I. (reg. 1825–1855) abgeschafft. Der Hauptgrund für die Entscheidung war offenbar, dass die Selbstverwaltung nach europäischem Vorbild der Politik des russischen Absolutismus, der danach trachtete, alle Lebensbereiche zu kontrollieren, widersprach.
Tetiana Sosnowska, Yulia Ostashevska

I.50

I.50

Kachel mit einer Abbildung des Wappens des Adelsgeschlechts Radziwiłł

Um 1590–1650

Ton mit grüner Lackierung

H 19 cm, B 6,5 cm, L 19,5 cm

Mir, Ustanova Muzej »Zamkavy Kompleks Mir«

Die Radziwiłł (litauisch Radvila) waren eines der mächtigsten und reichsten Adelsgeschlechter im Großfürstentum Litauen und später im polnisch-litauischen Reich. Sie besaßen große Landflächen, insgesamt über 400 Städte und daneben von 1569 bis 1813 auch das Schloss Mir. Im Jahr 1579 erteilte Mikołaj Krzysztof Radziwiłł, genannt Sierotka (das Waisenkindchen), der Stadt Mir mehrere stadtrechtliche Privilegien. Demnach durften die Bewohner ihre Häuser frei verkaufen oder tauschen – allerdings nur in dem Maß, wie dies der Familie Radziwiłł keine Verluste einbrachte. Die Radziwiłł verliehen zahlreichen ihrer Städte das Magdeburger Stadtrecht, wie Njaswisch und Davyd-Haradok im heutigen Belarus oder Kedahnen/Kėdainiai und Birsen/Biržai im heutigen Litauen.

Die abgebildete Kachel wurde in den 1980er Jahren bei archäologischen Ausgrabungen an den Mauern des Schlosses Mir in Belarus gefunden. Die grün lackierte Kachel zeigt das Wappen des Adelsgeschlechts Radziwiłł: ein Adler, dessen Kopf nach links gedreht ist. Die nach den Seiten ausgestreckten Flügel sowie die breit ausgestreckten Beine sind streng symmetrisch angeordnet. Auf der Brust des Adlers befindet sich ein Schild, auf dem drei Jagdhörner zu sehen sind. Sie sind im Uhrzeigersinn angeordnet. Die Abbildung wird von einem Rahmen umfasst. Als ihr Familienwappen nutzten die Radziwiłł das Wappen der Wappengemeinschaft »Hörner« (Trąby). Nachdem das Geschlecht 1518 die Reichsfürstenwürde erhalten hatte, wurde es mit der Abbildung eines Adlers kombiniert – als Herrschafts- und Machtsymbol.

Mit den grün lackierten Kacheln waren die Öfen der ersten beiden Etagen des repräsentativen Teils des Schlosses geschmückt, das Mikołaj Krzysztof im 16. Jahrhundert im Stil der Renaissance erbauen ließ. Die hier gezeigte Kachel ist ein wertvoller Teil der Ausstellung im Schloss Mir. Zusammen mit anderen archäologischen Funden ist sie unmittelbar mit der Geschichte des Schlosses verbunden. *Elena V. Denis*

I.51

Schlüssel des Magistrats der Stadt Grodno

Grodno/Hrodna (?), 18. Jahrhundert

Eisen

L 48,5 cm, G 5,97 kg

Grodno/Hrodna, Ustanova kuĺtury »Hrodzenski dzeržaŭny historyka-archealahičny muzej«

Am Ende des 15. Jahrhunderts befand sich die Stadt Grodno auf dem Gebiet des Großfürstentums Litauen. Sie war nie in privater Hand, sondern immer Residenzstadt der litauischen Fürsten. 1496 verlieh der polnische König und litauische Großfürst Alexander Jagiellończyk (reg. 1492–1506) der Stadt Grodno das Magdeburger Stadtrecht. Zuvor hatten die Bürger von Grodno ihn mehrmals um das Recht auf Selbstverwaltung gebeten und dieses teilweise auch erhalten, so etwa in den Jahren 1391 und 1444. Gemäß dem Privileg ging die Stadt 1496 vom örtlichen »russischen Recht« zum Magdeburger Recht über. In der ersten Hälfte des 16. Jahrhunderts erhielt Grodno ein eigenes Wappen sowie ein eigenes Siegel, auf dem der Hirsch des heiligen Hubertus abgebildet ist. Im Zentrum der Stadt wurde gegen Ende des 16. Jahrhunderts ein steinernes Rathaus errichtet. Die Leitung der Stadt oblag dem Vogt sowie zwei Bürgermeistern, die von den Ratsherren für zwei Jahre gewählt wurden. Es kam vor, dass auch deutsche Siedler Bürgermeister wurden, wie etwa der aus Königsberg stammende Kaufmann Hans Vonderberg (Vandeberak), der die erste städtische Wasserleitung bauen ließ.

Nach den Teilungen Polens Ende des 18. Jahrhunderts wurde Grodno Teil des Russischen Zarenreichs. Die Selbstverwaltung der Stadt sowie die Zünfte wurden nach und nach aufgehoben. Jegliche Symbolik, die die Selbstverwaltung repräsentierte, sowie Zunftzeichen wurden konfisziert. Einigen Bürgern aus Grodno gelang es jedoch, Zeugnisse dieser Zeit auf Dachböden und in Kellern ihrer Häuser zu verstecken. Dies sollte sich später als Glücksfall für die Grodnoer Museen erweisen: Etliche der geretteten Objekte sind heute dort ausgestellt.

Über den abgebildeten Schlüssel des Magistrats von Grodno ist nur wenig bekannt. Als 1920 Grodno Teil der wiedererrichteten polnischen Republik wurde, fasste man den Entschluss, ein Museum zu gründen. Zum Direktor ernannte man den Historiker Józef Jodkowski. Er widmete sich vor allem der Suche nach Exponaten für das zukünftige Museum. Während des Ersten Weltkriegs waren etliche wissenschaftliche Einrichtungen in Grodno zerstört worden. Die dort bewahrten Objekte wurden gänzlich vernichtet oder auf die Straße geworfen und von Bürgern mitgenommen. Jodkwoski spürte diese historischen Zeugnisse mithilfe der Polizei sowie ehrenamtlich wieder auf. Er suchte in Kellern, auf Dachböden und auf den Müllhalden der Stadt. Dabei erfuhr er von einer alten Patrizierfamilie aus den Zeiten der ersten Rzeczpospolita (der Union Polen-Litauen, 1569–1795), die einen sehr großen Schlüssel aufbewahrte. Der Schlüssel hatte ursprünglich dem Magistrat der Stadt gehört und war im Rathaus als Zeichen der Selbstverwaltung aufbewahrt worden. Kamen gekrönte Gäste in die Stadt, so wurde ihnen dieser Schlüssel symbolisch als »Schlüssel der Stadt« überreicht. Am wahrscheinlichsten ist, dass er im 18. Jahrhundert in einer Grodnoer Schmiede hergestellt wurde. Er gehört zu den wenigen erhaltenen Zeugnissen, die von der Zugehörigkeit der Stadt Grodno zum Magdeburger Stadtrecht zeugen.

Jewgenij A. Machnač, Andrej F. Baškevič

I.51

Das sächsisch-magdeburgische Recht

Ein mehrsprachiges Phänomen

Artykuły
Prawa Maydebur-
skiego/ Ktore zową Speculum

Bartłomiej Groicki übersetzte als erster das Magdeburger Recht ins Polnische, Krakau 1559

Nach sächsisch-magdeburgischem Recht wurde in vielen europäischen Sprachen Recht gesprochen, zumal dieses Recht die Verwendung der Landessprache in seinen Regelungen bereits vorsieht. Diese Offenheit für fremde Sprachsysteme kann als eine wichtige Besonderheit gelten, welche das sächsisch-magdeburgische Recht von vielen anderen Rechtsordnungen unterscheidet, die im Mittelalter und in der Frühen Neuzeit hauptsächlich auf Latein überliefert wurden – wie vor allem das römische und kanonische Recht, das als Gelehrtes Recht bezeichnet wurde. Gewohnheitsrechte, zu denen das sächsisch-magdeburgische Recht gehört, wurden vor allem in den Volkssprachen niedergeschrieben, im Fall des sächsisch-magdeburgischen Rechts Mittelniederdeutsch oder Frühneuhochdeutsch. Die Flexibilität dieses Rechts und die Attraktivität einer darin geregelten städtischen Autonomie haben zu seiner beachtenswerten territorialen Ausbreitung und zu seiner Tradierung in verschiedenen europäischen Volkssprachen geführt. Zu diesem sogenannten Rechtstransfer trugen sowohl Übersetzungen bei als auch das Verfassen eigener volkssprachiger Rechtstexte, die sich auf dieses Recht bezogen.

Das sächsisch-magdeburgische Recht ist in fünf slawischen Sprachen überliefert: Tschechisch, Slowakisch, Polnisch, Russisch sowie in der Kanzleisprache Ruthenisch, die in den Territorien des gegenwärtigen Litauens, Weißrusslands und der Ukraine geschrieben wurde. Die Übersetzungen von Rechtsquellen in diese Sprachen, die zu unterschiedlichen Zeiten entstanden sind, belegen die geografische Ausbreitung des sächsisch-magdeburgischen Rechts von Magdeburg aus über Ostmitteleuropa bis zur westlichen Grenze Osteuropas. Während dieser Zeit durchlief die Sprache der Übersetzungen unterschiedliche Entwicklungsstufen, die auch in Beziehung zur Verständlichkeit der Texte standen. So liegt zum Beispiel mit dem »Silleiner Stadtrechtsbuch« (1378–1561) aus Niederungarn (heute Westslowakei) eine Erstübersetzung des Sachsenspiegels in seiner lokalen, dem Tschechischen nahen Sprachvarietät vor. Es handelt sich dabei um einen der ersten Texte in dieser Volkssprache, der ohne die deutsche Vorlage an vielen Stellen nicht verständlich ist. Im Vergleich dazu stellt die Übersetzung des Sachsenspiegels von Paweł Szczerbic, »Speculum Saxonum« (1581), aus dem Lateinischen ins Polnische einen eloquenten und selbst heute noch gut verständlichen Text dar, der außerdem mit textkritischen Kommentaren und Glossen (fachlichen Erläuterungen) versehen wurde (Kat.-Nr. I.54).

Die deutschen Texte des sächsisch-magdeburgischen Rechts hatten – abhängig von ihren Entwicklungsstufen – einen unterschiedlich starken Einfluss auf die oben genannten lokalen Sprachen, die als Folge des Rechtstransfers zu bewerten sind. So kam es in einigen Sprachen wie dem Tschechischen und Polnischen, in denen das deutsche Recht am frühesten, also im ausgehenden Mittelalter (ab dem 13. Jahrhundert) rezipiert wurde, zu einer großen Anzahl von Germanismen. In anderen Sprachen wie dem Ruthenischen und Russischen war ihre Anzahl hingegen eher gering, vor allem weil die Rezeption des sächsisch-magdeburgischen Rechts in diesen Sprachen über die polnische Sprache und Kultur vermittelt wurde.

Eine Germanisierung slawischer Rechtssprachen kann auf allen sprachlichen Ebenen beobachtet werden: Am besten ist der deutsche Einfluss auf die Entstehung des Rechtswortschatzes in diesen Sprachen erforscht, aber auch die Formulierung von Rechtsnormen durch bevorzugte Satztypen, die auf die Gesetzgebungstechnik des sächsisch-magdeburgischen Rechts verweisen, gehört zu den Bereichen, in denen die slawischen Sprachen vom Deutschen beeinflusst wurden. Dabei war die Nachhaltigkeit des deutschen

Einflusses auf die slawischen Sprachen unterschiedlich: Einige Wörter wie das polnische *ratusz* oder das tschechische *radnice* (beide bedeuten Rathaus) haben sich bis heute erhalten, wohingegen andere wie etwa das slowakische *erb* für *Erbe* nur in einer Quelle vorkommen und später mit einem slawischen Äquivalent ersetzt wurden.

Die Entwicklung slawischer Sprachen und der Transfer des sächsisch-magdeburgischen Rechts nach Ostmitteleuropa sind Hand in Hand gegangen und haben einander bedingt und unterstützt. Dabei setzte die Entwicklung slawischer Rechtssprachen erst um die Mitte des 15. Jahrhunderts ein, ist also jünger als der Rechtstransfer nach Ostmitteleuropa, der im späten 13. Jahrhundert beginnt. Hauptsächlich in Tschechien und Polen kam es in vielen Städten des sächsisch-magdeburgischen Rechts etwa ab der Mitte des 15. Jahrhunderts zum Sprachwechsel vom Frühneuhochdeutschen in die slawischen Sprachen. Diesem Wechsel liegt eine Veränderung der Einwohnerstruktur in den Städten zugrunde, die ursprünglich von den deutschen Siedlern begründet und verwaltet wurden. Mit dem Zuzug der lokalen slawischen Bevölkerung in die Städte haben sich die Macht- und damit auch die Sprachverhältnisse dort verändert. Dabei gehörten Rechtstexte oft zu den ersten, die in Volkssprachen verschriftlicht und überliefert wurden. Man denke etwa an die vorwiegend polnischsprachigen »Ortyle Ossolińskie/Magdeburger Urteile« (1440–1480?), eine Übersetzung der Urteile von Magdeburger Schöffen aus Breslau/Wrocław in Schlesien, oder an die tschechischen »Práwa saszká/Sächsische Gesetze« (1469–1470), eine Übersetzung des Sächsischen Weichbilds aus Leitmeritz/Litoměřice in Böhmen. Diese Texte stehen für die Übersetzungsphase des Transfers des sächsisch-magdeburgischen Rechts. Für die Entwicklung der Volkssprachen spielten diese Übersetzungen ebenfalls eine wichtige Rolle, denn sie trugen zum Ausbau der Rechtssprache in den lokalen Varietäten bei. Dadurch emanzipierten sich diese und näherten sich damit in ihrer Ausdruckskraft der Sprache der Quelltexte an. Diese Entwicklung schuf die Basis für die Verwendung einer neuen Rechtssprache in originären Texten.

Auf dieser Grundlage wurde das sächsisch-magdeburgische Recht ab dem 16. Jahrhundert nicht nur weiter tradiert, sondern auch weiterentwickelt und modernisiert. Zum territorialen Mittelpunkt dieser Entwicklungsphase ist der polnisch-litauische Staat geworden. Als Vorbild für die Umgestaltung des deutschen Rechts diente das Gelehrte Recht. Damit kam der lateinischen Sprache eine herausragende Rolle zu, denn sie fungierte als Brückensprache zwischen den deutschen und polnischen Texten. Ziel war eine Gleichstellung des Gewohnheitsrechts mit dem Gelehrten Recht, indem es nach jenem Vorbild systematisiert und damit modernisiert wurde. Die Sprache diente also nicht ausschließlich der Wiedergabe des Inhalts eines fremden Textes, sondern auch der Umgestaltung und fachlichen Auseinandersetzung mit den Texten der eigenen Rechtskultur.

Diese qualitative Änderung wurde durch polnische Rechtsgelehrte ermöglicht, die an der Universität Krakau/Kraków – teilweise durch ausländische Professoren und Rechtsgelehrte wie den Spanier Pedro Ruiz de Moros (um 1515–1571) – ausgebildet wurden und häufig auch an den renommiertesten europäischen Universitäten in Padua, Rom und Florenz studierten (Abb. 161). Zu den bedeutendsten Übersetzern und Kompilatoren des sächsisch-magdeburgischen Rechts aus der deutschen in die lateinische Sprache zählen Jan Łaski (1456–1531) und Nikolaus Jaskier (1504–um 1560). Aus der lateinischen in die polnische Sprache übersetzten Bartholomäus Groicki (gest. 1605), Paweł Szczerbic (1552–1609) und Paweł Kuszewic (1607–1666). Zur Verbreitung dieser Rechtskultur trug ein florierendes Druckwesen in Krakau bei: In den Druckhäusern von Johann Haller (um 1467–1525), Florian Ungler (gest. 1536) und Hieronymus Vietor (um 1480–1546) sowie später Łazarz Andrysowic (gest. 1577) wurden Rechtswerke oft in mehreren Auflagen veröffentlicht, da sie zu den wirtschaftlich attraktivsten Drucken zählten. Der Schritt von der Handschrift zum Druck kann ebenfalls als ein Aspekt der Modernisierung des sächsisch-magdeburgischen Rechts gesehen werden.

Die zunehmende Schwäche des polnisch-litauischen Staats ab der Mitte des 18. Jahrhunderts hat einen weiteren Schwung in der Transfergeschichte des sächsisch-magdeburgischen Rechts evoziert. Teile des gegenwärtigen Polens, der linksufrigen Ukraine (Ostukraine), Weißrusslands und Litauens wurden sukzessive ins russische Zarenreich eingegliedert, das als ein absolutistischer Staat die Abschaffung städtischer Freiheiten anstrebte. Als Träger der symbolischen Bedeutung und zugleich als Garantie der städtischen Autonomie wurden die Textzeugen des sächsisch-magdeburgischen Rechts nun aus dem Polnischen und Ruthenischen ins Russische übersetzt und zum Teil auf dieser Grundlage kompiliert. Man denke hier an die 1794 von der russischen Armee besetzte Stadt Wilna/Vilnius in Litauen, deren städtische Autonomie durch eine Willkür im Jahr 1551 bestätigt und erweitert worden war. Diese Willkür wurde Anfang des 19. Jahrhunderts ins Russische übersetzt, um die städtischen, auf dem magdeburgischen Recht beruhenden Freiheiten zu bewahren, allerdings ohne Erfolg. Eine Kommission, die ab 1721 mehr als 100 Jahre an der Harmonisierung der Gesetzgebung für die Territorien der

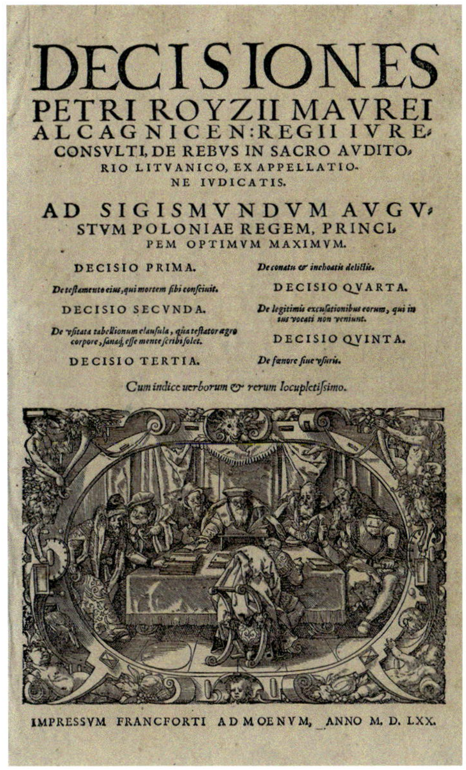
DECISIONES
PETRI ROYZII MAUREI
ALCAGNICEN: REGII IURE-
CONSULTI, DE REBUS IN SACRO AUDITO-
RIO LITUANICO, EX APPELLATIO-
NE IUDICATIS.
AD SIGISMUNDUM AUGU-
STUM POLONIAE REGEM, PRINCI-
PEM OPTIMUM MAXIMUM.
DECISIO PRIMA.
De testamento eius, qui mortem sibi consciuit.
DECISIO SECUNDA.
De vsitata tabellionum clausula, quia testator ægro corpore, sanaq; esse mente scribi solet.
DECISIO TERTIA.
De conatu & inchoatis delictis.
DECISIO QUARTA.
De legitimis excusationibus eorum, qui in ius vocati non veniunt.
DECISIO QUINTA.
De fænore siue vsuris.
Cum indice uerborum & rerum locupletissimo.
IMPRESSUM FRANCFORTI AD MOENUM, ANNO M. D. LXX.

Abb. 161
Titelblatt der Decisiones von Pedro Ruiz de Moros, Frankfurt am Main 1570. Pedro Ruiz de Moros (Piotr Roizjusz) (um 1505–1571) war ein spanischer Jurist und Dichter, Professor des Römischen Rechts an der Universität Krakau/Kraków. Er hat unterschiedliche Beamtenposten in Wilna/Vilnius und in Samogitien bekleidet. Auf der Radierung ist er womöglich in der Mitte als Richter während einer Gerichtsverhandlung abgebildet. Jena, Thüringer Universitäts- und Landesbibliothek

linksufrigen Ukraine arbeitete, war ein weiteres umfangreiches Projekt von regionaler Bedeutung. Das Ergebnis dieser Arbeit, der 1741 auf Russisch verfasste Kodex »Prava, po kotorym suditsja malorossijskij narod« (Gesetze, nach denen das kleinrussische Volk Recht spricht), ist auf Grundlage der Übersetzungen der Rechtssammlungen von Szczerbic und Kuszewic entstanden, dann allerdings offiziell nicht in Kraft getreten.

Obwohl sich die faktische Abschaffung des sächsisch-magdeburgischen Rechts als Rechtsgrundlage im ehemaligen polnisch-litauischen Staat noch bis ins 19. Jahrhundert hinzog, wurde es schon im Zuge der absolutistischen Umgestaltung des russischen Zarenreichs nicht mehr verwendet. Die Macht der Worte, in denen die Rechtsnormen festgehalten wurden, erlosch zwar, die jahrhundertelange Existenz des sächsisch-magdeburgischen Rechts wurde aber weiterhin im Rahmen der Erinnerungskultur bis zur Gegenwart gewürdigt und als gemeinsame europäische kulturelle Identität bewahrt.

Marija Lazar

Quellen

Šemšučenko 1997 | Szczerbic 2016.

Literatur

Barycz 1935 | Bunčić 2012 | Ivanov/Toporov 1981 | Karpavičienė 2015 | Lück 2016 h | Pugačiauskas 2001 | Ryšánek 1954 | Sopko 1984 | Szczepankowska 2006.

I.52

Artykuły Prawa Maydeburskiego, Ktore zową Speculum Saxonum / Z Lacinskiego Języka na Polski przełożone y znowu Drukowane, Roku 1559

Bartłomiej Groicki, Krakau (Druckerei Lazarz Andrysowic), 1559

Papier, [8], 54 Blätter, ein Holzschnitt, 4°

Blätter: H 18,2 cm, B 14,4 cm; Einband: H 18,4 cm, B 14,8 cm

Krakau/Kraków, Biblioteka Jagiellońska, BJ St. Dr. Cim. 4420

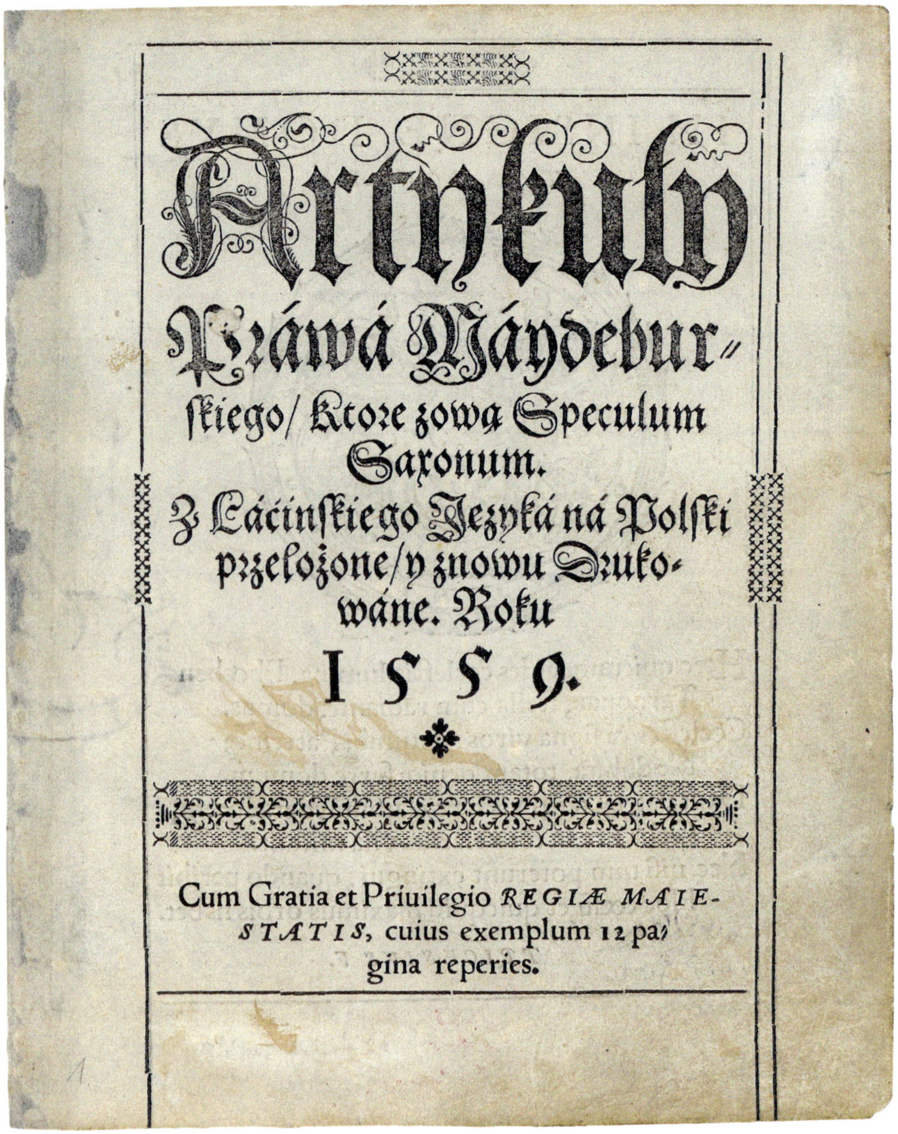
Artykuły Práwá Máydebur-skiego/ Ktore zową Speculum Saxonum. Z Łáćinskiego Językā ná Polski przełożone/y znowu Druko-wáne. Roku 1559.

Cum Gratia et Priuilegio REGIÆ MAIESTATIS, cuius exemplum 12 pagina reperies.

I.52

In der polnisch-litauischen *Rzeczpospolita Obojga Narodów* (Republik beider Nationen), das heißt der Realunion, die vor den bis 1795 vollzogenen Teilungen Polens bestand, waren Stadtrechte nicht kodifiziert worden. Dies ist der Hauptgrund für die einzigartige Bedeutung der Werke von Bartholomäus Groicki (um 1519/1534–1605) in der Geschichte der polnischen Gesetzgebung und bürgerlichen Identität. Groicki war Jurist und Stadtschreiber am höheren Gerichtshof für deutsches Recht in Krakau und ein namhafter Übersetzer und Verbreiter von Rechtssystemen. Er studierte an der Krakauer Universität (heute Jagiellonen-Universität), vermutlich bei dem berühmten Rechtsgelehrten Pedro Ruiz de Moros (um 1505–1571), und wurde zu einem der bedeutendsten juristischen Schriftsteller des 16. Jahrhunderts in Polen.

Groickis eigene Werke und Übersetzungen spiegeln seine Überzeugung wider, dass die Stadtrechte einer Reform bedurften. Diese sollte auf der Kenntnis anerkannter Rechtssysteme basieren und an die Realitäten des polnisch-litauischen Unionsstaats angepasst werden. Bei seinen theoretischen Erwägungen bezog er sich auf das römische Recht und die berühmte »Constitutio Criminalis Carolina« (1532), ein allgemeines Strafgesetzbuch, das Kaiser Karl V. (reg. 1519–1556) für das Heilige Römische Reich erlassen hatte. Die in polnischer Sprache verfassten Werke Groickis fußen also auf der Rezeption römischen Rechts und seiner Anpassung an polnische Rechtsgepflogenheiten. Klar strukturiert und formuliert, wurden sie auch nach Groickis Tod immer wieder neu aufgelegt. Seiner Auffassung nach entsprachen einige Bestimmungen der Vorlagen nicht in angemessener Weise den polnischen Rechtsverhältnissen. Außerdem befürwortete er eine gewisse Milde und Zurückhaltung bei der Anwendung der Todesstrafe. Aufgrund des Fehlens formaler Kodifizierungen von Stadtrechten in Polen wurden seine Werke dort bis zum Ende des 18. Jahrhunderts allgemein verwendet. Sie formten somit nicht nur die Stadtrechte und Gerichtspraxis, sondern beeinflussten auch die Ausbildung der litauischen Gesetze.

Seine berühmteste Arbeit sind die »Artykuły Prawa Maydeburskiego, Ktore zową Speculum Saxonum« (Artikel des Magdeburger Rechts, welche *Speculum Saxonum* genannt werden). 1558 veröffentlicht, wurden sie noch im 16. Jahrhundert immer wieder neu gedruckt, allein dreimal im Jahr 1560. Außerdem ist das Werk das erste juristische bzw. rechtstheoretische Buch, das in Polen gedruckt wurde. Obwohl auf der Titelseite angegeben ist, dass es sich um eine Übersetzung aus dem Lateinischen handelt, hat Groicki vielmehr eine Interpretation geliefert. Mit seiner Veröffentlichung schuf er eher einen Kommentar als eine Übersetzung. Der Autor fügte außerdem einige Änderungen ein, die er in der Regel explizit kennzeichnete: Dort, wo ein bestimmter Absatz nicht im Magdeburger Recht vorkam, ergänzte er diesen als rechtliche Bestimmung aus den polnischen Statuten, um die Kompatibilität auf einer höheren rechtlichen Ebene zu gewährleisten. Das Werk umfasst insgesamt 33 Kapitel, die sich mit einzelnen Rechtsfragen befassen, womöglich unter Bezugnahme auf den Sachsenspiegel (»Speculum Saxonum«). Am Ende des Buches sind drei königliche Statuten aufgeführt, die sich mit der Verhaftung von Adligen in Städten befassen, was wohl der Häufigkeit solcher Zwischenfälle geschuldet ist, und einige praktische Ratschläge und Vorschriften zur Feuerbekämpfung.

Łazarz Andrysowic, der Drucker der »Artykuły«, sicherte sich auf besondere Weise die Rechte an diesem Werk, indem er noch vor den eigentlichen Text das königliche Privileg setzte, das ihm auf zehn Jahre die Herstellungsrechte für den polnischen Sprachraum gewährte und den Herstellern von Nachdrucken mit Konfiszierung und Strafzahlungen drohte. *Jacek Partyka*

Literatur
Kalwat o. D. | Koranyi/Patkaniowski 1959 | Orłowska 1954 | Sójka-Zielińska 1981.

I.53

Glossen zum Sachsenspiegel und Weichbildrecht

Schreiber: Nikolaus Jaskier (Nicolaus Jaskerus)

Druck: Hieronymus Vietor, Krakau/Kraków 1535

Sammelband mit drei eingebundenen Werken:
»Iuris provincialis quod Speculum Saxonum vulgo nuncupatur libri tres«
Mai 1535. [4], 160 [6] Blätter, zwei Holzschnitte; 2°

»Iuris municipalis Maideburgensis liber vulgo Weichbild nuncupatus«
April 1535. [8], 65 [1] Blätter, zwei Holzschnitte; 2°

»Promptuarium iuris provincialis Saxonici, quod Speculum Saxonum vocatur, tum & Municipalis Maideburgensis«
Mai 1535. [4], 80 Blätter, ein Holzschnitt; 2°

Druck auf Papier

Blätter: 30,3 × 21,4 cm
Einband: 31,4 × 22,9 cm

Krakau/Kraków, Biblioteka Jagiellońska, BJ St. Dr. Cim. 8037–8039

Der polnische Jurist und Senator Nikolaus Jaskier (1504–um 1560) der an der Universität Krakau studierte hatte, wurde schon 1522, in jungen Jahren, zum *vicenotarius* des Stadtschreibers in Krakau ernannt und trat nach dessen Tod 1527 seine Nachfolge an. Jaskiers ausgezeichnete juristische Fachkenntnisse, seine Zuverlässigkeit und sein gesunder Menschenverstand verschafften ihm bald die Anerkennung des Bischofs von Krakau, Piotr Tomicki (amt. 1524–1535), und sogar die des polnischen Königs Sigismund I. des Alten (reg. 1507–1548). Sein hohes Ansehen brachte ihm auch einigen Besitz ein, der mehrere Dörfer, Häuser und Marktstände umfasste, welche er durch Erbe, Kauf oder Schenkung bekam.

In erster Linie ist Jaskier aber als Übersetzer und Herausgeber eines großen, dreibändigen Werks bekannt, dessen erste Auflage im April und Mai 1535 in der Krakauer Offizin des Hieronymus Vietor (um 1480–1546), eines der bekanntesten Typografen des 16. Jahrhunderts, gedruckt wurde. Die Schrift, eine lateinische Ausgabe deutscher Quellen zum Thema Stadtrechte, wurde Jaskiers bedeutendstes Lebenswerk. Durch seinen juristischen Hintergrund, seine Sprachkompetenz und seine unermüdliche Arbeit entstand eine Publikation, die eine Lücke in der polnischen Gesetzgebung füllte. König Sigismund I. selbst bescheinigte dies in einem Privileg, das an Jaskier persönlich gerichtet war.

Nikolaus Jaskier legte seinem Werk, für welches Zygfryd Rymaszewski den Begriff »Jaskier-Ausgabe«, geprägt hat, deutsche Textvorlagen zugrunde, und er verwendete vermutlich keine zusätzlichen lateinischen Versionen. Trotz einiger abweichender Auffassungen ist die am häufigsten vertretene Meinung unter Forschern, dass er zwei Hauptquellen des deutschen bürgerlichen Rechts übersetzte (und nicht zusammenstellte): das *ius provinciale* (Sachsenspiegel, »Speculum Saxonum«) und das *ius municipale* (Weichbild). Unabhängig davon war er der erste, der die Randbemerkungen (Glossen) deutscher Juristen des römischen Rechts aus dem 14. und 15. Jahrhundert übersetzte, welche den eigentlichen Texten hinzugefügt worden waren. Gewissenhaft überprüfte und überarbeitete er dabei alle Quellenangaben zum römischen Recht und Kirchenrecht. Er bereicherte die Übersetzung außerdem durch eigene Randbemerkungen, in denen er gewisse Unstimmigkeiten zwischen deutschen und polnischen Stadtrechten kommentierte. Auch fügte er Zusammenfassungen (*summaria*) einzelner Absätze hinzu und stellte Bezüge zwischen den beiden Hauptbänden seines Werks her, indem er am Seitenrand Hinweise einfügte, die entsprechende Stellen miteinander verknüpften. Um das Nachschlagen in den voluminösen Bänden zu erleichtern, erstellte er als Erschließungsmittel einen Index (*Promptuarium*), dessen Einträge Querverweise zu relevanten Absätzen des *ius provinciale* oder des *ius municipale* lieferten. Jede Ausgabe seiner Arbeit wurde in einer ähnlichen Weise gedruckt, wobei die Titelblätter sowie das jeweilige *Promptuarium* dem Inhalt des Bands entsprachen, während die Angaben zum Drucker auf der Titelseite in ähnlichen Worten formuliert waren, nur das beim *ius municipale* das Druckdatum der April und nicht wie bei den beiden anderen Bänden der Mai war.

Dies ist auch der Grund dafür, dass die einzelnen Teile des Werks normalerweise als getrennte Publikationen katalogisiert werden, obwohl die Bände fast immer zusammen gebunden sind. Dies gilt ebenso für die Ausgabe von Jaskiers Werk, welche in der Jagiellonen-Bibliothek verwahrt wird. Es gibt hier fünf Exemplare der Ausgabe von 1535, von denen bei vier Exemplaren alle drei Bände gemeinsam eingebunden sind. Der erste Band war König Sigismund I. dem Älteren gewidmet, der zweite dem Bischof Piotr Tomicki und der dritte dem Stadtrat von Krakau.

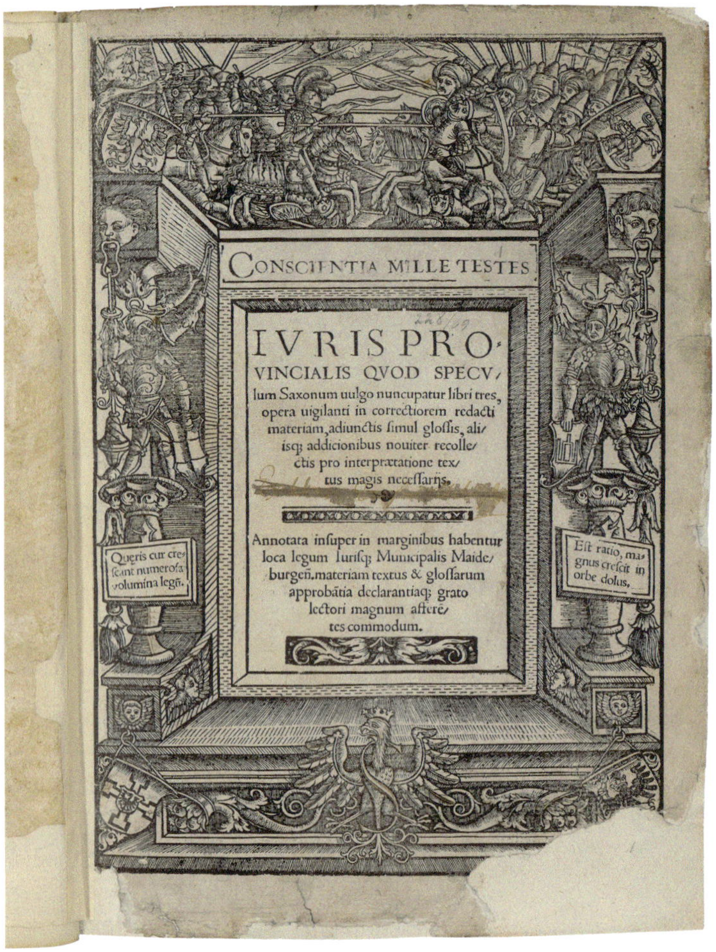

I.53

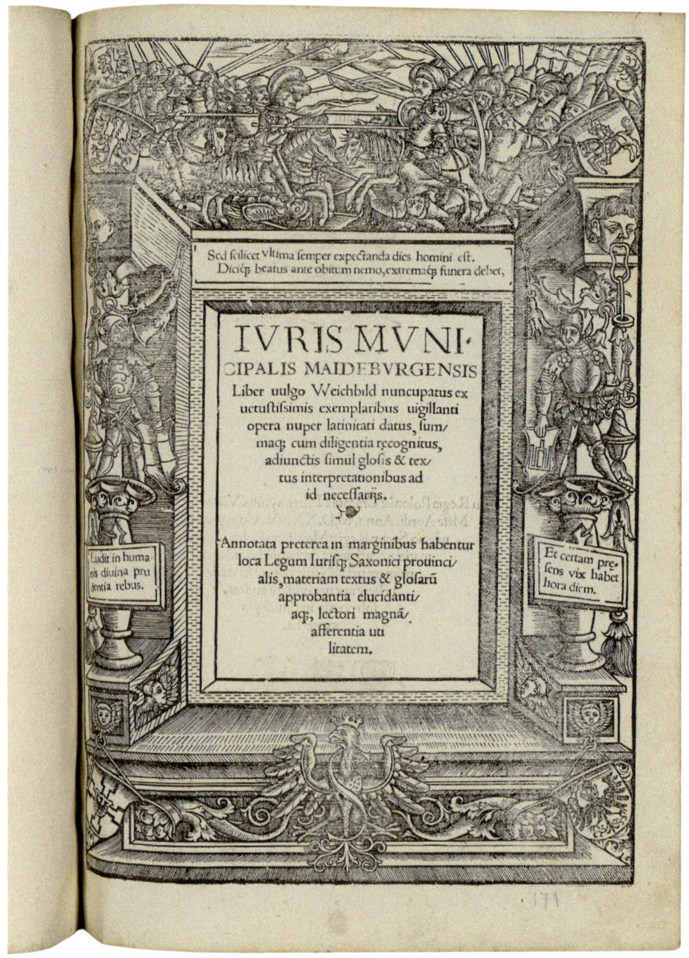

I.53

Jeder Band erhielt eine aufwendige Titelseite, die jeweils mit Holzschnitten illustriert und mit einem anderen Sinnspruch bedruckt wurde. Ein schöner und zutreffender Satz ist etwa dem *ius provinciale* vorangestellt: »Conscientia mille testes« – ein Gewissen (ersetzt) 1 000 Zeugen. Eine Rechtfertigung der Juristerei ist hinzugefügt: »Queris, cur crescent numerosa volumina legu[m]? Est ratio, magnus crescit in orbe dolus« (Du fragst, warum es immer mehr juristische Werke gibt? Es gibt einen Grund: Der Betrug nimmt in dieser Welt überhand).

Jaskiers Arbeit wurde vom König hoch gepriesen. Am 2. Oktober 1535 veröffentlichte er eine Weisung, welche dem Werk den Rang eines Gesetzestextes verlieh, der für alle polnischen Städte und Dörfer, die deutschem Recht unterlagen, zu gelten hatte. Dies war auch der Grund, aus dem eine auf Pergament gedruckte Kopie von Jaskiers Werk in der königlichen Schatzkammer aufbewahrt und dem Verfasser das Recht eingeräumt wurde, seine Arbeit zehn Jahre lang exklusiv publizieren zu dürfen. Auf lange Sicht wurde Jaskiers Arbeit dann der Ausgangspunkt für weitere Studien zu Stadtrechten in Polen.

Nikolaus Jaskier scheint zudem der erste Bürger Krakaus gewesen zu sein, dem ein »literarischer« Preis für seine Leistungen verliehen wurde: Die Stadt ehrte ihn mit 24 Ellen Damast und einer lebenslangen Rente aus dem Stadtsäckel in Höhe von zehn *grzywny* (Gewichtseinheit) pro Jahr.
Jacek Partyka

Literatur
Malicki/Zwinogrodzka 1992–1995 | Pańków 1964–1965 | Rymaszewski 1985 | Sójka-Zielińska 1981.

I.54

Die Sachsenspiegel-Übersetzung des polnischen Juristen Paweł Szczerbic

Speculum Saxonum albo Prawo saskie y maydeburskie porządkiem obiecadła z lacińskich y niemieckich exemplarzow zebrane a na polski język z pilnością y wiernie przełożone przez Pawla Szczerbicza […]. [Speculum Saxonum oder das sächsische und Magdeburger Recht nach der alphabetischen Ordnung aus den lateinischen und deutschen Exemplaren gesammelt und mit Fleiß und treu von Paweł Szczerbicz in die polnische Sprache übertragen]

Lemberg/L'viv, 1581

Papier, [5] Blatt, 536 Seiten; Ledereinband des 19. Jahrhunderts

H 30,8 cm, B 22,5 cm, T 7 cm

Warschau/Warszawa, Biblioteka Narodowa, SD XVI.F.468 adl. (Position im gemeinsamen Einband mit Signatur XVI.F.469)

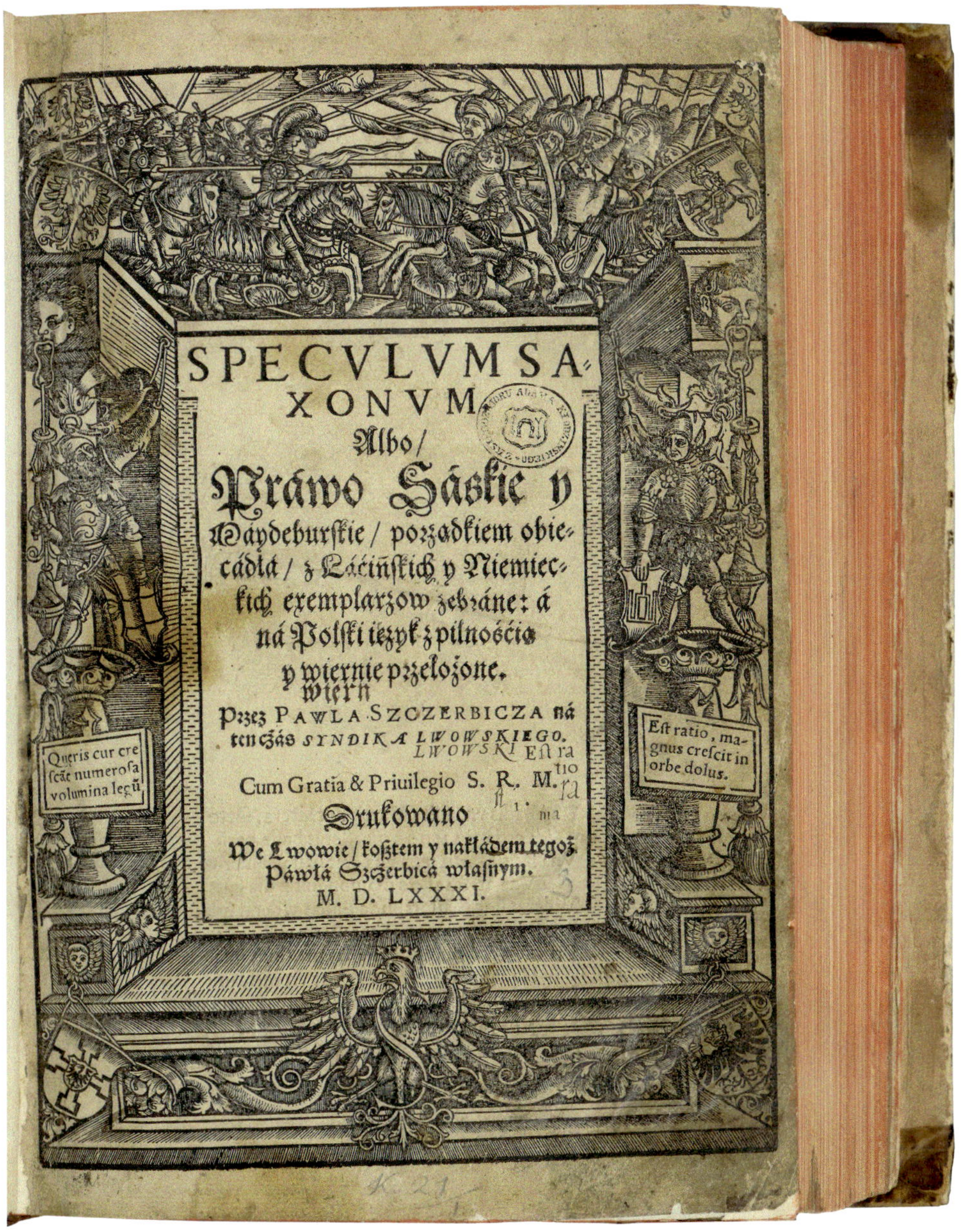

I.54 Titelblatt

Die Übersetzung des »Speculum Saxonum« (Sachsenspiegel) des Lemberger Syndikus Paweł Szczerbic (1552–1609) zählt zur genauesten Übertragung ins Polnische, die in altpolnischer Zeit angefertigt wurde. Szczerbic benutzte sowohl deutsche als auch lateinische Fassungen, um unterschiedliche Textüberlieferungen miteinander zu vergleichen und die möglichst beste festzulegen. Er veränderte die Aufteilung des Fallverzeichnisses und gab ihm eine alphabetische Ordnung. Ein wichtiges Vorbild war für ihn das 1535 veröffentlichte »Promptuarium« von Nikolaus Jaskier, eine Art Index für den Sachsenspiegel. Im Endergebnis erhielten die Leser ein bequem zu lesendes Werk, in dem auf übersichtliche Weise Vorschriften gruppiert waren, die sich ursprünglich in verschiedenen Artikeln des Sachsenspiegels befanden. Die Hauptabsicht von Szczerbic war, all jenen die Arbeit zu erleichtern, die mit Gerichtsbarkeit zu tun hatten, vor allem Richtern und Juristen. Seine angenommene Aufteilung spielte eine wichtige Rolle bei der Entwicklung des polnischen Stadtrechts im 16. und 17. Jahrhundert, das sich auf das sächsisch-magdeburgische Recht stützte.

Szczerbic war ein Schützling des Großhetman und Kanzlers Jan Zamoyski, der einflussreichsten Person in der polnischen-litauischen Adelsrepublik an der Wende vom 16. zum 17. Jahrhundert. Dank Zamoyski kam er an den Hof des Königs Stephan Báthory (reg. 1576–1586), wo er das Amt des Sekretärs innehatte und vor allem mit dem Schreiben von Erlassen beschäftigt war. Zum Dank widmete Szczerbic sein Werk Zamoyski, den er zusätzlich noch mit einem sogenannten Stemma, einem emblemähnlichen Gedicht auf das Wappen Jelita feierte. Abgesehen vom Zierrahmen auf der Titelseite ist es der einzige im Buch benutzte Holzschnitt mit Abbildungscharakter, der unter anderem eine Kampfszene polnischer Ritter mit den Tataren zeigt. Es handelt sich um die Wiederholung eines Holzschnitts, der vor allem aus Drucken des Krakauer Typografen Hieronymus Vietor (um 1480–1546) bekannt ist (vgl. Kat.-Nr. I.53 und II.208). Obwohl Szczerbic sehr einflussreiche Gönner besaß, finanzierte er den Druck seiner Erarbeitung des sächsisch-magdeburgischen Rechts selbst. Viel deutet auch darauf hin, dass er zu diesem Zweck in seinem Lemberger Wohnhaus eine Druckerwerkstatt eingerichtet hatte, in der er noch eine weitere eigene juristische Arbeit unter dem Titel »Ius municipale to jest Prawo miejskie maygdeburskie« (*ius municipale*, das ist das städtische Magdeburger Recht) druckte. *Bartłomiej Czarski*

Quellen
Szczerbic 2016.

I.55

Magdeburger Schöffensprüche / Przemyśler Urteilssprüche

Przemyśl, 15./16. Jahrhundert

Papier, 318 Blätter; Einband: Halbleinen (19. Jahrhundert)

H 30,5 cm, B 20,5 cm

Warschau/Warszawa, Biblioteka Narodowa (Warszawa), 8035 III

In Gebieten unter polnischer Herrschaft wurde das Magdeburger Gesetz erstmals Anfang des 13. Jahrhunderts in Schlesien eingeführt. Im darauffolgenden Jahrhundert war es in allen polnischen Gebieten verbreitet. In den mit Magdeburger Recht bewidmeten Städten kam den städtischen Schöffen, die nach Magdeburger Recht entschieden, eine wichtige Rolle zu. Zuweilen erforderten die dem Gericht zur Entscheidung vorgelegten Angelegenheiten jedoch die Einholung des Rats der Magdeburger Schöffenbank als der höchsten Instanz der Rechtsprechung. Sie prüfte den Fall und übermittelte dann ihr schriftliches Urteil (*Ortel*) entsprechend dem um Rat suchenden Gericht. Die Anfragen wurden in deutscher oder lateinischer Sprache gestellt, die Antworten erfolgten auf Deutsch. Bereits Ende des 14. Jahrhunderts waren in Polen ganze Sammlungen Magdeburger Schöffensprüche in Gebrauch, die, um ihre Anwendung zu erleichtern, ins Polnische und Lateinische übersetzt waren. Die älteste polnische Übersetzung wurde wahrscheinlich Mitte des 16. Jahrhunderts in Lemberg/Lwów/L'viv angefertigt. Sie bildete die Grundlage für spätere auf polnischem Gebiet entstandene Ausgaben der Magdeburger Schöffensprüche.

Ein Beispiel ist die vorliegende, in der Warschauer Nationalbibliothek (Biblioteka Narodowa w Warszawie) verwahrte Handschrift. Bis Mitte des 20. Jahrhunderts befand sie sich in den Sammlungen der Griechisch-Katholischen Kapitelbibliothek in Przemyśl (Biblioteka Kapituły Grecko-Katolickiejw Przemyślu). Bestätigt wird das durch einen Besitzaufkleber unterhalb des Textes auf fol. 1 mit der Signatur G.11. Die Handschrift entstand zu Beginn des 16. Jahrhunderts, wahrscheinlich für die Schöffenbank der Stadt Przemyśl. Der Titel der Handschrift »Magdeburger

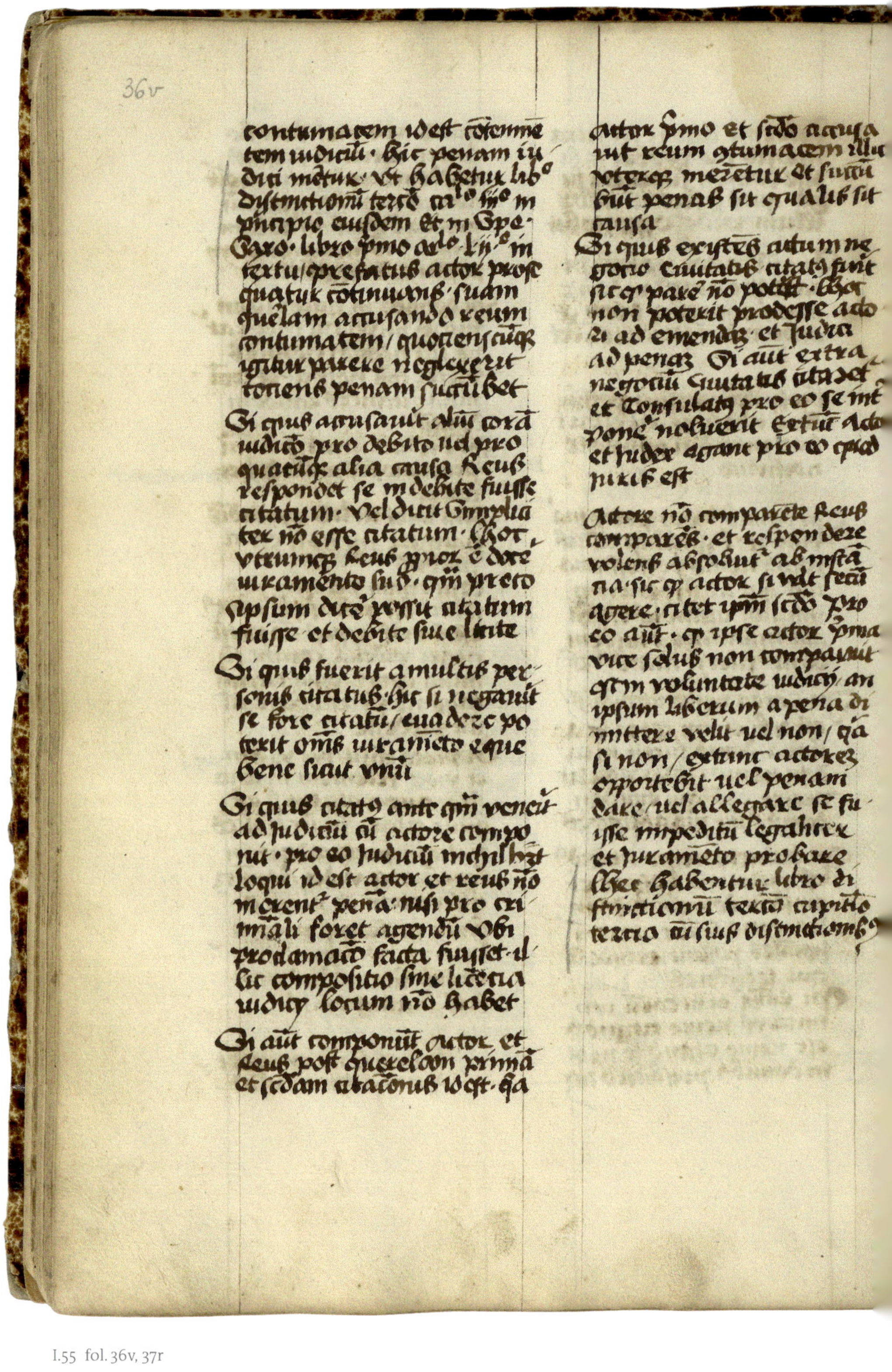

I.55 fol. 36v, 37r

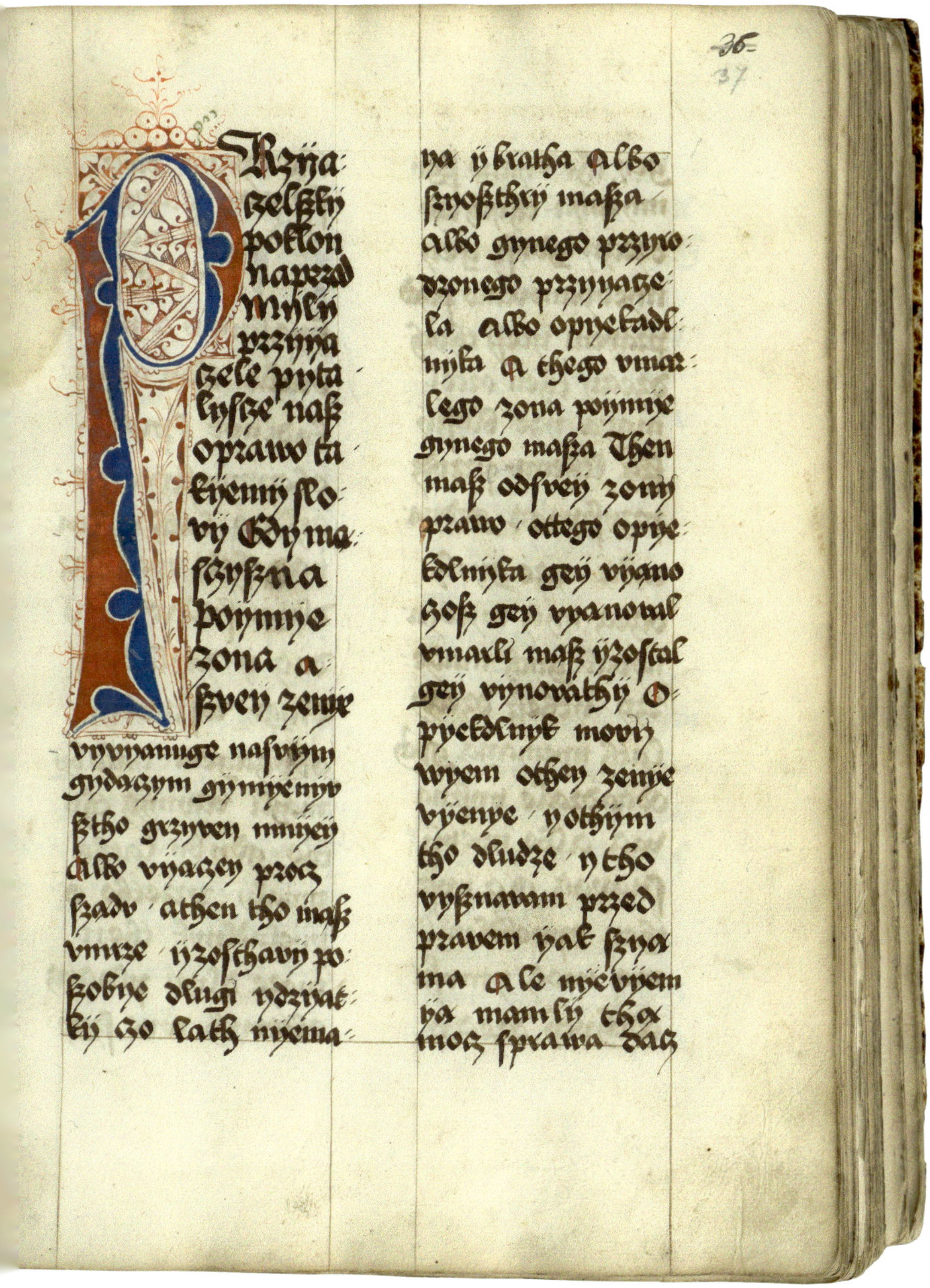

Schöffensprüche« (»Ortele przysiężników z Magdeburga«) wurde im 19. Jahrhundert in polnischer Sprache mit einem blauen Stift verzeichnet (fol. 1r) sowie auf fol. 1 am Rand notiert. Als weiterer Titel war »Urteilssprüche Przemyśl« (Przemyśl Ortyle) in Gebrauch.

Die Handschrift enthält neun Texte, die von verschiedenen Kopisten gefertigt wurden. Bei acht von ihnen handelt es sich um die lateinischen Abschriften verschiedener Gesetze, darunter ein Beispiel ihrer Anwendung in einer bestimmten Situation (fol. 208v–217r: *Causa Comissaria inter Matthiam Ray et Consules de Nova Sambor 1507*). Die Magdeburger Schöffensprüche in polnischer Übersetzung nehmen fast die Hälfte der Handschrift ein (fol. 37v–157r). Die Abschrift dieses Teils erfolgte wesentlich sorgfältiger als diejenige der in lateinischer Sprache verfassten Texte. Er enthält an Magdeburg gerichtete Fragen zu bestimmten Rechtslagen. Auf jede Frage folgt die entsprechende Antwort der Magdeburger Richter. Jede Frage und jede Antwort beginnt mit einer farbigen Initiale.

Die Sammlung der Magdeburger Schöffensprüche für den Bedarf der Schöffenbank in Przemyśl zeugt von der hier praktizierten fortschrittlichen Rezeption des Magdeburger Rechts sowie von der zunehmenden Emanzipation des städtischen Gerichts von stärkeren Zentren wie Lemberg oder Krakau/Kraków. *Krzysztof Kossarzecki*

Literatur
Pollak 1963–1965.

II. Die Sphären der Stadt

KATALIN SZENDE

Die Städte Ostmitteleuropas im Mittelalter

Entstehung und Besonderheiten

Städtelandschaft Ostmitteleuropa?

Ostmitteleuropa als ein historisches Konstrukt umfasst im engeren Sinn die Königreiche Böhmen, Polen und Ungarn unter ihren jeweiligen Grenzen, die sich während des Mittelalters besonders nach Osten und Süden mehrmals erheblich verändert haben. Bei dieser Region denkt man eher an einen weiten Naturraum – geprägt durch die breiten Flüsse Donau, Elbe, Weichsel und Oder, die Karpaten und das Böhmische Mittelgebirge, die offenen Landschaften zwischen der Adria, dem Schwarzen Meer und der Ostsee – als an eine dichte und prägnante Städtelandschaft. Die urbanen Zentren waren jedoch im Mittelalter unverzichtbar, um die weltliche und kirchliche Verwaltung aufrechtzuerhalten und die Ressourcen der Landschaft durch gezielte Produktion, Weiterverarbeitung und Handel auszuschöpfen. Nicht nur die Entstehung einzelner Städte und Märkte ist ein anhaltender Beitrag des Mittelalters zum modernen Europa, sondern zudem der Ausbau einer Städtelandschaft. Ebenso sind in unserer Region im Mittelalter die Fundamente und Netzwerke der Städte, in denen der Großteil der heutigen Bevölkerung lebt, gebildet worden (Abb. 162).

Das Wesen und der Ursprung der Stadtentstehung in Ostmitteleuropa waren Gegenstand sowohl vielerlei Spekulationen und politisch bedingter Aussagen als auch intensiver wissenschaftlicher Forschung. Heutzutage ermöglichen es Ergebnisse aus der Archäologie und Siedlungstopografie samt einer Neuinterpretation der schriftlichen Quellen, ein vollständigeres zusammenhängendes Bild zu erzeugen. Lokale Forschungen in der Tschechischen Republik, Polen, Ungarn, Rumänien, Kroatien und der Slowakei haben detaillierte Studien über einzelne Städte erstellt. Es gibt außerdem einige neue Überblickswerke, die jedoch in moderne nationale historische Diskurse eingebettet sind – oft sogar innerhalb moderner politischer Grenzen, die sich erheblich von denen der mittelalterlichen Herrschaftsgebiete unterscheiden – und normalerweise in den Nationalsprachen veröffentlicht werden.

Der vorliegende Beitrag möchte diese Grenzen überschreiten und einen chronologischen sowie thematischen Überblick der Urbanisierung in den Königreichen Böhmen, Polen und Ungarn zwischen dem 10. und 15. Jahrhundert geben. Dabei werden sowohl Ähnlichkeiten als auch Unterschiede diskutiert. Obwohl Ostmitteleuropa aus der Ferne als eine relativ einheitliche Region erscheinen mag, gab es relevante Abweichungen zwischen seinen Herrschaftsgebieten oder inneren Regionen, die nur durch Vergleich nachvollziehbar werden.

Städte vor Städten – frühstädtische Siedlungsentwicklung

In weiten Teilen Europas hatte das antike Erbe einen spürbaren Einfluss auf die spätere Stadtentwicklung; dies gilt jedoch nicht für unsere Region, die außerhalb der westlichen Hälfte des Karpatenbeckens, von Siebenbürgen und der Balkanhalbinsel kein Bestandteil des Römischen Reichs war. Die Zentralorte des 9. und 10. Jahrhunderts wurden vielmehr von der Lage und Eigenart der frühen Machtzentren bedingt. Diese waren wiederum von der Herkunft und sozialen Struktur der Bewohner der Region während der Völkerwanderung des frühen Mittelalters – den verschiedenen slawischen Stämmen und später den Ungarn – abhängig. Obwohl ihre Ursprünge und Ursprungsmythen unterschiedlich waren, hatten diese Völker eines gemeinsam: ihren nicht-städtischen Lebensstil.

AFRICA
OCEANVS
HIS
PANIA
HIB.
ANGLIA
SCOTIA
MARE MEDITER.
GALLIA
Parys
Rhodan fl.
Rhenus fl.
GERMANIA
Albis fl.
MARE TYRRHENVM
ITALIA
BOHEMIA
DANIA
VANDALIA
SICILIA
SINVS ADRIATICVS
VNGARIA
POLONIA
Vistula
MARE BALTHICVM
SCANDIA
SCLAVONIA
Belgradū
LITHVANIA
LIVONIA
MARE IONIVM
MACEDO
BVLGARIA
MOSCOVIA
Borysthen.
MOREA
GRÆCIA
Cōstātinop
SCYTHIA
Tanais fl.
TARTARIA
POTVS EVX.
ASIA

Die zentralen Orte waren seit dem 9. Jahrhundert Sitze der Fürsten und regionalen Stammesführer, die ihre führende Rolle durch die Besetzung von Höhenorten oder strategischen Standorten an Flussübergängen (oft mit Inseln) unterstrichen. Zu diesen Zentren gehörten Znaim/Znojmo und Mikultschitz/Mikulčice in Mähren, Levý Hradec, Prag/Praha samt Wyschehrad/Vyšehrad, Leitmeritz/Litoměřice und Altpilsen/Starý Plzenec in Böhmen, Breslau/Wrocław in Schlesien, Gnesen/Gniezno und Posen/Poznań in Großpolen, Krakau/Kraków und Sandomir/Sandomierz in Kleinpolen, Plindenburg/Visegrád, Gran/Esztergom und Veszprim/Veszprém in Ungarn. Das Auftreten solcher Machtzentren reicht von Mecklenburg und Brandenburg im Westen bis nach Sanok, Halitsch/Halič und Kiew/Kyjiv im Osten, um nur die bekanntesten Beispiele zu nennen.

Die Befestigungen dieser Machtzentren bedeckten eine Oberfläche von fünf bis 15 Hektar. Ihre Struktur wurde von einem komplexen System mit bis zu 20 Meter breiten und fünf bis zehn Meter hohen Holz-Erde-Burgwällen bestimmt, die die Verteidigungsfähigkeit von natürlichen Vorsprüngen oder Feuchtgebieten erhöhten. Sie bestanden aus einer Hauptburg und einer oder mehreren Vorburgen oder Erweiterungen. Die Hauptburg umfasste die Residenz des Fürsten oder eines Mitglieds oder Vertreters der fürstlichen Familie und auch Kultstätten, von denen man Überreste (Brandspuren, Steinhaufen) in mehreren Fundstellen, zum Beispiel in Gnesen, fand. Die Burgkomplexe wurden mit ziviler Bevölkerung oder mit Mitgliedern der Militärgefolgschaft intensiv besiedelt, wie Spuren von Häusern, Herden und Siedlungsschichten bezeugen. Diese Zentren konnten während der Gründung der Königreiche im 10. und 11. Jahrhundert durch die Errichtung christlicher Kirchen, Kapellen und später auch Propsteien oder Klöster zu landesherrlichen oder königlichen Sitzen umgestaltet werden. Die fürstlichen Residenzen wurden oft in Stein umgebaut und von den anderen Teilen der Siedlung durch Palisaden oder Gräben getrennt, die nicht nur der Sicherheit dienten, sondern auch die Autorität des Herrschers bekräftigten.

Die Christianisierung, die mit der Reichsgründung um die erste Jahrtausendwende einherging, war einer der stärksten Faktoren der Vereinheitlichung Ostmitteleuropas. Der Ausbau der Kirchenorganisation mit Diözesen und später Pfarreien verlief ähnlich und fast gleichzeitig, ihre Auswirkungen auf die Raumordnung und Stadtentwicklung waren jedoch auf lange Sicht recht unterschiedlich. Böhmen und Mähren hatten je einen Bischofssitz, Prag und Olmütz/Olomouc waren aber kein Erzbistum. In Polen wurde erst Gnesen im Jahr 1000 zum Erzbistum erhoben, im selben Jahr entstand im ungarischen Gran ebenfalls ein Erzbistum und wenige Zeit später auch in Kollotschau/Kalocsa. Die Standortwahl der Bistümer erfolgte nach unterschiedlichen Prinzipien (Abb. 163). In Polen und Schlesien wurden die Zentren der Diözesen (Breslau, Krakau, Kruschwitz/Kruszwica, Plock/Płock, Posen und Leslau/Włocławek) an bedeutenden Flüssen neben Sitzen der verschiedenen piastischen Territorialfürsten gegründet, was den Zerfall des Landes in viele zeitweilig einander bekriegende Herzogtümer förderte. In Ungarn dagegen waren die Sitze von den Herrschern der Árpádendynastie – vor allem von Stephan I. (reg. 1000–1038) und Ladislaus I. (reg. 1077–1095) – strategisch so ausgesucht, dass sie die Zentralisierung des Landes unter der Königsmacht erleichterten (Bihar, Tschanad/Csanád, Erlau/Eger, Raab/Győr, Fünfkirchen/Pécs, Waitzen/Vác, Veszprim, Agram/Zagreb).

◄ Abb. 162
Die Vorstellung von Europa im 16. Jahrhundert, Europa regina (Königin Europa) aus der »Cosmographia« 1570 von Sebastian Münster. Die Darstellung der Europa regina erschien erstmals in der Regierungszeit Kaiser Karls V.; die Karte unterstreicht den Herrschaftsanspruch der Habsburger über Europa

Die Zentren der lokalen Verwaltung – die Kastellaneiburgen (Burgen, die als Verwaltungszentren von einem Bezirk dienten) in Schlesien und Polen sowie die Verwaltungsburgen in Böhmen und die Gespanschaftsburgen, die in Ungarn dieselbe Rolle, nämlich Zentren der Komitate (*vármegye*) spielten – folgten denselben Prinzipien und Strukturen wie die Fürstensitze, das heißt,

Abb. 163
Übersichtskarte der mittelalterlichen Kathedralstädte in Polen, Böhmen und Ungarn. Entwurf Katalin Szende, Zeichnung Imre Faragó

es waren befestigte Orte der Administration und des Militärs. Die Erweiterungen von diesen Burgen erfüllten die Funktionen der Suburbien (Vorburgen, Vorstädte), und der Burgkomplex wurde von einer Ansammlung kleinerer Siedlungskerne, oft mit eigenen Kirchen, umgeben. Ihre Bevölkerung war auf handwerkliche Produktion, meist Metallverarbeitung, spezialisiert und für die Versorgung der Burg mit Lebensmitteln verantwortlich. In der Regel gab es im Suburbium oder zwischen den kleinräumigen Siedlungen einen oder mehrere Marktplätze. Damit waren diese frühen Siedlungszentren auch wichtige Orte des Warenaustauschs. Emporien bzw. zentrale Handelsplätze wie in den frühen Städten des Nordseegebiets gab es in diesem ländlichen Teil Europas nicht, dafür aber regelmäßige Wochenmärkte und sogar Dörfer, die nach dem Markttag benannt wurden. Wenn sich auch ein Kloster und eine spezialisierte Handwerkersiedlung im näheren Umkreis dieser frühen Siedlungen befand, kann man von frühstädtischen Siedlungsagglomerationen reden.

In diesen frühen Zentren weltlicher oder kirchlicher Macht gab es schon Zuwanderer und Vertreter unterschiedlicher ethnischer und religiöser Gruppen. Die zwei größten Zuwanderergruppen waren von Anfang an romanische (Italiener, Wallonen) und deutschsprachige Völker. Die erste große Welle der deutschen Einwanderung nach Ungarn, welche die 800-jährige Präsenz der Siebenbürger Sachsen begründete, erfolgte Mitte des 12. Jahrhunderts unter König Géza II. (reg. 1141–1162). Die aus kleineren Siedlungskernen bestehende und unregelmäßige Topografie der frühstädtischen Zentren erleichterte die Integration der Neuankömmlinge erheblich: Sie konnten sich in einer Gruppe ansiedeln, ohne bestehende gesellschaftliche und gewohnheitsrechtliche Strukturen zu stören oder sich sehr anpassen zu müssen. Romanische Zuwanderer siedelten sich ab der Mitte des 12. Jahrhunderts in separaten Straßen oder Vororten namens *vicus Latinorum* um die wichtigsten königlichen Residenzen an, wie etwa in Gran und Fünfkirchen und in Breslau; in Prag lagen die frühen Siedlungen deutscher Zuwanderer am rechten Ufer der Moldau.

Der Wendepunkt: das 13. Jahrhundert

Das Netzwerk der frühstädtischen Siedlungen oder »alten Zentren« erfüllte die Bedürfnisse der Herrscher und der Bevölkerung in den Ländern Ostmitteleuropas etwa vom 10. bis zum Anfang des 13. Jahrhunderts. Im Zuge der grundlegenden gesellschaftlichen und wirtschaftlichen Wandlungen des 13. Jahrhunderts wurde es jedoch notwendig, neue Wege der Urbanisierung zu finden. Neben der inneren Transformation trugen auch äußere Faktoren als Katalysatoren zur Umstrukturierung des Städtenetzes bei. Der Mongolensturm von 1241/42 und spätere kleinere Einbrüche der Mongolen, die Ungarn, Kleinpolen und Schlesien ebenso betrafen, zeigten, dass die alten Burgwälle nicht mehr als Eingangspunkte für die weitere städtische Entwicklung dienen konnten. Dementsprechend kamen Prozesse in Gang, die das 13. Jahrhundert zur entscheidenden Periode der Stadtgründungen machten.

Die wichtigste Neuerung fand im Bereich des Stadtrechts statt. Bis zu diesem Zeitpunkt war es insofern notwendig, die Stadtentwicklung gesetzlich zu regeln, als dass die Rechtslage der neuen Stadteinwohner bestimmt werden musste. Bisher wurde der Status der oben besprochenen »alten Zentren« und ihrer Bewohner aufgrund von persönlicher Abhängigkeit vom Herrscher oder seinen Vertretern festgelegt. Einige kleinräumige Siedlungen waren entsprechend Klöstern oder weltlichen Grundherren unterworfen. Seit den ersten Jahrzehnten des 13. Jahrhunderts stellten aber die Herrscher eine steigende Zahl von Urkunden aus, die die Ansiedlung der neuen Bevölkerung und die Gründung neuer Siedlungen oder Siedlungsteile förderten und regelten.

In den westslawischen Gebieten und Ruthenien wurde diese neue Rechtsordnung durch den Siedlungsprozess (*locatio*) unter der Leitung eines Schultheißen (*scultetus*) in Dörfern und eines Vogtes (*advocatus*) in Städten in Gang gesetzt. Auf diese Weise erfolgte die Gründung neuer oder die Aufwertung und Erweiterung bestehender Städte, einschließlich der Bischofssitze, zu Rechtsstädten. Der früheste explizite Hinweis in Ostmitteleuropa auf Stadtgründungen unter Miteinbeziehung deutscher Rechtsmodelle bezieht sich auf Goldberg/Złotoryja in Schlesien (1211) und Freudenthal/Bruntál in Mähren (1213). Wie die Ortsnamen und die Urkundentexte zeigen, handelt es sich bei beiden um Bergbaustädte, die qualifizierte Arbeiter anlocken sollten. Der Herzog von Schlesien, Heinrich der Bärtige (reg. 1201–1238), forderte eine Kopie der Freiheiten der Magdeburger Bürger, die Erzbischof Wichmann 1188 erteilt hatte, und fügte eine Bestätigung für Goldberg hinzu. Löwenberg/Lwówek Śląski, die nächste schlesische Stadt, die von Heinrich 1217 ein Privileg erhielt, folgte dem »klassischen« Modell: Der Herzog beauftragte zwei Vögte, Thomas und Hartlieb, mit der Gründung einer Stadt im Grenzwald zwischen Schlesien und Mähren. Diese bahnbrechenden Urkunden entwickelten sich schnell zum Vorbild für weitere Gründungsurkunden. Allein in Schlesien erhielten vor Ende des 13. Jahrhunderts fast 400 Orte ihre Lokationsurkunden. Manche unter diesen – wie Breslau, Neumarkt/Środa Śląska, Leobschütz/Głubczyce und die oben erwähnten Löwenberg und Goldberg – wurden später Bezugspunkte für rechtliche Filiationen (Stadtrechtsfamilien). Die Ausgabe von Siedlungsurkunden breitete sich rasch nach Osten aus. 1257 privilegierte Herzog Bolesław V. (reg. 1232/1243–1279) Krakau und die Herzöge Przemysł I. (reg. 1239–1257) und Bolesław VI. (reg. 1239–1279) Posen, die Präzedenzfälle für Groß- und Kleinpolen bildeten.

Während seiner Ausbreitung erfuhren das neue Rechtsmodell sowie der Ansiedlungsprozess selbst erhebliche Veränderungen. Ein Bezug auf die Stadt Magdeburg setzt nicht unbedingt immer eine Neusiedlung mit urbanen Merkmalen voraus. Während in Schlesien und Mähren ein direkter Kontakt zu Magdeburg aufrechterhalten werden konnte, war im östlichen Teil Polens und in Ruthenien das *ius Theutonicum Magdeburgense* kein spezifisch städtisches Modell. Landesherren haben auch Dörfer »von polnischem und ruthenischem Recht in deutsches Recht, das das Recht von Magdeburg ist«, übertragen, um die Einschränkungen der zuvor angewandten Gewohnheiten zu überwinden. Die Erwähnung von Magdeburg ist damit als »Symbol einer neuen Ordnung, Modell für die Neuordnung von Siedlungen und auch für die Vertiefung der Herrschaft« (Kozubska 2007, S. 205–206, S. 223) sinnbildlich geworden.

Ungarn folgte einem anderen Weg: Hier beschränkte sich die Berufung von Schultheißen auf kleine ländliche Siedlungen in Randgebieten entlang der Nordgrenze des Königreichs. Ansonsten war das wichtigste Mittel zur Gründung oder Erhebung von Städten das königliche Privileg, das direkt an die Gemeinde oder später an die Siedlung vergeben wurde. Der Begriff *hospites* (Gäste) wurde allmählich zu einem Gattungsnamen für die privilegierte rechtliche Stellung der Siedlergemeinschaften und folglich aller autonomen Gemeinschaften, unabhängig von ihrer Herkunft. Zu ihren Freiheiten gehörten das Recht auf Freizügigkeit und die Wahl eines eigenen Richters, Rates und Priesters. Diese Freiheiten bestimmten auch die Unterschiede zu den deutschrechtlichen Siedlungen. Vor allem war die freie Richterwahl nicht mit den Rechten eines Vogtes als erblichem Richter der von ihm geschaffenen Siedlung vereinbar. Ein besonderes Merkmal der ungarischen Urbanisierung bestand darin, dass überall dort, wo auf die Privilegien oder Freiheiten anderer Städte als Rechtsmodelle Bezug genommen wurde, diese sich auf Orte innerhalb der Landesgrenzen bezogen. Neben den beiden Hauptmodellen, Stuhlweißenburg/Székesfehérvár und Ofen/Buda, hatten Privilegien häufig Städte in der nahen Umgebung als Bezugspunkte. Besonders auffällig ist das Fehlen von Verweisen auf die Stadt Magdeburg und das Magdeburger Recht in den ungarischen Stadtprivilegien. Nach dem ersten Kapitel des Gesetzesbuchs von Ofen (Ofner Stadtrecht) »entspricht die Gesetzgebung in einigen Dingen oder Stücken dem Magdeburger Recht« (»mit helet in etlichen dingen oder stugken Maidpurgerischen rechten«, Mollay 1959, S. 58). Es wurden jedoch kaum Artikel direkt oder wortwörtlich kopiert, obwohl sich Elemente des deutschen – besonders süddeutschen – städtischen Rechtsgebrauchs in der Gerichtspraxis auffinden lassen. Magdeburg wurde eher als Bezugspunkt genannt, der die Artikel des örtlichen Gewohnheitsrechts mit weithin anerkannter Autorität durchdrang.

Der Siedlungsprozess hinterließ zudem seine Spuren auf dem Boden und in den Grundrissen der neu geschaffenen Siedlungen. Viele davon waren vorwiegend ländlich geprägt und wurden allmählich urbanisiert, als die wirtschaftliche Bedeutung der Region im 13. und insbesondere im 14. Jahrhundert zunahm. Neue Dörfer und Städte, die von Siedlern gestaltet wurden, haben oft einen besonderen Grundriss, der ihren Ursprung widerspiegelt: Grundstücke wurden auf beiden Seiten der Hauptdurchgangsstraße der Siedlung vermessen, und das Land, das zu jedem Grundstück gehörte, wurde auf der Rückseite unmittelbar hinter dem Wohnbereich hinzugefügt. Die Hauptstraße diente als Marktplatz, der oft eine breitere, spindelförmige Gestalt erhielt, um dieser Funktion besser gerecht zu werden. Die Pfarrkirche, das Rathaus und andere öffentliche Gebäude wurden ebenfalls dort errichtet. Eine solche räumliche Anordnung erleichterte die Handelstätigkeiten der Siedler. Wenn sich eine Siedlung als erfolgreich erwies und weitere Bewohner anzog, wurden neue Straßen parallel zur ursprünglichen Hauptstraße angelegt. Typische Beispiele dafür sind Kaschau/Košice/Kassa (Abb. 164), das sich im 14. Jahrhundert zum

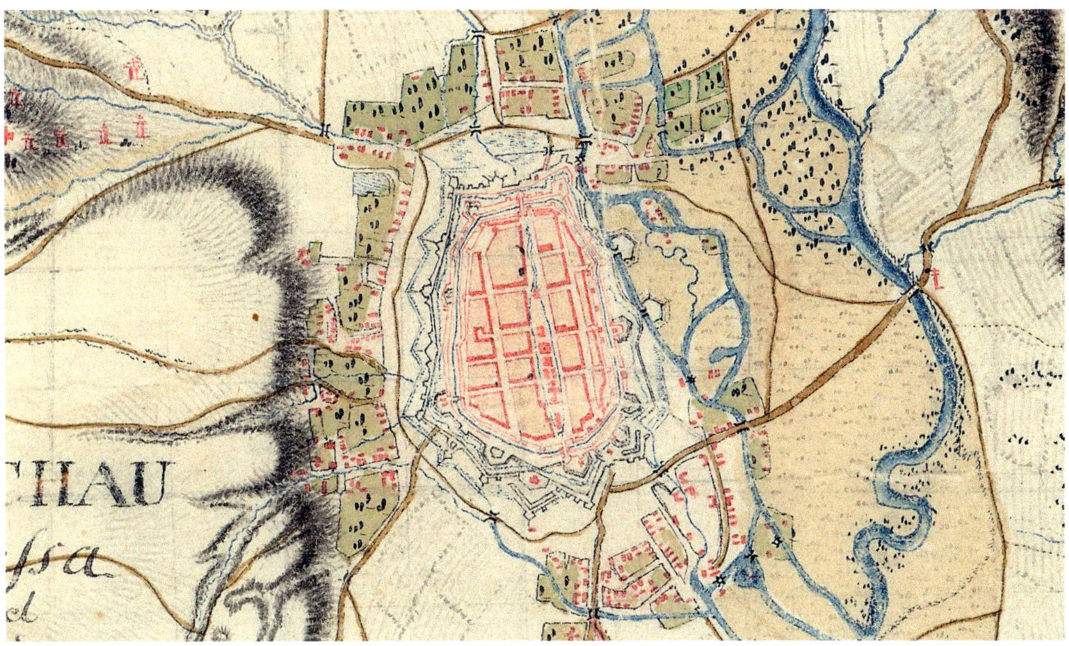

Abb. 164
Der Grundriss von Kaschau/Košice mit seinem spindelförmigen Hauptplatz spiegelt den Ursprung der Stadt als Rodungsdorf wider. Wien, Österreichisches Staatsarchiv, Josephinische Landesaufnahme, Königreich Ungarn (1728–1758), B IXa 527

Abb. 165
Pilsen/Plzeň war eine typische Gründungsstadt mit schachbrettartigem Grundriss. Sie ersetzte den älteren Starý Plzenec, der unweit zwischen den Hügeln lag. Wien, Österreichisches Staatsarchiv, Josephinische Landesaufnahme, Königreich Böhmen (1764–1767), B IXa 92

wichtigsten Handelszentrum im Nordosten Ungarns entwickelte, oder Eperies/Prešov, sein nördlich gelegener Nachbar. Der zunächst unbestimmte Charakter der Siedlungen, die im Laufe der Zeit entweder ländlich bleiben oder sich zu einer Stadt entwickeln konnten, war eine gemeinsame Erscheinung in allen Gebieten Ostmitteleuropas.

War es jedoch das Ziel, viele Menschen während einer Stadtgründung oder Stadterweiterung innerhalb kurzer Zeit anzusiedeln, wurde ein schachbrettartiger Grundriss als die ideale Lösung angesehen (Abb. 165). In Schlesien, Böhmen, Mähren und Polen errichtete man vom 13. bis zum 15. Jahrhundert Hunderte von größeren und kleineren Siedlungen mit einem solchen Straßenmuster. Das nahezu vollständige Fehlen dieser regelmäßigen Stadtgrundrisse in Ungarn ist höchstwahrscheinlich auf Unterschiede in den rechtlichen Rahmenbedingungen des Siedlungsprozesses zurückzuführen.

Stadtentwicklung im goldenen Zeitalter Ostmitteleuropas

Aus den oben diskutierten Prozessen folgten Neugründungen, die das urbane Netzwerk Ostmitteleuropas bis in unsere Zeit hinein prägten. Gleichzeitig ist jedoch die Frage der Umwandlung der oben besprochenen »alten Zentren« zwischen dem späten 13. und dem Ende des 15. Jahrhunderts zu berücksichtigen. Die königlichen und fürstlichen Sitze entwickelten sich unterschiedlich. Prag behielt seine zentrale Stelle für das Königreich Böhmen, nicht zuletzt wegen seiner Bedeutung als Handelsplatz. Die Stadt blieb jedoch in drei Hauptgemeinden unterteilt, zu welchen Karl IV. (reg. 1346–1378) als vierte die von ihm gegründete Neustadt hinzufügte. Krakaus führende Rolle wurde nach einem erfolgreichen Lokationsprozess (1257) durch die Vereinigung des Königreichs Polen (1320) und die Gründung ihrer Nachbarstadt Kasimir/Kazimierz (1335) durch König Kasimir III. (reg. 1333–1370) verstärkt. Gran, der frühere ungarische Königssitz, wurde dagegen vom König abgegeben: In den 1250er Jahren schenkte König Béla IV. (reg. 1235–1270) den königlichen Palast dem Erzbischof und ein Großteil der königlichen Stadt geriet in die Hände verschiedener kirchlicher Besitzer.

Von nun an war Ofen die wichtigste Stadt des Königreichs Ungarn, die in den späten 1240er Jahren auf königlichen Befehl auf einem vor den Mongolen und anderen Feinden gut geschützten Hügel mit Blick auf die Donau-Fähre von Pest gegründet worden war. Sie bildete zusammen mit Pest und Alt-Ofen/Óbuda eine Agglomeration. Alle drei Hauptstädte zogen deutsche Siedler an, vor allem aus Regensburg und später aus Nürnberg. Italiener, meistens aus Venedig, Genua und Florenz, kamen als Siedler zuerst nach Prag, danach nach Ofen und im 15. Jahrhundert auch nach Krakau; die Hauptstädte beherbergten zudem jüdische Gemeinden. Mit ihren königlichen Palästen und öffentlichen Einrichtungen entwickelten sich diese drei Hauptstädte im späten Mittelalter auf einem vergleichbaren Niveau mit jenen in Westeuropa, obwohl ihre Bevölkerungszahl etwas niedriger war: Prag hatte etwa 40 000, Krakau 25 000 und Ofen mit seiner Agglomeration 20 000 Einwohner.

Bei den Bischofsstädten sieht man eine Fortsetzung der Unterschiede zwischen Ungarn und den anderen Ländern der Region aus der vorangegangenen Periode. In Böhmen, Mähren und Polen erhielten alle eine oder mehrere Lokationsurkunden, die ihr wirtschaftliches Potenzial und ihre Bevölkerung stärkten (obwohl einige, wie etwa Gnesen, einen Bedeutungsverlust erlebten). Die neu gegründeten und regelmäßig geplanten Stadtteile verschoben die Bischofsquartiere an den Stadtrand, besonders wenn sie ohnehin auf einer Insel (Posen, Breslau, Abb. 166) oder auf einer Erhöhung (Olmütz, Plock) lagen. Prag wurde 1348 zum Erzbistum erhoben. In Ungarn dagegen wurden nur Raab und Neutra/Nitra mit königlichen Freiheitsbriefen versehen, später trat aber der König auch von diesen zurück. In Agram, der einzige Ort, in dem die Königliche Stadt und die Bischofsstadt nebeneinander lagen, gab es ständig Streitigkeiten zwischen den beiden Stadtteilen.

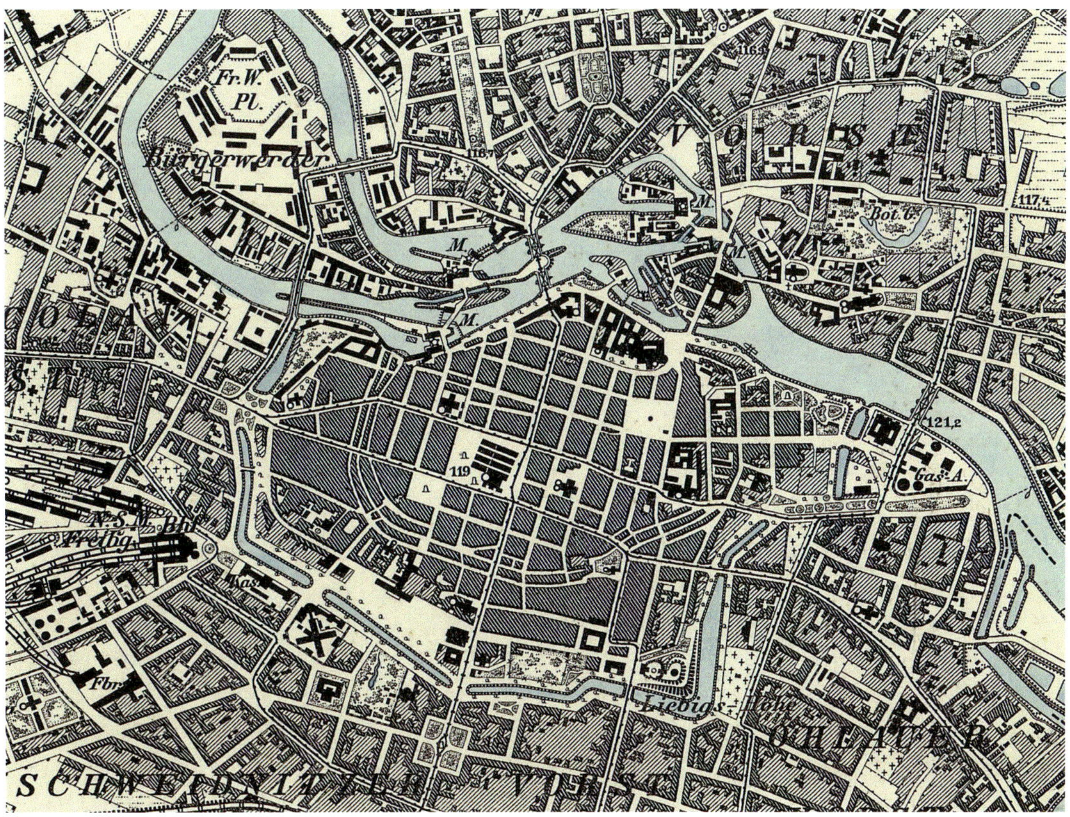

Abb. 166
Breslau/Wrocław wurde im Laufe des 13. Jahrhunderts mehrmals neugegründet. Die Kathedrale und die Bischofsquartiere gerieten dabei auf eine Insel am Stadtrand. Wien, Österreichisches Staatsarchiv, Preußen, 1877, B IVa 135

Die Neuorganisation des Militärs aufgrund der von den Adligen geführten Truppen und der Bedeutungsverlust der Burgwälle ließen die alten Kastellanei- und Gespanschaftsburgen ihre Funktion als militärische Stützpunkte einbüßen. Wenn sie sich an wirtschaftlich günstigen Standorten befanden, entstanden Lokationsstädte bei den alten Burgen, zum Beispiel bei Beuthen/Bytom, Glogau/Głogów und Liegnitz/Legnica in Schlesien. In Ungarn erhielten nur wenige solcher Städte königliche Stadtprivilegien, wie Ödenburg/Sopron, Eisenburg/Vasvár und Pressburg/Bratislava/Pozsony. Das 14. Jahrhundert war die Zeit der Intensivierung der Handelskontakte sowohl innerhalb Ostmitteleuropas als auch in weiter entfernten Richtungen wie dem Schwarzen Meer, dem Baltikum und der Adria.

Die Herrscher gewährten eine zunehmende Anzahl von Privilegien: die Befreiung von Maut und Zoll sowie das Jahrmarktsrecht an Städte, die an den wichtigsten Handelsstraßen lagen. Dies führte unter anderem zur wachsenden Bedeutung eines neuen Landwegs des levantinischen Handels, der vom Balkan in Hermannstadt/Sibiu/Szeben oder Kronstadt/Braşov/Brassó in Siebenbürgen über Klausenburg/Cluj-Napoca/Kolozsvár, Großwardein/Oradea/Nagyvárad und Kaschau und über die Karpaten nach Krakau verlief. Diese Entwicklungen resultierten in einer stärkeren Institutionalisierung der städtischen Verwaltung und Schriftlichkeit; die Benutzung von Stadtbüchern und Volkssprachen sowie das Erbauen bzw. Vorhandensein von Rathäusern, Zechhäusern und Kaufhallen war jedoch nicht gleichermaßen verbreitet in allen Städten Ostmitteleuropas.

Die stärksten Kontakte in rechtlicher, sozialer und technischer Entwicklung bildeten sich unter den Bergbaustädten aus. Tatsächlich wurde die *civitas montana* unter rechtlichen, administrativen und wirtschaftlichen Gesichtspunkten zu einem eigenständigen Städtetyp. Der Bedarf an neuen qualifizierten Arbeitskräften im Bergbau löste eine massenhafte Zuwanderung von Siedlern aus. Die Königreiche Böhmen und Ungarn wurden für Europas Silber- und Goldproduktion ab dem 13. Jahrhundert von vorrangiger Bedeutung, und hier wie in Schlesien und Polen wurde das Fachwissen deutscher Bergleute genutzt. Deutsche Bergbauexperten waren in allen Teilen Europas sehr gefragt, von Devon und Cornwall bis zu den mährischen und schlesischen Bergbauzentren in Iglau/Jihlava, Troppau/Opava, Reichenstein/Złoty Stok und – das reichste von allen – Kuttenberg/Kutná Hora in Böhmen (Abb. 167); später ebenfalls in Serbien und Bosnien. Im Bergbau wurde ausnahmsweise die Übertragung ausländischer Rechtssysteme auch für Ungarn erlaubt. Deutsche Bergleute gelangten über Mähren und Böhmen nach Ungarn, was aus dem Einfluss der Gesetze und Freiheiten von Iglau und Kuttenberg auf die rechtliche Stellung der Bergleute von Altrodenau/Rodna, Schemnitz/Banská Štiavnica/Selmecbánya und Kremnitz/Kremnica/Körmöcbánya abzulesen ist (Abb. 168). Beim Salzbergbau fand der Technologietransfer zwischen Ungarn (Siebenbürgen) und Polen statt, obwohl in Bochnia und Wieliczka die soziale Stellung der Bergarbeiter vom Lokationsprozess bestimmt war.

Das Spätmittelalter erlebte den Aufstieg und die Verbreitung sekundärer Verteilungszentren, die sich zumeist in der Hand privater Grundbesitzer befanden. Die Anzahl solcher Zentren wurde durch die Initiative mehrerer führender Adliger in den drei Königreichen erhöht, die Siedlungen auf ihren Gütern fördern wollten, genau wie die Könige auf ihrem Land. Tatsächlich befanden sich die meisten Städte Ostmitteleuropas Ende des 15. Jahrhunderts auf dem Gebiet privater Landbesitzer. Die meisten waren klein, bezüglich ihrer Bevölkerungszahl und dem Grad der Verstädterung zwischen Städten und Dörfern gelegen. Es lebte insgesamt etwa ein Drittel bis die Hälfte der Stadtbewohner unserer Region in solchen Siedlungen. Kleinstädte, Mark-

Abb. 167
Kuttenberger Handschrift, 1509–1516. Das Titelblatt zeigt den Kuttenberger Grubenbetrieb, Österreichische Nationalbibliothek Wien, Mus. Hs. 15501

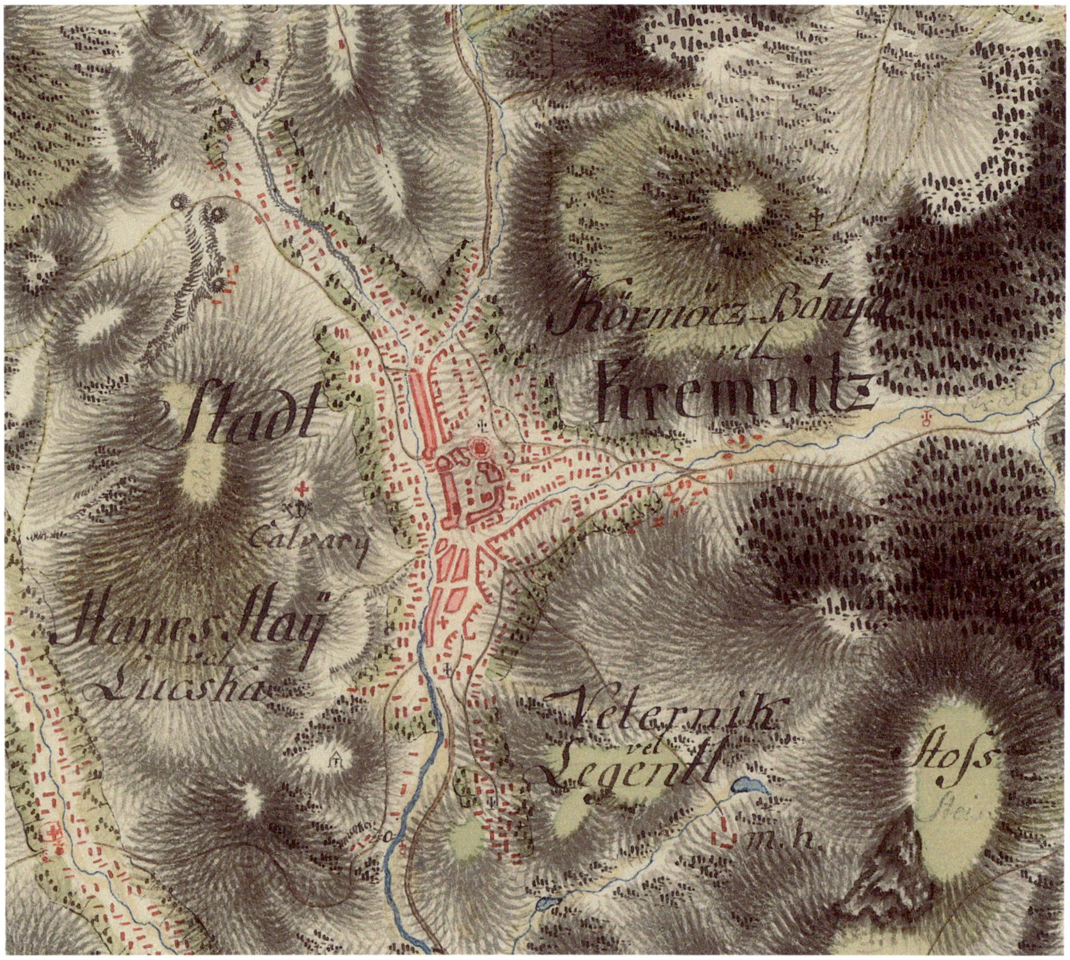

Abb. 168
Die Bergstadt Kremnitz/Kremnica wurde in einem engen Tal 1328 von König Karl I. gegründet und war bald das weltweit wichtigste Zentrum des Goldabbaus ihrer Zeit. Wien, Österreichisches Staatsarchiv, Josephinische Landesaufnahme, Königreich Ungarn (1728–1758), B IXa 527

flecken oder Minderstädte (*oppida*) waren ein weit verbreitetes europäisches Phänomen des Spätmittelalters und der Frühen Neuzeit. Das Besondere an den Kleinstädten in Ostmitteleuropa ist die Tatsache, dass sie häufig in Regionen vertreten waren, in denen keine größeren Städte existierten, und Funktionen erfüllten, die sonst von jenen ausgeübt worden wären.

Die Städte Ostmitteleuropas zwischen Expansion, Innovation und verzögerter Entwicklung

Die ostmitteleuropäischen Länder erlebten zwei entscheidende gemeinsame Erfahrungen im Mittelalter: die Staatsgründung und Christianisierung im 10. bis 11. Jahrhundert und die Transformation des 13. Jahrhunderts. Dies waren die wichtigsten Katalysatoren für die Entwicklung alter Zentren bzw. neuer Städte. In den frühen Jahrhunderten der Urbanisierung dominierten die Kirche und die königliche Macht. Die Landschaft und das Siedlungsnetz veränderten sich im Laufe des 13. Jahrhunderts grundlegend, nicht zuletzt dank der Einwanderung neuer Siedler. Alte Zentren, die für die Ausübung der militärischen und administrativen Macht geschaffen wurden, bahnten den Weg zu neuen Städten, die auf regionalen Austausch und Fernhandel ausgerichtet waren.

Viele dieser neuen Entwicklungen orientierten sich an ähnlichen (obwohl meist früheren) Prozessen in West- und Nordwesteuropa, mit gewissen Einschränkungen. Die Vertretung der Städte auf den Landtagen (mit der Ausnahme von Böhmen) war begrenzt, und einige Formen der Gemeinschaft und der Selbstverwaltung haben im Ostmitteleuropa nie Wurzeln geschlagen, zum Beispiel die Beteiligung von Zünften an der städtischen Regierung oder die Bildung von Nachbarschaften als selbst schützende Verbände. Man kann auch die Bevölkerungszahl der Städte nicht außer Acht lassen, die bei den ersten und zweiten Stufen der städtischen Hierarchie wesentlich niedriger war als in Westeuropa. Rathäuser waren seltener und kleiner, ebenso die durchschnittliche Höhe der Wohnhäuser.

In der Stadtentwicklung Ostmitteleuropas finden sich Merkmale, die sich als Resultate lokaler Prozesse vor Ort entwickelten. Eines davon war eben das *ius Theutonicum* (deutsche Recht), das viele der neuen Siedlungen erhielten. So eine Bezeichnung hätte in den ausschließlich von Deutschen bewohnten Gebieten keinen Sinn ergeben. Ebenso war die häufige Erscheinung des schachbrettartigen Grundrisses eine zeit- und regionsspezifische Erscheinung. Auf der Ebene der Verwaltung fällt die starke Dominanz des jeweiligen Herrschers über seine Städte auf. Die städtische Autonomie konnte jederzeit eingeschränkt werden und besonders die lukrativen Bergbaustädte standen unter starker königlicher Kontrolle. Diese Haltung wurde von den aristokratischen Großgrundbesitzern in ihren eigenen Städten nachgeahmt.

In Ostmitteleuropa existierten also erhebliche Unterschiede zwischen den einzelnen Ländern bezüglich der Stadtrechtsfamilien, des Verhältnisses zwischen königlichen und bischöflichen Siedlungen oder der Möglichkeit der Stadtgründung durch Klöster, um nur einige wesentliche Merkmale zu nennen. Die Geografie, die Stromrichtung der Flüsse, die Trennung der Wein- und Bierregionen trugen ebenfalls wesentlich zur inneren Differenzierung dieser Großregion und ihrer Städte bei. Letztendlich sollte man nicht vergessen, dass die Städte Ostmitteleuropas selbst als Modelle für die Nachbarregionen dienten. Neben dem schon erwähnten Ruthenien waren die Kontakte nach Ost- und Südosteuropa, nach Litauen, zu den Fürstentümern Moldau und Walachei sowie nach Bosnien die wesentlichsten Ausstrahlungsrichtungen der in Ostmitteleuropa entwickelten Grundzüge der Stadtentwicklung, die in diesem Beitrag skizziert wurden.

Literatur

Bartoszewicz 2017 | Berend 2012 | Berend/Urbańczyk/Wiszewski 2013 | Brachmann 1995 | Gerevich 1990 | Gönczi 1997 | Hoffmann 1992 | Jaritz/Szende 2016 | Kaufhold/Reininghaus 2004 | Keene/Nagy/Szende 2009 | Klápšte 2016 | Körmendy 1995 | Kozubska-Andrusiv 2007 | Miller 2008 | Mollay 1959 | Mühle 2011 | Mühle 2014 | Nagy 2016 | Nagy/Schmieder/Vadas 2018 | Opll 2011 | Pauly/Lee 2015 | Piekalski 2001 | Piskorski 2002 | Radvan 2010 | Schlesinger 1975 | Simms 2007 | Szende 2018 | Zimmermann 1996.

ACHIM TIMMERMANN

Die bewegliche Stadt

Jerusalem in der städtischen Imagination des Mittelalters

Mit dem Namen »Jerusalem« verbanden die abendländischen Christen des Mittelalters gleich zwei Städte: zum einen das im Heiligen Land gelegene irdische Jerusalem, Ort der Erfüllung des Erlösungswerks durch das Leiden Christi, das zwischen Zionsberg, Ölberg, der Via Dolorosa und Golgotha angesiedelt war. Zum anderen die heilige Himmelsstadt Jerusalem, die laut der neutestamentlichen Johannesvision nach der Überwindung Satans durch Gott am Weltende zur Erde herabsteigen wird – »bereit wie eine Braut, die sich für ihren Mann geschmückt hat« (Offb 21,2) – und deren edelsteinbesetzte Mauern und Gebäude die letzte Heimat (»patria«) der beim Jüngsten Gericht geläuterten Menschheit bilden werden. Jerusalem war somit zugleich Wirklichkeit und Idee sowie gemeinschaftlicher Erinnerungs- und Sehnsuchtsort. Während das zweite heilsgeschichtliche, himmlische Jerusalem auf nicht absehbare Zeit unerreichbar sein sollte, war es 1099 einem Heer von Kreuzfahrern gelungen, das irdische Jerusalem – mit seinen bereits seit dem 4. Jahrhundert von Pilgern besuchten Passionsstätten – unter christliche Herrschaft zu bringen. Schon 1187 wurde die Stadt jedoch von Muslimen zurückerobert und erneut der direkten christlichen Kontrolle entzogen.

Die Unverfügbarkeit des sowohl diesseitigen als auch jenseitigen Jerusalems tat währenddessen der symbolischen Aneignung beider Städte keinen Abbruch; im Gegenteil, besonders im Zuge des Scheiterns der Kreuzzugsidee erdachte man sie sich immer wieder neu, bildete sie ab, baute und spielte sie nach, verlegte sie sogar teilweise in die heimatliche Geografie und in den städtischen Wirklichkeitsraum. Dabei konnte man sowohl auf detaillierte Berichte von Jerusalempilgern zurückgreifen als auch auf die anschauliche Architekturschilderung der Johannesoffenbarung selbst. Die in den Pilgerberichten enthaltenen Zahl- und Maßangaben trugen wesentlich dazu bei, dass sich besonders das irdische Jerusalem mental über die vertikale Erdoberfläche bewegen ließ und seine virtuellen Nachbildungen einen teilweise hohen Echtheitsgrad beanspruchen konnten.

Im Folgenden soll es vor allem um Strategien der Erfahrbarmachung des irdischen Jerusalems im städtischen Realraum gehen, besonders während des Jahrhunderts vor der Reformation. Zuvor muss jedoch kurz auf das himmlische Jerusalem eingegangen werden, das neben Rom immer wieder als positiv bewertetes Stadtbeispiel angeführt wurde und trotz seiner zukünftigen und heilsgeschichtlichen Dimension als ideelles Vorbild für die irdische Stadtgemeinschaft galt. Dass sich die mittelalterliche Stadt durchaus als Vorverkörperung bzw. Abbild der Himmelsstadt verstehen konnte, wird unter anderem durch einen Vergleich zwischen der Miniatur des *Hierusalem celestis* im sogenannten »Liber floridus« des Lambert von Saint-Omer (um 1060–1125) und dem etwa zur gleichen Zeit entstandenen Großen Kölner Stadtsiegel deutlich: Hier wie dort ist das himmlische Jerusalem als fast kreisrunde Stadtabbreviatur dargestellt, deren zinnenbewehrte Ringmauer mit zahlreichen Wehrtürmen besetzt ist und in deren Mitte im Fall Kölns der Stadtpatron Petrus thront. Vergleichbare idealisierte Stadtansichten – allesamt frühe Selbstzeugnisse der ersten großen Bürgergemeinden – finden sich auch auf den zeitgenössischen Siegeln von Trier, Mainz, Straßburg, Soest, Hildesheim und Erfurt.

Innerhalb der Stadtmauern war es besonders das Kirchengebäude, das immer wieder mit dem himmlischen Jerusalem identifiziert wurde, so etwa bei der Kirchweihmesse, bei der der entsprechende Text aus der Johannesoffenbarung gelesen wurde. Zudem machte die Anwesenheit der Heiligen durch ihre Reliquien die Kirche zum Ort der Gegenwart Gottes, die ihre Vollendung am Ende der Zeiten findet. Im Kircheninnern selbst konnte es dabei zu kinetisch animierten Sichtungen der Himmelsstadt kommen, so während der Messfeier, des Stundengebets oder bei Begräbnissen – liturgischen Anlässen, bei denen wiederholt mit Mikroarchitekturen besetzte und das neue Jerusalem darstellende Weihrauchfässer gen Altar oder Zelebrant geschwungen wurden. Besonders bekannt sind natürlich die großen Radleuchter oder Lichtkronen aus ottonischer bzw. romanischer Zeit, die so im Kircheninnern aufgehängt waren, dass die Türme und Mauern ihrer die Himmelsstadt nachahmenden Gestalt wie eine Vision über den Häuptern der Kirchenbesucher schwebten. Das berühmteste sich noch in situ befindliche Beispiel hierfür ist der sogenannte Barbarossaleuchter in der Rotunde der Aachener Pfalzkapelle (um 1165–1170), der sich aus acht vergoldeten Kreissegmenten zusammensetzt, die die himmlische Stadtmauer repräsentieren, und mittig unter der Oktogonkuppel vier Meter über dem Fußboden hängt.

In der Zeit der Gotik wurde dieses die Johannesvision verbildlichende Kirchenmobiliar um Weltgerichtsaltäre erweitert, in denen das neue Jerusalem der Höllenstadt gegenübergestellt wird, so etwa auf dem Mittelteil eines um 1435 entstandenen Retabels des Kölner Malers Stefan Lochner (Köln, Wallraf-Richartz-Museum). Zugang zum himmlischen Jerusalem gewährt hier ein reich verziertes gotisches Stadttor, über dessen Portalgiebel auf einer Brüstung musizierende Engel positioniert sind – ein Detail, welches womöglich vom mittelalterlichen Zeremoniell städtischer Herrschereinzüge inspiriert worden ist. Die genannten Beispiele zeigen, dass man sich das himmlische Jerusalem vor allem symbolisch vorstellte und den Stadtbewohnern visuell nur über maßstabverkleinerte Architekturdarstellungen punktuell nahebrachte – mit einer wichtigen, aber erst in der frühen Neuzeit anzusiedelnden Ausnahme, auf die zum Schluss eingegangen werden soll. Ganz anders verhielt es sich mit dem irdischen Jerusalem, das sich durchaus auch baulich in den Alltagsraum der heimatlichen Stadt übertragen ließ und dort in vieler Hinsicht körperlich erfahrbar gemacht, ja sogar mit den eigenen Schritten durchmessen werden konnte.

Besonders geeignet für die Verortung des irdischen Jerusalems in das Gefüge der mittelalterlichen Stadt waren natürlich Bauten oder im öffentlichen Raum zugängliche Skulpturenensembles, die mit ihrer spezifischen Form, ihren Abmessungen, ihrem Bildsujet oder dem Ort ihrer Errichtung in verschiedener Weise auf die lokalen Gegebenheiten der Heiligen Stadt Bezug nahmen und somit eine besondere Authentizität beanspruchten. Bereits seit dem Frühmittelalter wurden Nachbauten des Heiligen Grabes von Jerusalem errichtet, deren Zahl vor allem im Zeitalter der Kreuzzüge signifikant zunahm. Nachgebildet wurden sowohl die eigentliche Grabkapelle, die sogenannte Ädikula, als auch die sie umhüllende Grabesrotunde, die Anastasiskirche. Unter »Nachbildung« ist hier aber keine Kopie im modernen Sinn zu verstehen, sondern ein Bau, dessen Form auf wesentliche Elemente des Originals – etwa den zentralisierenden Grundriss, die Anzahl der Säulen im Innern und die Zweigeschossigkeit – Bezug nimmt oder hinweist.

Ein besonders früher Nachbau der Anastasis im deutschsprachigen Raum war die – heute in nur noch stark veränderter Form erhaltene – Busdorfkirche in Paderborn, die etwa ab 1035 von Bischof Meinwerk (amt. 1009–1036) »ad similitudinem sancta Ierosolimitane ecclesie« (Vita Meinwerci, Kap. 155) errichtet wurde. Sie sollte sich auf Abmessungen beziehen, die Abt Wino von Helmarshausen ebenfalls auf Veranlassung Meinwerks kurz zuvor an der 1009 auf Befehl des Fatimiden-Kalifen al-Ḥākim (reg. 996–1021) teilweise zerstörten Jerusalemer Grabeskirche vorgenommen hatte. Das östlich der Stadtmauern gelegene Busdorfstift war jedoch nur Teil einer wesentlich ehrgeizigeren Stadtplanung, die die Anlage zweier kreuzförmig zueinander verlaufender Bedeutungsachsen vorsah. Die Positionierung des Domes mit seinem Liboriusschrein im Zentrum dieser Sakraltopografie sollte hierbei den Zugang zum Himmel weisen; schließlich handelte Meinwerk, wie es in einer zeitgenössischen Quelle heißt, »pro optinenda celesti Jerusalem« (Ehbrecht 2004, S. 78).

Abb. 169
Eichstätt, ehemaliges Schottenkloster (jetzt Kloster der Passionisten), Heiliges Grab, um 1166

Während es sich bei der Busdorfkirche hauptsächlich um eine sehr vereinfachende Nachempfindung der Grabesrotunde handelte, die architektonisch nur in puncto Zentralbautendenz und Doppelstöckigkeit auf das Original Bezug nahm, ging es bei dem um 1166 im Eichstätter Schottenkloster angelegten Heiligen Grab – eine Kopie lediglich der Grabesädikula – wesentlich akkurater zu. Denn in dieser etwas über vier Meter hohen Kleinarchitektur wurden sowohl die innere Anordnung des Vorbilds – unter anderem die kubische Grabkammer mit dem sich darin befindlichen Bankgrab – als auch dessen bekrönende ziboriumförmige Laterne erstaunlich genau nachgeahmt (Abb. 169). Zu diesen bis ins Spätmittelalter errichteten Heilig-Grab-Anlagen kam im süddeutschen Sprachraum ab dem dritten Jahrzehnt des 15. Jahrhunderts ein weiteres Stück »transportables Jerusalem« hinzu, das besonders das Umfeld der großen Pfarrkirchen nachhaltig prägen sollte: der Ölberg, eine großplastische und teilweise architektonisch eingefasste Darstellung des Gebets Christi im östlich der Jerusalemer Stadtmauern gelegenen Garten Gethsemane.

Ölberge dramatisierten in verschiedener Weise das Gründonnerstagsgeschehen und zeigten neben dem ins Gebet versunkenen Jesus in der Regel die schlafenden Jünger und den Engel mit dem Kelch, konnten aber auch durch die Gefangennahme mit Judas und den von ihm herbeigerufenen Häschern erweitert werden. In aufwendiger gestalteten Ölbergen wurden die Figuren oft zusätzlich vor einen von Malereien oder Reliefs gebildeten landschaftlichen Tiefenraum mit der Stadtansicht Jerusalems platziert. Die meisten dieser bühnenbildartigen Szenerien waren in einem an der Südseite der Bischofs-, Stifts-, oder Pfarrkirche gelegenen Vorbau untergebracht. In einigen herausragenden Fällen konnten sie auch isoliert auf dem Kirchplatz oder einem kirchnahen Friedhof stehen. Besonders hervorzuheben ist in diesem Zusammenhang der Ölberg auf der Südseite des Ulmer Münsters, eine monumentale, von einer achtseitigen Klein-

Abb. 170
Planzeichnung des Ulmer Ölberges von Matthäus Böblinger, 1474. Ulm, Museum Ulm

Abb. 171
Christus am Ölberg, Fragment des ehemaligen Flügelaltares aus St. Michael zu den Wengen, Ulm, Werkstatt Bartholomäus Zeitblom (und Jörg Stocker?), um 1500. Ulm, Museum Ulm, 1966.9023

architektur umschlossene Anlage. Sie wurde zwar 1807 abgebrochen, ihr Aussehen lässt sich aber anhand aufgefundener Fragmente und vor allem einer detaillierten Planzeichnung rekonstruieren, die 1474 vom späteren Münsterwerkmeister Matthäus Böblinger (1450–1505) angefertigt wurde (Abb. 170). Vor der großen Stadtpfarrkirche wurde hier eindrucksvoll ein Stück Passionstopografie in Szene gesetzt, mit lebensgroßen Figuren, künstlichen Felsen und Blumen und einem das Geschehen umschließenden Flechtzaun.

Dass sich umgekehrt auch die Stadt- bzw. Münstersilhouette zur Nachahmung der etwa 4 000 Kilometer entfernten Heiligen Stadt anbot, suggeriert eine nur fragmentarisch erhaltene Tafel des ehemaligen Hochaltarretabels der Ulmer Kirche St. Michael zu den Wengen. Auf der Tafel, die um 1500 in der Werkstatt Bartholomäus Zeitbloms (um 1455–1518) entstand, ist Jesus beim Gebet auf dem Ölberg dargestellt (Abb. 171). Zeitblom verortet wie Böblinger die Angst Jesu im Garten des Ölbergs, der hier von dem noch unvollendeten und mit einem Notdach versehenen Westturm überragt wird, vor die Südseite des Münsters. Wie sehr sich die tagtägliche Erfahrung des städtischen Raumes mit der individuellen Vergegenwärtigung des biblischen Jerusalems überschnitt, der Betrachter sogar dazu angehalten wurde, sich anhand des gebauten Umfelds seines Heimatorts die Topografie der »loca sancta« (heilige Orte) vor Augen zu führen, wird eindrücklich durch einen Auszug aus dem 1494 in Venedig erschienenen Erbauungsbuch »Zardino de oration« (Gebetsgarten) belegt. Der in der Hauptsache an junge Leserinnen gerichtete Text rät, man solle sich, um sich die Passionsgeschichte besser einzuprägen, Orte und Personen im Geist ausmalen, »zum Beispiel eine Stadt, die die Stadt Jerusalem sein wird; zu diesem Zwecke wählst du eine Stadt, die du gut kennst. Finde in dieser Stadt die wichtigsten Orte heraus, an denen all die Ereignisse der Passion würden stattgefunden haben – zum Beispiel einen Palast mit dem Speisesaal, in dem Jesus das Abendmahl mit den Jüngern einnahm […] dazu ein Ort, in dem Jesus in der Nacht gefangengenommen wurde […]. Auch den Wohnsitz des Pilatus, wo er mit den Juden sprach, und darin den Raum, in dem Jesus an die Säule gefesselt wurde. Auch die Stelle am Berg Golgatha, wo er ans Kreuz geschlagen wurde, und andere ähnliche Orte […]« (Baxandall 1984, S. 60).

Diese und ähnliche den Leidensweg Christi nachvollziehenden Visualisierungsstrategien, die besonders im Zusammenhang mit der seit Ende des 14. Jahrhunderts auch zunehmend von Laien angestrebten und praktizierten spirituellen oder geistlichen Pilgerschaft zur Anwendung kamen, wurden faktisch von den im 15. Jahrhundert sich mehrenden Berichten tatsächlicher Jerusalempilger – wie die des Ulmers Felix Fabri (um 1438/39–1502) und des Mainzers Bernhard von Breydenbach (um 1440–1497) – ergänzt und korrigiert, aber auch erweitert und vertieft. Beide Arten der Erfahrbarmachung der Heiligen Stadt – der virtuelle Parcours und der teilweise auch bebilderte Augenzeugenbericht – trugen wesentlich dazu bei, die Stätten der Passion Jesu in ihrer ganzen Abfolge auf einen fast beliebigen städtischen Raum in Nordeuropa zu übertragen. Die Rede ist hier von den Kreuzwegstationen, die überwiegend aus mit Passionsreliefs versehenen Bildstöcken bestanden, sowohl an den von Jerusalempilgern vorgenommenen Abmessungen der Via Dolorosa als auch an den Gegebenheiten der heimatlichen Topografie. Dabei wurden, wenn möglich, Stadttore und jenseits der Mauern gelegene Wasserläufe und Anhöhen in die Planung einbezogen. Besonders bekannt und von der Forschung immer wieder in den Vordergrund gerückt worden sind die Kreuzwegstationen des Adam Kraft (um 1455/1460–1509) in Nürnberg, die zwischen dem Neutor und dem westlich davon gelegenen Johannisfriedhof verliefen. Mit einem Abschlussdatum von etwa 1508 gehört die Abfolge von Adam Kraft jedoch bereits zu einer späteren Generation solcher »multimedialen« Anlagen.

Der nachweislich erste Kreuzweg im deutschsprachigen Raum, der sich auf lokale topografische Begebenheiten bezog, entstand bereits ab 1440 im linksrheinischen Ahrweiler. Einbezogen in die Abfolge wurden hier ein bereits existierendes Stadttor, der Fluss Ahr, der sich als Kidron anbot, und die südlich der Stadt auf einem kleinen Berg gelegene Richtstätte (der sogenannte Kopp), die zum Golgathahügel umgedeutet wurde. Auch in Lübeck ließ man sich bei der Anlage des Sieben-Stationen-Weges, der durch Gelder des Lübecker Ratsherrn und ehemaligen Jerusalempilgers Hinrich Konstin (gest. 1482) finanziert wurde, von der örtlichen Geografie inspirieren. Nur gab es hier weit und breit keine natürliche Anhöhe, die als »Mons Calvariae« (Kalvarienberg) hätte dienen können. Daher wurde eigens zu diesem Zweck ein künstlicher, rampenförmiger Hügel aufgeschüttet, der sogenannte Jerusalemberg, auf dem auch heute noch das letzte Stationsrelief mit der Kreuzigung Christi zu sehen ist. Andernorts kulminierten Kreuzwege nicht nur in einer Kreuzigungsdarstellung, die teilweise auch als lebensgroßer, vielfiguriger Kalvarienberg gestaltet werden konnte, sondern zusätzlich in einer mit einer Vikarienstiftung ausgestatteten Heilig-Grab-Kapelle, in der kontinuierlich die Messe gelesen werden sollte. Ein Beispiel findet sich in Wesel, wo eine aus vier Passionsszenen bestehende Sequenz mit einer derartig ausgestatteten Anlage – »hilliger Berg« genannt – in der dortigen Mathena-Vorstadt abschloss. Die Fertigstellung einer solch aufwendigen Abfolge konnte sich über mehrere Jahre oder sogar Jahrzehnte hinziehen. Das vom ortsansässigen Kaufmann Hermann Saelen gestiftete Weseler Ensemble entstand etwa zwischen 1493 und 1504.

Im oberlausitzischen Görlitz dauerte es sogar gut zwei Jahrzehnte, bis die dortige Heilig-Grab-Anlage um 1504 vollständig in Betrieb genommen werden konnte (Abb. 172). Ausgangspunkt war hier die Krypta der über dem Neißetal aufragenden Pfarrkirche St. Peter und Paul. Von dort gelangten Besucher – entlang eines den Stadtraum verlassenden und von Bildstöcken flankierten Weges – über den Bach Lunitz, der den Fluss Kidron darstellen sollte, zu einem regelrechten Themenpark. In ihm konnten sie neben einer verkleinerten Kopie der Heilig-Grab-Ädikula auch das Salbhaus – ein kleiner sterngewölbter Bau mit einer Skulpturengruppe der Beweinung Christi – und die doppelstöckige Heiligkreuzkapelle besichtigen. Letztere beherbergt unten die sogenannte Adamskapelle und im hohen Obergeschoss die Golgathakapelle, in welcher der Standort der drei Kreuze durch kreisrunde Vertiefungen im Fußboden angezeigt wird. Die erlösende Wirkung des Todes Jesu am Kreuz wird hier sehr anschaulich durch eine ebenfalls im Estrich der Oberkapelle befindliche Rinne erfahrbar gemacht. Von dieser Rinne führt die – hier nur implizierte – Blutspur des Erlösers in einen ins Mauerwerk integrierten Felsspalt – ein Hinweis auf das dem Tod Jesu folgende Erdbeben – zur darunter liegenden Adamskapelle; die Architektur inszeniert somit das Leiden Jesu als Gegenpart zum Sündenfall Adams. An diese Anlage schließt sich im Norden eine leicht hügelige Landschaft an, die zum »Wiedererkennen« weiterer Stätten der Leidensgeschichte Jesu einlud, wie der Jüngerwiese und des Ölbergs mit dem Garten Gethsemane. Die Forschung hat verschiedentlich versucht, das auch als Görlitzer Jerusalem bekannte Ensemble mit zwei lokalen Persönlichkeiten in Verbindung zu bringen, die nachweislich beide das Heilige Land bereist hatten. Doch lässt sich letztlich hier wie auch bei einigen anderen Kreuzweganlagen eine direkte Beteiligung am Bauvorhaben seitens der in ihre Heimatorte zurückgekehrten Jerusalempilger nicht eindeutig dokumentarisch belegen.

Das Abschreiten der vorgestellten Kreuzwege und das damit einhergehende Eintauchen in einen »Ereignisraum Jerusalem« (Schulz 2015) konnte sowohl auf individueller Basis geschehen als auch im Rahmen von Prozessionen oder – wie in Nürnberg – von gemeinschaftlichen Friedhofsgängen. Zusätzlich zu dem eventuell mit einer Kreuzigungsszenerie und einer Grabeskapelle ausgestatte-

Abb. 172
Görlitz, Heiliges Grab. Der Bau des Gesamtensenbles erfolgte in den Jahren 1481 bis 1504

ten Friedhof gab es im Umfeld des städtischen Weichbilds aber noch einen weiteren Ort, der als Abbild des Jerusalemer Kalvarienbergs dienen konnte: die ebenfalls außerhalb der Stadtmauern gelegene Richtstätte, die im deutschsprachigen Raum ab etwa der Mitte des 15. Jahrhundert mit sogenannten Beichtenmartern oder Armsünderkreuzen versehen wurde. Vor diesen wohl ursprünglich aus Frankreich stammenden kleinen Monumenten, die in der Regel bildstockartig gestaltet waren und oft Reliefs der Kreuztragung oder der Kreuzigung zeigten, verrichtete der Missetäter (Malefikant oder Armsünder) sein letztes Gebet, bevor er dem herbeibestellten Scharfrichter am nahe gelegenen Galgen überantwortet wurde. Dieses Gebet am Armsünderkreuz sollte es dem Verurteilten ermöglichen, noch in der Stunde seines Todes die Rolle des guten Schächers anzunehmen, dem Jesus für seine Reue am Kreuz bekanntlich das Paradies versprach (Lk 23, 41–43).

Die Schaulustigen, die sich dem Armsünderzug oft bereits am Rathaus, dem Ort der Verurteilung des Malefikanten, anschlossen und diesem dann durch das Stadttor zum Galgen folgten, schlüpften ihrerseits – wenn auch nur kurz – in die Rolle des jüdischen Volkes, das vor dem Prätorium des Pilatus die Kreuzigung Jesu gefordert hatte und diesen dann entlang der Via Dolorosa bis zur Schädelstätte begleitete. Die oft in unmittelbarer Nähe der städtischen Richtstatt positionierten Armsünderkreuze, die sich äußerlich kaum von den Kreuzwegstationen unterschieden, markierten den Endpunkt eines zweiten sich bis jenseits der Stadtmauern erstreckenden Illusionsraums, in dem gleichfalls die Topografie des Passionsgeschehens in Erinnerung gerufen wurde, wenngleich unter anderen Prämissen und mit anderen Absichten. Denn das gemeinsame Abschreiten dieses Weges gipfelte schließlich auf dem »locus calvariae« (Schädelstätte) – wie der Galgen Anfang des 16. Jahrhunderts im fränkischen Volkach hieß – in einer tatsächlichen Hinrichtung. Die Existenz bestimmter Armsünderkreuze ist vielfach durch frühe Stadtansichten belegt, so etwa für Nürnberg, Regensburg, Meßkirch, Steyr und Berlin; auch haben sie sich vereinzelt erhalten, wie beispielsweise in Halle an der Saale, Heilbronn, Brünn/Brno und Wien. Interessanterweise scheint es in Lübeck nie ein Armsünderkreuz gegeben zu haben, wahrscheinlich deshalb, weil der von den Kreuzwegstationen vorgegebene Weg größtenteils deckungsgleich war mit der Straße, die auch der Armsünderzug zum Galgen nehmen musste, der Malefikant also ausgiebig Gelegenheit hatte, über seinen eigenen bevorstehenden Tod vor der detaillierten Szenerie der Passion Christi nachzudenken. Ob Verurteilte dazu auch tatsächlich in der Lage waren, oder ob die Todesangst die offensichtlichen Parallelen zwischen ihrem eigenen Sterben und der Leidensgeschichte Jesu überblendete, lässt sich nicht mehr feststellen, ist aber wohl in vielen Fällen anzunehmen.

Das örtliche Nebeneinander bzw. Zusammenspiel der hier kurz vorgestellten künstlerischen Nachahmungen der Jerusalemer Passionstopografie lässt sich sehr gut am Beispiel Bambergs verdeutlichen. Wie in anderen spätmittelalterlichen Städten konnten dort innerhalb des Stadtgebiets gleich mehrere Ölberge in Augenschein genommen werden, wovon sich bis heute vier erhalten haben, zwei davon noch an ihrem originalen Standort. Zu diesen im urbanen Gefüge immer wieder sichtbar werdenden schaubühnenartigen Nachbildungen des Gartens Gethsemane gesellte sich bis etwa 1503 ein Zyklus von Kreuzwegstationen, der sich im Gegensatz zu dem von Adam Kraft in Nürnberg noch vor Ort befindet. Der auf Stiftungen des Ritters Heinrich Marschalk von Ebneth zu Rauheneck (gest. um 1519) zurückgehende Bamberger Kreuzweg führte Gläubige entlang einer ständig an Höhe gewinnenden Straße von der Spitalkirche St. Elisabeth im Nordwesten der Stadt zur Propsteikirche St. Getreu und passierte dabei das Sandtor und das Benediktinerkloster Michelsberg. Visualisiert und auf die lokale Geografie projiziert werden die Leiden Christi hier durch insgesamt sechs mit äußerst detailreichen Reliefs ausgestattete Bildstöcke – sie enthalten auch Entfernungsangaben bis zum Haus des Pilatus, also der ersten Station – und durch drei sich heute in der Kirche St. Getreu befindliche Skulpturengruppen der Kreuzigung, Beweinung und Grablegung. Dieser Kopie der Via Dolorosa entsprach im Süden der Stadt ein zumindest an seinen Endpunkten außerhalb der Mauern ebenfalls Aspekte der Passionstopografie evozierender zweiter Leidensweg, der jedoch nicht der Pflege der geistlichen Pilgerschaft diente, sondern der theatralischen Inszenierung des Strafvollzugs.

In Bamberg gab es gleich zwei Hinrichtungsstätten: den eigentlichen Galgen im Gebiet des heutigen Stadtteils Wunderburg und den sogenannten Rabenstein auf der Insel der Regnitz für Enthauptungen. Beide Orte waren jeweils durch ein die Kreuzigung Christi zeigendes Armsünderkreuz markiert. Während sich die sogenannte Galgenfuhrmarter, ein doppelseitiger Bildstock von etwa 1490 bis 1510, auf dem Gelände einer Schule am Luitpoldhain erhalten hat, sind wir über das Aussehen des Rabensteins durch einen Holzschnitt unterrichtet. Dieser ziert das Titelblatt der »Bambergischen Peinlichen Halsgerichtsordnung« (Bambergensis), einer Strafrechtskodifikation, die 1507 auf Veranlassung des Bamberger Fürstbischofs Georg III. Schenk von Limpurg (amt. 1505–1522) veröffentlicht wurde. Darauf zu sehen ist eine an die »arma Christi« (Leidenswerkzeuge Christi) gemahnende Zusammenstellung von Folter- und Hinrichtungswerkzeugen, darunter oben in der Mitte der Rabenstein, eine erhöhte und über eine innere Treppe zugängliche Plattform, die am Kopfende von einer kleinen Stele mit der »imago crucifixi« (Kreuzigungsbild) abgeschlossen wird.

Wie sehr sich die Verbildlichungen der beiden Bamberger Kreuz(igungs)wege durchdringen konnten, verdeutlicht der Vergleich zwischen einem weiteren Holzschnitt der Bambergensis und dem ersten Relief des nur wenige Jahre zuvor fertig gestellten Stationszyklus. Letzteres zeigt laut Inschrift »Cristus ausgefirt von Pilatus haws sein kreutz tragend« (Christus, wie er vom Haus des Pilatus geführt wird und sein Kreuz trägt) und stellt eindrücklich dar, wie Jesus mit dem geschulterten Kreuz von Folterknechten gen Stadttor gedrängt wird, während ihm die Frau des Pilatus und zwei ihrer Töchter vom Praetorium aus nachschauen (Abb. 173). Die Illustration der »Bambergischen Halsgerichtsordnung« auf Blatt 34 a schildert ebenfalls eine Ausführung (wie es auf Blatt 34 b heißt), hier jedoch des Armsünders, der umringt von Schaulustigen, Richter, Henker, Stadtbüttel und einem Priester vom Stadttor zur Richtstatt schreitet (Abb. 174). Dass der Malefikant trotz seines Verbrechens noch in seinem letzten Stündlein dazu angehalten wurde, die Nachfolge Christi anzutreten, impliziert sowohl das Kruzifix, das ihm vom Priester vorgehalten wird, als auch das Spruchband, auf dem der Verurteilte zur Gefasstheit ermahnt wird: »Wo du geduld hast in der peyn / So wirt sie dir gar nutzlich sein / Darumb gib dich willig darein.«

Innerhalb dieses vielschichtigen Erfahrungs- und Vorstellungshorizonts wurde Jerusalem nicht nur nach Bamberg »verpflanzt«, sondern es konnte umgekehrt – wie bereits am Beispiel Ulms gezeigt – die abendländische Heimatstadt ebenso zu Jerusalem werden. Dies suggerieren unter anderem zwei bereits in den 1480er Jahren entstandene Tafelbilder, die aus dem Umkreis oder der Werkstatt Wolfgang Katzheimers (um 1450–1508) stammen: die »Verabschiedung der Apostel« (um 1483, Bamberg, Historisches Museum) und die sogenannte Tucher-Tafel, die 1485 vom Nürnberger Patrizier Hans IV. Tucher (1428–1491) in Erinnerung an seine Pilgerfahrt nach Jerusalem in Auftrag gegeben wurde und die sowohl die Kreuztragung als auch die Kreuzigung zeigt (Nürnberg, St. Sebaldus). In beiden Fällen findet das Bildgeschehen nicht vor den Toren Jerusalems statt, sondern vor der unverkennbaren Silhouette Bambergs, die von den Türmen der Altenburg, des Domes, der Oberen Pfarre und des Michaelsklosters bekrönt wird. Wie bei der

Abb. 173
Bamberg, erste Station des Kreuzwegs bei der St.-Elisabeth-Kirche, Ausführung und Kreuztragung Christi, vor 1503

Ölbergdarstellung des Ulmer Wengen-Altars wurde Jerusalem hier alles Exotischen beraubt und an die Heimat angeglichen. Es war somit »der Verfügung der Muslime und der östlichen Christen wenigstens mental entwunden [...] [und] wurde zu einem Bestandteil der okzidentalen Christenheit« (Schmidt 2016, S. 80).

Während das nachgebaute Jerusalem der Kreuzwegstationen körperlich durchschritten werden musste, konnte das gemalte Jerusalem des Thorner Passionspanoramas (Kat.-Nr. II.1) nur im Geist bereist werden. Die Tafel, die sich heute in Kirche St. Jakob in Thorn befindet, wurde um 1480 bis 1490 in den nördlichen Niederlanden geschaffen. Kunsthistorisch wird sie zur Gruppe der sogenannten Simultanbilder gerechnet, die eine bestimmte Erzählfolge, die sukzessive betrachtet werden muss, in einem einheitlichen und durch architektonische und landschaftliche Elemente gegliederten Bildraum zeigen. Wie auch andere Simultanbilder – darunter das berühmte um 1470 entstandene Passionspanorama des Hans Memling (1433/40–1494) in der Turiner Galleria Sabauda – hat die Thorner Tafel die Passion, Auferstehung und Himmelfahrt Christi zum Thema, die hier in 22 miniaturhaften Szenen detailreich geschildert werden. Die Szenenfolge beginnt mit dem Einzug Christi in Jerusalem im linken Bildstreifen und endet mit der Himmelfahrt ganz oben in der Mitte. Zwischen den einzelnen Darstellungen kommt es besonders in der rechten Bildhälfte zu auffälligen erzählerischen Sprüngen, die beim Betrachter ein gewisses Navigationsvermögen voraussetzen. Während im rechten Bildraum Landschaftselemente überwiegen, wird die linke Bildhälfte von der Wiedergabe Jerusalems beherrscht, das hier als real existierender Ort lediglich durch den von einer Zwiebelhaube bekrönten und von

Abb. 174
Bambergische Peinliche Halsgerichtsordnung, Ausführung des Armsünders zur Richtstatt, Holzschnitt auf Blatt 34 a, 1507 Bamberg, Staatsbibliothek Bamberg, 2 J.austr. 46

den Kreuzfahrern als *Templum Domini* (Tempel des Herrn) bezeichneten umayyadischen Felsendom markiert ist, sowie durch den Bach Kidron, der oben links am Ölberg vorbeifließt. Was die Thorner Jerusalemdarstellung jedoch besonders ausmacht, sind die bühnenartigen Gebäude in Miniaturform, deren offene Vorderseite den Blick auf die sich in Innenräumen abspielenden Szenen der Leidensgeschichte Jesu freigibt, wie zum Beispiel dem letzten Abendmahl, der Geißelung und der Dornenkrönung.

Erzählerisch kommt diesen Architekturen, die oft mit den sogenannten Simultanbühnen spätmittelalterlicher Passionsspiele verglichen werden, die gleiche Bedeutung zu wie den mit szenischen Reliefs ausgestatteten Bildstöcken zeitgenössischer Kreuzwege, gliedern beide doch die Passionsgeschichte in einzelne topografisch fixierte, schaukastenähnliche Stationen, die in ihrer jeweiligen Detailfülle außerdem auf Nahsicht konzipiert sind und so zu einem kontemplativen Verweilen einladen. Letzteres gilt bei der Thorner Tafel natürlich auch für jene Szenen, die sich auf der Feldseite Jerusalems abspielen, insbesondere für die Kreuztragung Christi, die die Diagonale der rechten Bildhälfte in Anspruch nimmt und mit 43 Einzelfiguren allein ein Fünftel des gesamten Bildpersonals stellt. Der mithilfe von Simon von Kyrene sein Kreuz tragende Erlöser befindet sich hier im Zentrum einer Prozession, die sich noch innerhalb der Stadtmauern bildet und sich dann, das rechte Stadttor verlassend, gen *Mons Calvarie* aufmacht. Zu den Teilnehmern gehören auch die beiden mit Christus verurteilten Schächer sowie die heilige Veronika, die in ihren Händen das Schweißtuch hält, das sie zuvor Christus gereicht hat und auf dem sich sein leidendes Antlitz abzeichnet. Die Hinzufügung von Soldatengruppen, zweier Stadtbüttel und einiger Schaulustiger lässt hier aber auch an einen Armsünderzug denken, der gerade die spätmittelalterliche Stadt verlässt und sich in Richtung Galgen oder Rabenstein bewegt. Dieser Anachronismus war sicherlich beabsichtigt, verankerte er doch wie die Figur des Stifters in der unteren Bildmitte – eines namentlich nicht bekannten Dominikanerbruders – die Topografie der historischen Passion Christi auch im Hier und Jetzt des zeitgenössischen Betrachters.

Zum Schluss noch einige Worte zum himmlischen Jerusalem. Wie eingangs erwähnt, fand die Himmelsstadt im Mittelalter in der Regel als urbaner »locus theologicus« (theologischer Gemeinplatz) Verwendung und wurde in Abbildungen als verkleinerte Stadtabbreviatur wiedergegeben, zum Beispiel auf Siegeln und liturgischem Gerät. Erst im 16. Jahrhundert kam es im Zuge der Reformation zu einer direkten Übertragung des himmlischen Jerusalems in den städtischen Realraum, und zwar unter den Wiedertäufern Jan Matthys (um 1500–1534) und Jan van Leiden (1509–1536). Diese führten 1534 im westfälischen Münster nach Abschaffung der dortigen Verfassung schrittweise die Theokratie ein. Mit einer angeblich gottgewollten Gesellschaftsordnung versuchten sie, die Stadt – trotz der Belagerung durch fürstbischöfliche Truppen – zu einer »gebauten Apokalypse« (Bernet 2007) umzugestalten. So wurden nicht nur Teile der Johannesoffenbarung auf den Straßen Münsters nachgespielt, in denen Täufer unter wiederholtem Wehklagen (Offb 9,12) umherzogen, sondern auch Maßnahmen zum Nachbau der Himmelsstadt angeordnet und wenigstens teilweise durchgeführt. Noch während der Belagerung baute man die Stadt zu einer imposanten Festung aus, deren zwölf Tore und auf diese zuführenden Straßen gemäß dem lithologischen Katalog des Offenbarungstextes umbenannt wurden, sodass es eine Goldstraße gab, die zum Goldtor führte, eine Silberstraße, die Richtung Silbertor verlief usw. Innerhalb der Stadtmauern sollten sämtliche Sakralbauten einschließlich des Domes in Wohnungen umgebaut werden.

Bei der zeichenhaften Demontage der Kircheneinrichtung ließ man sich wiederum vom Text der Johannesoffenbarung leiten. Die Stilllegung der Turmuhr der Lambertikirche wurde beispielsweise damit begründet, dass laut Johannesvision (Offb 10,6) die irdische Zeit abgelaufen war. Besonders radikal war eine geplante, aber nicht mehr zur Ausführung gekommene Stadterweiterung, die vorsah, die Stadtfläche Münsters auf etwa 9 500 Hektar zu erweitern und somit fast zu verhundertfachen (!). Grund dafür war das erwartete Ansteigen der Stadteinwohner auf die Zahl derer, die »versiegelt wurden« (Offb 7,4), also auf mindestens 144 000 Personen. Zur letztendlichen Verwirklichung dieser Stadtutopie kam es bekanntlich aber nicht. Durch einen Verrat fiel Münster am 24. Juni 1535 in die Hände der Belagerer, und das Täuferreich endete in einem Blutbad, das in der Hinrichtung Jan van Leiden, des selbsternannten »Königs von Sion und New Jerusalem«, und weiterer Anführer seiner Bewegung am 22. Januar 1536 gipfelte. Während sich das irdische Jerusalem fast überall hinbewegen ließ und an Hunderten von Orten über fast ein Jahrtausend sinnlich begeh- und fassbar gemacht wurde, sollte der einzige Versuch, das tausendjährige Gottesreich vom Himmel herabzuholen und in einer irdischen Stadt zu verwirklichen, weniger als zwei Jahre währen.

Literatur
Baxandall 1984 | Bernet 2007 | Brehm 2017 | Ehbrecht 2004 | Ganz-Blättler 1990 | Heimerl 2008 | Meinert 2004 | Munk 1968 | Pieper/Naujokat/Kappler 2003 | Prieur 1998 | Schmidt 2016 | Schulz 2015 | Suckale 2009 | Timmermann 2014 | Timmermann 2017.

II.1

Thorner Passionstafel

Nördliche Niederlande, um 1480–1490

Öl auf Eichenholz

H 221 cm, B 270 cm

Thorn/Toruń, Kościół i Parafia świętego Jakuba w Toruniu

Auf dem ursprünglich aus der 1834 abgebrochenen Thorner Dominikanerkirche stammenden Panoramabild wird in 22 Szenen die Geschichte der Passion Jesu und der darauf folgenden Osterzeit erzählt, vom Einzug Jesu in Jerusalem am Palmsonntag bis zu seiner Himmelfahrt am 40. Tag nach seiner Auferstehung. Inklusive der kleinen Alltagsszenen am linken und rechten Bildrand haben auf der Tafel 218 Einzelfiguren Platz gefunden. Diese sind sämtlich in einem steil nach oben geklappten Schrägraum angeordnet, auf den der Betrachter von einem erhöhten Standpunkt blickt und den er, wenn er der Erzählung folgen will, visuell Schritt für Schritt durchmessen muss. Dominierendes Element der Komposition ist die Darstellung der heiligen Stadt Jerusalem, die als realer Ort lediglich durch den im Mittelalter als salomonischen Tempel identifizierten muslimischen Felsendom gekennzeichnet ist. Dieser ist als kleiner Zentralbau wiedergegeben, der von einer oben offenen welschen Haube bekrönt ist. Besonders wichtig für das Verständnis der Szenenfolge sind jedoch jene architektonischen Details, die die Passion Christi in einzelne topografisch verankerte Stationen gliedern. Dazu gehören die zinnenbewehrten Stadttore links und rechts, durch die Jesus die Stadt im Triumph betritt und als Verurteilter in Schmach verlässt, sowie die bühnen- oder laubenartigen Gebäude, die den Blick des Betrachters auf andere wichtige und oft detailreich geschilderte Momente der Leidensgeschichte fokussieren.

Im Einzelnen werden folgende Szenen gezeigt: 1. Einzug Christi in Jerusalem; 2. Abendmahl mit Judaskommunion; 3. Christus im Garten Gethsemane am Ölberg; 4. Judaskuss und Gefangennahme Christi; 5. Christus vor Hannas; 6. Christus vor Kaiphas; 7. Christus vor Herodes; 8. Selbstmord des Judas; 9. Pilatus wäscht seine Hände in Unschuld; 10. Geißelung Christi; 11. Dornenkrönung Christi; 12. Kreuztragung mit dem Schweißtuch der Veronika; 13. Die Soldaten spielen um das Gewand Christi; 14. Kreuzigung; 15. Grablegung; 16. Christus in der Vorhölle; 17. Auferstehung; 18. Der auferstandene Christus erscheint Maria Magdalena (*Noli me tangere*); 19. Der auferstandene Christus erscheint zwei von seinen Jüngern auf dem Weg nach Emmaus; 20. Der auferstandene Christus erscheint seinen Jüngern am See Genezareth; 21. Der ungläubige Thomas; 22. Christi Himmelfahrt.

Im Bild besonders hervorgehoben ist die Kreuztragung Christi, die sich über die Diagonale der rechten Bildhälfte erstreckt und mit insgesamt 43 Figuren ein Fünftel des gesamten Bildpersonals stellt. Der mit Hilfe des Simon von Kyrene sein Kreuz tragende Erlöser bildet hier die Mitte einer V-förmig verlaufenden Prozession, die sich bereits innerhalb der Stadt formiert, diese dann durch das rechte Stadttor verlässt und sich schließlich in Richtung Golgathahügel bewegt. Unter den Teilnehmern sind auch die beiden Schächer, die in der nächsten Szene zu Seiten Christi gekreuzigt werden, sowie – noch innerhalb der Stadtmauern – die heilige Veronika, auf deren Schweißtuch sich das Antlitz Jesu abzeichnet. Zwischen diesen Figuren sind immer wieder Grüppchen geharnischter Soldaten zu sehen. Dem Zug voran eilen zwei Stadtbüttel (einer davon zu Pferd) in Amtskleidung, zwischen denen ein Knecht die Leiter zur Kreuzigung der drei Verurteilten trägt.

Die Kernerzählung der Passion, deren Abfolge besonders in der rechten Bildhälfte beachtliche Sprünge macht, ist umsäumt von kleinen Alltagsszenen, die sich in der ländlichen Umgegend der Heiligen Stadt abzuspielen scheinen. So wird oben links ein kleines Dorf gezeigt, dessen Bewohner ihren Beschäftigungen nachgehen; man sieht zum Beispiel einen Bauern, der zwei vor einen Karren gespannte Ochsen auf die Felder treibt, einen sich auf einer Bank ausruhenden Pilger und einen Dominikanerbruder, der eine Kapelle betritt. Diagonal gegenüber, also im unteren Bereich des rechten Bildstreifens, finden sich weitere solcher scheinbar beiläufig eingestreuten Details, so beispielsweise eine Frau, die in einem kleinen, von einem Weidenzaun umzäunten Garten arbeitet, oder ein Jäger, der sich mit seinen Hunden an zwei Rehe heranpirscht. Die Landschaft ist an dieser Stelle mit aus unterschiedlichen Bereichen stammenden Architekturen ausstaffiert, einem kleinen Dorf mit einer Friedhofskapelle etwa, oder einer imposanten Burg, an der sich ein Waldpfad vorbeischlängelt. Was hier zunächst wie genrehaftes Füllwerk aussieht, hat in Bezug auf das eigentliche Anliegen der Tafel – nämlich den visuellen Anstoß zu einem geschärften, vielschichtigen Mit-Erleben der Passion Christi zu geben – durchaus seinen tieferen Sinn. So fällt besonders auf, dass sämtliche an die Bildränder platzierten Sekundärfiguren derart in ihre jeweiligen Tätigkeiten vertieft sind, dass sie die in ihrer unmittelbaren Nähe

1 Einzug Christi in Jerusalem
2 Abendmahl mit Judaskommunion
3 Christus im Garten Gethsemane am Ölberg
4 Judaskuss und Gefangennahme Christi
5 Christus vor Hannas
6 Christus vor Kaiphas
7 Christus vor Herodes
8 Selbstmord des Judas
9 Pilatus wäscht seine Hände in Unschuld
10 Geißelung Christi
11 Dornenkrönung Christi
12 Kreuztragung mit dem Schweißtuch der Veronika

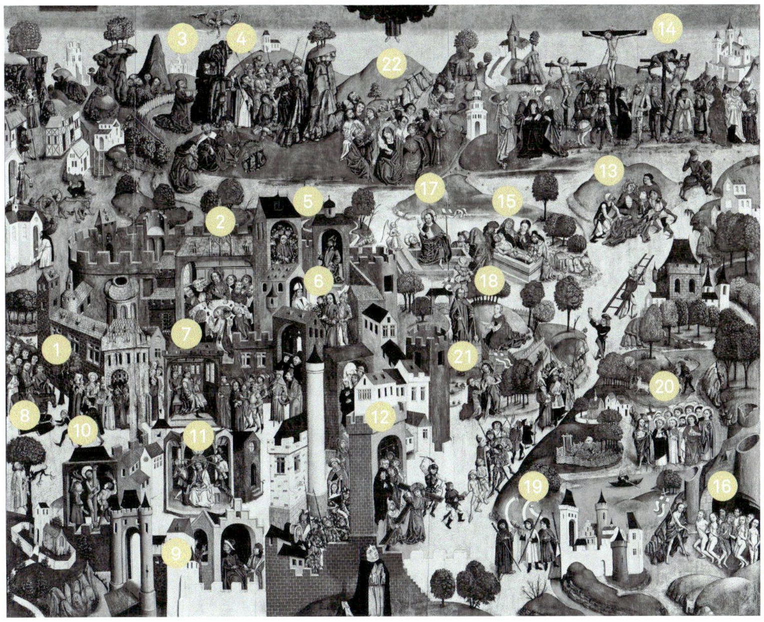

13 Die Soldaten spielen um das Gewand Christi
14 Kreuzigung
15 Grablegung
16 Christus in der Vorhölle
17 Auferstehung
18 Der auferstandene Christus erscheint Maria Magdalena (*Noli me tangere*)
19 Der auferstandene Christus erscheint zwei von seinen Jüngern auf dem Weg nach Emmaus
20 Der auferstandene Christus erscheint seinen Jüngern am See Genezareth
21 Der ungläubige Thomas
22 Christi Himmelfahrt

stattfindenden Leiden Christi gar nicht wahrnehmen, Christus sich also für die Menschheit opfert, ohne dass sie es merkt, geschweige denn zu würdigen weiß. Primärer Sinn dieser kleinen Randgestalten war es sicherlich, dem Betrachter einen Spiegel vorzuhalten und ihn somit vor die Wahl zu stellen, es ihnen entweder in ihrer Heilsblindheit nachzumachen oder doch das Augenmerk auf das Erlösungswerk Christi zu richten.

Wie Letzteres vonstattengehen soll, zeigt exemplarisch die Figur des dem Dominikanerorden angehörigen, aber namentlich nicht bekannten Stifters, der andächtig kniend genau in der Mitte des unteren Bildrands positioniert ist, und zwar in unmittelbarer Nähe zur Kreuztragung Christi. Sein Blick richtet sich jedoch nicht auf diese besonders hervorgehobene Szene, sondern auf einen nicht näher zu bestimmenden Punkt außerhalb des Bildfelds, womit angezeigt ist, dass er die Leiden Christi nicht mit seinen leiblichen, sondern den geistigen Augen schaut. Letztendlich war der Betrachter dazu angehalten, es ihm gleichzutun. Die Thorner Tafel mit ihrer Bildfolge fungierte hierbei gleichsam als visuelles Sprungbrett zu einer spirituellen Vergegenwärtigung und Verinnerlichung der Passion Christi, die sich über verschiedene, in der zeitgenössischen Meditationsliteratur als *compunctio*, *compassio* und *imitatio* bezeichnete Kontemplationsstadien erstreckte und schließlich in der *visio*, der inneren Schau Christi von Angesicht zu Angesicht, gipfeln sollte.

Aus kunsthistorischer Sicht betrachtet gehört die Thorner Passion zum Typus der sogenannten Simultanbilder, der im engeren Sinn eine kleine Gruppe von zwischen 1470 und 1550 vor allem in den Niederlanden entstandenen Tafelbildern umfasst, zu der aber auch erweitert Miniaturen, Holzschnitte und Tapisserien gezählt werden können, die sich gleichfalls der simultanen Darstellungsweise bedienen, also eine bestimmte Szenenfolge, die sukzessive gelesen werden muss, in einem einheitlichen Bildraum zeigen. Zur Entstehungsgeschichte des Simultanbilds gibt es verschiedene Erklärungsmodelle. Vorstufen sind bereits in der byzantinischen Buchmalerei des 11. Jahrhunderts fassbar; in der Spätgotik schließlich sind besonders von Westfalen, dem Niederrhein und den Niederlanden bedeutende Impulse zur Genese dieses Bildtypus ausgegangen. Als unmittelbares Vorbild könnte dem Maler der Thorner Passion das Passionspanorama Hans Memlings (um 1470; Turin, Galleria Sabauda) oder zumindest eine diesem sehr ähnliche Tafel gedient haben. Zwar wird bei Memling der Darstellung Jerusalems weitaus mehr Platz eingeräumt als beim Thorner Bild, doch ist hier wie dort die Heilige Stadt als eine Ansammlung von architektonisch gerahmten und oft bühnenhaften Einzelschauplätzen konzipiert, die der Betrachter nacheinander gedanklich-visuell abschreiten muss, an denen er aber auch verweilen kann, um sich in das Gezeigte zu vertiefen.

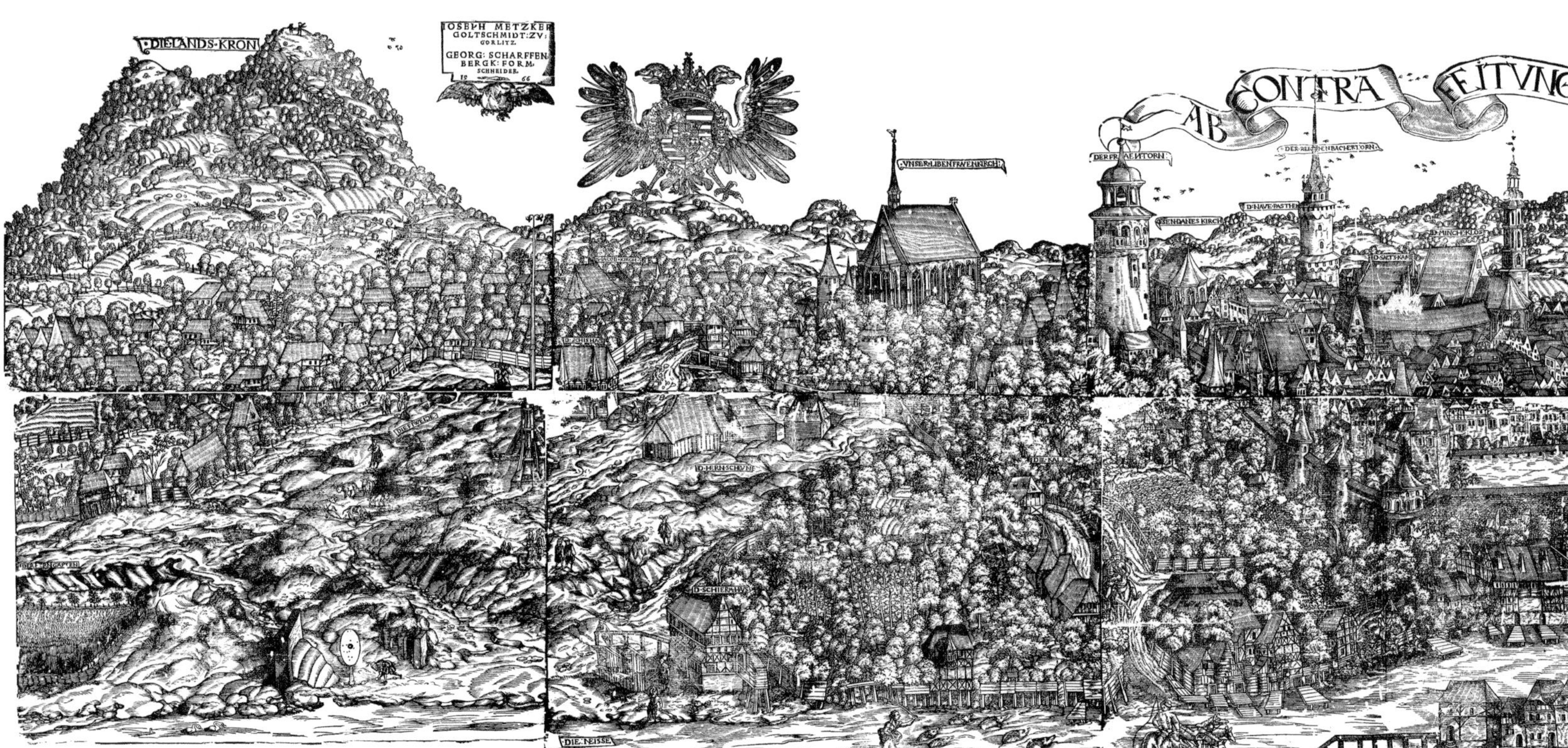

II.2

Neben diesen künstlerischen Vorbildern ist die Gestaltung der Thorner Tafel noch von zwei weiteren Faktoren maßgeblich geprägt worden, bei denen die Evokation des biblischen Jerusalem fernab des Heiligen Landes eine zentrale Rolle spielte. Es war dies zum einen die Dramaturgie zeitgenössischer Passionsspiele, in deren Zentrum sogenannte Simultanbühnen standen, die an verschiedenen Orten einer spätmittelalterlichen Stadt errichtet wurden, besonders auf Marktplätzen. Auf diesen Bühnen, die wie die Gebäude Jerusalems auf der Thorner Tafel als miniaturhafte und auf der Vorderseite offene Häuser gestaltet sein konnten, wurde nacheinander die Leidensgeschichte Christi nachgespielt; das Publikum bewegte sich dabei der Erzählfolge entsprechend von Bühne zu Bühne. Zum anderen wurde Jerusalem – speziell als Ort der Passion Christi – immer wieder im Zusammenhang mit einer bestimmten Frömmigkeitspraxis neu imaginiert: der sogenannten geistlichen Pilgerschaft (*peregrinatio spiritualis*), die sich im Jahrhundert vor der Reformation besonderer Beliebtheit erfreute. Bei der *peregrinatio spiritualis* ging es darum, sich mit den Augen des Geistes die Leiden Chriti so detailliert und eindringlich wie möglich zu vergegenwärtigen, letztendlich, um ein entsprechendes Mit-Leiden seitens des Betrachters zu erwirken und diesen an eine Lebensweise heranzuführen, die von der aus den Niederlanden stammenden *devotio moderna*, einer religiösen Reformbewegung, die besonders auf eine persönliche und innerliche Frömmigkeit abzielte, als *imitatio Christi* (Nachfolge Christi) bezeichnet wurde. Um diese Art von Verinnerlichung möglichst authentisch zu gestalten, wurde sowohl auf Texte wie Berichte tatsächlicher Jerusalempilger als auch auf neue Bildtypen zurückgegriffen, darunter auch Simultanbilder wie die Thorner Passion oder die um die Mitte des 15. Jahrhunderts in Nordeuropa aufkommenden Kreuzwegstationen. Die Stadt Jerusalem mit ihrer spezifischen Passionstopografie (Ölberg, Via Dolorosa, Golgathahügel usw.) diente bei diesen Übungen als mnemotechnische Matrix, als Aneinanderreihung gedanklicher Lokalisationsorte für die jeweiligen Leiden des Erlösers, die es »mit den Schritten der Seele« – wie es in einem Erbauungstraktat aus dem frühen 16. Jahrhundert heißt – zu bereisen galt. Oft war der Gebrauch von bestimmten zu diesem Zweck benutzten Meditationsbildern mit großzügigen Ablässen verbunden, doch ob dies auch für die Thorner Passionstafel galt, lässt sich nicht mehr feststellen. *Achim Timmermann*

Literatur
Ars sacra 1993, S. 44 – 45, Nr. 2 | Gerth 2010, S. 119 – 127 | Heuer 1916, S. 54 – 59 | Kaemmerer 1919, S. 52 | Kluckert 1974 a, S. 70 – 72 | Kluckert 1974 b, S. 290 – 291 | Kobielus 2007 | Kopania 2004, S. 36 – 38 | Kopania 2008 | Kruszelnicki 1959 | Kruszelnicki 1968 | Labuda 1986, S. 23 | Labuda 2002, S. 541 – 544 | Woźniak 2000, S. 186 – 188.

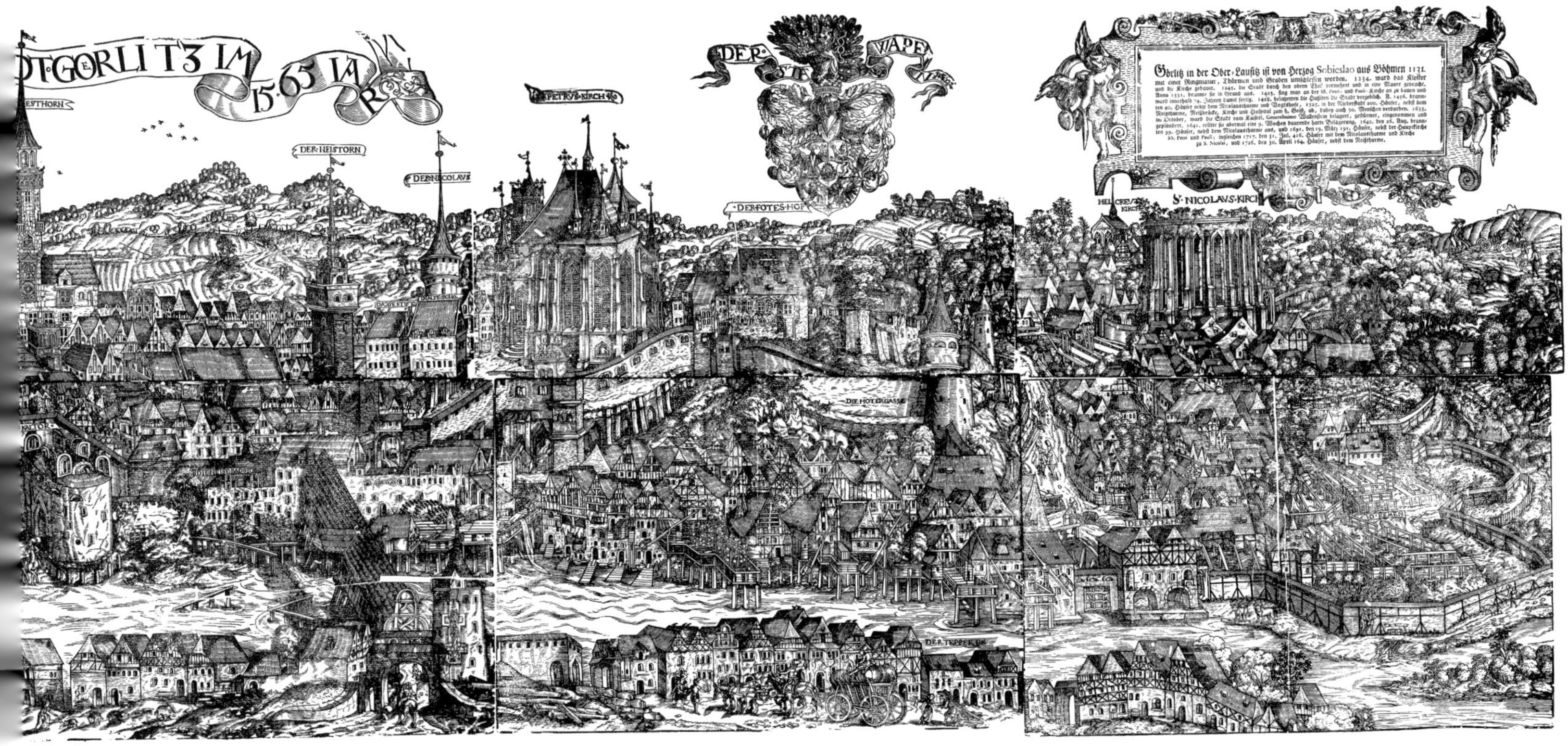

II.2

ABCONTRAFEITUNG DER STADT GOERLITZ IM 1565 JAR

Georg Scharffenberg nach einer Vorlage von Joseph Metzker, 1566 (Abzug um 1730)

Holzschnitt, 12-teilig

H 59 cm, B 238 cm

Görlitz, Kulturhistorisches Museum, 76-57

Die »Abcontrafeitung« zeigt ein mit zwölf Druckstöcken hergestelltes Gesamtpanorama der Stadt Görlitz von Osten. Über die Neiße hinweg fällt der Blick auf Kirchen, Türme, Kommunalbauten und die zahlreichen Dächer der Kaufmanns- und Handwerkerhäuser. Alle Hauptgebäude sind durch Inschriften bezeichnet. Darüber hinaus stehen in einer rechts oben platzierten, figural und floral verzierten Rollwerkkartusche knappe Informationen zur Stadtgeschichte. Links neben der geschwungenen Titelbanderole zeigt das Wappen des Kaisers und böhmischen Königs (seit 1526) Ferdinand I. (reg. 1558–1564) den Status von Görlitz als unmittelbare Königlich-Böhmische Stadt an. Dem Herrscherwappen in gleicher Größe gegenübergestellt findet sich das Görlitzer Stadtwappen.

Ideengeber für die »Abcontrafeitung« war der erste Rektor des Görlitzer Gymnasiums, Petrus Vincentius (1519–1581). Während seiner Zeit als Rektor des Lübecker Katharineums hatte er bereits an der Entstehung der 1552 von Elias Diebel (Tätigkeit nachgewiesen in den 1550er Jahren) geschaffenen monumentalen Ansicht der Hansestadt mitgewirkt, die als unmittelbares Vorbild für die »Abcontrafeitung« gelten kann. Als der Görlitzer Rat den monumentalen Holzschnitt in Auftrag gab, hatte die Stadt eine der schwersten Krisen ihrer Geschichte gerade weitgehend überwunden: Im sogenannten Pönfall von 1547 hatte Ferdinand I. die im Bündnis vereinten Sechsstädte der Oberlausitz wegen angeblichen Ungehorsams während des Schmalkaldischen Krieges streng bestraft. Sie mussten alle über Jahrhunderte erworbenen Privilegien, sämtliches Grundeigentum, alle Geschütze sowie hohe Geldsummen abliefern und wurden unter Zwangsverwaltung gestellt. Über einen Zeitraum von fast zwei Jahrzehnten hinweg gelang es den Städten jedoch, einen Großteil der alten Privilegien zurückzuerlangen. Den Abschluss dieser Restaurationsphase unterstrich der Görlitzer Rat unter anderem durch die »Abcontrafeitung«.

Die Vorlage für die großformatige Grafik, die Georg Scharffenberg (Tätigkeit nachgewiesen 1549–1584) in den Holzschnitt übertrug, zeichnete 1565 der Görlitzer Goldschmied Joseph Metzker (Tätigkeit nachgewiesen 1560–1585). Von den zwölf bis heute im Bestand des Kulturhistorischen Museums Görlitz erhaltenen Druckstöcken wurden bis ins 20. Jahrhundert wiederholt neue Abzüge hergestellt. Dabei wurden auch die in der erwähnten Kartusche platzierten Informationen zur Stadtgeschichte stets ergänzt. Außerdem wurde die »Abcontrafeitung« mehrfach kopiert, unter anderem 1575 von Franz Hogenberg (1535–1590) für sein berühmtes Druckwerk »Civitates Orbis Terrarum«. *Kai Wenzel*

Literatur
Anders/Wolfrum 1997 | Reuther 1958 | Wenzel 2012, S. 600, 625.

Gerichtsbarkeit und Recht-sprechung

Gerichtsstätten und Gerichtssymbolik*

Christus als Weltenrichter auf dem Siegelstempel des Magdeburger Schöffenstuhls (Kat.-Nr. II.4)

Jedes Gericht war und ist bis heute auf einen Ort angewiesen, der ihm die Möglichkeit gewährt, Versammlungen bzw. Sitzungen mit allen damit verbundenen gerichtlich relevanten Handlungen durchzuführen. Während seit dem 19. Jahrhundert in der Regel ein Gerichtsgebäude mit seinen Sitzungssälen den Gerichtsort beherbergt, wurden vom frühen Mittelalter bis zum Ende des 18. Jahrhunderts Plätze unter freiem Himmel für Gerichtssitzungen (weltlicher Gerichte) benutzt. Die kirchlichen Gerichte (Sendgerichte) traten demgegenüber von vornherein auch in der jeweiligen Kirche bzw. den angrenzenden Kirchengebäuden zusammen. Die Funktion dieser Örtlichkeiten ging über die Vollziehung gerichtlich relevanter Handlungen hinaus. So dienten Gerichtsstätten häufig als allgemeine Treffpunkte und Orte der Kommunikation sowie Bekanntmachung amtlicher Nachrichten.

* Gekürzte und geringfügig modifizierte Fassung von Heiner Lück: Gerichtsstätte, in: HRG, 2. Aufl., Bd. 2, Berlin 2012, Sp. 171–178.

In fränkischer Zeit fanden die Gerichte »in mallobergo«, auf einem besonderen Gerichtsplatz, der sich oft an einer landschaftlich markanten Stelle befand, statt. Demgegenüber trat das Königsgericht in der Regel in der jeweiligen Pfalz, in der sich der König als Gerichtsherr mit seinem Gefolge gerade aufhielt, zusammen. Als Gerichtsort soll die Freitreppe fungiert haben. Auf regionaler Ebene existierten in einer Grafschaft mehrere Gerichtsstätten (Dingstühle, Königsstühle, Schrannen). Aufgrund der erfreulich dichten schriftlichen und archäologischen Überlieferung zu diesem Thema lassen sich im Mittelalter bestimmte Örtlichkeiten, die als Gerichtsstätten bevorzugt wurden, ausmachen. Die meisten Gerichtsstätten befanden sich auf Hügeln, die sich zumeist auffällig von der sie umgebenden Landschaft abhoben. Ihre exponierte Lage kennzeichnete die jeweilige Gerichtsstätte eindeutig, sodass man sie mühelos finden konnte.

Neben solchen Anhöhen gehörten auch Wegkreuzungen, Brücken, Burg- und Stadttore, Brunnen, Türme (insbesondere sogenannte Rote Türme), Kirchenportale und -vorhallen (Abb. 175), Kreuzgänge, Märkte, Rathäuser, Rolande und Friedhöfe sowie Dorfplätze (Anger, Tie), besondere Höfe in den Dörfern und Wirtshäuser (in manchen Gegenden, etwa in Sachsen, aus Richtergütern hervorgegangen) und die oberrheinischen Stuben zu den bevorzugten Gerichtsstätten. Sie standen in einem bestimmten topografischen und funktionalen Verhältnis zu den Richtstätten (Galgen, Rabenstein, Brandberg) und Amtssitzen der Gerichtsherren (Burg, Rathaus, Kirche, Kloster) bzw. ihrer Beauftragten (Vogt, Erbschulze, Lehnsschulze, Bauermeister). In manchen Orten, vor allem in den Städten, gab es »Gerichts-«, »Richt-« oder »Dinghäuser«, die neben den Gerichtslauben als Vorläufer der Gerichtsgebäude angesehen werden können.

Die Durchführung des Gerichts unter freiem Himmel war ursprünglich zwingend, da die Unmittelbarkeit des Gerichts im Angesicht Gottes gewährleistet sein musste. Doch gewährte Kaiser Karl der Große (reg. 768–814) im Jahr 809 die Möglichkeit, bei schlechtem Wetter unter einem Dach Gericht zu halten. Vor diesem Hintergrund entstanden die ersten überdachten Gerichtsstätten in Form einfacher, nach mindestens drei Seiten hin offener Pfahl-/Säulenkonstruktionen (Gerichtslauben), sodass das Prinzip des freien Himmels immer noch gewahrt blieb.

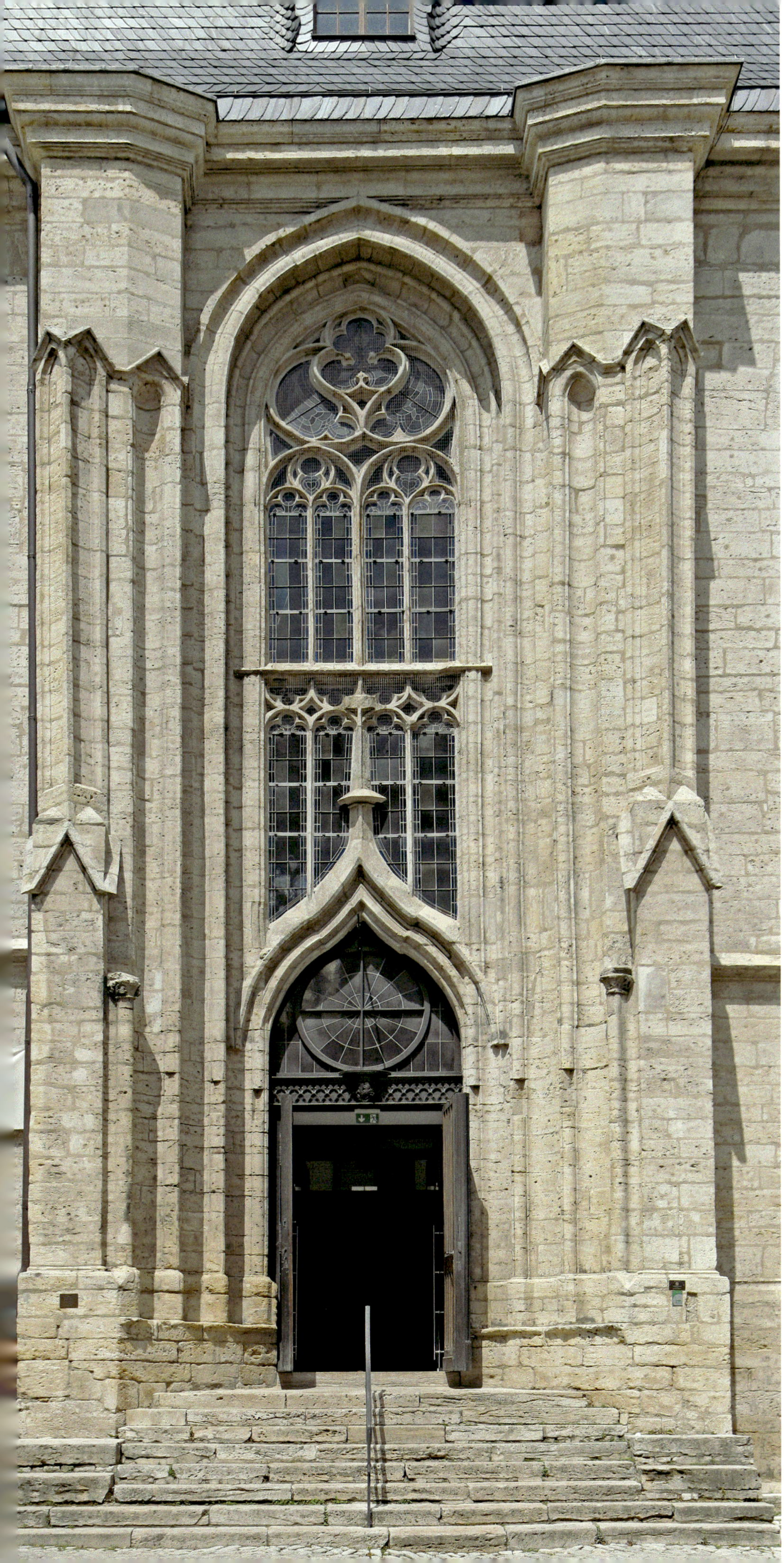

Die Lage der jeweiligen Gerichtsstätte hatte sich in der Regel durch lange geübte Gewohnheit herausgebildet und verfestigt. Das Agieren des Gerichts an der richtigen, das heißt traditionell überlieferten und ständig gebrauchten Gerichtsstätte (Ssp. Ldr. I 67 § 1: »to echter dingstat«) war Voraussetzung für die Rechtsgültigkeit der gerichtlichen Handlungen. Doch es gab auch Ausnahmen. So durfte nach Ssp. Lnr. 72 § 1 der König sein Lehngericht an allen Orten halten, aber nicht in Kirchen und auf Kirchhöfen. Die konkrete topografische Lage der Gerichtsstätten konnte nicht ohne Weiteres verändert werden. Für die Gerichtsstätte des Amtes Leipzig vor dem Peterstor der Stadt bestand beispielsweise ein Überbauungsverbot. Offenbar unabhängig von den tradierten Gerichtsstätten konnten Gerichtssitzungen (Nothalsgericht) am Ort einer geschehenen Straftat stattfinden.

Städtische Gerichte traten häufig in Ratslauben, später in den Rathäusern zusammen. Gerichtssäle in Rathäusern weisen daher oft eine rechtssymbolische Ausmalung, Vertäfelung oder Ähnliches auf. An manchen Rathäusern sind heute noch architektonische Elemente, wie Verkünderker und Freitreppen, erkennbar, die der Verkündung von Gerichtsentscheidungen dienten. Auch Stadttore dienten als Orte des städtischen Gerichts. Ferner kennzeichneten monumentale Rechts- und Gerichtssymbole, wie etwa Rolande oder andere Standbilder (zum Beispiel der Magdeburger Reiter), die gerichtliche Relevanz bestimmter Örtlichkeiten. Bei den Roland-Figuren verkörpert insbesondere das blanke, nach oben zeigende Schwert die Gerichtsgewalt. In einigen Städten der Magdeburger Stadtrechtsfamilie spielte das Burggrafengericht »innerhalb« und »außerhalb« der Stadtmauer eine Rolle (Abb. 176).

Nicht wenige der heute noch erhaltenen Gerichtsstätten weisen als typische Attribute Bäume und/oder Steine auf, wie zum Beispiel den runden Gerichtsstein vor dem Rathaus von Haldensleben. Vor allem auf den dörflichen Gerichtsstätten standen normalerweise Bäume. Die Baumverehrung stammte aus vorchristlicher Zeit und wirkte noch lange in den christlichen Jahrhunderten nach. Der Baum galt als Seelensitz, wohl

Abb. 175
Gerichtsportal an der Stadtkirche St. Michael zu Jena

Abb. 176
Der unter der Gerichtslinde tagende Rat von Mülhausen/Mulhouse weist die durch einen zerlumpten Boten überbrachte Forderung des Junkers von Regisheim zurück (1465/66), Luzerner Bilderchronik des Diebold Schilling, 1513. Luzern, Korporation Luzern, S 23 fol., S. 142

weil man glaubte, dass der Wald aus unterschiedlichen Gründen viele Lebende verschlang, darunter auch die Geächteten. Vielfach wurde der Baum selbst als beseelt angesehen, stand er doch zugleich für das Leben des Menschen. Im Mittelalter fand das Gericht häufig im Schutz des Baums statt wegen der Pflicht, das Gericht unter freiem Himmel abzuhalten (Ssp. Lnr. 72 § 1: »Binnen beslotenen wenden unde unter dake ne darf neman ordel vinden« (In geschlossenen Räumen und unter einem Dach darf niemand Gericht abhalten – H. L.).

Die zum Schutz der Gerichtsstätte gepflanzten Einzelbäume oder Baumgruppen waren der Häufigkeit nach Linden, Ulmen, Eichen, Fichten und Eschen. Deutlich dominierte die Linde, welcher der Aberglaube besondere vielfältige und starke magische Wirkungen zuschrieb. So sollte man unter der Linde am sichersten vor Blitzschlag geschützt sein. Für die Wahl der Linde zum Gerichtsbaum schlechthin waren sicherlich auch ihr hoher Wuchs, ihr rasches Wachstum, ihre hohe Lebensdauer von mehreren Hundert Jahren und ihr dichtes Blätterdach ausschlaggebend. Ferner spielte dabei eine Rolle, dass die Linde relativ gut das Abstützen und Umleiten der Äste verträgt. So konnte man den geschützten Bereich vergrößern oder in ihrer Krone eine Tanzdiele einrichten (geleitete Linden, Tanzlinden). Die enge Verbindung von Linde und Gericht kommt in einigen Gegenden Deutschlands auch darin zum Ausdruck, dass das Wort Linde synonym für Gericht gebraucht wird.

Zur notwendigen Ausstattung der Gerichtsstätten gehörten ein Richterstuhl, Schöffenbänke oder -stühle und ein Tisch aus Stein oder Holz sowie eine Begrenzung (Steine, Stöcke, Pfähle, Latten, »Schranken«) dieser unter einem besonderen Schutz (Königsfrieden bzw. Frieden anderer Gerichtsherren) stehenden Handlungsräume. Die heute noch vorhandenen steinernen Bänke und Tische gehören mehrheitlich zu dörflichen Gerichtsstätten. Besonders eindrucksvolle Beispiele stellen die sogenannten Angertische auf dem Eichsfeld in Thüringen sowie die Steinsetzungen auf den Ties in Niedersachsen dar.

Auf den Stein- bzw. Holztischen befanden sich bei Gerichtssitzungen des Öfteren das Schwert als Symbol weltlicher Gerichtsherrschaft (Abb. 177) und Reliquienbehältnisse, auf die der Eid abgelegt wurde (»auf Stein und Bein schwören«). Einigen Orten haben Gerichtssteine ihren Ortsnamen gegeben, wie Breitenstein im Harz und Langenstein in Hessen. An vielen Orten war es wohl üblich, dass auf der Gerichtsstätte ein Hoheitszeichen des Gerichtsherrn, also ein Wappen, aufgestellt wurde. Von hier aus scheint eine direkte Entwicklungslinie bis zum obligatorischen Bundes-, Landes- und Staatswappen in Gerichtssälen der Gegenwart zu führen.

Abb. 177
Das Soester Femegerichtsbild aus dem 15. Jahrhundert. Stadtarchiv Soest, Bestand A Nr. 3169

Seit der Vorzeit dienen aufgestellte Steine der Schadensabwehr und dem Andenken an die Verstorbenen. Gerichtsstätten in der freien Landschaft fielen nachweislich häufig mit früheren Kultplätzen (Grabhügel, Megalithgräber) zusammen, so zum Beispiel auf der Mettine bei Zörbig, wo 1209 Eike von Repgow, der Autor des Sachsenspiegels, als Gerichtszeuge erstmals erwähnt wird. Hier fand man wohl ebenso Steine vor, eventuell von einem Großsteingrab der Ahnen oder einen einzelnen aufrecht stehenden Stein, die kultische Bedeutung hatten (Menhire). Eine bewusste Anknüpfung an die Grablege der Vorfahren war wahrscheinlich nicht vorhanden. Es war häufig die markante Lage, welche die Menschen der Vorzeit genauso anzog wie die Rechtsgenossen des Mittelalters. Daneben mag es von vornherein angefertigte Tische und Bänke für Gerichtszwecke gegeben haben. Sie können auch als künstliche Nachbildungen alter Kultsteine begriffen werden.

An die ehemals kultische Bedeutung der Gerichtsstätten knüpften später die Nationalsozialisten an, indem sie sogenannte Thingplätze in Form antiker Amphitheater zur Aufführung von ideologiebefrachteten »Thingspielen« für die Bevölkerung errichteten. *Heiner Lück*

Quellen
Ssp. Ldr. = MGH Fontes iuris N.S. 1/1 | Ssp. Lnr. = MGH Fontes iuris N.S. 1/2.

Literatur
Amira/Schwerin 1943 | Fieber/Lück/Schmitt 2009 | Lieberwirth/Lück 1987 | Lück 2004 | Lück 2003 a | Lück 2003 b | Lück 2004 a | Lück 2007 | Lück 2008 a | Lück 2008 b | Lück 2008 c | Lück 2009 d | Lück 2010 | Lück 2012 a | Lück 2012 b | Lück 2012 c | Lück 2012d | Lück 2012e | Lück 2012 f | Lück 2015 a | Lück 2016 a | Lück 2016 b | Lück 2016 c | Lück 2016 d | Lück 2016 e | Maisel 1992 | Schmidt-Wiegand/Lück 2016.

II.3

II.3
Himmlisches und irdisches Gericht

Böhmen, um 1430

Ölfarben auf Laubholztafel

H 141 cm, B 110 cm, T 4,5 cm

Würzburg, Museum am Dom, Sammlung Bischöflicher Stuhl, BOW Gemälde 122

Darstellungen, die sowohl ein Jüngstes, himmlisches Gericht als auch ein irdisches Gericht zeigen, haben sich nur selten erhalten. Neben der Würzburger Tafel sind lediglich zwei weitere Beispiele aus jener Zeit bekannt. Umso mehr erweist sich dieses Werk als kulturgeschichtliches Zeugnis von hoher Bedeutung, das die unlösbare Verbindung zwischen Gott und den Menschen, nicht zuletzt im Hinblick auf die im Zuge des Magdeburger Rechts umgesetzte Verlagerung der Rechtsprechung vom kirchlichen in den profanen Kontext, aufzeigt.

Die Anbringung solcher Darstellungen in den Gerichtsstätten, wie sie in einer Glosse zum Sächsischen Weichbildrecht ausdrücklich empfohlen wurde, verfolgte das Ziel, den Betrachter gleichzeitig lehrhaft und mahnend dazu anzuhalten, sich im Sinne Gottes zu verhalten. Für Richter und Schöffen bedeutete das, gottgefällige Urteile zu sprechen, da letztlich auch sie dem Richterspruch Gottes standhalten mussten.

Im Zentrum der oberen Tafelhälfte thront Christus als Salvator Mundi und Pantokrator auf einem doppelten Regenbogen, umfangen von einer goldenen Mandorla. Zu beiden Seiten knien betend die zwölf Apostel, die durch Maria zur Rechten und durch Johannes den Täufer zur Linken Christi begleitet werden. Diese Gruppierung entspricht der klassischen Ikonografie der Deësis, die in Weltgerichtsbildnissen die Fürbitte der Heiligen für die armen Seelen charakterisiert. Außerdem flankieren zwei Engel die Mandorla. Sie blasen die Posaunen des Jüngsten Tages und erwecken so die Toten aus ihren Gräbern.

Vom Mund Christi gehen zwei Schwerter aus, die stellvertretend für die in ihm vereinte weltliche und geistliche Macht stehen. Mit seiner rechten, segnenden Hand entsendet Christus die Gerechten in den Himmel, seine geöffnete Linke weist die Verdammten von sich und schickt sie in den am rechten unteren Bildrand gezeigten Höllenschlund (Mt. 25,31–46). Dort befindet sich auch der heilige Michael, der entgegen dem gängigen Bildprogramm einer Weltgerichtsszene nicht als Seelenwäger auftritt, sondern die Verdammten mit erhobenem Schwert in die Unterwelt treibt. Fast spiegelbildlich wiederholen sich auf beiden Seiten die Vertreter der Ständeordnung. Hier wird der warnende Charakter zum Ausdruck gebracht: Von der geistlichen Ordnung als höchster Instanz zeugt der auf Christus verweisende Finger der Richterfigur, die unter den Verdammten zu finden ist.

Die durch das mäanderartig verlaufende Wolkenband separierte untere Tafelhälfte ist im Sinne des mittelalterlichen Bedeutungsmaßstabs verkleinert dargestellt. Begleitet von Schöffen leitet hier ein erhöht sitzender Richter mit Stab die Anhörung. Im Vordergrund wird ein Zeuge vereidigt. Die Abgrenzung der Szene geschieht durch mehrere in zeitgenössischer Tracht gekleidete Männer, die um den eingefassten Gerichtsort herum gruppiert sind und das Geschehen aufmerksam verfolgen. Ein dämonisches Geschöpf hat den Richter an dessen linker Schulter gepackt und versucht, ihn zu einem falschen Urteil zu verleiten, um ihn sofort in Richtung der Sünder ziehen zu können. Der Richter jedoch ist zur rechten Seite hin orientiert, wo ihn die Hand Christi, erkennbar an Wundmal und Kreuznimbus, zu einem gottgerechten Urteil ermahnt. Er trotzt allen Versuchungen des Teufels und besinnt sich darauf, seine gerichtlichen Entschlüsse im Sinne Gottes zu treffen. Somit wird er zum beispielgebenden Vorbild für alle weltlichen Richter.

Bis heute sind die genauen Entstehungsumstände der Tafel nicht geklärt. Weder ein Stadt- noch ein Stifterwappen erlauben eine eindeutige geografische und zeitliche Zuordnung. Die stilistische Annäherung zeigt eine deutliche Verwandtschaft zur böhmischen Tafel- und Buchmalerei auf und lässt die Entstehung in der Zeit um 1430 vermuten. Die Provenienz der Tafel ist erst ab dem Jahr 1884 nachzuverfolgen, als sie im Zuge der Auktion eines Münchner Kunsthauses als Teil der Sammlung des Grafen Josef von Sternberg und der Fürstin von Lobkowitz versteigerte wurde und in das Eigentum des Priesters Schmitt (gest. 1923) im unterfränkischen Rannungen überging. Nach dessen Tod kam sie in das Eigentum seiner Nichte, bevor sie schließlich in die Sammlungen der Diözese Würzburg gelangte. *Christina Weigand*

Literatur
Hörsch 2006 | Koller 2014.

II.4

II.4
Siegelstempel des Magdeburger Schöffenstuhls

Magdeburg, Anfang 16. Jahrhundert

Eisen

D 3,7 cm, G 420 g

Magdeburg, Kulturhistorisches Museum, Fe 790

Als selbstständige Institution führte der Magdeburger Schöffenstuhl ein eigenes Siegel, mit dem seine Rechtsmitteilungen gesiegelt wurden. Es waren insgesamt fünf verschiedene Stempel in Gebrauch, die sich in geringen Abweichungen bei der Inschrift und in Details des sonst übereinstimmenden Hauptmotivs, Jesus Christus als Weltenherrscher, unterscheiden lassen. Das erste Siegel des Magdeburger Schöffenstuhls lässt sich seit 1282 nachweisen, das zweite kam kurze Zeit später in Gebrauch. Beide wurden parallel verwendet. Der dritte und der vierte Stempel des Schöffenstuhl-Siegels sind erstmalig in den Jahren 1505 und 1517 belegt. Auch sie wurden zeitgleich benutzt. Der synchrone Einsatz von zwei Stempeln ist sehr ungewöhnlich und lässt auf eine sehr häufige Verwendung in der Kanzlei des Schöffenstuhls schließen, sodass man also stets ein zweites Typar in Reserve hielt.

Der originale Siegelstempel aus Eisen des fünften Siegels des Schöffenstuhls hat sich im Kulturhistorischen Museum Magdeburg bewahrt. Seine Entstehung und sein Zweck sind nicht ganz unumstritten. Dass das Typar noch nach der völligen Vernichtung des Schöffenstuhl-Archivs während der Zerstörung Magdeburgs im Dreißigjährigen Krieg 1631 angefertigt sein und nunmehr lediglich dem aus Schultheiß und Schöffen gebildeten Magdeburger Stadtgericht gedient haben soll, erscheint fraglich. Es ist nämlich auszuschließen, dass eine Rechtsinstitution mit dem Siegel einer anderen beurkundet hat. Der Stempel ist nur wenig größer als das seit Ende des 15. Jahrhunderts nachweisbare Sekretsiegel des Schöffenstuhls, unterscheidet sich aber von ihm, insofern die Umschrift nicht in gotischen Majuskeln geschrieben ist. Vielmehr war es offensichtlich das Ziel des Stempelschneiders, in Form, Motiv und Umschrift möglichst nahe an die vorangegangen Typare heranzureichen. Modern ist lediglich der gegenüber den früheren Typen hinzugefügte, die gesamte Siegelfläche umlaufende Kranz mit vier Griffstücken jeweils auf 12, 3, 6 und 9 Uhr. Insofern dürfte der fünfte Stempel eher zu Beginn des 16. Jahrhunderts entstanden sein und diente vermutlich als Reserve oder zur Besiegelung von weniger wichtigen Rechtsvorgängen, bei denen die kostspielige Verwendung größerer Mengen von Siegelwachs unverhältnismäßig gewesen wäre.

Der Siegelstempel zeigt das Wappen des Magdeburger Schöffenstuhls: Jesus Christus als Weltenherrscher und Weltenrichter, auf einem Regenbogen thronend, die Füße auf der Weltkugel ruhend, die Hände zum Betrachter geöffnet und damit seine Wundmale zeigend. Er wird begleitet von den Attributen seines Leidens: drei Nägel, die Lanze und die Dornenkrone. Die lateinische Inschrift lautet: »S[IGILLUM] SCABINORVM MAGDEBVRGENS[IS]« (Siegel der Schöffen von Magdeburg). Die Weltgerichtsdarstellung auf dem Siegel verweist auf die alleinige christliche Legitimation auch der Rechtsweisungen aus Magdeburg, wie sie schon Eike von Repgow (um 1180–nach 1233) in der Einleitung zum Sachsenspiegel ausformulierte: »Got ist selbe Recht, darum meisym recht lieph« (Gott ist selbst Recht, darum hat er das Recht lieb). *Claus-Peter Hasse*

Literatur
Buchda 1941 | Ebel 2004, S. 441 f. | Goerlitz 1943 | Lück 2017, S. 138 | Puhle 2005, S. 145 (Heiner Lück/Claus-Peter Hasse).

MATTHAEVS BORZIMINSKI

II.5

II.5

Urkunde mit dem Siegel des Schöffenstuhls von Wilna

Wilna, 6. Juli 1601

Pergament, Hängesiegel (in Holzkapsel) mit rot-grünem Flechtband aus Seide

H 45 cm, B 63,5 cm

Umbug (*plica*): H 6,5 cm

Siegel: D 5,6 cm

Wilna/Vilnius, Lietuvos mokslų akademijos Vrublevskių biblioteka, MD F6-265

Mit dieser lateinischen Urkunde bestätigten der Sekretär Sigismunds III. Wasa (reg. 1587–1632), des Königs von Polen und Großfürsten von Litauen, der Vogt von Wilna sowie Matthaeus Borziminski, ein Vorsteher des Schöffenstuhls (Schöffengericht) von Wilna, einen Vertrag. Demnach verkaufte Dorotka Andrzeiowna Galwelanka, die Witwe eines Stadtrats von Wilna, ihr Ziegelgebäude, das *Szaszkowska* genannt wurde und am Fischmarkt lag, an Benedictus Woyna (gest. 1615), den Bischof von Wilna, gegen die Summe von 2000 litauischen *kapa*. Das Haus lag in der Nähe des Rathauses von Wilna (heute Didžioji, 7). Schon 1602 verwendete das Domkapitel das Gebäude für bedürftige Studenten, sodass es als »Sankt-Ambrosius-Burse« (Stiftung für arme Gelehrte) bekannt wurde.

Das Besondere an der Urkunde ist das Siegel des Schöffenstuhls. Am 9. September 1536 hatte Sigismund I. der Alte (reg. 1507–1548), König von Polen und Großfürst von Litauen, einen Erlass verkündet, der die Funktionen der zwei wichtigsten Institutionen der städtischen Selbstverwaltung – Rat und Schöffenstuhl (Schöffengericht) – trennte und ihre jeweiligen Vorrechte genauer definierte. Der Schöffenstuhl sollte sich demnach im Rathaus von Wilna in einem eigenen Raum getrennt vom Rat versammeln, um diejenigen Fälle zu verhandeln, welche die Stadtbewohner betrafen. Zum ersten Mal im Großfürstentum wurde dieser Institution nun auch ein eigenes Siegel für die Bestätigung von Dokumenten zugestanden. Das erste uns bekannte Siegel des Schöffenstuhls stammt bereits aus demselben Jahr, 1536. Seine lateinische Umschrift lautet: »SIGILUM SCABINORUM CIVITATIS WILNENSIS« (Siegel der Schöffen der Stadt Wilna). Es zeigt ein Motiv aus der Johannesoffenbarung: Christus, der auf einem Regenbogen thront und richtet. Sein Kopf ist von einem Strahlennimbus umgeben, die Arme sind seitlich ausgestreckt, und die Füße ruhen auf einer Erdhalbkugel, die drei menschliche Figuren und Flammen aufweist. Die Christusfigur trägt einen Umhang, der am Hals geschlossen ist und dessen Zipfel seine Knie verdecken. Zu seiner Rechten sieht man eine Lilie mit drei Blüten als Symbol der Gnade, und zu seiner Linken ein Schwert als Zeichen der Gerechtigkeit und Strafe. Dieses Bildprogramm wurde auch auf dem Siegel des Magdeburger Schöffenstuhls verwendet (Kat.-Nr. II.4).

Ursprünglich bewahrte das Domkapitel von Wilna die Urkunde auf, seit 1956 befindet sie sich im Bestand der Wroblewski-Bibliothek der Litauischen Akademie der Wissenschaften.
Rima Cicėnienė

Literatur
Drėma 2005, S. 103–104 | Jasas 1980, S. 310, Nr. 773 | Łowmiańska 1936 | Paknys 2006, S. 102–103, Nr. 29 | Ragauskas 2002, S. 16, 443–452 | Rimša 1999, S. 628–630 | Rimša 2007, S. 1074–1076.

II.6

Epitaph von Andreas Becherer (Pecherer)

Breslau/Wrocław, um 1515

Holz, Tempera, Blattgold

H 196 cm, B 145 cm

Warschau/Warszawa, Muzeum Narodowe w Warszawie, Śr.332/a-b MNW

Aus der Ausstattung der Breslauer Kirchen sind vor Ort und in musealen Sammlungen eine große Anzahl gotischer Epitaphe erhalten, in denen die ansässigen Bürger, insbesondere die wohlhabenden unter ihnen, verewigt sind. Die Exemplare aus Breslau weisen größtenteils eine bildliche und damit besonders reiche Form der Gestaltung auf. In ihnen manifestieren sich in einer Andachtsszene die Frömmigkeit des Erinnerten sowie die Hoffnung, dass ihm ewiges Leben zuteilwerde. In der Regel waren die Epitaphe von einem kleinen Holzdach gekrönt, das eine Inschrift mit Angaben zum Verstorbenen enthielt. Ein Beispiel ist das großformatige Epitaph des 1515 verstorbenen Andreas Becherer (unter diesem Namen taucht er in städtischen Dokumenten auf, in der ältesten Abschrift der Grabinschrift von 1649 erscheint die Form Pecherer). Ein Teil dieser aus der Lausitz (Zwickau, Görlitz) stammenden Familie hatte sich in der zweiten Hälfte des 15. Jahrhunderts in Breslau niedergelassen. Andreas Becherer war Kaufmann und Gründer eines auf den Tuchhandel spezialisierten Unternehmens, das unter anderem Kontakte zum Nürnberger Markt unterhielt. Teilhaber des Unternehmens war Sebald Sauermann, ein Cousin Becherers, der aus einer einflussreichen Breslauer Familie stammte. Von 1508 bis 1514 war Becherer Mitglied der Schöffenbank, musste aus Verfahrensgründen jedoch auf diese Funktion verzichten, da er über Grundbesitz außerhalb des Herzogtums Breslau (in Görlitz) verfügte. Daher wird er in der Inschrift lediglich als »burger czu Breszla« betitelt.

II.6

Das Gemälde zeigt das Jüngste Gericht und ähnelt dabei vielen anderen aus Breslau bekannten Darstellungen des Themas. Deren Kompositionsschema geht auf die von Hans Memling (nach 1433/1440–1494) eingeführte Darstellungstradition zurück. Jesus Christus sitzt als Weltenrichter auf dem Regenbogenthron, der Bereich unterhalb seiner Füße symbolisiert seine Herrschaft über die Welt. Um ihn herum sitzen die

Apostel, die an das Tribunal berufen wurden. Durch die Größe ihrer Darstellung hervorgehoben sind die Gottesmutter und Johannes der Täufer, die kniend um die Gnade der Barmherzigkeit für die sündige Menschheit bitten. Der Tag des Jüngsten Gerichts, dessen sichtbares Zeichen die Auferstehung der Toten ist, wird von trompetenden Engeln angekündigt. In dem Himmel und Erde verbindenden Bereich befinden sich Darstellungen der heiligen Fürsprecher: die Apostel Andreas und Johannes sowie die Gottesmutter und die heilige Odilia. Auf sie beziehen sich Andreas Becherer und seine Frau Otylia, Tochter der Kaufmannsfamilie Schilling aus dem elsässischen Weißenburg/Wissembourg, die sich in Schlesien und Krakau niedergelassen hatte. Sieben ihrer Kinder begleiten das Paar. Zwischen den Personengruppen sind die Wappen der Familien Becherer und Schilling sichtbar.

Bei dem Gemälde handelt es sich um die Arbeit eines lokalen Künstlers, der in seinem Stil die Tradition der spätgotischen Malerei mit neuen künstlerischen Tendenzen vereinte, die durch Kontakte zu süddeutschen, insbesondere Nürnberger Werkstätten nach Breslau gelangt waren. Die Elemente des neuen Stils werden vor allem in den Figuren der heiligen Fürsprecher sichtbar. Aufmerksamkeit erregen die trompetenden Engel in Renaissanceform.
Małgorzata Kochanowska

Literatur
Burgemeister/Grundmann 1933, S. 136 | Czechowicz 2003, S. 207 | Dobrzeniecki 1977, Nr. 100, S. 308 f. | Gołaszewski/Górski 2016, Nr. 30, S. 69 f. | Goliński 2015, S. 41, 103 | Kaczmarek/Witkowski 1990, Nr. III, S. 103 | Luchs 1860, Nr. 142, S. 78 f. | Pusch 1986, S. 110 f.

II.7

Der Magdeburger Reiter mit Begleitfiguren

Magdeburg, um 1240/1250
Sandstein
Reiter: H etwa 240 cm, B 65 cm, T 200 cm
Begleitfiguren: H etwa 148 cm
Magdeburg, Kulturhistorisches Museum

Als der Magdeburger Dom seinen berühmten Skulpturenschmuck der jüngeren Magdeburger Domwerkstatt erhielt, wurde auf dem Alten Markt gegenüber den Tuchhallen ein außergewöhnliches Denkmal errichtet: ein reitender König in Begleitung zweier weiblicher Figuren, die seine Lanze und seinen Schild tragen, auf einem 4,50 Meter hohen Sockel in einem gotischen Gehäuse. Neben den Skulpturen im Dom ist der Bamberger Reiter (1230/1240) dem ursprünglich farbig gefassten Magdeburger Ensemble am engsten verwandt. Während das wandgebundene Reitermonument in Bamberg jedoch in seiner Einbindung in die Architektur ganz den Gebräuchen der Zeit entspricht, wurde – nach allem, was wir wissen – in Magdeburg das erste freistehende Reiterdenkmal des Mittelalters errichtet. Es ist anzunehmen, dass nicht die erst 1241 anerkannte Bürgergemeinde und ihr Rat, sondern der Erzbischof als Stadtherr, der gemeinsam mit dem Domkapitel auch Auftraggeber der Dombauhütte war, mit diesem an antike Traditionen anknüpfenden Denkmal den Herrscher als Garanten von Recht und Ordnung auf dem Marktplatz würdigte. Seit frühester Zeit wurde beinahe einhellig angenommen, dass mit dem idealtypisch dargestellten Herrscher der römisch-deutsche Kaiser Otto der Große (reg. 936–973) gemeint war, dem Magdeburg den Aufstieg zur mittelalterlichen Metropole verdankte.

Stilistisch bezeugen die elegant-höfischen Figuren die Rezeption des zeitgenössischen Skulpturenschmucks der Kathedralen von Paris, Reims oder Amiens. Eine künstlerische Anlehnung an antike Vorbilder ist hingegen nicht zu erkennen. Insofern handelt es sich bei der Reitergruppe um eine Wiederbelebung eines mit Sicherheit aus Schriftquellen und möglicherweise auch aus Anschauung in Italien bekannten Typus in modernen gotischen Formen. Aus der Rückschau ist der Magdeburger Reiter das erste Glied einer langen Reihe von Reiterdenkmälern, die die Platzanlagen Europas und europäisch beeinflusster Staaten in aller Welt bis in das 20. Jahrhundert hinein besiedelt haben und bis heute selbstverständlicher Bestandteil des öffentlichen Stadtraums sind. Doch fand die intellektuelle und künstlerische Leistung der Wiederbelebung des antiken Reiterdenkmals in modernen Formen, wie sie in Magdeburg in der Mitte des 13. Jahrhunderts gefunden wurde, keine unmittelbare Nachfolge, sondern blieb zunächst ein Einzelfall.

Etwa 100 bis 150 Jahre nach seiner Entstehung fand der Magdeburger Reiter Eingang in ein Rechtsbuch. In der Glosse zum Sächsischen Weichbildrecht, deren Entstehung zwischen 1330 und 1387 vermutet wird, heißt es zu Artikel 10, dass eine vermeintliche Urkunde Kaiser Ottos des Roten, d. h. Ottos II. (reg. 973–983), die Grundlage aller städtischen Freiheiten Magdeburgs sei. Von diesem Kaiser und von dieser Urkunde würde sich alles Magdeburger Recht nach Weichbildrecht ableiten. Daher hätten die Magdeburger sein Leibzeichen auf dem Markt stehen, dass sie mit den Fürsten verpflichtet seien, in seiner Zierde zu erhalten: »so haben sy sien lipzeichen stene uff dem marchte, daz sy mit den fursten phlichtig sein zu halden yn ihrer zierheit« (von Daniels/von Gruben 1858, Sp. 229 f.).

Der Terminus »Leibzeichen« gehört in den Bereich der Rechtspraxis des Mittelalters und der Frühen Neuzeit. Als *pars pro toto* steht ein Leibzeichen in Gerichtsverfahren für eine Person. In Verfahren zu Tötungsdelikten diente ein Körperteil, meist Hand oder Finger, oder aber ein Kleidungsstück des Getöteten, am besten blutbefleckt, als Beweis des Delikts. Im Pfandrecht konnten Leibzeichen – in diesem Fall Kleidungsstücke, Stäbe, Handschuhe oder Schuhe – als Symbol der Haftung des Schuldners eingesetzt werden. Zur Errichtung eines Marktes oder eine Münzstätte dienten dem Sachsenspiegel zufolge Handschuhe als Leibzeichen des Königs. Für die Bezeichnung einer Statue als Leibzeichen ist keine Parallele bekannt. Durch die Verwendung des Begriffs für die Statue wird diese zum gerichtsfesten Zeugnis oder Beweis. Die vermeintliche Urkunde Ottos II., die das Standbild bezeugen sollte, wurde indes im 19. Jahrhundert als Fälschung des 14. Jahrhunderts erwiesen.

Gleichwohl war die Vereinnahmung des Magdeburger Reiters als Denkmal der städtischen Freiheiten Magdeburgs richtungsweisend für die

II.7

folgenden Jahrhunderte. Noch 1650 führte Otto von Guericke (1602–1686), der als Bürgermeister gemeinsam mit weiteren Stadträten 1651 das im Dreißigjährigen Krieg beschädigte Gehäuse erneuerte, in einer Audienz bei Kaiser Ferdinand III. (reg. 1637–1657) in Wien den Magdeburger Reiter als Garanten der Privilegierung durch Otto den Großen an.

1942 ließ die Stadt den Magdeburger Reiter zum Schutz vor dem Bombenkrieg vom Alten Markt entfernen, seit 1961 ist das Standbild gemeinsam mit den Begleitfiguren im Kulturhistorischen Museum ausgestellt. Zwischen 2011 und 2015 wurde eine umfangreiche konservatorische Bestandsaufnahme und Restaurierung vorgenommen. Auf dem Alten Markt steht seit 1966 im originalen Gehäuse eine von Heinrich Apel erstellte Bronzekopie, die im Jahr 2000 in Anlehnung an das Erscheinungsbild des Ensembles vom 17. bis zum frühen 20. Jahrhundert vergoldet wurde. *Gabriele Köster*

Literatur
Brandl 2009, S. 159–180, 228–229 | Brandl 2017 | Böttcher/Groll/Wende 2017 | von Daniels/von Gruben 1858 | Hasse 2018, bes. S. 441–444 | Köster 2017 a | Köster 2017 b | Lück 2016.

II.8

Stendaler Roland

Stendal, 1525

Sandstein

Kopf mit Rumpf: H 220 cm, B 90 cm, T 80 cm

Arm mit Wappenschild: H 100 cm, B 0,87 m, T 50 cm

Stendal, Altmärkisches Museum Stendal

II.8

Der Stendaler Roland wurde 1525 unter dem Brandenburger Kurfürsten Joachim I. (reg. 1499–1535) als Symbol der städtischen Freiheiten errichtet. Während seiner Regierungszeit verbesserte sich das Verhältnis zu den Stendalern wieder, und die Hansestadt konnte wichtige Privilegien zurückgewinnen. So erhielt Stendal – verbunden mit einer jährlichen Zahlung von 60 Gulden – am 25. Januar 1517 erneut das obere und niedere Gericht innerhalb der Stadtmauern, das es bereits vor 1488 besessen hatte. Dies zeugt von der langen Rechtsgeschichte, da Stendal seit dem 12. Jahrhundert nach Magdeburger Recht verfuhr. 1488 hatte Stendal infolge des Bierziese-Aufstands (gegen die Einführung einer neuen Steuer) seine Eigenständigkeit und verschiedene Privilegien eingebüßt und Demütigungen vom vorherigen Landesherrn Johann Cicero (reg. 1486–1499) hinnehmen müssen.

Die Aufstellung des Roland auf dem Marktplatz vor dem Gerichtslaubenflügel des Rathauses ist in hohem Maße städtebaulich prägend. Als Teil der imposanten Marktansicht mit Rathaus und Marienkirche kommt ihm eine große repräsentative Wirkung zu. Die Symbolik des Stendaler Roland ist noch nicht abschließend geklärt.

Die Monumentalstatue ist aus Sandstein gefertigt, und der Roland steht frei mit gespreizten Beinen, angelehnt an die originale Basisstütze auf einem Sockel. Er ist als junger Ritter im zeitgenössischen Riefelharnisch, mit strahlenförmigen Linienverzierungen auf der Brust, die auch an den Beinschienen wiederkehren, sowie mit Panzerschuhen dargestellt. In der rechten Hand hält er ein blankes, aufwärts gerichtetes Holzschwert. In der linken Hand trägt er einen Schild mit dem Magistratswappen, mit den zwei »Steinen« in den Klauen des Adlers. Dieses Detail findet man ebenfalls in der Chorschranke der benachbarten Stadt- und Ratskirche St. Marien und im Rathaus an der Schnitzwand von 1462, wo jeweils das Magistratswappen sowie das gültige Stadtwappen mit dem halben brandenburgischen Adler und den vier Rauten zu sehen sind.

Das wellige Haar des Rolands ist von einer Binde umfasst, aus der ein Federbusch ragt. Der Bart ist markant geschwungen, und der Roland blickt selbstbewusst in Richtung Marktplatz. Auf der Marktseite der Basisstütze befindet sich ein Relief mit einem bärtigen Mann, der als Handwerker mit Kittel, Lineal und Winkelmaß dargestellt ist und eine Säule nach oben stemmt. Unterhalb ist noch eine weitere hockende Figur schemenhaft erkennbar. Auf der Gerichtslaubenseite steht auf der Stütze eine feiste Narrenfigur, die in der linken Hand das bis heute gebräuchliche Stadtwappen hält und in der rechten einen Dudelsack. Am Säulenfuß ist das Relief einer Figur mit Narrenkappe erkennbar.

Durch einen Orkan am 13. November 1972 wurde der Roland stark beschädigt. Weitere Witterungsschäden führten dazu, dass die Statue 1974 vom damaligen VEB Denkmalpflege Magdeburg originalgetreu kopiert wurde, unter Einbeziehung originaler Teile. Bereits zuvor – 1698, 1837, 1902, 1926 und 1938 – erfolgten Restaurierungen. Beim grundhaften Straßenausbau von Marktplatz/Marienkirchstraße kam es 2014 zur jüngsten Restaurierung durch die Firma Paul Schuster aus Magdeburg. Im Anschluss wurde 2018 der Roland neu vermessen, wobei folgende Höhenmaße ermittelt werden konnten: Sockelhöhe 1,11 m, Gesamthöhe mit Sockel und Schwert 9,43 m. Auch heute hat der Roland seinen festen Platz im Stadtleben, denn seit 1967 begeht die Hansestadt Stendal immer im Juni ihr traditionelles Rolandfest. *Bärbel Hornemann*

Quellen
Codex diplomaticus Brandenburgensis A 15, S. 490 f.

Literatur
Dehio 2002, S. 906 | Schuster 1975.

II.9

Skulpturengruppe des Lemberger Prangers

Lemberg/L'viv, 1596–1598

Kalkstein, Korpus erhalten, Arme und Köpfe fehlen

H 198 cm; Sockel: H 70 cm, B 70 cm

Lemberg/L'viv, L'vivs'kyj istoryčnyj muzej, S-380

Der Lemberger Pranger stellt in seiner monumentalen künstlerischen Ausgestaltung eine Besonderheit dar. Gelegen an der Westseite des Marktplatzes neben dem Rathaus, bestand er aus einer viereckigen Säule mit eingelassenen Eisenringen. Seit etwa 1596/98 wurde er auf Veranlassung des Bürgermeisters Stanislaw Scholz-Wolfowicz mit zwei lebensgroßen Rücken an Rücken stehenden Steinfiguren gekrönt – Justitia und ein Scharfrichter. Die Originale der Figuren sind nur noch teilweise erhalten, Köpfe und Arme fehlen. Aufgrund einer Zeichnung der Figuren im Originalzustand konnten sie jedoch rekonstruiert werden. Während Justitia, mit Waage und verdeckten Augen, die neutrale Rechtsprechung symbolisiert, steht der Henker mit erhobener rechter Hand in Griffhaltung, die vormals das Richtschwert trug, für die Vollstreckung des (Todes-)Urteils. Der Henker ist in landestypischer ruthenischer Tracht dargestellt. Kleinere Vergehen wurden mit mehrtätiger Ankettung am Pranger bestraft, schwerwiegende Verbrechen hingegen durch Enthauptung am Ort. Zu den berühmten Hinrichtungsopfern gehörten die moldawischen Prinzen Tomzha (1563) und Yankula (1582) sowie der Kosakenführer Ivan Pidkova (1578).

Der Pranger, vom mittelhochdeutschen *phrengen*, »einschließen«, »drücken«, war ein im Mittelalter und der Neuzeit weit verbreitetes Instrumentarium der öffentlichen Bestrafung zumeist an zentraler Stelle (Markt). Im Zuge der Urbanisierung und Emanzipation der Städte stand er gleichsam für die öffentliche Demonstration der städtischen Gerichtsbarkeit. In der Regel war der Pranger eine Säule mit Eisenspangen, an welchen der Delinquent befestigt und zur Schau gestellt wurde. Durch die Öffentlichkeit der Bestrafung sollte der Delinquent der Schande ausgesetzt werden (*palus infamans* – Schandpfahl), zusätzlich konnten dazu sogenannte Schandgeräte wie Halsgeige, Maske und Schrifttafeln dienen. Neben der öffentlichen Demütigung sollte die Strafe am Pranger auch der Abschreckung der Zuschauer dienen. Zur Verstärkung der Wirkung konnte der Pranger auf Bühnen errichtet werden. Der Pranger kam zum Einsatz bei Sittlichkeits-, Fälschungs- und Vermögensdelikten, Ehrverletzung, Meineid und Störung der öffentlichen Ordnung. Teilweise wurde aus Rücksicht auf den sozialen Stand die Strafe am Pranger nicht verhängt.
Martin Müller, Petro Slobodyan

Literatur
Rasp 1870 | Schild 2010 | Wyrozumski 1994.

II.9

II.10

II.10

Treppenanlage mit Kanzel

Görlitz, datiert 1537

Sandstein, Marmor, Reste von Bemalung

Säule: H 218 cm, D 20–70 cm; Brüstung Treppenaufgang: H 60 cm, B 130 cm, Brüstung Kanzel: H 92 cm, B 205 cm (Stirnseite), B 92 cm (linke Seite), B 92 cm (linke Seite)

Stadt Görlitz, Rathaus

Görlitz, das bis 1635 mit dem Markgrafentum Oberlausitz zum Königreich Böhmen gehörte, entwickelte sich bis um 1500 mit über 9 000 Einwohnern zu einem wichtigen Umschlagplatz für Waren im Ost-West-Handel. Die Stadtoberhäupter, die Ratsherren, konnten wichtige Privilegien erlangen, von denen das außergewöhnlichste die Gerichtshoheit über den im Weichbild ansässigen Adel war. Dieses galt es insbesondere in den 1530er Jahren, gegenüber dem Adel und dem seit 1526 über Böhmen herrschenden Ferdinand I. (1503–1564) zu behaupten. Die ab dem ersten Drittel des 16. Jahrhunderts mit Renaissance-Elementen erfolgten Umbauten am Görlitzer Rathaus – das von zahlreichen Reisenden (vor allem Kaufleuten) passiert wurde – sind Ausdruck einer regionalen bürgerlich-städtischen Macht. Möglicherweise hängen sie direkt mit dem zeitweisen Entzug des Gerichtsprivilegs durch den Habsburger Kaiser Karl V. (reg. 1519–1556) 1530 zusammen.

Die Treppenanlage mit der Verkündigungskanzel (Inschrift 1537), die den Haupteingang zum städtischen Gericht markierte, fügt sich in den zuvor bereits bestehenden Winkel zwischen dem Unterbau des Rathausturms (Erhöhung 1509) und dem ehemaligen Gerichtsflügel. Ältere Elemente, wie ein spätgotisches Portal auf halber Höhe der Stiege, wurden integriert oder belassen (wie das Wappenrelief des ungarisch-böhmischen Königs Matthias Corvinus von 1488). Der Ornamentschmuck der Säule auf dem Treppenpostament ist ins letzte Drittel des 16. Jahrhunderts zu datieren, und die Skulptur der Justitia auf der Säule wurde 1591 aufgestellt, besaß aber vermutlich eine Vorgängerin. 1951 wurden die Reliefs der Kanzel und die Säule mit der Figur (seit 1945 vermisst) durch Kopien des Bildhauers Werner Hempel ersetzt. Restauratorische Untersuchungen förderten Farbreste zutage. An der Treppenanlage wurden gotische Bautraditionen in einer für die Zeit typischen Art und Weise mit neuen Renaissance-Formen kombiniert. Letztere wurden über Polen, Böhmen und Schlesien, aber auch über Süddeutschland aus Italien, unter anderem durch Ornamentstichvorlagen, vermittelt. Die skulpturalen Bauteile sind Träger repräsentativer Inhalte der Regierungstätigkeit, insbesondere der Rechtsprechung des Stadtrats: Es finden sich neben der Figur der Justitia Elemente, die Triumph und Würde ausdrücken (Renaissance-Ornamentik aus Kandelabern, Vasen mit Masken oder Akanthus), Mahnungen an Eintretende (Sündenfall-Relief, Bocksfüße), aber ebenso Vergänglichkeits- und Erlösungsmotive (rutschende Putten, Delfine). Die figürlichen Reliefs am Altan erinnern an Tritonen und Nereiden, wie sie etwa in zahlreichen Variationen, versehen mit humanistischen und mythologischen Anspielungen, in Krakau vorkommen, wo sie den Gedanken an die von Delfinen begleitete Reise der Seele ins Paradies ausdrücken (Bushart). In Görlitz tragen die Mischwesen Ketten um den Hals, die auf die Ratswürde verweisen könnten.

Der Urheber des Ensembles ist nicht bekannt; vermutet wurden der Bildhauer Andreas Walter I. und der Görlitzer Stadtwerkmeister Wendel Roskopf (gest. 1549), der in seiner Funktion für zahlreiche, umfassende Umbauten an anderen städtischen und privaten Gebäuden in Görlitz verantwortlich gewesen sein muss. Das Steinmetzzeichen, dass sich an einem der Reliefs befindet, konnte bisher nicht zugeordnet werden.
Maritta Iseler

Literatur
Behrisch 2005, S. 46–48 | Bialostocki 1967, S. 72 | Bimler 1934, S. 45–51 | Bushart 1994, S. 348 | Iseler 2005 | Iseler 2014a, S. 273–290 | Iseler 2014b | Jecht 1909, S. 179 | Jecht 1927–1934, S. 347 | Kaczmarek-Löw 2010, S. 266–269 | Wenzel/Winzeler 2002, bes. S. 136–139.

II.11

II.11

Rolandstatue aus Bartfeld

Bartfeld/Bardejov, Meister Jonas Elzer, 1641

Eichenholz, Kupfer, Eisen

H 254,5 cm, B 80 cm, T 80 cm

Šarišské múzeum v Bardejove, Sammlung Freie Königliche Stadt Bartfeld/Bardejov (Altes Rathaus), H 891

Die von Kugeln durchlöcherte Statue ist eines von drei Standbildern des Ritters Roland in Bartfeld, die von Nachkommen der im 13. Jahrhundert hierher eingewanderten Deutschen auf dem Dach des Rathauses (vgl. Kat.-Nr. II.12) installiert wurden. Im Mittelalter etablierte sich der Roland als Symbol für Freiheit und den Schutz der Stadtrechte. Die deutschen Siedler brachten die Rolandssymbolik aus ihrer Heimat mit, einhergehend mit dem eigenen Rechtssystem, dem sie folgten.

Der historische Roland/Hruotland (um 736–778), Markgraf in der Bretagne, lebte zur Zeit des fränkischen Königs und späteren Kaisers Karl des Großen (reg. 768–814) und gehörte zu dessen Heer im Kampf gegen die Mauren in den Pryrenäen, wo er in der Schlacht von Roncesvalles sein Leben ließ. Nach dem Aufkommen des französischen Rolandlieds, einem Versepos über den Tod des heldenhaften Ritters, Ende des 11. Jahrhunderts wurde er zur Legende und später zum symbolischen Beschützer der (Freiheits-)Rechte aufstrebender Städte.

In Bartfeld gibt es heute noch drei Versionen des Ritters Roland. Die älteste ist eine Steinskulptur, von der nur noch ein Torso ohne Kopf und ein Teil der Extremitäten erhalten sind. Sie entstand im frühen 16. Jahrhundert im Zuge der Erbauung des Rathauses. Wahrscheinlich ist die Skulptur das Werk des Meisters Johannes aus Eperies/Prešov, der auch für die Steinmetzdekorationen an den Giebeln des Rathauses verantwortlich war. Die zweite, abgebildete Version zeigt einen Roland mit Helm, einem Schwert links und einer Hellebarde in der rechten Hand. Sie wurde 1641 im Rahmen einer umfassenden Rekonstruktion des Rathauses von Meister Jonas Elzer angefertigt. Seine Urheberschaft dokumentierte er auf der aus Eichenholz geschnitzten und mit Kupferblech beschlagenen Statue durch seine Initialen knapp unter den Knien beider Beine: »16 JONAS / ELZER 41«. Das Standbild befand sich bis zum 22. Januar 1737 auf der südlichen Spitze des Dachs, von wo es durch einen heftigen Sturm heruntergerissen wurde. Die beschädigte Statue deponierte man im Rathaus. Dort fand sie ab 1907 zusammen mit der Steinskulptur des älteren Roland einen Platz in der ersten Ausstellung des Scharoscher Museums, welches im Rathaus eingerichtet wurde.

Die dritte Plastik des Ritters Roland, ebenso aus mit Blech beschlagenem Holz, schuf 1904 Moric Hölzel jr., Sohn des Schöpfers des neugotischen Hauptaltars der Basilika des heiligen Ägidius in Bartfeld. Dieses neue Standbild installierte man 1905 nach Rekonstruktionsarbeiten am Rathaus wieder auf dem südlichen Dachfirst, wo es bis Ende der 1970er Jahre stand. Heute befindet sich an dieser Stelle eine Rekonstruktion des zweiten Rolands von 1641.

Außer in Bartfeld sind Rolandstatuen in vielen deutschen Städten (vgl. Kat.-Nr. II.8) oder in von Deutschen gegründeten und verwalteten Städten in Mittel- und Osteuropa, aber auch im westlichen Europa zu finden. Im großeuropäischen Raum bilden sie ein »magisches Dreieck«, dessen Eckpunkte die Städte Bremen in Deutschland, Riga/Rīga in Lettland und Ragusa/Dubrovnik in Kroatien bilden. Bartfeld befindet sich nicht direkt in dem von diesem Dreieck begrenzten Raum, sondern ein Stück weiter östlich der Linie Riga–Dubrovnik und gehört damit in Europa zu den östlichsten Zentren westlicher Stadt(rechts)kultur. *František Gutek*

Literatur
Gutek/Jiroušek 2011, S. 16 f. | Hucker 2002, S. 248 (Roland auf dem Rathaus wird als »Romanus« bezeichnet) | Popov 1993, S. 10 f. | Žebrácky 1926, S. 16.

II.12

Modell des Rathauses von Bartfeld (*curia Bartphensis*)

Bartfeld/Bardejov, Arbeit von Schülern der Schnitzschule, 1896

Lindenholz mit Schnitzerei, polychrom

H 79 cm, B 104,5 cm, T 65,5 cm

Šarišské múzeum v Bardejove, Sammlung Freie Königliche Stadt Bartfeld/Bardejov (Altes Rathaus), H 818

II.12

Das Modell des Rathauses vermittelt einen sehr lebendigen Eindruck von der Wichtigkeit und Funktion dieser Institution. Der historische Wert dieses Objekts liegt darin begründet, dass es das Erscheinungsbild des Rathauses von Bartfeld am Ende des 19. Jahrhunderts (wobei das Rathaus seit Mitte/Ende des 16. Jahrhunderts kaum verändert wurde), kurz vor der umfassenden Rekonstruktion und Umwandlung in ein Museum, originalgetreu festhält. Das Modell entstand in einer Schnitzwerkstatt, die erfolgreich an die Tradition der mittelalterlichen Schnitz- und Malerwerkstatt in Bartfeld anknüpft. Gegründet hatte diese der gebürtige Prager Moric Hölzel (1841–1903), der nach einem großen Brand 1878 nach Bartfeld kam, um die kunstvollen Denkmäler der Pfarrkirche (Basilika des heiligen Ägidius) zu restaurieren. Das Rathaus bildete ein funktionales und bürgerlich-kommunales Gegengewicht zur Pfarrkirche und befand sich in der Mitte des Hauptplatzes. Als Sitz der Stadtverwaltung sowie Zentrum des wirtschaftlichen, sozialen und kulturellen Lebens der Bürger der Stadt nahm es eine bedeutende Rolle ein.

Deutschstämmige Siedler gründeten Mitte des 13. Jahrhunderts die an wichtigen Handelswegen gelegene Stadt. Durch verschiedene von ungarischen Herrschern ausgestellte Privilegien (1320, 1352) gelangte die Stadt im 14. Jahrhundert zur Blüte. So wurde Bartfeld 1365 die Halsgerichtsbarkeit zugesprochen, sodass diese Stadt auch über einen eigenen Henker verfügte. Die Stadt war für ihre strenge Rechtsprechung bekannt, wovon ein auf Rache sinnender, ausdrucksstarker Drohbrief einer Räuberbande zeugt.

Im Jahr 1376 ernannte der ungarische König Luwig I. (der Große, reg. 1342–1382) Bartfeld zur Königlichen Freistadt. Sie erhielt das Recht, einen Richter und einen Stadtrat zu wählen. Zudem wurde die (bis heute weitgehend erhaltene) Stadtbefestigung noch weiter ausgebaut. König Ladislaus V. (reg. 1444–1457) verlieh Bartfeld 1453 ein eigenes Wappen. Das Zentrum der Stadt bildet ein rechteckiger Platz (260 × 80 Meter) – typisch für planmäßig angelegte Städte des Magdeburger Rechts –, der an drei Seiten von 46 Bürgerhäusern gesäumt ist, die in typisch mittelalterlichen Parzellen angeordnet sind. Die vierte (nördliche) Seite dominiert die gotische Pfarrkirche des heiligen Ägidius (Basilika minor). In der Mitte des so bebauten Platzes wurde das Rathaus errichtet. Hier kamen auch die Hauptverkehrsstraßen der Stadt zusammen, die die zwei wichtigsten Stadttore verbanden. Insgesamt betrachtet ist die mittelalterliche Stadtbefestigung bis heute gut erhalten. Der Grundriss des Platzes, der auf Gaspars Stadtplan von 1768 festgehalten ist, hat sich bis heute nicht verändert.

Der Stadtrat traf sich im 15. Jahrhundert in der Amtsstube im Haus des Richters. Da Bartfeld jedoch eine vermögende und bedeutende Stadt war, wollte man diesen Umstand auch nach außen hin entsprechend repräsentiert wissen. Weil die Stube des Richters zu klein war und die Ratsherren ein eigenes Amtshaus beanspruchten, wurde Ende 1505 mit dem Bau eines Rathauses begonnen. Die Baugeschichte des imposanten und in vielen Details erhaltenen Gebäudes ist gut dokumentiert. Einerseits finden sich unter den Bauarbeitern viele deutsche Namen (*muratori*: *Johannes, Symko, Leonhart, Petrus, Clemens, Paul, Hans, Niklass*), andererseits erfährt man einiges über die Ausstattung des Hauses aus Verträgen und Rechnungen von Handwerkern. Zunächst beauftragte man Meister Alexander (etwa seit 1504 in der Stadt) mit der Herstellung »italienischer« Fenster, des Erkers und des Steinportals. Es folgte die Innenausstattung des repräsentativen Gebäudes.

Unter anderem stammen Türen, ein Tisch, ein Schrank und Fensterrahmen aus der Werkstatt von Meister Johannes (*Johannes mensator*), der seit Februar 1507 mit verschiedenen Bauvorhaben betraut war. Im Jahr 1509 wurde das Rathaus in spätgotischer Manier von Meister Johannes fertiggestellt. Die Architektur und die reiche Ausstattung verdeutlichen den Repräsentationswillen der Bardejover Bürger und die Bemühungen um ihre Stadt und ihre Privilegien. Es ist Symbol der Blüte des gesellschaftlichen und wirtschaftlichen Lebens im Bartfeld des frühen 16. Jahrhunderts.

Das zweistöckige Gebäude wird gesäumt von 118 Steinfiguren und weiteren interessanten Details. Eine erwähnenswerte Figur ist die eines Jungen mit nacktem Hintern, welche die Baumeister aus Unmut über die schlechte Bezahlung geschaffen hatten. Während die Räume im ersten Stock den Bedürfnissen des Stadtrats und der Stadtkasse dienten, hatte das Erdgeschoss des Gebäudes eine kommerzielle Funktion. Dort gab es unter anderem einen Raum, in dem die Stadtwaagen, Messgeräte und verschiedene Waren lagerte. An der südwestlichen Ecke des Rathauses waren zudem Hohlmaße für Getreide und Hülsenfrüchte angebracht (1519 und 1620, vgl. Abb. 208, S. 506). Die obere Etage diente der Repräsentation, war über die Außentreppe im Erker (Ostfassade) zu erreichen und beherbergte den Sitzungssaal, eine Schreibstube und das Archiv. Der Ratssaal ist der größte und repräsentativste Raum des Gebäudes. Er weist eine bemalte Kassettendecke aus Holz (von 1508) und Malereien auf, wie das Wandbild mit dem Motiv des Jüngsten Gerichts (1511, entdeckt 1978/79) von *Theopilus pictor* (Theofil Stanzl) aus Leutschau/Levoča. Die Malereien – verschiedene Wappen (Stadtwappen, Wappen des Königreichs Ungarn, Wappenschild mit dem Namen Jakub Huber/1641) – an den äußeren Fassaden stammen von Matej Grunwald. Auf dem Dachfirst befindet sich eine überlebensgroße Figur des legendären Ritters Roland, der die Freiheiten und Rechte der Stadt symbolisch repräsentierte und schützte.

Das Rathaus Bartfeld gilt als das erste weltliche Gebäude der Spätgotik/Frührenaissance in der Slowakei. Es gehört mit den anderen historischen Gebäuden des Stadtzentrums seit 2000 zum UNESCO-Weltkulturerbe (besonderes Beispiel für mittelalterliche Stadtbefestigungen und gut erhaltene Handelsstadt). Heute werden die historischen Räumlichkeiten des Rathauses vom Museum der Region Scharosch (Šarišské múzeum) genutzt und beherbergen die Ausstellung zur Geschichte Bartfelds »Bardejov – Königliche Freistadt«. *Stefanie Bose / František Gutek*

Literatur
Gutek/Jiroušek 2011 | Rogalska 2014 | Urbanová/Mikó 2003 | Žebrácky 1926.

Gericht im Mittelalter*

Der Schwurblock diente bei Gerichtsverfahren zum Ablegen des Eids, dem in der mittelalterlichen Rechtsprechung eine zentrale Bedeutung zukam (Kat.-Nr. II.17)

Das Gericht im Mittelalter war zunächst allgemein eine Organisationsform zur Ausübung des Herrschaftsrechts »Gerichtsbarkeit« (*iurisdictio, iudicium*) bzw. einer aus Autonomie und/oder Privileg fließenden Kompetenz. In den Quellen tauchen neben dem heute üblichen Wort »Gericht« die lateinischen Bezeichnungen *iudicium, forum, curia, ius, placitum,* die althochdeutsche Wortform *girihti,* die mittelhochdeutschen Varianten *geriht(e), thing, tinc, ding* sowie die mittelniederdeutschen Wörter *gerichte* und *richte* auf. Ferner wurden der Ort, an dem das Gericht zusammentrat, und das Gebiet, auf welches sich die Gerichtsherrschaft erstreckte, mit »Gericht« bezeichnet. In der Frühen Neuzeit stand das Wort gelegentlich auch für Orte und Geräte der Strafvollstreckung (Galgen, Rabenstein, Rad). Die historisch konkreten Erscheinungsformen des Gerichts sind unübersehbar. Angesichts der Heterogenität ist eine Systematisierung kaum möglich. Es lassen sich Benennungen ausmachen, die an verschiedene Aspekte des jeweiligen Gerichts anknüpfen: an den Gerichtsherrn wie das Stadt- und Königsgericht, an die sachliche Zuständig-

* Gekürzte und modifizierte Fassung von Heiner Lück: Gericht, in: HRG, 2. Aufl., Bd. 2, Berlin 2012, Sp. 131–143.

keit wie Lehn-, Holz- und Wassergerichte, an die funktionale Kompetenz wie das Nieder- und Hochgericht, an die räumliche Zuständigkeit wie Land- und Feldgerichte, an die Binnenstruktur wie das Schöffen- und Kollegialgericht, an die Gerichtszeit wie das vierteljährlich zusammentretende Quatembergericht und das einmal im Jahr tagende Jahrgericht, an den Gerichtsort bzw. an die topografische Lage wie das Brücken-, Berg- und Talgericht oder das Gericht am Roten Turm und vor dem Roland (Abb. 178).

Das Bild des Gerichts als letztlich alles gerecht entscheidende und göttlicher Aufsicht unterstehende Institution bemüht auch das biblische Jüngste Gericht als Warnung an alle Personen, die Gerichtsherrschaft mittels der Gerichte ausüben. Die Allgegenwart Gottes als höchster und letzter Richter ist augenfällig in vielen Rathäusern und Kirchen sowie auf Siegeln (zum Beispiel auf dem Siegel des Magdeburger Schöffenstuhls) bildlich dargestellt.

Ein typisches Merkmal des Gerichts war und ist seine prinzipiell strenge Gebundenheit an bestimmte Örtlichkeiten, Termine und Formalien. Jedes Gericht setzt sich grundsätzlich aus bestimmten Personen, die im Gericht unterschiedliche Funktionen wahrnehmen, zusammen. Schon in fränkischer Zeit war ein relativ feststehender Personenkreis als Gericht aus der Gesamtheit der Gerichtsgemeinschaft (Dinggenossenschaft) herausgewachsen. Prinzipiell führte eine Person den Vorsitz, während eine gewisse Anzahl von Personen die Gerichtsgemeinde repräsentierte. Seit karolingischer Zeit, also seit dem 8. Jahrhundert, nahmen diese Funktion die Schöffen wahr. Die Gerichtsgemeinde hatte aufgrund der Dingpflicht bei der Gerichtssitzung anwesend zu sein. Während des hohen Mittelalters ist neben Richtern und Schöffen der Fronbote als die für die Vollstreckung von Gerichtsurteilen und Bekanntmachungen von Gerichtsentscheidungen zuständige Amtsperson beim Gericht anzutreffen. Seit dem Spätmittelalter befinden sich regelmäßig Gerichtsschreiber im Dienst des Gerichts bzw. Gerichtsherrn. Im Zuge der Verschriftlichung des Gerichtswesens wurden die Schreiber zu einer wichtigen Gruppe, die sich ausschließlich mit der Dokumentation gerichtlicher Tätigkeiten befasste. Sie erstellten Urkunden, Gerichtsbücher, Stadtbücher, normative Rechtstexte, Schöffenbücher, Urteilssammlungen, Gerichtsprotokolle, Prozessakten usw.

Abb. 178
Roland am Roten Turm in Halle, Symbol der Gerichtsstätte des Burggrafen von Magdeburg, Original Mitte 13. Jahrhundert, heutige Kopie von 1854

Zu den charakteristischen Merkmalen des Gerichts im Mittelalter gehörte die Trennung von Richtern und Urteilern. Der Richter wachte über die Einhaltung der Prozessregeln und erfragte das Urteil bei der Gerichtsgemeinde bzw. bei den Schöffen. Mit dem Eindringen des römisch-kanonischen Prozesses und seiner weiteren wissenschaftlichen wie praktischen Profilierung wuchs auch dem Richter eine inhaltliche Entscheidungsfunktion zu. Diese Entwicklung brachte den urteilenden Richter hervor, wie er für die heutige Gerichtsverfassung in Kontinentaleuropa typisch ist (im Gegensatz zum anglo-amerikanischen System).

Die Personen, welche in weltlichen Gerichten tätig wurden, waren ursprünglich juristische Laien. Ein Richter muss seit ältester Zeit bis heute bestimmte Eigenschaften und Anforderungen, die sich freilich historisch stark wandelten, erfüllen. Während des Mittelalters und der Frühen Neuzeit wurden die Richter von der Gerichtsgemeinde gewählt, von ihrem jeweiligen Gerichtsherrn eingesetzt, durch Weitergabe des Richteramts der Reihe nach oder infolge des Besitzes eines Richterguts als Richter bestimmt. Analoges trifft auf die Schöffen bzw. Beisitzer zu. Die Gerichte der Kirche (Sendgerichte, Offizialate) waren demgegenüber seit jeher mit kirchenrechtlich gebildeten Personen besetzt (Abb. 179). Im Zusammenhang mit der Rezeption des römischen und kanonischen Rechts wurde seit dem 12. Jahrhundert zunehmend das wissenschaftliche Studium der Rechte für die Rechtsanwendung auch im weltlichen Gericht notwendig. Ab dem 16. Jahrhundert wurde verstärkt ein juristisches Studium für die Bekleidung des Richteramts generell gefordert.

Unter modernen Verhältnissen ist die Hauptaufgabe der Gerichte die Rechtsprechung. Dies gilt für die mittelalterlichen Gerichte nicht uneingeschränkt. Ein großer Aufgabenbereich bestand in der Bezeugung, Beurkundung und Fixierung der Rechtsgeschäfte, vor allem solcher über Grund und Boden. In diesem Sinn war das Gericht ein Ort, an dem eine besondere Öffentlichkeit entfaltet wurde. Die Mitwirkung an der freiwilligen Gerichtsbarkeit scheint sogar zeitweilig die Hauptaufgabe der Gerichte auf der unteren Ebene der Gerichtsverfassung gewesen zu sein. Die erhaltenen Gerichtsbücher erwecken zumindest diesen Eindruck.

Eng verbunden mit dem Gericht war die Schiedsgerichtsbarkeit. Ihre Entwicklung verlief neben jener der institutionalisierten Gerichte. Hinzu kamen die Aushebung und Ablieferung der Zinsen und Abgaben durch den Richter an den Grundherrn, worin deutlich die Verflechtung von Justiz und Verwaltung einerseits sowie von Gericht und wirtschaftlichen Verhältnissen andererseits zum Ausdruck kommt. Des Weiteren organisierten die Gerichtsherren auch die ihnen aus einem Lehnsverhältnis zustehenden Abgaben und Dienste. Im Gericht wurden Gebot und Verbot der Gerichtsherrschaft verkündet, alte Rechte in Erinnerung gerufen und bestätigt. Ebenso darf das Gericht als Forum einer allgemeinen Kommunikation unter den Personen, für die das Gericht zuständig war und von denen es teilweise mitgetragen wurde (genossenschaftliche Gerichtsbarkeit), angesehen werden. Häufig fand im Anschluss an die Gerichtsversammlung eine gemeinsame Mahlzeit statt. Diese hatte eine befriedende Funktion. Die Kosten bzw. die Pflichten zur Bereitstellung von Speisen und Getränken waren gewohnheitsrechtlich festgelegt. Aufkommen mussten dafür regelmäßig die dem Gericht unterworfenen Personen.

Als Inbegriff der Herrschaft schlechthin war das Gericht das institutionelle Sammelbecken für hoheitliche Aufgaben unterschiedlichster Art, welche die verschiedenen Herrschaftsträger zu verwirklichen hatten. Im Hinblick auf seine rechtsprechende Funktion hob es sich jedoch von anderen Institutionen ab. Das Gericht musste verbindliche Entscheidungen treffen können, die in einem bestimmten Verfahren zustande kamen, durch eine spezifische Form gekennzeichnet waren und notfalls zwangsweise durchgesetzt werden konnten.

Abb. 179
Darstellung des bischöflichen und dompröpstlichen Sendgerichts und weltlichen Grafengerichts in der Wolfenbütteler Bilderhandschrift des Sachsenspiegels. Wolfenbüttel, Herzog August Bibliothek, Cod. Guelf. 3.1 Aug. 2°, fol. 10r3–5

Unabhängig davon standen an der Seite der Gerichte Institutionen und Korporationen, die nicht vorrangig Rechtsprechung ausübten, aber doch eine spezifische Gerichtsfunktion innehatten (Gemeinden, Innungen, Genossenschaften usw.). In der Frühen Neuzeit waren Spruchkollegien (Juristenfakultäten, Schöffenstühle) in die Urteilsfindung der Gerichte eingebunden, ohne selbst dadurch zu Gerichten zu werden. Obwohl die Gerichtsbarkeit im Mittelalter als Regal angesehen wurde (deutlich erkennbar an der Bannleihe des Königs), war sie bereits früh in die Hände vieler Gerichtsherren gelangt. Die räumliche und sachliche Aufgliederung der Gerichtsbarkeit war mit Machtkämpfen innerhalb der Führungsschichten in Reich, Territorien, Städten und Grundherrschaften verbunden. Nur derjenige konnte Gerichtsbarkeit ausüben, der mächtig genug war, seinem Gericht Autorität zu verleihen. Das Heilige Römische Reich vermochte diese Voraussetzung am allerwenigsten zu erfüllen. Die Gerichtsbarkeit des Königs stieß vor allem seit dem 13. Jahrhundert an die Grenzen der Macht geistlicher und weltlicher Fürsten. Aber auch die finanzkräftigen Städte trugen bald zur Einschränkung der königlichen, stadtherrlichen Gerichtsbarkeit bei Ausweitung ihrer eigenen Gerichtskompetenzen bei. In den 1220/1232 gewährten Fürstenprivilegien des Königs und Kaisers Friedrich II. (reg. 1212–1250) verzichtete das Königtum auf wichtige mit der königlichen Gerichtsbarkeit verbundene Rechte.

Auf dieser Grundlage begannen die sich formierenden Territorialstaaten eine eigene Gerichtsverfassung aufzubauen und sich in Gerichtverfassungsfragen nach außen hin – vor allem den Reichsgerichten gegenüber – abzuschließen. Innerhalb der Territorien setzte sich die Aufsplitterung der Gerichtsbarkeit in unterschiedlicher und uneinheitlicher Weise bis auf die lokale Ebene fort. Die Gerichtsbarkeit wurde nunmehr zum Gegenstand der Auseinandersetzungen zwischen den Landesherren und den Sondergewalten in den Territorien, wobei mit der Ausbildung der landständischen Verfassung eine gewisse Stabilisierung eintrat. Die Fortexistenz der Reichsgerichte, einschließlich der während des 13. Jahrhunderts in Westfalen aufkommenden Femegerichte, erforderte eine bestimmte Regelung der entstandenen Konkurrenzen, die in Gestalt von Privilegierungen letztlich zugunsten der Fürsten bzw. Landesherren erfolgte.

Die für das Mittelalter und die Frühe Neuzeit typische Ständehierarchie prägte auch wesentlich die Struktur der Gerichtsverfassung. Sichtbarer Ausdruck dessen war die Herausbildung von Gerichten für bestimmte Personengruppen bzw. für spezifische Arten von Rechtsbeziehungen, wie zum Beispiel der Hofgerichte für den Adel, der akademischen Gerichte für Universitätsangehörige, der Stadtgerichte für Städtebürger, der Zunftgerichte für die in Zünften zusammengeschlossenen Handwerker, der Dienstmannengerichte, der Gerichte für freie Zinsbauern und Meierdinge für Hörige. Dem Prinzip der individuellen Ungleichheit entsprach eine ständisch aufgesplitterte Gerichtsverfassung. Ferner haben sich für bestimmte Rechtsverhältnisse spezielle Gerichte herausgebildet, wie Berg-, Salz-, Forst-, Mark-, Deich- und Wassergerichte. Das Gericht im umfassenden Sinn war lange Zeit das einzige Organisationselement, das den unterschiedlichen Herrschaftsträgern zur legitimen Realisierung ihrer Interessen zur Verfügung stand.

Mit dem Gericht wurden systemtragende Beziehungen geschützt und gegebenenfalls wiederhergestellt, neue Entwicklungen sanktioniert oder bekämpft. Das gilt aber nicht nur für den Konfliktfall. Die Aufgaben des Gerichts gingen weit darüber hinaus. Das ergab sich zwangsläufig aus der prinzipiellen Einheit von Justiz und Verwaltung bzw. aus der Personalunion der Inhaber beider Ressorts. Ebenso wie der mittelalterliche »Staat« weniger institutionell als personell strukturiert war, waren auch die Gerichte in erster Linie an Personen gebunden, in der Regel vermittelt über deren Grundbesitz. Die Verklammerung der Herrschaftsrechte mit dem Grundbesitz (Radizierung) stellt sich historisch wiederum überaus variantenreich und differenziert dar. Das gilt nicht nur für verschiedene Landschaften, sondern konnte schon für benachbarte Dörfer zutreffen.

Diese Unterschiede ergaben sich vor allem aus dem Fehlen einer zentralen rechtlichen Regelung und aus siedlungsgeschichtlichen Bedingungen. Uneinheitlichkeit ist das hervorstechende Merkmal des mittelalterlichen Gerichtswesens. Sie blieb es so lange, wie die Gerichte unlösbar mit den Rechten an Grund und Boden verbunden waren. Erst in dem Maße, wie es dem modernen Staat gelang, durch den Ausbau seiner Institutionen die Gerichtsinhaber einheitlichen Maßstäben und Regeln zu unterwerfen, entstand eine zur Einheitlichkeit tendierende Gerichtsverfassung. Dieser langwierige und komplizierte Prozess begann in Deutschland mit dem Ausbau der Territorialstaaten zu Landesherrschaften. Er konnte erst mit den bürgerlichen Reformen des 19. Jahrhunderts weitgehend abgeschlossen werden. *Heiner Lück*

Literatur
Baumbach 2017 | Diestelkamp 2013 | Drüppel 1981 | Gudian 1986 | Ishikawa 1997 | Kéry 2012 | Köbler 1970 | Krey 2016 | Lück 1997 | Lück 2001 | Lück 2008 c | Lück 2008 d | Lück 2012 g | Lück 2012 h | Lück 2012 i | Lück 2012 j | Lück 2012 k | Lück 2016 a | Lück 2016 f | Lück 2017 | Lück 2017 a | Lück 2017 b | Merzbacher/Lück 2016 | Richter 1999 | Schild 1980 | Schmidt-Wiegand/Lück 2016 | Schulze 2006 | Schuster 2000 | Weitzel 1985.

II.13

Das Olmützer Memorialbuch (»Liber civitatis«, Kodex des Wenzel von Iglau)

Olmütz/Olomouc, Wenzel von Iglau, 1430–1492, 1528

Faksimile

Pergamentbindung, 278 Blätter, Spiegelaufschlüsselung: zwei Kolumnen

Blätter: H 37,5, B 27 cm; Einband: H 37,6 cm, B 26,8 cm, T 7 cm

Olmütz/Olomouc, Státní okresní archiv Olomouc, Archiv města Olomouc, Bücher 97, 1540

Der Kodex des Wenzel von Iglau (1398–1477) gehört seiner äußeren repräsentativen Gestaltung nach zu den kostbarsten mittelalterlichen Buchhandschriften des Olmützer Archivs und zählt unbestritten zu den bedeutendsten Stadtbüchern Tschechiens. In der ersten Hälfte des 15. Jahrhunderts war Wenzel von Iglau (Wenczeslaus de Iglauia) einer der kreativsten Stadtschreiber in Olmütz.

Die Umstände der Entstehung des Buchs werden in dessen Einleitung erläutert. In einem Eintrag aus dem Jahr 1430 beschreibt Wenzel die bis dato geführten Olmützer Stadtbücher, inklusive des ältesten aus dem Jahr 1343. Der Schreiber stellt seiner Aufzählung der Bücher einen Verweis nach, in dem er die bisher erfolgte unzulängliche Systematisierung bei offiziellen Buchregistrierungen beanstandet, und erhebt den Anspruch, diesen Umstand mit seinem neuen Buch zu beseitigen. Die im Buch vorgenommene Aufstellung der Regesten der städtischen Urkunden markiert gleichzeitig einen ersten Ansatz zur Organisation des Stadtarchivs. Mehrere Olmützer Stadtschreiber waren an der Erstellung des Buches beteiligt, angelegt hatte es jedoch Wenzel zu Beginn der 1430er Jahre. Obwohl Wenzel es zu einer bedeutenden Stellung in Olmütz brachte, verließ er die Stadt um 1440 und ging nach Brünn/Brno, wo er bis 1455 ebenfalls als Stadtschreiber tätig war und das von der Mitte des 14. Jahrhunderts stammende Werk des Schreibers Jan fortführte.

Der Kodex verfügt über eine neuzeitliche Pergamentbindung, die die ursprüngliche gotische Bindung nachzuahmen versucht. Bei der Restaurierung wurden erhaltene ursprüngliche Teile (Holzdeckel, Schmiedeelemente) wiederverwen-

II.13 fol. 1r und fol. 2v

det. Der Buchtext ist überwiegend in gotischer Halbkursive (Bastarda) geschrieben. Zudem finden sich 92 verschieden große, reich verzierte Initialen. Den einleitenden Teil des Buchs schmücken zwei große, figurale Illustrationen, die den Schwur des Stadtrats abbilden (fol. 2v) und drei thronende Herrscher aus der Familie der Luxemburger zeigen: König Wenzel IV. (reg. 1378–1419), Kaiser Karl IV. (reg. 1355–1378) und Markgraf Jobst von Mähren (reg. 1375–1411) (fol. 1r). Die Illustrationen entstanden unter dem Einfluss des gotischen »schönen Stils«, durch ein realistisches Gruppenporträt der Ratsherren überwinden sie jedoch dessen Konzepte. Die Abbildung des Schwurs mit elf Mitgliedern des Stadtrats – vier Schöffen inklusive Bürgermeister, sieben Geschworene und ein Vogt – sowie dem im Vordergrund sitzenden Stadtschreiber wirkt durch eine detailgenaue, realitätsnahe Darstellung der Personen fast dokumentarisch. In der Mandorla über den Köpfen der Repräsentanten der städtischen Selbstverwaltung ist der Schmerzensmann (Miserikordienbild Jesu) zu sehen. An den Seiten der Mandorla knien zwei Engel mit beschrifteten Banderolen in den Händen. Der Text auf beiden Bändern verweist auf das Motto einer gerechten Gerichtsbarkeit: *Iuste iudicate filii hominum*. Der Text des rechten Engels ist spiegelverkehrt dargestellt. Demgegenüber steht die stilisierte Darstellung der Herrscher mit Augenmerk auf zeremonielle Kleidung und Herrschaftsattribute.

Die gesamte Handschrift ist in vier Kapitel bzw. Bücher unterteilt, die sich in weitere kleinere Abschnitte untergliedern. Das erste Buch (fol. 1r a–57v a) umfasst neben den einleitenden Eintragungen, die die Entstehung des Buches erläutern, auch Regesten der Stadtprivilegien, Nachrichten aus der Zeit der Hussitenkriege, Aufzeichnungen zur städtischen Wirtschaft, Bestimmungen zur Wahl des Stadtrats und zu Vermächtnissen an Arme, Aussätzige, Witwen und Waisen.

Das zweite Buch (fol. 71r b–135r b) enthält unter anderem Beschreibungen der Aufgaben von Bürgermeister, Schöffen und Geschworenen, des Vogts, des Stadtschreibers und der städtischen Angestellten sowie deren Einkünfte. Ergänzt wird der Text durch eine Betrachtung über die Wirkungslosigkeit von Folter als Beweismittel, eine Übersicht über die Olmützer Zünfte sowie Aufzeichnungen zum Verkauf und Ankauf von Häusern. Das dritte Buch (fol. 145v a–209r a) behandelt vor allem Erbschaftsangelegenheiten. Im vierten Buch (fol. 209r b–276v a) finden sich Vermerke zu »Angelegenheiten aller Art«. Hierzu gehören in erster Linie Eintragungen zu Mitgiften, zur gegenseitigen Übertragung von Besitzungen unter Verwandten, zu Verbindlichkeiten und Schulden sowie zur Beilegung verschiedener Besitzstreitigkeiten.

Von insgesamt 872 Einträgen (ohne Register und Vorwort) sind 358 auf Latein, 505 auf Deutsch und neun auf Tschechisch verfasst.
Bohdan Kaňák

Literatur
Čáda 1963 | Čáda 1969 | Černý 1999 | Dadáková/Perůtka 1979, S. 48–57 | Kaňák 2015 | Krása 1980 | Loserth 1881 | Saliger 1882 | Spáčil 2001 | Spáčilová/Spáčil 2004.

II.14

Zwei Engel entfalten das Schweißtuch der Veronika

1479

Öl auf Holz

H 86,5 cm, B 73 cm

Zwickau, Kunstsammlungen Zwickau
Max-Pechstein-Museum, 1481

Der besondere Wert des Zwickauer Tafelbilds liegt in der im Vergleich zu herkömmlichen Gerichtsbildern untypischen Motivwahl. Der Kult um die heilige Veronika war im Mittelalter zwar verbreitet, doch war sie im engeren Sinn keine Rechtsheilige, sondern eine Passionsheilige. Ihre Person taucht überwiegend in Passionszyklen auf, normalerweise in der sechsten Station des Kreuzwegs Jesu, in denen ihre hauptsächliche Handlung im Darreichen des Schweißtuchs besteht. Einer Legende des 14. Jahrhunderts nach hat Jesus als Belohnung für Veronikas Mitgefühl sein Antlitz im Schweißtuch hinterlassen und der Christenheit dadurch ein bleibendes Abbild geschenkt. Diese Rolle nimmt sie auch in Kreuzwegdarstellungen ein, die die Überführung von Straftätern vom Gericht zur Richtstätte thematisieren. Daneben wird sie entweder losgelöst vom Passionsgeschehen allein mit dem Schweißtuch und den anderen Marterwerkzeugen dargestellt, oder aber das Schweißtuch erscheint von Engeln getragen für sich allein mit dem Antlitz Christi. Diesem letzten Typus entspricht das Zwickauer Tafelbild.

Zwei Engel halten links und rechts ein großes weißes Schweißtuch mit ausgeprägtem Faltenwurf, wovon Christi Antlitz unberührt bleibt. Das Angesicht Jesu nimmt zum einen die tradierten Formen der *Vera Icon* auf, die aus einer länglichen Gesichtsform, zweigeteiltem Kinnbart, herabfallenden, dunklen Locken und ansetzender Stirnlocke bestehen; zum anderen sind, dem Trend des 15. Jahrhunderts folgend, eindeutig erkennbare Schmerzenszüge eingearbeitet wie Dornenkrone, herabfließendes Blut und ein rotgeschwollener Mund. Die Engel unterscheiden sich durch Kleidungsfarbe und Körper- bzw. Kopfhaltung. Der Engel zur Linken des Schweißtuchs trägt ein weißes Gewand und hat seinen Blick hoffnungsvoll nach oben gerichtet, der Engel zur Rechten trägt hingegen ein rotes Gewand und wendet dem Betrachter einen strengen Blick zu, der an den angezogenen Augenbrauen abzulesen ist. Oberhalb des Schweißtuchs steht in gotischer Schrift die Jahreszahl 1479, möglicherweise ein Indiz auf das Herstellungsjahr des Bildes. Unter dem Bild steht schließlich die Mahnung: »Ains mans red ain halbe red. Man sol sy verhorn bed.« (Die Aussage eines Mannes gleicht einer halben Aussage. Man soll beide [Prozessseiten] anhören.)

Der Spruch ist zweifellos ein Appell an die Gerichtsführenden, eine gerechte Prozessordnung einzuhalten, die im Anhören der Kläger- und Verteidigungspartei besteht. Dass dafür auf ein Passionsthema Bezug genommen wird, ist bemerkenswert. Es ist möglich, dass der Auftraggeber an zwei Aussageebenen gedacht hat: Zuerst soll das leidende Antlitz Christi Affekte ansprechen und den Betrachtenden in Anlehnung an das Matthäusevangelium (Mt 27, 25) an den unfairen Prozess Jesu erinnern. Sein durchdringender Blick zieht ihn gleichsam ins Passionsgeschehen hinein. Die Engel transzendieren schließlich das Passionsmotiv, indem sie durch ihre Kleidungsfarben – Rot als Farbe des Blutes für den Weltenrichter, Weiß als Farbe des Friedens – und Körperhaltungen das Jenseitsgericht ankündigen. Die Gerichtsleute werden demnach ermahnt, im Angesicht Christi und des nahenden Gerichts ehrlich, lauter und gerecht zu sein.

II.14

Zur Überlieferungsgeschichte des Bildes ist nichts bekannt. Die neuere Zwickauer Stadtchronistik (Tobias Schmidt 1605–1659, Emil Herzog 1809–1883) erwähnte es nur am Rand. Das Bild soll über der Eingangstür zur Gerichtsstube gehangen haben. Auffällig ist, das weder Schmidt, immerhin ein Geistlicher, noch Herzog Bildmotiv und Bildzweck geläufig waren.
Matteo Rebeggiani

Literatur
Barton 2011 | Bösen/Mikat 1999 | Herzog 1839/1845 | Katzenellenbogen 1935 | Köbler 1988 | Kocher 1992 | Kocher 2012 | Schild 1988 | Schild 1988 a | Schmidt 1656.

II.15

Kruzifix zum Ablegen von Eiden

Thorn/Toruń, 1. Hälfte 14. Jahrhundert

Holz, Metall

H 77 cm, B 56 cm

Thorn/Toruń, Muzeum Okręgowe
MT/Rz/4/SN

Ein Eid ist »die feierliche Versicherung der Wahrheit oder ein feierliches Versprechen« (Munzel-Everling, Sp. 1249). Im Spätmittelalter erfolgte dieser Eid in Form einer bedingten Selbstverfluchung vor Gott. Bei der Anrufung Gottes hob der den Eid Leistende die rechte Hand oder legte die rechte Hand auf ein Kreuz, eine Bibel oder ein Reliquiar. Durch die Ablegung des Eides vor Gott wurde ein Meineid zur schweren Sünde, der das Seelenheil des Beeidenden gefährdete.

Das Kruzifix aus Thorn wurde im dortigen Rathaus in eben dieser Form für die Vereidigung von Zeugen und Prozessbeteiligten genutzt. Ursprünglich war seine Funktion allerdings eine andere. Es stammt vermutlich aus der Johanneskirche in der Thorner Altstadt, wo es als Prozessionskreuz genutzt wurde. Schließlich verbrachte der Rat es an die Gerichtsstätte. Vermutlich wurde es auch hier zunächst als Vortragekreuz beim feierlichen Einzug in das Rathaus genutzt. Im Gerichtssaal diente es dann für die Vereidigung. Wie die übergroße Mehrheit der Städte im Deutschordensland war Thorn ebenfalls nach dem Kulmer Recht verfasst. Diese Variante des Magdeburger Rechts wich unter anderem hinsichtlich der Gerichtsverfassung ab: Hier gab es

II.15

keine Trennung zwischen Rat und Schöffenstuhl, sondern der Rat fungierte zugleich als Gerichtsinstanz. Daher fanden Gerichtssitzungen im bzw. am Rathaus statt.

Das Kruzifix wurde in der ersten Hälfte des 14. Jahrhunderts gefertigt. Seine Anbringung auf einem Sockel erfolgte erst später, wahrscheinlich mit dem Wechsel der Funktion des Stücks.
Christina Link

Literatur
Błażejewska 2009, S. 42 und 45 | Munzel-Everling 2008 a.

II.16

Die Prenzlauer »Schwurhände« der Bürgermeister Klaus Beltz und Zabel Grieben

Prenzlau, 1. Hälfte 15. Jahrhundert
Mumifizierte rechte Hände
je etwa H 15 cm, B 10 cm
Prenzlau, Kulturhistorisches Museum, V/3292

Die beiden mumifizierten Hände sind nach der Überlieferung mit dem »Verrat von Prenzlau« 1425/26 verbunden, der mit dem lange währenden Konflikt zwischen brandenburgischen, pommerschen und mecklenburgischen Territorialmächten um die Herrschaft über die Stadt Prenzlau und die Uckermark zusammenhängt. Nachweislich seit dem 18. Jahrhundert wurden die beiden Hände in einer Schachtel im Rathaus »zum ewigen Andenken« an dieses Geschehen verwahrt, in dessen Zuge den beiden Bürgermeistern Klaus Beltz und Zabel Grieben zunächst die rechten Hände, dann die Köpfe abgeschlagen wurden.

Mittelalterliche Quellen wie die bekannte, 1869 edierte »Magdeburger Schöppenchronik« und die 1902 edierte Rufus-Chronik überliefern den mit List und Gewalt ausgetragenen Konflikt um die Stadt recht anschaulich: die Uneinigkeit innerhalb der städtischen Bürgerschaft, die dadurch begünstigte Einnahme Prenzlaus durch die Pommern-Herzöge 1425 und die im nächsten Jahr erfolgte Rückeroberung durch den Brandenburger Markgrafen sowie die Enthauptung der beiden des Verrats bezichtigten Bürgermeister (Kaak 2017, S. 287, 372, 783, 808). Die Abtrennung ihrer »Schwurhände« ist in zeitgenössischen Quellen nicht überliefert. Erst die Chronik von Johann Samuel Seckt aus dem Jahr 1787 bringt sie mit diesem Geschehen in Verbindung.

II.16

Um das tatsächliche Alter der Hände festzustellen, veranlasste das Kulturhistorische Museum Prenzlau im Jahr 2014 neben einer Restaurierung auch deren anthropologische Untersuchung und Radiokarbon-Datierung (14C). Demnach handelt es sich um die Hände zweier erwachsener Männer (anthropologisches Gutachten Bettina Jungklaus, Berlin), deren 14C-Datierung in den Zeitraum zwischen 1418 und 1448 weist (Datierung am Curt-Engelhorn-Zentrum Archäometrie, Mannheim). Somit passen die schriftliche Überlieferung und die Merkmale der Hände sehr gut zusammen.

Angesichts der spärlichen und späten schriftlichen Überlieferung kommt allerdings ebenfalls infrage, dass die beiden mumifizierten Hände als Rechtssymbole, sogenannte Leibzeichen, erhalten blieben. In mittelalterlichen Rechts- und Strafverfahren gab es sowohl die Gepflogenheit, die rechte Hand, die Schwurhand, als Strafe für Meineid abzuhacken – als sogenannte spiegelnde Strafe an dem Körperteil vollzogen, das mit der Freveltat verbunden war –, als auch die Sitte, die Hand eines zu Tode gekommenen Gewaltopfers als Zeugenhand für den noch ausstehenden Prozess abzutrennen. Ob nun Verrat oder ungesühnter Tod, in beiden Fällen veranschaulichen die Hände die drastische Symbolik mittelalterlicher Rechtsprechung in Europa. Sie belegen zugleich das Bestreben, die außergewöhnlichen Geschehnisse von 1425/26 mit materiellen Zeugen zu verbinden, diesen Objekten eine Bedeutung für die Erinnerungskultur zuzuschreiben und sie deshalb für die Nachwelt zu bewahren. Im Fall der Prenzlauer Hände geschah das zunächst zur Mahnung, später als spektakuläres Zeugnis der eigenen Geschichte. Zur Eröffnung des Uckermärkischen Museums 1899 in Prenzlau wurden die beiden Hände aus dem Rathaus an das Museum übergeben, befinden sich seither in dessen Bestand und gehören bis heute zu den meistbeachteten Objekten der Sammlung.
Katrin Frey

Quellen
Janicke 1869 | Koppmann 1902 | Seckt 1787.

Literatur
Frey/Genschow 2014 | His 1920 | Kaak 2017 | Piper 2012 | Schwartz 1934.

II.17

Schwurblock

Zwickau, 1547 (neu gefasst?)

Lindenholz, gefasst

H 13 cm, B 8,5 cm, L 19,5 cm, G 695 g

Zwickau, Städtische Sammlung, Priesterhäuser A/211/Stg.

Dieser kleine hölzerne, nur 695 Gramm schwere Block aus Zwickau wird einer Gruppe mittelalterlicher und frühneuzeitlicher Kästchen zugeordnet, die vornehmlich in Rathäusern ost- und norddeutscher Städte aufbewahrt und bei Eidesleistungen verwendet wurden. Die in der Forschung als Schwurkästchen, -blöcke, -laden oder Eidreliquiare bezeichneten Artefakte haben eine hausförmige Gestalt und weisen ein ähnliches Bildprogramm auf: Dargestellt sind üblicherweise Christus als Weltenrichter, oftmals, wie hier beim Zwickauer Block, auf einem Regenbogen thronend und flankiert von Maria und Johannes sowie eine Kreuzigung, ebenfalls begleitet von Maria und Johannes. Hinzu treten darüber hinaus häufig Apostel und Heilige. Aus dem 15. Jahrhundert sind mehrere Schreine aus Metall und Edelmetall überliefert, die zum Teil nachweislich Reliquien enthielten und die vermutlich speziell für das Ablegen von Bürgereiden oder Amtseiden der Ratsherren in Auftrag gegeben wurden. Eines davon ist das in dem vorliegenden Katalog vorgestellte Tangermünder Schwurkästchen (Kat.-Nr. II.49). Der Schwur auf Reliquien war schon seit dem frühen Mittelalter ein beliebtes Mittel, um den Wahrheitsgehalt einer Aussage zu bekräftigen. Bezeichnenderweise wurden aber auch nach der Reformation ganz ähnliche Kästchen aus Holz angefertigt, die im Rechtskontext Verwendung fanden. Doch werden sie in den protestantischen Städten, aus denen die erhaltenen Objekte stammen, nicht mehr der Aufbewahrung von Reliquien gedient haben. Von wem und für welche Zwecke sie in Auftrag gegeben wurden und auf welche Art und Weise sie zum Einsatz kamen, ist bislang größtenteils ungeklärt.

Auch der hier abgebildete schlichte Zwickauer Block, der nur noch entfernt an die vorreformatorischen Reliquiare erinnert, wirft einige Fragen auf. Da er massiv ist, kann er nicht für die Aufbewahrung eines Evangeliums vorgesehen gewesen sein – eine Funktion, die zum Beispiel für

II.17

eine Lade aus Rendsburg nachgewiesen ist. Da in einer Zwickauer Ratsrechnung von 1503 bereits ein »Juramentstocklen« Erwähnung fand und einer weiteren Rechnung des Stadtgerichts von 1547 zu entnehmen ist, dass ein Maler zu Glauchau mit der Bemalung eines »Stöckle« beauftragt wurde, »welchs man vor Ehgericht pflegt zu gebrauchen« (zitiert nach Hahn 1939, S. 78), ist nicht auszuschließen, dass der Block sogar noch vor der Reformation in Zwickau angefertigt und 1547 nur neu gefasst wurde. Warum aber eine neue Fassung, und was zeigte die alte? Das »Ehgericht« ist eventuell verwandt mit dem »Echteding« – eine vom Vogt meist dreimal jährlich gehegte Gerichtsversammlung, für die zum Beispiel auch in Lübeck die Nutzung eines Schwurkästchens bezeugt ist. Ungewiss ist aber, ob dieses in den Quellen oftmals als »Kapelle« bezeichnete Behältnis während der Zeremonie nur präsent sein musste oder auch von bestimmten Personen berührt wurde.

Zuletzt sei auf die erstaunliche Aufschrift am Sockel des Blocks aufmerksam gemacht: »DV SOLT NIT SCHWEREN / BEDENCK / DAS ENDE / 1547« (Du sollst nicht schwören / bedenke / das Ende / 1547). Eine Aufforderung, nicht zu schwören, auf einem zum Schwören angefertigten Kästchen? In der Bergpredigt, auf die die Aufschrift möglicherweise anspielt, heißt es: »Ihr habt gehört, dass zu den Alten gesagt worden ist: Du sollst keinen Meineid schwören, und: Du sollst halten, was du dem Herrn geschworen hast. Ich aber sage euch: Schwört überhaupt nicht […]« (Mt 5, 33–34, zitiert nach der Einheitsübersetzung 2016). Möglich ist folglich, dass hier vor dem falschen Schwören gewarnt wird, obwohl dann gerade das entscheidende Adjektiv »falsch« fehlen würde. Es bedarf deshalb einer tiefer gehenden Forschung, um diese und weitere Unklarheiten klären zu können. *Vera Henze-Mengelkamp*

Literatur
Appuhn 1978 | Ebel 1971 | Falck 1822 | Hahn 1939 | Lambacher/de Fümel/Schumann 2014.

II.18

Schöffenbank

Berlin, um 1264–1270

Kürzung/Umbau vor 1884 (Forschungsstand März 2019)

Aus dem alten Berliner Rathaus mit Gerichtslaube

Kiefer, Esche, Eiche (Ergänzungen)

H 103,50 cm, B 294 cm, T 58 cm

Berlin, Stiftung Stattmuseum, VI 8269

Das mittelalterliche Möbel aus der Berliner Gerichtslaube und dem Rathaus mit einer über 750-jährigen Geschichte ist seit 2018 Gegenstand eines umfassenden Forschungsprojekts im Stadtmuseum Berlin. Zur Magdeburger Ausstellung können deshalb nur Zwischenergebnisse aus den ersten Recherchen und Untersuchungen vorgestellt werden. Mithilfe neuester Untersuchungsmethoden sollen die Veränderungen, Restaurierungen und Ergänzungen am Möbel möglichst lückenlos rekonstruiert werden. Umfassende und vergleichende Studien zur Rechts- und Kommunalgeschichte ermöglichen vielleicht künftig, die Objektgeschichte etwas aufzuhellen und mit weniger Vermutungen zu erzählen.

Mit der ersten Stadterweiterung Berlins in der Mitte des 13. Jahrhunderts entstand genau auf der Grenze zwischen altem und neuem Stadtteil um 1270 ein neues Rathaus. Der Neubau bestand aus einem langen größeren Flügel und einem fast quadratischen Vorbau an der Spandauer Straße. Letzterer war zu ebener Erde eine mit Spitzbögen nach drei Seiten geöffnete Halle mit einer runden Mittelsäule und erinnerte an einen Gerichtsbaum. In diesem als Laube (*lobium*) oder Schöffenstuhl bezeichneten Raum wurde »das Schöffengericht der Stadt öffentlich gehegt, so daß alles vor derselben versammelte Volk dem Gange des Prozesses folgen und das von den Schöffen gefundene und vom Richter verkündete Urteil wohl vernehmen konnte. Sie war ferner der Ort, vor welchem die durch das Läuten der Glocke zusammenberufene Bürgergemeinde von dem in der Laube versammelten Rathe über wichtige Angelegenheiten der Stadt befragt wurde und auch von diesem über die Verwaltung öffentlich Rechenschaft erhielt« (Krausnick 1861, S. 3). Über der offenen Halle befand sich ein geschlossener Raum für die Magistratssitzungen, der sogenannte Ratsstuhl.

Es gibt keine Belege oder Beschreibungen über die ursprüngliche Einrichtung der Gerichtslaube sowie das Mobiliar, welches die Ratsherren, Richter und Schöffen benutzt haben. Die Übereinstimmung von Bauzeit der Laube und Entstehungszeit der Bank spricht sehr dafür, dass sie zur ursprünglichen Ausstattung gehörte. Selbst bei Annahme einer größeren Breite hätte die Bank gut in deren Innenraum gepasst. Für Berlin ist eine Anzahl von mindestens sieben und bis zu 15 Schöffen überliefert. Die heute erhaltene Bank mit ihren vier Feldern in der Rückenlehne würde als repräsentatives Sitzmöbel lediglich vier Schöffen Platz bieten. Ebenso ist Schilderungen über Urteilsverkündungen in Berlin zu entnehmen, dass es mehrere Schöffenbänke gleicher Art gab.

Auf eine Verkürzung weisen mehrere Spuren am Möbel eindeutig hin, leider lassen sich der Anlass und Zeitpunkt dafür kaum noch ermitteln. Ursachen für die Veränderung am Möbel könnten die Stadt- und Rathausbrände in den Jahren 1380, 1484 und 1581 gewesen sein. Ebenso kämen dafür auch die zahlreichen Um- und Ausbauten am Rathaus und der Gerichtslaube sowie die Umzüge kommunaler Ressorts infrage, die möglicherweise mit der Übertragung einer neuen Funktion des Möbels verbunden waren. Die älteste Erwähnung zur Schöffenbank aus der Gerichtslaube im Rathausbau ist in einer Akte zum alten Berliner Rathaus erst im 18. Jahrhundert zu finden: »1718 auf dem Rathausflur 1. Lange Bancke vor der alten Gerichts-Stube« (LAB, Nr. 2). In den nur noch lückenhaft erhaltenen Kämmereirechnungen wird sie bis 1791 immer an derselben Stelle auf einem Flur vor der Gerichtsstube aufgeführt (LAB, Nr. 40). In dieser Epoche dürfte die Bezeichnung »Armesünderbank« entstanden sein. Als Bank für die Schöffen diente sie längst nicht mehr, wohl eher als Sitzgelegenheit für Angeklagte, die auf ihre Verhandlung in der Gerichtsstube warteten.

Die Einführung des römischen Rechts hatte Veränderungen der Strukturen des Schöffengerichts zur Folge. Die ehemalige Laube wird nun »ausdrücklich das Stadtgewölbe genannt« (Krausnick 1861, S. 11), diente als Städtekasse und zugleich bis 1783 »den Deputirten aller Städte zum Versammlungsorte bei großen Landesfeierlichkeiten, als Huldigungen, Leichenbegängnissen u.s.w.« (ebd.). Das Gericht hatte andere Räumlichkeiten im Turm und Rathausbau erhalten sowie eine Folterkammer auf dem Boden des Rathauses. »Für [...] die Verurtheilung von Verbrechern, welche früher im Schöffenstuhle gehegt wurde, bestand das Schöffengericht aber noch fort. Es wurden dazu die Schöffenbänke auf dem freien Platze vor dem Rathhause in der Spandowerstraße, neben dem alten Vorbau, aufgestellt, den Verurtheilten das Todesurtheil publicirt [...] Häufig wurde das Todesurtheil, wenn es auf Enthauptung lautete, sogleich vor dem Rathhause vollzogen« (ebd.). In einer Publikation zur Geschichte des Scharfrichters wird das Ritual in Berlin so beschrieben: »Der Magistrat setzte einfach den Dienstag oder Freitag dafür fest, ließ die Schöffenbänke vor dem Rathaus aufstellen und noch einmal in Kürze die Gerichtsverhandlung bis zum Verlesen des Urteils ablaufen. Dann brach der Richter den Stab, die *Schöffenbänke* wurden umgestürzt und der Delinquent zum Richtplatz geführt« (Koch 1988, S. 173). Die Frage, wie lange die letzte erhaltene Berliner Schöffenbank dieser »Tortur« standhalten musste, bleibt offen.

Mit dem Beschluss, das alte Berliner Rathaus für einen Neubau 1861 abzureißen, wurde dessen Inventar in einer Auktion verkauft. Die Bank als städtisches Eigentum kam erstmals in private Hand. Vom Besitzer als »Glücksbank« bezeichnet, diente sie der Familie über zwei Jahrzehnte als Gartenbank, mit dem Versprechen, sie als Schenkung nach Lebzeiten dem Märkischen Provinzial-Museum zu übergeben. Seit 1884 wurde sie im Museum in der Kategorie »Städtische Rechtspflege« zusammen mit Artefakten des Gerichtswesens und der Folter ausgestellt.

Die Schöffenbank ist als ältestes Sitzmöbel im deutschsprachigen Raum bislang kaum bekannt. Ebenso wenig ist man sich ihrer herausragenden Bedeutung als einzigartiges Zeugnis für die Anfänge des Möbelbaus und der Rechtsgeschichte im Mittelalter bewusst. *Elisabeth Bartel*

Quellen
Landesarchiv Berlin, A Rep. 550, Nr. 2 (Corpus Bonorum 1718), Bl. 248 f. | Landesarchiv Berlin, A Rep. 550, Nr. 40/F Rep. 237.

Literatur
Bartel 2017 | Koch 1988, S. 173 | Krausnick 1861, bes. S. 1–3, 11.

II.18

II.19

II.19

Richtschwert

Leutschau/Levoča, 17. Jahrhundert

Klinge: Eisen; Heft: Holz, Rindsleder; Kreuz/Parierstange: spätere Aufrüstung von 1851

L 105 cm

Pressburg/Bratislava, Slovenské národné múzeum – Spišské múzeum v Levoči, SM-00328

Das Schwert des Henkers aus Leutschau gehört zu den kalten Waffen und lässt sich in Anbetracht der Art des Greifens und der Handhabung durch den Henker zu den Zweihandschwertern zählen. Diese Art von Schwertern wurde seit dem 15. Jahrhundert verwendet. Bemerkenswert ist die Inschrift in deutscher Sprache in der Hohlkehle (Blutrinne) der zweischneidigen Schwertklinge, die rückseitig mit einer Vase und Tierfigur (oberhalb sind die Initialen »IS« / »TIT« eingraviert) verziert ist: »Wenn ich dis Schwerdt thue auffheben« (Vorderseite), »So wunsche ich dem armen sunder das ewige Leben« (Rückseite).

Leutschau war im Mittelalter das Zentrum der Provinz der Zipser Sachsen. Im Jahr 1271 bestätigte der ungarische König Stephan V. (reg. 1270–1272) den sächsischen Gästen in der Zips gemeinsame Privilegien, die 1370 als »Zipser Willkür« kodifiziert wurden und sich unter anderem auf den Sachsenspiegel bezogen. Die letzte erhaltene mittelalterliche Abschrift stammt aus Leutschau (1511). Zu Beginn des 14. Jahrhunderts verlieh König Karl I. Robert von Anjou (reg. 1308–1342) der Stadt Leutschau zusammen mit anderen Privilegien auch das Schwertrecht (*ius gladii*), womit die Stadt die Befugnis erhielt, im Rahmen der Kapitalgerichtsbarkeit Todesurteile zu verhängen und zu vollstrecken und sich bezüglich dieser speziellen Handlung der exekutiven Machtausübung demnach nicht mehr an höhere Instanzen wenden musste.

Die Stadt beschäftigte einen eigenen Henker, in den Jahren 1580/81 sogar zwei, und Hinrichtungen wurden im öffentlichen Raum auf dem Platz vor dem Rathaus durchgeführt. In der Region Zips wurden eigene Henker lediglich in der Königlichen Freistadt Leutschau (ab Anfang des 15. Jahrhunderts Mitglied der *Pentapolitana*) und in Käsmark/Kežmarok beschäftigt, überhaupt gab es fest angestellte Henker nur in größeren Städten. Gegen eine vertraglich festgelegte Gebühr verlieh die Stadt Leutschau ihren Henker auch an andere Städte, so zum Beispiel seit 1579 für zehn Toliar jährlich an die Provinz der 13 Zipser Städte, die von Kaiser Sigismund (reg. 1433–1437) seit 1412 an Polen verpfändet waren, die aber dennoch ihre Selbstverwaltung bewahren konnten. Henker erhielten neben einem festen Sold je nach Art der Strafe und der verwendeten Hilfsmittel zusätzliche Entschädigungen. Wenn der Henker sein eigenes Schwert benutzte, bekam er von der Provinz zwei Florin, da er es auch selbst schärfen musste. Wenn er das amtliche Schwert benutzte, dies also von der Provinz auslieh, wurde der zugewiesene Betrag auf einen Florin reduziert. Auch Reisekosten und Wachpersonal, das den Henker begleitete, mussten extra bezahlt werden, sodass das Mieten eines Henkers für die Städte durchaus eine kostspielige Angelegenheit sein konnte.

Beispiele der Verwendung solcher Henkersschwerter in der Region Zips sind auf Abbildungen aus dem letzten Drittel des 15. Jahrhunderts zu sehen, wie in Szenen des Märtyrertods von Heiligen auf Tafelgemälden oder Altarreliefs. Ein eindrucksvolles Beispiel für die Verwendung eines Henkersschwerts aus der Renaissance ist die Hinrichtung des heiligen Georg auf einem Tafelbild des ihm gewidmeten Hauptaltars in der Pfarrkirche in Georgenberg/Spišská Sobota aus der Zeit um 1516.

Das Henkersschwert hatte die Zipser Historische Gesellschaft für die Sammlung des Zipser Museums in Leutschau erworben. Dem ältesten Katalog der Sammlung ist zu entnehmen, dass das Schwert aus Leutschau stammt, weitere Informationen zu den Umständen des Funds oder des Fundorts sind nicht erfasst. Vermutlich gehört es zu der Waffensammlung, die die Stadt der Zipser Historischen Gesellschaft Ende des 19. Jahrhunderts schenkte. *Mária Novotná*

Literatur

Kurinovská 2015, S. 12–22; Suchý 1974; Széghyová 2016; Rábik 2010, S. 252–260; Holák 1074.

II.19 Detail

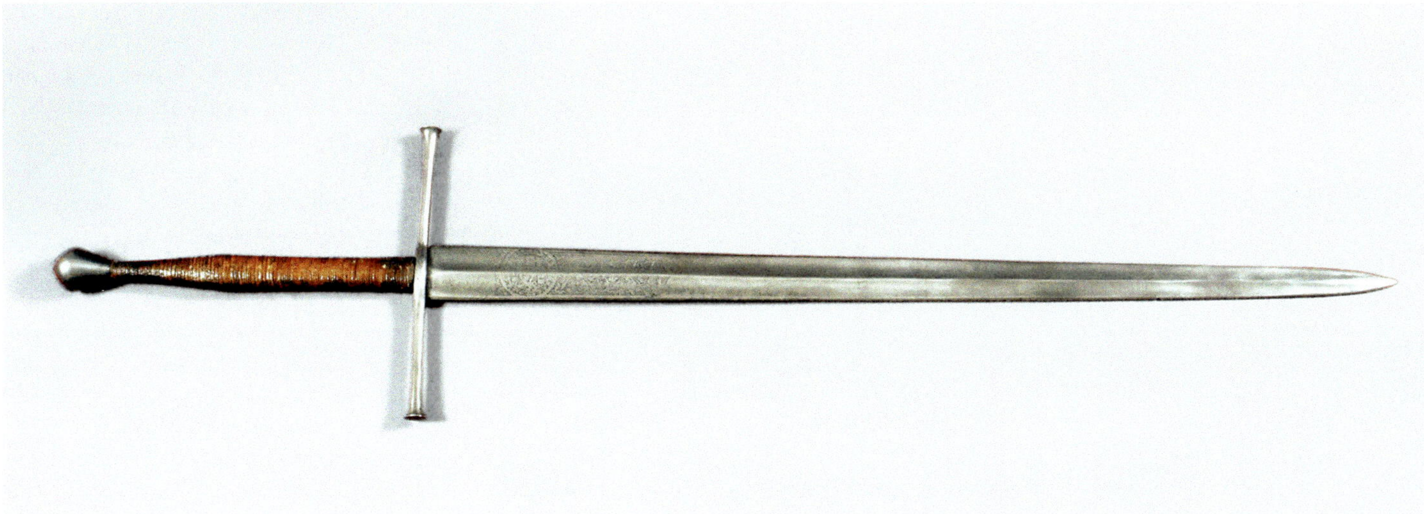

II.20

II.20

Zeremonialschwert (Stadtrichterschwert)

Lemberg/L'viv, Janus Vengryn (Szeged), 1577

Stahl, geschmiedet, gehärtet, Lederband

Gesamt: L 150 cm; Klinge: L 108,3 cm, B 6,6 cm; Parierstange: L 30 cm

Lemberg/L'viv, L'vivs'kyj istoryčnyj muzej, 3-3477

Ganz allgemein bedeutete ein Schwert in der Hand eines geistlichen oder weltlichen Würdenträgers Macht, Herrschaft, Status und hoheitliche Gewalt. Im Alltag zum Schutz und zum Kampf oder als Schneidegerät genutzt, hatte es im Kontext der Rechtsprechung vielseitige Bedeutungen. Stadtrichterschwerter waren die Standessymbole der Richter und wurden auch zur Strafe und zum Kampf eingesetzt. Seit dem Hochmittelalter sind sie jedoch vor allem Amtszeichen der Stadtrichter gewesen, und bei Hinrichtungen kamen andere Schwerter zum Einsatz. Das Lemberger Zeremonialschwert ist sehr wahrscheinlich nie als Waffe oder Richtschwert in Gebrauch gewesen, sondern hatte allein symbolische Funktion. Im Gegensatz zum Stab oder Zepter des Richters, das die Verurteilung symbolisiert, steht es für den Vollzug, die Vollstreckung des Urteils.

Aus anderen Städten ist überliefert, dass zu feierlichen Anlässen oder bei Gerichtssitzungen ein Schwertjunge das Schwert trug und dem Richter vorausging. Auch für die Amtseinsetzung eines Richters sind Schwerter als Teil des Rituals bezeugt. Es gehörte zu den Aufgaben eines Stadtrichters, sich um Ruhe und Ordnung innerhalb der Stadt zu sorgen. So führte er den Vorsitz im Rat und im Gericht, beaufsichtigte den Markt und prüfte Maße und Gewichte. Das Schwert wurde entsprechend im Rathaus oder in der Wohnung des Stadtrichters aufbewahrt.

Das Lemberger Zeremonialschwert ist ein anschauliches Beispiel für die im Gerichtsalltag verwendeten Rechtssymbole. Weiter bezeugt es, dass die Stadt Lemberg das Recht besaß, die »Hohe Gerichtsbarkeit« bzw. »Blutgerichtsbarkeit« selbst auszuüben, also auch Todesurteile auszusprechen und zu vollstrecken. Dies war nicht selbstverständlich und blieb häufig dem Stadtherrn vorbehalten. Das Schwert ist somit zugleich ein Beleg für die einflussreiche Stellung der Lemberger Bürger und ihrer Ratsherren. Sowohl das politische und öffentliche Leben als auch die Wirtschaft wurden maßgeblich von den reichen Lemberger Patriziern bestimmt. Auf der Klinge des Zeremonialschwerts sind die Jahreszahl 1577 und das Stadtwappen zu sehen: der steigende Lemberger Löwe im Stadttor, darüber ragen runde Türme nach oben. Die Zugehörigkeit zum Lemberger Gemeinwesen ist somit am Objekt selbst unverkennbar. *Sabine Ullrich*

Literatur: Fischer 1982.

II.21

Wachstafeln mit Gerichtsprotokollen der Danziger Komturei

Danzig/Gdańsk, Aufzeichnungen aus den Jahren 1368–1416

Holz, Wachs, Pergament, Leder, 16 Tafeln

H 18 cm, L 34 cm, T 10 cm

Danzig/Gdańsk, Polska Akademia Nauk Biblioteka Gdańska, Ms 783

Die Wachstafeln wurden von Schreibern bei Sitzungen des Danziger Komtureigerichts benutzt, das sich mit zivilen und strafrechtlichen Sachen beschäftigte. Die Bibliothek in Danzig besitzt Tafeln mit Gerichtsaufzeichnungen aus drei Bezirken: Altstadt, Sulmin und Mirachow. Ein ähnliches Polyptychon, das Aufzeichnungen aus dem Bezirk Putzig/Puck und Lauenburg/Lębork enthält, befindet sich in der Königlichen Bibliothek in Kopenhagen. Die abgebildeten Wachstafeln wurden für Protokolle verwendet, in denen die Aussagen der Parteien vor Gericht aufgeschrieben wurden. Nach Erledigung der Sache wurden die Aufzeichnungen gelöscht, erhalten wurden nur besonders wichtige Aufzeichnungen und unvollstreckte Strafen. Die Tafeln sind mit Lederriemen zusammengenäht und mit Pergament beklebt, das auf Deutsch in gotischer Kursivschrift beschrieben ist. Auf dem hölzernen Einband sind geometrische und zoomorphe Motive (Figuren aus einem mittelalterlichen Bestiarium)

II.21

zu sehen. Solche Tafeln wurden vermutlich auch in den anderen Komtureien gebraucht, sind aber nicht bis in unsere Zeit überliefert worden. *Agata Larczyńska*

Literatur
Bertling 1884 | Günther 1903, S. 1–2 | Jasiński 1991, S. 52 f. | Trupinda 2001, Kat-Nr. III/6.

II.22

Votivbild der Mörder von Gregor Messermacher

Krakau/Kraków, 1532

Tempera auf Holz

H 176 cm, B 120 cm (mit Rahmen)

Krakau/Kraków, Muzeum Narodowe w Krakowie, MNK ND-1535 (Depositum des Krakauer Dominikanerordens)

Kennzeichnend für das Mittelalter und die Neuzeit sind *ex voto*, das heißt aufgrund eines Gelübdes entstandene Bilder. In der Regel kommt in ihnen die Dankbarkeit gegenüber der Vorsehung für den glücklichen Verlauf der Ereignisse zum Ausdruck. Eine ganz andere Intention lag dem Entstehen des Votivbilds eines namentlich unbekannten Ehepaars zugrunde, das auf dem Bild mit dem Wappen der Wappengemeinschaft Jelita bezeichnet ist.

Das Bild stellt einen Akt der Demut seitens der Stifter dar, den Mördern des Messermachers Gregor (Gregorius), die vor ihrem Opfer kniend dargestellt sind. Die Inschrift im unteren Teil des Bildes besagt, dass an eben jener Stelle der Messermacher Gregor begraben ist, der in der Stephansgasse/Ulica Szczepańska ermordet wurde: »NECATUS EST PROVID[US] GREGORIUS / CULTRIFABER I[N] PLATEA DIVI STEPH/A[N]I HIC A[U]T[EM] HU[M]AT[US]. ORET[UR] PRO EO«. Die obere Rahmenleiste des Bildes berührt eine zweite Inschrifttafel, die von der Bitte der Stifter kündet, Gott möge sie nicht wegen Niedertracht ihrer Tat verurteilen, sondern sich ihrer in seiner unermesslichen Gnade erbarmen (nach Ps 103, 10). Es folgt das Datum: 3. Juni 1532. Möglicherweise stammt das Bild aus der nicht mehr erhaltenen St.-Stephanus-Kirche, in deren Nähe das Verbrechen begangen wurde, denn im oberen Teil der Tafel ist der heilige Stephanus als Diakon dargestellt, als handele es sich um den Patron des Orts. Zusammen mit der Mutter Gottes steht er neben dem gemarterten Jesus Christus, den Adressaten der Anrufung. Dieser erscheint als Gegeißelter mit Dornenkrone und gefesselten Händen, so wie Pontius Pilatus ihn dem Volk präsentiert hat (Joh 19,5). Zugleich sind auf den Händen und Füßen Jesu Nagelmale erkennbar – das Opfer ist mithin bereits vollbracht.

Wir haben es hier mit einem für das Mittelalter typischen zeitlichen Paradox zu tun: Jesus Christus ist voller Schmerz, sein Körper zeigt Spuren tödlicher Verletzungen, aber zugleich ist er lebendig und steht mit geöffneten Augen vor uns. Die reale Zeit spielt keine Rolle, der logische Grundsatz des ausgeschlossenen Dritten hat keine Gültigkeit. Stattdessen geht es darum, den Gläubigen Jesus Christus als eine Figur zu zeigen, die unterschiedliche Momente der Passion zusammenfügt. Die überstandene Qual ist der Beweis der göttlichen Gnade, die der Mörder beschwört, indem er sich an Jesus Christus als dem Richter am Ende der Zeiten wendet. Im Hintergrund sehen wir eine karge, menschenleere Hochgebirgslandschaft, deren Ausdruckskraft im Einklang mit der dramatischen Aussage der Szene steht. *Wojciech Marcinkowski*

Literatur
Gadomski 1995, S. 21 | Jurkowlaniec 2001, S. 200 | Witkowska-Żychiewicz 1967, S. 12 f.

Domine non secundum peccata nostra facias nobis neqz secundū iniquitates
nostras retribuas nobis. Sed miserere nostri secundū immensam miseri
cordiam tuam. Sub anno domi 1.5.2.2. Die tercia mensis Junij

II.22

Merkmale einer guten Stadtregierung

Der Danziger Gemäldezyklus

Justitia aus dem Gemälde von Hans Vredeman de Vries (Kat.-Nr. II.24)

Die Leinwandbilder »Iustitia und Iniustitia« (Gerechtigkeit und Ungerechtigkeit) und »Jüngstes Gericht« (Kat.-Nr. II.23 und II.24) von Hans Vredeman de Vries (1527–1607) gehören zu einem Bilderzyklus von insgesamt sieben querformatigen Gemälden für den Großen Ratssaal des Rathauses in Danzig/Gdańsk, in dem oberhalb der Ratsbänke die Grundlagen guter Regierung dargestellt wurden. Auf das Gegensatzpaar »Iustitia und Iniustitia« folgen »Consilium« (Rat), »Pietas« (Frömmigkeit), »Concordia« (Eintracht), »Libertas« (Freiheit) und »Constantia« (Standhaftigkeit). Der Bildzyklus kulminiert in der Darstellung des Jüngsten Gerichts an der Stirnseite des Ratssaals.

Mit der Darstellung des Jüngsten Gerichts an der Stirnseite des Saals steht der Bildzyklus in einer Tradition, die weit in das Mittelalter zurückreicht. Bereits um 1300 hatte der Magdeburger Schöffenstuhl für sein Siegelbild das Motiv des Weltenrichters gewählt (vgl. Kat.-Nr. I.14). Darstellungen des Jüngsten Gerichts waren seit dem 14. Jahrhundert ein übliches Bildthema für Ratssäle und Schöffenstuben in den Niederlanden ebenso wie in Venedig, Köln, Nürnberg, Rostock oder in Böhmen (vgl. Kat.-Nr. II.24). Sie mahnten die Richter zur Gerechtigkeit und stellten sie gleichzeitig in eine weltliche Verantwortung für die Aufrechterhaltung der göttlichen Ordnung.

Auch die Darstellung der »Guten Regierung« und der Tugenden, die ihre Grundlage bieten, hat in dem Bildzyklus von Ambrogio Lorenzetti (um 1290–1348) im Palazzo pubblico, dem Rathaus von Siena, einen spätmittelalterlichen Vorläufer (Abb. 180, 181). Im Sitzungssaal des Stadtregiments sind in vier Wandbildern Allegorien der guten und der schlechten Regierung sowie die Auswirkungen der guten Regierung auf die Stadt und auf das Land dargestellt. Der Personifikation der Gerechtigkeit kommt in diesem Zyklus ebenso eine besondere Funktion zu. Als eine von neun Tugenden ist sie in der Allegorie der guten Regierung der Personifikation des Gemeinwohls Sienas zugeordnet und erscheint noch ein zweites Mal thronend mit der Waage, deren Schalen als Straf- und Zivilrecht bezeichnet sind. In der Allegorie der schlechten Regierung liegt sie hingegen ohnmächtig und angeleint zu Füßen der teufelsartigen Personifikation der schlechten Herrschaft.

Komplexe Bildprogramme wie diese erfordern das Mitwirken gelehrter Konzeptoren. Für den Danziger Bildzyklus wird angenommen, dass neben dem Bürgermeister Bartholomäus Schachmann (1559–1614) und dem Maler Hans Vredeman de Vries auch Lehrer des Danziger Akademischen Gymnasiums an der Ausarbeitung des Bildzyklus beteiligt waren.

Hans Vredeman de Vries führte den Bildzyklus mit Unterstützung seines Sohns Paul in den Jahren 1594/95 aus. Der Maler, der in der Zeit Antwerpens als calvinistische Republik von 1577 bis 1585 bedeutende öffentliche Aufträge erhalten hatte, hatte die rekatholisierte Stadt 1586 aus Glaubensgründen verlassen und war nach mehreren Zwischenstationen 1592 als Festungsbau-

Abb. 180
Ambrogio Lorenzettis Fresko im Rathaus von Siena zeigt die Allegorie der guten Regierung. Die personalisierte Kommune Siena thront zwischen den Regierungstugenden. Iustitia ist ist in zweifacher Gestalt zu sehen: rechts auf der Bank und links auf einem Thron sitzend, 1338/39. Siena, Palazzo Publico

Abb. 181
Die Auswirkungen der guten Regierung äußern sich in Harmonie und Wohlstand: heiterer Tanz in der Bildmitte, Werktätigkeit, florierender Handel, Studium (in den Gewölben), 1338/39. Siena, Palazzo Pubblico

Abb. 182
Der nach seinem Verfasser benannte Balthasar-Behem-Codex entstand 1505 in Krakau. Die Miniaturen widmen sich den Krakauer Gilden und Zünften – eine der Darstellungen zeigt die »Malarze« (Maler). Krakau, Biblioteka Jagiellońska, Bj Rkps 16, fol. 273

meister nach Danzig berufen worden. In der Seehandelsstadt mit lutherischem Senat, die aber in engen Handelsverbindungen mit den Niederlanden stand, hatten sich in der zweiten Hälfte des 16. Jahrhunderts eine deutschsprachige calvinistische Kirchengemeinde und eine der niederländischen Glaubensflüchtlinge gegründet. Offenbar hatte Vredeman de Vries zunächst vor, sich endgültig in der Stadt niederzulassen, denn im Mai 1592 unterschrieb er gemeinsam mit 28 einheimischen Malern eine Petition zur Gründung einer eigenständigen Malerzunft (Abb. 182), die vom Rat jedoch abgelehnt wurde. Als sich der Rat 1593 auch gegen die Planungen von Vredeman de Vries für die Befestigungsanlage von Danzig entschied und die Konkurrenzentwürfe des aus Mechelen stammenden Antonis van Obbergen (1543–1611) bevorzugte, stand fest, dass die mit Danzig verbundenen Hoffnungen gescheitert waren. Die Auftragserteilung für den Gemäldezyklus des Ratssaals darf bereits als Kompensation für die aufgekündigte ehrenvolle Anstellung gewertet werden, denn Vredeman de Vries hatte in einem Bittschreiben den Rat darauf hingewiesen, dass er durch seinen Umzug aus Hamburg nach Danzig erhebliche Mühen auf sich genommen habe, um dem Ruf des Rats nach Danzig zu folgen. Seiner persönlichen Bindung an die Stadt und den Rat gab er trotz der Enttäuschung durch sein einziges bekanntes Selbstbildnis Ausdruck. Es befand sich über der Tür neben dem »Jüngsten Gericht«, auf das er mit seiner Rechten wies. Das Selbstbildnis wurde gemeinsam mit dem Rathaus im Zweiten Weltkrieg zerstört. Der Gemäldezyklus entging der Zerstörung, da er ausgelagert worden war, und wird heute erneut im Ratssaal des wieder aufgebauten Rechtstädtischen Rathauses gezeigt.

Während der Arbeiten im Danziger Ratssaal war Paul Vredeman de Vries vom Gerüst gestürzt und hatte sich Verletzungen zugezogen, für deren Behandlung der Rat die Kosten übernahm. Hans und Paul Vredeman de Vries verließen Danzig ein gutes Jahr nach Abschluss der Arbeiten im Rechtstädtischen Rathaus. Im Dezember 1596 kehrte Hans Vredeman de Vries nach Hamburg zurück. Nach einem Aufenthalt am Hof Kaiser Rudolfs II. (reg. 1576–1612) in Prag 1597/98 und nachdem keine Hoffnung mehr bestand, sich im calvinistischen Amsterdam endgültig niederlassen zu können, verstarb er 1609 in Hamburg. *Gabriele Köster*

Literatur
Borggrefe 2002 | Fusenig 2002 | Gronowicz 2002 | Heuer 2009 | Huygebart 2016 | Späth 2018, bes. S. 369–376 | Tacke 2018 | Wijffels 2017.

II.23

II.23

Iustitia und *Iniustitia* (Gerechtigkeit und Ungerechtigkeit)

Hans Vredeman de Vries, 1594/95

Öl auf Leinwand

H 145 cm, B 232 cm

Danzig/Gdańsk, Muzeum Gdańska, MHMG/S/R/1

Das großformatige Ölgemälde ist eines von sieben Werken Vredemans, die den Großen Ratssaal, den sogenannten Roten Saal, schmücken – den Beratungsort des Stadtrats von Danzig, dessen Sitz das Rechtstädtische Rathaus war. Die Werke verkünden Tugenden, die die Ratsherren auszeichnen sollten. Die Zuordnung der Bildseiten ist von der Anbringung des Gemäldes im Ratssaal bestimmt. Die linke Bildseite mit der *Iustitia* grenzt unmittelbar an die Stirnseite mit dem Jüngsten Gericht (Kat.-Nr. II.24) an.

Die Allegorie der Gerechtigkeit und Ungerechtigkeit wird für das die Reihe eröffnende Bild gehalten. Es zeigt zwei gegensätzliche Szenen, die sich in einem repräsentativen, zweischiffigen Gerichtssaal abspielen. Dieser wird durch eine im Vordergrund sichtbare Säule in zwei Hälften geteilt. An ihr sind die Rechtssetzungen dargestellt, auf denen die Gerechtigkeit beruht. Es sind die Tafeln mit den Zehn Geboten, vor denen das Evangelium steht. Darunter hängt eine mit fünf Hängesiegeln versehene Urkunde mit der Aufschrift »IVS PATRIUM« (Heimisches Recht). Noch schwach zu erkennen ist darunter die Aufschrift »PRIVILEGIO«, was zeigt, dass die Urkunde zunächst als Privileg bezeichnet war und damit direkt auf das Stadtprivileg rekurrierte. In der heute verlorenen Bildinschrift wurde die Gerechtigkeit als Grundlage jeglicher menschlicher Gemeinschaft benannt: »IVSTITIA EXIGVIS EXAMINAT OMNIA GRANIS / SOLA POTENS HOMINVM CONSOCIARE GENVS« (Die Gerechtigkeit untersucht alles bis zum kleinsten Körnchen / Nur sie allein vermag, das Menschengeschlecht in Gemeinschaft zu erhalten).

An den Seitenwänden des Gerichtssaals sitzen sich jeweils unter einem Baldachin die göttliche und die weltliche Gerechtigkeit gegenüber. Während über der göttlichen Gerechtigkeit, deren Waage im Gleichgewicht ist und deren Schwert auf der Schulter ruht, der Name Gottes in hebräischen Lettern erstrahlt, hat die weltliche Gerechtigkeit die unverbundenen Augen weit geöffnet, ihre Waage ist nicht ausbalanciert, und das Schwert hat sie erhoben. Die sechs barhäuptigen Schöffen, die die göttliche Gerechtigkeit begleiten, haben die Hände in den Ärmeln ihrer Mäntel verschränkt und schauen auf die Personifikationen von *veritas* (Wahrheit), *ratio* (Verstand) und *indagatio* (Nachforschung) vor der Schöffenbank, während die Schöffen der weltlichen Gerechtigkeit die Hände weit ausgestreckt haben, wohl in Erwartung einer Bestechung in barer Münze, wie sie ein ebenso wie sie gekleideter Mann vor der Schöffenbank gerade entgegennimmt. Im Vordergrund der linken Bildhälfte werden Witwen und Waisen von *miseratio* (Mitgefühl) und *misericordia* (Erbarmen) mit offenen Armen aufgenommen, während die Armen in der rechten Bildseite abgewiesen werden.

In der Tiefe der linken Bildkomposition steht auf der Seite der Gerechtigkeit in einer halbkreisförmig geschlossenen Nische die Bibel mit einem Verweis auf die alttestamentarischen Worte über die Pflicht der Richter, das Recht zu achten. Auf der Seite der Ungerechtigkeit ist hingegen in einer Nische ein Sack voll Geld als Symbol für Korruption abgebildet. Der Hintergrund, der zwischen den Arkaden sichtbar wird, zeigt links eine sich auf dem Marktplatz von Antwerpen abspielende Exekutionsszene: Vor versammeltem Publikum schlägt der Richter dem knienden, am Oberkörper entblößten Verurteilten mit einem Schwert das Haupt ab. Rechts ist ein Tötungsdelikt auf einem städtischen Platz dargestellt: Ein toter Mann liegt ausgestreckt am Boden, während der Mörder durch das Stadttor entkommt.

Das Bild hat den Zweiten Weltkrieg unbeschadet überstanden, da es 1943 vor der Bombardierung und Zerstörung des Rathauses ausgelagert wurde. Nach dessen Wiederaufbau 1970, heute Sitz des Stadtmuseums, kehrte es an seinen ursprünglichen Ort, den Großen Ratssaal, zurück. *Dorota Powirska*

Literatur
Iwanoyko 1986.

II.24

Jüngstes Gericht

Hans Vredeman de Vries, 1594/95

Öl auf Leinwand

H 145 cm, B 232 cm

Danzig/Gdańsk, Muzeum Gdańska, MHM-G/S/R/7

Das Bild ist eines von sieben Werken Vredemans, die den Großen Ratssaal schmücken – den Beratungsort des Stadtrats von Danzig, dessen Sitz das Rechtstädtische Rathaus war. Es stellt die ideelle Zusammenfassung einer Bilderreihe dar, deren Inhalte ethische Haltungen stärken und die moralische Grundlage einer guten Stadtregierung darstellen sollten.

II.24

VERITAS
JVSTITIA

Das »Jüngste Gericht« folgt der althergebrachten Bildaufteilung und zeigt in der linken Bildhälfte die Seligen und in der rechten die Verdammten. Im Himmel thront Christus als Weltenrichter auf einem Regenbogen. Seine Füße ruhen auf der Erdkugel, auf der Kontinente eingezeichnet sind. Er wird begleitet von den Allegorien der *gratia* (Gnade), *misericordia* (Barmherzigkeit), *iustitia* (Gerechtigkeit) und *veritas* (Wahrheit).

In der Bildmitte unter Christus steht eine Säule, auf der das Buch mit den sieben Siegeln liegt und die von einem Kreuz bekrönt wird. Auf ihr stehen aufgeklappt die Tafeln der Zehn Gebote und das Evangelium. Auf der Seite der Seligen werden die Auferstandenen von den Tugenden *spes* (Hoffnung), *fides* (Glaube), *caritas* (Nächstenliebe) und *constantia* (Standhaftigkeit) auf Christus hingewiesen. Die Bildunterschrift lautete »FINE DEVS VENIT ET MVNDI COMPAGE SOLVTA / ET SVA QVAE MERVIT PRAEMIA QVISQVE FERET« (Am Ende wird Gott kommen, und nachdem die Fesseln der Welt gelöst sind, wird jeder den Lohn erhalten, den er verdient hat).

In den Bildebenen der Paradiesdarstellung sind Erlöste vor dem Hintergrund eines Gebäudes zu sehen, das an ein Monopteros (Rundtempel ohne Cella) erinnert und von einem Zypressenkranz umgeben ist. Von den Hängen des Hügels, auf dem das Gebäude steht, fließen vier Paradiesflüsse hinunter. Die Vision der Hölle ist mit zwischen Flammen zusammengeknäulten Gestalten entsetzter Sünder gefüllt, die von Teufeln ins Maul des Leviathans am rechten Bildrand getrieben werden. Weiter hinten im Höllenteil sticht ein rundes Gebäude mit einer zu ihm führenden Brücke ins Auge, die als die römische Engelsburg erkennbar ist und die päpstliche Macht symbolisiert.

In den Bedeutungen, die im Bild enthalten sind, lassen sich Bezüge auf den starken Einfluss protestantischer Theologie finden. An den Füßen des Erlösers steht nicht der Erzengel Michael, der nach katholischer Tradition die Seelen durch das Jüngste Gericht führt – seinen Platz hat die Säule mit den Glaubensgrundsätzen eingenommen, die zur Erlösung führen: die Zehn Gebote und Gottes Wort.

Ein besonderer Bezug zur Realität des neuzeitlichen Danzig stellt die unter den Verdammten sichtbare Figur eines nackten Mannes auf allen Vieren dar, der im Durcheinander der Hölle ein Stück Papier unterschreibt. Dieser Mensch, der auf einem Zettel mit *fravs* (Hinterlist) betitelt ist, verkörpert den finanziellen Betrug, der unter den Danziger Kaufleuten mit Diebstahl gleichgesetzt wurde und Ausdruck fehlender Loyalität gegenüber der Gemeinschaft war. Seine linke Hand stützt er auf einen geöffneten Geldbeutel, aus dem Silber- und Goldmünzen gefallen sind, sein rechter Arm ist an ein Teufelswesen gekettet. Gier und Unredlichkeit haben den Verdammten entmenschlicht und ihn zu Höllenqualen verurteilt.

Die Unterbringung der Darstellung vom Jüngsten Gericht in dem Saal, in dem Gerichtsurteile gefällt wurden, erinnerte die Danziger an die Notwendigkeit, die Glaubensätze und das geltende Recht einzuhalten. Abgesehen von der offensichtlich moralisierenden Funktion stellt das ideelle Bildprogramm auch eine Parallele zu den Bedeutungen im die Bilderreihe eröffnenden Gemälde von Gerechtigkeit und Ungerechtigkeit dar: Die Taten der irdischen Richter werden vor dem göttlichen Antlitz am letzten Tag gerichtet werden. *Dorota Powirska*

Literatur
Grzybkowska 1997 | Iwanoyko 1986.

Politik und Selbstverwaltung

Ratsherrschaft und Öffentlichkeit

Carillon-Glocke vom Turmglockenspiel des Rechtstädtischen Rathauses in Danzig/Gdańsk. Gegossen von Johannes Moor (Moer), 's-Hertogenbosch (Nordbrabant), datiert 1560 (Kat.-Nr. II.31)

Wie funktionierte das Leben in einer Stadt? Wer bestimmte die Regeln und sorgte für ihre Einhaltung? Wie wurden die Kosten für die Gemeinschaftsaufgaben finanziert? Über Macht und Gewalt in der Stadt verfügten Stadtherr und städtische Selbstverwaltung auf Grundlage des Magdeburger Stadtrechts (Abb. 183). Das wichtigste architektonische Symbol für die Autonomie der Stadt war das jeweilige Rathaus, das – wie heute – Sitz der Verwaltung war, aber darüber hinaus viele weitere Funktionen erfüllte. Im Verbreitungsgebiet des Magdeburger Rechts haben sich mehrere der schönsten, größten und eindrucksvollsten Rathäuser des Mittelalters in Europa erhalten: Breslau/Wrocław, das Rechtstädtische Rathaus in Danzig/Gdańsk, das altstädtische Rathaus in Thorn/Toruń, um nur einige Beispiele aus großen Städten zu nennen. Aber ebenso besitzen kleinere Städte wie zum Beispiel Tangermünde, Stendal, Löwenberg/Lwówek Śląski, Bartfeld/Bardejov oder Görlitz mit ihren Rathäusern Meisterwerke profaner mittelalterlicher Baukunst. Die enge Verbindung von Urbanisierung und deutschem bzw. Magdeburger Stadtrecht *ius Teutonicum* scheint auch sprachlich auf. Es bestehen Ähnlichkeiten zwischen den Bezeichnungen für das wichtigste städtische Gebäude in verschiedenen Sprachen: deutsch »Rathaus«, polnisch »ratusz«, slowakisch »radnica«, ukrainisch »ratuscha« usw.

Gebäude für die städtische Selbstverwaltung unterlagen einer großen Dynamik, sie wurden häufig umgebaut, um sie neuen oder veränderten Bedürfnissen anzupassen. An ihnen lässt sich also die historische Entwicklung sehr gut ablesen. Einige Rathäuser wurden erst durch Umnutzungen, An- und Umbauten zum städtischen Verwaltungssitz zusammengefügt. In Magdeburg beispielsweise bildete die ursprüngliche Halle der Kürschnerinnung das Fundament für das Rathaus – und nur dieses hat alle Zerstörungen der Stadt bis heute überstanden. Für das Rathaus von Breslau wurden in den schriftlichen Quellen bereits 1303 Einkünfte aus der Kellergaststätte verzeichnet. Darüber befand sich eine Halle, die zum Platz hin offen war und von Tuchhändlern und anderen Kaufleuten genutzt wurde. Nach Abschluss der Bauarbeiten am Rathausturm erhielt dieser 1358 eine Glocke. Durch eine Mauer getrennt waren im östlichen Gebäudeteil Räume untergebracht, die juristischen und politischen Funktionen dienten: Im Erdgeschoss tagte in einer Laube das Gericht, im Obergeschoss befanden sich ein Saal und die Ratskapelle, aus der das Johannesreliquiar überliefert ist (Kat.-Nr. II.28). Mit dem umfassenden Umbau zwischen 1471 und 1504 wurde das Gebäudeensemble des Breslauer Rathauses einerseits erneut erweitert, andererseits zum bis heute beeindruckenden Repräsentationsbau vereinheitlicht. Dabei wurden viele Räume, die bis dahin flach gedeckt waren, gewölbt. Ein großes Satteldach und reich mit Maßwerk verzierte Giebel lassen das Gebäude von außen als Einheit erscheinen (Abb. 184).

Am Rathausbau fanden vielfach Autonomiebestrebungen, Machtanspruch und repräsentatives Selbstverständnis einer Stadt ihren architektonischen Ausdruck. Dies galt insbesondere gegenüber dem Stadtherrn bzw. Landesfürsten, aber auch gegenüber Gästen und der Stadtöffentlichkeit, die sich im Rathaus zu Versammlungen und Sitzungen einfanden. Zahlreiche Funktionen sind für Rathäuser belegt: Gastronomie und Lagerräume für Wein waren häufig im Kellergeschoss verortet, Gerichtslauben und Verkaufsräume, auch Waagen im Erdgeschoss, Sitzungsräume und Säle für Versammlungen und Feste im Obergeschoss, außerdem Räume für die städtische Verwaltung, zum Beispiel die Kämmerei, die Kanzlei (Stadtschreiberei) oder das Archiv. In manchen Rathäusern waren ebenso religiöse Funktionsräume zu finden, wie beispielsweise die Ratskapelle in Breslau. Die Gestaltung der Rathäuser war in jeder Stadt individuell, angepasst an die topografischen Verhältnisse, die finanzielle Situation, den Gestaltungswillen der Stadtregierung und die je eigenen historischen

Abb. 183
Wappen über dem Portal des Breslauer Rathauses. Mittig der böhmische Löwe, heraldisch rechts das Wappen des schlesischen Herzogtums und heraldisch links das Wappen der Stadt Breslau

Entwicklungen. Zahlreiche verschiedene Typen lassen sich auch für Rathäuser der Städte Magdeburger Rechts belegen: einfache Saalgeschossbauten in Preußen, langgestreckte traufständige Gebäude wie in Leipzig, die kastellartige Anlage des altstädtischen Rathauses in Thorn mit imposantem Turm wie auch in Krakau/Kraków, Breslau und am Rechtstädtischen Rathaus in Danzig.

Das Rathaus hielt Räume für die städtische Verwaltung bereit, wie zum Beispiel für die Verzeichnung von Neubürgern, Rechnungen und die vom Stadtschreiber geführte Chronik, in der wichtige Ereignisse festgehalten wurden. Wichtig waren zudem die Dokumentation von Privilegien, Grundbesitz (Wälder, Dörfer, Weiden usw.), Steuereinnahmen und Renten, die in Stadtbüchern, später in stärker ausdifferenzierten Verwaltungsbüchern überliefert wurden. Bis heute lassen sich so Eigentumsfragen und damit auch Rückschlüsse auf die Bebauung und das Sozialgefüge der städtischen Bewohner untersuchen. Die Funktion von (Stadt-)Archiven, in denen die städtische schriftliche Überlieferung bewahrt wird, ist bis heute bedeutsam geblieben: Rechtlich wichtige Dokumente müssen über lange Zeit auffindbar bleiben. Wer Zugriff auf diese Dokumente hatte, die in Schränken, Laden, Truhen (Kat.-Nr. II.56) und feuerfesten Gewölben aufbewahrt wurden, verfügte über Macht. Dies wird besonders anschaulich beim Magdeburger Streit zwischen Schöffen und Ratsherren über die Schlüssel zum Aufbewahrungsort der Schöffenbücher. In manchen Fällen erhielten mehrere Personen Schlüssel und damit Zugriff auf wichtige Dokumente.

Darüber hinaus gilt es, dem jeweiligen städtebaulichen Umfeld Aufmerksamkeit zu widmen. Wo lag das Rathaus innerhalb der Stadt: im Zentrum oder am Rand? In vielen Städten gab es mehrere städtische Siedlungskerne und teilweise auch mehrere Rathäuser. Berlin und Cölln hatten beispielsweise jeweils ein eigenes Rathausgebäude und zusätzlich noch ein drittes gemeinsames auf der Brücke über die Spree, welche die beiden Städte miteinander verband. Hier hatte der seit 1307 gebildete gemeinsame Stadtrat seinen Sitz, der sich zu einem Drittel aus Cöllner und zu zwei Dritteln aus Berliner Ratsherren zusammensetzte und dessen Aufgabe die Regelung der äußeren Angelegenheiten war. Bedeutsam ist außerdem die Verbindung oder Nachbarschaft zu einer Pfarrkirche, welche – wie das Rathaus – als Repräsentationsraum der Stadtgemeinde fungierte. Nahe beieinander lagen in der Regel Rathaus und Marktplatz, was seine Entsprechung in der Zuständigkeit der Stadt für die Aufsicht über Markt und Handel hat. Vor, am und im Rathaus fanden sich zudem Räume der Gerichtsbarkeit, zum Beispiel Gerichtslauben (Abb. 185) und rechtliche Hoheitszeichen wie der Roland in Stendal (Kat.-Nr. II.8) oder das Reiterstandbild in Magdeburg (Kat.-Nr. II.7), aber ebenso Pranger. Auch für das produzierende Gewerbe wie beispielsweise die Zünfte, in denen das städtische Handwerk organisiert war, lag die Oberaufsicht bei der städtischen Verwaltung. Darüber hinaus oblag der Stadt die Fürsorge für Verteidigung, Feuer, das Bauwesen, die Ver- und Entsorgung, Arme, Kranke und somit für den Bau und die Verwaltung von Hospitälern. Damit verbunden waren

Bau und Instandhaltung der Verteidigungsanlagen, Landwehr, Warten, Stadtmauern und -türme. Waffen und Rüstungen lagerten häufig im städtischen Zeughaus, das beispielsweise in Breslau ein Teil des Rathauses war.

Eine wichtige Lebensader für jede Stadt ist und war die Frischwasserversorgung und Abwasserentsorgung. Auch im Stadtraum ist dies teilweise sicht- und erlebbar: Brunnen, Kanäle, Wasserleitungssysteme und technisch anspruchsvolle Anlagen mit Antriebsrädern, Pumpen und Behältern zur Versorgung der Wasserleitungen, sogenannte Wasserkünste, verweisen darauf. Für Breslau ist bereits zwischen 1272 und 1386 eine solche Wasserkunst bezeugt, in Bautzen ist der Turm der Alten Wasserkunst aus dem späten 15. Jahrhundert bis heute erhalten.

Die Stadtregierung und -verwaltung war also mit zahlreichen Aufgaben beschäftigt, steuerte, regelte und führte aus. Dabei war eine ständige Interaktion zwischen Stadtrat und Öffentlichkeit notwendig. Darüber gibt die bauliche Überlieferung ebenfalls Auskunft: In und um das Rathaus herum finden sich auf Plätzen und Straßen Versammlungsräume. Von Balkonen, Freitreppen und Erkern konnten einer versammelten Menschenmenge aus erhöhter Position Beschlüsse, Anordnungen und Verbote verkündet werden. Hier fand auch alljährlich die Erneuerung der städtischen Einung, die sogenannte Bürgerversammlung oder *bursprake* statt, die die Grundlage der städtischen Herrschaft schuf. Zwar gab es keine Wahlmöglichkeit wie in einer demokratischen Gesellschaftsordnung, doch wurde durch die Bürgerversammlung als einem Akt der Partizipation die Öffentlichkeit mobilisiert. Durch den jährlich wiederholten Schwur von Gehorsam und Treue konnten sich die Bürger als aktiven Teil der Stadtgemeinde erleben.

Der Stadtraum verweist somit unter anderem auf die Spannung zwischen Herrschaft und Öffentlichkeit. Legitimation von Herrschaft, Partizipation, Gehorsam und Protest – alle möglichen Formen und Ausprägungen, die uns auch heute noch geläufig sind, hatten und haben ihren Platz im Stadtraum. Alle Sinne werden dabei angesprochen: Sehen, Hören, Schmecken sowie Bewegung, denn die Kommunikation erfolgte nicht nur mit Worten, sondern auch über akustische und musikalische Signale, symbolische Handlungen, Hoheitszeichen und gemeinsames Tun wie zum Beispiel Prozessionen und die Verteilung von Brot an die Armen. Die Überlagerung von weltlicher und religiöser Sphäre wurde hierbei besonders anschaulich. Bei Prozessionen und Festen konnte die gesamte Stadtbevölkerung die »Kultureinheit Stadt« (Dünnebeil 2003, S. 85) und städtische Eintracht erleben sowie ihr Selbstbewusstsein stärken.

Die städtische Öffentlichkeit wurde von der politischen Führung mithilfe von Glocken einberufen, wobei zu bedenken ist, dass es nicht nur eine Öffentlichkeit gab, sondern diese sich aus verschiedenen Gruppen zusammensetzte. Neben

Abb. 184
Rathaus von Breslau. Ansicht von Südosten

◄ Abb. 185
Gerichtslaube von Berlin. Ursprünglich im 13. Jahrhundert als Anbau am Alten Rathaus Berlin errichtet, wurde sie im 19. Jahrhhundert in den Park von Babelsberg/Potsdam versetzt

den Bürgern sind hier die Einwohner, Fremde, Kleriker und Mitglieder fürstlicher Höfe und Angehörige der Universitäten zu nennen. Glocken hatten eine herrschaftstragende Funktion: Wer über sie verfügte, der hatte die Macht, Öffentlichkeit herzustellen, also eine Versammlung einzuberufen, zu den Waffen oder zur Bekämpfung von Feuer oder anderen Bedrohungen aufzurufen. Ebenso wurden Marktstunden, Gerichtstage und die Sperrstunde durch Glockenschläge angezeigt. Diese wichtigen Signalgeber unterstanden der städtischen Aufsicht, auch wenn sie nicht immer am Rathaus, das heißt in eigenen Türmen wie in Breslau, Danzig oder Thorn oder in bescheideneren Dachreitern hingen, wie beispielsweise in Wormditt/Orneta, wo sogar noch die Ratsglocke von 1384 erhalten ist. Die zeitliche Strukturierung des öffentlichen Lebens erfolgte ab dem 14. Jahrhundert oft durch Turmschlaguhren in Verbindung mit (Stunden-)Glocken (Kat.-Nr. II.25). Diese technische Innovation wurde wegen ihres Nutzens und des mit ihr verbundenen Prestiges schnell in den Städten verbreitet. So auch in Breslau und sogar in Schweidnitz/Świdnica in Schlesien, wo eine Uhr für 1370 bezeugt ist. Auch für Magdeburg überliefert die städtische Chronik für 1425 eine Uhr »der stadt to eren und den borgeren to nutte und bequemichkeit« (Dohrn-van Rossum 1992, S. 140). Mit den Schlagwerken, die den Tag in 24 gleich lange Stunden einteilten, begann die moderne Zeitrechnung, welche die zeitliche Koordination in den Städten erleichterte.

Ab der zweiten Hälfte des 15. Jahrhunderts ergänzten oder ersetzten öffentliche schriftliche Anschläge die bis dahin vorwiegend mündlich verbreiteten Ankündigungen. Die formale Rechtsfähigkeit dokumentierte die Verwendung des städtischen Siegels (Kat.-Nr. II.42). Banner, Gebäude und auch Kleidung für städtische Bedienstete sowie Möbel im Rathaus trugen als Zeichen das städtische Wappen (Kat.-Nr. II.25).

Anja Rasche

Literatur

Albrecht 2004 | Albrecht 2010 | Brand/Monnet/Staub 2003 | Diener-Staeckling 2017 | Dohrn-van Rossum 1992 | Dohrn-van Rossum 2016 | Dünnebeil 2003 | Gleba 2003 | Greßhöner 2010 | Grewe 1991 | Herrmann/von Winterfeld 2015 | Hirschmann 2016 | Isenmann 2014 | Jäschke/Schrenk 2007 | Löther 1998 | Puhle/Petsch 2005 | Rogge 2003 | Schmieder 2012 | Speer 2018.

II.25

Spätgotischer Sessel aus dem früheren Rathaus in Neisse

Neisse/Nysa, 15./16. Jahrhundert

Eichenholz (?)

H 150 cm, B 63,5 cm, T 48 cm

Neisse/Nysa, Muzeum Powiatowe w Nysie, MNa/RA 2006

II.25

Der spätgotische Sessel steht beispielhaft für eine Phase in der Entwicklung der städtischen Kultur und für die Entfaltung der Kunst in Neisse. Diese östlich der Elbe im historischen Gebiet von Niederschlesien gelegene Stadt wurde vor 1223 nach flämischem Recht gegründet. Dem Vorbild Breslau/Wrocław folgend, übernahm Neisse 1308 das Magdeburger Recht. Als eines der wertvollsten historischen Objekte der Stadt bildet der Sessel Charakter und Aussehen früherer Innenräume ab, wie die des nicht erhaltenen Rathauses, aus dem er vermutlich stammt. Dieses Möbelstück belegt, dass um die Wende zum 16. Jahrhundert in den Neisser Werkstätten gotische Formen noch fest verwurzelt waren und die Übernahme neuer, italienischer Vorbilder im Stil der Renaissance nur langsam erfolgte. In dieser Zeit erreichte das Handwerk in Neisse höchste Qualität. 28 Zünfte waren damals in der Stadt aktiv.

Die Rahmen- und Plattenkonstruktion des massiven Sessels folgt der Form eines Kastensitzes. Die Oberfläche des hohen Rückens ist mit einem dichten Flachrelief verziert, auf dem ein Schild mit dem Wappen von Neisse auf beiden Seiten von zwei Engeln in langen Gewändern gehalten wird. Die Gesichter der Engel mit stark konturierten Augen, hervorstehenden Wangen, vollen Lippen und breiten Nasen sind von Locken gesäumt. Über ihren Köpfen erheben sich spitze Flügel. Das gekrönte Wappen zeigt drei Lilien (zum ersten Mal erscheint die Lilie in Neisse auf dem Stadtsiegel von 1383). Die in der Füllung der Rückenlehne dargestellte Szene beschließt ein halbrunder Bogen, ein charakteristisches Element der bevorstehenden Renaissance. Der innere Rand der Füllung ist mit drei Zierstreifen versehen. Der erste besitzt die Form einer offenen Volute mit doppeltem Abschluss, bei dem zweiten handelt es sich um einen geraden Streifen mit horizontalen Einschnitten und der dritte stellt eine Perlenschnur dar (diese Formen werden im oberen Teil des Sessels wiederholt). Die Verzierungen sind zum Teil durch die Engelsfiguren verdeckt.

Die rechteckige Dorsale wurde am Bogen der Füllung durch Ecken mit Blumenverzierung ergänzt. Ein weiteres die Renaissance ankündigendes Zierelement ist die durchbrochene, das Dorsale abschließende Platte. Sie besteht aus grotesken, weit geöffneten Löwenmäulern, aus denen Triebe von Weinreben mit Trauben hervorgehen, die das mittig platzierte Blatt umranken. Die gesamte Rückenlehne ist von Halbsäulen mit einem Pflanzendekor aus spiralförmig gewundenen Blättern flankiert. An ihrem oberen Ende schmückten die Halbsäulen selbst einst vermutlich geschnitzte Vögel, von denen heute jedoch nur die Krallen erhalten sind. Ein Stuhl und Sessel unterscheidendes, charakteristisches Element ist die Armlehne, hier in eckiger Form mit nach außen verlängerten Ecken. Als Stütze der Armlehnen dienen auf Keilfüßen aufgesetzte Säulen mit unterschiedlichen skulpturalen Verzierungen: Die linke Säule ist mit einem Blattmotiv versehen, das stufig nach unten verläuft, um die rechte rankt sich spiralförmig ein Pflanzentrieb. Die Vorderseite des Kastens ist durch einen senkrechten Zierstreifen mit Blattmotiv unterteilt. Die so entstandenen beiden Flächen sind mit gotischem Faltwerk gefüllt. Der Aufbau wird durch eine einfache Nut- und Federverbindung und Holzdübel zusammengehalten und ist zusätzlich durch Metallnägel verstärkt.

Patrycja Ciecior

Literatur

Chrzanowski 1974, S. 126 f. | Wińska 2000.

II.26

Kastentisch aus dem Rathaus in Bartfeld

Bartfeld/Bardejov, Meister Johannes von Bartfeld, um 1511

Lindenholz

H 84,5 cm, L 103,5 cm, B 93 cm; neuere Tischplatte: L 105 cm, B 130 cm

Bartfeld/Bardejov, Šarišské múzeum v Bardejove, H 725

Der Tisch gehört neben einem intarsierten Archivschrank aus der Schreibstube und einer Eichentür vom Eingang zum Sitzungssaal zu den wichtigsten Stücken der aus dem frühen 16. Jahrhundert noch erhaltenen ursprünglichen Inneneinrichtung des Bartfelder Rathauses (vgl. Kat.-Nr. II.12). Er entstand vermutlich 1511 in der Werkstatt des Meisters Johannes (*Johannes mensator*) von Bartfeld.

Die nicht mehr originale Tischplatte lässt sich durch Nuten in horizontaler Richtung verschieben. Der darunter befindliche Kasten ist an den Seiten (Zargen) mit bemalten Schnitzereien verziert. Im Inneren ist er in mehrere Fächer unterteilt, deren Abtrennungen ebenfalls mit Intarsien versehen sind. Aufgrund des die Zarge rundherum zierenden Rosettenfrieses wird der Schreibtisch in der Literatur der Bartfelder Werkstatt zugeordnet, die auch den Bibliotheksschrank hergestellt hat, der sich ursprünglich in der Pfarrkirche (Basilika des heiligen Ägidius – vgl. Abb. zu Kat.-Nr. II.206) befand, seit 1918 jedoch im Ungarischen Nationalmuseum in Budapest ausgestellt ist.

Der untere Teil des Tischs besteht aus zwei flachen Seitenteilen (Wangen) auf »Skiern«, die im rechten Winkel durch waagerechte Holme verbunden sind. Die daran zu befestigende Stoffbahn zum Ablegen der Füße fehlt heute. Die durch die Wangen ragenden Enden der Holme sind durch große Keile verankert. Im Reliefschmuck der Wangen sind unterhalb des Tischkastens jeweils rechts und links zwei Pferdeköpfe angedeutet, die Profilierung am Boden ist symmetrisch gewellt. Auf einer der Wangen sind zwei gekreuzte Hellebarden und die Buchstaben »C B« (vermutlich die Abkürzung der lateinischen Wörter *Civitas Bartfa*), die wahrscheinlich zur Kennzeichnung des städtischen Inventars dienten, eingraviert.

Noch ist ungeklärt, warum dieses kostbare Zeugnis der Tischlerkunst später in lateinischen Archivquellen als *mensa burindaria* (Topfentisch) bezeichnet wird. Bei Viktor Myskovszky (1838–1909, Pädagoge, Künstler, Pionier der Denkmalpflege in der Slowakei) findet sich die interessante Information, dass sich dieser Tisch im 19. Jahrhundert im Büro des Grundbuchamts im Erdgeschoss des Rathauses befunden hat und für einige Zeit der Arbeitstisch seines Vaters František Myskovszky (1806–1883) war, der lange Zeit als Stadtbeamter in Bartfeld arbeitete.

František Gutek

Literatur

Badač 2003, Kat.-Nr. 5.15, S. 772 | Gutek/Jiroušek 2011, S. 53 | Myskovszky 1879, S. 106 | Žebrácky 1926, S. 79.

II.26

II.27

II.27

Relief-Kassette mit Wappen

Kaschau/Košice, Kaschauer Schnitzer, 1461

Lindenholz

H 34,5 cm, B 76,9 cm, T 5 cm

Kaschau/Košice, Východoslovenské múzeum, S 1004, H-2012/00077

In den ersten Jahrzehnten seines Bestehens erhielt das Museum in Kaschau viele Artefakte mittelalterlichen sakralen, aber auch säkularen Charakters. Zu den seltenen Sammlungsgegenständen zählt das Fragment einer Kassette mit polychromem Relief. Anton Glatz zufolge handelt es sich bei dieser Kassette um ein dekoratives Detail einer einflügeligen Innentür eines nicht näher bestimmbaren Bürgerhauses in Kaschau. Diese Annahme basiert auf dem Vergleich einer ähnlich gestalteten Tür in Nehre/Strážky vom Beginn des 16. Jahrhunderts. Frühere Untersuchungen hatten jedoch angenommen, dass es sich ebenso um ein Detail eines Chorgestühls, eines Altars oder einer Truhe handeln könnte. Diese Funktionen sind wahrscheinlicher, da sich an der unteren Kante des originalen Brettes eine Art Fries mit zwei Rillen erhalten hat, die entgegengesetzt nach innen hin abgeschrägte Enden haben. Die anderen Kanten hingegen sind glatt. Dieser Aufbau könnte tatsächlich darauf hindeuten, dass die Kassette ursprünglich zentraler Bestandteil eines größeren Ganzen war, in dem dann die Verzierung unterhalb der Kassette oder horizontal zum Friesprofil fortgesetzt wurde.

Das Museum erwarb dieses Objekt laut Archivaufzeichnungen noch vor 1896. Die ursprüngliche Kassette wurde 1903 für die erste große Ausstellung des Museums in einen einfachen Profilrahmen montiert. Zentrales Motiv der Dekoration sind drei Wappenschilde, die von einer vollständig verzierten Fläche umgeben sind, in die unregelmäßig Akanthusranken geschnitzt sind. In der Mitte befindet sich das Wappen der Stadt Kaschau von 1369 – jeweils vier rote und weiße horizontale Balken (vgl. ungarisches Wappen), von drei Lilien gekrönt. Der ungarische König Ludwig I. (reg. 1342–1382) verlieh der Stadt Kaschau als erster Stadt in Europa überhaupt 1360 ihren ersten Wappenbrief. Damit erlangte die Stadt den Status einer Rechtsperson – ein Novum im Mittelalter, da sonst nur natürliche Personen ein Wappen erhielten, dass diese adelte. Eine weitere Version des Wappens stammt von 1432, als die Stadt neue Privilegien erhielt, in denen König Sigismund von Luxemburg (reg. 1387–1437) das Stadtwappen Kaschaus durch einen Engel als Schildhalter ergänzte. Kaschau erhielt ab 1502 noch vier weitere Wappenbriefe von verschiedenen Herrschern, die das aus fehlender Erfahrung unvollständige Wappen jedes Mal heraldisch ergänzten und aufwerteten.

Zu beiden Seiten des Stadtwappens finden sich zwei zur Mitte hin verkippte Familienwappenschilde, die den Familien von Heidenreichsturn /Hédervára (rot-weiß, längs gestreiftes Wappen) und Zudar (rot, mit Lilien besteckter Ring) zuzuordnen sind. Beide Wappenschilde tragen eine bekrönte Helmzier. Über dem Stadtwappen befindet sich eine in der Form eines Banners mit eingerollten Enden geschnitzte Kartusche, die durch die Inschrift »1461« die genaue Datierung und damit eine Herkunftsbestimmung zulässt. Zu dieser Zeit wurde der Bischof von Erlau/Eger/Jáger, László von Hédervári (amt. 1447–1468), von König Matthias Corvinus (reg. 1458–1490) beauftragt, gegen Johann Giskra von Brandeis (um 1400–1469/70) auszuziehen. Hédervári gelang es (laut der Chronik von Plath), über 5 000 Dorfbewohner zu rekrutieren, die hauptsächlich aus der Gegend um Kaschau stammten. Das zweite Wappen gehörte Simon III. von Zudar, der 1460 vom König das Tokajer Gebiet erwarb, vermutlich auch für die aktive Unterstützung gegen die Tschechen. *Ivan Havlice*

Literatur
Glatz 1995, S. 34 f., Kat.-Nr. 12 | Mihalik 1903, S. 290, Kat.-Nr. 4152 | Plath 1867 | Voit 1943, S. 92.

II.28

Figurenreliquiar des heiligen Johannes des Täufers

Breslau/Wrocław, Figur um 1420, Sockel von 1495

Silber, getrieben, gegossen; Bergkristall; Kriegsbeschädigungen (z. B. linker Arm)

H 35 cm, B 11,4 cm, T 9 cm

Nürnberg, Germanisches Nationalmuseum, KG1179; erworben 1959 als Dauerleihgabe der Bundesrepublik Deutschland

Diese exquisite Arbeit gehört zu den wenigen erhaltenen gotischen Silberfiguren aus Schlesien und war eine Stiftung in einer der wichtigsten Stadtkirchen Breslaus. Nach vorreformatorischer Vorstellung dienten Reliquiare der Aufbewahrung und Präsentation von Relikten, Gebeinen oder persönlichen Gegenständen von Heiligen. Diese waren Fürsprecher der Gläubigen bei Gott. Kostbare Materialien und kunstvolle Bearbeitung der Behälter weisen auf die Bedeutung des Inhalts hin. Reliquiare als figürliche Goldschmiedearbeiten folgten seit dem 13. Jahrhundert den neuesten Stilentwicklungen. Dies gilt auch für diese Figur, deren Formen den sogenannten Schönen Stil weiterführen.

Der heilige Johannes der Täufer ist der Stadtpatron Breslaus. Hier ist er mit dem Lamm Gottes auf dem Buch dargestellt, sein Fellgewand spitzt unter den weich fallenden Falten durch. Die Figur entstand etwa 70 Jahre vor dem 1495 datierten Sockel. Einen vergleichbaren achteckigen Sockel erhielt auch eine etwa gleich hohe Reliquienfigur der heiligen Hedwig (Königin von Polen 1384–1399). So wurde aus den unabhängig voneinander geschaffenen Figuren ein Paar. Bis ins 19. Jahrhundert wurde ein angebliches Fragment ihres Schleiers mit der Datierung 1424 in der Johannesfigur verwahrt. Zu beiden Seiten der Öffnung, hinter der die Reliquien erkennbar waren, sind Stifterwappen eingraviert. Das redende Wappen der Patrizierfamilie Bank/e – mit einer Taube auf einer Bank – ist links zu sehen. Sie stellte zwischen 1406 und 1569 sieben Mitglieder des Rats oder Ratsälteste und war eine der einflussreichsten Familien Breslaus. Johannes Banke (gest. 1437), das erste Ratsmitglied, wurde durch Fernhandel reich. Belegt sind Lieferungen aus ganz Europa, zum Beispiel 1 000 Pelze aus Posen/Poznań, und sogar eine Niederlassung in Venedig. Das zweite Wappen wurde bisweilen als das der Familie von der Neisse gedeutet, dessen Form offenbar nicht überliefert ist. Das Wappen entspricht auch dem der Familie Kirsten/an, die zwischen 1439 und 1482 im Rat vertreten war.

1875, ein Jahr, nachdem Johannes und Hedwig an das Breslauer Museum gekommen waren, erläuterte dessen Kustos Hermann Luchs (1826–1887), dass sie ursprünglich aus der Elisabethkirche in Breslau, der im 14. und 15. Jahrhundert geschaffenen Hauptkirche in Backsteingotik, stammen. Sie wurden nach der Reformation nicht in der Kapelle, sondern im Ratsarchiv im Breslauer Rathaus aufbewahrt. Wie in anderen mittelalterlichen Städten auch war die Hauptkirche der Ort, an dem Stadtgesellschaft und -politik sowie Religion aufeinandertrafen. Hier traten Patrizierfamilien mit Stiftungen öffentlich in Erscheinung: 1449 ging die Marienkapelle der Elisabethkirche an die Familie Bank/e über. Das Reliquiar ist so beredtes Zeugnis städtischer Frömmigkeit.
Heike Zech

Literatur
Burgemeister/Grundmann 1933, S. 141 | Gündel 1942, S. 35, Tafel 14 | Krohm 2012 | Luchs 1875, bes. S. 7 f. | Lüdke 1983, Bd. 1, S. 75, 78, 88, 137, Bd. 2, Kat.-Nr. 71 | Pechstein/Effmert 1990, Kat.-Nr. 1 | Stein 1963, S. 69–72, 141–148, 169 f., Tafel 11, S. 285 | Waetzoldt 1989, Kat.-Nr. 43 (K. Pechstein).

II.28

II.29

II.29

Teil einer Fenstervitrage mit Wappen der Stadt Bartfeld aus der Basilika des heiligen Ägidius

Bartfeld/Bardejov, 2. Hälfte 15. Jahrhundert

Glas, Blei

H 32,5 cm, B 31,5 cm

Bartfeld/Bardejov, Šarišské múzeum v Bardejove, H 747

Das Fragment einer spätgotischen farbigen Fenstervitrage aus der Basilika des heiligen Ägidius zeigt das Wappen der Stadt Bartfeld in vereinfachter, stilisierter Form. Die künstlerische, kompositorische und farbliche Gestaltung des Wappens wurde im Wappenbrief von 1453 – verliehen durch König Ladislaus V. Postumus (reg. 1444–1457) – festgelegt. Das Wappen besteht aus einem zweigeteilten Schild, in dessen oberer, blauer Hälfte zwei gekreuzte, weiße Hellebarden mit gelbem Schaft dargestellt sind, zwischen denen oben eine gelbe, offene Krone und unten eine gelbe Lilie angeordnet sind. Krone und Lilie verweisen auf die Zugehörigkeit zum Bündnis der fünf Königlichen Freistädte im mittelalterlichen Oberungarn, der *Pentapolitana*. Die untere Hälfte des Schilds füllt ein achtteiliges rot-weiß gestreiftes Feld, das heraldisch auf die Zugehörigkeit zum Königreich Ungarn hinweist. Die Farbgebung der Vitrage entspricht nicht ganz der kodifizierten heraldischen Form, die eigentlich eine vollständig goldene bzw. gelbe Farbgebung der Hellebarden vorsieht. Die gekreuzten Waffen verweisen einerseits auf die Herkunft des Stadtnamens, der im Ungarischen *Bártfa* lautet und sich von »bárd« (dt. »Barte«, heraldisch verwendete Axt oder Beil) ableitet, andererseits auf die grenznahe Lage der Stadt.

Die ästhetische Wirkung der Vitrage beruht auf dem ausdrucksstarken Effekt der farbigen Glasflächen, die durch die dunklen, wie gezeichnet wirkenden Linien des Bleinetzes komplementiert werden. Dieses Wappen der Stadt ist auch auf vom Bartfelder Stadtrat aus Venedig bestellten Trinkbechern präsent, welche im Scharoscher Museum sowie im Ungarischen Nationalmuseum ausgestellt sind.

Mangels genauerer Zeugnisse wird die Vitrage grob auf die zweite Hälfte des 15. Jahrhunderts datiert. Der Stadtrat von Bartfeld hatte 1448 den Umbau und eine Erweiterung der Basilika des heiligen Ägidius, der Pfarrkirche der Stadt, in Auftrag gegeben. Zum ersten Mal ausdrücklich erwähnt wird die farbige Fensterverglasung der Basilika im Jahr 1458 im Zusammenhang mit der Beendigung der Bauarbeiten am neuen Altarraum. Der Stadtrat bezahlte damals für die Installation der Fenster die relativ hohe Summe von 21 Gulden an Meister Stephan aus Kaschau/Košice (*Stephan Lapicidus/Maister Steffen Staimecz werkmaister*), der auf Empfehlung der Stadt Kaschau mit dem Ausbau beauftragt wurde. Dort hatte er sich bereits beim Bau des Doms der heiligen Elisabeth bewährt. Beachtenswerte Posten sind auch die Materialkosten von 67 Gulden für farbiges Glas und 31 Gulden für Blei und Zinn. Ein letzter Hinweis auf die Gestaltung der Vitrage stammt aus dem Jahr 1497 und überliefert die Namen der Maler Valentin (*Valentinus pictor*) und Bartholomeus (*Bartholomeus pictor*). Den Rechnungsbüchern zufolge gab die Stadt zu dieser Zeit insgesamt 86 Gulden und 786 Denare für Material, Arbeiten und Installation der Fenster aus. Die meisten gotischen Glasfenster der Basilika wurden 1878 bei einem Stadtbrand zerstört und in späteren Jahren durch neue ersetzt. Das Vitragenfragment ist die älteste Darstellung eines Stadtwappens auf Bleiglasfenstern in der Slowakei, nur sehr wenige gotische Artefakte dieser Art sind erhalten.

Die Basilika des heiligen Ägidius gehört als Teil der Altstadt seit 1970 zum UNESCO-Weltkulturerbe und ist eines der bedeutendsten sakralen Bauwerke der Slowakei. Beachtenswert ist ihre kunstvolle Ausschmückung und Einrichtung, unter anderem mit elf spätgotischen Flügelaltären (1460–1520), die von Künstlern wie Veit Stoß (Wit Stwosz, um 1447–1533), Meister Paul von Leutschau (Majster Pavol z Levoče/Lőcsei Pál mester, 1460/1470–1537/1542) oder Jakob von Sandez (Jakub zo Sączu/Jakub z Nowego Sącza, 1420 Rektor der Krakauer Akademie) geschaffen wurden. Die Stadt und ihre Bürger brachten mit der Beauftragung von Künstlern der führenden Werkstätten Europas ihre Wirtschaftskraft, ihren Kunstgeschmack und Repräsentationswillen zum Ausdruck. Deutlich werden dabei auch die vielfältigen Beziehungen der europäischen Städte untereinander, wie zwischen Polen und dem nördlichen und östlichen Oberungarn.

František Gutek

Literatur
Božová/Drobniak/Gutek 1998, S. 24 | Cónová 2006, S. 37, 50, 184 | Myskovszky 1879, S. 22 f. | Myskovszky 1880, S. 110, 113 | Rogalska 2014 | Žebrácky 1926, S. 29.

II.30

Wappenprivileg für die Stadt Breslau, ausgestellt von Ferdinand I., König von Böhmen und Ungarn

Prag/Praha, 12. März 1530

Pergament, beschriftet und illuminiert; anhängendes Siegel

B 71,05 cm, H 40 cm

Breslau/Wrocław, Archiwum Państwowe we Wrocławiu, Dokumenty miasta Wrocławia, 12.03.1530, alte Signatur Stadtarchiv CC. 31c

Seit dem 13. Jahrhundert nutzten Städte Wappen als Herrschafts- und Besitzsymbole. Diese repräsentierten – wie Siegel – die Stadt sowohl nach außen wie nach innen als eigenen Rechtsbezirk. Während die Wappenannahme bis ins 14. Jahrhundert wohl willkürlich erfolgte, wurden diese

II.30

als königliches Recht seit Karl IV. durch Wappenbriefe verliehen. Ein solcher hat sich für das verbesserte Wappen der Stadt Breslau erhalten, ausgestellt am 12. März 1530 durch Ferdinand I. (reg. 1531–1564) aus dem Hause Habsburg, als König von Böhmen und Ungarn (seit 1526) auch Landesherr von Schlesien. Dieses Privileg wurde am 10. Juli 1530 von Ferdinands Bruder, Kaiser Karl. V. (reg. 1519–1556), noch einmal bestätigt. Die Pergamenturkunde ist aufwendig gestaltet und in der Mitte mit einer Illumination versehen. Hier wird das Wappen inmitten des Textes vollständig mit Helmzier und Wappenträgern dargestellt. Wappen und Siegel Breslaus (Kat.-Nr. II.57, Kat.-Nr. I.31) haben das gleiche Motiv: In einem Kartuschenschild zeigt das gevierte Wappen im Herzschild in Silber das Haupt Johannes des Täufers, des Stadtpatrons von Breslau. Heraldisch rechts oben in Rot ist der steigende silberne doppelschwänzige böhmische Löwe nach links, goldbewehrt und gekrönt sowie rotgezungt abgebildet, daneben in Gold der schwarze schlesische Adler mit Brustmond und Kreuz belegt. Im Feld rechts unten befindet sich in Gold der schwarze Großbuchstabe »W« und links in Rot die Büste des heiligen Johannes des Evangelisten mit Heiligenschein. Die Helmzier zeigt einen Spangenhelm, darüber eine Krone und die Büste Johannes des Evangelisten mit Nimbus sowie zwei Fahnen. Die Helmdecke ist rot und silber.

Der Buchstabe W bezieht sich, so wird im Wappenprivileg erläutert, auf den Stadtgründer Wratislaw, der die Stadt »Presslaw« erbaut und nach seinem Namen »Wratislaua« genannt hat. Allerdings enthält die Wappenbeschreibung einen Fehler: Dort wird fälschlich im vierten Feld anstelle Johannes des Evangelisten zum zweiten Mal neben dem Herzschild Johannes des Täufers Haupt genannt. Das Pergament wurde an dieser Stelle rasiert und die Schrift von anderer Hand ergänzt. Dies ist vielleicht der Grund, warum das Wappenprivileg nur wenige Monate später, am 10. Juli 1530, in Augsburg von Karl V. noch einmal bestätigt und ausgeweitet wurde. Darin erwähnt dieser außerdem die Urkunde seines Bruders und korrigiert den Fehler in der Wappenbeschreibung. Auch wird das Siegel mit der Umschrift »S. senatus populique Wratislaviensis« genannt sowie die Prägung goldener und silberner Münzen mit dem Wappenbild und dieser Umschrift gestattet. Der Kaiser lobt wortreich die Treue des Rats und der gemeinen Stadt Breslau. Er erlaubt ihr ausdrücklich den Erwerb von umliegenden Ländereien zu ihrem Schutz und bestätigt als heiliger römischer Kaiser jede ihrer Privilegien, Begnadung und Freiheiten, welche sie von seinen Vorfahren sowie den böhmischen Königen und schlesischen Herzögen erhalten habe. Das Wappen war von 1530 bis 1938 in Gebrauch und ist es erneut seit 1990. *Anja Rasche*

Quellen
Markgraf/Frenzel 1882, Nr. 68, S. 201–205.

Literatur
Burgemeister 1930 | Łagiewski/Okólska/Oszczanowski 2011 | Mühle 2015 | Roehl 1900.

II.31

Carillon-Glocke vom Turmglockenspiel des Rechtstädtischen Rathauses in Danzig

's-Hertogenbosch, Nordbrabant, Johannes Moor (Moer), datiert 1560

Bronze, Abguss, Reliefverzierung

H 41 cm, D 37 cm, G etwa 70 kg

Danzig/Gdańsk, Muzeum Gdańska, Ratusz Głównego Miasta, MHMG/S/941

Die massive, aus sechs Bügeln bestehende Glockenkrone ist glatt, genauso wie ihr Helm. Unterhalb des oberen Rands befindet sich auf dem Mantel ein dekorativer spätmittelalterlicher Fries mit Lilienmotiv. Darunter in zwei Reihen die Inschrift: »OMNIA TEMPVS HABE[N]T ET SVIS SPATIIS TRANSEVNT VNIVERSA SVB COELO JOHANNES MOOR DE BVSCODVCIS ME FECIT ANNO DOMINI MCCCCCLX« (Alles hat seine Zeit, und alles Vorhaben unter dem Himmel hat seine Stunde. Ich wurde hergestellt von Johannes Moor aus 's-Hertogenbosch im Jahr des Herrn 1560). Der erste Satz (»Omnia tempus habet«) stammt aus dem alttestamentarischen Buch Kohelet (3,1), auch Prediger (Salomo) genannt. Unterhalb der Inschrift sind auf dem Mantel Schilde mit den Wappen Polens, Preußens Königlichen Anteils und Danzigs in Begleitung von Schildhaltern abgebildet – mit den entsprechenden Wappenfiguren Engeln, Einhörnern und Löwen. Die Ringwulst ist mit einer Doppellinie hervorgehoben, die Glockenlippe vielfach profiliert.

Die Glocke ist ein Relikt des ältesten Glockenspiels (*Carillon*) in Danzig, das 1560 vom Glockengießer Johannes Moor in den Niederlanden gegossen und 1561 im neuen Turm des Rechtstädtischen Rathauses installiert wurde. Auf diese Weise erhielt das Herz der Stadt, das Rathaus, eine musikalische Umrahmung, die sich damals nur die reichsten europäischen Städte, darunter Danzig, leisten konnten. Das Instrument bestand aus 14 Glocken in den Tonarten von f1 bis d2 (f1, g1, a1, b1, c1, d1, es1, e1, f2, g2, a2, b2, c2, d2) und war ein Musikautomat. Die Glocken wogen zwischen 25 und 500 Kilogramm, ihr Gesamtgewicht betrug etwa 2 400 Kilogramm. Auf allen *Carillon*-Glocken waren die Wappen von Danzig, dem königlichen Preußen und Polen sowie die oben genannte lateinische Sentenz zu sehen. Die zusätzliche, 15. Glocke war eine Uhrglocke, die die Stunden schlug.

Die Glocken hatten jeweils einen Hammer, der den Ton hervorrief. Das Instrument spielte zu jeder vollen Stunde abwechselnd zwei Melodien eines protestantischen Chorals. Die Reihenfolge der Melodien wurde jede Woche entsprechend dem liturgischen Kalender geändert. Die Niederschrift der Melodie wurde auf einer besonderen Metalltrommel mit einem Durchmesser von 140 Zentimetern mithilfe von Eisenstiften hergestellt. Die Trommel war mit den Zugdrähten der Hämmer gekoppelt. Für die Einstellung und Änderung der Melodie des Instruments war der städtische Glockensteller verantwortlich. Er war es auch, der jeden Tag den mit einem Gewicht von 280 Kilogramm angetriebenen Mechanismus aufzog.

Carillons haben ihren Ursprung in den Niederlanden. Die erste Erwähnung eines Glockenspiels stammt aus dem Jahr 1510 und bezieht sich auf die Glocken des Rathauses in Oudenaarde in Ostflandern. Das Turmglockenspiel des Rechtstädtischen Rathauses in Danzig ist das erste, das außerhalb der Niederlande geschaffen wurde, und es gehört zu den ältesten Europas.

Das Originalinstrument verbrannte zusammen mit dem Rathausturm während der Kämpfe um die Stadt im März 1945. Unversehrt geblieben sind nur drei Glocken: d1, a2, d2. Alle drei Glocken befinden sich heute im Museum von Danzig. 1970, nach dem Wiederaufbau des Turms des Rechtstädtischen Rathauses, wurden hier Glocken aus einem anderen *Carillon* installiert, das den Krieg überdauert hat – hergestellt in Danzig 1940 für die Jugendherberge auf dem Bischofsberg. Aufgrund des schlechten technischen Zustands der Glocken wurde es 1992 wieder abgebaut. 2000 hing man im Rathausturm ein zeitgenössisches *Carillon* auf, das aus der holländischen Glockengießerei Royal Eijsbouts in Asten stammt und aus 37 Glocken besteht. In Polen gibt es heute drei Konzert-*Carillons*, die sich alle in Danzig befinden. Seit 1999 wird jedes Jahr das Danziger *Carillon*-Festival organisiert, bei dem die größten international bekannten Virtuosen dieses Instruments auftreten. *Anna Frąckowska*

Literatur
Budzyński/Gudel/Stankiewicz 1993 | Fiebig-Drzewiecka/Grabowski/Szychliński 2000 | Januszajtis 1988 | Januszajtis 1996 | Januszajtis 2003 | Kaźmierczak 2002 | Popinigis 2005 | Popinigis 2016.

II.31

Das Herz der Städte

Ratsherren und Bürgermeister

Schwurkästchen (Reliquar) aus Tangermünde, datiert 1461 (Kat.-Nr. II.49)

»Daz hercz der stete, daz ist der rat« (nach Wolf 1971, S. 60), dichtete der Stadtschreiber Johannes Rothe (um 1360–1434) Ende des 14. Jahrhunderts und lieferte damit ein anschauliches Bild für die zentrale Stellung und überlebenswichtige Funktion dieses Gremiums im Organismus der mittelalterlichen Stadt. Um 1200 entstanden die ersten Stadträte in Europa – eine Innovation mit durchschlagendem Erfolg: Bis zum Ende des Jahrhunderts besaß annähernd jede Stadt ihren Rat (Kollegium der *consules*), auch wenn diese sich in Organisation und Zusammensetzung durchaus unterschieden. Das Amt des Bürgermeisters entwickelte sich ebenso aus der Ratsverfassung, im Bild des Johannes Rothe ist der Bürgermeister das Haupt der Stadt. Weitere städtische Ämter vervollständigen den funktionstüchtigen Stadtorganismus: die Kämmerer sind die Hände, der Schreiber die Augen der Stadt, die Schöffen sind des gerechten Mannes Mund, die an die Weisheit denken und deren Zunge Recht spricht. Die Wächter sind die Ohren, die Schützen die Arme, der Hauptmann die Brust, die Kaufleute die Lunge usw.

In einer Mitteilung an den Herzog von Schlesien, Heinrich III. (1227/1230–1266), und die Bürger der Stadt Breslau/Wrocław übermittelten die Magdeburger Schöffen 1261 auch die Regelungen für den städtischen Rat, der für Magdeburg seit der Mitte des 13. Jahrhunderts nachgewiesen ist (Kat.-Nr. I.32): Die Ratsmänner wurden für ein Jahr gewählt, gelobten jedes Jahr unter Eid, dass sie der Stadt Recht, ihre Ehre und ihren Nutzen bewahren, so gut sie vermögen und können, nach der weisesten Leute Rat. Verallgemeinernd lässt sich das Gremium des städtischen Rats als zentrale Institution innerhalb des städtischen Verfassungsaufbaus und der städtischen Selbstverwaltung definieren. Der Rat war oberstes Gesetzgebungsorgan, wichtigste Instanz von Verwaltung und Rechtspflege. Neben der allgemein gefassten Stadtverfassung (Stadtrecht) wurden genauere Regelungen vom Rat als Willküren erlassen. Ein interessanter Fall verweist noch auf eine weitere Aufgabe des Rats: die Vermittlung von Luxusgütern. Kaiser Rudolf II. (reg. 1576–1612) wandte sich 1601 an den Stadtrat von Breslau, um ein Gemälde Lucas Cranachs (1472–1553) von einem Breslauer Bürger zu erwerben. Die Vermittlung war erfolgreich: Ein Fragment des Cranach-Bildes mit dem Festmahl des Herodes aus dem Besitz eines Breslauer Bürgers befindet sich noch heute in Wien (Abb. 186).

Die Anzahl der Ratsmitglieder variierte von Stadt zu Stadt (zwölf in Magdeburg, Leipzig, Berlin und Danzig/Gdańsk, in Breslau acht, in Krakau/Kraków sechs bis acht), die meisten bestanden aus bis zu zwölf Personen, größere Räte mit bis zu 40 Personen waren eher die Ausnahme, aber die Mitgliederzahl war und blieb veränderbar. Formale Voraussetzung für die Ratsherren waren eheliche Geburt, Freiheit und ein guter Ruf sowie besonderes soziales und wirtschaftliches Ansehen. Im Verlauf des 13. und 14. Jahrhunderts entwickelte sich das Amt des Bürgermeisters (*magister civium*) als Ratsvorsitzender und Stadtoberhaupt. Er übernahm ausführende (exekutive) und entscheidende (judikative) Aufgaben, vertrat die Stadt nach außen und war für diplomatische Verhandlungen zuständig und deshalb oft auf Reisen. Ebenso oblag dem Bürgermeister die militärische Führung des städtischen Aufgebots im Fall bewaffneter Auseinandersetzungen. In einigen Städten gab es mehrere Bürgermeister (in Görlitz zum Beispiel vier), die sich im Amt abwechselten oder ergänzten. Die Herrschaftslegitimation stützte sich sowohl beim städtischen Rat als auch bei den Bürgermeistern einerseits auf die Schwureinung mit der Gemeinde, andererseits auf die Übernahme von Aufgaben und Ämtern des Stadtherrn, insbesondere die Gerichtsbarkeit. Stadtinterne Auseinandersetzungen und Aufruhr führten zu Veränderungen und Anpassungen, was entscheidend zur Langlebigkeit der Strukturen beitrug.

Abb. 186
Lucas Cranach der Ältere, Gastmahl des Herodes, 1539, Kunsthistorisches Museum Wien, Gemäldegalerie, 3567

Abb. 187
Breslauer Ratsherren als Apostel beim letzten Abendmahl, Gemälde von 1537, Stifter Dr. med. Sebald Huber der Jüngere (um 1490–1554), ehemals Breslau/Wrocław, Schlesisches Museum für Kunstgewerbe und Altertümer, seit dem Zweiten Weltkrieg verschollen

Die Leitlinien für das Handeln der städtischen Obrigkeit aus Bürgermeister, Ratsherren und Schöffen glichen sich trotz aller Unterschiede und der vielfältigen Entwicklungen der einzelnen Städte für lange Zeit: Gemeiner Nutzen, Frieden, Eintracht und Gerechtigkeit sind hier an erster Stelle zu nennen. Vielleicht haben sie ihre Aktualität sogar bis heute behalten? Das Leitbild einer guten Regierung fand Eingang in Darstellungen im Stadtbild, vor allem an städtischen Gebäuden in Form von Bildern und Inschriften, und stand den Akteuren so ständig vor Augen. Für Magdeburg sind die sogenannten Prophetenreime überliefert, die nach einem Aufruhr 1402 am Rathaus angebracht wurden. Sie benennen als grundlegende Prinzipien für ein gutes Regiment an erster Stelle Gottesfurcht, dann Eintracht, Beachtung des gemeinen Nutzens, des Gemeinguts und die Bestrafung von Gesetzesbrechern. Ratsherren, so heißt es dort, sollen unbestechlich, verschwiegen und gerecht sein, vor den Lastern Gier, Unkeuschheit und Zorn wird ausdrücklich gewarnt.

Von Johannes Frauenburg (um 1430–1495), selbst Ratsschreiber und Bürgermeister in Görlitz, sind die »Anweisungen für den Görlitzer Bürgermeister« von 1476 im Original überliefert. Die Handschrift ist prachtvoll eingebunden und diente den nachfolgenden Görlitzer Bürgermeistern tatsächlich als Handbuch, das von einem zum anderen weitergereicht wurde. Die Besitzvermerke auf der Rückseite des Einbands zeugen von der Weitergabe bis ins 17. Jahrhundert. Die Hinweise zeichnen sich durch große Weisheit und überzeitliche Gültigkeit aus, mahnen zu Eintracht, Gerechtigkeit, Beherrschung, Unabhängigkeit und Unbestechlichkeit sowie Angemessenheit und größtmöglichen persönlichen Einsatz. Ganz konkrete, den Alltag betreffende Handlungsanweisungen enthält zum Beispiel die Ratsverordnung von Danzig aus dem Jahr 1421: Besonders betont wird die Pflicht zur Verschwiegenheit der Ratsmänner, darüber hinaus sollen die Ratsherren mindestens an drei Wochentagen – nämlich montags, mittwochs und freitags – am Nachmittag im Rathaus arbeiten und so lange bleiben wie der Bürgermeister. Wären sie wegen privater Tätigkeiten verhindert, sollten sie Urlaub nehmen.

Die Ratsmitglieder kamen aus dem Kreis der reichsten, vornehmsten und mächtigsten Bürger. Voraussetzungen waren persönliche Freiheit, Grundbesitz und Vermögen, zumeist waren diese Männer als Fernkaufleute tätig. So konnten sie sich neben ihren privaten Geschäften auch der städtischen Selbstverwaltung widmen. Es bildeten sich in den Städten Gruppen ratsfähiger Familien, die teils über Generationen die Ratsämter besetzt hielten und sich häufig in besonderen Vereinigungen zusammenschlossen. In Leipzig werden die ersten Ratsherren namentlich in einer Urkunde von 1287 genannt, diese Urkunde trägt auch das älteste Stadtsiegel und zeugt so vom Selbstbewusstsein dieses noch neuen Gremiums.

Der Rat wurde in der Regel jährlich neu besetzt, teils gewählt, teils von den scheidenden Ratsherren bestimmt (Kooptation). Doch durch Einwanderung oder großen Reichtum lassen sich immer wieder auch Beispiele für soziale Aufstiege beobachten, häufig in Verbindung mit dem Einheiraten in eine ratsfähige Familie. Ein Beispiel aus Görlitz ist Bartholomäus Hirschberg, ein Fleischer, der durch den Kauf eines Brauhofs die Ratsfähigkeit erlangte. Sein Sohn stieg sogar in den böhmischen Herrenstand auf. Im Leipziger Rat waren ebenfalls reiche Handwerker zugelassen. Seit dem 15. Jahrhundert sind dort zunehmend Gelehrte und seit den 1470er Jahren Juristen nachzuweisen. Der Stadtrat wurde – anders als Könige und Bischöfe – in der Regel für ein Jahr gewählt. Zumeist handelte es sich dabei jedoch nicht um eine Neu-, sondern um eine Umbildung: Die Mitglieder des regierenden (auch sitzenden) Rates tauschten ihre Plätze mit denen des ruhenden oder alten Rates und waren so für ein Jahr von ihren Aufgaben befreit (in Krakau zum Beispiel gab es zwei ruhende und einen sitzenden Rat). In der jährlich wiederkehrenden Wahl wurde die Macht der Gemeinde auf den Rat übertragen und dieser Vorgang durch Rituale und Zeichen symbolisch überhöht.

Die Ratswahl wurde durch Glockengeläut angekündigt, von den Kanzeln der Stadtkirchen verkündet und durch einen Gottesdienst und Gebete vorbereitet. Dabei war die gesamte Stadtgemeinde einbezogen. Eine feierliche Prozession führte sodann von der Kirche zur Wahlstätte, zumeist dem Rathaus. Die Ratsherren legten bei Amtsantritt einen Eid ab (Kat.-Nr. II.17). Während die Wahlen zumeist geheim stattfanden, wurde die Amtseinsetzung öffentlich zelebriert. Nach der Wahl der Ratsherren wurden diese häufig vor der Laube des Rathauses öffentlich präsentiert. Anschließend nahmen die Ratsherren ihren Sitz im Ratsgestühl ein. Dadurch wurde die ordentliche Einsetzung des neuen Rats der gesamten Stadtgemeinde vor Augen geführt. In der Regel folgte ein gemeinsames Mahl oder ein Umtrunk. Eine erste Amtshandlung war häufig, wie zum Beispiel in Magdeburg, die Entgegennahme des Bürgereids am Schwörtag (*burding, bursprake*).

Die Ratsherrschaft wurde durch den Schwur der Bürgergemeinde legitimiert. Im politischen Alltag musste die Herrschaftslegitimation gegenüber der Gemeinde immer wieder vermittelt werden. Während sich die Bürger häufig informell auf Straßen und Plätzen, an Toren und Brunnen, in Trinkstuben und Wirtshäusern trafen und austauschten, erfolgte die Kommunikation der Obrigkeit mit der Gemeinde in formalisierter und ritualisierter Form. Wichtige Grundlage dafür waren schriftlich fixierte Normen der Stadtverfassung. »Polizey«- und Luxusordnungen, die öffentlich verlesen wurden, reglementierten das Verhalten der Stadtbewohner. Die Ratsherren und Bürgermeister verwendeten Zeichen (Kat.-Nr. I.41) und Insignien, um ihre Herrschaftslegitimation sichtbar zu machen (Kat.-Nr. II.43, II.46 und II.47). Sowohl Wahl- als auch Schwörtage dienten der Legitimation des Stadtrats als Organ der Selbstverwaltung der Bürgergemeinde. So wurden die politische Ordnung und das Leitungs- und Führungspersonal bestätigt. Gleichzeitig stärkten die ritualisierten Handlungen das kollektive politische Gemeinschaftsgefühl und stützten die konsensbasierte Stadtherrschaft durch den Rat.

Der Stadtrat bestand aus gleichberechtigten Mitgliedern. Entscheidungen wurden nach dem Mehrheitsprinzip getroffen. In manchen Fällen, unter anderem bei Entscheidungen zu öffentlichen Gebäuden und größeren Finanzgeschäften, entschieden beispielsweise in Leipzig alle drei Ratskollegien, d. h. der amtierende (sitzende) und die beiden ruhenden, gemeinsam. Das für die Urteilsfindung in Gerichtsprozessen zuständige Gremium der Schöffen war nicht identisch mit den Ratsherren, die Verhältnisse variierten von Stadt zu Stadt. Die Ratsherren saßen gemeinsam im Ratsgestühl und traten – neben den Stiftungen einzelner Ratsfamilien – häufig gemeinsam als Stifter auf, sei es in der Ratskapelle im Rathaus (so in Breslau, Danzig, Leipzig) oder an eigenen Altären oder Kapellen in der Pfarrkirche. Damit sorgten sie für ihre Memoria, Fürbitte und Totengedenken. Viele Ratskollegien bestanden aus zwölf Mitgliedern, eine durchaus willkommene Analogie zu den zwölf Aposteln.

Ein Gemälde von 1537 (Abb. 187) zeigt Breslauer Ratsherren als Apostel beim letzten Abendmahl, ergänzt um zwei Nebenszenen (Fußwaschung; Christus im Garten Gethsemane). Alle dargestellten Personen waren als zeitgenössische Ratsherren anhand von Inschriften und durch Porträtähnlichkeit für den zeitgenössischen Betrachter identifizierbar. Auch der Stifter des Bildes, Dr. med. Sebald Huber der Jüngere (um 1490–1554), ist bekannt und steht im Bild hinter der Kredenz mit dem Ratssilber. Zur Frage, wem Christi Antlitz ähnelt, gibt es derzeit zwei mögliche Antworten: Jakob Boner (1454–1517), dem Schwiegervater des Stifters, oder Johannes Hess (1490–1547), dem Reformator von Breslau. Das 124 mal 70 Zentimeter große Gemälde auf Erlenholz hing bis zu seiner Übernahme in das Kunstgewerbemuseum Anfang des 20. Jahrhunderts im Zimmer des Bürgermeisters im Breslauer Rathaus; seit 1945 gilt es als verschollen. Dieses Bild ist ein außergewöhnliches Beispiel für die stolze Selbstdarstellung des seit 1523 protestantischen Stadtrats der Stadt Breslau. Häufiger dagegen findet man seit Ende des 15. Jahrhunderts Einzelporträts von Mitgliedern des Stadtrats (Kat.-Nr. II.188).
Anja Rasche

Literatur
Buchwald 1909 | Bühler 1929 | Gleba 1993 | Harasimowicz 2016 | Isenmann 2003 | Isenmann 2014 | Mühle 2015 | Poeck 2003 | Rogge 2004 | Rüther 2008 | Speer 2011 | Starzyński 2015 | Steinführer 2005 | Steinführer 2015 | Wolf 1971.

II.32

Die Ratslinie der Stadt Halle bis zum Jahr 1747

Halle (Saale), 1400–1747

Papier, 503 Blätter

H 48 cm, B 33 cm

Halle (Saale), Stadtarchiv Halle, Handschriftensammlung, HB_B_1_1

Die Zusammensetzung der Mitglieder des städtischen Rats ist für die Stadt Halle im Bürgerbuch überliefert. Es enthält Eintragungen ab dem Jahr 1400 und endet im Jahr 1747. Die Eintragungen für das Jahr 1400 lassen die vorgesehenen Stellen für die Namen der Ratsmitglieder noch frei. Daran schließen sich jährlich die Nennungen der Räte unter der Überschrift »Senatus Hallensis«, gefolgt von der jeweiligen Jahreszahl, an. Die Mitglieder sind fast ausschließlich mit ihrem Vor- und Nachnamen genannt, nur in Einzelfällen ist der Vorname nicht aufgeführt. Verbunden sind die chronologisch lückenlos überlieferten Nennungen mit der Aufzählung der im jeweiligen Jahr neu zum Bürger angenommenen Personen. Ab dem Jahr 1462 sind die von ihnen zu leistenden Abgaben bei der Erlangung des Bürgerrechts, das sogenannte Bürgergeld, mit aufgeführt. Ab der Mitte des 16. Jahrhunderts wurden zusätzlich die Zeugen für die Bürgerrechtsgewinnung genannt und die Einträge um die Berufsbezeichnungen der Neubürger ergänzt. Damit entwickelte die Dokumentation der Bürgerrechtsgewinnung verstärkt die Form des Bürgeraufnahmeprotokolls.

Der Rat selbst, über dessen Zusammensetzung diese Quelle kontinuierlich Auskunft erteilt, ist in Halle spätestens 1258 aus dem Schöffenkollegium hervorgegangen. Obwohl er aus moderner Sicht vordergründig als Verwaltungsorgan angesehen wird, hatte er im hohen Mittelalter häufig gerichtliche oder gerichtsähnliche Aufgaben wahrzunehmen. Ihm oblagen grundsätzlich alle Verwaltungsangelegenheiten der Stadt. Dazu gehörte im mittelalterlichen Stadtraum aber auch ein bestimmter Bereich der Gerichtskompetenz wie die Wahrung des Stadtfriedens, die Schlichtung von Streitfällen, die Aufsicht über das Markt- und Gewerbewesen und weitere städtische Institutionen, zum Beispiel Schänke und Hospital. Der Rat musste auch Sanktionen verhängen und deren Anwendung verfolgen.

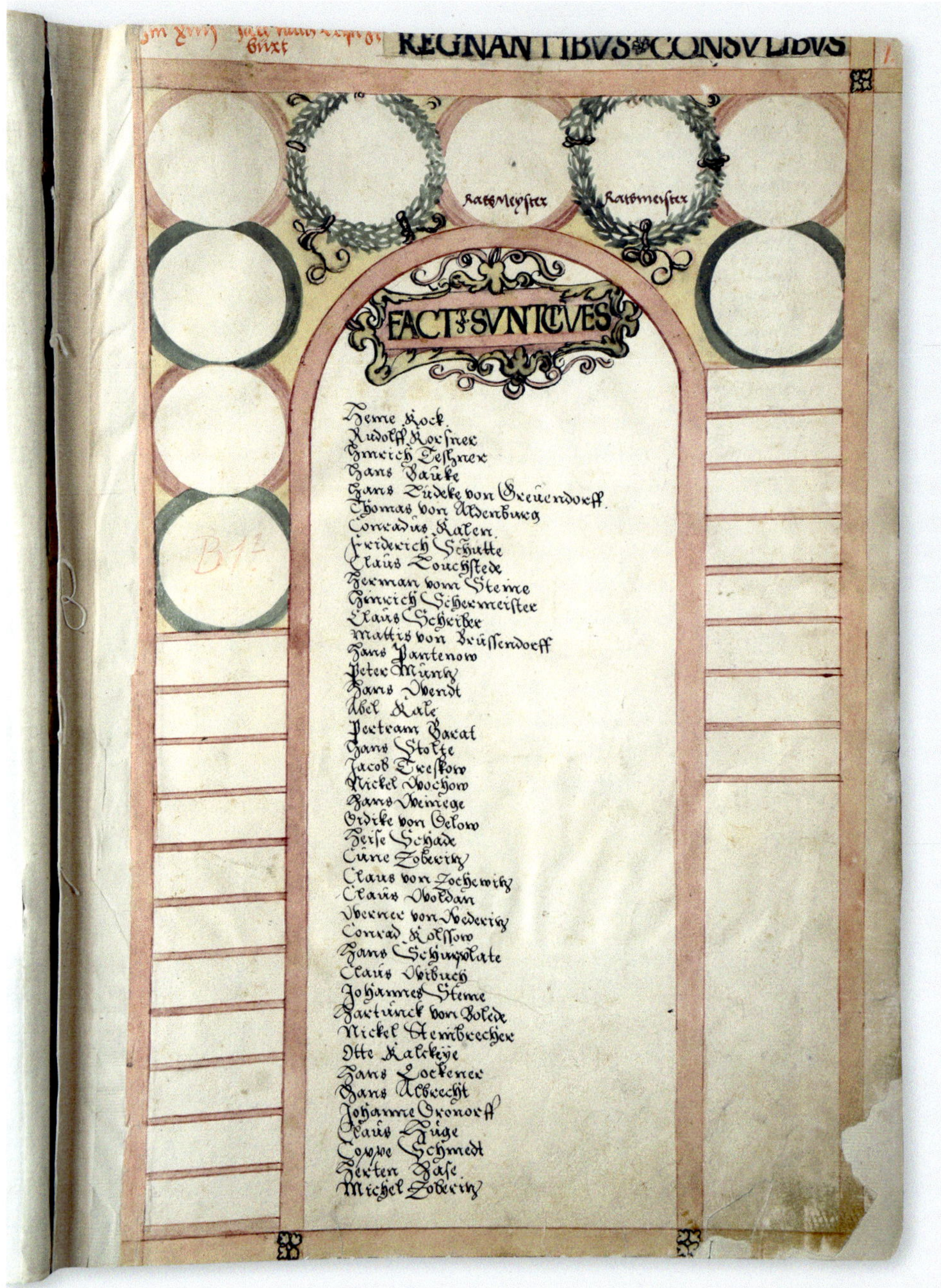

II.32 Titelblatt

Die Erstellung der Ratslinie und damit des gesamten Bürgerbuchs war Aufgabe des Stadtschreibers. Die teils mit farbigen Tinten ausgeführten Eintragungen oder Verzierungen folgten einer klaren grafischen Aufteilung. Während direkt unter der Überschrift die beiden Bürgermeister genannt werden, sind im rechten und linken Seitenteil des Blattes die Ratsmitglieder aufgelistet. Farbig hervorgehoben wurden beispielsweise besondere Ämter innerhalb des Rats wie die eines Kämmerers, Bierherrn oder Worthalters. Die Eintragungen zur Bürgerrechtsgewinnung erfolgten im Mittelteil und bei Bedarf auf der Rückseite des Blattes. Der Text der Ratslinie ist auf Latein und in Deutsch bis zum Schluss der Eintragungen vorgenommen worden. *Ralf Jacob*

Literatur

Lück 2006, S. 245 ff.

II.33

Krakauer Schöffenbuch (»Scabinalia Cracoviensia. Inscriptiones«)

Krakau/Kraków, 1300–1375

Pergament, 218 Seiten; Ledereinband

H 31,5 cm, B 21,5 cm

Krakau/Kraków, Archiwum Narodowe w Krakowie, 29/33/0/1.1.1/1

Die Krakauer Stadtkanzlei ist eine der ältesten in Polen. Ihre Anfänge reichen bis ins 13. Jahrhundert zurück; bereits Ende des 13. Jahrhunderts hatte Krakau eigene Schreiber. Ein erster Hinweis stammt aus den Jahren 1289/90 und erwähnt den Schreiber Jan Palec, der zweite Eintrag von 1293 nennt den Krakauer Stadtschreiber (*notarius civitatis Crac.*) mit Namen Henryk. Der Sitz der Stadtkanzlei war das Rathaus, dort befand sich auch das Stadtarchiv.

Die Akten der Stadt Krakau mit den Stadtbüchern bis Ende des 18. Jahrhunderts wurden in vier Handschriftengruppen aufgeteilt. Die ersten drei Gruppen umfassen die Bücher zu rechtlichen, administrativen und finanziellen Angelegenheiten. Den Abschluss bildeten die Akten zu den nicht-städtischen, aber mit der Stadt verbundenen und in vielen Fällen der städtischen Kontrolle unterliegenden Einrichtungen. Das älteste erhaltene Buch der Stadt ist das Krakauer Schöffenbuch, das Einträge aus den Jahren 1300 bis 1375 enthält. Es unterscheidet sich etwas von den anderen Schöffenbüchern, denn neben Notizen zu unstrittigen Angelegenheiten gerichtlicher Art (Hausverkäufe, Verträge, Testamente usw.) finden sich hier auch auf öffentliche Angelegenheiten der Stadt bezogene Aufzeichnungen aus dem Verwaltungsbereich.

Die Seiten der Pergamenthandschrift wurden zweispaltig beschrieben, neben den Spalten und dazwischen wurden Ränder belassen. Die Einträge erfolgten in chronologischer Reihenfolge, häufig ergänzten die Schreiber die Notizen ihrer Vorgänger. Das Buch wurde zunächst fast ausschließlich in deutscher Sprache verfasst, die Umstellung auf Latein erfolgte zum Jahresende 1312. Die Verwendung des Lateinischen in den Krakauer Stadtbüchern ist wahrscheinlich eine der Restriktionen, die der Stadt auferlegt wurden, nachdem 1311/12 ein Teil der Krakauer Bürger sich im sogenannten Aufstand des Vogts Albert gegen Herzog Władysław I. Ellenlang (Łokietek), dem späteren König von Polen (reg. 1320–1333), aufgelehnt hatte. In einem der noch auf Deutsch verfassten Einträge findet dieser Vogt Albert (gest. 1317) Erwähnung.

Magdalena Marosz

Literatur
Friedberg 1955 | Piekosiński 1878, S. 1–207 | Wyrozumska 1995.

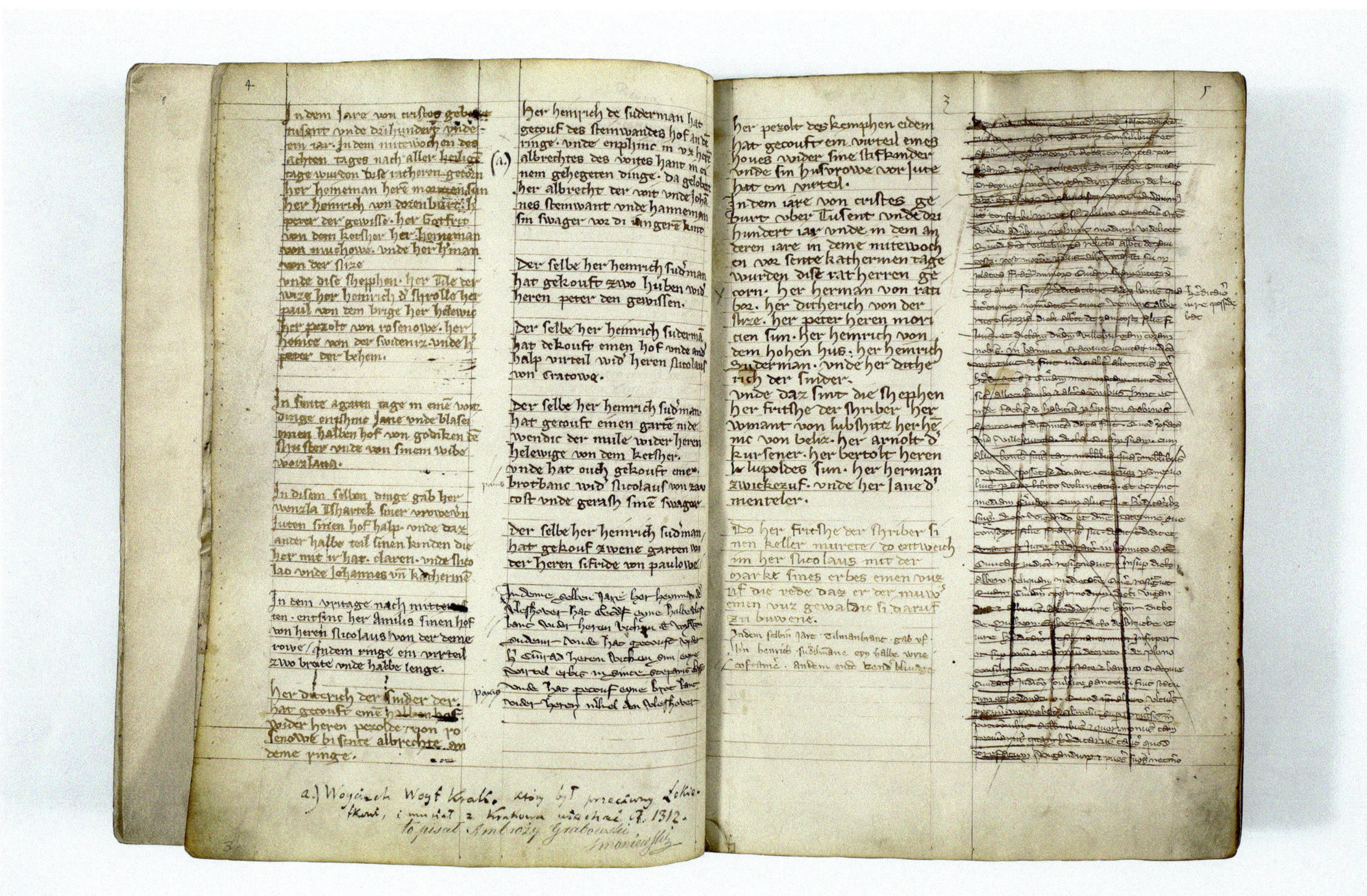

II.33

II.34

Siegeltypar (Petschaft) des Stadtrats von Krakau

Krakau/Kraków, 1. Hälfte 14. Jahrhundert, Rekonstruktion von 1895

Messing, graviert; zusammenklappbarer Griff; Umschrift: + S[IGILLVM] CONSVLVM ET COMVNITATIS CIVITATIS CRACOVIE

Petschaft: D 6,7 cm; Griff: H 3,5 cm

Krakau/Kraków, Archiwum Narodowe w Krakowie, 29/661/0/-/654

Im Siegelfeld ist das Wappen der Stadt Krakau abgebildet: eine Stadtmauer mit drei Türmen, von denen der mittlere die beiden Seitentürme überragt. Über ihm ist ein Wappenschild mit dem Piastenadler (ohne Krone) angebracht, auf den Seitentürmen stehen Figuren der Schutzheiligen von Krakau: der heilige Wenzel (um 907–929/935) in Ritterkleidung mit Lanze in der Hand und der heilige Stanislaus (um 1030–1079) in Bischofskleidung mit Stab, die rechte Hand zum Segen erhoben. Im offenen, halbrunden Tor ist eine betende Gestalt dargestellt. Auf beiden Seiten der Stadtmauer befinden sich zwei bekrönte Wappenschilder mit dem Wappen der kujawischen Linie der Piasten (Halblöwe und Halbadler), über den Schildern ist jeweils ein sechsstrahliger Stern zu sehen.

Stanisław Krzyżanowski (1865–1917), der Direktor des damaligen Archivs Alter Akten der Stadt Krakau, gab 1895 die Rekonstruktion des Siegeltypars (Petschaft) in Auftrag. Der Typar wurde auf Grundlage eines Originalsiegels erstellt, das auf einer Urkunde von 1430 erhalten war. Die Abzeichnung des Siegels nahm Stanisław Cercha (1867–1919) vor, ein bekannter Krakauer Kunsthistoriker und Maler.

Die Entstehung der Stadtkanzlei und die Notwendigkeit der Beglaubigung ausgestellter Dokumente bewirkten, dass Petschafte zum Prägen von Stadtsiegeln hergestellt werden mussten. Das älteste Krakauer Stadtsiegel ist das Vogtsiegel, das zur Herrschaftszeit von Leszek dem Schwarzen (Czarny, reg. 1279–1288) entstand. Die Niederschlagung des sogenannten Aufstands des Vogts Albert im Jahr 1312, das heißt des Aufbegehrens eines Teils der Krakauer Bürger gegen Władysław Ellenlang (Łokietek), zog Repressionen seitens des Fürsten nach sich. Sie betrafen die ganze Stadt, waren jedoch hauptsächlich gegen die Institution der Erbvogtei und einen Teil des Patriziats gerichtet. Infolgedessen gewann der Rat eine immer größere Bedeutung in der Stadt. Zu jener Zeit wurde auch das Siegel verändert: Im Siegelfeld wurden zwei Sterne über den Schilderwappen der Kujawer Fürsten hinzugefügt, die Inschrift wurde geändert und bekam das Aussehen, das 1895 auf einer Reproduktion des Petschafts des ältesten großen Siegels des Krakauer Stadtrats nachgebildet wurde.

Magdalena Marosz

II.34

Literatur

Chmiel 1907 | Chmiel 1909 | Friedberg 1937 | Piech 1997 | Piekosiński 1899, Teil 1, S. 161, Nr. 253, S. 167, Nr. 271, Fig. 188.

II.35

Siegel der Stadt Lemberg

Lemberg/L'viv, Mitte 15. Jahrhundert

Wachs, Pergament

D 8 cm

Lemberg/L'viv, L'vivskyj Istoryčnyj Muzej, SF-2371

Das vorliegende Siegel gehörte zu einer Mitte des 15. Jahrhunderts ausgefertigten Urkunde und war an dieser mithilfe eines Pergamentstreifens befestigt. Inhaber des Siegels war der Rat der Stadt Lemberg, worauf die Umschrift »SIG[ILLUM] CIVITATIS LEMBVRGENSIS« hinweist. In der Mitte des Siegels ist eine Befestigung mit drei Türmen zu sehen, in deren Tor sich ein auf vier Beinen stehender Löwe befindet.

Diese Motive weisen zurück auf die Gründung und weitere Förderung der Stadt Lemberg durch die Fürsten von Halitsch-Wolhynien. Demnach ließ Fürst Daniel (reg. 1253–1264), der ab 1253 mit päpstlicher Billigung als König regierte, auf dem bei Lemberg liegenden Schlossberg Mitte des 13. Jahrhunderts eine Burg errichten. Nach dem Tod des Herrschers nahm dessen Sohn Lev (Leo, Löwe, reg. 1264–1301), dem Lemberg seinen Namen verdankt, für fast 40 Jahre seinen Sitz auf der Burg und begünstigte von hier aus die Entwicklung der nahe gelegenen Marktsiedlung. Diese wurde jedoch nach dem Aussterben des Herrscherhauses in der Mitte des 14. Jahrhunderts durch einen litauischen Einfall stark zerstört. Daraufhin initiierte König Kasimir III. von Polen (reg. 1333–1370) im Jahr 1350 eine Verlagerung Lembergs und bestätigte ihr kurz danach das Magdeburger Recht, womit die städtische Siedlung einen erneuten raschen Aufschwung nahm. Die ältere bei der Burg gelegene Marktsiedlung hingegen entwickelte sich zur Vorstadt des neuen Lemberg.

Dessen Rat wählte in gezielter Rückbindung an die ältere Stadtgeschichte und das einst in Lemberg ansässige Fürsten- bzw. Königshaus Motive, die sich mit dieser Familie verbinden und für das eigene städtische Wappen nutzen ließen. Die herrschaftliche Burg gewann dabei zentrale Bedeutung, da diese für den engen Bezug zur Dynastie und deren Herrschaft stand. Zudem konnten über die Darstellung von Türmen, Tor und Mauer Bezüge zur Umwehrung der Stadt hergestellt werden, die nach 1350 zügig errichtet wurde. Der im Siegel mittig platzierte Löwe wies seinerseits zurück auf König Lev, der auch über seinen Namen hinaus mit Lemberg eng verbunden war.

Der Lemberger Rat verlieh mithilfe des Siegels den von ihm gebilligten Rechtsgeschäften entscheidende Legitimation. Ebenso erlangten ratsherrliche Statute, Gesetze und Willküren, die das Zusammenleben der multiethnischen und von mehreren Religionen geprägten Einwohnerschaft regeln sollten, durch das Siegel Rechtsgewalt. Ferner wurde es zur Bestätigung von nach außen hin geschlossenen Bündnisse und Vereinbarungen genutzt. So beteiligte sich Lemberg als eine der bedeutendsten Städte des polnischen Königs 1435 beispielsweise am Zustandekommen des Friedens von Brest. Den daraufhin geschlosse-

II.35

II.36

nen Friedensvertrag säumten über 200 Siegel, zu denen auch das aus Lemberg stammende gehörte – ein weiterer eindrücklicher Beleg für die Beweiskraft und hohe Bedeutung mittelalterlicher Siegel. *Sascha Bütow*

Literatur
Kozubska-Andrusiv 2016 | Kozubska-Andrusiv 2018 | Stroehl 1904.

II.36

Siegel des Lemberger Schöffenstuhls

Kopie, 19. Jahrhundert (Original: 1421)

Galvanoplastik

D 5 cm

Lemberg/L'viv, L'vivs'kyj istoryčnyj muzej, SF-2371

Nach der Inbesitznahme Lembergs durch König Kasimir III. von Polen (reg. 1333–1370) erhielt die dortige Bürgerschaft 1356 das Magdeburger Recht. Mit diesem besonderen Akt innerhalb der Stadtgeschichte war es nunmehr allen landesherrlichen Amtsträgern wie Wojewoden, Kastellanen oder Starosten untersagt, sich in die rechtlichen, politischen und herrschaftlichen Angelegenheiten der Lemberger Bürger einzumischen.

Das Magdeburger Recht beförderte darüber hinaus die Bildung unterschiedlicher städtischer Institutionen, indem sich beispielweise ein ratsherrliches Gremium etablierte. Parallel dazu formierte sich ein Kollegium von Schöffen, die im Verbund mit einem Vogt als Vertreter des Landesherrn für die Rechtsprechung in Lemberg zuständig waren.

Um seinen Entscheidungen Rechtskraft zu verleihen und sie zu authentifizieren, besaß der Lemberger Schöffenstuhl ebenso wie der städtische Rat das Recht, ein eigenes Siegel zu führen. Es spiegelt damit die Macht der Schöffen wider, in Sachen des kommunalen Miteinanders wichtige Entscheidungen zu treffen sowie Normen aufzustellen und Sanktionen auszusprechen. Diese hohe Bedeutung des Siegels drückt sich auch in seiner Darstellungsweise aus, die sich deutlich von zeitgleich genutzten Ratssiegeln unterschied. So zeigt das Siegel des Schöffenstuhls zwar ebenfalls ein geöffnetes und befestigtes Tor, allerdings verfügt dieses anders als das mittelalterliche Ratssiegel Lembergs nur über einen Turm. Zudem nimmt der in der Mitte des Schöffensiegels platzierte Löwe eine andere Haltung ein, indem er aufrecht auf zwei Beinen steht und seine Vorderpfoten nach vorn streckt. In der Umschrift ist der Name der Siegelträger zu lesen: »SIGILLVM SCABINORVM LEMBVRGENSIVM« (Siegel der Schöffen Lembergs). Die im Siegel genutzte Darstellung des aufsteigenden Löwen widerlegt eine Auffassung innerhalb der älteren Lemberger Geschichtsschreibung, wonach erst Papst Sixtus V. (amt. 1585–1590) auf Grundlage eines Wappenprivilegs den auf vier Beinen laufenden Löwen in einen auf zwei Beinen stehenden ändern lassen habe. Offensichtlich verwendete der Schöffenstuhl diesen in seiner Statur um einiges beeindruckender wirkenden Löwen jedoch deutlich früher. Im Übergang zum 16. Jahrhundert fand diese Darstellungsform des Löwen Eingang in das Lemberger Stadtwappen. Es ist demnach zu vermuten, dass die Lemberger Bürger beim Papst selbst um eine Bestätigung dieser Veränderung nachsuchten und bei der Gelegenheit um eine christliche Interpretation des Stadtwappens baten, die er ihnen schließlich auch in schriftlicher Form darbot. *Sascha Bütow*

Literatur
Lück 2018 a, bes. S. 492–494 | Rasp 1870, bes. S. 384–387 | Röskau-Rydel 1993, bes. S. 14–18.

II.37

Siegel der Königlichen Freistadt Leutschau

Leutschau/Levoča/Lőcse, 1551

Silber

Umschrift: INSIGNIA * REIPUBLICAE * LEWTHSCHOVIENSIS

D 5,8 cm, H 1,5 cm

Budapest, Magyar Nemzeti Múzeum

Die auf dem Gebiet des heutigen Leutschau/Levoča (ungar. Lőcse) vorhandenen älteren Siedlungen wurden im Jahr 1241 im Rahmen der mongolischen Invasion zerstört. In der Folge gelangten insbesondere deutschsprachige Immigranten in die Region. Aus den neu entstandenen Siedlungen entwickelte sich schließlich die Stadt Leutschau, die ab 1317 Freie Königsstadt war und Rechte der Gerichtsbarkeit und Selbstverwaltung erhielt. Durch seine Lage an wichtigen Handelswegen wurde Leutschau schnell zum Hauptort der Region Zips.

In dieser historischen Landschaft im Nordosten der heutigen Slowakei entstand im Mittelalter der Bund der 24 Zipser Städte, ein Zusammenschluss von Kommunen mit weitreichenden Selbstverwaltungsrechten und eigener Gerichtsbarkeit. Die Zips war stark geprägt durch die Immigration mehrheitlich deutschsprachiger Siedler aus Thüringen, Sachsen und Schlesien. Aber auch Polen, Ruthenen, und Ungarn sowie Slowaken lebten hier. Die Städte bildeten eine Rechtsgemeinschaft, die auch über eine gemeinsame Verfassung und gemeinsame Verwaltungsorgane verfügte, namentlich die »Große Botschaft«, eine Versammlung von hundert Vertretern aller Städte. Die höchste Gerichtsinstanz, die »Botschaft«, bildeten die von den einzelnen Städten gewählten Richter gemeinsam mit dem Zipser Grafen. Das in der Zips geltende Landrecht wurde im Jahr 1370 durch die Richter, Geschworenen und Ältesten der Region in 93 Artikeln zusammengefasst. Dieses »Zipser Willkür« genannte Landrechtsbuch wurde noch im selben Jahr durch den ungarischen König bestätigt und so herrschaftlich autorisiert, was eine Besonderheit unter den Büchern des mittelalterlichen Landrechts darstellt. Als Quellen der Willkür gelten der Sachsenspiegel, das Iglauer Stadtrecht, sowie Elemente des Brünner und flämischen Rechts. Der Bund der 24 Städte existierte vom Anfang des 14. Jahrhunderts bis 1412 in dieser Form. Nach der Verpfändung von 13 der Städte an den polnischen König verblieben elf im Bund, der erst 1465 aufgelöst wurde.

II.37

Das Ende des Zipser Städtebundes tat der Fortentwicklung Leutschaus keinen Abbruch. Im 16. Jahrhundert war es eine wohlhabende und selbstbewusste Stadt. Die Umschrift des Siegels belegt das: »INSIGNIA REIPUBLICAE LEWTHSCHOVIENSIS«. Nicht das Wort *civitas* für Stadt wird gewählt, sondern die Freie Königsstadt verstand sich als Stadtrepublik, vergleichbar italienischen Vorbildern wie Venedig oder Florenz. Das gezeigte filigrane Siegel wurde nicht etwa im Auftrag des Rates von Leutschau hergestellt. Vielmehr ist es das Geschenk des Goldschmiedemeisters János Kuhn an seine Heimatstadt.

Das im Siegel dargestellte Wappen zeigt einen Schild mit Doppelkreuz, der von zwei Löwen mit Kronen gehalten wird, auf einem Dreiberg. Der Schild wird von einem Helm gekrönt, auf dem sich wiederum das Doppelkreuz befindet. Das Kreuz findet sich auch im Wappen Ungarns und wurde von König Stephan I. (reg. 997–1038) als Zeichen der apostolischen Würde der ungarischen Könige in das Wappen integriert. Es wird auf beiden Seiten von Muscheln flankiert, die für den Leutschauer Stadtheiligen Jakob stehen. *Christina Link*

Literatur
Gönczi/Carls 2013, S. 69, 117–119 | Lück 2016 g | Oppitz 1990 a, S. 45.

II.38

Gussform für Ofenkacheln

Leutschau/Levoča/Lőcse, 16. Jahrhundert

Gebrannter Ton

H 28,3 cm, B 25,3 cm

Leutschau/Levoča, Slovenské národné múzeum – Spišské múzeum v Levoči, SM-00514

Die Gussform ist als Negativrelief im Renaissancestil gearbeitet, aus dem Kacheln zur Dekoration großer Öfen hergestellt werden können. Ende des 19. Jahrhunderts erwarb die Zipser Historische Gesellschaft die Form für die Sammlung des Zipser Museums in Leutschau. Dem ältesten Katalog der Sammlung ist zu entnehmen, dass die Gussform aus Leutschau stammt, weitere Informationen zu den Umständen der Herstellung oder des Fundorts sind nicht bekannt.

Die ovale Form zeigt das Stadtwappen mit einem auf drei Berggipfeln stehenden Doppelkreuz (Wappensymbole des Königreich Ungarns) und beidseitig zueinander aufsteigenden, doppelschwänzigen, gekrönten Löwen. Am oberen Rand sind zu beiden Seiten des Kreuzes (weiße) Muscheln abgebildet, die auf den heiligen Jakob/Jakobus, den Patron der Stadt verweisen und auch in der Architektur der Stadt ein beliebtes Symbol sind. Diese Komposition des Stadtwappens wurde seit Mitte des 15. Jahrhunderts in Leutschau verwendet, das im 15. und 16. Jahrhundert seine Blütezeit erlebte und zu den bedeutendsten Städten des Königreichs Ungarn gehörte. Das ältere Wappen war noch mit einem frei schwebenden Doppelkreuz mit den Initialen der Stadt, »C L« (*Civitas Leutschoviensis*), zu beiden Seiten gestaltet. Das Löwenpaar, ursprünglich Teil des Wappens der Gemeinschaft der Zipser Sachsen, wurde um die Mitte des 15. Jahrhunderts in das Stadtwappen von Leutschau aufgenommen, als das Siegel der Gemeinschaft der Zipser Sachsen nach deren Auflösung nicht mehr aktuell war. Mit der Übernahme der Löwen in das Stadtwappen wurde es zu einem sogenannten sprechenden Wappen (*Leu* – Löwe). Dieses von Kaiser Ferdinand I. (reg. 1558–1564) in der Wappenurkunde vom 12. August 1550 (nachdem ein verheerender Stadtbrand das Archiv zerstört hatte) bestätigte Stadtwappen wird mit kleineren Änderungen bis heute verwendet.

II.38

Das Motiv des Stadtwappens gehörte unbestritten zu den beliebten und lange tradierten Motiven der Kacheldekoration von Öfen. Dies wird durch die jüngste Entdeckung von Fragmenten von Reliefkacheln mit grüner Glasur belegt, auf denen das Wappen von Leutschau in einem ovalen Kranz dargestellt ist, der als typisches Ziermotiv für Kacheln auf das späte 18. Jahrhundert hinweist. Das Motiv des Stadtwappens auf der gefundenen Fliese unterscheidet sich nur in kleinen Details von dem auf der Gussform aus dem 16. Jahrhundert. Die Scherben wurden bei der Renovierung eines spätgotischen Bürgerhauses in der Fleischergasse/Mäsiarska Nr. 18 gefunden. Dort befand sich die sogenannte Stallung, die der Stadt als Zeughaus diente.

Mária Novotná

Literatur

Pavlík/Vitanovský 2004, S. 23 | Rábik 2010 | Žifčak 1997 a | Žifčak 1997 b.

II.39

Typar (Siegelstempel) der Stadt Beneschau

Troppau/Opava (?), datiert 1593

Graviert, Umschrift: *S* (Sigilum) * URBIS BENESSOW

H 3,1 cm, D 3,3 cm

Troppau/Opava, Slezské zemské muzeum v Opavě, C-T/99

Die wenig bekannten Anfänge der Ortschaft Beneschau/Dolní Benešov werden üblicherweise auf die Person Beneš von Cvilín (von Lobenstein, 1265) zurückgeführt. Er war Gefolgsmann und Mitkämpfer König Ottokars II. Přemysl (reg. 1253–1278). Der Ort, der 1312 erstmals schriftlich nachweisbar ist, wurde im Norden der Markgrafschaft Mähren gegründet. Das Gebiet wurde spätestens 1220 als Provinz Troppau bezeichnet und 1318 zum autonomen Fürstentum erhoben, welches mit dem Herrscher und den anderen Ländern der böhmischen Krone relativ locker durch Lehnsverhältnisse verbunden war.

Die Städte in der Peripherie des historischen Troppauer Lands bezogen sich in ihrer Rechtsprechung zumeist direkt auf Troppau oder Leobschütz/Głubczyce/Hlubčice, die sich wiederum am Magdeburger Recht orientierten. Dies galt auch für Beneschau, das sehr früh Zentrum eines eigenständigen Gehöfts war, welches vom Ende des 14. bis Anfang des 16. Jahrhunderts den Herren von Drahotuš gehörte. Im Jahr 1493 wurde auf Anregung des Beneš von Drahotuš (gest. 1569) vom ungarischen und böhmischen König Vladislav II. (reg. 1471/1490–1516) in Ofen/Buda eine Urkunde ausgestellt, in welcher der Landesherr den Bürgern von Beneschau nicht nur das Recht auf jährliche und wöchentliche Märkte garantierte, sondern der Stadt auch ein Wappen sowie das Recht, mit grünem Wachs zu siegeln, verlieh. Als symbolischen Hinweis auf die zahlreichen Fischteiche in der näheren Umgebung der Stadt sollte das Wappen »einen Hecht, der in seinem Maul eine Plötze hält, auf rotem Feld« tragen. Höchstwahrscheinlich wurde kurz nach der Verleihung des Stadtwappens das älteste, heute verloren gegangene Siegel Beneschaus angefertigt, dessen Verwendung zur Besiegelung von Schriftstücken bis ins 18. Jahrhundert nachweisbar ist.

Der hier gezeigte Siegelstempel zeigt vermutlich das zweite Stadtsiegel. Die Entstehungszeit lässt sich aus den Ziffern 15 und 93, die auf der Rückseite des Typars eingraviert sind, und ebenso aus den im Renaissancestil gehaltenen Rankenornamenten des dekorativen Zierrahmens um das Medaillon im Stempelbild selbst ableiten. Der Zustand des aus teurem, gegen Abnutzung aber relativ empfindlichem Metall hergestellten Siegelstempels bezeugt, dass er zur eigentlichen Beglaubigung von Schriftstücken offensichtlich nur selten oder gar nicht verwendet wurde. Anhand der Konstruktion des Typars, das anstatt eines festen Griffs einen klappbaren Flügel mit Dekoration und Profil hat, lässt sich nachvollziehen, warum selbst im 17. und 18. Jahrhundert zur Beglaubigung alltäglicher Schriftstücke auf die älteren Siegelstempel zurückgegriffen wurde. Für die alltägliche Beglaubigung von Schriftstücken auf Papier oder in Siegelwachs war nämlich dieses Typar konstruktionsbedingt nicht geeignet. Wahrscheinlich ist deshalb auch kein Abdruck bekannt.

II.39

1906 publizierte der Beneschauer Dekan Bruno Schneider (1863–1935) eine Zeichnung des Stempelabdrucks in einem seiner Texte zur Regionalgeschichte. Im Dezember 1915 stiftete er das Typar schließlich dem Kunstgewerbemuseum in Troppau. Dessen Direktor und Kustos Edmund Wilhelm Braun (1870–1957) vermutete, dass es sich wohl um ein Zeugnis der Goldschmiede aus Troppau handele. *Ondřej Haničák*

Literatur
Hosák 2004 | Knötel 1894, S. 15 | Kuča 1996 | Müller 1999, S. 13–15 | Müller/Štarha 1995, S. 5 | Saurma von Jeltsch 1870, S. 8–9 | Schneider 1906, S. 53.

II.40

Großes Siegel (*sigillum maius*) der Stadt Olmütz

Olmütz/Olomouc, vor 1305, bis 1435 nachweisbar

Messing, ziseliert, graviert

H 1,2 cm, D 6,5 cm

Olmütz/Olomouc, Vlastivědné muzeum v Olomouci, O 2669

Dieser älteste städtische Siegelstempel (Typar, auch Petschaft), dessen frühester Abdruck auf einer Urkunde von 1305 gefunden wurde, gehört zu einer Reihe erhaltener mittelalterlicher Siegelstempel aus Olmütz. Neben diesem wurden bis zum 19. Jahrhundert zehn weitere städtische Siegel (große und geheime Siegel, Siegelringe) verwendet (vgl. Kat.-Nr. II.41, II.42). Das Siegelbild zeigt einen sogenannten Mährischen Adler mit ausgebreiteten Flügeln und nach rechts gedrehtem Kopf (im Abdruck schaut der Adler heraldisch korrekt nach links). Dieses Motiv, das sich auf den Siegeln der Stadt im Lauf der Zeit nicht wesentlich verändert hat, basiert auf dem Wappen der mährischen Markgrafen. Der geschachte Adler hat einen geschlossenen Schnabel und einen erhobenen Kopf, auf dem eine einfache stilisierte dreizackige Krone sitzt (manchmal als Stirnreif mit Flammen interpretiert). Seine Flügel sind nur leicht ausgebreitet und mit nach unten zeigenden Schwungfedern dargestellt. Kurze Perlenlinien umranden die Schultern beider Flügel und die parallel gesetzten Fänge zeigen nach außen. Die lateinische Umschrift »SIGILLVM CIVIVM DE OLOMVCZ« (Siegel der Bürger von Olmütz) ist außen von einer Linie und innen von einem einfachen Perlenkranz eingefasst und fand auf den Stadtsiegeln kontinuierlich bis zum 19. Jahrhundert Verwendung. In ihr sind dekorative Elemente eingebettet: vor *sigillum* ein Kreuz, vor *civium* ein sechszackiger Stern, vor *de* sieben kleine, kreisförmig angeordnete Punkte, die eine Blume ergeben, und schließlich noch ein Trio von Punkten.

Im Allgemeinen lässt sich die Verwendung des Stadtsiegels in Olmütz in seiner Funktion als *Corroboratio* (Beglaubigung der Rechtsgültigkeit einer Urkunde durch ein Siegel) anhand erhaltener Dokumente auf das Jahr 1271 zurückführen. Die Entstehung des Siegels, nicht notwendigerweise dieses spezifischen Typars, hängt eher mit der Zeit unmittelbar nach Gründung der Stadt Mitte des 13. Jahrhunderts zusammen, obwohl aus dieser Zeit kein originaler Stempel erhalten ist. Die Nutzung des Siegels war nicht unbedingt an eine städtische Kanzlei gebunden. Im Fall Olmütz ist erst 1341 ein Stadtschreiber namens Johannes dokumentiert, sodass davon auszugehen ist, dass die Verwendung des Siegels vorher zum Beispiel dem Vogt oblag, dessen (gerichtlicher) Schreiber ebenso für die städtische Agenda tätig gewesen sein könnte. Gegebenenfalls konnten Dokumente auch von anderen Amtsträgern

II.40

II.41

II.42

(Markgraf, Bischof, öffentliche Notare oder Schreiber von Bürgerfamilien) ausgestellt und anschließend von der Stadt mit dem eigenen Siegel versehen werden. Wenigstens bis 1306 begegnen wir in schriftlichen Quellen ausschließlich landesherrlichen und nicht städtischen Schreibern. Daher ist es wahrscheinlich, dass in Olmütz wie in anderen Königlichen Städten die diplomatischen Amtsgeschäfte der Provinz- und der Stadtverwaltung verschmolzen. 1429 ist in den Aufzeichnungen der Stadtbücher ein *Marek sigillator* erwähnt. Das Siegel unterlag seiner verwalterischen Befugnis, und er war als die Person bestimmt, die das Siegel auf oder an die städtischen Dokumente aufdrücken oder anhängen konnte. *Ondřej Jakubec, Andrea Jakubcová*

Literatur
Liška 2013, S. 212–216 | Nowak 1888, S. 13 | Seichterová/Štěpán 2013, bes. S. 25 f.

II.41

Sekretsiegel (*sigillum secretum*) der Stadt Olmütz

Olmütz/Olomouc, vor 1504–1767, Asverus Fidler von Kynberk zugeschrieben

Silber, ziseliert, graviert; rückseitig achtkantiger Griff mit sechsblättrigem Ornament; auf einem Blatt Gravur eines Kreuzes griechischen Typs

H 3,2 cm, D 3,9 cm

Olmütz/Olomouc, Vlastivědné muzeum v Olomouci, O 2672

Erstmalig finden wir dieses kleine Stadtsiegel auf Schriftstücken von 1504 dokumentiert, verwendet wurde es bis 1767. Gegenüber dem ältesten Siegelstempel (vgl. Kat.-Nr. II.40) hat der Adler auf dem Siegelbild hier – stärker jedoch auf dem jüngeren von 1566 – einen insgesamt kriegerischeren und offensiveren Ausdruck. Deutlich wird dies durch die weit ausgebreiteten, in Federbüscheln zusammengezogenen Flügel, den geöffneten Schnabel mit herausgestreckter Zunge, durch die ausgeprägteren Fänge und markanten Krallen. Die lateinische Umschrift »SECRETV(M) CIVITATIS OLOMVCENSIS« (Sekretsiegel der Stadt Olmütz) weist gegenüber der Inschrift des Großen Siegels von 1305 (vgl. Kat.-Nr. II.40) auf ein gesteigertes Bewusstsein für ein gesamtstädtisches Selbstverständnis hin.

Zur Verwendung der Stadtsiegel im 16. Jahrhundert existieren mehrere Aufzeichnungen, die jedoch nicht mit Bestimmtheit konkreten Siegelstempeln zugeordnet werden können. Für das Jahr 1537 findet sich ein Vermerk über die Anschaffung eines neuen Samtbeutels für ein Stadtsiegel zum Preis von 39 Groschen. 1539 gravierte der Prager Goldschmied Hans Getz (vor 1540–nach 1571) aus Coburg ein neues kleines Stadtsiegel. Der Stadtrat nutzte aus unbekannten Gründen jedoch bereits ab 1542/1546 wieder dieses ältere Sekretsiegel.

Ein kleines Stadtsiegel musste in Olmütz bereits zu Beginn des 14. Jahrhunderts existiert haben, da in der *Corroboratio* einer Urkunde von 1314 ein *Sigillum Maius* (Großes Siegel) erwähnt wird, was wiederum die Existenz eines kleinen Siegels voraussetzt (das älteste Sekretsiegel ist jedoch erst in einer Urkunde von 1364 dokumentiert). Das alte Typar dieses Siegels wurde 1503 beschädigt und deshalb 1503/04 durch das hier gezeigte Exemplar ersetzt. Im Spätmittelalter verwendete man noch zwei andere Sekretsiegel (das erste erhaltene 1441–1452, das zweite 1463–1528) sowie im 16. Jahrhundert ein weiteres kleines Siegel, welches auf Schriftstücken aus den Jahren 1539 bis 1546 erhalten ist.

Im Rechnungsbuch der Stadt gibt es aus dem Jahr 1561 eine Eintragung zur Herstellung zweier Typare. Der Stadtrat beauftragte den Goldschmied Asverus Fidler aus Kynberk – in Olmütz von 1541 bis 1576 belegt – mit der Herstellung eines kleinen Sekretsiegels und eines weiteren, eisernen Siegels: »Dem Asuerus goldschmidt von den klainen stadtsigel zw Schneiden – II ßßg auch von einen Stadt sigel in eisen geschnitt[en]«. Asverus Fidler war ein herausragender Goldschmiedemeister, von ihm ist für 1564 ein Auftrag für Kaiser Maximilian II. (reg. 1562–1576) belegt. *Ondřej Jakubec, Andrea Jakubcová*

Literatur
Liška 2013, S. 212–216 | Nowak 1888, S. 13 | Seichterová/Štěpán 2013, bes. S. 27.

II.42

Großes Siegel (*sigillum maius*) der Stadt Olmütz

Stadt Olmütz, Asverus Fidler von Kynberk zugeschrieben, datiert (Gravur auf dem Griff) 1566

Silber, ziseliert, graviert; rückseitig flacher Griff (Stahl?) mit zwei seitlichen Voluten

H 2,8 cm, D 4,5 cm

Olmütz/Olomouc, Vlastivědné muzeum v Olomouci, O 2673

Das große Siegel der Stadt Olmütz wurde vom Stadtrat in Auftrag gegeben, der 1566 für die Fertigstellung 4 Schock und 20 Groschen bezahlte. Die älteste Nutzung dieses Stempels findet sich in Urkunden von 1586, die jüngste stammt von 1775/1777. Das Siegel knüpft in der Gestaltung an das älteste Stadtsiegel aus dem frühen 14. Jahrhundert (Kat.-Nr. II.40) an. Obwohl die Siegelscheibe kleiner ist, wirkt der Adler als Motiv ausdrucksstärker. Auch ist seine Plastizität deutlicher hervorgehoben, besonders die tief gestochene, leicht herzförmige Brust. Das Motiv des sogenannten Mährischen Adlers zeigt bereits Einflüsse der Renaissance. Der Adler hat deutlich ausgebreitete Flügel mit detailreichem Gefieder an Flügeln, Schwanz und Hals. Die Fänge sind ebenso detailliert dargestellt und deutlich nach außen hin abgespreizt.

Grundsätzlich unterscheidet sich dieser Siegelstempel typologisch nicht von seinen Vorgängern, jedoch ist er das dekorativste aller erhaltenen Exemplare. Sein Zustand ist aber durch zweimaliges Abschleifen beeinträchtigt. Erstmals wurde er Anfang des 17. Jahrhunderts bearbeitet, dabei wurde die ornamentale Damastzeichnung von der Fläche des Siegelstempels abgetragen. Ein weiterer Eingriff folgte zwischen 1739 und 1741: Die ursprünglich schrägen Serifen der Buchstaben wurden umgearbeitet und das Siegelbild abgeflacht.

In der Umschrift des Typars »SIGILLVM * SENATVS * POPVLIQUE * CIVITATIS * OLOMVCENSIS« findet sich die Formulierung »Senat und Olmützer Volk«, die auch in verkürzter Initialenform »SPQO« seit Mitte des 16. Jahrhunderts im Olmützer Wappen verwendet wurde. Der Bezug zum römischen Vorbild dieses Satzes – *S.P.Q.R.* (*Senatus Populusque Romanus*, dt. Senat und römisches Volk) – ist mit einer Legende der Olmützer Humanisten verbunden, die seit der zweiten Hälfte des 15. Jahrhunderts kursiert und den Ursprung der Stadt bereits in römische Zeit verortet: *Olomutium*, der lateinische Name der Stadt, sei angeblich auf Julius Caesar (100–44 v. Chr.) bzw. *Iulia mons* oder *Juliomontium* (Juliusberg) zurückzuführen.

Ondřej Jakubec, Andrea Jakubcová

Literatur
Liška 2013, S. 212–216 | Nowak 1888, S. 13 | Seichterová/Štěpán 2013, S. 29 f. | Spáčil 1985 | Spáčil 2001, S. 93.

II.43

II.43

Zepter des Lemberger Bürgermeisters

Lemberg/L'viv, 2. Hälfte 17. Jahrhundert

Eisen, graviert, Holz; Metallteile abgeschliffen und angelaufen; Vergoldung fehlt; Holz verbogen und durch Austrocknung gerissen; Bemalung ausgeblichen; unterer Teil des Holzstabs nachträglich angefügt

L 172 cm, D 10 cm

Lemberg/L'viv, L'vivs'kyj istoryčnyj muzej, MT- 1587

Das Zepter des Lemberger Bürgermeisters besteht aus einem langen hölzernen Stab mit einer eisernen Kugel am Kopfende. An drei Stellen ist der Stab mit Eisenringen eingefasst, zweimal in der Mitte und einmal mittig der oberen Hälfte. Die Eisenkugel ziert im oberen Kugelsegment das Stadtwappen Lembergs: eine von drei Türmen bekrönte Stadtmauer mit geöffnetem Tor, darin ein schreitender Löwe. Umgeben ist das Wappen mit floraler Ornamentik. Einer der Eisenringe am Holzstab trägt womöglich das Familienwappen der Familie Ksczanowski. 1656 war Stanislaw Ksczanowski Bürgermeister von Lemberg, daher ist es möglich, dass es sich um sein Zepter handelt. Weitere Verzierungen sind zwei Heiligenfiguren. Eine kann mit dem heiligen Georg identifiziert werden, einer der zentralen Heiligen, dessen Symbol Lanze und Drache sind. Die Identifizierung des zweiten Heiligen ist ungewiss. Als weit verbreitetes Heiligenattribut trägt er ein Buch in seiner linken Hand.

Zepter spielen seit jeher eine zentrale Rolle als Herrschaftssymbol. Ihr Stellenwert in der christlichen Ökumene dürfte vor allem abgeleitet sein aus den Richterstäben des Alten Testaments. Aber als kugelbekröntes Zepter war es gleichzeitig das Zeichen des römischen Jupiters. Nachgewiesen sind solche kugelbekrönten Zepter auch bei Karolingern und Ottonen, beispielsweise auf dem Kaiserbild im Evangeliar Ottos III., doch wurden sie im Laufe des 11. Jahrhunderts mehr und mehr durch Kurzzepter abgelöst.

Als Herrschaftsattribut fand das Zepter ebenso auf städtischer Ebene seine repräsentative Funktion als äußeres Zeichen der Autorität des Bürgermeisters. Dessen Amt als *magister civium* hat eine lange, wenn auch für seine Frühzeit kaum geklärte Funktion. Die Weichbildglosse (14. Jahrhundert) vergleicht den Bürgermeister und die Bürger mit einem Lehrer und seinen Schülern. Die Rolle des Bürgermeisters als Vorsitzender in einem kollegialen Verwaltungsorgan einer Stadt ist frühestens ab dem 13. Jahrhundert greifbar. Seine judikativen und exekutiven Aufgaben fanden symbolischen Ausdruck in der altehrwürdigen Herrschaftsinsignie des Zepters.

Martin Müller, Petro Slobodyan

Literatur
Fischer 1982 | Planitz 1980 | Rasp 1870 | Wyrozumski 1994.

II.44

Zepter des Lemberger Schultheißen

Lemberg/L'viv, 2. Hälfte 17. Jahrhundert

Eisen, graviert, Holz, Seide; Metallteile abgeschliffen und angelaufen; Vergoldung fehlt, Lackierung abgenutzt; Fransen verwittert

L 174 cm, D 10 cm

Lemberg/L'viv, L'vivs'kyj istoryčnyj muzej, MT- 1586

Das Zepter des Lemberger Schultheißen weist einen eisernen Kopf in der Form des stilisierten Stadtwappens aus Stadtmauer und Löwe auf. Zentrales Element ist der Stadtturm, umgeben von vier heraldischen Löwen, welche die vorkragenden Zinnen des Stadtturms tragen. Unterhalb des Eisenkopfs umgibt den Stab ein Posament aus seidenen Fäden, die quastenartig ausfransen. Darunter folgt der hölzerne Stab.

Das Amt des Schultheißen leitet sich aus dem germanischen Rechtsleben ab – angelsächsisch *scyldhæta*, altsächsisch *sculthêtio*, althochdeutsch *sculdheizo*, »Schuldheischer«, beschreibt es eine Person, die Verpflichtungen auferlegt oder Schuldigkeiten einfordert. Der Schultheiß nahm im Rechtsgebrauch der verschiedenen germanischen Rechtsaufzeichnungen der Völkerwanderungszeit und des Frühmittelalters (*leges*) unterschiedliche Funktionen ein. Mal war er vollumfänglicher Richter (friesisches Recht), mal niederer Richter (langobardisches Recht), mal ursprünglich Hilfsbeamter eines Grafen, später Gerichtsvorsitzender des Grafengerichts (fränkisches Recht). Neben der richterlichen Funktion vermischte sich das Amt des Schultheißen im weiteren Verlauf des Mittelalters mit anderen Ämtern (Vikar, Zentnar). Im Sachsenspiegel nimmt der Schultheiß eine Sonderrolle ein, indem er den Schöffen vor- und dem Richter gegenüber steht. Im Spätmittelalter und der Neuzeit fungierte der Schultheiß zumeist als Richter mit beigeordneten Schöffen. Im Zuge des ostmitteleuropäischen Landesausbaus erhielten regelmäßig Lokatoren das Amt des Schultheißen, wobei ihnen besonders im dörflichen Bereich neben den richterlichen Befugnissen auch noch die Dorfobrigkeit zufiel. In der Sache gleich sind die Amtsbezeichnungen »Meier«, »Vogt« und »Schulze«. *Martin Müller, Petro Slobodyan*

Literatur
Fischer 1982 | Gruber 2013 | Rasp 1870, Wyrozumski 1994.

II.44

II.45

Zeremonienaxt eines Richters

Mährisch Neustadt/Uničov,
2. Hälfte 16. Jahrhundert/1535 (?)

Eisen, Holzgriff

H 91 cm

1942–1975 im Stadtmuseum Mährisch Neustadt/Uničov (alte Nr. UN-465); Olmütz/Olomouc, Vlastivědné muzeum Olomouc, P 1758 (derzeit als Leihgabe im Gefängnismuseum Mährisch Neustadt/Uničov)

Haupt und Blatt der Axt sind aus einem Eisenstück geschmiedet und mit einer achteckigen Hohlform verbunden, die am oberen Ende von einer kleinen Kugel gekrönt ist. Der kurze, mit kleineren, stumpfen Widerhaken versehene Hals geht oben wie unten in ein leicht geschwungenes und oben deutlich verlängertes Blatt mit leicht bogenförmiger Klinge über. Die Oberfläche der rechten (vorderen) Seite des Blattes ist reich mit Rankenornamenten graviert. Den größten Teil dieser Seite der Axt füllt dabei das eingravierte Emblem der Habsburger mit den Wappen der einzelnen Länder. Interessanterweise ist es jedoch mit einer fürstlichen (erzherzoglichen) Krone versehen.

Am unteren inneren Rand links befindet sich in einem ovalen Feld die kleinere Figur eines aufsteigenden Löwen, wahrscheinlich die Signatur des herstellenden Meisters. Die linke (hintere) Seite ist ähnlich graviert und zusätzlich mit Rollwerkmotiven versehen. In der Mitte dieser Seite der Axt ist ein Motiv aus zwei gekreuzten Zweigen mit je fünf stumpfen Ästen erkennbar, das an eine heraldische Figur erinnert. Diese führt zu Widersprüchen in der Interpretation bzw. der Herkunft des Objekts. In der tschechischen Heraldik sind gekreuzte Zweige in den Wappen der Herren von Ronow (Ronburg)/Ronov und der ihnen anverwandten Familien (zum Beispiel die Herren von Leipa/Lipá und das Geschlecht Berka von Dubau/Dubá) sowie in einigen Stadtwappen zu finden. Das Wappenmotiv auf der Axt hätte somit keinen Bezug zu Mährisch Neustadt. Deshalb ist fraglich, ob es sich tatsächlich um eine heraldische Figur handelt, denn das (abgebildete) Element trägt sonst keine Attribute eines Wappens. Wenn die Axt wirklich das Hoheitszeichen des Richteramts war, könnten die verästelten Stöcke auch dessen repressive und bestrafende Funktion symbolisieren (analog zu den gekreuzten Schwertern auf den Wappen der Vögte von Soest in Nordrhein-Westfalen).

Die Zeremonienaxt wird dem Amt des Richters (Vogt) hauptsächlich aufgrund der ungewöhnlichen Umstände ihrer Entdeckung zugeordnet: 1942 fand man zur Schneeschmelze, als auf dem Fluss Oskavadas Eis brach, in der Nähe des ehemaligen Henkershauses eine Holzkiste, die neben dieser Axt außerdem ein Folterinstrument (Spanisches Halsband) und ein Schwert enthielt. Das Schwert diente wie die Axt eher repräsentativen und zeremoniellen Zwecken. Es hat ein dekoratives Heft und eine ähnlich der Axt gravierte Klinge.

Für das frühneuzeitliche Mährisch Neustadt sind die Befugnisse des Richteramts jedoch nicht sehr genau belegt. Wie in anderen Königlichen Städten auch wurde die Position dieses ursprünglich landesherrschaftlichen Beamten eingeschränkt. In Mährisch Neustadt geschah dies erst relativ spät: 1485 kaufte die Stadt vom damaligen Richter Bohuslav von Freiwaldau (Bohušz Frývaldova) für 1 030 Stoß Groschen dessen Haus. Aufgrund von Analogien zu anderen Königlichen Städten (Brünn/Brno, Olmütz/Olomouc), in denen die Autonomie der Richter bereits im 14. Jahrhundert eingeschränkt wurde, ist anzunehmen, dass das Amt des Richters in Mährisch Neustadt der Zuständigkeit des Stadtrats untergeordnet war und dieser de facto als Stadtbeamter bzw. polizeiliches Organ fungierte, das über die Gewährleistung von Ordnung und Sicherheit in der Stadt sowie die strafrechtliche Verfolgung von Straftätern und deren Inhaftierung in einem Stadtgefängnis zu wachen hatte. Als Teil seiner Exekutivgewalt verfügte ein Richter über Hilfspersonal: einen Diener, einen Schergen, einen Knecht oder auch einen Henker (den es in Mährisch Neustadt wahrscheinlich jedoch nicht gab, wie aus der Bitte um die Entsendung eines Henkers aus Olmütz hervorgeht). So ist die erhaltene Axt ein beredtes Zeugnis für die eher symbolische Bedeutung eines Richters, der in Mährisch Neustadt die Halsgerichtsbarkeit zwar repräsentierte, jedoch nicht als richterliche, sondern eher als exekutive und administrative Instanz diente. Andererseits genoss die Person des Richters und die damit zusammenhängende Funktion in der Frühen Neuzeit ein beträchtliches soziales Ansehen. *Ondřej Jakubec, Andrea Jakubcová*

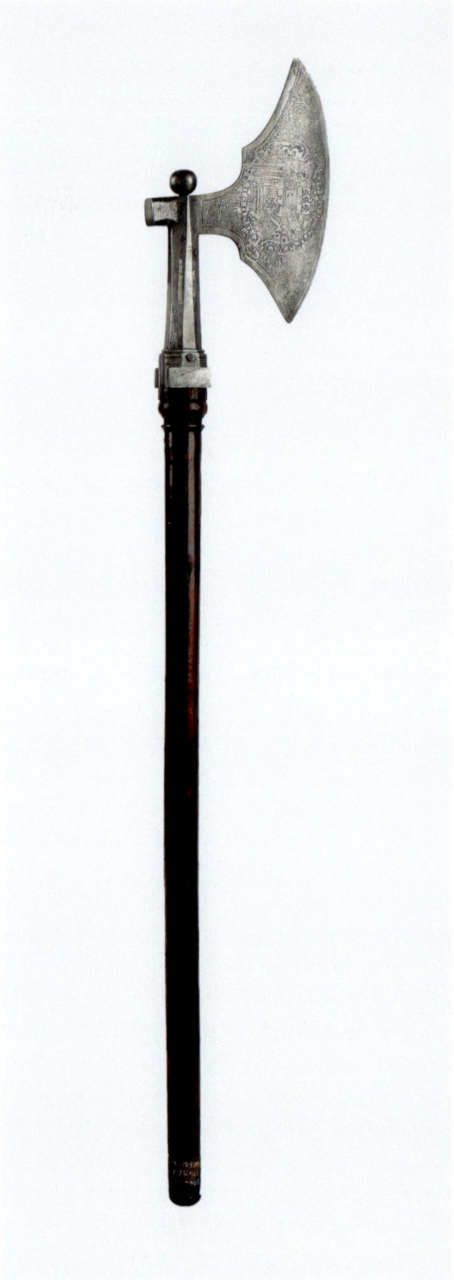

II.45

Literatur
Jordánková/Sulitková 2002 | Konečný 2013, S. 124, 541.

II.46

Ring der Krakauer Bürgermeister

Krakau/Kraków, 1532 (Ringschiene) und 1590 (Stein)

Gold, Saphir, Ring geschmiedet, graviert

Ring: D 2,3 cm; Stein: H 2,2 cm, B 1,7 cm

Krakau/Kraków, Muzeum Historyczne Miasta Krakowa, MHK-683/II

Auf der Ringplatte des goldenen Siegelrings ist ein Saphir eingesetzt, der in einem Hohlrelief das gekrönte, von einem Rollwerkornament umgebene Stadtwappen von Krakau darstellt: Auf dem Wappenschild ist ein Ausschnitt der Stadtmauer mit sieben Zinnen zu sehen und darüber drei Türme mit krenelierter Brustwehr. Im mittleren Turm gibt es zwei Fenster, in den Seitentürmen jeweils eines. Das Tor ist geöffnet, das Gitter zur Hälfte heruntergelassen, unter dem Gitter befindet sich ein Adler.

Die Herstellung des Siegelrings wird auf das Jahr 1532 datiert. Dieses Datum ist auf der Innenseite des Rings eingraviert. Wir wissen jedoch, dass die Krakauer Bürgermeister bereits seit 1398 einen Ring benutzten. Zwei Jahre zuvor tauchte in den Quellen die erste Erwähnung über die Ausgliederung des Amts des Bürgermeisters (*magister civium*) als Vorsitzendem der Krakauer Ratsherren auf. Der Ring gehörte neben dem Zepter zu den Attributen der Bürgermeisterherrschaft und war als Siegelring zugleich auch Stadtsiegel. Deshalb musste der Stein mit der Wappendarstellung aus einem entsprechend harten Material angefertigt werden. Der heutige Saphir (der den früheren Stein ersetzt hat) mit der eingravierten Wappendarstellung wurde wahrscheinlich im Jahr 1590 angebracht. Sie gehört zu den ältesten Darstellungen des Krakauer Stadtwappens, die einen ungekrönten Adler zeigen. Frühere Wappen aus den Jahren 1578 und 1584 kennen wir nur aus Werken des berühmten polnischen Heraldikers Bartosz Paprocki (um 1540–1614). Eine solche Wappendarstellung wurde ebenfalls an der aus dem Jahr 1593 stammenden Tür des Ratsherrnsaals angebracht. In den Inventaren der Krakauer Rathausschatzkammer wird der Bürgermeisterring 1596 und 1679 erwähnt.

Aufgrund der Ähnlichkeit des Rings der Krakauer Bürgermeister mit dem Wappensiegelring von König Stephan Báthory (Sammlung Nationalmuseum Warschau) vermutet man, dass beide Ringe in einer der Krakauer Goldschmiedewerkstätten entstanden sind.
Jacek Zinkiewicz

Literatur
Chmiel 1909 | Chmiel 1929 | Friedberg 1937 | Moskal 2007 a | Muczkowski 1906 | Piech 1997 | Samek 1993, S. 63 | Szczerba 2016 b.

II.47

Zepter der Krakauer Bürgermeister

Krakau/Kraków, Anfang 16. Jahrhundert

Silber, kalt geschmiedet, gegossen, vergoldet

L 22,8 cm, G 429 g; Knauf: D 2,8 cm

Krakau/Kraków, Muzeum Historyczne Miasta Krakowa, MHK-621/II

Der Handgriff des kleinen Zepters schließt unten und oben mit einem profilierten runden Ring ab. Den Knauf krönt eine Scheibe von etwa 1,6 Zentimetern Durchmesser. Auf seiner oberen Basis sind das Jesus-Christus-Monogramm »IHS« und auf der Seitenoberfläche der Ausspruch »JUSTE IUDICATE F[ILII] H[OMINUM]« (Richtet gerecht, ihr Menschensöhne) eingraviert, der in Anknüpfung an Psalm 57,2 zur Gerechtigkeit aufruft und zugleich auf deren biblische Quelle hinweist. Der Knaufrand schließt mit einem durchbrochenen, gegossenen Fries aus kleinen Blätterpalmetten ab. Auf der Griffunterseite sind ein gekreuzter Stab und ein Kreuz eingraviert, die Initialen zwischen den Kreuzarmen – die Buchstaben »A«

II.46

II.47

und »M« und darunter ein »I« – könnten auf den Stifter hinweisen. Der Griffabschluss, die Ringe, das Fries und die Knaufkrönung sind vergoldet. Es ist anzunehmen, dass das Zepter Anfang des 16. Jahrhunderts in Krakau entstanden ist, worauf die Elemente der Renaissance hinweisen. Auch ähnelt es Zeptern, die in den Sammlungen des Collegium-Maius-Museums der Jagiellonenuniversität aufbewahrt werden (ihrerseits auf das 15. Jahrhundert datiert).

Mit der Entwicklung städtischer Strukturen und Behörden trat das Phänomen der Entlehnung von Monarchentiteln und -insignien auf. Das ursprünglich königliche Insignium gelangte mit der Zeit unter anderem in die Hände von Bürgermeistern und wurde zum Attribut ihrer Macht. Die früheste Erwähnung der Ausgliederung dieses Amts (*magister civium*) als Vorsitzendem der Krakauer Ratsherren stammt aus dem Jahr 1396. Bereits im 14. Jahrhundert hatte sich in Krakau verfestigt, dass der Rat zu einem übergeordneten städtischen Gerichtsorgan gegenüber dem Vogt und der Schöffenbank wurde. Dies bestätigte auch 1399 das Edikt des polnischen Königs Władysław Jagiełło (reg. 1386–1434). In diesem Kontext ist die Bedeutung der Zeptersymbolik und der Aufruf zum gerechten Richten sehr aufschlussreich. Das präsentierte Zepter gehörte von Anfang an dem Krakauer Rathaus. 1798 wurde es während einer Versteigerung von Gegenständen, die der Stadt Krakau gehört hatten, von Jan Mączyński gekauft. 1866 übergab das Krakauer Ratsmitglied Wincenty Kirchmayer es dem Krakauer Bürgermeister Joseph (Józef) Dietl. Im Jahr 1950 schenkte das Präsidium des Städtischen Nationalrats in Krakau das Zepter mit dem Siegelring der Bürgermeister dem Historischen Museum der Stadt Krakau. *Jacek Zinkiewicz*

Literatur
Maisel 1982, S. 233 f. | Moskal 2007 | Pietrusiński 2000, S. 158 | Radwan 2000 | Samek 1993, S. 63 | Szczerba 2016 a.

II.48

Modell einer Medaille mit dem Bildnis von Georg Schewecke

Danzig/Gdańsk, Jacob Binck (?), 1544
Buchsbaumholz, geschnitzt
D 4,7 cm
Danzig/Gdańsk, Muzeum Narodowe w Gdańsku, MNG/SD/312/Rz

Auf der Buchsbaummedaille mit profiliertem Rand, die nur auf der Vorderseite bearbeitet ist, ist der Danziger Bürgermeister Georg Schewecke (1491–1547) im Profil dargestellt. Er trägt eine Jacke mit Zierbesatz, unter der ein mit dekorativer Stickerei verziertes Hemd mit hohem Kragen zu sehen ist, und eine Goldkette. Die Inschrift in der Umrandung (»IORGE SCHEVEKE A*1544«) erlaubt eine eindeutige Identifizierung seiner Person.

Aufgrund der Darstellungsart des Modells sowie der Bearbeitung der Kleidungsdetails schrieb Georg Habich die Medaille Jacob Binck zu, einem Künstler, der als Medailleur unter anderem für den dänischen König Christian III. tätig war und 1543 nach Königsberg zog. Das Werk ist ein Beispiel von Porträtmedaillen mit kommemorativer Funktion, einer im 16. Jahrhundert äußerst populären Gattung, die aus Italien stammte. Sie ist die älteste erhaltene Medaille mit Bezug auf eine Danziger Patrizierfamilie. Diese eher für aristokratische Familien charakteristische Form des Gedenkens der eigenen Person war in Danzig sehr beliebt und stellt ein weiteres Beispiel für die hohen Ambitionen des Danziger Bürgertums dar.

Georg Schewecke war Sohn des Danziger Bürgermeisters Johann Scheveke und dessen Frau Catharina Falcke. 1518 heiratete er Catharina Mandt, die Tochter des Bürgermeisters Georg Mandt. 1522 wurde er Schöffe der Danziger Rechtstadt und 1525 Ratsherr. Seine Danziger Karriere begann in der Zeit sozial-religiöser Kämpfe. Nach dem Danziger Aufruhr blieb er Mitglied des Stadtrats von Danzig und sprach sich nach 1526 dafür aus, den Katholizismus in der Stadt wieder einzuführen. 1528 wurde er Richter, und 1531 übernahm er das Bürgermeisteramt. Mehrmals hatte er die Funktion des königlichen Burggrafen inne. Seit Beginn seiner Karriere nahm er an zahlreichen Gesandtschaften zu Hansetagen, Preußischen Landtagen und an den Königshof teil. Er war Kaufmann, Schiffseigner und besaß auch Landgüter in der Nähe von Danzig.

Es ist schwierig, eindeutig festzustellen, ob das Porträt ursprünglich nur ein Modell für die Prägung einer Medaille oder schon ein fertiges Werk war. Die einzige bekannte Medaille auf der Grundlage des Buchsbaummodells von Schewecke von 1544 wurde 1694 im Auftrag seines Nachfahren Johann Ludwig Schewecke geprägt, die jedoch auf der Rückseite dessen Wappenschild zeigt. Sowohl das Buchsbaummodell als auch die anderthalb Jahrhunderte später geprägte Medaille wurden zunächst im Münzkabinett des Danziger Akademischen Gymnasiums aufbewahrt, das im ehemaligen Franziskanerkloster untergebracht war, und gingen später in die Sammlung des im selben Gebäude gegründeten Stadtmuseums Danzig über. Eine Kopie der Medaille von 1694

II.48

befand sich auch in der Münzsammlung der Marienburg/Malbork. Das Modell der Medaille von Georg Schewecke von 1544 ist heute Teil der Sammlung des Danziger Nationalmuseums, die auf seiner Grundlage geprägten Medaillen hingegen gingen während des Zweiten Weltkriegs verloren.
Weronika Grochowska, Magdalena Mielnik

Literatur
Abramowski 1940, S. 18 | Bahrfeldt 1910, S. 190, Kat.-Nr. 8867 | Dutkowski 2007, Kat.-Nr. 123, 210, S. 227, 329 | Dutkowski/Suchanek 2002, Kat.-Nr. 642 | Habich 1916, S. 179 | Habich 1929, S. 339, Kat.-Nr. 2339, Taf. 237 (13, 14) | Marquardt 1846 | Mémoires 1848, S. 388 ff., Kat.-Nr. 1109 | Rühle 1930, S. 145, 153, Tafel IV, Kat.-Nr. 25 | Secker 1917, S. 27, Abb. 36 | Vossberg 1852, S. 109 f., Kat.-Nr. 1108.

II.49

Schwurkästchen (Reliquiar)

Tangermünde, datiert 1461

Messingblech und Messingguss, vergoldet, Edelsteine und Glasfluss

H 16 cm, B 11 cm, L 17 cm

Tangermünde, Museen der Stadt Tangermünde, V 171 C

Aus dem Tangermünder Rathaus stammt der heute im Museum aufbewahrte Reliquienschrein. Laut der bis 1639 zurückreichenden Überlieferung diente er bei der jährlichen Ratswandelung zur Vereidigung neuer Ratsmitglieder, was »mit Uflegung [der] 3 finger Uf das alte Swurhaus« vollzogen wurde (Statuta publica 1639, Stadtarchiv Tangermünde) und dem Chronisten Bekmann zufolge noch in der Mitte des 18. Jahrhunderts üblich war.

Der aus zahlreichen in Messingguss gefertigten Einzelteilen zusammengefügte und vergoldete hausförmige (heute leere) Schrein ist in Form einer gotischen Miniaturarchitektur gestaltet. An den vier Kanten besitzt er kräftige Strebepfeiler, unter denen sich geflügelte Drachen als Füße befinden. Die Längs- und Stirnwände werden durch schmale Pfeilermotive in insgesamt 14 Nischen unterteilt. Hier stehen auf der ausladenden Sockelplatte die dreiviertelplastisch gegossenen Figuren der heiligen Apostel und des heiligen Stephanus. Der Sockel besitzt eine an drei Seiten umlaufende Inschrift in gotischen Minuskeln: »anno d[omi]ni mo iiiic lxi in die johan[n]i / baptiste completum est hui[us] opus per / man[us] valentini pust.« (Im Jahr des Herrn 1461 am Tag Johannes des Täufers (24. Juni) ist dieses Werk vollendet worden durch die Hand des Valentin Pust).

Ein verkröpft umlaufender Zinnenkranz bildet den Traufabschluss. Darüber sitzt das von zwei geschwungenen Giebeln mit Kriechblumen eingespannte Satteldach. Neben einem Besatz aus gefassten Edelsteinen und Glasflüssen befinden sich auf den Dachflächen die zwei übereinstimmend gegossenen Reliefdarstellungen eines thronenden Christus zwischen zwei annähernd spiegelbildlich gestalteten Marienfiguren. Bereits die Ikonografie verrät, dass es sich nicht um das ursprüngliche Bildprogramm handeln kann. Dementsprechend thront Christus auf der einen Seite auf einem Regenbogen, während ein graviertes Kreuz auf der anderen Seite auf die ursprüngliche Existenz einer Kreuzigung verweist. Historische Abbildungen sowie eine 2014 durchgeführte restauratorische Autopsie belegen, dass von den 26 vorhandenen figürlichen Darstellungen nur noch zwölf mittelalterliche Originale sind.

1891 bewilligten die Stadtverordneten Kämmereimittel, um das schadhafte Kästchen durch den Hofgoldschmied Paul Telge (1846–1909) in Berlin renovieren zulassen. Neben einer Neuvergoldung und dem Ersatz fehlender Edelsteine wurden Figuren nach dem Vorbild bereits vorhandener Darstellungen gegossen und in gleicher Weise mit Laschen auf den Rahmenblechen befestigt.

Es ist nicht unwahrscheinlich, dass das Kästchen bereits von vornherein für die Nutzung als Schwurkasten vorgesehen war. Die Inschrift deutet auf eine Fertigstellung am Tag Johannes' des Täufers hin, der auf den 24. Juni fällt. Vielleicht ist dies der Hinweis auf die fehlende 14. Heiligendarstellung des Kästchens. Dieser Heilige war neben dem Evangelisten Johannes Schutzpatron des von Kaiser Karl IV. (reg. 1346–1378) an der Tangermünder Schlosskapelle eingerichteten Kollegiatstifts. Die erhaltene Figur des heiligen Stephanus verweist dagegen auf das Patrozinium der Stadtkirche. Auf diese Weise wären in dem Kästchen die beiden prominentesten Heiligen Tangermündes versammelt.
Dirk Schumann

Literatur
Bekmann 1753 | Brückner 2008 | Giesau 1933, S. 240 | Lambacher/de Fümel/Schumann 2014 | Parisius 1883.

II.50

Maria mit Jesuskind, umgeben von Heiligen

Epitaph Hannos/Johannes vom Berge (de Monte)

Werkstatt des Meisters von 1486/87 (1480–1530 in Schlesien tätig), Schweidnitz/Świdnica (?), datiert 1494

Fichte, Tempera, Blattgold, Blattsilber

H 117 cm, B 99,7 cm

Warschau/Warszawa, Muzeum Narodowe w Warszawie, Śr. 97 MNW

Der früheste erhaltene Hinweis zum Epitaph aus der Pfarrkirche (heute: Kathedrale) St. Stanislaus und St. Wenzel in Schweidnitz/Świdnica stammt von Johann Gustav Gottlieb Büsching (1813). Das Bild wurde damals von einer kleinen Bedachung abgeschlossen, unter dem sich die in Hexametern verfasste, lateinische Inschrift zum Gedenken an den Verstorbenen befand: »Hic Iacet Insertus Saxo de Monte, Johannes […]« (Hier ruht unter einem Stein de Monte, Johannes). In den folgenden Versen werden seine Qualitäten, die von ihm bekleidete Funktion als Ratsherr (*consul*) und sein Sterbedatum (12 VI 1494) erwähnt. Erich Wiese, der das Epitaph in die Forschungsliteratur einführte, interpretierte den Inhalt des durch die Hexameter-Struktur bestimmten Satzes anders und las den Namen als

Steinberg. Diese Sichtweise wiederholte sich in den Arbeiten aller nachfolgenden Autoren. Die Existenz einer Person solchen Namens ist in den Schweidnitzer Stadtbüchern aus dem 15. Jahrhundert jedoch nicht belegt. Es sind aber mindestens zwei Personen bekannt, die hier unter dem Namen »vom Berge« oder in dessen latinisierter Form *de Monte* Erwähnung finden. Chronologisch spricht viel dafür, dass das Epitaph an den Schöffen und Ratsherrn Hannos (Johannes) erinnert, der diese Funktion neun Amtszeiten lang ausübte (1463–1490 und 1458–1488).

Das Gemälde zeigt Maria mit dem Jesuskind und eine Gruppe von Heiligen, denen sich der Verstorbene, auf deren Vermittlung am Tag des Jüngsten Gerichts hoffend, zuwendet. Die Muttergottes wird als Assunta (Mariä Himmelfahrt), Königin des Himmels dargestellt, versehen mit Attributen der Apokalyptischen Frau: »mit der Sonne bekleidet, und der Mond unter ihren Füßen und auf ihrem Haupt eine Krone von zwölf Sternen« (Offb 12,1 f.). Die Heiligen, die Maria begleiten, sind – neben dem Apostel Andreas und der Herzogin Hedwig von Andechs – die Schutzpatrone der Schweidnitzer Kirche (der Krakauer Bischof St. Stanislaus und St. Wenzel), der Patron der Diözese und der Kathedrale von Breslau/Wrocław (Johannes der Täufer) sowie der Evangelist Johannes. Zu Füßen des heiligen Andreas kniet der Verstorbene. Neben ihm befindet sich ein Schild mit seinem Wappen. Unter Marias Füßen ist die Jahreszahl 1494 sichtbar, die das Entstehungsjahr des Werks und Todesjahr des Adoranten bezeichnet.

Forscher, die sich, beginnend mit Wiese, mit der Arbeit des Meisters der Jahre 1486/87 befasst haben, sind sich einig, dass das Bild aus dessen Werkstatt stammt. Hingewiesen wird die rückschrittliche Entwicklung der Form im Vergleich zu seinen Hauptwerken, den Altären der Breslauer Sandkirche und der Johanniterkirche in Striegau/Strzegom. In stilistischer Hinsicht ähnelt das Epitaph anderen Werken aus dieser Werkstatt, unter anderem dem Epitaph des Kanonikers und Schweidnitzer Pfarrers Stanislaus Bernwald von 1510 (MNWr). In technologischen Untersuchungen an Werken aus dem Umfeld des Meisters aus den Jahren 1486/87, darunter auch das beschriebene Epitaph, wies Justyna Świetlik-Olszewska 2002 die gemeinsame Herkunft dieser Werke nach. *Małgorzata Kochanowska*

II.50

Literatur

Braune/Wiese 1929, S. 42, 49, 89 | Büsching 1813, S. 19 | Dobrzeniecki 1977, Nr. 76, S. 263 | Goliński/Maliniak 2007, S. 199 | Kaczmarek/Witkowski 1990, Nr. XVI,1, S. 112 | Migracje 2018, Nr. 8–16, S. 156–179 | Olszewska-Świetlik 2002, S. 36–91 | Patała 2014, S. 240–242 | Patała 2018 a, S. 201–245 | Patała 2018 b, S. 39–61 | Suckale 2009, Bd. 1, S. 247–255.

II.51

Grabstein-Fragment von Leopold Dax

Ofen/Buda, Ende 15. Jahrhundert

Roter Kalkstein

H 59 cm, B 57 cm, T 16 cm

Budapest, Szépművészeti Múzeum – Magyar Nemzeti Galéria, Alte Ungarische Sammlung, 58.6.M

Das abgebildete Fragment gehörte einst zum rechten oberen Teil eines Grabsteins. Auf der Vorderseite lassen sich vier Zeilen einer eingeschnitzten Inschrift entziffern: [sepult]ura Circums I [ect … leopo]ldi dax dicti I … [civita]tis bude[n]sis I qui obyt«. Zu Beginn des 20. Jahrhunderts gelangte der Grabstein unter unbekannten Umständen in die Sammlung des Museums der Schönen Künste. Die genauen Aufzeichnungen über den Eingang in die Sammlung des Museums sind heute nicht mehr auffindbar. In das Inventarbuch wurde lediglich eingetragen, dass der Grabstein vermutlich aus Ofen/Buda stammt. Seine lateinische Inschrift verrät allerdings, dass es sich um den Grabstein des Ofner Stadtrichters Leopold Dax handelt. Das vor seinem Namen stehende Wort »circumspecti« ist die verkürzte Form des Titels »prudens et circumspectus« (besonnen und umsichtig), der ab der zweiten Hälfte des 15. Jahrhunderts den städtischen Vorständen gebührte.

Seit der Gründung von Ofen lebte eine bedeutende Anzahl deutscher Bürger in der Stadt, die Zahl der ungarischen Bürger stieg erst im 14./15. Jahrhundert. Seit dieser Zeit gab es oft Rechtsstreitigkeiten zwischen der deutschen und der ungarischen Bürgerschaft. Um diese zu regeln, wurde nach 1439 ein System eingeführt, wonach sowohl die deutschen als auch die ungarischen Bürger jeweils sechs Geschworene in den Richterrat wählen, den Richter aber jährlich abwechselnd ernennen konnten. Der Name von Leopold Dax ist in mehreren historischen Quellen überliefert: In einer 1481 verfassten (dann 1482 und 1484 bestätigten und umgeschriebenen) Urkunde der Ofner Metzger wird auf ihn als Richter Bezug genommen, ebenso erwähnt ihn eine 1491 verfasste Urkunde als den 1481 amtierenden Ofner Richter.

II.51

Sein deutscher Name und sein Amt als Richter machen es wahrscheinlich, dass er nach seinem Tod in der Liebfrauen-Pfarrkirche (der heutigen Budaer Matthiaskirche) bestattet wurde. Diese war nämlich die Pfarrkirche der deutschen Bürgerschaft Ofens. Neben den Priestern konnten auch die weltlichen Vorstände hier bestattet werden. Mehrere ihrer Grabsteine wurden bei der im letzten Viertel des 19. Jahrhunderts beginnenden Restaurierung der Liebfrauen-Pfarrkirche und der umgebenden Gebäude entdeckt. Die Grabsteine gelangten in eine der sich zu dieser Zeit etablierenden öffentlichen nationalen bzw. Budapester Sammlungen. Daher ist anzunehmen, dass der Grabstein von Leopold Dax ebenfalls in diesem Zusammenhang in der Liebfrauen-Pfarrkirche oder in ihrer unmittelbaren Nähe gefunden wurde und von dort in die Sammlung des Museums der Schönen Künste gelangte.

Das Material des Grabsteins ist roter Kalkstein aus dem Gerecse-Gebirge, der aufgrund seiner repräsentativen Erscheinung roter Marmor genannt wurde. Seit der zweiten Hälfte des 14. Jahrhunderts diente roter Kalkstein immer öfter als Grundmaterial für Grabsteine von Adligen, Stadtbürgern und hohen Geistlichen. Der Grabstein von Leopold Dax ist einem einfachen Typus zuzurechnen, welcher sich in der zweiten Hälfte des 15. Jahrhunderts etablierte: Auf diesen Grabsteinen wurde die Inschrift nicht wie bei den früher verbreiteten Varianten als Umrandung der Vorderseite angebracht, sondern horizontal eingraviert. Unter der Inschrift wurde in der Regel ein Wappen oder eine figürliche Darstellung platziert, jedoch sind zu dem verschollenen Teil des Grabsteins von Leopold Dax keine Überlieferungen erhalten. *Orsolya Veress*

Literatur
Lővei 2009 | Lővei 2015 | Radocsay 1971 | Spekner 2015.

II.52

Privileg König Kasimirs IV. für Danzig

Petrikau/Piotrków, 9. Juli 1455

Pergament, Original mit größerem königlichem, rotem Wachssiegel (Kanzlersiegel) an Seidenschnur

H 46,2 cm, B 28,2 cm, T 7,9 cm

Danzig/Gdańsk, Archiwum Państwowe w Gdańsku, 300,D/1,27

König Kasimir IV. Andreas der Jagiello (Jagiellończyk) (reg. 1447–1492) erteilte in dieser Urkunde dem Stadtrat von Danzig das Recht, Willküren zu beschließen und Steuern auf Güter, Waren und andere Dinge festzusetzen und zu erheben. Nach dem Anschluss Preußens an das Königreich Polen und der Kriegserklärung an den Deutschen Orden (Dreizehnjähriger Krieg, 1454–1466) bemühte sich König Kasimir Jagiello um die formale Anerkennung seiner Macht durch alle angegliederten Gebiete und großen Städte. Auch führten die anhaltenden Belagerungen von Marienburg/Malbork und Konitz/Chojnice dazu, dass seine finanziellen Mittel rasch erschöpft waren und neue Einnahmequellen gesucht werden mussten. Die Verhandlungen mit Danzig dauerten besonders lange und endeten mit der Erteilung von Privilegien, die bereits 1454 das Patrimonium der Stadt erweiterten und ihre Einnahmen erhöhten – Erträge, die bislang dem Deutschen Orden zugefallen waren. Der König erlangte auf diese Weise Einkünfte aus dem sogenannten Danziger Zins, der jährlich von der Stadt Danzig zu entrichten war. Darüber hinaus erhielt er für sich selbst und den königlichen Hof das Gastungsrecht und das Nutzrecht der städtischen königlichen Residenz. In einem gesonderten Akt erkannten die Danziger die Vormachtstellung des Königs an. Aufgrund anhaltender Probleme bei der Begleichung von Verbindlichkeiten gegenüber den Söldnern erteilte er während des Sejms in Petrikau 1455 jedoch ein weiteres Privileg, das die Befugnisse des Danziger Stadtrats bedeutend ausweitete. Dieser hatte nunmehr das Recht, Willküren zu verabschieden und Steuern jeder Art zu erheben. Aufgrund dieses Dokuments, weiterer Privilegien in den Jahren 1454 bis 1457 sowie im Gegenzug für militärische und finanzielle Unterstützung während des Dreizehnjährigen Kriegs erlangte Danzig eine Sonderstellung in der polnisch-litauischen Monarchie. Wegen der angespannten finanziellen Situation musste der König seine Absicht aufgeben, eine starke Machtposition in der Stadt aufrechtzuerhalten.

Die deutsche Urkunde wurde zunächst in der Stadtkanzlei und dann im Archiv der Danziger Rechtstadt (Archiwum Głównego Miasta Gdańska) verwahrt. 1901 kam sie als Depositum in das Königliche Staatsarchiv in Danzig (Królewskie Archiwum Państwowe w Gdańsku). Ab 1943 wurde sie während des Zweiten Weltkriegs auf einem Landgut in Wallhof/Warcin in Westpommern ausgelagert und später in das Landesinnere des Deutschen Reichs gebracht. 1947 forderte Danzig sie zurück. *Marcin Kurr/Janina Strehlau*

II.52

Quellen
Simson 1918, Nr. 138 | Toeppen 1884, Nr. 314.

Literatur
Curicke 1687, S. 152 f. | Katalog 2014, Nr. 37.

II.53
Danziger Willkür

Danzig/Gdańsk (?), 16. Jahrhundert

Papierhandschrift, 150 Blätter, in deutscher Sprache; Ledereinband mit Blindprägung

H 19,5 cm, B 15,5 cm

Danzig/Gdańsk, Polska Akademia Nauk Biblioteka Gdańska, Ms. 1837

Die Handschrift aus dem 16. Jahrhundert ist eine Abschrift der mittelalterlichen Danziger Willkür. In der Forschung nahm man zunächst an, dass es sich um die Abschrift einer aus dem Jahr 1388 oder aus der ersten Hälfte des 15. Jahrhunderts stammenden Willkür handele. Die Willküren stellen eine Sammlung von Gesetzen dar, die ab dem 12. Jahrhundert in preußischen Städten verbindlich wurden. Das in kleineren Städten geltende lokale Recht war daran angelehnt. Vorbild war die preußische Gesetzgebung, und nach deren Regeln wurden Rechtsstrukturen in anderen Städten Preußens oder im Einflussbereich der preußischen Gesetzgebung geschaffen. Im Bestand der Danziger Bibliothek befinden sich zahlreiche Abschriften mittelalterlicher preußischer Willküren. Das älteste Objekt der Sammlung datiert in das ausgehende Mittelalter, die letzten Exemplare reichen in die Neuzeit. Die Danziger Willküren orientierten sich am Magdeburger Recht.

Die abgebildete Handschrift ist Beispiel einer solchen Willkür. Auf fol. 10–17 der Handschrift steht: »In Gotis Namen Amen. Alhir hebett sich ann des landis Wy[l]kore welich gegeben ist M. III. acht und aczig angefangen czu halden.« Dieser Teil der Handschrift ist in 17 Kapitel unter-

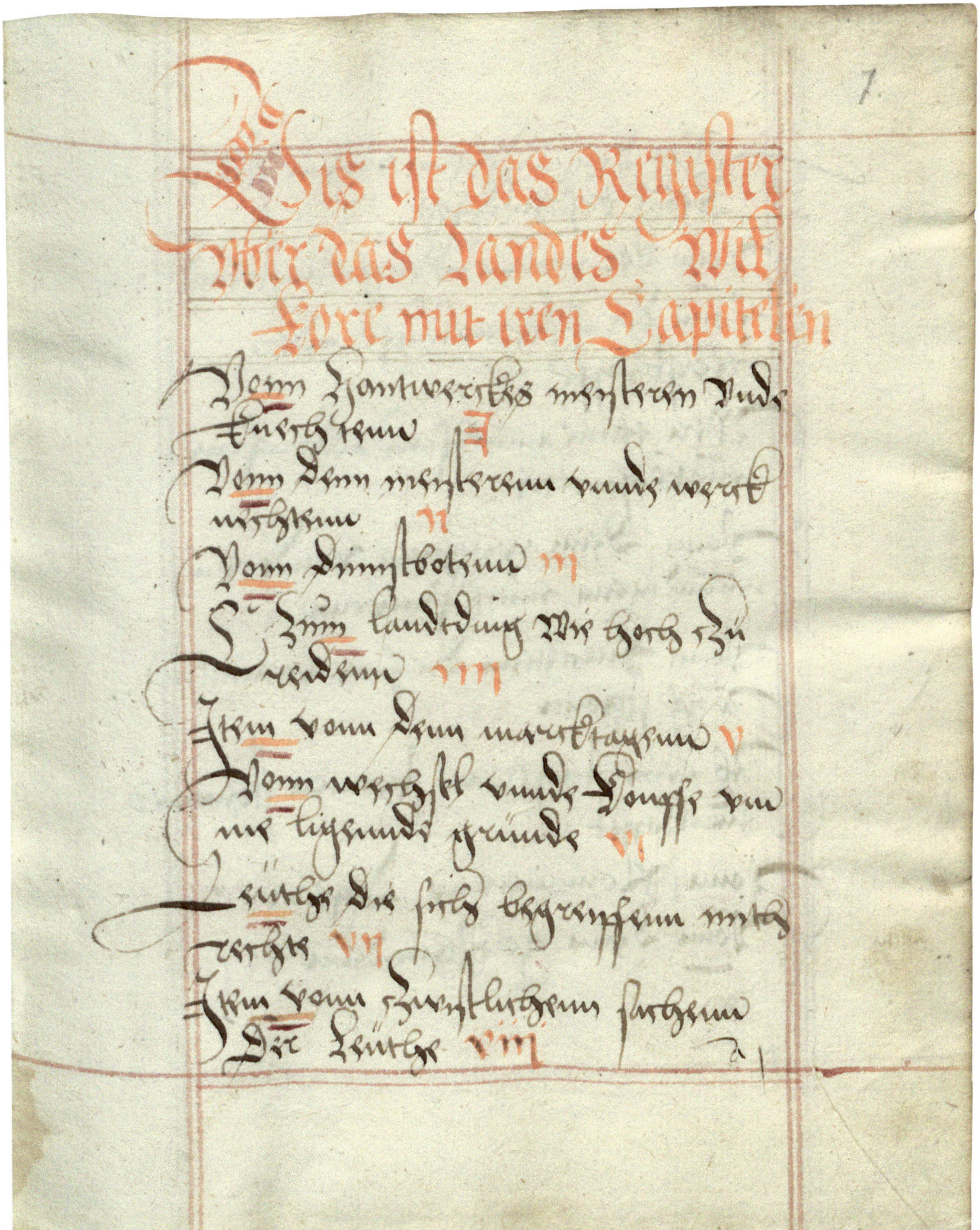
Dis ist das Register
Wir das landes wil
kore mit iren Capitteln
Vonn hantwerckes meisteren vnde
knechtenn I
Vonn denn meisteren vnnde werck
mechtenn II
Vonn dinstbotenn III
Vom landtding [illegible] zu
reidenn IIII
Item vonn denn marcktagenn V
Vonn wechsel vnnde kouffe vnn
nie liggende gruende VI
Leuthe die sich begreiffenn mitt
rechte VII
Item vonn geistlichenn sachenn
der leuthe VIII

II.53 fol. 7r

teilt. Weitere Teile der Handschrift sind »Volget hir noch das Regiment unde Wylkore des Herren Hoemmeisters« (fol. 24–53v), »Alhir hebet sich an der Koniglicher Stadt Danczig Wylkoree« (fol. 64–81v) und »Alhir folget weytther noch auch die Wylkore, Die einnen Erbaren Gerichte von einnen Erbaren Radt ubergeben ist worden« (fol. 90r–112r), der Artikel »Ein Todtt Schleger wie lange er die Statt entperren sol, am 190 cappittel« (fol. 113v–114r) sowie eine alte Danziger Prozessordnung (fol. 114–133r).

1904 erschienen Textteile der mittelalterlichen Willküren in einer bearbeiteten Druckversion des Altphilologen Otto Günther (1896–1921 Direktor der Danziger Stadtbibliothek). In dem von ihm verfassten Katalog der Handschriften veröffentlichte er auch Texte der Willküren. Mit den Danziger Willküren beschäftigte sich außerdem Paul Simson, der eine »Geschichte der Danziger Willkür« verfasste. Aus diesem Werk erfahren wir ebenfalls mehr über die Danziger Willküren. Die vorliegende Abschrift der mittelalterlichen Willkür ist aufgrund der hier erhaltenen ursprünglichen Sprache des Originals interessant. In der Abschrift wurden zudem die im Mittelalter üblichen grafischen Gepflogenheiten beibehalten. So ist der der Text in einem durch eine doppelte Linie gezeichneten Rahmen positioniert, mit Rubrizierungen zur Abgrenzung einzelner Teile und Abschnitte.
Sabina Droździecka

Literatur
Günther 1905 | Günther 1909 | Simson 1904.

II.54

Geschichte der Stadt Breslau, ostmitteldeutsche Übersetzung und Bearbeitung der »Historia Wratislaviensis«

Breslau/Wrocław, Peter Eschenloer (um 1420–1481), 1472–1481, Abschrift Ende 15. Jahrhundert

Papier, 446 Blätter, zeitgenössisch gezählt; Prachteinband Ende 15./Anfang 16. Jahrhundert; Holzdeckel mit Leder überzogen, Metallbuckel, Beschläge für Schließen

H etwa 40 cm, B etwa 28 cm

Breslau/Wrocław, Archiwum Państwowe we Wrocławiu, Akta miasta Wroc. Hs E 14

Ein Zeugnis der besonderen Wertschätzung für die vor 1481 fertiggestellte »Geschichte der Stadt Breslau« von Peter Eschenloer ist die zeitgenössische Abschrift, die der Rat der Stadt in Auftrag gab. Nach Fertigstellung ließ man die umfangreiche Handschrift prächtig einbinden und hob sie sorgfältig im Rathaus auf. Eine ältere Handschrift, die von Peter Eschenloer ergänzt und kommentiert wurde, hat sich ebenfalls erhalten und wird in der Universitätsbibliothek Breslau aufbewahrt. Sie diente der Prachthandschrift als Vorlage.

Peter Eschenloer war wahrscheinlich der Sohn eines Nürnberger Kaufmanns. Er studierte ab 1442 in Leipzig, wo er 1448 sein Studium der Sieben Freien Künste mit dem Magister abschloss. Nach seiner Tätigkeit als Schulmeister und -direktor in Görlitz wurde er 1455 zum Stadtschreiber von Breslau berufen. In der Breslauer Kanzlei waren ab Mitte des 15. Jahrhunderts ausschließlich Schreiber mit Universitätsabschluss beschäftigt. Diese zählten zu den am besten bezahlten städtischen Bediensteten und versahen ihr Amt häufig über einen sehr langen Zeitraum hinweg, Peter Eschenloer beispielsweise 26 Jahre lang. Neben den jährlich wechselnden Ratsherren und Schöffen sorgten sie mit ihrem Wissen und ihrer Erfahrung für die notwendige Kontinuität in allen Angelegenheiten des Stadtregiments. Sie protokollierten die Ratssitzungen, führten die Korrespondenz mit Herrschern und Fürsten und reisten als Vertreter der Stadt in diplomatischen Angelegenheiten.

Eine erste Geschichte der Stadt Breslau (»Historia Wratislaviensis«) schloss Eschenloer in lateinischer Sprache 1472 ab. Hierbei stützte er sich auf ältere Werke der Geschichtsschreibung und ergänzte diese aus seiner eigenen Erfahrung, mithilfe von Briefen und Schriften der Breslauer Kanzlei sowie durch Berichte von Augenzeugen. Die überarbeitete und ergänzte sowie ins Deutsche übertragene Fassung entstand ab 1466. Der Berichtszeitraum umfasst die politisch unruhigen Zeiten von 1439 bis 1479. Triebfeder für Eschenloers umfangreiches Schaffen war seine Absicht, alles Wichtige aufzuschreiben und zu berichten, damit die nachfolgenden Generationen daraus lernen konnten. Er war parteiisch, dem Breslauer Stadtrat loyal gegenüber, kommentierte die Ereignisse kritisch und erzählte sehr lebendig.

Städtische Geschichtsschreibung gilt als wichtigster Bestandteil der städtischen Identität: Das Wissen um die Entstehung und Entwicklung der städtischen Selbstverwaltung und der Geschichte des Gemeinwesens stärkte das Selbstbewusstsein der Stadt. Die Anfänge der Breslauer Geschichtsschreibung waren eng mit der Entstehung der Stadtgemeinde nach Magdeburger Recht verbunden. Die Rechtsaufzeichnungen beförderten die Entwicklung der Geschichtsschreibung: In den Stadtbüchern finden sich erste historische Notizen. In Breslau setzte diese Entwicklung schon sehr früh, nämlich zu Beginn des 14. Jahrhunderts ein. Dem Breslauer Stadtrat war bewusst, dass das Wissen um die Vergangenheit von großem Nutzen sein kann. *Anja Rasche*

Quellen
Eschenloer 2003.

Literatur
Lambrecht 2002 | Mrozowicz 2006 | Roth 2004 | Wókiewicz 2006.

Wie organisiert man eine Stadt?

Abzeichen
der Stadtwache Breslaus,
Breslau/Wrocław, um 1540
(Kat.-Nr. II.57)

Als einer der führenden polnischen Rechtsgelehrten des ausgehenden 16. Jahrhunderts erklärte Bartholomäus Groicki (um 1534–1605), dass die vordringlichsten Aufgaben eines Ratskollegiums darin bestünden, unter den Bürgern für das Gemeinwohl zu sorgen, die städtischen Gemeinschaftsgüter zu mehren sowie Stadt und Einwohner vor Schäden und Missständen zu bewahren. Eine kommunale Gemeinschaft in diesem Sinn zu führen und städtisches Leben zu organisieren, stellte für mittelalterliche Räte eine mit unzähligen Herausforderungen verbundene Aufgabe dar. Groicki selbst sah die Gesetzgebung als bedeutendstes Instrument zur Realisierung der von ihm beschriebenen Ziele ratsherrlicher Politik an. Dabei konnten sich jedoch nicht alle Räte auf dasselbe Maß an Handlungsspielräumen stützen. Denn ihre Politik hing im Wesentlichen davon ab, inwieweit Stadt- und Landesherren ihren Städten das Recht zubilligten, nach eigenem Gutdünken Gesetze, Statute und Reglungen zu erlassen – das sogenannte Willkürrecht. Manchen Kommunen gelang es, einen hohen Grad an Autonomie zu entwickeln, erkennbar zum Beispiel daran, dass sie selbst Todesurteile vollstreckten, Bündnisse schmiedeten oder sich von ihren Stadtherren lossagten. Anderen Bürgerschaften wurden dagegen restriktive Einschränkungen hinsichtlich ihres Willkürrechts auferlegt. So durften etwa die Ratsherren der vom Domkapitel des Bistums Ermland gegründeten Stadt Allenstein/Olsztyn keine städtischen Gewohnheiten aufstellen, ohne dazu eine Aufforderung und Zustimmung ihrer Stadtherren erhalten zu haben.

Unabhängig davon, welches Maß an Freiheit ein Rat erlangte, nahm er für sich in Anspruch, das Leben innerhalb der Stadt zu organisieren, indem er beispielsweise das kommunale Miteinander zu regeln versuchte, die Aufsicht über Markt, Handel und Verkehr führte, die Wahrung des Friedens übernahm und städtische Einnahmen verwaltete. Täglich sind Bürgermeister und Rat zahlreiche Anliegen und Probleme der städtischen Gemeinde kundgetan worden. Nicht immer geschah dies mittels förmlicher Berichterstattung im Rathaus. Oft kam es vor, dass man die Stadtväter in der Kirche, im persönlichen Heim oder in der Badestube in Gespräche über Politik und Stadtverwaltung verwickelte. Mit zunehmender Komplexität der an den Rat gestellten Aufgaben bildeten sich innerhalb dieses Gremiums unterschiedliche Zuständigkeiten aus. Eine solche Differenzierung städtischer Verwaltung lässt sich seit dem 13. Jahrhundert europaweit beobachten. Zeitgleich ist ein Bedeutungszuwachs der Schriftlichkeit zu verzeichnen. Für Städte bedeutete dies, dass sie immer öfter auf kompetente Schreiber zugriffen, die für die kommunale Geschäftsführung unverzichtbar waren und sich in der Lage sahen, über die städtischen Grenzen hinaus mit unterschiedlichen Adressaten zu korrespondieren.

Mit dem Aufkommen verschiedener Zuständigkeitsbereiche setzte somit eine Professionalisierung der städtischen Verwaltung ein, die jedoch nicht in allen Bürgerschaften gleichermaßen klar erkennbar ist. Einen Beleg für den Anstieg des ratsherrlichen Verwaltungshandelns stellen beispielsweise die im Spätmittelalter immer zahlreicher abgefassten Stadtbücher dar (Abb. 188). In ihnen hielt man verschiedenste Belange fest, die als wichtig und erinnerungswürdig galten. Darunter fielen in erster Linie Abschriften von städtischen Rechten, Privilegien und Gewohnheiten, um sie im Bedarfsfall zur Beweisführung vorzei-

Abb. 188
Zwickauer Stadtbuch 1495 bis 1498 mit einem zeittypischen Koperteinband mit Schnallenverschluss. Zwickau, Stadtarchiv, Sign. R 1 Rat der Stadt, Altbestand III X 1, Nr. 6

gen zu können. Die ursprünglich von geistlichen und weltlichen Herrschaften empfangenen Originalurkunden wurden hingegen oft in verzierten und verschließbaren Kisten bzw. Truhen verwahrt, vornehmlich an sicheren und soweit als möglich vor Feuer geschützten Plätzen. Darüber hinaus gibt es eine Vielzahl weiterer Bücher, in denen Räte Geschäfte mit Geld und Grundstücken dokumentierten, den Besitz von Dörfern, Ackerflächen und Wiesen aufführten oder die städtischen Korrespondenzen festhielten. Insgesamt betrachtet spiegeln Stadtbücher eine große Bandbreite der von Ratsherren verantworteten städtischen Organisation wider.

Häufig blickte der Rat im Rahmen seiner Tätigkeit über die Grenzen der Stadt hinaus. Durch herrschaftliche Ausgriffe ins Umland beabsichtigte er nämlich, den städtischen Grundbesitz zu erweitern und den vermögenden Bürgern ebenfalls den Erwerb von Äckern, Wäldern, Gewässern und anderen Nutzflächen zu ermöglichen. Bereits bei Gründung wurde vielen Städten ein größerer Grundbesitz übereignet. Als zum Beispiel Herzog Barnim I. von Pommern (reg. 1226–1278) seiner Stadt Stettin/Szczecin 1243 das Magdeburger Recht bestätigte, übertrug er ihr zugleich einen ansehnlichen Besitz, der sich eine Meile entlang beider Seiten der Oder erstreckte (Abb. 189). Es war derselbe Herzog, der dem noch jungen Prenzlau neun Jahre zuvor im Rahmen der Stadtrechtsbestätigung zugleich erlaubt hatte, Mühlen zu errichten, ohne die seiner Auffassung nach die dortige Bürgerschaft nicht lange bestehen konnte. Am Beispiel des vom pommerschen Herzog getragenen Landesausbaus zeigt sich also, dass Grundbesitz und Infrastruktur für die Prosperität städtischer Gemeinschaften im Mittelalter geradezu grundlegend waren.

Die Organisation dieses mit der Stadt und ihren Einwohnern verbundenen Besitzes erforderte ihrerseits innerhalb des Ratskollegiums ganz unterschiedliche Kompetenzen. Am deutlichsten tritt in zahlreichen Städten das Amt des Kämmerers hervor. Sein Inhaber wachte über Einnahmen und Ausgaben und hielt diese mitunter auf Wachstafeln oder in eigens angelegten Rechnungsbüchern fest. Solche Quellen erlauben ausschnittweise Einblicke in die Finanzen einer Stadt. Wichtige Einnahmen flossen der städtischen Gemeinschaft beispielsweise aus Zöllen, Handelsabgaben, Dörfern, Münzrechten, Mühlen, Bergwerksbetrieben und nicht zuletzt aus allgemeinen Steuern, Renten und Zinsen zu. Einen wichtigen Posten markierten auch Straf- und Bußgelder, die unter anderem dann entrichtet werden mussten, wenn man die Regeln des gemeinsamen Lebens verletzte. Auch das Ignorieren geltender Maße, Gewichte und Münzen zog Strafzahlungen nach sich. Auf diese Weise

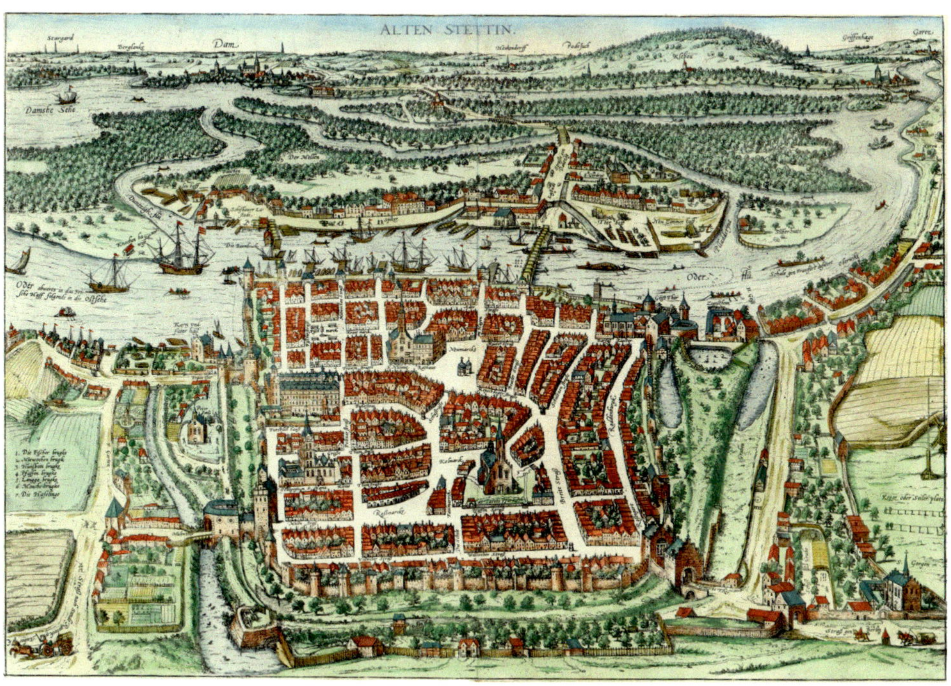

Abb. 189
Stettin/Szczecin im vierten Band des »Civitates Orbis Terrarum« Bd. 4, von Franz Hogenberg und Georg Braun 1594, S. 41/42. München, Bayerische Staatsbibliothek, 2 Mapp. 41

Abb. 190
Heiliger Florian, Schutzpatron gegen Feuer- und Wassergefahr, gotische Tafelmalerei aus der Kirche des Heiligen Nikolaus, Ružomberok/Rosenberg, Liptovské múzeum Ružomberok

bildete gerade die Aufsicht über den Markt und den dort betriebenen Handel eine wichtige Aufgabe des Rats, mit der sich eines oder mehrere seiner Mitglieder befassten. Gleiches gilt für die Aufsicht über die soziale Fürsorge innerhalb der Stadt und die Verwaltung von Hospitälern sowie anderen karitativen Einrichtungen. Keineswegs selten tritt auch ein mit dem Städtebau verbundenes Amt innerhalb des Rats auf. Spezielle Zuständigkeiten und Ämter haben sich zudem dort entwickelt, wo Räte Eigentümer von Salinen, Bergwerken und anderen infrastrukturellen Einrichtungen waren.

Die Aufteilung der Verantwortlichkeiten innerhalb eines Ratskollegiums gestaltete sich also von Stadt zu Stadt höchst unterschiedlich. Ähnlich verhielt es sich mit dem Personal, das im ratsherrlichen Auftrag Dienste verrichtete. So war es selten der Ratsherr selbst, der auf dem Markt Qualitätskontrollen an den feilgebotenen Waren durchführte oder Gewichte und Maße überprüfte. Hierfür zeigte sich stattdessen die Marktaufsicht verantwortlich, während Bußgeldeintreiber damit beauftragt waren, Delinquenten zu ahnden. Dagegen erledigten Boten den Versand städtischer Korrespondenzen. Für den Stadtbau wiederum entlohnten Ratsherren unzählige Bauleute und Knechte. Unverzichtbar waren auch Fuhr-, Fähr- und Schiffsleute, die wichtige Transportfunktionen übernahmen. Das spätmittelalterliche Berlin-Cölln zum Beispiel versorgte sich zu einem erheblichen Teil dank eigener Kahnführer und Prahmmeister mit Bau- und Rohmaterialien wie Holz, Kohle, Kalkstein, Sand und Ziegelerde, die über die Flüsse Spree, Havel und Dahme aus dem Umland herbeigeführt wurden. Für die erbrachten Arbeiten erhielten die beauftragten Dienstleute Lohn, der teils in Geld, teils in Naturalien beglichen wurde. Für andere städtische Bedienstete wie Ziegelbrenner oder Müller war es durchaus üblich, dass diese aus den Erträgen der von ihnen meist gepachteten Einrichtungen eine anteilige Vergütung erhielten.

So sehr sich Räte um den Ausbau städtischer Infrastruktur wie Brennöfen, Brücken, Dämme, Schleusen und Ähnliches bemühten, so wichtig war es ebenfalls für sie, einen Zugang zum Wasser zu organisieren. Denn Flüsse, Bäche (Fließe) und Seen waren für die städtische Wirtschaft essenziell, sei es zum Antrieb von Mühlen, als Schifffahrtsweg, zum Fischfang, für die Abfallentsorgung oder zur Verteidigung der Stadt. Brunnen deckten einen Gutteil des zum Waschen, Kochen oder Trinken bestimmten Wasserbedarfs. Weitaus größere Mengen benötigten Gewerbe wie Gerber, Färber oder Schlächter, die von den Räten wegen starker Geruchsbelästigung gewöhnlich am Rand der Stadt angesiedelt wurden. Im 14. und 15. Jahrhundert machte sich in vielen Städten ein für die Zeit typischer Innovationsschub auch in Bezug auf die Wasserversorgung bemerkbar. Dies führte dazu, dass Wasser über Kanäle, Rinnen und Aquädukte immer öfter direkt in die Stadt zu den Verbrauchern geführt wurde, wie ein entsprechendes Bemühen des Lubliner Rats zu Beginn des 16. Jahrhunderts zeigt. Viel Wasser benötigte auch die in spätmittelalterlichen Städten höchst populäre Badekultur. Allein die Stadt Breslau betrieb gegen Ende des Mittelalters zwölf Badestuben, die mit Kalt-, Warm- und Dampfbädern nicht nur hygienische, sondern ebenso wichtige soziale Funktionen erfüllten. Wasser wurde aber ebenso zur Bekämpfung von Bränden gebraucht, unter denen nahezu jede mittelalterliche Stadt zu leiden hatten (Abb. 190). Vom Rat erlassene Feuerschutzordnungen sollten hierbei Präventionen schaffen: Sie schrieben wie etwa in Pressburg/Bratislava den Besitz von Eimern und Leitern in jedem Haus vor, legten Mindestabstände zwischen neu zu errichtenden Gebäuden fest oder schworen auf nachbarschaftliches Verhalten bei Stadtbränden ein.

Solche zum Zweck des Brandschutzes beschlossenen Stadtordnungen und viele weitere von Räten erlassene Statute verweisen auf ein Grundmerkmal städtischer Politik. Diese griff weit in heute als privat bezeichnete Bereiche der Bürger und Einwohner einer Stadt ein. Ganz im Sinne Groickis nahmen die Stadtväter dabei für sich jedoch in Anspruch, weise, ehrbar und im Sinne des Gemeinwohls zu handeln. Damit verbundene Allegorien wie etwa Darstellungen des salomonischen Urteils begegnen uns bis heute also nicht ohne Grund als Gestaltungselement vormoderner Rathäuser von Amsterdam bis Zerbst.
Sascha Bütow

Literatur
Engel 1993, bes. S. 55–116 | Graßmann 1989 | Müller 2011 | Piekalski 2008 | Steinführer 2007.

II.55

II.55

Elbinger Wiesenbuch

Elbing/Elbląg, Wilhelm Merchan, 1421

Pergament, 124 Blätter/248 Seiten (Paginierung), Illuminationen und Vergoldungen; Hülleneinband aus Leder; Messingbuckel auf Einband

H 36 cm, B 23 cm, T 7 cm

Danzig/Gdańsk, Archiwum Państwowe w Gdańsku, APG 369, 1/126

Das »Elbinger Wiesenbuch« stammt aus dem Archiv des Stadtrats von Elbing (Archiwum Rady Miasta Elbląga). Während des Zweiten Weltkriegs wurde es zusammen mit dem gesamten Elbinger Stadtarchiv ins Innere des Deutschen Reichs ausgelagert. 1947 erfolgte die Rückforderung und Überführung aus Goslar in die Sammlungen des Staatlichen Woiwodschaftsarchivs in Danzig (heute: Danziger Staatsarchiv, Wojewódzkie Archiwum Państwowe w Gdańsku / Archiwum Państwowe w Gdańsku) zusammen mit den übrigen Archivalien aus Elbing.

Verfasst wurde das Buch von Wilhelm Merchan. Der Elbinger Altstadtschreiber verzeichnete in ihm die von den Elbinger Bürgern für die Verpachtung von Vorstadtwiesen zu entrichtenden Gebühren. Die Herkunft des Buchs wird durch das Wappen der Stadt Elbing bestätigt (fol. 5, 87, 246). Die Pergamenthandschrift umfasst 124 Blätter, deren 248 Seiten mit Bleistift paginiert sind. Der Einband besteht aus zwei mit rot gefärbtem Pergament überzogenen Holzdeckeln, an denen mit Messingbuckeln eine Hülle aus Ziegenleder befestigt ist. Mit einem zusätzlichen losen Stück wurde das Buch zusammengebunden.

II.56

Der deutsche Text mit lateinischen Überschriften ist mit Malereien verziert, darunter Initialen mit landwirtschaftlichen Motiven sowie dekorative Marginalien mit Pflanzenmotiven und figurativen Darstellungen. Besonders interessant sind hier ein Bauer (mit »Cowboy«-Hut), der mit einer Sense Gras mäht (fol. 5r), ein Mädchen, das Heu harkt (fol. 87r), und zwei Jünglinge, die einen Heuhaufen aufschichten (fol. 157r). Aufmerksamkeit erweckt auch die Darstellung zweier kleiner Jungen (einer ist nackt und macht die ersten Schritte mit einer Lauflernhilfe, der zweite hebt sein Hemdchen, um Wasser zu lassen) (fol. 5r). Nach der Interpretation von Barbara Miodońska handelt es sich um die Zwillinge Castor und Pollux, die den hellsten Sternen im Sternbild Zwillinge ihre Namen gaben. Das Kaninchen zu Füßen des Heu harkenden Mädchens wiederum symbolisiert Fruchtbarkeit.

Im Herrschaftsgebiet des Deutschen Ordens waren in Handschriften weder landwirtschaftliche Themen noch aufwendige Verzierungen wie in dem Wiesenbuch aus der Elbinger Stadtkanzlei verbreitet. Es wird vermutet, dass der Illustrator des Buchs aus dem tschechischen Raum nach Elbing kam. *Marcin Kurr, Janina Strehlau*

Literatur

Archiwum 1970, S. 21 | Gierszewski 1993, S. 193 f., 281, Abb. 20 | Klesińska 1961 | Kupczyński 1948 | Prague 2005, S. 301 f. (Elbląska księga łąkowa – miniatury [Das Elbinger Wiesenbuch – Miniaturen]) | Schmid 1919/20.

II.56

Die Stadtkasse aus Sillein

Sillein/Žilina, 15. Jahrhundert

Eichenholz von 1495/96 (laut Tomáš Kyncl, DendroLab Brünn), eiserne Metallbeschläge

H 69 cm, B 209 cm, T 69 cm, G etwa 500 kg

Sillein/Žilina, Považské múzeum v Žiline, Burg Budatín, H 1487

Die Stadtkasse bzw. Truhe des Stadtrichters (lat. *thesaurarium*), die eines der schwersten Exponate der historischen Sammlungen des Museums der Region Považie in Sillein ist, wurde Ende des 15. Jahrhunderts aus einem Eichenstamm hergestellt, in Handarbeit ausgehöhlt, zu einer länglichen, kubischen Form gearbeitet und mit breiten Eisengurten beschlagen. Sie verfügt über einen klappbaren Deckel, der durch massive Scharniere mit der Truhe verbunden ist. Gesichert wurde sie durch ein Schloss, welches sich direkt im Holz befand, sowie mit zwei eisernen Haspen (Schließhaken) außen. Ihr Gewicht wird auf rund 500 Kilogramm geschätzt, ihre Maße sind mit einer Breite von über zwei Metern ebenso beachtlich.

Die Funktion des hauptamtlichen Schatzmeisters in Sillein wurde bis 1753 vom Stadtrichter (Vogt) ausgeführt. Er war der höchste Vertreter der Stadt, saß dem Stadtrat vor und verfügte vollumfänglich über die Gerichtsbarkeit. Zu Ende einer Amtszeit musste er dem Stadtrat eine Abrechnung der Wirtschaftstätigkeiten, die aus der Stadtkasse getätigt wurden, vorlegen. Was genau in der Stadtkasse aufbewahrt wurde, erfahren wir aus einer Aufzeichnung vom 17. August 1660, die aus Anlass einer Amtsübergabe angefertigt wurde. Diese Inventarliste der Gegenstände, die sich in den städtischen Kassen (Truhen) befanden, schrieb der ehemalige Richter Ondrej Stráňavský (Richter jeweils 1652, 1656, 1659, 1661, 1664) für den neu gewählten Richter Juraj Fráter (Richter 1660) nieder. Aus dieser Quelle ist zu erfahren, dass in der Truhe drei Siegel lagerten: das silberne Stadtsiegel, das Notarsiegel und das sogenannte Vogtsiegel. Des Weiteren lagerten darin zwei silberne, vergoldete Kelche und Geld von Stadtbürgern, welches aus dem Verkauf von Häusern, Feldern oder Weiden erwirtschaftet worden war. Für die Aufbewahrung der wichtigsten städtischen Schriftstücke hatte die Stadt zwei weitere Truhen, eine in grüner, die andere in roter Farbe. In der grünen Truhe wurden die Stadtprivilegien aufbewahrt, in der roten Testamente. Das Original der Urkunde mit der Inventarliste von 1660 befindet sich heute in der Außenstelle des Slowakischen Staatsarchivs in Sillein. *Martina Bernátová*

Literatur

Bada 2011 | Chaloupecký 1934 | Hallonová/Šimko 2012, S. 18–21 | Hrtánková 1985 | Kuchar 2001 | Papsonová 2014 | Štefánik/Lukačka 2010, S. 577–579.

II.57

Abzeichen der Stadtwache Breslau

Breslau/Wrocław, um 1540

Silber, geschmiedet, gegossen, emailliert, teilweise vergoldet

L 12 cm, B 10,8 cm, D 1,4 cm, G 346,5 g

Breslau/Wrocław, Muzeum Miejskie Wrocławia, oddział Muzeum Sztuki Mieszczańskiej, V-414

Das fünfgeteilte Abzeichen zeigt ein spätgotisches Wappenschild mit seitlichen Einschnitten in einer Kartusche, die mit Voluten von getrocknetem Akanthus und einer Pflanzenbordüre verziert ist. Das Wappen ist viergeteilt, in der Mitte liegt auf einer Schüssel der Kopf Johannes' des Täufers, und in den einzelnen Feldern sind folgende Elemente zu sehen: der weiße böhmische, gekrönte Löwe vor rotem Hintergrund, der schwarze Adler der Breslauer Piasten vor gol-

II.57

denem Hintergrund, das Haupt Johannes' des Evangelisten auf einer umgekehrten Krone vor rotem Hintergrund sowie der Buchstabe »W« vor goldenem Hintergrund. Auf der Rückseite stehen spätere Inschriften des 19. Jahrhunderts: »Klug d. 1 Febr. 1821, Kleiner 1827, Hermann 1889, h.t. 1896«.

Das im Abzeichen dargestellte Wappen von Breslau wurde am 12. März 1530 kraft des von Ferdinand I. von Habsburg, König von Böhmen und Ungarn (reg. 1526–1562), ausgestellten Wappenprivilegs beschlossen. Das zentrale Element ist hier das Haupt Johannes' des Täufers, da der Heilige der ursprüngliche Schutzpatron von Breslau und dessen Dom ist. Der hier an erster Stelle auftretende böhmische Löwe ist das Symbol der Oberherrschaft des Königreichs Böhmen über Schlesien. Der Adler der Breslauer Piasten mit silbernem Brustmond und Kreuz auf der Brust ist das Symbol des Herzogtums Breslau. Das Haupt Johannes' des Evangelisten bezieht sich auf den Schutzpatron der Stadtratskapelle im Alten Rathaus. Das Motiv wurde zum dominierenden Element im ganzen Wappenbild, denn es taucht auch als Kleinod des das Schild krönenden Helms auf; manchmal tritt er auch in Form eines nackten Brustbildes auf. Der Buchstabe »W« ist ein Initial, das von Wratislaw stammt, der Legende nach dem Stadtgründer, zu dessen Ehren die Stadt *Wratislavia* benannt wurde. Vorbild für das Breslauer Wappen war das Siegel der königlichen Landesstarostei im Herzogtum Breslau aus den Jahren 1335 bis 1360, das ein viergeteiltes Schild mit Motiven des böhmischen Löwen und des Adlers der Breslauer Piasten in abwechselnder Konstellation darstellte. Die im Wappen enthaltenen Symbole sind bereits viel früher aufgetreten – unter anderem auf städtischen Amtssiegeln und Inkunabeln sowie in der Architektur des Alten Rathauses in Breslau, wo sie auf Gewölbeschlusssteinen aus den Jahren 1481 bis 1484 im Großen Saal zu sehen sind.

Bis 1970 befand sich das Abzeichen, dessen Hersteller unbekannt ist, im Besitz des Breslauer Magistrats, danach erwarb es das Historische Museum in Breslau (seit 2000 Städtisches Museum Breslau). *Jan J. Trzynadlowski*

Literatur

Encyklopedia 2006, S. 844 | Haisig 1978, S. 78–80 | Kohlhaussen 1935, S. 4 | Oszczanowski 2011, S. 65 f., Abb. IV.10 | Roehl 1900, S. 31–35 | Trzynadlowski 2008, S. 33, Abb. 3.

II.58

Spieß (Pike), evtl. Nachtwächterspieß

Leipzig (?), 1501/1600

Eisen, geschmiedet, Holzschaft, grün-weiß umwickelt, bemalt

L 243 cm, Klinge L 38 cm

Leipzig, Stadtgeschichtliches Museum Leipzig, W/St 11

Stangenwaffen gehörten im Mittelalter zu den weitverbreiteten Waffen für das Fußvolk, die regelmäßig auch der normalen Ausstattung wehrhafter Bürger dienten. Der Ausdruck »Spießbürger« erinnert noch heute daran. Etwa zwei Drittel einer militärischen Einheit war mit einem Spieß bewaffnet, er ist eine wirkungsvolle und kostengünstige Waffe. Diese konnte sowohl zur Verteidigung als auch zum Angriff eingesetzt werden, wirkte effektiv gegen Reiter sowie gegen Fußvolk und war bis ins 17. Jahrhundert im Gebrauch. Im Verband konnte mithilfe von Spießen eine Art »Igelmauer« gebildet werden. Dafür wurden die Schäfte schräg gegen den Gegner aufgestellt und die Enden am Boden abgestützt. Der Spieß aus Leipzig besteht aus einem mannshohen Schaft aus Holz, auf den mittels einer Tülle eine dolchartige, vierkantige, symmetrische Klinge aufgesetzt ist. Zum Schutz der Hand des Trägers dient die Parierstange, deren eines Ende nach oben und das andere nach unten gebogen ist. Die Wickelung des Schaftes erhöht seine Griffigkeit.

Zur Bürgerpflicht zählten in den mittelalterlichen Städten militärische Dienste im Kriegsfall und gegen räuberische Überfälle. Auch bei Feuer wurden die Bürger angefordert. Zum Schutz der Stadt, ihrer Wirtschaft, ihres Reichtums und ihrer Autonomie waren Wachtdienste bei Tag und Nacht und ständige Verteidigungsbereitschaft notwendig. Das gesamte Wehrwesen unterstand dem städtischen Rat. Die Wehrhoheit mit Befestigungsrecht ist ein wesentliches Hoheitsrecht. Dieses umfasste das Recht, Bürger zur Stadtverteidigung aufzubieten, Söldner zu beschäftigen, fremde Besatzungen zu verweigern, militärische Bündnisse zu schließen und die eigenen Bürger für Kriegszüge des Landesherrn bzw. des Königs auszusenden. Dem Recht der Stadt, sich zu verteidigen, entsprach die Pflicht der Bürger und der übrigen Stadtbewohner, durch Dienstleistungen beim Mauerbau, bei der Instandhaltung der Befestigungsanlagen und bei Wach- und Kriegsaufgaben dazu beizutragen. Hinzu kam die Pflicht, eine militärische Mindestausstattung zu besitzen.

Die in Zünften zusammengeschlossenen Handwerker übernahmen wesentliche Aufgaben des Wehrwesens. Nur reiche Bürger mussten Pferde aufbieten, Frauen waren in manchen Städten zur Finanzierung der Verteidigung verpflichtet, Geistliche jedoch in der Regel davon befreit. Da regelmäßige Dienste aber das bürgerliche Erwerbsleben erschwerten, wurden zunehmend Söldner dafür bezahlt. Einzelne Aufgaben wurden zu städtischen Ämtern weiterentwickelt.

Für Leipzig sind wir über die städtischen Ämter durch eine Liste aus dem Jahr 1475 unterrichtet: Zur Organisation der Stadtverteidigung und des Feuerschutzes waren in den vier Stadtvierteln jeweils Viertelsmeister zuständig, die aus dem Kreis der Ratsmitglieder und der jeweiligen Gemeinde berufen wurden. Der Harnischmeister, ebenfalls Ratsmitglied, kümmerte sich um die Waffen der Stadt, für die in den 1480er Jahren eigens ein Zeughaus errichtet wurde. Den Marktmeistern unterstellt waren im Jahr 1475 sechs namentlich überlieferte Stadtwachen, die sogenannten Nachtzirkler. Es ist möglich, dass der ausgestellte Spieß zur Ausstattung eines dieser Amtsträger gehörte. *Anja Rasche*

Literatur
Bünz 2015 | Isenmann 2014 | Norman 1974 | Schmidtchen 1990 | Seitz 1965, bes. S. 228 f. | Wübbeke-Pflüger 1997.

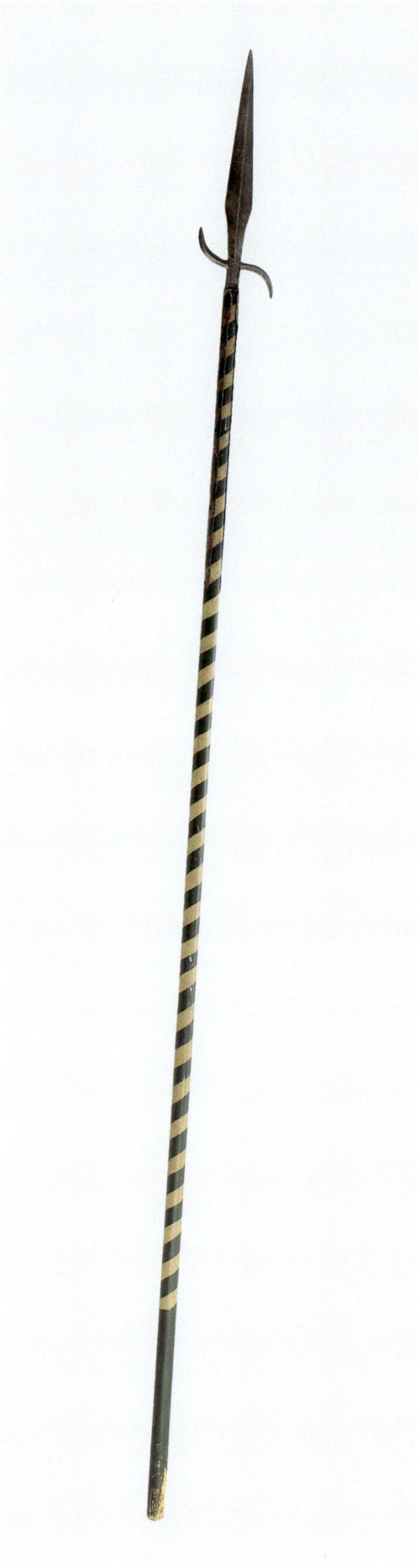

II.58

II.59

II.59

Backstein mit Hufabdruck eines Schweins

Thorn/Toruń, 13.–15. Jahrhundert

Ton

L 13 cm, B 14 cm, H 9 cm

Thorn/Toruń, Muzeum okręgowe w Toruniu, MT/A/S/133 k, 1/2011

Die Altstadt des heutigen Thorn ist ein eindrückliches Beispiel der sogenannten Backsteingotik. Zahlreiche gotische Bürgerhäuser mit eleganten Fassaden und Giebeln haben sich im heutigen Stadtzentrum erhalten. Nicht mehr zu sehen sind die Holzhäuser, in denen die Mehrheit der Einwohner des mittelalterlichen Thorn lebte. Im Erdgeschoss befand sich eine große Diele mit einer Handwerkswerkstatt oder einem Kontor. Im Hof wurden oft Schweine oder Hühner für den Eigenbedarf der Bewohner an Fleisch und Eiern gehalten. Die Schweineställe boten nicht selten Anlass zu Nachbarschaftsstreitigkeiten, und die Schweinehaltung unterlag zahlreichen Reglementierungen. Dennoch ist davon auszugehen, dass Schweine sich auch frei in den Straßen bewegten oder zumindest durch die Straßen der Stadt nach draußen auf Wiesen und in den Wald getrieben wurden.

Ein Zeugnis von diesem Teil des städtischen Lebens liefert der Ziegelstein aus Thorn. Ziegelsteine wurden in der Regel durch das Einfüllen von Lehm in Holzrahmen hergestellt. Diese Rohlinge wurden dann lange Zeit (bis zu zwei Jahre) an der Luft getrocknet und am Ende in einem Ofen gebrannt. Vermutlich während der Zeit der Trocknung ist ein Schwein in den Rohling dieses Ziegels getreten. Der so beschädigte und vermutlich verworfene Ziegel ist ein Zeugnis dafür, dass die Nachbarschaft von Menschen und Tieren ein wichtiger Aspekt des Stadtlebens war.

Christina Link

Literatur
Schumann 2003.

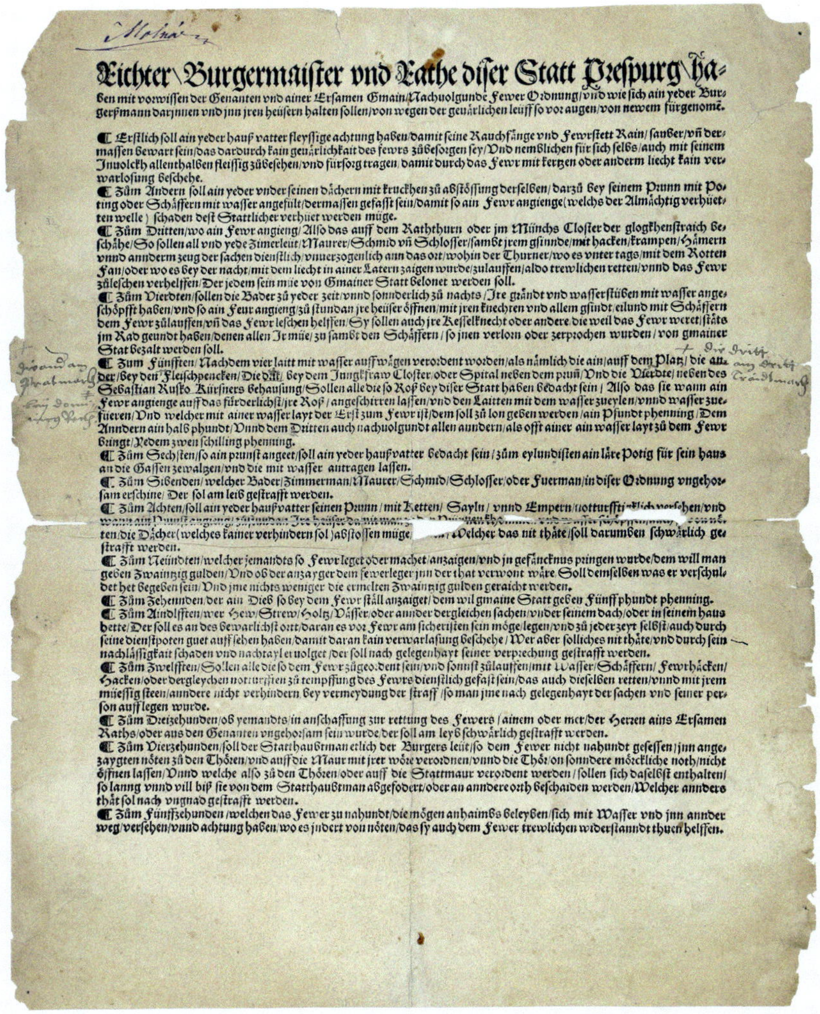

Richter\Burgermaister vnd Rathe diser Statt Preßpurg\haben mit vorwissen der Genanten vnd ainer Ersamen Gmain/Nachuolgunde Fewer Ordnung/vnd wie sich ain yeder Burgersmann darjnnen vnd jnn jren heüsern halten sollen/von wegen der geuärlichen leüff so vor augen/von newem fürgenomẽ.

Erstlich soll ain yeder hauß vatter fleyssige achtung haben/damit seine Rauchfänge vnd Fewrstett Rain/sauber/vñ dermassen bewart sein/das dardurch kain geuärlichkait des fewrs zübesorgen sey/Vnd nemblichen für sich selbs/auch mit seinem Innuolckh allenthalben fleissig zübesehen/vnd fürsorg tragen/damit durch das Fewr mit kertzen oder anderm liecht kain verwarlosung beschehe.

Züm Andern soll ain yeder vnder seinen dächern mit kruckhen zü abstössung derselben/darzü bey seinem Prunn mit Poting oder Schäffern mit wasser angefült/dermassen gefasst sein/damit so ain Fewr angienge(welchs der Almächtig verhüeten welle) schaden dest Stattlicher verhüet werden müge.

Züm Dritten/wo ain Fewr angieng/Also das auff dem Raththurn oder jm Münchs Closter der glogkhenstraich beschähe/So sollen all vnd yede Zimerleüt/Maurer/Schmid vñ Schlosser/sambt jrem gsinnde/mit hacken/krampen/Hämern vnnd anndern zeug der sachen dienstlich/vnuerzogenlich ann das ort/wohin der Thurner/wo es vnter tags/mit dem Rotten Fan/oder wo es bey der nacht/mit dem liecht in ainer Latern zaigen wurde/zulauffen/aldo trewlichen retten/vnnd das Fewr züleschen verhelffen/Der jedem sein müe von Gmainer Statt belonet werden soll.

Züm Vierdten/sollen die Bader zü yeder zeit/vnnd sonnderlich zü nachts/Jre grändt vnd wasserstüben mit wasser angeschöpfft haben/vnd so ain Feur angieng/zü stundan jre heüser öffnen/mit jren knechten vnd allem gsindt/eilund mit Schäffern dem Fewr zülauffen/vñ das Fewr leschen helffen/Sy sollen auch jre Kesselknecht oder andere/die weil das Fewr weret/stäts jm Rad geundt haben/denen allen Jr müe/zu sambt den Schäffern/so jnen verlorn oder zerprochen wurden/von gmainer Stat bezalt werden soll.

Zum Fünfften/Nachdem vier laitt mit wasser auffwägen verordent worden/als nämlich die ain/auff dem Platz/die ander/bey den Fleischpencken/Die dritt/bey dem Junckfraw Closter/oder Spital neben dem prunn/Vnd die Vierdte/neben des Sebastian Rusko Kürsners behausung/Sollen alle die so Roß bey diser Statt haben bedacht sein/Also das sie wann ain Fewr angienge auff das fürderlichst/jre Roß/angeschirren lassen/vnd den Laitten mit dem wasser zueylen/vnnd wasser zuefüeren/Vnd welcher mit ainer wasser layt der Erst zum Fewr ist/dem soll zü lon geben werden/ain Pfundt phenning/Dem Anndern ain halb phundt/Vnnd dem Dritten auch nachuolgundt allen anndern/als offt ainer ain wasser layt zü dem Fewr bringt/Yedem zwen schilling phenning.

Züm Sechsten/so ain prunst angeet/soll ain yeder haußvatter bedacht sein/züm eylundisten ain läre Potig für sein haus an die Gassen zewalzen/vnd die mit wasser antragen lassen.

Züm Sibenden/welcher Bader/Zimmerman/Maurer/Schmid/Schlosser/oder Fuerman/in diser Ordnung vngehorsam erschine/Der sol am leib gestrafft werden.

Züm Achten/soll ain yeder haußvatter seinen Prunn/mit Ketten/Sayln/vnnd Empern/notturfftiglich versehen/vnd [illegible] ten/die Dächer(welches kainer verhindern sol)abstossen müge/ [illegible] Welcher das nit thäte/soll darumben schwärlich gestrafft werden.

Züm Neündten/welcher jemandts so Fewr leget oder machet/anzaigen/vnd jn gefänckhnus pringen wurde/dem will man geben Zwaintzig gulden/Vnd ob der anzayger dem fewerleger jnn der that verwont wäre/Soll demselben was er verschuldet het begeben sein/Vnd jme nichts weniger die ermelten Zwaintzig gulden geraicht werden.

Züm Zehennden/der ain Dieb so bey dem Fewr ställ anzaiget/dem wil gmaine Statt geben Fünff phundt phenning.

Züm Aindlfften/wer Hew/Strew/Holtz/Västfer/oder annder dergleichen sachen/vnder seinem dach/oder in seinem haus hette/Der soll es an des bewarlichst ortt/daran es vor Fewr am sicheristen sein möge/legen/vnd zü jeder zeyt selbst/auch durch seine dienstpoten guet auffsehen haben/damit daran kain verwarlasung beschehe/Wer aber sollichs nit thäte/vnd durch sein nachlässigkait schaden vnd nachtayl eruolget/der soll nach gelegenhayt seiner verprechung gestrafft werden.

Züm Zwelfften/Sollen alle die so dem Fewr zügeordent sein/vnd sonnst zülauffen/mit Wasser/Schäffern/Fewrhäcken/Hacken/oder dergleychen notturfften zü tempffung des Fewrs dienstlich gefast sein/das auch dieselben retten/vnnd mit jrem müessig steen/anndere nicht verhindern/bey vermeydung der straff/so man jme nach gelegenhayt der sachen vnd seiner person aufflegen wurde.

Züm Dreizehunden/ob yemandts/in anschaffung zur rettung des Fewers/ainem oder mer/der Herren ains Ersamen Raths/oder aus den Genanten vngehorsam sein wurde/der soll am leyb schwärlich gestrafft werden.

Züm Vierzehunden/soll der Statthaubtman etlich der Burgers leüt/so dem Fewer nicht nahundt gesessen/jnn angezaygten nöten zü den Thören/vnd auff die Maur mit jrer wöre verordnen/vnnd die Thör/on sonndere möckliche noth/nicht öffnen lassen/Vnnd welche also zü den Thören/oder auff die Stattmaur verordent werden/sollen sich daselbst enthalten/so lanng vnnd vill biß sie von dem Statthaubtman abgefodert/oder an anndere orth beschaiden werden/Welcher annders thät/sol nach vngnad gestrafft werden.

Züm Fünffzehunden/welchen das Fewer zu nahundt/die mögen anhaimbs beleyben/sich mit Wasser vnd jnn annder weg/versehen/vnnd achtung haben/wo es jndert von nöten/das sy auch dem Fewer trewlichen widerstanndt thuen helffen.

II.60

II.60

Feuerordnung aus Pressburg

Pressburg/Bratislava, Mitte 16. Jahrhundert

Zeitgenössischer Druck

Papier

H 39,8 cm, B 31,8 cm

Pressburg/Bratislava, Archív mesta Bratislavy, Zbierka drobných tlačí, 1

Das Dokument ist der älteste erhaltene Druck im Archiv der Stadt Pressburg und auch die älteste Brandschutzordnung der Stadt, herausgegeben vom »Richter\Burgermaister und Rathe diser Statt Prespurg«. Zusammengefasst sind darin in 15 Punkten präventive und operative Maßnahmen, die dazu dienen sollten, das Entstehen von Bränden zu vermeiden und im Fall, dass ein Feuer ausbrach, die Löschmaßnahmen zu organisieren. Zum Brandschutz gehörte es, dass jeder Hauseigentümer regelmäßig die Rauchfänge und Feuerstellen zu reinigen hatte und offenes Feuer im Haushalt nicht unbeaufsichtigt lassen sollte. War ein Feuer bereits ausgebrochen, hatte sich die gesamte Stadt an der Brandbekämpfung zu beteiligen. Jeder Hauseigentümer hatte die Pflicht, einen Eimer mit Wasser auf die Straße zu stellen, und jeder Besitzer eines Brunnens musste diesen zugänglich machen. Auf einen Brand wurde durch das Schlagen einer Glocke am Rathaus oder einer Kirche aufmerksam gemacht. Für Feuermeldungen war ein Türmer zuständig, der tagsüber mit einer roten Fahne und nachts mit Laternen auf den Ort des Feuers hinweisen sollte. Insbesondere alle Zimmerleute, Maurer, Schmiede und Schlosser samt ihrem Gesinde waren aufgerufen, mit ihren Werkzeugen zum Unglücksort zu eilen und bei den Löscharbeiten zu helfen.

Die »fewer Ordnung« definiert noch weitere Verpflichtungen, nennt aber zudem finanzielle Belohnungen und Leibesstrafen. Belohnt werden sollten die, welche sich möglichst früh am Brandort einfanden, Brandverursacher anzeigten oder Diebstähle meldeten. Bestraft wurden Bürger, die ihre Mithilfe verweigerten, den ihnen vom Stadthauptmann zugewiesenen Posten verließen, Diebstähle begingen, Feuer legten oder anderweitig nicht gemäß der Feuerverordnung handelten, so auch bei Verletzung der Sorgfaltspflicht über das eigene Hab und Gut, das an einem feuersicheren Platz gebracht und ordentlich bewacht werden sollte.

Die Feuerordnung von Pressburg ist ein besonders wertvolles Dokument, das davon zeugt, dass schon lange vor der Entstehung von Feuerwehrorganisationen die Bürger Pressburgs die Bedrohung durch Stadtbrände nicht auf die leichter Schulter nahmen. Die Zusammenstellung der Maßnahmen ist so detailliert ausgearbeitet, dass jeder Bewohner der Stadt genau wusste, wie er sich im Brandfall verhalten sollte.
Štefan Hrivňák

Literatur
Kamenický 1998.

II.61

Matthias von Miechów: Contra saevam pestem

Krakau/Kraków (Johann Haller), 1508

Papier, 6 Blätter

H 19,3 cm, B 14,4 cm

Breslau/Wrocław, Zakład Narodowy im. Ossolińskich, Dział Starych Druków, XVI.Qu.2941

Das Werk »Contra saevam pestem regimen accuratissimum« (Detaillierte Anleitung, um sich vor der gefährlichen Pest zu schützen) stammt von Matthias von Miechów (1457–1523), dem herausragenden Arzt und Rektor der Krakauer Akademie. Er schrieb es in den Jahren der Pest, die Polen zwischen 1505 und 1516 heimsuchte. Der Text entstand auf Initiative des Krakauer Druckers und reichen Kaufmanns Johann Haller

Excellētissimi viri mathie de miechoꝛv artiū ꝛ medicine doctoꝛis contra seuam pestem regimen accuratissimū. At pꝛimum ad diuos Sebastianū ꝛ Rochum deuote pmittunt orationes.

II.61

(1463–1525). Nachdem er erfahren hatte, dass sich die Seuche der Stadt nähert, wandte sich Haller an Miechów mit der Bitte, für die Einwohner der Stadt eine Zusammenstellung von Ratschlägen zu verfassen, wie der Pest zu begegnen sei. Haller druckte den zwölfseitigen Ratgeber in seiner Offizin in der ersten Jahreshälfte 1508. Im Mai desselben Jahrs erreichte die Pest Krakau und beherrschte die Stadt bis Dezember.

Den wichtigsten Teil des Werks widmete Miechów der richtigen Lebensweise, die helfen würde, eine Ansteckung mit der Pest zu vermeiden. Die vorbeugenden Maßnahmen präsentierte er in Form eines Merkverses, den er selbst als »5-F-Regel« bezeichnete: »Peste fatiga, fames, fructos, femina, flatus, / flebothomia, fuga, focus, fricatio, fluxus.« [In Pestzeiten Müdigkeit, Hunger, Früchte, Frau, Wind, | Aderlass, Flucht, Feuer, Stimulierung des Körpers, Abfluss.]

Während die ersten fünf Faktoren das gesunde Leben beeinträchtigten, halfen die anderen fünf, den Körper bei Kräften zu halten. So sollten während der Pest zum Beispiel Ermüdung (durch Anstrengung, Kontemplation, intensive Lektüre oder Umherlaufen) und Frauen, sprich der Beischlaf (insbesondere der außereheliche) vermieden werden. Empfohlen wurde unter anderem Aderlass (zur »Durchlüftung von Herz und Atem, damit das Blut aufgrund des Überflusses nicht schlecht werde«), Flucht (an einen von der Pest unberührten Ort) oder Feuer, das mit Harz oder wohlriechenden Salben und duftenden Blüten vermengt würde.

Im zweiten Teil des Ratgebers sind stärkende Mittel und deren Anwendung beschrieben, um nicht an der Pest zu erkranken. Der Autor notierte darin zum Beispiel Rezepte für Tabletten, die selbst hergestellt werden konnten (aus Diptam, Ingwer, Kandiszucker, Beinwell, dem Herzknochen eines Hirschen, Aloeholz und Zitronenschale), und empfahl außerdem die seinerzeit überaus beliebten Rufus-Pillen (aus Aloe Vera, Safran und Myrrhe, mit abführender Wirkung), die in der Apotheke gekauft werden konnten, oder Theriak, eine Mischung aus Dutzenden von Komponenten, die als dickflüssige Arznei gegen verschiedene Krankheiten verwendet wurde.

Im letzten, kürzesten Teil des Ratgebers erklärte Matthias von Miechów, wie die Pest zu heilen sei, obgleich er betonte, dass »es schwierig ist und sie selten jemand übersteht«. Zu den empfohlenen Behandlungen zählten Aderlass, Darmentleerung, stärkende Medikamente und gesunde Ernährung sowie das Aufschneiden von Abszessen und das Anbringen von Salbenpflastern.

Typografisch gesehen weist der Druck charakteristische Merkmale einer Postinkunabel (Frühdruck) auf, beispielsweise gotische Schrift, zahlreiche Abkürzungen und kompakter Satz. Die Titelseite schmückt ein einfacher Holzschnitt, der sich durch eine der Volkskunst eigene Strenge von Stil und Technik auszeichnet. Er zeigt Jesus Christus am Kreuz (in Form einer T-Initiale) und neben ihm stehend die Heiligen Rochus (als Pilger) und Sebastian (als von Pfeilen durchbohrter Märtyrer), die Schutzpatrone gegen ansteckende Krankheiten. *Agnieszka Franczyk-Cegła*

Literatur
Estreicher 1908 | Krakowiecka 1956 | Maciej z Miechowa 1998 | Naphy/Spicer 2000 | Polonia Typographica 1962.

II.62
Pestmedaille

Kremnitz/Kremnica, Christoph Füssl (zugeschrieben), datiert 1538

Silber, Prägung der Kremnitzer Münzanstalt

As: SICVT · EREXIT · MOSES ·/SERPENTE[M] · IN · DESERTO/· SIC · EXALETVR · FIL/IVS · HOMINIS · IN ·/SALVTE[M] · CREDE/NCIV · 10 · 3

Rs: DIXIT · DOMINVS · MOSE/· FAC · SERPENTE[M] · AENEV[M] · ET/ERIGE · EV[M] · IN · SIGNV[M] ·/VT · QVI · IESVS · ASPI/CIAE · SALVET ·/NV · ZI

D 3,4 cm, G 16,85 g

Kremnitz/Kremnica, Národná banka Slovenska, Múzeum mincí a medailí Kremnica, Medaillensammlung, 2007/0312

Im Mittelalter und in der Neuzeit zählte das »Goldene Kremnitz« (*zlatá Kremnica*) zu den wichtigsten Bergbaustädten der Welt. Bereits ab 1329 verfügte die Stadt über eine Münzanstalt. Im 16. Jahrhundert begann sich neben der Münzauch die Medaillenprägung zu entwickeln und begründete so die ungarische (und damit ebenso die slowakische) Medaillenherstellung. Als Gründer des Kremnitzer Renaissance-Medaillenwesens kann der Bildstecher und Medaillenmacher Christoph Füssl (vor 1520–1561) angesehen werden. Das erste schriftliche Zeugnis über ihn stammt aus einem Protokoll der Stadt Kremnitz von 1543, wo er als *eysenschneyder* der Kremnitzer Münze aufgeführt ist. Die erhaltenen Medaillen belegen jedoch, dass Füssl bereits vor diesem Jahr in der Münze gearbeitet haben musste. Innerhalb der Stadt hat er es mehrfach bis zum Posten des Richters gebracht (1547, 1554, 1558, 1560). Abgesehen davon war er aber zugleich privater Bergbauunternehmer. Von der Münze erhielt Christoph Füssl vier Gulden pro Woche, also 208 Gulden pro Jahr. 1553 wurde ihm eine lebenslange jährliche Provision von 100 ungarischen Gulden zugesprochen. Füssl starb 1561, und laut seinem Testament betrug sein Besitz die beachtliche Summe von 4 720 Gulden. Begraben wurde er in der Pfarrkirche der Seligen Jungfrau Maria auf dem Hauptplatz in Kremnitz, der er ein stattliches Marmortaufbecken, das sein Familienwappen trägt, gestiftet hatte.

Christoph Füssl werden etwa 25 Medaillen zugeschrieben (ohne Signatur), die Motive mit biblischer Thematik oder Porträts zeigen. Füssl hatte einen reifen und ausgeprägten Stil. Seine Arbeiten können anhand der Aufteilung der Medaillenfläche mittels einer horizontalen Linie oder anhand des geflochtenen, halbkreisförmigen Blätterkranzes identifiziert werden. Auf die obere Hälfte platzierte er meist ein Bildmotiv mit Architektur oder Landschaft im Hintergrund, auf die untere Hälfte den Text. Seine Darstellungen stechen durch ihre Figuralität, Perspektive und lebendigen Gesten im Geiste der Renaissance hervor.

Zu den charakteristischen Medaillen mit biblischen Themen gehört außerdem die Darstellung der Kreuzigung Jesu und des Moses mit der ehernen Schlange, wie auf der hier gezeigten Medaille. Die eherne Schlange galt als Heilmittel gegen Bisse echter Schlangen, die Gott wegen mangelnder Demut den Israeliten beim Auszug aus Ägypten gesandt hatte. Die Heilung durch den Blick zur ehernen Schlange als rettendes Zeichen Gottes kann in symbolischer Bedeutung auf Jesu am Kreuz als Heilsbringer gegen die krankmachenden Sünden der Menschen übertragen werden. Damit verweist das Motiv unter

II.62

anderem auf die Pestepidemien im frühneuzeitlichen Europa, welche für die Städte eine große Bedrohung darstellten, die mit enormem Aufwand bekämpft werden musste. Neben administrativen, logistischen und hygienischen Aufgaben waren zudem religiöse Lösungsstrategien von großer Bedeutung für die mittelalterliche Stadtbevölkerung. Als Schutzbringer gegen die Pest wurden verschiedene Gegenstände hergestellt, so vielleicht auch diese Pestmedaille. *Daniel Haas Kianička*

Quellen

Štátny archív Banská Bystrica – pracovisko Kremnica [Staatsarchiv Neusohl – Außenstelle Kremnitz], fond Magistrát mesta Kremnica [Fond Magistrat der Stadt Kremnitz], Tomus I, fons 36, fasciculus 8, nro. 427.

Literatur

Fiala 1906, S. 1238 f., 1318 | Huszár/Procopius 1932, S. 56 (Nr. 23) | Katz 1929, S. 141, 146 | Ludiková 2006, S. 53 f. | Rusina 2009, S. 913 f.

II.63 a

Medaille mit Bildnis des Anzelm Ephorinus

1557

Blei, gegossen, vergoldet; Darstellung einseitig

D 9,23 cm

Krakau/Kraków, Muzeum Narodowe w Krakowie, VII-MdP-2.010

II.63 b

Medaille mit Bildnis der Zofia von Fogelwerder

1557

Blei, gegossen, vergoldet; Darstellung einseitig

D 9,27 cm

Krakau/Kraków, Muzeum Narodowe w Krakowie, VII-MdP-2.011

Die Bildnismedaillen zeigen den Krakauer Arzt und Humanisten Anzelm Ephorinus (um 1505–1566) und seine 27 Jahre jüngere Ehefrau Zofia von Fogelwerder. Ephorinus stammte aus Friedeberg/Mirsk in Schlesien. Ab 1515 studierte er in Krakau, wo er sich dem humanistischen Zirkel um Leonard Cox (um 1495–1549) anschloss, der sich von 1518 bis 1520 und wieder von 1525 bis 1527 in Krakau aufhielt. Nach dem Studium war er als Dozent tätig und trug zu verschiedenen im noch jungen Druckerzentrum Krakau gedruckten Büchern durch das Verfassen von Vorworten, eigenen Beiträgen und der Übernahme der Herausgeberschaft bei. 1531 wurde er Tutor von Jan Boner (1516–1562), dem Sohn des Kaufmanns und königlichen Bankiers Severin Boner (vgl. den Beitrag von Christina Link, S. 530 ff.), und begleitete diesen und dessen Freund Stanislaw Aichler (Stanislaus Glandinus; 1520–1585), der später Schöffe am Krakauer Schöffenstuhl werden sollte, auf ihrer sechs Jahre währenden Studienreise durch Europa. Diese *Grand Tour* führte sie über Erfurt und Nürnberg nach Freiburg, wo sie mehrere Monate im Haushalt des Humanisten Erasmus von Rotterdam (um 1467–1536) verbrachten. Über Basel, Konstanz und Augsburg reisten sie nach Italien. Im Mai oder Juni 1532 erreichten sie Venedig und ließen sich in Padua nieder, wo Ephorinus ein Medizinstudium begann, das er 1534 mit der Erlangung des Doktortitels abschloss. Daran schloss sich die Fortsetzung der Reise über Bologna und Rom bis nach Neapel und zurück nach Rom an. Nach einem Aufenthalt von zwei Jahren in Rom, wo er von Kaiser Karl V. (reg. 1519–1556) in den Adelsstand erhoben wurde, trat die Reisegesellschaft die Rückreise nach Polen an, die sie über Paris, die Niederlande und Deutschland führte. Im Herbst 1537 erreichten sie wiederum Krakau, wo sich Ephorinus als Arzt niederließ und Zofia, die Tochter des Krakauer Ratsherrn Andrzej Fogelweder, heiratete, mit der er fünf Söhne und sechs Töchter hatte. Er wurde der erste Stadtarzt von Krakau und außerdem vom polnischen König zum Arzt der Silberminen in Wieliczka südöstlich von Krakau ernannt. Auch wenn er in Kontakt zu vielen Protestanten stand, blieben Ephorinus und seine Frau altgläubig und wurden nach ihrem Tod in der Franziskanerkirche von Krakau bestattet.

Aus welchem Anlass und von welchem Künstler die Bildnismedaillen 1557 geschaffen wurden, ist nicht bekannt. Als Medium der Freundschaftspflege ebenso wie der Repräsentation und der Memoria erfreuten sie sich zunächst in Italien seit dem 15. Jahrhundert und ab dem 16. Jahrhundert auch nördlich der Alpen großer Beliebtheit. Nicht nur Kaiser, Könige und Fürsten, sondern ebenso das städtische Patriziat, Kaufleute, Künstler und Humanisten ließen sich porträtieren. Im Unterschied zu den italienischen Medaillen waren die nordalpinen oft nur einseitig gestaltet. Ein Produktionszentrum waren die süddeut-

II.63 a

II.63 b

schen Reichsstädte Augsburg und Nürnberg, aber in Krakau sind im 16. Jahrhundert ebenfalls auswärtige sowie einheimische Medailleure dokumentiert. Die Gussformen wurden aus Buchsbaum geschnitzt und waren aufgrund ihres Formats leicht zu transportieren. Auftraggeber hatten daher die Möglichkeit, Künstler in weit entfernten Städten zu beauftragen. Als Gussmaterial wurde Gold, Silber, Bronze oder – wie im Fall unserer Medaillen – Blei gewählt.

Als erfolgreicher Arzt ebenso wie als anerkannter Humanist pflegte Ephorinus die zahlreichen internationalen Kontakte, die er auf seiner Tour durch Europa hatte knüpfen können. Zu seinen Freunden zählten Gelehrte und Dichter wie Georg von Logau (um 1495–1553), der ihm Verse widmete, aber auch einflussreiche Kaufleute und Patrizier wie die Familie Boner und die Familie Fugger, die ihn 1540 nach Augsburg einlud. Neben Briefen und Büchern bot der Austausch von Bildnismedaillen die Möglichkeit, diese Freundschaften zu pflegen und zu vertiefen.
Gabriele Köster

Literatur
Kowalska 1985 | Krawczuk-Biernatowa 1986 | Ng 2017, Kat.-Nr. 127.

II.64

Fragmente der altpolnischen Wasserleitung aus Lublin

Lublin, 16. Jahrhundert

Holz, Eisen, Zimmermannsarbeit, Schmiedearbeit

Fragment einer hölzernen Wasserleitung
Fundort: Grodzka Straße in der Altstadt
Stamm: L 100 cm, D 30 cm; Öffnung: D 6,5 cm

Eisenring aus dem Wasserbehälter:
L (ausgestreckt) 80 cm, B (max.) 5 cm

Eisenbuchse, Verbindungselement der Wasserrohre
Fundort: Łokietka Platz
H etwa 12 cm, D 10,5 cm (11,5 cm mit Kragen)

Hölzerne Durchlaufrinne aus dem Wasserbehälter
Fundort: Grodzka Straße in der Altstadt
H etwa 11,5 cm, L etwa 128 cm; Rille: B etwa 8 cm, T etwa 4 cm

Lublin, Muzeum Historii Miasta Lublina (Abteilung des Muzeums Lubelskie), ML/H/Nbm/446, ML/H/Nbm/447, ML/H/Nbm/448, ML/H/Nbm/449

Im Jahr 1317, während der Herrschaftszeit von Władysław I. Łokietek (Ellenlang, reg. 1306–1333, seit 1320 als König), erhielt Lublin das Stadtrecht nach dem Modell des Magdeburger Rechts. Als Maßstab für den Reichtum einer Stadt galt der Besitz einer Wasserleitung. Daher wurde 1506 ein Vertrag mit dem Röhrenmeister Jan (*magister canallium*) und dessen Gesellen Łukasz Czyriska aus Neu Sandez/Nowy Sącz abgeschlossen. Die Stadtbürger stellten Material für den Bau eines Staudamms (Eichenstämme, Faschine und Erdschutt) zur Verfügung, schütteten einen Deich auf und gruben einen Kanal, der in die Stadt führte. Die Baumeister steuerten Kupfer und Eisen bei und errichteten eine Pumpanlage. Eine Wasserleitung führte zur städtischen Brauerei. Ebenso wurden Behälter gebaut, aus denen Wasser für den allgemeinen Gebrauch geschöpft werden konnte.

Jahrelang gab es Streit um einen Teil der Wassergebühren mit dem Brigittenorden, durch dessen Klostergelände der sogenannte Rohrfluss verlief. Der polnische König Sigismund I. der Alte (reg. 1507–1548) sicherte im Jahr 1535 der Stadt die Exklusivrechte für die Nutzung der Wasserleitung und erlaubte dabei, das Wasser aus einer Stelle namens Kilowskie in der Nähe von Wrotków (heute ein Stadtteil Lublins) zu entnehmen. Dort begann auch ein vom Deich ausgehender Kanal. Er erstreckte sich auf mehr als vier Kilometern entlang des Bystrzyca-Tals. In dem etwa einen Meter tiefen Graben wurden rund 2 000 Rohre aus ausgehöhlten Eichen-, Kiefer- oder Buchenstämmen verlegt, die mit eisernen Buchsen und Ringen verbunden waren.

Über den Kanal gelangte das Wasser zur Pumpenanlage. Es handelte sich dabei um ein hölzernes Gebäude mit einem Wasserrad aus Eichenholz. Mit dem Rad setzte man eine Saug- und Druckpumpe im Innern des Gebäudes in Betrieb. Das Wasser wurde in einer Kiste gesammelt und anschließend durch Rotguss-Rohre weitergeleitet, die schräg zwischen der Pumpe und einem Wasserturm auf der Anhöhe in der Nähe des Brigittenklosters verlegt waren (an der heutigen Dolnej Panny Marii Straße). Der Turm hatte die Form eines überdachten steinernen Wehrturms. Das durch Rohre ins dritte Obergeschoss des Turms geleitete Wasser wurde in einem Kupferkessel gespeichert.

II.64

II.65

Der Wasserturm ist das einzige erhaltene oberirdische Objekt der altpolnischen Wasserleitungen. Von ihm aus erstreckte sich das Netz, mit dem das Wasser in der Stadt verteilt wurde. Die Hauptleitung verlief in der Nähe des Krakauer Tors, das zur Wehrmauer gehörte. Von dort wurde das Wasser zum Ring, in die Kirche des Erzengels Michael und zum Fischmarkt geleitet. Die Länge des Wasserleitungsnetzes umfasste rund 1,4 Kilometer. Für seine Verlegung wurden rund 700 Holzrohre verwendet. Auf einigen Abschnitten wurden teurere Rohre aus Messing oder Eisen verlegt.

In der Stadt wurden mehrere Wasserkisten aufgebaut, einige davon waren überdacht und mit Vorhängeschlössern versehen, verziert mit einem Ziegenbock, dem Wappentier der Stadt. Eine Kiste, mit Hanfschnüren und Teer abgedichtet, stand am Ausgang der heutigen Krakowskie Przedmieście Straße. Sie hatte fast rechteckige Form und konnte etwa 1 000 Eimer Wasser aufnehmen. Neben der Kiste befand sich eine angekettete Kanne zum Wasserschöpfen.

1966 wurden in der Grodzka Straße Reste eines öffentlichen Wasserbrunnens freigelegt. Unter ihm befand sich der Abschluss eines Wasserrohrs. Die Stadt bezuschusste das Wasserleitungssystem jährlich mit mehreren Hundert Florin. Im 17. Jahrhundert übernahm sie die Kosten für die »Abdeckung der Rohre mit Mist und Stroh«. Im Winter zündete man im Turm Feuer an, um das Wasser vor dem Einfrieren zu schützen. Zudem wurde Salz gestreut, um das Eis zum Schmelzen zu bringen, da es die Konstruktion hätte zerstören können. Die Wasserleitungen waren bis 1673, also rund 150 Jahre in Betrieb. *Małgorzata Surmacz*

Literatur
Hoczyk-Siwkowa 1986 | Jakimińska 2012 | Łopaciński 1987 | Mazurek 1986 | Szczygieł/Gmiterek/Dymmel 2008 | Teodorowicz-Czerepińska 1986.

II.65

Vertrag über den Bau einer Wasserleitung in der Stadt Lublin

Lublin, 13. Februar 1506

Pergament, Siegel fehlt

B 55 cm, H 24,5 cm, Plika: 7,3 cm

Lublin, Archiwum Państwowe w Lublinie, Akta miasta Lublina, Dokumenty, sygn. 30.

Am 13. Februar 1506 wurde im Lubliner Rathaus eine Vereinbarung zwischen den Ratsherren der Alt- und Neustadt Lublin, den Zunftmeistern und den Bürgern der Stadt einerseits sowie dem Röhrenmeister (*magister canallium*) Jan und seinem Gesellen Łukasz Czyriska aus Neu Sandez/Nowy Sącz über den Bau von Wasserleitungen getroffen, die die für die Stadt notwendige Versorgung mit Wasser aus dem Fluss Bystrzyca sicherstellen sollten. Das daraus resultierende Bewässerungssystem bestand aus einer Hauptleitung, von der einzelne Leitungen zum Sudhaus (Brauerei), zu Straßenbrunnen, Badehäusern und Häusern reicherer Städter abzweigten.

Der Vertrag legt die genaue Vorgehensweise beim Bau des Leitungssystems fest: Die Stadt sollte für das Aufstauen des Flusses sorgen und Holz und Land für den Bau zur Verfügung stellen. Zudem sollte sie für die Aushebung von Wassergräben sorgen. Der Röhrenmeister beschaffte Kupfer und Eisen sowie eine Wasserpumpe. Als Entlohnung wurden Einnahmen aus dem Brauhaus und der Mühle vereinbart. Zudem wurden Regelungen für die notwendigen Reparaturen bei Schäden an den Leitungen und für die ständige Reinigung und Unterhaltung der Kanäle getroffen. Der vom Stadtrat besiegelte Vertrag zeugt von der Bedeutung der Stadt, dem Wohlstand ihrer Bewohner und von der Funktionsweise ihrer Selbstverwaltungsorgane. *Christina Link*

Umwehrte Städte – wehrhafte Bürger

Schlüssel des Stadttores von Kremnitz/Kremnica (Kat.-Nr. II.69)

Beim Schutz des Landes helfen, den Feind zurückdrängen und die Stadt bis aufs Ganze verteidigen – das waren Pflichten, wie sie jedem in Posen/Poznań lebenden Bürger gemäß dem 1253 von den beiden polnischen Herzögen Przemysł (reg. 1239–1257) und Bolesław VI. (reg. 1239–1279) ausgestellten Stadtrechtsprivileg aufgetragen wurden. Die gemeinsam regierenden Fürsten unterstützten die Posener Bürgerschaft bei der Bewältigung dieser vielfältigen Verteidigungs- und Überwachungsaufgaben, indem sie die Kosten für vier Stadtwächter und zwei Geschützmeister übernahmen. Hierin kommt ein für mittelalterliche Landes- und Stadtherren typischer Wunsch zum Ausdruck, befestigte und wehrhafte Städte für die Durchdringung und Sicherung des von ihnen beanspruchten Herrschaftsraums zu nutzen.

Der Verteidigung der Bürgerschaft wurde bereits mit Gründung städtischer Siedlungen üblicherweise ein hoher Stellenwert eingeräumt. So ging es bei der Anlage einer Stadt darum, ein planmäßig vermessenes, erschlossenes und abgestecktes Gelände für die Siedlungstätigkeiten vorzubereiten und dieses von seiner Umgebung deutlich abzugrenzen. Realisiert wurde dies mittels Gräben, die sich häufig mit Wasser füllten und dadurch einen zusätzlichen Schutz boten und die sich auch noch heute im Grundriss zahlreicher Städte wiedererkennen lassen. Die aus den Gräben gewonnene Erde nutzte man zur Anlage von Wällen, die den Angriff aufs städtische Gebiet zusätzlich erschweren sollten. Die so entstandene Umwehrung konnten Planken, Zäune und Palisaden bisweilen noch verstärken. Die seit 2014 durch archäologische Ausgrabungen untersuchte Stadtwüstung Alt-Wartenburg/Barczewko im heutigen Polen vermag ein solches Siedlungsbild beispielhaft zu bestätigen, indem hier unter anderem Wallaufschüttungen und ein Spitzgraben nachgewiesen wurden. Man nimmt zudem an, dass diese Verteidigungsarbeiten durch eine Palisade bzw. ein Plankenzaun ergänzt wurden.

Auch Schriftquellen verdeutlichen einen planmäßigen Charakter städtischer Wehrbauten. So billigte etwa der Magdeburger Erzbischof Wichmann (amt. 1152–1192) im Jahr 1159 seinen im Marktort Wusterwitz lebenden Untertanen im Zusammenhang mit der Übertragung des Magdeburger Rechts zu, sich zu umwehren und die dazu nötigen Schritte selbst zu ergreifen. In Bezug auf Beeskow und Landsberg an der Warthe/Gorzów Wielkopolski bezeugen überlieferte Urkunden aus dem 13. Jahrhundert das tatsächliche Vorhandensein solcher vor allem mit Erde und Holz ausgeführten Arbeiten. Im späten Mittelalter begannen jedoch vielerorts die Arbeiten an massiven, aus Feld- und Ziegelsteinen bestehenden Stadtmauern. Ein solches Recht zur Befestigung konnten allerdings nur Landesherren aussprechen. So erhielt das an der Ucker gelegene Prenzlau 1287 eine Erlaubnis, sich mit einer Steinmauer zu umgeben. Die Stadt Beeskow sicherte sich eine ähnliche Bewilligung zu und erhielt zudem das Recht, für die Gewinnung von Baumaterial stadtnahe Lehmvorkommen ausbeuten zu dürfen (Abb. 191). Nicht immer gelang die Finanzierung solcher kostspieligen Bauvorhaben, sodass Landesherren die Verteidigungsmaßnahmen ihrer Städte unterstützten. Beispielsweise war der Stadt Rathenow 1295 gestattet worden, die in der Nähe liegende markgräfliche Burg abzutragen und die daraus gewonnenen Steine zum Bau einer Stadtmauer zu nutzen. Im Falle von Treuenbrietzen verzichtete der bran-

Abb. 191
Stadtmauer und Stadttor von Beeskow mit rekonstruiertem Wiekhaus

denburgische Landesherr sogar eine Zeit lang auf die Erhebung von Steuern, um dem dortigen Rat die Finanzierung der Stadtmauer zu erleichtern.

Der Bau von Stadtmauern zog sich meist einen längeren Zeitraum hin und bedurfte neben finanziellen Aufwendungen auch bedeutender personeller Kräfte. Viele Städte gingen bei der Aufrichtung der Mauer deshalb nicht im ganzen Stück, sondern abschnittweise vor (Abb. 192). In Bezug auf die mittelalterliche Stadt Pest konnte demnach festgestellt werden, dass das in nordöstlicher Richtung liegende Stadttor zuerst fertiggestellt worden war, ehe die daran anschließenden Mauerteile folgten. In der auf der gegenüberliegenden Seite der Donau neben dem Königspalast liegenden bürgerlichen Stadt Ofen/Buda wurden darüber hinaus einige Häuserrückseiten in die Stadtmauer einbezogen. Ebenso konnte es beim Bau von Stadtmauern zur Einbindung umliegender Siedlungen in die Stadt kommen. Die Räte zogen die dadurch in die Bürgerschaft integrierten Personen ebenfalls zu den Arbeiten an der Stadtmauer heran.

Oft beabsichtigten Städte, auch geistliche Einrichtungen wie Klöster, die sich innerhalb der Bürgerschaft oder in ihrem Umfeld angesiedelt hatten, an den städtischen Verteidigungsmaßnahmen zu beteiligen. Hierbei kam es mitunter zu Streit. Demnach beabsichtigte beispielsweise der Rat der Stadt Stargard 1292 die hier ansässigen Augustiner an der Errichtung der Stadtmauer zu beteiligen, denn die Umwehrung sollte direkt hinter deren Kloster entlanggeführt werden. Da sich die Mönche dagegen wehrten, blockierte der Rat den Bau des Klosters. Dies wiederum zog für 21 Ratsherren einen Bann nach sich. Erst auf landesherrliche Vermittlung kam eine Einigung zustande. Im Falle Leipzigs dagegen übertrug Markgraf Heinrich III. der Erlauchte (reg. 1221–1288) den dortigen Dominikanern ein Grundstück an der Stadtmauer, dass zuvor einem Adligen gehört hatte und nun für den Bau von Kloster und Kirche genutzt werden sollte. Die neuen geistlichen Besitzer des Areals übernahmen damit zugleich einen Teil notwendiger Instandhaltungsarbeiten an der Stadtmauer.

Die Organisation solcher Wartungs- und Ausbesserungsarbeiten oblag vielerorts dem Aufgabenbereich eines bestimmten Ratsherrn, der außerdem verschiedenen städtischen Bewohnern einzelne Bereiche der Mauer zur Verteidigung überwies. In Görlitz zum Beispiel übernahmen die dortigen Zünfte den Schutz eines jeweils für sie definierten Mauerabschnitts. Auf diese Weise konnten sowohl der Bau der Mauer als auch ihre Verteidigung zur Bildung eines bürgerlichen Gemeinschaftssinns beitragen. Die Stadtmauer und mehr noch die mit ihr verbundenen Wehrtürme, Wiekhäuser und Tore verfügten hier über einen hohen symbolischen Charakter, der sich bis heute anhand gut erhaltener historischer Stadtkerne wie etwa in Konitz/Chojnice anschaulich fassen lässt. Nicht grundlos zeigen zahlreiche städtische Siegel daher Mauern und Türme, die zum Idealbild einer Stadt gehörten. Ebenso wurden die an wichtigen Zugangswegen errichteten Tore mitunter repräsentativ ausgestaltet, wie sich an der Figur einer imposanten Madonna mit Kind erahnen lässt, die einem Stadttor in Radom entstammt. Nicht weniger beeindruckend stellt sich das Neustädter Tor in Tangermünde dar, das in seiner prächtigen Gestaltung unter anderem eine Reihe von Wappen trägt, die jedem Besucher die rechtliche und verfassungsmäßige Stellung der landesherrlichen Stadt vor Augen führte (Abb. 193).

Abb. 192
Das Wiekhaus, integriert in die Stadtmauer von Neubrandenburg (Mecklenburg)

Das Durchschreiten der Tore ins Innere der Stadt markierte also zugleich den Übertritt in einen vom Umland geschiedenen Rechtsraum, in dem besondere städtische Freiheiten und Gewohnheiten herrschten. Das bekannte Sprichwort »Bürger und Bauer scheidet nichts als die Mauer« hat hierin seinen Ursprung. Gleichwohl griff die bürgerliche Wehrhoheit weit ins Umland der Stadt hinaus. Am deutlichsten ist dies anhand von Landwehren zu beobachten, die Räte vielfach als Verteidigungsring mit Wällen, Wachtürmen, Schanzen und weiteren Absicherungen um die Stadt herum anlegten. Auch die Aneignung nahe gelegener Siedlungen im Umland sowie der Erwerb von Rechten an Gewässern, Bergen oder Wäldern konnten dem raumgreifenden Schutz der Stadt dienen.

Daneben oblag es jedem Bürger, selbst für den Schutz und die Verteidigung seiner Stadt zu sorgen. Zahlreiche Stadtordnungen schrieben somit den Besitz von Waffen und Kampfausrüstungen in jedem Bürgerhaus vor. Des Weiteren richteten Räte im Rathaus oder in Stadttürmen Waffen- bzw. Rüstkammern ein, die einen schnellen Zugriff auf Kriegsgerät ermöglichen sollten. Das Repertoire verwendeter Waffen unterschied sich je nach Stadt und Zeit sehr gravierend. So gab es beispielsweise einfachere Waffen wie Kettenkugel, Morgenstern und Kriegsflegel. Auch Hieb- und Stichwaffen wie Degen, Spieße, Lanzen, Piken und Bindenhänder befanden sich unter Umständen in bürgerlichen Händen. Seit dem 14. Jahrhundert gewannen Kanonen und Geschütze eine zunehmend wichtigere Bedeutung. Im Übergang zum 15. Jahrhundert kamen zudem Handfeuerwaffen wie Gewehre und Pistolen auf. Weite Verbreitung fanden außerdem Armbrüste und Bögen. Zum Schutz vor Angriffen trugen Bürger Pavese, Schild, Harnisch oder Rüstung. Die Produzenten solcher Waffen und Ausrüstungsgegenstände, zu denen zum Beispiel Büchsenmacher und Plattner gehörten, schlossen sich seit dem 16. Jahrhundert zunehmend zu eigenen Gilden zusammen. Oft fertigten sie ihre Produkte nicht unmittelbar für Kriegszwecke, sondern für den repräsentativen Gebrauch von Bürgermeistern, Ratsherren und Bürgern, wovon aufwendig gestaltete Pistolen

Abb. 193 ►
Neustädtisches Tor in Tangermünde mit prägendem Wappenprogramm. Erkennbar sind u. a. der Braunschweigische Adler und ein Verweis auf die Herrscher aus dem Geschlecht der Hohenzollern mit deren Familienwappen.

und Zeremonialschwerter ebenso zeugen wie Prachtharnische. Solche Gegenstände sollten die bürgerliche Wehrhoheit demonstrieren und dienten außerdem als Geschenke.

Die somit auf vielen Wegen konstituierte bürgerliche Wehrgemeinschaft griff häufig über die städtischen Grenzen hinaus. Den Anlass dafür bildeten nicht nur Kriege, sondern auch Übergriffe auf den städtischen Handelsverkehr durch Räuber und Wegelagerer. In solchen Fällen bemühten sich Städte oft selbst um die Sicherheit von Straßen, indem sie die Straftäter verfolgten. So wurde beispielsweise 1469 Caspar Spilner von Kamenzer Bürgern aufgegriffen und an Ort und Stelle gehängt, da er in der Gegend um Cottbus mehrere Raubzüge durchgeführt, einem dort wohnhaften Müller Joppe, Hosen sowie Messer entwendet und in Kamenz selbst Fleischbänke aufgebrochen hatte. Die wehrhaften Bürger von Perleberg verbündeten sich ihrerseits 1399 mit Herzog Albrecht III. von Mecklenburg (reg. 1379–1412) und Markgraf Wilhelm von Meißen (reg. 1382–1407), um den Raubzügen der Familie von Quitzow, die sich gemeinsam mit den Lenzener Bürgern am hansischen Handel bereicherten, Einhalt zu gebieten. Durch einen gezielten Angriff auf Stadt und Burg Lenzen gelang schließlich deren Eroberung. Die Straßenräuber, die sie dabei ergriffen, wurden rigoros gehängt, wie eine zeitgenössische Chronik aus Lübeck berichtet.

Mit ihrer nach innen und außen demonstrierten Wehrhoheit setzen Bürgerschaften ihre Ziele somit durchaus erfolgreich um, wobei nicht vergessen werden darf, dass es ebenso Städte gab, die überhaupt keine Stadtmauern oder bedeutende Umwehrungen besaßen und damit von dörflichen Siedlungen kaum zu unterscheiden waren. Daher gilt die Stadtmauer in der heutigen Forschung keineswegs als ausschlaggebendes Kriterium für eine Stadt. *Sascha Bütow*

Literatur
Baeriswyl 2018 | Biermann/Herrmann/Koperkiewicz 2018 a | Biller 2016 | Holl 1991 | Isenmann 2014, bes. S. 88–103.

II.66

Gotische Skulptur der Muttergottes mit dem Kind vom Krakauer Tor

Um 1360/1370, 2018 restauriert

Lindenholz, bemalt, vergoldet

H 100 cm, B 45 cm, T 20 cm

Radom, Muzeum Katedralne w Radomiu, Besitz der Diözese Radom

II.66

Die Entstehungsgeschichte der Skulptur und ihre ursprüngliche Funktion sind bis heute ungeklärt. Es ist bekannt, dass die Figur Anfang des 19. Jahrhunderts in einem der Stadttore von Radom, dem sogenannten Krakauer Tor, als einem Teil der Stadtbefestigung platziert war. Diese entstand Mitte des 14. Jahrhunderts, kurz nach der Gründung von Neu-Radom (Nowy Radom) nach Magdeburger Recht durch König Kasimir III. den Großen. Nach der Beseitigung der Stadtmauern von Radom auf Anordnung der Teilungsmächte (1807–1821) wurde die Skulptur in die Johannes-Pfarrkirche verlegt, wo sie ihren Platz in der Nordmauer fand. Nach dem Zweiten Weltkrieg verwahrte man sie in der Pfarrei der Kirche und zeigte sie nur selten. Eine Zeit lang war der Aufenthaltsort der Skulptur nicht genau bekannt, und es wurde vermutet, sie sei verschollen. Nach dem Jahr 2000 überführte man sie in die Kurie der Diözese Radom. 2018 restaurierte man die Skulptur grundlegend und stellte ihr gotisches Erscheinungsbild wieder her.

Bei der Statue der Muttergottes mit dem Kind handelt es sich um eine Holzschnitzarbeit. Das Relief bzw. die Wandplastik ist aus einem Stück Lindenholz gefertigt. Die Skulptur ist der späten Gotik und dem sogenannten weichen Stil zuzuordnen, genauer einer Variante dieses Stils, dem Typus der Löwenmadonna. Untersuchungen und der Vergleich mit analogen Objekten legen für die Skulptur aus Radom eine Entstehungszeit in den 60er oder 70er Jahren des 14. Jahrhunderts nahe. Möglich wäre auch eine Verbindung zum Umfeld der schlesischen Holzschnitzkunst.

Die Radomer Skulptur mit der für die Gotik populären Mariendarstellung mit Jesuskind zeigt Maria als Herrscherin: Sie sitzt auf einem Thron und trägt auf dem Kopf die königliche Krone (von der nur der untere Teil erhalten ist). Gekleidet ist sie in ein Gewand in höfischem Stil mit feinen Stiefeletten an den Füßen. Die gekrönte Maria bietet ihren Sohn den Gläubigen dar, worauf die deutlich »nach außen geöffnete« und zum Betrachter geneigte Haltung des Jesuskinds hindeutet. Hervorzuheben ist, dass diese Figur selbst keine Krone trägt. Jesus Christus wird hier als Kind gezeigt, nicht als König. Auch sind die Anordnung und Funktion der Hände der beiden Figuren von Bedeutung: So ruhen die rechte Hand Marias und die rechte Hand des Kindes auf einem kugelförmigen Gegenstand, der als Erdkugel oder Apfel gedeutet wird. Maria mit ihrem Sohn im Arm fügt sich in das ewige Thema des Throns der Weisheit. Die Aufmerksamkeit richtet sich insbesondere auf die Art und Weise, wie Maria ihren Sohn hält: als Darbietung an das christliche Volk. Das rechte Bein des Jesuskinds wird von Marias linker Hand gestützt. So exponiert bildet es einen Kontrast zum stärker angewinkelten linken Bein, auf das wiederum das Jesuskind seine linke Hand stützt und damit auch dieses Bein deutlich betont. Die Anordnung der Figuren in dieser Form ist symbolisch. Jesus Christus stieg herab zur Erde, um die Menschen zu retten, und starb dafür am Kreuz.

Die Ausführung der Skulptur deutet darauf hin, dass sie entweder im Schrank des Altaraufsatzes, in einer Mauernische oder auf einem Sockel an der Wand ausgestellt werden sollte.

Michał Krawczyk

Literatur

Krawczyk 2019 | Pencakowski/Malik-Ptaszyńska/Zając-Siedlecka 2018 | Widawski 1973.

II.67

Verleihung des Rechts zum Bau einer Stadtmauer an Wilna durch Alexander I. den Jagiellonen, König von Polen und Großfürst von Litauen

Grodno/Hrodna, 6. September 1505

Text in ruthenischer Sprache; verzierte, über zwölf Zeilen gehende Initiale
Hängesiegel des Großfürsten Alexanders I. von Litauen

Pergament

H 37,5 cm, B 45,5 cm

Umbug (*plica*): H 10 cm

Wilna/Vilnius, Lietuvos mokslų akademijos Vrublevskių biblioteka, MD F1-44

II.67

Seit Ende des 15. Jahrhunderts wurde das Gebiet des Großfürstentums Litauen zunehmend durch das Krim-Khanat des Mengli I. Giray und das Großfürstentum Moskau, ein neues Machtzentrum der Ostslawen, bedroht. Um die Tataren abzuwehren, griff Alexander I. der Jagiellone (1492–1506 Großfürst von Litauen, seit 1501 auch König von Polen), auch auf die Hilfe der Einwohner von Wilna zurück. Um die Sicherheit ihrer Stadt zu gewährleisten, beschlossen die Einwohner 1503 den Bau einer die Stadt umgebenden Befestigung. Die Tatareneinfälle in den nahe gelegenen Gebieten von Minsk, Sluzk, Njaswisch und Nawahrudak hatten sie zutiefst verängstigt. Als sie an Alexander I. herantraten, um die Erlaubnis zu diesem Bauprojekt zu erhalten, gewährte er sie bereitwillig. Die Freistellung der Stadtbewohner vom Militärdienst wurde allerdings an die tatsächliche Durchführung des Bauprojekts geknüpft. Dementsprechend enthält die Urkunde auch genaue Angaben zum geplanten Verlauf der Befestigung und der Lage der Tore.

Die Stadtbewohner sollten zunächst einen Graben ausheben und dann eine Ziegelmauer errichten. Jeder männliche Stadtbewohner war verpflichtet, einen Teil des Mauerwerks zu bauen. Wer seinen Abschnitt nicht sofort vollenden konnte, war gehalten, ihn wenigstens vorläufig mit einer Palisade zu sichern. Die Befestigung sollte nur fünf Tore haben, die an den wichtigsten Ausfallstraßen liegen sollten: Pilies, Spaso, Medininkų (Aušros), Trakų, Vilijos (Vilniaus). Um Tag und Nacht Wachposten an den Toren unterhalten zu können, gewährte die Urkunde dem Magistrat das Recht, eine Gebühr für das Betreten der Stadt zu erheben. Jene, die diese Gebühr nicht aufbringen konnten, sollten stattdessen einen Stein mitbringen, der so groß war, wie ihn ein kräftiger Mann tragen konnte. Der Bau der Mauer wurde durch den Bischof von Wilna, Wojciech (Albert) I. Tabor (amt. 1492–1507), aus eigenen Mitteln finanziert. Er segnete auch persönlich den Beginn der Bauarbeiten. Mikalojus Radvilaitis (oder Radvila, der Alte), der Woiwode von Wilna (amt. 1492–1509), wurde angewiesen, den genauen Verlauf der Mauer abzustecken. Als einer der Baumeister konnte Michael Enkinger identifiziert werden, der im 16. Jahrhundert auch in Danzig/Gdańsk und Königsberg/Kaliningrad tätig war. Im Jahr 1522 war der Bau der Wehrmauer abgeschlossen. Zu diesem Zeitpunkt wies sie bereits zehn Tore und fünf Türme auf. Heute existieren noch das Tor der Morgenröte (Aušros, oder Medininkų), die Bastion (Bastėja) und einige wiederhergestellte Teilstücke der Mauer.

Die abgebildete Urkunde wurde seit 1852 im Zentralarchiv in Wilna verwahrt und 1896 der Handschriftenabteilung der Öffentlichen Bibliothek von Wilna übergeben. Die Regierung des russischen Zaren ließ sie 1915 in die Kaiserliche Bibliothek im Öffentlichen Museum (Rumjanzew-Museum) in Moskau bringen, der späteren Lenin-Bibliothek der UdSSR und heutigen Russischen Staatsbibliothek. 1946 wurde die Urkunde schließlich der Litauischen Akademie der Wissenschaften (WLLAS) übergeben und kam so wieder in ihre Heimatstadt zurück. *Rima Cicėnienė*

Quellen

Dubiński 1788, S. 19 f. | Sobranie 1843, Bd. 1, S. 18–20, Nr. 14.

Literatur

Drėma 2013, S. 156–170 | Jasas 1980, S. 70, Nr. 158 | Jučienė 1979 | Łowmiańska 2005, S. 168–181 | Šapoka 2013, S. 405–421.

II.68

Hängeschloss des Kleinen Stadttors von Kremnitz, genannt *Thürl*

Kremnitz/Kremnica, um 1550

Eisen, verzinnt; Messing

H 10 cm (14,7 cm mit Halter), B 7 cm, L 7,5 cm, G 2002 g

Kremnitz/Kremnica, Národná banka Slovenska, Múzeum mincí a medailí Kremnica, Sammlung Regionalgeschichte, K1-46

II.68

Die Stadtbefestigung von Kremnitz wurde im Übergang vom 14. zum 15. Jahrhundert gebaut und mit den bereits existierenden Verteidigungsanlagen der Stadtburg verbunden. Im Jahr 1390 sind im Rechnungsbuch der Stadt Neusohl/Banská Bystrica Ausgaben für eine nicht näher bestimmte bauliche Aktivität in Kremnitz erwähnt, wahrscheinlich der Bau der Stadtmauer. Diese wurde spätestens bis 1423 fertiggestellt, denn zwischen 1423 und 1560 sind in den Rechnungsbüchern der Stadt Kremnitz nur noch Ausgaben für die Instandhaltung des Stadtmauersystems angegeben – im Jahr 1464 zum Beispiel Zahlungen für Maurerarbeiten an verschiedene Maurer und Steinmetze. Der Auslöser zur Errichtung von Verteidigungsanlagen für die Städte im Königreich Ungarn war das sogenannte Kleine Dekret Sigismunds von Luxemburg (1368–1437), ab 1387 König von Ungarn und Kroatien, aus dem Jahr 1405. Darin wurde angeordnet, dass die Städte mit Mauern zu umfrieden seien. Die Befestigung der Stadt Kremnitz bestand aus Mauern mit Wehrgängen und Schießscharten, aus drei Eingangstoren und neun runden Eckbasteien sowie dazwischenliegenden Türmen. Die älteste Erwähnung der Stadttore stammt aus dem Jahr 1441, als die Stadt für die Herstellung von zwei Torschlössern für das Niedere Tor (*czway schlossen czu dem Nyderntar*) insgesamt 44 Denare bezahlte. Das Vorhandensein eines Niederen Tors setzt auch die Existenz eines Oberen Tors voraus. Das gesamte Trio der Stadttore ist in der Jahresabrechnung der Stadt von 1499/1500 erwähnt: Oberes, Niederes und Kleines Tor (*Ober Thor, Nyder Thor, Ober Thürl*).

Alle Tore verfügten auch über Schlösser. So wird unter anderem im Jahr 1646 das Schloss zum sogenannten Barbakan (Bastei) erwähnt, der nach 1539 im Bereich des Niederen Tors gebaut wurde. Einen Barbakan hatte aber ebenso das Obere Tor. In der Auflistung von 1646 wird zudem die Gesamtanzahl der Schlösser zu den Stadttoren verzeichnet: vier große Hängeschlösser für das Obere Tor, zwei Schlösser zu der dazugehörigen Zugbrücke und zwei Schlösser zur Šramka (einen die Stadt umgebenden Palisadenzaun), fünf Hängeschlösser für das Niedere Tor, zwei Schlösser zur dazugehörigen Zugbrücke und ein Schloss zur kleinen Fußgängertür bei der Zugbrücke sowie zwei große Hängeschlösser für das Kleine Tor. Bis heute ist das Niedere Tor mit dem Barbakan in ursprünglicher Form erhalten. Das Obere Tor wurde 1873 und das Kleine Tor 1881 saniert. Einige der Schlösser zählten zu den sogenannten Stadtkleinodien, deren Inventarliste von 1820 außerdem drei eiserne, verzinnte Schlösser mit dazugehörigen Schlüsseln nennt (»3 St. Eiserne Verzinnte Stadt Thor Schlösser samt denen dazu gehörigen Schlössln«). Dazu gehört eben das abgebildete, robuste eckige Schloss mit Schließmechanismus und Halter. An der Stirnseite befindet sich die Öffnung für den Schlüssel, die mit einem Messingschildchen geschlossen werden kann. Passende Schlüssel sind erhalten. Aus den Stadtkleinodien im Rathaus gelangten die Schlüssel in das 1890 gegründete Stadtmuseum, den Vorgänger des heutigen Münz- und Medaillenmuseums Kremnitz. *Daniel Haas Kianička*

Quellen

Štátny archív Banská Bystrica – pracovisko Archív Kremnica [Staatsarchiv Neusohl – Außenstelle Kremnitz], fond Magistrát mesta Kremnice, Hospodárske zápisnice, Register klenotov z rokov 1767–1823, vložený súpis klenotov z roku 1820 [Fond Magistrat der Stadt Kremnitz, Wirtschaftsbücher, Register von Kleinodien aus den Jahren 1767–1823, Zusatzaufstellung aus dem Jahr 1820], S. 2.

Literatur

Haas Kianička 2014, S. 240 f. | Matunák 1928, S. 310–316, 320, 322, 326, 328 f.

II.69

Schlüssel des Kleinen Stadttors von Kremnitz, genannt *Thürl*

Kremnitz/Kremnica, um 1550

Eisen, Reste der ursprünglichen Versilberung; vergoldetes Messing und Messing; Abguss mit Ziselierung; goldene Verzierung der Reite von 1751

B 6,5 cm, L 18,5 cm, G 244,04 g

Kremnitz/Kremnica, Národná banka Slovenska, Múzeum mincí a medailí Kremnica, Sammlung Regionalgeschichte, K1-41

Die älteste Erwähnung der Kremnitzer Stadttore stammt aus dem Jahr 1441, für das in den Quellen die Herstellung von zwei Schlössern zum Unteren Stadttor erwähnt ist. Zu den Schlössern mussten auch Schlüssel gefertigt worden sein. Gemeinsam genannt werden die Stadttore in der städtischen Jahresbilanz von 1499/1500, die Eintragungen zum Oberen, Niederen und Kleinen Stadttor enthält. Der hier gezeigte Schlüssel stammt aus dem Jahr 1550 und gehört zum Schloss für das Kleine Tor, *Thürl* (Kat.-Nr. II.68), welches auch als Neusohler (Bystrická) oder Altsohler Tor (Zvolenská) bezeichnet wurde.

In den Jahren 1751 und 1764 wurde er zusammen mit einem weiteren Schlüssel zur symbolischen Begrüßung des Herrschers in der Stadt verwendet. 1751 war dies Kaiser Franz I. (reg. 1745–1765), Ehemann von Maria Theresia (1717–1780) von Österreich; 1764 war es sein Sohn, der römisch-deutsche König Joseph II. (reg. als Kaiser 1765–1790), der Kremnitz gemeinsam mit seinem Bruder Erzherzog Leopold (reg. als Kaiser 1790–1792) besuchte. Der herrschaftliche Besuch fand wegen der Bedeutung des Bergbaus und der oberungarischen Bergstädte für die Finanzierung der Krone statt. Beide Herrscher wurden vor dem Unteren Tor von den Mitgliedern des Stadtrats und dem Richter begrüßt. Niederkniend überreichten sie auf einem roten Samtkissen die kunstvoll verzierten Schlüssel und zeigten damit ihre Demut gegenüber der Krone. Im übertragenen Sinn legten sie damit ihre Stadt in die wohlwollenden Hände des Herrschers, von dem man abhängig war und Privilegien erhielt.

Der abgebildete Schlüssel besteht aus einem eisernen Grundkorpus sowie Gesenk und Reite, die aufwendig (mit Gold) verziert sind. Die Motive zeigen unter anderem ein Maskaron (Maskengesicht), Schlägel und Eisen, eine Muschel und Arabesken. Die Werkzeuge der Bergleute verweisen auf die Charakteristik der Stadt. Die Verzierung mit Goldornamenten wurde 1751 bei einer Stadtratssitzung beschlossen. Der Name des ausführenden Goldschmieds ist nicht bekannt. Interessant ist jedoch, dass beide Herrscher nach der symbolischen Schlüsselübergabe die kunstvollen Schlüssel als Ausdruck ihrer Dankbarkeit an die Stadtvertreter zurückgaben. Die Stadt sollte sie mit den anderen städtischen Kleinodien aufbewahren. Zusammen mit den Schlössern werden sie in der Aufstellung der Kleinodien der Stadt, dem Stadtschatz, im Jahr 1820 erwähnt. Aus dem städtischen Rathaus gelangten sie 1890 in die Sammlung des Stadtmuseums, des Vorgängers des heutigen Münz- und Medaillenmuseums Kremnitz.

Daniel Haas Kianička

Quellen

Štátny archív Banská Bystrica – pracovisko Archív Banská Štiavnica [Staatsarchiv Neusohl – Außenstelle Neusohl], fond Magistrát mesta Banská Štiavnica, Protokol mesta Banská Štiavnica z roku 1751, na konci je priviazaný popis cisárskej návštevy v stredoslovenských banských mestách [Fond Magistrat der Stadt Neusohl, Protokoll der Stadt Neusohl von 1751], S. 60–62.

Literatur

Matunák 1928, S. 236, 242.

II.69

Städter und Bürger

Rechtliche Gruppen in der Stadt und soziale Dynamik

Miniatur eines städtischen Amtsträgers im »Liber de moribus hominum et officiis nobilium ac popularium super ludo scacchorum« des Jacobus de Cessolis. Die Schrift stellt verschiedene städtische Gruppen, genannt Venden (niedere Stände), mit typischen Merkmalen/ Werkzeugen und ihren Tugenden vor (Kat.-Nr. II.74, fol. 23v)

Bekanntermaßen waren es Abstammung und Herkunft, die in erheblicher Weise über den Status eines mittelalterlichen Menschen und dessen Rolle innerhalb der Gesellschaft bestimmten. Persönliche Freiheiten und Rechte hingen demnach davon ab, in welchen Stand man hineingeboren worden war. Diese ständisch gegliederte Gesellschaft des Mittelalters erscheint auf den ersten Blick starr und undurchlässig, kannte bei näherer Betrachtung jedoch ebenso zahlreiche Formen sozialer Mobilität. Gerade in Bezug auf die im Hochmittelalter stark wachsenden Städte war es somit möglich, aufzusteigen und eine Verbesserung der rechtlichen Stellung zu erlangen. Bis heute wird dieses Phänomen vielfach mit dem weithin bekannten Sprichwort »Stadtluft macht frei« umschrieben.

Dabei stammt dieser Leitsatz gar nicht aus dem Mittelalter selbst, sondern aus Forschungen, die liberal gesinnte Historiker und Rechtsgelehrte des 19. Jahrhunderts im Rückblick auf das frühe Bürgertum betrieben haben. Zudem sollte nicht vergessen werden, dass die metaphorisch so anschaulich beschriebene Stadtluft keineswegs für alle Städter das gleiche Maß an Freiheit bereithielt. Denn städtische Gesellschaften des Mittelalters waren höchst differenzierte Gebilde. Somit besaßen längst nicht alle in den Städten lebende Einwohner das Bürgerrecht. Letzteres blieb beispielsweise Lohnarbeitern, Knechten, Gesellen und nicht in Zünften organisierten Handwerkern zumeist verwehrt. Man zählte diese Personengruppen ebenso wie Bettler, Prostituierte und Arme zu den Unterschichten der Stadt, deren rechtliche Situation insgesamt sehr eingeschränkt war. Anders verhielt es sich in den mittleren Gesellschaftsschichten der Stadt, zu denen die Zunfthandwerker sowie Kleinhändler und Krämer gehörten. Sie besaßen ähnlich wie die häufig an der Spitze der Stadt stehenden reichen Kaufmannsfamilien und Patrizier das Bürgerrecht und rangen mit diesen mehr oder weniger um Partizipation am städtischen Regiment (Abb. 194).

Die Gemeinschaft der Bürger verband ein konstituierender Eid, dessen Ursprünge bis ins 11./12. Jahrhundert zurückreichen. Nicht selten fußen Stadtgründungen somit auf einer während dieser Zeit geschlossenen Schwurgemeinschaft, der *coniuratio*. Hiermit verschwor sich eine Gruppe von Personen durch Eid zu gegenseitigem Schutz, der Wahrung ihrer Rechte und dem selbstlosen Eintreten für die Gemeinschaft. Insbesondere im Übergang zum Spätmittelalter gewann die Eidesleistung, die bei Eintritt in eine Bürgerschaft erbracht werden musste, zunehmend an Bedeutung. Dies belegen zum Beispiel in Archiven überlieferte Bürgerrollen bzw. Bürgerbücher, deren Zahl im 14. Jahrhundert merklich anstieg. Diese Quellen listen neu in die Bürgerschaft aufgenommene Personen meist nach Jahren gegliedert auf und weisen hierbei ebenso auf den zuvor vollzogenen Eid hin. Dieser war für gewöhnlich mit wichtigen Symbolhandlungen verbunden, die beispielsweise das Berühren des Kopfes eines Bürgermeisters oder etwa das Auflegen der Hand auf ein Reliquiar vorsahen. Nicht selten kam es vor, dass Stadträte den Bürgereid im Zusammenhang mit dem Verlesen von Ratsbeschlüssen, Bürgerversammlungen oder sogenannten Schwörtagen wiederholt einforderten. Unabhängig davon, ob die Eidesleistung individuell oder in der Gemeinschaft erfolgte, sollte der damit einhergehende zeichenhafte Akt den einzelnen Bürger an die Rechtsgewohnheiten der Stadt binden und seine Unterordnung unter die vom Rat gesetzten Regeln des gemeinsamen städtischen Lebens bekräftigen.

Bei derart formalisierten Gemeinschaftsbekundungen vermag es kaum zu verwundern, wenn auch der Erwerb des Bürgerrechts, der damit verbundene Zuzug in die Stadt und die Teilhabe an deren Privilegien an bestimmte Voraussetzungen geknüpft waren. Dazu zählte in erster Linie ein Nachweis der Ehrbarkeit, die eine wichtige Legitimation für die Geschäftsfähigkeit und Inanspruchnahme von Rechten war. So bestätigten

Abb. 194
Miniatur eines Außenseiters:
Spieler, Verschwender, Botenläufer
(Kat.-Nr. II.74, fol. 25r)

Abb. 195
Miniatur eines Handwerkers:
Schmied, Zimmermann, Maurer
(Kat.-Nr. II.74, fol. 16r)

etwa die Bürgermeister und Ratsleute der Stadt Lenzen 1414 gegenüber der Stadt Reval/Tallinn, dass ihr Mitbürger Klaus Ditleues von ehrlichen und freien deutschen Leuten in ehelichem Bett »echte unde rechte« (Heckmann 1995, S. 155) geboren worden sei. Erst hierdurch konnte Ditleues seinen Anspruch auf die in Reval liegenden Güter seines verstorbenen Bruders untermauern. In ähnlicher Weise bezeugte der Rat von Radom die »rechte Geburt« des Maciej Radomierz 1421. Im Rahmen solcher Nachweise spielten oftmals auch Berufskollegen eine entscheidende Rolle. So bezeugten im Falle des Schumachers Valentin Weichersdorf, der 1485 von Frankfurt an der Oder nach Beeskow umziehen und das dortige Bürgerrecht erwerben wollte, mehrere Frankfurter Schuhmacher unter Eid bei erhobener rechter Hand dessen grundsätzliche Aufrichtigkeit. In diesem konkreten Fall bildete die so erteilte Bürgschaft eine wichtige Voraussetzung für den Erwerb eines Grundstücks in Beeskow. Der dortige Rat steht damit stellvertretend für viele Stadtväter, die im Zusammenhang mit dem Erwerb des Bürgerrechts zugleich die Forderung erhoben, in der Stadt ein Haus oder eine Wohnung zu kaufen. Andernorts reichte der Nachweis von Einnahmen oder sonstigen Besitzungen auf städtischem Gebiet. In den meisten Fällen jedoch wurde den Neubürgern die Zahlung eines Aufnahmegelds abverlangt, worüber dann in den schon angesprochenen Bürgerbüchern oftmals eine Mitteilung erfolgte.

Durch diese von Stadt zu Stadt variierenden Formalitäten bei Eintritt in eine Bürgerschaft gewann man nicht zuletzt einen Anspruch auf Schutz durch die Gemeinschaft und ein vom Rat verantwortetes Eintreten für die persönlichen Rechte. Besonderen Wert besaßen ebenso allgemeine städtische Privilegien. Dass diese dem Anspruch nach nicht nur einer exklusiven Schicht innerhalb der Bürgerschaft vorbehalten waren, belegt eine 1319 von der brandenburgischen Markgräfin Agnes (um 1298–1334) ausgestellte Urkunde für die Städte Berlin und Cölln, wonach es explizit allen Bürgern, egal ob reich oder arm, zustand, Getreide nach Hamburg zu verschiffen. Neben dem Besitz solcher Rechte hatte ein Neubürger aber ebenso verschiedene Verpflichtungen, wie zum Beispiel die finanzielle Beteiligung an den städtischen Lasten und Steuern, die Übernahme von Wehr- und Wachdiensten sowie weitere kommunale Aufwendungen (Abb. 195).

Über solche Rechte und Pflichten grenzte sich der Bürger vom Nichtbürger, dem »medewoner«, »beisassen«, »uzman« oder »gast«, deutlich ab. Dies betraf nicht allein die unteren sozialen Schichten innerhalb einer Stadt. So verfügten etwa geistliche Personen über Immunitätsrechte, die ihnen einen Sonderstatus innerhalb der städtischen Gemeinschaft zubilligten. Diese sahen unter anderem eine Befreiung von steuerlichen Lasten sowie städtischen Diensten vor. Ähnlich verhielt es sich mit adligen Personen, landesherrlichen oder königlichen Gefolgsleuten, die innerhalb der Bürgerschaft lebten und hier mitunter steuerfreie Grundstücke besaßen. Auch Juden, orthodoxe Christen und andere ethnisch-religiöse Gruppen besaßen nicht per se das Bürgerecht. Keineswegs selten kam es jedoch vor, dass Stadträte eine Ausdehnung des bürgerlichen Rechts gestatteten. Beispielsweise belegt das Berliner Bürgerbuch mehrere Verleihungen des dortigen Bürgerrechts an Juden. Ebenso er-

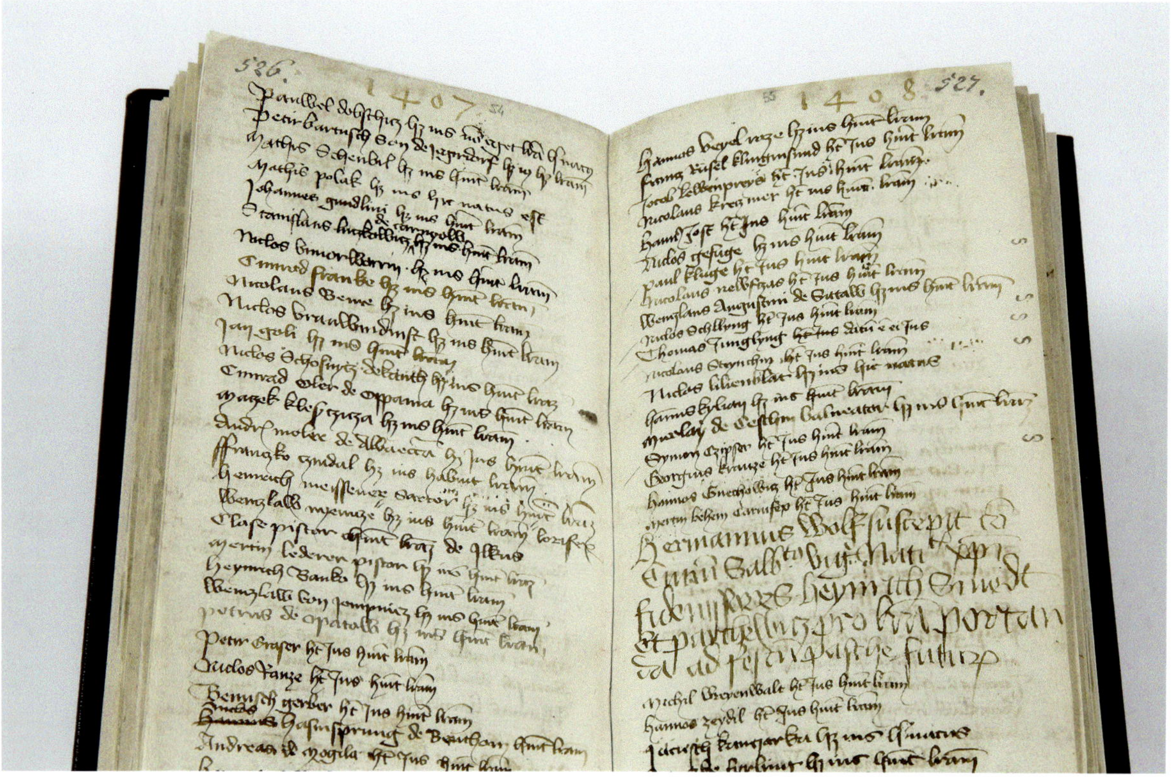

II.70

kannte die Stadtgemeinde von Lemberg/L'viv zahlreichen Vertretern dort ansässiger armenischer Familien im 15. Jahrhundert den Erwerb des Bürgerrechts zu. Ein in diesem Zusammenhang von König Kasimir II. (reg. 1447–1492) im Jahr 1450 ausgestelltes Privileg, mit dem er die Übertragung des Lemberger Bürgerrechts auf mehrere Armenier bestätigte, unterstreicht die hohe Bedeutung solcher Aufnahmen in eine Bürgerschaft. In Bezug auf den Klerus verfolgten Stadträte oft ebenfalls eine Ausweitung des Bürgerrechts, um zum Beispiel eine Beteiligung der Geistlichen an Steuern und anfallenden Kosten zu erreichen. Zuweilen reichte das dabei an den Tag gelegte Handeln der Räte so weit, dass man Geistliche unter Druck setzte, das Bürgerecht anzunehmen.

So ausweitbar sich das Bürgerrecht in manchen dieser Fälle auch zeigte, blieb es bestimmten Gruppen doch durch bewusste Haltung mancher Räte verwehrt. Gerade innerhalb des deutsch-slawischen Siedlungsgebiets im Norden und Osten des Reichs hatten sich starke Vorbehalte gegenüber Wenden entwickelt, denen ein Eintritt in die Bürgerschaft untersagt blieb. Auf diese Weise sind erstmals für Beeskow in den 1350er Jahren mehrere Urkunden überliefert, die festlegten, Personen wendischer Abstammung nicht in eine Zunft aufzunehmen und ihnen damit ebenso wenig das Bürgerrecht zuzubilligen. Ähnlich lautende Anordnungen begegnen etwas später ebenfalls in Luckau, Salzwedel, Lüneburg, Braunschweig, Kamenz, Löbau und weiteren Städten. Diese Diskriminierung der Wenden lässt sich einerseits sicher mit den ihnen generell entgegengebrachten sozialen Vorurteilen erklären, wie sie bereits in der Chronik des Helmold von Bosau (1120–nach 1177) auftauchen. Anderseits muss der Ausschluss der Wenden aus Bürgerschaften und Zünften von dem Hintergrund starker Siedlungsbewegungen vom Land in die Städte eingeordnet werden. Denn im Falle der genannten Orte waren es vor allem slawisch dominierte Siedlungsgebiete, aus denen die Zuzügler stammten.

Die Zünfte ihrerseits bemühten sich darum, deren Anzahl merklich einzuschränken, um ungebremsten Neuaufnahmen entgegenzuwirken, die zu verstärkter Konkurrenz und Unwirtschaftlichkeit führen konnten. So waren es bei Weitem nicht nur Wenden, denen man in konkreten Fällen den Zutritt in die Bürgerschaft verwehrte, sondern im selben Sinnzusammenhang mitunter auch Bettler, »Lotterbuben«, Barbiere, Bader, Schäfer und (uneheliche) Abkömmlinge geistlicher Personen. Umgekehrt entfalteten Stadtgemeinschaften ebenso ein hohes Maß an Integrationskraft, wie sich wiederum beispielhaft in Beeskow zeigt. Der 1591 dorthin reisende Student Michael Francus gab nämlich in seinen Aufzeichnungen zu bedenken, dass obzwar die Meister der Gewerke von ihren Lehrlingen einen Nachweis der deutschen Geburt einforderten, doch ihre eigenen wendischen Ehefrauen kaum ein Wörtchen Deutsch sprächen. Auch in anderen Städten wie Salzwedel, Braunschweig oder Lüneburg konnten sich slawischstämmige Personen in ähnlicher Weise in die dortigen Bürgerschaften integrieren. Dies hing nicht zuletzt damit zusammen, dass wirtschaftlich prosperierende Zeiten häufig einen leichteren Zugang zum Erwerb des Bürgerrechts ermöglichten.

Sascha Bütow

Quellen
Heckmann 1995, S. 155.

Literatur
Heyde 2018 | Isenmann 2014, bes. S. 133–158 | Kocher 2002 | Schich 2002 | Schulz 2008.

II.70

Bürgeraufnahmebuch (»Liber iuris civilis Civitatis Cracoviae«)

Krakau/Kraków, 1392–1422

Papier, 110 Seiten, Ledereinband

H 30,5 cm, B 11 cm

Krakau/Kraków, Archiwum Narodowe w Krakowie, 29/33/0/1.21/1420

Mit der Aufnahme in die Krakauer Bürgerschaft verbanden sich das Recht, sich niederzulassen, das Wahlrecht und die den Bürgern von den Herrschenden unter anderem im Bereich des Handels zuerkannten Rechte und Privilegien. Die Erlangung des Stadtbürgerrechts war jedoch an bestimmte Bedingungen geknüpft. So war es erforderlich, eine festgesetzte Gebühr zu entrichten sowie einen sogenannten Brief über guten Ertrag, also eine Bestätigung der Geburt aus einer rechtmäßigen Ehe, und die Bürgschaft zweier Bürger der Stadt beizubringen. Später wurde zudem ein Vermögenszensus eingeführt. Neubürger mussten darüber hinaus einen Eid ablegen, innerhalb eines bestimmten Zeitraums ein Haus in der Stadt zu erwerben oder dort zu heiraten. Bei dauerhaftem Verlassen der Stadt musste das Stadtbürgerrecht aufgegeben werden.

Die Erteilung des Bürgerrechts lag in der Zuständigkeit des Stadtrats. Er war es auch, der abhängig von Bedarf und wirtschaftlicher Situation die zu entrichtenden Gebühren erhöhen konnte, zum Beispiel wenn der Stadt nicht daran gelegen war, allzu vielen Einwohnern die Bürgerrechte zu erteilen. Ebenso war eine Verringerung der Gebühren möglich, insbesondere wenn aus wirtschaftlichen Gründen Mehreinnahmen für die Stadtkasse nicht wünschenswert waren. Anfangs verzeichnete man die Aufnahme neuer Bürger in die städtische Bürgerschaft in den Büchern des Stadtrats. 1392 wurde aufgrund der wachsenden Zahl von Neuankömmlingen neben den allgemeinen Ratsbüchern eine eigene Reihe von Bürgeraufnahmebüchern angelegt, die bis ins Jahr 1800 geführt wurden.

Die Bürgeraufnahmebücher geben einzigartige Auskünfte zur Statistik und Erfassung der Krakauer Bürger über die Jahrhunderte. Neben polnischen Vor- und Nachnamen sind zudem die Namen zahlreicher Deutscher, Italiener und Schotten verzeichnet. Mit der Zeit polonisierten sich die Neuankömmlinge und übernahmen städtische Ämter oder Funktionen am königlichen Hof. Viele bürgerliche Namen sind unter den Angehörigen der Szlachta, dem polnischen Adel, zu finden. Umgekehrt treten bei denjenigen, die das Bürgerrecht erhalten haben, auch viele Namen auf, die auf eine adlige Herkunft hindeuten. *Magdalena Marosz*

Literatur
Friedberg 1955 | Kaczmarczyk 1913 | Ptaśnik 1934 | Szujski 1878 | Wyrozumska 1995 | Wyrozumski 1992.

II.71

II.71

Brief des Stadtrats von Radom: Bestätigung der ehelichen Geburt von Mathias aus Radom

Radom, 1421

Pergament, Wachs

H 10,5 cm, B 20,4 cm

Lublin, Archiwum Państwowe w Lublinie, Akta miasta Lublina, Dokumenty, sygn. 9

In vielen Städten war die Erlangung des Bürgerstatus in einer Stadt auch an eine »rechte«, also eheliche Geburt des Anwärters und die Herkunft aus einer gut beleumundeten Familie gebunden. Mathias aus Radom ließ sich daher von Ratsherren seiner Geburtstadt eine »Geburtsurkunde« ausstellen, die bestätigt, dass er kein illegitimes, sondern ein ehelich geborenes Kind von Bogusław und Wojciecha Busz ist, die zudem einen guten Ruf genießen. Vier namentlich genannte Ratsherren beurkunden diese Tatsache, nachdem Mathias mit einigen Zeugen und einem Priester vor ihnen erschienen ist, die seine gute Abkunft verbürgten. Der Brief ist gerichtet an die Stadträte (*consules*), Schöffen (*scabini*) und den Vogt (*advocatus*) von Lublin. *Christina Link*

II.72

Doppelsiegel der Lateiner in Gran

Gran/Esztergom, 2. Hälfte 13. Jahrhundert

Bronze

DM 7,1 cm

Umschrift: SIGILLUM : LATINORUM : CIVITATIS STRIGONIENSIS

Budapest, Magyar Nemzeti Múzeum, Cim.Sec.I.V.3

Ähnlich wie in anderen Ländern Ostmitteleuropas verfügten die Städte im Königreich Ungarn bis zum Beginn des 13. Jahrhunderts nicht über städtische Autonomie und Selbstverwaltung. Sie waren jedoch insofern Städte, als sie wichtige zentralörtliche Funktionen vor allem in wirtschaftlichen Belangen erfüllten. Die Entwicklung von Städten im Rechtssinne, als besonders verfassten, zumindest teilweise autonomen Kommunen ist eng mit der Ankunft von Einwanderern verbunden. Ihnen gewährten die ungarischen Herrscher einen Rechtsstatus, wie sie ihn bereits in ihrer Heimat gehabt hatten. Aus den Rechten dieser »hospes« (Gäste) – zu denen mit der Zeit nicht mehr nur Zuzügler aus dem Ausland, sondern auch aus Ungarn selbst zählten – gingen schließlich die Rechte von Bürgern hervor. In Quellen des 13. Jahrhunderts ist es auch der lateinische Begriff »hospes«, der anstelle von »civis« für Bürger genutzt wird. Daraus entstand schließlich die Formel »cives et hospes«, wobei unter ersterem vor allem die herausgehobene Führungsschicht der Stadt verstanden wurde. Ein wesentlicher Unterschied beispielsweise zu Schlesien oder Kleinpolen ist, dass die Rechtsentwicklung der ungarischen Städte nicht nur durch deutsche Stadtrechte beeinflusst wurde, sondern dass wir es mit einem »mixed foreign impact« (Petrovics, S. 67) zu tun haben.

Zu den ersten Immigranten in Ungarn seit dem 11. und 12. Jahrhundert gehörten die sogenannten »Lateiner«, also Personen, die romanische Sprachen benutzten: Wallonen, Lombarden oder Lothringer. Bis zur Mitte des 13. Jahrhunderts kamen sie zahlreich in die ungarischen »Proto-Städte«. Nach der mongolischen Invasion der 40er Jahre des 13. Jahrhunderts kamen im Wesentlichen nur noch Einwanderer aus dem deutschsprachigen Raum nach Ungarn. Charakteristisch für die frühen Städte ist das Bestehen mehrerer ethnisch geprägter Siedlungskerne nebeneinander. Wie die Existenz eines eigenen Siegels zeigt, stellten die Lateiner von Gran eine eigene, rechtlich verfasste und mit speziellen Privilegien ausgestattete Gemeinschaft dar. Im heutigen Wappen der Stadt sind noch alle Elemente enthalten, die auch dieses Siegel zeigt: Im Vordergrund ist eine Burgmauer zu sehen, über ihr befindet sich eine viertürmige Burg mit einem Tor und einem Schloss dahinter. Die Rückseite zeigt den neunstreifigen Wappenschild (rot-weiß) der Dynastie der Arpaden, die vom Beginn des 11. bis zum Ende des 13. Jahrhunderts Ungarn regierten, dessen religiöses und politisches Zentrum Gran lange Zeit war. *Christina Link*

Literatur
Petrovics 2009.

II.72

II.73

Judeneid im Görlitzer Lehns- und Landrechtsbuch

Görlitz, um 1300

Pergament, Holzdeckel mit Leder überzogen

H 23 cm, B (aufgeschlagen) 32 cm

Görlitz, Ratsarchiv/Stadtarchiv, Varia 8

Das Görlitzer Rechtsbuch ist eine Kompilation aus verschiedenen Texten des sächsisch-magdeburgischen Rechtskreises. Es enthält insgesamt 47 Artikel, die wiederum in kürzere Rechtssätze unterteilt sind. Sie stellen Auszüge aus dem Sachsenspiegel Land- und Lehnrecht, dem Magdeburger Weichbildrecht sowie einer Magdeburger Rechtsweisung für Görlitz dar. Vermutlich hat die ansonsten nicht überlieferte lateinische Urfassung des Sachsenspiegel-Landrechts als Vorlage für einige Passagen des Textes gedient. Das Görlitzer Rechtsbuch ist nur in dieser einen Handschrift überliefert.

In die Sammelhandschrift eingebunden ist ein Judeneid, der in der zweiten Hälfte des 14. Jahrhunderts aufgezeichnet wurde, dessen Wortlaut aber vermutlich deutlich älter ist. Zusammen mit dem Judeneid aus Erfurt ist er die wohl älteste deutschprachige Eidesformel dieser Art, die wir kennen und stammt wahrscheinlich aus dem 12. Jahrhundert.

In zahlreichen Städten des Mittelalters lebten größere oder kleinere jüdische Gemeinden oder einzelne Personen jüdischen Glaubens. Das Verhältnis dieser Minderheit zur christlichen Mehrheitsgesellschaft wurde durch das Judenrecht bestimmt. Dieses Judenrecht berührte alle Fragen, in denen das allgemein gültige Landrecht oder Stadtrecht mit dem jüdischen Recht, also dem Recht der jüdischen Gemeinde für »innerjüdische« Belange, in Konflikt geriet. Ein Bereich des Judenrechts umfasste die sogenannten Judeneide. Da christliche Prozessbeteiligte auf Gott oder bei den Heiligen schworen, waren diese Eidesformeln nur bedingt für Juden anwendbar. Es wurden daher eigene Formulierungen für Eide von Juden gegenüber Christen gefunden. Die Eidesformeln verschiedener Städte wichen voneinander ab, orientierten sich jedoch häufig am Alten Testament. Selbstverständlich gab es auch für den Eid eines Juden strenge formale Vorgaben: Es musste auf eine Thora-Rolle oder auf den

II.73

Talmud geschworen werden. Der Eidleistende hatte bestimmte Kleidung und in manchen Fällen Gebetsriemen zu tragen. Als Ort für die Ablegung des Eides diente häufig die Synagoge oder ein spezieller Gerichtsort. Bekannt ist auch die Vorschrift, dass Juden während des Eides auf einer Schweinehaut stehen und so in Kontakt mit einem ihnen als unrein geltenden Tier kommen mussten. In diesen Vorschriften spiegeln sich antijüdische Vorstellungen des ausgehenden Mittelalters und der frühen Neuzeit.

Der Text des Eides lautet in mittelhochdeutscher Form: Des man dich suldich, des bistu vnsuldihc. Daz dir got zo helfi, der himel vnde erdi giswf vnde lovb vnde gras, vnde als dir ginad adonay vndi sini ginedichi gotheit, vnde als du di ee nimmir mvzis bihaldin, di got gap moizi vf dem bergi zv sinay an der stenin tafilin. op du niht reht vnde war habis, zo mvizi dich ani gen das vreisliche gisvcti, daz gezi ane ginch, do her dv gabi von naaman vntphinc. op dv niht rechti vnde ware habis, zo mvzi dich dv erdi wirslindin vnde daz fwr virbrennen, daz datan vnde abiron virbranti vnd ir mani. daz swerstu vffe den funf buchin moizi bi dem <gote> abraham, ysaac vnde yacop (zitiert nach Magin 1999, S. 304).

Neuhochdeutsche Übersetzung: Dessen man dich beschuldigt, dessen bist du unschuldig, so wahr dir Gott helfe, der Himmel und Erde schuf und Laub und Gras; so wahr dir Adonai und seine barmherzige Gottheit gnädig sei, so wahr du das Gesetz niemals mehr einhalten kannst, das Gott dem Moses auf dem Berg Sinai auf der steinernen Tafel gab. Und wenn du nicht dem Recht gemäß und wahrhaftig schwörst, so soll dich die Erde verschlingen und das Feuer verbrennen, das Dathan und Abiron und ihre Männer verbrannte. Das schwörst du auf die fünf Bücher Mose bei dem Gott Abrahams, Isaaks und Jakobs (zitiert nach Magin 1999, S. 305).
Christina Link

Literatur
Magin 1999, S. 105 f., 304 f. | Mentgen 2012.

II.74

Jacobus de Cessolis, Liber super ludum scaccorum (und andere Texte)

Breslau/Wrocław, Meister des Schachzabelbuchs, um 1420–1430

Papier, Pergament, 392 Blätter, Deckfarbenmalerei und Gold

H 30 cm, B 21cm

Breslau/Wrocław, Biblioteka Uniwersytecka we Wrocławiu, IV F 64

Der »Liber super ludum scaccorum« ist eine Moralabhandlung, die Handlungen und Pflichten von Menschen verschiedener Stände nach den Regeln des Schachspiels erklärt. Der Dominikaner Jacobus de Cessolis (vor 1280–1322/1337) schrieb sie am Ende des 13. Jahrhunderts in einem Kloster in Genua, in dem auch die »Legenda aurea« des Jacobus de Voragine und das »Catholicon« von Johannes Balbus entstanden sind. Jacobus de Cessolis verband christliche Tugendlehre mit Schachfiguren, um die gesellschaftliche Realität seiner Zeit zu beschreiben. Die Schachfiguren sollten Stände und Berufsgruppen der damaligen Gesellschaft, abgesehen von der Geistlichkeit, repräsentieren. Er wählte folgende Figuren aus und verband sie mit moralischen Lehren: König, Königin, Richter, Ritter, Höfling als edle Figuren und als gemeine Figuren Bauer, Schmied, Weber, Kaufmann/Bankier, Arzt/Apotheker, Gastwirt, städtischer Beamter und Vagabund/Würfelspieler. Zudem beschrieb er genau ihr Aussehen, ihre Kleidung und die Attribute, die sie charakterisierten und manchmal symbolisch ihre Macht darstellten (zum Beispiel das Königszepter).

Dank der originellen Schachkostüme wurde der »Liber« schnell zu einer sehr populären Lektüre jener Zeit und erfreute sich in ganz Europa großen Ansehens. Bereits in der ersten Hälfte des 14. Jahrhunderts wurde das Buch ins Deutsche, Französische, Italienische und Tschechische übersetzt. In den folgenden Jahrhunderten entstanden Übersetzungen in andere Nationalsprachen, so ins Niederländische, Spanische, Katalonische, Englische und Schwedische. Von seiner großen Beliebtheit zeugen über 200 bis heute erhaltene Handschriften. 1473 erschien in Utrecht auch erstmals eine gedruckte Ausgabe.

Die Handschriften der Schachallegorese von Jacobus de Cessolis waren oft illuminiert. In der abgebildeten Handschrift wurden die Buchmalereien vom sogenannten Meister des Schachzabelbuchs ausgeführt, der im dritten Jahrzehnt des 15. Jahrhunderts in Breslau tätig war. Aus dieser Zeit sind noch vier andere von ihm verzierte schlesische Kodizes bekannt. Die gemalte Verzierung des »Liber« hat ein mattes Kolorit und besteht aus einem ornamentalen Initial mit Fleuronnée (fol. 2r) und 13 Miniaturen (auf fol. 3v bis fol. 25r), bei deren Ausführung der Maler Deckfarben, Blattgold und Goldfarbe verwendete. Das Ganze wird von einer einfachen Verzierung in Form von roten und blauen Initialen (sogenannten Lombarden), manchmal mit Filigran, ergänzt. In rechteckigen Miniaturen, die die Breite einer Textspalte einnehmen, sind die oben beschriebenen Figuren abgebildet, platziert im plastisch gemalten Rahmen vor gemustertem Hintergrund. Der Miniaturmaler hat sie mithilfe von vier Kompositionsschemata dargestellt: *en face* sitzend (König und Königin), *en trois quarts* sitzend (Richter und Arzt/Apotheker), auf dem Pferd sitzend (Ritter und Höfling) sowie zu Fuß unterwegs und nach rechts gewandt.

Der ikonografische Zyklus der Breslauer Handschrift gehört zu jenen mitteleuropäischen »Liber«-Abbildungen, die sich auf die sogenannte italienische, im zweiten Viertel des 14. Jahrhunderts entstandene Grundversion stützen. Sie ist von besonderer Bedeutung für Schlesien, da sie die einzige in der Breslauer Region bekannte Reihe weltlicher Darstellungen enthält, die eine bestimmte Sicht auf die Gesellschaft präsentieren. Die bayerische Handschrift des »Liber« von 1407 (Bayerische Staatsbibliothek München, Cgm 49) ist laut Forschung am nächsten mit ihr verwandt. *Michał Broda*

Literatur

Hojdis 2000 | Kaepelli 1960 | Karłowska-Kamzowa 1979 | Karłowska-Kamzowa 2000 | Plessow 2007 | Schmidt 1961 | Schwob 1992.

II.74 fol. 18v und 19r

II.75

Ehevertrag zwischen Katharina Scherl und Martin Pfintzing d. J.

Leipzig, 3. Juni 1544

Pergament, zehn abhängende Siegel

H 45 cm, B 64 cm

Leipzig, Stadtgeschichtliches Museum Leipzig, A/79/2004

Leipzig boomte seit Ende des 15. Jahrhunderts. Die Stadt war zum Handels- und Messezentrum Mitteldeutschlands herangewachsen. Wenngleich noch nicht mit Wirtschaftsmetropolen wie Frankfurt am Main und Nürnberg vergleichbar, zog Leipzig – vornehmlich aus dem Nürnberger Raum – zahlreiche Kaufleute und Handwerker an, die hier einen neuen Lebensmittelpunkt aufbauten. Die Attraktivität Leipzigs gründete nicht nur auf dessen Handelspotenzial, auch die riesigen Silberfunde im Erzgebirge, der Kupferbergbau im Mansfelder Land sowie die Neuorganisation der Gewinnverteilung im Bergbau, der viel Geld in die privaten und öffentlichen Kassen der Pleißestadt spülte, trugen dazu bei. Leipzig war Zentrum des Anlage- und Gewinnkapitals für den Bergbau geworden – auch für die beiden Familien des Paares, für das in der abgebildeten Urkunde der rechtliche und wirtschaftliche Rahmen ihrer Ehegemeinschaft festgelegt wurde.

Die erst 15-jährige Katharina Scherl (1529–1591), Tochter des Leipziger Kaufmanns Heinrich Scherl, heiratete den 23-jährigen Sohn eines Nürnberger Kaufmanns, Martin Pfintzing den Jüngeren (1521–1572). Dem Vertrag hängen zehn Siegel an. Es handelt sich wahrscheinlich um diejenigen der beiden Vertragsparteien und weiterer Zeugen. Allerdings sind die Siegelbilder kaum erkennbar und daher bisher nicht erforscht.

Die Ehe war eine zentrale Institution der Gesellschaft. Ihr hoher Stellenwert zeigte sich ebenfalls in der Verschärfung der Strafen bei Ehebruch, aus einer Geldstrafe wurden Landesverweis bzw. Todesstrafe. Eheverträge wurden in dieser Zeit oft schon weit vor dem eigentlichen Hochzeitsdatum abgeschlossen. Kernbestand des Ehevertrags war das Güterrecht. In ihm wurden das Heiratsgut, das Brautgeld, die Mitgift (Aussteuer) der Frau sowie die Widerlage festgeschrieben. Die Widerlage bezifferte jene Vermögensbestandteile, die von der Seite des Ehemanns in das eheliche Vermögen eingebracht wurden und vor allem der Witwenabsicherung dienten. Das konnten neben Geldbeträgen ebenso Güter, Hausrat oder Schmuck sein. Zudem wurde die Morgengabe festgelegt: das Vermögen, das der Braut vom Ehemann am Morgen nach der Hochzeitsnacht übergeben wurde. Für die Mitgift verzichteten die Töchter auf ihren Erbteil im Elternhaus. So war es auch im vorliegenden Ehevertrag.

Über Katharina und ihre Ehejahre mit Martin Pfintzing dem Jüngeren ist nichts weiter bekannt. Die Nachrichten zu den beiden Familien fußen vor allem auf der Biografie des Vaters, Heinrich Scherl (1475–1548). Der Nürnberger Kaufmann lebte und arbeitete seit 1506 in Leipzig. Sein Vermögen generierte er aus dem florierenden Fernhandel mit Seide, Spezereien, Gewürzen und aus Anteilen im Kupferbergbau. Mit seinem Vermögen, das nach seinem Tod 100 000 Gulden betrug und auch mehrere Immobilien einschloss, war er der reichste Bürger Leipzigs. Seine wirtschaftliche und soziale Reputation zeigt sich in verschiedenen Ehrenämtern, die Scherl innehatte: Ratsherr, Baumeister und Stadtrichter. Mit dem berühmten Bürgermeister und Erbauer des Leipziger Rathauses, Hieronymus Lotter (1497–1580), war Scherl verschwägert. Beide verbanden zudem geschäftliche Beziehungen über Anteilsscheine (Kuxe) in einer Saigerhütte in Ludwigstadt in Franken, die Scherl mitbegründet hatte. Alle sieben Töchter Heinrich Scherls wurden mit geschäftlichem Interesse verheiratet. Die Schwiegersöhne entstammten aus dem wirtschaftlichen Umkreis des Saigerhandels. Katharina erhielt 3 000 Gulden Ehegeld. Ihr Bruder Heinrich bekam es in Anteilen im Saigerhandel. Jedem Hochzeitspaar wurden 1 000 Gulden angerechnet. Heinrich Scherl setzte allein für das Ehegeld und die Hochzeitsfeiern seiner neun Kinder mehr als 36 000 Gulden in Geld und Geldwerten ein. Das war mehr als seine Investitionen im Saigerhandel.

Der Bräutigam, Martin Pfintzing der Jüngere, war seit 1543 Leipziger Bürger und Faktor (Hauptbuchhalter bzw. leitender Angestellter) des Pfintzing'schen Handelshauses in Nürnberg. Auch er trat 1541 gemeinsam mit seinem Vater in die Saigerhandelsgesellschaft in Franken ein. Beide Familien waren folglich nicht nur familiär, sondern außerdem geschäftlich miteinander verbunden. *Maike Günther*

Literatur

Kuhn 2015, S. 72 f. | Straube 2006, S. 37–39.

II.75

zug eyde neme
vnde thun

Distinccio vi

Deme richte yst
nicht gesatzet der
her irkenne myte
neme sal wed(er)
vmb recht wid(er)
vmb vnrecht / ne
syn recht gewet
te / das ym von
rechte yrsatzet yst
vnd doch noch gna
de zcamene von
den leuten dy do
gebrechen / her
sal ouch armer
leute wort gut
lichen horen vnd
nicht bestossen yn
zcorne

Distinccio vii

Der richt(er) heget
syn dingk noch
gewonheit der
lande vnd stete
Nemlich alhy ym
lande zcum Col
ne vnd Thorun
in sulchen worten
Ich hege dy dingk
von gotes wegen
vnd von meyner
herren wegen / Ich ir
lobe recht vnd vor
bite vnrecht / vnd
gebite frede zu dem
dinge vnd frede vo(n)
dem dinge / vnde
gebite das nymandt
des andern wort rede
ader sprache her thu
es mit lobe / vnde
das nymandt den
andern ausserlige her
thu ys mit lautrech
te / vnd froget de
ne eyne scheppe vff
der bangk ap ys
geheget sey als es
recht yst / das vin
det men

Distinccio viii

Wenne der dingk
tag yst kome / vn
als men zu Mag
deburgk pfleget
zcu hege / So sal der
richt(er) mit den schep
pen sitze vff dy
bangk / vnd froge
eynen scheppen ap
ys dingis zceit sey
das vyndet men
So froget her ap her

II.76

IX Bücher Magdeburger Rechts von Walther Ekhardi

Königreich Polen, apostolischer Notar Jakobus Tynappel aus Putzig/Puck, 1482

Papier, 405 Blätter

H 30 cm, B 20,5 cm

Danzig/Gdańsk, Polska Akademia Nauk, Ms. 1794

Die Papierhandschrift gehört zur umfangreichen Sammlung handgeschriebener Rechtsbücher, die in der Danziger Bibliothek aufbewahrt werden. Sie ist eine sorgfältige Abschrift des Rechtsbuchs von Walther Ekhardi aus dem schlesischen Bunzlau/Bolesławiec, als Zusatz wurde auf fol. 6r ein Stammbaum hinzugefügt. Walther Ekhardi (um 1350 – nach 1408) war ein ab 1384 in Thorn/Toruń tätiger Stadtschreiber, der in den Jahren von 1400 bis 1402 eine Kompilation des Magdeburger Rechts für Preußen verfasst hatte und dessen Werk seitdem kopiert wurde.

Die Handschrift enthält einen interessanten Eintrag auf fol. 362r, der darauf hinweist, dass dieses Exemplar vom apostolischen Notar Jakobus Tynappel aus Putzig, der in der Diözese von Włocławek tätig war, geschrieben wurde. Dieser übergab das Manuskript am 21. Dezember 1482 an Nicolaus Sebenstrotzel, den Bürgermeister von Marienburg/Malbork. Der Schreiber stellte bei der Gelegenheit die Stadt Marienburg als eine aufblühende Stadt voller Schönheit dar, die Ruhm verdiene. *Agata Larczyńska*

Literatur
Günther 1909, S. 16. | Oppitz 1990, S. 444 f. (Nr. 359) | Päsler 2003, S. 134 f., 259 f. | Steffenhagen 1865.

II.77

Die Himmelfahrt der Maria, Epitaph von Lucas Eisenreich

Breslau/Wrocław, um 1506

Tannenholz, Tempera, Blattgold

H 146,7 cm, B 123 cm, T 4 cm (mit Rahmen)

Warschau/Warszawa, Muzeum Narodowe w Warszawie, Śr. 92/a MNW

Ab Ende des 15. Jahrhunderts wurde es in Breslau üblich, in der Kirche oder an deren Fassade Epitaphe zur Erinnerung an die verstorbenen Gemeindemitglieder aufzuhängen. Diese Werke sollten nicht selten ebenso die Geltung der Familie bekunden. Die meisten Epitaphe waren für die Elisabethkirche bestimmt, das Gotteshaus des wohlhabenden Bürgertums. Aus dieser Gruppe von Denkmälern stammte auch das Epitaph von Lucas Eisenreich (1430–1506). Er wuchs in einer Familie bayerischer oder niederdeutscher Herkunft auf, die sich zunächst in Prag/Praha und später in Breslau (1433) niedergelassen hatte, wo sie bald dem wohlhabenden Bürgertum angehörte. Das Epitaph wurde vermutlich kurz nach dem Tod Eisenreichs gefertigt. Eine Tafel mit lateinischer Inschrift (Warschauer Nationalmuseum, Śr.92/b) ergänzt das Gemälde. Sie nennt das Todesdatum (6. Mai 1506), die Funktion (Senator) und das erreichte Lebensalter (75) des Verstorbenen und zählt seine positiven Eigenschaften auf. Wie sein Vater war er Mitglied des Stadtrats (1475–1487 und 1501–1506), darüber hinaus mehrfacher Ratsältester und Starost des Herzogtums Breslau.

Das Epitaphgemälde zeigt die Himmelfahrt der Gottesmutter Maria, die sich von Engeln gehalten über dem schon leeren Grab erhebt. Ihr Kopf ist mit der Krone der Königin des Himmels be-

II.77

kränzt. Im Einklang mit den apokryphen Überlieferungen sind die Apostel Zeugen des Ereignisses. Unter ihnen befinden sich vier Evangelisten mit den heiligen Büchern, einer von ihnen trägt zum Lesen eine Brille. Der Evangelist Lukas, der nicht zu den Zwölf Jüngern gehört, tritt als Schutzpatron des Verstorbenen in Erscheinung. Er nimmt den rechten Rand der Komposition ein, und wird, üblicherweise, ohne Bart dargestellt. Neben ihm steht, außer der Gruppe der Zeugen des Wunders, ein Mann in auffallend kostbaren Gewändern, die exponierten Hände ineinandergelegt. In den Apokryphen (»Transitus« des Melito von Sardes) und der »Legenda Aurea« des Jacobus de Voragine (1228/29–1298) wird er als ein Jerusalemer Hohepriester beschrieben, der während der Beerdigung beabsichtigt hatte, Marias Leichnam vom Totenbett zu stoßen. Zur Strafe verdorrten ihm die Hände, doch als er seinen Glauben in Christus fand, wurde er geheilt und lobpreiste den Herrn.

Zwar ist die Darstellung der Himmelfahrt der Maria auf gotischen Epitaphen in Schlesien eher selten, verbreitet aber war die Verbindung epitaphischer Inhalte mit marianischen Themen. Dies resultierte aus dem Glauben an die Mittlerrolle der Gottesmutter am Tag des Jüngsten Gerichts. Der Verstorbene hoffte also auf die Gnade der Erlösung und Eintritt in das ewige Leben durch die Fürsprache Marias bei ihrem Sohn. Im unteren, irdischen Bereich des Gemäldes ist die Familie Eisenreich dargestellt: Lucas Eisenreich und seine Söhne, sowie seine Frau, Katharina Popplau, und ihre Töchter in Anbetung der Gottesmutter. Ihre Marienverehrung zeigt sich auch in den Rosenkränzen in ihren Händen. Zwischen den Personengruppen befinden sich die beiden Familienwappen. Das Bild gehört in Schlesien, neben dem Epitaph des Kanonikers Hoffmann aus der Breslauer Kathedrale (heute Erzdiözesanmuseum Breslau), zu den ältesten ikonografischen Darstellungen der Himmelfahrt der Maria der Spätgotik, die grundlegend für die Entwicklung des Themas in dieser Region waren.
Małgorzata Kochanowska

Literatur
Burgemeister/Grundmann 1933, S. 137 | Dobrzeniecki 1977, Nr. 107, S. 321 | Freus 2008, S. 750–754 | Gołaszewski/Górski 2016, S. 64 | Kaczmarek/Witkowski 1990, Bd. 3, Nr. III, 18, S. 10 | Kapustka 1996, S. 131, 153, P. 138 | Luchs 1860, Nr. 259, S. 145 f. | Patała 2018 a, S. 65 f.

II.78 fol. 49v und 50r

II.78

Konrad Kyeser, Bellifortis

Böhmen, 1405

Pergament, 140 Blätter, Deckfarbenmalerei

H 32,5, B 24 cm

Göttingen, Staats- und Universitätsbibliothek, 2° Cod. Ms. philos. 63 Cim

Zu Beginn des 15. Jahrhunderts hatte sich das Kriegswesen dramatisch gewandelt. Söldnerheere hatten die lehnsrechtlich organisierten Adelsaufgebote abgelöst und Feuerwaffen in die fürstlichen und städtischen Zeughäuser Einzug gehalten. Die festen Mauern von Burgen und Städten waren verwundbar geworden. Ohne massiven Einsatz von Technik und spezialisiertem Personal waren militärische Auseinandersetzungen nicht mehr erfolgversprechend zu führen. Eine Folge der gewandelten Bedingungen war die Entstehung militärtechnischer Fachschriften. Im deutschen Sprachgebiet steht der »Bellifortis« (der Kampfstarke) des Konrad Kyeser (1366 – nach 1405) am Beginn dieser Entwicklung. Der in Eichstätt geborene Autor strebte nach einer juristischen Ausbildung eine Karriere am Hof an. Zeitweilig hielt er sich in der Umgebung des römisch-deutschen Königs Wenzel (reg. 1376–1400, böhmischer König bis zu seinem Tod 1419) auf. Den autobiografischen Rahmentexten der beiden ältesten »Bellifortis«-Handschriften zufolge (Göttingen, Cod. Ms. philos. 63 Cim und 64 a Cim) will Kyeser an einer ganzen Reihe bedeutender europäischer Fürstenhöfe gedient haben.

1396 nahm Kyeser am Kreuzzug von Nikopolis teil, der mit einer katastrophalen Niederlage der christlichen Ritterheere gegen die taktisch und technisch überlegenen Truppen des osmanischen Sultans Bayezid I. (reg. 1389–1402) endete. Diese Erfahrung wurde zum Schreibanlass des »Bellifortis«. In den zehn Kapiteln der ältesten Fassung stellt Kyeser in gelegentlich schwierig zu deutenden lateinischen Hexametern und aufwendigen Illustrationen moderne Waffen für Feldschlacht, Belagerungskrieg, Verteidigungskrieg und Seekrieg vor.

Unter den zahlreichen Abschriften des »Bellifortis« nimmt die Göttinger Prachthandschrift Cod. Ms. philos. 63 Cim eine Sonderstellung ein. Sie entstand 1405 noch unter den Augen Kyesers und unter Beteiligung der Prager Buchmalschule. Die Handschrift war ursprünglich König Wenzel zugedacht und wurde – nach dessen Absetzung – noch während der Arbeit für den neuen König Ruprecht von der Pfalz (reg. 1400–1410) umgewidmet. Neben den Widmungen zeigen auch die Illustrationen Aspekte einer repräsentativen Gebrauchsfunktion im höfischen Kontext. Die Widmungsvorrede (fol. 2r/v) erweitert jedoch den Kreis möglicher Rezipienten auf alle Stände des Reichs bis hin zu den »laboriosis sub urbanis suderosisque villanis« (fleißigen Bürgern und schwitzenden Bauern). Kyeser scheute sich auch keineswegs, vollkommen »unadlige« Waffen zu empfehlen wie Armbrüste oder Dreschflegel.

Tatsächlich finden sich unter den Rezipienten der zahlreichen »Bellifortis«-Handschriften des 15. Jahrhunderts auch Vertreter des städtischen Patriziats und des gelehrten Bürgertums. Dies zeigt, dass der Friedensraum Stadt nicht nur in Kriegszeiten ein Interesse an militärischem Fachschrifttum haben musste. Der »Bellifortis« steht für die Herausbildung neuer Fachgebiete, die selbstbewusst neben die traditionellen Freien Künste treten. Bald nach seiner Entstehung entstand mit zahlreichen Skizzenbüchern von Büchsenmeistern und Kriegsingenieuren sowie dem Feuerwerkbuch von 1420 eine noch wesentlich professionellere und profiliertere militärische Fachliteratur, deren Autoren sehr viel häufiger direkt aus städtischem Milieu stammten.
Rainer Leng

Quellen
Friedrich/Rädle 1995 | Kyeser 1967.

Literatur
Berg/Friedrich 1994 | Cerman 2013, S. 11–20 | Friedrich 1996 | Heimpel 1971 | Leng 2002, Bd. 1, S. 109–149 | Leng 2009, S. 203–254 | McGee 2004 | Meyer 1893, S. 164–167, 586 f.

II.79
Schaller

Süddeutschland, 2. Hälfte 15. Jahrhundert
Eisen, geschmiedet, genietet
H 26,5 cm, B 21,5 cm
Krakau/Kraków, Muzeum Historyczne Miasta Krakowa, MHK-736/V

Die Helmglocke wurde aus einem Stück Metall geschmiedet. Sie ist halbkreisförmig geformt und hat einen breiten, leicht vorstehenden Kamm, der mit einem eingeschnittenen linearen Element verziert ist. Der hintere Teil ist profiliert, mit einer Naht in der Mitte, verlängert, mit einem scharf abgeschlossenen Nacken. Die Glockenseiten und der Nackenschutz sind mit spiral gedrehten Noppen verziert. Am geschwungenen unteren Randabschluss des Nackenschutzes befindet sich ein schlecht erkennbares Meisterzeichen. An den Glockenseiten ist ein (mithilfe zeitgenössischer Niete, die originalen Drehscharniere sind nicht mehr vorhanden) bewegliches Visier mit aufgetriebenem Scheitelkamm und einem horizontalen Sehschlitz angebracht.

Noch in den 1950er Jahren wurde die Schaller für eine Kopie aus dem 19. Jahrhundert gehalten. Sie war mit einer dicken Schicht schwarzer Farbe bedeckt, die sie vor Korrosion schützen sollte. Nach konservatorischen Maßnahmen und der Entfernung von Farbe stellte sich heraus, dass das Objekt die originale spätgotische, in der zweiten Hälfte des 15. bis Anfang des 16. Jahrhunderts sehr verbreitete Helmform vorweist.

Die Herkunft der Schaller ist nicht klar, obwohl die Meinung vertreten wird, dass sie italienische Handwerker konstruiert haben, die damit eine perfektionierte Form eines anderen populären Helms – des Eisenhuts – schufen. Der neue Helm stellte einen fast geschlossenen Kopfschutz dar und war dabei leicht und funktionell. In der zweiten Hälfte des 15. Jahrhunderts wurde die Schaller in zahlreichen Varianten ausgeführt. Alle Bewaffneten verwendeten sie, vom einfachen Fußsoldaten bis zur reichen Ritterschaft. Nicht ohne Bedeutung waren dabei die niedrigen Produktionskosten und einfache Herstellung der Schaller. Für ihre Popularität waren jedoch nicht nur praktische Gründe entscheidend, sondern auch ihr elegantes Design. Sie wurde massenweise in den Plattnerzentren Norditaliens (zum Beispiel Mailand) und später Süddeutschlands (Nürnberg, Augsburg) hergestellt. Helme dieses Typs wurden nach fast ganz Europa exportiert. In Krakau und ganz Polen erfreute sie sich ebenso großer Popularität, vor allem bei den Soldtruppen. Das bestätigen schriftliche Quellen: die Krakauer Landbücher, die Schauregister der Reiterrotten der polnischen Soldtruppen, der Rotten der Schildknappeninfanterie, die städtischen Finanzausgaben von Krakau und die Auflistungen der Bewaffnung der Krakauer Zünfte.

Viele Helme dieses Typs wurden vermutlich in Krakauer Familienplattnerbetrieben produziert, für die die Stadt im 15. Jahrhundert in diesem Teil Europas berühmt war. Einen bedeutenden Teil importierte man aber auch aus deutschen Gebieten. Der Helm aus der Sammlung des Historischen Museums der Stadt Krakau entstand in einem der süddeutschen Waffenzentren. Stilistisch knüpft er an bekannte ikonografische Darstellungen in Krakau an: den Bogenschützen in der Wiederauferstehungsszene im Marienaltar von Veit Stoß und an die Buchmalerei mit der Darstellung des Hahnschießens aus dem Kodex von Balthasar Behem. *Jacek Zinkiewicz*

Literatur
Grancsay 1950/51 | Nowakowski 2003 | Zinkiewicz 2016.

II.79

II.80

II.80

Armbrust (Schnepper) mit Doppelsehne der Thorner Schützenbruderschaft

16./17. Jahrhundert

»shielded crossbow«

Holz, Metall

L 68,4 cm, B 45,7 cm, T 9,2 cm

Thorn/Toruń, Muzeum okręgowe w Toruniu, MT/B/73

Die Armbrust war die beliebteste Fernwaffe des Spätmittelalters und gehörte zur Bewaffnung vieler Bürger. Sie wurde auch als Jagd- und Sportwaffe genutzt. Im Verlauf des 12. und 13. Jahrhunderts hatte die Armbrust den Bogen als Instrument des Fernkampfes abgelöst, da sie eine höhere Durchschlagskraft besaß. Mit der Armbrust aus Holz oder Horn konnten mittels einer Sehne Bolzen oder Pfeile abgeschossen werden. Durch eine Rückhaltevorrichtung, die das Spannen und Gespannthalten des Bogens ohne zu großen Kraftaufwand ermöglicht, konnten auch eher ungeübte Schützen genau zielen. Das Exemplar aus Thorn verfügt über einen metallenen Spannhebel für die Doppelsehne und einen Hebelverschluss mit Feder. Das Spannen und Abschießen der technisch komplexen Armbrust erforderte jedoch ein gewisses Training, damit die Verteidigungsbereitschaft der Stadt im Notfall gegeben war. Um dies zu gewährleisten entstanden in den Städten Schützenvereine oder -bruderschaften. Dort wurden Schießübungen durchgeführt und Feste und Wettkämpfe veranstaltet.

Christina Link

II.81

Schlagschwert

Mitte 16. Jahrhundert

Eisen, Leder, Holz

Gesamt L 183 cm, Klinge L 124 cm

Leipzig, Stadtgeschichtliches Museum Leipzig, W/Schw. 4

Speziell für die Fußsoldaten wurde im Spätmittelalter eine Sonderform des Schwerts entwickelt: der Zweihänder, ein Schlachtschwert, das mit beiden Händen gehalten werden musste. Wegen der sehr großen Gesamtlänge und dem vergleichsweise hohen Gewicht erforderte der Umgang mit dieser Waffe außerordentliche Geschicklichkeit und viel Kraft. Mit dem imposanten Schwert wurde versucht, eine Bresche in den mit Spießen

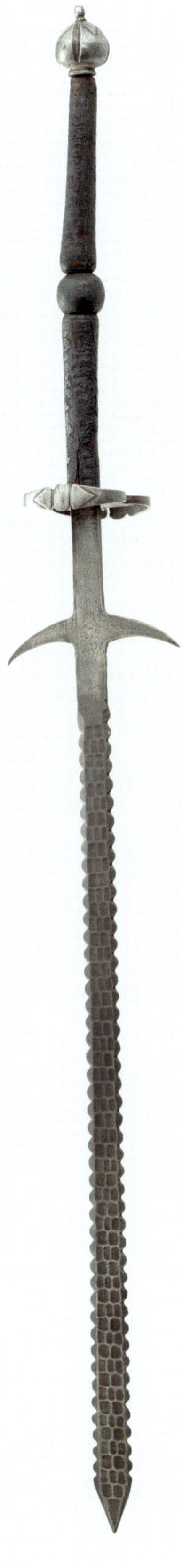

II.81

bewaffneten gegnerischen Haufen zu schlagen (Gassenhauer). Es wurde nicht in einer Scheide, sondern geschultert getragen.

Ein schmiedeeiserner vierteiliger Knauf mit Angelknopf trennt die Klinge vom lederüberzogenen Holzgriff, der in der Mitte eine Kugel aufweist. Griff und Klinge werden beidseitig durch Klingenringe getrennt. Außerdem sind die Enden der Parierstange gegen die Klinge geneigt, an der Unschärfe, also dem ungeschliffenen Teil der Klinge, befinden sich Parierhaken. Bei dem gezeigten Schwert handelt es sich um einen sogenannten Flamberg, das heißt es besitzt eine geflammte zweischneidige spitze Stahlklinge mit 45 Zähnen auf jeder Seite. Außerdem ist die Klinge mit wabenförmigem Gitterwerk überzogen. Beides spricht dafür, dass es sich um eine Schau- und Prunkwaffe handelt, die der Demonstration politischer und wirtschaftlicher Macht diente. Es wurde im 19. Jahrhundert im städtischen Zeughaus aufbewahrt, stammt vermutlich aus dem Besitz der Stadt Leipzig und zeugt damit von deren Verteidigungsbereitschaft.

Ein Holzschnitt von Joos de Bosscher zeigt Mitglieder der Antwerpener Bürgerschaft 1580 mit Zweihandschwertern und Flambergen, was die Verwendung dieser Schwerter im stadtbürgerlichen Milieu belegt. Im städtischen Alltag waren Waffen omnipräsent. Neuere Untersuchungen belegen einen sehr hohen Waffenbesitz der städtischen Haushalte. Dieser gehörte zum Kern stadtbürgerlichen Selbstverständnisses: dem Recht auf Selbstbewaffnung zur Verteidigung der eigenen Person sowie des eigenen Haushalts und des Gemeinwesens. Der Vermittlung und Einübung von Selbstverteidigungstechniken dienten Fechtschulen, die auch für Leipzig, Dresden, Danzig/Gdańsk und Breslau/Wrocław belegt sind. Die Fechtkunst mit dem langen Schwert ist seit dem 14. Jahrhundert außerdem Gegenstand zahlreicher mittelalterlicher Fechtbücher. Dabei lässt sich eine Entwicklung von effektiven und einfachen Techniken zur kriegerischen Auseinandersetzung bis zu einer überwiegend sportlich-athletisch geprägten Fechtkunst im 16. Jahrhundert nachverfolgen.

Insbesondere bei jungen Männern hatten Waffen und die Kompetenz im Umgang mit diesen einen hohen Stellenwert. Fechtschulen wurden – parallel zu Schützengesellschaften – von der Stadtobrigkeit gefördert und kontrolliert. Urbane öffentliche Fechtübungen und Fechtwettbewerbe zogen zahlreiche Zuschauer an. *Anja Rasche*

Literatur
Grotkamp-Schepers 2015 | Jaser 2014 | Leiske 2018 | Müller/Kölling 1981 | Norman 1974 | Schmidtchen 1990 | Schneider/Kobler 1992 | Seitz 1965 | Wanke 2009.

II.82

Pavese

Böhmisch oder deutsch, 2. Hälfte 15. Jahrhundert

Holzkern, mit Eisenblech beschlagen; mit Pergament und Leinwand kaschiert; farbig bemalt

H 85,4 cm, B 41,7 cm, G 5,29 kg

Dresden, Staatliche Kunstsammlungen, Rüstkammer, N 0033

Ähnlich den rechteckigen Schilden der römischen Legionäre entwickelten sich im Spätmittelalter verschiedene Formen von sogenannten Pavesen in unterschiedlichen Abmessungen. Die größeren Exemplare wurden von der Infanterie verwendet, Armbrust- bzw. Bogenschützen fanden hinter ihnen Deckung. Von diesen Setzschilden gibt es mannshohe Varianten, aber auch solche, die nur etwa halb so groß sind. Bei den kleineren Handpavesen handelte es sich um Reiterschilde, die vor allem in Osteuropa gebräuchlich waren.

Die hier gezeigte Pavese böhmischen Typs konnte entweder als kleine Form des Setzschildes oder aber als größerer Reiterschild verwendet werden. Sie besteht aus Holz, ist auf der Vorderseite mit Eisenblech beschlagen und beidseitig mit Leinwand und Pergament bezogen. Die Pavese hat eine längliche Form mit abgerundeten Ecken und einen gewölbten, sich nach oben hin verjüngenden Mittelgrat, dessen Spitze nach vorn gekrümmt ist. Die farbliche Fassung der Vorderseite ist zweigeteilt. Auf teils rotbraunem und teils schwarzem Grund befinden sich im umlaufenden Randstreifen rot-gelbe bzw. gelb-schwarze Blattranken. Die farblich im Vergleich zum Randstreifen gespiegelt zweigeteilte Mittelfläche besitzt in der unteren Hälfte gelbe Schuppen auf rotem Grund bzw. rote Schuppen auf schwarzem Grund. Der Dekor der oberen Hälfte besteht aus einem weißen bekrönten »W« mit einem rotgeschuppten schwarzen und einem weißgeschupp-

II.82

ten roten Flügel. Das bekrönte »W« steht vermutlich für König Vladislav II. (1456–1516), seit 1471 König von Böhmen und seit 1490 König von Ungarn und Kroatien. Es wurde gelegentlich aber auch für ein bekröntes »M« gehalten, womit dann wohl Matthias Corvinus (1443–1490), seit 1458 König von Ungarn und Kroatien und seit 1469 Gegenkönig von Böhmen, gemeint sein dürfte. Auf der in einem Braunton bemalten Rückseite befinden sich vier Eisenkrampen zur Befestigung der nicht erhaltenen Handhaben.

Der Schild gehört zu einer Gruppe von insgesamt sieben mittelgroßen Pavesen bzw. kleinen Handpavesen, die im Mai 1839 vom Meißner Stadtrat an die Dresdner Rüstkammer übergeben wurden. Erstmals belegt sind diese im Inventar des Schlachtensaals (II. Galerie) von 1836 bis 1839 (S. 56 f.). Über die frühere Geschichte dieser Pavesen ist leider nichts überliefert.

Holger Schuckelt

Literatur

Ehrenthal 1899, S. 12, A 56 | Schuckelt 2019, S. 72 f.

II.83

Gesteppter Waffenrock aus dem Stendaler Rathaus

2. Hälfte 15. Jahrhundert

Leinen

L vorn 105 cm, hinten 110 cm, Bruststück 43 cm, Rockschoß 30 cm, Zaddeln etwa 35 cm; Taillenumfang 84 cm; Dicke des Stepprocks vorn 2,4 cm, hinten 3,4 cm

Stendal, Altmärkisches Museum, VI:e-391

Waffen und Rüstungen entwickelten sich in einem ständigen Wechselspiel: Während die Waffen dazu dienten, den Gegner aufzuhalten oder ihm möglichst schwere Verletzungen zuzufügen, schützte sich dieser vor dem Gegner durch seine Rüstung. Technische Innovationen bei Waffen hatten Veränderungen der Rüstungen zur Folge und umgekehrt, darüber hinaus unterlagen beide auch modischen Veränderungen. Glatte oder gesteppte Stoffpanzer konnten allein oder über einem Kettenhemd getragen werden. Gesteppte Waffenröcke, wie der aus Stendal, sind durch Abbildungen bereits für das 14. Jahrhundert belegt und blieben bis zum Ende des 16. Jahrhunderts in Gebrauch.

Bürger und Einwohner waren zu militärischen Diensten zur Verteidigung ihrer Stadt verpflichtet. Die große Mehrzahl des städtischen Aufgebots bestand aus Fußkämpfern. Beim Beschuss der Stadtbefestigung dienten die Mauern zugleich als Körperschutz, sodass nicht für jeden eine vollständige und teure Rüstung notwendig war. Schießscharten, Zinnen und Mauerkronen brachten Schutz, lediglich Kopf, Hände, Arme und Oberkörper bedurften zusätzlicher Rüstung.

Der Waffenrock aus dem Stendaler Rathaus ist ein seltenes Beispiel für die original erhaltene Rüstung von Bürgern. Zwei ähnliche gesteppte Waffenröcke haben sich im Museum für Kunst und Kulturgeschichte der Hansestadt Lübeck erhalten. Es handelt sich um einen ärmellosen, enganliegenden Rock, ein sogenanntes Wams. Der gesteppte Stoff ist aus fünf einzelnen Lagen zusammengesetzt und dicht mit Baumwollwatte gepolstert. Er schützte vor Pfeilen und Armbrustbolzen, wenn diese nicht aus zu kurzer Distanz abgeschossen wurden, und bremste Schläge und Stöße mit Blankwaffen ab.

Auf der Vorderseite zeugen neun Paar Bindelöcher von einem Schnürverschluss des Bauchteils, der Brustteil weist nur auf der linken Seite sieben Bindelöcher auf. Das Oberteil ist am Rücken vom Gürtel ausgehend strahlenförmig gesteppt, der gleichmäßig längs gesteppte Bauchschurz endet in 16 herabhängenden, pelzartig wirkenden Zaddeln aus geköpertem Leinenstoff und ausgefransten Leinenstreifen. Zaddeln sind aufwendig verarbeitete Stofflappen, die zur Verzierung von Gewändern besonders im 15. Jahrhundert auch in vornehmen Kreisen sehr beliebt waren. Am Waffenrock trugen sie wohl auch zum Schutz der Oberschenkel bei. Das Wams war ursprünglich leinenfarben, die Außenseite wurde mit Ausnahme der Stepplinien offenbar nachträglich geschwärzt. Es diente vermutlich einem bürgerlichen Fußsoldaten als Schutzkleidung, für einen Reiter wäre es zu eng. Über dem Waffenrock trug der Kämpfer zu seinem Schutz wahrscheinlich eine Harnischbrust aus Metall. Darauf lassen Rostflecken und weitere Gebrauchsspuren schließen.

Der Waffenrock aus dem Stendaler Rathaus ist ein eindrucksvoller Zeuge für die Wehrhaftigkeit einer Stadt Magdeburger Rechts, für welche die Dienstpflicht der Bürger wichtigste Voraussetzung war. *Anja Rasche*

Literatur
Bohlmann 1939 | Bundschuh 1996 | Müller 1995 | Müller/Wirtgen 1995, Nr. 62, S. 168.

II.83

II.84

Hahn der Krakauer Schützenbruderschaft – Geschenk des Krakauer Stadtrats

Krakau/Kraków, 1564/65, vermutlich von Gian Giacopo Caraglio

Silber, Edelsteine, Email

H 41,5 cm, B 15,5 cm, L 22 cm, G 3,6 kg

Kette: L 112 cm

Krakau/Kraków, Muzeum Historyczne Miasta Krakowa, MHK-179/BrK

Die silberne Vogelfigur mit gekröntem adlerähnlichem Kopf, die einem Hahn ähnelt, steht auf einem halbplastischen Ast. Die Vogelaugen bestehen aus zwei weinroten Edelsteinen. Um den Hals trägt der Vogel einen Ring, an dem an einem Kettchen ein emaillierter Anhänger mit dem Wappen Krakaus und dem Namen der Stadt angebracht ist. Auf der Rückseite des Anhängers ist die Inschrift eingraviert: »GŁÓWNEJ REPARACYI / KURA / DOKONAŁ / KAROL CZAPLICKI / JUBILER /1899« (Die Hauptreparatur des Hahns nahm der Juwelier Karol Czaplicki 1899 vor). Am Vogelrumpf ist eine Halskette befestigt, die umgehängt werden konnte. Krallen, Krone, Halsring und die Ränder des Baumastes sind vergoldet. Die Krone mit zwölf Kreuzblumen besitzt ein Malteserkreuz mit einem Edelstein am Schnittpunkt der Kreuzarme. Auf der Rückseite des kleinen Kreuzes sind die Siglen »SV« und »S« zu sehen.

Auf der Unterseite des Sockels ist die Inschrift eingeprägt: »DAS . SYNDT . DIE . ELTEST / EN . IN . DEM . YAR / 1 . 5 . 6 . 5 / CHRSTOF . ZURICH . /

Il.84

ERASMUS . ZURUS / SIMON . STOLARSZ / IAN . KROTZECK / ENDRIS . FOGELWADER / STENTZEL . GROSCH / JAN LANG / FRIDRICH . LEYTZNER«. Das ist die Zusammensetzung des Ältestenrats der Schützenbruderschaft, der 1565 nach der neuen, vom Magistrat verliehenen Zunftsatzung gewählt worden war. An den Flügeln und einem der Kettenglieder befindet sich die Krakauer Kontributionspunze von 1806/07 in Form des Halbmonds und des Buchstabens »E«.

Laut einer Legende soll der Hahn ein Geschenk des polnischen Königs Sigismund II. August (reg. 1548–1572) für die Schützenbruderschaft gewesen sein. Sie entstand im 18. Jahrhundert während des Besuchs von König Stanisław August Poniatowski (reg. 1764–1798) in Krakau und diente dazu, den Monarchen zu einer ähnlichen Großzügigkeit gegenüber der damals armen Stadt und Bruderschaft zu bewegen. Die Untersuchung von Grażyna Lichończak-Nurek hat jedoch gezeigt, dass Stifter und Schenker nicht der König, sondern der Stadtrat von Krakau gewesen ist.

Am 21. Oktober 1564 übergab der Stadtrat der Schützenbruderschaft 100 Goldgulden, um »ein herrschaftliches Kleinod« für den Sieger des jährlichen Schießwettbewerbs um den Titel des Schützenkönigs herstellen zu lassen. Der abgebildete Hahn wurde so jahrhundertelang das Symbol der städtischen zunftübergreifenden Organisation, deren Aufgabe darin bestand, die Bürger im Schießen auszubilden – eine Fähigkeit, die für den Schutz der Stadt im Fall einer Gefahr von außen notwendig war. Dieses wunderbare Beispiel der Krakauer Goldschmiedekunst war wahrscheinlich das Werk des damals in Krakau arbeitenden italienischen Goldschmieds Gian Giacopo Caraglio (um 1500–1565).

Am Äußeren des silbernen Hahns wurden später kleinere Veränderungen vorgenommen, im 18. Jahrhundert bekam er ein zusätzliches Paar Flügel (MHK-490/DEP/2-3), damit »Kleinode« angehängt werden konnten. 1952 wurde das Objekt vom Liquidator des Schützenvereins an das Historische Museum der Stadt Krakau übergeben. *Jacek Zinkiewicz*

Literatur
Essenwein [o. D.], Tafel LXXVIII | Lichończak 1987 | Lichończak-Nurek 1993 | Lichończak-Nurek 2007 | Lichończak-Nurek 2014, Nr. 6, S. 12 f., 38–41 | Szczerba 2016.

II.85

Hahn – Kleinod der Bromberger Schützenbruderschaft

Bromberg/Bydgoszcz, Ende 16. Jahrhundert

Silber, Messing, kalt geschmiedet, gegossen, vergoldet, graviert

H 14,2 cm, B 15,5 cm, T 3,8 cm, G 0,25 kg

Bromberg/Bydgoszcz, Muzeum Okręgowe im. Leona Wyczółkowskiego w Bydgoszczy, MOB H-253

Vollplastisch aus Edelmetall gefertigt, handelt es sich hier um das kostbarste Kleinod der Bromberger Schützenbruderschaft, auch Hahnes-Bruderschaft genannt. Der Hahn in Gestalt eines Raubvogels (Adlers), der auf einem Ast sitzt, wurde an einer Kette vom Schützenkönig getragen. Das Kleinod ist zudem mit zwei Wappen versehen, darunter das Stadtwappen von Bromberg. In den vergangenen Jahrhunderten wurden Hahnendarstellungen in der Konvention des 16. Jahrhunderts als Wappen von Schützenbruderschaften verwendet. Der Bromberger Silberhahn ist eines der wenigen erhaltenen Exemplare dieser Art in Polen.

Wie andere nach Magdeburger Recht gegründete Städte wurde auch Bromberg verpflichtet, für den Fall einer Bedrohung von außen die Verteidigung der Stadt sicherzustellen. Zu diesem Zweck griff man auf die Mitglieder der Handwerkerzünfte zurück, die jeweils einen bestimmten Teil der Stadtmauer und oder des Stadttors verteidigen sollten. Für die Bürger, die zu Schießübungen verpflichtet und angehalten waren, ihre Fähigkeiten in diesem Bereich kontinuierlich auszubauen, wurde in Bromberg 1495 die Bruderschaft der Bogenschützen (später Schützenbruderschaft) gegründet. Alljährlich richtete sie einen Wettbewerb aus, bei dem zunächst auf einen ausgestopften oder hölzernen »Hahn« und später auf eine Scheibe geschossen wurde. Der beste Schütze des Jahres wurde zum Schützenkönig ernannt und erhielt als Wanderpokal den Silberhahn mit Kette. Mit der Zeit überwog im Leben der Schützenbruderschaft der sportlich-gesellige Aspekt. *Anna Nadolska*

Literatur
Sójkowska 2005 | Żurawski 1980.

II.85

II.86

Becher der Breslauer Schützenbruderschaft

Breslau/Wrocław, 1509; Gravur von Joachim Hiller, 1579

Becher: Silber, vergoldet, Emaille; Futteral: Holz, Leder

H 13 cm, B 10 cm

Warschau/Warszawa, Muzeum Narodowe w Warszawie, 188982 MNW

Ein wichtiges Element im gesellschaftlichen Leben europäischer Städte waren die Aktivitäten der städtischen Schützenbruderschaften, in Polen auch Hahnes-Bruderschaften genannt. Die Bruderschaften entstanden im Zuge der Entwicklung der Selbstverwaltung mittelalterlicher Städte und der Pflicht ihrer Bürger, sie vor feindlichen Invasionen, Zerstörung und Plünderung zu schützen. Die Vorbereitung auf eine mögliche Verteidigung der Stadt sowie die militärische Schulung der Bürger war durch die Zünfte organisiert, denen bestimmte Stadtteile und Abschnitte der Stadtmauer zugeteilt waren. Sie waren auch für den technischen Zustand der Befestigungen und die Ausrüstung mit Waffen verantwortlich. Um die Bewohner bestmöglich auf eine Verteidigung ihrer Stadt vorzubereiten und sie zugleich entsprechend in die Pflicht zu nehmen, wurden Schießwettbewerbe veranstaltet. Ausgerichtet wurden sie von den Schützenbruderschaften.

Der alljährliche Wettstreit um den Titel des Schützenkönigs fand in Breslau zu Pfingsten oder kurz danach statt. Das Schützenfest begann mit einem feierlichen Umzug mit dem »alten« Schützenkönig sowie, vor der Reformation, mit einer Messe am Wettkampfplatz. Danach begann der eigentliche Wettkampf. Um den Titel des Schützenkönigs kämpften nur die Mitglieder der Bruderschaft, in Ausnahmefällen durften höhere Amts- und Würdenträger der Stadt einen Ehrenschuss abfeuern. Nach Ende des Königsschießens wurde der neue Schützenkönig mit den Kleinodien geschmückt, und es folgte ein Festumzug mit einer Musikkapelle, Vertretern verschiedener Zünfte und Besuchern. Dieser endete in der Stadt am Zunfthaus, wo das Schützenfest weiterging.

Die größte Aktivität entfalteten die Schützenbruderschaften in Schlesien während der Hussitenkriege, wenngleich die erste Bruderschaft bereits 1286 in Schweidnitz/Świdnica, auf Initiative des schlesischen Herzogs Bolko/Bolesław I. (Bolko I. von Schweidnitz), gegründet wurde. Die Aktivitäten der Breslauer Schützenbruderschaft reichen bis mindestens um 1430 zurück. Von einer ursprünglich paramilitärischen Organisation mit eigens ausgebildeten Praktiken, fest eingeplanten Schießwettbewerben und -übungen und den sie begleitenden Feierlichkeiten ausgehend, bildeten die Bruderschaften ein wichtiges Glied der Stadtkultur. Sie förderten den bürgerlichen Gemeinsinn und die Herausbildung eines Verantwortungsbewusstseins für die Stadt und sorgten zugleich für geselligen Zeitvertreib. Der unterhaltende Wettstreit war Anlass gemeinsamen Vergnügens und stärkte die Verbundenheit der Einwohner untereinander. In Zusammenhang mit den gemeinsam vollzogenen Zeremonien sammelten die Bruderschaften wertvolle Objekte, darunter besonders kostbare Goldschmiedearbeiten wie Pokale oder Trinkspruchbecher, von den Schützenkönigen gespendete Gehänge oder Schmuckstücke wie auch Gemälde, Holzschnitzereien oder Waffen. 1566 wurde die Bruderschaft in Breslau geteilt. Es entstanden eine Bruderschaft des Handwerks, die Armbrüste verwendete (Schießwerderschützen), und eine Bruderschaft der Kaufleute, die ihre Schießübungen mit Schusswaffen im Zwinger am Schweidnitzer Tor abhielt (Zwingerschützen).

Im Warschauer Nationalmuseum befindet sich der abgebildete Becher der Breslauer Schützenbruderschaft, der auf das Jahr 1509 datiert. Der kegelförmige Becher mit leicht geneigtem Rand steht auf einem profilierten Fuß mit drei Kugeln und ist aus vergoldetem Silber gefertigt. Die glatte Ummantelung wurde in Gänze mit einer grotesken Verzierung versehen: Dargestellt sind herabhängende Festons mit Pflanzen- und Fruchtmotiven, spielende Putten, im oberen Teil unterhalb des Rands Tiere (Pferd mit Paradesattel, Wildschwein, Bär) sowie eine männliche Figur im Renaissance-Gewand. Auf einem der Gravurbänder ist die Jahreszahl 1579 eingraviert. Auf dem inneren Becherboden ist eine Plakette angebracht, eine runde Scheibe und eine Armbrust, das Emblem der Schützenbruderschaft sowie die Jahreszahl 1509 zeigt. Auf der Plakette ist eine hellblaue und grüne Emailleverzierung erhalten. Der Becher wurde also vor der Ziergravur gefertigt. Eine Bestimmung des Herstellers des Bechers ist nicht möglich, denn auf dem Objekt befindet sich weder ein Stadtzeichen noch das Namenszeichen des Goldschmieds, sondern lediglich die spätere preußische Kontributionspunze »FW« von 1809 bis 1812. Erwin Hintze sieht aufgrund des Datums und der eingearbeiteten Initialen Joachim Hiller, einen der besten Breslauer Goldschmiede der Renaissance, als möglichen Urheber der Ziergravur des Bechers.

II.86

Auf dem im Warschauer Nationalmuseum verwahrten Becher ist nur die Jahreszahl 1579 zu sehen. Möglicherweise wurden die von Hintze erwähnten Initialen auf einen zweiten Becher gesetzt. Bis 1945 waren zwei Becher mit Futteral im Schlesischen Museum für Kunstgewerbe und Altertümer in Breslau verwahrt, 1946 wurde ein Becher mit Futteral an das Warschauer Nationalmuseum übergeben. Der von 1573 bis 1613 tätige Hiller war auch der Schöpfer des 1582 vollendeten, sogenannten zweiten Kaiserpokals, den Kaiser Rudolf II. 1577 der Breslauer Schützenbruderschaft gestiftet hatte. Höchstwahrscheinlich fertigte er ebenfalls die Verzierung des zu Beginn des 16. Jahrhunderts entstandenen Trinkspruchbechers, der bei Feierlichkeiten der Bruderschaft Verwendung fand. *Karolina Kurant-Bochniak*

Literatur
Hintze 1906, S. 85 | Nabytki 1967, S. 40, Pos. 15 | Sztuka Zdobnicza 1964, S. 76, Pos. 264.

Kirche
und religiöses
Leben

»Wie im Himmel, so auf Erden«

Die Stadt als Glaubensgemeinschaft

Die Madonna von Meister Paul stand ursprünglich in der Kapelle der Altstädtischen Tischlerzunft in der Danziger Katharinenkirche (Kat.-Nr. II.98)

Stadt und Kirche, profan und sakral, Bürger und Kleriker waren im Mittelalter keine reinen Gegensätze. Vielmehr ergänzten und durchdrangen sich die Sphären, waren eng miteinander verflochten und aufeinander bezogen. Die Stadt war nicht nur eine politische Gemeinde, sondern auch eine sakrale, in Glauben und Kult verbunden. Sichtbar wird diese Symbiose zum Beispiel auf dem Siegel der Stadt Leipzig, die zwischen 1156 und 1170 mit Hallenser und Magdeburger Stadtrecht bewidmet wurde. Neben Mauern und Toren, welche die Wehrhaftigkeit der Stadt andeuten, zeigt es eine zeichenhafte Verkürzung einer Kirche, vermutlich der Nikolaikirche. Die beiden hohen Kirchtürme stehen für die Bedeutung, die dem Sakralgebäude innerhalb des städtischen Selbstverständnisses und im städtischen Leben zukam (Abb. 196). Es handelt sich dabei um das Siegel der Bürger von Leipzig (»SIGILLVM BVRGENSIVM DE LIPZK«), das vor 1287 im Gebrauch war. Dasselbe Motiv ziert auch noch den Stempel des Sekretsiegels der Ratsherren von 1354 (»SECRETUM CONSULUM OPIDI LIPCIK«).

Fast alle Städte hatten einen Stadtpatron, der Schutz und Hilfe für alle Belange versprach und von der gesamten Glaubensgemeinschaft verehrt wurde. Für Breslau/Wrocław war das beispielsweise der heilige Johannes der Täufer (Kat.-Nr. II.28), er schmückte nicht nur in Form eines Reliquiars den Altar der Ratskapelle im Breslauer Rathaus, sondern auch Münzen und Siegel (Kat.-Nr. I.31). Von vielen weiteren Heiligen bewahrten die Städte an den zahlreichen Altären ihrer Kirchen Reliquien und Bilder auf. Heilige nahmen im Leben der Menschen in der Stadt eine bedeutende Rolle ein, wurden in der Not angerufen und alltäglich verehrt, an erster Stelle die Gottesmutter Maria.

Bei städtischen Prozessionen wurden die engen Verflechtungen von Kirche und Stadt für alle Stadtbewohner erlebbar: Insbesondere bei Prozessionen mit Beteiligung der gesamten Stadtbevölkerung lässt sich an der Reihenfolge der Teilnehmer die soziale Hierarchie ablesen. Die verschiedenen Stationen des Prozessionsweges standen für die Stadt als Ganzes, häufig wurde dabei die Stadt außerhalb der Mauern teilweise umrundet. Neben Messfeiern in allen Pfarrkirchen, Kirchenbeleuchtung, Glockengeläut, Gesang und Orgelspiel gehörte dazu auch die Verteilung von Brot an die Armen (Abb. 197).

Gegliedert wurde die Stadt durch die elementare Struktureinheit Pfarrei, in der Regel in mehrere Kirchspiele bzw. Gemeinden. Mehrere Pfarreien waren zu Dekanaten und diese wiederum zu Archidiakonaten zusammengeschlossen. So entstanden überschaubare Verwaltungseinheiten in den Diözesen. Als Amtsträger des Bischofs fun-

Abb. 196
Abdruck des ältesten Leipziger Stadtsiegels von 1287. Stadtarchiv Leipzig, Urk.-K. 84,18

gierten der Pfarrer (*plebanus*) und sein Vertreter (*vicarius*). Für alle Bewohner der jeweiligen Pfarrgemeinde war die zuständige Pfarrkirche der wichtigste sakrale Bezugspunkt: Diese war für die bedeutendsten religiösen Funktionen zuständig. Hier sind zum einen die einmaligen Ereignisse Taufe, Firmung, Eheschließung und Begräbnis zu nennen und zum anderen die regelmäßigen, nämlich das Spenden der Sakramente und die Seelsorge (Beichte, Buße, Eucharistie und Messe, Krankenölung, Predigt, Erziehung, Armen- und Krankenfürsorge). Außerdem hatten Pfarrkirchen das Recht zum Erheben von Abgaben, die ihre wirtschaftliche Grundlage bildeten. Für die Gläubigen bestand Pfarrzwang, das bedeutet, die Pflichtgottesdienste an Sonn- und Feiertagen mussten in der zuständigen Pfarrkirche besucht werden, und das Begräbnis erfolgte auf dem Kirchhof, der die zuständige Pfarrkirche umgab. Allerdings bestand die Einteilung in Pfarrbezirke bereits vor dem Jahrhundert der Städtegründungen, weshalb manche Städte nur eine Kapelle besaßen und die Gläubigen zur Spendung der Sakramente zu einer Pfarrkirche im Umland gehen mussten. Zahlreichen Städten ist es aber im Laufe der Zeit gelungen, die Pfarrrechte für eine Kirche in der Stadt zu erwerben.

Ganz anders als heute gehörte im Mittelalter die Gemeinschaft der Lebenden und der Toten selbstverständlich zum Alltag. Eine gegenüber heute sehr viel geringere Lebenserwartung von ungefähr 35 Jahren und die hohe Kindersterblichkeit machten die Jenseitsvorsorge zu einer allgegenwärtigen Aufgabe. Von grundlegender Bedeutung war ein Leben nach den Zehn Geboten; regelmäßige Beichte der Sünden und gute Werke als Buße sind notwendige Bestandteile der mittelalterlichen Frömmigkeit. Am Ende des 15. Jahrhunderts erfuhr diese eine gewaltige Ausweitung, ablesbar an einer immensen Zunahme von Ablässen, vielen, neu entstehenden regionalen Wallfahrtsorten, zahlreichen frommen Stiftungen, verbunden mit der Einrichtung zahlreicher Messpriesterstellen (Vikarien) und einem Bauboom an den Kirchen. Das Grundverständnis religiöser Lebensform beruht auf dem Prinzip von Gabe und Gegengabe. Auch das Rechtsleben war von Praktiken der Frömmigkeit durchdrungen: als Sühneleistungen nach einem Totschlag bestimmte das Gericht beispielsweise die Errichtung eines Steinkreuzes, Geldzahlungen und die Stiftung von Seelmessen.

Abb. 197
Fronleichnamsprozession mit dem Erzbischof von Magdeburg und Mainz Kardinal Albrecht von Brandenburg in Begleitung von Ratsherren von Niklas Glockendon im Missale Hallense von 1524. Hofbibliothek Aschaffenburg, Ms 10, fol. 193v

Geistliche waren vor der Reformation unabdingbar für das Seelenheil. Durch Stiftungen für die eigene Memoria suchten die Gläubigen, die Zeit der Qualen ihrer Seelen nach dem Tod im drohenden Fegefeuer zu verkürzen. Die wichtigsten Mittel hierfür waren Messfeiern und Fürbittgebete der Kirche sowie die Gabe von Almosen oder, allgemeiner ausgedrückt, karitative Tätig-

keiten. Von bürgerlichen Stiftungen profitierten zunächst vor allem die Spitäler. Seit dem 14. Jahrhundert nahmen Stiftungen für Bau- und Umbauten und die Ausstattung der Pfarrkirchen stark zu. Damit verbunden stieg auch die Anzahl der Geistlichen. Kostbare liturgische Gewänder, Altarretabel, Glasfenster, Bücher, Gestühle, Grabplatten und Epitaphien sowie Goldschmiedearbeiten bis hin zu ganzen Kapellen samt Ausstattungen machten die Kirchen in der Stadt zu reichen Schatzhäusern im Dienst der Stifter. Sie wurden von Einzelpersonen, aber ebenso von Gemeinschaften wie Zünften (Kat.-Nr. II.87), dem Rat, vornehmen Patriziergesellschaften oder Bruderschaften finanziert (Abb. 198). Regelungen zu Stiftungen finden sich häufig in Testamenten, welche als Urkunden im Archiv der Stadt verwahrt wurden. Neben Heilssehnsucht und Todesangst ist auch das wachsende Repräsentationsbedürfnis Triebfeder für das starke Anwachsen von Umfang und Anzahl der Stiftungen.

Auch hier wird die Durchdringung von bürgerlicher und kirchlicher Sphäre deutlich: Die gesamte Finanzverwaltung, die Aufsicht über die Stiftungen von Seelmessen und Anniversarien, die der ewigen Memoria der Stifter dienten, gewährleistete für Pfarrkirchen die jeweilige Kirchenfabrik (*fabrica ecclesiae*). Die für die Verwaltung des Vermögens der Kirchenfabrik zuständigen Kirchenpfleger entstammten in der Regel den einflussreichen Familien, die ebenso im Stadtrat vertreten waren. Am Ende des Mittelalters war die Kirchenpflegschaft einem städtischen Amt gleichgestellt. Bürger und Geistliche waren häufig enge Verwandte; wenn ein Sohn das väterliche Geschäft übernahm, so wurde ein anderer zumeist für die kirchliche Laufbahn vorgesehen. Die Töchter wurden verheiratet oder traten in ein Kloster ein. Auch durch diese Netzwerkstrategien waren die verschiedenen Sphären aufs Engste personell miteinander verwoben.

Die Pfarrkirchen erfüllten über die geistlichen Aufgaben hinaus zahlreiche Funktionen, insbesondere vor der Errichtung von Rathäusern oder in Ergänzung zu diesen. Sie dienten auch als Versammlungs- und Gerichtsorte, in ihnen fanden diplomatische Empfänge statt, jede Ratssitzung begann mit einem Gottesdienst in der Pfarrkirche, Urkunden und Akten wurden in ihr ebenso verwahrt wie die städtische Geldkiste. Der öffentlichen Kommunikation dienten Glocken im Kirchturm, die Anbringung von städtischen Maßen am Kirchengebäude, Ankündigungen von der Kanzel oder der Anschlag an die Kirchentür. Eng mit der Pfarrkirche verbunden waren Maßnahmen zur Sozialfürsorge (für Arme, Kranke, Fremde, Waisen, Alte) und die Schulbildung. Neben den Kloster- und Stiftsschulen entstanden seit dem 13. Jahrhundert zahlreiche Pfarrschulen. Die Städte übernahmen zunehmend die Verantwortung für diese Ausbildungsstätten, in denen Lesen, Schreiben, Rechnen und Latein gelehrt wurden. Im Verlauf des Spätmittelalters wuchs so das bürgerliche Bildungsniveau deutlich an.

Aber nicht nur Pfarrkirchen waren Begräbnisorte und nicht nur diese erhielten fromme Stiftungen, sondern auch Klosterkirchen, Spitäler und Kapellen (Kat.-Nr. II.104). Insbesondere Bettelordenskonvente waren für Stiftungen hochattraktiv. Hier konnten die Stifter in das Gebetsgedenken der Konvente aufgenommen werden. Insgesamt erhielten die Kirchen viele Schenkungen städtischer Immobilien, was für die Stadt Nachteile mit sich brachte, da diese als Kirchengut nicht mehr der Steuerpflicht und der Gerichtsbarkeit der Stadt unterlagen. Deshalb wurden häufig Gesetze erlassen, in denen vorgeschrieben war, dass die Grundstücke nach Jahr und Tag wieder aus Kirchenbesitz verkauft werden mussten.

Durch die Reformation kam es zu weitreichenden Veränderungen. Zwar wurden Pfarrkirchen als wichtige Zentralorte sogar noch gestärkt, da die Klöster aufgehoben wurden, die Bedeutung der Geistlichen aber schwand. Ihre Vermittlerrolle zwischen den Gläubigen und Christus bzw. Gott war nicht länger notwendig, ebenso wenig wie Stiftungen für das Seelenheil. Es entstanden weitere Schulen, oft in den ehemaligen Bettelordensklöstern, der Buchdruck florierte, die Entwicklung der Volkssprachen wurde befördert, unter anderem durch evangelische Kirchenlieder. Insgesamt nahm die Bedeutung von Bildung weiter zu. Die Hoheit über das Kirchenwesen und die Verpflichtung, für die Finanzierung zu sorgen, sowie die Organisation der Armenfürsorge ging vollends von der Kirche auf die Stadt über. Die enge Verflechtung von Kirche und Stadt aber blieb bestehen, und die Pfarrorganisation bewährte sich als Grundstruktur über die Reformation hinaus bis in die Gegenwart.

Anja Rasche

Literatur

Bünz 2015 | Bünz 2017 | Bünz/Fouquet 2013 | Groten 2013 | Hirschmann 2016 | Isenmann 2014 | Kühne/Bünz/Müller 2013 | Philipp 1987 | Reitemeier 2005 | Schmieder 2012.

Abb. 198
Das Hochaltarretabel der Krakauer Marienkirche stifteten Rat und Bürger der Stadt. Das Werk wurde von Veit Stoß 1489 fertiggestellt. Krakau/Kraków, Marienkirche

II.87

Das Johannesretabel der Stendaler Tuchmachergilde

Stendal, um 1520

Lindenholz, geschnitzt, bemalt und vergoldet; Rahmen und Rückwände aus Nadelholz

H 125 cm, B 220 cm (geöffnet)

Stendal, Altmärkisches Museum, VI-c-20

Nicht nur Landesherren oder wohlhabende Bürger, sondern auch soziale Korporationen, wie die Handwerksgilden, stifteten Altarstellen in den städtischen Kirchen, sicherten durch jährliche Zahlungen die dort abzuhaltenden Messfeiern und statteten die Altäre mit den notwendigen liturgischen Gerätschaften, Tüchern und repräsentativen Altaraufsätzen aus. Mit dem Johannesretabel der Stendaler Tuchmachergilde, das einstmals sehr wahrscheinlich für den Hauptaltar der kleinen, nach 1673 abgebrochenen Johanniskapelle in Stendal bestimmt war, hat sich ein Zeugnis einer ebensolchen Stiftung aus dem frühen 16. Jahrhundert erhalten. Im 18. Jahrhundert ist es im Gildehaus der Tuchmacher nachgewiesen. 1899 gelangte es als Geschenk des Stendaler Magistrats in den Besitz des Altmärkischen Museums.

Die Stendaler Tuchmachergilde gehörte zu den ältesten Zünften der Stadt und war zugleich die bei Weitem mitgliederstärkste Handwerkergemeinschaft. Ihrer wirtschaftlichen Bedeutung gemäß hatten sich die Tuchmacher im Lauf der Zeit eine einflussreiche Stellung erstritten, die sich auch in ihrer führenden Rolle bei diversen städtischen Aufständen gegen landesherrliche Verordnungen äußerte. Besonders folgenschwer war der gescheiterte Aufstand gegen die Biersteuer (die sogenannte »Bierziese«) des Kurfürsten Johann Cicero (reg. 1486–1499) im Jahr 1488, der die gesamte Altmark erfasste hatte. Stendal

II.87

verlor im Anschluss unter anderem für fast 30 Jahre die Gerichtsbarkeit, und selbst nach deren Wiedererlangung im Jahr 1517 verblieb das Halsgericht beim Kurfürsten. Die drei Rädelsführer des Aufstands, allesamt Tuchmacher, wurden 1488 hingerichtet. Der Tuchmachergilde und den weiteren beteiligten Zünften wurde das Recht entzogen, als Gemeinschaft gegenüber städtischen und landesherrlichen Angelegenheiten aufzutreten. Die Tuchmacher verloren zudem für drei Jahre ihr Gildehaus und durften auch danach dort nur noch Handwerksangelegenheiten besprechen. Schließlich nahm ihnen der Kurfürst auch das (ohnehin eingeschränkte) Recht des Tuchaufschneidens, das ihnen erst 1508 wieder zugestanden wurde.

Vor dem Hintergrund der sukzessiven Restitution der städtischen Rechte und der Zunftprivilegien dürfte die um 1520 erfolgte Stiftung des Johannesretabels zu sehen sein. Der von einer versierten Schnitzwerkstatt angefertigte Altaraufsatz präsentiert im Schrein die Taufe Christi im Jordan. Nur mit einem Lendentuch bekleidet, dessen lang herabhängendes Ende über dem Wasser flattert, steht Christus im Jordan und hat sich dem am linken Ufer knienden, ihn segnenden Täufer zugewandt. Ein Engel im langen Gewand hält am gegenüberliegenden Ufer den Rock des Heilands. Über der Szenerie schweben die Halbfigur des segnenden Gottvaters und die Taube des Heiligen Geistes. Für die Komposition griff die Werkstatt auf den über 30 Jahre alten, aber weiterhin populären Kupferstich Martin Schongauers (um 1445/1450–1491) zurück, der in eine modernere Bildsprache übertragen wurde. Die auffällige Inszenierung der Stoffe und Gewänder, die für die stiftenden Tuchmacher ein sicherlich gewünschtes Element darstellte, ist bereits in der grafischen Vorlage enthalten, wird aber durch die Vergoldungen verstärkt.

Die zentrale Szene wird von vier Heiligenfiguren flankiert: unten der Apostel Andreas (der zunächst ein Anhänger des Täufers war, bevor er zum Jünger Jesu wurde) sowie die Gottesmutter, oben die heiligen Bischöfe Blasius und Severus von Ravenna, den Schutzheiligen der Wollweber und Tuchmacher. Auf den ebenfalls geschnitzten Flügelreliefs ist links das ausführlich geschilderte Ende des Täufers zu sehen, das angesichts der Ereignisse in Stendal und des Schicksals der Tuchmacher einen besonderen Unterton erhält: Unten überreicht der Scharfrichter Salome das Haupt des soeben Hingerichteten; in der Szene darüber präsentieren Salome und ihre Mutter Herodias den Johanneskopf beim Festmahl. Der rechte Flügel dient hingegen der Verehrung des Schutzpatrons der Stendaler Tuchmacher, Johannes des Evangelisten, dessen Vision der Apokalypse auf der Insel Patmos und wundersam überstandene Ölmarter gezeigt werden. An den Werktagen boten sich den Gläubigen auf den geschlossenen Flügeln Malereien mit weiteren Szenen aus dem Leben des Täufers dar. Neben der Verkündigung an Maria sind die Begegnung der schwangeren Maria mit Elisabeth (die sogenannte Heimsuchung), die Geburt des Johannes sowie seine Predigt in der Wüste zu sehen, hier in eine Waldlichtung verlegt. *Wilfried Franzen*

Literatur
Fajt/Franzen/Knüvener 2011, S. 46 | Götze 1873, S. 160 f. | Marksteine 2001, S. 77, Kat.-Nr. I-3/15 (Petra Marx) | Sachs 1968, S. 104 f. | Stapel 1911, S. 101–103.

II.87 Detail

II.88

Teil eines Pacificale

Mitteleuropa (Preußen?),
Ende 15./Anfang 16. Jahrhundert

Silber, graviert, vergoldet

H 35,6 cm, B 28,5 cm;
Figur des Gekreuzigten: H 11 cm, B 9,6 cm

Wilna/Vilnius, Bažnytinio paveldo muziejus,
BP-132

II.88

Das gotische Kreuz mit den dreiblättrigen Enden ist Teil eines Pacificale, es stammt ursprünglich aus der Kirche Mariä Heimsuchung in Traken/Trakai. Pacificalia wurden in der liturgischen Praxis verwendet, um den Friedenskuss während des Gottesdienstes symbolisch weiterzugeben. In dieser Kirche gab es bis Mitte des 17. Jahrhunderts viele Gegenstände der Goldschmiedekunst. Im Kircheninventar werden für das Jahr 1630 drei vergoldete Silberkreuze und vier Pacificalia erwähnt, dagegen ist im Eigentumsinventar des Jahres 1799 nur ein gebrochenes vergoldetes Silberkreuz eingetragen, das möglicherweise mit dem erhalten gebliebenen Kreuz in dieser Kirche im Zusammenhang steht.

Aufgrund von Analogien wird vermutet, dass die an das Kreuz angeschlagene vollplastische Christusfigur älter und ins 15. Jahrhundert zu datieren ist. Das Haupt des Gekreuzigten trägt eine dickästige Dornenkrone, über dem Haupt befindet sich ein gesondert gegossener Nimbus mit einem kleinen eingravierten Kreuz. Auf den dreiblättrigen Astenden des Pacificale sind die Symbole der vier Evangelisten dargestellt: Adler, Löwe, Stier und Engel. Ihre Gestalten werden von Banderolen mit Namen der Evangelisten umringt: »S[ANCTVS] IOHANNES«; »SANCTVS+MARCVS«; »SANCTVS+LVKAS«; »SANCTVS+MATIAS«. Die präzise gezeichneten Gestalten deuten möglicherweise auf eine preußische Herkunft, weil die Goldschmiedekunst im damaligen Staat des Deutschen Ordens hoch entwickelt und Gravuren auf Goldschmiedearbeiten sehr beliebt waren.

Das Pacificale ist von einem Profilrand mit niedrigem Relief umrahmt. Das untere dreiblättrige Ende des Kreuzes ist abgebrochen, es sind kleine Löcher und eine abgeriebene Vergoldung sichtbar, die wohl nach einer Reparatur (Vernietung) entstanden sind. Am oberen Ende des Kreuzes ist ein kleines Loch zum Aufhängen ausgeschlagen, an dem das Gold auch abgerieben ist.

Zu Sowjetzeiten war die Kirche Mariä Heimsuchung in Traken zwar nicht geschlossen, jedoch waren die wichtigsten, wertvollen Güter des Kirchenschatzes versteckt und unter dem Boden vergraben. Dieses Kreuz gelangte nicht in das Schatzversteck, es befand sich zusammen mit anderen unbenutzten liturgischen Gegenständen hinter dem großen Altar. Im Juli 1996 führten Fachleute des litauischen Kulturerbes eine Inventur der Kirche Mariä Heimsuchung durch und entdeckten dieses Pacificale.
Sigita Maslauskaitė-Mažylienė

Quellen
Vilniaus universiteto biblioteka [Universitätsbibliothek Wilna], Handschriftenabteilung, Inventare der Gemeindekirche Trakai, 1930, 1799, F. 57-B53-853, Bl. 1, F. 57-B53-855, Bl. 3.

Literatur
Laucevičius/Vitkauskienė 2001, S. 93 | Pauliukevičiūtė 2012, S. 19 | Vasiliūnienė 2013, S. 126 | Vitkauskienė 2006, S. 32 f. | Žalėnas 2006.

II.89

Ziborium (Hostienkelch) aus Závada

Oberungarn, 2. Hälfte 15. Jahrhundert

Kupfer, vergoldet, gehämmert, gegossen

H 43 cm, Fuß: D 14 cm, Kelch: D 11,5 cm

Bartfeld/Bardejov, Šarišské múzeum v Bardejove, H 377

Ein Ziborium ist ein heiliges Gefäß (*vasa sacra*), das dazu dient, die geweihten Hostien der Eucharistiefeier aufzubewahren. Kirchlichen Zeugnissen zufolge sollten solche Behältnisse aus Edelmetallen (Gold, Silber) hergestellt werden. Wenn sie dennoch aus rostanfälligem Metall bestanden, sollten sie zumindest innen vergoldet sein. Ziborien haben normalerweise die Form eines Kelchs oder einer Pyxis (Dose) mit Deckel, auf deren Oberseiten sich jeweils ein Kreuz befindet.

Das Ziborium aus Závada besteht aus vergoldetem Kupfer, es ist geschmiedet und gegossen. In der Slowakei zählt es heute unter den aus dem 15. Jahrhundert noch erhaltenen Ziborien zu den interessantesten und kostbarsten. Es ist nicht nur ein besonderer liturgischer Gegenstand, sondern auch ein eindrucksvolles Zeugnis für das kunsthandwerkliche Niveau der Goldschmiede in den Königlichen Freistädten Oberungarns.

Aus dem ausladenden runden Fuß des Ziboriums erwächst ein sechskantiger Schaft, der mittig einen flachen Nodus hat, um eine stabile Handhabung zu ermöglichen. Auf der kugeligen, leicht konischen Kuppa ist ein ebenso geformter Deckel mit sechs Wimpergen aufgesetzt. Den oberen Teil des Ziboriums bildet eine auf einem sechseckigen Grundriss platzierte Laterne mit Fenstern und einem spitz zulaufenden Dach, auf dem sich wahrscheinlich einst ein Kreuz befand.

Der Hersteller des Ziboriums ist nicht bekannt, jedoch wird vermutet, dass es aus einer Goldschmiedewerkstatt in einer der damaligen Königlichen Freistädte (Kaschau/Košice, Bartfeld, Leutschau/Levoča) stammt. Wahrscheinlich gehörte es einst zum Kircheninventar der heute nicht mehr existenten gotischen Kirche in Závada (Humenné, Ostslowakei). Im Jahr 1758 schenkte Gräfin Helena Skavinská, Herrin der Grafschaft Stroppkau/Stropkov, das Ziborium dem Franziskanerkloster in Stroppkau. Seit 1906 befindet es sich in den Sammlungen im Scharoscher Museum Bartfeld und wurde 1937 in der Prager Ausstellung »Alte Kunst in der Slowakei« öffentlich präsentiert. *František Gutek*

II.89

Literatur
Toranová 1983 | Výstava 1937 | Wetter 2003 | Žebrácky 1926.

II.90

Kasel (Messgewand), gestiftet von der Krakauer Grützmacherzunft

Stoff: Italien; Stickerei: Polen, um 1480–1485

Seide, Leinen, Häutchengoldfaden, farbiges Seidengarn

Vs: B 64 cm, L 93 cm; Rs: B 75,5 cm, L 115 cm; Stab: H 103 cm, B 18 cm

Krakau/Kraków, Muzeum Historyczne Miasta Krakowa, MHK-37/I

Die Kasel wurde von den Krakauer Grützmachern für den geistlichen Dienst am Altar ihrer Zunft im Kirchenschiff der heute nicht mehr existierenden Stephanskirche (heute Plac Szczepański) in Krakau gestiftet. Sie ist das Beispiel eines spätmittelalterlichen Werks polnischer Stickereikunst auf aus Italien importiertem Stoff und steht exemplarisch für Stickereiarbeiten, die ab dem 15. Jahrhundert immer zahlreicher von Bürgern der Stadt gestiftet wurden, darunter insbesondere von den sich entwickelnden Handwerkszünften für den religiösen Bedarf.

Die Stickerei wurde von höchstwahrscheinlich Krakauer Handwerkern auf grauem Leinen und weichem Untergrund vor dem Hintergrund von Häutchengold ausgeführt, das mit einem geometrischen Muster übernäht wurde. Das Gewand ist mit Goldfäden gefertigt, der waagerecht auf eine dicke Schnurunterlage gelegt wurde. Die Falten und Ränder der Drapierung sind mit dicker, mit Gold umwickelter Schnur betont, und der Baum in Oliv- und Smaragdgrüntönen ist flach gestickt. Die Kasel besaß vermutlich ursprünglich einen Kreuzstab. Darauf deutet das Fehlen der den Stab umgebenden Zierschnur an der für die Kreuzarme vorgesehenen Stelle hin.

Die Vorderseite und die Seiten wurden aus einem Seidengewebe mit Atlasbindung in Himbeerfarbe mit ursprünglich goldfarbigem Muster, großem Rapport und dem Motiv eines blühenden Artischockenzapfens ausgeführt, der in das Schema einer siebenblättrigen Rose eingeschrieben ist.

Die Stäbe mittelalterlicher Kaseln waren meist mit Figurenstickerei verziert. Am beliebtesten war unter ihnen das Motiv der Kreuzigung, das sich eng auf das heilige Messopfer bezog. Die abgebildete Kasel ist ein Beispiel dafür. Auf ihrer

II.90

Rückseite ist oben auf den Wolken Gottvater mit einer segnenden Geste und der Weltkugel in der Hand dargestellt, in der Mitte der gekreuzigte Christus an einem Baum, der die Form einer Weinrebe (»Lebensbaum«) hat. Die Weinrebe ist zugleich die »Wurzel Jesse« – ein Baum, der aus der Brust der am unteren Rand der Komposition liegenden Figur herauswächst – und zeigt auf symbolische Weise den Stammbaum der Mutter Gottes und Christi sowie die Erfüllung der den Erlöser betreffenden Prophezeiungen. Unterhalb des gekreuzigten Christus befindet sich Maria, frontal, mit leichter Kopfneigung dargestellt. Darunter, auf den blühenden Ästen, sind zwei betende Figuren gestickt (die Darstellung der einen ist nur fragmentarisch erhalten). Wahrscheinlich handelt es sich dabei um Marias Eltern, die Heiligen Joachim und Anna. Eine solche Erklärung würde an den Namen des Altars der Unbefleckten Empfängnis Mariä (in der erwähnten Stephanskirche) anknüpfen, über den die Grützmacherzunft das Patronat hatte. Andere Interpretationen der beiden Figuren verweisen auf die symbolische Darstellung der Vorfahren von Maria und Jesus.

1906 schenkte die Grützmacherzunft die Kasel dem Historischen Museum der Stadt Krakau, das damals noch eine Abteilung des Archivs für Alte Akten war. *Jacek Zinkiewicz*

Literatur
Buczek 1979 | Gutkowska-Rychlewska/Taszycka 1967, S. 58 | Klepacka 1957, S. 73 | Radwan 2007 | Zinkiewicz 2016 a.

II.91

Heiliger Andreas vom Marienretabel in Nehre, Slowakei

Zips, Werkstatt des Meisters Paul von Leutschau, 1524

Lindenholz, bemalt, vergoldet

H 106,5 cm, B 35 cm, T 28 cm

Pressburg/Bratislava, Slovenská národná galéria, P 138

Außer dem heiligen Andreas hat sich vom Schrein des ehemaligen Seitenaltars noch die zentrale Madonna erhalten, die dritte dazugehörige Statue ist verschollen. Die beiden überlieferten Skulpturen schöpfen von dem um 1500 in der Zips wohl erfolgreichsten Stil des Meisters Paul von Leutschau (slowakisch: Levoča), wenn sie auch im Detail sein höchstes technologisches Niveau nicht erreichen. Allerdings sieht man Unterschiede ebenfalls unter den zwei erhaltenen Figuren: Der heilige Andreas ist in seiner unkonventionellen Haltung, mit anatomisch akkurat ausgeführten Händen und detailliert ausgearbeiteter Gesichtsmuskulatur künstlerisch ambitionierter dargestellt als die etwas durchschnittliche Madonnenfigur. Eine Zuweisung direkt an den Meister Paul erschweren jene Unterschiede, weil man nicht genau bestimmen kann, ob es sich hier um sein eigenhändiges Werk bzw. Werk seiner Nachahmer oder talentierter (ehemaliger?) Mitglieder seiner Werkstatt (oder einer von seinen Werkstätten?) handelt.

Die Datierung des Retabels geht auf das heute noch fast vollständig lesbare Datum 1524 auf dem Altarflügel zurück. Die Arbeiten am Hochaltarretabel der Leutschauer Pfarrkirche, dem Hauptwerk von Meister Paul, waren zu dieser Zeit längst abgeschlossen (etwa seit 1514). Dadurch ist nicht nur die Popularität seines Stils überregional stark gewachsen, aus der Perspektive der »arbeitstechnischen« Verhältnisse dürfte der Abschluss des Retabels auch einen »Befreiungsschlag« für zahlreiche Mitarbeiter der Werkstatt bedeutet haben, welche sich unabhängig vom ursprünglichen Atelier nun eigenen Aufträgen zuwenden konnten.

Der Marienaltar in Nehre (slowakisch: Strážky, heute ein Stadtteil von Bela/Spišská Belá) war Bestandteil einer kurzen, doch intensiven Ausstattungskampagne der dortigen St.-Anna-Kirche. Dabei hat man nicht nur den Hochaltar und zwei Nebenaltäre anfertigen lassen, sondern wohl ebenso die Wandmalereien – einen Passionszyklus und das Jüngste Gericht, die anhand der grafischen Vorlagen süddeutscher Provenienz konzipiert waren (Lucas Cranach der Ältere, Albrecht Altdorfer). Analog zur Wandmalerei beinhaltet das Marienretabel bereits Dekorelemente der Renaissance, wie dies ein paar Delfine im Gesprenge des Altars am besten illustrieren. In der Tafelmalerei bringt der Altar aber nur wenig Neues und hat kaum etwas mit den Ateliers zu tun, mit denen Meister Paul bei seinen großen Aufträgen zusammenarbeitete. In den Bildern sind auf den Flügeln die Szenen aus dem Marienleben dargestellt, die geschlossenen Flügel zeigen den Passionszyklus, die Tafel im Gesprenge den Gnadenstuhl. Jedoch war diese Malerwerkstatt in der Umgebung relativ beliebt, was die weiteren Altäre in der Umgebung belegen können. Unter diesem Gesichtspunkt illustriert die Verwendung einer skulpturalen Ausstattung von einer offenbar höheren Qualität auch einen interessanten Herstellungsprozess der Zipser Retabel um 1520: Die Aufträge für die Tafelmalerei bzw. die Skulptur wurden diversifiziert, zusammengeführt hat man sie allem Anschein nach erst vor Ort. *Dušan Buran*

II.91

Literatur
Buran 2017, S. 20 f. | Buran/Dectot/Ton-That 2010, S. 84 f. (Dušan Buran) | Glatz 1983, S. 142–144 (mit älterem Schrifttum).

II.92

Madonna mit dem Kind

Gnadenbild aus Bartfeld/Bártfa (Bardejov, heute Slowakei), um 1465

Lindenholz, vergoldet; Tempera

H 59 cm, B 44 cm, T 4 cm (mit Rahmen)

Budapest, Szépművészeti Múzeum – Magyar Nemzeti Galéria, Alte Ungarische Sammlung, 55.908

II.92

Das Gemälde zeigt Maria und das Jesuskind, welches vor ihr auf einer steinernen Brüstung kniend in einem Buch blättert. Das Werk stammt aus Bartfeld, einer der bedeutendsten Städte des Komitats Scharosch/Sáros im nordöstlichen Grenzgebiet des mittelalterlichen Königreichs Ungarn. Wirtschaft, Kultur und Kunst des sich ab dem 14. Jahrhundert nach und nach zur Freien Königlichen Stadt entwickelnden Bartfeld zeugen von einem vielschichtigen Beziehungsgeflecht im ungarisch-polnischen Grenzgebiet. Den wirtschaftlichen Wohlstand verdankt die an der nach Krakau führenden Handelsstraße liegende Stadt in erster Linie dem florierenden Handel. Bartfeld war aber auch eines der kulturellen Zentren Oberungarns.

Die zu Ehren des heiligen Ägidius geweihte Pfarrkirche auf dem Hauptplatz der Stadt wurde im 15. Jahrhundert erweitert, daneben gab es eine Schule und eine Bibliothek. Die heute verschollenen Werke des in den 1460er Jahren errichteten Hauptaltars können den Quellen zufolge dem in Krakau/Kraków, Neu Sandez/Nowy Sącz (Polen) und Bartfeld tätigen Maler Jakab Szandeci (Jakob von Sandez, in einem Brief von 1465: Jacobus czu Czause) zugeschrieben werden. Das hier präsentierte Madonnenbild, welches als autonomes Gnadenbild auf dem Altar der heiligen Anna platziert war, hatte höchstwahrscheinlich der religiösen Vertiefung und individuellen Verehrung gedient.

Die Funktion als Gnadenbild war bestimmend für die formalen Besonderheiten und die Komposition des Gemäldes. Der Hintergrund wird durch ein reiches, aus pflanzlichen Motiven komponiertes, vergoldetes Muster geschmückt, welches das Dargestellte aus der Welt des Alltags in die auf himmlische Sphären verweisende Helligkeit erhebt. Entsprechend der mittelalterlichen Werkstattpraxis sind Rahmen und Tafel zusammengefügt, was der Darstellung eine zusätzliche Realitätsnähe verleiht. Ein Archivfoto bezeugt, dass auf dem Rahmen ursprünglich acht rautenförmige Devotionalienbehälter angebracht waren. Der Rundbogen des Glorienscheins um Marias Haupt war mit sieben Edelsteinen geschmückt. Die Aufsatzstücke des Gemäldes sind verschollen, nur ihre ursprüngliche Stelle konnte bei der Restaurierung sichtbar gemacht werden.

Auf die selbstständige Nutzung des Gnadenbilds weist hin, dass die damals gewiss sichtbare Rückseite rotbraun bemalt und deren Rahmen mit Silber geschmückt wurden. Die langlebige Tradition relativ kleiner und mit Devotionalienbehältern versehenen Madonnen-Gnadenbilder wird in Oberungarn und in Kleinpolen durch zahlreiche Beispiele belegt. Die Art der Darstellung und malerische Details des Gemäldes verweisen unmittelbar auf den im 15. Jahrhundert in ganz Europa verbreiteten niederländischen Einfluss. Das Werk entstand zu einer Zeit, in der sich die einheitliche Formensprache der internationalen Gotik auflöste. Es zeigt eine Formensprache, die in einzelnen Regionen ganz eigene, charakteristische Züge gewann. Im Fall des präsentierten Gemäldes wird der fruchtbare künstlerische Austausch zwischen den kleinpolnischen Gebieten und Krakau mit dem ungarischen Grenzgebiet sichtbar. Die stilistische Verwandtschaft der Ma-

II.93

donna von Bartfeld mit den weiblichen Heiligen auf den Flügeln des Dreifaltigkeitsaltars der 1467 fertiggestellten Basilika der Heiligen Stanislaus und Wenzeslaus in Krakau ist offensichtlich. Neben der Gestaltung der Figuren und der Ähnlichkeit der Gesichter ist das Muster des Goldgrunds identisch. Vor diesem Hintergrund können alle genannten Bilder dem in der Fachliteratur teils als Jakab Szandeci, teils als Meister der Chöre identifizierten oder jüngst als Meister der Madonna von Bartfeld genannten Maler oder seiner Werkstatt zugeschrieben werden. *Györgyi Poszler*

Literatur
Borchert 2010, S. 515, 280 (Török Gyöngyi) | Buran 2003, S. 705 f., 4.3.1 (Milena Bartlova) | Marosi 1987, S. 723 | Mojzer 1984, S. 37 (Török Gyöngyi) | On Common Path 2016, S. 173 f., 4.H.23 (Györgyi Poszler) | Polak-Trajdos 1970 | Radocsay 1955, S. 98, 164 f., 265 | Török 1995, S. 182 f.

II.93

Beweinung Christi

Zips, um 1500 (1503?)

Lindenholz, bemalt, auf der Rückseite ausgehöhlt

H 57 cm, B 64 cm, T 23,5 cm

Warschau/Warszawa, Muzeum Narodowe w Warszawie, Śr. 46 MNW

Obwohl die Skulptur unmittelbar nach ihrem Erwerb durch das Warschauer Nationalmuseum 1937 unter Angabe des Herkunftsorts Georgenberg/Spišská Sobota/Szepesszombat publiziert wurde, blieb dies zunächst von den auf die historische Region Oberungarn (heute: Slowakei) spezialisierten Kunsthistorikern unbemerkt. Aufgrund der Komposition und Größe der Skulpturengruppe ist davon auszugehen, dass sie in der Predella eines Altaraufsatzes platziert war. Von den fünf spätgotischen Altaraufsätzen in der Pfarrkirche des heiligen Georg in Georgenberg – in der Kirche sind die Originalaltäre vollständig erhalten – kommt nur der Annenaltar als ursprünglicher Ort der Warschauer Beweinung Christi infrage. Das Retabel der heiligen Anna wurde 1503 für die Annenkapelle bestellt, die von Norden an das Presbyterium angrenzt. Die Zahlungssumme betrug 80 Goldgulden. Zwischen 1777 und 1779 erfolgte eine Umwidmung der Kapelle auf den heiligen Josef. Damals wurde ein neues, passendes Retabel angefertigt und der gotische, der heiligen Anna gewidmete Altaraufsatz unter dem Triumphbalken platziert. Ein Erdbeben zerstörte 1813 das Gesprenge des Annenretabels, aber die Predella überstand das Ereignis offenbar unversehrt. Darauf deutet eine Erwähnung in dem handschriftlichen »Liber memorabilium« der Kirche in Georgenberg (1868) hin, in dem die Rede ist von dem »imago dolorosae B[eatae] M[ariae] V[irginis] [...] supra altare S. Annae [...] collocata«.

Bei der in Warschau verwahrten Komposition der Beweinung Christi ist die Gruppe der Maria mit dem toten Christus leicht nach vorn gerückt und dadurch faktisch hervorgehoben. Alle anderen Figuren bilden lediglich den Hintergrund für das zentrale Motiv der Pietà. Die Bezeichnung der Skulptur als »imago dolorosae BMV« ist also durchaus verständlich, ebenso wie die Formulierung »supra altare [...] collocata« zur Position der Predella auf der Altarmensa passt. Mehr als 100 Jahre nach der Katastrophe wurde in den Jahren 1926 bis 1928 ein neues neugotisches Gesprenge für das Annenretabel gefertigt – und wohl bei dieser Gelegenheit auch die Predella des Altaraufsatzes ausgetauscht. Die heutige Predella zeigt eine dreidimensionale, halbfigürliche Darstellung des Schmerzensmanns. Ihr Kasten hat eine asymmetrische, trapezförmige Form, bei der eine Seite gerade abgeschnitten ist, um in den engen Raum in der das nördliche Kirchenschiff abschließenden Wand eingepasst werden zu können.

Dies verrät auch, dass es sich hier um eine sekundäre Lösung handelt, denn 1503 war das Annenretabel frei im Raum der Kapelle positioniert und musste zunächst auf einer typischen rechteckigen oder trapezförmigen Predella stehen. Gestützt wird diese These durch ein altes Foto von 1903. Es stammt von Kornél Divald, einem Pionier der Bestandsaufnahme von Kunstwerken im Königreich Ungarn. Auf dem Foto ist die aus fünf Baldachinen bestehende ornamentale Bekrönung der ursprünglichen Predella zu sehen, die sich von der heutigen Predella mit drei Nischen deutlich unterscheidet. Leider hat Divald nicht den unteren Teil der Predella und deren Inneres dokumentiert, was die Provenienz der Warschauer Skulpturengruppe der Beweinung Christi verlässlich hätte klären können.
Wojciech Marcinkowski

Literatur
Argálacs 2011, S. 19 | Dobrzeniecki 1980, S. 42 | Walicki 1938, S. 11.

II.94

Figurenköpfe der Propheten vom Rahmen des Marienaltars von Veit Stoß

Krakau/Kraków, 4. Viertel 19. Jahrhundert

Gipsabgüsse

H 16,5 cm, B 13 cm; H 11 cm, B 11 cm; H 10 cm, B 9 cm; H 13 cm, B 8,5 cm

Krakau/Kraków, Muzeum Narodowe w Krakowie, MNK I-g-388, MNK I-g-376, MNK I-g-210, MNK I-g-387

Als Modelle für die Gipsabgüsse dienten kleine, geschnitzte Holzfiguren der Propheten, die in der Aussparung des halbrund geschlossenen Rahmens des Korpus des Marienaltars von Veit Stoß platziert waren. Die Muttergottes Maria bildet (ganz den kirchlichen Vorgaben folgend) den ikonografischen Mittelpunkt dieses Altarretabels, in dem verschiedene Aspekte ihrer Persönlichkeit beleuchtet werden: als Braut im Hohelied, als Miterlöserin, als Mittlerin und als Personifikation der Kirche (*Mater Ecclesiae*). Innerhalb dieses breit gefassten Konzepts symbolisieren die Propheten im Rahmen des Altaraufsatzes die Kirche *sub lege* (dt. unter dem Gesetz, das heißt nach der Übergabe der Zehn Gebote), von Moses bis Christus. Den Korpus des Altaraufsatzes in einen Rahmen mit halbrundem Abschluss zu fassen und ähnlich wie bei Portallaibungen mit kleinen Figuren zu verzieren, wurde durch die niederländische Malerei (Rogier van der Weyden) inspiriert. Diese übte starken Einfluss auf den gesamten deutschsprachigen Raum aus, wobei dieses Motiv vor allem in Südtirol besonders häufig auftritt.

Gipsabgüsse wurden im 19. Jahrhundert in großer Menge als Souvenirs gefertigt. Die Abgüsse der Fragmente des Marienaltars von Veit Stoß kamen der Nachfrage aufgrund des wieder erwachten Interesses an dem Altar nach dessen Restaurierung (1866–1872) sowie im Zuge der Regotisierung des Innern der Marienkirche (ab 1887) nach – allein im Krakauer Nationalmuseum sind über 60 dieser Objekte erhalten. Auch »Luxusversionen« der Figurenköpfe der Propheten in sorgfältig gearbeiteter polychromer Ausführung sind bekannt. *Wojciech Marcinkowski*

Literatur
Marcinkowski/Zaucha 2010, S. 198 f.

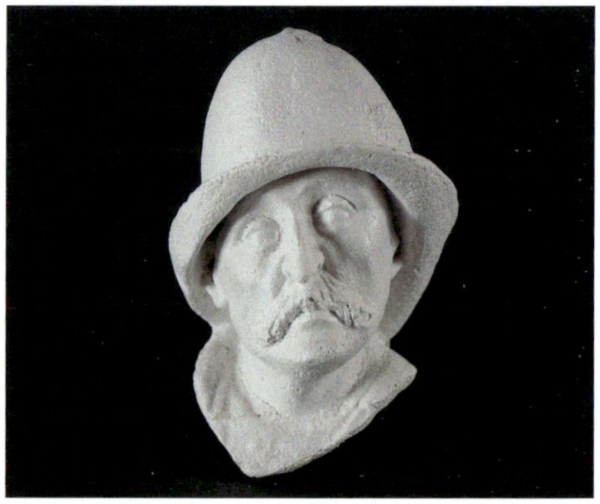

II.94

II.95

Fiale vom Altar der Krakauer Marienkirche

Dekorationselement des Retabels von Veit Stoß

Krakau/Kraków, 1477–1489 (?)

Lindenholz, geschnitzt, Vergoldungen

H 53,5 cm

Krakau/Kraków, Muzeum Historyczne Miasta Krakowa MHK-87/I

Die in Lindenholz geschnitzte Fiale hat die Form eines schlanken, viereckigen Pinakels mit einem sich nach oben verjüngendem Schaft. Über seinem Ansatz ist der Schaft mit vier kleinen profilierten Fialen mit Krabben verziert. Darüber sind rhythmisch zwei Reihen von Krabben verteilt (vollständig erhalten ist nur eine). Eine fragmentarisch erhaltene vierblättrige Kreuzblume sowie das Fragment eines Elements, das das Pinakel krönte, sind im oberen Bereich der Fiale erkennbar. Zwei Schaftwände wurden später am Ansatz mit Mennig überzogen, der Rest ist vergoldet. Die Vergoldung wurde in Polimenttechnik ausgeführt, auf einer dünnen Schicht Kreide- und Lehmmörtel. Auf einer der mennigbedeckten Wände ist ein Papieraufkleber angebracht, auf dem handschriftlich geschrieben steht: »Skulptur von Veit Stoss aus der Marienkirche (Original).«

Das Retabel des Hochaltars der Marienkirche in Krakau wird umgangssprachlich als »Krakauer Marienaltar« oder »Veit-Stoss-Altar« bezeichnet. Es wurde in den Jahren zwischen 1477 und 1489 von dem aus Nürnberg stammenden Bildhauer Veit Stoß (um 1447–1533) geschnitzt, einem der bedeutendsten Künstler der Spätgotik. Das Hauptthema ist die Himmelfahrt Mariens. Doch den Hintergrund für die religiösen Szenen bilden die Realien des Spätmittelalters, mit genauer Darstellung der damaligen Kleidung, der Waffen und sogar körperlicher Behinderungen der dargestellten Personen. Die Figuren wurden aus Lindenholz geschnitzt, die Konstruktion besteht aus Eichenholz und der Hintergrund aus Lärchenholz. Das Werk ist das größte gotische Retabel in Europa. Während des Zweiten Weltkriegs wurde es von der deutschen Besatzungsmacht geraubt und nach Berlin gebracht. Nach dem Krieg fand man es in den Kellern von Schlössern in Nürnberg und Wiesenthau wieder. Nach Krakau kehrte es 1946 zurück. Seit 2015 wird das Kunstwerk restauriert.

II.95

Die hier gezeigte Fiale zeigt hinsichtlich ihres Stils, der Ausführung der Schnitzarbeit und der Vergoldungs- und Grundierungstechnik Analogien zum beschriebenen Retabel (Mittelschrank, Tafeln der offenen Flügel sowie des durchbrochenen Krönungsbaldachins). Sie stammte vermutlich aus dem Zusammenhang einer Grundrenovierung des Altars, die der Bildhauer Kazimierz Wakulski aus Warschau zwischen 1866 und1869 durchführte. Während dieser Arbeiten wurden der über der Hauptgruppe ausgebreitete Ornamentbaldachin sowie die geschnitzte Verzierung der Mittelschreinumrahmung rekonstruiert. Die Fiale wurde 2009 dem Historischen Museum der Stadt Krakau geschenkt. Zuvor war sie Eigentum des polnischen Architekten Jan Sas Zubrzycki (1860–1935). *Jacek Zinkiewicz*

Literatur

Bujak/Czyżewski 2007 | Kepinski 1981 | Lasocki 1868 | Lichończak 1983 | Skubiszewski 1978 | Szydłowski 1922 | Walczy 2012 | Zinkiewicz 2016 b.

II.96

Verzeichnisse des Schatzes der Krakauer Marienkirche

Krakau/Kraków, 1417–1502

Papier, 100 Seiten

H 30,5 cm, B 10,5 cm

Krakau/Kraków, Archiwum Narodowe w Krakowie, 29/33/0/1.65/3334

Die Kirche der Himmelfahrt der heiligen Jungfrau Maria, Marienkirche genannt, wurde vor allem mithilfe von Schenkungen des Krakauer Bürgertums errichtet und ausgestattet und ist für die Stadt von besonderer Bedeutung. Die Kirche stand unter der Obhut des Krakauer Stadtrats, der ab Ende des 14. Jahrhunderts aus seinen Reihen zwei Verwalter bestimmte, die unter anderem die Renovierungen und Ausgaben der Kirche überwachten. Bald erhielt der Rat auch das Recht, den Küster als der nach dem Erzpriester wichtigsten Person der Kirche zu ernennen. Zu den Aufgaben des Küsters gehörte es auch, sich um die im Kirchenschatz verwahrten liturgischen Gegenstände und Geräte zur Abhaltung des Gottesdienstes in den zahlreichen Kapellen und Altarstiftungen der Pfarrkirche zu kümmern. Aus diesem Grund fertigte jeder neue Küster ein Verzeichnis des Kirchenschatzes an. Das erste Verzeichnis wurde 1397 erstellt, als Jan Krancz das Amt übernahm. Die 1452 von Mikołaj Knoll erstellte Liste wiederum enthält zahlreiche Details zu den einzelnen Gegenständen, zu ihren Verzierungen und Aufschriften oder zum verwendeten Material.

II.96

Unter den zahlreichen hier erwähnten liturgischen Geräten und Gefäßen – es gab allein 24 vergoldete Kelche – erwähnte Knoll einen Kelch vom Anfang des 15. Jahrhunderts mit der Aufschrift »Ave verum Corpus Christi [...]«, eine Monstranz aus der Werkstatt von Michał Brenner sowie ein großes, mit Edelsteinen verziertes, vergoldetes Kreuz. Überdies befanden sich unter den Paramenten in der Sakristei zur Verfügung der Priester unter anderem 55 Ornate mit verzierten Humeralen aus Damast, Brokat und Seide sowie rund 130 Handschriften (liturgische Schriften und theologische Abhandlungen). Der Sorgfalt der nachfolgenden Küster der Pfarrkirche von Krakau ist es zu verdanken, dass ihr einstiger Reichtum an liturgischem Gerät und die Freigiebigkeit des Krakauer Bürgertums bis heute belegt sind. Die Handschrift im Format »folio fracto« ist nicht vollständig beschrieben. Das Verzeichnis des Kirchenschatzes der Marienkirche beginnt ab Seite 27. Der Einband besteht aus einem unbeschriebenen und nicht festgeklebten Blatt Pergament, dessen Unterteil eine Lasche bildet, mit der es ähnlich wie eine Brieftasche geschlossen wird. Zusätzlich wurde der Rücken der Handschrift mit Leder verstärkt. Die Einträge wie auch die Vermerke über Neuzugänge zum Kirchenschatz, die in den Jahren dazwischen erfolgten, wurden in lateinischer und deutscher Sprache verfasst und sind chronologisch geordnet. Vereinzelt gibt es zusätzliche Bemerkungen zum Bestand der Schatzkammer nach deren Durchsicht. Das Buch enthält außerdem eine Liste von Gegenständen und Geräten aus der von Jan Hińcza von Rogów gestifteten Kapelle auf dem Wawel, die am 26. Juli 1474 im Beisein von vier Stadträten und Albert, dem ältesten Altaristen, angefertigt wurde, sowie Aufzeichnungen über den zeitweisen Verleih verschiedener liturgischer Geräte an die Priester. *Karolina Gołąb-Malowicka*

Literatur

Bąkowski 1913 | Piekosiński 1889 | Piwowarczyk 2000 | Piwowarczyk 2002.

II.97

II.97

II.97

Die Verkündigung und die Krönung Mariens

Zwei Gemälde in Reliquienrahmen

Krakau/Kraków, um 1470–1480, Jan Wielki (Wyelky Jan Pictor, Anwesenheit in Krakau seit 1466 belegt, gest. 1497)

Lindenholz

H 57,5 cm, B 43,5 cm, T 7,5 cm (mit Rahmen)

H 58,8 cm, B 43,5 cm, T 6 cm (mit Rahmen)

Krakau/Kraków, Muzeum Narodowe w Krakowie, MNK ND-9 und MNK ND-8 (Depositum der Krakauer Kürschnerzunft)

Die beiden Gemälde wurden von den Krakauer Kürschnern für ihre Zunftkapelle in der Marienkirche gestiftet. In der Szene der Verkündigung erscheint der in einer Kemenate auf einer Kniebank betenden Maria der Erzengel Gabriel in Begleitung von zwei weiteren Engeln. Der himmlische Bote liest niederkniend das Ave Maria aus einer geöffneten Briefrolle, die die Szene wie einen Vertragsabschluss anmuten lässt. Die Engel sind wie die Assistenten des Zelebranten bei der Heiligen Messe gekleidet. Gabriel trägt eine Albe mit Humerale und ein von einer Schnalle zusammengehaltenes Pluviale aus Brokat. Seine Gefährten tragen Dalmatiken in Rot und Grün. Maria unterbricht die Lektüre, neigt den Kopf zum Erzengel und hebt in zustimmender Geste die Hände.

In der Krönungsszene sitzt in der Mitte des dreigeteilten Throns Gottvater und rechts von ihm, etwas tiefer, Jesus Christus. Vor dem linken, freien Platz kniet Maria mit über der Brust gekreuzten Armen. Über ihr steigt die Taube des Heiligen Geistes empor. Gottvater und Jesus Christus halten mit ihren rechten Händen eine Krone und setzen sie Maria auf das Haupt. Der Hintergrund ist mit einem Pflanzenornament gefüllt, das sich reliefartig vom Grund abhebt.

Der Reliquienkult und die Verehrung irdischer Überreste von Heiligen oder mit ihnen verbundenen Gegenständen spielten in der mittelalterlichen Frömmigkeit eine wichtige Rolle. Die physische Präsenz der Heiligen in ihren Reliquien steigerte das Gefühl ihrer Vermittlung. Dem Dekret des Vierten Laterankonzils (1215) zufolge war den Gläubigen eine direkte Betrachtung der Reliquien zu ermöglichen, wobei es verboten war, diese anders als in Reliquiaren auszustellen. Umgesetzt wurde diese Maßgabe unter anderem dadurch, dass in den Rahmen von Gemälden Aussparungen für Reliquien geschaffen wurden. Da man zugleich der Meinung war, dass auch ein tragbares Tafelbild einen Kontakt zur übernatürlichen Realität herstellen kann, wurde der Kultwert eines solchen Bildes, wenn es mit einem Reliquienrahmen versehen wurde, verdoppelt.
Wojciech Marcinkowski

Literatur

Fajt 2013, S. 141 (Bilder fälschlich als Diptychon bezeichnet) | Flor/Marcinkowski 2012 | Gadomski 1994, S. 94 f. | Gadomski 1995, S. 146 | Gadomski 2005, S. 40–42, 65, 75 | Marcinkowski 2010 | Secomska 2004, Bd. 2, S. 199 f.

II.98

Madonna mit Kind aus der Gruppe der Anbetung der Heiligen Drei Könige

Danzig/Gdańsk, Meister Paul, um 1515–1530

Lindenholz, hinten ausgehöhlt, dunkelbraune Glasur

H 90 cm, B 41 cm, T 35 cm

Danzig/Gdańsk, Muzeum Narodowe w Gdańsku, MNG/SD/14/Rz

Die Madonna mit Kind ist Teil einer Gruppe der Anbetung der Heiligen Drei Könige. Das Ensemble füllte ursprünglich das Gehäuse des Altaraufsatzes, der für die seit 1452 der Altstädtischen Tischlerzunft gehörende Kapelle in der Danziger Katharinenkirche bestellt wurde. Der Altaraufsatz ist nicht erhalten, auch seine ursprüngliche Konstruktion ist nicht bekannt. Überdauert haben nur vier Figuren aus dem Aufsatzgehäuse – Madonna mit Kind, Caspar, Melchior, Balthasar – sowie zwei Relieftafeln, die die Szene der Heimsuchung der heiligen Elisabeth und sowie Christi Geburt darstellen, die sich vermutlich auf den Flügeln des Retabels befanden. Die Figur der Madonna mit Kind kam vor 1913 zusammen mit den übrigen erhaltenen Figuren des Altaraufsatzes in die Museumssammlung (damals Stadtmuseum Danzig).

Die Madonna wird hier als eine Frau mit jugendlichen Gesichtszügen und stilisierten, sehr plastischen Haarflechten dargestellt. Sie trägt ein langes Kleid mit einer ornamentalen Ausschnittumrandung. Über ihre Schultern ist ein weiter Mantel geworfen, der sich zusammen mit dem unteren Teil von Marias Kleid zu differenzierten Falten mit unregelmäßigen Knicken und Umstülpungen formt. Das auf ihrem Knie sitzende Jesuskind wurde bildhauerisch sehr genau, aber weniger detailliert als Maria herausgearbeitet.

Charakteristisch für die Plastik sind ihre präzise geschnitzten Details, die mit den insbesondere in der Partie des Gewands auftretenden größeren glatten Flächen kontrastieren. Der Effekt der kunstvoll ausgeführten Details wurde zusätzlich durch den Erhalt des fast gänzlich monochromatischen Charakters der Skulptur betont – im Falle der Madonna mit Kind sind Spuren der Polychromie ausschließlich in der Augenpartie erhalten, wo nur die Pupillen und die Iris schwarz hervorgehoben wurden.

II.98

II.99

Schöpfer der Figur sowie der ganzen Gruppe war Meister Paul, der beste Künstler, der in der ersten Hälfte des 16. Jahrhunderts auf dem Gebiet Preußens arbeitete. Er schuf Werke für die repräsentativsten Innenräume auf dem Gebiet Danzigs, darunter für den Artushof und für Danziger Kirchen. Seine Skulpturen befanden sich auch in anderen Kirchen, wie in Stolp/Słupsk, Braunsberg/Braniewo und Laptau/Muromskoje. Der Künstler kannte Kupferstiche von Meister E. S. und Lucas Cranach dem Älteren, die ihm manchmal als Vorbilder dienten. Den größten Einfluss auf sein Werk hatte die Bildhauerkunst aus Schwaben und Bayern, wo er wahrscheinlich gelernt hatte. Die Skulpturen aus dem Drei-Königs-Retabel sind das Schlüsselwerk im Schaffen Meister Pauls, bei dem er die in der Ostseeregion höchst seltene monochromatische Ästhetik nutzte.
Weronika Grochowska

Literatur
Abramowski 1926, S. 85–107 | Behling 1975 | Brosig 1930, S. 45 | Drost 1958, S. 64–67 | Jakubek-Raczkowska 2007, S. 148 f., Nr. 70 | Kopczyński 1963 | Rymkiewicz 1980 | Secker 1913, S. 25 | Secker 1917, S. 31, 33 | Woziński 1996, S. 119–122, 138, 499 f. | Woziński 1997, S. 100, 113 | Woziński 2002, S. 39–47 | Woziński 2005 | Woziński 2012.

II.99

Balthasar aus der Gruppe der Anbetung der Heiligen Drei Könige

Danzig/Gdańsk, Meister Paul, um 1515–1530

Lindenholz, hinten ausgehöhlt, dunkelbraune Glasur

H 94 cm, B 45 cm, T 31 cm

Danzig/Gdańsk, Muzeum Narodowe w Gdańsku, MNG/SD/14/Rz

Die Figur des Balthasar ist wie die Madonna mit Kind (Kat.-Nr. II.98) Teil einer von Meister Paul geschnitzten Gruppe, die die Anbetung der Heiligen Drei Könige darstellt. Balthasar wird mit langem stilisiertem Bart und kniend gezeigt. Mit beiden Händen hält er eine in unnatürlicher perspektivischer Verkürzung dargestellte Goldtruhe. Er trägt einen mit Pelz verbrämten Mantel mit langen Ärmeln, die reiche Falten bilden.

Ähnlich wie bei den anderen Skulpturen aus diesem Retabel sind die Kontraste zwischen präzise geschnitzten Details und den glatten Flächen deutlich. Bei Balthasar wurden die ausgearbeiteten Details durch die Einführung einer monochromatischen Ästhetik unterstrichen – die beinahe unsichtbaren Farbspuren sind in der Au-

II.100

genpartie erhalten, wo nur die Pupillen und die Iris schwarz hervorgehoben wurden.
Weronika Grochowska

Literatur
Abramowski 1926, S. 85–107 | Behling 1975 | Brosig 1930, S. 45 | Drost 1958, S. 64–67 | Jakubek-Raczkowska 2007, S. 148 f., Nr. 70 | Kopczyński 1963 | Rymkiewicz 1980 | Secker 1913, S. 25 | Secker 1917, S. 31, 33 | Woziński 1996, S. 119–122, 138, 499 f. | Woziński 1997, S. 100, 113 | Woziński 2002, S. 39–47 | Woziński 2005 | Woziński 2012.

II.100

Melchior aus der Gruppe der Anbetung der Heiligen Drei Könige

Danzig/Gdańsk, Meister Paul, um 1515–1530

Lindenholz, hinten ausgehöhlt, dunkelbraune Glasur

H 125 cm, B 48 cm, T 37 cm

Danzig/Gdańsk, Muzeum Narodowe w Gdańsku, MNG/SD/12/Rz

Die Figur des Melchior gehört wie die Madonna mit Kind (Kat.-Nr. II.98) zur Gruppe der Anbetung der Heiligen Drei Könige. Er ist in stehender Pose

II.101

mit leicht im Knie gebeugtem rechten Bein dargestellt und trägt einen langen Mantel mit einem breiten Pelzkragen am Hals. Bemerkenswert ist seine Kopfbedeckung – eine große Haube mit Brosche. In der rechten Hand hält er ein Gefäß.

Bei dieser Skulptur stechen besonders der präzise erarbeitete, stilisierte lange Bart, die Ausfertigung des Mantels, die den Pelz andeutet, die prächtig ausgearbeiteten Ärmel und die Haube hervor. Die geschnitzten Details werden durch kreisförmige Rillen des Faltenbruchs im Mantel betont und kontrastieren seine glatten Flächen. Sie ziehen die Aufmerksamkeit dank der erhaltenen, fast vollständigen Monochromie der Plastik auf sich – bei Melchior befinden sich geringe Spuren der Polychromie ausschließlich in der Augenpartie, wo der Autor nur die Pupillen und die Iris schwarz hervorgehoben hat.
Weronika Grochowska

Literatur
Abramowski 1926, S. 85–107 | Behling 1975 | Brosig 1930, S. 45 | Drost 1958, S. 64–67 | Jakubek-Raczkowska 2007, S. 148 f., Nr. 70 | Kopczyński 1963 | Rymkiewicz 1980 | Secker 1913, S. 25 | Secker 1917, S. 31, 33 | Woziński 1996, S. 119–122, 138, 499 f. | Woziński 1997, S. 100, 113 | Woziński 2002, S. 39–47 | Woziński 2005 | Woziński 2012.

II.101

Caspar aus der Gruppe der Anbetung der Heiligen Drei Könige

Danzig/Gdańsk, Meister Paul, um 1515–1530

Lindenholz, hinten ausgehöhlt, dunkelbraune Glasur

H 113 cm, B 42 cm, T 33 cm

Danzig/Gdańsk, Muzeum Narodowe w Gdańsku, MNG/SD/13/Rz

Die Figur des Caspar ist wie Balthasar (Kat.-Nr. II.99) Teil einer Gruppe der Anbetung der Heiligen Drei Könige. Er ist in stehender Pose, mit leicht gebeugtem, vorgeschobenem linkem Bein dargestellt und trägt ein am Ausschnitt verziertes, gekräuseltes Hemd und einen übers Knie reichenden Mantel mit hochgestelltem Kragen. In der rechten Hand hält er eine Kopfbedeckung (Barett), in der linken einen hornförmigen Pokal.

Die präzise geschnitzten Details, zu denen man das stilisierte, gekräuselte Haar zählen kann, sowie sein stark gefaltetes Gewand kontrastieren mit den glatten Flächen, insbesondere in den unteren Partien der Plastik. Caspars Gesicht ist realistisch dargestellt, durch seine flache, breite Nase und dicken Lippen werden charakteristische Merkmale wiedergegeben, die auf seine afrikanische Abstammung hindeuten. Im Fall dieser Figur wurde die Polychromie auf einer etwas größeren Fläche als bei den anderen Skulpturen aus der Drei-Königs-Gruppe angewandt: Caspars Gesicht und Hände sind schwarz bemalt, der Mund rot hervorgehoben.
Weronika Grochowska

Literatur
Abramowski 1926, S. 85–107 | Behling 1975 | Brosig 1930, S. 45 | Drost 1958, S. 64–67 | Jakubek-Raczkowska 2007, S. 148 f., Nr. 70 | Kopczyński 1963 | Rymkiewicz 1980 | Secker 1913, S. 25 | Secker 1917, S. 31, 33 | Woziński 1996, S. 119–122, 138, 499 f. | Woziński 1997, S. 100, 113 | Woziński 2002, S. 39–47 | Woziński 2005 | Woziński 2012.

II.102

Pilgerkette

2. Hälfte 14./Anfang 15. Jahrhundert

Fundort: ulica Żytnia auf der Speicherinsel in Danzig/Gdańsk

Zinnblei, gegossen

L 85,5 cm (gesamt); Kettenglieder: H 1,9 cm, B 0,6 cm; sechs Pilgerglöckchen: H 1,6 cm, B 1,5 cm

Danzig/Gdańsk, Muzeum Archeologiczne w Gdańsku, MAG/GD/255/20/48/2611

Für die Zusammensetzung dieser Kette aus Danzig ist zwar keine genaue Analogie bekannt, jedoch wurden Ketten dieses Typs – im mittelalterlichen England »Bettlerketten« (*beggar's chain*) genannt – mit länglichen, ovalen Kettengliedern schon bei verschiedenen europäischen Ausgrabungen gefunden. Ein Beispiel ist eine Kette aus Utrecht, an der das Marienmonogramm »MRI« hing, datiert auf die erste Hälfte des 15. Jahrhunderts. Eine etwas andere Gliederform hat ein Objekt aus Nieuwlande, wo man an eine ähnliche, im selben Zeitraum hergestellte Kette eine durchbrochene Plakette aus 's-Hertogenbosch mit der Darstellung Marias mit dem Jesuskind und Johannes dem Täufer angehängt hat, so auch im Fall der Kette mit achtförmigen Gliedern, an der ein auf die Jahre zwischen 1375 und 1424 datiertes, in London gefundenes Horn hing. Ebenfalls aus Nieuwlande stammt das Miniaturhorn mit der Aufschrift »AMOA«, datiert auf denselben Zeitraum, das an einer Zinnbleikette mit 20 Gliedern in Form von verlängerten Tropfen hängt. Der Legende nach läuteten am 29. Dezember 1170, dem Tag der Ermordung des Erzbischofs Thomas Becket, in Canterbury alle Kirchenglocken, ohne dass eine Menschenhand sie berührte. Aus diesem Ort stammt eine bedeutende Anzahl von Pilgerglöckchen, die *Canterbury bells* genannt werden, mit Inschriften, die eine Identifizierung des Wallfahrtsorts, in dem sie hergestellt wurden, ermöglichen.

II.102

Der Klang der Glöckchen sollte, ähnlich wie der Klang der Kirchenglocken, böse Mächte vertreiben. Man glaubte, dass die Sicherheitszone vor bösen Mächten so weit wie die Töne des Glockenläutens reichen würde; dieses sollte auch vor Gewittern und Blitzschlag schützen. Die in den Kirchenglockenmantel eingeschmolzenen Pilgerzeichen sollten ihre Wirkungskraft verstärken, durch den Schutz ihrer Heiligendarstellungen. Über den Gebrauch von Pilgerglöckchen finden sich nur wenige Informationen in den schriftlichen Quellen. Eine der wenigen ist die Aussage eines Anhängers der Lehren John Wyclifs namens William Thorpe, der sich für seine häretischen Ansichten 1407 vor dem Erzbischof von Canterbury rechtfertigen musste. Er bedauerte das Verhalten der Pilger mit folgenden Worten: »Mit ihren Gesängen, Pfeifen und Glocken aus Canterbury, dem Gebell ihrer Hunde machen sie mehr Krach, als wenn ein König mit all seinen Fanfaren und Minstreln kommen würde« (Spencer 1998, S. 123). Doch bevor sie auf die Reise mitgenommen werden konnten, mussten die Glöckchen von Priestern gesegnet und geweiht werden. Erst dann konnte sich ihre magische Bedeutung entfalten, die vor allem mit dem Ort, aus dem sie stammten oder in dem sie geweiht wurden, verbunden war – durch ihren Klang, der die bösen Mächte vertrieb, ähnlich wie die Kirchenglocken. Viele Pilger kauften Glöckchen auf dem Weg ins Heilige Land in Venedig, die dann im Jordan geweiht wurden, an dem Ort, an dem Johannes der Täufer Christus getauft hatte.
Henryk Paner

Literatur
Bruna 2006, S. 266–285, Abb. 43 | van Heeringen/Koldeweij/Gaalman 1987, S. 140, Abb. 63.1 | Heilig en Profaan 1993 | Koldeweij 1993, Abb. 3 | Koldeweij 1999 | Koldeweij 2006, S. 165–167 | Paner 2016, S. 306, Abb. 933, S. 313, Abb. 978, S. 222, Abb. 457 | Spencer 1990, S. 64, Nr. 149, S. 94, Abb. 196 | Spencer 1998.

II.103
Rosenkranz-Perle

Holland (Delft), Adam Dircksz und Werkstatt, Anfang 16. Jahrhundert; Gehäuse 19. Jahrhundert (?)

Buchsbaum (Perle), Silber (Gehäuse)

Perle: T 1 cm, D 2,9 cm; Gehäuse (geschlossen): T 2,3 cm, D 3,5 cm

Budapest, Magyar Iparművészeti Múzeum, 18861

Die in eine silberne Hülle eingelegten kleinen Schnitzarbeiten wurden aus der Sammlung von Miklós Jankovich (1772–1846) für das ungarische Nationalmuseum zusammen mit vielen anderen Objekten 1836 angekauft. Die Paternoster-Perle wurde damals katalogisiert und im Inventarbuch auf Lateinisch beschrieben. Laut der Beschreibung erwarb József Szirmay das Objekt während seiner Gesandtschaft in Rom für 25 römische Golddukaten. Jankovich kaufte es vermutlich von seinem Nachfolger. Um welches Familienmitglied mit dem Namen József in der

II.103

großen Szirmay-Familie es sich genau handelte, ist bisher nicht bekannt. Das Objekt kam 1936 nach der langjährigen Umstrukturierung der Budapester Museen in die Sammlung des Kunstgewerbemuseums.

In die Halbkugeln aus Buchsbaum wurden der heilige Jakobus der Ältere und Maria mit dem Jesuskind eingeschnitzt. Der Apostel sitzt in seiner Pilgertracht in einem gotischen Kreuzgewölberaum, in seiner Rechten hält er einen Stab, mit seiner Linken blättert er in einem Buch, das auf seinem Knie liegt. Neben ihm kniet andächtig eine Frau mit Rosenkranz. In der Rahmenkante steht eingeschnitzt eine mittelniederländische Inschrift: »vite jacob apostel heilige gods bit doeons«. Die zweite Hälfte zeigt die Jungfrau Maria in einem Garten sitzend, der von einem Weidenzaun mit Pforte umgeben ist. Auf ihrem linken Knie sitzt das Jesuskind, das ursprünglich – seine rechte Hand ist abgebrochen – mit beiden Händen in Richtung der von Maria gehaltenen Frucht griff. Im Himmel strahlen sechseckige Sterne. Die lateinische Inschrift gibt den zweiten Vers des bekannten Mariengebets *Memento, salutis auctor* wieder: »Maria Mater Gratiae, Mater misericordiae, Tu nos a hoste protege, et hora mortis suscipe.«

Die Schnitzerei ist in schlechtem Zustand, am Rand sind kleine Fehlstellen und ein Riss zu sehen. Die Ikonografie der Mariendarstellung entspricht dem sogenannten Madonna-dell'Umiltà-Typ, Madonna der Demut. Das Motiv des *hortus conclusus*, des geschlossenen Gartens, und die Darstellung der lockenden Frucht in der Hand Marias betonen ihre Rolle als zweite Eva, welche jedoch die Menschheit aus der Erbsünde hinaus zur Erlösung führt.

Die Kugel gehört zur Gruppe der etwa 50 Buchsbaumschnitzereien, die in den ersten drei Jahrzehnten des 16. Jahrhunderts hauptsächlich in Holland, vermutlich in Delft, angefertigt wurden. Die aktuelle Forschung verbindet sie alle mit der Werkstatt von Adam Dircksz. Das Budapester Objekt zeigt die engste formale und stilistische Verwandtschaft mit einem Exemplar aus dem Metropolitan Museum in New York (17.190.457 und 458, Scholten 2016, S. 607, Kat.-Nr. 8). Auf welchem Weg die Paternoster-Perle von Holland nach Ungarn gelangte, bleibt unklar. Ihre Funktion verbirgt sich im Namen: Sie fungierte als Anfangsstück des Rosenkranzes, das für das Vaterunser-Gebet stand. Die neben dem Apostel kniende Frauenfigur zeigt die vermutliche Auftraggeberin oder beschenkte Adressatin. *Szilveszter Terdik*

Quellen
Magyar Nemzeti Múzeum Központi Régészeti Adattára, Budapest [Archäologisches Zentralarchiv des Ungarischen Nationalmuseums, Budapest], Jankovich–gyűjtemény leltárkönyve [Inventarbuch der Jankovich-Sammlung].

Literatur
Scholten 2016.

II.104

PICTVRA CENOTAPHII CHRISTI

Georg Scharffenberg (?), um 1569

Holzschnitt

H 16 cm, B 12,2 cm

Görlitz, Kulturhistorisches Museum Görlitz, 16-49

Beim dem Holzschnitt »PICTVRA CENOTAPHII CHRISTI« handelt es sich um die älteste bekannte Ansicht des Görlitzer Heiligen Grabes. Vom Ostufer der Neiße fällt der Betrachterblick auf Görlitz, wo über der Hauptkirche St. Peter und Paul in deutlich vergrößerter Bedeutungsperspektive die zur Anlage des Heiligen Grabes gehörenden Bauten, die Heilig-Kreuz-Kapelle, das Salbhäuschen und das eigentliche Grabmonument zu sehen sind.

Das Blatt entstand als Illustration zu der vom Görlitzer Rat in Auftrag gegebenen Flugschrift »Cenotaphium Salvatoris D. Nostri Iesu Christi Quod visitur Gorlicii [...]« des Bartholomäus Andreades von 1569. In der Gattungstradition der humanistischen *descriptio templi* enthält sie eine Beschreibung der Stiftungsgeschichte des Heiligen Grabes, seiner einzelnen Gebäude sowie des mit ihm verbundenen Stadtraums. Dabei setzte Andreades erstmals bestimmte Orte im Görlitzer Stadtraum mit den heiligen Stätten in Jerusalem gleich, wie zum Beispiel den Lunitzbach, den er als Bach Kidron bezeichnete. Entsprechend spricht der Titel des Holzschnitts auch vom »PICTVRA CENOTAPHII CHRISTI / eiusque ad vrbem nostram situs«. Als Vorlage diente ein Ausschnitt aus der drei Jahre zuvor geschaffenen »Abcontrafeitung«, einer monumentalen Holzschnittansicht von Görlitz, für die der Holzschneider Georg Scharffenberg (Tätigkeit nachgewiesen 1549–1584) die Druckstöcke hergestellt hatte. Es liegt daher die tradierte Vermutung nahe, dass Scharffenberg auch der Autor des Druckstocks für die Ansicht des Heiligen Grabes gewesen ist.

Das Görlitzer Heilige Grab entstand um 1500 als Stiftung des Görlitzer Bürgermeisters Georg Emmerich (1422–1507, amt. 1483, 1488, 1494, 1498, 1502) sowie auf Initiative des Rats. Seine Nutzung in vorreformatorischer Zeit ist weitgehend unbekannt. Besser dokumentiert ist allerdings die Frömmigkeitspraxis an diesem Ort, nachdem in Görlitz die lutherische Reformation eingeführt worden war. Die Flugschrift von Andreades bildete den Auftakt für eine vom Görlitzer Rat geförderte Popularisierung des Heiligen Grabes als überregionalem Wallfahrtsort, was gleichzeitig mit einer Neucodierung des an diesen Ort gebundenen Wallfahrtsgedankens im Sinne der lutherischen Passionsfrömmigkeit einherging. Während andere Heilig-Grab-Bauten in protestantischen Territorien nach der Reformation verschwanden, blieb das Görlitzer aufgrund der Bemühungen des Rats erhalten und wird bis in die Gegenwart viel besucht. *Kai Wenzel*

Literatur
Anders/Winzeler 2005, S. 59, Nr. III.8 | Fröhlich/Wenzel 2008, S. 56 f. | Wenzel 2008.

PICTVRA CENOTAPHII CHRISTI
eiusq́ ad vrbem nostram situs.
CREVZ KIRCH
H. GRAB
S. PEER
GOR
LITZ
ORIENS

II.104

II.105

Krückstöcke aus dem St.-Annen-Spital

Magdeburg, 14.–15. Jahrhundert

Ulmen- und Weidenholz, L 25,5–124 cm

Magdeburg, Kulturhistorisches Museum, Inv.-Nrn. St.A.V. div.

Ursprünglich lagen die Einrichtungen der Armen- und Fürsorgebetreuung in den Händen der Kirche. Daneben entstanden im 12. und 13. Jahrhundert vermehrt Hospitäler, deren Unterhaltsträger die Stadtgemeinden oder Zünfte waren. Die Frömmigkeit und der Wohlstand der Bürger sowie die Sorge um das eigene Seelenheil führten zu ihrer Errichtung. Auch in Magdeburg gab es zahlreiche Hospitäler, darunter das um 1200 gegründete Heilig-Geist-Spital, eine der ältesten Sozialeinrichtungen Europas. Im Jahr 1288 wurde es um eine der Hl. Anna gewidmeten Stiftung mit Kapelle erweitert. Zu dieser Zeit soll das Spital täglich schon 63 Personen beherbergt und mit Speisen versorgt haben. Es lag an der Grenze zwischen Domimmunität und Altstadt zwischen der mittelalterlichen Papen- und Kuhstraße an der Goldschmiedebrücke, südlich des heutigen Allee-Centers, und bildete zuletzt einen großen innerstädtischen Bereich mit den Schlafhallen, Neben- und Wirtschaftsgebäuden, Höfen sowie zwei großen Kapellen aus, wo eigene Geistliche für die Seelsorge der Hospitalinsassen tätig waren.

Gegründet und finanziert wurde das Spital von der Gewandschneider-Innung, die dessen im Mittelalter erhebliches Vermögen bis zu seiner Auflösung Anfang des 19. Jahrhunderts verwaltete. Als Einrichtung einer der einflussreichsten Zünfte diente das Spital der Versorgung und Beherbergung alter und kranker Menschen insbesondere aus wohlhabenden Schichten. Das belegen die auf dem Gelände ausgegrabenen Funde. So wurden aus einer 5 mal 5 Meter großen Fäkaliengrube über 2 700 Gebrauchsgegenstände aus dem 13. bis 17. Jahrhundert zutage gebracht, die einen beispiellosen Einblick in das Besitztum der Hospitalinsassen vermitteln: Keramik mit Kugeltöpfen, Grapen, Bechern, Näpfen, Schüsseln, Topfdeckeln und Ofenkacheln; Glasreste mit Flaschen und Bechern; Metallgegenstände wie eine Schüssel aus Kupferblech, eine eiserne Pfanne, 16 Messer und ein eiserner Radsporn.

Aufgrund des besonderen Milieus in der Kloake erhielten sich auch eine ungewöhnlich große Anzahl von kunstgewerblich hochrangigen hölzernen und ledernen Gebrauchsgegenständen aus dem Spätmittelalter und der Frühen Neuzeit: Messer- und Degenscheiden, Taschen, Halbschuhe, Sandalen und Schuhsohlen sowie aus Holz 547 Objekte wie Daubenschüsselchen, gedrechselte und beschnitzte Schalen, Teller, Löffel, Trinkbecher, Leuchter und eine aus einem Block Ahornholz gedrechselte Kanne. Als ein einzigartiger Fund in Mitteleuropa konnten 38 individuell ausgearbeitete Krücken und Stöcke geborgen werden, die den Alten und Gebrechlichen als Gehhilfen dienten. Jede einzelne davon ist individuell gestaltet und auf die Bedürfnisse ihres Benutzers eingestellt. Ganz nach persönlichen Erfordernissen wurden die Krücken mit oder ohne Griff angefertigt und zum besseren Halt vereinzelt auch mit eisernen Zwingen oder Stiften an der Stockspitze versehen.

Claus-Peter Hasse

Literatur
Gosch 2005 | Lechner 1953 | Nickel 1980.

◂ II.105

Die Marienkirche in Danzig als Plattform städtischer Repräsentation

Detailansicht der Marienfigur unterhalb der astronomischen Uhr in der Danziger Marienkirche (vgl. Abb. 202)

Im Frühjahr 1473 ließen die Stadtherren von Danzig/Gdańsk stolz in der Georgskapelle ihrer Marienkirche (Abb. 199) ein Altarbild anbringen, das sie beinahe in einen Krieg verwickelte. Das prachtvolle »Jüngste Gericht« des Malers Hans Memling (1433/1440–1494), einige Jahre zuvor in Brügge für den Florentiner Bankier Angelo di Jacopo Tani gemalt, war während des Seetransports nach Florenz vom Danziger Kapitän Paul Benecke 1473 geraubt worden (Abb. 200). Er überfiel im Auftrag der Hanse Schiffe, die während des Krieges zwischen der Hanse und England die Ostseeblockade zu durchbrechen versuchten. Die reiche Beute, darunter auch das »Jüngste Gericht« von Memling, stiftete Reinhold Niederhoff, einer der Eigentümer des Kaperschiffs und gleichzeitig Danziger Bürgermeister, der wichtigsten Pfarrkirche seiner Stadt. Trotz Protesten der Eigentümer, die sogar zu Interventionen gekrönter Häupter wie des burgundischen Herzogs oder Papstes führten, weigerten sich die Danziger, das Triptychon zurückzugeben. Heute hängt das Bild im Danziger Nationalmuseum.

Diese Geschichte zeigt, welche Bedeutung für die Bewohner der Danziger Rechtstadt ihre erste Pfarrkirche hatte. Weder Kosten noch Mühen wurden gescheut, damit sie sowohl in der Größe als auch in der Ausstattung alle Bauten der Stadt überragt. Ihre Baugeschichte geht mit dem sozialen Aufstieg der Stadtbewohner einher: von den Untertanen des Deutschen Ordens zu selbstbewussten Bürgern eines durch polnische königliche Privilegien geschützten Stadtrates. So spiegelt sich die politische Emanzipierung des Stadtrats auch in der Ausstattung der Marienkirche wider. Als 1411 die beiden Bürgermeister der Rechtstadt Conrad Letzkau (um 1350–1411) und Arnold Hecht (um 1360–1411) dem polnischen König die Treue schworen und dafür auf Befehl des Danziger Komturs des Deutschen Ordens ermordet wurden, bestatteten die Danziger sie demonstrativ im südlichen Chorschiff. Die Loslösung von den zentralistisch regierenden Deutschordensherren und der Übertritt unter den Schutz der polnischen Königsmacht ging mit der prunkvollen Vollendung der Marienkirche einher: Der Turm der Kirche wurde zum höchsten Bauwerk der Stadt, und die Kirche wurde mit den wichtigsten im Krieg (1454–1466) vom Deutschen Orden erbeuteten Reliquien bereichert – wie dem Haupt der heiligen Barbara und dem Stab Mose.

Die Bauarbeiten an der Marienkirche setzten schon kurz nach der Verleihung des Stadtrechts 1342 ein. Die neue Kirche erwies sich doch schon bald als zu klein für die Gemeinde der Rechtstadt. Überdies genügte sie nicht für den Repräsentationsanspruch einer Stadt, die seit 1361 an Hansetagen teilnahm und ihre Vorbilder in den Hafenmetropolen des Ost- und Nordseeraums sah. In den 1370er Jahren übernahm der Stadtrat die

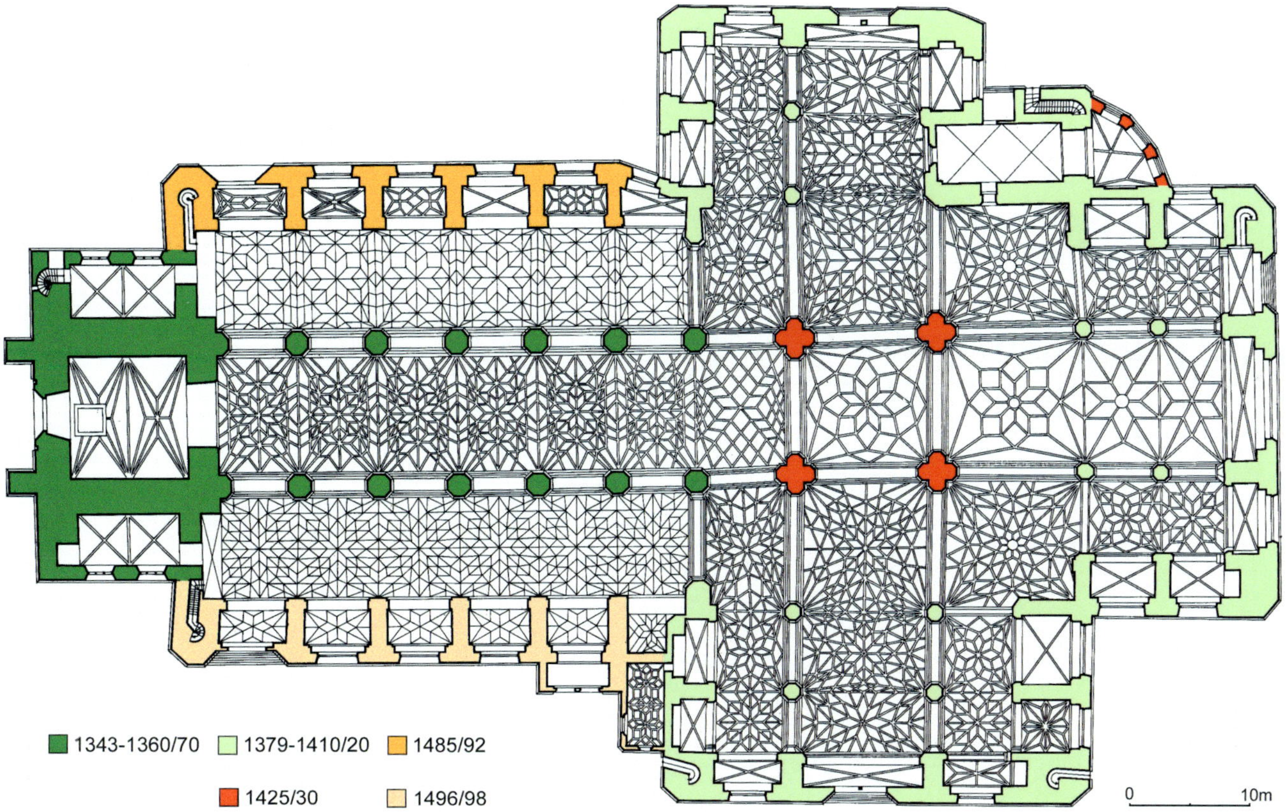

Abb. 199
Grundriss der Danziger Marienkirche mit Angabe der Bauphasen, bearbeitet von Christofer Herrmann

Kontrolle über die Finanzierung des Bauprojekts und beauftragte den städtischen Baumeister Heinrich Ungeradin, die Erweiterung des Baukörpers zu einer monumentalen dreischiffigen Halle mit Querhaus vorzunehmen. Die Arbeiten an dem Querschiff, Chor und Kircheninneren zogen sich aber noch durch das gesamte 15. Jahrhundert hindurch – erst damals entstand ein Bau, der mit einer Länge von 105 Metern die meisten zeitgenössischen Sakralbauten um die Ostsee übertraf. 1502 fügte der Baumeister Heinrich Hetzel den letzten Schlussstein in das Kirchengewölbe ein.

Der Stadtrat wählte für die Angelegenheiten des Kirchenbaus zwei sogenannte Kirchenväter, die die Kirchenkasse der *fabrica ecclesiae* verwalteten und dabei auch über die Innenausstattung der Pfarrkirche wachten. Kapellen und Altarplätze wurden an private Stifter, Bruderschaften, Zünfte und andere Gruppierungen mit Gewinn verkauft. Das auf diese Weise gewonnene Geld floss in die Stadtkasse und erlaubte den Forschungen Marian Kutzners zufolge den Fortgang des ambitionierten Projekts.

Die geräumigen Kirchenschiffe samt Querhaus und Chorwänden boten reichlich Platz für Kapellen mit aufwendigen Ausstattungen: Altäre, Tafeln oder Epitaphien. Anfang des 15. Jahrhunderts war bereits ein Teil der Kapellen im Querschiff fertiggestellt, darunter die der heiligen Barbara (1387), Dorothea (1390), Georg (1403) und Antonius (1408). Ihnen folgten in den nächsten Jahrzehnten weitere Stiftungen im Chorbereich und in den Seitenschiffen. Um 1500 wurden in der Marienkirche rund 50 Altäre verzeichnet, womit sie nach Andrzej Woziński sowie Gerhard Weilandt zu den am reichsten auf diese Weise ausgestatteten Kirchen Europas gehörte. Die städtische Trägerschaft der Pfarrkirche hatte zur Folge, dass in der Kirche eine bunte Mischung an Stifterpersönlichkeiten und -gruppen vertreten war, die mit der Gestaltung ihrer Bereiche untereinander in Interaktion treten konnten; ähnliche Strukturen kann man in städtischen Profanbauten der Zeit beobachten, wie etwa dem Artushof mit seinen Bänken.

Die prominentesten und größten Bereiche in der Nähe des Hochaltars waren den städtischen Eliten vorbehalten, so etwa der Georgsbrüderschaft (auf deren Initiative wohl auch der erste Danziger Artushof im 14. Jahrhundert entstanden war), deren Mitglieder ausschließlich aus Patrizierkreisen stammten und die eine große Kapelle samt benachbarter Wand im Nordquerhaus bezog. Die Patrizierfamilien wie die Winterfeld, Letzkau, Stuffingk oder Ferber errichteten ihre Kapellen entlang der Chorschiffe. Die Priesterbruderschaften sowie die städtischen Institutionen einschließlich des Rates und der Stadtschöffen beanspruchten mit ihren Kapellen das für sie wegen der Nähe zum Rathaus am günstigsten

Abb. 200
Das Jüngste Gericht von Hans Memling, drittes Viertel 15. Jahrhundert. Danzig/Gdańsk, Muzeum Narodowe w Gdańsku

gelegene südliche Querhaus. Die übrigen Kapellen wurden von den städtischen Zünften und Kaufmannsgilden ausgestattet, zum Beispiel den Goldschmieden (die Corpus-Christi-Kapelle im Nordquerhaus) oder den Hafenträgern (die Antonius-Kapelle im Südquerhaus). Viele von ihnen »begnügten« sich mit kleineren Altären ihrer Schutzheiligen an den Kirchenpfeilern.

Die erhaltenen Elemente dieser privaten Andachtsbereiche belegen den hohen Repräsentationsanspruch der einzelnen Stifter und zugleich das komplexe Geflecht aus beruflichen Kontakten und familiären Beziehungen, die zur stilistischen Vielfalt der Kunstwerke beitrugen, bedingt durch die Herkunft vieler Handwerker und Kaufleute. Sie ließen sich in der wirtschaftlich attraktiven Ostseemetropole nieder, angezogen durch die bis ins 15. Jahrhundert bestehende kulturelle Verbindung sowohl innerhalb des Deutschordensstaats als auch mit den angrenzenden Ländern, und belegen das steigende Bildungsniveau und die intellektuellen Ansprüche der Stifter. So lassen etwa die ältesten erhaltenen Ausstattungsstücke wie die Pietà in der St.-Reinhold-Kapelle (um 1400) oder der Elisabethaltar (Anfang 15. Jahrhundert, heute im Danziger Nationalmuseum) Verbindungen nach Böhmen erkennen, einem der wichtigsten Kulturzentren dieser Zeit. Laut Woziński gab es über den Pfarrer Andreas Slommow und den Prediger Johannes Zager, die in Prag/Praha studierten, Direktkontakte dorthin. Eine einheimische Werkstatt schuf um 1400 die Skulpturengruppe des heiligen Georg mit dem Drachen am Pfeiler im nördlichen Querhaus. Bei dem Altar der Heiligen Dreifaltigkeit (um 1420–1430, ursprünglich in der Georgskapelle, heute Staatliche Museen, Berlin), von einem Maler aus dem Umkreis von Robert Campin geschaffen, handelt es sich wiederum um das älteste bekannte Beispiel eines niederländischen Kunstimports in Danzig. Andere Stücke, bei denen ebenfalls niederländische Herkunft nachgewiesen oder zumindest vermutet wurde, sind die steinerne Schöne Madonna (um 1430, ursprünglich am Pfeiler des Hochaltars) oder das Kruzifix in der Kapelle der Elftausend Jungfrauen (um 1440). Zur Ausstattung der Marienkirche gehörten ebenso englische Alabasterskulpturen wie das Retabel aus der Johannis-Enthauptungs-Kapelle (um 1430), das vermutlich über Handels- oder Familienkontakte der Besitzer nach Danzig kam: Der Kaufmann und Ratsherr Dietrich Proite, dem die Kapelle gehörte, stammte aus einer englischen Familie.

Diese »Importe« der Stifter spielten eine wichtige Rolle bei der stilistischen Entwicklung der lokalen Kunstproduktion, nachvollziehbar unmittelbar in den Aufträgen, die für die Marienkirche ausgeführt wurden. So diente beispielsweise das Dreifaltigkeitsretabel aus der Georgskapelle als Inspiration für den um 1430 errichteten Altar der Schusterzunft (mittlere Tafel erhalten). Wichtige Impulse lieferte auch das am Anfang erwähnte prachtvolle Triptychon Memlings mit der Darstellung des Jüngsten Gerichts: Einzelne Motive sind unter anderem in der um 1490 entstandenen sogenannten Zehn-Gebote-Tafel (Abb. 201) oder in dem von den Schuhmachergesellen gestifteten Altar der heiligen Barbara (vor 1499) erkennbar.

Einige Stifter ließen die Altäre direkt in den niederländischen Werkstätten anfertigen, wie den Reinholdsaltar, der Anfang des 16. Jahrhunderts in der Antwerpener Werkstatt Jan de Molders unter Mitarbeit des Malers Joos van Cleve angefertigt wurde. Mit Meister Michael aus Augsburg, dem Schöpfer des Hochaltars (1511–1517), und Meister Paul (wahrscheinlich Paul Syme) kamen schließlich Vertreter der süddeutschen Kunst zum Zuge, der Letztere schuf 1517 die technisch herausragende Kreuzigungsgruppe aus dem Chorbogenbalken, eine Stiftung des Ratsherrn Lucas Ketting.

Die Ausstattung der einzelnen Kapellen umfasste neben den geschnitzten und bemalten Flügelaltären außerdem Skulpturen, Reliquiare und die für die Gottesdienste notwendigen liturgischen Geräte. Die Wände schmückten figürliche Wandmalereien, von denen Reste noch heute in der Georgs- und Jakobskapelle zu sehen sind. Die Stiftung des Mobiliars bildete dabei nur einen Teil der Aktivitäten im Zusammenhang mit dem Besitz eines Altars. Ebenso wichtig war die Funktion der Stiftung im kirchlichen und sozialen Leben der Gemeinde. Mitglieder der Zünfte und Gilden und anderer Vereinigungen versammelten sich vor ihrem Altar an den Festtagen ihrer Schutzheiligen und zu anderen für die jeweilige Gruppe wichtigen Anlässen, wie auch zu den alltäglichen Gebeten und Andachten, was nicht nur ein Zeugnis der persönlichen Frömmigkeit war, sondern auch das Gemeinschaftsgefühl der Gruppe stärkte. Familienkapellen, in denen unter anderem Messen für das Seelenheil der Verstorbenen gelesen wurden, dienten ähnlich wie Epitaphien der Memorialfunktion. Dies erforderte langfristigen finanziellen und personellen Einsatz: Man musste dafür Geistliche einstellen und die notwendigen Ausgaben für liturgische Zwecke (Wachs für Kerzen, Wein für Messen, Messbücher) bezahlen. Bis zur Reformation waren in der Marienkirche rund 70 Priester be-

Abb. 201
Zehn-Gebote-Tafel, wahrscheinlich um 1490 von einem niederdeutschen Maler. Danzig/Gdańsk, Marienkirche

Abb. 202
Astronomische Uhr der Marienkirche in Danzig/Gdańsk, errichtet zwischen 1464 und 1470

schäftigt, außerdem eine Reihe von Dienstpersonal und Ordnungskräften – laut Christofer Herrmann waren es mitunter Musikanten, Hundepeitscher, Glockenläuter, Totengräber und gar zwei Katzen, die zwecks Schädlingsbekämpfung »eingestellt« wurden.

Ebenso wichtig wie Stiftungen von Privatpersonen und sozialen Gruppen waren für die städtische Repräsentation Gemeinschaftsprojekte, an deren Finanzierung die ganze Gemeinde beteiligt war. Zu den besonders spektakulären zählt die astronomische Uhr, zwischen 1464 und 1470 von Hans Düringer aus Thorn/Toruń geschaffen, mit ihrer Höhe von 14 Metern, die damals weltweit größte Uhr dieser Art (Abb. 202). Gleichermaßen imposant war die Stiftung des Hochaltars, eines reich mit Silberschmiedearbeiten verzierten Polyptychons mit der Darstellung der Marienkrönung in der Hauptszene, für dessen Bau die Gemeinde für eine gigantische Summe von 13 550 Mark den Meister Michael aus Augsburg verpflichtete.

Dieses Kunstwerk war die Krönung der mittelalterlichen Innenausstattung der Kirche, doch gleichzeitig auch ihr Abgesang. Ab 1525 hielt die Reformation allmählich Einzug in die Stadt. Nach einem calvinistischen Zwischenspiel schlossen sich die städtischen Eliten bis etwa 1600 mehrheitlich dem lutherischen Bekenntnis an. Danzig war auch später ein europäisches Unikum mit drei Konfessionen, die ohne größere Konflikte miteinander lebten. Der katholische Part mit funktionierenden Klosterkirchen bestand auf Druck der Polenkönige fort. Bis in die 1570er Jahre durften die Katholiken die Marienkirche mitbenutzen, die unter dem Patronat des polnischen Herrschers blieb, 100 Jahre später bekamen sie in der unmittelbaren Nachbarschaft mit der Königlichen Kapelle ihren eigenen Kirchenbau. Der calvinistische »Bildersturm« beschränkte sich meist auf das Übertünchen der Wandmalereien in den Kapellen, die Kirchenausstattung blieb für die Danziger wohl trotz Konfessionswechsel weiterhin eine Demonstration des städtischen Selbstbewusstseins.

Die Neuausstattung der Folgejahre stand im Zeichen prachtvoller Epitaphien, die unter anderem in den Werkstätten der Bildhauerfamilie van den Blocke geschaffen wurden. Zu den berühmtesten zählen die Grabmäler des Bürgermeisters Johann Brandes und seiner Gattin (1586) oder der Kaufmannsfamilie Bahr (1620). Eine Anknüpfung an die früheren gemeinnützigen Stiftungen bildet die sogenannte Almosentafel des Malers Anton Möller, die ursprünglich über dem Opferstock angebracht war. Die Tradition, die größten Söhne der Stadt in der Kirche zu bestatten (oder zumindest mit einer Gedenktafel zu bedenken), blieb bis in die heutige Zeit bestehen: So wurde beispielsweise der 2019 bei einem Messerattentat getötete Stadtpräsident Paweł Adamowicz auf diese Weise geehrt. *Tomasz Torbus*

Literatur

Bogdanowicz 1990 | Drost 1963 | Gruber/Keyser 1929 | Herrmann 2015 | Herrmann/Kizik 2013 | Jakubek-Raczkowska 2006 | Kloeppel 1935 | Kutzner 2000 | Labuda 2015 | Pilecka 1989 | Skibiński 2019 | Torbus/Weilandt (in Vorbereitung) | Weilandt 2010 | Woziński 2002 | Woziński 2004 | Woziński 2019.

II.106

Chormantel mit gestickten Stäben: zehn Szenen aus der Legende der heiligen Maria Magdalena

Seidensamt: Italien (Florenz?), um 1450–1460; Stickerei: Frankreich (?), nach 1460

Einfarbiger Kettsamt mit ausgespartem Muster, geschnitten; Stickerei in farbiger Seide und Metallfäden (Anlegetechnik)

H 144 cm, B 313,5 cm; Stäbe: H 145,5 cm (rechts), 145 cm (links), B 21–21,5 cm

Lübeck, St. Annen-Museum, M 25

Leihgabe der Union Evangelischer Kirchen in der Evangelischen Kirche in Deutschland

Der dunkelgrüne Samt des Gewands zeigt ein Muster aus dicht aneinandergereihten Granatapfelmotiven. Seidensamte dieses Typs haben sich in zahlreichen Varianten in Kirchenschätzen und Sammlungen erhalten. Sie sind italienischer Produktion, vornehmlich der zweiten Hälfte des 15. Jahrhunderts, zuzuschreiben. Von besonderer Bedeutung ist der Chormantel durch die Qualität seiner in farbiger Seide und Goldfäden gestickten Besätze (ein Schild ist nicht mehr vorhanden): In zehn Szenen, die zuerst rechts, dann links von oben nach unten zu lesen sind, wird die Legende der heiligen Maria Magdalena erzählt.

Das erste Bild zeigt sie modisch gekleidet und geschmückt. In der Rechten hält sie einen Spiegel, das Attribut, das auf ihre Eitelkeit hinweist; Gestalten, die hier mit Tiermasken dargestellt sind, stellen die Versuchungen dar, denen sie ausgesetzt ist. In der zweiten Szene stehen die drei Frauen vor dem leeren Grab Christi. Ein Engel deutet mit der Rechten auf den leeren Sarg. Das dritte Bild zeigt Maria Magdalena, die in einem umfriedeten Garten vor Christus kniet. Der Auferstandene, den sie als Gärtner angesprochen hat, gibt sich ihr zu erkennen und trägt ihr auf, den Jüngern seine Auferstehung zu verkündigen. In der folgenden Szene spricht deshalb Maria Magdalena zu den Aposteln. Das fünfte Bild zeigt die Heilige einer größeren Menschenmenge predigend. Damit löst sie aber auch Unmut aus: Zusammen mit Jüngern, ihrem Bruder Lazarus und ihrer Schwester Martha wird Maria Magdalena in einem Boot ohne Ruder und Segel auf das Meer hinausgestoßen. Im Hintergrund sind die Türme eines Schlosses zu erkennen, Verweis auf den Hafen von Massilia (Marseille), in dem das Boot Land erreichen wird. Im siebten Bild erscheint Maria Magdalena dem Fürsten und der Fürstin von Massilia im Traum und fordert sie auf, den Christen, die an ihrer Küste Zuflucht suchen, Herberge zu gewähren. Nach ihrer Ankunft predigt die Heilige vor dem Fürstenpaar und weissagt ihnen die Geburt eines Sohnes. Das neunte Bild fasst mehrere Ereignisse zusammen: Das Schiff, mit dem die Fürsten zu Petrus reisen wollten, gerät in einen Sturm; die schwangere Fürstin bringt ihr Kind zur Welt, stirbt aber kurz darauf. Der Fürst muss ihren Leichnam und das Neugeborene, für das er keine Nahrung hat, auf einer Felseninsel lassen. Als er bei der Rückreise die Insel wieder passiert, findet er dort seine

II.106

II.106

Frau und seinen Sohn; Maria Magdalena hat sie am Leben erhalten. Die letzte Szene zeigt die Heilige am Ende ihres Lebens: Vor ihrem Tod empfängt Maria Magdalena, von einem Engel geleitet, die heilige Kommunion aus der Hand des Bischofs von Aix. Er hatte zu den Gefährten gehört, die mit ihr übers Meer nach Massilia gelangt waren.

Vom 13. Jahrhundert an hatten sich Zentren der Magdalenenverehrung in Burgund (Vézelay) und in der Provence (nicht zuletzt im Zusammenhang mit der Legende um die Fürsten von Massilia) gebildet; von dort wurde die Legende durch Seefahrer verbreitet. Möglicherweise liegt die Auswahl der Szenen für den Chormantel hierin begründet: Die Kapelle der Fernkaufleute in der Danziger Marienkirche war Maria Magdalena geweiht, und für die seefahrenden Kaufleute war Marseille einer ihrer wichtigsten Handelsplätze.

Von Bedeutung ist sicher auch, dass Lübeck nach 1227 ein Kultzentrum für Maria Magdalena geworden war, da der wichtigste Sieg über die Dänen an ihrem Festtag und, der örtlichen Legende nach, mit ihrer Hilfe errungen worden war; die Heilige wurde als Beschützerin und Fürbitterin der Stadt verehrt. In Danzig wiederum galt ab 1263 zunächst das Lübische, ab 1346 das Kulmer Recht. Lübeck wie auch Danzig waren Hansestädte und als Ostseehäfen der Seefahrt verpflichtet, die in der Magdalenenlegende eine so bedeutende Rolle spielt. *Birgitt Borkopp-Restle*

Literatur
Borkopp-Restle 2010 | Borkopp-Restle 2019, S. 104–111 | Braun 1907, S. 333–335 (mit Abb.) | Hinz 1870, Bd. 1, S. 108 f., Bd. 2, Taf. 71 a–c | Mannowsky 1931–1933, Bd. 1, S. 18 f., Taf. 36–39 und Frontispiz | Paramentenschatz 1958, S. 17 (von Wilckens) | Schuette/Müller-Christensen 1963, S. 42, Abb. 251.

II.107

Streifengewebe mit Inschrift »der weise Sultan«, aus St. Marien in Danzig

Persien oder Zentralasien, 14. Jahrhundert

Lampas liseré, lanciert, Seide, Metallfaden, vergoldete Lederstreifen über Baumwollseele

H 29,0 cm, B 23,5 cm; Rapportmusterhöhe 15,5–16,5 cm

Nürnberg, Germanisches Nationalmuseum, Gew 434

Erworben 1875 als »Dublette« des Berliner Kunstgewerbemuseums

Der in Streifen gegliederte, höchst prunkvolle Lampas ist teils mit figürlichen, teils mit ornamentalen Musterungen und mit kalligrafischen arabischen Schriftzeichen gefüllt. Die schmalen Streifen zeigen auf weißem sowie auf purpur-

II.107

violettem Grund jeweils gleiche Motive: Mondsicheln mit eingestellten sechsblättrigen Blüten, springende Hirsche und zwei weitere, nicht eindeutig identifizierbare vierbeinige Tiere (Löwe oder Fuchs?). Die breiten Streifen sind unterschiedlich gestaltet; zum einen mit einer kranzförmigen Lotuspalmette, in die eine Mondsichel mit sechsblättriger Blüte eingeschlossen ist, zum anderen eine spitzovale runde Form mit Lotusblüte, die mit einer lanzettförmigen Blüte endet. Am oberen Rand sind zwei nach außen gedrehte Papageien zu sehen, am unteren Rand zwei einander zugewandte, aufsteigende Hunde. Der dritte breite Streifen enthält auf grünlichem Grund die goldfarbenen Schriftzeichen, die als »der weise Sultan« gelesen werden.

Sogenannte »Streifenbrokate« mit Schriftzeichen werden in der Forschung zumeist in den mongolischen Herrschaftsbereich, nach Westturkestan oder in den Iran verortet, wobei sich häufig auch ostasiatische Einflüsse in den Motiven festmachen lassen. Im Mongolenreich dienten solche Gewebe der Ausstattung repräsentativer Räume und als Geschenke des Herrschers an verdiente Personen. Gewebe, die die unspezifische Formel »der weise Sultan« enthalten, wurden vielseitig genutzt, unter anderem wohl auch als Luxuswaren im Fernhandel oder als diplomatische Geschenke. Im Danziger Paramentenschatz sind mehrere Gewänder aus Streifengeweben mit Schriftformeln nachgewiesen.

Eine Besonderheit des Gewebes stellt das Material dar: Neben Seiden- und Metallfäden verwendete man zum Weben flache und schmale, oben vergoldete Lederstreifen, die um eine gezwirnte Baumwollseele gelegt sind. Dieses heute als Riemchengold oder Ledergold bezeichnete Material, dessen Besonderheit nur unter der Lupe erkennbar ist, wurde erstmalig in China, später auch im zentral- und vorderasiatischen Raum genutzt und scheint ein geschätzter Exportartikel nach Europa gewesen zu sein. Nachweise für liturgische Gewänder aus Geweben mit Riemchengold sind in verschiedenen europäischen Kircheninventaren des 14. Jahrhunderts zu finden.

Die Streifengewebe der liturgischen Gewänder in Danzig wurden jeweils so verwendet, dass deren Schriftformeln auf die Seiten gedreht oder auf dem Kopf stehend zu sehen sind. Ob die Schriftzeichen bei der Nutzung der Stoffe tatsächlich gelesen und somit als Zeugnisse einer fremden Religion verstanden werden konnten, muss offenbleiben. Jedenfalls könnte die gedrehte Nutzung der Gewebe bewusst gewählt worden sein, um das Lesen der »heidnischen« Inschriften zu erschweren. Am Altar dürfte sich die Wirkung der Priestergewänder allerdings vorwiegend als prächtig gemusterte und golddurchwirkte, gestreifte Flächen dargestellt haben. Die kostbaren Streifengewebe der Danziger Paramente zählen zu denjenigen Stücken mit ferner Herkunft aus fremden religiösen Zusammenhängen. Sie zeigen die weitreichenden Handelsbeziehungen der wohlhabenden Handelsstadt an der Ostsee auf. *Adelheid Rasche*

Literatur
Baumgärtel-Fleischmann 2002 | Borkopp-Restle 2019, S. 45–49 | Járó 2002, S. 53 | Mittelalter 2007, S. 317, 430, Kat. 438, Abb. 286 | Wardwell 1988–1989 | von Wilckens 1992, Nr. 83.

II.108

Fragment eines blau-weißen Seidengewebes aus St. Marien in Danzig

Spanien oder Vorderer Orient, 14./15. Jahrhundert

Lampas, lanciert, Grund in Köperbindung, Muster in Leinwandbindung

Ketten: Seide, zwei Blautöne; Schüsse: Seide, blau, weiß

H 46,0 cm, B 20,5 cm

Musterrapport: H 19,0 cm, B 14,0 cm

Nürnberg, Germanisches Nationalmuseum, Gew 419, erworben 1875 als »Dublette« des Berliner Kunstgewerbemuseums

Das geometrisch strukturierte Muster dieses Seidengewebes lässt sich sowohl in kleineren als auch in größeren Einheiten lesen. Ein zentrales, quer gelagertes Rechteck, dessen abgeschrägte Ecken durch helle Dreiecke ein Achteck formen, ist mit einer zentralen achtstrahligen Sternblüte und acht kleinen abstrahierten Blüten gefüllt. Zwei kleinere Rechtecke, eines querformatig darunter, eines hochformatig daneben, sind ebenfalls in Dreiecksformen untergliedert, die vom Rand her jeweils mit einem lanzettförmigen Palmettenblatt geschmückt sind. Das dazwischen verbleibende Quadrat ist hell umrandet und mit einem achteckigen hellen Stern gefüllt. Die beschriebenen Einzelformen sind durch die Linienführung und Farbgebung auch in größeren Einheiten als Musterung mit zwei wechselnd gestalteten, versetzt liegenden Rautenformen wahrzunehmen, in deren jeweiliger Mitte sich die beiden unterschiedlichen Sternornamente – eine Sternblüte und ein Kreuzstern – befinden.

Das Gewebemuster steht in direkter Beziehung zur Fliesenkunst Spaniens, die sich unter islamischem Einfluss ab dem 8. Jahrhundert entwickelt hatte. Geometrisch-abstrakte Formen, durchsetzt mit Sternen und Blüten, verbunden mit Bändern und Linien, bestimmen deren Gestaltung. Häufig ergeben erst mehrere Fliesen zusammen das großflächig angelegte Muster, ähnlich wie es sich für das Gewebemuster beobachten lässt.

II.108

Fragmente dieses Gewebes haben sich in zahlreichen Museen erhalten: Kunstmuseum Düsseldorf, Museum für Angewandte Kunst Köln, Textilmuseum Krefeld, Bayerisches Nationalmuseum München, Cooper Hewitt Museum New York, Metropolitan Museum of Art New York, Abegg Stiftung Riggisberg, Textilmuseum St. Gallen. Diese weite Verbreitung könnte darin begründet sein, dass ein Sammler ein größeres Stück dieses Gewebes im 19. Jahrhundert aufgeteilt und weiter veräußert hat; möglicherweise waren auch mehrere Sammler beteiligt.

Der Paramentenschatz der Danziger Marienkirche, der spätestens Ende des 16. Jahrhunderts nicht mehr für die Gottesdienste genutzt wurde und in Vergessenheit geriet, wurde Mitte des 19. Jahrhunderts in verschiedenen Schränken und Nebenräumen der Marienkirche wiederentdeckt. Gleichzeitig setzten bereits die ersten Verkäufe von Einzelstücken an Privatsammler wie Franz Bock ein. 1875 veräußerte die Kirchengemeinde 250 Stoffstücke von »verrotteten Gewändern« an das Königliche Kunstgewerbemuseum in Berlin, das hiervon wiederum 64 Seidenfragmente an das Germanische Nationalmuseum in Nürnberg weiterverkaufte. Diese damals als »Dubletten« bezeichneten Stücke dürften durch Zerschneiden größerer Gewebestücke entstanden sein.

Wenngleich die Nutzung des vorliegenden Gewebes nicht mehr bekannt ist, spricht einiges dafür, dass es als Futterstoff bei Paramenten Verwendung gefunden hat, da ähnliche Gewebe noch heute in erhaltenen Kirchengewändern zu sehen sind. An der oberen Kante lässt ein geschwungener Zuschnitt erkennen, dass es eine frühere Verwendung als Gewandteil gegeben hat. *Adelheid Rasche*

Literatur
Koller 2006 | Mannowsky 1931–1933 | Mittelalter 2007, S. 431, Kat. 441, Abb. 445 | Otavsky/Salim 1995.

II.109

Gewandstoff eines weißen Ornats vom Hochaltar aus St. Marien in Danzig

Italien (Venedig?), um 1400

Damast, broschiert, Atlasbindung

Kette: Seide, weiß; Schuss: Seide, rotviolett, grün; Metallfaden: Lahn, vergoldet; Seele: Seide

H 31,0 cm, B 14,2 cm

Musterrapport Kette: 27,0 cm

Schuss: 18,0 cm

Nürnberg, Germanisches Nationalmuseum, Gew 547, erworben 1875 als »Dublette« des Berliner Kunstgewerbemuseums

Das Gewebefragment stammt von einem bestickten Ornat des Hochaltars der Danziger Marienkirche. Dieser bis heute in Teilen an verschiedenen Orten erhaltene Ornat zählt zu den wenigen Paramenten, die in den Kircheninventaren von St. Marien aus den Jahren 1552 bzw. 1569 aufgrund der dort enthaltenen Beschreibungen zweifelsfrei zuzuordnen sind. Im Nationalmuseum Danzig sind ein Pluviale und zwei Dalmatiken verwahrt, im Germanischen Nationalmuseum ist die zugehörige Kasel in der Dauerausstellung zu sehen (Inv.-Nr. KG1331).

Diese Kasel ist mit böhmischen Bildstickereien der Zeit um 1420 besetzt: auf dem Pektoralstab oben die Madonna mit Kind, darunter der Evangelist Johannes, auf dem Dorsalstab der auferstehende Christus über den Heiligen Petrus und Magdalena. Die Ikonografie der Stickerei wie auch die liturgische Farbe Weiß des Gewebes legen eine Verwendung des Messgewands für die Ostermesse nahe.

Die Musterung des Seidengewebes ist von gleichschenkeligen, unterschiedlich großen Dreiecken bestimmt, die symmetrisch in versetzten Reihen angeordnet sind. Die größte Form besteht aus dreipassförmigen Rosetten, in deren Mitte eine rote, sechsstrahlige Blüte sitzt. Eine kleinere weiße Form ist jeweils darunter auf der Spitze stehend eingewebt, in deren Mitte eine grüne, ebenfalls sechsstrahlige Blüte zu sehen ist. Dazwischen sind Ornamente in Goldlahn, der um eine gelbe Seidenseele gelegt wurde, platziert. Diese gleichschenkelige Dreiecksform ist jeweils aus drei Granatäpfeln mit nach außen gerichteten Kelchzipfeln und Staubblättern gebildet. In deren Zwickeln zeigen sich kleine Blüten, die an Kornblumen erinnern.

Auf welchem Weg das kostbare italienische Seidengewebe nach Danzig kam, ist heute unbekannt. Da Belege des 15. Jahrhunderts fehlen und die Kircheninventare des 16. Jahrhunderts weder Stifternamen noch -anlässe verzeichnen, lässt sich lediglich vermuten, dass das Seidengewebe aufgrund der weitreichenden Handelsbeziehungen des Deutschen Ordens in Norditalien erworben wurde und so nach Danzig gelangte, wo es weiterverarbeitet wurde.

Es wäre interessant zu wissen, ob die Anschaffung des Stoffes bereits im Hinblick auf die Anfertigung eines Kirchenornats erfolgte. Die Musterung der broschierten Seide lässt es plausibel erscheinen, dass eine liturgische Nutzung von

II.109

II.109 zugehörige Kasel Inv.-Nr. KG1331

Anfang an intendiert war, steht doch das gleichschenkelige Dreieck in der christlichen Ikonografie für die Dreifaltigkeit Gottes. Insbesondere die in Goldlahn gewebten Dreiecke mit Granatäpfeln dürften für die Fernwirkung des am Hochaltar von hinten zu sehenden Priesters von suggestiver Wirkung gewesen sein.

Weitere Fragmente des Gewebes sind in folgenden Sammlungen erhalten: im Victoria & Albert Museum, London (Inv.-Nr. 1341-1864, Slg. Bock) sowie im Historischen Museum Basel (Inv.-Nr. 1907-97). Das im Kunstgewerbemuseum Berlin (Inv.-Nr. 75,412) ursprünglich vorhandene Fragment, von dem das Nürnberger Stück vermutlich abgeschnitten und als »Dublette« verkauft wurde, dürfte als Folge des Zweiten Weltkriegs verloren sein. *Adelheid Rasche*

Literatur

Borkopp-Restle 2019, S. 233–235, M 84 | Mannowsky 1931–1933, Bd. 3, Nr. 84, Taf. 89–93 | Mittelalter 2007, S. 431, Kat. 443, Abb. 447 | Wetter 2001.

II.110

Textilkranz

Danzig/Gdańsk, 2. Hälfte 15. Jahrhundert

Holzspan, Seide, Silberhäutchenfaden

H 2,5 cm, D 14 cm

Danzig/Gdańsk, Muzeum Narodowe w Gdańsku, MNG/SD/586/TH

In der Sammlung des Danziger Nationalmuseums befinden sich drei mittelalterliche Textilkränze. Diese einzigartigen Objekte gehörten zur Paramentensammlung der Marienkirche in Danzig. Vor dem Zweiten Weltkrieg hat es noch elf von ihnen gegeben. Der abgebildete kleine Textilkranz wurde, ebenso wie die anderen, in einer besonderen, mehrschichtigen Technik hergestellt. Die Grundlage bildete ein Holzspanring. Auf diesen steifen, relativ breiten Rahmen legte man von der Außenseite Stoffstreifen, die durch einen aufgewickelten Seidenfaden festgehalten wurden. Auf der so entstandenen vorstehenden Unterlage befestigte man eine dekorative Umhüllung. Sie wurde aus einem dünnen, mit grünem und rotem Seidengarn und Silberhäutchenfaden umwickelten, unregelmäßig gedrehten Draht ausgeführt. Daraus formte man eine dekorative Schicht mit schrägen Streifen, die in ihrer Oberflächenstruktur an ein fantasievolles Bouclé-Flies erinnert. Mithilfe eines grünen Seidenfadens wurde sie mit dem Holzring verbunden. Die Ausführungstechnik ähnelt der Art, wie Ende des 15. Jahrhunderts die Haare gestickter Figuren auf einigen liturgischen Gewändern aus der Marienkirche in Danzig modelliert wurden.

Die Funktion der Kränze kann vielfältig gewesen sein, da sie von der Antike bis zum Spätmittelalter gebräuchlich waren. Ihre Symbolkraft bewirkte, dass sie die Menschen von der Geburt bis zum Tod begleiteten. Im kirchlichen Raum spielten sie sicherlich eine liturgische Rolle oder waren Votivgaben. Laut Walter Mannowsky gehörten sie zu Verzierungen zahlreicher mittelalterlicher Skulpturen und Hermen.

Der Danziger Kranz lässt aufgrund seines Erhaltungsorts in einer Kirche vermuten, dass er Zeremonien von religiösem Charakter, zum Beispiel Hochzeiten, Taufen oder Andachtsfeiern begleitete, die einen theologischen bzw. liturgischen Kontext als Hintergrund hatten. Ikonografische Überlieferungen aus dem 15. Jahrhundert geben eine gute Vorstellung von der Funktion

II.110

und Form der Kränze, die mit den erhaltenen Artefakten übereinstimmen. Diese Darstellungen erlauben es, sie mit Kultbildern Marias zu verbinden, beispielsweise der Jungfrau Maria vom Rosenkranz oder der in den deutschsprachigen Ländern sehr populären Darstellung der Dienerin Maria im Gotteshaus, und sie als Votivgaben zu bestimmen. Beide Darstellungen gab es in der Danziger Kirche sowohl als Skulpturen als auch in der Malerei. Die Kränze können also als Votivgaben junger Frauen oder als die Spur erlebter Gnaden in der Kirche geblieben sein. Bei den erhaltenen Textilkränzen aus der Marienkirche in Danzig ist eher von Votivgaben auszugehen. *Beata Sztyber*

Literatur
Mannowsky 1931–1933, Halbbd. 4, Nr. 393, 48, Tafel 179 a | Sztyber 2017.

II.111

Pyxis (Hostienbehälter)

Danzig/Gdańsk, um 1500

Kupfer, vergoldet

H 48 cm; Fuß: D 15,4 cm

Danzig/Gdańsk, Muzeum Narodowe w Gdańsku, MNG/SD/132/Mt

Das liturgische Gefäß hat die Form eines sechseckigen Gebäudes mit Strebewerk, bekrönt von einer Kuppel mit Laterne und einer schlanken Spitze, an der oben ein Kruzifix befestigt ist. Der Fuß ist sechsblättrig mit glatten Feldern, der Nodus in Form zweier abgeflachter gebuckelter Halbkugeln, die durch einen breiten, profilierten Ring getrennt sind. Auf dem Inschriftfries steht vor schraffiertem Hintergrund eingraviert: »ihesus / nasa[r]e / nus rex iu / deoru / m« (Jesus von Nazareth, König der Juden) nach dem Johannesevangelium (19,19).

Die Pyxis stammt aus der Marienkirche in Danzig und wurde im Jahr 1937 von der lutherischen Gemeinde der Marienkirche an das Museum übergeben. Die Marienkirche, die Hauptpfarrkirche Danzigs, besaß im Mittelalter eine reich ausgestattete Schatzkammer. Die erhaltene Beschreibung der Schatzkammer, angefertigt auf Wunsch von König Sigismund dem Alten im Jahr 1526, erlaubt es, die Größe des Bestands nachzuvollziehen, der die Möglichkeiten und Ambitionen der Pfarrgemeinde sowie das hohe Niveau des lokalen Handwerks wiedergibt. In der Liste der liturgischen Geräte wurden unter anderem 46 Silberkelche, sechs edelsteinbesetzte Goldkelche, 24 Pyxiden, zwölf silberne und vergoldete Reliquiarkreuze aufgezählt; Kupfergefäße wurden in den Inventaren nicht erfasst.

II.111

Die in der Ausstellung präsentierte Pyxis ist eine von zwei erhaltenen Hostienbehältnissen aus der Marienkirche. Sie repräsentiert den architektonischen Typ. Gemäß der Symbolik dieses liturgischen Gefäßes, das für die Aufbewahrung geweihter Hostien bestimmt ist, knüpft der Korpus in Form eines Zentralbaus an die Idee des Heiligen Grabs an. In der mittelalterlichen Kunst in Pommern trat eine Gruppe von Ziborien mit architektonischen Formen auf, die mit Danziger oder Elbinger Werkstätten verbunden war. Die ältesten Objekte dieses Typus, datiert auf die zweite Hälfte des 14. Jahrhunderts, stammen aus Altmark/Stary Targ und Langewalde/Długobór. In der ersten Hälfte des 15. Jahrhunderts entstanden vier Pyxiden mit einem Korpus in Form eines sechseckigen Gebäudes (aus Konitz/Chojnice, Frauenburg/Frombork, Lenzen/Łęcze und ein weiteres Ziborium aus der Marienkirche in Danzig). Die abgebildete Pyxis ist das späteste Objekt aus dieser Gruppe. Bei einer allgemeinen Ähnlichkeit der Komposition, insbesondere mit den Objekten aus Konitz und Lenzen, zeichnet sie sich jedoch durch schlankere Proportionen aus, die unter anderem durch eine Verlängerung des Schafts und die Einführung einer Laterne erreicht wurden. *Anna Baranowska-Fietkiewicz*

Literatur
Aurea Porta 1997 a, Kat.-Nr. II.26 (Barbara Tuchołka-Włodarska) | Betlejewska 2006, S. 129, Kat.-Nr. II. 61 (Barbara Tuchołka-Włodarska) | Danziger Silber 1991, Kat.-Nr. 9 (Barbara Tuchołka-Włodarska) | Drost 1963, S. 117, Kat.-Nr. 2 | Hinz 1870, S. 36, Tafel 12 | I tesori 1985, Kat.-Nr. 1244 (Barbara Tuchołka-Włodarska) | Kruszyński 1913, S. 48 (Abb.), S. 50 | Polen 1986, S. 321, Kat.-Nr. 161 (Barbara Tuchołka-Włodarska) | Pospieszna 2010, S. 201, Kat.-Nr. II.8.4 (Anna Baranowska-Fietkiewicz) | Regulska 2015, Bd. 1, S. 162, Bd. 2, Abb. III/238 | Rembowska 1971, S. 178, Kat.-Nr. 13, Abb. 7 | Szczepkowska-Naliwajek 1987, Kat.-Nr. 65, Abb. 271, S. 301 | Tuchołka-Włodarska 2005, S. 33, Kat.-Nr. I.10, Abb. 2.

Kirchen in der Stadt

Bischofs-, Kloster-, Stifts-, Pfarrkirchen und Kapellen

Neben dem König/Kaiser und weltlichen Herrschaften besaßen geistliche Territorien das Recht Münzen zu prägen. Silberschilling (Rückseite) des Deutschen Ordens, Konrad von Erlichshausen (amt. 1441–1449) (Kat.-Nr. II.112 revers)

Nähert man sich aus der Ferne einer mittelalterlichen Stadt, so wird als erstes ihre Silhouette aus Turmspitzen erkennbar. Jede Stadt ist besonders, ist von ihrer naturräumlichen Lage, der jeweiligen historischen Entwicklung und dem spezifischen Erhaltungszustand geprägt. Im Verbreitungsgebiet des Magdeburger Stadtrechts liegen viele Städte, deren mittelalterliches Erscheinungsbild hervorragend erhalten ist, andere, z. B. Magdeburg, haben dagegen ihre einst beeindruckend turmreiche Silhouette eingebüßt (Abb. 203). Die himmelwärts strebenden Kirchtürme einer Stadt verweisen auf den Topos der Heiligen Stadt (*civitas sancta*), auf das himmlische Jerusalem und die heilige Stadt Rom. Bezüge finden sich auch in der städtebaulichen Anlage insbesondere in Bischofsstädten, in denen die Anordnung der Kirchen einen Kranz oder ein Kreuz formen. Die Schaffung einer Sakrallandschaft, einem Abbild des himmlischen Jerusalem gleich, erfolgte auch ganz konkret durch Nachbildungen der heiligen Stätten. Ein eindrucksvolles Beispiel dafür ist das Heilige Grab in Görlitz (Kat.-Nr. II.104). Ein Prozessionsweg verbindet es mit dem Brautportal der Peterskirche. Bürgermeister Georg Emmerich (1422–1507) stiftete es nach einer Jerusalem-Pilgerreise 1467. In zahlreichen weiteren Städten finden sich Nachbauten des Heiligen Grabes, wurden im 15. Jahrhundert Kreuzwegstationen zur Vergegenwärtigung der Passion Christi errichtet.

Die Stadt ist ein Zentrum für Handel und Produktion, für Kultur und Kult. Die städtische Sakrallandschaft hat gleichermaßen Bedeutung für Geistliche, für den Adel als auch für die städtischen Einwohner und Gäste. Die Vergegenwärtigung von Jerusalem in der heimischen Stadt hatte gemeinschaftsstiftende Bedeutung, sie ist somit mehr als ein Ensemble sakraler Orte, sie ist ein Symbol für die sakrale Gemeinschaft mit Verweis auf Jerusalem, welches auch als Zeichen des Bundes mit Gott verstanden wurde.

Kirchengebäude sind entsprechend ihrer Funktion zu unterscheiden: Welche Kirchen in einer Stadt zu finden waren, hing wesentlich davon ab, wer die Stadt gegründet hat bzw. unter wessen Herrschaft sie stand. Sowohl weltliche als auch geistliche Stadtherren übten die vom König verliehene obrigkeitliche Gewalt aus (Regalien): Kaufmannsrecht, Marktrecht, Münze, Bann, Zoll, Befestigungsrecht, Grundbesitzrechte und landesherrliche Rechte (Gerichtsrechte, Steuerrechte, Willkürrechte, Nutzungsrechte, das Recht der Verpfändung im Ganzen oder einzelner Rechte). Die Übertragung dieser Rechte durch Privilegierung an die Stadt war möglich, welche im Gegenzug Huldigung, Heerfolge, Rat und Tat und Steuern zu leisten hatte. Stadtherren sind im Regelfall die Landesherren, im Ausnahmefall üben der König oder geistliche Herren, wie Bischöfe, Äbte oder Äbtissinnen die Stadtherrschaft aus.

In Bischofsstädten existierten die meisten geistlichen Institutionen, an erster Stelle die Domkirche mit Klausur für Bischof und Domkapitel wie z. B. in Magdeburg als Sitz des Erzbistums und Halberstadt als Sitz eines Bistums. In Quedlinburg dagegen war die Äbtissin Stadt- und Münzherrin: Sie stand dem weltlichen Damen- oder Kanonissenstift St. Servatius, einer königlichen Stiftung von reichsfürstlichem Stand, vor. Interessante Zeugnisse für geistliche Stadt- und Münzherrschaft sind die besonders repräsentativen Brakteaten von Gero von Halberstadt (amt. 1160–1177) (Kat.-Nr. II.112 b) und von Äbtissin Adelheid III. (amt. 1161–1184) von Quedlinburg (Kat.-Nr. II.112 a), die zudem gestalterisch von höchster Qualität sind. Das städtische Erscheinungsbild und die Ausbildung einer spezifi-

Abb. 203
»Eine Ertz-Bischofliche auch gewesene Hansee-Stadt in Nider Saxen«, Radierung vermutlich von Gabriel Bodenehr d.Ä., um 1710. Magdeburg, Stadtarchiv, B 91

schen städtischen Sakraltopografie blieb bestehen, auch wenn die Städte sich (zeitweise) von ihren Stadtherren unabhängig machten.

Ein Sonderfall geistlicher Stadtherrschaft bildet das Deutschordensland Preußen. Der 1190 während des Kreuzzuges im Heiligen Land gegründete Ritterorden kämpfte ab 1226 gegen die heidnischen Prußen und gründete im Kulmerland, entlang der Weichsel und am Frischen Haff, im 13. und 14. Jahrhundert über 90 Städte. Grundlage für die neuen Städte war das aus dem Magdeburger Stadtrecht abgeleitete moderne Kulmer Recht mit Ratsverfassung. Die schachbrettartige, planvolle Anlage in quadratischen Blöcken und die Besiedelung mit Zuwanderern aus dem Westen sind für diese Städte typisch. Marktplatz, Stadtmauer, Tore und die Sakralbauten wurden von Anfang an geplant, sowohl die Pfarrkirchen als auch Klöster der Bettelorden. Auch im Verbreitungsgebiet des Magdeburger Stadtrechts entstanden viele Niederlassungen geistlicher Gemeinschaften, insbesondere der noch jungen Bettelorden, teils bereits als integraler Bestandteil des Stadtgründungsprozesses. Ein Beispiel hierfür ist Thorn/Toruń, wo der Deutsche Orden von Anfang an für die 1233 gegründete Altstadt ein Franziskaner- und für die 1264 gegründete Neustadt ein Dominikanerkloster vorsah. Gründungen erfolgten aber auch noch im 14. und 15. Jahrhundert. Bettelordensklöster waren für Stiftungen und als Grablege sowohl bei Fürsten als auch bei Bürgern sehr beliebt. Während Benediktiner und Zisterzienser ihre Klöster in der Abgeschiedenheit gründeten, errichteten die sogenannten Bettelorden, das sind Dominikaner, Franziskaner, Augustinereremiten und Karmeliter, ihre Konvente in der Stadt. Die Bettelorden gelten geradezu als Reaktion der Kirche auf die Ausbreitung der Städte. Ihre Aufgabe bestand vor allem in Predigt und Seelsorge, im Ordensland übernahmen sie auch Aufgaben in der Missionierung.

Die Bettelorden lebten in apostolischer Armut, nicht nur die Mönche, sondern der Gesamtorden verfügte über keinen Besitz, sondern finanzierte sich durch Almosen. Spezifisch für die Bettelorden ist eine enge Verbindung zur Bürgergemeinde. Eine sehr frühe Gründung war das Dominikanerkloster in Krakau/Kraków (1221/22), von dort aus entstanden Konvente in Breslau/Wrocław, Cammin/Kamień Pomorski, Plock/Płock, Danzig/Gdańsk und Sandomir/Sandomierz. Die Franziskaner sind ab 1236 in Breslau, ein Jahr später in Krakau und in Thorn ab 1239 zu finden. So entstand schließlich ein enges Netz der vier größeren Bettelorden im gesamten Verbreitungsgebiet des Magdeburger Rechts. Zunächst wurden ihnen häufig bestehende Pfarrkirchen zur Nutzung übertragen, die sie mit reduziertem Formenschatz umgestalteten. Die Klosterbauten der Bettelorden waren idealtypisch auf ein Minimum reduziert: eine einschiffige Kirche oft ohne Wölbung und auf jeden Fall ohne Turm, ein Kreuzgang zur Erschließung der Gemeinschaftsräume. Klösterliche Wirtschaftsgebäude waren nicht notwendig. Die Bettelordens-

Abb. 204
Das Zentrum Magdeburgs prägten der Dom und das Rathaus. Auf dem Marktplatz sind zudem die drei Rechtssymbole Magdeburgs erkennbar: der Roland, der Magdeburger Reiter und der Hirsch. Detail aus der »Belegerung der Stadt Magdeburg 1550/51« von Hans Rentz. Berlin, Staatliche Museen zu Berlin – Preußischer Kulturbesitz, 20-1960

konvente waren auch Zentren der Bildung und daher in der Regel mit Bibliotheken ausgestattet. Die Klöster verfügten über Räume, die öffentlich zugänglich waren und solche, die ausschließlich Mönchen oder Nonnen vorbehalten waren, die sogenannte Klausur.

Daneben entstanden auch Frauenklöster, z. B. das Klarissenkloster in Breslau und Dominikanerinnenklöster in Breslau und Krakau. Weit verbreitet waren Beginen – Jungfrauen oder Witwen – die ihr Leben Gebet, Askese und Armenpflege widmeten und ihren Lebensunterhalt aus Stiftungen und mit Handarbeiten bestritten. Sie lebten allein oder in Gruppen, manchmal auch in eigenen Beginenhäusern oder -höfen, aber ohne eigene Kirchengebäude, geistlich wurden sie in der Regel von Bettelmönchen betreut.

Die Anzahl der Stadtviertel auf Grundlage der Sprengel und ihrer zugehörigen Pfarrkirchen pro Stadt variierte stark und ist nicht nur in direkter Abhängigkeit von der Bevölkerungszahl zu sehen. Auch die umliegenden Dörfer, die zur Versorgung der Stadtbewohner beitrugen, besaßen in der Regel eine Pfarrkirche. Um die Stadt Halle herum existierten beispielsweise rund 20 mittelalterliche Dorfkirchen. Kirchen und Klöster bildeten teilweise eigene Rechtsbereiche innerhalb der Stadt: ihnen wurde Immunität (*privilegium immunitatis*), d. h. Befreiung von Lasten aller Art (Steuern, Gerichtsbarkeit, Vogtei) gewährt. Die unterschiedlichen Rechtsbereiche wurden durch Mauern voneinander abgegrenzt.

Die städtischen Sakrallandschaften waren sehr vielfältig: Dazu zählten neben Dom-, Kloster- und Pfarrkirchen auch die Kapellen der Hospitäler und Leprosen, weitere Kapellen privater Stifter und Gemeinschaften (z. B. des Stadtrates oder der Stadtherren wie des Deutschen Ordens) auch jüdische sakrale Orte wie Mikwen, Synagogen und Friedhöfe. Die sakralen Orte in der Stadt bildeten ein komplexes Gefüge, eine rhythmisierende Gliederung des Stadtraumes ohne feststehende Regelmäßigkeit. Doch lassen sich im Zentrum der Stadt nahe des Marktplatzes zumeist das Rathaus und die Hauptpfarrkirche (Abb. 204), eher am Stadtrand die Bettelordensklöster und Hospitäler, außerhalb der Stadtmauer Kapellen der Leprosen finden. *Anja Rasche*

Literatur
Ehrbrecht 2001 | Ehrich/Oberste 2010 | Eimer/Gierlich 2000 | Groten 2013 | Herrmann/von Winterfeld 2015 | Hirschmann 2016 | Isenmann 2014 | Janicka 2009 | Kłoczowski 2013 | Krüger 2008 | Odenthal 2017 | Paulus 2008 | Schmieder 2012 | Schmieder 2013.

II.112

Münzen geistlicher Territorien

a)

Abtei Quedlinburg, Adelheid III. von Sommerschenburg (amt. 1161–1184)

Brakteat, Silber

D 2,91 cm, G 0,82 g

Magdeburg, Kulturhistorisches Museum, 1/1962

b)

Bistum Halberstadt, Ulrich I. von Regenstein und Gero (amt. 1149–1180)

Brakteat, Silber

D 2,71 cm, G 0,8 g

Magdeburg, Kulturhistorisches Museum, 23/1962

c)

Deutscher Orden, Konrad von Erlichshausen (amt. 1441–1449)

Schilling, Silber

D 2,05 cm, G 1,56 g

Magdeburg, Kulturhistorisches Museum, 392/1948

Im Heiligen Römischen Reich deutscher Nation besaßen neben dem König/Kaiser die weltlichen und geistlichen Herrschaften das Recht, Münzen zu prägen. Im Spätmittelalter kamen die Städte als Münzstand hinzu. Unter den geistlichen Herren und Territorien nördlich der Alpen prägten beständig die Erzbistümer Mainz, Trier, Köln, Magdeburg und Salzburg, die Bischöfe von Bamberg, Halberstadt, Hildesheim, Konstanz, Paderborn, Metz, Münster, Regensburg, Toul, Verdun und Würzburg, sowie die Abteien Essen, Fulda, Helmstedt/Werden und Quedlinburg. Insbesondere in Mitteldeutschland stellten im 12. und 13. Jahrhundert die einseitigen Brakteaten die »klassische Form der deutschen Regionalpfennige« (Kluge 2007, S. 99) dar. Unter ihnen kann man eine Gruppe besonders schöner Stücke ausmachen, die der Hand des sogenannten Halberstädter Brakteatenmeisters zugeordnet werden.

Dieser renommierte Stempelschneider war in erster Linie für den Bischof von Halberstadt und die Äbtissin von Quedlinburg tätig, fertigte aber auch für Markgraf Albrecht den Bären (reg. 1123–1170) die Grafen von Arnstein und von Falkenstein, die Klöster Helmstedt und Nienburg sowie für das Erzbistum Magdeburg und sogar für das Bistum Erfurt. Geradezu eines seiner Markenzeichen war die Verwendung des Pfeilspitzenkreuzes, wie es auf dem vorliegenden Stück die Äbtissin Adelheid III. in der Hand hält. Adelheid stammte aus der Familie von Sommerschenburg, die Pfalzgrafen von Sachsen und zugleich Vögte der Abtei Quedlinburg waren. Sie sitzt mit Schleier versehen auf einem mit Tierköpfen und -klauen verzierten Klappstuhl, in ihrer rechten Hand ein aufgeschlagenes Buch – die Bibel oder ein Evangeliar – haltend, in ihrer linken einen Pfeilspitzenstab, links und rechts neben ihren Füßen je ein Scheibenkreuz. Die sie umrahmende komplexe Architektur mit einer von einem Kuppelturm gekrönten Mauerfront über dem mittleren Bogen sowie links und rechts davon je zwei Kuppeltürmen dürfte die St.-Servatius-Stiftskirche mit der Stadt Quedlinburg darstellen.

Mit einem frappierend ähnlichen Architekturrahmen ist der Brakteat Bischof Ulrichs von Halberstadt geschmückt. Der Stempelschneider hat jenen übernommen und die Personen und deren Attribute durch das Einschlagen von Punzen (Prägungen) auf dem Münzbild hinzugefügt. So erscheint über der Mauerfront der mit Nimbus hervorgehobene Stiftsheilige, der erste Märtyrer Stephanus, die Hände zum Segensgestus erhoben. Im Bogen darunter steht die Halbfigur des Bischofs, der in seiner rechten Hand den Bischofsstab und in der linken ein aufgeschlagenes Buch hält. Die Regentschaft Ulrichs war überaus turbulent: 1153 soll er einen Aufstand der Halberstädter Bürger niedergeschlagen haben, zwischen 1160 und 1176 wurde er wegen seiner Haltung im Schisma abgesetzt, und 1179 war er Zeuge der Zerstörung Halberstadts in der Fehde mit Herzog Heinrich dem Löwen (reg. 1142–1180).

In den östlich des Reichs gelegenen Ländern nimmt der Deutschordensstaat eine besondere Rolle unter den geistlichen Territorien ein. In ihm lösten die größeren und gehaltvolleren Vierchen in Wert von vier Pfennigen, Halbschoter im Wert von 16 Pfennigen und endlich die Schillinge im Wert von zwölf Pfennigen um 1380 die bis dahin üblichen Brakteaten ab. Schillinge des Deutschen Ordens wurden in großen Mengen produziert und waren als solide Silbermünze im gesamten Ostseeraum beliebt. Als von allen Hochmeistern verwendetes Erkennungszeichen diente darauf die Wiedergabe des Hochmeisterschilds, also das Ordenskreuz mit Jerusalemkreuz und Adlerschild. Die Umschrift gibt den jeweiligen Hochmeister und Münzherrn wieder, in diesem Fall eines Schillings den von 1441 bis

II.112 a

II.112 b

II.112 c

1449 amtierenden Hochmeister Konrad von Erlichshausen: »MAG[I]ST[ER] CO[N]RADVS QVIN[TUS]«. Auf der Rückseite befindet sich das Ordensschild auf einem Langkreuz mit der Umschrift »MONETA D[OMIN]ORVM PRVS[SIE]«, Münze der Herren Preußens.

Nach dem Frieden von Thorn/Toruń 1411 musste der Deutsche Orden hohe Kontributionen an Polen und Litauen zahlen, was nicht nur zu einer unbeliebten Sondersteuer im Ordensland führte, sondern sich auch nachteilig auf den Silbergehalt der Schillinge auswirkte. Als sich im Jahr 1440 der Preußische Bund aus 53 Vertretern des Adels der sieben Hansestädte Kulm/Chełmno, Thorn, Elbing/Elbląg, Danzig/Gdańsk, Braunsberg/Braniewo, Königsberg-Altstadt und Kneiphof (heute Kaliningrad) sowie zwölf kleineren Städten konstituierte, stand unter den 40 Beschwerdepunkten gegen den Deutschen Orden

ganz oben auch die Klage über die schlechten Ordensmünzen: »Nun ist die silberne Müntze verwandelt in Kupffer dadurch das gantze Land in grossen verderb ist kommen. Und da Land und Städte zu dem Hochmeistere kamen, und baten solches zu wandeln, da mussten sie eine Schatzung bewilligen, den Gebrech der Müntze dadurch zu wandeln und zu verbessern, nur die Schatzung gegeben ward ist derentwegen gleichwohl an der Müntze nichts gewandelt noch verbessert worden« (zitiert nach Vossberg 1843, S. 165). Der 1441 neu gewählte Hochmeister Konrad von Erlichshausen versuchte, das Vertrauen zwischen dem Adel und den großen Städten mit dem Orden wiederherzustellen. Seine Bemühungen, das Münzwesen zu verbessern, gingen ins Leere, und so wurden unter seiner Regierung Schillinge mit dem gleichen zu geringen Silbergehalt wie unter seinem Vorgänger geprägt.
Claus-Peter Hasse

Literatur
Kluge 2007, S. 99 f., Nr. 357, S. 164 f. | Mehl 2006, S. 30–32, Nr. 86, S. 392 | Stenzel 1862, Nr. 49, Nr. 67 c–d | Vossberg 1843, S. 165, Nr. 858, S. 168.

II.113

Bibel des Magdeburger Erzbischofs Albert von Sternberg, Bd. 1

Böhmen, um 1370

Pergament, 255 + 2 Blätter

Blätter: H 37,5 cm, B 28 cm; Einband: H 40,5 cm, B 30,5 cm

Gotische Minuskel, zweispaltig, rubriziert und illuminiert, von einem anonymen Schreiber (mit Ausnahme von fol. 251r–253v), Randnotizen des 14.–15. Jahrhunderts

Krakau/Kraków, Biblioteka Jagiellońska, BJ Rkp. 284 IV t. 1

Diese lateinische Bibel, deren erster Band das Alte Testament von der Genesis bis zum »Liber sapientiae« beinhaltet, sollte ursprünglich reich verziert werden. Als Einleitung für jedes Buch der Bibel waren Buchmalereien geplant, für die Leerstellen ausgespart blieben. Letztendlich wurden jedoch nur die Abbildungen auf fol. 1 und fol. 52 im ersten Band verwirklicht. Die anderen, unvollendeten Illuminationen wurden in unterschiedlichen Stadien ausgeführt. An einigen Stellen finden sich lediglich skizzierte Initialen, an anderen vergoldete Partien oder auch eine teilweise Kolorierung. Es ist diesem unfertigen Zustand zu verdanken, dass wir hier die Arbeit eines Buchmalers des 14. Jahrhunderts nachvollziehen können. Im zweiten Band wurden einige Initialen allerdings erst im 16. Jahrhundert verwirklicht.

Die Forschung tendiert zur Meinung, dass ein einziger Buchmaler die ursprünglichen Verzierungen in beiden Bänden ausgeführt hat. Dieser soll einer böhmischen Kunstströmung angehört haben, die ihren Ursprung bei Jan von Opava (um 1322–um 1380/1382) hatte und die böhmische Hofkunst mehr lokal und weniger raffiniert erscheinen ließ. Obwohl die handschriftliche Bibel nicht wirklich als Meisterwerk angesehen wird, tendiert sie zweifellos zu einer realistischeren, eigenständigeren Darstellung unter den böhmischen Künstlern dieser Zeit.

Der Kodex wurde unter der Regentschaft Kaiser Karls IV. (reg. 1346–1378) im Königreich Böhmen geschrieben. Am Rand des ersten Bandes sind drei Wappen abgebildet: ein goldener achtzacki-

II.113

ger Stern auf einem blauen Wappenschild, ein goldenes Kreuz auf einem blauen Wappenschild sowie ein rot und weiß gebänderter Wappenschild. Sie zeigen, dass der Kodex offensichtlich für Albert von Sternberg (um 1333–1380) hergestellt wurde. Dieser war zuerst (1364–1367) Bischof von Leitomischl/Litomyšl, dann Erzbischof von Magdeburg (1367–1371) und nach seinem Rücktritt wieder Bischof von Leitomischl (ab 1371). Er wurde im ersten Band zweimal als Erzbischof abgebildet: Auf fol. 1r neben dem heiligen Hieronymus und auf fol. 4r zusammen mit Kaiser Karl IV. neben dem Thron Gottes kniend. Zofia Ameisenowa vermutet, dass der Kodex nach Alberts Rückkehr aus Magdeburg geschrieben wurde, also nach 1371 und vor 1378. Eine Datierung vor 1371 ist jedoch wahrscheinlicher, da Albert von Sternberg als Erzbischof von Magdeburg dargestellt ist. Durch seinen vorzeitigen Rücktritt könnte der Kodex dann unvollendet geblieben sein.

Im 15. Jahrhundert befand sich die Bibel im Besitz des Kartäuserklosters von Vallis Sankt Josaphat in Dolan/Dolany (gegründet 1406) in der Nähe von Olmütz/Olomouc. Um das Jahr 1586 gelangte sie in den Besitz von Jan Ponętowski (um 1530–1598), Kunstsammler und Abt des Klosters Hradisch/Hradiště in Mähren. Ponętowski hinterließ seine eindrucksvolle Sammlung zusammen mit der Bibel der Jagiellonen-Universität in Krakau.

Ihr gegenwärtiger Renaissance-Einband stammt aus dem Jahr 1587. Er besteht aus Buchdeckeln, die mit Schweinsleder überzogen und mit geprägten Verkörperungen der Tugenden verziert ist. Auf beiden Buchdeckeln findet sich das *supralibros* Ponętowskis zusammen mit vergoldeten Inschriften. *Jacek Partyka*

Literatur

Ameisenowa 1958 | Catalogus 1980 | Hordyński 2016 | Wisłocki 1877–1881.

II.114

II.114

Schreinmadonna aus Pelplin (ehem. Pfarrkirche Klonowken/Klonówka)

Deutschordensland Preußen,
Ende 14. Jahrhundert/um 1400

Lindenholz, polychromiert und vergoldet

H 46 cm, B 22 cm (geöffnet 32 cm)

Pelplin, Muzeum Diecezjalne, 3/I/Rz/MDP

Die auf einem Thron sitzende Gottesmutter stützt mit ihrer Rechten das auf ihrem linken Knie stehende, segnende Jesuskind. In ihrer Linken hält sie einen Apfel. Über dem Haarreif und den sich darunter aufbauschen Haaren trug sie wohl eine heute verlorene Krone. Die Figur lässt sich unterhalb des Mantelausschnitts aufklappen und zeigte in ihrem Inneren über einem Sockel mit durchbrochenem Maßwerk einen sogenannten Gnadenstuhl, also eine Darstellung Gottvaters, der seinen verstorbenen Sohn am Kreuz in seinen ausgebreiteten Armen hält. Das Kruzifix ist jedoch verloren; auch eine zu erwartende Taube des Heiligen Geistes fehlt. Die Flügel zeigen auf ihrer Innenseite wie bei einer Schutzmantelmadonna zahlreiche kniende und betende Gläubige unter dem ausgebreiteten Mantel bzw. Armen Mariens: Links eine Gruppe von sieben, teils gekrönten Frauen, rechts sieben weitere Schutzflehende, darunter ein Bischof, sowie vorn ein gekrönter Herrscher und ein durch ein schwarzes Kreuz auf dem weißen Mantel ausgezeichneter Deutschordensbruder.

Durch den Klappmechanismus ist die Marienfigur als Schreinmadonna gekennzeichnet. Dieser im Westen entstandene Bildtypus fand im Deutschordensland gegen Ende des 14. Jahrhunderts eine eigene Ausprägung, die sich insbesondere durch die Kombination einer thronenden Madonna und eines Gnadenstuhls mit dem Schutzmantelmotiv auszeichnet. Womöglich spielten hierbei die Ansichten der dem Orden nahestehenden Eremitin und Mystikerin Dorothea von Montau (1347–1394) sowie des pomesanischen Domdekans und Theologen Johannes von Marienwerder (1343–1417) eine Rolle. Jedenfalls unterstreichen die Schreinmadonnen wie die generell zahlreichen Mariendarstellungen des Deutschordenslands die besondere Marienverehrung des Ordens. Aufgrund der mehrfachen Darstellung von Deutschordensbrüdern unter den Schutzflehenden wurde vermutet, die kostbaren Schreinmadonnen könnten von Mitgliedern des Ordens selbst gestiftet worden sein. Die herausgehobene Darstellung des Ordensbruders auf der Innenseite der Pelpliner Schreinmadonna scheint dies zunächst zu bestätigen. Er ist nicht nur in der ersten Reihe, sondern – im Gegensatz zum Herrscher neben ihm und den geistlichen Dignitäten in der Reihe dahinter – auch vollständig zu sehen. Allerdings wurde er nicht zur Rechten Mariens bzw. Jesu und Gottvaters platziert, wo sich stattdessen die Gruppe der Damen befindet. Die Identifizierung einzelner Damen wie des Herrschers mit Familienmitgliedern des Hauses Luxemburg ist auf Widerspruch gestoßen. Der prominent platzierte Deutschordensbruder scheint allerdings den Schluss nahezulegen, dass die Figur für eine Kirche oder – angesichts ihrer geringen Größe – vielleicht für eine Kapelle des Deutschordenslands oder des Deutschen Ordens selbst gefertigt wurde, der – wie die gekrönten Personen zu unterstreichen scheinen – Beziehungen zu den europäischen Herrscherhäusern unterhielt. Derartige Schreinmadonnen ließen sich auf einer Altarmensa platzieren und im Verlauf des Kirchenjahres bzw. zu Festtagen wie ein dreiteiliges Retabel aufklappen und wandeln. Die rückseitig abgeflachte Pelpliner Madonna dürfte vor einer Wand, in einem Altarretabel oder aber in einer Art Ziborium aufgestellt gewesen sein. *Vera Henkelmann*

Literatur

Bott/Arnold 1990, S. 119 Kat.-Nr. II.7.39 (Günther Bräutigam/Roman Ciecholewski) | Ciecholewski 2000, S. 168 | Clasen 1939, S. 122 f., 127 f., S. 321 f., Kat.-Nr. 237 | Fries 1929, S. 17 f., 20 f., 23, 25, 28 f., 45 | Heise 1885, S. 181 f. | Omilanowska 2011, S. 125, Kat.-Nr. 316 (Tadeusz Jurkowlaniec) | Radler 1990, S. 108 f., S. 331–333, Kat.-Nr. 35 | Radler 2009, S. 203 | Trupinda 2007, S. 343 f., Kat.-Nr. IV.14 (Monika Jakubek-Raczkowska).

II.115

Ziborium (Hostienkelch)

Deutschordensland Preußen, Danziger Werkstatt (?), um 1410

Silber, vergoldet; Emaille (19. Jahrhundert?)

H 38,8 cm, Fuß: D 14,2 cm, Kuppa: D 11,6 cm

Pelplin, Muzeum Diecezjalne, 63/Zł

Das konsequent sechsteilig aufgebaute Ziborium ruht auf einem ausladenden, sechsblättrigen Fuß mit aufgelegten Wappenschildern von Würdenträgern des Deutschen Ordens. Der abgeflachte Nodus (Knauf) ist mit Maßwerkbögen und sechs rautenförmigen Rotuli in Kastenform verziert. Der obere Teil hat die Form eines Turms; die Kuppa ist sechseckig, gekrönt mit Zinnen mit einem kuppelartigen Deckel, auf dem sich eine hohe Helmspitze erhebt (es fehlt das Kreuz, das sie ursprünglich krönte). Die turmartige Gestaltung bezieht sich symbolisch sowohl auf den Grabbau und enthält den eucharistischen *Corpus Christi* als auch auf die Vision des himmlischen Jerusalem. An den sechs Wänden der Kuppa sind Passionsszenen eingraviert: Christus mit seinen Jüngern im Garten Gethsemane; Christus vor Pilatus; Dornenkrönung; Kreuztragung; Pietà (Maria mit ihrem toten Sohn) oder Vesperbild; die Auferstehung Christi.

Die Gravierung wurde mit starker, sicherer Hand ausgeführt, die Linie ist entschieden; die äußeren Umrisse der Darstellungen sind dicker, die inneren Zeichnungen und Schattierungen dünner und zart. Die Szene der Auferstehung ist aus ungeklärten Gründen unvollendet geblieben. Die verstärkte Expressivität der Darstellungen, die Überzeichnung der anatomischen Details und die Dramatisierung dienen dazu, Mitgefühl für das Leid Christi hervorzurufen und aufrechtzuerhalten. Die Gestalt Christi ist (abgesehen von der Pietà) monumentalisiert und edel, sie überschreitet die Schwelle der Passion und zeichnet den künftigen Sieg ab. Diese Darstellungen passen in die emotional-expressive und individualistische Strömung der sogenannten neuen Frömmigkeit (*devotio moderna*), die sich besonders deutlich bei den Stadtbewohnern abzeichnete. Die Art der Figurenbearbeitung, des weichen und faltenwerfenden, korb- und kaskadenförmigen Gewandflusses erlaubt es, diese Darstellungen der um 1400 dominierenden Kunstströmung des schönen bzw. weichen (internationalen) Stils zuzuordnen. Sie stehen manchen historischen Objekten der Goldschmiedekunst (Gravierungen auf dem Kreuz von Dirschau/Tczew) oder der Malerei (Polyptychon aus Graudenz/Grudziądz) aus dem Gebiet Preußens nahe und sind von der böhmischen Kunst der Luxemburger Zeit inspiriert.

Die Identifizierungen und Datierungen der Wappenschilder auf dem Fuß sind in der Forschung umstritten. Möglicherweise wurden sie in der zweiten Hälfte des 19. Jahrhunderts ausgetauscht, wobei Unsicherheit bezüglich der ursprünglichen Form und Zeichnung der Wappen herrscht. Mit großer Wahrscheinlichkeit wiederholen jedoch oder beziehen sich die heutigen Wappen verhältnismäßig treu auf die alten. Laut Karol Górski, der die Wappen für Banneremblememe einiger Würdenträger des Deutschen Ordens hält, lassen sie sich mit konkreten Personen aus dem Umkreis des Hochmeisters Ulrich von Jungingen (amt. 1407–1410) verbinden, die ihre Position und ihre Ämter meist ihm verdankten. Dazu zählen der Oberste Marschall Friedrich von Wallenrode (amt. 1407–1410), der Großspittler und Komtur von Elbing/Elbląg, Werner von Tettingen (amt. 1404–1412), der Komtur von Osterode/Ostroda, Friedrich Graf von Zollern (amt. 1407–1410), der Komtur von Althausen/Starogród, Eberhard von Ippenburg (amt. 1409–1410) oder sein Vorgänger Nikolaus von Melin, der Vogt von Roggenhausen/Rogóźno, Friedrich von Wenden (amt. 1407–1410). Der ursprüngliche Bestimmungsort des Ziboriums, das aus der Pfarrkirche St. Johannis in Konitz/Chojnice ins Museum kam, ist unbekannt. Nichts spricht nämlich dafür, dass hohe Würdenträger des Deutschen Ordens ein solches Gefäß als Votivgabe für die Pfarrkirche in Konitz gestiftet haben sollten. *Michał F. Woźniak*

Literatur

Fritz 1982, S. 265 f., Nr. 549 | Szczepkowska-Naliwajek 1987, S. 74, 99–102, 183 f. | Woźniak 1990 | Woźniak 2007.

II.115

Religiöse Vielfalt in den Städten des Magdeburger Rechts

Illuminiertes armenisches Evangeliar aus Lemberg/L'viv, 1652, fol. 133v und 134r (Kat.-Nr. II.117)

Ostmitteleuropa war ein ethnischer wie religiöser Schmelztiegel. Unter dem Magdeburger Recht entstanden und prosperierten hier Städte, die Heimat für verschiedenste Ethnien und Religionen wurden. Anhand der orthodoxen Christen, Juden und Armenier werden im Folgenden die Lebenswelten einiger dieser nichtkatholischen Bevölkerungsgruppen betrachtet. Als christliche Reformbewegung nehmen dann schließlich die Hussiten eine gewisse Sonderrolle ein.

Auch wenn im mittelalterlichen Europa das katholische Christentum vorherrschend war, gab es besonders in Ost- und Südosteuropa mit der griechisch-byzantinischen Orthodoxie eine weitere einflussreiche christliche Kirche, die in der Tradition des oströmischen bzw. byzantinischen Reichs stand. Durch die Mission der orthodoxen sowie der katholischen Kirche – letztere im ostelbischen und ostmitteleuropäischen Raum besonders befördert durch das Erzbistum Magdeburg ab dem 10. Jahrhundert – rangen nun beide Kirchen um Einfluss im vormals heidnisch-slawisch geprägten Ostmitteleuropa. Zwar begleiteten stets interne konfessionelle Spannungen das Christentum seit der Spätantike, doch mit dem sogenannten Morgenländischen Schisma von 1054 standen sich fortan diese zwei einflussreichsten Kirchen unversöhnlich gegenüber.

Zwischen diesen Kontrahenten lag – mit wechselnder politischer wie religiöser Ausrichtung – das sich im 13. Jahrhundert ausbildende Großfürstentum Litauen. Mit der 1386 geschlossenen Ehe zwischen dem litauischen Herzog Jogaila/Jagiełło (reg. 1377/1386–1434) und der polnischen Königin Hedwig von Anjou (reg. 1384–1399) ging die Union des Königreichs Polen mit dem Großfürstentum Litauen sowie die katholische Christianisierung Litauens einher. Die Residenzstadt Wilna/Vilnius wurde 1387 Bistum und dem polnischen Erzbistum Gnesen/Gniezno unterstellt und erhielt gleichzeitig das Magdeburger Recht. Spätere Konfirmationsprivilegien unterstreichen, dass sich die Rechtsverleihung ausdrücklich an die Einwohner katholischen wie orthodoxen Glaubens richtete. Damit verdeutlichte das Magdeburger Recht seinen integrativen Charakter. Von Wilna ausgehend verbreitete es sich in der Folgezeit vom Zentrum in die Peripherie.

Da Katholiken und Orthodoxe im Großfürstentum Litauen die zwei größten Bevölkerungsgruppen stellten, kam es in den Städten Magdeburger Rechts vielfach zu einer paritätischen Besetzung bei den Amtsträgern. Teilweise wurde diese Parität sogar gesetzlich festgeschrieben. So richtete der polnische König Sigismund I. (reg. 1507–1548) am 9. September 1536 ein Schreiben an den Stadtrat von Wilna, das dessen Parität gesetzlich festlegte: Der Stadtrat bestand aus 24 Ratsleuten und zwölf Bürgermeistern, hälftig aus Katholiken und Orthodoxen. Auch in anderen Dokumenten findet diese Zweiteilung ihren Ausdruck: Der eine Teil des Rats wurde »katholische« oder »litauische Seite« genannt, der andere »ruthenische Seite«. Wie für den Rat galt ebenso für den Schöffenstuhl und auf anderen Ebenen der Stadtverwaltung das Prinzip der Gleichstellung zwischen Katholiken und Orthodoxen.

Abb. 205
Alte Synagoge in Krakau/Kraków. Kernbau aus der zweiten Hälfte des 16. Jahrhunderts

Eine besondere Rolle in der religiösen Landschaft des europäischen Mittelalters kam den Juden zu. Seit der Antike – besonders nach der Zerstörung Jerusalems und seines Tempels 70 n. Chr. durch die Römer – lebten die meisten Juden außerhalb Judäas in der Diaspora, verstreut in den Provinzen des Römischen Reichs, aber auch im Orient (babylonisches Judentum). In Europa hielten sich die jüdischen Gemeinden beim Übergang von der Antike zum Mittelalter fast nur in Südfrankreich und auf der iberischen Halbinsel (sephardisches Judentum), doch kam es seit dem 9. Jahrhundert zu einer erneuten Blüte jüdischen Lebens in den Zentren Frankreichs und Deutschlands (aschkenasisches Judentum). Dieser Blüte folgten aber ab dem 11. Jahrhundert wechselvolle Jahrhunderte der Diskriminierung und Verfolgung in weiten Teilen Westeuropas.

Viele Juden zogen nach Ostmitteleuropa, teils vertrieben, teils von dort herrschenden großzügigen Privilegien angelockt. In den Gebieten des späteren Königreichs Polen-Litauen entwickelte sich so die größte in der Diaspora lebende jüdische Gemeinde. Die Privilegien der polnischen Herrscher gestatteten den Juden freien Handel und stellten sie unter ihren persönlichen Schutz. In Litauen, das seit 1386 in Personalunion mit Polen regiert wurde, hatte Vytautas/Witold (reg. 1392–1430) ähnliche Regelungen vorgenommen: »Hiermit gestatten wir ihnen [den Juden, A. d. A.], in ihren Häusern allerlei Waren zu erwerben […]. Sie dürfen, den Bürgern gleich, Kauf und Verkauf sowohl auf dem Markt als auch in Läden sowie allerlei Handwerk betreiben. Sie dürfen, den Bürgern gleich, Acker und Grasland erwerben, indem sie die nötigen Abgaben an unsere Kammer entrichten« (Privileg für die jüdische Gemeinde von Grodno/Hrodna, zitiert nach Haumann 1990, S. 19).

Wie alle bevölkerungsstarken ethnisch konfessionellen Minderheiten hatten auch die Juden in den größeren Städten Magdeburger Rechts ein eigenes Viertel, in welchem sich das jüdische Leben konzentrierte. Die jüdischen Gemeinden wurden autonom verwaltet durch einen Ältestenrat, an dessen Spitze ein Rabbiner stand. Das kultische Leben der Gemeinde spielte sich vor allem in der Synagoge ab (Abb. 205), Ritualbad, Schule, Hospital und Friedhof gehörten ebenso zum Ensemble jüdischer Gemeinden. Spezielle jüdische Speisevorschriften bedingten exklusive jüdische Bäcker und Metzger.

Nicht selten lagen die jüdischen Viertel an einem von der städtischen Pfarrkirche möglichst weit entfernten Ort. Dieser Umstand hatte für die Juden Vor- und Nachteile. Der Vorteil war, dass sie so relativ unbehelligt von der christlichen Gemeinde lebten und in Zeiten antisemitischer Übergriffe nicht direkt im Blickfeld der Kirchengemeinde standen. Der Nachteil war, dass sie im Randgebiet städtischer Kommunikation und Interaktion lebten, denn die ökonomischen und

politischen Zentren der Städte konzentrierten sich auf und um den Marktplatz. Dennoch spielten die Juden im Wirtschaftsleben eine große Rolle, was stellenweise einen gesellschaftlichen Aufstieg mit sich brachte. Demgegenüber stand ein zuweilen religiös, zuweilen wirtschaftlich motivierter Antisemitismus, der sich besonders ab der Mitte des 14. Jahrhunderts im Zug der Pestepidemie in verstärkten Pogromen und Vertreibungen entlud.

Osteuropa verfügte auch über eine beträchtliche armenische Diaspora-Gemeinschaft. Armenien stand seit der Antike im Spannungsfeld zwischen dem Römischen Reich und den persischen Großreichen. Der »älteste christliche Staat« sah sich dabei immer wieder wechselnden Eroberungen und Einflussnahmen von römisch-byzantinischer und persischer Seite ausgesetzt, zu denen ab dem 7. Jahrhundert noch islamische Eroberungen hinzutraten. Ebenso sorgten das religiöse Schisma zwischen dem orthodoxen Byzanz und der armenischen Kirche einerseits sowie der religiöse Antagonismus zwischen christlichem Armenien und islamischen Invasoren andererseits für zusätzliche Spannungen und damit wechselnde Bündnisse und Eroberungen. Infolge dieser wechselvollen Geschichte existierte seit der Spätantike eine armenische Diaspora.

Während des Mittelalters siedelten sich Armenier besonders in den polnisch-litauischen Provinzen im Gebiet des heutigen Ostpolens und der Westukraine an, wo sich das armenische Zentrum Lemberg/Lwów/L'viv entwickelte. Die Verleihung des Magdeburger Rechts an die Stadt Lemberg zählte die Armenier gleichberechtigt neben anderen Einheimischen und Volks- und Religionsgruppen (*gentes*) der Stadt auf: »Neben der ganzen civitas und allen, die in ihr wohnen oder sich in ihr aufhalten, wird das Magdeburger Recht auch an die anderen gentes, die in ihr wohnen, verliehen, und zwar den Armeniern, Juden, Sarazenen, Ruthenen [Orthodoxen, A. d. A.] und anderen gentes, welcher Art und welchen Standes sie auch seien« (zitiert nach Heyde 2018, S. 287).

◄ Abb. 206
Armenische Kathedrale im armenischen Viertel von Lemberg/L'viv, erbaut 1363

Lemberg war neben Krakau/Kraków eines der wichtigsten Handelszentren des Großfürstentums Litauen. In beiden Städten stellten Armenier die Wirtschaftselite. Doch während für Lemberg seit dem Lokatorenprivileg von 1356 eine organisierte armenische Gemeinde nachweisbar ist, kennen wir aus Krakau anhand der Quellen nur armenische Personennamen und ihre Familien, aber keine Institutionen. Das erwähnte Lokatorenprivileg nennt dabei nicht nur verschiedene Ethnien und Religionsgruppen, es privilegiert sie auch alle gleichermaßen. Dies bedingt außerdem, dass es allen Gruppen gestattet ist, nach ihrem individuellen Recht zu leben, und für die Armenier ist zusätzlich belegt, dass sie eine eigene Gerichtsverfassung entwickelten.

Das armenische Viertel Lembergs lag im Norden der Stadt entlang der »Armenischen Gasse«. Es wurde, ähnlich dem Rat der katholischen Bürger (*civitas*), durch einen Rat der »Ältesten« repräsentiert, der 1363 bei der Stiftung der armenischen Kirche im Viertel auch schriftlich greifbar wird (Abb. 206). Allerdings wurde der armenische Rat nicht durch Wahl legitimiert, sondern konstituierte sich durch eine religiös fundierte Hierarchie. Die herausragende Stellung der Armenier in Lemberg zeigte sich unter anderem dadurch, dass der armenische Ältestenrat zuweilen mit dem Bürgerrat der *civitas* in Konkurrenz stand. Als 1378 die *civitas* einen Vogt bekam, wurde ein solcher kurz darauf auch für die Armenier verzeichnet. Jedoch geriet der armenische Rat ab dem 15. Jahrhundert zusehends unter Dominanz des Bürgerrats, was nicht zuletzt daraus resultierte, dass immer mehr Armenier in die attraktivere katholische Bürgergemeinde übertraten.

Die letzte hier zu betrachtende religiöse Gruppe, die Hussiten, nimmt eine gewisse Sonderrolle ein, da sie eine reformatorische Bewegung innerhalb des Katholizismus darstellte. Ausgehend von den Reformationsbestrebungen des Prager Predigers Jan Hus (um 1371–1415) entwickelte sich in Böhmen eine breite christliche Reformbewegung. Nach dessen Verurteilung und Hinrichtung, entgegen der Sicherheitsgarantien des römisch-deutschen Königs Sigmund (reg. 1414–1437), auf dem Konstanzer Konzil 1415 erhielten seine Anhänger, die Hussiten, eine sowohl antikirchliche als auch antideutsche Note, die zugleich das Nationalgefühl der Böhmen unterstrich. In sich äußerst heterogen, spaltete sich die Bewegung in radikalere und gemäßigtere Gruppen auf. Während die radikaleren Gruppen sich aus den städtischen Unterschichten und dem niederen Klerus rekrutierten, eine stärker endzeitliche Programmatik vertraten und ganz allgemein die kirchlichen und weltlichen Mächte infrage stellten, bestanden die gemäßigteren Kräfte aus Bürgertum und Hochadel, denen es eher um kirchliche Reformen und Verbesserung ihrer Ständerechte ging. 1419 entlud sich der Protest der radikaleren Gruppen im »ersten Prager Fenstersturz« in der Prager Neustadt gegen Ratsherren und Kirchen. Ein »Kreuzzug« König Sigismunds gegen Prag/Praha scheiterte aber im Folgejahr. Über ein Netzwerk aus Städten und Universitäten verbreiteten die Hussiten in der Folgezeit ihre Forderungen durch Manifeste und riefen dabei zum Kampf gegen Kirche und weltliche Mächte auf. Die radikaleren Gruppen mit ihren weitreichenden sozialen und politischen Forderungen unterlagen jedoch letztlich einem Bündnis, das sich im Nachgang des Basler Konzils (1431–1449) aus Kirche, König und gemäßigten Hussiten gebildet hatte.

Die Städte Magdeburger Rechts waren Orte religiöser Vielfalt. Dabei prägte jede Religion ihr eigenes Viertel durch äußerliche Merkmale und innere Strukturen. Diese Viertel waren zugleich Ausweis der sozialen Stellung der Gruppen im Gefüge der Stadt – im Zentrum und am Markt beherrschten die Katholiken das Stadtbild, sie bildeten die Spitze der innerstädtischen Gesellschaft. Die anderen Konfessionen hatten demgegenüber ihre Viertel zumeist in Randlage. Dennoch stellten Angehörige nichtkatholischer Konfessionen zuweilen herausragende Mitglieder der Stadtgemeinschaft. Mit den Hussiten trat am Vorabend der Reformation eine Spaltung der katholischen Bürgerschaft ein, die weitreichende Folgen für das christliche Europa haben sollte.
Martin Müller

Literatur
Haumann 1990 | Heyde 2018 | Karpavičienė 2018 | Lübke 2007 | Maksoudian 2004 | Noga 2018 | Pacyna 2015 | Rieder 1998.

II.116

Tora-Rolle mit dem Wappen der Stadt Magdeburg

Replik, Original vermutlich Magdeburg, Ende 14. Jahrhundert

Aschkenasische Quadratschrift auf Pergament

H 110 cm, L 600 cm

Wolfenbüttel, Herzog August Bibliothek, Cod. Guelf. 148 Noviss. 2°

II.116

Das heiligste liturgische Objekt der jüdischen Religionsgemeinschaft ist die Tora, das heißt die Fünf Bücher Mose. Diese entsprechen dem griechisch-lateinischen Pentateuch. Der hebräische Begriff »Tora« bedeutet so viel wie »Gebot« oder »Weisung«. Nach jüdischer Tradition wurde die Tora dem israelitischen Anführer und Propheten Mose am Berg Sinai von Gott diktiert und zwar in jener Sprache, in der Gott bereits die Welt geschaffen hatte: Hebräisch. Der Text der Tora ist in 54 Wochenabschnitte eingeteilt, die im Lauf des Jahres gelesen werden. Zu Simchat Tora, dem Fest der Tora-Freude, werden der erste und der letzte Abschnitt der Tora im Jahreszyklus gelesen.

Für die Lesung in der Synagoge verwendet man die Tora in Rollenform, wie seit der Antike üblich. Ein dafür eigens ausgebildeter Tora-Schreiber beschreibt die Pergamentseiten, die aneinandergenäht werden. Die Anforderungen an ihn sind sehr hoch. Er stellt die von ihm benützten Federn – in Europa sind diese aus Gänsekielen – und die Tinte nach spezifischen Vorschriften selbst her. Täglich muss er sich während der Arbeit an der Rolle einer rituellen Reinigung unterziehen. Um die punktgenaue Richtigkeit des Textes zu garantieren, muss er jeden Buchstaben kopieren, darf nichts auswendig auf das Pergament bringen und muss vor der Schreibung des Gottesnamens jeweils ein eigenes Gebet sprechen.

Seit wann gab es überhaupt Juden in Magdeburg? Anscheinend ließen sie sich schon im 10. Jahrhundert im Judendorf vor der Ottostadt an der Elbe nieder. Ihr Schicksal scheint als Spielball zwischen Stadt und Erzbistum typisch für das einer mittelalterlichen Gemeinde von Juden gewesen zu sein: Zeiten der Verfolgung, der Plünderung und Erpressung wechselten sich mit Ruhephasen und friedlichem Mit- oder Nebeneinander ab. 1493 wurde die jüdische Gemeinde Magdeburgs endgültig vertrieben. Sie war bei Weitem nicht die einzige jüdische Gemeinde in Aschkenas, die den tiefgreifenden Veränderungen, die das Ende des Mittelalters markierten, zum Opfer fiel.

Das sorgfältige Niederschreiben der 304 805 Buchstaben einer Tora nimmt einen Zeitraum von rund einem Jahr in Anspruch. Das heißt, die Tora-Rolle ist nicht nur das religiös kostbarste Objekt, sondern auch materiell sehr wertvoll. Möglicherweise lag darin der Grund für eine jüdische Gemeinde, einen hohen Preis für den Rückkauf dieser Tora-Rolle zu bieten, die die Stadt Magdeburg 1573 aus nicht identifizierten Beständen Herzog Julius von Braunschweig-Wolfenbüttel (reg. 1568 – 1589) geschenkt hatte. Möglicherweise aber handelte es sich bei den erfolglosen Bietern auch um Nachkommen der Magdeburger Vertriebenen, die eine physische Erinnerung an einen Ort zu haben wünschten, der ihren Vorfahren fast 500 Jahre lang Heimat gewesen war. *Felicitas Heimann-Jelinek*

Literatur

Blau 1925/26 | Goebel 1996 | Güdemann 1866 | Heimann-Jelinek 2016 | Meissner 2001.

II.117

Armenisches Evangeliar

Jasłowez, Ukraine, Schreiber: Murat, Sohn des Michael, 1652

Papier, 306 Blätter, armenisch, zweispaltig, mehrfarbig illuminiert; Tinte, Zinnober; hölzerner Einband in rotem Samt eingeschlagen; Filigran: Osterlamm; Schnitt des Buches vergoldet

H 21,5 cm, B 15,5 cm, T 6,3 cm

Lemberg/L'viv, L'vivs'kyj istoryčnyj muzej, Ruk – 195

Das in armenischer Sprache verfasste Evangeliar beinhaltet die Evangelien, mehrfarbige Randverzierungen sowie eingefügte Randnotizen und ein Kolophon. Den Evangelien jeweils vorangestellt ist ein Deckblatt (fol. 14, 93, 145, 235) mit mehrfarbiger Schrift und dekorativen Verzierungen. Die einleitenden Buchstaben sind polychrom ausgeführt, die Dekorationen umfassen teils vegetative Motive, zuweilen in Mustern angeordnet, teils anthropomorphe Motive. Die Farbgebung der dekorativen Elemente und hervorgehobenen Texte ist vorrangig in Gold und Rot, der Textkörper in Schwarz.

Das Evangeliar befand sich in der 1363 errichteten Kathedrale des armenischen Viertels in Lemberg, deren Gemeinde seit dem 12. Jahrhundert besteht und die in der Verleihungsurkunde des Magdeburger Rechts an die Stadt Lemberg von 1356 namentlich genannt wird. Lemberg war das Zentrum der armenischen Exilgemeinde im Königreich Polen-Litauen und Armenier stellten einflussreiche Bürger der Stadt, hatten eine eigene kommunale Verwaltung und eine autonome Gerichtsverfassung. Wiewohl vereinzelt armenische Künstler aus Lemberg schon seit dem 14. Jahrhundert bekannt sind, war die Gemeinde besonders im 17. und 18. Jahrhundert ein Zentrum kultureller und künstlerischer Tätigkeit. Sie fungierte als kultureller Vermittler zwischen der armenischen Heimat und dem Abendland und brachte eine Vielzahl von Künstlern hervor. Deren Kunsthandwerk war europaweit geschätzt und der polnisch-litauische König Johann III. Sobieski (reg. 1674–1696) richtete in seiner Residenz in Lemberg dem armenischen Juwelier Bedroh Sacharievyc eine Werkstatt ein.

Weltweit sind schätzungsweise 30 000 armenische Handschriften erhalten, dabei war ein Feld des künstlerischen Schaffens armenischer Schreiber die Herstellung kostbarer Evangeliare. Das Skriptorium in Lemberg war besonders im 17. Jahrhundert aktiv, unter anderem illuminierte hier 1619 Łazar Baberdac'i eine Bibel-Handschrift (Matenadaran MS. 351), die mehrfach kopiert wurde und deren Vorbild die Mainzer Bibel von Jan Theodor de Bry dem Jüngeren aus dem Jahr 1609 war. *Martin Müller/Ulyana Yavorska*

Literatur
Coulie 2014 | Evans 2018 | Heyde 2018 | Maksoudian 2004 | Merian 2014 | Thierry 1988.

II.117 fol. 14r

II.118

Kirchenslawisches Evangeliar

Stryj, Galizien, Schreiber: Simeon aus Lemberg, Verwandter des Lemberger Bischofs Makarios Tuczapski, 1591

Papier, 257 Blätter, kirchenslawisch, mehrfarbig illuminiert; Tinte, Zinnober; hölzerner Einband in braunem Leder eingeschlagen, zwei Metallverschlüsse; Filigran: Eber

H 36,5 cm, B 22,5 cm, T 6,8 cm

Lemberg/L'viv, L'vivs'kyj istoryčnyj muzej, Ruk – 37

Das in kirchenslawischer Sprache verfasste Evangeliar enthält neben den Evangelien Vorworte, eine Sammlung von Heiligenviten (Menologien) und ein Kolophon. Geschmückt ist es mit ganzseitigen farbigen Darstellungen der Evangelisten Markus (fol. 85) und Lukas (fol. 131), Ornamentik an den Seitenrändern, den jeweiligen Evangelien vorangestellten großflächigen Verzierungen, mehrfarbig ausgeführten Anfangsbuchstaben und teils mehrfarbigen Texten besonders in Rot, Gold und Grün.

Künstlerisch ausgestaltete (illuminierte) Evangeliare wurden wohl schon seit dem 2. Jahrhundert angefertigt, überliefert sind sie aber erst ab dem 6. Jahrhundert (beispielsweise der »Codex purpureus Rossanensis«). Sie sind in Ost- wie Westkirche vorhanden, nahmen aber stellenweise durch Eigenheiten der jeweiligen Kirchengeschichte eine unterschiedliche Entwicklung. Häufige Darstellungselemente sind Szenen der Evangelien, Porträts der Evangelisten und vielgestaltige Dekorationsmotive (Ornamentik usw.).

Ausgehend von der Missionierung Ostmittel- und Osteuropas vor allem durch die byzantinische Kirche, lehnte sich die russische Liturgie auch in ihrer Formensprache an Vorbilder aus Byzanz an. In der russisch-orthodoxen Kirche unterscheidet man zwei Evangeliartypen: das Tetra-Evangeliar (*evangelie tetr*) und das Aprakos-Evangeliar. Das älteste bekannte Evangeliar ist das Ostromir-Evangeliar von 1056/57. Die ältesten kirchenslawischen Dokumente stammen ebenfalls aus dem 10. und 11. Jahrhundert. Die »Kiever Blätter« des späten 9. oder frühen 10. Jahrhunderts scheinen hingegen ihren Ursprung in Pannonien zu haben.

Aufgrund des Charakters der russisch-orthodoxen Liturgie kommt den beiden Evangelientypen jeweils eine besondere Rolle zu. Während das hier vorliegende Tetra-Evangeliar mit seiner prachtvollen Ausgestaltung auf dem Altar ausgestellt und beim »kleinen Umzug« am Beginn des Gottesdienstes in einer Prozession durch die Kirche getragen wurde, diente das Aprakos-Evangelier als Lektionar (Zusammenstellung liturgischer Passagen) der eigentlichen Verlesung im Gottesdienst. Vollbibeln zur individuellen Lektüre kamen in der russisch-orthodoxen Kirche erst ab dem 15. Jahrhundert auf.

Martin Müller / Ulyana Yavorska

Literatur

Birnbaum/Schaeke 1997 | Felmy 1984 | Groen 2013 | Plotzek 1992.

II.118 fol. 83v und fol. 84r

Handel
und
Wirtschaft

Seide aus Byzanz, Pelze aus Sibirien

Marktkreuz mit Königshandschuh
Heidelberger Bilderhandschaft des Sachsenspiegels, frühes 14. Jahrhundert.
Universitätsbibliothek Heidelberg, Cod. Pal. germ. 164, fol. 23r (Detail, Kat.-Nr. I.7)

Viele Städte des Mittelalters nahmen ihren Anfang als Handelsplätze. Die Lage an natürlichen Häfen, an Flusswegen und Handelsstraßen zog Kaufleute und Handwerker an, die sich dort niederließen. In der Folge richteten die Landesherren an solchen Orten dauerhafte oder temporäre Märkte ein (vgl. den Beitrag von Christian Lübke, S. 164). Die wirtschaftliche Funktion der Stadt für sich und ihr Umland war wie heute eines ihrer wesentlichen Kennzeichen und ein Hauptgrund für ihre Attraktivität. Die Stadt bündelt(e) sowohl das Angebot als auch die Nachfrage. Im Mittelalter brachten Bauern und Handwerker ihre Produkte in die Stadt, ebenso Fernhändler und kleine Krämer. Mit der Zeit entwickelte sich ein Netz von Märkten mit unterschiedlichem Einzugsgebiet: lokale, regionale und überregionale Wochen- und Jahrmärkte sowie Messen.

Städte oder ihre Stadtherren begannen früh damit, für das Marktgeschehen durch eine entsprechende Infrastruktur günstige Bedingungen zu schaffen, es aber zugleich zu regulieren. Sowohl der Sachsenspiegel als auch das Sächsische Weichbild enthalten Bestimmungen zur Errichtung eines Marktkreuzes: Nach der Neugründung einer Stadt sollte dort ein Kreuz errichtet werden und daran der Handschuh des Königs gehängt werden als Zeichen für die Geltung von Marktfrieden und – im Falle des Weichbilds – Geltung des Weichbildrechts (Sächsisches Weichbild IX, 3; Sachsenspiegel-Landrecht II 26, 4). Ein Markt galt als besonderer Rechtsort, an dem Kaufleute zu bestimmten Bedingungen und unter königlichem oder stadtherrlichem Schutz ihre Waren anbieten konnten. Ein Marktplatz war allerdings nicht immer von Anfang an vorhanden. In der Regel wurde das Marktgeschehen jedoch zentralisiert. Besonders in planmäßig angelegten Städten bündelte bald ein großer Platz das Zusammentreffen von Händlern und Kunden. Der Markt lag häufig in der Mitte der Stadt an der Kreuzung der wichtigsten Fernstraßen und beherbergte zugleich die Hauptpfarrkirche sowie Einrichtungen der städtischen Verwaltung wie Rathaus oder Zunfthäuser. Außerdem diente er als Versammlungsplatz und Ort des Gerichts. In schlesischen, böhmischen und mährischen Städten heißt dieser Platz bis heute häufig Ring, woraus sich vermutlich das polnische Wort *rynek* entwickelte.

Eine große Zahl von Stadtbewohnern betätigte sich im Handel. Dieser war keinesfalls eine rein männliche Domäne. Vielmehr waren gerade im Detailhandel direkt mit den Endverbrauchern sehr viele Frauen tätig. Für Sandomir/Sandomierz ist beispielsweise belegt, dass um 1500 fast zwei Drittel der Marktbuden Frauen gehörten. Im Fernhandel waren Frauen dagegen nicht tätig. Die Notwendigkeit des Reisens, also der Abkömmlichkeit zu Hause, galt als nicht mit den sonstigen Aufgaben von Frauen für Haushalt und Familie vereinbar. Auch war es Frauen in der Regel nicht gestattet, in die Bruderschaften und Zünfte der Kaufleute einzutreten.

Der wichtigste Handelsplatz für Kleinpolen war die Königsstadt Krakau/Kraków, deren gut erforschte städtische Wirtschaft uns hier als Beispiel dienen soll. Sie lag an der Kreuzung der Weichsel mit der großen Handelsstraße *Via regia*, also an den wichtigsten Handelswegen zwischen dem Baltikum und dem Königreich Ungarn einerseits und den Handelszentren in Westeuropa und den russischen Reichen andererseits. Krakau war sozusagen Warendrehkreuz und Vermittlerin im Handel zwischen Breslau/Wrocław und Lemberg/L'viv, Danzig/Gdańsk und Kaschau/Košice bzw. Ofen/Buda. Hier kamen Waren aller Art zum Verkauf: Gewürze und Luxuswaren aus West- und Südeuropa, Tuche aus Flandern, Bernstein aus dem Ostseeraum, orientalische Seiden und Brokatstoffe, Pelze und Wachs aus Osteuropa und Asien, Edelmetalle und Vieh aus Ungarn, Salz aus dem nahe gelegenen Wieliczka, Blei aus dem kleinpolnischen Olkusz und vieles mehr. Zugleich waren Krakauer Kaufleute überall in Europa unterwegs. Die Quellen geben uns Aufschluss über die Anwesenheit von Krakauern in Flandern, England, den Ostseehäfen, in Breslau, Wien und Prag/Praha, auf den Messen in Frankfurt am Main, in Nürnberg und Lemberg, aber auch vereinzelt im Mittelmeerraum.

Bei der Neuerrichtung Krakaus nach der Zerstörung durch ein mongolisches Heer im Jahr 1241 wurde in der Stadt der große Hauptmarkt angelegt. Bis heute sind die enormen Ausmaße dieses Platzes erkennbar (vgl. den Beitrag von Michał Niezabitowski, S. 232). Bereits im 13. Jahrhundert befanden sich auf dem Platz hölzerne Bauten, die als Verkaufsstände dienten. Sie wurden nach und nach durch steinerne Bauten ersetzt. Ab dem 14. Jahrhundert erlebte Krakau einen enormen wirtschaftlichen Aufschwung. Die Stadt investierte in dieser Zeit stark in die städtische Infrastruktur. Neben dem steinernen Rathaus und einem System von Wasserleitungen für die Versorgung der Stadt entstanden vor allem Einrichtungen, die dem Wirtschaftsleben dienten. Bereits seit dem 13. Jahrhundert hatte es eine Stadtwaage in einem hölzernen Gebäude gegeben. Nun wurden die sogenannte Kleine und Große Waage als große Steinbauten errichtet. Die Große Waage diente der Ermittlung von Warengewichten direkt vor Ort, vor allem von Metallen wie Kupfer, Eisen oder Blei. Außerdem wurden in dem Gebäude und davor diese Güter zum Kauf angeboten. Ebenso existierten darin Werkstätten, in denen Metallbarren geteilt und verschiedene Metalle im modernen Seigerverfahren voneinander geschieden werden konnten. Die Kleine Waage war für Warengewichte von bis zu einem Zentner ausgelegt. Hier wurden Gewürze, aber auch Wachs, Seife, Fett, Schwefel oder Alaun abgewogen und verhandelt.

Abb. 207
Die Kramläden »Kramarze« im Kodex Behem von 1505, Krakau/Kraków, Biblioteka Jagiellońska, BJ Rkp. 16 IV, fol. 240r (Detail)

Für die übrigen Güter wurden ebenfalls Verkaufsgebäude errichtet: In der zweiten Hälfte des 14. Jahrhunderts entstanden die ausgedehnten gotischen Tuchhallen, an deren Ostseite vier in zwei Reihen angeordnete längliche Gebäude erbaut wurden, die »Reichen Kramläden« (*kramybogate*), in denen Luxusgüter feilgeboten wurden (Abb. 207). Zwischen den steinernen Bauten standen auf dem ganzen Krakauer Marktplatz verschiedene einfachere, einstöckige Handelsstände und -buden. Mehrere parallel angeordnete Bauten bildeten dabei kleinere oder größere Gruppen, an denen ähnliche Waren angeboten wurden. Ziel dieser Anordnung war es, den Kunden einen Überblick über das Warenangebot zu geben. Gepflasterte Gassen und Rinnsteine zwischen den Ständen leiteten Regen- und Abwasser vom Markt weg. Vom 14. bis zum 18. Jahrhundert befanden sich Gruppen von Ständen mit den gleichen Waren ungefähr an denselben, traditionell dafür vorgesehenen Standorten: im Norden des Markts die Fisch-, Salz- und Molkereiwarenstände sowie der Geflügelmarkt, daneben die Brotbänke, und Stände mit Eisen und Glas vor der Marienkirche. Im Süden waren die Hut- und Mützenmacher und der sogenannte jüdische Markt angesiedelt sowie die Schuster- und Gerberbänke und der Kohlenmarkt. Zusätzlich füllten kleinere Bänke und Stände, die nur mit auf Stangen aufgespanntem Leinen oder mit kleinen Schindel- und Holzbrettdächern vor Regen geschützt wurden, die verbliebenen freien Flächen. Hinter der Marienkirche lag der Kleine Markt, auf dem Fleisch verkauft wurde. In anderen Städten differenzierten sich die Marktareale noch weiter aus, so verfügte etwa Danzig im 15. Jahrhundert über einen Heu-, einen Fisch-, einen Holz- und einen Kohlenmarkt.

Nicht von ungefähr befand sich der Markt in unmittelbarer Nähe des Zentrums der Stadtverwaltung. In vielen Städten waren die Verkaufsstände sogar direkt ins Rathaus integriert, wie in Löwenberg/Lwówek Śląski in Schlesien, im altstädtischen Rathaus in Thorn/Toruń oder in Wormditt/Orneta. Die Städte kontrollierten in vielfältiger Weise das Marktgeschehen. Ziel dieser Kontroll- und Regulierungsmaßnahmen waren vor allem der Schutz der Käufer vor Betrug, aber ebenso die Sicherstellung der städtischen Ver-

Abb. 208
Getreidemaße an der Fassade des Rathauses in Bartfeld/Bardejov (Slowakei) vom Anfang des 16. Jahrhunderts

sorgung und nicht zuletzt der direkte Zugriff auf fällige Gebühren und Abgaben aus dem Handel. Die Bestimmungen zur Marktregulierung nehmen in der Mehrzahl der städtischen Willküren besonders großen Raum ein. Das ist zum einen durch die wichtige Funktion des Handels für die Versorgung der Stadtbevölkerung mit Waren bedingt, zum anderen dadurch, dass ein großer Teil der Bevölkerung und häufig insbesondere der städtischen Führungsgruppen ihren Lebensunterhalt als Kaufleute verdienten. Die hauptsächlichen Themenfelder dieser im Rat festgelegten Vorschriften waren Warenpreis, Produktqualität, Einhaltung korrekter Maße und Gewichte und die Verschaffung von Vorteilen von eigenen Bürgern gegenüber auswärtigen Händlern.

Die älteste erhaltene Preisliste aus einer Krakauer Willkür von 1396 zählt über 100 Waren auf, für die ein Preis festgelegt wurde, darunter verschiedene Tuchsorten, Wachs, Tuniken sowie Wurfschleudern. Die Preise für Bier, Seife und Kerzen wurden ebenfalls jährlich festgelegt. Bei letzteren Produkten handelte es sich um wichtige Waren des täglichen Bedarfs, deren Verfügbarkeit zu moderaten Preisen garantiert werden sollte. Für das Bier wurde neben dem Preis auch die Menge an Getreide für das Brauen einer bestimmten Menge des Getränks festgelegt – eine Maßnahme der Qualitätssicherung. Die städtischen Räte richteten zudem häufig amtliche Qualitätskontrollen ein, bei denen städtische Beschauer die Waren vorprüften, um sie dann gegebenenfalls zu kennzeichnen und für den Verkauf in der Stadt zuzulassen – oder eben nicht. Eine »Lebensmittelpolizei« überwachte den Verkauf von Speisen. Frisches Obst, Fleisch oder Fisch durften nur für eine bestimmte Anzahl von Tagen angeboten werden. In Krakau musste Fisch, der bereits den zweiten Tag angeboten wurde, durch Abschneiden des halben Schwanzes gekennzeichnet werden. Am dritten Tag musste der Schwanz ganz entfernt werden und am Folgetag war der Fisch unverkäuflich. Überall schrieben städtische Willküren auch die zu verwendenden Maße und Gewichte vor. Ein Mittel, dies zu kontrollieren, waren die städtischen Waagen, die für die Händler bestimmter Waren verpflichtend waren. Sie dienten außerdem der Eichung der Waagen der Händler. Von der Sorge der Stadt für die Einhaltung ihrer Standards zeugen die in vielen Städten noch heute an öffentlichen Gebäuden angebrachten Maße, wie Ellen oder auch Hohlmaße (Abb. 208), die es jedem Käufer ermöglichen sollten, das Gekaufte zu überprüfen bzw. jedem Händler, sich über die vor Ort geltenden Maßeinheiten zu informieren.

Eine wichtige Maßnahme der städtischen Marktpolitik waren die Bestimmungen des Gästehandels. 1354 wurde in Krakau der Handel zwischen Fremden in der Stadt verboten. Waren durften nur an Krakauer Bürger verkauft werden. Um eine Umgehung des Verbots zu verhindern, wurden zudem Handelsgesellschaften von Krakauern mit Gästen für den Handel in der Stadt verboten. Adlige, Klöster oder auch teilweise fremde Kaufleute verfügten daher über Höfe in den Städten, die gewissermaßen ihre Handelsstützpunkte waren und ihnen die Teilnahme am städtischen Handel ermöglichten. Seit 1392 hatten beispielsweise die Nürnberger Handelshäuser der Stromer, Kamerer und Seiler eine Niederlassung in Krakau. Des Weiteren untersagten Städte den sogenannten Vorkauf, also den Verkauf von Waren bereits außerhalb des Markts. Dieses Verbot erstreckte sich auf den gesamten Bereich der städtischen Bannmeile. Es sollte verhindert werden, dass Waren auf diesem Weg dem städtischen Markt entzogen wurden.

Die Wirtschaftspolitik der Städte erstreckte sich nicht allein auf die eigenen städtischen Willküren. Zugleich bemühten sich Städte um günstige Privilegien, die ihren eigenen Bürgern Vorteile verschafften. Dem Rat der Stadt Krakau gelang es, verschiedene Zollbefreiungen für seine Bürger zu erwirken, so bereits Ende des 13. Jahrhunderts für Kleinpolen und 1331 für ganz Polen. Eine Befreiung vom Grenzzoll in Sandomir auf dem Weg ins Fürstentum Wladimir erlangte die Stadt 1320. Ein machtvolles Instrument für den Handel in der Stadt selbst war der sogenannte Stapelzwang. Durch diese Reglementierung, die nur mittels eines herrscherlichen Privilegs erreicht werden konnte, wurden alle durch eine Stadt ziehenden Kaufleute verpflichtet, ihre Waren dort für eine bestimmte Zahl von Tagen anzubieten. In Kombination mit dem Verbot des Gästehandels führte der Stapel dem städtischen Markt und den Stadtbewohnern eine große Menge Waren zu. Natürlich versuchten fremde Kaufleute häufig, einen solchen Stapel zu umgehen und andere Wege zu nutzen. Die Städte bemühten sich daher um weitere Privilegien, die einen Wegezwang für Kaufleute festschrieben und diese verpflichteten, bestimmte Straßen zu nutzen, die sie eben doch in die Stadt führten. Krakau erlangte bereits 1306 das Stapelrecht für Kupfer, sodass es den Handel mit Kupfer zwischen Oberungarn und dem Ostseeraum bzw. auch darüber hinaus quasi kontrollierte. Alles Kupfer musste den Krakauer Kaufleuten zum Verkauf angeboten werden, die es dann wieder ausführten und damit auf vielen europäischen Märkten handelten. 1372 erhielt Krakau dann ein allgemeines Stapelrecht für alle Waren.

Solche Bestimmungen blieben nicht unwidersprochen. Andere Städte setzten sich ebenfalls für die Belange ihrer Kaufleute ein. Große Konkurrenten der Krakauer waren etwa die Kaufleute aus Thorn, die den Weichselweg nutzen wollten. 1403 errichteten die Thorner einen Stapel in ihrer Stadt und schnitten die Krakauer so vom Handel Richtung Ostsee und damit auch vom Seeweg nach Flandern ab. Die Kaufleute aus Kaschau verschafften sich 1390 ein Privileg für den freien Durchzug durch Krakau und konnten so das Krakauer Quasi-Monopol durchbrechen. Die städtischen Räte waren daher stetig damit befasst, ihre Privilegien zu verteidigen, bestätigen zu lassen und zu ergänzen. Überregionale Städtebünde, wie insbesondere die Hanse, der neben Krakau auch Breslau, Thorn, Danzig, Magdeburg, Berlin, Stettin/Szczecin, Stendal und viele weitere Städte angehörten, halfen ihnen dabei. *Christina Link*

Quellen

von Daniels/von Gruben 1858 | MGH Fontes iuris N.S. 1/1.

Literatur

Ivanusa 2017 | Jenks 2000 | Krzysztofory 2010 | Małowist 2012 | Starzyński 2015.

II.119

Stoff mit Tuchplomben

England, Ende 16. Jahrhundert
Fundort: Danzig/Gdańsk, ulica Toruńska 10 a
Zinn/Blei, Wolle
Stoff: L 12,7 cm, B 6,5 cm
Plomben: D 1,8 cm
Danzig/Gdańsk, Muzeum Archeologiczne w Gdańsku, MAG/GD/255/20/58/1065

Danzig war im Spätmittelalter und in der Neuzeit einer der wichtigsten Ostseehäfen. Zahlreiche Handelskontakte verbanden Danzig mit Osteuropa, mit dem polnischen Hinterland, der Südküste der Ostsee, aber auch mit West- und Nordeuropa. Eine der wichtigsten Importwaren war Tuch, vor allem englisches und holländisches, dessen Transport nach Danzig am Ende des 15. und im Laufe des 16. Jahrhunderts kontinuierlich anstieg. Das spiegelt sich in archäologischen Funden wider: In den vergangenen zwei Jahrzehnten wurden in Danzig über 10 000 Fragmente von Wollstoffen ausgegraben. Nicht ohne Bedeutung ist in dieser Hinsicht die Besonderheit der Danziger Bodenbeschaffung, die sich günstig auf den Erhalt von Textilien tierischer Abstammung wie Wolle auswirkt. In den letzten Jahren wurden bei Rettungsgrabungen in Danzig mehrere Hundert Warenplomben entdeckt, die aus verschiedenen europäischen Städten stammen. Eingeprägt sind dort verschiedene Darstellungen, meist handelt es sich um Stadtwappen, Hersteller- und Handwerkerzeichen, Inschriften und Darstellungen von Heiligen oder Tieren. Die produzierten Tuche wurden von Webmeistern und danach endgültig von den städtischen Behörden gekennzeichnet. Die Stadtbeamten untersuchten die Stoffe vor dem Verkauf hinsichtlich ihrer Authentizität, überprüften ihre Dichte, die Sorte, ihre Breite, Länge sowie den Stoffabschluss. Das Ergebnis der Kontrolle war das Anbringen der Qualitätsplombe auf dem Stoff.

II.119

Das abgebildete fragmentarische Tuch ist mit zwei Plomben gezeichnet. An einem Rand trägt es Schneidespuren in Form von sechs Einschnitten. Der Stoff ist aus Wolle in Leinwandbindung 1/1 gewebt. Der Fadenverlauf des Kettfadens ist rechtswinklig (»Z«) und des Schussfadens linkswinklig (»S«). Die Dichte des Kett- und Schussfadens beträgt 14 cm/1 cm. Der Stoff hat einen gesonderten breiten Rand in Leinwandbindung 1/1, der 31 doppelte Kettfäden mit einem Dreh von Z/2S zählt. Die Fadendichte des Rands beträgt sechs Fäden/1 cm bei der Kette, und zehn Fäden/1 cm beim Schuss. Am Stoffrand gibt es eine Öffnung, durch die das ausgeschnittene Fragment des Rands durchgezogen wurde. Der Stoff hat eine bräunliche Färbung, an manchen Stellen setzt sich eine intensivere Bordeauxfärbung durch. Beide Tuchplomben haben die Konstruktion von zwei Scheiben und sind mit einem gegabelten Stift ausgestattet.

Auf ihrer Vorderseite gibt es keine Darstellungen. Auf der Rückseite der ersten Plombe ist ein Handwerkszeichen in Gestalt einer umgekehrten, stilisierten Vier zu sehen, darüber der Buchstabe »N«. Nach dem derzeitigen Forschungsstand ist eine Zuordnung zu konkreten Beschauzeichen nicht möglich. Auf der Vorderseite der zweiten Plombe sind die Zahlen 21 2/5 eingeritzt. Auf der Rückseite gibt es dagegen die Darstellung eines Schlosstors, über dem eine Krone zu sehen ist. Analoge Plomben wurden in London gefunden. Sie stammen aus dem englischen Kent, wo im 16. und 17. Jahrhundert breite Tuche hergestellt wurden.

Tuchplomben stellen eine wichtige Wissensquelle zum Tuchhandel dar. Sie zeugen vom ausgebauten Kontroll- und Organisationsprozess der Textil- und Weberproduktion. Dieses Wissen wird durch die an den Plomben erhaltenen Tuchfragmente ergänzt, dank denen wir Informationen über die Qualität und Art der Wolle, die Art der Produktion und die Herkunft des Rohstoffs erhalten. *Joanna Jabłońska-Dyrda*

Literatur

Crowfoot/Pritchard/Staniland 2001 | Egan 1995 | Hittinger 2007 | Kocińska/Maik 2004.

II.120

Zwei Urkunden der hansischen Kaufleute in England mit anhängenden Siegeln

London (?), 14. und 30. Oktober 1493

Pergament

H 45 cm, B 42 cm
H 45 cm, B 50 cm

Lübeck, Archiv der Hansestadt Lübeck, Anglicana 267-2 bzw. 267-4

Diese beiden Urkunden sind das Produkt einer angespannten Zeit, nicht nur für die Hanse, sondern auch zwischen den europäischen Königshäusern. Schon seit dem Regierungsantritt des englischen Königs Heinrich VII. (reg. 1485–1509) hatte es immer stärkere Spannungen, gegenseitige Beschwerden und Handgreiflichkeiten zwischen einheimischen und hansischen Kaufleuten gegeben. Nach langem Hin und Her kam es im August 1491 zu einer »Tagfahrt« in Antwerpen, auf der die Konflikte geschlichtet werden sollten. Es wurden allerdings vor allem die vagen Freiheiten der englischen Kaufleute in Preußen aus dem Utrechter Vertrag von 1474 als zentraler Konfliktpunkt diskutiert (Kat.-Nr. III.12). Insbesondere die Danziger wollten diese Freiheiten nur in einen neuen Vertrag übernehmen, wenn sie zugleich auch präzisiert würden. Schließlich ließen sie sich von den anderen Hansestädten überzeugen. Und so wurde der wackelige Konsens des Utrechter Vertrags erneut bestätigt. Aber die Lage in England blieb durchaus angespannt.

Im Herbst 1493 gerieten die Hansen schließlich in einen Konflikt zwischen der englischen Krone und den Habsburgern. Zunächst hatte Heinrich VII. die Ansprüche König Maximilians (reg. 1486–1519) auf das burgundische Erbe gegenüber der Krone von Frankreich zunächst verteidigt. Beide gerieten nach dem Friedensschluss mit Frankreich 1492 in eine Auseinandersetzung um den sogenannten falschen York, Perkin Warbeck (um 1474–1499). Der Sohn eines Zollaufsehers aus Tournai hatte sich für Richard von York ausgegeben, einen Prinzen, der von König Richard III. (reg. 1483–1485) inhaftiert und zu dieser Zeit vermutlich schon lange ermordet worden war. Warwick gab sich als entflohener Prinz aus und meldete Ansprüche auf den englischen Thron an. Auf dem Kontinent fand er Unterstützung unter anderen durch König Maximilian und seine Schwiegermutter Margaretha von York (1446–1503), der

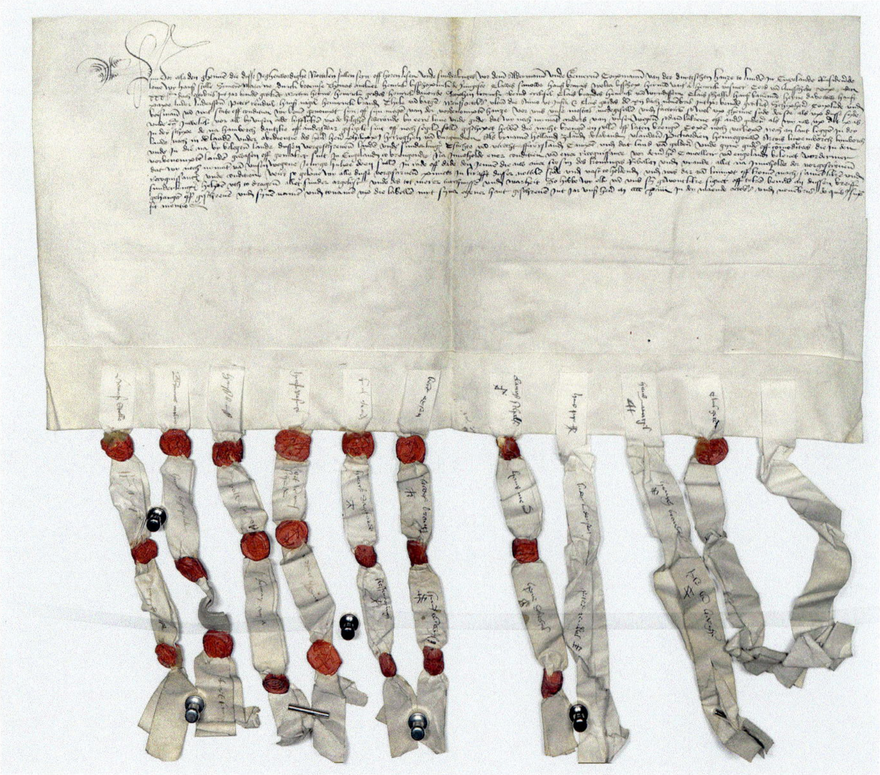

II.120

Witwe Karls des Kühnen von Burgund (reg. 1467–1477). Im September 1493 untersagte Heinrich VII. daher den Handel in die burgundischen Niederlande und verlegte den in Antwerpen abgehaltenen Markt der englischen Kaufleute nach Calais. Das betraf nun natürlich insbesondere auch die Hansestädte, für die die Niederlande ein wichtiges Transitgebiet waren. Der englischen Blockade aber konnten sie sich nicht entziehen. In diesem Kontext sind die abgebildeten Urkunden ausgestellt worden. Mehrere Dutzend Kaufleute »van der duytschen hanze to Lunden in Engeland« verpflichteten darin nicht nur sich, sondern ebenso ihre »mesters, medegesellen unde factoirs« – ausdrücklich auf beiden Seiten des Kanals – die Waren ihrer neun auf der Themse liegenden Schiffe weder in die Gebiete der befeindeten Parteien zu liefern noch Lieferungen von dort nach England zu bringen. Man wolle denjenigen, die »nu over see des konynges rebellen und vyande« seien, keine Hilfestellung leisten.

Bemerkenswert ist die Besiegelung: An langen Pergamentstreifen sind jeweils mehrere kleine Kaufmannssiegel oder einfache Wachsmarken angebracht. Sie tragen keine Umschrift, sondern lediglich das Kaufmannszeichen des Siegelnden. Wohl auch deshalb sind deren Namen zusätzlich auf den Streifen notiert – und zwar ausdrücklich vom jeweiligen Kaufmann »myt syner egenen hand«. Alle können nicht identifiziert werden. Aber an den Familiennamen können wir sehen, dass Kaufleute etwa aus Lübeck und Danzig/Gdańsk, aus Köln und Wismar darunter waren.
Hiram Kümper

Literatur
Schulze 1911, S. 134–146.

II.121

Anthropomorph gestalteter Messergriff

Krakau/Kraków (?), Mitte 13.–14. Jahrhundert (Datierung nach Grabungsschicht)

Fundort: Hauptmarkt in Krakau 2006, Abschnitt B

Horn (Geweih), geschnitzt

L 9,8 cm, B 1,3 cm

Krakau/Kraków, Muzeum Historyczne Miasta Krakowa, MHK-759/DepA

II.121

Bei dem länglichen Messerschaft handelt es sich um die stilisierte Form einer menschlichen Gestalt, vom Körperbau her vermutlich eines jungen Mannes. Sein Kopf ist etwas nach vorn geneigt, seine großen, runden Augen stehen hervor, er lächelt freundlich. Er hat langes, auf Schultern und Rücken in Strähnen herabfließendes Haar, das in der Kopfmitte durch einen Scheitel geteilt ist. Die Arme liegen symmetrisch am Körper an, die Hände sind in den Taschen des Kleidungsoberteils versteckt, das ein wenig unterhalb der Taille herabhängt. Er ist mit einem langen, leicht gefalteten Gewand bekleidet, das an der Brust mit einer Gewebeleiste verziert ist, einem schematisch dargestellten, schrägen Geflecht. Um seine Taille trägt er einen Gurt, an dem ein Geldsäckchen hängt.

Der Messergriff wurde bei Ausgrabungen auf dem Hauptmarkt in Krakau in einer Schicht gefunden, die auf Mitte des 13. bis Ende des 16. Jahrhunderts datiert wird. Elżbieta Kowalczyk-Heyman ist der Meinung, dass der Griff Ende des 14., vielleicht sogar Anfang des 15. Jahrhunderts entstanden ist, wobei sie auf sehr ähnliche Gegenstände aus dem Schloss im polnischen Ort Wartha/Bardo und dem tschechischen Tschaslau/Čáslav hinweist. Der Messergriff aus Tschaslau stellt einen auf einem ähnlichen Sockel stehenden Mann mit einer fast identischen Haltung, Kleidung und Frisur dar, der sich nur durch seinen Bartwuchs unterscheidet. Der Messergriff vom Schloss Wartha indes zeigt eine auf einem analogen Sockel stehende Frau, mit in den Taschen versteckten Händen, in ein langes, leicht faltiges Gewand mit einer Kapuze über dem Kopf gekleidet.

Verhältnismäßig zahlreiche Gegenstände dieser Art sind aus den Gebieten West- und Mitteleuropas, Norditaliens, Großbritanniens sowie der baltischen Staaten und Skandinaviens bekannt. Laut mancher Forscher stammen sie aus Werkstätten in Frankreich und Norddeutschland. Aus den polnischen Gebieten sind neun anthropomorphe Messergriffe bekannt, die bei Ausgrabungsarbeiten gefunden wurden. Der bekannte archäologische Kontext erlaubt es, die Zeit ihrer Verwahrung in der Kulturschicht (das heißt in der Bodenschicht, in der Zeugnisse einer Kultur erhalten sind) gut zu bestimmen, was für ähnliche Objekte, die in den westeuropäischen Sammlungen aufbewahrt werden, oft fehlt.

Heute wird allgemein angenommen, dass solche Griffe Teil von Tischmessern waren, wie sie in den wohlhabenden Schichten der mittelalterlichen Gesellschaft verwendet wurden.
Jacek Zinkiewicz

Literatur
Búsko 2007 | Kowalczyk-Heyman 2010, S. 257 f. | Kowalczyk-Heyman 2014 | Lulewicz/Walas 2016 | Marcinkowski 2005/06.

II.122 Vorderseite

II.122 Rückseite

II.122

Metallplombe

Brügge (?), 14. Jahrhundert

Fundort: Hauptmarkt in Krakau/Kraków 2006, Abschnitt B

Blei, gegossen, geprägt

D 2,2 cm, G 13,1 g

Krakau/Kraków, Muzeum Historyczne Miasta Krakowa, MHK-555/DepA

Die Warenplombe, die zur Identifizierung der Herkunft von Textilprodukten diente, besteht aus zwei kleinen Platten, die durch einen schmalen Steg miteinander verbunden sind. Auf der Vorderseite steht in einem doppelt umrahmten Vierpass in gotischen Majuskeln die Inschrift: »BRV/GN« (?), gestanzt in zwei Reihen, der untere Teil ist schlecht lesbar. Womöglich steht sie für die Stadt Brügge, welche im 14. Jahrhundert Handelsbeziehungen zu Krakau pflegte. Links neben dem Vierpass befindet sich ein Stern. Auf der Rückseite sind in fragmentarisch sichtbarem Perlenrand zwei Sterne sowie ein teilweise erhaltener Rhombus (?) zu sehen, eingeschrieben in ein Vierpass (?); im Feld höchstwahrscheinlich das Fragment eines Löwen, der sich vor dem Hintergrund einer gotischen Ornamentik nach rechts erhebt.

Gotische Plomben lassen sich nach den dargestellten Inhalten in mehrere Kategorien aufteilen. Auf ihren Außenflächen wurden mithilfe von Matrizen Schrift- und Bildzeichen eingeprägt, vor allem in Form von Inschriften und Wappen. Die Kennzeichnung fand nicht nur nach einem Schema statt, sondern es gab auch Plomben, die ausschließlich Inschriften oder ausschließlich heraldische Symbole oder Inschriften mit (meist heraldischen) Bildsymbolen trugen. Eine solche Kennzeichnung erlaubte, den Hersteller zu identifizieren. Nicht mehr als knapp die Hälfte der gefundenen Plomben enthält eine Stadt- oder Landessymbolik. Um die Qualität und Art der Ware zu kennzeichnen, wandten die Produktionszentren bei der Kennzeichnung mehrere verschiedene Wappenarten an. Leider ist ein Großteil der Plomben in einem Zustand erhalten, der keine vollständige Erkennung zulässt.

Plombenfunde sind das Zeugnis weitreichender Handelskontakte mit Zentren, in denen Textilien produziert oder kontrolliert wurden. Große Städte wie Brügge, aus der möglicherweise die abgebildete Plombe stammt, führten eine letzte Kontrolle von Tuchen durch, die für den Export bestimmt waren. Im Spätmittelalter stellte Brügge das Hinterland für den hanseatischen Handel mit dieser Ware dar (bis Ende des 15. Jahrhunderts gehörte Krakau zur Hanse). In der zweiten Hälfte des 15. Jahrhunderts erlag es der Konkurrenz seitens englischer und holländischer Handelszentren. In der ganzen Welt sind Tausende von Plomben erhalten geblieben, was nach Meinung von Krzysztof Maciej Kowalski die Grundlage für die Ausgliederung der Plombologie darstellt – einer Sonderdisziplin, die diese Quellenart untersucht. *Jacek Zinkiewicz*

Literatur
Elton 2017 | Kowalski 2006 | Kowalski 2014, S. 38–49 | Lulewicz/Walas 2016 a | Maćkowski 2012.

II.123

Geldbörse

Krakau/Kraków (?), 14./15. Jahrhundert

Fundort: Hauptmarkt in Krakau 2006, Abschnitt B

Seide, Wolle

L 7,5 cm, B 6,4 cm

Krakau/Kraków, Muzeum Historyczne Miasta Krakowa, MHK-515/DepA

Im oberen Teil der kleinen Geldbörse aus Seidengewebe befindet sich eine Öffnung, die mithilfe einer Wollschnur zugeschnürt wird. Diese ist in den nach innen untergeschlagenen Rand eingenäht und durch die Öffnungen im Stoff gezogen. Im Mittelalter stellten solche Geldbörsen ein wichtiges Kleidungsaccessoire dar. Ihre grundlegende Form war ein kleines, zusammengezogenes Säckchen, rechteckig oder rund, auch Geldbeutel genannt. Die Säckchen wurden an langen Schnüren oder Lederriemen an den Gürtel gehängt – neben Schlüsseln, einem Dolch oder anderen kleinen Gegenständen. Abgesehen von ihrer Gebrauchsfunktion hatten sie auch eine symbolische Bedeutung. In der Ikonografie waren sie das Attribut biblischer Figuren (König Salomo, Matthäus, Judas usw.), das Symbol des Reichtums weltlicher Personen, das mit dem ausgeübten Beruf zusammenhing, oder für Almosen. Im Spätmittelalter gehörte der Geldbeutel vor allem zu den Attributen des reichen Bürgertums. Seiden- und Wollstoffe zählten zu Luxusprodukten und wurden vermutlich importiert, bis zum Anfang des 13. Jahrhunderts hauptsächlich aus Byzanz oder den islamischen Mittelmeerländern, später aus Italien und Spanien. Hanseatische Kaufleute erwarben italienische Seide auf Märkten in London und Brügge. Im 14. Jahrhundert gab es auf den europäischen Märkten eine enorme Vielfalt an Seidenstoffen.

Seide war der teuerste auf dem Markt erhältliche Stoff, deshalb deutet er vermutlich – als Ausdruck von Luxus – auf den gesellschaftlichen Status seines Besitzers hin. Jedoch hatten nicht alle Seidenstoffe denselben Wert. Die wertvollsten wurden von Fürsten und anderen Würdenträgern benutzt, auch in Kreisen reicher Bürgerschichten. Die Ärmeren konnten sie sich aufgrund der hohen Preise nicht leisten. Zudem waren Einschränkungen in diesem Bereich auch eine Folge der städtischen Rechtsregelungen

(Willkür), die gegen den Luxus gerichtet waren und dazu dienten, die Unterschiede zwischen den einzelnen gesellschaftlichen Stadtbürgergruppen zu erhalten. *Jacek Zinkiewicz*

Literatur
Crowfoot/Pritchard/Staniland 2001, S. 82–129 | Kowalska 2009, S. 19–22 | Lulewicz/Walas 2016 c | Rammo 2016.

II.124

II.124

Schreibgriffel

Krakau/Kraków (?), 13.–15. Jahrhundert

Fundort: Hauptmarkt in Krakau 2006, Abschnitt B

Bronze, gegossen, geschmiedet, gelötet, geschliffen

L 6,5 cm, G 2 g

Krakau/Kraków, Muzeum Historyczne Miasta Krakowa, MHK-535/DepA

Der Schreibgriffel, auch *stilus* genannt, ist aus Bronze gefertigt. Der Griff hat einen runden Durchmesser und wird nach unten hin geringfügig schmaler. Oben ist ein Kopf in Form eines walzenartigen Hämmerchens angelötet. Unterhalb des Kopfs ist fast bis zur Griffelmitte eine Reihe von Kerben – wahrscheinlich eine Verzierung – zu sehen.

Schreibgriffel waren dazu bestimmt, auf mit Wachs überzogenen Holztafeln zu schreiben und Pergament zu linieren. Als Stift diente die scharfe Spitze im unteren Teil. Am anderen, oberen Ende befand sich der Kopf, der zur Korrektur oder zum Abwischen des geschriebenen Textes diente. Die Wachstafeln, auf denen geschrieben wurde, waren sehr praktisch für Aufzeichnungen von Handelsgeschäften. Sie konnten oftmals gebraucht werden und wurden auch zum Aufschreiben verschiedener Notizen oder Textentwürfe benutzt; in den Schulen dienten sie für den Schreibunterricht. Schreibgriffel wurden höchstwahrscheinlich in Schmiede- und Schlosserwerkstätten hergestellt. Wir kennen jedoch keine Namen der Hersteller.

Noch zu Beginn des 21. Jahrhunderts waren aus den Gebieten Polens nur ein Dutzend spätmittelalterliche Schreibgriffel bekannt, obwohl sie massenweise hergestellt wurden. Hierbei darf nicht vergessen werden, dass sie manchmal fehlerhaft als Locheisen, Nadeln oder Ahlen identifiziert wurden. Die Grundlage für die Identifizierung von Schreibgriffeln sind ihre Köpfe mit Formen, die an geometrische Figuren erinnern. Manchmal wurden für ihre Herstellung auch organische Rohstoffe (Geweih, Horn, Holz) oder eben solche mit einem Aufsatz in Form einer Metallnadel benutzt. Es dominieren jedoch Griffel, die ganz aus Metall hergestellt sind.

Das Historische Museum Krakau kam dank archäologischer Ausgrabungen auf dem Krakauer Markt in den Jahren 2005 bis 2010 in den Besitz mehrerer Schreibgriffel dieser Art. Heute befinden sie sich in den Sammlungen des Historischen Museums der Stadt Krakau. Der Kontext der Fundstelle des abgebildeten Schreibgriffels kann darauf hindeuten, dass er benutzt wurde, um täglich Notizen zu Rechnungen und Handelsgeschäften zu führen, die vielleicht mit Verwaltungs- und Wirtschaftstätigkeiten zusammenhingen. Ähnliche Griffel sind auch aus anderen Hansestädten bekannt. *Jacek Zinkiewicz*

Literatur
Lulewicz/Walas 2016 b | Sołtan-Kościelecka 2002 | Sołtan-Kościelecka 2003.

II.123

II.125

Verschiedene Tuchplomben

Drei Tuchplomben

14.–15. Jahrhundert

Fundort: Krossen/Krosno, Marktplatz, Latrine

Blei, gegossen

a) D 1,8 cm
Vs: Bild eines Festungsturms mit Zinnen und einem Tor mit Gitter; Rs: nicht erhalten; auf der Innenseite der Plombe sind Stoffspuren sichtbar
b) D 2 cm
Vs: Textilabdruck; Rs: Buchstabe H, Textilabdruck
c) D 2 cm
Vs: Königskrone; Rs: keine Spuren

Krossen/Krosno, Muzeum Podkarpackie w Krośnie, 1330, 1343

Zwei Tuchplomben

14.–15. Jahrhundert

Fundort: Krossen/Krosno, Marktplatz, Holzbehälter

Blei, gegossen

d) D 2,5 cm
Vs: mittig Aufschrift BRAS, dahinter Kreuz, darüber Zweige; Rs: Buchstabe B am unteren Rand
e) D 2,5 cm
Vs: nicht erhalten; Rs: Buchstabe B oder Nummer 3

Krossen/Krosno, Muzeum Podkarpackie w Krośnie, 1081, 1244

Tuchplombe

15.–16. Jahrhundert (?)

Fundort: Krossen/Krosno, Marktplatz, Holzbehälter

Blei, gegossen

f) D 3,8 cm
Vs: Aufschrift KONIG / AUT.DA / KONIG; Rs: nicht erhalten

Krossen/Krosno, Muzeum Podkarpackie w Krośnie, 974

Bei Ausgrabungen auf dem Marktplatz in Krossen in den Jahren 1999 bis 2001 wurden zehn Tuchplomben aus Blei in unterschiedlichem Erhaltungszustand sowie ein weiteres Objekt aus Blei, bei dem es sich vermutlich ebenso um eine Tuchplombe handelt, gefunden. Sechs der Plomben können der spätmittelalterlichen Phase der Stadtentwicklung zugeordnet werden. Die übrigen sind chronologisch schwer zu klassifizieren. Einige von ihnen weisen Abdrücke von Plombenzangen oder Stoffen auf. Die Tuchplomben aus Blei stellen eine interessante Sammlung städtischer Artefakte dar. Mit ihnen wurden Stoffe gekennzeichnet, um deren Qualität und Herkunft zu garantieren. Auf diese Weise bekämpfte man in den Städten auch den unlauteren Wettbewerb mit gefälschten Produkten. Die Plomben sind eine hervorragende Quelle für die Erforschung der von europäischen Städten gepflegten Handelsbeziehungen.

Die Tuchplomben aus Krossen unterscheiden sich in ihrer Größe und den Motiven der Prägungen. Einige der abgebildeten Plomben wurden in der mittelalterlichen Latrine in Abschnitt IX entdeckt. Das Haus des Vogts grenzte an die nordwestliche Ecke der Latrine; die aus der Latrinenkonstruktion gewonnenen dendrochronologischen Daten 1392 bis 1458 stimmen mit der Nutzungszeit des Gebäudes überein, das Holz des Vogtei-Turms ist datiert zwischen 1403 und 1442. Das Haus des Vogts diente zumindest in Teilen dem Handel, möglicherweise als Tuchlager. Krossen erhielt bereits im 14. Jahrhundert die Erlaubnis zum Bau von Tuchläden. Tuch war im Mittelalter ein wertvolles Gut. Der Ort, an dem es gelagert und verkauft wurde, musste bestimmten Anforderungen in Bezug auf Temperatur und Luftfeuchtigkeit genügen. Von den am Krossener Markt entdeckten Gebäuden aus der Frühphase der Stadt gehörten nur wenige dazu. Eines von ihnen war möglicherweise das Haus des Vogts.

Die Aufschriften auf den mittelalterlichen Tuchplomben aus Krossen sind trotz des relativ guten Erhaltungszustands nicht leicht zu identifizieren. Zusätzlich erschwert wird dies durch fehlende Quellen. Am einfachsten scheint die Ikonografie jener Plombe erklärbar, die mit dem Siegel der königlichen Krone versehen ist. Eine ähnliche Plombe wurde im Bereich des Wawelhügels in Krakau gefunden und wird als königliches Siegel von Władysław III. (reg. 1434–1444) interpretiert. Die Abdrücke auf den übrigen Plomben zeigen möglicherweise Stadtwappen, Kürzel zur Kennzeichnung der Gewebeart oder andere Bezeichnungen. *Tomasz Leszczyński*

Literatur
Gancarski/Muzyczuk 2002 | Hunka 1999 | Kocińska/Maik 2004 | Leszczyński 2016 | Muzyczuk 2009 | Muzyczuk/Gancarski 2003 | Muzyczuk/Gancarski 2007 | Natkaniec-Frasiowa 2007 | Wyrozumski 1972.

II.125 a–f

II.126

Zehn Kaufmannsgewichte

Krossen/Krosno, 14.–15. Jahrhundert

Fundort: Krossen/Krosno, Marktplatz
(a–i: Haus des Vogts, j: Latrine)

a) Blei; H 1,6 cm, D 1,6 cm, G 31,36 g
b) Blei; H 1,3–1,5 cm, D 1,3–1,5 cm, G 27,04 g
c) Blei; H 1,3–1,5 cm, D 1,3–1,5 cm, G 20,38 g
d) Blei; H 1,2 cm, D 1,4 cm, G 19,64 g
e) Blei; H 1,5 cm, D 1,5 cm, G 24,57 g
f) Blei; H 1,2 cm, D 1,2 cm, G 12,82 g
g) Blei; H 1,3 cm, D 1,3 cm, G 14,73 g
h) Eisen; L 1,8 cm, H 1,7 cm, B 1,5 cm, G 23,54 g
i) Eisen; L 1,5 cm, H 1,7 cm, B 1,5 cm, G 18,88 g
j) Eisen; L 1,2 cm, H 1,5 cm, B 1,2 cm, G 15,35 g

Krossen/Krosno, Muzeum Podkarpackie
w Krośnie, 1304; 1294; 1343

Zur mittelalterlichen Handelskultur in Krossen zählen Blei- und Eisengewichte. Die überwiegende Mehrheit davon wurde im Haus des Vogts gefunden, eines davon lag in der Latrine daneben. Die Bleigewichte haben eine beinahe zylindrische Form, teilweise leicht verjüngt, bei manchen sind Vertiefungen auf der flachen Ober- und Unterseite sichtbar, einige wenige weisen Spuren der Bearbeitung der Seitenflächen zu einem Polyeder auf. Die Eisengewichte haben indes eine kubische Form. Das Gewicht der einzelnen Objekte unterscheidet sich deutlich (Bleigewichte: 12,82–31,36 g, Eisengewichte: 15,35–23,54 g). Bei den Eisengewichten ist es am schwierigsten, das ursprüngliche Gewicht zu bestimmen, da es möglicherweise durch Korrosion zu Abweichungen gekommen ist. Was Fertigungsverfahren, Form und Größe betrifft, sind die größten Ähnlichkeiten zu Gewichten auszumachen, die Krzysztof Wachowski dem – im Allgemeinen als städtisches System bezeichneten – System IV zuordnet.

Bei den Gewichten aus Krossen treten jedoch Unterschiede hinsichtlich Form und Gewicht auf. Sie lassen sich nur schwer einem bestimmten, im Mittelalter in Mitteleuropa verwendeten Wägesystem zuordnen. Die Gewichte waren im Mittelalter beim Abschluss von Geschäften eine Bezugsgröße für das Wäge- und Geldsystem. Da im Mittelalter verschiedene monetäre und nicht monetäre Geldmittel im Umlauf waren, musste das Geld gewogen werden. In der Regel bemaßen sich die Gewichte nach einem Teil des Wägewerts eines Griwenka (russisches Gewichtsmaß). Seit dem frühen Mittelalter wogen sie zwischen 16 und 32 Gramm, manchmal waren sie etwas leichter oder schwerer und erreichten sogar mehr als 40 Gramm. Der Wägewert des Griwenka durch den entsprechenden Teil des Griwenka dividiert, ergab den Wägewert des Kaufmannsgewichts. Die Gewichte aus Krossen weisen relativ große Unterschiede im Wägewert auf, und es ist schwierig, sie einem bestimmten Wäge- und Geldsystem zuzuordnen. Möglicherweise haben wir es hier mit Gewichten zu tun, die zu verschiedenen in dieser Zeit verwendeten Gewichtssätzen gehörten.

Im Vergleich zu anderen aus Polen stammenden Gewichten sind die Gewichte aus Krossen laienhaft gefertigt. Professionell hergestellte Gewichte, die auf ein bestimmtes Wäge- und Geldsystem zugeschnitten waren, sind häufig mit Markierungen versehen, die ihren Wägewert im Vergleich zum Wägewert des Griwenka angeben, zuweilen auch ein Stadtwappen. Sie bestanden aus Kupfer oder aber aus Eisen, das mit Messing überzogen war, um einen konstanten Wägewert sicherzustellen. Bleigewichte gelten als unprofessionell, obwohl sie sich häufig im Wäge- und Geldsystem finden. Möglicherweise ist die Zuordnung einiger Gewichte aus Krossen zu einem bestimmten Wäge- und Geldsystem deshalb so schwierig, weil sie anderen Zwecken dienten, zum Beispiel dem Wiegen anderer Waren. Der Fundkontext der Gewichte zusammen mit Tuchplomben deutet auf eine kommerzielle Nutzung des als Haus des Vogts bezeichneten Gebäudes hin. *Tomasz Leszczyński*

Literatur
Gancarski/Muzyczuk 2002 | Kiersnowsi 1969 | Leszczyński 2016 | Muzyczuk 2009 | Muzyczuk/Gancarski 2003 | Muzyczuk/Gancarski 2007 | Suchodolski 1960 | Wachowski 1974 | Wachowski 2002 | Wachowski 2010.

II.126

Geld regiert die Stadt

Harsdorf'sche Gold- und Edelsteinwaage von 1497, Germanisches Nationalmuseum Nürnberg (Kat.-Nr. II.137)

Das Funktionieren der städtischen Wirtschaft basierte in hohem Maß auf Bargeld. Die Vielzahl von Waren und Dienstleistungen, die in der Stadt verfügbar waren, erforderten ein einheitliches Tauschmittel, durch das sich der Wert all dieser käuflichen Dinge und die Löhne bemessen ließen. Ebenso wurden die städtischen Abgaben an den Stadtherrn in Form von Bargeld entrichtet, im Gegensatz zum ländlichen Raum, wo die Leistungen der abhängigen Bauern häufig aus Naturalabgaben oder Arbeitsleistungen bestanden. Diese Verquickung von Stadt und Geldumlauf war einer der Gründe, weshalb Herrscher die Gründung und Entwicklung von Städten förderten, denn auch sie benötigten Münzen, um sich am expandierenden überregionalen Handel zu beteiligen und Leistungen einzukaufen.

Die Münzprägung gehörte zu den sogenannten Regalien, also den königlichen Rechten. Dieses Recht trat der König häufig an Fürsten und andere Landesherren ab. Die Prägung dieser landesherrlichen Münzen fand in einzelnen Städten statt. So war etwa Kremnitz/Kremnica in der heutigen Slowakei lange Zeit die hauptsächliche Münzstätte für das ungarische Königreich. Auch erhielten einzelne Städte selbst das Recht, eigene Münzen zu prägen. Leipzig beispielsweise prägte ab 1273 eigene Pfennige. Die Stadt Breslau/Wrocław durfte ab der Mitte des 14. Jahrhunderts eigene Münzen herstellen.

Der Geldumlauf des Hoch- und Spätmittelalters war durch zahlreiche Währungen und verschiedenen Nominalen gekennzeichnet. Karl der Große (reg. 768–814) hatte für das Fränkische Reich einen einheitlichen Münzfuß nach Vorbild des römischen Münzsystems festgesetzt. Ein Pfund Silber (heute 408 Gramm) sollte in 240 Pfennige (*Denare*) zu je 1,7 Gramm Silber ausgemünzt werden. Je zwölf Pfennige wurden zu einem Schilling (*Solidus*) zusammengefasst. Dieser wurde ebenso wie das Pfund zunächst nicht ausgeprägt, sondern diente als reine Recheneinheit. Die genauen Vorgaben zum Feingehalt der Münzen machen deutlich, dass bis weit in die Neuzeit ein enger Zusammenhang zwischen dem Nominalwert einer Münze und ihrem tatsächlichen Materialwert bestand. Auf- und Abwertungen der Münzen ergaben sich daher nicht nur aus Schwankungen zwischen verschiedenen Währungen oder aus Entwicklungen der allgemeinen Wirtschaftslage, wie das heute der Fall ist. Vielmehr hing der Münzwert sehr eng mit dem Preis der Edelmetalle zusammen: Stieg der Wert des enthaltenen Edelmetalls über den Nominalwert der Münze, verschwand sie aus dem Umlauf und wurde als Rohstoff zu ihrem Materialwert verkauft. Wurde der Feingehalt stark unter den Nominalwert gesenkt, wurden die Münzen nicht mehr angenommen. Denn die Händler nutzten häufig Feinwaagen und Probierstäbe, um selbst den Feingehalt der Münzen zu prüfen. Die Stadt bemühte sich auch hier, ihre Einwohner zu schützen. Eine Münzaufsicht prüfte fremde Münzen, und mancherorts wurden diese mit einem Gegenstempel versehen, um anzuzeigen, dass dieses Geldstück für den Markt zugelassen war. Ansonsten bestand in aller Regel Münzzwang: In der Stadt durften nur die von der dortigen Obrigkeit ausgegebenen Geldstücke für den Handel genutzt werden. Wer von außerhalb kam, musste seine Münzen vor dem Marktbesuch eintauschen.

Um Münzen prägen zu können, waren Münzherren auf die Verfügbarkeit entsprechender Edelmetalle angewiesen. Bis zur Mitte des 13. Jahrhunderts waren in Europa Silbermünzen vor-

Abb. 209 ▶
Zwei Geldwechsler im Schichtbuch des Braunschweiger Zollschreibers Hermann Bote, entstanden zw. 1514–1520. Herzog August Bibliothek Wolfenbüttel, Cod. Guelf. 120 Extrav., fol. 113r

113
Van der pagemunte

herrschend. Zunächst waren als ausgeprägte Münzen nur Denare in Umlauf, später kamen größere Nominale hinzu, wie Groschen oder Schillinge. Mit der fortschreitenden Entwicklung des Handels stieg auch der Bedarf an Bargeld. Für größere Summen und zur Geldanlage sollten andere Einheiten verfügbar sein. Die italienischen Städte begannen im 13. Jahrhundert mit der Prägung größerer Goldnominale. Der Fiorino d'oro (Florin) oder auch Gulden wurde in der Folgezeit von weiteren Städten nachgeahmt. Leitwährungen für Mitteleuropa wurden der rheinische Gulden und der ungarische Floren. Das Gold für diese Münzen stammte zunächst aus dem Handel mit dem Orient und Afrika oder aus heimischen Flüssen und ab dem 13. Jahrhundert vor allem aus den großen Bergwerken in Oberungarn, aus Schemnitz/Banská Štiavnica, Kremnitz oder Neusohl/Banská Bystrica. Kuttenberg/Kutná Hora in Böhmen verfügte dagegen über riesige Silbervorkommen und lieferte den Rohstoff für den Prager Groschen, der seinerseits in Ostmitteleuropa weite Verbreitung fand.

Die Herstellung von Münzen lag in der Regel in der Hand eines Münzmeisters. Er war zuständig für die Beschaffung des Edelmetalls, die Überwachung des gesamten Vorgangs und war zum Teil – so wie der königliche Münzmeister in Thorn/Toruń Maciej Schilling (1475–1552) – zugleich Stempelschneider, gestaltete also den Prägestempel für die Münzen. Hans Harsdorfer (gest. 1511) (Kat.-Nr. II.138) war für drei Jahre (1496–1499) Münzmeister des böhmischen Königs in Kuttenberg. Harsdorfer, der in Malesice in der Nähe von Pilsen/Plzeń ansässig war, entstammte einer Nürnberger Patrizierfamilie. Der böhmische König machte ihn zum obersten Münzmeister in Kuttenberg, nachdem Aufstände der Bergleute zu großen Schwierigkeiten bei der Münzprägung geführt hatten. Die teilvergoldete Feinwaage (Kat.-Nr. II.137) war Arbeitsgerät und Insignie des Münzmeisters.

Nicht von ungefähr suchte der böhmische König Vladislav II. (reg. 1471–1516) Unterstützung bei einem Kaufmann. Die Fernhandelskaufleute waren früh diejenigen, die sich am besten mit Geld auskannten. Häufig verbanden sie die Funktion eines Kaufmanns mit der eines Bankiers. Während in Italien bereits im 13. Jahrhundert die ersten Bankhäuser entstanden, die bald auch europaweit agierten, war dies nördlich der Alpen erst sehr viel später der Fall. Hier waren es zunächst die oberdeutschen Handelshäuser, wie die Welser und Fugger aus Augsburg oder die Stromer aus Nürnberg, die gegen Ende des 15. Jahrhunderts vergleichbare Dienstleistungen und Kreditsummen anboten wie die Italiener. In die meisten Städte des Magdeburger Rechts hielt dieses hoch entwickelte Bankwesen erst in der Frühen Neuzeit Einzug. In den Städten östlich der Elbe waren es vielmehr die Wechsler, die mit der Zeit Einlagen annahmen und mit einer Kontenführung zudem Überweisungen zwischen ihren Kunden tätigten (Abb. 209). Das Kreditgeschäft spielte sich im Wesentlichen im Rahmen von Kaufverträgen und Handelsgesellschaften ab.

Eine wesentliche Neuerung im Lauf des Spätmittelalters bestand in der Sesshaftigkeit der Fernhandelskaufleute. Sie reisten nicht mehr selbst an den Bestimmungsort ihrer Waren, sondern tätigten ihre Geschäfte vom heimischen Kontor aus – eine wichtige Voraussetzung auch für die Teilnahme an städtischer Verwaltung und Stadtregierung, die monatelange Abwesenheit nicht erlaubte. Diese Änderung kaufmännischer Praxis machte andere Formen von Kredit erforderlich und zugleich möglich. Da der Kaufmann seine Waren nicht selbst vor Ort verkaufte und die so realisierten Erträge nicht gleich wieder in den Kauf neuer Ware investieren konnte, wurde der Warenkredit üblich: Kauf einer Ware und spätere Zahlung, wenn die Ware wieder verkauft war. Da auch Zwischenhändler und Endverbraucher diese Warenkredite in Anspruch nahmen, ergab sich eine Kette von Gläubigern und Schuldnern, die zuweilen bis zum Produzenten zurückreichte. Handelsgesellschaften aus zwei Personen entstanden, bei denen ein Geldgeber das Kapital für eine Unternehmung zur Verfügung stellte und ein reisender Kaufmann seine Arbeitskraft investierte. Die Gewinne wurden anteilig geteilt. Die Kaufleute waren gut vernetzt und zudem in Zünften und Bruderschaften, wie den Georgenbruderschaften in Danzig/Gdańsk oder Elbing/Elbląg, zusammengeschlossen. Hier fanden sich Geschäftspartner, und es wurden Neuigkeiten ausgetauscht, die den nun sesshaften Kaufleuten wichtige Informationen von den Absatzmärkten der Waren verschafften.

Ein kritischer Punkt beim Kreditgeschäft waren die Zinsen. Bekanntlich stand die Kirche der Praxis des Zinsnehmens aufgrund des Zinsverbots im Neuen Testament (Lk. 6,35) sehr kritisch gegenüber. Allerdings hatten bereits die frühen Kirchenväter, unter anderem Augustinus von Hippo (354–430) oder Johannes Chrysostomos (um 344–407), den Handel insgesamt als das Seelenheil gefährdend eingestuft: Triebfeder des Kaufmanns sei die Habgier, also eine Todsünde. Zudem könne der Händler nur dann Gewinn machen, wenn er seine Kunden täusche und übervorteile. Wer Zinsen nehme, handle mit der Zeit, und die gehöre Gott allein. Auch sei Gewinnerzielung nur statthaft, wenn sie aus geistiger oder körperlicher Arbeit herrühre, was beim Verleihen von Geld nicht der Fall sei. Doch der Blick der Theologen wandelte sich und ging mit der Zeit. Die Scholastiker des 13. Jahrhunderts argumentierten, der Kaufmann erhalte den Gewinn aus seinem Handel rechtmäßig für den Transport und die Lagerung der Waren. Zudem sei seine Tätigkeit unentbehrlich für die Gesellschaft, da er die Waren dorthin verteilte, wo sie gebraucht wurden. Zinsen für Kredite wurden in gewissem Rahmen für zulässig erklärt, der Gläubiger verzichte schließlich auf andere Gewinne, die er erwirtschaften könnte, wenn das Geld nicht verliehen wäre. Zudem trage er das Risiko eines Zahlungsausfalls oder einer Geldentwertung. Der Kaufmann »mauserte« sich also im Spätmittelalter zu einem angesehenen Beruf, trotz seiner engen Verknüpfung mit dem Geld- und Kreditverkehr.

Die Kaufleutefamilien unterzogen ihre Kinder einer umfangreichen Ausbildung, die häufig mit Reisen zu und Aufenthalten bei Handelspartnern in anderen Städten oder Ländern einherging. Daneben besuchten die künftigen Kaufleute, aber auch ihre Schwestern, Schulen und lernten rechnen, lesen und schreiben, um die Geschäfte zuverlässig führen zu können. Sie erlernten ebenfalls die Prinzipien der Buchführung. So entstand eine breite, gebildete Bürgerschicht, die zu einer starken Zunahme schriftlicher Aufzeichnungen im Spätmittelalter beitrug.
Christina Link

Literatur
Gawlas 2011 | Jenks 2000 | North 1994 | Spufford 1988.

II.127

Schlüsselabzeichen der St.-Georgen-Bruderschaft in Elbing

Elbing/Elbląg, Ende 15. Jahrhundert

Silber, gegossen, geschmiedet, getrieben, graviert, ziseliert, vergoldet

H 27,5 cm, B 20,3 cm, L 30 cm

Hamburg, Museum für Kunst und Gewerbe, 1950.72

II.127

Die St.-Georgen-Bruderschaften waren Vereine mit religiös-karitativem Charakter, die ab der ersten Hälfte des 14. Jahrhunderts in den preußischen Städten entstanden. Sie bildeten Körperschaften, in denen sich Vertreter der reicheren städtischen Bevölkerungsschichten versammelten, hauptsächlich im Fernhandel tätige Kaufleute. Diese Bruderschaften entwickelten ihre eigenen Brauch- und Zeremonienformen und trafen sich in den Artushöfen. Abgesehen von spätgotischen sakralen Gegenständen, die mit den Elbinger Goldschmiedewerkstätten in Verbindung gebracht werden können, ist das Schlüsselabzeichen der St.-Georgen-Bruderschaft in Elbing vom Ende des 15. Jahrhunderts das einzige bekannte historische Objekt mit profaner Bestimmung. Seine ursprüngliche zeremonielle Bestimmung ist unbekannt, obwohl es sicher ist, dass es ein Zeichen der Macht, Würde oder ausgeübten Funktion sein musste. In späteren Jahren wurde das Schlüsselabzeichen bei Feierlichkeiten vom Schatzmeister der St.-Georgen-Bruderschaft als Zeichen seines Amts getragen. Es setzt sich aus zwei identisch aussehenden, überkreuzten Schlüsseln zusammen. An der Verbindungsstelle ist das Wappen der St.-Georgen-Bruderschaft angebracht, das ein darüber gebeugter Engel mit ausgebreiteten Armen hält. Die Schlüsselreite sind dreiblättrig und in den beiden unteren Feldern mit dichten, durchbrochenen Pflanzenranken dekoriert. Die oberen Teile der Schlüsselhalme schmückt ein Ornament aus Vierpassmaßwerk. Durchbrochene Kreuze, eine dicke kleine Schnur und ein eingraviertes Pflanzenornament verzieren die nach außen gewandten Schlüsselbärte.

Zum erstenmal wurde das Schlüsselabzeichen im Besitz der St.-Georgen-Bruderschaft in den Unterlagen zu einer Reparatur erwähnt, die 1592 von zwei verdienten Goldschmiedegesellen durchgeführt wurde. Es ist anzunehmen, dass es das Werk einer in Elbing oder Lübeck tätigen Goldschmiedewerkstatt ist, weil dort auch die Elbinger Reliquiare mit der Figur des heiligen Georg hergestellt wurden, die sich heute in der Sammlung des Kunstgewerbemuseums in Berlin (Inv.-Nr. 1878.618) und des Museums für Kunst und Gewerbe in Hamburg (Inv.-Nr. 1950.31) befinden. Die nächste Analogie für das Elbinger Objekt sind ähnliche Schlüssel, die sich bis zum letzten Krieg in der Sammlung des Königsberger Städtischen Museums befanden und um 1480 von einem unbekannten örtlichen Goldschmied hergestellt worden waren. Ursprünglich wurden sie im Artushof (Junkerhof) der Altstadt als Wappen der Bruderschaft der Kannenwinkel aufbewahrt, die dort ihren Sitz hatte und sich aus Kaufleuten und Brauern zusammensetzte. Das Objekt im gotischen Stil sah zwar im Vergleich mit dem Elbinger sehr eindrucksvoll aus, war jedoch bescheidener. Dies lag an ihrer Ausführungsart (die Schlüssel aus Königsberg waren aus mit Silber beschlagenem Holz angefertigt), den leicht verschobenen Proportionen zwischen den einzelnen Schlüsselteilen und ihrer zwar reichen, jedoch vereinfachten Maßwerkverzierung sowie eingravierten Drachen- und Vogelfiguren.

Bis 1945 befand sich das Schlüsselabzeichen in Besitz der St.-Georgen-Bruderschaft in Elbing. Im Jahr 1950 wurde es von Philipp F. Reemtsma der Sammlung des Museums für Kunst und Gewerbe in Hamburg geschenkt. *Jacek Kriegseisen*

Literatur

Boetticher 1897, S. 214, Abb. 155 | Boockmann 1994, S. 301, Abb. 450 | von Czihak 1901, S. 131 (Abb.), S. 133 | von Czihak 1908, S. 157, Abb. 27 | Dehio/Gall 1952, S. 132 | Faber 1840, S. 46 f. | Fritz 1982, Abb. 903 | Grunau/Grunau 1955, S. 106 f., 205, 270, 276 | Museum 1964, S. 60 | Pilecka 2005 | Rohde 1931, S. 624 | Rohde 1959, Abb. 2 | Rückert 1960, S. 163 | Stach 1926 | Steffen 1971 | Szczepkowska-Naliwajek 1987, S. 192, Abb. 345.

II.128

Reliquiar der heiligen Barbara

Danziger Werkstatt, datiert 1514

Silber, teilweise vergoldet, bemalt; Steine und Perlen

H 44 cm, Sockel: D 9 cm

Pelplin, Muzeum Diecezjalne, 70/Zł

Auf einem verhältnismäßig hohen Sockel, der ein Fünftel des ganzen Reliquiars einnimmt, steht die vollplastische Figur der Heiligen, im leichten Kontrapost, ihre Attribute haltend: das Schwert und den Turm. Die heilige Barbara trägt ein in der Taille anliegendes, vergoldetes Kleid, das mit eingraviertem Eichblättern verziert ist, mit einer Borte am Hals und einem in der Taille locker geknoteten Gürtel. Der Kronenring auf ihrem Kopf ist mit Perlen und Edelsteinen (darunter Rubinen und Türkisen) verziert, die in analoge Einfassungen eingesetzt sind. Ihr weiter Mantel wurde in Silber belassen, mit rotem Futter, und ist unter der linken Hand in zwei großen Falten zurückgeschlagen, die gerafft und am linken, leicht nach vorn geschobenen Knie gebrochen sind. Der Kopf der Heiligen, ihr Hals und ihre Arme sind bemalt, ihre Gesichtszüge zart, die Stirn hoch, das lange, vergoldete Haar gleitet in weichen Locken über Schultern und Rücken herab. Die Krone ist hoch, durchbrochen, offen und aus geflochtenen Lilien gefertigt. Der im linken, im Ellbogen angewinkelten Arm gehaltene Turm ist dreieckig und dreigeschossig, mit angedeutetem Ziegelmuster, Fenstern, Spitzbögen (sogenannten Eselsrücken), Zinnen und einer Spitze mit Kreuzblume gekrönt, im unteren Durchbruch steht eine kleine Statue des Erlösers mit Buch. Der Stil der Figur zeigt deutliche Ähnlichkeit mit Werken der Danziger Plastik, vor allem aus dem letzten Jahrzehnt des 15. Jahrhunderts, aus dem Kreis von Hans Brandt (vgl. Altar der Schustergesellen in der Marienkirche) und um 1500 (vgl. Figur der Mutter Gottes mit Kind im Nationalmuseum Danzig); stilistische Ähnlichkeiten finden sich in der Danziger, aber auch Thorner und Elbinger Plastik des ersten Viertels des 16. Jahrhunderts. Die silberne Statuette ist eine Miniaturausführung monumentaler Schnitzwerke.

Der sechseckige Sockel ist durch Strebepfeiler mit durchbrochenen Wänden untergliedert. In den mit Spitzbögen abgeschlossenen Nischen stehen kleine Heiligenfiguren: Sigismund mit Zepter und Schwert, Leonard, Reinhold, ein Bischof – vermutlich Stanislaus oder Adalbert, sowie Paulus und Georg, der gegen den Drachen kämpft. Innerhalb des Sockels befindet sich ein zylindrischer Reliquienbehälter aus Glas, der mit rotem Stoff ausgelegt ist. Am unteren Rand des Sockels sind das Datum 1514 sowie die wahrscheinlich später mit einer weniger geschickten Hand eingefügte Inschrift »BINDERHOFS« eingraviert. Zwar wurde die heilige Barbara damals in Pommerellen allgemein verehrt (ähnlich wie der heilige Georg oder Paulus), doch könnten der heilige Sigismund sowie der Bischof – einer der Schutzheiligen des Königreichs Polen – auf eine Stiftung für die Marienkirche in Danzig/Gdańsk hinweisen, die unter der Schirmherrschaft des Königs von Polens stand (Sigismund I. der Alte regierte von 1506 bis 1548). Die kaufmännische Reinholds-Bruderschaft übernahm 1488 die Nordkapelle am Turm in der Marienkirche. Die benachbarte Kapelle im Untergeschoss des Turms (im westlichen Turmmassiv) nahm die ebenfalls kaufmännische St.-Olafs-Bruderschaft ein.

Beide Bruderschaften hatten Bänke im Artushof; Olaf war Schirmherr der Kaufleute auf Seereisen. Mit dieser Bruderschaft kann die spätere Inschrift »BINDER H[eilige] O[la]FS« in Verbindung gebracht werden. Infolge der fortschreitenden Reformation gab es 1552 in der Kapelle keinen Priester mehr. 1614 war sie bereits vernachlässigt, obwohl sich dort noch zwei Altäre befanden: des Olaf und der Jungfrau Maria. In der St.-Reinholds-Kapelle wurde die katholische Liturgie bis 1557/58 gefeiert. Erst 1877 verlor die Reinholds-Bruderschaft ihr Anrecht auf die Kapelle zugunsten der Kirche. Vermutlich wurde die Plastik zu jener Zeit aus der Kapellenausstattung entfernt. In Pehsken/Piaseczno ist ihre Anwesenheit seit 1932 bezeugt; wahrscheinlich kam sie erst nach 1877 dorthin (in dem Jahr hatte Johannes Heise, der Landeskonservator und Autor von »Die Bau- und Kunstdenkmäler der Provinz Westpreußen«, das Werk noch nicht verzeichnet, und dabei hatte er alle wichtigsten mittelalterlichen Objekte erwähnt).

Die künstlerischen und technischen Merkmale der St.-Barbara-Figur verraten das hohe Niveau der Kunst und des Goldschmiedehandwerks in Danzig. Sie gehört zu den wenigen erhaltenen figurativen, sogenannten redenden Reliquiaren aus dem Gebiet des Ordensstaats und Preußens Königlichen Anteils, deren ursprünglicher Bestand unvergleichlich größer war. Allein in der Marienkirche befanden sich 1526 fünf goldene und 24 silberne Reliquiarfiguren.
Michał F. Woźniak

Literatur

Fajt 2012 a, S. 157 f. | Fritz 1982, S. 297, Nr. 805 | Szczepkowska-Naliwajek 1987, S. 142–145, 203 f. | Tuchołka-Włodarska 1997.

II.128

II.129

Quartensis des Breslauer Fürstbischofs Heinrich von Würben

Münzstätte Neisse/Nysa, 1302–1319

Avers: Bischof Heinrich mit Krummstab und Kreuz, rechts ein Stern; Umschrift: × H + EPISCOPI + VRATI ×

Revers: Lamm Gottes nach links; Umschrift: + ECCE + A[G]NVS + DEI.

Silber

D 1,8 cm, G 1,71 g

Berlin, Münzkabinett der Staatlichen Museen zu Berlin, SPK, 18266944

Die Übertragung der Landeshoheit über das Neisser Land an den Bischof von Breslau/Wrocław im Jahr 1290 war ausdrücklich verbunden mit dem Recht auf eigene Münzprägung. Eine inschriftlich gesicherte Prägung des Fürstbischofs von Breslau-Neisse ist jedoch erst ab 1302 belegt, wenngleich zu vermuten ist, dass das Münzrecht schon vorher ausgeübt wurde. Der Quartensis, dem Namen nach ein Viertel des schlesischen Scot (= 1/24 Mark zu etwa 196 g), wurde in Schlesien von verschiedenen Münzherren seit 1290 geprägt. Eine Prägung von Quartenses durch die Städte ist nicht belegt. Die Münzen wogen meist deutlich unter 2,04 Gramm, die Differenz zum nominellen Gewicht ist durch den Abzug von Prägekosten und -gewinn zu erklären. Mit dieser neuen Münzsorte wurde den leichten Hellern ein schweres Nominal aus relativ gutem Silber (80–96 Prozent) zur Seite gestellt – die sich intensivierende Geldwirtschaft im 13. Jahrhundert verlangte nach größeren Währungseinheiten.

Von den Quartenses aus Neisse gibt es zwei Typen: Die Stempel vom ersten, hier nicht ausgestellten Typ sind von feinem Stempelschnitt und tragen korrekte Umschriften. Es wird angenommen, dass die Münzer dieser Sorte aus Italien kamen. Der hier ausgestellte Typ ist hingegen von grobem Stempelschnitt und die Umschriften fehlerhaft, was auf der Rückseite des Stücks zur anstößigen, sicherlich nicht beabsichtigten Verkürzung des *Agnus Dei* (Lamm Gottes) geführt hat. *Christian Stoess*

Literatur
Friedensburg 1888, S. 277, Nr. 766 a | Kluge 1993, S. 166, Nr. 56 mit Abb. auf S. 170 (dieses Stück) | Kluge 2007, S. 439, Nr. 1304 | Kopicki 1995, S. 292 Nr. 6716 und Abb. S. 354.

II.130

Goldgulden der Stadt Breslau

Münzstätte Breslau/Wrocław, 1531

Avers: Im Feld vierfeldiges Wappen (böhmischer Löwe, schlesischer Adler, W des Stadtnamens Wrocław, Johannes der Täufer, im Zentrum Schale mit dem Haupt Johannes' des Täufers); MO AVR VRATISLAVIEN 1531

Revers: im Feld Hüftbild Johannes' des Täufers, seine Rechte zeigt auf das Lamm Gottes auf einem Evangelium in seiner Linken; Umschrift: S[anctus] IOHANNES BAPTISTA zwischen zwei Zierkreisen

Gold

D 2,3 cm, G 3,2 g

Berlin, Münzkabinett der Staatlichen Museen zu Berlin, SPK, 18216216

Der Goldgulden gibt Zeugnis von dem kurzfristigen Versuch der Stadt Breslau, einen Nebensatz im 1530 verliehenen Wappenbrief für die Prägung minderwertiger rheinischer Goldgulden zu nutzen. Die Stadt Breslau hatte das ihr im Jahr 1360 von Kaiser Karl IV. (reg. 1346–1378) verliehene Recht zur Goldmünzenprägung nach Prager Vorbild nicht ausgeübt, solange der König auf seine urkundlich gesicherten Anteile am Münzgewinn bestand. Erst als König Ludwig II. von Böhmen und Ungarn (reg. 1516–1526) in einer Urkunde vom 15. August 1517 für zehn Jahre auf seine Anteile am Prägegewinn aus der städtischen Goldprägung in Breslau verzichtete, begann die Stadt mit dem Münzen von »ungarischen Gulden« (Dukaten) aus Feingold im Gewicht von 3,5 Gramm. Äußerlich ähnelten diese Prägungen, wie bereits 1360 vorgeschrieben, denjenigen des Königs von Böhmen, nur dass der heilige Wenzel im Schild statt des Adlers das Haupt Johannes' des Täufers führt, auf der Vorderseite weist über dem böhmischen Löwen der Schild mit der Stadtinitiale W auf Breslau hin. 1523 gelang es der Stadt, dauerhaft das Recht der Goldmünzenprägung nach ungarischem Schrot und Korn zu erlangen.

1530 gab König Ferdinand I. (reg. 1526–1564) der Stadt ein neues Wappen und gestattete ausdrücklich, »auf ir guldener und silberner Munz des hungarischen und reinischen Gschrots und Korns gleicherweise zu gebrauchen« (Friedensburg 1899, S. 215). Dieser Passus aus dem Wappenbrief ermunterte die Stadt, sogleich Goldgulden nach rheinischem Fuß, also etwa zehn Prozent leichter und mit einem deutlich niedrigeren Goldgehalt zu prägen. Das neue Stadtwappen ersetzte nun den böhmischen Löwen, und auf der Rückseite erscheint der Schutzheilige der Stadt, Johannes der Täufer, statt des heilige Wenzel. Der König verwahrte sich gegen das Ausbringen dieser geringhaltigen Münzen, und schon im selben Jahr kehrte die Stadt zur Ausmünzung guthaltiger »ungarischer Gulden« (Dukaten) zurück, immer noch mit dem neuen Stadtwappen, aber nun wieder mit dem heiligen Wenzel auf der Rückseite. *Christian Stoess*

Literatur
Friedensburg 1887, S. 35 f. | Friedensburg 1888, S. 168 f., 182 f. | Friedensburg 1899, S. 215 f. | Friedensburg/Seger 1901, Sp. 60, Nr. 3395.

II.131

Groschen (Johannesgroschen)

Breslau/Wrocław, 1470–1475

Avers: GROSSVS WRATISLAVIENSIS.
Revers: MAThIAS PRIMVS D(EI) G(RATIA) R(EX) BOhEMIE.

Silber

D 2,56 cm, G 2,28 g

Dresden, Münzkabinett, Staatliche Kunstsammlungen Dresden, AJB2030

Der mit dem Namen des böhmischen Königs Matthias (Corvinus reg. 1458–1490) zwischen 1470 und 1475 ausgegebene Groschen präsentiert auf seiner Vorderseite Johannes den Täufer, den Schutzpatron von Breslau, mit dem Lamm Gottes auf dem Arm. Auf die Rückseite ist das gevierte Wappen Breslaus geprägt, in den einzelnen Feldern sind jeweils die ungarischen Streifen, der Böhmische Löwe, der Niederlausitzer Stier und der Schlesische Adler dargestellt. Der Herzschild zeigt einen Raben mit Ring, das Wappen des Königs Matthias.

Verantwortlich für die Ausgabe dieses Groschens war wohl die Stadt Breslau selbst, der die Münzprägung im Dezember 1470 vom König übertragen worden war. Nach fünf Jahren wurde der Münzbetrieb vorübergehend eingestellt. Erst zu Beginn des 16. Jahrhunderts setzte Breslaus Groschenprägung wieder ein. *Wilhelm Hollstein*

Literatur
Friedensburg 1887, S. 176–178, Nr. 557.

II.132

Taler

Breslau/Wrocław, datiert 1544

Avers: + MONETA ARGENTEA WRATISLAVIEN-SIS
Revers: ECCE VICIT LEO DE TRIBV IVDA.

Silber

D 4,03 cm, G 28,99 g

Dresden, Münzkabinett, Staatliche Kunstsammlungen Dresden, 2014/2266

Zwischen 1543 und 1546 prägte die Stadt Breslau erstmals große Silbermünzen. Die Taler präsentieren auf ihrer Vorderseite das unter König Ferdinand I. von Böhmen 1530 eingeführte gevierte Stadtwappen mit dem abgeschlagenen Haupt von Johannes dem Täufer, dem Breslauer Schutzpatron, im Mittelschild. In den vier Feldern sind der Böhmische Löwe, der Schlesische Adler, der Buchstabe »W« des Stadtnamens (Wratislavia/ Breslau) und der Kopf des heiligen Evangelisten Johannes dargestellt. Über dem Wappen befindet sich die Jahreszahl 1544. Die Rückseiten zeigen jeweils den nach links steigenden böhmischen Löwen, verbunden mit der Umschrift »ECCE VICIT LEO DE TRIBV IVDA«, einem Zitat aus der Offenbarung (5, 5): »Siehe, gesiegt hat der Löwe vom Stamm Juda«. Damit erfuhr das durch den Löwen ausgedrückte, aber ungeliebte Lehensverhältnis zu Böhmen eine religiöse Umdeutung. *Wilhelm Hollstein*

Literatur
Friedensburg 1899, S. 215–217 | Friedensburg/ Seger 1901, Sp. 60, Nr. 3413.

II.129

II.130

II.131

II.132

II.133

Münzschatz aus der Stadt Rėčyca

Verschiedene Provenienzen, 1507–1652

Fundort: Rėčyca, Gastello-Straße/wulica Gastėly

28 Münzen; Silber und Weißmetall

Minsk, Nacyjanal'ny historyčny muzej Respubliki Belarus', KP 12012/01-28

Der Münzschatz wurde im Jahr 1947 in der Stadt Rėčyca im Oblast Gomel in Belarus gefunden. Insgesamt umfasst er 28 Münzen:

- Königreich Polen (1 Münze): Sigismund I. der Alte (Halbgroschen, 1507),
- Großfürstentum Moskau (1 Münze): Iwan der Schreckliche (Denga, 1533–1544),
- Russisches Zarenreich (7 Münzen): Iwan der Schreckliche (Denga, 1547–1584, Kopeke, 1547–1584), Fedor Ivanovič (Denga, 1584–1598), Boris Godunov (Kopeke, 1598–1605), Vasilij Šujskij (Kopeke, 1606–1610), Michail Romanov (Kopeke, 1613–1617),
- Großfürstentum Litauen (5 Münzen): Sigismund II. August (Halbgroschen, 1550, 1556), Johann II. Kasimir Wasa (Solidus, 1652),
- Herzogtum Württemberg (1 Münze): Christoph (Groschen, 1550–1568),
- Königreich Ungarn (1 Münze): Rudolf II. (Denar, 1585),
- Rzeczpospolita (8 Münzen): Sigismund III. Wasa (Dreier, 1595, Solidus, 1603, anderthalb Groschen, 1623),
- Herzogtum Kurland (Vasall der Rzeczpospolita) (1 Münze): Sigismund III. Wasa (Solidus, 1606),
- Königreich Schweden (Riga, in schwedischem Besitz) (2 Münzen): Gustav Adolf (anderthalb Groschen, 1624), Christina (Solidus, 1643).

Die Stadt Rėčyca gehört zu den ältesten Städten im heutigen Belarus und erhielt im Jahr 1511 das Magdeburger Stadtrecht. Der Münzschatz wurde in der heutigen Gastello-Straße entdeckt, die bis ins 19. Jahrhundert nicht zum Stadtgebiet gehörte. Bei Erdarbeiten im Jahr 1947 fand man den Münzschatz in einem Tontopf. Der Entdecker behielt den Schatz zunächst und gab Münzen an weitere Personen ab. Nur ein Teil des Schatzes mit 28 Münzen fand 1964 den Weg in das Nationalhistorische Museum Minsk. Die ursprüngliche Gesamtanzahl der Münzen konnte nicht mehr rekonstruiert werden. Die erhaltenen Münzen stammen aus der Zeit zwischen 1507 und 1652 und aus verschiedenen Regionen.

II.133

Von besonderem Interesse sind die russischen Münzen des Münzschatzes. Sie stammen aus Prägungen von Iwan dem Schrecklichen, seinem Sohn Fedor, dem letzten Herrscher der Dynastie der Rjurikiden, von Boris Godunov und Vasilij Šujskij sowie dem ersten Zaren aus der Dynastie der Romanov, Michail. Ihre Herstellung war ungewöhnlich: Die Münzen wurden aus einem Stück Silberdraht »herausgeschlagen« oder geprägt. Der Münzmeister brachte dazu ein Stück des Silberdrahts auf dem unteren Stempel an, befestigte darauf den oberen Stempel und schlug dann mit dem Hammer darauf. Die durch diese Technik gewonnenen Splitter waren von unterschiedlicher Größe und nicht immer landeten Kopf und Zahl in der Mitte der Münze. Wegen ihrer spezifischen Form wurden diese Münzen im Volksmund »Schuppen« genannt.

Für das Münzwesen in Belarus im 16. Jahrhundert waren Münzen polnischer Prägung und aus dem Großfürstentum Litauen charakteristisch. Mit der Zeit gelangten auch Münzen anderer Länder in die Rzeczpospolita. In der Mitte der 1580er Jahre kommen in belarussischen Münzschätzen silberne ungarische Denare und russische Kopeken vor. In Münzschätzen aus dem ersten Viertel des 17. Jahrhunderts wurden außerdem Münzen aus Dänemark sowie aus verschiedenen Teilen Deutschlands (Westfalen, Württemberg, Hannover, Sachsen, Schlesien usw.) gefunden.

Der Münzschatz aus Rėčyca wurde über längere Zeit gesammelt, worauf seine Zusammensetzung schließen lässt. Er entstand am Ende des 16. bzw. in der ersten Hälfte des 17. Jahrhunderts. Die jüngste Münze stammt aus dem Jahr 1652, was wiederum die Annahme zulässt, dass die Sammlung im Zusammenhang mit dem Dreizehnjährigen Krieg und der Einnahme Rėčycas durch russische Truppen vergraben wurde.
Ljudmila Tolkačeva

II.134 a

II.134 b

II.134 c

II.134 d

II.134 e

II.134 f

II.134

Rechenpfennige

II.134 a

Rechenpfennig, Typ Nürnberger Burggraf

Nürnberg, 2. Hälfte 15. Jahrhundert

Fundort: Danzig/Gdańsk (Rechtstadt), ulica Tartaczna

Vs: gekrönter, steigender Löwe, umgeben von fünf sechsstrahligen Sternen
Rs: Ornament aus sechsblättrigen Rosetten; (Unleserliches) Wappen unter offener Krone; seitlich jeweils zwei sechsstrahlige Sterne

Messing

D 2,1 cm, G 0,5 g

Danzig/Gdańsk, Muzeum Archeologiczne w Gdańsku, MAG/GN/5003

II.134 b

Rechenpfennig aus Nürnberg

Nürnberg, um 1490 – 1550

Fundort: Danzig/Gdańsk (Rechtstadt), ulica Tartaczna

Vs: Kogge, auf dem Mast unter dem Monogramm (IHS?) der Buchstabe G, +VOLGVЄ:LΛ:GΛLLЄЄ:DЄ:F
Rs: vier Lilien im Quadrat, VIVЄ:LЄ:DOŊ:ROY:DЄ:FRΛŊ

Messing

D 2,4 cm, G 1,2 g

Danzig/Gdańsk, Muzeum Archeologiczne w Gdańsku, MAG/GN/5015

II.134 c

Französischer Rechenpfennig, Typ Delfin

Vienne (ab 1382 vielleicht Paris), 2. Hälfte 14. Jahrhundert

Fundort: Danzig/Gdańsk (Speicherinsel), Speicher Żniwiarz

Vs: heraldischer Delfin mit Geldbeutel im Maul +lę++noblę++ę~++iHr++poi
Rs: Lilienkreuz (*croix fleuretté*) mit Vierpass. +a+ – +v+ – +e+ – +m+

Messing

D 2,5 cm, G 2,7 g

Danzig/Gdańsk, Muzeum Archeologiczne w Gdańsku, MAG/GN/1597

II.134 d

Französischer Rechenpfennig

Frankreich, 15. Jahrhundert

Fundort: Danzig/Gdańsk (Speicherinsel), ulica Stągiewna

Vs: Schild mit drei Lilien (Wappen Frankreichs), darüber ein Kreuz. [Rosette] AVEM\\IA [Rosette] \RACIA\\
Rs: Lilienkreuz in Vierpass

Messing

D 2,6 cm, G 1,9 g

Danzig/Gdańsk, Muzeum Archeologiczne w Gdańsku, MAG/GN/3317

II.134 e

Rechenpfennig, Typ Venus

Niederlande, um 1490 – 1550

Fundort: Danzig/Gdańsk (Speicherinsel), ulica Toruńska 10A

Vs: gekröntes Wappen mit vier Feldern, darauf Balken, Lilien, Schrägen, Löwe und Ringe, Herzschild mit steigendem Löwen, [Krone], GVŊMЄŊTY8M:BV\O8GMDЄL8Ho$_o$
Rs: [Krone] Venus mit wehendem Haar und Draperie, GVЄ*-ŊЄRGMY-VGM[Dreiblatt] VЄDY^{o}VЄ

Bronze

D 3 cm, G 4,3 g

Danzig/Gdańsk, Muzeum Archeologiczne w Gdańsku, MAG/GN/4451

II.134 f

Rechenpfennig, Typ Reichsapfel

Nürnberg (?), 1. Hälfte 16. Jahrhundert

Fundort: Danzig/Gdańsk (Stadtzentrum), ulica Szafarnia

Vs: drei Lilien im Dreipass, zwischen ihnen drei Ringe und drei Kronen; o$_o$VЄθŊVЄθo$_o$BЄθo$_o$BθŊVЄθŊV
Rs: Reichsapfel im Dreipass, BθVЄVθŊЄθVo$_o$ЄŊЄθVЄŊθVo$_o$

Messing

D 2,2 cm, G 1,3 g

Danzig/Gdańsk, Muzeum Archeologiczne w Gdańsku, MAG/GN/4096

II.134 g

Rechenpfennig, französischer Typ

Nürnberg, Wende 15./16. Jahrhundert

Fundort: Danzig/Gdańsk (Stadtzentrum), ulica Szafarnia

Vs: gekröntes Wappenschild mit drei Lilien, flankiert von zwei Ringen, ⋆TIPR⋆TIPR⋆TIPR⋆PIRIRT⋆
Rs: zwei Liebesknoten (Endacht). PR / • / IT

Messing

D 2,7 cm, G 2 g

Danzig/Gdańsk, Muzeum Archeologiczne w Gdańsku, MAG/GN/4106

II.134 h

Nürnberger Rechenpfennig, Typ Reichsapfel

Nürnberg, Hersteller: Kilian Koch (vor 1587–1632), 2. Hälfte 16. Jahrhundert

Fundort: Danzig/Gdańsk (Rechtstadt), ulica Bogusławskiego

Vs: Rose, eingefasst von Kronen und Lilien, +KILIANVS+KOCH+NORIBERGENSIS
Rs: Reichsapfel im Dreipass, umgeben von Arabesken, +VERBVM·DOMINI\MANET·IN·AETERNVM

Messing

D 2,5 cm, G 1,4 g

Danzig/Gdańsk, Muzeum Archeologiczne w Gdańsku, MAG/GN/2663

II.134 i

Rechenpfennig

Tournai, 15. Jahrhundert

Fundort: Danzig/Gdańsk (Stadtmitte), ulica Lastadia

Vs: Schild mit drei Lilien (Wappen Frankreichs); AVEMARIA\\\ACIAP
Rs: Lilienkreuz im Vierpass; O – O – O – \

Messing

D 2,4 cm, G 3,4 g

Danzig/Gdańsk, Muzeum Archeologiczne w Gdańsku, MAG/GN/3240

Rechenpfennige (lat. *calculus*) wurden bei der Durchführung komplizierter Rechnungen in den Kaufmannskontoren, Münzstätten oder Kanzleien benutzt. Diese münzähnlichen Metallscheiben legte der Rechenmeister auf einen Abakus (Rechenbrett) mit einer entsprechenden Anzahl von waagerechten Linien, die immer weitere Stufen in einer Rechenreihe (eins, zehn, hundert …) repräsentierten, und er verschob sie entsprechend. Diese Rechenart war vor allem vom 12. bis zum 18. Jahrhundert populär. Ab dem 16. Jahrhundert wurde sie durch das Dezimalsystem und arabische Zahlen verdrängt. Auch die Rolle der Rechenpfennige änderte sich – sie wurden zu beliebten Spieljetons.

Rechenpfennige wurden nach Danzig hauptsächlich aus dem Ausland geholt, unter anderem aus Frankreich oder den Niederlanden, aber vor allem aus Deutschland, wo es über drei Jahrhunderte lang ein Produktionszentrum in Nürnberg gab. Von hier aus verbreiteten sich Rechenpfennige in ganz Europa. Führend waren in Nürnberg Familienwerkstätten, vor allem der Lauffers, Krauwinckels oder Schultes. Seit Mitte des 15. Jahrhunderts wurden die Nürnberger Rechenpfennige mit Vor- und Nachnamen des Produzenten signiert. Die Pfennige ahmten in der Gestaltung Münzen nach, deshalb brachten die Produzenten darauf Legenden an, die deutlich auf ihren Zweck hinwiesen. Sie wurden hauptsächlich aus Messing, seltener aus Bronze oder Silber geprägt. In Danzig wurden Hunderte von Rechenpfennigen verschiedener Art sowie Rechenpfennigersatz in Form von aus Messingblech herausgeschnittenen Scheiben gefunden. *Beata Ceynowa*

Literatur
Mitchiner 1988 | Mitchiner 1991 | Mitchiner 1998 | Paszkiewicz 2013, S. 417 ff.

II.135

Städtisches Token

Danzig/Gdańsk, 1559–1577

Fundort: Danzig/Gdańsk (Długie Ogrody), ulica Szafarnia

Blei, zweiseitiger Stanzenabdruck

L 2,5 cm, B 2,3 cm, D 1,5–1,9 cm, G 7,2 g

Danzig/Gdańsk, Muzeum Archeologiczne w Gdańsku, MAG/GD/255/100/5/2513

Städtische Token aus Blei wurden von städtischen Behörden ausgestellt, was gewöhnlich durch das auf ihnen eingeprägte Wappen von Danzig zum Ausdruck kam. Sie lassen sich in zwei Hauptkategorien einteilen: zum einen in Wertmarken, die mit der Tätigkeit des Wallamts verbunden waren und auf denen neben dem Wappen zusätzliche Zeichen in Form von Blümchen, Sternchen, Kleeblatt und Kugeln zu sehen sind; zum anderen in Marken, die das Stadtwappen allein ohne zusätzliche Zeichen zeigen. Auf den Letzteren war oft das unvollständige Stadtwappen – zwei Kreuze ohne Krone – dargestellt, was im Fall von Handwerkserzeugnissen (zum Beispiel auf Tuchplomben) schlechtere Qualität bedeutete. Möglicherweise wurden sie benutzt, um Hilfeleistungen für Arme aus der Stadtkasse abzurechnen. Token, auf denen nur das Stadtwappen von Danzig zu sehen war, konnten als eine Bestätigung von Berechtigungen auf dem Stadtgebiet dienen, zum Beispiel des Rechts auf Betreten der Stadt für eine bestimmte Zeit und das Ausstellen von Waren auf dem Markt.

Forschungen zu den vom städtischen Wallamt ausgegebenen Token haben eine solide Archivgrundlage. Das Wallamt wurde Mitte des 16. Jahrhunderts ins Leben gerufen, um die Beschlüsse der Stadtverwaltung bezüglich des Baus von Wällen und Befestigungen auszuführen sowie die Arbeiten zu leiten und zu beaufsichtigen. Es sind zwar nur Dokumente des Amts aus der ersten Hälfte des 17. Jahrhunderts erhalten, doch finden sich in ihnen Beschreibungen der Organisation früherer Arbeiten. Zur Teilnahme an diesen öffentlichen Arbeiten waren fast alle Einwohner von Danzig verpflichtet. Die Arbeiten fanden im Rahmen des sogenannten Scharwerks statt, dessen Ausmaß am Ende des 16. Jahrhunderts auf 14 Tage angestiegen war. Einer der Beamten, die die Arbeiten beaufsichtigten, war der »Zeichenwerfer«. Er übergab den Arbeitern während ihren Tätigkeiten ein kleines Bleizeichen, das als »Wallzeichen« oder »Wallteken« bezeichnet wurde. Danach konnte das Zeichen gegen Geld getauscht werden. In den 1570er Jahren waren das zwei Groschen, am Ende des Jahrhunderts vier Groschen pro Tag. Die Auszahlungen fanden samstags aus der Kasse des Wallamts (dem »Wallkasten«) statt, unter Aufsicht von Beamten, die dazu verpflichtet waren, die Scharwerkbuchhaltung zu führen und die täglichen Arbeiten abzurechnen. Leider sind keine Angaben erhalten, die die Symbole oder Zeichen auf den Token beschreiben oder erläutern würden. Daher sind Informationen über ihre konkrete Verwendung hypothetisch. Auf den Token aus den 1570er Jahren sind manchmal anstelle des Wappens Arbeitswerkzeuge (Spaten, Schubkarren, Spitzhacken, Keilhauen) oder auch Tiere (Löwen, Hunde, Einhörner, Eulen, Fledermäuse) zu sehen.

II.134 g

II.134 h

II.134 i

II.135

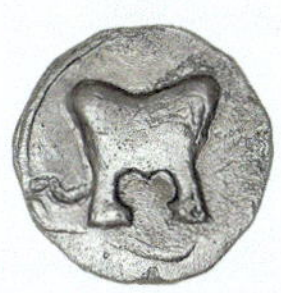

II.136 a

II.136 b

II.136 c

II.136 d

Die städtischen Token waren datiert. Ein Beispiel dafür ist das abgebildete viereckige Token mit dem Datum »[15] 5-9«, das seitlich des Danziger Wappens zu sehen ist. Viele Objekte dieses Typs wurden während der intensiven Befestigungsarbeiten vor der Belagerung der Stadt durch den polnischen König Stephan Báthory (reg. 1576–1586) zum zweiten Mal benutzt, wovon die Gegenzeichnung auf der Rückseite mit dem Datum »[15]77« zeugt. Die Inschrift »WAL« über dem Wappen bezieht sich auf den Namen der Behörde, das Wallamt. Zwei Kugeln seitlich dieser Inschrift sowie zwei siebenblättrige Blumen beim verkürzten Datum »77« sind die Bezeichnung des Werts.

Token dieses Typs hatten unterschiedliche Formen, die jedes Jahr geändert wurden: Quadrate, Rechtecke, Rhomben und Dreiecke. Vermutlich war das eine Folge der Organisation von Arbeiten, die an vielen Stellen gleichzeitig ausgeführt wurden, und sollte die Fälschung von Token verhindern. Gewöhnlich traten Artefakte mit derselben Ikonografie in kleinerer und größerer Version auf. Auf den größeren Token sind auch andere florale Symbole dargestellt, nämlich Kleeblätter statt Blumen, was zusammen mit den Maßen ihren größeren Wert bezeugte. Große Token verrechneten vermutlich das ganze Scharwerk und nicht die einzelnen Arbeitstage wie die kleineren Token mit zwei Blumen.

Die Bilder auf Artefakten dieses Typs wurden im 16. Jahrhundert und den ersten Jahrzehnten des 17. Jahrhunderts ins Bleiblech gestanzt. Mitte des 17. Jahrhunderts kehrte man bei ihrer Herstellung zur älteren doppelseitigen Prägemethode zurück. Städtische Token wurden in Danzig noch in der zweiten Hälfte des 17. Jahrhunderts verwendet. *Tomasz Maćkowski*

Literatur

Foltz 1912, S. 149 ff. | Garlicki 2013 | Maćkowski 2016 | Maćkowski 2018 a.

II.136

Vier private Token

II.136 a

Token der Täschnerzunft

Danzig/Gdańsk, 1. Hälfte 16. Jahrhundert

Fundort: Danzig (Speicherinsel), ulica Basztowa 4

Blei

D 1,8 cm, G 3,5 g

Danzig/Gdańsk, Muzeum Archeologiczne w Gdańsku, MAG/GD/255/20/39/4472

Das Token hat die Form einer flachen Scheibe und ist aus Blei gegossen. Auf der Vorderseite ist plastisch eine Ledertasche dargestellt, die Rückseite ist glatt.

II.136 b

Token der Fleischer- oder Zimmermannszunft

Danzig/Gdańsk, 1. Hälfte 16. Jahrhundert

Fundort: Danzig (Speicherinsel), ulica Ciesielska 4

Blei

D 1,8 cm, G 2,5 g

Danzig/Gdańsk, Muzeum Archeologiczne w Gdańsku, MAG/GD/255/20/41/1931

Das Token ist aus einem Stück Blei ausgeschnitten. Auf der Vorderseite ist ein nach rechts gewandtes Beil mit einer langen dreieckigen Schneide und Stiel sichtbar. Von links liegt ein kleines Kreuz mit gegabelten Armabschlüssen am Beil an. In der Mitte des Tokens ist eine kleine, vorstehende Nuppe zu sehen. Die Rückseite ist glatt.

II.136 c

Token der Schusterzunft

Danzig/Gdańsk, 16. Jahrhundert

Fundort: Danzig (Speicherinsel), ulica Chmielna

Blei

D 1,8 cm, G 3 g

Danzig/Gdańsk, Muzeum Archeologiczne w Gdańsku, MAG/GD/255/20/51/1772

Das Token hat die Form einer flachen Scheibe. Es wurde in ein Stück Blei geprägt und danach ausgeschnitten. Auf der Vorderseite ist in einem stilisierten Renaissanceschild das Zunftwappen abgebildet, das zwei Werkzeuge zum Schneiden und Lochen von Leder übereinander darstellt. Heraldisch rechts von den Werkzeugen ist das Zeichen einer Kugel zu sehen. Die Rückseite ist glatt.

II.136 d

Privates Token eines Kaufmanns oder Handwerkers

Danzig/Gdańsk, 2. Hälfte 16. Jahrhundert

Fundort: Danzig (Speicherinsel), ulica Okopowa 7

Blei

D 1,7 cm, G 3,2 g

Danzig/Gdańsk, Muzeum Archeologiczne w Gdańsku, MAG/GD/255/60/1/731

Der runde Tokens hat einen deutlich ausgeprägten, erhabenen Rand auf der Vorderseite. Hier ist zentral ein ebenfalls erhabenes Zeichen zu sehen. Die Rückseite zeigt eine Gitterstruktur.

Private Tokens waren von Privatpersonen erstellte Bleimarken, auf denen persönliche Zeichen in Form von Symbolen oder – seltener – Wappen abgebildet wurden. Sie waren viereckig oder rund, hatten eine Größe von 0,5 bis 4 Zentimetern und wurden meist durch den Kolbenabdruck eines persönlichen Zeichens in einem Bleiblech hergestellt und dann ausgeschnitten, seltener durch einen ein- oder zweiseitigen Abguss. Die große Anzahl dieser in Danzig gefundenen Objekte zeugt davon, dass sie hier im täglichen Gebrauch waren, vor allem im 16./17. Jahrhundert. Bisher sind keine gesetzlichen Regeln bekannt, die ihre Verwendung präzisieren würden. Sie hatten mittelalterliche Pilgerzeichen zum Vorbild, vor allem aber Danziger städtische Tokens mit dem Stadtwappen, mithilfe derer die Stadtverwaltung die Schuldigkeit von Scharwerkarbeiten für die Stadt abrechnete. Nachdem eine vereinbarte Arbeit ausgeführt war, was ein Token bestätigte, konnte man es gegen geringe Bezahlung umtauschen. Gemäß der Analogie besteht die Vermutung, dass solche Tokens mit »Zeichen« von Kaufleuten und Handwerkern dazu dienten, verschiedene Arbeiten (zum Beispiel der Transport von Waren durch Träger) oder andere Dienstleistungen abzurechnen, bevor sie am Ende, als Zeugnis der Anzahl der ausgeführten Arbeiten, ebenso gegen Lohn ausgetauscht wurden. Diesen Abrechnungscharakter belegen Tokens mit zwei geprägten Zeichen. Deren privater Charakter bewirkte, dass sie auch in anderen Situationen genutzt werden konnten, in denen der Token von einer Berechtigung zeugte oder als Gutschein diente. Im Gegensatz zu städtischen Tokens sind private Tokens (abgesehen von Testamentstokens) nicht datiert. Der Einfachheit ihrer Herstellung geschuldet, konnte im Grunde genommen jeder Kaufmann und Handwerker ohne größere Mühe über sie verfügen und sie nach eigenem Belieben anwenden.

Einen etwas anderen Charakter hatten Testamentstokens; sie wurden im Namen verstorbener Personen und deren Familien hergestellt, die in ihrem Testament einen Teil ihres Vermögens der Armenhilfe übergaben. Diese Anteile wurden an die Bedürftigen gewöhnlich am Tag des Schutzpatrons eines Verstorbenen oder des Schutzpatrons der Gemeinde, der er angehörte, gegeben und gegen eine kleine Geldsumme ausgetauscht. Von ihrer Bestimmung zeugt die Inschrift, die auf einer Seite des Objekts zu sehen ist: Der Danziger Kaufmann Zacharias Zappio bestimmte 1680 eine Stiftung in seinem Testament, aus der jedes Jahr vor Johannis 300 Bleitokens unter die Armen verteilt wurden, die sie dann gegen 15 Groschen tauschen konnten. Testamentstokens waren viel prachtvoller als die »Handwerkszeichen« und erinnerten in ihrer Form oft an Bleimedaillen.

Körperschaften stellten ebenfalls Bleitokens her, wie zum Beispiel Zünfte, städtische Bruderschaften und Pfarrgemeinden. Auf deren Tokens waren Zunftzeichen oder Darstellungen charakteristischer Erzeugnisse zu sehen, auf denen der Kaufmannsbrüderschaften Darstellungen des Schutzpatrons oder das Wappen, auf denen der Kirche religiöse Ikonografie, die an die Symbolik der heiligen Kommunion und des Schutzpatrons der Pfarrgemeinde anknüpfte. Die Tokens wohlhabender Danziger Kaufmannsbruderschaften (der St.-Georgen-Bruderschaft, der Dreikönigsbruderschaft, der St.-Reinholds-Bruderschaft) dienten vermutlich auch dazu, Hilfe für die Bedürftigen abzurechnen. Zunftzeichen dagegen hingen mit der Abrechnung der in der Satzung bestimmten obligatorischen Pflichten zusammen (beispielsweise Teilnahme an Begräbnisfeierlichkeiten) oder mit einer geringen finanziellen Unterstützung aus den Selbsthilfekassen der Zunft. Private Tokens wie auch Körperschaftstokens waren noch bis ins 18. Jahrhundert in Gebrauch. *Tomasz Maćkowski*

Literatur

Bahrfeldt 1910 | Dutkowski/Suchanek 2000, S. 277–306 | Maćkowski 2016 | Maćkowski 2018.

II.137

Harsdorf'sche Gold- und Edelsteinwaage mit bemaltem Holzetui

Nürnberg, Miniaturist aus dem Umkreis des Schreyer-Meisters, datiert 1497

Etui: Holz, Deckfarben und Gold auf Papier
L 17,4 cm, B 10,3 cm, H 2,5 cm

Waage: Eisen, Silber, teilvergoldet, Blei, Faden, Perle als Zeigerspitze
H 23,5 cm (zusammengesteckt),
B des Waagebalkens 14,5 cm

Kästchen für Gewichte mit 27 Vertiefungen
L 5,8 cm, B 3,8 cm

Pinzette, Silber
L 14,2 cm

Nürnberg, Germanisches Nationalmuseum, HG11161, Leihgabe der Freiherrlich Harsdorfschen Familienstiftung

Die transportable Goldwaage des Hans Harsdorfer (vor 1464–1511) ist die älteste überlieferte Feinwaage des Mittelalters und ein herausragendes Beispiel des feinmechanischen Messinstrumentenbaus. Es handelt sich jedoch nicht um nur ein zweckmäßiges technisches Gerät, sondern es war, wie die Preziosität und Sorgfalt der Ausführung zeigen, auch ein Statussymbol, das der Repräsentation seines Besitzers dienen sollte. Die Anfertigung der kostbaren Waage samt Etui dürfte in einem unmittelbaren Zusammenhang mit der Ernennung Hans Harsdorfers zum obersten Münzmeister des böhmischen Königreichs Ende 1496 stehen (Kat.-Nr. II.138).

Aufbewahrt wurde die demontierte Goldwaage in einem hölzernen Etui, dessen Deckel außen und innen von einem versierten Miniaturisten verziert wurde. Außen ist eine sogenannte Grünmalerei (eine Ton-in-Ton-Malerei) mit der Darstellung zweier kämpfender Wilder Männer in einer Rankenlandschaft zu sehen – möglicherweise eine Anspielung auf die Aufgabe der Wilden Männer als Hüter der Bodenschätze, die ihnen im Volksglauben der Frühen Neuzeit zugeschrieben wurde. Oberhalb des silbernen Schlosses wurde in einem kleinen rechteckigen Feld in goldenen Ziffern die Jahreszahl 1497 eingefügt. Im Kontrast zur »Wildheit« der Außenseite öffnet sich dem Betrachter im Inneren des Behälters die »geordnete« Welt des Münzmeisters. Die Deckelinnenseite zeigt ein lorbeerumkränztes Wappenmedaillon mit den Wappen Harsdorfers und seiner Frau Margarete Nützel, das von zwei stattlich gekleideten Landsknechten gehalten wird.

II.137

Das Etui ist mit diversen passgenauen Fächern versehen, in denen die einzelnen Bestandteile der Waage untergebracht wurden – bis auf zwei zusätzliche Schalenpaare und einige Gewichte ist die Waage vollständig erhalten geblieben. Als Fuß diente ein mit Blei ausgegossener rechteckiger Silbersockel. Die Stange, die aus zwei zusammengesteckten Vierkantstäben besteht, trägt einen kleinen beweglichen Balken, an dem vorn an einem Stahldraht der eigentliche Waagebalken samt Zeiger und Schalen hängt. Angehoben und abgesenkt wird der Waagebalken mithilfe einer Schnur, die am hinteren Ende des oberen Querbalkens befestigt ist und über eine Rolle im Vierkantstab am Sockel der Waage nach vorn geführt wird. Ein annähernd quadratisches Gewicht, an dem die Schnur festgebunden ist, fixiert die Höhenposition des Waagebalkens. In einem gesonderten Kästchen, das mit einem Schiebedeckel verschlossen wird und ebenfalls im Etui Platz fand, waren die ursprünglich 27 Messgewichte untergebracht. Auf der Stirnseite des Etuis ist schließlich Raum für eine Pinzette ausgespart worden. In diese ist ein Zitat aus dem Lukasevangelium (Lk 4,30) eingraviert worden, das als Schutzformel gegen Überfälle gebräuchlich war: »Ihs + Autem + Transiens + Permedium + Illorum + Ibat« (Jesus aber ging mitten durch sie hindurch und zog weiter). Bei aller Kostbarkeit ist die Feinwaage auch ein praktisches Utensil, das Hans Harsdorfer auf seinen Reisen begleitet haben dürfte. *Wilfried Franzen*

Literatur
Bott/de Montebello 1986, Nr. 77, S. 218 f. (Rainer Kahsnitz) | Fajt 2013, S. 158 (Markus Hörsch, Susanne Jaeger) | Fajt/Hörsch/Jaeger 2011 | Ottomeyer/Götzmann 2006, Bd. 1: Katalog, S. 63, Nr. I. 46 (Sabine Witt) | Väth 1993, S. 140–143.

II.138

Porträt des Hans Harsdorfer

Nürnberg, datiert 1484 (Kopie des frühen 16. Jahrhunderts?)

Tempera und Öl auf Holz

H 61 cm, B 46 cm

Nürnberg, Germanisches Nationalmuseum, Gm2412, Leihgabe der Freiherrlich Harsdorfschen Familienstiftung

Montanunternehmer und Metallhändler, Oberster Münzmeister Böhmens und Älterer Bürgermeister Nürnbergs – es war eine außerordentlich erfolgreiche Karriere, die der Nürnberger Patrizier Hans Harsdorfer (vor 1464–1511) hinlegte. Er entstammte einer zwischen Nürnberg und dem böhmischen Pilsen/Plzeň agierenden Familie, die sich schon früh in der aufblühenden Bergbauindustrie engagierte. Hans Harsdorfer, der auf dem väterlichen Landsitz Malesice bei Pilsen geboren wurde, dehnte seine Geschäftsbezie-

II.138

hungen weiter nach Böhmen aus und trat spätestens 1493/94 in die Dienste des Königs Vladislav II. (reg. 1471/1490–1516) von Böhmen und Ungarn. Seinen weiteren Aufstieg verdankte er den Unruhen der Bergleute in Kuttenberg/Kutná Hora, der wichtigsten Silberbergbaustadt Böhmens, in denen sich in den Jahren 1494 und 1496 der Unmut über den bisherigen königlich-böhmischen Münzmeister entlud. Harsdorfer, der auch Tschechisch sprach, wurde daraufhin von König Vladislav zum neuen Obersten Münzmeister des böhmischen Königreichs ernannt. Ihm gelang es nicht nur, die Verhältnisse in Kuttenberg zu befrieden, sondern zudem, sein eigenes Vermögen zu mehren, sodass er bald zum wichtigen Geldgeber und Gläubiger des Königs wurde. Am Ende seiner kurzen Amtszeit schuldete ihm Vladislav den enormen Betrag von 3 000 Schock böhmischer Groschen.

Bereits 1499 hatte Harsdorfer sein Amt indes wieder aufgegeben, um endgültig nach Nürnberg umzusiedeln. Im Jahr zuvor hatte er von seinem Onkel Endres Harsdorfer (gest. 1498) Schloss Eschenbach und die zugehörige Schmelzhütte und das Hammerwerk in Enzendorf an der Pegnitz geerbt, welches zu den führenden Unternehmen der Nürnberger Kupferindustrie aufsteigen sollte. Aufgrund seiner guten Beziehungen war Hans Harsdorfer für die Stadt Nürnberg im diplomatischen Dienst tätig und besuchte mehrfach König Vladislav an dessen Budapester Hof. Bei einer dieser Gelegenheiten überbrachte er ihm ein Gemälde (»eine huebsche gelumynierte taffel«) Albrecht Dürers (1471–1528), für das er Dürer das beträchtliche Honorar von 45 Gulden bezahlt hatte (Rechnungsbücher der Stadt Nürnberg, 1504). Im Jahr 1505 wurde Harsdorfer schließlich zum Älteren Bürgermeister Nürnbergs gewählt.

Mit welchem Selbstbewusstsein die aufstrebende stadtbürgerliche Unternehmerschicht Nürnbergs auftrat, wird in dem ausgestellten Bildnis des noch jungen Hans Harsdorfer deutlich, das 1484 datiert ist und mit dem voll ausgeschriebenen Namen des Dargestellten versehen wurde – eine Praxis, die unter den Nürnberger Patriziern Ende des 15. Jahrhunderts mehr und mehr Verbreitung fand. Das bemerkenswert großformatige Porträt zeigt den jungen Mann in eleganter, vornehmer schwarzer Kleidung. In seiner Rechten hält er eine Nelke, das Symbol für Verlobung, Liebe und Ehe und somit eine Referenz an seine Gattin Margarete Nützel (um 1465–1531), Tochter des Nürnberger Ratsherrn Gabriel Nützel (um 1433–1501), die er drei Jahre zuvor geheiratet hatte. Es ist daher anzunehmen, dass das Tafelbild einstmals Teil eines Doppelporträts des Ehepaars war. Es hat sich bis heute im Harsdorf'schen Familienbesitz erhalten, wobei bislang ungeklärt ist, ob es sich um ein (vielleicht in Teilen übermaltes) Original oder um eine Kopie des 16. Jahrhunderts handelt. *Wilfried Franzen*

Literatur
Buchner 1953, S. 129 | Fajt 2011 | Fajt 2013, S. 156–158 (Markus Hörsch, Susanne Jaeger) | Grote 1960/61, S. 12 | von Harsdorf 1958, S. 31–35 | von Hentig 1966 | Klier 1958, S. 56–61.

II.139

Vertreibung der Händler aus dem Tempel und Verkündigung an die heilige Anna

Doppelseitig bemalte Tafel eines Altarflügels

Nicolaus Haberschrack, um 1468

Tempera auf Holz

H 124 cm, B 103 cm (ohne den neuen Rahmen)

Krakau/Kraków, Muzeum Narodowe w Krakowie, MNK I-595

Am 22. April 1468 versicherte Nicolaus Haberschrack, »pictor de Cracovia« (Maler aus Krakau), vor dem Bischofsgericht in Krakau, dass er seinen Verpflichtungen aus früherer Zeit nachkommen werde und bis zum 29. September des Jahres die Arbeiten am Aufsatz des Hauptaltars der St.-Katharinen-Kirche auf Kosten des Priors Andreas des benachbarten Augustinerklosters beenden werde. Haberschracks Werk ist heute nicht an seinem ursprünglichen Ort erhalten. Wahrscheinlich wurde es 1634, als das neue barocke Altarretabel errichtet wurde, entfernt. Die demontierten Tafeln der Flügel des Altaraufsatzes Haberschracks dienten später als Kreuzwegstationen in den klösterlichen Kreuzgängen, was ihren besonderen Erhaltungszustand erklärt: In den meisten Fällen (10 von 14) sind die christologischen (vorderen) Seiten der Tafeln erhalten und nicht die mit marianischen Darstellungen versehenen (rückwärtigen) Seiten, die einem direkten Kontakt mit der Steinmauer ausgesetzt waren. In zwei Fällen ist neben der Vorderseite auch die (allerdings stark beschädigte) Rückseite erhalten geblieben. Die Rückseite der hier präsentierten Tafel zeigt die Verkündigung an die heilige Anna. Es handelt sich um die Eröffnungsszene des Marienzyklus, der im geschlossenen Zustand des Altaraufsatzes sichtbar war.

Die Vertreibung der Händler aus dem Tempel auf der Vorderseite dieser Tafel war dagegen bei geöffneten Flügeln als chronologisch zweite Szene des Zyklus sichtbar. Die im Neuen Testament in drei Evangelien beschriebene Begebenheit wird hier für eine Gegenüberstellung genutzt: derjenigen, die die Grundsätze des Glaubens befolgen (*fideles observantes*), mit jenen, die sich fälschlicherweise als Gläubige ausgeben (*viri pseudoreligiosi*). Im Tempel von Jerusalem wurden zur Zeit Jesu die Pilger, um Opfer zu bringen, genötigt, ihre Währung gegen Tyrische Schekel zu tauschen. Man könnte vermuten, dass verhindert werden sollte, dass Münzen mit Darstellungen von fremden Göttern oder des Adlers des Römischen Reichs nicht in die Schatzkammer des Tempels gelangten. Doch auf dem Tyrischen Schekel befindet sich beides! Die garantierte Einhaltung der strengen Grundsätze für das Gewicht und die Reinheit des Metalls war für die Tempeloberen daher wichtiger, als wer und was auf der Münze abgebildet war. Jesus Christus, der die Geldwechsler und Händler vertreibt, reagiert auf diese Heuchelei. Seine Worte, der jüdische Tempel solle ein »Haus des Gebets für alle Völker« sein, verorten das Ereignis zugleich in einer eschatologischen Perspektive, jenseits eines bestimmten Ortes und einer bestimmten Zeit.

Wojciech Marcinkowski

Literatur

Frączek 2015 | Franzen 2006 | Gadomski 1988, S. 138–142 | Małkiewiczówna 2002 | Marcinkowski/Klincewicz-Krupińska 2018.

II.139

Von Einwanderern zu Wirtschafts-magnaten

Die Familie Boner

Medaille des Severin Boner, 1533, Krakau/Kraków, Muzeum Narodowe w Krakowie, MNK-VII-MdP-263 (Kat.-Nr. II.141)

In einer Seitenkapelle der Krakauer Marienkirche befinden sich zwei bronzene Grabplatten aus der ersten Hälfte des 16. Jahrhunderts (Abb. 210). Ihre hohe Qualität lässt Kunsthistoriker vermuten, dass sie von der renommierten Nürnberger Werkstatt Peter Vischer des Jüngeren (um 1487–1528) geschaffen wurden. »Magnificus dominus Severinus Bonar« beginnt die Inschrift auf einer der beiden Platten und listet anschließend eine Vielzahl von Titeln auf: Burggraf von Żarnowiecz, Biecz und Sandez/Sącz, Starost von Auschwitz-Zator/Oświęcim-Zator, Statthalter und Salzgraf von Krakau/Kraków. Der unter dieser Inschrift im Relief dargestellte Severin Boner (1486–1549) präsentiert sich in der Rüstung und Pose eines Ritters. Direkt daneben zeigt das zweite Grabmal Sophia Bethmann, verheiratete Boner (gest. 1535). Infolge ihres Todes gab ihr Mann noch zu seinen Lebzeiten beide Grabplatten in Auftrag. Auch sie präsentiert sich in prächtiger Gewandung unterhalb der Titulatur ihres Gatten und mit den Wappen ihrer Familie. Sowohl die bronzenen Kunstwerke selbst als auch ihre prominente Platzierung in der Hauptpfarrkirche der Stadt Krakau machen deutlich, dass wir es hier mit herausgehobenen Persönlichkeiten zu tun haben. Wer waren diese Boner, die in der Marienkirche über eine eigene Familienkapelle verfügten und sich ein solches Denkmal schufen? Eine alteingesessene Krakauer Familie, möchte man vermuten, die es zu Reichtum brachte und ihren wohlverdienten Platz in dieser Kirche beanspruchte. Tatsächlich aber gehörten sowohl Severin Boner als auch seine Frau der zweiten Einwanderergeneration an.

Die Boner waren eine Familie von Kaufleuten, die ursprünglich aus Landau in der Pfalz stammte. Jakob Andreas Boner (1454–1517), der Vater des Severin, war als Kaufmann in Nürnberg tätig, bevor er zunächst ins schlesische Breslau/Wrocław übersiedelte, wo er ein Haus an einer der vornehmsten Adressen der Stadt erwarb, direkt am Ring. Später verbrachte er einige Zeit im polnischen Krakau. Auch Jakobs Bruder Johann Boner (auch: Hans oder Jan, um 1450–1523), Severins Onkel, war über die Stationen Nürnberg und Breslau nach Krakau gelangt, wo er 1483 das Bürgerrecht erwarb. Er gründete gemeinsam mit dem aus dem Elsass stammenden, jedoch schon lange in Krakau ansässigen Kaufmann und Ratsherrn Severin Bethmann (um 1420–1515), dem Vater von Severins Frau Sophia, eine Handelsgesellschaft. Boner führte die Geschäfte der Gesellschaft, die über ständige Vertreter in Posen/Poznań, Lemberg/L'viv, Kaschau/Košice, Wien und Nürnberg verfügte. Sie exportierte beispielsweise Felle, Wachs, Blei und Schlachtvieh aus Polen. Dagegen importierte sie Tuche, Gewürze, venezianisches Glas, Silber und ähnliche Luxusgüter nach Krakau. Der Tuchhandel war das Hauptbetätigungsfeld der Handelsgesellschaft. Die gehandelten Qualitäten reichten von einfachen Stoffen aus Schlesien über teure flandrische Wolltuche bis hin zu Damast, Seide oder Brokat aus Italien. Für den Ausbau des Schlosses der polnischen Könige auf dem Wawel im Renaissance-Stil, den besonders Sigismund I. (reg. 1507–1548) und seine Frau Bona Sforza (1494–1557, Königin seit 1518) vorantrieben, beschaffte das Unternehmen die kostbaren Baustoffe, wie Fensterglas und Marmor.

Johanns Vermögen wuchs rasch an, zumal er durch die Heirat mit Felicia (um 1432–1492), der Tochter des vermögenden Krakauer Ratsherrn und königlichen Münzmeisters Stanislaus Mornstein (um 1400–1482), endgültig in die führenden Kreise Krakaus aufstieg. Er erwarb Stadthäuser und Landgüter. Von 1498 bis zu seinem Tod 1523 gehörte Johann Boner dem Rat der Stadt an. Seine gesellschaftliche Position und die immense Finanzkraft machten Boner zum Bankier und Geldgeber für den Adel und das Königshaus, zumal er durch den Verkauf von Waren ohnehin oft zu deren Gläubiger wurde. König Sigismund I. wie auch schon sein Vorgänger Alexander I. (reg. 1501–1506) wandten sich in allen finanziellen Angelegenheiten an Boner. Unter anderem durch die ständigen militärischen Erfordernisse im Osten, wo das Großfürstentum Moskau und das

Abb. 210
Grabplatte des Severin Boner (gest. 1549) und seiner Frau Sophia Boner, geborene Bethmann (gest. 1535) in der Krakauer Marienkirche

Osmanische Reich eine Bedrohung darstellten, war die Schuldenlast der polnischen Könige enorm angewachsen. Boner ordnete die Finanzen des hoch verschuldeten Herrscherhauses, was insbesondere bedeutete, dass er Schulden des Königs übernahm und durch einen Tilgungsplan die Verbindlichkeiten sukzessive minderte. Er unterstützte Sigismund I. beim Rückkauf von Krongut, das aufgrund von Schulden an Adelige oder Kaufleute gefallen war. Mit seinem Geld finanzierte er auch kriegerische Unternehmungen, unter anderem den polnischen Krieg gegen Preußen in den Jahren 1519/20.

Boner wurde nach und nach zum Hauptgläubiger der Krone. Im Jahr 1513 etwa schuldete Sigismund ihm eine Summe von fast 47 000 Floren. Bei jährlichen Gesamteinkünften der Krone von 100 000 Floren entsprachen die Schulden fast dem halben Staatshaushalt. Die Verbindlichkeiten ergaben sich einerseits aus Krediten, andererseits aus verschiedenen Warenlieferungen für den privaten Bedarf des Königspaares und für Material zum Wiederaufbau und Kunstwerke zur Ausstattung des Wawel, nachdem das Schloss im Jahr 1500 durch einen Brand schwer beschädigt worden war. Zu Boners Tätigkeitsbereichen gehörte neben der Verwaltung von Krongut auch die Lieferung von Silber an die Krakauer Münze. Ab 1515 leitete er die königlichen Salinen von Wieliczka, wo er durch Einsatz eigener Finanzmittel die Produktion zu steigern vermochte. Die Rückzahlung der königlichen Schulden an Boner erfolgte, indem dieser direkte Einkünfte aus verschiedenen Zöllen, Minen und Bergwerken oder auch Vorwerken bezog. Kurz: Boner war einer der reichsten Männer seiner Zeit und verfügte über enormen Einfluss am Königshof, aber auch in der Stadt Krakau. Im Jahr 1513 erwarben die Boner die Kapelle Johannes des Täufers in der Marienkirche als Familienkapelle, was sie als Angehörige des vornehmsten Teils der Krakauer Bürgerschaft ausweist. In dieser Kapelle befanden sich auch die Gräber Boners und seiner Frau, die jedoch im Dreißigjährigen Krieg zerstört wurden.

Im Jahr 1523 verstarb Johann Boner kinderlos. Erbe seines enormen Vermögens und Nachfolger in der Führung der Handelsgesellschaft war sein Neffe Severin Boner. Was sein Onkel vorgemacht hatte, führte Severin weiter und erweiterte noch seinen Einfluss. Seine Ehe mit Sophia Bethmann brachte ihm bereits im Jahr 1515 das Erbe des gesamten, ebenfalls beträchtlichen Bethmann-Vermögens ein. Auch Severin stand in enger Verbindung mit dem Königshof und erlangte schließlich den Adelsstand. Zudem war er ein gelehrter Mann mit großem Interesse für Kunst und Wissenschaft, der sich humanistischen Idealen zuwandte. Mit dem riesigen Doppelvermögen zweier Kaufherren verfügte Severin über enorme Möglichkeiten. Er engagierte sich weniger im Handel als im Kreditgeschäft und übernahm als Bankier, Berater und Verwalter wichtige Funktionen für den Hof. Auch den Wawelbau trieb er für Sigismund und Bona Sforza voran, verpflichtete Architekten und Künstler und beschaffte Baumaterial und Kunstwerke – unter anderem 16 Gobelins aus Flandern. Wie sein Onkel Burg- und Salzgraf von Krakau, später auch Starost, gelang Severin schließlich der Aufstieg in den höheren Adel Polens. Wie sein Onkel war er Verwalter der ökonomisch wichtigen Salzbergwerke von Wieliczka. Der Bruderschaft dort schenkte er ein reich verziertes Trinkhorn (Kat.-Nr. II.156), das bis heute erhalten ist. Als Kastellan von Żarnów ab 1532, später noch von Biecz und Sandez, war er Mitglied des Senats und Teil der polnischen Magnatenschicht. Dieser Aufstieg wurde durch die zweite Ehe Severins mit der Tochter des Woiewoden von Kalisch/Kalisz gefestigt.

Im Verlauf von nur zwei Generationen waren die Boner in Krakau von zugewanderten vermögenden Kaufleuten zu wichtigen Funktionsträgern mit hohen Ämtern aufgestiegen. Severin Boner zeigte durch die Eheschließung mit einer polnischen Adeligen zudem einen hohen Grad an Integrationswillen. Wie die Fugger im Reich zentrale Funktion für Kaiser und Könige hatten, waren die Boner das finanzielle Rückgrat der polnischen Monarchie. Diese Familien waren Teil einer kleinen Gruppe von Bürgern, die die Möglichkeiten der Stadt, die Freiheiten, die diese bot, und die Rechte des Bürgers hinsichtlich Vererbung von Vermögen und freier Verfügungsgewalt über seinen Besitz zu einem kometenhaften Aufstieg nutzten. Die Realität hatte hier das gesellschaftliche Modell längst überholt: Während die Bürger noch immer mit Bauern, Handwerkern und auch Tagelöhnern Teil ein und desselben Standes waren, schlossen sie de facto zum Adel auf und überrundeten diesen zuweilen sogar. Die sich fortentwickelnde Wirtschaft benötigte »Treibstoff« in Gestalt von Münzgeld. Das alte feudale Wirtschaftssystem war nicht auf die Schaffung von Liquidität ausgelegt. Es gab den Grundherren lediglich Verfügungsgewalt über Arbeitskraft und Naturalabgaben. Die städtische Wirtschaft dagegen förderte den Umlauf von Münzgeld und ermöglichte damit die Beschaffung von Waren und Leistungen in einer arbeitsteiligen Gesellschaft. Die Oberschicht war also auf diejenigen angewiesen, die durch ihre Handelsgeschäfte Geld anzogen und zugleich über ausreichend Finanzkraft verfügten, anderen entsprechende Zahlungsmittel zur Verfügung zu stellen. Davon profitierten Familien wie die Boner ganz außerordentlich. *Christina Link*

Literatur
Lichończak-Nurek/Niezabitowski 2007, S. 557 f. | Malecki 2000 | Pusch 1986 | Rothenberger 2012 | Smolka 1967.

II.140

II.140

Büste des Severin Boner von seinem Grabmal in der Krakauer Marienkirche

Feichtinger (Vorname unbekannt), 1886

Gipsabguss, monochrome Bronzeimitation

H 50 cm, B 55 cm

Krakau/Kraków, Muzeum Narodowe w Krakowie, MNK I-g-233

Bei der Porträtbüste von Severin Boner (1486–1549), Patrizier und Gefolgsmann von König Sigismund I. dem Alten, handelt es sich um einen Teilabguss der bronzenen Grabplatte seiner letzten Ruhestätte. Sie befindet sich in der Johannes dem Täufer geweihten Kapelle der Familie Boner in der Krakauer Marienkirche (nördliches Seitenschiff, erste Kapelle von Westen). Boner wurde hier als Ganzkörperskulptur in einem Rahmen von 2,45 Metern Höhe und 1,26 Metern Breite präsentiert. Ein Gegenstück bildet die Grabplatte seiner Frau Sophia Bethmann. Beide Werke wurden zwischen 1535 und 1538 wohl in der Werkstatt der Familie Vischer in Nürnberg gegossen. Als Modell dienten dem Nürnberger Gießer vermutlich zwei von dem Maler Stanisław Samostrzelnik (um 1480–1541) gefertigte Porträts von Severin und Sophia Boner.
Wojciech Marcinkowski

Literatur
Marcinkowski/Zaucha 2010, S. 200 f.

II.141

Medaille des Severin Boner

Krakau/Kraków (?), Maciej Schilling, 1533

Silber, gegossen

D 3,4 cm, G 12,35 g

Umschrift (Vs): SEVERINVS BONAR CASTELLAN[VS] ZARNOINEN[SIS]

Krakau/Kraków, Muzeum Narodowe w Krakowie, MNK-VII-MdP-263

Die Medaille zeigt Severin Boner (1486–1549) im Profil in einer Renaissance-Rüstung mit Kappe. Auf der Rückseite sind das Wappen der Boner mit einer Lilie und die Jahreszahl 1533 dargestellt. Die Medaille entstand, nachdem Boner den Titel eines Kastellans von Żarnów erhalten hatte. Die Umschrift der Medaille nennt ebendiese Titulatur. Im Italien der Renaissance waren solche Porträtmedaillen schon länger gebräuchlich. Nördlich der Alpen entstanden die ersten münzenähnlichen Miniaturreliefs am Ende des zweiten Jahrzehnts des 16. Jahrhunderts. Die Medaillen waren bald unter Fürsten, Gelehrten und reichen Bürgern sehr beliebt, weil das Herstellungsverfahren, der Guss von Metall in ein zuvor gefertigtes Model, die Produktion zahlreicher Medaillen aus unterschiedlichen Metallen erlaubte. Diese Bildnisse wurden an Freunde, Förderer und Fürsten als Geschenke und Dankesgaben verschickt.

Severin Boner ließ sein Porträt von Maciej (auch: Matthias) Schilling (1475–1552) fertigen, einem Medailleur und Münzstempelschneider, der zugleich königlicher Münzmeister in Thorn/Toruń war. Die Medaille mit dem Porträt Boners gehört zu den besten Arbeiten Schillings, der auch Medaillen auf die Könige Sigismund I. (reg. 1507–1548) und Sigismund II. August (reg. 1530–1572) fertigte. Eine Ausführung der Medaille in Gold (36 g) sandte Boner an den bekanntesten Humanisten seiner Zeit, den Gelehrten Erasmus von Rotterdam (um 1466–1536), mit dem er korrespondierte. Erasmus nahm Johannes Boner, Severins ältesten Sohn, während dessen Bildungsreise durch Europa bei sich auf. *Christina Link*

Literatur
Matzke 2011 | Omilanowska 2011, S. 207 | Wędzki 1994.

II.141

»Handwerk hat goldenen Boden«

Zunfttafel der Gold- und Silberschmiede von Kronstadt/Brașov, Kronstadt/Brașov, 1556 (Kat-Nr. II.145, Detail)

Das seit dem frühen 16. Jahrhundert nachweisbare Sprichwort gibt der Wertschätzung und der Möglichkeit zu wirtschaftlichem Wohlstand Ausdruck, die seit dem hohen Mittelalter mit Handwerk und Gewerbe verbunden waren. Tatsächlich geht aus einer Stammrolle des späten 14. Jahrhunderts aus Thorn/Toruń, in der die von den Bürgern zu erbringenden Heeresleistungen dokumentiert sind, hervor, dass einige Goldschmiede, Brauer, Gürtelmacher, Glaser und Kannengießer zu ähnlich hohen Abgaben herangezogen werden konnten wie die reichen Kaufleute. Die als freie Bürger in den Städten ansässigen Handwerker produzierten nicht allein für den gewachsenen Konsumbedarf und die oft hohen Ansprüche der Einwohner in der eigenen Stadt, sondern zum Teil auch für einen weit überregionalen, oft europaweiten und in manchen Fällen sogar Asien und Afrika einbeziehenden Handel (Abb. 211). So errichteten die Familien Diesbach aus Bern und Watt aus St. Gallen ein von 1428 bis 1458 nachweisbares Handelsnetz mit Niederlassungen von Krakau/Kraków, Breslau/Wrocław und Posen/Poznań bis nach Avignon und Barcelona. Auch Augsburger und Nürnberger Kaufleute hatten seit dem 15. Jahrhundert Handelsniederlassungen in Leipzig, Breslau, Krakau und Posen ebenso wie in Venedig und andernorts.

Exportschlager waren beispielsweise Leinen aus Breslau, Schweidnitz/Świdnica, Liegnitz/Legnica, Neumarkt/Środa Śląska, Greiffenberg/Gryfów Śląski, Löwenberg/Lwówek Śląski und Waldenburg/Wałbrzych in Schlesien und das in der Produktion sehr aufwendige Baumwollgewebe Barchent wiederum aus Schweidnitz und Breslau, aber auch aus Prag/Praha, Ofen/Buda, Pressburg/Bratislava, Stuhlweißenburg/Székesfehérvár, Bartfeld/Bardejov und Hermannstadt/Sibiu. Die einmal etablierten Handelswege konnten zudem für nur in geringeren Mengen verhandelte Luxusgüter wie beispielsweise Gold- und Silberschmiedearbeiten bis hin zu Gemälden und geschnitzten Bildwerken genutzt werden. Manche Handwerker und Gewerbetreibende konnten in der Tat beträchtlichen Wohlstand erwerben.

Spätestens seit dem 10. Jahrhundert hatten sich im mittelalterlichen Reich vor allem an Marktorten neben den Kaufleuten auch Handwerker angesiedelt, deren Produktion nun nicht mehr allein auf eine Burg oder ein Kloster ausgerichtet waren, sondern auf den allgemeinen Markt. Diese Entwicklung wurde in der Regel von den Landesherren befördert und lässt sich beispielsweise auch in Magdeburg beobachten, wo im 10. Jahrhundert für die außerhalb der Pfalz und des Klosters lebende Bevölkerung bereits eine eigene Kirche existierte, dem Abt des Moritzklosters und später dem Erzbischof Markt-, Zoll- und Münzrechte übertragen und die Kaufleute mit freier Handelstätigkeit im ganzen Reich und weitgehender Zollfreiheit privilegiert wurden.

Der Aufschwung von Handel, Handwerk und Gewerbe, der sich vor allem in den Bischofsstädten wie Worms, Straßburg, Köln oder auch Magdeburg feststellen lässt, führte im 12. und 13. Jahrhundert zur Entstehung genossenschaftlicher Vereinigungen von Berufsgruppen, die sich aus eigener Initiative zusammenschlossen, sich zu Frieden und Freundschaft sowie gegenseitigem Schutz und brüderlicher Hilfe in Notfällen verpflichteten und in der Regel außerdem eine religiöse Gemeinschaft als Bruderschaft bildeten, Altäre oder Kapellen unterhielten und sowohl Begräbnisse als auch das Totengedenken gemeinsam vollzogen.

Die Gilden der Kaufleute entwickelten sich gleichzeitig mit den Zünften der Handwerker, wobei die inhaltliche Zuordnung der Begriffe erst in der Geschichtsschreibung üblich wurde, während in den zeitgenössischen Quellen »Gilde«, »Zunft« und weitere Begriffe wie beispielsweise »Innung« oder »Zeche« (*fraternitas*, *societas* und *consortium*) sowohl für genossenschaftliche Vereinigungen von Kaufleuten als auch von Handwerkern verwendet wurden und auf regionalen Ge-

Abb. 211
Die Schwertfeger und Messerschmiede im Kodex Behem von 1505. Krakau/Kraków, Biblioteka Jagiellońska, Bj Rkp. 16, fol. 291

pflogenheiten beruhten. In Magdeburg erhielten Schuhmacher, Schildmacher und Sattler bereits in der zweiten Hälfte des 12. Jahrhunderts die freie Berufsausübung und das Recht zur freien Wahl ihres Zunftmeisters (Abb. 212). Außerdem wurde der Zunftzwang eingeführt, das heißt die Pflicht zum Beitritt, um das Handwerk in der Stadt zu betreiben. Ausdrücklich verweisen die Urkunden auf die Bedeutung der Regelung des Gewerberechts für das Ansehen und die Ehre der Stadt. In ihrer Betonung von Freiheit, Selbstbestimmung, Ehre und Gemeinwohl zeigen die Magdeburger Urkunden bereits ein in die Zukunft weisendes stadtbürgerliches Selbstverständnis.

Seit dem Ende des 12. Jahrhunderts und vor allem im 13. Jahrhundert wurden die Zünfte zunehmend zu Trägern des Gewerberechts und des organisierten Handwerks, deren Bestimmungen allerdings der Zustimmung der sich gleichzeitig ausbildenden Stadträte oder der Stadtherren bedurften. Mehr oder weniger eingeschränkt übten die Zünfte die Gerichtsbarkeit in Markt- und Gewerbefragen aus, waren für die Qualitätskontrolle zuständig und regelten die Lehrlingsausbildung sowie die Beschäftigung von Gesellen und sonstigen Mitarbeitern. In der Regel hatten sie das Recht zur selbstständigen Wahl ihres Vorstehers und anderer Amtsträger. Von besonderer Bedeutung war der Zunftzwang, der den Mitgliedern eine Monopolstellung gegenüber Zunftfremden einräumte. Mit der gebührenpflichtigen Aufnahme war die Überprüfung der Qualifikation zum Gewerbe und oft auch des Bürgerrechts sowie die Verpflichtung auf die Satzung verbunden. Die stärkere Inanspruchnahme der Zünfte für die Organisation der Stadt fand auch darin ihren Ausdruck, dass die Beteiligung der Handwerker an den militärischen Diensten und anderen Pflichten über die Zünfte geregelt wurde und Neumitglieder bei ihrem Eintritt häufig den Besitz eines oder zumindest eines halben Harnischs nachweisen mussten.

Waren zunächst nur die Mitglieder der großen, handelsorientierten Innungen ratsfähig gewesen und hatten ein Stadtpatriziat ausgebildet, so konnten im 14. und frühen 15. Jahrhundert weitere Gewerbe in vielen Städten – oft durch Aufruhr – eine permanente oder gelegentliche Mitwirkung am Stadtregiment erreichen. In Magdeburg stellten seit 1330 neben den fünf großen Innungen der Krämer, Leinwandschneider, Kürschner, Gerber und Schumacher und Gewandschneider auch die Zünfte der Fleischhauer, Tuchmacher, Schmiede, Bäcker, Brauer, Goldschmiede, Schilderer (Schildmacher, Maler) und Schröder (Schneider) weitere fünf Ratsmänner (Abb. 213).

Das Innungsrecht und die Zunftordnungen wurden offenbar, ebenso wie das Stadtrecht und oft parallel zu diesem, von einer Stadt an die andere weitergegeben. Dies gilt in besonderem Maße für das Magdeburger Recht, bei dem das Markt- und Kaufmannsrecht von zentraler Bedeutung war. Gemeinsam mit dem Magdeburger Recht breitete sich die Ordnung von Handel, Handwerk und Gewerbe in Gilden und Zünften großräumig in Ostmitteleuropa aus. Bereits 1231 hatten sich die Markgrafen Johann I. (reg. 1220–1266) und Otto III. von Brandenburg (reg. 1220–1267) in ihrer Bestätigung der Stendaler Gewandschneidergilde ausdrücklich am Vorbild Magdeburgs orientiert. 1245 übernahm Kyritz die Statuten der Gewandschneidergilde aus Stendal, und 1315 ließ sich Neuruppin von dort außer den Statuten der Gewandschneidergilde auch die der Innungen der Tuchmacher, Fleischer, Bäcker, Schumacher und Gerber übersenden. Berlin, das aus Brandenburg Magdeburger Recht erhalten hatte, fertigte im 13. Jahrhundert für Frankfurt (Oder) eine

Abb. 212
Der Sattler (rechts), Kodex Behem, 1505. Krakau/Kraków, Biblioteka Jagiellońska, Bj Rkp. 16, fol. 289

Rechtsbelehrung über Gewerbeaufsicht, Marktgerichtsbarkeit, Ratswahl und Innungswesen. Frankfurt (Oder) wiederum ließ sich 1335 die Innungsstatuten für Schuhmacher und Gerber aus Brandenburg schicken. Noch 1619 wurde in Polozk/Polazk im Großfürstentum Litauen, heute Weißrussland, in dem ältesten erhaltenen Zunftprivileg ausdrücklich darauf Bezug genommen, dass die Handwerker unter Magdeburger Recht lebten. Die Initiative zu Gründung der Zünfte in Polozk war von den Handwerkern selbst ausgegangen, die sich mit der Bitte um die Gründung einer Zunft an den Stadtrat wendeten, der daraufhin das Zunftprivileg vom Großfürsten erbat.

Die Zünfte in Stettin/Szczecin, Danzig/Gdańsk (noch nach lübischem Recht), Thorn und Breslau reichen in das 13. Jahrhundert zurück. Breslau zählte bereits im ausgehenden 13. Jahrhundert 26 Zünfte, während die kleineren schlesischen Städte im 14. Jahrhundert zwischen sechs und 16 Zünfte hatten. Im 14. Jahrhundert sind Zünfte auch in Krakau, Gnesen/Gniezno, Plock/Płock, Przemyśl und Lemberg/L'viv nachzuweisen. In Danzig gab es im 14. Jahrhundert 31, in Krakau zu Beginn des 15. Jahrhunderts 25 Zünfte. Die Ausdifferenzierung der Handwerke und Gewerbe führte zu einer Welle weiterer Zunftgründungen, die erst im 16. Jahrhundert ihren Höhepunkt erreichte. In Breslau stieg die Zahl der Zünfte bis 1470 auf 42 an, in Krakau bis Ende des 15. Jahrhunderts auf 35. Erst im 16. und 17. Jahrhundert setzte die Zunftbewegung auch im Großfürstentum Litauen ein. In der bereits im 12. Jahrhundert bedeutenden ostslawischen Stadt Polozk lassen sich erst im 16. Jahrhundert Handwerkereinigungen feststellen, die im 17. Jahrhundert Zunftordnungen nach dem Vorbild von Wilna/Vilnius erhielten.

Wohl aufgrund einer stärkeren Stellung der Landesherren konnten die Zünfte jedoch weder in Polen noch in Böhmen oder Ungarn dauerhaft eine ähnliche Beteiligung am Stadtregiment erlangen wie in Magdeburg oder vielen anderen Städten des Reichs. In der Prager Altstadt wurde 1350 der zur Hälfte durch die Zünfte besetzte Rat von Kaiser Karl IV. (reg. 1346–1378) durch einen rein patrizischen Rat ersetzt. Auch in Breslau war es seit dem 14. Jahrhundert immer wieder zu Unruhen und Aufständen gegen den Stadtrat gekommen, die zu dem Zugeständnis einiger Ratssitze an die Handwerker führten. 1420 kassierte Kaiser Sigismund (reg. 1411–1437) diese Ratssitze jedoch zugunsten eines rein patrizischen Stadtrats und entzog den Zünften das Recht zur freien Wahl ihrer Amtsträger und zur Ordnung ihres Gewerbes. Seit 1439/40 wurden den großen Zünften dann doch noch dauerhaft zwei Ratssitze und zwei Schöffensitze zugestanden. Auch im Deutschordensland wurden die Zünfte seit dem späten 14. Jahrhundert vollkommen der Kontrolle des Rats unterstellt. Aufstände gegen das Stadtregiment, wie 1456 in Danzig und Thorn, brachten den Handwerkern ebenso wenig eine Beteiligung am Stadtregiment, wie die in den ungarischen Städten Ofen und Klausenburg/Cluj-Napoca um 1440.

Unterschiedlich wurde mit verschiedenen Sprachzugehörigkeiten und Konfessionen sowie der Zugehörigkeit zu verschiedenen Rechtsbezirken umgegangen. Juden war sowohl aufgrund ihrer besonderen Rechtsstellung als auch aufgrund der religiösen Funktionen der Zünfte und ihrer Bruderschaften in der Regel die Mitgliedschaft in den Zünften verwehrt. In Breslau gab es bereits im 14. Jahrhundert drei parallele Tuchmacherzünfte, die der Altstadt, der Neustadt und die der wallonischen Weber. In Ofen lässt sich eine deutsche und eine ungarische Schneiderzunft nachweisen. In Krakau waren die Zunftordnungen bis in das 16. Jahrhundert hinein in deutscher Sprache abgefasst, bevor sie nach einer kurzen lateinischen Phase meist ins Polnische übersetzt wurden. Das Deutsche hielt sich hierbei offenbar umso länger, je mehr Zuwanderer von außerhalb Polens ein Handwerk aufzuweisen hatte. In Polozk war zunächst die Bürgerschaft die Voraussetzung für die Mitgliedschaft in einer Zunft gewesen, doch bereits in der zweiten Hälfte des

Abb. 213
Die Bäckerzunft in Pressburg/Bratislava, die älteste Zunft der Stadt. Archív mesta Bratislavy, Ce 6, 490, fol. 2r

17. Jahrhunderts war die Mitgliedschaft offenbar auch Handwerkern möglich, die nicht unter der vollen Autorität des Rats standen, sondern unter anderer Rechtshoheit lebten. Ein Versuch des Rats im frühen 18. Jahrhundert, seine Zuständigkeit verpflichtend außerdem über die Bewohner anderer Rechtsbezirke der Stadt auszudehnen, blieb jedoch – ebenso wie in anderen Städten des Großfürstentums Litauens – erfolglos. Allerdings gab es in diesen Rechtsbezirken in Polozk keine eigenen Zünfte, wie etwa in Lublin. Das religiöse Leben der Zünfte in Polazk war ausschließlich auf den römisch-katholischen und den mit der römisch-katholischen Kirche unierten griechischen Ritus ausgerichtet. Zunftmitglieder waren verpflichtet, an den in den Statuten vorgeschriebenen Gottesdiensten beider Riten teilzunehmen.

Bereits im 13. und 14. Jahrhundert wurde das Gesellenwandern nach einer Lehrdauer zwischen einem Jahr bei den Webern und vier bis sechs Jahren bei Steinmetzen und Goldschmieden praktiziert. Um 1400 setzte es sich allgemein durch, wurde aber erst in der zweiten Hälfte des 16. Jahrhunderts zur verpflichtenden Norm. Lehrzeit, eheliche Geburt und Unbescholtenheit mussten Handwerker durch Briefe der Herkunftsstädte nachweisen, von denen ein großes Konvolut aus der Zeit um 1400 in Thorn an der Weichsel überliefert ist. Oft folgten die Gesellen den großen Fernhandelswegen, wie zum Beispiel von Antwerpen, Köln oder Straßburg über Frankfurt am Main und Nürnberg nach Prag, Breslau, Krakau und Lemberg, von Prag über Breslau und Thorn an die Ostsee oder an der Donau von Schwaben und Bayern nach Österreich und Ungarn in die Zips und nach Siebenbürgen. Diese wandernden Gesellen kauften sich dann schließlich in einer Stadt, die oft nicht die Herkunftsstadt war, in eine Zunft ein, um sesshaft zu werden. Das Gesellenwandern trug zu einem weiträumigen Austausch von technischen Fähigkeiten und Praktiken bei, der stärker von wirtschaftlichen und kulturellen Verbindungen als von Herrschaftsräumen bestimmt war. Dies betraf auch die Handwerker, die wir heute als Künstler begreifen – wie Maler, Bildschnitzer, Steinmetze oder Baumeister –, und trug damit zu einem weiträumigen künstlerischen Austausch bei.
Gabriele Köster

Literatur
Czacharowski 1982, bes. S. 125 f. | Czaja 2014, bes. S. 19 f. | Mühle 2015, bes. S. 56–59, 81–83 | Noga 2018 | Rohdewald 2005 | Schulz 2010 | Schulze 2006 b | Schulze 2006 c | Tacke 2018.

II.142

Schild der Böttcherzunft

Westpommern (Stettin/Szczecin?), 17. Jahrhundert

Eisen (Eisenblech)

H 52,5 cm, B 69 cm, T 2,7 cm

Stettin/Szczecin, Muzeum Narodowe w Szczecinie, MNS/Rz-502

Das Schild der Böttcherzunft hing wahrscheinlich über dem Eingang zum Zunfthaus oder einem der Häuser der Zunftmeister. Es handelt sich um eine symmetrische Komposition zweier männlicher, auf ein Fass gestützter Figuren in knielangen Mänteln mit weiten Ärmeln, Stiefeln mit hohen Schäften, Hüten auf dem Kopf und Pfeifen im Mund. Jede Figur hebt ein angewinkeltes Bein und einen Arm in die Luft, in der Hand jeweils einen charakteristischen Hammer mit eingerollten Finnen. Das Schild besteht aus zwei Stücken gegossenen und dann geschmiedeten Eisenblechs, an die als Unterteil ein drittes Fragment genietet wurde und so das Objekt zu einem Ganzen verbindet. Verstärkt wird die Konstruktion durch zwei kleine Bleche, die beidseitig auf die obere Hälfte des Fasses genietet wurden. Das Schild stammt aus dem Bestand des Pommerschen Landesmuseums in Stettin (Pomorskie Muzeum Krajowego w Szczecinie), das aus der Sammlung der Gesellschaft für Pommersche Geschichte und Alterthumskunde (Towarzystwa Historii i Starożytności Pomorza) hervorgegangen war. Nach der Verleihung des Magdeburger Rechts an Stettin im Jahr 1243 entstanden in der Stadt die ersten Zunftverbände, deren Organisationsstruktur Vorbild für die Handwerker kleinerer Städte in der Region waren. Ihre Stellung bemaß sich sowohl am verabschiedeten Statut als auch an materiellen Macht- und Ritussymbolen der Zunft, wie Wappen, Siegel oder Willkomm. Schilder zeugten neben ihrem Nutzwert (Information und Werbung) ebenfalls von der Position des Ortes, über dessen Schwelle sie platziert wurden.

Von den Stettiner Böttchern, die Tonnen, Krüge und Fässer für den Transport von Salz, Fisch und flüssigen Ladungen herstellten, ist in den Beschlüssen des Hansetags des Jahres 1375 in Lübeck die Rede. Sie wurden damals verpflichtet, die von ihnen hergestellten Fässer zu standardisieren und mit dem Namen der Stadt und des Produzenten zu markieren. 1420 wurden sie mit fürstlichen Privilegien ausgestattet, die Existenz der Zunft wird jedoch erst aus Quellen von 1491 bestätigt. Eine erneute Anerkennung des Statuts ist für die Jahre 1500 und 1533 belegt. In dieser Zeit gehörten vier Zunftälteste und 18 Meister der Zunft an. Seit dem 17. Jahrhundert waren die Stettiner Böttcher mit Privilegien ausgestattet, die ihnen durch den Stadtrat und Herzog Bogislaw XIV. verliehen wurden. Diese garantierten ihnen Vorrang beim Kauf von schwimmfähigem Holz und verpflichteten die örtlichen Kaufleute und Brauer, ihre Fässer vor allem bei Zunftmitgliedern zu beziehen. Mit der Übernahme Stettins durch Preußen wurden auch die örtlichen Vereinigungen von den Reformen Friedrich Wilhelms I. erfasst, was eine Einschränkung dieser Rechte und Privilegien bedeutete. Eine erneute Blütezeit der Stettiner Böttcher setzte Ende des 18. Jahrhunderts mit der Zunahme des Weinhandels ein. Während der gesamten Zeit ihres Bestehens gehörte die Böttcherzunft in Stettin zu den neun Hauptzünften der Stadt.

Aleksandra Wilgocka

Literatur

Blümcke 1884 | Kozińska 2013 | Lesiński 1985 | Wachowiak 1985 | Wiśniewski 1985.

II.142

II.143

Hängeschild der Schneiderzunft

Zips, 1553

Lindenholz

H 54 cm, B 136,5 cm, T 3,2 cm; Ring zur Aufhängung: D 4 cm

Kaschau/Košice, Východoslovenské múzeum, F 6480

Das halbkreisförmige, kunstvoll geschnitzte Schild einer Schneiderzunft besteht aus einem Stück Lindenholz. Die Ausführung hat ein einfaches Design, die Archivolte ist mit einem Blattmuster verziert. Auf der Fläche in der Mitte befindet sich ein flaches Relief mit dem Symbol der Schneider: eine große, geöffnete Schere. Mittig darüber ist eine kleine, plastisch herausgearbeitete Tafel mit angedeuteter Aufhängung und der Jahreszahl 1552 sichtbar, vermutlich das Gründungsjahr der Schneiderzunft. Die Scherengriffe sind an den Enden mit Pfauenköpfen verziert. Das Schild hat an beiden Seiten fünfblättrige Rosetten mit Flachs als Pflanzenmotiv. Die Symbolik der Ornamente ist nicht zufällig: Flachs diente früher häufig der Herstellung von Kleidungsstücken, und der Pfau symbolisiert den allzu menschlichen Wunsch nach Anerkennung und Bewunderung getreu dem Motto »Kleider machen Leute«.

Auf der Rückseite des Schilds befindet sich ein zur Aufhängung dienender, originaler Metallhaken mit einem Ring. Es gibt auch Spuren zweier senkrechter Rillen, wahrscheinlich von Metallteilen, die zuvor der Befestigung gedient haben. Das Schild diente zur Kennzeichnung einer Schneiderwerkstatt und kommt aus der Region Zips, wahrscheinlich aus Zipser Neudorf/Spišská Nová Ves. Aus eben diesem Ort stammte Pavol Hanyúr (ung. Hanyúr Pál), von dem das damalige Oberungarische Rákoczi-Museum (Felsőmagyarországi Rákóczi múzeum) das Objekt 1909 für 40 Kronen und 22 Heller käuflich erworben hatte. Der gute Zustand des Zunftzeichens – ohne Beschädigungen – lässt vermuten, dass es am oder im Haus (als oberer Teil eines größeren Möbelstücks) des Zunftmeisters angebracht war.

Das Zunftschild mit Handwerkssymbolik gehörte neben der Zunfttruhe (Lade), der Ladetafel oder dem Siegelstempel zu den wichtigsten und unverzichtbaren Insignien einer jeden Zunft. Das mit einem solchen Schild gekennzeichnete Haus beherbergte die Meisterwerkstatt. Es konnte flach an der Wand hängen oder rechtwinklig angebracht sein (Nasenschild/Ausleger) und war in Metall (Messing, Bronze, Kupfer) getrieben oder geschnitzt. Prachtvoll angefertigte Schilder demonstrieren sowohl Kunstfertigkeit und ästhetisches Feingefühl als auch die finanziellen Möglichkeiten des jeweiligen Meisters oder der Zunft. Im Zug der deutschen Ostsiedlung verbreitete sich die Organisationsform des westeuropäischen Handwerks, des sogenannten deutschen Typs (auch in Ostmitteleuropa bzw. in der Slowakei). Dazu gehörte, dass die Mitgliedschaft in einer Zunft für alle Handwerker verpflichtend war. Die Ankunft der Siedler wirkte sich positiv auf die wirtschaftliche und soziale Entwicklung aus, da diese Handwerker meist aus ökonomisch und technologisch höher entwickelten Gegenden stammten. Dies beeinflusste und beschleunigte bis zu einem gewissen Grad die Weiterentwicklung des örtlichen Zunftwesens. Im Königreich Ungarn wurde der deutsche Typ des Zunftwesens jedoch bald verdrängt, als man wenig später die Struktur der Zünfte an das ungarische Recht anpasste.

Erste Schneiderzünfte sind auf dem Gebiet der heutigen Slowakei aus dem 15. Jahrhundert belegt – in Kaschau seit 1457. In den deutschen und böhmischen Städten waren die Zünfte vor allem politische Zusammenschlüsse, die mit dem Patriziat um die politisch-soziale Anerkennung des Handwerks kämpften. In der Slowakei bzw. dem Königreich Ungarn war die Entstehung und Entwicklung der Zünfte nicht nur von den wirtschaftlich-politischen Gegebenheiten des Mittelalters geprägt. Hier versammelten sich die Handwerker zunächst um bestimmte Heilige, die als Patron des jeweiligen Handwerks angesehen wurden, und entwickelten einen Kult. Deshalb bezeichneten sich die ersten Zünfte meist auch als Bruderschaften. Ihre Mission bestand in der Nächstenliebe, der obligatorischen und freiwilligen Teilnahme an Gottesdiensten und der Pflicht, alten oder verarmten Mitgliedern zu helfen.

Je nach Arbeitsweise und Kundenstamm lassen sich die Schneider fast von Beginn an in deutsche und ungarische einteilen. Die »dünnen« deutschen Schneider fertigten gewöhnliche Herrenkleider, und die »groben« ungarischen Schneider nähten geschnürte Kleidungsstücke nach der ungarischen Mode. Weitreichende Veränderungen erlebten die Zünfte im 18. und 19. Jahrhundert, da sich die Lebensumstände sowie die wirtschaftlichen und politischen Verhältnisse (Anstieg der Massenproduktion/Industrialisierung) stark wandelten. 1872 wurden in der Slowakei die Zünfte durch Artikel VIII des sogenannten Industrialisierungsgesetzes, das die Gewerbefreiheit einführte und Industrie- und Gewerbeverbände verpflichtend machte, abgeschafft.

Uršula Ambrušová

Literatur
Ambrušová 2013 | Ambrušová 2014.

II.143

II.144

Siegel der Lemberger Bäcker, Gerber und Brauer

Galvanoplastiken, 19. Jahrhundert (metallene Kopien der Siegel von 1425)

Siegel der Bäcker: D 3 cm; Siegel der Gerber: D 3,6 cm; Siegel der Brauer: D 2,7 cm

Lemberg/L'viv, L'vivs'kyj istoryčnyj muzej, SF-1097, SF-1099, SF-1098

Mit der durch König Kasimir III. (reg. 1333–1370) erfolgten Verleihung des Magdeburger Rechts an Lemberg im Jahr 1356 nahm die durch litauische Einfälle stark in Mitleidenschaft gezogene Stadt einen raschen wirtschaftlichen Aufschwung. Der König hatte Lemberg in diesem Zuge ein städtisches Areal im Umfang von 70 fränkischen Hufen zugewiesen und die Bürgerschaft von der Rechtsprechung landesherrlicher Amtsträger befreit. Dieser Umstand begünstigte sowohl den zunehmenden Marktverkehr als auch die Bildung von Gewerken. Letztere organisierten sich in Gilden und besaßen neben den dominierenden Kaufleuten durchaus Anteil am städtischen Regiment, indem sie an der Wahl der Ratsherren mitwirkten. Die Gilden repräsentierten die städtische Bürgerschaft gegenüber dem Rat und bestanden zumeist aus deutschen und polnischen Katholiken, gleichwohl es auch Vertretern anderer Gemeinden wie den Armeniern möglich war, das Bürgerrecht zu erwerben.

Im Rahmen ihrer Selbstverwaltung und für den Abschluss rechtlicher Übereinkünfte führten die Lemberger Gilden eigene Siegel. Die hier gezeigten Beispiele repräsentieren die Vielfalt der mittelalterlichen Handwerkerschaft Lembergs und zeigen Kopien der Siegel der Bäcker (»S[igillum] Pistorum Lemburgensium«), der Gerber (»S[igillum] Pellificum Lemburgensium«) und der Brauer (»S[igillum] Braseatorum«). Die originalen Wachssiegel beglaubigten eine Urkunde von 1425, die Bürgermeister, Rat, Gewerke und die ganze Gemeinde von Lemberg gegenüber dem polnischen König Władysław II. Jagiełło (reg. 1386–1434) ausstellen ließen. In diesem Dokument erklärten die Aussteller ihre Treue und ihren Gehorsam gegenüber den potenziellen Erben Władysławs, zu denen an erster Stelle sein gleichnamiger Sohn und im Weiteren seine Tochter Hedwig (1408–1431), seine Gemahlin Sophie (1404–1461) und der Großherzog Witold (Vytautas, reg. 1392–1430) gehörten.

II.144

Die Tatsache, dass die Lemberger Gilden diesen bedeutenden herrschaftlichen Akt besiegelten, weist auf deren wichtige Stellung innerhalb der Lemberger Bürgerschaft hin. Sie stellten demnach gemeindliche Körperschaften dar, die über die Geschicke der Bürgerschaft mitbestimmten und in wichtigen kommunalen Angelegenheiten einbezogen werden mussten, obwohl sich der Rat mit zunehmender Tendenz von Einflüssen aus der Stadtgemeinde zu befreien versuchte.
Sascha Bütow

Literatur
Heyde 2016 | Heyde 2018 | Röskau-Rydel 1993, bes. S. 14–18.

II.145

Zunfttafel der Gold- und Silberschmiede von Kronstadt

Kronstadt/Brașov, 1556

Silber, teilweise vergoldet, gegossen, getrieben, graviert

H 16 cm

Budapest, Magyar Nemzeti Múzeum, 1887.67

Die wappenförmige Silbertafel zeigt auf der Vorderseite eine Goldschmiedewerkstatt in Hochrelief. Der Silberschmied sitzt auf einem Schemel am Amboss und schmiedet ein Trinkgefäß. Sowohl er als auch der Amboss sind beinahe vollplastisch gearbeitet. Links neben ihm stehen auf einem Tischchen ein Mischtiegel und eine Schale mit Blechen. Darüber hängen ein Formeisen und ein Blasebalg. Unter dem Tischchen liegen ein vollständiges und ein beschädigtes Gefäß. Auf der anderen Seite stehen auf einem etwas höheren Tisch weitere Tiegel und Gefäße. Darunter befindet sich ein Kegel für Treibarbeiten.

Vermutlich diente die Platte, auf deren Rückseite in Gravur ein Goldschmiedeladen und eine weitere Werkstatt dargestellt sind, als Anhänger der Zunftmeisterkette, die der Zunftvorsteher der Gold- und Silberschmiede von Kronstadt als Zeichen seiner Amtswürde trug. Zunftmeisterketten gehören neben Zeptern, Stäben und Hämmern, mit denen ordnungsrufend auf den Tisch geschlagen wurde, zu den üblichen Insignien von Zünften. Im Fall der Gold- und Silberschmiede fiel die Fertigung der Zunftmeisterkette in das Aufgabenfeld der Zunft, für die sie bestimmt war. Der unbekannte Gold- bzw. Silberschmied, der die Silbertafel gefertigt hat, war vermutlich selbst Mitglied der Zunft. Er nutzte die Aufgabe, um den Beruf in den Bildern ebenso wie in den verwendeten Techniken in seiner Vielfalt darzustellen. Das Miniaturkunstwerk ist somit ein Bewunderung verdienendes Zeugnis der Kunstfertigkeit der Kronstädter Gold- und Silberschmiede im 16. Jahrhundert.

Der Abbau von Silber in Siebenbürgen seit dem 13. Jahrhundert hatte dazu geführt, dass sich zahlreiche Goldschmiede in der Region ansiedelten, deren Erzeugnisse nach ganz Europa exportiert wurden. In Kronstadt, das sich seit der Auflösung der Burzenländer Grafschaft 1422 mit über 10 000 Einwohnern zur bedeutendsten und bevölkerungsreichsten Handelsmetropole Siebenbürgens entwickelt hatte, waren zahlreiche Gold- und Silberschmiede tätig. Es ist daher nicht verwunderlich, dass sie in ihrer kollektiven Selbstdarstellung als Zunft ihrem mit dem Erfolg verbundenen Selbstbewusstsein Ausdruck verliehen. *Gabriele Köster*

Literatur
Gründler 1981, S. 690, Nr. 959 | Klusch 2011 | Kolba 1978, S. 166, Nr. 70 | Reininghaus 1988 | Roth 2010, S. 59–125 | Seewann 2013, S. 9–53.

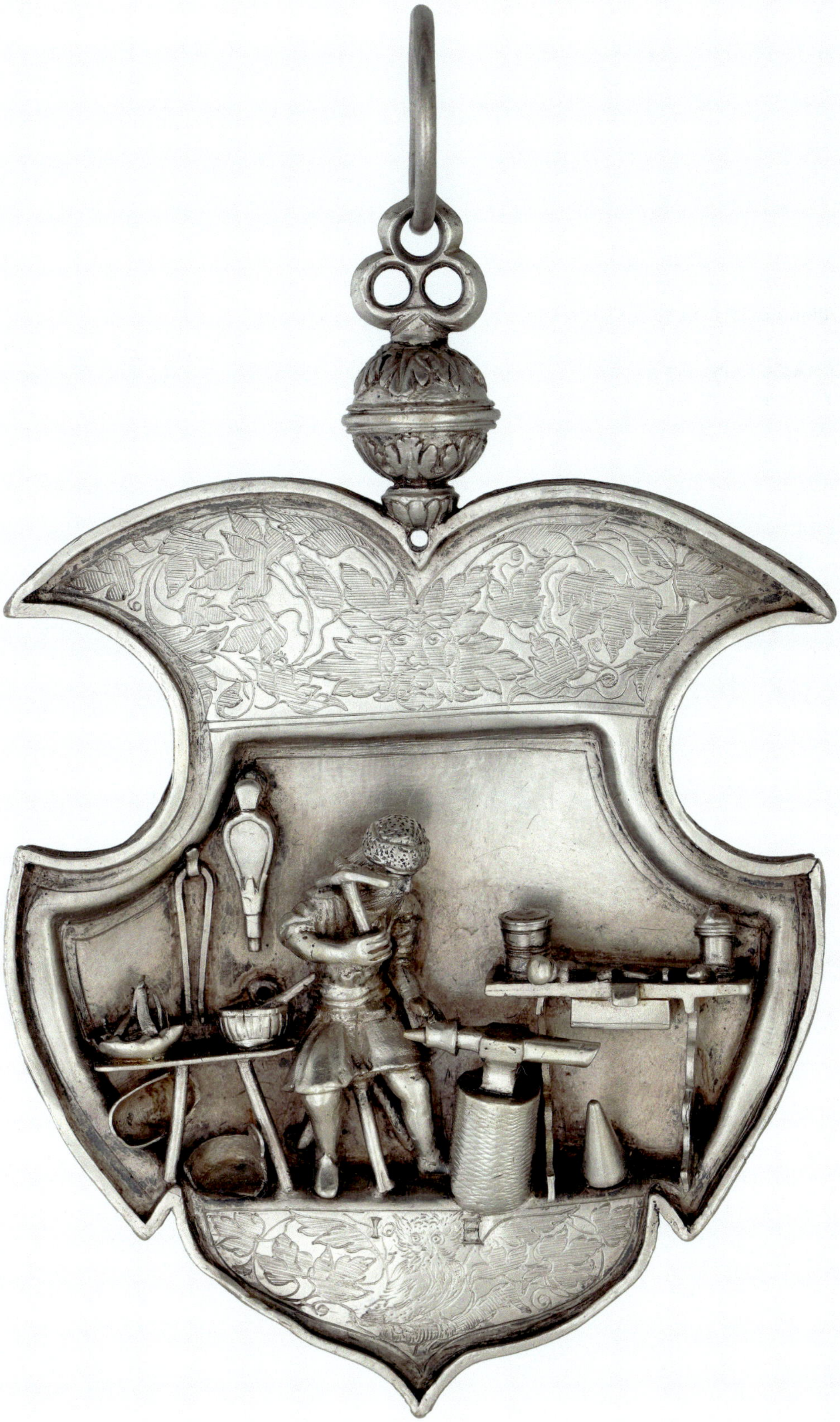

II.145

II.146

Zunftkanne

Breslau/Wrocław, der Werkstatt Hans Grofe zugeschrieben, um 1500

Zinn, gegossen, getrieben, graviert; spätere Ergänzungen: Kupferlegierung

H 54 cm, T 34,5 cm, D 22,5 cm; Fuß: D 19,8 cm

Nürnberg, Germanisches Nationalmuseum, HG5157

II.146

Diese außergewöhnlich große und prächtig verzierte Zinnkanne steht für die Bedeutung und das Selbstverständnis handwerklicher Korporationen zwischen Mittelalter und Früher Neuzeit, auch wenn nicht mehr mit Sicherheit bestimmt werden kann, welchem Gewerk sie zuzuordnen ist. Der Gemeinschaftssinn der Zünfte fand auch in deren Traditionen Ausdruck. So wurde das Gefäß vermutlich als sogenannte Schleifkanne verwendet. Viele Zünfte setzten solche Kannen beispielsweise bei Freisprechungen von Gesellen ein, dem sogenannten Gesellenmachen. Die Traditionen variierten je nach Ort und Gewerk. Angehende Gesellen wurden »geschliffen«: Zum Abschluss der Lehrjahre mussten sie allerlei Schikanen und Scherze über sich ergehen lassen. Außerdem mussten die Neugesellen in der Regel ein Getränk für die Zunftmitglieder stiften. Dies konnte sich wegen der Größe vieler Schenkkannen als finanzielle Herausforderung erweisen. Der Begriff Schleifkanne spielt vielleicht auch auf das Gewicht der Kanne an, die geschleift bzw. geschleppt werden musste.

Diese fast schon rauen Sitten stehen nicht im Widerspruch zu den christlichen Darstellungen auf der Kanne. Hierzu gehören unter anderem in der Mittelzone der Kanne Christus am Kreuz umgeben von Maria und dem Apostel Johannes, flankiert von sechs Heiligenfiguren. Handwerkerzünfte der Zeit beruhten auf der gemeinsamen christlichen Lebensführung. Für die Dekoration der Kanne dienten fast ausnahmslos Drucke des oberrheinischen Meisters Martin Schongauer (um 1430–1491) als Vorlage, die somit bereits kurz nach Entstehung den Weg nach Breslau fanden. Eine der Gravuren ist wohl ein Hinweis auf die Werkstatt, in der die Kanne entstand. Unterhalb des Henkelansatzes hält eine männliche Halbfigur das Schriftband »GAG/S810«. Es könnte auf die Familie Grofe verweisen, die um 1500 über zwei Generationen hinweg zu den führenden Zinngießern Breslaus gehörte. Auch eine Datierung wurde in dieser Marke gesehen (Hintze 1927, Bd. 4, Nr. 136 f.), dennoch harrt sie ihrer letztgültigen Entschlüsselung. Bestätigt wird die Zuschreibung nach Breslau durch die deutlich am Henkel erkennbaren Marken, die einer Garantie- und Handelsmarke vergleichbar für in Breslau hergestellte Zinnwaren verwendet wurden. Mit Metallpunzen wurden diese in das fertige Produkt geschlagen. Neben dem zweimal angebrachten »W« für Wrocław (Breslau) wurde hier auch eine Marke mit dem Haupt des heiligen Johannes des Täufers verwendet, das ebenfalls im Zentrum des Stadtwappens von Breslau zu finden ist. Erst im Laufe des 16. Jahrhunderts kamen vielerorts Marken des verantwortlichen Meisters hinzu.

Die Kanne war offensichtlich über einen langen Zeitraum in Gebrauch, wie Reparaturen und die Verstärkung der originalen Löwenfüße durch zusätzliche barocke Kugelfüße bezeugen. Sie ist ein sehr frühes Beispiel für einen Kannentypus, der bis ins späte 18. Jahrhundert hinein durchgehend produziert wurde. Solange es Zünfte gab, gehörten Schleifkannen zu typischen Ausstattungsgegenständen ihrer Treffpunkte, den sogenannten Herbergen. *Heike Zech*

Literatur

Hintze 1926, S. 37 f., Nr. 136 | Layh 2007 | Maué 1976, bes. S. 52 | Schindler/Keller/Schürer 2013, S. 80 f., Kat.-Nr. 1.11 | Thormann 1991, bes. S. 64 | Zander-Seidel/Kregeloh 2014, S. 328, Kat.-Nr. 131.

II.147

II.147
Zunftlöffel

Ungarn (?), 16. Jahrhundert

Silber, teilweise vergoldet, gegossen (?), graviert

L 20,4 cm, B 5,2 cm

Budapest, Magyar Iparművészeti Múzeum, Goldschmiede-Sammlung, 68.253.1

Die Bestimmung der Herkunft des Löffels ist dadurch erschwert, dass kein Prüfzeichen vorhanden ist, das den Meister oder den Herstellungsort nachvollziehen ließe. Darüber hinaus stammt das Objekt nicht aus einer berühmten Privatsammlung, sondern gelangte 1968 aus dem Kunsthandel ins Museum. Daher sind die charakteristischen Zeichen des Löffels die einzigen Annäherungspunkte: Die Spitze des gedrehten Stiels wurde mit einer gegossenen männlichen Figur, die Kelle mit einem eingravierten Wappen dekoriert. Das Motiv im Wappen wurde bisher mit einem Hobel identifiziert; darüber ist das Monogramm »N G« zu lesen. Dadurch wurde der Löffel mit der Tischlerzunft in Verbindung gebracht. Auf der Rückseite der Kelle sind die Buchstaben »AW« und andere schwer identifizierbare Zeichen zu sehen. Die Technik der letzteren lässt aber auf spätere Eingriffe schließen, vielleicht im Zusammenhang mit einem Besitzerwechsel.

Die charakteristischen Motive halfen, das Objekt in einem Ausstellungskatalog zu Silberobjekten des Budapester Kunstgewerbemuseums von 1927 zu finden. Der dortige Katalogeintrag wirft ein anderes Licht auf das Wappenmotiv des Objekts. Kein Hobel, sondern ein Sattel wurde im Wappen eingraviert, und damit steht der Löffel mit der Sattlerzunft in Verbindung. Der Katalogtext berichtet, dass sich der Silberlöffel im Jahr 1927 im Besitz von Ödön Eisenstädter befand. Bei diesem bekannten Kunsthändler, dessen Laden sich im Budapester Judenviertel befand, waren auch die staatlichen Kunstsammlungen wie das Nationalmuseum oft Kunden. Das Kunstgewerbemuseum kaufte etwa 100 mannigfaltige Objekte von ihm, die in unterschiedlichen Epochen entstanden waren und verschiedene Provenienzen aufzeigten. Die Sammlung wurde dadurch mit ausländischen Porzellan-, Silber- und Elfenbeinobjekten (unter anderem aus Wien, Venedig, Faenza, Augsburg, Meißen) und mit aus dem historischen Gebiet Ungarns – wie Siebenbürgen (heute Rumänien) und Oberungarn (heute Slowakei) – stammenden Objekten bereichert.

Der Löffel ist ein Beispiel des Bestecks aus der Renaissance, dessen Herstellung in Ungarn nicht dokumentiert, aber ziemlich wahrscheinlich ist. Die schildförmige breite Kelle trägt als Stützelement die charakteristische sogenannte Rattenschwanz-Steife auf der Rückseite. Wegen der Verzierung und des Zunftzeichens fand der Löffel vermutlich zu Festessen der Zunft Verwendung. *Ildikó Pandur*

Literatur
Csányi 1927, Kat.-Nr. 105 | Mikes 1971, Abb. 8 | Péter 1988, Kat.-Nr. 469 (Ildikó Mikes).

II.148
Grabstein-Fragment mit Darstellung eines Gerbers

Ofen/Buda, Dominikanerkloster St. Nikolaus, Anfang 16. Jahrhundert

Roter Kalkstein

H 110 cm, B 95,5 cm, T 18 cm

Budapest, Budapesti Történeti Múzeum, 75.102

Katalin H. Györky, Archäologin des Historischen Museums Budapest, fand diesen Grabstein 1975 auf dem Gelände des ehemaligen Dominikanerklosters und der Kirche des heiligen Nikolaus während der archäologischen Grabungen, die zwischen 1962 und 1975 stattfanden. Diese Grabungsarbeiten gingen dem Bau des benachbarten Hotels Hilton voraus. Die Kirche des heiligen Nikolaus war eines der ersten sakralen Gebäude in Ofen, dessen Errichtung kurz nach der Stadtgründung begonnen worden war. Ihr Bau muss vor 1254 abgeschlossen gewesen sein, da der Orden dort im selben Jahr sein Generalkapitel abhielt. Damit war die Kirche sogar vor den übrigen Pfarrkirchen der Stadt vollendet. 1530, während der Belagerung Ofens, verließen die Mönche das Kloster und kehrten nicht wieder zurück. Während der Türkenherrschaft wurde das Kloster als Lager genutzt und im 17. Jahrhundert schließlich abgerissen und zugeschüttet. Einige Teile nutzte man als Baumaterial in anderen Gebäuden.

Die archäologischen Grabungsarbeiten begannen ursprünglich Ende des 19. Jahrhunderts, als die Fischerbastei errichtet wurde. 1902 wurde der Chor der Kirche gefunden. Im Laufe des 20. Jahrhunderts bis zum Beginn der groß angelegten Ausgrabungen vor dem Hotelbau führte man weitere kleinere Grabungen durch, bei denen der hier gezeigte Grabstein gefunden wurde.

Der am unteren Rand des Bruchstücks nach innen gebogene Rahmenteil deutet darauf hin, dass es unter dem Wappen ursprünglich ein Feld mit einer Inschrift gab. Im erhaltenen, vertieften Feld ist ein Wappenschild zu sehen. Auf ihm ist ein Gerber auf einer Werkbank dargestellt, der mit einer an der Bank befestigten Klinge die Haare von einem Tierfell entfernt. Viele ähnliche Darstellungen sind aus dem Mittelalter bekannt, wobei sich jedoch die Klinge in der Regel in der Hand des Gerbers befindet und nicht, wie auf dem hier gezeigten Relief, auf der Bank befestigt

II.148

II.149

ist. Möglicherweise handelte es sich hierbei um eine Neuerung, die auf den Wunsch des Grabstein-Eigentümers zurückging.

Die Lederverarbeitung war in Ofen und in den umgebenden Siedlungen ein bedeutender Wirtschaftszweig. Davon zeugen die in der Innenstadt von Pest ausgegrabenen mittelalterlichen und die aus der türkischen Herrschaftszeit stammenden Gerbereien, die Archäologen unter der Ofener Burg im Tabán (Stadtteil) fanden. Der Namen des Grabsteineigentümers ist nicht bekannt, da der untere Teil des Steins, auf dem sich die Inschrift befand, verloren ging. Anhand des Wappens ist jedoch zu vermuten, dass ein in der Stadt lebender, wohlhabender Gerbermeister den Grabstein in den ersten Jahrzehnten des 16. Jahrhundert für sich hatte herstellen lassen.
Ágoston Takács

Literatur
Bencze 1991, S. 339, Kat. 679 (Lővei P.) | Györky 1976, S. 373 | Györky 1981, Taf. 21 | Mikó 1986, S. 101 | Mikó 2010, S. 321 | Stangler 1982, Kat. 833 (Györky K.) | Szende 2008, S. 216 | Török 1983.

II.149

Fragment des Grabsteins des Malers Ábel

Ofen/Buda, Dominikanerkloster St. Nikolaus, Mitte 14. Jahrhundert

Kalkstein

H 81 cm, B 77 cm, T 24 cm

Budapest, Budapesti Történeti Múzeum, 104

In den ersten Jahrzehnten des 20. Jahrhunderts wurde auf dem Gelände der einstigen Dominikanerkirche St. Nikolaus auf der Ofener Burg dieser Grabstein gefunden. Das genaue Fundjahr ist nicht bekannt, allerdings wurde der Grabstein bereits 1932 in der Ausstellung des Lapidariums des Hauptstädtischen Museums gezeigt. Das vorliegende Fragment ist der obere Teil eines aus Kalkstein hergestellten Grabsteins mit polygonalem Abschluss. Auf dem Stein ist in gotischen Majuskeln eine mitteldeutsche Inschrift eingemeißelt, die sich am Rand des mittleren vertieften Felds fortsetzt: +DO · L/EIT · VER ·/ ABEL(?) · C.../.../... AS · PAID / ...N · AIN · TAG · / TRVG · / ZV · DE[M] · GR[AB]... Wegen der lückenhaften Inschrift ist nur der Name des Verstorbenen eindeutig lesbar. In der Mitte des Feldes ist ein Malerwappen dargestellt, das aus drei kleineren Schildern, die auf einem größeren Schild angeordnet sind, besteht.

Obwohl auf dem Gelände der Kirche nach den identifizierbaren Fragmenten bzw. auf Grundlage der Quellen hauptsächlich ungarische Bürger und aus Italien stammende Ofener Kaufleute bestattet wurden, konnte man dank der hiesigen Funde auch einige Gräber deutscher Bürger identifizieren. Der vorliegende Grabstein sticht aufgrund der deutschsprachigen Inschrift besonders hervor, was ihn unter den Ofener Grabsteinen zu einer Ausnahme macht, denn es sind nur zwei Inschriften aus der Stadt überhaupt bekannt, die nicht in lateinischer Sprache verfasst sind. Der Besitzer war laut Inschrift der Maler Ábel, der Mitte des 14. Jahrhunderts während der Herrschaft Ludwigs des Großen (reg. 1342–1382) vermutlich in Ofen gelebt hat. Dass er in der Kirche der Dominikaner beigesetzt wurde, weist auf seine Stellung am königlichen Hof hin.

Es wurden darüber hinaus zwei ähnliche Malergrabsteine in Ofen gefunden: der Grabstein des einige Jahrzehnte später verstorbenen Malers János und des Anfang des 16. Jahrhunderts verstorbenen Malers István. Der Grabstein des Letzteren stammt ebenfalls aus dem Dominikanerkloster, den Grabstein des János fand man bei der Restaurierung der Liebfrauenkirche (Matthiaskirche). Alle drei Grabsteine verbindet eine identische Gestaltung des Malerwappens: Im Wappenschild sind drei kleine Schilder in 2-1-Stellung dargestellt. Dass gleich zwei Grabsteine von Malern aus dem 14. Jahrhundert bekannt sind, beweist das hohe Niveau der Bautätigkeiten, die während der Herrschaftszeit der Anjou mit dem Bau des Königspalastes und dem (Neu-)Bau der Klöster in Ofen begannen und bis zu den türkischen Eroberungen Anfang des 16. Jahrhunderts anhielten. Wegen des mehrfachen Vorkommens des Wappens ist anzunehmen, dass es sich dabei um das Wappen der Malerzunft gehandelt haben könnte, die damit einen ihrer frühesten Belege erfahren würde.
Ágoston Takács

Literatur
Biegel 1991, S. 353, Kat. 908 (P. Lővei) | Dercsényi 1941, S. 105 f. | Divald 1927, S. 10 | Engel/Kristó/Kubinyi 1998, S. 32 | Gerevich 1971, S. 94, Plate LXXIII/185 | Horler 1955, S. 121 f. | Horváth 1932 a, S. 17 f. | Horváth 1932 b, S. 116 | Kubinyi 1986, S. 45 | Lővei 2015, S. 91 | Lővei/Varga 1987 | Marosi 1981 | Marosi 2015 | Radocsay 1971, S. 464, 470 | Várady 1984 | Vernei-Kronberger 1939, S. 19, 63.

II.150

Reliquiar des heiligen Veit

Prag/Praha, 1358

Silber, vergoldet, getrieben, gegossen, graviert, Email, Bergkristall

H 42 cm

Herrieden, Pfarrkirche St. Vitus und Deocar

Das abgebildete turmförmige Ostensorium (Schaugefäß) enthält eine Reliquie des heiligen Veit (lat. *Vitus*) und wurde der Stiftskirche Herrieden 1358 von Kaiser Karl IV. (reg. 1346–1378) geschenkt. Eine Inschrift in gotischer Majuskel, die entlang des Fußrückens verläuft, benennt den Stifter: »KAROLUS ROMANORUM IMPERATOR ET REX BOHEMIE DONAVIT ISTAM MONSTRA[N]CIAM« (Karl, römischer Kaiser und König von Böhmen, hat diese Monstranz geschenkt). Die drei daneben eingelassenen Email-Täfelchen zeigen den Reichsadler, den Adler Böhmens sowie das *Vera Ikon*. Karl erfuhr nach seiner in Mailand durchgeführten Krönung im Jahr 1355 von Reliquien des heiligen Veit im Benediktinerkloster San Marino in Pavia; er konnte sie erwerben und brachte die Heiltümer nach Prag, wie er selbst in einem Brief schilderte.

Das schlank aufragende Veitsreliquiar wurde in Prag gefertigt und ist ein hochrangiges Zeugnis der böhmischen Goldschmiedekunst aus der Mitte des 14. Jahrhunderts. Innerhalb des zylindrischen Bergkristallbehälters, der von einem hohen Schaft mit breit lagerndem Nodus und einem Turmhelm mit bekrönendem Kruzifix eingefasst wird, erscheint die kleine, in vergoldetem Silber gegossene Statuette des heiligen Veit. Der jugendlich dargestellte Märtyrer hat die Hände nach vorn gestreckt und hält die über einem schmalen Ansatzring freiliegende Reliquie empor.

Die Schenkung der Reliquie des heiligen Veit an das Chorherrenstift Herrieden steht in Zusammenhang mit dem Besuch Karls IV. in Rothenburg ob der Tauber anlässlich des dort Anfang August 1358 stattfindenden Hoftags, als er für das fränkische Stift einen Schutzbrief ausstellte. Nach seiner Rückkehr nach Prag überließ er dem bereits unter dem Patrozinium des heiligen Veit stehenden Chorherrenstift eine Reliquie des verehrten Märtyrers. Ein kaiserliches Schreiben vom 30. September 1358 begleitete das Reliquienostensorium nach Herrieden und bestätigte die Echtheit der Veitsreliquie (Diözesanarchiv Eichstätt, Akt p 152, vol. 7, fol. 64r). Die Schenkung bezeugt Karls enge Verbindung zu dem Stift Herrieden, vermutlich war mit der Reliquienübergabe zudem eine Wiedergutmachung für zuvor erlittene Verluste verbunden. Denn sein Vorgänger, (der spätere) Kaiser Ludwig der Bayer (reg. 1314–1347), hatte die Stadt Herrieden 1316 zerstört und Reliquien des Stiftsheiligen Deocar als Siegesbeute nach Nürnberg in die Lorenzkirche verbracht (Teile kamen auch in seine Münchner Residenzkirche).

II.150

Das turmförmige Veitsreliquiar ist auf das Engste mit dem böhmischen Herrscher verbunden und damit ein herausragendes politisches und frömmigkeitsgeschichtliches Zeugnis, das weit über die lokale Geschichtsschreibung hinaus Bedeutung hat. Die intensive Heiligen- und Reliquienverehrung Karls IV. wird in den zeitgenössischen Schriftquellen häufig beschrieben. Zahlreich sind die Nachrichten über seine Reliquiensammlung, aber auch Schenkungen an verschiedene Orte innerhalb des kaiserlichen Territoriums. Eine große Zahl an Reliquiaren vermachte Karl unter anderem dem Prager Veitsdom. Überliefert ist, dass 1355 eine Kopfreliquie des heiligen Veit – dem als einer der Hauptpatrone der Kathedrale besondere Bedeutung zukommt – in den Domschatz gelangte. Drei Jahre später reiste dann eine Veitsreliquie von Prag nach Herrieden, in einem Gefäß, das aus einer örtlichen Werkstatt stammte. Die Goldschmiedekunst erlebte unter Karl IV. eine Blütezeit, von der insbesondere die böhmische Metropole profitierte. Bereits 1324 gründeten die Goldschmiede in Prag ihre Zunft, damit gehörten sie zu den ersten organisierten Handwerkern in der Stadt. *Martina Junghans*

Literatur
Fajt 2006, S. 144, Anm. 70, S. 242 (Barbara Drake Boehm) | Fritz 1982, Nr. 261 | Hasse/Puhle 2006, V. 48 (Martina Junghans) | Jahn/Brockhoff 2012, I 23 (Hubertus Seibert) | Otavský 1978 | Otavský 2005 | Schiedlausky 1978.

II.151

Druckplatte

Danzig/Gdańsk, 16. Jahrhundert

Fundort: Speicherinsel in Danzig

Kupferblech, gewalzt, ausgeschnitten, graviert

H 5,3 cm, B 3,6 cm

Danzig/Gdańsk, Muzeum Archeologiczne w Gdańsku, MAG/GD/255/20/58/1305

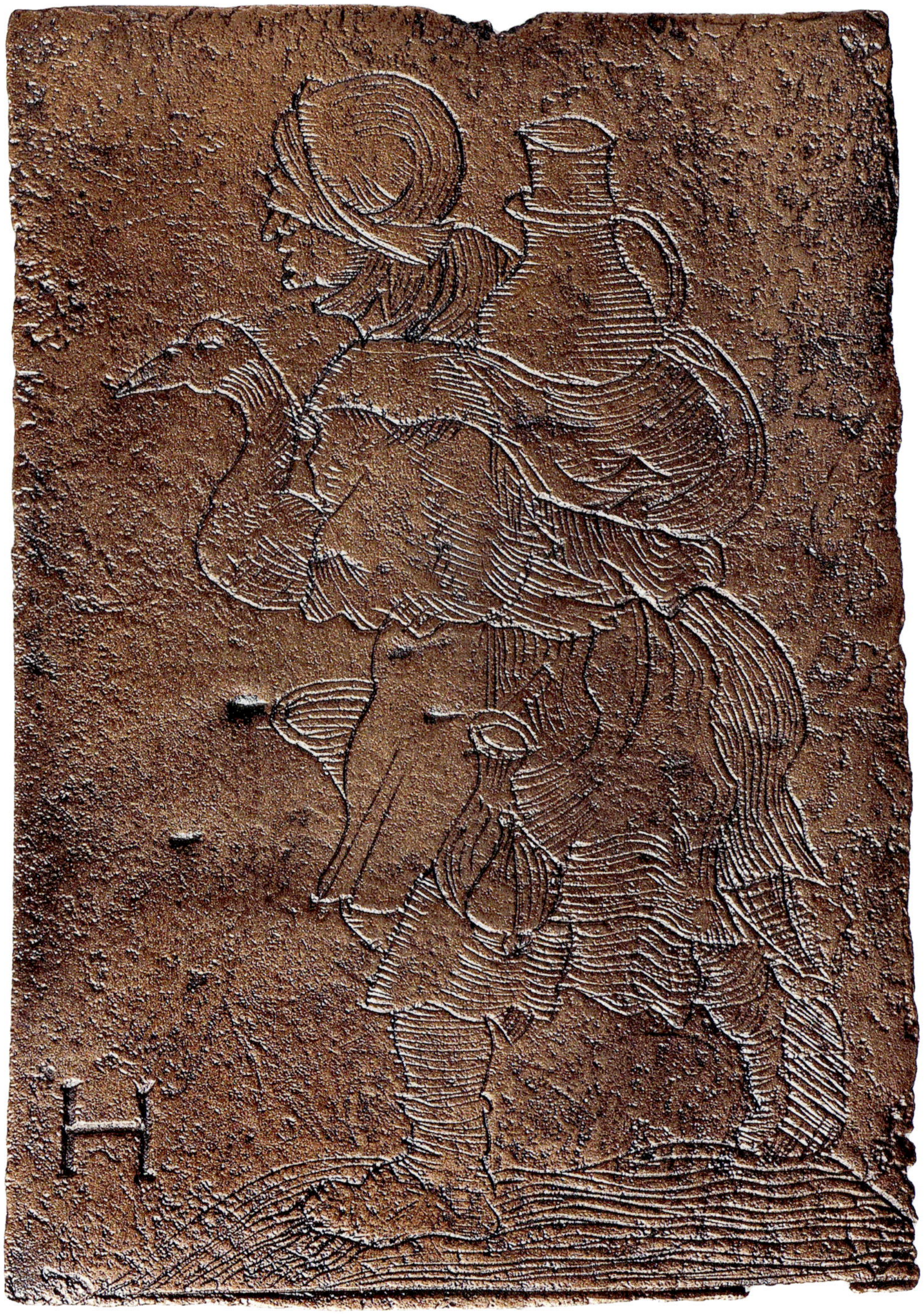

II.151

Die gravierte, aus dünnem Blech geschnittene Kupferplatte zeigt im Vordergrund die Darstellung einer schreitenden Frauengestalt, die einen losen Kaftan und einen faltigen, über das Knie reichenden Rock trägt, an dessen Gürtel ein Säckchen gebunden ist. Ihr Kopf ist mit einem Kopftuch umwickelt und einer Mütze bedeckt. Auf dem Rücken trägt sie in einem Tuch einen großen Krug, im linken Arm eine Gans. In der linken unteren Ecke ist die Platte mit dem Großbuchstaben »H« signiert. Die Darstellung hat wohl den Kupferstich von Hans Sebald Beham »Bäuerin auf dem Weg zum Markt« von 1522 zum Vorbild. *Ewa Trawicka*

Literatur
Gdańsk w Europie 2012.

II.152

Die zum Markt gehende Bäuerin

Hans Sebald Beham, datiert 1520

Kupferstich, signiert: HSP (ligiertes Monogramm)

Blatt: H 4,8 cm, B 3,6 cm

Braunschweig, Herzog Anton Ulrich-Museum, Kupferstichkabinett, HSBeham AB 3.194

II.152

Zusammen mit Georg Pencz (um 1500–1550) und seinem jüngeren Bruder Barthel Beham (1502–1540) war Hans Sebald Beham (1500–1550) nicht nur einer der »drei gottlosen Maler«, die der Rat der Stadt Nürnberg im Einvernehmen mit der Geistlichkeit am 26. Januar 1525 aus den Mauern der Freien Reichstadt verbannte, weil sie in konspirativen Treffen den Reformtheologen Thomas Müntzer (um 1489–1525) unterstützt hatten, sondern mit 1 501 druckgrafischen Arbeiten auch einer der produktivsten Künstler der ersten Hälfte des 16. Jahrhunderts. Neben dem ausgestellten Kupferstich, der zum Markt gehenden Bäuerin, finden sich zahlreiche weitere Bauerndarstellungen in Behams druckgrafischem Œuvre. Insofern verwundert es nicht, dass die auf 1520 datierte und mit seinem ligierten Monogramm HSP versehene Bäuerin ein zu ihr passendes Pendant in Gestalt eines Eier zum Markt tragenden Bauern besitzt. Beide Kupferstiche sind überaus fein auf technisch höchstem Niveau gestochen und dabei selbst kaum größer als eine Briefmarke – eine Eigenart, die die drei oben genannten Kupferstecher verbindet, weshalb sie auch zu den sogenannten Nürnberger Kleinmeistern gezählt werden.

Der ausgestellte Kupferstich zeigt nach links gewendet eine Bäuerin in gewöhnlicher Kleidung vor einer niedrigen Mauer, an der wie zufällig ein mit der Jahreszahl 1520 und dem Monogramm des Künstlers versehener Zettel mit einem Nagel befestigt ist. Ihr Gang ist schnell und gebeugt. Sie zieht bestimmt und schwer beladen dem städtischen Markt entgegen, um ihre Waren feilzubieten. Unter ihrem linken Arm hält sie eine Gans, und auf ihrem Rücken trägt sie eingeschlagen in ein Tuch einen großen Krug, dessen Öffnung durch einen eingesetzten Becher verschlossen ist. Einen weiteren Krug trägt sie in der durch ihren Köper verdeckten rechten Hand. Der Geldbeutel, in dem sie ihre Einnahmen verwahren wird, baumelt für jedermann gut sichtbar an ihrer Schürze. Hinter der Mauer erheben sich einige Baumkronen, auf dem Mauerabsatz, an dem der Zettel angeschlagen ist, sprießt ein hohes Grasbüschel; dicht gesetzte, nahezu waagerechte Schraffen im oberen Teil der Platte schaffen Atmosphäre und deuten eine wechselhafte Wetterlage an.

Städte waren nicht nur Handelsplätze, sondern immer auch Orte des Austauschs und Fortschritts. Interessant ist in diesem Zusammenhang, dass das gezeigte Exemplar der Bäuerin auf der Blattrückseite gut sichtbare Rötelspuren trägt. Diese lassen darauf schließen, dass man das Blatt dazu benutzt hat, die Konturlinien der Bäuerin zu übertragen, um die Darstellung reproduzieren und weiter verbreiten zu können. Da sich die Druckgrafik Behams im 16. Jahrhundert großer Beliebtheit erfreute, konnten schon Pauli/Röttinger nicht weniger als drei verschiedene Kupferstiche anführen, die alle nach dieser Vorlage gestochen worden sind; hinzu kommt die jüngst in Danzig/Gdańsk aufgefundene Druckplatte (Kat.-Nr. II.151). *Andreas Uhr*

Literatur

Hollstein 1956, S. 106, Nr. 193, Nr. 194 II | Pauli/Röttinger 1901–1927/ND 1974, S. 195, Nr. 193, S. 195 f., Nr. 194 II, S. 477 | Stewart 2011 | Stijnman 2012, S. 155.

II.153

Kleines Kruzifix

Veit Stoß, um 1490

Lindenholz, geschnitzt

H 48 cm, B 45 cm

Krakau/Kraków, Muzeum Narodowe w Krakowie, MNK I-36

Das sogenannte Kleine Kruzifix wurde 1887 von dem Krakauer Holzschnitzer Romuald Łapczyński (1848–nach 1898) erworben. Höchstwahrscheinlich war es auch Łapczyński, der die fehlende rechte Hand des Gekreuzigten ergänzte und – nach dem Geschmack der Zeit – die ursprüngliche Polychromie (Bemalung) entfernte. Der gekreuzigte Jesus hängt an den leicht geschlossenen Händen. Sein zur rechten Schulter geneigter Kopf befindet sich dadurch unterhalb der Nagelmale auf den Handflächen. Die Beine sind in den Knien gestreckt. Das Lendentuch ist nicht zu einem Knoten gebunden, scheint sich aber trotzdem an die Hüfte des Gekreuzigten zu schmiegen, als ob der Wind den Stoff asymmetrisch auf die Schenkel drückt. Der hervortretende Brustkorb kontrastiert mit dem eingefallenen Bauch, die muskulösen Waden mit den abgemagerten Fußgelenken.

Auch wenn das Kruzifix nicht mit dem von Veit Stoß (um 1447–1533) bevorzugten monumentalen Typ mit horizontal ausgebreiteten Armen (in T-Form) und nur leicht zur rechten Körperseite geneigtem Kopf übereinstimmt, lässt die expressive Formensprache des Werks eine Nähe zu ihm erkennen: der dramatische Ausdruck durch den Gegensatz von eingefallenen und hervorstehenden Elementen, glatten und zerfurchten Oberflächen sowie fließenden und verschlungenen Linien. Gegen eine Zuschreibung des Kleinen Kruzifixes an Veit Stoß scheint die anatomische Darstellung zu sprechen, die von der für ihn charakteristischen getreuen Wiedergabe abweicht. Dies liegt jedoch eher an einer bewussten Stilisierung der Körperformen des Gekreuzigten als an unzureichenden Fähigkeiten des Holzschnitzers.

II.153

Das Werk richtet sich an einen anonymen Käufer. Es wurde auf Vorrat und nicht nach individuellem Auftrag zum Verkauf gefertigt. Kruzifixe waren unter den für den privaten Gebrauch in Serie hergestellten Objekten wohl am meisten verbreitet. Aus zeitgenössischen Quellen ist bekannt, dass Veit Stoß sich dieser offenbar einträglichen Beschäftigung gewidmet hat. Möglicherweise handelt es sich um den Versuch, den Herausforderungen durch die in dieser Zeit zunehmend populären grafischen Techniken zu begegnen, die eine Vervielfältigung anhand einer Vorlage auf einfache und vor allem wesentlich günstigere Weise erlaubten.

Wojciech Marcinkowski

Literatur

Dettloff 1949, S. 29–42 | Kahsnitz 1995/96, S. 128 f. | Marcinkowski 2003, S. 223, 227 | Marcinkowski 2010 a | Walanus 2005 | Walanus 2006, S. 94 f., 109, 112.

II.154

Darstellung des Herrn

Tafelfragment eines Retabels aus der Elisabethkirche in Breslau/Wrocław

Hans Pleydenwurff, Nürnberg, 1462

Ursprünglich Fichtenbretter, bemalt und vergoldet (vor 1867 auf Leinwand übertragen, 1994–1999 Aerolam-Platte als Bildträger hinzugefügt)

H 91,5 cm, B 75 cm

Warschau/Warszawa, Muzeum Narodowe w Warszawie, śr.79 MNW

II.154

Das Bild war Teil eines monumentalen Flügelretabels, das vom Breslauer Stadtrat für den Altar der Elisabethkirche bestellt wurde. Mit der Ausführung dieses prestigeträchtigen Projekts wurde der angesehene Nürnberger Maler Hans Pleydenwurff (um 1430–1472) beauftragt. In seiner Werkstatt entstanden Werke höchster Qualität, darunter viele Flügelaltäre. Der Stil des Künstlers lässt keinen Zweifel daran, dass ihm die Werke der niederländischen Malerei vertraut waren, insbesondere sind Inspirationen durch das Schaffen von Dirk Bouts und Rogier van der Weyden auszumachen.

Das Werk wurde in Nürnberg gefertigt und nach Breslau gebracht, wo im Juni 1462 der Meister selbst die Installation beaufsichtigte. 1496 wurde das Retabel durch einen Blitzschlag beschädigt, 1653 wich es dem heutigen Barockaltar. Es gibt keine Überlieferungen, die die ursprüngliche Struktur und das ikonografische Programm des Retabels dokumentieren. Es wird vermutet, dass es sich um ein Pentaptychon handelte, mit geschnitzten Figuren von Maria und den Heiligen im Mittelteil. Dank eines Vermerks aus dem Jahr 1649 ist der damalige Zustand des Retabels bekannt. Diese Quelle erwähnt Kreuzigung und Kreuzabnahme (in der Mitte nebeneinander) sowie, auf den Flügeln des Altars platziert, Verkündigung, Geburt, Anbetung der Könige und Beschneidung (Darstellung des Herrn), die Szenen aus dem Leben von Maria und der Kindheit Jesu abbilden.

Die Tafeln wurden (in sehr schlechtem Zustand) zu Beginn des 19. Jahrhunderts wiedergefunden und 1867 auf Leinwand und ein neues Brett übertragen. Ihre Herkunft war unbekannt (aber aufgrund ihrer Qualität wurden sie mit Werken von Rogier van der Weyden verglichen), erst Henry Thode (1891) brachte sie mit dem Retabel Pleydenwurffs aus der Elisabethkirche in Verbindung. Bei einer weiteren Restaurierung 1994 wurde 1999 durch eine Aerolam-Platte ersetzt.

Heute ist neben dem Tafelfragment mit der Darstellung des Herrn nur der Flügel mit der Kreuzabnahme erhalten (seit 1926 im Germanischen Nationalmuseum, Nürnberg). Die Abmessungen dieses Fragments (H 286,3 cm, B 142,2 cm) lassen Rückschlüsse auf die Originalgröße der Tafel mit der Darstellung des Herrn zu, die der halben Flügelhöhe entspricht. Sie wurde in der Höhe um etwa 50 Zentimeter und in der Breite um die Hälfte gekürzt. Von der Darstellung sind nur die Figuren von Maria und Josef, den Eltern Jesu, sowie die Turteltaube auf dem Opfertisch erhalten. Auf der anderen Seite muss der Hohepriester oder Simeon der Greis mit dem kleinen Jesus dargestellt gewesen sein sowie wahrscheinlich auch Zeugen des Ereignisses. In starker Nahsicht erscheinen Maria und Josef in einer Szene zum gleichen Thema auf dem Polyptychon aus der Johanniterkirche in Striegau/Strzegom (heute: Warschauer Nationalmuseum, MNW ŚR.297), das in der Werkstatt des sogenannten Meisters von 1486/87 gefertigt wurde. Wir können vermuten, dass zumindest ein Teil von Pleydenwurffs Komposition im Hauptteil des Gemäldes von Striegau »überlebt« hat. Sein Schöpfer war in Schlesien tätig und kannte nicht nur das Breslauer Werk Pleydenwurffs, sondern war, wie man vermutet, außerdem dessen Schüler in Nürnberg oder wurde in seinem direkten Umfeld ausgebildet.

Der Zyklus, zu dem die Darstellung des Herrn gehörte, befand sich ursprünglich auf der Vorderseite der inneren Flügel (vergleiche die analoge Szene in anderen Arbeiten der Werkstatt des sogenannten Meisters von 1486/87: dem Retabel von 1478, heute in der Johanneskirche in Neumarkt in der Oberpfalz, sowie dem von 1488, heute in der Wallonerkirche in Magdeburg), die während der sogenannten feierlichen Öffnung zu sehen war – daher der goldene Hintergrund, der die sakrale Atmosphäre verstärkt, und die aufwendig geschnitzte Rahmung in Form zweier in einer Reihe angeordneter Bögen (sichtbare Spuren des ersten). Ein einfacher Bogen in dieser Form umfasste auch die Gemälde der Vorderseite des Altars von Striegau. Identische Holzschnittmotive und großformatige Szenen der Kreuzigung und Kreuzabnahme wie in Breslau verwendete Pleydenwurff beim Hofer Altar von 1465 (heute Germanisches Nationalmuseum Nürnberg). Nach Ansicht von Robert Suckale stellt dieser Altar die Grundlage für eine Rekonstruktion des ikonografischen Programms des Breslauer Werks dar.
Małgorzata Kochanowska

Literatur
Braune/Wiese 1929, Nr. 382, S. 60 | Dobrzeniecki 1977, Nr. 112, S. 329 | Kapustka 2000 | Patała 2018 a, S. 132–143, 233–240 | Patała 2018 c | Steinborn/Ziemba 2000, Nr. 43, S. 190–193 | Strieder 1993, S. 52–58, 192–197 | Suckale 2009, Bd. 1, S. 247ff., Bd. 2, S. 24–29 | Thode 1891, S. 114 f.

II.155

Der heilige Hieronymus büßend

Hans Dürer (signiert mit dem Monogramm HD), datiert 1526

Tempera auf Lindenholz

H 41 cm, B 31 cm

Krakau/Kraków, Muzeum Narodowe w Krakowie, MNK I-39

In einer Waldlandschaft kniet der heilige Hieronymus (347–420). Der Kopf des alten, glatzköpfigen Mannes mit langem Bart wird im linken Profil, der Rest des Körpers in Dreiviertelansicht gezeigt. Der Heilige schlägt sich mit einem Stein in der rechten Hand auf die blutende Brust. Er trägt ein weiß-blaues, an den Hüften gebundenes Gewand und schaut auf zu einem Kruzifix, das an einem verwelkten Busch hängt. Unterhalb des Kruzifixes befindet sich ein Kardinalshut, und auf dem Rasen ist ein roter Umhang ausgebreitet. Hinter dem Busch versteckt liegt ein Löwe. Auf der linken Seite des Gemäldes ist hinter dichtem Astgestrüpp ein steiler, braungelber Felsen mit einer Grotte sichtbar. Die Ikonografie des Bildes zeigt das Leben des Heiligen, dessen großes Werk die Übertragung der Heiligen Schrift aus dem Griechischen (Neues Testament) und Hebräischen (Altes Testament) ins Lateinische war, zwischen den von ihm bekleideten hohen Kirchenämtern und seinem Rückzug in die Einsiedelei.

Hans Dürer (1490–1534) wurde am 21. Februar 1490 in Nürnberg als der 19 Jahre jüngere Bruder des großen Malers Albrecht Dürer geboren. Nach seiner Ausbildung in dessen Werkstatt verließ er 1510 die Stadt. Über sein Leben in den folgenden Jahren ist nichts bekannt. Erst für Mitte 1527 ist seine Anwesenheit in Krakau belegt, wo er die Anerkennung des polnischen Königs Sigismund I. (reg. 1507–1548) erlangte und zum bestausgestatteten Künstler am Hof und einer Art Vorsteher der künstlerischen Hofwerkstätten avancierte. Trotzdem starb Hans Dürer 1534 verschuldet und von »extremer Armut« (*extrema pauperitas*) gequält. Er hat wahrscheinlich allein gelebt, über die Gründung einer Familie in Krakau ist nichts bekannt.

Das Bild erinnert an eine andere Darstellung des büßenden heiligen Hieronymus, das auf 1532 datiert und mit dem gleichen Monogramm versehen ist. Es befindet sich in der Galleria Giorgio Franchetti alla Ca' d'Oro in Venedig. Das dritte verwandte Bild ist die Ruhe auf der Flucht nach Ägypten (Privateigentum, USA), das auf gleiche Weise signiert und auf das Jahr 1526 datiert ist. Bemerkenswert ist, dass alle diese Werke recht weit von der Kunst Albrecht Dürers entfernt und stattdessen stilistische Bezüge zur Donauschule auszumachen sind. *Wojciech Marcinkowski*

Literatur
Kopff 1971, S. 205 | Krempel 2005, S. 118 | Marcinkowski 2018 | Meister 1961, S. 92 (Der heilige Hieronymus büßend) | Mende 2004, S. 46 f. | Strieder 1993, S. 152, S. 276 f.

II.155

Bergbau und Technologie

Bergbauszene aus
der Bergrichter-Amtskette
um 1480–1520
(Kat.-Nr. II.157, Nr. 10)

Mitteleuropa war im Mittelalter und in der Frühen Neuzeit reich an Vorkommen von Erzen und Erden, welche bergmännisch abgebaut wurden und für eine Vielzahl von Produkten dringend nötig waren. Zu den wichtigsten Abnehmern der gewonnenen Rohstoffe und den daraus geschaffenen Halbfabrikaten gehörten zweifellos die Städte. Hier konzentrierten und spezialisierten sich seit dem Spätmittelalter in einem erheblichen Ausmaß Handel und Handwerk. Beträchtliche Mengen an Kupfer und Zinn verbrauchte man bei der Herstellung von Bronze für Glocken, Leuchter und Taufbecken, auch für Koch- und Essgeräte und später schließlich für Kanonen. Die Herstellung von Messing war bis 1781 nur durch die Verschmelzung von Galmei (Zinkerz) mit Kupfer möglich. Aus Blei bestanden Kirchendächer, Fensterverglasungen, Salzsiedepfannen und Musketenkugeln. Quecksilber benötigte man zur Herstellung von Spiegeln und Farben (Zinnoberrot), vor allem aber als Amalgam bei der Silber- und Goldproduktion sowie als Arzneimittel, zum Beispiel gegen die am Ende des 15. Jahrhunderts eingeschleppte Geschlechtskrankheit Syphilis.

Der Einsatz von Eisen war am vielfältigsten, sodass es an vielen Orten abgebaut wurde. Eisenvitriole wurden zum Schwarzfärben, Gerben, zur Desinfektion und bei der Herstellung von Tinte, sein Nebenprodukt Alaun für die Veredelung von Papier und Tuchen gebraucht. Kupfervitriole dienten zur Konservierung von Lebensmitteln und zur Erzeugung von Farben. Daneben bestanden noch zahlreiche unter- und oberirdische Abbaue nach Steinen und Erden, zum Beispiel Sandsteine und Tone, um qualitativ hochwertige Baumaterialien und Ingredienzien für die Herstellung von Glas und Keramik zu gewinnen. Silber wurde meist aus Bleierzen gewonnen und hauptsächlich zu Münzen geprägt. Gold baute man eher selten unter Tage ab, sondern wusch es vorrangig als Flussgold aus. Es wurde für liturgisches Gerät und für Schmuck, bisweilen auch für die Prägung von Münzen (Dukaten und Goldgulden) verwendet.

Der Bergbau und die Weiterverarbeitung der gewonnenen Erze und Erden brachten von Beginn an besondere Herausforderungen mit sich und verlangten innovative technologische, chemische und wirtschaftliche Lösungen. Zunächst konnte man die Bodenschätze oberflächennah mit relativ einfachen Mitteln abbauen. Die Bergleute handelten dabei meist als selbstständige Betreiber unter dem Schutz der Landesherren. Das Recht, Bergbau zu betreiben und Bodenschätze abzubauen, oblag in der Regel zwar ursprünglich dem König, doch konnte dieses sogenannte Bergregal als Lehen übertragen werden. Exemplarisch hierfür steht die Verleihung des Bergregals durch Kaiser Friedrich II. (reg. 1212–1250) an die Wittelsbacher im Jahr 1219. Mit der berühmten Goldenen Bulle Kaiser Karls IV. (reg. 1346–1378) von 1356 wurde schließlich die Übernahme des Bergregals durch die Kurfürsten sanktioniert. Letztlich reklamierten alle Landesherren das Recht auf den Betrieb oder die Verlehnung von Bergwerken sowie die Einnahme des Bergzehnten für sich.

Als in der zweiten Hälfte des Spätmittelalters die leicht zugänglichen Lagerstätten erschöpft waren, kam der Bergbau vielerorts zum Erliegen. Um den Abbau in größeren Tiefen fortsetzen zu können, mussten Lösungen für den Schachtbau, die Seilfahrt (bergmännischer Ausdruck für die Ein- und Ausfahrt der Bergleute und das Heben der gewonnenen Bodenschätze) und die Sümpfung (Ableitung der Grubenwässer) gefunden werden. Hierzu wurden teils komplizierte Vorrichtungen konstruiert und aus Holz gebaut, welche mit Wasser- oder Tierkraft, seltener mit Windkraft betrieben wurden. In der Bergmannssprache heißen diese Maschinen Künste, sodass es beispielsweise Wasserkünste und Rosskünste gab. Vorbilder für die naturkraftbetriebenen Gerätschaften waren die Mühlen, die ersten und ältesten Maschinen der Welt. Ihre breite Wasserkraftnutzung gehörte zweifellos zu den entscheidenden technischen Fortschritten im Mittelalter. Nach und nach bildeten sich durch den diffizilen Einsatz der Wasser- und Windkraftübertragung sowie durch die Erfindung der Kurbel und der Nockenwelle spezialisierte Hammer- und Mühlwerke heraus, die entweder nach ihren Produkten (zum Beispiel Drahtziehmühlen und Walkmühlen zum Walken von gegerbten Häuten) oder nach ihrer Konstruktion (zum Beispiel Hammermühlen und Schneidmühlen) benannt wurden. Ohne die Entwicklung der wassergetriebenen Sägemühlen wäre der enorme mittelalterliche Baubetrieb schwerlich möglich gewesen. Mehrere Zehntausend Mühlen existierten im Reich und nutzten die Wasserkraft selbst der kleinsten Bachläufe.

Technische und chemische Errungenschaften aus Bergbau und Hüttenkunde fanden rasch auch in anderen Lebensbereichen Eingang, zum Beispiel in der Wasserversorgung und bei der Bereitung von Farben und Arzneien. Um die gewonnenen Erze zu probieren (den Metallgehalt ermitteln) und diese besser scheiden (das Metall gewinnen) zu können, entwickelte man fortschrittliche Verfahren beim Schmelzen und bei der Verhüttung, insbesondere das sogenannte Seigerverfahren, welches die Trennung von Silber aus silberhaltigen Kupfererzen mithilfe von Blei ermöglichte. Das berühmte Werk »De re metallica libri XII (Vom Bergkwerck XII Bücher)« des Georg Agricola (1494–1555) fasste die technologischen Erkenntnisse des Spätmittelalters und der Frühen Neuzeit zusammen und zeigte sie in 292 hervorragenden Holzschnitten (Abb. 214). Es erschien 1556 in Latein und schon ein Jahr später in Deutsch. Die öffentlich zugänglichen chemischen Prozesse dieser Zeit versammelte 1574 das Werk »Beschreibung der allerfürnemsten Mineralischen Ertzt und Bergwerksarten« von Lazarus Ercker (1528/1530–1594). Es erschien später unter dem Titel »Aula Subterranea Domina Dominantium Subdita Subditorum. Das ist: Untererdische Hofhaltung«.

Abb. 214
Abbildung aus De re metallica libri XII des Georg Agricola (1494–1555) von 1556

Versierte Berg- und Hüttenleute wurden zu viel gefragten und gut bezahlten Spezialisten, um welche die Grundeigentümer, Landesherren und bergbaulichen Unternehmer warben. Als Belohnung für die fachlich qualifizierte und zugleich gesundheitsgefährdende Arbeit winkten besondere Freiheiten und Rechte, die je nach Bergregion in speziellen Bergordnungen niedergeschrieben wurden. Sie regelten die Pflichten und Rechte der Beteiligten genau, vor allem enthielten sie Bestimmungen über die Berggerichtsbarkeit, die Freiheit der Bergleute und über den Bergfrieden. Besonders reizvoll waren die Vorrechte des eigenen Gerichtsstands, der Freizügigkeit, des Tragens von Waffen und der Ausübung von Jagd-, Wald- und Wasserrechten. Die deutschsprachigen Länder, insbesondere Mitteldeutschland und Tirol, haben im Mittelalter eine große Anzahl von derlei Spezialisten hervorgebracht, die im Zuge des Landesausbaus nach Ost-Mitteleuropa oder über die Alpen nach Italien wanderten. Zahlreiche deutsche bergbauliche Lehnwörter in verschiedenen Sprachen legen davon Zeugnis ab (Abb. 215).

Die veränderten gesellschaftlichen Verhältnisse in der zweiten Hälfte des Spätmittelalters brachten auch für die großen Bergreviere erhebliche Veränderungen mit sich. Von der ersten Hälfte des 14. bis zum Ende des 15. Jahrhunderts nahm die Bevölkerungszahl im römisch-deutschen Reich beträchtlich ab. Es kam zu einer allgemeinen Wirtschaftskrise. Während die Agrarpreise sanken, verteuerten sich die Handwerkserzeugnisse. Die Grundherren versuchten, ihre Einnahmeverluste durch intensivere Herrschaft den Bauern gegenüber zu kompensieren. 40 Jahre lang amtierten zeitweilig drei Päpste (Schisma) nebeneinander, während auf Konzilen kirchliche Reformen angestrebt wurden. Konfliktstoffe religiöser, sozialer und ethnischer Art traten in der Bewegung der Hussiten hervor. Die neuen Abbau- und Verhüttungsprozesse in Bergbau und Metallurgie waren so kostspielig, dass sie andere Anforderungen hinsichtlich der Finanzierung und des Handels stellten. Es schlossen sich Gewerke (bergbauliche Unternehmer) zusammen, die jeweils Kuxen (Anteile) an den Gewerkschaften (bergrechtliche Gesellschaften) besaßen. Geistliche und weltliche Fürsten, Klöster, Städte und Kaufleute investierten laufend Zubuße (Kapital) in der Hoffnung, irgendwann in den Genuss der Ausbeute zu kommen – so nannte man den Gewinn im Bergbau nach Abzug aller Kosten und Abgaben. Finanzstarke Großkaufleute und Fernhändler legten Teile ihres Geldes im Silber- und Metallerzbergbau an, wo gleichsam vorindustrielle Zustände im Entstehen waren.

Die erstaunlichsten Beispiele für den wirtschaftlichen Aufstieg ganzer Familien stellten die Fugger in Augsburg, die Welser in Nürnberg und die Thurzo in Krakau/Kraków dar. Ihnen gelang die gleichzeitige Kontrolle der Herstellung und des Vertriebs von Waren, womit erhebliche Geldvermögen zusammengetragen werden konnten. Die Fugger waren ab 1485 an Bergwerken im Salzburger Land, dann ab 1488 an Gruben in Tirol beteiligt. Schließlich übernahmen sie die gesamte Silberproduktion in Schwaz und betrieben zugleich über eine neu gegründete Faktorei in Innsbruck einen sehr erfolgreichen Kupfer- und Silberhandel. Von 1495 an wurde von ihnen der ungarische Silber- und Kupferabbau und Metallhandel im großen Stil monopolisiert, sodass sie bis 1526 den Bergbau und den Handel mit seinen Erzeugnissen im Donauraum beherrschten. Die Welser engagierten sich stark in den Zinn- und Kupferrevieren Thüringens und Böhmens wie auch im Tiroler Silberbergbau und seinen Montanunternehmen. Mit ihrem Geld versorgten die Fugger und Welser die Kaiser Maximilian I. (reg. 1486–1519) und Karl V. (reg. 1519–1558) sowie Päpste mit Darlehen und griffen insofern sogar in die Weltpolitik ein. Auch die Thurzo in Krakau betrieben einen umfangreichen Handel mit Rohstoffen, vor allem mit Kupfer, Silber und Blei. Sie investierten in den Bergbau des Königreichs Ungarn (in der heutigen Slowakei sowie in Siebenbürgen), im Königreich Böhmen und in Schlesien. Mit den Fuggern verbanden sie durch Ehen gestiftete verwandtschaftliche Beziehungen.

Nicht alle historischen Bergbauorte entwickelten sich zu florierenden Städten, dennoch bildete der aus dem Bergbau und dem Rohstoffhandel resultierende Gewinn in Korrelation mit den verliehenen Rechten und Freiheiten eine machtvolle Basis für entstehende Gemeinwesen. Einige der berühmtesten Bergstädte waren auch mit dem Magdeburger Recht verbunden wie Goslar, Wieliczka, Kuttenberg/Kutná Hora, Schemnitz/Banská Štiavnica, Kremnitz/Kremnica und Rosenau/Rožňava. Goslar lag im Gebiet des Heiligen Römischen Reichs. Am nahen Rammelsberg wurde bereits seit dem 10. Jahrhundert Bergbau auf Kupfer, Blei und Silber betrieben. Zwar bildete sich in der Freien Reichsstadt Goslar ein eigenständiges Stadtrecht aus, immerhin holte der Goslarer Rat aber einige Male beim Magdeburger Schöffenstuhl Rechtsauskünfte ein. Wieliczka, Kuttenberg, Schemnitz, Kremnitz und Rosenau sind hingegen als Gründungsstädte im Zuge der Binnenkolonisation und der europäischen Ostsiedlung anzusprechen. So sind der Salzbergbau von Wieliczka seit dem 12. Jahrhundert, der Gold- und Silberbergbau von Kuttenberg, Schemnitz und Kremnitz seit dem 13. und der von Rosenau seit dem 14. Jahrhundert nachweisbar. Die Salzstadt Wieliczka im Königreich Polen, die Silberstadt Kuttenberg in Böhmen und die drei Goldstädte im Königreich Ungarn erhielten ihre Stadtrechte ausdrücklich nach Magdeburger Recht. Aus allen genannten Bergorten haben sich Werke erhalten, auf denen mannigfaltige bergbauliche Szenen dargestellt sind und die den Stand der Bergleute im Mittelalter sowie die kulturschöpferische Leistung des Bergbaus auf dem Gebiet der bildenden Kunst eindrucksvoll dokumentieren.

Claus-Peter Hasse

Literatur

Blaschke/Heilfurth 1980 | Blume/Farrenkopf/Przigoda 2018 | Elmshäuser/Hägermann/Hedwig/Ludwig 1993 | Schreiber 1962 | Slotta/Bartels 1990.

Abb. 215 ▶
Das Gemälde »Anna selbdritt« in der Pfarrkirche von Rosenau/Rožňava (Slowakei) von 1513 zeigt im Hintergund Motive des Bergbaus Rosenau/Rožňava. Banicke múzeum v Rožňave

II.156

Horn der Bruderschaft der Hauer

Endres Dürer (?), datiert 1534

Auerochshorn mit Silberbeschlag; gegossen, getrieben, graviert

L 47 cm, H 36 cm

Wieliczka, Muzeum Żup Krakowskich Wieliczka, MŻKW IV/150

Das Horn der Bruderschaft der Hauer ist eines der ältesten Symbole für die Bedeutung der Bergleute von Wieliczka (*Magnum Sal*) und ein Beispiel hoher Goldschmiedekunst aus der Zeit der Renaissance. Es besteht aus drei Elementen: dem Fuß, der daran befestigten Figur eines Mannes und, darauf gestützt, einem Auerochshorn mit Silberbeschlag. Der ovale Fuß besitzt einen für die Renaissance typischen Umriss und ist in die Form eines Felsens mit erkennbaren Details aus Flora und Fauna getrieben. Darauf kniet ein Mann, der sich mit seiner linken Hand auf eine Keule stützt und mit der rechten das auf seinen Schultern liegende Horn hält.

Die Figur steht stellvertretend für einen Bergmann aus Wieliczka, dessen Attribute in Verbindung mit dem antiken Panzer auf den mythischen Herkules verweisen. Auf seinem Rücken trägt er eine gewaltige Last – das Horn, welches durch seine enorme Größe, verglichen mit dem Mann, die harte Arbeit des Bergbaus symbolisiert. Das geschliffene Horn des Auerochsen ist rund 40 Zentimeter lang und mit drei silbernen Beschlägen verziert, in die Pflanzenmotive und Wappen sowie die Jahreszahl 1534 eingraviert sind. Die Silberbänder sind mit getriebenen Dreipässen bekränzt. Das wertvollste Element bildet das Band an der Hornmündung, das mit einer breiten, durchbrochenen Krone, Pflanzenmotiven, kleinen Köpfen und Delfindarstellungen verziert ist. Dieses größte Band schmücken miteinander verwobene Schilde, die mit den Wappen der Herrscher, dem Adler Sigismunds I. (reg. 1507–1548) und der Schlange der Sforzas, dem Wappen des *Zupparius* (Verwalter) der Salzmine sowie den Wappen des Stifters des Horns Severin Boner und seiner Gattin Hedwig (Jadwiga) von Kościelecki versehen waren.

Das mittlere Band trägt die Wahrzeichen der Bruderschaft der Hauer: Spitzhacke, Hammer und Horn. Die üppige Symbolik sollte an die einstige Macht und Bedeutung der Krakauer Salinen sowie an den Reichtum, den das Unternehmen dem königlichen Schatz einbrachte, wie auch an die Mühen der Bergmannsarbeit erinnern. Dieses Horn ist in den polnischen Sammlungen ein Unikat und ein Beispiel der hoch entwickelten Handwerkskunst. Es wurde den Hauern gewidmet, die die wichtigste Gruppe innerhalb der Bergarbeiterschaft darstellten und die schon seit dem Mittelalter in einer Bruderschaft vereinigt waren.

Der Stifter des Horns war der damalige Salinenverwalter Severin Boner (1486–1549), der unter anderem auch Burggraf und Statthalter von Krakau/Kraków war. Er bekleidete somit höchste staatliche Ämter und unterhielt engen Kontakt zu deutschen Künstlern und Handwerkern. Als Statthalter des Krakauer Wawelschlosses und Liebhaber deutscher Kunst besaß er großen Einfluss auf den Bau des Königsschlosses, dessen wichtigste Kunstwerke in Boners Auftrag von Nürnberger Meistern gefertigt wurden. In dieser Zeit weilte auch der wegen seines herausragenden Könnens geschätzte Goldschmied Endres Dürer (1484–1555) am Hof, dem die Ausführung des Horns der Bruderschaft der Hauer zugeschrieben wird, was sich aber nicht durch Quellen belegen lässt. *Kinga Stabrawa-Powęska*

Literatur
Grzesiowski 1977 | Jodłowski 2009 | Jodłowski 2012 | Lepszy 1913 | Pociecha 1936 | Ptaśnik 1905.

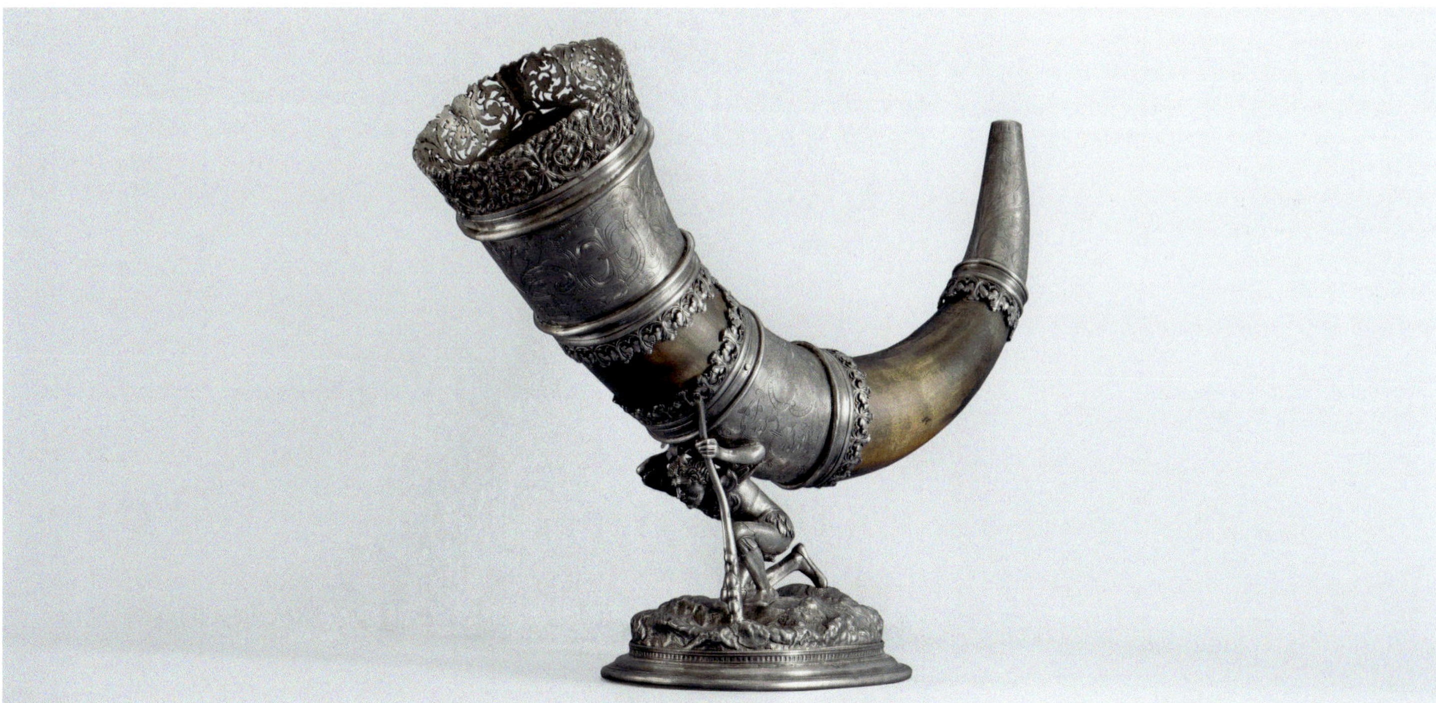

II.156

II.157

Bergrichter-Amtskette

Mitteleuropa, um 1480–1520

Silber; farbig gefasst

G 1,2 kg

Privatsammlung

Dieses hochwertige und seit der Mitte des 19. Jahrhunderts im Privatbesitz einer belgischen Familie befindliche Kunstwerk wurde bisher nur beiläufig in oberflächlichen Publikationen der zweiten Hälfte des 19. Jahrhunderts erwähnt. Hier wurde es als »Halskette des Dekans der Zunft der Silberschmiede von Gent« geführt. Der Mangel an schriftlichen Unterlagen und das Fehlen von Stempeln erlaubten bisher keine genauere Zuweisung einer Provenienz oder eines Herstellungsdatums. Erst 2009 gelangte das Stück im Rahmen von Untersuchungen, welche die Kunsthistorikerin Laure Dorchy während ihrer Dissertation an der Freien Universität Brüssel anstellte, wieder ins Licht der Forschung. Diese Untersuchungen dauern zurzeit noch an.

Die 16 Platten der Halskette sind mit verschiedenen Halbrelief-Darstellungen verziert, die wichtige Schritte der Gewinnung und Verarbeitung von Silbererz zeigen: Neun Szenen behandeln den Abbau und den Transport des Erzes, vier den Schmelzprozess im Ofen, und drei illustrieren die Arbeit des Bergrichters. Da einige wichtige Schritte des Gewinnungsprozesses nicht dargestellt sind, dürften ursprünglich noch weitere Platten existiert haben. Auch bei den Passmarken auf der Rückseite der Platten stimmen lediglich 13 von 16 Paaren überein. Unter der zentralen und damit wichtigsten Platte ist ein vierpassförmiger Anhänger befestigt. Er ist offenbar erst später an die Halskette angefügt worden. Aufgrund von Hakenresten wird außerdem angenommen, dass zwei weitere Anhänger heute fehlen.

II.157

Darstellungen auf den Platten:

1. Bergleute beim Betreten und Verlassen des Stollens
2. Errichtung eines mit Kohle befeuerten Schmelzofens
3. Entlohnung eines Bergmanns
4. Abwiegen und Markieren der Silberbarren
5. Reinigung des Silbers
6. Kupellation und Zerkleinern des Erzes in einer Stampfmühle
7. Reduktion im Schmelzofen
8. Abtransport des zerkleinerten Erzes durch ein Pferdefuhrwerk
9. Zählen der beförderten Erzbehälter mithilfe eines Kerbholzes
10. Zerkleinern des Erzes vor dem Ausgang des Stollens
11. Bergmann beim Verlassen des Stollens – Darstellung mit unbekannter Bedeutung
12. Bergwerkslore
13. Abstempeln des Stollens mit Holz
14. Vermessen des Bergwerks
15. Bergleute beim Betreten und Verlassen des Stollens
16. Bergmann beim Erwerb von Schürfrechten vor dem Bergrichter
17. Vierpassanhänger aus Silber, zum Teil mit Emailmalerei und Vergoldung verziert. Das Fehlen dieser Techniken auf den übrigen Teilen der Halskette sowie deutliche stilistische Unterschiede zeigen, dass der Anhänger ein eigenständiges Kunstwerk ist, welches der Halskette erst später hinzugefügt wurde. Der Anhänger zeigt eine Darstellung des heiligen Clemens, der in Oberungarn als Svatý Kliment Schutzpatron der Bergleute war.

II.157, Nr. 16

Die Halskette besteht aus gegossenem und getriebenem Silber, das teilweise rot, braun, ockerfarben, grün, blau oder schwarz bemalt wurde. Heute sind nur noch geringe Spuren der polychromen Fassung erkennbar. Die 16 trapezförmigen Platten messen ungefähr 4 × 5,5 Zentimeter und sind ± 1 Zentimeter stark. Das gesamte Objekt wiegt 1,2 Kilogramm. Es sind keine Stempel oder Herstellerinschriften auszumachen, die bei der Zuschreibung und Verortung helfen könnten.

In geschickter Weise fassen die 16 Darstellungen die wichtigsten Abläufe und Handlungen des Verarbeitungsprozesses von Silbererz zusammen. Dabei wurden fast alle Schritte berücksichtigt – lediglich das Waschen des Erzes und die Lüftung, Entwässerung und Beleuchtung der Stollen fehlen. Die Details jeder Szene sind mit beachtlicher Genauigkeit ausgeführt: Sämtliche benötigten Werkzeuge werden gezeigt, die Bildkomposition umreißt mit einer begrenzten Anzahl von Elementen die Umgebung (zum Beispiel Felsengebirge, Verhüttungsplätze, gotische Interieurs), und selbst kleinste Feinheiten wie Münzen auf dem Zähltisch oder die Schrift im Rechnungsbuch werden genau wiedergegeben. Kein Element ist hier überflüssig, sodass man davon ausgehen kann, dass auch die Darstellung fremdartiger Pflanzen und eines Vogels mit Bedacht erfolgten. Sie könnten entweder als Symbole oder als Verweis auf eine spezifische Information oder Legende hinzugefügt worden sein. Eine weitere Besonderheit ist das Fehlen rein ornamentaler Motive, das bei einer solchen Feinschmiedearbeit eher ungewöhnlich ist. Die Halskette bietet insgesamt einen realistischen dreidimensionalen Überblick der Abfolge der Schritte in der Bearbeitung des Silbererzes, der von der Gewinnung bis zum Handel mit dem Edelmetall führt. Aus diesem Grund kommt dem Kunstwerk im Hinblick auf die Erforschung des mittelalterlichen Bergbauwesens im Mitteleuropa eine zentrale Position im Bestand der zeitgenössischen ikonografischen Quellen zu.

Die von der Autorin angestellten interdisziplinären Untersuchungen erlaubten ihr den Schluss, dass die Halskette ursprünglich als Amtskette eines Bergrichters gedient haben dürfte. Das Objekt stellt somit ein Unikat im Bestand vergleichbarer Ketten aus dem mitteleuropäischen Bereich der Zeit um 1480 bis 1520 dar. Die schier unglaubliche Qualität der Silberschmiedearbeit dieses Kunstwerks unterstreicht die Bedeutung des Bergrichteramts. Es stellte zu dieser Zeit die höchste Autorität im Bergbau auf Silber- und Golderz dar, der wiederum eine wesentliche Säule im wirtschaftlichen Aufstieg der Städte der Region bildete. *Laure Dorchy*

II.157, Nr. 1

II.157, Nr. 2

II.157, Nr. 3

II.157, Nr. 4

II.157, Nr. 5

II.157, Nr. 6

II.157, Nr. 7

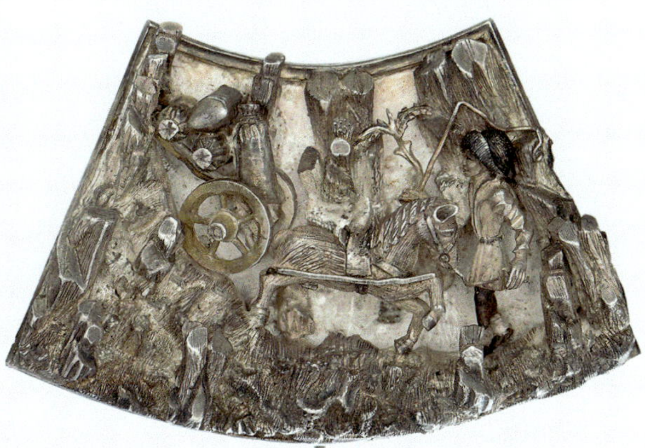
II.157, Nr. 8

II.157, Nr. 9

II.157, Nr. 11

II.157, Nr. 12

II.157, Nr. 13

II.157, Nr. 14

II.157, Nr. 15

II.157, Nr. 17

Auftritt des Bürgers

Patrizierhäuser

Zeugen bürgerlicher Wohnkultur

Maria Magdalena, spätgotischer Bauschmuck von einem Magdeburger Patrizierhaus (Kat.-Nr. II.160)

Die in Anlehnung an die römische Antike gewählte Bezeichnung »Patrizier« für die wirtschaftliche und politische Führungselite einer mittelalterlichen Stadt wurde erst nach dem Mittelalter gebräuchlich. Zuvor nannte man die ratsfähigen Familien einer Stadt, die zumeist als Kaufleute tätig waren und wichtige städtische Ämter bekleideten, »Geschlechter« oder »Familien«. Dem Reichtum dieser Familien und ihrem Wunsch, diesen zu zeigen, verdanken wir besonders prächtige Bürgerhäuser, kostbare Ausstattungen und Gebrauchsgegenstände, eindrucksvolle Grabdenkmäler und wertvolle Kunstwerke.

Das städtische Patrizierhaus war für die Repräsentation von größter Bedeutung. Dabei war das wichtigste an einer Immobilie – und ist es bis heute – die Lage. Im Mittelalter befanden sich die begehrtesten und teuersten Lagen am Marktplatz einer Stadt. Der Marktplatz oder Ring, wie dieser beispielsweise in Breslau/Wrocław und Krakau/Kraków genannt wird, liegt zumeist im Zentrum der Stadt und am Schnittpunkt der in die Stadt führenden Fernstraßen. Er ist nicht nur der wirtschaftliche, sondern auch der politische, kulturelle und ideelle Mittelpunkt der Stadt. Städtebauliche Entwicklungen, wie zum Beispiel die Pflasterung oder die Verbesserung der Entsorgung, die Einrichtung von Brunnen und Wasserleitungen, fanden sich zuerst dort. Die Häuser der wichtigsten Patrizierfamilien standen am Markt und entlang der wichtigsten Handelsstraßen, die von einem Stadttor zum anderen führten und den Markt tangierten. Diese Straßen lassen sich bis in die Gegenwart daran erkennen, dass sie relativ breit sind und ihre Bebauung im Vergleich zu anderen Straßen mehr Geschosse aufweist. Mit zunehmender Entfernung vom Markt nimmt die Bewertung der Lage ab. Eckgrundstücke haben einen höheren Rang, da sie zwei Fassaden aufweisen. Den untersten Rang nehmen Grundstücke unmittelbar entlang der Stadtmauer ein.

Die einzelnen Grundstücksparzellen sind in der Regel, insbesondere in den begehrten Lagen, schmal, aber tief. In der Lokationsurkunde für Krakau von 1257 wurde die Parzellierung bereits geregelt: Es sollten Kurien, das waren gleich große viereckige Grundstücke, von etwa 21 mal 42 Metern abgesteckt werden. Diese Grundeinheiten wurden dann in kleinere Grundstücke geteilt. Die Fassaden der zumeist giebelständigen Häuser wiesen auf den Platz oder die Straße. Mit dem Wachstum der Stadt verdichtete sich die Bebauung immer mehr, und die Verwendung von Stein als Baumaterial nahm zu.

Über die städtebauliche Entwicklung von Krakau sind wir dank umfangreicher Forschungen und dank des Projekts »Cracovia 3D« des dortigen stadtgeschichtlichen Museums besonders gut informiert. Für das 14. Jahrhundert geht man am Marktplatz von einem Anteil von etwa 60 Prozent Steinhäusern aus. Die restlichen Bürgerhäuser wurden zu dieser Zeit aus Stein und Holz in Fachwerkbauweise oder ausschließlich aus Holz errichtet. Im hinteren Bereich der Grundstücke am Markt befanden sich häufig noch ältere, in der zweiten Hälfte des 13. Jahrhunderts gebaute Wohntürme aus Kalkbruchstein. Diese waren repräsentativ und boten im Kriegsfall Schutz für die Bewohner. Das typische Krakauer Bürgerhaus des 15. Jahrhunderts war überwiegend aus Backstein gebaut und hatte zwei bis drei Stockwerke, die durch eine Außentreppe an der Hinterseite des Gebäudes erschlossen wurden. Auf dem Grundstück hinter dem Hauptgebäude standen häufig zwei oder drei kleinere Hinterhäuser. Da sich das Niveau des Marktplatzes durch die Befestigung zum Beispiel mit Holz und Stroh im Laufe der Jahrhunderte deutlich erhöhte, wurde das Erdgeschoss der Häuser zum Keller. Seit dem 14. Jahrhundert wurden an die Häuser straßenseitig sogenannte Beischläge angebaut, das waren gewölbte Keller in Hausbreite, die Terrassen trugen. Von diesen Beischlägen blieb nur der obere Teil überirdisch sichtbar. Einen guten

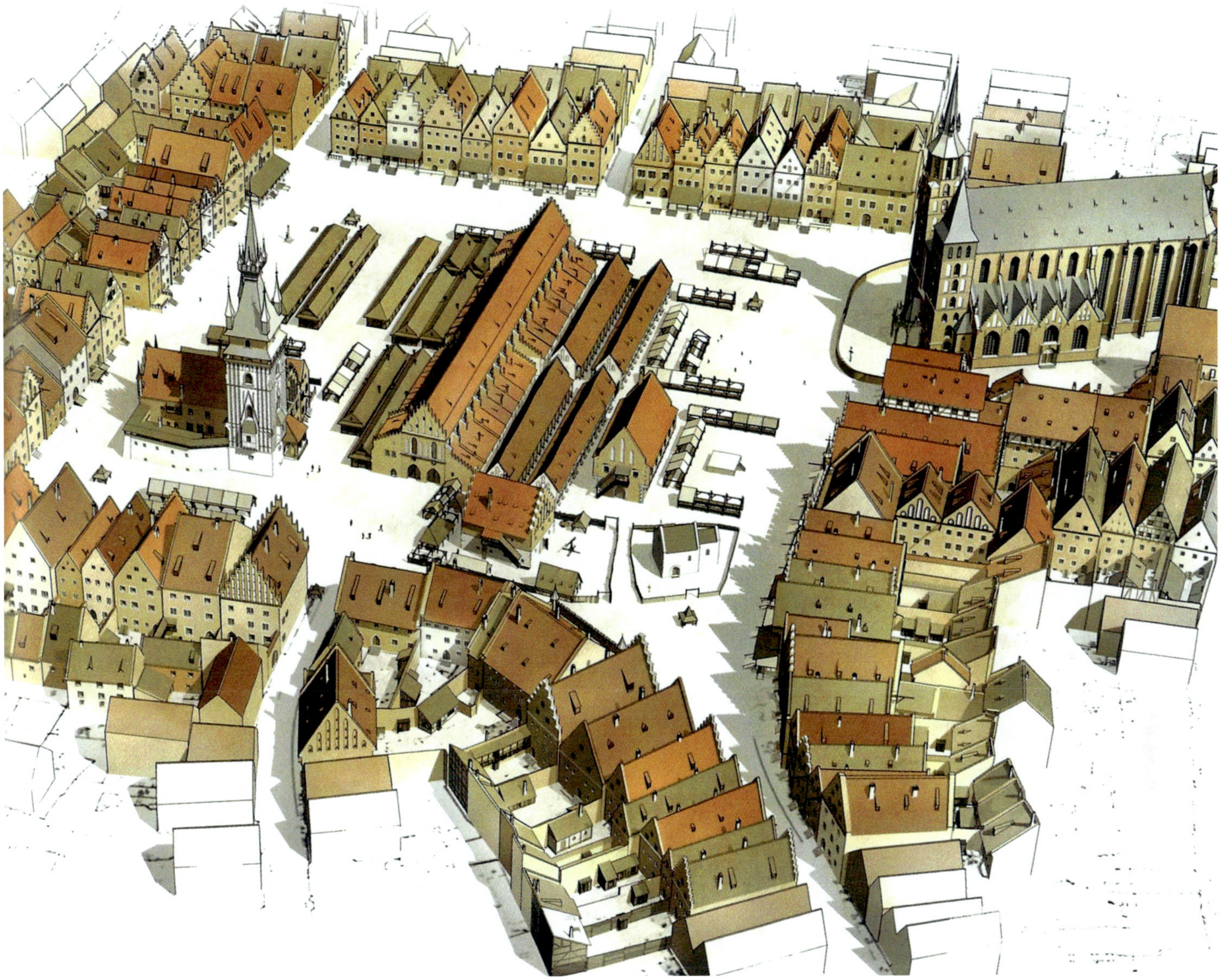

Abb. 216
Marktplatzbebauung Krakaus
im 15. Jahrhundert

Eindruck der Krakauer Marktplatzbebauung im 15. Jahrhundert vermittelt ein Foto des genannten Projekts »Cracovia 3D« (Abb. 216).

Da sich die Ansprüche an das Wohnen aber über die Zeiten sehr stark veränderten, ist kein Haus vollständig in seinem mittelalterlichen Zustand überliefert. Bürgerhäuser wurden modernisiert und erweitert, dem Zeitgeschmack und den sich wandelnden Anforderungen an die Repräsentation angepasst. Der Haustypus entsprach dem weitverbreiteten sogenannten niederdeutschen Haus, dessen Besonderheit in der großen hohen Diele im Erdgeschoss bestand. Die Diele bot Platz für Wohnen und Arbeiten. Im Obergeschoss befand sich seit dem 15. Jahrhundert zumeist ein saalartiger Raum, daneben Wohnräume, im Dach häufig Speicherräume. Auch der Keller diente der Lagerung, teils waren dort außerdem Verkaufsräume zu finden.

Eine besonders reiche gotische Fassadengestaltung zeichnet das Haus Kopernikusstraße 17 in Thorn/Toruń aus (Abb. 217). Das Gebäude war von 1464 bis 1480 im Besitz des Kaufmanns und Schöffen Niklas Koppernigk (um 1454–1483), des Vaters des berühmten Gelehrten Nikolaus Kopernikus (1473–1543), und kann somit als dessen Geburtshaus gelten. Die Fassade ist in drei annähernd gleich hohe Zonen geteilt: Im hohen Erdgeschoss lassen ein von einem Wimperg bekröntes Portal und zwei flankierende hohe schmale Fenster die dahinter befindliche Diele erkennen. Zwei niedrigere Obergeschosse werden durch sieben prächtige spitzbogige Blendnischen mit Wimpergen und Gesimse aus kunstreichen Maßwerkmustern gegliedert. Darüber schließt ein üppig mit Maßwerkblenden gegliederter und

Abb. 217
Fassade des sogenannten Kopernikushauses in Thorn

mit Zinnen bekrönter Treppengiebel die Fassade nach oben ab. Die Fassade des sogenannten Kopernikushauses wurde zwischen 1960 und 1963 im Zustand des 15. Jahrhunderts rekonstruiert. Fassaden von Bürgerhäusern sind nur selten original überliefert, hier ist der Modernisierungsdruck wegen der repräsentativen Bedeutung besonders hoch.

An der Westseite des Ringplatzes in Breslau befanden sich repräsentative Residenzen im Besitz ratsfähiger Familien. Durch das Zusammenlegen von ursprünglich zwei Grundstücken zu einem entstand das Haus Rynek 6 mit einer Fläche von 379 Quadratmetern. Das Grundstück erstreckte sich vom Ringplatz bis zur parallelen Querstraße, der Herrengasse. Auf den Hof, der von Seiten- und Nebengebäuden gerahmt war, die in der Regel Wirtschaftszwecken dienten (Ställe, Remisen, Lagerräume), führte eine Durchfahrt von der Herrengasse aus. Der Gebäudekomplex gehörte seit dem späten 15. Jahrhundert der aus Landau in der Pfalz zugewanderten Familie Boner. Von der Innenausstattung haben sich Wandmalereifragmente erhalten: Sie zeigen das Boner'sche Wappen, eine Lilie, als rautenförmigen Rapport. Der Breslauer Stadtrat empfing in diesem Haus Gäste, beispielsweise die böhmischen Könige in den Jahren 1511 und 1527. Der Anspruch stieg immer weiter an, sodass sich die reichsten Patrizierfamilien zusätzlich auf ihren Gütern außerhalb der Stadt Residenzen nach dem Vorbild des Adels errichteten.

Während Jakob Boner (1454–1517) in Breslau blieb, übersiedelte sein Bruder Johannes (dt. Hans, poln. Jan) Boner (um 1450–1523) nach Krakau. Dort erwarb er 1483 das Bürgerrecht und heiratete Felicitas Morstein, eine Tochter des königlichen Münzmeisters und Ratsherrn von Krakau. Mit der Familie Boner sind in Krakau drei repräsentative Häuser verbunden: Ringplatz 42, Ringplatz 9 und das Haus der Familie Bethmann an der Ecke Florians-/Thomasgasse. Das Bonerhaus Ringplatz 42 an der Ecke Johannesstraße bewohnte Hans Boner, der es im Jahr seiner Erhebung in den Adelsstand 1514 zu einer Residenz umbauen ließ, wobei er die Struktur eines Kaufmannshauses weitgehend beibehielt. Das Haus Ringplatz 9 war ab 1517 Wohnsitz von Severin Boner (um 1486–1549), dem Neffen und Haupterben Hans Boners. Aus der Ausbauphase zu einem Palais haben sich die großen Fenster im ersten Stock erhalten. Die Erweiterung und tiefgreifende Umgestaltung mit Errichtung einer Attika erfolgte erst um 1560, die Steinmetzarbeiten werden Santi Gucci (um 1530–1600) zugeschrieben, der auch in königlichen Diensten stand. Das dritte prächtige Patrizierhaus gehörte der Familie Bethmann, aus der die Ehefrau von Severin Boner stammte.

In vielen Städten finden sich Patrizierhäuser mit den gleichen, typischen Eigenschaften. Daneben entwickelten sich aber auch Sonderformen bzw. besondere Eigenheiten in einzelnen Städten. Verwiesen sei hier nur auf das Danziger Bürgerhaus, das keine Speicherräume aufweist. Dies hängt mit den spezifischen historischen Gegebenheiten des Handels zusammen. Die Danziger Kaufleute hatten die Funktion von Zwischenhändlern beim Getreideverkauf und benötigten in ihren Häusern nur ein kleines Kontor, da die Geschäfte direkt am Hafen abgeschlossen wurden. Die Waren wurden nicht – wie in vielen anderen Städten Magdeburger Rechts – im Bürgerhaus gelagert, sondern auf der Speicherinsel.

Neben den Häusern der einzelnen Patrizier entstanden auch Gemeinschaftshäuser wie zum Beispiel die Artushöfe, Häuser von Bruderschaften und exklusiven Patriziergesellschaften, die der bürgerlichen Repräsentation und Abgrenzung dienten. Der Artushof in Danzig/Gdańsk ist sicher das berühmteste Beispiel, er entstand nach der Bewidmung Danzigs mit Magdeburger Recht – in den Quellen ist er 1350 erstmals erwähnt – und diente den vornehmen Kaufleuten für ihre exklusiven geselligen Zusammenkünfte. Erst im ausgehenden Mittelalter erhielten die Wohnräume in vornehmen Patrizierhäusern Heizmöglichkeiten, teils mit äußerst prächtigen Kachelöfen (Kat.-Nr. II.195). Einblick in ein Danziger Patrizierhaus gewährt das Diptychon eines Unbekannten (Abb. 187, S. 388). Sehr detailreich schildert es ein bürgerliches Festmahl in einem holzvertäfelten Raum mit Holzbalkendecke, die von einer Marmorsäule getragen wird. Der große Holztisch wird mit einem leinenen, blau gestreiften Tischtuch zur Festtafel. Brot und Brötchen aus Weißmehl, Teller, ein Gewürzgefäß und eine Kanne aus Zinn sowie Löffel, Messer und wertvolle Gläser sind darauf ausgebreitet. In einer großen Schüssel aus Zinn wird soeben ein Fleischgericht aufgetragen.

Städtische Reglementierungen suchten immer wieder, die bürgerliche Prachtentfaltung einzudämmen. Bei Gebäuden dienten diese vor allem dem Brandschutz. Luxus- und Kleiderordnungen reglementierten aber beispielsweise auch Festlichkeiten: Sie beschränkten die Anzahl der Gäste und der Gänge eines Festmahls.
Anja Rasche

Literatur
Boockmann 1994 | Chorowska/Lasota 2014 | Czaja 1996 | Dehio 1993 | Firlet/Opaliński 2012 | Hauke 1967 | Hecht 2010 | Isenmann 2014 | Komorowski 2010 | Komorowski 2014 | Korduba 2004 | Marten 2012 | Piekalski 2008 | Piekalski/Wachowski 2014 | Selzer 1996 | Stein 1966.

II.158

II.158
Kapitell mit Wappen

Berlin, um 1475
Postaer Sandstein
H 44,5 cm, B/T 53 cm
Berin, Stadtmuseum Berlin, X. 511

Das von geübter Hand mit Spitz- und Flächeisen aus dem Sandstein herausgearbeitete kelchförmige Kapitell saß auf einem polygonalen Säulenschaft und wurde an der Unterkante durch eine auffällig plastische Stabranke eingeleitet. Die quadratische Kämpferplatte ist dagegen mit Rundbogenfriesen versehen. Ecksporne vermitteln zwischen der Platte und dem Schaft. Dazwischen sitzt auf jeder Seite ein Wappenschild. Neben dem Wappen der Familie Blankenfelde (Trense mit zwei Sternen) treten hier auch die Wappen der angeheirateten Familien Stroband (Rose im Strohkranz), Wins (Regenbogen und drei Sterne) und Wilmersdorf (drei Lilien) auf.

Der Überlieferung zufolge stammt das Kapitell aus einem repräsentativen gewölbten Erdgeschosssaal des Hauses Spandauer Straße 49, das nach dem Stadtbrand von 1380 durch die bereits 1284 in Berlin ansässige Familie Blankenfelde in Backstein neu erbaut worden ist (ehemalige Inschrift). Nach dem Abbruch des Hauses 1889 gelangte das Kapitell mit anderen Bauteilen in das Märkische Provinzial-Museum. Die qualitätvolle Sandsteinarbeit stammt offenbar von einer hochrangigen Werkstatt zugereister Künstler, die sich hier während des Ausbaus der Residenz der Hohenzollern in Berlin herausgebildet hatte. Stilistische Details des Kapitells und anderer geborgener Bauelemente des Hauses wie Teile eines charakteristischen Backsteinmaßwerkfrieses sprechen für eine Bautätigkeit um 1470/1480. Zu diesem Zeitpunkt befand sich die einflussreiche Patrizierfamilie Blankenfelde in Berlin auf dem Höhepunkt ihrer wirtschaftlichen und politischen Macht. 1474 waren Hans (um 1403–1474?) und Wilhelm (um 1400–1474) von Blankenfelde (mehrfach auch Berliner Bürgermeister) durch den Kaiser in den Reichsadelsstand erhoben worden.

Die deutlichen Bezüge im ehemaligen Maßwerkdekor des Bürgerhauses der Familie Blankenfelde zu repräsentativen Bauten im Umfeld der

Hohenzollern (Berlin?, Brandenburg, Ziesar, Tangermünde und Bernau) sind vielleicht als Zeichen einer neuen Gefolgschaft dieser Familie zu verstehen, die einst im sogenannten Berliner Unwillen gegen den Landesherrn aufbegehrte. Der vielfache Berliner Bürgermeister Thomas von Blankenfelde (1435–1505) war nicht nur einer der Hauptgläubiger des Kurfürsten, er führte in militärischen Auseinandersetzungen außerdem die Berliner Kontingente an der Seite des Landesherrn in den Kampf. Nach dem Tod seiner ersten Ehefrau (aus der Familie Stroband?) heiratete er 1474 Margarethe von Buchholz (um 1454–nach 1531), worauf möglicherweise das Wappen des Kapitells anspielt und damit vielleicht sogar den genauen Zeitpunkt für den repräsentativen Umbau des Berliner Wohnhauses der Familie angibt.
Dirk Schumann

Literatur
Bökenkamp 2002 | Borrmann 1893, S. 401 f. | Buchholz 1890, S. 48 f. | Ludwig 1943 | Schumann 2011, S. 41.

II.159

II.159

Fragment eines Portals mit der Büste eines jungen Mannes

Breslau/Wrocław, Altbüßergasse/Ulica Łaciarska (?), anonyme Werkstatt in Breslau, 2. Hälfte 15. Jahrhundert

Feinkörniger Sandstein mit heller cremefarbener Färbung

B 38 cm, L 47 cm, T 20 cm

Breslau/Wrocław, Muzeum Architektury we Wrocławiu, MAt-140

Der ursprüngliche Standort des Portals ist nicht bekannt. Das Fragment kam 1979 aus der Pfarrei der Breslauer Magdalenenkirche in die Sammlung und stammt wahrscheinlich aus einem der nicht erhaltenen mittelalterlichen Gebäude, die sich einst in unmittelbarer Nachbarschaft der Kirche befanden.

Das Fragment gehörte zur Verzierung im linken Bogenbereich eines Portals mit Schulterbogen. Die vorliegende unregelmäßige Form ist auf Fehlstellen infolge von Zerstörungen zurückzuführen. In der Aussparung des Bogens befindet sich die vollplastische Büste eines jungen Mannes mit leicht zur Linken gewendetem Kopf. Trotz einiger Schäden – einem fehlenden Bartfragment, einem abgeschlagenen Rosenblatt, einer länglichen Vertiefung auf dem Torso – ist sie in relativ gutem Zustand erhalten. Die Figur zeichnet sich durch eine synthetische Form der Darstellung aus, bei der die Konturen der Arme und des Torsos vereinfacht wurden. Mit größerer Sorgfalt wurden der runde Kopf mit stark gelockten Haaren und das Gesicht mit großen, mandelförmigen Augen, betonten Augenlidern und einem breiten Mund herausgearbeitet. Genau ist auch die Darstellung der Kleidung: ein gut sitzender, mit einer Knopfreihe versehener Kaftan, eine Kapuze, ein über die Schulter geworfener, kurzer, faltenreicher Umhang sowie ein mit kleinen Rosen verziertes Schapel im Haar. Die Stirnseite des Bogenbereichs ist von der äußeren und inneren Seite des Portals glatt gearbeitet und abwechselnd mit teilweise erhaltenen nach innen und nach außen gewölbten Rollen verziert. Auf der linken Gesichtshälfte ist ein Teil der Oberfläche herausgeschlagen. Von oben wurde das Fragment bildhauerisch bearbeitet und mit einem Beschlag versehen, um das Portal in die Wand einzupassen. Dort wurde später auch eine Stahlschraube angebracht, um das Exponat an der Stellage zu befestigen.

Elemente der Kleidung der auf dem Fragment des Portals befindlichen Darstellung des jungen Mannes, insbesondere die Kopfbedeckung, deuten auf die Mitte des 14. Jahrhunderts hin. Gewänder wie diese wurden jedoch lange Zeit verwendet, was durch einen der Kragsteine im Großen Saal des Breslauer Rathauses belegt wird, der zwischen 1481 und 1484 datiert wird. Ein dort dargestellter Jüngling trägt ein Schapel mit Rosen auf dem Kopf, das jener des besprochenen Portalfragments gleicht. Für eine spätere Datierung des Objekts spricht ebenfalls die Form des von einem Schulterbogen abgeschlossenen und mit Stabwerk geschmückten Portals. Sie war besonders in der weltlichen Architektur Breslaus ab der zweiten Hälfte des 15. Jahrhunderts po-

pulär. Auch weitere Beispiele von Portalen mit skulpturalen Verzierungen im Bogenbereich aus dieser Zeit sind bekannt, wie beispielsweise aus Breslau das nicht erhaltene Portal des Wohnhauses »Zum Grünen Hügel« (Ulica Szewska 4) mit einer Teufelsfigur und der Darstellung einer nackten Frau oder das ebenfalls nicht erhaltene Portal der Pfarrei der Magdalenenkirche von 1494, das mit Stadtwappenmotiven verziert war – auf dem einen die Büste von Johannes dem Täufer, auf dem anderen der Buchstabe »W«. Eine erwähnenswerte Entsprechung findet sich in dem Portal mit figuraler Verzierung aus dem Schloss in Wohlau/Wołów, das auf Ende des 15./Anfang des 16. Jahrhunderts datiert wird.
Agnieszka Gola

Literatur
Żak [o. D.].

II.160

Knagge mit der Figur der Maria Magdalena

Magdeburg, Johanniskirchberg 5, spätgotisch

Holz

H 60 cm

Magdeburg, Kunstmuseum Kloster Unser Lieben Frauen, Pl 430 k

II.160

II.161 a

Als nördlichster Standort der Grenze zwischen der Natur- und Backsteingotik war auch das mittelalterliche Magdeburg wie die anderen niedersächsischen Städte Braunschweig, Goslar, Hildesheim, Quedlinburg und Halberstadt in erster Linie eine Fachwerkstadt. Ihre normalen Wohnbauten bestanden aus meist auf Bruchsteinmauerwerk geständertem Fachwerk. Über zwei Geschosse ging deren Höhe in der Regel nicht hinaus, weil gemäß des Sachsenspiegels »mit Holz oder Stein drei Stockwerke übereinander, eine in der Erde, die andern beiden darüber« (Sachsenspiegel LXVI.) erlaubnisfrei errichtet werden durften. Neben diesen einfachen Häusern gab es aber auch massive profane Steinbauten, die sich Zünfte, Gilden und wohlhabende Bürger aus Repräsentationsbedürfnis oder aus Schutz vor Bränden erbauen ließen. Der Überhang der Geschosse im Fachwerkbau mit Balkenköpfen, Knaggen und Schwellen eröffnete den Zimmerleuten mehr Möglichkeiten zur Gestaltung von plastischem Schmuck, dem Schnitzwerk. Dessen Wirkung wurde zusätzlich durch farbige Ausschmückung erhöht.

Die Magdeburger Knagge gehört zu einem Bildprogramm, welches die Front des spätgotischen Fachwerkhauses Johannisbergstraße 5 unter den überragenden Balken zwischen dem zweiten und dritten Geschoss zierte. Das Haus war bei der Zerstörung Magdeburgs im Dreißigjährigen Krieg am 10. Mai 1631 nicht gänzlich niedergebrannt, weil es im Windschatten der Johanniskirche stand. So blieb auch eine Reihe von mit halbplastischen Figuren geschmückten Knaggen erhalten, die man später auf der Hofseite des Grundstücks in einem hölzernen Rahmen nebeneinander zur Ansicht präsentierte. Sie sind somit rare Zeugnisse der profanen Bildhauerkunst im spätmittelalterlichen Magdeburg. Die hier präsentierte Knagge zeigt eine aufrecht stehende Heilige in einem schlichten Gewand, die mit wallenden, überlangen offenen Haaren gekennzeichnet ist. Sie hält ihre Hände flach aneinander zum Gebet gelegt. Dies entspricht ganz der Tradition des Mittelalters, Maria Magdalena mit der reuigen Sünderin gleichzusetzen, die Jesus mit ihrem Haar die Füße salbte (Lk 7,36–50).
Claus-Peter Hasse

Literatur
Hasse 2005 a | Peters 1902 | Puhle 2005, S. 132.

II.161

Bürgersfrau (?) und heiliger Petrus

Knaggen vom Fachwerkhaus Großer Markt 4 in Perleberg, dem ältesten und repräsentativsten Bürgerhaus der Stadt, errichtet 1525

Eichenholz

H 80 cm, B 24 cm

Perleberg, Stadt- und Regionalmuseum (SRM), Leihgaben der Rolandstadt Perleberg

Knaggen sind senkrecht zur Wand liegende Winkelhölzer, welche die vorkragenden Elemente des Fachwerkbaus stützen. Seit dem 15. Jahrhundert wurden diese Knaggen an besonderen Gebäuden oft kunstvoll gestaltet. Häufig finden sich Knaggen an Bürgerhäusern der Fachwerkstädte des Harzes und in Süddeutschland. Das Perleberger »Knaggenhaus« ist einzigartig im Norden.

13 Figuren haben sich erhalten. Sieben durch die Witterung besonders beschädigte Figuren sind durch Kopien am Haus ersetzt worden. Sie wurden in ihrem Bestand und mit ihrer ursprünglichen Farbigkeit behutsam gesichert.

II.161 b

Kontrastierend zum sakralen Figurenprogramm im ersten Geschoss unter anderem mit Petrus befinden sich im oberen Geschoss profane Darstellungen. In direkter Analogie steht über dem segnenden Christus mit der Weltkugel der König als weltlicher Herrscher mit Krone und Zepter. An der seitlichen Hauswand ist die Knagge einer Frau positioniert, deren durch eine gullenähnliche Haube bedeckten Haare Zurückhaltung und Tugendhaftigkeit symbolisieren und eine verheiratete Frau bzw. eine Bürgersfrau vermuten lassen. *Frank Riedel*

Literatur

Auf den Spuren 2018 | Seier 1994.

II.162

Wappen des Hauses »Zu den Eidechsen«

Krakau/Kraków, Ende 15. Jahrhundert

Sandstein (?)

H 31–34 cm, B 126 cm (unten), 157 cm (oben), T 20 cm

Krakau/Kraków, Muzeum Narodowe w Krakowie, MNK I-359

In den Jahren 1926 bis 1929 wurde das Haus »Zu den Eidechsen« (Dom »Pod jaszczurkami«) genannte Gebäude am Krakauer Hauptmarkt (Rynek Głowny Nr. 8) umgebaut. Im Zuge dieser Arbeiten wurden ein neues Portal und neue Fensteröffnungen an der Frontfassade im Erdgeschoss geplant. In der Arkade des Portals ließ man eine Kopie des Gebäudewappens ein, während das Original mit einer Darstellung kämpfender Eidechsen dem Nationalmuseum in Krakau übereignet wurde. Wo das Steinrelief ursprünglich platziert war, ist nicht bekannt.

In der Vertiefung zwischen den Erhebungen im Profil sind zwei ineinander verschlungene Eidechsen dargestellt. Fern von anatomischer Korrektheit zeichnen sie sich gleichwohl durch meisterhaftes technisches Können und Gespür für den dekorativen Wert der Komposition aus. Die Skulptur ist außergewöhnlich plastisch gestaltet. Die durchbrochenen, tiefen Höhlungen bewirken einen Hell-Dunkel-Effekt.

Die Skulptur stammt aus der Zeit, als Veit Stoß (um 1447–1533) sich in Krakau aufhielt. Die Komposition weist Ähnlichkeiten mit einem der Kragsteine des Gewölbes der Ogrojcowa-Kapelle der St.-Barbara-Kirche (Kościół Sw. Barbary) auf.

Die symbolische Bedeutung der Skulptur ist unklar. Die Darstellung zweier Eidechsen in erbittertem Kampf hebt gewissermaßen die »positive« Interpretation von Eidechsen auf, die ihre Energie aus dem Sonnenlicht schöpfen, so wie die Seele das Licht Gottes sucht. Zudem lassen sich kaum so eindeutig düstere Bezüge im Gebäudewappen ausmachen, wie im 3. Buch Mose 11, 29 beschrieben (»Unter dem Kleingetier, das auf dem Boden kriecht, sollt ihr für unrein halten den Maulwurf, die Feldmaus und die verschiedenen Arten der Eidechsen«). Es wäre verlockend, hier einen Bezug zur räumlichen Nutzung des Erdgeschosses des Wohnhauses am Rynek Główny Nr. 8 als Apotheke zu sehen. Denn der zerriebene Schwanz der Eidechse wurde bei der Herstellung alternativer Arzneimittel verwendet, die im Mittelalter sehr beliebt waren. Die erste sichere Erwähnung einer Apotheke an dieser Stelle datiert jedoch auf das Jahr 1541.
Wojciech Marcinkowski

Literatur

Essenwein 1869, S. 154, Abb. 79 | Kopera/Kwiatkowski 1931, S. 17 | Sternschuss 1899, S. 177, 188–189, Abb. S. 175 | Świątek 1992, S. 16–21 | Walczak 2005.

II.162

II.163

Schreibpult

Danzig/Gdańsk, Anfang 16. Jahrhundert

Eichenholz, Eisen

H 128 cm, B 69,2 cm, T 61 cm

Danzig/Gdańsk, Muzeum Narodowe w Gdańsku, MNG/SD/49/Mb

Danzig, Sammlung des Stadt- und Kunstgewerbemuseum, Kgm. 4725

Das Schrankpult, mit einflügeliger Tür in der Frontwand, stützt sich auf vier Pfostenbeine, die in zwei vorn und hinten mit Löwenpfoten endende Schienen eingelassen sind. Die Rückwand ist bis zu den Beinsockeln zu einer Paraventverdeckung verlängert. Alle Wandfüllungen sind von einem Faltenornament geprägt. Am Ansatz der Vorderbeine befinden sich vier mit Dreipassreliefmotiv verzierte Stützen. Eine zusätzliche Dekoration stellen auf den Konsolen unter den vorderen Beinstützen zwei geschnitzte vollplastische Figuren gebeugter Mönche dar. Die Beschläge sind zugleich Türbandscharniere.

Die Füllungskonstruktion war schon in der Antike bekannt und kam Anfang des 15. Jahrhunderts mit der Renaissance wieder in Mode, frühestens in Flandern, später auch in den Gebieten Frankreichs und Norddeutschlands, wo Eichenholz das dominierende Material der Möbelherstellung war. Das brachte bedeutende Veränderungen beim Bau und Aussehen von Möbeln mit sich. Die bisherigen Wände aus Massivbrettern, die durch Eisenbeschläge verbunden waren, wurden nun durch Rahmen ersetzt, die mithilfe von Zapfen und Zapfenloch verbunden wurden. Die Rahmen füllte man mit viel dünneren Holzteilen, die in Nuten oder Spante eingelassen wurden. Die Verbindung der einzelnen Möbelelemente ohne Benutzung von Leim ermöglichte das freie Zusammenziehen und Erweitern des Holzes, und die Möbel selbst erhielten eine leichtere und im Materialverbrauch sparsamere Konstruktion. Das Faltenornament, oder auch Pergamentornament, war im nordeuropäischen Möbelbau um 1460 bis 1520 allgemein gebräuchlich. Es trat jedoch nicht bei der Kunsttischlerei in zentralen und südlichen Produktionszentren der Adelsrepublik auf.

Für welchen Innenraum war das Danziger Pult vorgesehen? Die Antwort wird durch das Fehlen von Vergleichsmaterial erschwert. Die aus Bild-

II.163

überlieferungen bekannten Pulte hängen mit der Arbeit in Klosterskriptorien oder Gebeten in Innenräumen von Bürgerhäusern (in niederländischen und deutschen Verkündigungsszenen) zusammen. Doch die Höhe des Danziger Pults schließt die Möglichkeit aus, dass es im Sitzen benutzt worden sein könnte. Vielleicht wurde es für die Rechnungsführung in einem Kaufmannskontor verwendet. Es kann auch als Vorlesepult in der Kirche oder im Refektorium eines Konvents gedient haben oder Ausstattung des Katheders in einer Schule, zum Beispiel einer Klosterschule, gewesen sein. Darauf würden die geschnitzten Mönchsfiguren hindeuten.
Lech Łopuski

Literatur
Betlejewska 2006, Nr. IV.2, S. 271 ff. (Lech Łopuski) | Kolegia 2007, Kat.-Nr. 63, S. 268 f. (Lech Łopuski) | Skarby 2016, S. 322 (Lech Łopuski).

II.164

II.164

Gotischer Kastentisch

Oberungarn/Slowakei, Zipser Künstler, um 1450–1500

Nadelholz mit Schnitzereien

L 90,5 cm, B 81 cm, H 82 cm; Tischplatte: L 120 cm, B 104 cm

Košice, Východoslovenské múzeum Košice, H 70 264

Im Frühmittelalter hatten Tische noch einen eher provisorischen Charakter: Man stellte Böcke (Schragen) auf, über die eine Tischplatte gelegt wurde, die Mahlzeit wurde eingenommen und danach zerlegte man die Tische wieder und räumte sie beiseite. Den Tisch bedeckte ein großes Tischtuch, das nach dem Mahl zum Abwischen der Hände diente.

Tische gehörten in Ungarn erst ab dem Ende des 15. Jahrhunderts zur dauerhaften Möblierung von Wohnräumen und wurden in der Mitte des Raums so aufgebaut, dass alle um sie herum Platz fanden. Es gibt hauptsächlich zwei Arten mittelalterlicher Tische: sogenannte Wiegentische, deren Form einer Wiege ähnelt, und Kastentische mit großer (Schub-)Lade. Diese beiden Tischarten waren auf dem Gebiet des heutigen Deutschland beliebt. Mit den deutschstämmigen Siedlern, die nach Oberungarn einwanderten, verbreitete sich dort dieser deutsche Typus. Ähnliche Tische sind auch aus dem Gebiet der heutigen Slowakei (damals Oberungarn), insbesondere in den Regionen Zips/Spiš und Scharosch/Šariš und aus Siebenbürgen bekannt. Deshalb spricht man bei dieser Art auch von Siebenbürgener Tisch (slow. *sedmohradský stôl*, ung. *erdélyi asztal*). Sie waren ein beliebter Tischtypus in Bürgerhaushalten. Die Konstruktionsmuster dieser gotischen Tische sind in Möbelstücken der Volkskunst erhalten geblieben und bis ins 19. Jahrhundert hinein belegt.

Das Ostslowakische Museum in Kaschau/Košice beherbergt mehrere mittelalterliche Tische, zu denen auch der hier abgebildete gehört. Der Kastentisch aus der zweiten Hälfte des 15. Jahrhunderts wurde wahrscheinlich von einem Zipser Schnitzer hergestellt; detailliertere Informationen zur Herkunft sind leider nicht überliefert. Der Tisch verfügt über ein für das 15. Jahrhundert typisches Tischgestell aus unverzierten Wangen auf »Skiern« (vgl. Kat.-Nr. II.26). Er ist durch im rechten Winkel zu den Wangen angebrachte, parallel verlaufende Holme stabilisiert. Wahrscheinlich war an den Verstrebungen unten eine Stoffbahn zum Ablegen der Füße angebracht. Der Tisch hat eine auf Nuten verschiebbare rechteckige Tischplatte und einen großen Kasten. Erst wenn die Tischplatte verschoben wird, kann auf den »geheimen« Kasten zugegriffen werden. Dieser Stauraum im Unterbau ist in zwei größere und drei kleinere Fächer unterteilt. Die Tischplatte ist in Zargen eingepasst, die mit einem geschnitzten Blattmotiv verziert sind. An zwei der Seiten befinden sich zusätzlich ganz rechts im Relief Blumenmotive. Ein Schlüsselloch an einer der Längsseiten deutet darauf hin, dass der Tisch an dieser Vorderseite ursprünglich abschließbar gewesen sein musste. Er konnte als Ess- und/oder Schreibtisch genutzt worden sein. Der Tisch ist nicht farbig bemalt, jedoch weisen Reste von Wachs auf eine ehemals vorhandene Behandlung der Oberflächen hin. Er wurde aus weichem Nadelholz gefertigt. Einige Tischteile sind jedoch nicht im Original erhalten: Der Steg, das hintere Tischbein und einige Teile der Konstruktion im Inneren wurden später ersetzt.
Katalin Harsányi Szcsuka

Literatur
Güntherová-Mayerová 1952, S. 99, Abb. 1159 | Hrušková/Kejlová 1991 | Voit 1943, S. 65.

II.165

Tür

Umgebung von Hermannstadt/Sibiu, Rumänien,
1. Hälfte 16. Jahrhundert

Eichenfurnier und ungarische Esche
auf Nadelholz; Intarsien aus Eiche und Ahorn;
Reifen und Schloss aus Schmiedeeisen

H 193 cm, B 99 cm, T 5,5 cm

Budapest, Iparművészeti Múzeum, 14443

Beide Türflügel sind kassettiert und in drei-, vier- bzw. sechseckige profilierte Furnierfelder eingeteilt. Die Kassettierung auf den Türflügeln zeigt unterschiedliche Strukturierungen. Auf einem Flügel sind in der Mittelachse auf der Spitze stehende Quadrate, auf dem anderen hingegen auf der Seite liegende Quadrate mit Holzintarsien (*tarsia a toppo*) aus dunkler Eiche und Ahorn zu sehen. Die geometrische Verzierung und die dekorative Benutzung des reich gefaserten Eschenholzfurniers weisen eine Verwandtschaft mit Beispielen der süddeutschen und Schweizer Tischlerkunst der Renaissance auf. Der aktuelle Erhaltungszustand zeigt Spuren späterer Eingriffe, wie die mit Eiche bedeckten vier Rahmenplatten, die den kassettierten Mittelteil umgeben. Die leicht unorganisch an der Tür sitzenden Reifen und das reparierte und umgestaltete Schloss sind ebenfalls spätere Ergänzungen. Sie stammen vermutlich aus dem 15. Jahrhundert. Diese Veränderungen deuten auf eine sekundäre Verwendung der Tür an einem anderen Ort, es sind aber keine Gebrauchsspuren an den Bändern oder an der Türkante zu sehen.

Das Budapester Kunstgewerbemuseum erwarb die Tür zusammen mit anderen Objekten aus der Sammlung des Hermannstädter Historikers und Ethnografen Emil Sigerius (1854–1947) im Jahr 1917. Zuvor war die Tür vermutlich im Haus von Sigerius in Hermannstadt eingebaut, die frühere Provenienz ist nicht dokumentiert. Sigerius sammelte die materielle Kultur des Siebenbürgischen Sachsen in Hermannstadt und dessen Umgebung und publizierte in Büchern und Aufsätzen die Ergebnisse seiner Forschungen.

II.165

Die ursprünglich nicht zusammengehörende Renaissancetür und das gotische Schloss stammen vermutlich aus einem bürgerlichen Haus in Hermannstadt oder aus einem Herrenhaus der Umgebung. Mit großer Wahrscheinlichkeit sind sie das Werk eines Meisters aus Hermannstadt, das seit dem 13. Jahrhundert eines der wichtigsten kulturellen und wirtschaftlichen Zentren von Siebenbürgen war. *Balázs Semsey*

Literatur
Batári/Vadászi 2000, S. 29 f. (Nr. 2) | Csányi 1917 | Péter 1988 a, Nr. 350 (Maria Zlinszky-Sternegg) | Zlinszky-Sternegg 1966, S. 19, 63 (Nr. 15).

II.166

Gussform für Löffel mit Applikation von Blumen und herrscherlichem Paar

13. Jahrhundert

Fundort: Magdeburg, Johanniskirchhof

Speckstein

H 10,3 cm, B 5 cm

Magdeburg, Kulturhistorisches Museum, Jkf 1b/46,80/506

Einen weiteren Hinweis auf die unterschiedlichen Metallgewerbe im mittelalterlichen Magdeburg stellt der Teil einer Gussform zur Herstellung von Schmucklöffeln dar. In die erhaltene Hälfte der Form aus Speckstein ist eine spitz zulaufende Laffe mit sich anschließendem Stiel eingraviert. Die Laffe zeigt eine adliges Paar, welches symmetrisch zu beiden Seiten eines Rankenelements oder eines stilisierten Baums angeordnet ist. Die Gravuren der Gewänder der beiden Figuren, die Blätter und Ranken sind ausgesprochen detailreich und fein ausgeführt. So ist auf einem Zweig über dem Kopf des Mannes zusätzlich ein Vogel und über dem der Frau eine Raupe dargestellt. Der dünne Löffelstiel ist durch einen verdickten Nodus von der Laffe getrennt. Die kleinen Schräggravuren des Stiels erzeugen die Anmutung eines Schaftes, der aus zwei ineinander tordierten Drähten besteht. Außerdem weist die Form an der rechten unteren Seite ein Passloch auf, durch das die zugehörige Gegenseite befestigt wurde. Schließlich sind an der linken oberen Seite noch feine sogenannte Windpfeifen eingearbeitet, die dem Entweichen der Luft während des Gießvorgangs dienten.

Ein Fundkomplex von 2005 im Bereich Regierungsstraße 7–8, Ecke ehemalige Goldschmiedebrücke, in Magdeburg stellt den bisher größten bekannten Fund mittelalterlicher Gussformen in Europa dar. Die 780 Einzelteile lassen sich rund 500 Gussformen aus Speckstein zuordnen. Sie belegen, dass in Magdeburg Feingießereien bzw. -schmiede tätig waren, die solche Schmuckgegenstände in ihren Werkstätten geradezu seriell gefertigt haben. *Ulrike Theisen*

Literatur

Hasse/Puhle 2006, Katalog, IV.106, S. 329 f. (Gösta Ditmar-Trauth) | Nickel 1964, S. 43 f., Taf. 65 | Puhle 2005, S. 86 (Susanne Heidemann).

II.167

Löffel

England (?), 16. Jahrhundert

Fundort: Rechtstadt in Danzig/Gdańsk, ulica Tartaczna

Zinn, gegossen, ziseliert, gelötet

L 15 cm, B 5,2 cm

Danzig/Gdańsk, Muzeum Archeologiczne w Gdańsku, MAG/GD/255/04/04/13422

Die Laffe des Tafellöffels ist tief, birnenförmig, der Stiel halboval im Durchmesser. Er ist mit der vollplastischen kleinen Figur eines auf einem profilierten Sockel sitzenden Löwen verziert. Die Figur und der Löffel wurden einzeln gegossen und danach gelötet. In der Mitte der Laffe sind die Buchstaben »IHS« (gotische Minuskel) in einer kreisförmigen Perlstabrahmung eingeprägt. *Ewa Trawicka*

Literatur

Amme 2012 | Gdańsk w Europie 2012.

II.166

II.167

II.168

Gabel

Herkunft unbekannt, 16. Jahrhundert

Fundort: Alte Vorstadt, Danzig/Gdańsk, ulica Toruńska

Silber, gegossen, ziseliert, tordiert

L 17 cm, B 2,1cm

Danzig/Gdańsk, Muzeum Archeologiczne w Gdańsku, MAG/GD/255/133/04/229

Der lange Schaft der zweizackigen Gabel ist bis zur Mitte seiner Länge tordiert (verdreht), darunter ist er viereckig im Durchmesser und mit einem kleinen, profilierten Knauf gekrönt.
Ewa Trawicka

Literatur
Amme 2012 | Gdańsk w Europie 2012.

II.169

Messer

Niederlande, England oder Deutschland, 16. Jahrhundert

Fundort: Speicherinsel, Danzig/Gdańsk, ulica Toruńska

Eisen, geschmiedet, geschweißt; Bein, geschnitten, Messing, gegossen, ziseliert, angebohrt, genietet, geschnitzt, intarsiert, gestochen

Gesamt: L 16,6 cm

Klinge: L 9,2 cm

Danzig/Gdańsk, Muzeum Archeologiczne w Gdańsku, MAG/GD/255/20/55/1844

Die stählerne Klinge des Tischmessers mit einem Griffheft ist schmal, eine mit Kupfer intarsierte Schmiedemarke ist auf ihr eingeprägt. An dem mit einem Zierknauf abgeschlossenen und mit Einkerbungen verzierten Heft sind mithilfe von Drahtnieten zwei Beinbeläge befestigt, die spiral mit Messingdraht intarsiert und mit Kreisen verziert sind. Am Messeransatz befindet sich ein Messingbeschlag, der die Intarsien verstärkt.
Ewa Trawicka

Literatur
Amme 2012.

II.168

II.169

II.170

Steinzeugkrug

Sachsen, Waldenburg (?), 15. Jahrhundert

Fundort: Rechtstadt in Danzig/Gdańsk, ulica Szeroka 91

Ton, gedreht, gebrannt

H 15 cm, D (Boden) 8,5 cm, Fassungsvermögen: 0,75 l

Danzig/Gdańsk, Muzeum Archeologiczne w Gdańsku, MAG/GD/255/99/4/1907

II.170

Steinzeuggefäße tauchen in Danzig als Importprodukte bereits in der zweiten Hälfte des 13. Jahrhunderts auf. Anfänglich waren es Erzeugnisse, die als Protosteinzeug (olivgrünes und rot engobiertes Steinzeug) aus dem Rheinland kamen. Sie haben meist die Form von Krügen mit kragenförmigem Ausguss, typisch unter anderem für die Frühzeit der Herstellung in Siegburg. Die ältesten Funde stammen vom Gelände einer slawischen Handwerks- und Kaufmannssiedlung, die in der zweiten Hälfte des 12. Jahrhunderts westlich der Danziger Herzogsburg entstand. Neben den aus Südskandinavien stammenden frühen glasierten Gefäßen stellt Protosteinzeug nur einen geringen Anteil (weniger als ein Prozent) der Masse lokaler slawischer Gefäße dar. Es ist anzunehmen, dass sie über Auslandskontakte wohlhabender Einwohner der Handwerks- und Kaufmannssiedlung nach Danzig kamen, vielleicht auch über die sich in der Nähe befindenden deutschen Gemeinde, die um 1263 zu einer Stadt nach Lübecker Recht wurde.

Der Import von Steinzeuggefäßen nach Danzig stieg mit der Gründung neuer städtischer Zentren nach Kulmer Recht durch den Deutschen Orden, wie die Rechtstadt von Danzig (1330–1346), und durch die Umgestaltung des bisherigen städtischen Zentrums in die neu gegründete Altstadt (1377). Bei Ausgrabungen in der Rechtstadt wurden bereits in Schichten aus den 1430er Jahren ausschließlich Fragmente von echten Steinzeuggefäßen gefunden, die aus rheinischen und aus niedersächsischen Produktionszentren stammen; sie machen etwa neun Prozent aller Gefäßfragmente aus. Anfänglich (1330–1345) trat grau glasiertes Steinzeug aus Langerwehe (?) sowie mit Eisenengobe bedecktes Steinzeug aus Bengerode (im heutigen Niedersachsen) auf. Spätestens ab Mitte des 14. Jahrhunderts monopolisierten die Hersteller aus Siegburg praktisch die Versorgung Danzigs mit Steinzeuggefäßen. Fast 15 Prozent der in der Rechtstadt benutzten Steinzeuggefäße sind Importe aus dem rheinischen Siegburg, drei Prozent sind Gefäße, die sie imitieren, aus dem sächsischen Waldenburg. Der Handel mit Steinzeug fand mit Sicherheit über den Seeweg statt, wovon besonders zahlreiche Funde in den Aufschichtungen der Speicherinsel in Danzig zeugen, die für einen Teil der nach Danzig importierten Waren die Rolle eines Lager- und Umschlagplatzes spielte.

Die im mittelalterlichen Danzig benutzten Steinzeuggefäße waren im überwiegenden Teil Tafelgefäße – mit Rillen verziert, auf eingedrückten Wellenfüßen. Die größeren Gefäße dienten zum Servieren von Bier und Wein, die kleineren zum Trinken; darunter waren beliebte Kannen wie die Jakobskanne sowie bauchige mit einem zylindrischen Hals, große Vorratskrüge und kleine Kelche. Je wohlhabender die Einwohner Danzigs wurden, desto mehr verdrängte dieses Steinzeug die örtlichen, grau gebrannten Krüge, Becher und Pokale. Ab der zweiten Hälfte des 15. Jahrhunderts und zu Anfang des 16. Jahrhunderts verloren Trinkgefäße aus Steinzeug an Popularität und wurden durch Formen ersetzt, die reich mit plastischen Applikationen verziert waren, oder durch raffiniertere Glaspokale und Trinkgläser.

Der im Katalog präsentierte Bierkrug, hergestellt im sächsischen Waldenburg, stellt eine getreue Nachahmung der Erzeugnisse aus dem rheinischen Siegburg dar. Er wurde aus dem gleichen cremeweißen Ton wie in Siegburg gefertigt und hat die Form der dort gewöhnlich erzeugten Krüge mit zylindrischem Hals und kugelförmigem Bauch. Seine Waldenburger Herkunft lässt sich jedoch durch eine andere Profilierung des eingedrückten Fußes als in Siegburg wie auch durch Abschnittspuren von der Töpferscheibe erschließen, die am Boden des Gefäßes sichtbar sind. *Bogdan Kościński*

Literatur

Gaimster 1997 | Rębkowski 1995 | Starski [o. D.].

II.171

Trinkgefäß aus Steinzeug mit Gesichtsdarstellung

1. Hälfte 15. Jahrhundert

Fundort: Krossen/Krosno, Marktplatz, Abschnitt IX, Latrine

Keramik

H 19,7 cm, B 6,2–8,5 cm

Krossen/Krosno, Muzeum Podkarpackie w Krośnie, 1339

II.171

Bei archäologischen Ausgrabungen auf dem Marktplatz in Krossen in der Woiwodschaft Vorkarparten/Podkarpackie in den Jahren 1999 bis 2001 kamen zahlreiche historische Objekte zum Vorschein. Darunter befand sich ein einzigartiges Trinkgefäß aus Steinzeug mit der Darstellung des Gesichts eines Mannes. Das wahrscheinlich in Sachsen oder in der Lausitz gefertigte Gefäß wird der Falke-Gruppe zugeordnet. Es besitzt einen separaten, mit umlaufenden Dellen verzierten Fuß und ist im unteren Teil durch horizontal umlaufende Riefen verziert. Darüber befindet sich ein für Falke-Gefäße typisches Stempelornament im Schachbrettmuster und in Form einer aus Dreiecken gebildeten Zickzacklinie. Den oberen Gefäßteil schmückt die plastische Darstellung eines bärtigen Männergesichts. Zusätzlich sind Teile der Dreiecksverzierung und des Gesichts des Mannes vergoldet.

Gefäße der Falke-Gruppe werden der mittelalterlichen Luxuskeramik zugeordnet. Sie wurden aus speziell vorbereitetem Ton gefertigt und bei hoher Temperatur gebrannt. Das so entstandene, als Steinzeug bezeichnete Material besaß ausgezeichnete Eigenschaften und war wasserundurchlässig. Untersuchungen an dieser Objektgruppe belegen ihre Herstellung in der ersten Hälfte des 15. Jahrhunderts. Aufgrund der Sorgfalt, mit der die Gefäße gefertigt wurden, ihrer reichen Verzierung und der präzise gearbeiteten Oberflächen ist davon auszugehen, dass sie von hochspezialisierten Handwerkern gefertigt wurden. Das größte Vorkommen dieser Art Objekte gibt es in Sachsen und in der Lausitz. Man vermutet deshalb, dass es dort Werkstätten gegeben haben muss, in denen solche Gefäße hergestellt wurden.

Viele Gefäßfragmente der Falke-Gruppe tauchten immer wieder in Schlesien auf, auch im Gebiet des heutigen Ungarn und im Einflussbereich der Hanse gab es entsprechende Funde. Umso größer war die Überraschung, als die Archäologen in Krossen auf ein so wertvolles Objekt stießen. Es kam im Jahr 2000 bei den Ausgrabungen in einer Latrine aus dem 15. Jahrhundert zum Vorschein, die an das Haus des Vogts grenzte. Die Nutzungsdauer der Latrine ließ sich unter anderem durch dendrochronologische Messungen an der Klosettbrille bestimmen, die um 1430 datieren. Dies stimmt mit der für die Falke-Gruppe vorgeschlagenen zeitlichen Einordnung überein. Höchstwahrscheinlich ist das Objekt mit deutschstämmigen Einwanderern in Verbindung zu bringen, die in der Frühzeit der Stadtgründung einen großen Teil der Einwohner von Krossen ausmachen. Gefäße der Falke-Gruppe werden häufig in den größeren städtischen Zentren des mittelalterlichen Europa gefunden. Dies ist ein weiterer Hinweis für die in den schriftlichen Quellen erwähnte wichtige Rolle der mittelalterlichen Stadt Krossen an den sich kreuzenden Handelswegen aus Richtung Rus und Ungarn. Erwähnenswert ist zudem, dass während der archäologischen Ausgrabungen auf dem Krossener Marktplatz ein weiteres kleines der Falke-Gruppe zugeordnetes Gefäßfragment mit einem Schachbrett-Ornament entdeckt wurde. *Tomasz Leszczyński*

Literatur

Gancarski/Muzyczuk 2002 | Mackiewicz 2008 | Muzyczuk 2009 | Muzyczuk/Gancarski 2003 | Muzyczuk/Gancarski 2007 | Stephan 2004 | Wachowski 2013.

II.172

Flötenglas

Tschechien, Rheinland (?), um 1350–1450

Fundort: Latrine in der Ulica Rzeźnicka 5 in der Altstadt von Elbing/Elbląg

Durchsichtiges Glas, Kobaltglas, formgeblasen

H 24,5 cm, B 9–7 cm

Elbing/Elbląg, Muzeum Archeologiczno-Historyczne w Elblągu, EM/XXX/8489

Das gedrungene, nach oben leicht geweitete Glas geht in eine breite Mündung über und verleiht dem oberen Teil eine schalenähnliche Form. Der Hals ist mit einem dunkelblauen Fadenring vom Korpus getrennt. Dieser ist an der Oberfläche vollständig mit leicht nach oben gezogenen Nuppen verziert. Das Gefäß aus gut entfärbter Glasmasse entspricht in seiner Form den für die tschechische Glastradition charakteristischen Flötengläsern. Diese schlanken und oft sehr hohen, mit Fäden und Nuppen verzierten Gefäße auf dem breiten Fuß tauchten in verschiedenen Varianten auf. Die Art der Verzierung knüpft an mittelalterliche Glaswaren aus dem Nahen Osten an, mit denen die tschechischen Hersteller durch heimkehrende Kreuzritter in Kontakt kamen. Im 14. und 15. Jahrhundert verbreitete sich diese Form in Schlesien, Brandenburg, Hessen, Thüringen und Pommerellen, was eine Bestimmung des Entstehungsorts der einzelnen Objekte erschwert.

Archäologische Untersuchungen ergaben, dass Glasgefäße im 14. Jahrhundert als Teil des Tischgeschirrs in den Häusern reicher Elbinger Bürger auftauchten. Verbreitet waren Flötengläser vor allem im 15. Jahrhundert, als auch ein Anstieg des Alkoholkonsums zu verzeichnen war. In den schlanken, durchsichtigen Gefäßen präsentierte sich der Wein besonders schön. Begleitet von raffinierten Gerichten war er fester Bestandteil von Zusammenkünften und Festlichkeiten, die vom Stadtrat oder den örtlichen Zunftgemeinschaften veranstaltet wurden. Im Rechnungsbuch der Altstadt sind die Ausgabenlisten für Festmähler (lat. *maltit*) und Abendessen (lat. *collatio*) erhalten und geben Auskunft über den Import von rheinischen, italienischen und spanischen Weinen. Es wurden weiterhin ungarische Weine, griechische Malvasier sowie billigere und minderwertige französische Weine importiert.

II.172

Zusammenkünfte und Festmähler spielten im öffentlichen Leben der Stadt eine wichtige Rolle. Sie trugen zur Festigung der sozialen Bindungen bei und erfüllten zudem repräsentative Funktionen. Besonders prachtvolle Empfänge gab es bei Besuchen von Hochmeistern der Ritterorden oder Königen, ebenso feierlich wurden die Abgesandten anderer Städte und die örtlichen Stadträte bewirtet. Die Tradition des feierlichen Mahls wurde bald von den Patriziern und dann auch von den immer reicheren Kaufleuten und Handwerkern übernommen. Dies wird durch Fragmente von Flötengläsern des 14./15. Jahrhunderts belegt, die in den Latrinengruben auf den Grundstücken wohlhabender Bürger gefunden wurden. Glasgefäße dienten nicht nur als Tischdekoration, sondern waren zugleich Ausdruck der gesellschaftlichen Position oder der Ambitionen ihres Besitzers. Sie konnten Zeichen des Erfolgs sein, den Geschmack des Besitzers oder auch seine Anfälligkeit für Moden zum Ausdruck bringen. Ein Beleg dafür könnte sein, dass sogar unbeschädigte Gefäße in die Latrine geworfen wurden. *Urszula Sieńkowska*

Literatur

Czaja 2004 | Gluziński 1987 | Gołębiewski 1988 | Gołębiewski 1997, S. 41 | Sedláčková 2006 | Starski 2017 | Tausendfreund 2014, S. 47–61.

II.173

Turmförmiger Wasserbehälter

Polen, vielleicht Königsberg/Kaliningrad, um 1500

Kupferlegierung (Messing), gegossen, ziseliert, graviert; moderner goldfarbener Überzug

H 50 cm, B 18,5 cm

Nürnberg, Germanisches Nationalmuseum, KG263

Dieser Wasserbehälter, auch Lavabo genannt, ist in Form eines halbierten achteckigen Turmes mit gerader Rückwand gestaltet. Er weist auf beiden Seiten Bügel zur Aufhängung auf. Wasser wurde über das abnehmbare Dach eingefüllt und floss aus den ursprünglich verschließbaren Löwenköpfen. Die Spuren eines später gesetzten, jedoch wieder verschlossenen Ablaufs sind noch in der Mitte erkennbar. Der Behälter gehört zu einer Gruppe von insgesamt vier wohl in einer Werkstatt hergestellten turmförmigen Gefäßen, von denen zwei in Kirchenbesitz im ehemaligen Ordensland Preußen, im heutigen Polen, sind oder waren. Im sakralen Kontext erhielten sich Objekte und Funktionen, die im Alltagsleben Innovationen – wie fließendem Wasser – weichen mussten.

Im Spätmittelalter waren Wasserbehälter natürlich auch in privaten Haushalten üblich. Dort hielten sie, über ein Auffangbecken montiert, Wasser zum Händewaschen bereit. Kasten- oder turmförmige Gefäße wie dieses sind selten und werden in zeitgenössischen Quellen kaum erwähnt. Meist wurden Kannen oder kleine Kessel in der Stube des Hauses in Nischen oder in eigens hierfür geschaffenen Möbeln verwendet. Beispiele hierfür finden sich ab dem 15. Jahrhundert zudem in Gemälden. Das vielleicht bekannteste Beispiel ist die Verkündigungsszene auf den Außenflügeln des Genter Altars (1427–1432), die in die Stube eines Bürgerhauses versetzt wurde, also ein Interieur, das dem städtischen Publikum der Zeit vertraut war.

Auch dieser Wasserbehälter nimmt zeitgenössische Motive auf. Die Formen des Turms mit einer hohen Sockelzone, einem vieleckigen Hauptgeschoss und darüber verlaufendem Gesims mit zeltartigem Dach erinnern an Turmbauten der Zeit. Verziert ist das Gefäß mit gravierten religiösen Darstellungen. Die Sockelzone zeigt die heilige Veronika mit dem Schweißtuch. Direkt über ihr nimmt die Muttergottes mit Kind die Mitte des Hauptgeschosses ein. Sie wird flankiert von dem heiligen Evangelisten Johannes und einem durch Mitra und Krummstab ausgewiesenen Bischof, der jedoch nicht eindeutig identifiziert werden kann. Die gravierten Figuren sind sicherlich von zeitgenössischen Drucken inspiriert, jedoch in ihrer Umsetzung stark vereinfacht. Parallelen, jedoch keine unmittelbaren Vorlagen finden sich beispielsweise im Werk Martin Schongauers, dessen Holzschnitte ganz klar für das Dekor der ebenfalls in der Ausstellung gezeigten Breslauer Zunftkanne (Kat.-Nr. II.146) vorbildlich waren. Vielleicht aufgrund seiner ungewöhnlichen Form mit Anleihen an berühmte Architekturtypen der Zeit um 1500 wurde der Behälter zwischenzeitlich als neogotische Fälschung eingeschätzt. Erst die Identifikation von Vergleichsarbeiten in kirchlichen Institutionen im Herstellungsgebiet konnte diese Zweifel auflösen. *Heike Zech*

II.173

Literatur

Kahsnitz 1978, bes. S. 710 | Mende 2013, S. 284–289, Kat.-Nr. 101 | Theuerkauff-Liederwald 1988, bes. S. 37 f.

II.174

Becher mit Reliefornament nach biblischem Sujet

Rheinregion, 1. Hälfte 16. Jahrhundert

Fundort: Kaunasser Altstadt, Rathausplatz 13

Steinzeug, mit Reliefornament verziert

H 14,6 cm, B 6,9 cm, D 9,5–9,9 cm

Kauen/Kaunas, Kauno miesto muziejus, GEK 9766

Während der archäologischen Ausgrabungsarbeiten im Jahr 2011, geleitet von dem Archäologen Algirdas Žalnierius, wurde in der Kaunasser Altstadt, Grundstück Rathausplatz 13 (das dritte Viertel) ein exklusiver Fund gemacht: ein Becher, dekoriert mit Figuren von Adam und Eva beiderseits des Baumes der Erkenntnis, mit Geißlein an ihren Füßen. Die Becherszene drückt die Grundidee über das Doppelwesen des Menschen aus. Der Baum der Erkenntnis ist im Alten Testament im 1. Buch Mose (Genesis) beschrieben: Adam und Eva aßen von den Früchten dieses Baums, brachen damit das Verbot Gottes und wurden aus dem Paradies vertrieben. Die Sünde verletzte das nach Gottes Vorbild geschaffene menschliche Wesen. Ungeachtet des Falls und der Verurteilung wurden Adam und Eva durch das Opfer Christi gerettet. Gleichartige biblische Szenen wurden im Mittelalter oft auf Kacheln dargestellt.

II.174

Die oberen und unteren Teile des Bechers sind mit je drei reliefartigen gerundeten Forken dekoriert. Den zentralen Teil des Bechers ziert das Reliefornament nach biblischem Sujet: Adam und Eva am Baum der Erkenntnis. Die Tonmasse ist gebunden, die graue keramische Scherbe ausreichend fest. Die Becheroberfläche hat mehrere Farbschattierungen: von Dunkelgrau bis Gelbbraun. Der Becher wurde bei einem Brand angesengt und in Scherben zersplittert gefunden. Es sind etwa zwei Drittel aller Becherfragmente (acht Scherben), darunter der Becherboden, erhalten geblieben. Vom abgeschlagenen Becherhenkel existiert nur ein kleines Fragment, mit dem der Henkel am unteren Teil an der Becherwand befestigt war. *Inga Puidokienė*

Literatur
Balčiūnas 2012 | Jaskelevičiūtė 2016.

II.175

Teller mit maurischem Ornament

Manises, Spanien (?), Ende 14. Jahrhundert

Fundort: Latrine in der Ulica Rzeźnicka 14 in der Altstadt von Elbing/Elbląg

Ton, Glasur, mineralische Farbstoffe

H 8,5 cm, D 33,5 cm

Elbing/Elbląg, Muzeum Archeologiczno-Historyczne w Elblągu, INC/1568

Der Teller mit geometrisch-pflanzlicher Verzierung ist mit einem bronzefarbenen Ornament auf creme-weißem Grund bemalt. Zwei Verzierungen wechseln sich auf den Blättern einer Rosette ab: ein mit Perlen umrahmtes Ornament in kufischer Schrift und ein weiteres in kufischer Schrift mit einer zarten Arabeske. Auch der Hintergrund ist mit einer Arabeske verziert.

Der Teller wurde unter Verwendung der Lüstertechnik hergestellt, bei der die glasierten und gebrannten Gefäße mit einer Lage aus Silber- oder Kupferpigment beschichtet wurden. Nach erneutem Brennen verlieh das den Gefäßen einen schillernden Glanz. Diese Technik kam zu Beginn des 13. Jahrhunderts mit der Ankunft islamischer Töpfer nach Andalusien. Nach ihrer Übersiedelung in die Gegend von Valencia (Manises) eigneten sich die örtlichen spanischen Produzenten ebenfalls diese Technik an. Das hier präsentierte Gefäß zeigt Merkmale des für Valencia typischen frühen Stils (1375–1425), der sich durch eine strahlenförmig angeordnete Verzie-

II.175

rung mit geometrisch-pflanzlichen Motiven auszeichnete, die an muslimische und christliche Traditionen gleichermaßen anknüpfte.

Der Teller könnte Klaus Grunau, dem Eigentümer des Grundstücks in der Fleischergasse, heute Ulica Rzeźnicka 14 in Elbing, gehört haben. Dies ist jedoch nicht sicher, denn als wohlhabender Bürger besaß er in der Stadt auch andere Wohnhäuser. Ein Keramikgefäß von so ferner Herkunft und in einer so aufwendigen Technik gefertigt, war mit Sicherheit ein Luxusgut. Bisher wurden in Elbing nur vier Gefäße aus dieser Region gefunden. Als Einzelstücke waren sie möglicherweise Teil der Inneneinrichtung oder der Tischdekoration bei besonderen Festlichkeiten und unterstrichen so den sozialen Status des Besitzers. Gelegenheit zum Erwerb solcher Gefäße hatten Kaufleute und Seefahrer, die spanische Häfen anliefen (was durch schriftliche Quellen bestätigt wird), sowie Pilger auf dem Weg nach Santiago de Compostela. Möglicherweise wurden sie auch über die Häfen Brügge oder im benachbarten Danzig/Gdańsk erworben. Mit hoher Wahrscheinlichkeit können wir davon ausgehen, dass sie als Geschenk oder Souvenir nach Elbing gelangten.

Objekte des 14./15. Jahrhunderts mit ähnlichen Motiven befinden sich in den Sammlungen des British Museum und in der Sammlung »The Cloisters« des Metropolitan Museum in New York. *Urszula Sieńkowska*

Literatur
Caiger-Smith 1985, S. 110–220 | Dąbal 2013 | Gutiérrez 2000 | Husband 1970 a | Husband 1970 b | Nawrolska 2002.

II.176

Hans Sachs, Tischzucht

Breslau/Wrocław, Crispin Scharffenberg, 1551

Papier, Holzschnitt

H 38 cm, B 29 cm

Breslau/Wrocław, Muzeum Książąt Lubomirskich w Zakładzie Narodowym im. Ossolińskich, I.g. 15798

Dischzucht.

Wöꝛ menſch ſo du zu tiſch wilt gan
Dein hend ſoltu gewaſchen han
Lang negel zimmen auch nicht wol
Die man heimlich abſchneiden ſol
Am tiſch ſetz dich nit oben an
Der hausherꝛ wöls dann ſelber han
Der benedeyung nicht vergiſs
In Gottes nam heb an vnd iſs/
Die Elteſten anfahen las
Darnach iſs züchtiglicher mas
Nit ſchnaude oder ſewiſch ſchmatz
Nit vngeſtüm nach dem bꝛot platz
Das du kein gſchirꝛ vmſtoſſen thuſt
Das bꝛot ſchneid nicht an deiner bruſt
Das geſchnitten bꝛot oder weck
Mit deinen henden nicht verdeck
Vnd bꝛock nit mit den zenen ein
Vnd greiff auch fur dein oꝛt allein
Thu nit in der ſchüſſel vmb ſtüren
Darob halten wil nit gebüren
Den löffel nimb auch nit zu vol
So du treuffeſt es ſteht nit wol
Vnd greiff nach keine ſpeiſe mer
Bis dir dein mund iſt woꝛden ler
Red nit mit vollem mund ſey meſſig
Sey in der ſchüſſel nit gefreſſig
Der aller letzt dꝛinn ob dem tiſch
Zerſchneid das fleiſch vnd bꝛich die fiſch
Vnd kewe mit verſchloſſnem mund
Schlag nit die zung aus wie ein hund
Zu lecken/thu nit geitzig ſchlincken
Vnd wiſch den mund eh du wilt trincken
Das du nit ſchmaltzig machſt den wein
Trinck ſitlich vnd huſt nit darein
Thu auch nit gröltzen oder kreiſten
Schüt dich auch nit vnd ſey am weiſten
Setz hübſchlich vngeſchüttet nider
Bꝛing keim andern zutꝛincken wider
Füll kein glas mit dem andern nicht
Würff auch auff niemand dein geſicht
Als ob du mercketeſt auff ſein eſſen
Wer neben dir am tiſch iſt gſeſſen
Den irꝛe nit mit den ellenbogen
Sitz auffgerichtet nit geſchmogen
Ruck nit hin vnd her auff der benck
Das du nit macheſt ein geſtenck
Las dein füſs vnterm tiſch nit gampern
Darzu hüt dich voꝛ allen ſchampern
Woꝛten/nachred/geſpött vnd lachen
Sey erbarlich in allen ſachen
Zu bullerey las dich nit mercken
Thu auch niemand auff hader ſtercken
Gezenck am tiſch gar vbel ſtat
Sag nichts daran man grawen hat
Vnd thu dich auch am tiſch nit ſchneutzen
Das andꝛe nit voꝛ dir thun ſcheutzen
Geh nit vmbzauſen in der naſen
Des zeen ſteuren ſoltu dich maſſen
Im kopff ſoltu dich auch nit krawen
Auch ſollen jungfrawen vnd frawen
Nach keinem floch hinunder fiſchen
Ans tiſchtuch ſol ſich niemant wiſchen
Auch leg dein kopff nit in die hend
Lein dich nit hinden an die wend
Bis das mal hat ſeinen ausgangk
Dann ſag Got heimlich lob vnd danck
Der dir deine ſpeis hat beſchert
Aus vetterlicher hand ernert
Darnach ſoltu vom tiſch auffſtehn
Dein hend waſchen vnd wider gehn
An dein gewerb vnd arbeit ſchwer
So ſpꝛicht Hans Sachs Schumacher.

Zu Breſlaw/durch Criſpinum Scharffenberg/Foꝛmſchneider.

II.176

Im Mittelalter verbesserten sich die Qualität und Vielfalt der Speisen und Getränke erheblich, und auch die Dauer der Nahrungsaufnahme und Feiern am Tisch nahmen zu. Es war daher erforderlich, die oberen Gesellschaftsschichten bezüglich des Verhaltens bei Tisch zu unterweisen. Die ersten Tischzuchten kamen im 12. Jahrhundert in lateinischer Sprache auf. Mit dem 13. Jahrhundert wurden die Texte auch in vielen Landessprachen verfasst: Deutsch, Französisch, Italienisch und Englisch. Beschrieben wurden das korrekte Verhalten bei Tisch und beim Essen selbst sowie bei anderen Aktivitäten, wie der Essensvorbereitung, dem Serviervorgang oder der Konversation bei Tisch. Die Tischzuchten erschienen in Gedichtform, um auf diese Weise die Botschaft für den Leser attraktiver und einprägsam zu gestalten. Anfangs waren diese Texte hauptsächlich für den Adel und den Klerus bestimmt. Mit der wachsenden wirtschaftlichen Bedeutung des Bürgertums wurden die Angehörigen dieser Schicht ihr Hauptadressat.

Bis zu fünf Texte zum Verhalten bei Tisch wurden von dem deutschen Dichter und Dramatiker Hans Sachs (1494–1576) verfasst. In dem vorliegenden Holzschnitt wurde sein Text von 1534 verwendet, in dem er unter anderem beschreibt, dass man sich mit sauberen Händen und kurzen Fingernägeln an den Tisch zu setzen habe, mit geschlossenem Mund kauen und ihn nicht an der Tischdecke abwischen solle. Der den Text illustrierende Holzschnitt wurde wahrscheinlich nach dem Vorbild einer Arbeit von Georg Pencz (um 1500–1550) erstellt, die wohl zwischen 1540 und 1545, ebenfalls zum Text von Hans Sachs, entstanden ist. Die Szene spielt vor einer vergleichbaren Kulisse, dem Innern eines Gemachs, und auch die Speisen auf dem Tisch und die Personen gleichen sich.

Die Tischzucht entstand in der Offizin von Crispin Scharffenberg (um 1513–1576), einem Holzschneider, Buchhändler und Drucker aus Breslau. In seiner Jugend arbeitete Crispin in Krakau/Kraków als Bediensteter in der Druckerei seines Verwandten Matthias (Maciej) Scharffenberg (um 1520–1547) und fertigte unter anderem Holzschnitte an. Nachdem er Krakau verlassen hatte, lernte er die Holzschnittkunst – möglicherweise in Wittenberg bei Lucas Cranach dem Älteren. 1543 ließ er sich in Görlitz nieder und erhielt zwei Jahre später das Bürgerrecht als Buchhändler. Nach dem Verkauf seiner Buchhandlung zog er nach Breslau, wo er 1551 das Bürgerrecht als Holzschneider und Buchdrucker erhielt. 1552 kaufte er die Druckerei des Buchdruckers Andreas Winkler. Unmittelbar nach Zuteilung des Privilegs durch den Stadtrat begann Scharffenberg mit seiner verlegerischen Tätigkeit. In Breslau widmete er sich in größerem Umfang dem Musikdruck. Seine Arbeit war jedoch hauptsächlich auf den Bedarf der Stadt ausgerichtet. Er druckte Anordnungen und Beschlüsse des Breslauer Stadtrats sowie Lehrbücher und klassische Literatur für das St.-Elisabeth-Gymnasium. Er gab außerdem naturwissenschaftliche Literatur heraus sowie Kirchenstatuten, Andachtsliteratur (katholisch und evangelisch) und »Nachrichten« (Flugschriften, insbesondere zur türkischen Gefahr). *Joanna Błoch*

Literatur

Biedrzycka 2019 | Burbianka 1968 | Fercowicz/Piotrowska 2018 | Kocowski 1948 | Mańko-Matysiak 2005 | Minkowska (im Erscheinen) | Schumacher 2001 | Stewart 2008.

Grzegorz Przybyło

Goldschmied, Schöffe, Ratsherr

Dieser Ring der Krakauer Goldschmiedezunft stammt aus der Zeit, in der Grzegorz Przybyło Zunftältester war (Kat.-Nr. II.179)

Wer waren die Bürger, die die Städte bewohnten, mitgestalteten und für ihre Entwicklung Verantwortung trugen? Aus der Zeit des Spätmittelalters verfügen wir bereits über Quellen, die Aussagen zu einzelnen Individuen erlauben, selbst wenn diese keine weithin berühmten Persönlichkeiten waren. Aber auch in der Stadt waren es vor allem die Vermögenden und die Amtsträger, deren Lebensgeschichten sich in Schriftquellen oder materieller Hinterlassenschaft abbilden. Dennoch können wir feststellen, dass sich unsere Kenntnisse über einzelne Individuen im Vergleich zu den vorangehenden Epochen nun stark erweitern.

Ein Beispiel für einen solchen Angehörigen der städtischen Eliten, den wir näher kennen, ist der Krakauer Goldschmied Grzegorz Przybyło (vor 1500–1547). Er war nicht nur Ratsherr und Schöffe, sondern übte auch in seiner Zunft wichtige Funktionen aus – Ämter, die einen Niederschlag in Schriftquellen fanden. Zudem ist sein Testament überliefert, und es existieren zwei Porträts von ihm und seiner ersten Frau Katarzyna (um 1500–1539), was in der ersten Hälfte des 16. Jahrhunderts in Polen noch eine wirkliche Neuheit darstellt (Kat.-Nr. II.177 und II.178). Bis zum 15. Jahrhundert waren individualisierte Porträts weitgehend unüblich. Selbstverständlich gab es Personendarstellungen, etwa als Heiligenbilder, allegorische Darstellungen oder Erinnerungsbilder. Ebenso gab es zuhauf Stifterbilder oder Porträts auf Münzen. Doch das autonome Porträt, also die Darstellung einer Person in naturalistischer Art und Weise ohne übergeordnete Funktion, entstand erst mit der Renaissance. Nun ließen sich Könige und Adlige, hohe kirchliche Würdenträger, aber auch Bürger und Kaufleute porträtieren.

Die in der Ausstellung gezeigten kleinen Porträtreliefs aus Buchsbaum stellen zwei der ältesten Beispiele für bürgerliche Einzelporträts in der polnischen Kunst dar. Eine zweite Darstellung des Paars in Form eines Doppelporträts befindet sich heute im Nationalmuseum Warschau/Warszawa. Die Reliefs stammen aus der Kapelle der Goldschmiede in der Franziskanerkirche in Krakau/Kraków, wo man der beiden als Wohltäter der Zunft gedachte. Warum, verrät uns das Testament von Grzegorz Przybyło.

Przybyło war der Sohn einer wohlhabenden Familie, die vermutlich aus der Region südwestlich von Krakau um Nidek und Auschwitz/Oświęcim stammte. Ein Bruder von Grzegorz lebte später in Kasimir/Kazimierz, eine Schwester war mit einem Goldschmied verheiratet. Seine Jugendjahre verbrachte Przybyło mit großer Sicherheit mit Lehre und Gesellenwanderung. Im Jahr 1522 heiratete er Katarzyna, die Tochter seines Lehrherrn, des Goldschmieds Jan Prus (gest. 1522). Nach dessen Tod übernahm er spätestens 1523 seine Werkstatt (Abb. 218). Dort bildete er unter anderem Lehrlinge aus verschiedenen polnischen Städten sowie aus Preußen, Schlesien und Ungarn aus. Einzelne Erzeugnisse seiner Werkstatt sind nicht bekannt, jedoch scheint er sehr erfolgreich gewesen zu sein. Hatte er anfangs noch in Kasimir gewohnt, so zog er bald in die Brüdergasse/Ulica Bracka in Krakau um, eine Straße, in der viele Goldschmiede ansässig waren. Er erwarb dort das Haus, das heute die Nummer 15 trägt. Sein Testament weist ihn zudem als Besitzer weiterer Häuser und Gärten in Kasimir aus.

Im Jahr 1539 starb seine Frau Katarzyna. Die 17 Jahre währende Ehe war kinderlos geblieben. Przybyło heiratete nun Anna (auch: Hanna), die Tochter des reichen Krakauer Bürgers Jerzy Schindrich. Auch diese erneute Heirat dokumentiert seine gesellschaftliche Stellung: Anna erhielt laut Testament eine Morgengabe von 200 Floren. Unter »Morgengabe« wurde die Gabe des Mannes an seine Ehefrau am Morgen nach der Hochzeit verstanden. Sie sollte ihrer materiellen Versorgung im Fall ihrer Witwenschaft dienen.

200 Floren stellten eine beträchtliche Summe dar, die in etwa dem Vierfachen der Jahresmiete eines Steinhauses entsprach.

Wie auch sein Porträt zeigt, war Przybyło ein wohlhabender und angesehener Bürger Krakaus. In den Jahren 1537/38 und 1541/42 war er Zunftältester. Ab 1532 fungierte er als Schöffe und ab 1544 war er schließlich für drei Jahre Mitglied des Rats. Im Jahr 1537 schenkte Przybyło seiner Zunft einen wertvollen, fein gearbeiteten Ring (Kat.-Nr. II.179). Sein Testament informiert noch weitergehend über seinen wertvollen Besitz, den er darin extra erwähnt. Dazu gehörte Bargeld, Gold, Silber, sein Werkzeug für die Goldschmiedearbeit und das Scheiden, also das Trennen verschiedener Metalle durch Erhitzen, sowie Hausrat im Allgemeinen, Kleidung und Schmuck.

Der Grund für das dauerhafte Gebetsgedenken an ihn durch seine Zunftbrüder war jedoch die Verfügung über sein Haus, die er im Testament niederlegte. Zu Lebzeiten sollte seine Frau Anna den Nießbrauch an dem Haus haben, also dort wohnen bzw. die Mieteinnahmen aus dem Haus erhalten. Der Besitz an dem Haus des kinderlosen Paars ging jedoch auf die Goldschmiedezunft über, deren Älteste es verwalten sollten. Das Haus sollte weiterhin vermietet und die Miete zunächst zu dessen Unterhalt verwendet werden. Alle Überschüsse sollte man nutzen, um »arme fromme dirnen« mit einer Mitgift von je fünf Floren auszustatten. Bei einer jährlichen Miete von 48 Floren und 22 ½ Groschen, wie sie für 1549 belegt ist, konnten jedes Jahr bis zu neun junge Frauen aus mittellosen Familien eine entsprechende Mitgift erhalten, die ihnen eine Eheschließung ermöglichen sollte. Mitgiftstiftungen waren ein Mittel, die Aussichten armer junger Mädchen auf ein geregeltes »bürgerliches« Leben zu erhöhen, da sich am sozialen Status des künftigen Ehemanns die Höhe der Mitgift orientierte. Diese Stiftung Przybyłos ist eine der ältesten im Königreich Polen.

Auch seinen Besitz in Kasimir führte er einem sozialen Zweck zu, indem er ihn dem Hospital vermachte. Weitere Legate gingen an die Goldschmiedezunft (20 Floren), an die »ungarische Kapelle« genannte Zunftkapelle der Goldschmiede in der Franziskanerkirche sowie jährlich zwei Mark an den Prediger dieser Kirche für ein Gebet für Grzegorz, seine Ehefrauen und seine und deren Eltern. 100 Mark vermachte er seiner Nichte Ursula, Ehefrau des Casper Goldschmidt. Seine beiden Neffen, Maciej und Jan, Söhne seines Bruders Maciej, wurden jedoch nicht bedacht.

»Ich, Greger Przibilo, Bürger und Goldschmied zu Krakau, nach genügsamer, herzlicher Betrachtung, dass wir armen, betrübten Menschen nichts Gewisseres auf Erden haben, als den Tod, wiewohl uns die Stunde des Todes verborgen und Gott allein offenbar ist, habe [...] mein Testament gemacht«, so beginnt der Text seines Letzten Willens, den er im Mai 1546, ein Jahr vor seinem Tod, aufzeichnen ließ und eigenhändig unterschrieb. *Christina Link*

Literatur
Lepszy 1889 | Lepszy 1898 | Pietrusiński 2000 | Samek1986.

Abb. 218
Die Goldschmiede im sogenannten Balthasar-Behem-Kodex, 1505. Krakau/Kraków, Biblioteka Jagiellońska, Bj Rkps 16, fol. 257 (Detail)

II.177

Miniaturporträt Grzegorz Przybyło

Krakau/Kraków, datiert 1534

Buchsbaumholz, Kiefernholz, Relief

H 9,1 cm, B 7,3 cm, T 1,3 cm

Krakau/Kraków, Muzeum Historyczne Miasta Krakowa, MHK-624/II

Das Miniaturporträt des Krakauer Goldschmieds Grzegorz Przybyło (gest. 1547) ist in einen profilierten Rahmen eingefasst. Es zeigt das Hüftbild eines beleibten Mannes mittleren Alters mit stämmigem Körperbau. Sein Kopf ist im Profil erfasst, das Gesicht ausdrucksstark mit großer, vorstehender Nase und kurzem Bart um den Mund. Er trägt ein flaches Barrett, unter dem sein lockiges Haar hervorschaut, und ist mit einer breiten, unterfütterten Schaube mit Pelzbesatz bekleidet, die in weichen Falten herabfällt. In seinen Händen hält Przybyło einen großen Rosenkranz, befestigt an einem Ring, den man an den Finger steckt.

In den beiden oberen Ecken der Darstellung steht in Tinte die Aufschrift »Grzegorz Przybyło złotnik ławnik Krakowa« (Grzegorz Przybyło Goldschmied Schöffe von Krakau). Auf der linken Seite des Porträtierten ist das Datum »1534« eingeschnitzt, darunter das Monogramm des Künstlers »M. S«. Man vermutet, dass es das Monogramm von Maciej Schilling (gest. 1552) ist, einem bekannten Krakauer Medailleur. Er führte auch andere Arbeiten aus, unter anderem für König Sigismund den Alten (reg. 1507–1548) und die Familie Boner.

Das Relief könnte ein Modell gewesen sein, das dazu diente, ein silbernes Porträt, ein Epitaph oder eine Grabplatte zu erstellen. Das Porträt stellt das Gegenstück zur Darstellung der ersten Ehefrau des Krakauer Goldschmieds dar (Kat.-Nr. II.178). Beim Zusammenstellen der Porträts wenden die Eheleute einander ihr Gesicht zu. Der Autor der Reliefdarstellungen hatte hier vermutlich italienische Kunst rezipiert. In der polnischen Kunst gehören sie zu den ältesten Beispielen eigenständiger Bürgerporträts von hoher künstlerischer Qualität. Sie zeugen außerdem von den humanistischen Interessen des Auftraggebers.

II.177

Grzegorz Przybyło war der Sohn des wohlhabenden Schankwirts Jan Przybyło und dessen Frau Małgorzata. Das Goldschmiedehandwerk erlernte er bei Jan Prus, dessen Tochter Katarzyna er heiratete. Nach dem Tod seines Schwiegervaters übernahm er 1522 die Werkstatt. Er hatte eine hohe Position in der Goldschmiedezunft und war mehrmals Ältester der Körperschaft. In Krakau hatte er die Funktion eines Schöffen inne. Nach dem Tod seiner Frau 1539 heiratete er Anna Schindrich, die Tochter des reichen Krakauer Bürgers Jerzy Schindrich.

Przybyło, dessen Goldschmiedewerke uns nicht bekannt sind, hinterließ ein beträchtliches Vermögen. Laut seinem Testament besaß er Häuser und Gärten in Kasimir/Kazimierz, zahlreiche Kleinode aus Gold und Silber, vornehme Kleider sowie ein Haus in der Brüderstraße/Ulica Bracka, das er der Krakauer Goldschmiedezunft vermachte (der Mietüberschuss sollte an einen Aussteuerfonds für arme Mädchen übergeben werden). Ein Großteil seines Geldes ging an die Zunftkapelle in der Krakauer Franziskanerkirche.

Das abgebildete Porträt gehörte früher – mit dem Pendant seiner Ehefrau – der Goldschmiedezunft und wird im Inventar im Buch der Zunftprivilegien von 1692 aufgeführt. 1952 übergab das Krakauer Archiv für Alte Akten, welches das Porträt zuvor verwahrte, es ans Historische Museum der Stadt. *Jacek Zinkiewicz*

Literatur

Klepacka 1957, S. 75 f. | Kornecki 1986 | Lepszy 1898 | Moskal 2007 b | Pietrusiński 2000 | Samek 1986 | Samek 1992 | Szczerba 2016 c | Sztuka w Krakowie 1964, S. 147.

II.178

II.178

Miniaturporträt Katarzyna Przybyło

Krakau/Kraków, datiert 1534

Buchsbaumholz, Kiefernholz, Flachrelief

H 9,1 cm, B 7,3 cm, T 1,3 cm

Krakau/Kraków, Muzeum Historyczne Miasta Krakowa, MHK-623/II

Katarzyna (gest. 1539), die Tochter des Krakauer Goldschmieds Jan Prus, war vermutlich seit 1522 mit Grzegorz Przybyło verheiratet, der auf einer anderen Tafel in demselben profilierten Rahmen als Pendant dargestellt ist (Kat.-Nr. II.177).

Das Hüftbild zeigt eine schlanke, junge Frau mit vor der Brust abgelegten Armen, ihr Kopf ist im Profil erfasst, mit schmalem Mund und gewölbter Stirn. Ihr langes Haar ist glatt an die mit einem Zierhaarband geschmückte Stirn gekämmt und hinten in eine durchbrochene, lange Haube (*Crinale*) gefasst. Katarzyna trägt ein Kleid mit kurzem Oberteil und breitem Ausschnitt, das in weichen Falten hinabfällt. Der Kleiderausschnitt ist mit einem Pelzkragen verbrämt, von hinten wird der Mantel mit breiten Bändern um die Oberarme festgehalten. Der kurze Puffärmel ist über dem Ellbogen mit einem Zierband eingefasst, hinten fällt ein langer, geschlitzter Ärmel hinab. Ihren Hals schmückt eine doppelte Perlenkette sowie eine Halskette, an den Fingern trägt sie Ringe.

In der Hintergrundpartie rechts sind in der Höhe des Halses das eingeschnitzte Datum »1534« und darunter das Monogramm »M.S« zu sehen, links die später mit Tinte hinzugefügte Aufschrift »Katarzyna«. Das Gegenstück von Katarzynas Ehemann trägt dasselbe Datum und Künstlermonogramm. *Jacek Zinkiewicz*

Literatur
Klepacka 1957, S. 75 f. | Kornecki 1986 | Lepszy 1898 | Moskal 2007 b | Pietrusiński 2000 | Samek 1992 | Szczerba 2016 c | Sztuka w Krakowie 1964, S. 147.

II.179

Ring der Krakauer Goldschmiedezunft

Krakau/Kraków, Goldschmied Ludwik, 1538

Gold, Peridot, Emaille

B 1,7 cm, G 5,69 g

Krakau/Kraków, Muzeum Historyczne Miasta Krakowa, MHK-735/II

Die Vorderseite des Fingerrings schmückt ein rechteckiger Peridot in einer goldenen, ziselierten Fassung. Die filigrane Ringschiene im ziseliertem Guss besteht aus zwei Hermen (einer männlichen und einer weiblichen), auf die sich die Fassung des Peridots stützt. Auf der Ringschieneninnenseite findet sich eine Kontributionsrepunze aus den Jahren 1806/07 sowie der Buchstabe »E«.

Der Zunftring war eng mit den Feierlichkeiten zur »Inthronisierung« des Zunftältesten verbunden, das heißt der wichtigsten Person in der bedeutenden städtischen Körperschaft des alten Krakau. Die Mitglieder der Goldschmiedezunft zählten zu den vermögendsten Einwohnern von Krakau, manche von ihnen waren sogar Mitglieder des Stadtrats. Ihnen gehörten viele Häuser in der Stadt und der Umgebung. Sie waren die Hersteller äußerst wertvoller Gegenstände, vor allem für die herzoglichen und bischöflichen Höfe. Aus den Krakauer Werkstätten stammten die königlichen Geschenke für die hiesigen Kirchen, darunter Kreuze, Reliquiare und Hermen. Die Goldschmiede erstellten auch den Schmuck der Fürsten, die Insignien der Stadtherren und die Zepter der Universitätsrektoren. Aus dieser renommierten Tätigkeit erwuchs das hohe Ansehen ihrer Zunft. Und die Position des Ältesten einer so bedeutenden Zunft verlieh Glanz.

Nach dem Brauch, den man sorgfältig befolgte, begann das feierliche Mahl erst nach der Wahl des Ältesten im Zunftwirtshaus, die meist nach dem Abschluss der Jahresrechnung Ende Januar am Sonntag stattfand. Der neugewählte Zunftälteste wurde ans Kopfende des Festmahltischs gesetzt. Dann übergab ihm der zurücktretende Zunftälteste bei einer feierlichen Rede den Ring. Eine Beschreibung des Rings findet sich in den Zunftbüchern vom Ende des 15./Anfang des 16. Jahrhunderts. Der darin eingefasste Schmuckstein wurde »Citrin« genannt, da er – nach einer Notiz von 1507 – seinen Namen von der gelblich-grünen Farbe erhielt. Nach 1511 verschwand der Ring spurlos. Das neue Zunftattribut wurde 1537 gestiftet, als der berühmte Grzegorz Przybyło Zunftältester war. Laut Leonard Lepszy war »der Goldschmied Ludwik (vielleicht aus Braunschweig stammend) Hersteller des Rings«. 1922 übergab die Zunft der Krakauer Goldschmiede dieses besondere Objekt dem hiesigen Archiv für Alte Akten, zu dessen Abteilungen damals das Historische Museum der Stadt Krakau gehörte. Nach dem Zweiten Weltkrieg wurde das Museum zu einer eigenständigen Institution und übernahm das Objekt 1952 in seine Sammlung.
Jacek Zinkiewicz

Literatur
Lepszy 1889, S. 61 | Lepszy 1898, S. 207 | Pietrusiński 2000 | Szczerba 2016d.

II.179

II.180

Buch der Krakauer Bürgertestamente des 16. Jahrhunderts

Krakau/Kraków 1507–1599, hinzugefügt vier Testamente von 1610, 1657, 1753 und 1787

Papier, 151 Blätter + 3; Einband: Halbleinen (19. Jahrhundert)

H 33,5 cm, B 23,5 cm

Warschau/Warszawa, Biblioteka Narodowa (Warszawa), 12548 III

Bereits für die ersten Jahre des 14. Jahrhunderts sind Testamente reicherer Krakauer Bürger belegt. In den folgenden Jahrzehnten fand die Abfassung von Testamenten weitere Verbreitung. Aufgrund des zahlenmäßigen Übergewichts wohlhabender Bürger deutscher Herkunft waren die Testamente meist in deutscher, seltener in lateinischer Sprache niedergelegt. Jedoch führte die fortschreitende Polonisierung dazu, dass schon im 16. Jahrhundert der Großteil der Testamente auf Polnisch verfasst wurde, wobei der Name des Erblassers manchmal seine Herkunft verriet. Die Testamente wurden den Schöffen vorgelegt und anschließend in das städtische Schöffenbuch eingetragen. Einige wurden zu Büchern gebunden und sind bis heute erhalten.

Im Buch Krakauer Bürgertestamente sind 58 Testamente enthalten. Obwohl das erste, als »Testament von Joseph Gr[af] Ankwiczs, oder die Beichte eines Falschspielers, der ein Vermögen verspielt hat« beschriebene, aus dem Jahr 1787 stammt, wurde die überwiegende Mehrzahl der hier versammelten Testamente in den Jahren 1560 bis 1599 niedergelegt. Nur sechs stammen aus der ersten Hälfte des 16. Jahrhunderts und vier aus dem 17. und 18. Jahrhundert. Ursprünglich wurden sie in Krakau verwahrt. Dann gelangten sie nach Lemberg/Lwów/L'viv in die Sammlung der Baworowski-Bibliothek (Biblioteka Baworowskich). Dort erhielten sie die aktuelle Bindung. Nach dem Zweiten Weltkrieg kamen sie in die Warschauer Nationalbibliothek (Biblioteka Narodowa w Warszawie). Bei der weitaus größten Zahl haben wir es mit bereits entsiegelten Originalen zu tun. Erhalten sind Spuren der Originalfaltung sowie der Lack- oder Papiersiegel.

Die Erblasser gaben in ihren Testamenten viele Informationen über sich selbst. Erwähnt werden zum Beispiel Adam Grotkar, Sohn des Schmieds und Krakauer Bürgers Jakub Grotkar, Zygmunt Gutteter, Krakauer Stadtrat, Jan Lang, Vogt von Krakau, der auf Deutsch schreibende Krakauer Goldschmied Grzegorz Przybyło, Kasper Tridenkin, Arzt von König Sigismund II. August, Michael Wechter, Buchhändler, Jacob Wolf, evangelischer Pfarrer. Teilweise gibt es auch Informationen zur Herkunft der Personen. So heißt es in dem 1598 auf Polnisch verfassten Testament von Jakub Martens: »Ich, Jakub Martens, Maler, Bürger Krakaus aus den Niederlanden, aus der Hauptstadt von Antorf stammend […]«. Wir können viel über den Wohlstand der Erblasser schließen. Einige gaben detaillierte Informationen zu ihren Gläubigeransprüchen. Bemerkenswert ist zudem, dass fast die Hälfte der Testamente von Frauen verfasst wurde. Meist handelt es sich dabei um Bürgerwitwen, die das Vermögen zwischen ihren Kindern aufteilten.

Das Buch der Krakauer Bürgertestamente des 16. Jahrhunderts zeigt die bunte Welt der städtischen Gesellschaft der damaligen polnischen Hauptstadt in ihrer glanzvollsten Zeit: ein Mosaik von Vertretern unterschiedlicher Nationen, das sich unter dem Einfluss der polnischen Adelskultur polonisierte und die Zeit seiner größten Blüte erlebte. *Krzysztof Kossarzecki*

Literatur
Wysmułek 2011.

Kleider machen Leute

Die Trippe wurde über dem Schuh getragen und schützte diesen vor Schmutz (Kat.-Nr. II.185)

Kleider machen Leute – dies galt in besonderem Maß im europäischen Mittelalter. In der vom Rechtspluralismus geprägten Gesellschaft war es wichtig zu wissen, welchem Stand eine Person angehörte. In der Stadt, in der die unterschiedlichsten Gruppen aufeinanderstießen und in deren progressivem Kräftefeld sich die Gesellschaft immer weiter differenzierte, stellte sich diese Herausforderung besonders häufig. Am Äußeren ließ sich meist zuverlässig ablesen, mit wem man es zu tun hatte. Dabei diente die Kleidung weniger der Stilisierung als Individuum als vielmehr der Angleichung an die eigene soziale Gruppe sowie der Absetzung von anderen Gruppen. Mit Kleidung ließen sich Ansehen, Macht und Stand ausweisen und behaupten (Abb. 219, 220).

Das sich in den Städten herausbildende Bürgertum war im Dreiständemodell des Mittelalters nicht vorgesehen. Vom Adel wurden die Bürger deshalb bisweilen als »Bauern« verunglimpft. Doch dies konnte nicht darüber hinwegtäuschen, dass die Bürger sich aufgrund ihrer rechtlichen Stellung und ihres wirtschaftlichen Erfolgs von diesen immer weiter entfernten und jenen immer weiter annäherten.

Selbstbewusst traten die Bürger deshalb in Konkurrenz zu den unterschiedlichen Gruppen innerhalb und außerhalb der Stadt und behaupteten den von ihnen beanspruchten Platz im Gesellschaftsgefüge. Dies zeigt sich nicht zuletzt in der von den Bürgern und Bürgerinnen gewählten Kleidung, mit der sie Macht und Reichtum aller Welt vor Augen führten. In der Verwendung von teuren und exotischen Materialien, ausgefallenen Schnitten und prunkvollen Verzierungen und Accessoires folgten sie den aktuellen Moden. Zur Vervollständigung des Erscheinungsbilds wurden außerdem Haar- und Bart aufwendig gepflegt, allerlei Kosmetika bemüht und ein vornehmer Habitus eingeübt.

Die Mode des Mittelalters wies sowohl lokale und regionale Stile als auch gesamteuropäische Strömungen auf. Aufgrund des Drangs von »Trendsettern«, durch die Einführung neuer modischer Elemente unter den Zeitgenossen herauszustechen, und dem Bedürfnis der übrigen, nicht den Anschluss zu verlieren, entstanden und etablierten sich modische Innovationen in stetiger Folge. Die Ablösung des Schnabelschuhs durch den Kuhmaulschuh in den 80er Jahren des 15. Jahrhunderts ist nur ein besonders prominentes Beispiel für diesen Modewechsel.

Den modischen Vorstellungen der Oberschicht zu entsprechen und die aktuellen Trends mitzumachen, konnte der einzelnen Person einiges abverlangen. Mag sich die Anzahl der Kleidungsstücke im Besitz eines Bürgers oder einer Bürgerin an heutigen Maßstäben gemessen auch bescheiden ausnehmen, machte Kleidung oft einen bedeutenden Teil der persönlichen Habe aus. Textilhandel und -verarbeitung stellten daher auch äußerst bedeutende Wirtschaftszweige dar. Die zum Teil bis ins Groteske übersteigerten Formen einiger modischer Kleidungsstücke wie beispielsweise des Schnabelschuhs oder der Hörnerhaube riefen als »Modetorheiten« beißenden Spott und heftige Kritik von konservativer Seite hervor.

Es blieb aber nicht bei Satire und Appellen. In zunehmendem Maß wurden im Spätmittelalter von landesherrlicher und vor allem städtischer Seite Regelungen zur Bekleidung erlassen. Solche Kleiderordnungen und die eng verwandten Aufwands- und Luxusordnungen entstanden in großer Zahl und bildeten einen wichtigen Teil der Gesetzgebung bis weit in die Neuzeit hinein. Ein Beweggrund für den Erlass von Kleiderordnungen war sittlich-moralischer Natur. Krisen und Katastrophen, wie die großen Pestepidemien, wurden als Strafe für die Hoffart der Menschen interpretiert, die sich nicht zuletzt in allzu prächtiger Kleidung zeigte. Man tat Buße, indem man sich Regeln auferlegte, um sich teurer oder frivoler Kleidung zu enthalten. Aber auch ganz allgemein sah man durch lasterhafte Kleidung das Ansehen seines Trägers und den Ruf der gesamten Kommune gefährdet. Neben diesen Motiven spielten ökonomische Gesichtspunkte in den Präambeln von Kleiderordnungen eine Rolle. Schrankenloser Luxus und der Druck, mit der vestimentären Repräsentation der Standesgenossen mitzuhalten, konnten zu Verschuldung und finanziellem Ruin führen. Dies schadete nicht nur dem Einzelnen, sondern ebenso der städtischen Wirtschaftskraft insgesamt und damit dem Gemeinwohl. Außerdem gefährdeten Konkurrenzdenken und Neid den sozialen Frieden in der Stadt.

Im Lauf des 15. Jahrhunderts kamen ständische Kriterien in den Ordnungen immer mehr zum Tragen. Die soziale, rechtliche und wirtschaftliche Stellung des jeweiligen Individuums innerhalb der Stadtgesellschaft sollte an der Kleidung ablesbar sein. Dies mag auch eine Reaktion auf den wachsenden Wohlstand immer weiterer Bevölkerungskreise und auf die zunehmende soziale Mobilität gewesen sein: Die Grenzen zwischen den Schichten der Stadtbevölkerung drohten zu verwischen, und die Versuche von sozialen Gruppen, nach oben aufzuschließen oder sich nach unten abzugrenzen, führten immer wieder zu Konflikten. Zum Teil peinlich genau versuchte man, in den Kleiderordnungen das vestimentäre Erscheinungsbild zu regeln. Die Verwendung des textilen Materials wurde in Qualität und Quantität, in Farbe und Form begrenzt und sozial gestaffelt, der Gebrauch von besonders anstößigen Elementen geregelt und städtische Sondergruppen mit besonderen Verordnungen bedacht.

Die städtischen Kleiderordnungen bestätigten, ergänzten und erweiterten so die durch Tradition, weltliche und kirchliche Gesetze gebildeten impliziten und expliziten Normen und Regeln des Kleidergebrauchs. Die Lesbarkeit der sozialen Gliederung der Stadtgesellschaft wurde damit geschärft: Essenziell war die vestimentäre Kennzeichnung der Geschlechter, deren Unterschiedlichkeit und Ungleichheit man als gottgegeben betrachtete. Die Aneignung von dem anderen Geschlecht zugewiesenen Kleidungsstücken, etwa die Übernahme des »männlichen« Baretts in die Frauenmode an der Wende zur Neuzeit, galt deshalb als anstößig. Die Kleidung der Frauen ermöglichte zudem einen Rückschluss auf ihren Ehestand (ledig, verheiratet, verwitwet)

Abb. 219
Die Miniaturen im Krakauer Kodex des Balthasar Behem widmen sich hauptsächlich den Zünften und Gilden. In dieser Darstellung sind Schuster bei ihrer Arbeit zu sehen. Krakau/Kraków, Biblioteka Jagiellońska, Bj Rkps 16, fol. 287 (Detail)

und auf die damit verbundenen rechtlichen Implikationen. Darüber hinaus ließ sich bisweilen an Kleidungsstücken das Alter ihrer Besitzer festmachen, wenn die Erlaubnis, sie zu tragen, an ein bestimmtes Mindestalter gekoppelt war.

Die soziale Schichtung wurde in den Kleiderordnungen unterschiedlich vorgenommen. Die Leipziger Ordnung von 1506 beispielsweise schied die Stadtgesellschaft in 1. Ratsmitglieder und ihnen gleichgestellte Bürger und 2. gemeine Bürger, Handwerker, Handwerksgesellen und arbeitende Leute, die Danziger Ordnung von 1540 in 1. Burggraf und Bürgermeister, 2. Ratsherren, 3. Bürger mit Vermögen von 10 000 bis 20 000 Mark, 4. Bürger mit Vermögen von 4 000 bis 10 000 Mark, 5. die in Zünften organisierten Handwerker, 6. die gewöhnlichen Seefahrer und Handwerker, Handwerksgesellen und Krämer, 7. Träger und sonstige gemeine Männer, wobei jeweils auch die Kleidung der Frauen geregelt wurde.

Das städtische Prekariat war kaum gefährdet, gegen diese Kleiderordnungen zu verstoßen. Vielmehr musste es besorgt sein, einigermaßen annehmbar gekleidet zu sein, um eine Anstellung in einem bürgerlichen Haushalt erlangen zu können. Bisweilen verzichteten Bürger aber ostentativ auf ihre Standeskleidung. Das einfache Pilgergewand markierte das zeitweise religiös motivierte Ausscheiden aus dem Alltag und verlieh seinem Träger zugleich einen besonderen Rechts- und Schutzstatus auf seiner Reise. Bei besonderen Anlässen, etwa bei dem Adventus des Stadtherrn, konnte der Rat seinen Bürgern jedoch ebenso gebieten, nach oben abzuweichen und in besonders prächtiger Kleidung zu erscheinen – hier war die Repräsentation der Stadt durch die gesamte Gemeinde vorrangig. Zu diesem Zweck stattete man auch städtische Bedienstete mit Dienstkleidung aus und unterstrich die Würde des Bürgermeisteramts mit einem besonderen Gewand und Insignien.

Nicht den städtischen, sondern den kirchlichen Kleidervorschriften unterworfen war der Klerus. Deutlich hob er sich von der übrigen Stadtbevölkerung ab, wobei die unterschiedlichen Habite der Mönche und Nonnen zudem eine Zuordnung zu den jeweiligen Orden erlaubten. Auch Universitätsangehörige unterstanden nicht der städtischen Jurisdiktion und erließen für sich eigene Kleidervorschriften. Darauf reagierten die städtischen Räte und gestatteten Universitätsabsolventen in ihren Reihen, Kleidung gemäß ihrer universitären Würde zu tragen. Kleidervorschriften konnten aber zugleich entehrend, diskriminierend, stigmatisierend sein. Juden war es geboten, ein Kennzeichen auf der Kleidung zu tragen, damit die christliche Mehrheitsgesellschaft sie erkennen konnte. Ähnlich erging es vielerorts den ebenfalls rechtlich schlechter gestellten Angehörigen der sogenannten unehrlichen Berufe, Prostituierten oder auch Leprosen.

Die Bedeutung der Kleidercodes belegen die bürgerlichen Porträts. Das Interesse am Individuum und damit am eigenen Antlitz wuchs in der Renaissance. Dennoch hatten die Porträts nicht den Zweck, die Persönlichkeit des Dargestellten in seinen Gesichtszügen einzufangen. Vielmehr sollten sie den Porträtierten als Mitglied einer sozialen Gruppe ausweisen. Deshalb war Typisierung in Pose und Physiognomie gewollt und eine minutiöse Darstellung standesgemäßer Kleidung und Attribute angestrebt, die bisweilen sogar die Unterscheidung von verschiedenen Pelzsorten und -qualitäten erlaubt. Die Porträts dienten der Repräsentation, sie waren ein Mittel, um die körperliche Präsenz des Dargestellten zu vervielfachen und – gerade bei den Epitaphen und Grabmälern – über den Tod hinaus zu bewahren. Häufig entstanden sie anlässlich wichtiger biografischer Einschnitte. Neben Tafelbildern und Reliefs spielte zudem das Medium der Medaille eine Rolle, das eine weitere Verbreitung des eigenen Konterfeis erlaubte. Eine besondere Rolle kommt den bürgerlichen Ehepaarbildnissen zu. Sie dokumentierten den Eheschluss, mit dem sich der Rechtsstatus der Frau änderte und die Grundlage für eine eigenständige bürgerliche Existenz des Paars gelegt wurde. Darüber hinaus konnte eine Heirat, etwa bei der von Mitgliedern bedeutender Handelshäuser, große wirtschaftliche Bedeutung haben, begründeten oder festigten sie doch die Allianz zweier Familien.

Abb. 220
Schneider (Krawcy) im Kodex des Balthasar Behem. Krakau/Kraków, Biblioteka Jagiellońska, Bj Rkps 16, fol. 250 (Detail)

Verstöße gegen die Kleiderordnungen wurden mit Geldbußen, seltener auch mit schärferen Strafen belegt. Zum Teil wurden die Verordnungen nicht nur auf die Person in natura angewandt, sondern galten explizit ebenso für seine Darstellung im Bildnis. Auf der anderen Seite konnte der Entzug des Anrechts, standesgemäße Kleidung tragen zu dürfen, als Strafmittel fungieren. Um die Einhaltung der Kleiderordnungen durchzusetzen, wurde bisweilen ein nicht unerheblicher Kontrollaufwand seitens des Rats betrieben. Das Erlassen von Kleiderordnungen innerhalb kurzer Intervalle darf dabei nicht als Zeichen für deren Wirkungslosigkeit interpretiert werden. Vielmehr ging es darum, die Gesetzgebung an die sich verändernde Mode und die sich wandelnde Sozialstruktur anzupassen. Wie wichtig es auf der anderen Seite für den Einzelnen war, seine Rechte angesichts des Regelungsanspruchs des Rats zu wahren, zeigt ein Beispiel aus Breslau/Wrocław: Da ihren Ehefrauen das Tragen bestimmter Kleidungsstücke verboten wurde, gingen zwei Bürger 1368 so weit, ihr Bürgerrecht zurückzugeben.

Philipp Steinkamp

Literatur

Bulst 1988 | Bulst/Jütte 1993 | Deneke 1993 | Hofmann-Rendtel 1993 | Keupp 2010 | Kühnel 1989.

II.181 a
Schnabelschuh (*Poulaine*)

15. Jahrhundert

Fundort: Danzig/Gdańsk, Speicherinsel, ulica Żytnia

Leder, geschnitten, genäht

Sohle: L 30 cm

Danzig/Gdańsk, Muzeum Archeologiczne w Gdańsku, MAG/MM/GD/255/20/48/1433

II.181 b
Hornschuh

1. Hälfte 16. Jahrhundert

Fundort: Danzig/Gdańsk, Speicherinsel

Leder, Moos, geschnitten, genäht

Sohle: L 28, cm, B (vorn): 12,5 cm

Danzig/Gdańsk, Muzeum Archeologiczne w Gdańsku, MAG/GD/255/20/55/1046

II.181 a

II.181 b

Der Schnabelschuh mit langer Spitze (*Poulaine*, auch *Cracoves*), hier für den linken Fuß, wurde mit einem Riemen in Höhe des Mittelfußes gebunden. Er ist teilweise rekonstruiert. Der niedrige Hornschuh (Tudor-Typ), hier für den rechten Fuß, ist kompliziert und vielteilig gebaut. Wahrscheinlich schloss man ihn mit einem Riemen und einer Schnalle. In der vorderen Partie wurden kleine Elemente zur Verstärkung angenäht, auch mit Moosbüscheln. Das Objekt wurde rekonstruiert.

Schuhe sind als Gegenstände des täglichen Gebrauchs eines der greifbarsten Relikte der Vergangenheit. Das Archäologische Museum Danzig führt seit über 30 Jahren Ausgrabungen im Bereich des historischen Teils von Danzig durch. Infolge dieser Arbeiten kommen jedes Jahr Tausende von historischen Objekten in die Museumsmagazine, darunter auch aus Leder. Beinahe 90 Prozent der gefundenen Lederobjekte sind Schuhe und deren Produktionsabfälle. Die lokalen, besonderen Bedingungen der Deposition (hohe Feuchtigkeit bei gleichzeitig fehlender Sauerstoffzufuhr) begünstigen den hervorragenden Erhaltungszustand dieser Erzeugnisse. Dank eines komplexen Konservierungs- und Rekonstruktionsprogramms historischer Schuhe ist es gelungen, eine im europäischen Maßstab einzigartige Schuhsammlung zusammenzubringen, die die größte in Polen ist und die Veränderungen, die es im Schusterhandwerk und der europäischen Mode innerhalb von 600 Jahren gab, vollständig widerspiegelt.

Obwohl bisher keine deutlichen Spuren der Existenz von Schusterwerkstätten in Danzig entdeckt worden sind, zeugen die zahlreichen gefundenen Lederreste in Form von unbearbeiteten Schnipseln von einer riesigen Schuhproduktion im Stadtgebiet. Es kann jedoch nicht ausgeschlossen werden, dass auch Schuhe aus anderen Teilen Europas importiert worden sind, wie zum Beispiel Mules-Schuhe mit einer Korkinnensohle. Weiter ist nicht sicher, ob der Rohstoff in Form von Korkeichenplättchen oder ob Halbprodukte und fertige Erzeugnisse eingeführt worden sind. Aus den gefundenen Schuhfragmenten lassen sich oft ganze Schuhe rekonstruieren. Sie repräsentieren viele verschiedene Schuhtypen, die in der Zeit vom 14. bis zum 18. Jahrhundert in Mode waren. Die Mode war zu jener Zeit sehr dynamisch und nahm Trends aus verschiedenen, oft weit entfernten Teilen Europas auf. Die wichtigste Rolle des Schuhwerks, der Schutz der Füße vor Kälte und Feuchtigkeit, begann ab dem Mittelalter, weniger wichtig zu wer-

den zugunsten einer größeren visuellen Eindrücklichkeit, die den gesellschaftlichen Status ihres Besitzers unterstrich. In jener Zeit tauchen mithilfe verschiedener Techniken reich verzierte Schutzschuhe sowie im Gebrauch völlig unpraktische Schnabelschuhe mit extrem verlängerter Spitze auf. Das Phänomen nahm in den darauffolgenden Jahrhunderten noch zu, wofür das karikaturhaft verbreitete, zu zwei Hörnern erweiterte Oberleder der Hornschuhe aus dem 16. Jahrhundert als Beispiel dienen kann.
Beata Ceynowa

Literatur
Ceynowa 2009 | Ceynowa/Trawicka 2016 | Goubitz/van Driel-Murray/Groenman-van Waateringe 2001 | Grew/de Neergaard 2001.

II.182 a

Fragment einer Gürteltasche

Ende 15./Anfang 16. Jahrhundert

Fundort: Danzig/Gdańsk, Speicherinsel, ulica Jaglana

Leder, Eisen, geschnitten, genäht, geprägt

L 24,5 cm, B 15,5 cm

Danzig/Gdańsk, Muzeum Archeologiczne w Gdańsku, MAG/GD/255/20/46/10120

II.182 b

Vorderteil einer Gürteltasche

Matrize aus Frankreich (?), Ende 15./Anfang 16. Jahrhundert

Fundort: Danzig/Gdańsk, Stadtmitte, ulica Szafarnia

Leder, geschnitten, genäht, geprägt

B (max.) 16,5–18 cm; Fächer: H 11 cm; Vorderseite: H 16,2 cm

Danzig/Gdańsk, Muzeum Archeologiczne w Gdańsku, MAG/GD/255/100/05/8611

Ein besonders beliebtes Accessoire waren im Mittelalter Taschen verschiedenster Art. Sie wurden von Vertretern aller Gesellschaftsschichten getragen, unabhängig vom Alter oder Geschlecht, und dienten dazu, persönliche Gegenstände und Geld aufzubewahren. Am beliebtesten waren Gürteltaschen und Taschen in der Zeit von Ende 14. bis Anfang 17. Jahrhundert. Frauen trugen gewöhnlich kleine Lederbeutel, die an den Gürtel gehängt wurden, oder reich verzierte textile Almosenbeutel (franz. *aumônière*). Gürteltaschen aus Leder wurden jedoch nur von Männern getragen. Zwischen den Laschen befestigen sie oft auch Dolche oder Messer. Auf die repräsentative Vorderseite der ersten Gürteltasche sind verschiedene Pflanzenmotive – verflochtene Pflanzenranken, stilisierte Blumen und Blätter – geprägt. Auf der ganzen Vorderseite der zweiten Gürteltasche, die am unteren Rand herzförmig verläuft, sind ebenfalls Verzierungen zu sehen. Zentral ist die Darstellung eines Liebespaars in einem Garten und – zwischen dem Paar – ein Wappen mit Helmzier, das einen nach rechts aufsteigenden, bezungten Löwen zeigt. Die äußerst vornehm gekleidete Frau hält wie ihr männliches Gegenüber ein Spruchband in der Hand. Der Hintergrund ist mit Pflanzenmotiven verziert und mit Abdrücken kleiner Kreise ergänzt.

Die Gürteltaschen hatten kleine Ausmaße. Sie waren rechteckig, mit abgerundeten oder halbovalen unteren Ecken. Unterschiedlich dagegen wurden die unteren Kanten geformt, die sehr abwechslungsreich gestaltet werden konnten. Sie wurden auf verschiedene Art ausgeführt. Der Korpus bestand meist aus einem großen, rechteckigen Stück Leder, das zusammengeklappt die Vorder- und die Rückseite der Tasche bildete. Im oberen Teil, an der Lederbeuge, befand sich ein großer, profilierter Einschnitt. Mithilfe der auf diese Weise entstandenen »Schlaufen« wurde die Tasche am Gürtel befestigt. Besonders charakteristisch ist das Aufnähen eines Riemens an den oberen Teil der Tasche, die an dieser Stelle entstandene Naht war ein zusätzliches Zierelement. Im Inneren wurden Fächer eingenäht, die als Trennwände der einzelnen Kammern dienten. Weiter nähte man auch Keile ein, die den seitlichen und unteren Teil des Stücks bildeten und die Hauptkammer der Tasche erweiterten. An die Vorderseite wurden oft zwei oder drei zusammengezogene kleine Taschen angenäht, die als Beutel fungierten. Von ihrer Befestigung bleibt gewöhnlich nur die doppelte Nahtspur zurück, die durch die Mitte und entlang der Kanten verläuft.

Bei den gefundenen Danziger Taschen konnte festgestellt werden, dass die inneren Elemente im Gegensatz zu den äußeren Teilen aus Leder schlechter verarbeitet waren. Sie wurden oft aus kleineren Abfallresten genäht und mit kleinen Einsätzen oder Flicken ergänzt. In manche Tasche nähte man zudem Textilelemente ein. Das Ganze wurde mit zahlreichen Borten, Abdichtungen (Polstermaterial) oder Riemen zum Anhängen ergänzt. Sehr sorgfältig wurden die Taschendeckel und deren Verstärkung ausgearbeitet. Der Taschendeckel wurde als repräsentative Seite meist reich verziert. Dazu benutzte man zahlreiche Applikationen, Nieten oder Ziernähte und wandte verschiedene Ziertechniken an. Am beliebtesten waren geprägte Linien und Rosetten, das Ausschneiden von Teilen der Vorderseite oder Besticken der Oberfläche. Es wurden außerdem Metallverschlüsse, Beschläge und Accessoires wie Glöckchen befestigt, die den Inhalt vor Diebstahl schützen sollten.

Taschenlederreste werden bei Ausgrabungsarbeiten auf dem Gebiet von Danzig sehr oft gefunden. Bis heute sind mehrere Hundert Fragmente registriert worden, nur selten findet man aber ein vollständiges Exemplar. Die überra-

II.182 a

II.182 b

schendste Entdeckung waren drei Taschen mit einer Verzierung, die mit einer Matrize ausgeführt wurde. Vermutlich sind sie ein Zeugnis lokaler Produktion, obwohl die Vorlage höchstwahrscheinlich aus Frankreich kam oder unter französischem Einfluss entstand. *Beata Ceynowa*

Literatur
Ceynowa 2013, S. 28 | Ceynowa 2015 | Goubitz 2007.

II.183

Gürtel einer Frau

Nordwesteuropa (England?), Ende 15. Jahrhundert

Fundort: Altstadt von Elbing/Elbląg, Heiliggeistgasse/Ulica Świętego Ducha 45

Leder, Messing

L 94 cm, B 10 cm

Elbing/Elbląg, Muzeum Archeologiczno-Historyczne w Elblągu, EM/XXIV/547

Der Gürtel wurde aus einem Stück Leder gefertigt und in voller Länge mit Messingbeschlägen versehen. Drei aus einzelnen Beschlägen bestehende Reihen ziehen sich über drei Viertel der Riemenlänge. Mithilfe einer Stanze wurden an beiden Rändern 44 kleine, nach innen gewölbte und mittig mit Nieten befestigte Kreise aufgebracht. Dazwischen befindet sich eine Reihe von ursprünglich 22 gegossenen, durchbrochenen Beschlägen, jeder versehen mit einem ausgeschnittenen vierblättrigen Kleeblatt, umgeben von einem nach außen gewölbten Perlenornament in einen rautenförmigen Rahmen auf einem quadratischen Sockel. Die Beschläge wurden mit vier kleinen Nieten befestigt, die in den Ecken des durchbrochenen Ornaments angebracht wurden. Der Gürtel hat sieben Löcher, jedes Loch wurde mit einem ungleichmäßig geschnittenen, rechteckigen Plättchen in der Breite des Riemens verstärkt und an beiden Enden mit zwei Nieten an ihm befestigt. Das Ende des Gürtels ist mit einer doppelten Wiederholung der Applikation am Riemen und einem einfachen Beschlag aus einem Stück rechteckigem Blech verziert, das mit drei Nieten fixiert wurde. Die Spitze mit hülsenförmiger Kante ist mit getriebenen Punkten dekoriert, die ein doppeltes Umschlagmotiv bilden. Der Gürtel wurde mit einer nicht verzierten, rechteckigen Doppelrahmenschnalle geschlossen, die mit einem trapezförmigen Blech befestigt und mit dem Leder mittels drei kleiner Nieten verbunden war.

Breite und recht kurze Gürtel waren für die weibliche Mode des 15. Jahrhundert typisch. Sie wurden zum Obergewand in der Art einer Houppelande oder Robe getragen. Der Gürtel wurde unterhalb der Brust mit einer Schnalle am Rücken angebracht. Der Gürtelumfang bemisst sich geschlossen auf 75 bis 78 cm und war damit lang genug für so faltenreiche Gewänder wie die Houppelande. Dies wird durch ikonografische Darstellungen bestätigt. So tragen die Skulpturen der törichten Jungfrauen aus der Lübecker Maria-Magdalenen-Kirche Kleider, die von breiten Gürteln mit einer rechteckigen Doppelrahmenschnalle zusammengehalten werden. Eine Miniatur in dem aus dem 15. Jahrhundert stammenden Lyoner Manuskript des Rosenromans (»Le Roman de la Rose«) zeigt eine der dargestellten Frauen in einem langen, weißen Kleid, das durch einen mit Beschlägen verzierten, breiten Gürtel am Rücken fixiert wird. Die Ausführung des Elbinger Gürtels, seine reiche Verzierung und die Qualität des Leders deuten darauf hin, dass es sich um ein importiertes Objekt handelt. Wahrscheinlich wurde der Gürtel in Nordeuropa hergestellt, möglicherweise stammt er aus einer Werkstatt in England. Da direkte Analogien fehlen, lässt sich der Ort seiner Herstellung nicht bestimmen.

Als Hafenstadt und an der Verbindungsstraße zwischen Ost- und Westeuropa gelegen, wurde Elbing fortwährend vom westeuropäischen Stil beeinflusst. Trotz der von den Behörden erlassenen Bestimmungen gegen allzu ausschweifenden Luxus (*leges sumptuariae*) nutzten die Bürger gern ihre Kleidung zum Ausdruck ihres gesellschaftlichen Status. Der reich verzierte Gürtel hob mit Sicherheit das Ansehen seiner Besitzerin und unterstrich ihren guten Geschmack.

Der Gürtel wurde bei archäologischen Ausgrabungen in der Altstadt von Elbing in einer Latrinengrube gefunden, was darauf hindeuten könnte, dass er versehentlich dorthin gelangt ist. Ein Gewand nach Art einer Houppelande oder Robe ließ sich nur ausziehen, indem man es über den Kopf zog, wobei der Gürtel zuvor gelöst werden musste. Möglicherweise fiel der Gürtel in einer solchen Situation versehentlich in die Latrinengrube. *Urszula Sieńkowska*

Literatur
Ceynowa 2018 | Kubicka/Amrozińska 2017, S. 86–88, 90–92 | Marcinkowski 2014 | Mould/Carlisle/Cameron 2003.

II.183

II.184

Leipziger Kleiderordnung

»Gesetz von Cleydung vnd erstlich der in Rethen vnd anderer redlicher burger vnd hendeler, dye den in rethen gleych geacht werdenn, in: Etliche der Stat Lipczk gesetz obir der burger, burgerin, auch ander inwoner tracht, Cleydung, wirtschafft, und anders uß des Raths ordenung und statuten in sunderheit gezogen«

Leipzig, 1506 (Verlag Jakob Thanner)

Papier, Blätter 3–7 (von 11 Blättern)

H 19 cm, B 13,5 cm

Leipzig, Stadtgeschichtliches Museum, I D 52n/1

An der Kleidung lässt sich nicht nur der Geschmack eines Menschen erkennen, sondern auch sein sozialer Status, seine ökonomischen Verhältnisse und zuweilen ebenso sein sittliches Wesen. Über den Versuch, auf Kleidung Einfluss zu nehmen, sollte schon seit dem Mittelalter nicht nur der Luxus eingedämmt, sondern zudem die Ständeordnung gewahrt werden. Sowohl landesherrliche als auch städtische Kleiderordnungen regelten, was in der Öffentlichkeit erwünscht und unerwünscht war. Offenbar sahen es die Fürsten und Stadträte als notwendig an, weil »am allermeisten aber in den […] beiden Hauptstädten [Dresden und Leipzig] und furnehmlich bey den Weibes-Persohnen die Hoffart mechtig uberhandt genommen« (Bartsch 1882, S. 2). In Leipzig gab es seit dem 15. Jahrhundert viele Kleiderordnungen mit fast identischem Wortlaut. Sie beriefen sich schon in der Vorrede auf die Vorgaben der landesherrlichen Verordnungen, lagen zeitlich eng beieinander bzw. wurden fast jährlich erneuert. In Leipzig können für das 17. Jahrhundert 15 Kleiderordnungen durch Quellen belegt werden. Das lässt unter anderem darauf schließen, dass solche Verfügungen doch freie Interpretation dessen mit sich brachten, was im wahrsten Sinn des Wortes tragbar war und was nicht. Fürsten und Räte wurden zudem nicht müde zu betonen, dass die Obrigkeit ein wachsames Auge auf die Einhaltung der sittlich-religiösen Ordnung haben wolle und dem Laster zuvorzukommen beabsichtige. Schlechte Gewohnheiten, darunter auch und hochmütiges Benehmen, zeigten sich ihrer Meinung nach in teuren Stoffen, auffälligen Schnitten und Verzierungen sowie dem Tragen nicht standesgemäßer Mode. Ordentliche Kleider vermittelten in der Öffentlichkeit ein Bild der Rechtschaffenheit, und ein guter Ruf war existenziell.

So war es nach vorliegender Kleiderordnung redlichen Bürgern bis hin zu den Stadträten und Bürgermeistern verboten, Kleidung gefüttert oder ungefüttert zu tragen, deren Preis 40 Gulden überstieg. Wer dieses Verbot übertrat, musste eine hohe Strafe von drei rheinischen Gulden bezahlen. Zudem war die Verwendung jeglicher Art von Zobel und Hermelin, ob nun als Futter oder als Mütze bzw. Kappe bei gleicher Strafe verboten, ergänzt durch das Verbot des Tragens von Perlenschnüren oder übermäßigen Gold- und Silberverzierungen in der Kleidung. Der einfache Bürger durfte keine ausländischen Stoffe tragen, deren Preis 20 Gulden überstieg. Falls er sich

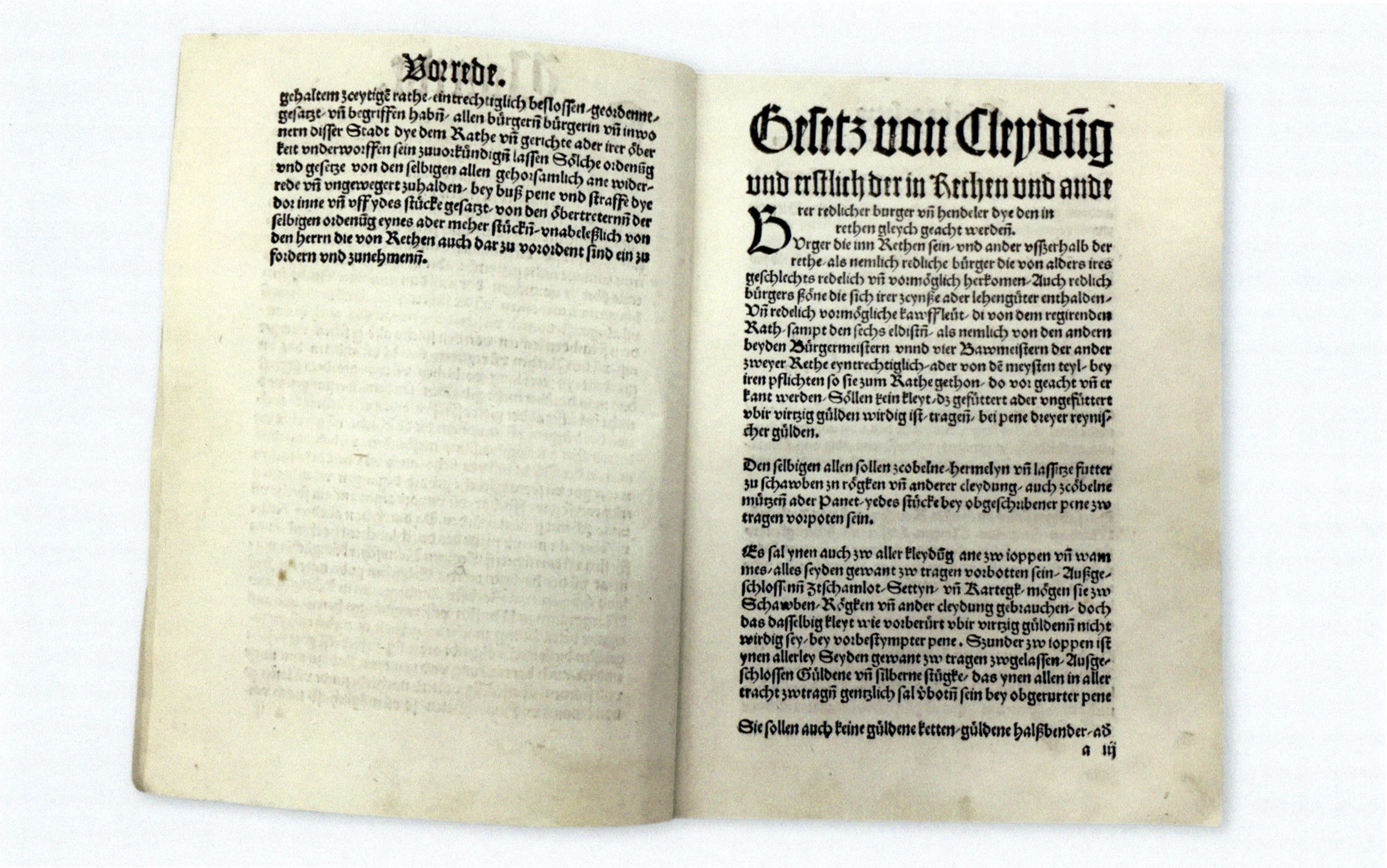

Vorrede.

gehaltem zceytigẽ rathe eintrechtiglich beslossen geordenne gesatze vñ begriffen habñ allen bürgerñ bürgerin vñ inwonern disser Stadt dye dem Rathe vñ gerichte ader irer öberkeit vnderworffen sein zuuorkündigñ lassen Sölche ordenũg vnd gesetze von den selbigen allen gehorsamlich ane widerrede vñ vngewegert zuhalden bey buß pene vnd straffe dye dor inne vñ vff ydes stücke gesatzt von den öbertreternñ der selbigen ordenũg eynes ader meher stückñ vnabeleßlich von den herrn die von Rethen auch dar zu vorordent sind ein zu fordern vnd zunehmennñ.

Gesetz von Cleydũg

vnd erstlich der in Rethen vnd ande

Bſter redlicher burger vñ hendeler dye den in rethen gleych geacht werdeñ.

Burger die inn Rethen sein vnd ander vsserhalb der rethe als nemlich redliche bürger die von alders ires geschlechts redelich vñ vormöglich herkomen Auch redlich bürgers ßöne die sich irer zcynße ader lehengüter enthalden Vñ redelich vormögliche kawffleüt di von dem regirenden Rath sampt den sechs eldistñ als nemlich von den andern beyden Bürgermeistern vnnd vier Bawmeistern der ander zweyer Rethe eyntrechtiglich ader von dẽ meysten teyl bey iren pflichten so sie zum Rathe gethon do vor geacht vñ erkant werden Söllen kein kleyt dz gefüttert ader vngefüttert vbir virtzig gülden wirdig ist trageñ bei pene dreyer reynischer gülden.

Den selbigen allen sollen zcobelne hermelyn vñ lassitze futter zu schawben zu rögken vñ anderer cleydung auch zcöbelne mützeñ ader Panet yedes stücke bey obgeschribener pene zw tragen vorpoten sein.

Es sal ynen auch zw aller kleydũg ane zw ioppen vñ wammes alles seyden gewant zw tragen vorbotten sein Außgeschlossñ Ztschamlot Settyn vñ Kartegk mögen sie zw Schawben Rögken vñ ander cleydung gebrauchen doch das dasselbig kleyt wie vorberürt vbir virtzig güldenñ nicht wirdig sey bey vorbestympter pene. Szunder zw ioppen ist ynen allerley Seyden gewant zw tragen zwgelassen Außgeschlossen Güldene vñ silberne stügke das ynen allen in aller tracht zwtragñ gentzlich sal v̈botñ sein bey obgerurter pene

Sie sollen auch keine güldene ketten güldene halßbender ad

a iij

II.184

II.185

nicht an diese Vorschrift hielt, bezahlte er ebenfalls drei rheinische Gulden Strafe. Ebenso war jegliches Rauchwerk (Pelze) ihm und seiner Familie verboten.

Die Kleiderordnungen ähneln sich bis ins 17. Jahrhundert. Aus dem Jahr 1698 ist eine letzte Leipziger Kleiderordnung bekannt. Hier fällt vor allem auf, dass man durch ein Verbot ausländischer Stoffe die heimische Produktion und den heimischen Markt beleben wollte. Neben den Verboten vermitteln die Kleiderordnungen über die bunte Vielfalt der Pelze, Stoffe, Schnüre, Schleier, Haarbänder und Bordüren einen Einblick in die Mode der jeweiligen Jahrhunderte und ergänzen unser Bild der vormodernen Lebenswelt.

Der Kleiderordnung von 1506 folgen Regeln der öffentlichen Gastlichkeit bei Ratsfeiern, Hochzeiten, Taufen und Innungsfeiern. Je nach Stand und Anlass war nur eine bestimmte Anzahl Tische zugelassen, die zu einzelnen Festlichkeiten gedeckt werden durften. Das schränkte die Anzahl der Gäste insofern ein, als dass nicht mehr als zehn Personen an einem Tisch sitzen durften. Je nach Stand war außerdem die Menge der Gerichte zu einzelnen Mahlzeiten begrenzt. Keiner der geladenen Gäste zu einer Hochzeit sollte mehr als drei Essen über den Tag bekommen. Das aufgetafelte Fleisch und Geflügel, die Anzahl der Weine und des fremden Biers unterlag ebenso diesen Vorschriften wie der finanzielle Rahmen der Geschenke bei Hochzeiten oder bei Kindstaufen.

Die städtischen Reglements beschränkten sich nicht nur auf die Kleidung, sie führten in eine hierarchisch gegliederte und keineswegs homogene Gesellschaft je nach Stand und wirtschaftlichen Möglichkeiten, die der städtische Rat durchzusetzen versuchte. Gerade in der Kleiderordnung sollten unterschiedliche soziale Gruppen in der Stadt sichtbar gemacht werden. Reichtum und Luxus durften nur bedingt öffentlich präsentiert werden. Nicht zuletzt sind diese Regeln auch so lesbar, dass sie einer überzogenen Erwartungshaltung der Gäste und der Gefahr des wirtschaftlichen Ruins des Gastgebers zumindest vorbeugten. *Maike Günther*

Edition
www.uibk.ac.at/urgeschichte/projekte_forschung/abt/quellen/leipziger_kleiderordung.html

Literatur
Bartsch 1882, S. 2 f. | Mundus 2018, S. 612.

II.185
Kindertrippe aus Holz

15. Jahrhundert

Fundort: Rechtstadt Danzig/Gdańsk

Holz, Leder, Eisen, geschnitten, geschnitzt, genäht, geschmiedet

L 16 cm; Sohle: H 2,5 cm

Danzig/Gdańsk, Muzeum Archeologiczne w Gdańsku, MAG/GD/255/1000/1000/nn11067

Trippen wurden über Lederschuhen getragen. Sie wurden angezogen, wenn man auf die Straße hinausging, um die Füße vor Feuchtigkeit und Matsch zu schützen. Bevor man ins Haus ging, zog man sie immer aus. Nur in Flandern stellten sie eine Ergänzung eleganter Kleidung dar und wurden als solche auch in Innenräumen getragen. Trippen verbreiteten sich bereits im 13. Jahrhundert in ganz Europa und haben in ihrer Form bis zum Anfang des 18. Jahrhunderts überdauert. Man trug sie auch auf dem Gebiet Polens, was unter anderem zahlreiche höfische Rechnungen und Handwerkerlisten belegen.

Die hohen Holzsohlen einer Kindertrippe (für den linken Schuh), die Archäologen bei Ausgrabungen in Danzig fanden, sind ausgetrocknet und verzogen. Das Oberleder besteht aus zwei Teilen und wurde mit einem Eisennagel zusammengehalten. Ein Zehenschutz verhinderte das Rutschen des Fußes nach vorn.

Trippen sind aus mehreren archäologischen Fundorten auf dem Gebiet Polens bekannt, werden jedoch selten gefunden. Die Danziger Ausgrabungen haben das Wissen über diesen Schuhtyp erweitert. Auf dem Gebiet von Danzig sind Hunderte ihrer Überreste gefunden worden: sowohl ganze Trippen als auch ihre Fragmente. Aufgrund ihrer Konstruktion wurden drei Typen unterschieden: Holztrippen (mit Holzsohle), Ledertrippen (mit einer mit Kork oder Holz gefüllten Sohle) sowie Schuhe des Typs Mule (mit vorn geschlossener Spitze). *Beata Ceynowa*

Literatur
Ceynowa 2004 | Ceynowa 2005 | Ceynowa 2007 | Ceynowa/Trawicka 2016 | Goubitz/van Driel-Murray/Groenman-van Waateringe 2001 | Grew/de Neergaard 2001 | Gutkowska-Rychlewska 1968 a.

II.186

Kinderhaube

Flandern, 16. Jahrhundert

Fundort: Danzig/Gdańsk, ulica Toruńska 10 a (SAZ 255/20/58)

Seide, gewebt

Haube: L 38 cm, B 24,5 cm; Ohrstück: L 18,5 cm

Danzig/Gdańsk, Muzeum Archeologiczne w Gdańsku, MAG/GD/255/20/58/75

In der Mode der Neuzeit ahmten Kinderkopfbedeckungen die Kopfbedeckungen der Erwachsenen nach. Sie wurden nach italienischen, deutschen und französischen Mustern genäht. Hauben stellten ein Grundelement der Kindergarderobe dar. Sie schützten vor Verletzungen und Kälte und erfüllten auch eine dekorative Funktion. Gewöhnlich setzte man Kindern, vor allem Säuglingen, zwei Hauben auf: die untere war aus dünneren Stoffen, die zweite äußere, dickere, war meist prächtiger. Sie wurden aus Seide, Samtstoffen, Damast und Leinen hergestellt und oft mit Kurzwaren oder Stickereien verziert, je nach Vermögensstand der Familie. Die Stoffwahl hing ebenfalls von der Jahreszeit ab, in der die Haube getragen werden sollte, der Haubenart sowie von der Tatsache, ob sie im Alltag benutzt oder eher an Feiertagen aufgesetzt werden sollte.

Die abgebildete Kinderhaube wurde aus Seidengarn gefertigt. An ihrer Vorderseite ist auf der einen Seite ein langes, durchbrochenes Ohrstück erhalten. Ganz oben befindet sich ein verzierter, runder, durchbrochener Besatz. Das Futter wurde in die Haube eingenäht, die Ränder sind mit einer gemeinsamen Bordüre vernäht. Die obere Schicht wurde in Ripsbindung gewebt, deren Verkreuzung ein geometrisches Muster bildet. Heute ist die Farbe der Haube dunkelbraun, was nicht bedeutet, dass sie ursprünglich diese Farbe gehabt hatte. Die meisten archäologischen Textilfunde haben diese dunkle Färbung, was eine Folge des Zerfalls ist.

Gewebte Hauben sind seltene Fundstücke. In den Museumssammlungen findet man meistens geschnittene und aus Tuch genähte Hauben. Schriftliche Quellen nennen jedoch »Garnhauben«, die höchstwahrscheinlich eben eine durchbrochene Struktur hatten oder aus Spitze gefertigt wurden. Hier zeigt sich der Einfluss der Mode Italiens, wo im 16. Jahrhundert das sogenannte Crinale, ein Haarnetz, getragen wurde. Die Struktur der abgebildeten Danziger Haube knüpft an diesen Modetrend an, ihre Form hingegen zeigt große Ähnlichkeit mit niederländischen Kopfbedeckungen, die in dieser Zeit Mode waren. *Joanna Jabłońska-Dyrda*

II.186

Literatur
Buck 1965 | Drążkowska 2007 | Drążkowska 2012 | Grupa 2012 | Gutkowska-Rychlewska 1968 | Możdżyńska-Nawotka 2002.

II.187

Kleine Boote aus Rinde und Holz

Elbing/Elbląg, 15.–16. Jahrhundert

Baumrinde, Holz, gehobelt, ausgehöhlt, geglättet

H 3,3 cm, B 6,3 cm, L 9,5 cm (r.u.)
H 3,2 cm, B 6,5–7 cm, L 20 cm (l.)
H 3 cm, B 6 cm, L 22,5 cm (r.o.)

Elbing/Elbląg, Muzeum Archeologiczno-Historyczne w Elblągu, EM/XXII/1222, EM/XXV/26, EM/XV/4798

Bei den Miniaturbooten handelt es sich um Spielzeug der jüngsten Einwohner der Stadt. Spielorte könnten die Ufer von Flüssen, Teichen oder Seen gewesen sein, ebenso wie städtische Rinnsteine und Kanäle oder Pfützen. Alle Boote waren mit Segeln ausgestattet, die mithilfe von Stöcken und Schnüren befestigt waren. Eins von ihnen besaß einen Kiel, der für mehr Stabilität sorgte und half, die eingeschlagene Richtung beizubehalten. Die Boote wurden bewegt, indem man in die Segel pustete, oder aber die Kraft des Windes oder der Strömung nutzte.

Die Spielzeuge könnten von Herstellern vor Ort gefertigt worden sein, die in der Holzverarbeitung tätig waren. Die Unterschiedlichkeit ihrer Ausführung weist darauf hin, dass ihre Herstellung nicht speziell geplant war, sondern dass sie vermutlich als Nebenprodukt aus nicht mehr benötigten Holz- und Rindenstücken entstanden sind. Möglicherweise wurden sie von Personen aus dem nächsten Umfeld des Kindes oder sogar vom Kind selbst gefertigt.

Miniaturboote sind ein typisches Spielzeug in Küsten- und Flussstädten. Ihre Untersuchung zeigte, dass nicht nur die Formen echter Boote nachgeahmt wurden, sondern auch einige Konstruktionsdetails wie ein Sitz oder eine Ruderöffnung am Heck. Elemente wie Kiel oder Mastloch sind nur bei Booten zu finden, die in Küstennähe gefunden wurden. Im mittelalterlichen Elbing hatte ein bedeutender Teil der Bevölkerung beruflich mit der Fischerei und dem Seehandel zu tun. Viele Bewohner arbeiteten auf Schiffen (Matrosen, Seeleute), auf der Werft (Bootsbauer, Tischler) und im Hafen (Beamte, Kaufleute, Träger usw.). Wenn sie die Arbeit im Hafen und die auslaufenden Schiffe betrachteten, eigneten sich die Kinder Kenntnisse und Fähigkeiten an, die ihnen in der Zukunft von Nutzen waren. Im Spiel beobachteten sie den städtischen Alltag und ahmten die sie umgebende Wirklichkeit nach.

Urszula Sieńkowska

Literatur
Domagalska 2002, S. 80–86, 116–121 | Gomułka 2010 | Mellor 2014, S. 80 f. | Willemsen 1997, S. 405 f.

II.187

II.188

Bildnis eines 30-jährigen Mannes (Andreas Hertwig?)

Breslauer Schule, Meister des Andreas Hertwig, 1541

Malerei auf Lindenholz; Inschrift: M D XXXXI / D VIII MAI / AETATIS XXX (1541, den 8. Mai, seines Alters 30.) – Rückseite: Hl: Andreas Hertwig.alt 30 jahr / Konigl: Fiscal in Schlesien. Ao: 1541; mit Kreide: OMP KJ 506 / ? RI?I; 44 … JULY 90; schwarze Schablonenschrift: KJ 506; mit schwarzem Stift: Gm. 1945.

H 67,2 cm, B 49,5 cm, allseitig beschnitten

Nürnberg, Germanisches Nationalmuseum, Dauerleihgabe des Ministeriums des Innern der Bundesrepublik Deutschland, Gm 1945

II.188

Im Dreiviertelporträt von rechts zeigt das Gemälde, das inschriftlich 1541 datiert ist, einen sorgfältig gekleideten Mann mittleren Alters vor einer hell verputzten Wand mit Fugenmalerei und Fensterausschnitt. Der Blick wird durch das Fenster in eine weite Landschaft gelenkt, die durch eine Felsformation und Gebirge in der Ferne sowie ein Gewässer unter blauem Himmel charakterisiert wird. Der Porträtierte ist sitzend als Halbstück gegeben. Am linken oberen Bildrand ist die tagesgenaue Datierung zu lesen, das Alter des Mannes wird mit 30 Jahren angegeben. Durch die besondere Gestaltung des Hintergrunds wird nicht nur der dargestellte Raum enorm in die Tiefe erweitert, es entsteht auch ein reizvoller Kontrast zwischen der schlichten Wiedergabe der Mauern und der detailgenauen Schilderung des Porträtierten. Jede Locke und jedes Barthaar sind so genau ausgearbeitet, dass Sorgfalt und Aufwand von Frisur und Barttracht, aber ebenso Details und die Stofflichkeit der Kleidung deutlich werden.

Die schwarze Schaube mit dem breiten schwarzen Pelzkragen, zwischen dem der braune Pelzbesatz des Untergewands und das fein plissierte weiße Hemd mit besticktem Stehkragen und Verschluss mit drei Schleifen zu sehen ist, kennzeichnet den Mann als Angehörigen des Patriziats. An seinem linken Zeigefinger trägt er zwei Ringe. Einer davon weist eine noch nicht identifizierte Hausmarke auf. Weiße Lederhandschuhe, die sehr weiten gepufften Oberärmel aus schwerem Wollstoff und die enganliegenden Unterärmel aus schwarzem Seidendamast erfreuen den Betrachter durch die subtile Gestaltung der verschiedenen Oberflächen und ihre sorgfältige materialabhängige Farbnuancierung.

Das Bild wird einem Maler aus Breslau zugeschrieben, der nach dessen Porträt des Breslauer Juristen ebenfalls aus dem Jahr 1541 »Meister des Andreas Hertwig« genannt wird. Dem Maler können aufgrund gemeinsamer Stilmerkmale weitere Gemälde zugewiesen werden (z. B. Kat.-Nr. II.189). Die rückwärtige Beschriftung des Nürnberger Gemäldes als Bildnis des Andreas Hertwig bleibt trotz gewisser Ähnlichkeiten der porträtierten Männer zweifelhaft, zumal dieser im Jahr 1541 erst 28 Jahr alt war und das Hertwig'sche Wappen, das der Familie bereits 1532 verliehen wurde, fehlt.

Interessant ist das Gemälde als Zeugnis des großen Repräsentationsbedürfnisses Breslauer Bürger im 16. Jahrhundert und als Beispiel qualitätvoller Porträtmalerei in Schlesien. Die gezeigte Kleidung verweist auf den großen Wohlstand der Bürger Breslaus und die Kenntnis aktuellster Modetrends. Schwarz war im 16. Jahrhundert unter Reichen und Mächtigen eine besonders beliebte Farbe. Das Färben schwarzer Textilien war aber aufwendig und kostenintensiv. Das Porträt des Unbekannten in schwarzer Kleidung kann als stolze Selbstdarstellung eines wohlhabenden, vornehmen, acht- und ehrbaren Breslauer Bürgers angesehen werden. *Anja Rasche*

Literatur
Bunde 2005 | Löcher 1991 | Löcher 1997 | Pusch 1987 | Steinborn 1992 | Steinborn/Ziemba 2000, Nr. 77, S. 315–319.

II.189

Bildnis des Johann Gerlach im Alter von 65 Jahren

Breslauer Schule, Meister des Andreas Hertwig, 1537

Lindenholz, Aufschrift: 1537 / CVM TREDECIM VITÆ FLVXISSENT LVSTRA PERACTÆ / VIRIBVS EXHAVSTO COLORE TALIS ERAM. / PIGNORA SVNT TREDECIM NOSTRO DE SANGVINE CRETA. / VNICA, QVÆ NOBIS SVSTVLIT VXOR ERAT

H 80 cm, B 61,5 cm

Prag/Praha, Národní galerie v Praze, DO 4143

II.189

Das Porträt zeigt das Brustbild eines Mannes in Dreiviertelprofil. Auf der steinernen Fensterbrüstung finden sich ein Gedicht mit der Jahreszahl »1537« und eine lateinische Aufschrift mit Angaben über den Dargestellten: »Nach verflossenen dreizehn Lebensabschnitten [je 5 Jahre, d.h. im Alter vom 65 Jahren A.d.A.] waren die Kräfte erschöpft und die Gesichtsfarbe entsprechend. Dreizehn [Kinder] haben sich als Beweis der Liebe aus unserem Blut entwickelt. Und die einzige, die uns aufrechterhalten hat, war die Ehefrau.« An der Wand in der linken oberen Ecke befindet sich ein Wappen. Dieses wurde als spiegelverkehrtes Wappen des Johann (Hans) Gerlach von Gerlachshof, der aus Görlitz kam und bis 1538 in Breslau/Wrocław lebte, identifiziert. Hans Gerlachs Sohn Servatius war 1555 in Prag gestorben. Damit lässt sich wohl erklären, warum sich das Bildnis in der Prager Nostiz-Sammlung wiederfand und erstmals in dem Inventar von 1819 verzeichnet ist. Auf der Fensterbrüstung mit der Inschrift ruhen die zusammengefalteten Hände des Porträtierten, die den Zeigefinger der Linken mit einem Siegelring, der erneut das Familienwappen zeigt, in den Vordergrund stellen. Im Fensterausschnitt im Hintergrund ist eine Landschaft zu sehen.

Das charakteristische Bildnis lässt sich nach Kurt Löcher stilistisch einer Gruppe von Porträts zuschreiben, die Werke eines anonymen, in Schlesien und genauer in Breslau tätigen Künstlers sein dürften. Seinen Hilfsnamen – Meister des Andreas Hertwig – erhielt er nach einem Epitaph für Andreas Hertwig von 1542, für den der Maler schon 1541 ein Porträt geschaffen hatte; beide Gemälde befinden sich in den Sammlungen des Nationalmuseums in Warschau/Warszawa. Kurt Löcher konnte dem Œuvre des anonymen Meisters weitere Werke zuschreiben: das Porträt eines Mannes, wahrscheinlich Andreas Hertwig, von 1541 im Germanischen Nationalmuseum (Dauerleihgabe des Ministeriums des Innern der Bundesrepublik Deutschland), das Bildnis einer Frau in der Gemäldegalerie Berlin, das Porträt des Johann von Logau aus Breslau und ein Bildnis eines Mannes, die sich 1936 im New Yorker Privatbesitz befunden haben (heutiger Standort unbekannt). In allen diesen Bildnissen trägt der Dargestellte eine Schaube und wird als Halbporträt mit leicht überdimensionierten Händen gezeigt. Typisch ist ebenfalls das Interieur mit Fenster, das einen Blick in die Landschaft gewährt. In der Sammlung der Fürsten Liechtenstein in Vaduz befindet sich eine weitere Version des Bildnisses von Hans Gerlach, weitgehend übereinstimmend mit dem Prager Gemälde. Das Bildnis des Hans Gerlach hat in der Prager Nationalgalerie mit dem »Porträt eines Mannes im Alter von 83 Jahren« ein Pendant, das ebenfalls aus der Nostiz-Sammlung stammt. Leider konnten das in der rechten oberen Ecke angebrachte Wappen und somit auch der Dargestellte bisher nicht identifiziert werden. *Olga Kotková*

Literatur
Bergner 1905, S. 40, Nr. 155 | Feigl 1931–1932, S. 11 | Frimmel 1892, S. 131 f. | Kotková 2007, S. 128, Nr. 71 | Löcher 1991, S. 134 | Löcher 1997, S. 78 | Steinborn/Ziemba 2000 | Würbs 1864, S. 39, Nr. 256.

Grundbedürfnis, Genuss und Geselligkeit

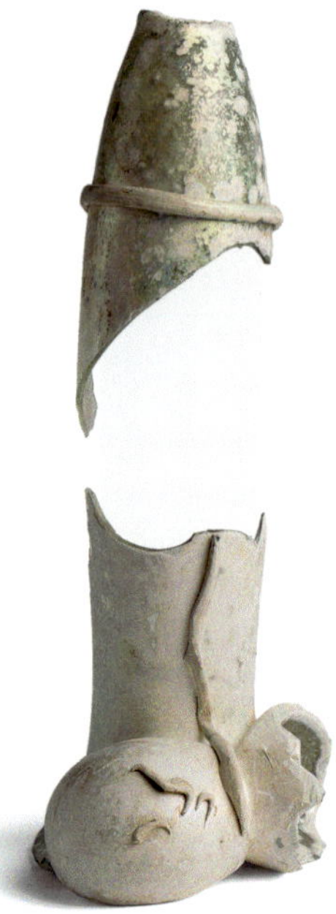

Das Phallusgefäß diente vermutlich der Unterhaltung der Gäste und unterstrich zugleich den Wohlstand des Gastgebers (Kat.-Nr. II.193)

Essen und Trinken waren Grundbedürfnisse, Genuss und Anlass für Geselligkeit – es kann nicht überraschen, dass diese zentralen Bereiche menschlichen Lebens eine herausragende Rolle in der städtischen Kultur gespielt haben. Dies galt in besonderem Maß für eine Zeit, in der die Nahrungsdecke ziemlich dünn war, weite Kreise unterversorgt blieben und immer wieder Hungersnöte ausbrachen. Die städtische Oberschicht konnte sich mit reichen und ausgefallenen Speisen abheben. Gut aufzutischen war ein Mittel, um sich vor der eigenen Hausgemeinschaft, vor Gästen und Standesgenossen extravagant zu präsentieren. Fleisch, Fisch sowie exotische und teure Gewürze wie Pfeffer, Safran oder Ingwer spielten dabei eine besondere Rolle. Freilich wurde auch in wohlhabenden Haushalten an gewöhnlichen Tagen nicht so üppig gekocht wie an Festtagen oder wenn wichtige Gäste zu erwarten waren.

Kostbares Geschirr, oft von weither importiert, hielt ab dem Spätmittelalter Einzug in die bürgerlichen Haushalte. Neben der Keramik diente das Besteck der Darstellung von Reichtum: Silberne Löffel wurden vom Gastgeber vorgelegt, die Messer brachten die Gäste selbst mit und waren für diese Gelegenheit, den eigenen Wohlstand vorzuzeigen. Die Gabel war im Mittelalter noch weitgehend ungebräuchlich. Ihr Vorhandensein darf als eine Besonderheit betrachtet werden und ist ein Anzeichen für eine Verfeinerung der Tischsitten. Diese wird im Spätmittelalter in der städtischen Oberschicht greifbar. Man bemühte sich um Distinktion durch gutes Benehmen, wovon außerdem die Literaturgattung der Tischzuchten zeugt (Kat.-Nr. II.166–II.169, II.176).

Großer Aufwand wurde bei den Trinkgefäßen geübt. Er belegt die enorme Bedeutung von alkoholischen Getränken in der städtischen Kultur des Mittelalters. Alkoholgenuss bildete eine wichtige Freizeitbeschäftigung und begleitete zentrale Ereignisse: Getrunken wurde zur Begrüßung, zum Abschied, bei offiziellen Anlässen, bei Geschäftsabschlüssen – im Wirtshaus hatte man ausreichend Zeugen – und in den Zunft- und Gildestuben. Letztere waren wichtige Orte der Geselligkeit. Gemeinsames Trinken diente als Mittel, um den inneren Zusammenhalt der Korporationen zu stärken. Aber auch hier war man um eine Verbesserung der Sitten bemüht, wie zahlreiche Zunft- und Gildestatute belegen. Erbrach man sich etwa nach übermäßigem Alkoholgenuss im Gemeinschaftshaus, wurde eine Strafgebühr fällig, die geringer ausfiel, wenn man es noch bis auf den Hof schaffte. Gegen den Brauch des Zutrinkens ging sogar vielerorts der städtische Magistrat vor. Bei dieser Trinksitte prostete man einem Trinkgenossen zu und stürzte anschließend sein alkoholisches Getränk herunter, wodurch der Angesprochene aufgefordert war, es einem gleichzutun (Kat.-Nr. II.172).

Gelegenheit für reichliches Essen und Trinken boten außerdem die zahlreichen Feste in der Stadt. Diese waren willkommene Unterbrechungen des Alltags, Ausdruck der Lebensfreude und Mittel zur Repräsentation und Stärkung der Gemeinschaft. Die Anlässe reichten von offiziellen Ereignissen und Handlungen wie Fürstenbesuchen, Ratswahlen und Friedensschlüssen über Termine im Jahreskreis wie etwa dem Beginn der Fastenzeit, Handlungen von Korporationen wie Schützenfesten und Ähnlichem bis hin zu den Einschnitten im Lebenszyklus, wie Geburt, Hochzeit usw., die durch ein Fest markiert wurden. Bei den »privaten« Feiern, besonders bei Hochzeiten, versuchte der Rat häufig, allzu großen Aufwand einzudämmen. In den spätmittelalterlichen und frühneuzeitlichen Hochzeitsordnungen wurde etwa die Anzahl der Gäste, der Diener, der Speisen und Getränke genau geregelt – wobei der zugelassene Aufwand dem sozialen Stand des Brautpaars entsprechen sollte. Verschuldung durch zu große Prachtentfaltung und das Verwischen von Standesgrenzen sollten verhindert werden (Abb. 221).

Wichtiger Bestandteil von Festen waren Musik und Tanz. Fahrende, stadtsässige und vom Rat bestallte Musiker standen zur Verfügung und

Abb. 221
Die linke Seite des Diptychons zeigt ein Festmahl in einem bürgerlichen Haus. Bei den Frauen im Hintergrund handelt es sich wohl um eine Braut und ihre Brautjungfer. Nürnberg, Germanisches Nationalmuseum, Gm1613

spielten sowohl bei offiziellen und familiären Feiern auf sowie auch ohne besonderen Anlass auf Gassen, Marktplätzen und in Wirtshäusern. Tanzhäuser wurden zunächst von wohlhabenden jüdischen Gemeinden errichtet, da es Juden nicht erlaubt war, gemeinsam mit den Christen zu feiern. Ab dem späten 14. Jahrhundert gab es in immer mehr Städten zudem Tanzhäuser der Zünfte, Gilden und Patrizier. In diese repräsentativ ausgestalteten Gebäude wurde zum Tanz geladen. Ebenso wurden Rathaussäle, wie etwa in Leipzig, mit Galerien für Musiker ausgestattet und so für Feste nutzbar gemacht. Den Zugang zu Tanzhäusern regelten Tanzstatute; Diener, Handwerksgesellen und Studenten etwa war der Einlass verwehrt, Patrizier verbaten sich die Teilnahme der übrigen Bürger usw. Um die Sittsamkeit dieser Veranstaltungen zu gewährleisten, waren nur ehrbare Tänze erlaubt, und ein Aufseher überwachte das Geschehen. Besonders reiche Bürger begannen schließlich, in ihren eigenen Häusern Festsäle einzurichten.

Bei den Tänzen der Patrizier waren häufig Adlige geladen. Überhaupt versuchte die städtische Oberschicht, in ihrem Habitus und ihrer Lebensweise zum Adel aufzuschließen. So übernahmen sie das ritterliche Turnier. Bemerkenswerterweise veranstalteten schon 1279 Magdeburger Patriziersöhne ein solches Kampfspiel, zu der Kaufleute aus Goslar, Hildesheim, Braunschweig, Quedlinburg, Halberstadt und anderen Orten eingeladen wurden. Auch in Danzig/Gdańsk stellten die Patrizier, die sich in der Gründung des Artushofs an der adlig-höfischen Kultur orientierten, in Turnieren ihre Wehrfähigkeit unter Beweis.

Eine weitere wichtige, aber spezifisch städtische und in der »Freizeit« angesiedelte Beschäftigung war der Besuch der kommunalen Badehäuser, die sämtlichen Schichten offenstanden. Sie waren Orte der Körperpflege, der Entspannung, der Erholung, aber zugleich der Pflege sozialer Kontakte. Die Badehäuser galten als unverzichtbare Institutionen der Kommunen. Die Stadtherren oder der Rat vergaben Konzessionen und regelten und überwachten den Betrieb dieser Einrichtungen. Zum Teil wurde zusammen mit der Stadtrechtsverleihung, zum Beispiel in Pommern und im Ordensland Preußen, das Privileg zur Einrichtung eines Badehauses erteilt. Häufig standen Badehäuser in einem schlechten Ruf, galten als Orte der verdeckten Prostitution und anderer Ausschweifungen, wobei der Wahrheitsgehalt dieser schon fast toposhaften Vorwürfe sicherlich nicht überschätzt werden darf. Um die real existierende Prostitution in den Griff zu bekommen, wurden Bordelle eingerichtet und durch die städtische Obrigkeit überwacht. Dass es möglich sei, die käufliche Liebe gänzlich zu unterbinden, glaubte man nicht. Zudem hoffte man, dass die Verfügbarkeit von Prostitution Männer davon abhalten würde, Bürgerfrauen zum Ehebruch oder vorehelichen Geschlechtsverkehr zu verführen.

Zahlreiche mit derb-erotischen und komischen Szenen geschmückte Gebrauchsgegenstände aus Bürgerhaushalten sprechen aber von einem Leben, in dem Sinnlichkeit und Humor ganz selbstverständlich ihren Platz hatten. Kirchliche Sittenstrenge, bürgerlicher Anstand und der Anspruch der Räte, für die Ehrbarkeit seiner Bürger zu sorgen, bestimmten keineswegs jede Lebensäußerung. Dennoch brachten das Prassen, Trinken und die Ausgaben für weltlichen Luxus das Stadtbürgertum immer wieder in Gewissensnöte. Ein Ausdruck dieser Angst waren umfangreiche Stiftungen für das Seelenheil seitens der begüterten Stadtbevölkerung. Der Konflikt zwischen Lebensführung und moralischem Anspruch konnte aber auch zu wesentlich drastischeren Taten führen: Unter dem Einfluss des fanatischen Predigers Johannes Capistranus (1386–1456) taten viele Bürger Buße und verbrannten öffentlich Spielbretter, Schmuck und ähnliche Luxusgegenstände, wie beispielsweise 1453 in Breslau/Wrocław – der durch Handel und Gewerbe erlangte Reichtum hatte die Stadt in den Augen vieler ihrer Bewohner zu einem Sündenpfuhl, einem Babylon werden lassen. Dass sich die Stadtbevölkerung zugleich in den Juden einen Sündenbock erkor und sich bei dem von Capistranus initiierten, verheerenden Pogrom des Besitzes der jüdischen Gemeinde bemächtigte, offenbart noch stärker die Widersprüchlichkeit des städtischen Umgangs mit Geld und Luxus. *Philipp Steinkamp*

Literatur
Bulst 1988 | Salmen 1999 | Schubert 2006 | Sommer 2006 | Tuchen 2003.

II.190

Quinterne

Elbing/Elbląg, Polen (?), 1400–1450

Fundort: Latrine in der Ulica Stary Rynek 53 in der Altstadt von Elbing

Korpus aus Lindenholz, ausgehöhlt, geglättet, geschliffen; Hals geschnitzt; Decke aus geschliffenem Fichtenholz

H 54,8 cm, B 18,7 cm, T 10 cm

Elbing/Elbląg, Muzeum Archeologiczno-Historyczne w Elblągu, EM/IV/1561

Die Quinterne ist ein Saiteninstrument. Sie wurde in lateinischem Stil mit kurzem Hals gefertigt. Resonanzkasten, Hals und Wirbelkasten sind aus einem Stück Holz gearbeitet. Das Instrument hat eine leicht asymmetrische Birnenform, an der Unterseite ist es mit einer flachen Rille verziert. Korpus und Hals werden von einer zweiteiligen Decke mit einer ovalen Resonanzöffnung in der Mitte abgedeckt. Das Fehlen von Nagelspuren lässt vermuten, dass sie mit einem organischen Kleber am Rand des Korpus befestigt wurde. Zusätzlich ist die Decke durch drei quer im Korpus montierte Stäbe gestützt, die sie vor Rissbildung und Verformung schützen. Der Hals des Instruments ist sichelförmig gebogen und endet mit dem Obersattel und dem Wirbelkasten mit acht Wirbeln, auf die wahrscheinlich acht Saiten aufgezogen wurden. Auf der anderen Seite des Instruments wurden sie paarweise an vier Sattelknöpfen befestigt, die in der Bodenwand des Korpus angebracht waren. Die Saiten ruhten auf dem Obersattel und dem Steg, die jeweils mit acht Einkerbungen versehen sind. Der oberhalb der Wirbelkammer befindliche Instrumentenkopf ist mit einem Flachrelief verziert, das die Büste einer Frau mit Spitzenhaube zeigt.

Während des Spiels wurde das Instrument horizontal, gegen den Unterarm oder die linke Schulter gestützt, gehalten. Mit der rechten Hand wurden die Saiten mit den Fingern oder einem Plektron gezupft, mit der linken Hand wurden sie gedreht und auf den Hals des Instruments gedrückt. Die Saiten bestanden wahrscheinlich aus tierischem Darm. Um einen kräftigeren Ton zu erhalten, wurden zwei oder drei Saiten zusammengefasst und auf die gleiche Höhe zu sogenannten Chören gestimmt. Untersuchungen der Quinterne ergaben, dass sie mit drei Chorsaiten ausgestattet war. Das Instrument wurde, wie im Mittelalter üblich, in Quinten oder in Quinten und Quarten gestimmt.

Für den Bau wurde Holz von heimischen Bäumen verwendet. Möglicherweise wurde es von einem ansässigen Produzenten oder dem Benutzer selbst gebaut, was im Mittelalter durchaus üblich war. Auch die Verzierung des Instrumentenkopfs weist stilistische Ähnlichkeiten mit für Preußen charakteristischen Steinskulpturen auf. Die Art, wie das Relief gearbeitet ist, wie auch die trotz sorgfältigen Abschleifens sichtbaren Meißelspuren, könnten ein Hinweis sein, dass das Instrument nicht von einem Fachmann hergestellt wurde.

Die Quinterne ist fast vollständig erhalten. In die Latrine wurde sie mitsamt den Saiten geworfen, wofür der erhaltene Steg spricht. Dieses kleine Element wäre wahrscheinlich verloren gegangen, wenn es nicht von den Saiten gehalten worden wäre. Das Instrument war mehrere Jahre in Gebrauch. Der Abrieb an der Oberfläche an der Kante der Decke und an den Sattelknöpfen entstand beim Gebrauch durch die Saiten, die gegen die Kanten des Körpers rieben.

Die wichtige Rolle der Musik im Leben der Stadt wird durch schriftliche Quellen bestätigt. Am Elbingischen Gymnasium gab es mehrere Ensembles, deren Musiker vom Stadtrat und den Oberen des Deutschen Ordens für Feierlichkeiten und wichtige Ereignisse engagiert wurden. Zwar konnten Instrumente wie dieses auch von professionellen Lautenisten gespielt werden, doch es scheint, dass die gefundene Quinterne hauptsächlich der privaten Unterhaltung diente. Es ist sehr wahrscheinlich, dass sie dem Eigentümer des Grundstücks, Gerke Schonenhoff, oder dem im 15. Jahrhundert hier ebenfalls ansässigen Michil Zelige gehörte. *Urszula Sieńkowska*

Literatur

Fonferek 2012, S. 49 | Gancarczyk 2010 | Jurkowaniec 1989, Abb. 362, 309 | Popławska 1997 | Popławska 2007.

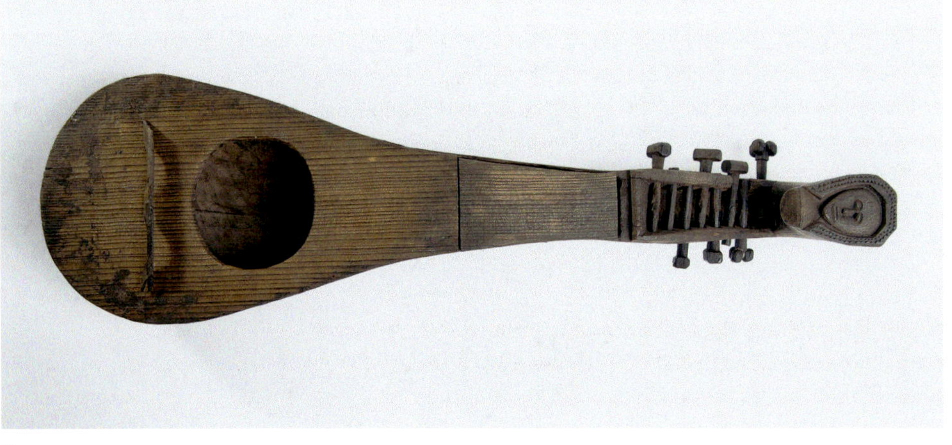

II.190

II.190 Detail

II.191

Fidel (Chordophon) von Plock

Mitte 16. Jahrhundert

Fundort: Plock/Płock (Altstadt), Grabungsstätte VIII

Erle, Kiefer, Eiche, Buche

B 18,8 cm, L 57 cm; Wirbelplatte: B 11,6 cm, L 16 cm

Plock/Płock, Muzeum Mazowieckie w Płocku, MMP/A/734

Die fast vollständig erhaltene Fidel aus Plock (Chordophon) besteht aus Korpus, Hals und Wirbelplatte. Sie wurde bei archäologischen Grabungsarbeiten 1985 auf dem Grundstück Stary Rynek (Alter Markt) 14/16 im Schutt eines Brunnens aus dem 16. Jahrhunderts gefunden, der als Müllhalde diente. Das Vorhandensein eines Stegs lässt vermuten, dass das Instrument zusammen mit den Saiten weggeworfen wurde, die ihn ursprünglich festgehalten hatten. Der zur Fidel gehörige Steg aus Eichenholz hat unterschiedlich lange Füße und bildet zugleich die älteste erhaltene Form eines Stegs, die den Musikwissenschaftlern bekannt ist.

Die Art der Anfertigung der Fidel ist einfach, wie die Asymmetrie der einzelnen Elemente und die relativ grobe Zusammensetzung der gesamten Konstruktion zeigen. Der Boden des Resonanzkörpers mit den Seiten, dem schwach herausgebildetem Hals und der Wirbelplatte wurde aus einem Stück Erlenholz gefertigt. Im unteren Bereich des Korpus befindet sich ein klotziges Element, ausgehöhlt in Form eines dicken Hakens, an dem die Saiten befestigt waren. Oben geht der Korpus direkt in einen kurzen, breiten Hals über, der wiederum mit einer Wirbelplatte in Form eines leicht nach hinten geneigten flachen Bretts abgeschlossen ist, in dem bei der Freilegung sechs fragmentarisch erhaltene Wirbel steckten. Die leicht gewölbte Deckplatte wurde aus Kiefernholz gefertigt, ihre Form und Maße sind an die Seiten gut angepasst. Als Bindemittel, das sie mit den übrigen Elementen des Instruments verband, wurde höchstwahrscheinlich Leim verwendet. Entlang des Deckenrands sind stellenweise Reste der Verzierung erkennbar, in Form einer aufgemalten dunklen Linie von 0,5 Zentimetern Breite. In der Decke wurden drei Öffnungen herausgeschnitten, zwei in Form eines nach außen umgedrehten Buchstabens C wurden symmetrisch zur Achse des Instruments auf der Höhe der Taille angebracht. Die dritte Öffnung in Form eines gleichschenkligen Dreiecks befindet sich im oberen Bereich der Decke und erfüllte keine bestimmte Funktion.

Die Fidel spielte man in Kniehaltung (vertikal), mit Bogen, man benutzte dabei vermutlich eine Grifftechnik mit den Fingernägeln, bei der man die Seiten durch seitliche Berührung mit der Nagelplatte verkürzte. Bis heute umstritten bleibt die Anzahl der Saiten, die auf dem Instrument befestigt waren. In Anbetracht dessen, dass die Fidel sechs Wirbellöcher hat, erscheint auch logisch, dass sie ursprünglich sechs Saiten hatte, die in Chor-Modus (drei Chöre à zwei Saiten, unisono gestimmt) gespannt waren. Dies ergibt sich aus der Position der Löcher, die paarweise untereinander angeordnet sind. Die auf den drei oberen Wirbeln befestigten Saiten wären in dem Fall auf den unteren Wirbeln gestützt, wodurch jede der »oberen« Saiten dasselbe Verhältnis wie die »untere« Saite desselben Paars hätte. Eine andere Möglichkeit des sechssaitigen Aufzugs, der unter anderem bei der Rekonstruktion des Klangs des Instruments verwendet wurde, war die Anwendung eines breiten Sattels, auf dem sich die Saiten fächerartig ausbreiteten. Obwohl die Fidel sechs Wirbel hatte, lässt sich auch nicht ausschließen, dass nur ein Teil von ihnen zum Aufziehen der Saiten verwendet wurde bzw. dass eine Saite auf zwei Wirbeln befestigt und somit auch das Instrument dreisaitig war.

Auf Grundlage der Untersuchungen von Ewa Dahlig-Turek und Maria Pomianowska hat der Warschauer Geigenbauer Andrzej Kuczkowski ein leicht modifiziertes spielbares Exemplar der Fidel von Plock nachgebaut. Ihren Klang kann man unter dem Link https://youtu.be/0jcIPg-v6iPA (letzter Zugriff am 10. 7. 2019) hören. Die Rekonstruktion dieses Instruments trug auch zu seiner Beliebtheit unter polnischen Folkmusikern bei. Heute wird die Fidel von Plock von bekannten Ensembles wie Kapelaze Wsi Warszawa, R.U.T.A oder Village Kolektiv gespielt.

Zbigniew Miecznikowski

Literatur

Dahlig 1987 | Dahlig 1988 | Dahlig 1994 | Dahlig-Turek/Pomianowska 2014 | Makowski 1986 | Malinowski 1996 | Popławska/Lachowicz 2017 | Trzeciecki 2000.

II.191

II.192

Blockflöte

Ende 15. Jahrhundert

Fundort: Plock/Płock (Altstadt), Grabungsstätte PSM 63

Schwarzer Holunder

L 35,5 cm, D Anblaskante 2,7 cm, D Ausblasöffnung 2,6 cm

Plock/Płock, Muzeum Mazowieckie w Płocku, MMP/A/770

Die Blockflöte wurde 1997 bei archäologischen Grabungsarbeiten auf dem Grundstück Grodzka (Burgstraße) 6 in der Altstadt von Plock gefunden. Sie ist aus einem Stück Holunderholz gefertigt, mit gerade abgeschnittener Ausblasöffnung und Lufteinlass. Das Labium in rechteckiger Form ist beschädigt und 3,2 Zentimeter entfernt von dem ebenfalls beschädigten Lufteinlass des Instruments angebracht. Unterhalb des Labiums, auf der Vorderseite, weist sie auf einer Linie sieben runde, einfach angeordnete Löcher auf. Zwei weitere Löcher befinden sich auf der Rückseite der Flöte. Das erste, das sogenannte Oktavier-Loch wurde in der Mitte des Objekts angebracht, das zweite wiederum in der Nähe der Ausblasöffnung, gegenüber der Achse des Instruments leicht nach links verschoben. Es diente vermutlich zur Korrektur der Intonation der Flöte oder zur Befestigung eines Lederstreifens zum Aufhängen. Der Zapfen des Instruments hat sich nicht erhalten, auf dem Korpus sind mehrere längliche Risse zu sehen.

Die Blockflöte aus Plock lässt eine weitreichende Ähnlichkeit zu einer Flöte erkennen, die 1962 in Neisse/Nysa (Woiwodschaft Oppeln/Opole) gefunden und auf die Jahre zwischen 1350 und 1420 datiert wurde. Wie die Flöte aus Plock wurde auch sie aus Holunderholz hergestellt. Ihre spielbare Rekonstruktion erlaubt, ihre Tonlage und ihren Tonumfang (c^1 bis cis^2) zu bestimmen, der durch Überblasen über zwei Oktaven geht.
Zbigniew Miecznikowski

Literatur
Dobrzański 2019 | Popławska/Lachowicz 2014 | Trzeciecki 2000.

II.193

Gefäß in Phallusform

Rheinland, Tschechien (?), 15./16. Jahrhundert

Fundort: Latrine in der Ulica Stary Rynek 40 in der Altstadt von Elbing/Elblag

Glas, formgeblasen

H 22,3 cm, D 9–5 cm

Elbing/Elbląg, Muzeum Archeologiczno-Historyczne w Elblągu, EM/XXX/463

Das phallisch geformte Objekt besteht aus transparentem, hellgrünem Glas. Es ist homogen gearbeitet und entstand wahrscheinlich durch Einblasen der Glasmasse in eine spezielle Form. Der zylindrische Korpus ist im oberen Drittel durch einen umlaufenden Glasfaden markiert. Die offene Mündung entstand durch das Abtrennen der Glasmasse (Kappe) mit der Glasmacherpfeife. Die Außenfläche ist von einer ungleichmäßigen weißlichen Schicht bedeckt, was auf eine Verwendung hochwertigen Rohmaterials schließen lässt, wie sie für mährische und rheinländische Glashütten typisch ist. Obgleich in hohem Maße naturalistisch, ist die Formgebung des Objekts nicht frei von ästhetischen Elementen. Wahrscheinlich diente das Objekt als Gefäß.

Ein vergleichbares Objekt wurde in Bingen am Rhein gefunden (Kunstpalast Düsseldorf). Es datiert auf das 16. Jahrhundert, ist beinahe gleich hoch und ebenfalls aus grünem Glas gefertigt. Trotz stilistischer Unterschiede besitzen beide Objekte eine ähnliche Form und hatten vermutlich die gleiche Funktion. Fragmente ähnlicher, auf das 16. Jahrhundert datierter Objekte aus Glas wurden in Nordrhein-Westfalen (Herford, Höxter) und im südlichen Niedersachsen (Braunschweig) gefunden.

Vermutlich handelt es sich um ein sogenanntes Scherztrinkgefäß, das zur Unterhaltung der Gäste diente und die Atmosphäre am Tisch entspannen sollte. Die Gefäße waren sehr unterschiedlich gestaltet. Sie stellten unter anderem Tiere, Schuhe und Menschen dar oder waren mit amüsanten Applikationen verziert. Sie wurden aus verschiedenen Materialien gefertigt. Beispiele sind ein um 1600 datiertes Trinkgefäß aus Steinzeug in Phallusform aus dem Deutschen Keramikmuseum (Hetjens) in Düsseldorf oder ein Siegburger Becher mit einer Applikation in Form kleiner Phalli vom Ende des 14. oder Anfang des 15. Jahrhunderts aus den Sammlungen des Stadtmuseums Siegburg.

II.193

Scherztrinkgefäße erfreuten sich im Spätmittelalter und in der Renaissance großer Beliebtheit. Die Glasgefäße sorgten nicht nur für die Unterhaltung der Gäste, sondern unterstrichen zusammen mit anderen Elementen des Tischgeschirrs den Wohlstand und den Geschmack des Besitzers. Die fantasievollen Konstruktionen ei-

II.192

niger Gefäße erschwerten das Trinken bzw. Einschenken von Getränken, was Anlass für Scherze, Unterhaltung und Spiel war. Das hier präsentierte Gefäß wurde in einem von eher wohlhabenden Bürgern bewohnten Teil der Stadt zusammen mit weiteren Fragmenten von Glas- und Keramikgefäßen gefunden. Der Fund belegt nicht nur die luxuriöse Ausstattung der Tafeln, um die sich die Elbinger Eliten versammelten, sondern auch deren Hang zu raffiniertem Zeitvertreib. *Urszula Sieńkowska*

Literatur
Kordowski/Wehner 2015, S. 188 | Mennicken 2013, S. 115 f. | Tausendfreund 2014, S. 47–61 | Watson/Pearce 2010 | Wehner 2015 b | Wehner 2015 c, S. 175 f.

II.194

Ofenkachel mit Unzuchtmotiv

Neusohl/Banská Bystrica, Werkstatt in der Untergasse/Dolná ulica Nr. 35, 2. Hälfte 15. Jahrhundert

Keramik, grüne Glasur

H 27 cm, B 23 cm, L 12,4 cm

Stredoslovenské múzeum Banská Bystrica, A-21261

Diese grün glasierte Ofenkachel trägt auf der Vorderseite ein für ihre Entstehungszeit unübliches Motiv: Es fängt den Moment ein, in dem zwei Personen, ein Mann und eine Frau, gerade Geschlechtsverkehr haben. Beide Figuren sind vollständig unbekleidet, die Frau liegt auf dem Rücken auf dem Bett, der Mann liegt in typischer Missionarsstellung über ihr – Ausdruck der untergeordneten Stellung der Frau im Mittelalter. Über dem Mann befinden sich drei schwach erkennbare waagerechte Linien, die den Baldachin eines Bettes andeuten könnten. Das Motiv ist nicht nur für die lokale, sondern auch für die europäische Kachelproduktion des Spätmittelalters einzigartig, denn Erotik und Intimität wurden in der mittelalterlichen Gesellschaft stark tabuisiert. Das, was im Privaten stattfand, wurde streng geschützt und verließ nur selten die häuslichen vier Wände. Die Kachel mit der realistischen Darstellung zweier nackter Liebender ist deshalb für diese Zeit ein besonderes und singuläres Stück.

II.194

Dieses Kachelmotiv wurde allerdings mehrfach gefunden, unter anderem in einer Auffüllung eines Gewölbes im privaten Haus von Stefan Jung, dem heutigen Rathaus, auf dem Platz des Slowakischen Nationalaufstands / Námestie SNP Nr. 1 (Nutzung als Rathaus ab 1539, nachdem die letzten Eigentümer, die Mühlsteins, verstorben waren) sowie bei Grabungen in der Stadtburg im Areal des ehemals aus Holz konstruierten alten Rathauses. Die Kacheln (vgl. Kat.-Nr. II.195 – II.197) schmückten große Öfen, die Stefan Jung während seiner Amtszeit (1450–1457) als Richter von Neusohl hatte in Auftrag geben und aufstellen lassen.

Stefan Jung gehörte zu den wohlhabendsten Patriziern der Stadt – den *ringbürgern*. Er war Besitzer eines Kupferunternehmens, das er gemeinsam mit seinen Söhnen führte, bevor er es 1465 dem Ofner Bürger Veit Mühlstein verkaufte. Zuvor war Jung 1441 Richter in Kremnitz/Kremnica, der größten Goldfundstätte des mittelslowakischen Bergbaugebiets. Richter in Neusohl wurde Jung wahrscheinlich, nachdem er seinen Geschäftssitz hierher verlegt hatte. Die königlichen Privilegien garantierten den deutschen Kolonisten das ausschließliche Recht auf eine eigene administrative, gerichtliche, wirtschaftliche und teilweise auch kirchliche Organisation. Deshalb konnte niemand, der nicht von der wohlhabenden und privilegierten Bürgerschaft als Ihresgleichen anerkannt wurde, Richter, Stadtratsmitglied, Kaufmann, Zechmeister, Stadtnotar, Pfarrer oder Rektor der Schule werden. Diese besondere Stellung schloss auch das exklusive Recht ein, seinen Wohnsitz am Hauptplatz einzurichten.

Die privilegierte Stellung der »Deutschen« führte oft zu Reibereien zwischen den Nationalitäten, denn die slowakische Bevölkerung war durchaus zahlreicher als die deutschen Kolonisten. Ein Richter musste demnach nicht nur über Erfahrungen und Fähigkeiten verfügen, sondern auch über den nötigen Respekt, der mit entsprechenden Besitzverhältnissen einherging. Wer Richter werden wollte oder es sogar schon war, musste seine hohe gesellschaftliche Stellung nach außen hin entsprechend präsentieren – in diesem Fall durch die Installation eines außergewöhnlich gestalteten Kachelofens, der zwar in der damaligen Zeit keine Neuheit mehr darstellte, den sich jedoch nicht jeder leisten konnte. Als Stefan Jung zum Richter der Stadt ernannt wurde, ließ er wahrscheinlich sowohl im Rathaus in der Stadtburg als auch in seinem Haus am Platz SNP Nr. 1 für sein privates Repräsentationsbedürfnis prunkvolle Öfen mit grün glasierten Kacheln aufstellen, die von bescheideneren Kachelöfen aus unglasierten Kacheln in den der Öffentlichkeit nicht zugänglichen Amtstuben ergänzt wurden. Die Öfen wurden vermutlich im Jahr 1500 während eines Stadtbrands zerstört; die Kacheln dienten danach als Füllmaterial beim Wiederaufbau des Hauses durch die Mühlsteins.

Das Unzuchtmotiv ist Teil der Gesamtkonzeption des Ofens, den außerdem Abbildungen von Heiligen (Ladislaus, Georg mit dem Drachen), moralische Motive (der Wolf predigt Gänsen) und mystische Wesen (Melusine) zierten. Viele der Motive sind narrativ nach Bibelstellen oder Fabeln ausgearbeitet. Die Gestaltung des Ofens war vermutlich so gewählt, dass zwei Gegenpole dargestellt wurden: auf der einen Seite die Heiligen und das Lamm Gottes und auf der anderen Seite die negativen Aspekte des weltlichen Lebens, die Unzucht und die Melusine, welche die ambivalente Haltung der mittelalterlichen Gesellschaft zu Frauen verkörperte, die als Gegenstand von Lüsten und Ängsten gleichzeitig als schön und abstoßend empfunden wurden. Die mittelalterliche und frühneuzeitliche Gesellschaft war geprägt von dem Kontrast zwischen der Vergöttlichung der Frau in Gestalt der Gottesmutter sowie dem Hervorheben durch Heilige verkörperter weiblicher Tugenden und der Verdammung der Frauen als Objekte von Begierde und Versuchung sowie ihre Degradierung zu Gebärerinnen ohne gesellschaftliche Stimme. Dazu kommt das parodistische Motiv eines Wolfes, der den Gänsen predigt; personifiziert werden darin negative Eigenschaften eines Teils der Kirchenvertreter. *Rudolf Nádaskay*

Literatur
Gruia 2007 | Mácelová 1999.

II.195

Ofenkachel mit tanzendem Paar

Neusohl/Banská Bystrica, um 1500
Fundort: Neusohl, Haus Ébner
Kachel mit Bleiglasur
H 26,5 cm, B 22,5 cm, T 10 cm
Budapest, Magyar Iparművészeti Múzeum, 6548

Um die Wende zum 20. Jahrhunderts stießen Archäologen bei Grabungen in Neusohl auf zwei Ofenkacheln. Man benannte später die Werkstatt nach ihrem Fundort: Die sogenannten Bothár-Haus-Ofenkacheln wurden 1894 im Garten des Arztes Samu Bothár, die Kacheln des Ébner-Hauses 1907 beim Umbau des Hauses von Jenő Ébner gefunden. Die teilweise fragmentierten Ofenkacheln aus dem 15. Jahrhundert wurden als Füllmaterial benutzt. Laut Kornél Divald konnten von diesen Fragmenten etwa 30 Kacheln rekonstruiert werden. Vermutlich gehörten die Kacheln, die fast alle figural verziert sind, zum selben Ofen. Sie zeigen sowohl biblische als auch profane Themen, wobei manche Formen in mehreren Exemplaren existieren. In der Sammlung des Budapester Kunstgewerbemuseums präsentieren drei Kacheln die biblischen Figuren des Petrus, des Propheten Elias und Jesaja (Inv.-Nr. 6553, 6555, 6549–6552). Auf einer weiteren Kachel sind Adam und Eva beim Sündenfall dargestellt (Inv.-Nr. 6547).

II.195

Zu den profanen Darstellungen zählen ein tanzendes und ein streitendes Paar (Inv.-Nr. 3589 ab, 6548,6543–6546), ein Junge, ein bärtiger Mann und eine Reiterfigur (Inv.-Nr. 6556–6557, 6554, 95.242.1). Nach der aktuellen Rekonstruktion waren die biblischen Themen oben, die profanen Themen unten am Ofen eines wohl bürgerlichen Hauses angebracht. Das Motiv des tanzenden Paars gab es im Kachel-Fund in zwei Ausführungen. Auf der hier abgebildeten Variante füllen die Figuren den Rahmen vollständig aus, der linke Fuß der männlichen Figur ragt sogar darüber hinaus. Die bürgerliche Frauenfigur wendet sich in ihrem reich verzierten modischen Kleid in Richtung des Betrachters. Sie hält mit ihrer Rechten die Falten ihres Kleides hoch, mit ihrer Linken hält sie die Hand ihres Partners. Der Mann richtet seine Aufmerksamkeit auf die Dame, umarmt sie mit seiner Rechten, während er mit seiner Linken nach ihrem Rock greift. Er stellt sein linkes Bein im Tanzschritt nach vorn. Seine Tracht ist modisch, er trägt ein Wams, enge Hosen und lange Stiefel. Die Szene scheint nur auf den ersten Blick eine harmlose höfliche oder bürgerliche Tanzsituation wiederzugeben: Der Mann kann anhand von Stichvorlagen eindeutig als Narr identifiziert werden, der hinter seinem Kopf auf seinen Schultern einen Hut trägt. Seine Handbewegung kann auch so interpretiert werden, dass er unter den Rock der Frau greifen möchte. Die unmittelbarste Stichvorlage der Szene ist das als »Großer Liebesgarten« betitelte Werk (um 1450) des Meisters E. S. Auf diesem ist das Paar rechts – vor allem der Mann – in einer ähnlichen Position dargestellt.

Andere weniger nahe Stichvorlagen beziehen sich auf die Darstellung unpassender Paare, bezeichnen den Mann als Narr der Liebe oder stehen als Topos für die unkeusche, sündige Beziehung. Die ikonografische Bedeutung des Bildprogramms wird erst im Zusammenhang mit den anderen Kacheln des Ofens des Ébner-Hauses deutlich. Kacheln aus der sogenannten Neusohl-Werkstatt wurden von Pressburg/Bratislava bis Fileck/Fiľakovo in mehreren oberungarischen Burgen ausgegraben. Die zahlreichen Fundstücke lassen auf einen großen Auftraggeberskreis – mit Neusohl als einem Zentrum der Ofenkachel-Herstellung – schließen. *Diána Radványi*

Literatur
Cserey 1974, S. 33, 42 | Divald 1908 | Höfler 2007, Abb. 206, 210, 212 | Kiss/Spekner/Végh 2018, Nr. 3.48 | Mezei 2013, S. 277, 296 | Voit/Holl 1963, Nr. 32.

II.196

Ofenkachel mit Motiv »Frau schlägt einen Mann«

Neusohl/Banská Bystrica, 4. Viertel 15. Jahrhundert

Keramik, unglasiert

H 27 cm, B 27 cm, L 12 cm

Neusohl/Banská Bystrica, Stredoslovenské múzeum Banská Bystrica, A-21030

Diese unglasierte Ofenkachel ist terrakottafarben und mit einer dünnen Schicht heller Engobe überzogen. Die Kachel ist geklebt und teilweise nachmodelliert. Gefunden wurde sie 1997 bei Grabungen unter der Leitung von Marta Mácelova im ehemaligen Rathaus am Platz des Slowakischen Nationalaufstands/Námestie SNP Nr. 1 in Neusohl im Erdgeschoss des Grabungsobjekts Rathaus. Sie gehörte zu einem Kachelofen, der aus unglasierten Kacheln bestand, dessen Größe und Aussehen aufgrund zu geringer Funde jedoch nicht rekonstruiert werden können.

Auf der Vorderseite zeigt sie zwei Figuren: eine Frau, die in ihrer ausgestreckten Hand ein unbestimmtes Objekt hält und mit der anderen in die Haare eines Mannes greift, der in leicht vorgebeugter Stellung neben ihr steht. Der Mann hebt die rechte Hand in abwehrender Haltung, in der linken hält er ein dreieckiges Objekt, wahrscheinlich eine Mütze. Die Kachel repräsentiert eines

II.196

von wenigen Motiven, die die Beziehungen zwischen Mann und Frau in der spätmittelalterlichen Kunst aus umgekehrter Perspektive zeigen. In Anbetracht der generellen Unterordnung der Frau in der mittelalterlichen Gesellschaft symbolisiert dieses Motiv die Verspottung und Demütigung eines Mannes, der im eigenen Heim seiner Frau untergeordnet ist. Gleichzeitig hatte dieses Motiv teilweise auch einen moralischen Charakter, denn es zeigt ein für die damalige Gesellschaft abnormes Ereignis.

Einen ähnlichen, wenngleich noch stärker moralischen Charakter haben andere Kacheln aus der Werkstatt in Neusohl, die die Geschichte von Aristoteles und Phyllis zeigen. Der liebestolle Philosoph ließ sich von seiner angebeteten Prinzessin Phyllis vor ihrem gesamten Hofstaat bloßstellen, indem sie ihn dazu brachte, sie auf allen Vieren kriechend auf seinem Rücken reiten zu lassen. Das Auftreten solcher weltlichen Motive kennzeichnet den Beginn der Umsetzung renaissancezeitlichen Gedankenguts in der Kunst, was sich auch auf die Gestaltung des Interieurs von Bürgerhäusern auswirkte. Die Bürger demonstrierten so nicht nur ihren Reichtum, sondern ebenso ihre Bildung durch eine komplizierte narrative Ikonografie. Ab der zweiten Hälfte des 15. Jahrhunderts lassen sich eine Abkehr von christlicher Ikonografie und die Bevorzugung weltlicher und architektonischer Motive mit bereits typischen Merkmalen der Renaissance feststellen.

Diese Kachel (vgl. auch Kat.-Nr. II.194) stammt vermutlich aus der Produktion einer Kachelwerkstatt, die an der Untergasse/Dolná ulica Nr. 35 in Neusohl – im 15. Jahrhundert eine florierende deutsche Siedlung – lokalisiert war und durch Grabungen belegt ist. Diese Keramikwerkstatt war weit über das mittelslowakische Bergbaugebiet hinaus für ihre typischen Kacheln mit Motiven von hoher künstlerischer Qualität bekannt. Archäologische Funde belegen, dass die kunsthandwerklich anspruchsvollen Kacheln in verschiedene Landesteile exportiert und aufgrund hoher Nachfrage zudem von anderen Werkstätten kopiert wurden. *Rudolf Nádaskay*

Literatur
Mácelová 1999.

II.197

Kachel mit der Darstellung einer Frau im Renaissance-Gewand

Przemyśl, wohl 2. Hälfte 16. Jahrhundert
Eisenhaltiger Ton, getöpfert, gebrannt
H 22 cm, B 16,5 cm, T 8,5 cm
Przemyśl, Muzeum Narodowe Ziemi Przemyskiej w Przemyślu, MPH-551

Die abgebildete zusammengesetzte Blattkachel ist aus eisenhaltigem, sandgemagertem Ton. Das Gesicht wurde mit einem Model geformt, der Kachelrumpf auf der Töpferscheibe. Die Oberfläche des Kachelblatts ist leicht verformt, vermutlich wurde es zu stark in den Model gedrückt. Auf dem Kachelblatt sind Risse sichtbar, die von der Magerung der Oberfläche stammen. Der nach innen stark verrußte Rumpf ist nicht vollständig erhalten, die Wände sind auf unterschiedlicher Höhe gebrochen, daher kann seine ursprüngliche Tiefe nicht bestimmt werden.

Das Gesicht der porträtierten Frau ist länglich, mit stark betontem, leicht vorstehendem Kinn und hoher, gewölbter Stirn. Sie trägt eine Haube, die aus einem Zierband mit Zick-Zack-Motiv besteht, darüber ein flaches Barett mit einem Gittermotiv und vier Schmuckketten. An der zweiten Kette hängt ein Medaillon, und die unterste Kette aus großen ovalen Gliedern geht in den Gürtel des Kleides über. Die Ärmel des vornehmen, dekolletierten Kleides sind geschlitzt und mit Bändern zu Puffärmeln umfasst.

Die relativ schlichte Art der Bildgestaltung knüpft an die Formgebung von Kacheln aus dem 15. Jahrhundert an, die ebenfalls aus der Gegend um Przemyśl bekannt sind (zum Beispiel Ritterdarstellungen), mit einem flachen, glatten Hintergrund und – im Gegensatz zu der für die Renaissance typischen Darstellung der Figuren in Arkadenbögen – einem einfachen Rahmen am Rand. Dies könnte ein Hinweis auf die begrenzten Fertigkeiten oder die Rückständigkeit der ausführenden Werkstatt sein. Möglicherweise wurden aber auch lokale Geschmäcker bedient.

Als Vorlage diente dem Autor des Models vermutlich eine von Hans Brosamer geschaffene Grafik der Landgräfin Christine von Hessen (1505–1549). Die Verwendung von Grafiken zu diesem Zweck war unter Handwerkern üblich, auch bei der Herstellung von Kachelmodeln. Im 16. Jahrhundert waren Porträts europäischer Herrscher in der Kachelherstellung sehr beliebt. Bei der Kachel aus Przemyśl ist jedoch zweifelhaft, ob der Hersteller wusste, wer die auf dem Model dargestellte Person ist. Unbekannt ist ebenfalls, auf welchem Weg der Model selbst oder seine grafische Vorlage nach Przemyśl gelangten.
Dorota Zahel

Literatur
Bielec-Maciejewska 2015 | Dąbrowska 1987 | Dymek 1995 | Garncarstwo 1994 | Katalog wystawy kafli 1961, S. 26 | Kilarska/Kilarski 2009 | Kotula 1956, Abb. 17, S. 37.

II.197

II.198

Figurenstreifen mit Szenen aus der Parzival-Erzählung

Magdeburg, Mitte 13. Jahrhundert

Fundort: Magdeburg, Schwibbogen 9, Fäkaliengrube

Zinn, Reste von Vergoldung

L 59,8 cm, H 2,5 cm

Magdeburg, Kulturhistorisches Museum, 82:31

II.198 Detail

Die Formen der ritterlich-adligen Kultur, darunter auch das Turnier, wurden in den höheren Schichten des städtischen Bürgertums nachgeahmt. Für die 1370/1380er Jahre überliefert uns die fast 100 Jahre später entstandene Magdeburger Schöffenchronik ein großes Turnier in Magdeburg, welches von Patriziersöhnen organisiert wurde. In ihrem Auftrag dichtete Brun von Schönebeck (13. Jahrhundert) einen *Gral* und lud mittels höfischer Briefe Kaufleute aus Goslar, Hildesheim, Braunschweig, Quedlinburg und Halberstadt dazu ein. Mit diesem Ereignis wurde bisweilen ein außergewöhnliches Objekt verbunden, das am Schwibbogen in der Altstadt von Magdeburg gefunden wurde. Es handelt sich um einen ursprünglich vergoldeten Zinnfigurenstreifen, welcher aus drei miteinander durch Stecker verbundene, sich wiederholende Figurengruppen mit je sechs Motiven besteht: ein Baum mit fünf Ästen, ein Lanzenkampf eines berittenen Ritters gegen einen Greifen (Fabelwesen mit Löwenkörper sowie Adlerkopf und -flügeln), ein sich umarmendes Liebespaar, ein weiterer Baum und ein fünfarmiges Marktkreuz im Wechsel sowie ein Lanzenkampf zweier Ritter zu Pferd und eine Burg oder ein Stadttor. Die Darstellungen wurden als Szenen aus der Parzival-Erzählung des Wolfram von Eschenbach (um 1160/1180 – um 1220) gedeutet, nämlich den Turniersieg Gahmurets, seine Verbindung mit Herzeloide und seinen Tod. Den Zusammenhang mit dem überlieferten Turnier von 1279 bildete Brun von Schönebeck, ein belesener Dichter aus einer Magdeburger Patrizierfamilie, dessen großes Vorbild der Parzival-Autor war.

Entgegen einer Frühdatierung des Stücks oder dessen Deutung als Zierleiste für ein profanes Schmuckkästchen möchte man den Zinnfigurenstreifen nicht allein aus diesen Gründen weiterhin als Turnierkrone deuten. Dafür sprechen nämlich auch die Abmessungen und die auf der Rückseite festzustellenden Kerben, die eine bruchfreie Biegung des Streifens möglich machten. Das Stück besaß durch seine Form und den feinen Guss aus fast reinem Zinn sowie die hernach stattgefundene Ziselierung und die finale prachtvolle Vergoldung eine hohe visuelle Aussagekraft und künstlerische Qualität. So ist es wenig verwunderlich, dass die dargestellten Turnierszenen mit denjenigen auf der Krakauer Krone in einen Zusammenhang gebracht wurden. Bemerkenswert ist nicht zuletzt, dass man zusammen mit dem Zinnfigurenstreifen ein größeres Stück eines weißen Seidenschleiers fand. Krone und Seidentuch erinnern sehr an die Darstellungen von filigranen, durchweg kostbare seidene oder linnene Stoffe enthaltenden Kopfbedeckungen adliger Damen des 13. Jahrhunderts.

Das beeindruckende Objekt kann man in einen Zusammenhang mit dem sogenannten Magdeburger Gussformenschatz bringen. Dieser enthält die ungeheure Anzahl von 500 verschiedenen Gussformen aus geschnittenem Kalkstein, die eine einmalige Quelle für die hohe Kunst und technische Versiertheit des Magdeburger Metallgusses im 13. Jahrhundert darstellen. Auch dessen Motive sind meist aus dem typischen Bildkanon der ritterlich-höfischen Kultur des 13. Jahrhunderts entnommen. Die mittels der Formen aus Edelmetall oder Blei/Zinn-Legierungen gegossenen Stücke dürften teils als echter Schmuck, teils als Zierbeschläge für Textilien, Lederwaren und hölzerne Behältnisse gedient haben.

Claus-Peter Hasse

Quellen

Janicke 1869, S. 160 f., 168 f.

Literatur

Hasse 2005 | Hasse/Puhle 2006, Kat.-Nr. IV.104 (Bernd Ulrich Hucker), Kat.-Nr. IV.105 (Christian Gildhoff) | Luckhardt/Niehoff 1995, G 22, S. 502 (Markus Müller) | Nickel 1956 | Nickel 1960 | Nickel 1997 | Puhle 1992, Kat.-Nr. IV./8, S. 263 (Heidelore Schulz) | Puhle 2009 a, Kat.-Nr. VIII.142, S. 569 (Stefan Krabath) | Puhle 2009 a, Kat.-Nr. VIII.140, S. 566 f. (Birgitt Borkopp-Restle) | Sachs 1983 | Schramm 1955, bes. S. 65 u. Tafel 15, Abb. 23.

II.198

II.199

Turnierrüstung aus dem Artushof in Danzig

Augsburg, Nürnberg oder Innsbruck (?), Ende 15. Jahrhundert

Eisen

Helm: H 43 cm, B 24,3 cm, T 30 cm; Brustpanzer: H 38,5 cm, B 33 cm; Achselstücke: H 39 cm, B 26,5 cm, T 14,5 cm; Ellenbogenschützer: H 35 cm, B 12–13 cm; Panzerschurz: H 27,8 cm, B 0,29 cm; G (gesamt) 25,1 kg

Danzig/Gdańsk, St.-Reinholds-Bank, Artushof, Muzeum Gdańska, MHMG/DA/83- 90

Diese Turnierrüstung ist eine von vier Turnierhalbrüstungen, die in Danzig bei Stechturnieren benutzt und vermutlich seit Anfang des 16. Jahrhunderts im Artushof präsentiert wurden. Die Turniertradition verbindet sich in Danzig mit der St.-Georgen-Bruderschaft, die Gründer und ursprünglicher Besitzer des Artushofs war. Diese Bruderschaft verlangte von ihren Mitgliedern ritterliche Abstammung und rühmte sich der Kultivierung der Rittertradition. Zwei Mal im Jahr wurden Turnierrennen veranstaltet: zum Ende des Karnevals und zu Pfingsten, wenn das sogenannte Maigrafenturnier stattfand, bei dem man auch die Frühlingstruppenschau durchführte. Das Maigrafenturnier wurde bis Mitte des 16. Jahrhunderts fortgesetzt. Die Turniere in Danzig fanden am Langen Markt statt, in direkter Nachbarschaft zum Artushof, und bestanden darin, dass zwei Reiter einen Lanzenkampf (Tjost) mit sogenannten stumpfen Lanzen austrugen. Höchstwahrscheinlich befanden sich die Rüstungen zuerst im Privatbesitz, wurden im Lauf der Zeit an die Bruderschaften übergeben und dann den Teilnehmern von Turnierrennen ausgeliehen.

Nach zwei Bränden des Artushofs in den Jahren 1476 und 1477 und seinem vom Stadtrat finanzierten Wiederaufbau verlor die St.-Georgen-Bruderschaft das alleinige Nutzungsrecht am Gebäude. Nach neuesten Erkenntnissen wurden auch Mitglieder von Kaufmannsbruderschaften zu Stammgästen des Artushofs, und ihr Eintrittsrecht stützte sich auf ihren Vermögensstatus. Aus diesem Grund wechselte die Bruderschaft ihren Sitz und baute das am Langgasser Tor gelegene Gebäude der St.-Georgen-Bruderschaft. Die Rittertraditionen im Artushof wurden von einer anderen Bruderschaft fortgesetzt – der St.-Reinholds-Bruderschaft. Daher konnte man in deren Bank sogar bis zum Jahr 1943 vier halbe Rüstungen bewundern, über die später die Legende die Runde machte, dass es sich um Rüstungen der Söhne Haimons, des Vaters des heiligen Reinholds, gehandelt habe.

Zum Ensemble der in der St.-Reinholds-Bank im Artushof präsentierten Ausrüstung gehörten außerdem vier Schilde, vier Pferdestirnriemen und acht trichterförmige Brechscheiben. Nach der Auslagerung der beweglichen Ausstattung des Artushofs am Ende des Zweiten Weltkriegs wurde das Ensemble verstreut. Bis in unsere Zeit überdauerten drei unvollständige Rüstungen: die eine wird im Artushof präsentiert, die zweite im königlichen Wawelschloss in Krakau/Kraków, die dritte ist Eigentum des Museums der Polnischen Armee in Warschau/Warszawa.

Die präsentierte Rüstung besteht aus einem Stechhelm, dem sogenannten Froschmaul, einem Brust- und Rückenpanzer, einem Bauchschurz mit Hüft- und Achselstücken, Ellenbogenkacheln und zwei runden Schwebescheiben. Ein Charakteristikum und eine Besonderheit dieser Rüstung ist die Inschrift auf der Bordüre des Ellenbogenschützers: »HILF RIT[T]ER SANT IORG W«. Das Initial »W« deutet vielleicht auf den ersten Besitzer der Rüstung hin. Bis 1943 hing die Rüstung an einem der Haken der St.-Reinholds-Bank im Artushof. Von 1945 bis 1956 war sie Eigentum des Wojewodschaftsdenkmalpflege-Magazins, danach wurde sie als Leihgabe an das Marinemuseum in Gdingen/Gdynia übergeben. 1994 ging sie nach ihrer Identifizierung als eine der vier verloren gegangenen Turnierrüstungen an das Historische Museum der Stadt Danzig (heute Danziger Museum).

Izabela Jastrzembska-Olkowska

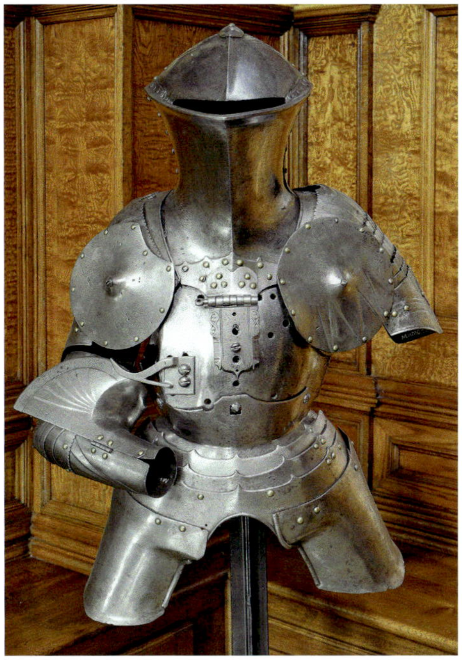

II.199

Literatur

Chodyński 1992 | Chodyński 1994, S. 47–54 | Chodyński 1997 | Engel 1915–1917 | Gdańsk 2016, S. 136 (K. Jachimowicz) | Hahlweg 1938 | Jakrzewska-Śnieżko 1972, S. 17 f. | Simson 1900, S. 64, 169.

Die mittelalterliche Stadt als Ort der Bildung

Schulen – Universitäten – Bibliotheken

Wachstafeln wurden von der Antike bis zum ausgehenden Mittelalter als »Notitzbücher« verwendet und für den Transport in ein Lederfutteral gesteckt (Kat.-Nr. II.201)

Trivial war die Bildung in den städtischen Schulen des Mittelalters nur im ursprünglichen Wortsinn, nämlich auf das Trivium (Dreiweg) bezogen. Dabei handelte es sich um die drei unteren Stufen der *Artes liberales*, der Freien Künste, die Grammatik, Rhetorik und Logik (Dialektik) umfassten. Das Trivium bildete zusammen mit der oberen Stufe, dem Quadrivium (Arithmetik, Geometrie, Astronomie und Musik), die Sieben Freien Künste. Frei wurden diese genannt, weil sie eines Freien würdig waren. Die *Artes liberales* entstanden als Bildungskanon in der Antike zur Unterscheidung von den als niedriger bewerteten *Artes mechanicae*, den handwerklichen Künsten. Sie standen zwischen dem Elementarunterricht (Lesen und Schreiben mit elementaren Lateinkenntnissen, Rechnen, liturgischer Gesang) und dem wissenschaftlichen Studium an einer Universität (Theologie, Recht, Medizin).

Mit den neu entstehenden Städten wuchs der Bedarf an Geistlichen für die Pfarreien und die Nachfrage nach Bildung insgesamt stark an. Neue Forschungen zum mittelalterlichen Polen haben gezeigt, welch große Bedeutung das von seinem Ursprung her schriftlich fixierte Magdeburger bzw. Kulmer Stadtrecht für den fulminanten Anstieg der Lesefähigkeit hatte. Die Entwicklung der Städte war mit einer Verlagerung der Wirtschaft verbunden: Handel und Handwerk nahmen gegenüber der Landwirtschaft an Bedeutung zu. Die Handelskontakte versprachen Gewinne, gingen aber auch mit Problemen einher, beispielsweise beim Verlust von Waren. Im Konfliktfall bot die bereits seit der Lokationsurkunde der jeweiligen Stadt schriftlich fixierte Rechtsgrundlage die Möglichkeit, Lösungen zu finden. Die städtischen Kanzleien wurden so zu ersten Zentren bürgerlicher Schriftkultur. Spätestens seit der Mitte des 15. Jahrhunderts konsultierten auch in kleineren Städten des polnischen Königreichs die Ratsherren in Streitfällen die Rechtstexte, Sammlungen von Schöffensprüchen und städtischen Willküren. Die städtische Korrespondenz wuchs enorm an. Die evidente Nützlichkeit und der daraus resultierende selbstverständliche Umgang mit rechtsrelevanten Texten stimulierte den Bedarf nach praktischer Lesefähigkeit. Die Stadträte wünschten deshalb die Einrichtung neuer Schulen an den Pfarrkirchen.

Bildung war in den ersten Jahrhunderten des Mittelalters jedoch ein Monopol der Kirche. Kloster-, Dom- und Stiftsschulen sorgten für die Ausbildung der Geistlichen. Der Unterricht fand in lateinischer Sprache statt und umfasste neben dem Elementarunterricht auch Teile des Stoffs der *Artes liberales*. Für eine Schulgründung war zu dieser Zeit die Genehmigung des Bischofs oder des Papstes Voraussetzung. Da die Domschule in Breslau/Wrocław außerhalb der Stadt lag, war der Schulweg der Stadtkinder weit und durch die notwendige zweifache Überquerung der Oder auch gefährlich. Mithilfe dieser Argumentation erlangten der Rat und die Bürger Breslaus 1267 die Genehmigung zur Einrichtung einer neuen, städtischen Schule an der Pfarrkirche Maria Magdalena.

Dies ist ein besonders frühes Beispiel für die Einrichtung einer städtischen Schule. In zahlreichen Städten wurden Pfarrschulen erst nach 1400 möglich, zuvor kam es häufig zu langwierigen und erbitterten Streitigkeiten zwischen Kirche und Stadt. Bei der Einrichtung und dem Betrieb von (Elementar- bzw. Deutsch-, Latein- oder gemischten) Schulen übernahm der Stadtrat zunehmend Verantwortung und strebte das Patronatsrecht an. Er war in diesen Fällen insbesondere für die Auswahl und Bezahlung des Schulmeisters, Stiftungen für Bedürftige sowie für die Schulgebäude zuständig. In den städtischen Schulen fanden die Bildungsbedürfnisse der bürgerlichen Eliten Berücksichtigung. Funde von Wachstafeln geben gelegentlich Hinweise auf die vermittelten Lehrinhalte (Kat.-Nr. II.200).

Seit dem 13. Jahrhundert fanden sich auch Schulen und Studien der Bettelorden in den Städten. Außerdem war es möglich, Unterricht bei Privatlehrern zu nehmen. Ab den 1420er Jahren sind zudem erste Nachrichten über den Schulbesuch von Mädchen überliefert. Zuvor wurden Bürgertöchter wohl bereits in Außenschulen der Frauenklöster und von Beginen oder Privatlehrern unterrichtet. Schulbildung bedeutete in erster Linie Alphabetisierung und Zugang zu Schriftlichkeit, das heißt eine Entwicklung weg vom Analphabeten (*idiota*) hin zum Gebildeten oder gar Gelehrten (*litteratus*). Zeitgenossen sprachen von Bildungswillen und Bildungsaufbruch des 15. Jahrhunderts, der mit der städtisch-bürgerlichen Welt verflochten war, aber zugleich Handwerker einbezog. Zu Beginn des 16. Jahrhunderts gehen vorsichtige Schätzungen von einer Lesefähigkeit von bis zu 30 Prozent der städtischen Bevölkerung und mehr aus.

Ein Studium der *Artes liberales* und der höheren Wissenschaften war nur an Universitäten möglich (Abb. 222), die eine rechtliche Sonderstellung hatten. Eine Universitätsgründung galt als frommes Werk, notwendige Voraussetzung war die päpstliche Genehmigung. Die akademischen Lehrer waren überwiegend Geistliche. Magister, Scholaren und Bedienstete waren von städtischen Auf- und Abgaben befreit und einer eigenen Gerichtsbarkeit unterworfen. Eine Welle von Universitätsgründungen setzte mit Prag/Praha 1348 ein. Es folgten Krakau/Kraków 1364 bzw. 1400, Wien 1365, Erfurt 1379/1392, Heidelberg 1386, Köln 1388, Ofen/Buda 1389, Leipzig 1409, Rostock 1419, Königsberg/Kaliningrad 1544 und viele mehr. Die Universitäten beförderten die Entstehung einer städtischen Elite aus (Laien-) Universitätsprofessoren, Ratsherren und zum Beispiel in Krakau Angestellten des Königshofs. Für das Patriziat war Bildung von zentraler Bedeutung, Lesefähigkeit eine Schlüsseltechnologie und Schreiben ein Instrument der Macht. Darüber hinaus ermöglichte der Universitätsbesuch den Aufbau von Kontakten zu anderen Personen der Führungsschicht. Freundschaftliche, geschäftliche und verwandtschaftliche Verbindungen ließen persönliche Netzwerke entstehen. Diese Entwicklung entfachte eine Breitenwirksamkeit bis in kleinere Städte und über die Fernhändler hinaus in die soziale Schicht der Handwerker, da Bildung offensichtlich die Chance auf einen sozialen Aufstieg signifikant erhöhte.

Die enorme Ausweitung der Lese- und Schreibfähigkeit und die gewachsene Bedeutung von Bildung in den städtischen Gemeinschaften hatten weitere Veränderungen zur Folge und ermöglichten zahlreiche innovative Entwicklungen. Hier ist an erster Stelle auf Bücher als Wissensspeicher hinzuweisen. Bücher entstanden als Luxusgüter in Form von Handschriften und wurden kopiert (Kat.-Nr. II.202 und II.204). Für den langfristigen Gebrauch wurden sie teils gebunden und die Bucheinbände aus Leder aufwendig verziert (Kat.-Nr. II.204). Aus dem Umfeld von städtischen Schulen haben sich Wachstafeln erhalten, die im Gegensatz dazu für den häufigen, kurzfristigen Gebrauch vorgesehen waren: quasi als Notizzettel für Schreib- und Rechenübungen oder Zwischenrechnungen. Es entstanden neue Buchgattungen wie Familienbücher (Kat.-Nr. II.207), humanistische Dichtungen und wichtige Werke der Geschichtsschreibung (Kat.-Nr. II.208). Der Erfolg des Buchdrucks fußte ganz wesentlich auf der vorausgehenden Ausweitung der Lesefähigkeit und dem Streben der städtischen Eliten nach Bildung.

Abb. 222
Henricus de Alemannia, »Liber ethicorum«, um 1380. Berlin, Kupferstichkabinett, Staatliche Museen zu Berlin, Min1233

Gedruckte Bücher waren Luxusgegenstände, private Büchersammler die Ausnahme. Doch entstanden nicht nur an den Universitäten Bibliotheken, sondern auch an Pfarrkirchen, in den Bettelordenskonventen und in den Rathäusern (Handbibliotheken der Stadträte insbesondere mit juristischer Literatur). Sogar in der Pfarrkirchenausstattung machte sich die Ausweitung der Lesefähigkeit bemerkbar: So setzte die Zehn-Gebote-Tafel in der Danziger Marienkirche ein lesefähiges Publikum voraus (Kat.-Nr. II.200) und stellte gerade in der engen Verflechtung von Text und Bild kirchliche Texte von grundlegender Bedeutung für die Rezeption durch eine größere Öffentlichkeit bereit.

Viele Studenten aus Städten des Magdeburger Rechts waren an den europäischen Universitäten eingeschrieben und zeugen von der kulturellen Blütezeit um 1500. Für die Zeit bis 1525 wurden allein aus Preußen mehr als 3700 Scholaren und 146 in Italien ausgebildete Juristen nachgewiesen. Ein besonderes Beispiel ist Nikolaus Kopernikus (1473–1543), einer der bis heute wichtigsten Astronomen, der mit seinen Beobachtungen und Forschungen nicht weniger als ein neues Weltbild erschuf: Nicht die Sonne dreht sich um die Erde, sondern, wie er nachwies, die

Abb. 223
Villa Decjusza in der Nähe von Krakau/Kraków

Erde um die Sonne. Kopernikus war der Sohn eines aus Krakau stammenden Thorner Schöffen, der als Kaufmann tätig war. Er entstammte also der städtischen Elite. Nach dem frühen Tod seiner Eltern kümmerte sich sein Onkel um ihn, der Bischof von Ermland war. Ab 1491 studierte Kopernikus vier Jahre an der Universität Krakau die *Artes liberales*. Zum Domherrn von Frauenburg/Frombork gewählt, setzte er seine Studien in Bologna, Rom, Padua und Ferrara in den Fächern Kirchenrecht, Astronomie und Medizin fort, bevor er 1503 als Sekretär seines Onkels und schließlich als Domherr in Frauenburg tätig wurde. Sein revolutionäres Hauptwerk »De revolutionibus orbium coelestium« (*Über die Umschwünge der himmlischen Kreise*) wurde 1543 in Nürnberg gedruckt, wenig später starb Kopernikus in Frauenburg.

Ein weiteres Beispiel der Gelehrtenkultur ist der aus Weißenburg/Wissembourg im Elsass zugewanderte Humanist Jost Ludwig Decius (Dietz, um 1485–1545), der 1519 die Tochter eines Krakauer Ratsherrn heiratete. Zunächst in Diensten Hans Boners (um 1450–1523), wurde er für den polnischen König tätig und in den Adelsstand erhoben, unterhielt Kontakte zu Martin Luther (1483–1546) und Erasmus von Rotterdam (um 1467–1536). Bis heute zeugt die von ihm erbaute Vorstadtvilla in der Nähe von Krakau von seiner Kenntnis der zeitgenössischen italienischen Renaissancebaukunst (Abb. 224).

Ein Alltagsgegenstand ist im Zusammenhang mit dem Thema Bildung von großer Bedeutung und ein unverzichtbares Hilfsmittel bei der weit verbreiteten Altersweitsichtigkeit: die Brille. Die Verbreitung dieser Erfindung des 13. Jahrhunderts auch in den Städten Magdeburger Rechts spätestens in der ersten Hälfte des 15. Jahrhunderts bezeugt die Brille mit grünen Gläsern aus Elbing/Elbląg (Kat.-Nr. II.205). *Anja Rasche*

Literatur
Bartoszewicz 2017 | de Boer/Füssel/Schuh 2018 | Boockmann 1994 | Borawska 2005 | Borawska 2015 | Bünz 2015 | Hammerstein 2003 | Isenmann 2014 | Małłek 2014 | Tandecki 2014.

II.200

Wachstafel

Elbing/Elbląg, 1. Hälfte 15. Jahrhundert

Fundort: Latrine in der Ulica Kowalska 12 der Altstadt von Elbing

Platte: Fichte/Buchsbaum, geschnitten, ausgehöhlt; Füllung: Wachs

H 10,16 cm, B 6,5–6,6 cm, T 0,54 cm

Elbing/Elbląg, Muzeum Archeologiczno-Historyczne w Elblągu, EM/IIIF/6082

Wachstafeln waren Gegenstände des alltäglichen Gebrauchs. Sie wurden im Stadtamt bei der Buchführung verwendet, Kaufleute erfassten darauf ihre Warenbestände und den jeweiligen Geschäftsstatus einer Transaktion. Vielen anderen dienten sie als praktischer Notizblock. Mehrere Tafeln wurden mittels kleiner Lederriemen zu Polyptycha und Kodizes zusammengefügt. Einige von ihnen waren mit verzierten Einbänden versehen. Wiederverwendbar und langlebig, waren die Tafeln häufig viele Jahre in Gebrauch.

Die abgebildete Tafel ist auf einer Seite mit braunem Wachs überzogen und auf Lateinisch beschrieben: »In generale concepcio discribit sed et duorum / supponiriun diversorum accedencium parnts [?] / supponunt et deuonunt suppenire pro dus. / [?] me [?] cone [?] coplatum [?] sispcum acus ferrn im- / e-plicita et explicita associacio et [?] / concepcio et ivncta propter breuitatem dus.[?] / [...] concepcio implicita et explici[ta]«. An einigen Stellen sind Spuren früherer Inschriften sichtbar. Ein Längsriss verläuft über die gesamte Oberfläche. Die schwarze Wachsschicht auf der anderen Tafelseite ist nur teilweise erhalten, wodurch die Oberfläche des Holzes mit einem eingeritzten diagonalen Gitter erkennbar wird. Auf der Wachsschicht sind unleserliche Überreste verwischter Aufzeichnungen auszumachen. An einer der Längsseiten befinden sich sechs Löcher – Spuren der Verbindung zu anderen Tafeln.

Die Tafel war Teil eines Polyptychons, von dem der untere Deckel und die drei Mittelplatten erhalten sind. Nur eine davon wurde unversehrt gefunden. Die Brettchen waren wahrscheinlich mittels eines kleinen Riemens miteinander verbunden. Der Text wurde mit einem scharfen, wahrscheinlich metallischen Griffel (*stilus*) geschrieben, der an einem Ende abgeflacht war, mit dem der Text entfernt werden konnte. Die Art der Aufzeichnungen sowie sich wiederholende Wörter und Sprachkonstruktionen weisen darauf hin, dass es sich hier um Übungen zur lateinischen Grammatik und Rhetorik handelt.

Solche Wachstafeln fertigten örtliche oder fahrende Handwerker, wie der im Rechnungsbuch der Altstadt von Elbing von 1401 bis 1410 erwähnte und als »Treffelmaker« bezeichnete Casper. Die Tafel gehörte einem Schüler der zur Elbinger Pfarrkirche St. Nikolai gehörenden Schule. Möglicherweise handelte es sich um den Sohn des Bürgers H. Kale, der Mitte des 14. Jahrhunderts auf dem Grundstück wohnte, wo die Wachstafel gefunden wurde. Die Elbinger Altstadtschule besaß bereits vor 1381 das Recht, Unterricht im Quadrivium zu erteilen. Im Unterricht lernten die Schüler die Grundprinzipien der Grammatik, verbunden mit der praktischen Anwendung des Lateinischen, um sich dann in der Kunst der Rhetorik zu üben. Darüber hinaus lernten sie Rechnungsführung, das Erstellen von Protokollen und das Aufsetzen von Korrespondenzen. Sie erwarben also Fähigkeiten, die für die Arbeit als Beamter, Notar oder Kaufmann unverzichtbar waren.

Bei den Ausgrabungen in Elbing wurden mehr als 20 Wachstafeln entdeckt, was die weit verbreitete Verwendung von Wachstafeln durch die Bewohner der Stadt belegt. Von Schülern benutzte Tafeln aus dem späten 14. und dem 15. Jahrhundert wurden auch in Lübeck und Essen gefunden. *Urszula Sieńkowska*

Literatur

Brown 1994 | Nawrolska 2001 | Nawrolska/Tandecki 1997 | Nawrolski/Tandecki 1987.

II.200

II.201

Etui für Wachstafeln

Paris (?), 1. Hälfte 14. Jahrhundert (Datierung nach Grabungsschicht)

Fundort: Latrine in der Ulica Kowalska 5 der Altstadt von Elbing/Elbląg

Rindsleder, geerbt, genäht, geprägt

H 8,95 – 9,05 cm, L 6,85 – 7,25 cm, B 1,8 – 1,95 cm

Elbing/Elbląg, Muzeum Archeologiczno-Historyczne w Elblągu, EM/XXIII/5465

Die mit einem Stempel eingeprägten Verzierungen des Lederetuis zeigen zwei einander zugewandte Personen, eingerahmt von einer doppelten Arkade mit Dreipassbögen, Wimpergen und Maßwerk. Ikonografische Quellen erlauben eine Interpretation dieser Darstellung als Werbungsszene. Beide Figuren sind in lange, weich fallende Gewänder gekleidet. Der junge Mann trägt eine kurze höfische Frisur, mit seiner Hand berührt er die Schulter der in leicht gebogener Haltung vor ihm stehenden Dame – eine für das Mittelalter charakteristische Pose der Akzeptanz. Auf ihrem linken Arm hält sie einen Hund, ein Symbol der Treue. Das Paar gibt einander die rechte Hand. Dabei wird möglicherweise ein Gegenstand überreicht, zum Beispiel eine Wachstafel mit einem Liebesgeständnis oder einem Ehegelübde. Die Darstellung des Liebespaars knüpft an die Thematik des im höfischen Umfeld beliebten Minnesangs an. Der Stil der Verzierungen legt Paris als Herstellungsort des Etuis nahe.

Das Etui wurde um den Hals gehängt oder an den Gürtel geschnallt. Es diente zur Aufbewahrung von Wachstafeln. Der abnehmbare obere Teil ermöglichte es, diese zu verstauen und zu entnehmen. Im 13. und 14. Jahrhundert wurden Etuis hauptsächlich in höfischen Kreisen verwendet. Mit der Verbreitung der Literatur durch den Buchdruck wurden sie im 15. Jahrhundert auch bei Bürgern populär. In den Lederetuis konnten auf Wachstafeln vermerkte Informationen, Rechnungen oder kleine Notizen sicher verwahrt werden. Es ist anzunehmen, dass dieses Objekt Peter de Willeke oder Lorencz Posch gehörte, die in den Jahren zwischen 1417 und 1461 Eigentümer dieses Grundstücks waren. Das Schmuckmotiv weist darauf hin, dass es sich um ein sehr persönliches Objekt, möglicherweise ein Geschenk, handelte. Wahrscheinlich wurden darin Tafeln mit einem Liebesgeständnis oder mit Liebesgedichten verwahrt.

Mit vergleichbaren Darstellungen eines Liebespaars sind in Pariser Kreisen verwendete Objekte aus Elfenbein verziert: der Rahmen eines Spiegels aus den Sammlungen des Victoria & Albert Museums (Inv.-Nr. 201-1865) oder die Einbandplakette eines Wachstafelbuchs, die im Metropolitan Museum (Inv.-Nr. 2003.131.4) verwahrt wird. Beide Objekte entstanden in der ersten Hälfte des 14. Jahrhunderts. Die Art der Darstellung der von Arkaden umgebenen Figuren, aber auch ihre Posen, Gesten, die Attribute, mit denen sie versehen sind, und ihre Kleidung gleichen denen des verzierten Etuis aus Elbing. Auf Ende des 14. oder Anfang des 15. Jahrhunderts datierte Wachstafeln in einem Lederetui wurden zudem bei Ausgrabungen in York gefunden.

Urszula Sieńkowska

Literatur
Brown 1994 | Fonferek 2012, S. 151 | Nawrolska 2001, S. 279 | Nawrolski/Tandecki 1987 | Sawicka 2010.

II.201

II.202

Schreibgriffel

Magdeburg, 13./14. Jahrhundert

Fundort: Magdeburg, Domplatz

Bronze, gegossen, ziseliert und befeilt

Magdeburg, Kulturhistorisches Museum, 19:1

Der Schreibgriffel wurde in der Altstadt von Magdeburg im Bereich der geistlichen Domfreiheit sowie der ansässigen Buntmetall-Handwerker gefunden. Schreibgriffel und dazugehörige Wachstafeln waren bevorzugte Schreibutensilien von der Antike bis zum ausgehenden Mittelalter, vor allem für Notizen vorläufigen Charakters, die bald wieder gelöscht werden konnten. Auch das geschah mit dem Schreibgriffel, dessen Kopf dementsprechend geformt ist. Der zu einer kurzen, beidseitig in eine Spitze auslaufenden Querstange gestauchte Kopf dieses Griffels macht das besonders augenfällig. Während Griffel aus Holz und Bein allgemein üblich waren, galten solche aus Bronze als Statussymbol besser gestellter Personenkreise und wurden oft über mehrere Generationen hinweg verwendet. Seit dem späten 15. Jahrhundert wurden Schreibgriffel und Wachstafel, die »Notizbücher des Mittelalters«, allmählich von dem nunmehr zum Massenprodukt gewordenen Papier verdrängt. Schreibgriffel dienten Schreibkundigen aber auch zum Einritzen von Blindlinien sowie von Bemerkungen

II.202

in mittelalterlichen Pergamenthandschriften. Insofern ist der Schreibgriffel als Denkmal der Schriftkunde innerhalb Magdeburgs anzusehen und veranschaulicht in Anbetracht einer großen Anzahl weiterer Griffelfunde im Altstadt- und Dom-Bereich den wachsenden Schriftverkehr im städtischen Leben des Hoch- und Spätmittelalters. *Claus-Peter Hasse*

Literatur
Graßmann 1986 | Marquart 2013 | Puhle 1992, II./25, S. 182.

II.203 a

Prägestempel für den Tiefdruck

Krakau/Kraków, 15./16. Jahrhundert

Messing, gegossen, ziseliert

L 2,7 cm; Stempelfläche: H 3,3 cm, B 1,9 cm

Krakau/Kraków, Muzeum Narodowe w Krakowie, MNK IV-M-2508

Den welligen Rand des Prägestempels für den Tiefdruck schmücken Pflanzenornamente. Der Kopf geht in einen mehrseitigen Schaft über, dessen Ende abgebrochen ist.

II.203 b

Prägestempel für den Hochdruck

Krakau/Kraków, 2. Hälfte 15. Jahrhundert

Messing, gegossen, ziseliert

L 6,1 cm; Stempelfläche: H 1,6 cm, B 3,5 cm

Krakau/Kraków, Muzeum Narodowe w Krakowie, MNK IV-M-2518

Der Prägestempel für den Hochdruck zeigt auf dem Kopfstück einen nach rechts laufenden, stilisierten Löwen mit einem entlang des Rückens gewundenen Schwanz. Hinter dem Löwen ist das Kopfstück mit Pflanzengeflecht verziert.

II.203 c

Prägestempel für den Hochdruck

Krakau/Kraków (?), 15./16. Jahrhundert

Messing, gegossen, ziseliert

L 7 cm, D 2,8 cm

Krakau/Kraków, Muzeum Narodowe w Krakowie, MNK IV-M-2519

Auf dem Prägestempel für den Hochdruck ist ein auf einem Ast sitzender Adler mit ausgebreiteten Flügeln abgebildet.

Die Stempel stammen aus einem umfangreichen Fundkomplex mit Buchbinderwerkzeugen des 15./16. Jahrhunderts. Man entdeckte ihn 1910 in Krakau bei Verlegung einer Wasserleitung vom Planty-Park zum Gebäude an der Ulica Jagiellońska 22 (heute: Ulica Olszewskiego 2), in dem sich damals das Institut für Chemie der Jagiellonenuniversität befand. Im selben Jahr wurden 20 Prägestempel dieser Ausgrabungsstätte vom Krakauer Nationalmuseum erworben. Ins Krakauer Nationalarchiv gelangten schließlich weitere sieben Prägestempel, während eine unbekannte Zahl anderer Werkzeuge, metallene Buchbeschläge und alte Drucke, die man damals ebenfalls fand, zerstreut und vermutlich zerstört wurden. Aufgrund des Fundorts in der Nähe der alten Studentenbursen (Jerusalemburse an der Ecke Ulica Jagiellońska und Ulica Gołębia) und des Collegiums Minus (Ulica Gołębia 11), die zu den ältesten Universitätsgebäuden gehörten und in denen sich damals unter anderem die Professorenwohnungen befanden, vermutete man, dass um 1600 an dieser Stelle eine Buchbinderwerkstatt lag, die die Bestellungen der Professoren bearbeitete, oder auch ein Skriptorium, das Studenten und Magister für Schreibarbeiten, aber auch für Dekorations- und Binde-

II.203 a

II.203 b

II.203 c

arbeiten beschäftigte. Es ist jedoch ebenfalls möglich, dass diese Werkzeuge ursprünglich aus verschiedenen Werkstätten stammen.

Die präzisen Darstellungen der Pflanzen-, Tier- und Wappenmotive auf den Stempeln lassen darauf schließen, dass sie von Goldschmieden angefertigt wurden, die über entsprechende Fähigkeiten verfügten, um die Prägestempel vorzubereiten und die Oberfläche mittels Radierung mit den gewünschten oder erforderlichen Darstellungen zu versehen. Die Stempel wurden von Buchbindern, welche auch die Motive wählten, in Auftrag gegeben. Unabhängig davon, ob die gefundenen Werkzeuge aus einer oder mehreren Werkstätten stammen, zeugen sie von dem großen künstlerischen Können der örtlichen Buchbindermeister, die es vermochten, den hohen ästhetischen Ansprüchen ihrer anspruchsvollen Kunden gerecht zu werden, zu denen auch so berühmte bibliophile Persönlichkeiten wie Mikołaj Czepiel (1452–1518) und Bischof Erasmus Ciołek (1474–1522) gehörten.

Am Anfang des 16. Jahrhunderts entwickelten die Krakauer Buchbinder, indem sie frei mit deutschen und italienischen Einflüssen umgingen, eine charakteristisch polnische Einbandgestaltung, die sich durch eine für die Renaissance typische Komposition des Mittelfelds des Buchdeckels mittels kleiner Prägestempel und mit einem häufig reich vergoldeten Supralibros des Besitzers auszeichnete. Rollen und Prägeplaketten wurden sparsam eingesetzt. So entstanden klare und ausgewogene Kompositionen, in welchen kleine Verzierungen wie Blattmotive und Rosetten Platz fanden. *Monika Paś*

Literatur
Chmiel 1917 | Frantz 1974 | Lewicka-Kamińska 1956 | Lewicka-Kamińska 1974 | Lichończak-Nurek/Niezabitowski 2007, S. 533, Kat. IX.25, S. 534, Kat. IX.26, S. 534, Kat. IX.28 | Storm van Leeuwen 2014 | Wagner 2013 | Wagner 2015 | Wagner 2016.

II.204

Franciscus de Platea (Plateanus), »Opus restitutionum, usurarum et excommunicationum«

Krakau/Kraków, 1475

Druck: Kasper Straube

Papier, rubriziert, mit Initialen

H 32 cm, B 21 cm
Einband: H 33, B 22,5 cm

Krakau/Kraków, Biblioteka Jagiellońska, BJ St. Dr. Inc. 1984

Falls die Forschungsmeinung zutrifft, dass die Erstausgabe dieses Buchs erst im Jahr 1472 in Venedig als Arbeit des Typografen Bartholomaeus Cremonensis (Tätigkeit nachweisbar in den 1470er Jahren) erschien, ist die vorliegende, im Jahr 1475 in Krakau hergestellte Inkunabel eines der frühen Exemplare des im Mittelalter äußerst beliebten Werks des italienischen Theologen Franciscus de Platea (1390–1460). Dieser war Franziskanermönch, apostolischer Nuntius und Professor für Kirchenrecht in Bologna. Das Buch selbst behandelt den zu seiner Zeit relativ bedeutenden Themenbereich der Entschädigung, des Wuchers und der Exkommunikation und ist eines der frühesten gedruckten Werke zu diesem Problemfeld.

Aus der Perspektive eines Buchhistorikers ist die Krakauer Ausgabe von 1475 tatsächlich interessanter als diejenige aus Venedig, da angenommen wird, dass dieses Buch in Polen gedruckt wurde und das Jahr 1473 somit als der Beginn des Buchdrucks in diesem Land betrachtet werden kann. Krakau wäre damit das erste Zentrum und der wichtigste Schauplatz des frühen polnischen Druckereigewerbes. Man vermutet, dass der aus Bayern zugewanderte Kasper Straube den Platea-Text von 1475 drucken ließ. Er arbeitete wahrscheinlich für ein Franziskanerkloster, war zwischen 1473 und1477 als Drucker aktiv, hinterließ aber keine Hinweise zu seiner Identität in seinen Erzeugnissen und konnte lediglich anhand von Gerichtsakten (mutmaßlich) identifiziert werden, welche Unterhaltszahlungen für ein Kind betreffen. Die moralisch-juristische Abhandlung des Platea war vermutlich Straubes zweites Druckwerk. Es ist das einzige seiner Druckwerke, das im Kolophon ein Datum angibt – 1475. Interessant ist auch, dass im Kolophon eine Art Druckerwappen dargestellt ist: zwei Schilde, die an einem Ast hängen und mit den *nomina sacra* »IHC« (für Jesus) und »M« verziert sind. Möglicherweise handelt es sich dabei um Straubes persönliches Symbol. Es gibt weltweit lediglich 23 bekannte Kopien dieser Inkunabel, von denen 16 in (meist öffentlichen) polnischen Bibliotheken aufbewahrt werden.

Der Bucheinband des Werks gilt als einer der interessantesten polnischen Einbände des 15. Jahrhunderts. Er wurde in den 1470/80er Jahren in der Werkstatt des Walenty (Valentinus) aus Pilzno (gest. 1486) hergestellt. Dieser war Buchbinder und Buchmaler, zugleich aber auch Magister der Krakauer Universität. Die Buchdeckel sind mit braunem Leder überzogen und mit einem geprägten Zopfmuster verziert, das für Walenty typisch ist. Goldene Ziernägel bilden die Form einer sechsblättrigen Rose, in deren Zentrum ein siebter Ziernagel sitzt. In der künstlerischen Komposition seiner Einbände – besonders beim Einband der Platea-Ausgabe von 1475 – gibt es deutliche Anzeichen für den Einfluss der italienischen Renaissance. Diese erreichte Polen relativ früh, nicht zuletzt aufgrund direkter Kontakte polnischer Gelehrter nach Italien und der großen Anzahl italienischer Bücher, die nach Polen gelangten.

Walenty aus Pilzno war der erste Buchbinder, der eine spezielle Ornamentik nach Polen brachte, die in Italien bereits beliebt war und wahrscheinlich auf islamische Vorbilder zurückging. Er kombinierte Flechtbandmuster mit geprägten komplexen und kleinteiligen Arabesken oder Mauresken. Diese Muster sind die faszinierendsten Elemente des Einbands, aber ihre Schönheit wird noch durch goldene Ornamente unterstrichen, die wohl typischste Eigenart der Buchbinderei der Renaissance. Die Inkunabel gehörte zunächst Michał von Bystrzykow (1450 – um 1520), einem Professor und Kanzler der Krakauer Universität, und gelangte später in den Besitz der Jagiellonenuniversität. *Jacek Partyka*

Literatur
Lewicka-Kamińska 1974 | Partyka 2017 | Pietrzyk 2009 | Wisłocki 1900.

II.204

II.205

Brille mit grünen Gläsern

Italien, Deutschland, Niederlande (?), 1. Hälfte 15. Jahrhundert

Fundort: Latrine in der Ulica Garbary 23 in der Altstadt von Elbing/Elbląg

Glas, Horn

H 4,7 cm, L 9,6 cm

Elbing/Elbląg, Muzeum Archeologiczno-Historyczne w Elblągu, EM/V/81

Der Rahmen dieser Bügelbrille wurde in einem Stück aus einer Hornplatte geschnitten. An der Rahmeninnenseite dienen eingekerbte Rillen der Fixierung der Gläser. Die Oberfläche wurde poliert. Die Gläser sind von dunkelgrüner Farbe, ihre Ränder sind geschliffen. Das Glas weist kleine Luftblasen auf.

Brillenfassungen aus Horn wurden im 14. Jahrhundert populär. Ein gebogener Mittelsteg erlaubte es, sie auf der Nase zu fixieren. Die Farbe der Gläser lässt darauf schließen, dass es sich nicht um eine Brille zur Korrektur einer Sehschwäche handelte. Die grüne Färbung sollte als Filter wirken, um die Augen zu entlasten. Diese Funktion der Brille findet in den Tagebüchern des Engländers Samuel Pepys (1633–1703) Erwähnung. In einem seiner täglichen Einträge klagt der Autor, er habe seine Augen überanstrengt, sie seien »[…] schwach geworden, ermüden schnell und ertragen mit Mühe das Licht, sie schmerzen von der Arbeit bei Kerzenschein und jetzt schadet ihnen gar der blitzende Schnee« (Pepys 1954, S. 127). Lord Brouncker habe ihm zu einer Brille mit grünen Gläsern geraten. Die Brille aus Elbing belegt, dass diese Möglichkeit, müden Augen Erleichterung zu verschaffen, schon im Mittelalter bekannt war.

Brillen tauchten in Europa Ende des 13. Jahrhunderts auf. Zum ersten Mal kamen Italiener durch Handelskontakte mit dem Nahen Osten mit dieser Erfindung in Kontakt. Die ersten Produktionszentren waren Venedig und Florenz. Bereits Ende des 14. Jahrhunderts wurden sie nach ganz Europa exportiert. Im 14. Jahrhundert wurden Brillen bereits in den Niederlanden hergestellt und seit dem 15. Jahrhundert auch in deutschen Städten wie Regensburg, Frankfurt, Straßburg und Nürnberg. Sie wurden insbesondere mit der Erfindung des Buchdrucks populär. Bereits zu Beginn des 16. Jahrhunderts waren Brillenhändler in europäischen Städten weit verbreitet.

Brillen waren ein begehrenswertes und mit Sicherheit teures Gut. Zu den ersten Nutzern gehörten Geistliche sowie gesellschaftlich höhergestellte Bürger: Ratsherren, Kaufleute, gut situierte Beamte und Handwerker. Aufgrund ihrer Tätigkeit entwickelten sie sicher häufiger eine Sehschwäche. Lange Abende verbrachten sie lesend und schreibend, widmeten sich bei Kerzenschein der Kontenführung und Korrespondenz oder arbeiteten in schlecht beleuchteten Werkstätten.

Die in Elbing gefundene Brille gehörte wahrscheinlich einem der Eigentümer des Grundstücks in der Gerbergasse/Ulica Garbary 23 im späten 14. und 15. Jahrhundert, H. Monach oder M. Vilelyp. Beide waren wohlhabende Kaufleute, hatten also Mittel und Möglichkeiten, einen derart seltenen und wertvollen Gegenstand zu erwerben. Offenbar litt einer von ihnen, wie Pepys einige Jahrhunderte später, an überanstrengten Augen aufgrund langer Arbeit bei schwachem Kerzenschein. Nicht auszuschließen ist jedoch auch, dass er mit diesem außergewöhnlichen Objekt lediglich Eindruck machen wollte. Aufgrund fehlender vergleichbarer Objekte kann der Herstellungsort der Brille nicht genauer bestimmt werden. Möglicherweise wurde sie vom Eigentümer auf einer Handelsreise erworben.
Urszula Sieńkowska

Literatur
Fonferek 2012, S. 49 | Ilardi 2007, S. 18–218 | Nawrolska 2007 | Pepys 1954, S. 127.

II.205

II.206

Zwei Bücher aus der Pfarrbibliothek St. Ägidius in Bartfeld

II.206 a

Thomas von Aquin: Super quarto libro Sententiarum

Venedig, 1481

Leder, Holz, Metall, Papier

H 31,5 cm, B 22 cm

Budapest, Magyar Nemzeti Múzeum, 63.36.C

II.206 b

Henricus Herpf: Speculum aureum decem praeceptorum Dei

Nürnberg, 1481

Leder, Holz, Metall, Papier

H 31,3 cm, B 21,3 cm

Budapest, Magyar Nemzeti Múzeum, 63.42.1.C

Pfarrkirchen spielten eine nicht zu unterschätzende Rolle für die Bildung der Stadtbewohner. Der Pfarrer war nicht nur Seelsorger und Beichtvater, sondern vermittelte zugleich Wissen und erteilte Ratschläge. Für die fortgesetzte Ausbil-

II.206 Bücherschrank aus der Bibliothek der Pfarrgemeinde St. Ägidius in Bartfeld/Bardejov, um 1480

dung der Priester waren Bücher erforderlich, die, wie in Klöstern, in größeren Pfarreien durchaus zu kleinen oder größeren Bibliotheken angesammelt wurden. Gerade für die Ausarbeitung von Predigten benötigten die Pfarrer entsprechende Literatur: Predigtsammlungen und fundamentale theologische Werke. Die beiden Bände aus der Pfarrbibliothek von Bartfeld/Bardejov gehören zu dieser Kategorie von Büchern. Thomas von Aquins Schrift »Super quarto libro Sententiarum« enthält einen Kommentar zu den sogenannten »Sentenzen« des Petrus Lombardus. Der Scholastiker des 12. Jahrhunderts hatte im Rahmen seiner Arbeit an der Pariser Universität wichtige Lehrsätze der Kirchenväter zusammengetragen. Anhand dieser Sammlung der grundlegenden Lehrsätze christlicher Theologie wurde an den Universitäten Europas gelehrt. Die mittelalterlichen Theologen setzten sich intensiv mit den »Sentenzen« auseinander – so auch Thomas von Aquin. Das »Speculum aureum decem praeceptorum Dei« des Henricus Herpf (auch: Herp) war eine verbreitete Sammlung von Predigten des Franziskanermönchs, in denen er sich insbesondere mit den Zehn Geboten auseinandersetzte.

In zahlreichen Städten der heutigen Slowakei, ehemals Oberungarn, existierten Sammlungen solcher Bücher, so in Pressburg/Bratislava, Schemnitz/Banská Štiavnica, Kaschau/Košice, Leutschau/Levoča oder Bartfeld. Für die Kirche St. Ägidius, die Hauptkirche der Freien Königsstadt Bartfeld, wissen wir für das Jahr 1460 von neun Missalen, sechs Psaltern, vier Gradualen und drei Antiphonarien. Ende des 15. Jahrhunderts kamen zwei private Büchersammlungen hinzu, die des Kirchenältesten Georg Petri und des Buchmalers Balthasar Blutvogel. Die Kirche war zu diesem Zeitpunkt bereits lutherisch geworden. Ihre Bibliothek wurde im 16. Jahrhundert als öffentliche städtische Bücherei genutzt, als älteste im Königreich Ungarn. Ein Teil des Buchbestands dieser Bibliothek, 75 Bände, wurde 1915 vom Ungarischen Nationalmuseum in Budapest erworben, darunter die beiden hier gezeigten Bände.
Christina Link

Literatur
Adamko/Bednáriková/Veselovská/Zahradníkováthe 2013 | Monok 2012.

II.207

Buch der Familie Haller von Hallerstein

Nürnberg, Bartholomäus Haller, 1533

Holz, Ledereinband mit einem in Gold gefassten Wappen

Budapest, Magyar Nemzeti Múzeum, Leihgabe der Familie

Im Übergang vom Spätmittelalter zur Frühen Neuzeit gewann familiengeschichtliches Erzählen innerhalb bürgerlicher Schichten zunehmend an Bedeutung. Das Bedürfnis, an die Mitglieder der Familie zu erinnern, die eigene Geschichte festzuhalten bzw. den sozialen Status zu dokumentieren, bestimmte nicht nur die höchsten städtischen Gesellschaftsschichten. Frühe Formen schriftlich verfasster Familiengeschichte konnten sich somit ebenso innerhalb von Geschäfts- und Rechnungsbüchern entwickeln, die Kaufleute oder Handwerker führten.

Insbesondere im oberdeutschen Raum im Gebiet des heutigen Bayern mit wichtigen Gewerbe- und Handelszentren wie Augsburg und Nürnberg entstanden im Übergang zum 16. Jahrhundert mitunter aufwendig gestaltete Familien-

Gott Vatter Gott Sun vnnd Got heiliger
Gaist ein ainich Gottlich wesen

Sucht am ersten das Reich Gottes so wurdet euch
alle ding zufallen · Mathei am vj Capitel

II.207 fol. 3v

II.207 fol. 5r

II.207

und Geschlechterbücher. Aus diesem Umfeld stammt die reich illustrierte Handschrift zur Geschichte der Familie Haller von Hallerstein. Sie trägt den in Form einer Inschrift aufgebrachten Titel »ALT HERKOMEN DES GESCHLECHTS DER HALLER VON MCXCVIII BIS AUF MDXXXIII« und wurde etwa von 1530 bis 1533 von Bartholomäus Haller (1486–1551) verfasst. Dieser stammte aus der Reichsstadt Nürnberg, wo er 1508 als Baurichter berufen wurde, 1515 zum Assessor aufstieg und schließlich ab 1525 das würdevolle Amt des Reichsbann- und Stadtrichters bekleidete. Diese einflussreichen Positionen schufen eine Nähe zu den führenden Herrschern aus dem Haus Habsburg, sodass Bartholomäus ab 1520 zunächst im Gefolge Kaiser Karls V. (reg. 1519–1556) erscheint, dann acht Jahre später in Diensten des böhmischen Königs Ferdinand I. (1526–1562) stand und beide als kaiserlicher sowie königlicher Rat unterstützte. Sein Weg führte ihn darüber hinaus vermehrt in das Königreich Ungarn, nachdem er 1538 als Sekretär der königlichen Witwe Maria fungierte. Den Höhepunkt seiner beachtlichen Laufbahn stellt wohl die 1549 auf Veranlassung des Kaisers zustande gekommene Berufung Bartholomäus' als Reichsschultheiß in Frankfurt am Main dar.

Bartholomäus war ein Sammler von Handschriften und Literatur, auf deren Grundlage er zudem sein eigenes Familienbuch in mehreren Exemplaren schuf. Eines davon gelangte auch nach Budapest, das wie die anderen mehrere Aquarelle enthielt, worunter sich ein Dreifaltigkeitsmotiv nach Albrecht Dürer befindet. Ausgiebig geht Bartholomäus' Werk auf die Genealogie der Familie Haller von Hallerstein ein, indem es deren Verzweigung mit Töchtern und Söhnen unter Zuhilfenahme von Wappenbildern und Kostümfiguren anschaulich und aufwendig darstellt. Daneben enthält das Familienbuch Briefe, Urkunden und andere Quellen. Durch diese und weitere Ausgestaltungen entfaltete das familiengeschichtliche Werk starke Vorbildwirkung und beeinflusste beispielsweise das Hausbuch der Familie von Melem in Frankfurt am Main.
Sascha Bütow

Literatur
Kuhn 2010, bes. S. 16–18 | Studt 2007 | Vierhaus 2006, S. 385.

II.208

Chronica Polonorum

Krakau/Kraków, Jost Ludwig Dietz (Jost Ludwik Decjusz), Hieronymus Vietor (Drucker), 1521

[3] Blätter, 52, [1] Seite, [2] Blätter, 56–119 Seiten, [1] Blatt, Holzschnittillustrationen, Ledereinband (16. Jahrhundert)

H 31,2 cm, B 23 cm, T 7,5 cm

Warschau/Warszawa, Biblioteka Narodowa
SD XVI.F.611 adl.

Die historische Abhandlung des aus dem Elsass stammenden Diplomaten und Humanisten Jost Ludwig Decius (Jost Ludwik Decjusz, um 1485–1545), der eng mit dem Krakauer Jagiellonen-Hof verbunden war, besteht aus drei Büchern. Das erste mit dem Titel »De vetustatibus Polonorum« (Über die Altertümer der Polen) befasst sich mit den legendären Anfängen des polnischen Volks und hebt dessen starke Verbindungen zu den Sarmaten des Altertums hervor. Das zweite Buch »De Iagellonum familia« (Über die Jagiellonen-Familie) enthält hauptsächlich die Biografien und Genealogie der damals in Polen und Litauen herrschenden Jagiellonen-Dynastie. Beiden Teilen ist ein kompilierender Charakter zu eigen, das heißt beim Schreiben verwendete Decius

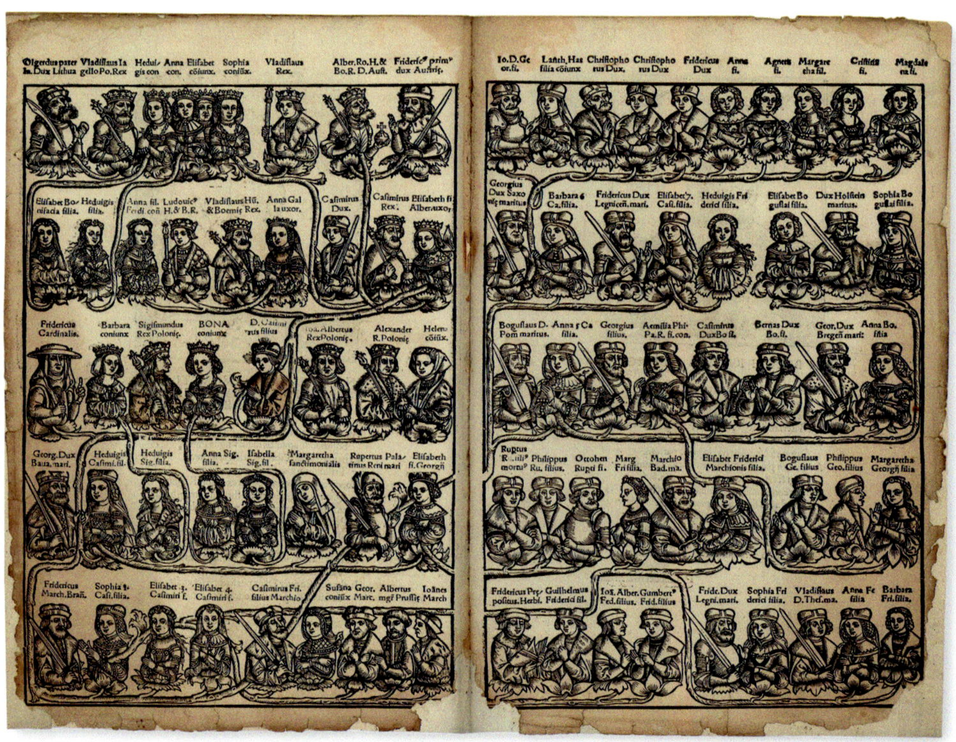

II.208 Einlegeblatt

zahlreiche Quellen, die er seinen Lesern zusammenfassend darlegte. Es handelt sich sowohl um anerkannte historische Werke als auch um Falsifikate, mit denen Decius die These über die antike Abstammung der Polen zu belegen suchte. Im dritten und letzten Buch »De Sigismundi regis temporibus« (Über die Zeit König Sigismunds) berichtet der Autor aus persönlicher Sicht über damalige aktuelle Ereignisse. Überaus günstig fällt dabei die Darstellung des polnischen Königs Sigismund I. (reg. 1507–1548) aus. Besonders interessant sind die Beschreibungen wichtiger militärischer Auseinandersetzungen in der Zeit der Jagiellonen-Herrschaft, wie der Schlacht bei Wiśniowiec/Wyschniwez gegen die Tataren (1512) und der Schlacht bei Orscha gegen das Großfürstentum Moskau (1514), sowie politischer Ereignisse, vor allem des Wiener Fürstentags 1515.

Jost Decius schrieb sein Werk in korrektem humanistischem Latein und hatte dabei nicht nur den landeseigenen, sondern auch den landesfremden Leser im Blick. Dem Autor und seinem jagiellonischen Gönner war daran gelegen, ein positives Bild des Königreichs Polens innerhalb Europas zu vermitteln und so zu einer wirksamen »Außenpolitik« beizutragen. Der Chroniktext wurde durch Holzschnittillustrationen ergänzt. Ins Auge fallen besonders die mit Lobgedichten versehenen Porträts von Sigismund I. dem Alten selbst, seiner Frau Bona Sforza und dem jungen Thronfolger, dem zukünftigen König Sigismund II. August. Aufmerksamkeit erregt auch die zweiseitige Abbildung eines Stammbaums, in dem die Vorfahren und Verwandten des polnischen Monarchen, beginnend mit dem litauischen Prinzen Olgerdt (Algirdas), verzeichnet sind. Das Titelblatt der Chronik ist mit einem Holzschnittrahmen verziert, der den Titel des Werks umschließt. In einem Teil des Rahmens sind polnische Ritter im Gefecht gegen die Tataren zu sehen. *Bartłomiej Czarski*

Literatur
Decjusz 1960.

II.209

Das sogenannte Notizbuch von Kopernikus

»Tabule astronomice Alfonsi regis«

Venedig, Johannes Hamann (Drucker), 1492

Papier, 116 Blätter; geprägter Ledereinband

H 22,2 cm, B 16,5 cm

Uppsala, Universitätsbibliothek Uppsala, Copernicana

Alfons X., König von Kastilien und León (reg. 1252–1284), ist der Nachwelt besser bekannt als Alfons der Weise. Er galt schon früh als gelehrter Mann und zog eine große Schar von Gelehrten an seinen Hof. Die Planetentabellen, welche seinen Namen tragen – die sogenannten Alfonsinischen Tabellen – entstanden in diesem Umkreis. Sie basieren auf einer älteren arabischen Abhandlung, die durch Beobachtungen ergänzt worden waren, die in Alfons' Zeit in Toledo gemacht wurden. Sie setzten – in der Tradition von Ptolemäus (um 90 – um 170 n. Chr.) stehend – ein geozentrisches Weltbild voraus. Ihr Zweck war es, Sonnen- und Mondfinsternisse im Voraus zu berechnen und die Positionen der Planeten zu bestimmen. Zunächst auf Spanisch veröffentlicht, um das Material einem breiteren Publikum zugänglich zu machen, fanden sie jedoch nur mäßigen Anklang, bis sie nach der Übertragung ins Lateinische (in den 1320er Jahren in Paris) schließlich weitere Verbreitung erlangten. Die erste gedruckte Ausgabe erschien 1483, und das hier vorliegende Exemplar der zweiten Auflage ist nur neun Jahre jünger.

Nikolaus Kopernikus (1473–1543) wurde in Thorn/Toruń im heutigen Polen geboren und zeigte bereits in jungen Jahren ein ausgeprägtes Interesse an Astronomie und Mathematik. Er erstand die Alfonsinischen Tabellen im Buchladen des Johann Haller in Krakau/Kraków, während er Anfang der 1490er Jahre an der dortigen Universität das Studium der Freien Künste verfolgte. Die Titelseite trägt seine eigenhändige Signatur. Er ließ das Werk zusammen mit einem Exemplar von Johannes Regiomontanus' »Tabule directionum« (Augsburg 1490) in diesen braunen Ledereinband binden, dessen aufwendige Prägearbeit eine für Krakau typische Gestaltung zeigt. Ähnlich verfuhr er auch mit einigen anderen Büchern aus seinem Besitz. Gemeinsam ergaben diese zwei Werke ein zeitgenössisches Handbuch für die Arbeit des Astronomen. Die Alfonsinischen Tabellen lieferten dabei die Grundlage für die Planetentheorie und die Berechnung von Sonnen- und Mondfinsternissen, und die »Tabule directionum« die Basis für die sphärische

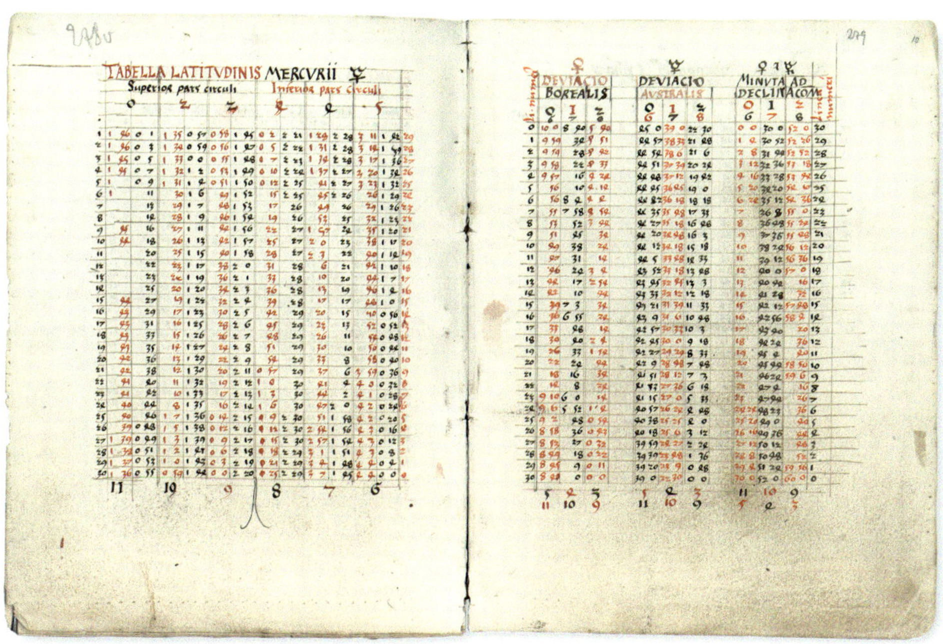

II.209 fol. 278v und fol. 279

Astronomie. Am Ende dieses Sammelbands ließ Kopernikus noch 16 leere Blätter einbinden. Er füllte diese Seiten in der Folge mit eigenhändigen Berechnungen, die später als Uppsala-Notizbuch bezeichnet werden sollten.

Die Alfonsinischen Tabellen waren seit 1488 an der Universität Krakau nicht mehr Teil der Lehre, sie wurden durch einfachere Tabellen (»Tabulae resolutae«) ersetzt, die allerdings noch nicht im Druck vorlagen. Kopernikus machte sich jedoch eigenhändige Notizen zu den Verbesserungen, welche diese neueren Tabellen gegenüber den Alfonsinischen Tabellen aufwiesen. Er kopierte außerdem Passagen aus den »Tabulae eclipsium« von Georg von Peuerbach (um 1421–1461), welche zu diesem Zeitpunkt gleichfalls noch nicht gedruckt waren. Kopernikus erwähnte Alfons und seine Tabellen aber nicht in seinen späteren Werken, weder in »De revolutionibus orbium coelestium« (1563) noch in seinem früheren handschriftlichen »Commentariolus«.

Um 1510 übersiedelte Kopernikus nach Frauenburg/Frombork, wo er bereits 1497 eine Domkanonikerstelle erhalten hatte; in seinem Testament vermachte er seinen literarischen Nachlass der Bibliothek des dortigen Domkapitels. Als schwedische Truppen diese Bibliothek 1626 als Kriegsbeute abtransportierten, betraf dies auch Kopernikus' Bücher. Sie wurden in der Folge – seit ihrer Stiftung durch den schwedischen König Gustav II. Adolf (reg. 1611–1632) im Jahr 1627 – in der Universitätsbibliothek von Uppsala verwahrt. *Peter Sjökvist*

Literatur
Birkenmajer 1900 | Czartoryski 1978 | Freely 2014 | Rosen 1976 | Walde 1916.

II.210

Porträt des Christoph von Suchten

Krakau/Kraków (?), 1507
Öl auf Holz, Temperatechnik
H 43 cm, B 33 cm
Danzig/Gdańsk, Muzeum Narodowe w Gdańsku, MNG/SD/343/M

Das Bild ist das älteste erhaltene autonome Porträt eines Danzigers. Es stellt den Geistlichen Christoph von Suchten (um 1476–1519) dar, der als der erste Danziger Humanist gilt. Der Sohn von Heinrich und Margarethe von Suchten lehrte nach seinem Theologiestudium in Leipzig in den Jahren von 1501 bis 1504 an der dortigen Universität, dann kehrte er kurz nach Preußen Königlichen Anteils zurück. Von dort ging er nach Krakau und trat 1507 in den Priesterstand. Ab 1511 arbeitete er in der päpstlichen Kanzlei in Rom, wo er 1515 den Doktortitel beider Rechte erhielt. Danach zog er zunächst nach Breslau/Wrocław und schließlich nach Frauenburg/Frombork, wo er als Probst des Ermländer Domkapitels wirkte. Er starb in Breslau und wurde dort auch begraben. Als Humanist erlangte er Berühmtheit durch seine dichterischen Werke, seine Gedichte wurden unter anderem in dem bereits nach seinem Tod 1524 publizierten Band »Coryncianа« veröffentlicht. Die Publikation bestand aus 400 Gedichten von 125 Autoren, die der italienische Dichter und Bischof Blosio Palladio (gest. 1550) gesammelt hatte. Sie wurden aus Gedichten ausgewählt, die jedes Jahr am 26. Juli beim Fest der heiligen Anna zu ihren Ehren vorgetragen wurden. Die alljährlichen Treffen organisierte Johannes Goritz (Corycius), der Stifter der St.-Anna-Figur von Andrea Sansovino in der Kirche San Agostiono in Rom, der auch Mäzen der Literaten war.

Das im Typus von Gelehrtenporträts der Renaissance gemalte Bildnis präsentiert Christoph von Suchten vor hellblauem Hintergrund als Bruststück. In seinen nur teilweise sichtbaren Händen hält er einen Ysopzweig. Die italienischen Einflüsse sind auch an seiner Kleidung zu sehen: der schwarzen Jacke, unter der ein braunes, mit Goldband besetztes Hemd zu sehen ist, und dem schwarzen Barett. Unten auf dem Bilderrahmen steht in Frakturschrift der Spruch: »Als ich was xxvi jahr alt | dor had ich bildn mir gestalt f. 1507.«

Das Bild zeigt von Suchten an dem Wendepunkt seines Lebens: der Entscheidung für die Laufbahn eines Geistlichen. Der Ysopzweig, das Symbol der Reinheit, Demut und Einsamkeit in seinen Händen, bezieht sich auf den von Suchten gewählten Lebensweg, und die Pflanze, die ein geschätztes Mittel gegen Melancholie war, sowie sein nach oben gewandter Blick deuten auf das saturnische Temperament des Geistlichen hin.

Das Bild wurde Hans Maler (Grzybkowska 1990, S. 92) sowie Michael Lancz aus Kitzingen (Milewska 1995, S. 10) zugeschrieben, wobei die letzte Vermutung nicht von den neuesten Forschungen zum Werk von Lancz bestätigt wird (für diese Information möchte ich Adam Spodaryk von der Jagiellonen-Universität danken, der eine Publikation über Lancz vorbereitet). Jaśniewicz vertritt eher die Theorie, die Andrzej Woziński 2006 bei der Konferenz »Portret w Prusach Królewskich« (Das Porträt in Preußen Königlichen Anteils) vertrat, nämlich, dass das Bildnis von einem Nachahmer Hans Memlings (1433/1440–1494) gemalt worden ist. Dendrochronologische Untersuchungen haben ergeben, dass der Bildträger aus sogenanntem baltischem Holz besteht, was die Vermutung bestätigen würde, dass ein Künstler aus Kleinpolen Autor des Bildnisses gewesen ist.

Das Porträt stammt aus der Sammlung der Naturwissenschaftlichen Gesellschaft in Danzig und wurde 1924 an die Sammlung des Stadtmuseums Danzig übergeben. *Magdalena Mielnik*

Literatur
Aurea Porta 1997 a, Bd. II, S. 264, Kat.-Nr. VII. 3 (Krystyna Górecka Petrajtis) | Grzybkowska 1990, S. 92 | Jaśniewicz 2018, S. 79, 180 | Milewska 1995 | Ważny 2007, S. 2.

II.210

Aus aller Herren Länder

Ethnische Vielfalt in den Städten Magdeburger Rechts

Der Fernhändler, Seite 237v aus dem Kodex Behem von 1505. Ökonomische Interessen und weitgespannte Handelsnetzwerke waren ein zentrales Element der ethnischen Vielfalt in den Städten des Magdeburger Rechts (Detail). Krakau/Kraków Biblioteka Jagiellońska, Bj Rkps 16

Durch große wie kleine, strukturell wie individuell bedingte Migrationsbewegungen vermischten sich in den neu gegründeten oder damit privilegierten Städten des Magdeburger Rechts die verschiedensten Bevölkerungsgruppen und prägten das Bild der Städte auf vielfältige Weise. Anhand der Migration aus Mittel- und Westeuropa und des Fernhandels, der Zünfte, Universitäten und der Heiratsverbindungen zwischen verschiedenen Städten sollen nachfolgend einige zentrale Gruppen sowie strukturelle und individuelle Motivationen vorgestellt werden, die die Grundlage für die heterogenen Stadtbilder Magdeburger Rechts waren.

In den Städten Magdeburger Rechts lebten mehrere Ethnien aus Mittel- und Westeuropa, von denen die *Theutonici* (Deutsche) die zahlenmäßig wichtigste darstellte. Im 14. Jahrhundert waren die drei bevölkerungsstärksten Gruppen in Krakau/Kraków Polen (5 000), Deutsche (3 500) und Juden (800), daneben lassen sich dort aber auch Italiener, Schotten und Franzosen nachweisen. Der Zuzug dieser Gruppen entsprach einerseits dem Wunsch lokaler Eliten, noch weitgehend nicht urbanisierte Gebiete zu erschließen und ökonomisch nutzbar zu machen, und andererseits dem Bevölkerungsanstieg Mittel- und Westeuropas und der Suche nach neuen Siedlungsplätzen und Märkten.

Die *Theutonici* waren neben der einheimischen Bevölkerung die einflussreichste Gruppe. Am Ende des 14. Jahrhunderts bestand in Thorn/Toruń die wohlhabendste Bevölkerungsschicht von zehn Prozent aus 80 westfälischen Familien. Diese ethnische wie sozioökonomische Gewichtung führt zwangsläufig zur Frage des Miteinanders der verschiedenen Gruppen. Das gestaltete sich insofern relativ unproblematisch, als dass sich oftmals die polnische Mehrheit der deutschen Minderheit anpasste, da dies vor allem Aufstiegschancen innerhalb der Stadtgemeinschaft versprach. Ein Wandel dieses Trends setzte ein, als die *Theutonici* mancherorts nicht nur die politische Führung des Gemeinwesens verloren, sondern auch ihre Zahl infolge verstärkter Einwanderungen in die Städte aus Ostmitteleuropa selbst abnahm. Verglichen mit den oben genannten Bevölkerungszahlen Krakaus im 14. Jahrhundert stellt sich die Zusammensetzung im 16. Jahrhundert stark verändert dar: Auf 13 000 Polen (85 Prozent) kamen jetzt nur noch 1 500 Deutsche (zehn Prozent). Gleichzeitig setzte in der kulturellen Orientierung nun ein regelrechter Gegentrend ein: Die reichen Patrizierfamilien stiegen in den polnischen Adel auf, und die polnische Sprache setzte sich zunehmend durch.

Weiterhin wurde der traditionell »deutsch« bestimmte und dynastisch verflochtene Stadtrat Krakaus 1532, gegen den scharfen Protest der deutschen Ratsmitglieder, vom Krakauer Woiwoden Andrzej Tęczyński (um 1510–1588) erstmals mit drei polnischen Stadtbürgern besetzt. Diese knüpften aber keine dynastischen Kontakte zu den deutschen Ratsherren-Familien, sondern etablierten Verbindungen außerhalb dieses Kreises und bildeten somit ein politisches Gegengewicht gegen die deutsche Vorrangstellung. Auch die zunehmend wichtiger werdende Rolle der polnischen Sprache ist mit diesen drei polnischen Ratsherren verknüpft. Während noch im 14. Jahrhundert in der zentralen Marienkirche Krakaus auf Deutsch und Polnisch gepredigt wurde, »verbannte« man im folgenden Jahrhundert die polnische Predigt in die benachbarte Barbarakirche. Durch den eifrigen Einsatz der drei polnischen Ratsherren drehte sich diese Regelung aber im 16. Jahrhundert um: In der Marienkirche wurde nun auch wieder in polnischer Sprache gepredigt, und zusätzlich ließ der polnische König Sigismund I. (reg. 1507–1548), wohl auf Druck des polnischen Adels, 1537 die deutsche Predigt in die Barbarakirche verlegen.

Kernpunkte des ostmitteleuropäischen Landesausbaus waren die Urbarmachung unerschlossener Landschaften, die Schaffung neuer Siedlungsareale und damit die wirtschaftliche Erschließung dieser Gebiete. Vor diesem Hintergrund spielte der Fernhandel ebenfalls stets eine große Rolle in den Städten Magdeburger Rechts. Das Hochmittelalter gilt als Epoche der »kommerziellen Revolution«. Gab es vorher im Wesentlichen zwei Gruppen, die lokalen Händler und Krämer sowie die Groß- und Fernhändler, so kam nun der »Unternehmer« hinzu, der von einem festen Sitz aus ein internationales Wirtschafts- und Finanznetzwerk leitete. Da die Städte des Magdeburger Rechts ursächlich mit der Urbarmachung und Ökonomisierung weiter ostmitteleuropäischer Gebiete entstanden bzw. ausgebaut wurden, waren sie prädestiniert für die Einbindung in die europaweiten Handelsnetzwerke.

Ab dem 12./13. Jahrhundert stieg das Gewerbe des Kaufmanns, besonders des Fernhändlers, zu höherem Stand auf. Die von ihm geprägte Hanse wurde zu einem einflussreichen Wirtschaftsfaktor in Europa. Auch ihr Charakter als Fernhandelsorganisation mit einem paneuropäischen Netzwerk aus Niederlassungen steht sinnbildlich für Migrationsbewegungen. Entlang der See-, Fluss- und Landhandelswege erfasste die Hanse so ebenso den Raum des Magdeburger Rechts. Doch während die Bevölkerungsgruppe der Deutschen im Großteil der Städte Magdeburger Rechts die bestimmende Elite darstellte, änderte sich dieses Verhältnis außerhalb jenes Geltungsbereichs. Verdeutlichen lässt sich dies am Beispiel der Stadt Nowgorod/Velikij Novgorod, einem vorrangigen Ziel der Hanse-Kaufleute. Nowgorod, das bedeutendste Handels- und Machtzentrum nach dem Niedergang von Kiew/Kyjiv und vor dem Aufstieg Moskaus, lag am Rand des Ausbreitungsgebiets des Magdeburger Rechts im östlichsten Ostseeraum. Besonders durch die Fernhandelsbeziehungen der Hanse waren hierhin seit dem 12. Jahrhundert deutsche Kaufleute gelangt, für die die slawische Metropole wichtiger Abnehmer im Ostseeraum war. Wie andernorts im Hansegebiet gab es in Nowgorod einen sogenannten deutschen Hof, eine deutsche Enklave inmitten der Stadt (Abb. 225).

Abb. 224
Grafik im Hamburger Stadtrecht von 1497 unter der Rubrik »Van Schiprechte« (Vom Schiffsrecht), links und im Hintergrund Szenen des Handels und der Seefahrt, rechts eine Versammlung, in Nowgorod war der St. Peterhof Ort der Versammlung der Hanse, Zeichnung von Absolon Stumme (gest. 1510)

Zentrum der in sich geschlossenen deutschen Niederlassung war die Kirche St. Peter, die dem Hof den offiziellen Namen St. Peterhof gab. Da sie das einzige Steingebäude des Areals war, diente sie als Aufbewahrungsort wertvoller Waren, der Hofkasse und des Archivs. Daneben gab es hölzerne Wohnhäuser, Speicher, Läden, eine Bäckerei und ein Brauhaus, Krankenstube, Bad und Gefängnis. Dem Hof stand der *Oldermann* vor, der Recht sprach und den Hof gegenüber der Stadt Nowgorod vertrat. In der allgemeinen Versammlung, dem Steven, entschieden die Kaufleute des Hofs bis ins 14. Jahrhundert unabhängig über Fragen des Hoflebens und des Handels. Ähnlich den ethnischen und religiösen Minderheiten in den Städten Magdeburger Rechts verwaltete sich hier, auf dem Gebiet der Stadt Nowgorod, eine deutsche Minderheit autonom. Neben dem Charakter als lukrativer Fernhandelsort zog der St. Peterhof aber nicht nur saisonweise Kaufleute an, die vorwiegend aus Westfalen, Lübeck und Livland kamen, sondern er galt auch überregional als hervorragende Ausbildungsstätte für deren Lehrlinge, die hier das spezifische Warenspektrum Osteuropas (vor allem den Pelzhandel) kennenlernten.

Obwohl es schon im Früh- und Hochmittelalter architektur- und kunstgeschichtlich nachweisbare Wanderungen von Handwerkern gab, sollen an dieser Stelle zwei andere Aspekte in den Vordergrund treten: Zum einen ist dies die Wanderschaft von Handwerkern, wie sie der hohe Bedarf an Spezialisten in der Phase des ostmitteleuropäischen Landesausbaus hervorrief, sowie der erhöhte Bedarf an spezialisierten, mobilen Arbeitskräften nach den hohen Bevölkerungsverlusten durch die Pest Mitte des 14. Jahrhunderts. Zum anderen tritt gleichzeitig ein weiteres Phänomen hinzu, nämlich das institutionalisierte Wandern der Handwerksgesellen, die sogenannte Walz (vgl. S. 534–537). Hohe Nachfrage nach Spezialisten, die Möglichkeit, besondere Fertigkeiten an einem bestimmten Ort zu erlernen, und die Attraktivität bestimmter Wanderziele bedingten eine hohe Mobilität der Gesellen und Handwerker, für die es teilweise gar zur Pflicht wurde, zu wandern. Diese regelrechte Wanderpflicht konnte dabei zuweilen auch Ausdruck eines Überangebots sein und der »Entspannung des heimischen Arbeitsmarkts« dienen. So finden sich in der Krakauer Zunft der Glockengießer Mitglieder aus Nürnberg, Brünn/Brno, Prag/Praha, Padua, Ulm, München und Weißenburg/Wissembourg.

Abb. 225
Die vier *nationes* Böhmen, Polen, Bayern und Sachsen an der Universität Prag (links im Bild), die Abbildung aus dem Jahr 1878 trägt die Bildunterschrift »Rector of the Prague University and Scholars of the different Nations who studied in the same University. From an ancient Picture still possessed by the Prague University.« Aus: Paul Lacroix, Sience and Literature in the Middle Ages and at the Period of the Renaissance, London 1878, S. 35, Abb. 28

Auch über die Universitäten erfolgten Migrationsbewegungen zu den Städten Magdeburger Rechts, nämlich über die Lehrenden und besonders über die Studenten. Die älteste Universität Mitteleuropas ist die Carolina in Prag, gegründet 1348. Ihre Studentenschaft, die vor allem aus weiten Teilen Ostmitteleuropas kam, gliederte sich in vier *nationes*: Böhmen, Polen, Bayern und Sachsen (Abb. 225). Das akademische Zusammenleben der verschiedenen *nationes* gestaltete sich dabei nicht immer einfach. So taten sich deutsche Magister schwer mit dem reformatorischen Gedankengut des Engländers John Wyclif (um 1330–1384) oder des Prager Predigers Jan Hus (um 1371–1415). Und im Nachgang an das »Kuttenberger Dekret« (1409), dass die Stimmverhältnisse in der Prager Universität zu Ungunsten der nichtböhmischen *nationes* veränderte, verließen noch im selben Jahr 46 Magister und 369 Studenten – vor allem Deutsche, aber auch Polen, Ungarn und Skandinavier – die Stadt und gründeten die Universität Leipzig.

Ein letzter hier zu betrachtender Aspekt der Migrationsbewegungen in die Städte Magdeburger Rechts war eher privater, zuweilen jedoch auch politischer oder ökonomischer Natur – die überregionalen Heiratsverbindungen. Hier bietet sich aus zweierlei Gründen das Beispiel der jüdischen Familie Fiszel aus Krakau an. Einerseits ist ihr Werdegang als eine der einflussreichsten Familien der Stadt im 15./16. Jahrhundert relativ gut dokumentiert. Andererseits waren Eheverbindungen zwischen verschiedenen Diasporagemeinden üblich, da diese zum einen recht klein waren und zum anderen untereinander einen intensiven Kontakt pflegten.

Mojżesz Fiszel und seine Familie kamen in den 1460er Jahren nach Krakau. Die Gründe hierfür sind nicht bekannt, ebenso ist umstritten, woher sie kamen – Böhmen, Bayern oder Frankfurt sind möglich. Auch Mojżesz' spätere Frau Rachela war keine gebürtige Krakauerin. Sie stammte aus Prag und scheint der Spross einer reichen Familie gewesen zu sein. Während der Prager Pestepidemie von 1473 verlor sie mehrere Kinder. Als Ehefrau des Mojżesz kam sie bald darauf nach Krakau. Aus der Ehe mit Mojżesz gingen sechs Kinder hervor (Abb. 226). Die drei Töchter, Estera, Hendel und Sara, heirateten Rabbiner aus Krakau, Prag und Ofen/Buda und gingen so teilweise ebenfalls auswärtige Eheverbindungen ein. Estera war die Frau des Jakub Polak, der wie Rachela aus Prag stammte, aber aufgrund einer kontroversen Entscheidung über die Ehescheidung seiner Schwägerin Sara gezwungen war, von Prag nach Krakau zu emigrieren. Sowohl Jakub als auch sein Schwager Aszer wurden später Rabbiner der *Jeschiwa*, der Tora-Schule von Krakau, ihnen folgt ein Enkel Rachelas – Mojżesz.

Die Söhne von Mojżesz und Rachela waren erfolgreiche Geschäftsleute. Der gleichnamige Sohn Mojżesz, der spätere Konvertit Stefan, war für König Johann Albrecht (reg. 1492–1501) als Steuerpächter für die Juden tätig, und sein Bruder Franczek war Hoffaktor (königlicher Hofkaufmann) und ab 1512 Generaleintreiber der von den kleinpolnischen Juden zu zahlenden Steuern. Auch Rachela war eine erfolgreiche Geschäftsfrau. Noch während ihrer Ehe mit Mojżesz tätigte sie Geschäfte und führte diese als Witwe fort, wobei sie mit ihrem Schwager, ihren Söhnen und einem Schwiegersohn zusammenarbeitete. Unter anderem lieh Rachela mehreren polnischen Königen Geld. Dafür revanchierte sich König Alexander I. (reg. 1501–1506) 1504 und erlaubte es ihr und ihrer Familie, ein Haus in Krakau zu erwerben. Das ist insofern äußerst bemerkenswert, da es eigentlich nach dem Krakauer Brand von 1494 sämtlichen Juden bis ins 19. Jahrhundert verboten war, in Krakau selbst zu leben; stattdessen siedelten sie sich im benachbarten Kasimir/Kazimierz an. *Martin Müller*

Abb. 226
Stammbaum der Familie Fiszel, dargestellt im Muzeum Historii Żydów Polskich [Museum für Geschichte der polnischen Juden] in Warschau/Warszawa

Literatur
Angermann 1997 | Hardt 2017 | Higounet 1986 | Noga 2018, Sauer 2012 | Zaremska 2013.

II.211

Jüdischer Grabstein aus Magdeburg

Magdeburg, 1312
Fundort: Magdeburg, Breiter Weg 198
Sandstein
H 76 cm, L 54,5 cm, B 21 cm, Fuß 43 cm
Magdeburg, Kulturhistorisches Museum, 04:4

Erstmals werden Juden in Magdeburg im Diplom Kaiser Ottos des Großen (reg. 936–973) vom 9. Juli 965 erwähnt, in dem er den Bann in Magdeburg und die Gerichtsbarkeit über die dortigen Juden und anderen Kaufleute dem Mauritiuskloster schenkte. Jene dürften als Fernhändler an die Elbe gekommen sein. Spätestens zu Beginn des 11. Jahrhunderts existierte eine Synagoge. Damit zählt die Magdeburger jüdische Gemeinde zu den ältesten in Deutschland und ist die früheste im mittel- und norddeutschen Raum. Innerhalb der jüdischen Gemeinden in Mitteldeutschland erhielt sie und ihr rabbinisches Gericht eine gewisse zentrale Funktion. Sie korrespondierte beispielsweise mit Rabbi Meir von Rothenburg (um 1215–1293) und Talmud-Gelehrten in Paris. Die Juden lebten im sogenannten Judendorf südlich der Stadt, das um 1300 etwa 150 Bewohner hatte und über eine Synagoge, eine Schule und ein Hospital verfügte. Ihre Geschäfte waren seit dem Hochmittelalter auf die Pfand- und Geldleihe beschränkt. In ihrem »Kleiderhof« am Alten Markt betrieben sie außerdem einen schwunghaften Altwarenhandel. Die jüdische Gemeinde Magdeburgs galt als reich, sodass sogar Fürst Wizlaw II. von Rügen (reg. 1260–1302) Geld von den Magdeburger Juden aufnahm.

Durch Kriegszüge oder Überfälle der Magdeburger Bürger wurde das Judendorf mehrfach zerstört: 1213, 1261, 1301 sowie 1350 und 1357 infolge derjenigen Pogrome, die im Zuge der Pest erfolgten. Die Magdeburger Erzbischöfe hatten die rechtliche Oberhoheit über die Magdeburger Juden und stellten 1372, 1399, 1410 und 1466 »unsern lieben Juden die wonhafftlich sint in unsem judendorffe in der Sudenborch zu Magdeburg« (UB Magdeburg 1, Nr. 518, S. 329) Schutzbriefe aus. Nach jahrzehntelangen religiösen Spannungen zwischen Christen und Juden, die 1492 zu erheblichen, vom Rat gebilligten antijüdischen Aktionen in Magdeburg führten, ließ – wie es damals in vielen Regionen des Reichs geschah – Erzbischof Ernst von Wettin (amt. 1476–1513) das Judendorf räumen und die Bewohner vertreiben.

Ein herausragendes Denkmal für die Magdeburger jüdische Gemeinde bildet der gut erhaltene Grabstein von 1312. Seine Inschrift lautet:

ציון הלז
הוקם על ראש מי
ווריכא בת יהודה
שהלכה לעולמה ב"רח
תשרי בשנת ע"ג לפרת
ובושר מעשיה ידעו
בעדה ותהא כמ"צ
ומוצאת שלום
לפני דודה
תנצבה

[Übersetzung:] Dieses Zeichen
wurde gesetzt zu Häupten der Frau
QZY", Tochter des Herrn Yehuda,
die hinging in ihre Welt im Monat
Tischri, im Jahr 73 nach der Zeitrechnung,
und die Tüchtigkeit ihrer Taten wird für sie
sprechen,
und sie wird sein
wie eine, die Frieden findet
vor dem Herrn.
Es sei ihre Seele eingebunden in das
Bündel des Lebens.

Der erste Fundort des Steins in Magdeburg ist nicht dokumentiert. Vermutlich wurde der Grabstein zu Bauzwecken verwendet und war im Mauerwerk des Hauses Breiter Weg 198 eingearbeitet. *Claus-Peter Hasse*

Quellen
UB Magdeburg 1.

Literatur
Alicke 2008 | Averni 1968 | Kärgling 2005 | Litt 1995, bes. S. 76 f.

II.211

II.212

Grabstein der Ursula Venediger

Budapest, Liebfrauenkirche, 1521

Marmor (?)

Budapest, Magyar Nemzeti Múzeum, 70.61.1-3.c.

Als wirtschaftliches Zentrum beiderseits der Donau verfügte das mittelalterliche Budapest über vielfältige Handelskontakte in unterschiedliche Teile Europas. Dies betraf unter anderem die Mittelmeerregion, das Schwarzmeergebiet und den Hanseraum. Näher gelegene Handelsziele befanden sich dagegen in Böhmen, Schlesien und polnischen Landesteilen. Auch direkt nach Nürnberg und Bamberg existierten verschiedenste wirtschaftliche und soziale Verflechtungen.

Auf diese Weise knüpften Budapester Kaufleute im Rahmen ihrer Geschäftsbeziehungen mitunter persönliche Verbindungen und bauten dabei hin und wieder ganze soziale Netzwerke auf. Ein anschauliches Beispiel hierfür bietet der aus Ofen/Buda stammende Kaufmann Thomas Venediger. Er verfügte über gute Kontakte zu Konrad Sauermann, einem vermögenden Händler und Bürger in Breslau/Wrocław, der ursprünglich aus Nürnberg stammte. Sauermanns Geschäftsverbindungen reichten unter anderem bis nach Venedig, wo er 1510 zu seinen Gunsten ein größeres Geldgeschäft über mehrere Tausend Dukaten abschloss, die der in Venedig lebende Breslauer Bürger Wolfgang Wiener begleichen sollte.

Auch im Verbund mit Thomas Venediger trat Sauermann als Gläubiger auf. Beide liehen beispielsweise zwei Amtsträgern des Erzbistums Erlau/Eger (*administratoribus proventuum episcopatus Agriensis*) namens Marco Pemfflinger und Paulo Poliak die stolze Summe von 1 200 Gulden. Über solche geschäftlichen Kontakte hinaus stärkten Venediger und Sauermann ihre persönlichen Beziehungen durch Knüpfung familiärer Bande. Demnach kam eine eheliche Verbindung zwischen der Tochter Sauermanns mit Namen Ursula und Thomas Venediger zustande, über die der fragmentarische Grabstein informiert. Dessen Inschrift weist deutlich auf Ursulas Herkunft als Tochter des Konrad Sauermann, Bürger zu Breslau (»de Wratislavia«), hin, womit

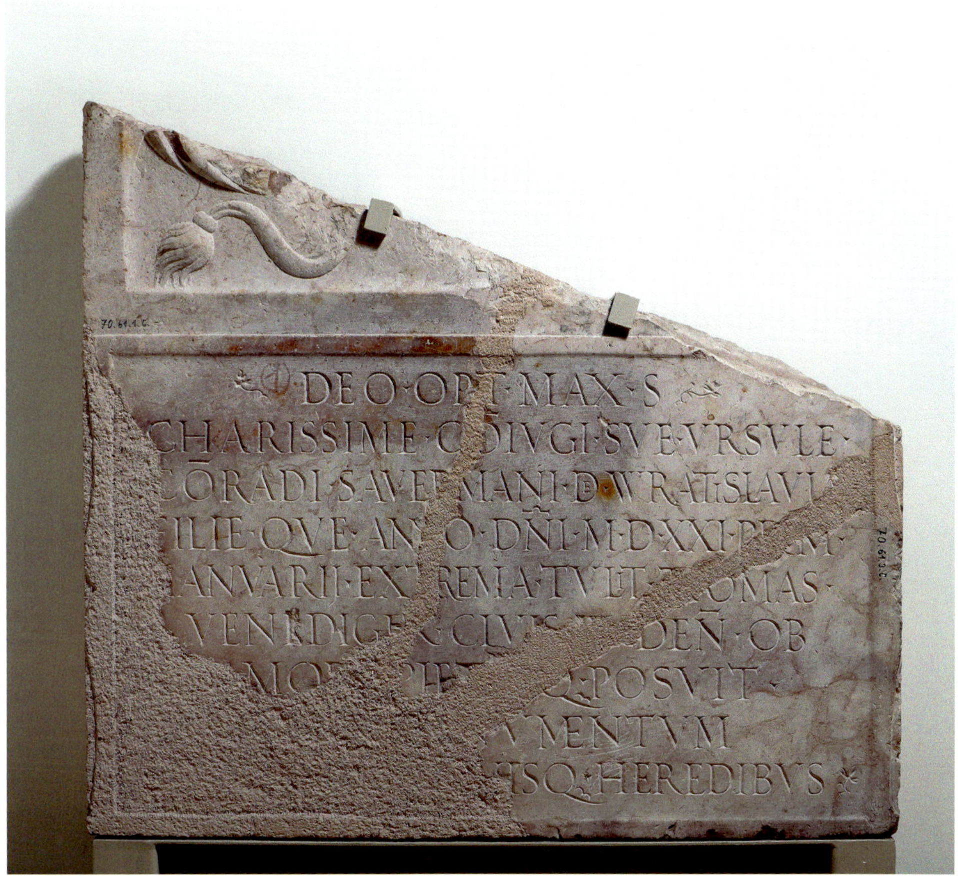

II.212

nicht zuletzt ihr eigener Rang als Vertreterin des höheren Bürgertums in Budapest unterstrichen wird.

Obgleich über Ursulas persönliche Geschichte nur wenig bekannt ist, vermittelt der hinterlassene Grabstein doch ein seit dem Spätmittelalter immer stärker hervortretendes Bedürfnis von Bürgern, Memoria und Totengedächtnis für verstorbene Familienmitglieder an prominenten Stellen innerhalb der Kirchen zu pflegen. Darüber hinaus ist Ursulas Grabstein neben vielen weiteren in Budapest überlieferten Epitaphen ein beredtes Zeugnis für die Vielfalt der Herkunftsgebiete der in der Stadt Ofen/Buda tonangebenden Familien während des Mittelalters und der Frühen Neuzeit. *Sascha Bütow*

Literatur
Kubinyi 1977 | Kubinyi 1978, bes. S. 85 | Lövei 1991.

II.213

Gedenktafel für Walpurga Wiedemann

1503, Westportal der Nikolaikirche in Leipzig

Bronzeguss

H 53,5 cm, B 42,7 cm

Leipzig, Stadtgeschichtliches Museum Leipzig, Pl. 53

II.213

Die Gedenktafel befand sich außen über dem Westportal der Leipziger Nikolaikirche. So überliefern es zumindest die »Inscriptiones Lipsienses« des Salomon Stepner von 1675. 1913 wurde sie dem Stadtgeschichtlichen Museum von Stadtbaurat Hugo Licht übereignet. Er hatte sie im Keller der Nikolaischule geborgen. Die Tafel mit der umlaufenden Inschrift »Anno 1503 am tag Margarete v[er]schied dye Erbar frauwe walpurg weyt wetemanyn der got genade« erinnert an die 1503 verstorbene Walpurga Wiedemann, die erste Ehefrau des Veit Wiedemann (auch Widemann und Widenman). Während uns die Quellen über sie leider so gut wie nichts verraten, wissen wir umso mehr über die männlichen Familienmitglieder.

Der Kaufmann Veit Wiedemann stammte aus Geislingen in Württemberg und kam im Zuge der Einwanderungswelle des späten 15. Jahrhunderts nach Leipzig, die durch die Entdeckung und Ausbeutung neuer Erzvorkommen im Westerzgebirge und im Mansfelder Land ausgelöst wurde. Hier wurde er 1481 Bürger, 1503 Ratsherr, 1504 Stadtrichter und 1513 Baumeister. Für den Zutritt zum Rat und damit zum politischen Führungszirkel der Stadt diente außer Vermögen vor allem die Einheirat in eine ältere Ratsfamilie als Eintrittskarte. Veit Wiedemann heiratete mit Walpurga die Tochter des Ratsherrn Ulrich Meyer, der selbst erst 1486 Neubürger in Leipzig geworden war und seit 1487 im Rat saß.

Damit hatte Wiedemann den Aufstieg in den Kreis der einflussreichen Familien in Leipzig geschafft, wie auch die weiteren ihm übertragenen Ämter zeigen: Stadtrichter war in dieser Zeit ein Amt, das an erfahrene Ratsherren vergeben wurde, aber kein Jurastudium erforderte. Ebenso verhielt es sich mit dem Amt des Baumeisters, der vor allem mit der Aufsicht über die städtischen Finanzen betraut war und nicht selbst plante oder baute. Wiedemanns Sohn Wolf setzte die Karriere fort, er wurde Bürgermeister, besaß ein Haus in der Reichsstraße und heiratete erst eine Tochter der Tuchhändlerfamilie Lintacher, später eine Tochter des kurfürstlichen Kanzlers Simon Pistoris. Wolf Wiedemann war unter anderem 1539 Bürgermeister, im Jahr der Einführung der Reformation in Leipzig. Die Familie besaß auch Landgüter, die Rittergüter Leutzsch, später Altranstädt und Oberschlema (heute Aue-Bad Schlema).

Das auf der Tafel dargestellte Wappen zeigt im Schild einen Mann, der ein Seil windet. Derselbe Mann taucht noch einmal als Helmzier auf. Das Wappen findet sich in prominenter Weise ebenfalls auf dem Epitaph des Kramermeisters Balthasar Hofmann aus dem Umkreis Lucas Cranachs des Jüngeren wieder (nach 1552, SGM Leipzig, Inv. Kirchliche Kunst Nr. 14). Hofmann war in zweiter Ehe mit einer Magdalena Wiedemann verheiratet. Veit Wiedemann wurde nach seinem Tod 1527 in der Nikolaikirche begraben. Es gibt keinen Hinweis, ob es für ihn auch eine Gedenktafel oder dergleichen in der Kirche gab.

Der überlieferte Ort der Anbringung der Tafel außen über dem Westportal ist ungewöhnlich und bisher nicht weiter zu belegen. Vergleichbare Gedenktafeln in Bronzeguss gibt es dagegen innerhalb der Kirchenausstattung Leipzigs, so zum Beispiel die Wappenscheiben für Lorentz von Reutlingen den Älteren (um 1528) und für den Kaufmann Sebastian Khunratt (um 1541) aus der Paulinerkirche (heute Universität Leipzig, Kustodie). Diese waren allerdings im Innenraum angebracht. *Ulrike Dura*

Quellen

Stadtgeschichtliches Museum Leipzig, Signatur IO 1476, sog. Familien-Buch, Manuskript, 1734 ff.

Literatur

Müller 1969, S. 76 | Schröder 1931, S. 41 (mit älterer Literatur) | Steinführer 2005.

II.214

Satz von fünf sechskantigen Bechern

Wohl Böhmen, spätes 13./frühes 14. Jahrhundert

Silberblech, teilvergoldet

H 8,6–9,2 cm, oben: D 10,5–12 cm, unten: D 6,2–8,4 cm

Nürnberg, Germanisches Nationalmuseum, HG11628a-e (Leihgabe der Bundesrepublik Deutschland)

Diese Becher wurden offenbar im böhmischen Kuttenberg/Kutná Hora gefunden, eingemauert in einem mittelalterlichen Haus. Sie zeigen die klare, betont reduzierte und fast modern anmutende Formensprache und Funktionalität mittelalterlichen profanen Silbers. Die unterschiedlich großen Häufebecher können ineinandergesteckt werden. Ihre Dekoration trägt dieser Gestaltung Rechnung: Nur der kleinste der Becher ist innen vergoldet, während zwei aufgelötete, umlaufende Profilbänder die Außenwandung des größten Bechers gliedern.

Bechersätze werden in mittelalterlichen Inventaren wiederholt erwähnt. Dennoch ist nur ein weiterer, in Erfurt gefundener Satz bekannt. Auf dem Boden jedes Bechers ist ein graviertes Wappen zu sehen. Im Zusammenspiel erlauben sie Rückschlüsse auf Datierung und Eigentümer. Der größte Becher zeigt den österreichischen Bindenschild, der nächste den gekrönten Adler Polens und der dritte den doppelschwänzigen Löwen Böhmens. Meist in das 14. Jahrhundert datiert, wurden sie – mit teils abweichender Deutung der Wappen – auch als Länderzeichen des böhmischen Königs Ottokar II. Přemysl (reg. 1253–1278) aus der Zeit zwischen 1262 und 1277 gedeutet.

Die Wappen der beiden kleinsten Becher zeigen Elemente, die mit jüdischer Kultur in Verbindung gebracht werden können. So sind auf dem Wappen des zweitkleinsten Bechers drei Judenhüte dargestellt, deren Spitzen sich im Zentrum berühren. Vergleichbare Wappen sind sowohl auf einem weiteren Trinkgefäß als auch auf jüdischen Siegeln des 14. Jahrhunderts zu finden. Das Wappen des kleinsten Bechers zeigt einen steigenden Wolf, über dem das hebräische Wort für »Wolf« eingraviert ist. Es ist als einziges Wappen zu sehen, wenn der Bechersatz zusammenge-

II.214

II.214 Draufsicht

steckt wird. Daher kommt ihm besondere Bedeutung zu, vermutlich als Benennung des Auftraggebers oder ersten Besitzers des Sets.

Wahrscheinlich fanden die Becher im jüdischen Kontext Verwendung, beispielsweise beim Kiddusch, dem jüdischen Segen zur Einleitung des Sabbats und anderer Feiertage. Ihr jüdischer Ursprung könnte auch Hinweise darauf geben, wann die Becher versteckt wurden: Nach der Pestwelle, die Europas Städte im Jahr 1348 entvölkerte, wurden Juden vielerorts rücksichtslos verfolgt. In Lingenfeld und Erfurt wurden Schätze entdeckt, die anhand von Münzen in die Zeit der Pogrome datiert werden können und höchstwahrscheinlich von den jüdischen Besitzern während der Verfolgungszeit verborgen wurden. Zum Erfurter Schatz gehört ebenfalls der zweite bekannte Bechersatz. Zwar sind die Auffindungsumstände des hier behandelten Satzes nicht dokumentiert, doch ist eine ähnliche Konstellation denkbar. *Heike Zech*

Literatur
Atzbach/Lüken/Ottomeyer 2010, S. 110, Kat.-Nr. 5.30 (R. Schürer) | Descatoire 2009, S. 66–367, Kat.-Nr. 9 | Europas Juden 2004, S. 222, 224 (Abb.) | Krabath 2007, bes. S. 126–130 | Luft 2001 | Matejková/Stehlíková 2010 | Ostritz 2010, Bd. 1, S. 173–173, Bd. 2, Kat.-Nr. 1.4, S. 83 ff., S. 234 f. | Prague 2005, S. 208 f., Kat.-Nr. 74 | Steingräber 1969, S. 220 f.

II.215

Der Schatzfund von Weißenfels

Mitteldeutsch, um 1320–1330

Verschiedene Materialien und Techniken

Halle (Saale), Kulturstiftung Sachsen-Anhalt – Kunstmuseum Moritzburg Halle (Saale), MOKHWEM00116, MOKHWEM00163, MOKHWEM00164, MOKHWEM00166a-c, MOKHWEM00167a-b, MOKHWEM00168a-b, MOKHWEM00169-172, MOKHWEM00341, MOKHWEM00522a-b, MOKHWEM00523a, MOKHWEM00524

Der Schatzfund ist eine Ansammlung kostbaren Schmucks und diverser Zier- und Bruchstücke aus Silber. Bisher konnte nicht geklärt werden, ob es sich bei dem Konvolut mit jüdischen, christlichen und profanen Objekten um einen

II.215 (ohne die beiden Ringe links oben)

Schatz eines in den Pest-Pogromen um 1349 verfolgten Juden (dafür spricht ein jüdischer Verlobungsring), um ein Silberdepot eines Goldschmieds oder Händlers (dafür sprechen die Bruchstücke) oder um das Vermögen eines jungen Paars (dafür sprechen die Verlobungs- und Trauungszeichen) handelt.

Der Schmuck wurde 1823 bei Bauarbeiten außerhalb der ursprünglichen Stadtmauer von Weißenfels vermutlich in einem Friedhofsareal entdeckt. Nachgrabungen des Thüringisch-Sächsischen Geschichts- und Altertumsvereins im Jahr 1826 ergänzten das Konvolut. Der Fund, 1846 von Friedrich Wiggert erstmals wissenschaftlich beschrieben, zählt bis heute zu den wichtigsten Zeugnissen der städtischen Schmuckkultur in Mitteldeutschland. Insgesamt ist die Überlieferung solcher Objekte sehr spärlich. Sie resultiert hauptsächlich aus zufällig entdeckten Horten. Aber diverse Reglementierungen des Werts von Schmuckstücken weisen darauf hin, dass sich in solchen Objekten Vermögenswerte und Standesansprüche ausdrückten.

Neben Fingerringen enthält der Hort eine Gürtelspange mit Gürtelhaken, eine Treuebrosche und diverse Zierbleche. Letztere, graviert oder gestanzt, dienten aufgenäht auf Gewandsäume und Gürtel als Applikationen auf der Kleidung, wie es zum Beispiel auch bei den Skulpturen der klugen Jungfrauen am Magdeburger Dom zu erkennen ist. Die Darstellungen von Wappentieren, hier insbesondere dem thüringischen Löwen, des alttestamentlichen Königs David, von Eichenlaubrosetten oder anderen geometrischen Formen, haben zweifellos jeweils eine spezifische Bedeutung. Der sechsstrahlige Stern symbolisiert beispielsweise im biblischen Sinn den Glanz und die Ewigkeit (Ps 89,37 f.), die Gottheit im Allgemeinen (Ps 84,12), die ewige Seligkeit (Jes 60,19 f.; Mt 13,43) oder ist ein abstrahiertes Sinnbild für die Jungfrau Maria (Hld 6,10).

Die Inschrift »IESUS MAR/IA JOHA[NNES]« auf der Ringbrosche verdeutlicht ebenfalls einen religiösen Symbolwert. Die Spange besteht aus zwei halbkreisförmigen Bändern, verbunden durch vier plastisch gearbeitete Hände, die sich jeweils an den Handwurzeln und Fingerspitzen berühren. Sie diente zum Verschluss des Gewands am Halseinschnitt. Entsprechungen finden sich an der Figur der Reglinde im Naumburger Dom oder der allegorischen Figur der Synagoge im Bamberger Dom. Die Brosche ist ein »Fürspan« oder eine »Bratze« in »handtruwe« (Handtreue), wie sie in verschiedenen Goldschmiede- und Kleiderordnungen des Mittelalters beschrieben wurde. Sie dokumentierte die als Handschlag vollzogene Hochzeit bzw. Trauung der sie tragenden Frau.

Ein Zeugnis der Liebe ist auch der Gürtelschieber mit der Darstellung eines sich die erhobenen Hände haltenden Paars in gotischen Gewändern. Es erhebt sich über einem mit Rosetten verzierten Vierpass, gehalten von vier kleinen Händen. Das ehemals teilvergoldete Schmuckstück bildete gemeinsam mit den um 1830 zusammen montierten Beschlägen und der Riemenzunge einen (oder auch zwei) Gürtel, der zur kostbaren Ausstattung einer wohlhabenden Braut gehört haben dürfte. Diese Funktion konnte erst mit der Auswertung des 1998 entdeckten Erfurter Schatzes erschlossen werden. *Ulf Dräger*

Quellen

Stadtarchiv Weißenfels, G. H. Heydenreich: Chronik der Stadt Weißenfels 1817–1827, handschriftlich, W/Ch7, Bl. 33 ff.

Literatur

Descatoire 2009, S. 62 (Abb.), S. 63, Nr. 3, S. 86, Nr. 39, S. 87, Nr. 40 | Dräger 1996, S. 233 ff., Nr. 4.42 a–d (Abb.) | Dräger 2001 | Europas Juden 2004, S. 194 (Abb.) | Fingerlin 1971, S. 91, 104, 352 f., Nr. 102 f., Abb. 153, 398 f. | Fritz 1982, S. 231, Nr. 318 f., S. 326 (Abb.) | Gründig/Dräger 1997, S. 95 (Abb.) | Jäger 2005, S. 8 ff., Nr. 6, S. 12 ff. | Leroy 1999, S. 55 (Abb.), Nr. 36 | mittendrin 1998, S. 150, Nr. 3/15 b, S. 149 (Abb.) | Sauerlandt 1919 | Steingräber 1956, S. 44, Abb. 50 | Stürzebecher 2010, S. 165–168, S. 276, Kat.-Nr. 31, Abb. 106, S. 278, Kat.-Nr. 37, Abb. 112, S. 283, Kat.-Nr. 51, Abb. 126, S. 291, Kat.-Nr. 75, Abb. 150 | Wiggert 1846.

II.216

Moshe ben Maimon: »More Nevukhim« – Führer der Verwirrten

Prag/Praha, 1396, Schreiber: Jishaqben Josef
Pergament, 145 Blätter
H 24,5 cm, B 17,5 cm
Hamburg, Staats- und Universitätsbibliothek, Cod. Levy 116

Der vorliegende Kodex von 1396 enthält mit dem bereits zeitgenössisch umstrittenen religionsphilosophischen Werk »Führer der Verwirrten« bzw. »More Nevukhim« eines der Hauptwerke des Moshe ben Maimon (1135/1138–1208) – einer der größten jüdischen Gelehrten des Mittelalters, der auch Maimonides genannt wurde. Die Handschrift hat eine lange Geschichte hinter sich, die auf die unterschiedliche Akzeptanz des Werks und ihrer jüdischen Besitzer im Lauf der Jahrhunderte schließen lässt.

Der Text wurde auf 145 Pergamentblättern in einer hebräischen Kursive geschrieben, die typisch für den aschkenasischen bzw. europäischen Raum ist. Das Werk gliedert sich in drei Teile oder *Halaqim*: I fol. 2v–44r; II: fol. 45v–82r, mit eigenem Titelblatt in Quadratschrift auf fol. 45r von einem anderen Schreiber als der Haupthand; III: fol. 83r–145r.

1396, das Jahr der Fertigstellung bzw. [5]156 entsprechend dem jüdischen Kalender, ist im Schreiberkolophon auf dem Schlussblatt (fol. 145r) festgehalten. Notiert sind dort wie auf fol. 45r auch der Name des Schreibers Jishaqben Josef, außerdem Prag als Ort der Verschriftlichung und ein Auftraggeber namens Shim'on. Am Schluss der Handschrift haben sich ungarische Notizen (18. Jahrhundert?) erhalten: »Dieses sehr alte jüdische Buch wurde in Tyrnau/Trnava in einer Mauer aufgefunden; offensichtlich hatten es die Juden, die im 15. Jahrhundert von dort vertrieben wurden, versteckt« (zitiert nach Róth/Striedl 1984, S. 164). Zu Beginn der Handschrift ist ein deutschsprachiger Vermerk notiert, wonach Israel Bak, ein Religionslehrer und Lehrer der hebräischen Sprache sowie Verfasser einer ungarischen-hebräischen Grammatik, die Handschrift von seinem 1866 verstorbenen Schwiegervater Sigmund Brill, Antiquar in Pest, erbte und an den

II.216 fol. 145r

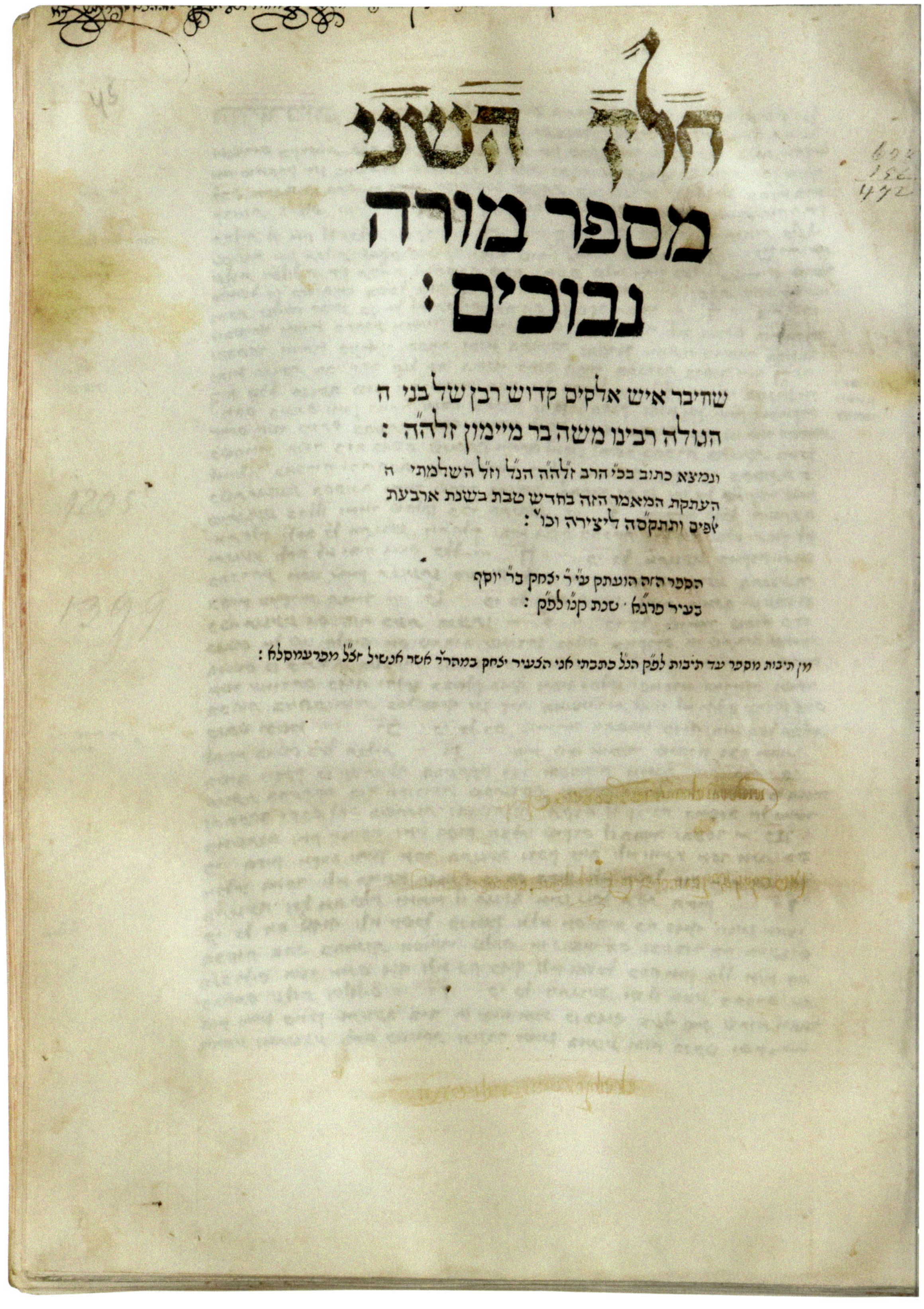
חלק השני
מספר מורה
נבוכים :

שחיבר איש אלקים קדוש רבן של בני ה
הגולה רבינו משה בר מיימון זלה״ה :
ונמצא כתוב בכ״י הרב זלה״ה הנ״ל וז״ל השלמתי ה
העתקת המאמר הזה בחדש טבת בשנת ארבעת
אפים ותתקס״ה ליצירה וכו״ :

הספר הזה הועתק ע״י ר׳ יצחק בר״ יוסף
בעיר פרג״א · שנת קנ״ו לפ״ק :

מן תיבות מספר עד תיבות לפ״ק הנ״ל כתבתי אני הצעיר יצחק במהר״ר אשר אנשיל זצ״ל מפרעמסלא :

II.216 fol. 45r

Händler A. Ascher & Co. in Berlin verkaufte, bevor sie 1906 als Teil der Sammlung Levy in die damalige Stadtbibliothek Hamburg gelangte.

Der »Führer der Verwirrten« wurde zunächst in arabischer Sprache verfasst, dann aber vor allem unter dem hebräischen Titel »More Nevukhim« (d.h. Führer der Beschämten bzw. Unschlüssigen, Verwirrten) bekannt. Die hier vorliegende Übersetzung ins Hebräische stammt von Shmu'el ben Yehuda ibn Tibbon (1160–1230). Maimonides suchte mit diesem Werk, die Juden zu erreichen, die durch das Studium philosophischer Schriften und weltlicher Bildung über die Gewissheit der Wahrheit der jüdischen Offenbarung in »Verirrung« geraten waren. Ihm zufolge steht das Gottes- und Weltbild der Tora nicht mit den Erkenntnissen der Vernunft in Widerspruch. Inhaltlich strebte Maimonides danach, die jüdische Religion mit der aristotelischen Philosophie zu verbinden, indem er von einer Vielfalt möglicher Bedeutungen und je nach intellektuellem Vermögen von einer allegorischen oder historisierenden Deutung ausging. Rezipiert wurde sein Werk nicht nur von Scholastikern wie Albertus Magnus (um 1200–1280) und Thomas von Aquin (um 1225–1274), sondern ebenso noch von Gelehrten des 19. und 20. Jahrhunderts.

In der Ausstellung ist die Handschrift ein Zeichen für die Bildung der städtischen jüdischen Bevölkerung und die ihnen zeitweilig beispielsweise in Prag am Ende des 14. Jahrhunderts entgegengebrachte Toleranz – mithin in einer Stadt, in der zeitgenössisch vier verschiedene Stadtrechte Anwendung fanden, darunter auch das Magdeburger Recht. Zwar garantierte es den Bürgern der Stadt die persönliche Freiheit, das Eigentumsrecht, die Unversehrtheit von Leib und Leben und die geregelte wirtschaftliche Tätigkeit. Gerade für die Juden galt es jedoch nicht, sie lebten nach ihrem eigenen Recht. Wenige Jahre zuvor, 1389, hatten sie in Prag/Praha Verfolgung, Vertreibung und Verderben zu erleiden.
Monika E. Müller

Quellen
Weiß 1995.

Literatur
Bondy/Dworský 1906, Nr. 171, S. 82–84 | Dunklau 2014 | Dunklau/Rebiger 2014 | Róth/Striedl 1984, S. 163–165 | Schott 2014.

II.217

Der heilige Reinhold aus der Marienkirche Danzig

Jan de Molder (?), Antwerpen, 1515/16
Eichenholz, bemalt, vergoldet
Gesamt: H 183 cm, B 54 cm, T 43 cm
Figur: H 103 cm, B 42 cm, T 27 cm
Warschau/Warszawa, Muzeum Narodowe w Warszawie, M.Ob.2190 MNW

Das Polyptychon des heiligen Reinhold wurde von der Reinholdsbruderschaft für die ihm gewidmete Kapelle am Nordschiff der Marienkirche in Danzig/Gdańsk in Auftrag gegeben und 1516 fertiggestellt. Es handelt sich um ein Pentaptychon, das heißt ein Altarretabel mit einem faltbaren, doppelten Flügelpaar, das an Sonn- und Feiertagen geöffnet wurde. Auf dem ersten Flügelpaar sind Gemälde mit Szenen aus dem Leben Jesu Christi zu sehen, die von Joos van Cleve, einem der berühmtesten Maler Antwerpens, gefertigt wurden. Auf dem zweiten Flügel-

II.217

paar kommt ein skulptural gearbeiteter Marienzyklus aus der bekannten Antwerpener Werkstatt von Jan de Molder (1494–1550 tätig) zum Vorschein. Im geschlossenen Zustand des Retabels sind auf der sogenannten Werktagsseite großformatige Heiligendarstellungen zu sehen. Die Gemälde zeigen Johannes den Täufer und den bewaffneten Ritter Reinold, die die beiden möglichen Wege eines christlichen Lebens verkörperten: den Weg des Gebets und der Kontemplation (*vita contemplativa*), wie ihn der heiligen Johannes gewählt hat, sowie den Weg eines aktiven Lebens (*vita activa*), dem der Ritter Reinhold folgte.

Ergänzung und Höhepunkt dieses Programmaspekts ist die Holzfigur des heiligen Reinhold, die sich einst im Gesprenge unter einem turmförmigen Baldachin befand, der ebenfalls im Warschauer Nationalmuseum verwahrt wird. Sie war jederzeit sichtbar (bei geschlossenem Retabel ebenso wie bei der Öffnung der Flügel), repräsentierte sowohl den Patron der Kapelle als auch der Bruderschaft und war Ausdruck der aristokratischen, ritterlichen Ambitionen ihrer Mitglieder. Neben der des heiligen Georg war sie die elitärste Bruderschaft. 1481 gegründet, sammelten sich in ihr die wohlhabenden, aus dem Rheinland stammenden Bürger Danzigs. Der heilige Reinhold, ihr Schutzpatron, vereinigte im Spätmittelalter zwei legendäre Figuren: eines im 10. Jahrhundert lebenden Mönchs aus der Benediktinerabtei St. Pantaleon in Köln und eines weltlichen, aus einer Adelsfamilie im Umfeld von Karl dem Großen (reg. 768–814) stammenden Ritters. Dieser ließ sich, müde vom Kriegsdienst, in einem (unbekannten) Kloster nieder. Der heilige Reinhold wurde in Köln und in Dortmund verehrt. Auch in Dortmund und Soest war Reinhold der Patron der bürgerlichen Bruderschaften.

Obwohl die Figur separat in einer Bildhauerwerkstatt gefertigt wurde, trägt sie ein ähnliches Gewand und eine ähnliche Kopfbedeckung wie die gemalte Darstellung. Ursprünglich war sie ebenfalls mit einem Schwert und einer Lanze ausgestattet. Dies könnte darauf hindeuten, dass die Gestaltung der beiden Figuren in ihren Grundzügen von den Auftraggebern der Danziger Bruderschaft bestimmt worden war. Die Accessoires, Körperproportionen, Kopfformen und Physiognomien sowie der Fall der Kleidung wiederholen sich in den im Korpus des Retabels dargestellten Szenen. Der heilige Reinhold aus dem Gesprenge entstand demnach zweifellos gleichermaßen in der Werkstatt von Jan de Molder und war kein vor Ort gefertigtes Produkt, das erst nach Ankunft des Altars in Danzig hinzugefügt wurde.

Jan de Molder (auch Hennen de Muelenere) wurde 1494 als Schüler seines älteren Bruders, des Bildhauers und Zunftdekans Willem de Muelenere, in den Zunftbüchern (1507, 1510, 1516, 1517, 1522 und 1525) erwähnt. 1498 sprach man ihn als Meister frei. Für die Abtei Averbode schnitzte Jan de Molder 1513 das imposante Abendmahlsretabel (Musée National du Moyen-Âge, Hôtel de Cluny, Paris) sowie den nicht erhaltenen Allerheiligenaltar (1517/18). Für den Export, insbesondere für Kirchen im skandinavischen Raum, schuf er zahlreiche fertig vorproduzierte Retabel (Lofta, Skärkind, Nationalmuseum Stockholm).

Das Polyptychon des heiligen Reinhold jedoch war eine Auftragsarbeit der Danziger Bruderschaft, die Themen und Anordnung der Szenen planten und auf die Hervorhebung der symbolischen Rolle ihres ritterlichen Patrons drängten. Die Ausführung der Figuren des Retabels und seines Gesprenges in der Werkstatt von Jan de Molder belegt die regen Handelsbeziehungen und künstlerischen Kontakte von Danzig zu Antwerpen und den südlichen Niederlanden.

Der Altar des heiligen Reinhold gehört zusammen mit dem Altar der Kapelle der Metzger in der Danziger Marienkirche, dem Altar des Klosters in Zuckau/Żukowo (in situ) und dem Altar der Pfarrkirche in Praust/Pruszcz Gdański (Warschauer Nationalmuseum) zu einer Welle von Altarimporten aus den Niederlanden nach Danzig zwischen 1495 und 1520. *Antoni Ziemba*

Literatur
Drost 1963 | Hirsch 1843–1847 | Kutzner 2000 | Szmydki 1986 a | Szmydki 1986 b | Weilandt 2010 | Woziński 1997 | Woziński 2004 | Woziński 2019.

CASMIRVS

III. Netzwerke von Städten und Städtern

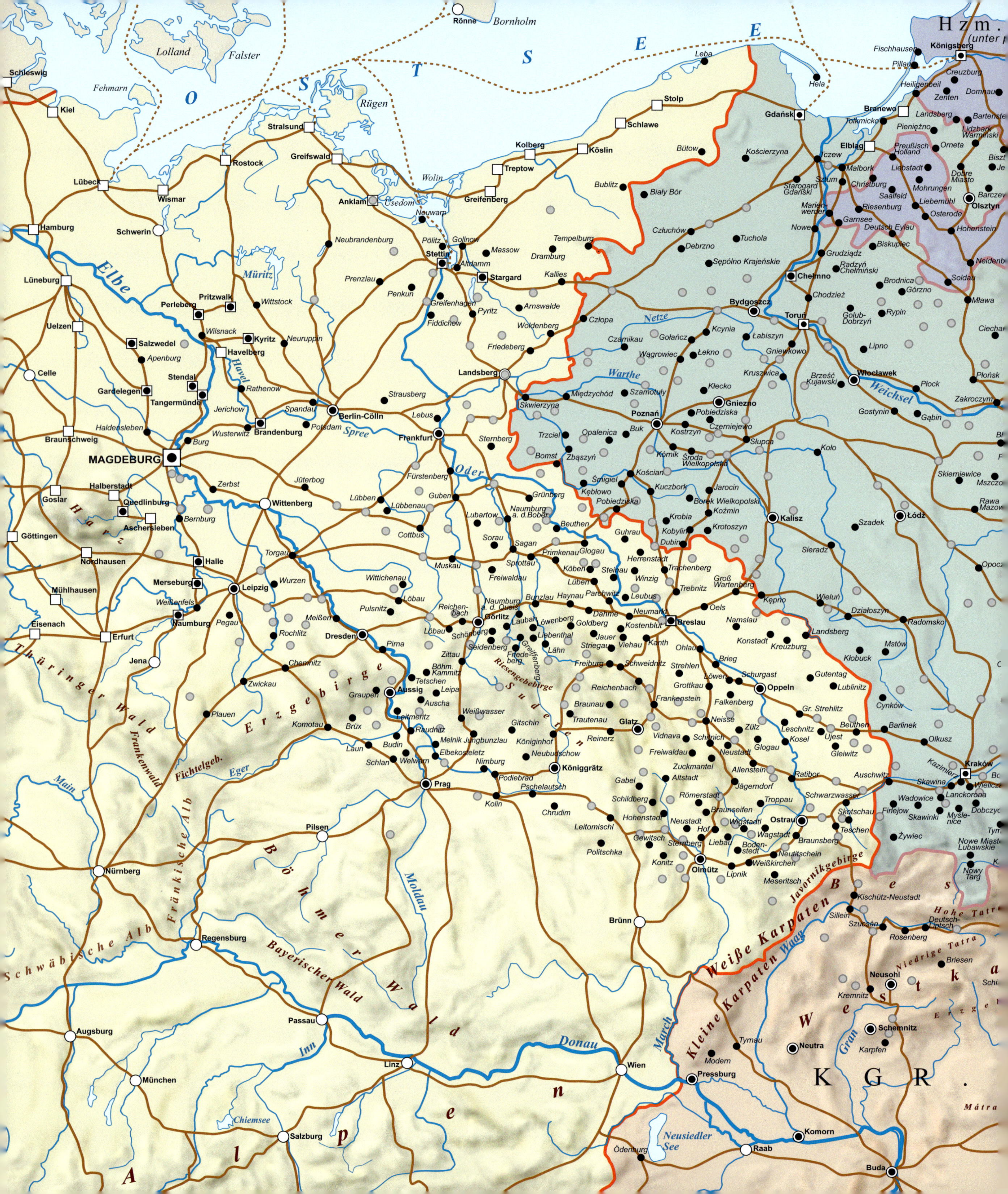

O S T S E E
Bornholm
Rönne
Lolland
Falster
Fehmarn
Rügen
Usedom
Wolin
Hzm.
(unter
Schleswig
Kiel
Lübeck
Wismar
Rostock
Stralsund
Greifswald
Anklam
Hamburg
Schwerin
Lüneburg
Uelzen
Celle
Elbe
Müritz
Perleberg
Pritzwalk
Wittstock
Kyritz
Wilsnack
Havelberg
Salzwedel
Apenburg
Neuruppin
Havel
Stendal
Gardelegen
Tangermünde
Rathenow
Jericho
Spandau
Berlin-Cölln
Potsdam
Spree
Brandenburg
Wusterwitz
Burg
Haldensleben
Braunschweig
MAGDEBURG
Zerbst
Jüterbog
Halberstadt
Goslar
Quedlinburg
Aschersleben
Harz
Bernburg
Wittenberg
Göttingen
Nordhausen
Halle
Torgau
Merseburg
Mühlhausen
Leipzig
Wurzen
Weißenfels
Naumburg
Pegau
Eisenach
Erfurt
Jena
Thüringer Wald
Neubrandenburg
Prenzlau
Penkun
Pölitz
Gollnow
Stettin
Altdamm
Massow
Stargard
Greifenhagen
Fiddichow
Pyritz
Arnswalde
Kallies
Dramburg
Tempelburg
Woldenberg
Friedeberg
Landsberg
Strausberg
Lebus
Frankfurt
Sternberg
Neuwarp
Greifenberg
Treptow
Kolberg
Köslin
Schlawe
Stolp
Leba
Hela
Bublitz
Biały Bór
Bütow
Gdańsk
Kościerzyna
Starogard Gdański
Tczew
Szturn
Malbork
Elbląg
Marienwerder
Nowe
Człuchów
Debrzno
Tuchola
Sępólno Krajeńskie
Chełmno
Grudziądz
Radzyń Chełmiński
Bydgoszcz
Toruń
Chodzież
Człopa
Czarnikau
Gołańcz
Kcynia
Łabiszyn
Gniewkowo
Netze
Wągrowiec
Łekno
Kruszwica
Brześć Kujawski
Włocławek
Weichsel
Warthe
Skwierzyna
Międzychód
Szamotuły
Kłecko
Gniezno
Pobiedziska
Czemiejewo
Poznań
Kostrzyn
Słupca
Trzciel
Opalenica
Buk
Kórnik
Środa Wielkopolska
Bomst
Zbąszyń
Kościan
Śmigiel
Kębłowo
Pobiedziska
Kuczbork
Jarocin
Borek Wielkopolski
Koźmin
Krobia
Kobylin
Krotoszyn
Dubin
Kalisz
Koło
Sieradz
Szadek
Łódź
Płock
Gostynin
Gąbin
Zakroczym
Płońsk
Mława
Skierniewice
Rawa Mazowiecka
Opoczno
Wieluń
Działoszyn
Radomsko
Mstów
Kłobuck
Königsberg
Fischhausen
Pillau
Heiligenbeil
Creuzburg
Domnau
Zenten
Branewo
Tolkmicko
Landsberg
Pieniężno
Bartenstein
Lidzbark Warmiński
Preußisch Holland
Orneta
Liebstadt
Dobre Miasto
Christburg
Mohrungen
Saalfeld
Liebemühl
Olsztyn
Riesenburg
Osterode
Garnsee
Deutsch Eylau
Hohenstein
Biskupiec
Neidenburg
Soldau
Brodnica
Górzno
Golub-Dobrzyń
Rypin
Lipno
Ciechanów
Fürstenberg
Oder
Guben
Lübben
Lübbenau
Cottbus
Lubartow
Grünberg
Naumburg a. d. Bober
Sorau
Beuthen
Sagan
Primkenau
Glogau
Guhrau
Herrenstadt
Sprottau
Köben
Steinau
Winzig
Trachenberg
Muskau
Freiwaldau
Lüben
Parchwitz
Leubus
Trebnitz
Wittichenau
Löbau
Bunzlau
Haynau
Naumburg a. d. Queis
Neumarkt
Oels
Groß Wartenberg
Kempno
Pulsnitz
Reichenbach
Görlitz
Lauban
Löwenberg
Goldberg
Dahme
Liebenthal
Jauer
Kostenblut
Breslau
Namslau
Landsberg
Konstadt
Kreuzburg
Meißen
Rochlitz
Dresden
Pirna
Schönberg
Seidenberg
Greiffenberg
Friedeberg
Lähn
Striegau
Viehau
Kanth
Ohlau
Brieg
Löwen
Schurgast
Oppeln
Gutentag
Lublinitz
Zittau
Böhm. Kammitz
Tetschen
Leipa
Riesengebirge
Freiburg
Schweidnitz
Strehlen
Grottkau
Reichenbach
Frankenstein
Falkenberg
Chemnitz
Zwickau
Erzgebirge
Aussig
Graupen
Auscha
Leitmeritz
Weißwasser
Sudeten
Braunau
Trautenau
Glatz
Gr. Strehlitz
Leschnitz
Kosel
Ujest
Beuthen
Gleiwitz
Plauen
Komotau
Brüx
Raudnitz
Melnik
Jungbunzlau
Gitschin
Königinhof
Reinerz
Vidnava
Freiwaldau
Schmiech
Neisse
Neustadt
Zülz
Glogau
Laun
Budin
Elbekosteletz
Neubydschow
Schlan
Welwarn
Nimburg
Königgrätz
Zuckmantel
Altstadt
Allenstein
Ratibor
Jägerndorf
Auschwitz
Kraków
Wieliczka
Fichtelgeb.
Eger
Prag
Podiebrad
Kolin
Pschelautsch
Chrudim
Gabel
Schildberg
Römerstadt
Braunseifen
Troppau
Schwarzwasser
Skotschau
Teschen
Hohenstadt
Neustadt
Hof
Wigstadtl
Ostrau
Wagstadt
Braunsberg
Leitomischl
Gewitsch
Sternberg
Liebau
Bodenstedt
Neutitschein
Politschka
Konitz
Olmütz
Weißkirchen
Lipnik
Meseritsch
Javornikgebirge
Skawina
Lanckorona
Wadowice
Myślenice
Dobczyce
Frielijow
Skawinki
Żywiec
Nowe Miasto Lubawskie
Nowy Targ
Kischütz-Neustadt
Sillein
Hohe Tatra
Deutsch-Litsch
Szucsán
Rosenberg
Niedrige Tatra
Briesen
Neusohl
Kremnitz
Schemnitz
Karpfen
Gran
Neutra
Tyrnau
Modern
Pressburg
Weiße Karpaten
Kleine Karpaten
Waag
March
Beskiden
Westkarpaten
K G R.
Mátra
Komorn
Raab
Ödenburg
Neusiedler See
Buda
Main
Frankenwald
Fränkische Alb
Nürnberg
Pilsen
Moldau
Böhmerwald
Bayerischer Wald
Schwäbische Alb
Regensburg
Passau
Inn
Donau
Linz
Wien
Brünn
Augsburg
München
Chiemsee
Salzburg
Alpen

BEDEUTENDE HANDELSSTRASSEN
IM VERBREITUNGSGEBIET DES
MAGDEBURGER RECHTS UM 1500
1:3 125 000
0
100
200
300
km
Erhalt des Magdeburger Rechts vor 1500 (beschriftet)
Zeitraum des Erhalts des Magdeburger Rechts nicht bekannt, aber wahrscheinlich vor 1500 (unbeschriftet)
Hansestadt mit Magdeburger Recht
Bedeutende Stadt mit Magdeburger Recht
Hansestadt ohne Magdeburger Recht (Auswahl)
Sonstige bedeutende Stadt ohne Magdeburger Recht (Orientierungsort)
Bedeutende Handelsstraße
Bedeutende Seehandelsverbindung
Grenze des Heiligen Römischen Reiches Deutscher Nation
ußen
Oberhoheit)
Pregel
Nordenburg
Spirdingsee
Nikolaiken
Kowno
Wilno
Merkinė
Minsk
Niemen
Grodno
Goniądz
KÖNIGREICH
Narew
Łomża
Ostrołęka
Zambrów
Suraż
Różan
Brańsk
Bielsk Podlaski
Pripet
Drahitschyn
Łądek
Bug
Brest-Litowsk
Garwolin
Ratno
POLEN
Kiew
Dnjepr
Skaryszew
Lublin
Chełm
Bychawa
Krasnystaw
Włodzimierz
Torczyn
Łuck
Kraśnik
Hrubieszów
Rovno
Opatów
Zawichost
Żytomierz
Sandomierz
Peremil'
Dubno
Sokal
Bels
San
Weichsel
Krzemieniec
Potełycz
Kamionka Strumiłowa
Lubaczów
Łańcut
Przeworsk
Rzeszów
Ropczyce
Jarosław
Chmielnik
Lwów
Gliniany
Pilzno
Tarnopol
Przemyśl
Sadowa Wisznia
Gródek
Bóbrka
Dunajów
Latyczów
Winnica
Ciężkowice
Jasło
Krosno
Biecz
Komarno
Rohatyn
Trembowla
Jarmolińce
Osiek Jasielski
Dukla
Dnjestr
Drohobycz
Żydaczów
Bukaczowce
Stryj
Kopaihorod
Bartfeld
Monasterzyska
Buczacz
Skała
Nowa Uszyca
Tyśmienica
Eperies
Göllnitz
Kaschau
Ungvar
Munkacs
Kołomyja
Śniatyn
Czerniowce
Dnjestr
Waldkarpaten
Ostkarpaten
Fsm.
Moldau
UNGARN
Suczawa
Theiß
Pruth
Debrecen
Bistritz
Angaben zur Verbreitung des Magdeburger Rechts: H. Schmidt
Kartographie: G. Pápay
ZENTRUM FÜR MITTELALTERAUSSTELLUNGEN
ZMA

THOMAS ERTL

Das spätmittelalterliche Ostmitteleuropa

als Raum der Verflechtung

Ostmitteleuropa war und ist eine durch interne und externe Austauschprozesse geprägte Großregion. Städte spielten bei dieser kulturellen und wirtschaftlichen Verflechtung seit dem hohen Mittelalter eine zentrale Rolle. Die Binnenlage und das Fehlen natürlicher Grenzen öffneten den Raum vielfältigsten Einflüssen aus allen Himmelsrichtungen. Dennoch existierten gewisse Gemeinsamkeiten, die es sinnvoll machen, das hoch- und spätmittelalterliche Ostmitteleuropa als Einheit zu betrachten. Einheitsstiftend wirkte in erster Linie die Zugehörigkeit zum römisch-katholischen Christentum und die damit verbundene Abgrenzung gegenüber den orthodoxen Ländern im Osten und Südosten. Eine zweite Klammer, die Ostmitteleuropa Gestalt verlieh, bildete die politische und kulturelle Vormachtstellung des römisch-deutschen Reichs. Dennoch bewahrten die verschiedenen Völker Ostmitteleuropas ihre Eigenheiten, sodass sich die Heterogenität des Raumes politisch und kulturell keineswegs verringerte.

Die Zeit von 1100 bis 1300 war auch in Ostmitteleuropa eine Phase des demografischen und wirtschaftlichen Wachstums. Allein Ungarn erlebte durch den Mongoleneinfall Mitte des 13. Jahrhunderts einen starken Bevölkerungsrückgang. Um 1300 waren die Grenzen des Bevölkerungswachstums jedoch in den meisten Ländern erreicht. Hungersnöte und Missernten führten in dichter besiedelten Regionen bereits in der ersten Hälfte des 14. Jahrhunderts zu einer Dezimierung der Bevölkerung. In den Jahren 1348/49 erlag ein Fünftel bis ein Drittel der Bewohner der Pest, dem sogenannten Schwarzen Tod. Regionen mit einer hohen Bevölkerungsdichte, insbesondere große Handelsstädte an internationalen Handelswegen, waren stärker betroffen als Landschaften mit einem geringen Urbanisierungsgrad. Während etwa die Hafenstadt Hamburg überdurchschnittlich viele Opfer zu beklagen hatte, blieben Böhmen und das östliche Europa weitgehend verschont. Dies verminderte die Entwicklungsunterschiede zwischen den Regionen, wobei die slawischen Königreiche – bis auf Böhmen mit seiner Hauptstadt Prag/Praha, die mit knapp 40 000 Einwohnern am Ende des Mittelalters zu den größten Städten des Heiligen Römischen Reichs gehörte – stets dünner besiedelt waren als die meisten Länder in Westeuropa.

Trotz aller Krisen erlebten Handwerk und Handel im Hoch- und Spätmittelalter auch in Ostmitteleuropa eine starke »Internationalisierung«. Führendes Gewerbe in dieser Hinsicht war die Textilverarbeitung. Auf den Messen in Frankfurt am Main und später in Genf und Lyon erwarben die deutschen Kaufleute jene Tücher aus Wolle oder Barchent, die sie im Osten verkauften, um auf dem Rückweg Metalle aus den Karpaten sowie die über Venedig importierten Güter des Orients nach Frankfurt oder weiter nach Nordwesteuropa zu liefern (Kat.-Nr. III.7). Große Strahlkraft entfaltete am Ende des Mittelalters die Messe in Leipzig, auf der Menschen und Waren aus West- und Osteuropa zusammenkamen. Zugleich begann der Aufstieg der sogenannten Oberdeutschen Hochfinanz, zu der Familien wie die Fugger aus Augsburg gehörten (Abb. 227). Diese Kaufleute und Bankiers waren überall in Europa tätig, verschafften sich allerdings eine besonders einflussreiche Stellung im Königreich Ungarn. Ungarn war für solche Handelshäuser, die ihren Erfolg einer Kombination von Finanzgeschäften, Fernhandel und Investitionen in den Bergbau verdankten, vorwiegend wegen seiner Goldvorkommen interessant.

Im östlichen Mitteleuropa waren es vor allem zwei Transitrouten, welche die Anbindung an den internationalen Handel gewährleisteten: Eine Route führte von Nürnberg über Prag und Krakau/Kraków und weiter über Lemberg/L'viv bis zum Schwarzen Meer. Eine zweite verband das Schwarze Meer über die Orte Lemberg und Thorn/Toruń mit Danzig/Gdańsk und der Ostsee (Abb. 228). Dazu kam ein Handelsweg entlang der Donau, von Regensburg über Wien nach

Abb. 227
Die Goldene Schreibstube, zentrale Buchhaltung und Verwaltung der Fugger in Augsburg, die ihren Namen durch die goldenen Leisten an den Wänden erhielt. Hier zu sehen Jakob Fugger II. und sein Buchhalter Matthäus Schwarz, im Hintergrund die Namen der Städte, in denen Fugger Handel trieb, darunter Ofen/Buda und Krakau/Kraków, Zeichnung aus dem Kostümwerk des Matthäus Schwarz von 1518, Braunschweig, Herzog Anton Ulrich-Museum, H 27 Bd. 67a, Blatt 28

Ungarn und weiter ans Schwarze Meer oder nach Russland. Eingeführt wurden auf diesen Wegen hochwertige Produkte wie Tuche, Gewürze und Wein. In den Westen gingen dagegen vor allem Getreide und Waldprodukte – also Holz, Kohle, Honig und Wachs – aus dem Hinterland der Ostsee, aber auch Metalle und Salz aus der Sudeten- und Karpatenregion sowie Schlachtvieh aus der ungarischen Tiefebene. Die berühmten Herden ungarischer Ochsen tauchten seit der Mitte des 14. Jahrhunderts auf den süddeutschen und oberitalienischen Märkten auf. Zur gleichen Zeit lieferten die böhmischen und ungarischen Minen mehr als die Hälfte des europäischen Gold- und Silberabbaus. Gewerbliche Erzeugnisse aus dem östlichen Mitteleuropa waren in erster Linie böhmische Wolltücher, die seit dem 15. Jahrhundert exportiert wurden.

Abb. 228 ▶
Thorn/Toruń ist die älteste Stadt Preußens, es erhielt 1233 die »Kulmer Handfeste« und war so Teil der Magdeburger Stadtrechtsfamilie. Mit dem Bau des Rathauses der Thorner Altstadt wurde schon im 13. Jahrhundert begonnen, hier abgebildet mit Kopernikus-Denkmal

Auf vielfältige Weise war Ostmitteleuropa am Ende des Mittelalters und darüber hinaus mit anderen Weltregionen verbunden. Eine Internationalisierung des Handels hatte aus vormals wenig bedeutsamen Nebenstraßen im östlichen Mitteleuropa wichtige Handelsstraßen zwischen West und Ost gemacht. Den wirtschaftlichen Anschluss an die Meere des Nordens sicherte die Hanse mit ihren Kontakten zu den Städten im Hinterland von Nord- und Ostsee, aber ebenso zum Karpatengebiet. Ein Mitglied dieses weiten Marktes wurde schließlich auch Polen mit seinen Getreideüberschüssen.

Religion und Nation(alismus)

Die Zugehörigkeit zum westlich-lateinischen Christentum bildete in allen Ländern des östlichen Mitteleuropas einen identitätsstiftenden Faktor. Als die Bevölkerung sowie die politische Durchdringung der Territorien nach 1250 zunahmen, wuchsen Feindschaft und Intoleranz gegenüber Andersgläubigen auch dort, wo man zuvor friedlich nebeneinander gelebt hatte. Die Aggressionen gingen vor allem von der stärkeren katholischen Seite aus, welche die Orthodoxen als Schismatiker oder Häretiker betrachtete. Schlecht erging es den orthodoxen Christen vor allem im östlichen Ungarn, insbesondere in Transsylvanien. König Ludwig von Ungarn (reg. 1342–1382) ließ die religiöse Minderheit verfolgen und ihre Priester ausweisen, um seine politische Macht zu stärken und seine Beziehung zum Papst zu festigen. Die minderheitenfeindliche Zeitstimmung fasste bald auch in Polen Fuß. Mit der Ausdehnung des Königreichs nach Osten kamen immer größere Gebiete orthodoxen Bekenntnisses unter die Herrschaft der polnischen Krone. Einen abrupten Zuwachs in dieser Hinsicht zog die Union mit dem Großfürstentum Litauen nach sich. Nach der Konversion des heidnischen Großfürsten von Litauen zum Katholizismus und dem Anschluss seines Landes an Polen wurden die orthodoxen Bewohner der östlichen litauischen Gebiete, die bis nach Russland hineinreichten, zu Bürgern zweiter Klasse.

In Böhmen verschmolzen zu Beginn des 15. Jahrhunderts religiöse, soziale und politische Motive im Kampf der Hussiten gegen die katholische Kirche und ihre weltlichen Verbündeten. Die zahlreichen militärischen Auseinandersetzungen führten einerseits zwar zu einem Niedergang der hervorragenden wirtschaftlichen Stellung des Königreichs Böhmen innerhalb Mitteleuropas, stärkten andererseits aber das protonationale Selbstbewusstsein der Tschechen. Erst 1436 war ein Kompromissfrieden zwischen den gemäßigten Hussiten und König Sigismund möglich. Erstmals in der Geschichte des mittelalterlichen Christentums wurde damit eine nichtkonforme religiöse Bewegung von katholischer Seite anerkannt.

Nicht nur im Hussitismus zeigte sich der entstehende Nationalismus im spätmittelalterlichen Mitteleuropa. Ein wichtiger Grund lag außerdem in der allgemein zunehmenden Mobilität der Gesellschaft. Immer mehr Menschen verließen ihre Heimat und begegneten auf ihren Reisen zwischen Spanien und Russland, zwischen Island und dem Heiligen Land anderen ethnischen und sprachlichen Gruppen. Die Kreuzzüge ließen Tausende lateinische Christen gemeinsame Abenteuer im Heiligen Land erleben. Pilger und Kaufleute verkehrten in immer größeren Zahlen zwischen den religiösen und wirtschaftlichen Zentren Europas. Doch die wechselseitigen Kontakte und die wachsende Kenntnis voneinander stärkten nicht die harmonische Einheit der Christenheit, sondern ließen die Menschen ihre Unterschiede entdecken. Aus abfälligen Beobachtungen wurden nationale Stereotype, die sich verfestigten und von erstaunlicher Dauer waren, überliefert von Generation zu Generation in Literatur und Historiografie. Für die Juden bildete das späte Mittelalter in ganz Europa eine Epoche zunehmender Ausgrenzung. Diese Ausgrenzung führte zur Abwanderung vieler jüdischer Familien entweder auf das Land oder in den Osten. Im östlichen Mitteleuropa und in Osteuropa führte dies zur Entstehung von Siedlungen mit einem hohen jüdischen Bevölkerungsanteil (»Shtetl-Kultur«), in denen Juden mit dem aus dem Mittelhochdeutschen hervorgegangenen Jiddisch eine eigene Schrift- und Kultursprache etablierten und in denen sie bis weit in die Neuzeit hinein relativ friedlich und ungestört ihren Glauben praktizieren konnten.

Traditionen und Diffusionen in Kunst und Kultur

Die Übernahme gotischer Stilmerkmale im östlichen Mitteleuropa war ein Prozess, der am Ende des 12. Jahrhunderts einsetzte und sich über mehrere Generationen erstreckte. Beispiele früher gotischer Kunst in Mitteleuropa zeigen häufig einen Übergangsstil zwischen Romanik und Gotik, wie beispielsweise der Magdeburger Dom, der ab 1209 als eine der ersten gotischen Kathedralen in Deutschland gebaut wurde, aber noch deutlich an die wuchtigen romanischen Kirchen erinnert. Bereits eine Generation später begann man in Halberstadt, Köln, Straßburg und anderen Städten mit dem Bau hochgotischer Bischofs- und Pfarrkirchen nach französischem Vorbild. Im Laufe der Zeit setzte eine gewisse Emanzipation vom französischen Vorbild ein, die zur Verbreitung von schlichteren Grundrissen und der Bevorzugung der Hallenbauweise führte. Eine Vermischung einheimischer Sonderentwicklungen mit den aus Westeuropa und Deutschland importierten Grundstrukturen lässt sich auch in der gotischen Sakralarchitektur des östlichen Mitteleuropas feststellen.

Abb. 229
Die große Marienburg/Malbork am Ufer der Nogat wurde im 13. Jahrhundert erbaut und war von 1309 bis 1454 Sitz der Hochmeister des Deutschen Ordens. Sie gilt als größter Backsteinbau Europas

◄ Abb. 230
Die Schöne Madonna von Krużlowa (Detail) ist die bekannteste polnische Skulptur des Mittelalters, internationale Gotik (weicher Stil), um 1400. Krakau/Kraków, Muzeum Narodowe

Der gotische Neubau des Veitsdoms in Prag etwa wurde 1344 von einem französischen Baumeister begonnen und später von dem Schwaben Peter Parler und seinen Söhnen fortgesetzt. Vollendet wurde die Kirche allerdings erst im 20. Jahrhundert. Im gesamten norddeutschen Raum herrschte die Backsteinbauweise vor. Sie erlaubte keine figurative Bauplastik, weshalb die Gliederung der Wände durch den Wechsel von roten und lackierten Ziegeln und weiß gekalkten Wandflächen erfolgte. Der größte Backsteinbau Europas war der Hauptsitz des Deutschen Ordens in Marienburg/Malbork aus dem 13./14. Jahrhundert (Abb. 229). Entsprechend ihrem Zweck besitzt die Anlage verschiedene Gebäude, die der Unterkunft der Ordensritter und dem Repräsentationsbedürfnis seiner Führung dienten. Die äußere Erscheinung der ausgedehnten Burg folgt westlichen Vorbildern. Dieser internationalen Formensprache sind auch die polnischen Backsteinkirchen verpflichtet, beispielsweise die Kathedrale und die Marienkirche von Krakau.

Die europäische Verflechtung der Kunst im Zeitalter der Frühgotik zeigt sich ebenso deutlich in der Schatzkunst. Eines der bekanntesten Werke schuf der lothringische Goldschmied Nikolaus von Verdun für das Augustinerchorherrenstift Klosterneuburg bei Wien. Die im Jahr 1181 geschaffenen 45 Kupferplatten mit Emailüberzug zeigen in drei Reihen eine typologische Gegenüberstellung von Szenen des Alten und Neuen Testamentes. In seinem differenzierten und klaren Linienstil, der den Figuren eine bemerkenswerte Körperlichkeit verleiht, verarbeitete der wandelnde Künstler antike, byzantinische und nordwesteuropäische Einflüsse. Sein Vorbild wirkte in der gotischen Schatzkunst und Plastik weiter. Auch im Bereich der Bildhauerkunst war zu Beginn des 13. Jahrhunderts das französische Vorbild maßgeblich. Von Steinmetzen aus Frankreich, die eine gute Kenntnis der zeitgenössischen nordfranzösischen Plastik mitbrachten, stammt beispielsweise der Bamberger Reiter, der vermutlich kurz vor der Neuweihe des Doms 1237 vollendet worden war und einen König ungeklärter Identität zeigt. Bei der Reiterfigur handelt es sich um das älteste annähernd lebensgroße Reiterstandbild im Innern einer Kirche.

An die Stelle von Künstlern und Kunstwerken aus dem Westen und dem Süden traten seit der Wende zum 14. Jahrhundert verstärkt einheimische Künstler, die mit ihren Werken die internationale Formensprache mit regionalen Traditionen verbanden. Die Länder östlich des Rheins, insbesondere das südliche Mitteleuropa mit Oberdeutschland, Österreich und Böhmen, scheinen um 1300 sogar zum führenden Zentrum einer dynamischen Entwicklung der kontinentalen gotischen Architektur geworden zu sein. Vor allem hier entstanden in diesen Jahrzehnten Kirchen, die eine hochgotische, stark lineare Morphologie kennzeichnete. Es waren in erster Linie die Bauhütten der Zisterzienser, die diese mitteleuropäische Hochgotik verbreiteten und in ihren österreichischen und böhmischen Klosterkirchen am konsequentesten durchsetzten. Diese »Internationale Gotik«, auch »weicher Stil« genannt, beeinflusste insbesondere Skulptur und Plastik um 1400. Die Abwendung von einer starren, schweren Körpersprache hin zu runden, fließenden Formen zeigte sich vor allem in Madonnenplastiken, den sogenannten schönen Madonnen. In ihnen wurde die Maxime des »weichen Stils«, nämlich das Gefühl inniger Frömmigkeit durch äußere Harmonie und Schönheit sichtbar zu machen, eindrucksvoll verwirklicht (Abb. 230). Innerhalb des römisch-deutschen Reichs bildete der Kaiserhof Karls IV. (reg. 1355–1378) in Prag ein Hauptzentrum der internationalen Gotik.

Im 15. Jahrhundert drang schließlich mit dem Humanismus auch die künstlerische Formensprache der Renaissance über die Alpen nach Mitteleuropa, die in jeweils regionaler Ausprägung in den bestehenden kulturellen Kontext integriert wurde. Der Prozess verlief keineswegs kontinuierlich und gradlinig, sondern vollzog sich von Land zu Land unterschiedlich. Etablierte Kommunikationswege waren dafür ebenso wichtig wie die persönliche Neigung von Fürsten und Eliten. Das Königreich Ungarn in der Zeit von König Matthias Corvinus (reg. 1458–1490) ist ein Beispiel für die rasche und bewusste Rezeption der italienischen Renaissance nördlich der Alpen. Der König von Ungarn, der die Herrschaft über Böhmen und Österreich beanspruchte und erfolgreich gegen die Osmanen kämpfte, holte italienische Künstler an seine Höfe in Ofen/Buda und Wien. Seine enge Beziehung zu Italien dokumentierte zudem seine zweite Ehe mit der neapolitanischen Prinzessin Beatrix aus dem Hause Aragón im Jahr 1476. Seine *Bibliotheca Corviniana* gehörte zu den größten Sammlungen wissenschaftlicher und philosophischer Schriften der Epoche. Der ungarische König hat damit wesentlich dazu beigetragen, dass Stil und Weltsicht der Renaissance im östlichen Mitteleuropa heimisch werden konnten.

Eine Region als Kontaktzone

Das östliche Mitteleuropa war im hohen und späten Mittelalter eine Region, die von internen Verflechtungsvorgängen und Abgrenzungsprozessen geprägt war. In dieser Epoche bildeten sich Strukturen in Politik und Wirtschaft heraus, die von langer Dauer sein sollten. Jedoch wies dieser Raum kaum Einheitlichkeit auf. Im Gegenteil, aus mentalitätsgeschichtlicher Perspektive lässt sich eine Zunahme des nationalen Selbstbewusstseins in den Ländern Mitteleuropas konstatieren. Diese Entwicklung hatte sehr unterschiedliche Wurzeln, die von der Religion über die zunehmende Mobilität bis hin zur humanistischen Gelehrsamkeit reichen. Neben diesen internen Austauschbeziehungen war Mitteleuropa im späten Mittelalter beständig mit anderen Weltregionen verbunden. In wirtschaftlicher und kultureller Hinsicht waren zweifellos der Westen und der Süden besonders wichtig. Über die Alpen und über den Rhein kamen in immer neuen Wellen Anregungen, die aufgegriffen und mit einheimischen Traditionen verbunden wurden. Aber auch die Grenzen zum orthodoxen Südosten und Osten stellten keine unüberwindlichen Barrieren dar. Das östliche Mitteleuropa bildete eine Verbindung zwischen Westeuropa zum Schwarzen Meer und nach Asien, gleichzeitig aber ebenso eine Grenzzone zum osteuropäischen Mongolenreich und später zu den Osmanen auf dem Balkan.

Literatur
Balogh 1975 | Bergdolt 2003 | Bog 1971 | Bohàč/Jeleček 1989 | Burke 1998 | Byrn 1995 | Ehlers 1995 | Ertl 2004 | Fillitz/Pippal 1986 | Gaehtgens 1993 | Gilomen 2006 | Graus 1987 | Halaga 1967 | Halaga 1978 | Haverkamp 2002 | Haye 2000 | Helmrath 2002 | Hirschi 2005 | Lübke 2007 | Möhring 2004 | Nolte 1995 | Schmidt 1999 | Schmugge 1982 | Schwinges 2006 | Sedlar 1994 | Šmahel 1969 | Stangler 1982 | Stromer 1968 | Stromer 1970.

III.1

Willkomm, Pokal der Danziger Seefahrerzunft

Danzig/Gdańsk, 2. Hälfte 15. Jahrhundert

Wisenthorn, Kupfer geschmiedet, graviert, vergoldet

H 31,5 cm, L 25,4 cm; Lippenrand: D 8,3 cm

Danzig/Gdańsk, Muzeum Narodowe w Gdańsku, MNG/SD/142/Mt

Der Hornpokal in einer vergoldeten Kupferfassung steht auf zwei Vogelfüßen, die an einem den Pokal umgebenden Ring befestigt sind; die Stelle ist mit zwei Akanthusblättern verdeckt. Die Fassung des oberen Rands ist geringfügig geöffnet und trägt eine gravierte Inschrift (»trink eynen trunk bis an di grunt unde wicche«). Auf dem Deckel, dessen Griff die Form eines Raubvogelkopfs hat, ist ein Federkleid eingraviert. An der Deckelinnenseite befindet sich ein Medaillon aus dem 14. Jahrhundert mit der Darstellung des Evangelisten Johannes. Der rechte Fuß aus Messing ist wahrscheinlich vor 1885 ausgeführt; das Akanthusblatt, das seine Befestigungsstelle verdeckt, sowie die Fassung des schmalen Hornendes wurden 1994 rekonstruiert. Der »Willkomm« gehörte der Danziger Seeschifferzunft. 1885 wurde er dem Kunstgewerbemuseum in Danzig übergeben.

III.1

Hornpokale waren im Mittelalter besonders in den skandinavischen Ländern und in Norddeutschland beliebt. Historische Objekte dieser Art sind aufgrund ihrer Form unter dem Namen »Greifenklaue« bekannt; dies hängt mit der Legende vom heiligen Cornelius und dem Greif zusammen, dessen Klaue die Kraft haben sollte, Gift zu neutralisieren. Ein Hornpokal ist in der Regel auch in Darstellungen der Anbetung der Heiligen Drei Könige zu sehen, nämlich als Weihrauchgefäß in den Händen Balthasars.

Unter den erhaltenen spätgotischen Hornpokalen werden die meisten als skandinavische oder norddeutsche Erzeugnisse bestimmt; eine große Sammlung von Gefäßen dieses Typs besitzt das Nationalmuseum in Kopenhagen. Die Formen ihrer Einfassungen ähneln sich meistens, im Gegensatz zu den wenigen für die Aristokratie bestimmten Gefäßen, die abwechslungsreicher und luxuriöser gestaltetet sind. Pokale des eher bescheidenen Typus haben verhältnismäßig breite, sich öffnende, mit eingravierten Inschriften versehene Lippenrandreifen, die in der Regel Bezüge auf Jesus und Maria und die Namen der Drei Könige enthalten. Die meisten Objekte haben keinen Fuß; manchmal kommen aber kleine Füße vor, die als Stützen dienen. Der Danziger Pokal unterscheidet sich durch seine ungewöhnlichen Proportionen, seine massiven, den Hornkorpus tragenden Vogelfüße, einen verhältnismäßig schmalen Ring am Lippenrand und einen erhaltenen Deckel in origineller Form. Auch die Inschrift mit weltlicher Aussage tritt eher selten auf.

Der Pokal ist das einzige erhaltene in Danzig produzierte mittelalterliche Goldschmiedeerzeugnis mit profaner Bestimmung. In der Zeit, in der er entstand, im dritten Jahrzehnt des 15. Jahrhunderts, war in der Stadt eine große Anzahl von Goldschmiedewerkstätten tätig – in den Quellen sind 127 bezeugt. Man schätzt, dass 90 Prozent ihrer Produktion aus Erzeugnissen zu profanen Zwecken bestand. Das gibt uns eine Vorstellung vom riesigen Ausmaß der Herstellung. Der Typ des Horngefäßes, der aus der Welt der Aristokratie übernommen wurde, ist ein Zeugnis für die Ambitionen, den raffinierten Geschmack und die finanziellen Möglichkeiten der vermögenden bürgerlichen Brüderschaft wie auch des hohen künstlerischen Niveaus der Goldschmiedeerzeugnisse. *Anna Baranowska-Fietkiewicz*

Literatur
Aurea Porta 1997 a, Kat. Abb. III.19 (Barbara Tuchołka-Włodarska) | Betlejewska 2006, Bd. 2, S. 159 f., Kat. Abb. III.1. (Barbara Tuchołka-Włodarska) | Bracker 1989, Bd. 2, Kat. Abb. 15.31 (Barbara Tuchołka-Włodarska) | Chranicki 1969, Kat. Abb. 85 | Danziger Kunst 2004, S. 275, Abb. 8 (Barbara Tuchołka-Włodarska) | Danziger Silber 1991, Kat. Abb. 24 (Barbara Tuchołka-Włodarska) | Fajt 2012 a, S. 157, Kat. II.34 | Pospieszna 2010, S. 297, Nr. III.9.4 (Anna Baranowska-Fietkiewicz) | Regulska 2015, Bd. 1, S. 167 | Bd. 2, Abb. III/434 | Szczepkowska-Naliwajek 1987, Kat. 76, Abb. 306 | Thesauri 2003, Abb. 70 | Tuchołka-Włodarska 2005, S. 50 f., Abb. II.1.

III.2

Weihrauchgefäß

Danzig/Gdańsk, 2. Viertel 15. Jahrhundert

Kupfer, geschmiedet, gelötet, graviert, vergoldet

H 8 cm, L 15 cm

Danzig/Gdańsk, Muzeum Narodowe w Gdańsku, MNG/SD/139/Mt

III.2

Das Weihrauchgefäß stützt sich auf einen vierblättrigen Fuß; der Korpus hat die Form eines realistisch dargestellten Schiffs mit recht präzise wiedergegebenen wichtigen Konstruktionsdetails. Der Rumpf hat durch Gravierung angedeutete Außenhautdauben, die Silhouette einen richtigen Maßstab, mit hohem Kiel und zwei Kastellen: einem Bug- und einem Heckkastell mit zinnenumrandeten Brücken. Die Bugbrücke ist fünfeckig, die Heckbrücke viereckig. Das Hauptdeck in Form eines flachen Plättchens, das an einem Scharnier am Heckkastell befestigt ist, dient als Gefäßdeckel.

Die Popularität von Gefäßen in Schiffsform wird für das Spätmittelalter mit dem Anstieg der Bedeutung des Hochseehandels in Verbindung gesetzt. Gegenstände in Form von Booten (sogenannte Nefen) waren Teil des mittelalterlichen Tafelservice in Kreisen der Herrschenden und der Aristokratie: Sie dienten als Tischdekoration, als Auszeichnung besonders würdiger Gäste sowie als Behältnisse für Besteck, Servietten oder Gewürze. Manchmal war die Grenze zwischen der sakralen und profanen Funktion fließend: Teile des Tafelgeschirrs wurden als Votivgaben an Gotteshäuser übergeben oder in Reliquiare umgewandelt (so das in ein Reliquiar der heiligen Ursula umgewandelte Gefäß von etwa 1500 in der Kathedrale von Reims). Ein anderes Forschungsproblem stellen präzise ausgeführte Holzmodelle konkreter Schiffstypen dar, die als Votivgaben an Kirchen geschenkt wurden, und die verhältnismäßig oft, vor allem im Mittelmeerraum, anzutreffen sind.

Kirchliche Weihrauchgefäße erhielten ihre an Boote anknüpfende Gestalt und Bezeichnung (lat. *navicula*) im 13. Jahrhundert. Jedoch stellen mittelalterliche Weihrauchgefäße in Form einer realistischen Widerspiegelung einer konkreten Schiffstypkonstruktion eine Seltenheit dar. In europäischen Sammlungen gibt es nur wenige Beispiele solcher Objekte, wie das aus dem 15. Jahrhundert stammende Boot in der Kathedrale von Burgos.

Die Form des Danziger Liturgiegefäßes gibt auf summarische Weise die Konstruktion des Segelschifftyps Holk wieder, der im 15. Jahrhundert im Ost- und Nordseehandel im Einsatz war. Dass der Hersteller des Gefäßes die Konstruktion eines solchen Schiffes kannte, zeugt von der wichtigen Rolle des Seehandels im Leben Danzigs – einer großen Hafenstadt, in deren Kultur die gängigen, mit Segelschiffen verbundenen Motive allgemein präsent waren.
Anna Baranowska-Fietkiewicz

Literatur
Aurea Porta 1997 a, S. 60, Kat. Abb. II.25 (Barbara Tuchołka-Włodarska) | Bracker 1989, Kat.-Nr. 15.34 (BarbaraTuchołka-Włodarska) | Danziger Silber 1991, Kat. Abb. 2 (Barbara Tuchołka-Włodarska) | Drost 1963, S. 117, Abb. 29 | Fajt 2012, S. 130 f., Kat.-Nr. II.33 | Fajt 2012 a, S. 157, Kat.-Nr. II.35 | Grzybkowska 1996, S. 25, Abb. 9 | Hanse 1973, Kat. 16, 3/1 | Hinz 1870, S. 37, Tafel XIV | I tesori 1985, Kat.-Nr. 1245 (Barbara Tuchołka-Włodarska) | Litwin 1985, S. 116 ff., Abb. 3 | Litwin 1997, S. 342, Abb. 2 | Litwin 2003, S. 397, Abb. 2 | Polen 1986, Kat. Abb. 181 (Barbara Tuchołka-Włodarska) | Pospieszna 2010, Bd. 1, S. 203, Art.-Nr. II.8.6. (Baranowska-Fietkiewicz) | Regulska 2015, Bd. 1, S. 162 f., Bd. 2, Abb. III/431 | Rembowska 1971, S. 106, Kat. 21, Abb. 11 | Szczepkowska-Naliwajek 1987, Kat. 66, Abb. 307 | Tuchołka-Włodarska 2005, S. 27 f., Kat. Abb. I.2.

III.3

Hans Siebenbürger (um 1440 – 1483), Der heilige Eligius vor König Chlothar

Detail der Alltagsseite eines Altarflügels, 1470 – 1480

Tannenholz, Tempera, vergoldet

H 86 cm, B 60 cm, T 4,5 cm (mit Rahmen)

Budapest, Szépművészeti Múzeum – Magyar Nemzeti Galéria, Alte Ungarische Sammlung: 92.19M

Als der gallisch-römische Goldschmied Eligius (um 589 – 659/660) dem Merowinger Chlothar II. (reg. 584 – 629) zwei aus purem Gold hergestellte *sellae* in Paris überreichte, belegte das sein unvergleichliches handwerkliches Können und seine Erfindungsgabe. Denn laut der im 8. Jahrhundert verfassten Lebensgeschichte des heiligen Eligius hatte Chlothar II. einen einzigen, vermutlich mit Goldplatten bedeckten und mit Edelsteinen geschmückten Thron bestellt. In der römischen Antike bedeutete *sella* Stuhl oder Thron, aber im Mittelalter wurde das Wort oft als »Sattel« gedeutet. In dieser Bedeutung ist die *sella* auf dem gezeigten Gemälde dargestellt.

Der zu jener Zeit in der königlichen Münzprägewerkstatt von Paris tätige Goldschmiedemeister Eligius präsentiert dem im Schloss auf dem Thron sitzenden König nunmehr zwei Meisterwerke. Nach der Legende hatte der Schmied zunächst nur eine *sella* gezeigt, die zweite erst, als er die anerkennenden Worte des Königs hörte, um seine Ehrlichkeit und seine Treue als Untertan zu beweisen. Die Biografie klärt nicht darüber auf, warum Eligius die Sattel auf eine Waage legte – vielleicht, um die Gleichheit ihres Gewichts zu beweisen. Musste er womöglich die Menge des verbrauchten Materials abrechnen? Die selten dargestellte Szene schmückte mit großer Wahrscheinlichkeit die Alltagsseite eines zu Ehren des Eligius geweihten Flügelaltars und war eventuell Teil eines Legendenzyklus, der das Leben des Schutzheiligen der Goldschmiede ausführlich beleuchtete.

Auf der Festtagsseite sah man auf den Bildern Heilige vor einem Goldgrund aufgereiht. Auf der abgetrennten Rückseite des hier gezeigten Tafelbilds, welche ebenfalls in der Alten Ungarischen Sammlung verwahrt wird, ist der heilige Apostel Thomas in purpurnem Gewand dargestellt. In seiner rechten Hand hält er die an seinen Märtyrertod erinnernde Lanze. Die Gesichtszüge der neben ihm in Bischofsornat gekleideten, dem knienden Bettler Almosen reichenden Gestalt entsprechen genau denen des vor dem König Chlothar den Hut lüftenden Goldschmieds Eligius, der aufgrund seiner bedeutenden Rolle bei der Christianisierung der heidnischen Flamen 642 zum Bischof von Noyon-Tours geweiht wurde. Von der Bilderreihe der Festseite des einstigen Altars ist ein weiteres, heute verschollenes Gemälde mit der Darstellung der heiligen Agnes und heiligen Katharina bekannt.

III.3

Auf Grundlage der in der kunstgeschichtlichen Fachliteratur allgemein anerkannten stilistischen Beurteilung kann der Maler des Tafelbilds als Hans Siebenbürger identifiziert werden, der in den 1470er Jahren zu den bedeutendsten Meistern der Wiener Malerei zählte. Er stammte aus Siebenbürgen und gehörte zu den wohlhabenden Bürgern Wiens. 1480 hatte er mit seinem Relief von Christus am Ölberg an der Außenwand der Pfarrkirche St. Michael in der Nachbarschaft der Hofburg und des die Kirche umgebenden Friedhofs sich selbst und seiner Frau ein Denkmal gesetzt. 1482 kaufte das Ehepaar dann zusätzlich den schon ihnen gehörenden innerstädtischen Häusern ein weiteres Gebäude.

In den 1460er Jahren war der Maler vermutlich Mitglied in der Nürnberger Werkstatt von Hans Pleydenwurff, wo man ihm auch selbstständige Aufgaben übertragen hatte. Hans Siebenbürgers Stil, sein Reichtum an Motiven und seine Technik wurden hier geprägt. Nach neueren kunstgeschichtlichen Forschungen war er der führende Maler des großformatigen Flügelaltars (Schottenaltar) der Kirche der Benediktinerabtei (Schottenstift), die genau in diesen Jahren unter der Leitung eines aus Siebenbürgen stammenden Abtes stand. Der Maler, der sich vermutlich Mitte der 1460er Jahre in Wien niederließ, hatte an dem Bild mit vielen Mitgliedern seiner nunmehr bedeutenden Werkstatt zusammengearbeitet. Es ist dank Quellen nachweisbar, dass es Siebenbürger war, der das Epitaph des 1478 verstorbenen und in der Wiener Minoritenkirche bestatteten Jodok Hauser gemalt hatte, der durch mehrere Aufträge mit dem Hof von Kaiser Friedrich III. verbunden war. Daher ist anzunehmen, dass sein dem heiligen Eligius geweihter Altar in der im 14. Jahrhundert an der südlichen Ecke des Stephansdoms errichteten Kapelle stand, die zu Ehren des zum Bischof von Noyon erhobenen Goldschmieds geweiht worden war.

Györgyi Poszler

Literatur
Boda 2014, S. 32 (Györgyi Poszler) | Eisenmayer 1991 | Farbaky 2008, S. 386 f. 9.45.sz. (Imre Takács) | Rainer/Rainer 2003, S. 421 | Suckale 2004 | Takács 1991.

III.4 ohne Abb.

Handelsbuch des hansischen Kaufmanns Johan Pyre

Danzig/Gdańsk, Johan Pyre, 1421–1455

Papier, 114 Blätter; Umschlag aus braunem Leder

H 42 cm, B 15 cm

Danzig/Gdańsk, Archiwum Państwowe w Gdańsku, 300,R/F,4

Von der älteren Forschung wurde dieses Rechnungsbuch dem Kaufmann Johan Pisz zugeschrieben. Auf einem in das Buch eingeklebten Schuldschein ist der Name des Gläubigers und gleichzeitig Buchbesitzers in einer kaum leserlichen Schrift geschrieben. Jüngste Forschungserkenntnisse erlauben es, das Buch definitiv Johan Pyre zuzuordnen: Durch den Vergleich des Buchinhalts mit weiteren Quellen aus dem Bestand des Danziger Archivs gelang es, den Namen Johan Pyre zu entziffern sowie weitere Erkenntnisse zu seiner Person zu gewinnen.

Der Kaufmann, über dessen Herkunft oder Ausbildung nichts bekannt ist, zog im Jahr 1421 nach Danzig. Er wurde Danziger Bürger und verließ die Stadt danach so gut wie nie. Er wohnte nicht in einem eigenen Haus, sondern bei zwei Danziger Schöffen. Da diese zugleich Pyres Geschäftspartner waren, erleichterte das Zusammenwohnen aufgrund der räumlichen Nähe die Geschäftsführung. Zudem wurde Pyre mit den neuesten Informationen (welche Stadt fing eine Fehde an, wo gab es Missernten, welche Seuchen waren verbreitet usw.) versorgt, die Einfluss auf seine Erwerbs- und Absatzmöglichkeiten hatten.

Pyre war nie verheiratet, hatte keine Kinder und verstarb somit ohne Erben. In den letzten Jahren seiner Aufzeichnungen lässt sich demzufolge das Sichern des passiven Einkommens in Form von Leibrenten beobachten. Außerdem zog Pyre sich in seinen letzten Lebensjahren aus anspruchsvollen Geschäften – wie zum Beispiel dem Pelzhandel – zurück. Den Handel mit Salz, Wachs und Tuch führte er jedoch bis zum Tod weiter. Über den gesamten Zeitraum seiner Geschäftstätigkeit handelte Pyre mit vielerlei Waren, darunter mehreren Fischsorten, Talg, Getreide, Hopfen, Metallen oder Bernstein.

Der Handel mit Bernstein wurde dank Pyres Kontakten zu Beamten des Deutschen Ordens möglich. Seine Geschäftsbeziehungen pflegte er aber vor allem mit Kaufleuten. Als Pyre nach Danzig kam, unterhielt er schon sehr gute Kontakte mit Händlern aus Riga wie auch mit Kaufleuten, die nach Flandern fuhren. Mithilfe seiner Vermieter baute Pyre zudem viele Geschäftskontakte innerhalb Danzigs und Preußens auf. Er nutzte außerdem seine Standortvorteile und knüpfte Beziehungen zu Niederländern, die nach Danzig segelten, Engländern, die sich in der Stadt niederließen, und ebenso zu Kaufleuten aus Litauen, die die Stadt an der Motlau besuchten.

Pyre führte Geschäfte unterschiedlicher Art: Er tätigte hauptsächlich einfache Verkäufe und Einkäufe, welche meist auf Kredit, manchmal aber auch gegen Bargeld oder sogar als Tauschhandel realisiert wurden. Darüber hinaus handelte er im Auftrag von Danziger oder internationalen Partnern. Er selbst beauftragte ebenfalls andere Händler. Dabei wurden keine Gebühren gezahlt, die Dienstleistungen verliefen auf der Basis von Gegenseitigkeit. Er schloss sich mit einigen der Partner zu einer Gesellschaft (*selscop*) zusammen, innerhalb derer sie über mehrere Jahre Transaktionen durchführten und erst abschließend abrechneten. Er führte außerdem *vrye selscop*, eine bislang nicht bekannte Form der Gesellschaft, bei der die Abrechnung im Lauf der Gesellschaft möglich war. Mit vier Partnern führte er eine *wedderlegynge,* eine ganz traditionelle Form der hansischen Vergesellschaftung. Unabhängig von diesen Gesellschaften erwarb Pyre Schiffsanteile und Leibrenten, verteilte und erhielt Bargeldkredite, die mindestens teilweise durch Schuldscheine gesichert wurden.

Um diese komplizierten und ineinander übergreifenden Geschäftsformen nachvollziehen zu können, entwickelte Pyre eine entsprechende Buchführung. Er teilte sein Handelsbuch in drei Teile ein, die jeweils einem Bereich seiner Geschäfte zugeordnet waren. Er beschrieb das Buch von beiden Richtungen, indem er es drehte, sodass es gewissermaßen zwei Titelseiten hat (fol. 1r und 113v). Die Verkäufe wurden auf fol. 65r–113v notiert, die Einkäufe auf fol. 62r–43v. Diese beiden Teile wurden in der gleichen Richtung beschrieben. Der Teil auf fol. 1r–30r, der kompliziertere Geschäftsformen (*selscop* oder *wedderlegynge)* umfasst, wurde durch mehrere leere Seiten und eine andere Schreibrichtung klar abgetrennt. Auch die Buchungstechniken waren unterschiedlich: In den beiden letzteren Teilen des Rechnungsbuchs wurde konsequent die von ihm entwickelte, einzigartige »Methode der Gegenseiten« angewandt. Im ersten Buchteil führte Pyre eine Mischung aus Geschäfts- und Personenkonten, die oft mit Handelsmarken versehen wurden, um sie schnell identifizieren zu können. Es sind insgesamt 46 Handelsmarken vorhanden, davon lassen sich 37 mit einem Nachnamen verbinden. *Anna Paulina Orlowska*

Literatur
Orlowska (im Erscheinen).

III.5

Christus und der ungläubige Thomas

Englische Werkstatt, um 1380

Alabaster, geschnitzt, bemalt, teilweise vergoldet

H 67 cm, B 40,5cm

Danzig/Gdańsk, Muzeum Narodowe w Gdańsku, MNG/SD/35/Rz

Das Relief stellt den wiederauferstandenen Christus mit sichtbaren Martermerkmalen und den rechts vor ihm knienden Jünger Thomas dar. Höchstwahrscheinlich hielt Christus ursprünglich in seiner linken Hand eine Fahne, die nicht erhalten ist. Die Plastik gehört zusammen mit der Figur des heiligen Christoph (ebenfalls in der Sammlung des Danziger Nationalmuseums) zu den ältesten Alabasterwerken englischer Provenienz, die auf dem Gebiet des ehemaligen Ordensstaats in Preußen erhalten sind. Die Darstellung von Christus und dem ungläubigen Thomas besitzt trotz vieler Elemente, die – allein schon wegen der hohen Qualität des Materials – auf den exklusiven Charakter der Skulptur hinweisen, zugleich deutliche Merkmale einer Serienproduktion. Ein wesentliches Element von Alabasterskulpturen war ihre Polychromie (im Falle der Figur von Christus und dem ungläubigen Thomas handelt es sich um eine spätere Polychromie), die das Alabaster nicht übermalte, sondern seine edle natürliche Farbgebung unterstrich und vor allem in den Gesichtspartien der dargestellten Personen zu erkennen ist. Die vergoldeten Haare und geometrischen Ornamente stellten nur eine Ergänzung für diese außergewöhnlichen und sehr charakteristischen Werke englischer Werkstätten dar.

III.5

In der ersten Zeit hatten die in den englischen Werkstätten produzierten Alabasterreliefs die Form einzelner Figuren. Doch die sich schnell entwickelnde Produktion bildete ein anderes, in ganz Europa beliebtes und gern importiertes Modell aus Alabasterplaketten mit fast identischen Ausmaßen heraus, die meist zu ganzen Triptychons verbunden wurden. Diese für die englische Produktion so charakteristischen Werke sind in der Zeit ihrer größten Popularität nach Danzig, der kosmopolitischen Hafenstadt der Hanse, gelangt. In Danzig importierte man nicht nur gern Werke aus verschiedenen Kunstzentren Europas, sondern ließ sich in den lokalen Werkstätten auch von diesen inspirieren.

Die Plastik kam aus der Danziger Marienkirche, wo sie bis 1939 in einer der Nischen über dem Ostportal platziert war, in die Museumssammlung. Das ist ihr erster in den Quellen belegter Standort, es ist jedoch nicht sicher, ob das ihr ursprünglicher Bestimmungsort gewesen war oder ob sie später dorthin gekommen ist. Manche Forscher sind der Meinung, dass die Plastik ursprünglich zu einem nicht erhaltenen Retabel (Altaraufsatz) gehörte, andere verbinden sie mit einem Objekt, das als privates Andachtsbild diente. Es wurde außerdem vermutet, dass das Relief schon im Mittelalter in die Nische über dem Kirchenportal gekommen sein könnte.
Weronika Grochowska

Literatur
Abramowski 1926, S. 2 | Birkholz 2017 | Clasen 1939, S. 306 | Drost 1963, S. 105 | Jakubek-Raczkowska 2006, S. 48 | Jakubek-Raczkowska 2007, S. 30 f., Nr. 4 | Massowa 1996, S. 8, Nr. 2 | Olszewski 1960, S. 38 | Weilandt 2010 | Woziński 2011.

III.6

Aquamanile in Form eines Löwen

Sachsen (?), 12.–13. Jahrhundert

Bronze

H 23,8 cm, L 30 cm

Budapest, Budapesti Történeti Múzeum, 53.548

Das unversehrte bronzene Aquamanile, das 1890 beim Ausbaggern des Donau-Flussbetts gefunden wurde, hat die Form eines vierbeinigen Tiers mit Mähne, vermutlich eines Löwen. Auf dem Kopf, der vielmehr einem Hund ähnelt, und dem Brustkorb des Tiers ist eine stilisierte Behaarung eingraviert. Die Öffnung in der Kopfmitte mit einem Durchmesser von 3,1 Zentimetern diente der Einsetzung eines Eingussrohrs, aus dem Mund des Löwen ragt das schlangenköpfige Ausgussrohr. Der Körper des Gefäßes ist zylindrisch, gegen sein Ende etwas verbreitert, der Schwanz ist lang und bildet einen Halbkreis. Die Vorderbeine sind tatzenartig gearbeitet, die hinteren Beine enden in Hufen. Den Rücken des Löwen ziert ein Griff in Form eines stilisierten, bogenförmig gekrümmten Tiers, welches mit seinen Beinen den Kopf berührt.

Die Aquamanilen wurden ursprünglich für liturgische Zwecke zum Händewaschen verwendet. Später traten sie an höfischen Tafeln als Wassergussgefäße in Erscheinung. Sie verbreiteten sich in Europa im 11. Jahrhundert hauptsächlich in Form von Tieren (Löwe, Pferd, Greif) oder manchmal auch in Form von menschlichen Köpfen, Jägern oder Zentauren.

Aufgrund der formalen Merkmale stammt das Gefäß wahrscheinlich aus Sachsen und wurde womöglich in Magdeburg hergestellt. Aus Quellen ist bekannt, dass bereits im 12. Jahrhundert eine Bronzegießerei in der Stadt etabliert war, deren Meister auch Aquamanilen für den lokalen Gebrauch und den internationalen Handel herstellten. Das Magdeburger Recht hatte einen bedeutenden Einfluss auf die Rechtsentwicklung in Ostmitteleuropa und förderte das friedliche Zusammenleben der Bürger und die Rechtssicherheit der Handwerker und Kaufleute. Die Erneuerung des Magdeburger Rechts im 12. Jahrhundert ist mit dem Namen des Erzbischofs Wichmann von Seeburg verbunden, der ein Protektor der Bronzegießerei der Stadt war. Sein Name steht zudem an der riesigen gegossenen Bronzetür der Kathedrale im polnischen Plock/Płock, die ebenfalls von den Magdeburger Meistern gefertigt wurde. Werke der Magdeburger Bronzegießer sind außerdem in den Kathedralen von Erfurt, Nowgorod/Velikij Novgorod und Gnesen/Gniezno zu finden. *Viktória Pomázi-Horváth*

Literatur

Biegel 1991, Kat.-Nr. 217 (Irásné Melis K.) | Buzinkay/Havassy 1995, S. 49, 144 | Eber 1900 | Gerevich 1938, S. 66, Tafel XXV | Gerevich 1971, S. 27, Taf. XIV/37 | Lovag 1979, Abb. 30 | Lovag 1983, S. 37 f., Abb. 23 | Lovag 2006, II-33, S. 208.

III.6

III.7

Zehn Tuchplomben

Der Tuchhandel wurde im mittelalterlichen Ofen/Buda als einer der gewinnbringenden Zweige angesehen. Seit dem Ende des 14. Jahrhunderts siedelten sich immer mehr Kaufleute in der Stadt an, die vom Tuchhandel lebten. Die Italiener lebten meist nur kurze Zeit in der Stadt. In der Regel waren sie als Beauftragte oder Vertreter tätig, zogen nach einigen Jahren in eine andere Stadt oder zurück nach Italien und wurde durch andere Landsleute ersetzt. Die deutschen Kaufleute ließen sich dagegen häufig in Ofen nieder. Vertreter der deutschen Familienunternehmen erwarben durch den Kauf von Immobilien oder durch Einheiraten Bürger- und Handelsrechte (Steuerfreiheit) in der Stadt. Die Tuchhändler deutscher Abstammung zählten im 15. Jahrhundert zu den angesehensten Bürgern der Stadt.

Die Tuchhändler lebten im mittelalterlichen Ofen auf der westlichen Seite der heutigen Úri-Straße, in den Häusern der mittelalterlichen Posztómetsző, Nyírő- oder Mindszent-Straße. Sie nutzten die zur Straße liegenden Räume im Erdgeschoss für den Textilverkauf in ihren Läden. Geschäftsraum und Werkstatt gehörten dem Kaufmann. In der Werkstatt arbeiteten Tuchscherer und Diener, die das Aufrauen und Scheren ausführten. Die Käufer gelangten durch eine kleine Tür unterhalb des Torbogens in den Laden. Dort fand man auf Regalschränken gelagerte Tuchballen und ein großes Verkaufspult, auf dem die geforderte Tuchlänge abgeschnitten wurde. Zur Straße hin öffnete sich ein großes Ladenfenster, das nicht nur das Licht hineinließ, sondern auch zum Verkauf genutzt wurde. Bis zum 15. Jahrhundert stieg die Nachfrage derart an, dass die Händler nicht mehr nur in ihren Wohnhäusern, sondern auch in kleinen, eigens als Läden errichteten Gebäuden ihre Ware verkauften. Diese Häuser standen an der östlichen Seite am Anfang der heutigen Úri-Straße, in der Nachbarschaft der Krämerläden.

Im Ofner Stadtrecht (vgl. Kat.-Nr. I.34) und in der städtischen Preisliste von 1522 sind Städte aufgezählt, aus denen Tuch- und andere Textillieferungen nach Ofen gelangten. Die bei den Ausgrabungen gefundenen Tuchplomben stammen aus ebendiesen Zentren der Textilherstellung. In den letzten Jahren wurden in Budapest durch die bei den Ausgrabungen angewandten Metallsuchtechniken immer mehr mittelalterliche Tuchplomben gefunden, die nun die Sammlung des Museums bereichern.

III.7 a

Venedig, 15. Jahrhundert

Fundort: Budapest, I. Szentháromság utca 2

Blei

D 1,5 cm, L 2,5 cm

Budapest, Budapesti Történeti Múzeum, 2015.317.1

Auf der Tuchplombe aus Blei ist vorderseitig ein geflügelter Löwe, das Attribut des Evangelisten Markus und Wappentier Venedigs, abgebildet; rückseitig steht eine fragmentarische Inschrift (+ V[…]).

Der ungarische König Matthias Corvinus (reg. 1458–1490) erlaubte den italienischen Kaufleuten in Ofen/Buda den direkten Verkauf von Textilien an die Bevölkerung. Im 15. Jahrhundert brachten sie aus Italien – aus Venedig und hauptsächlich aus Florenz – große Mengen an Textilien, präparierten Tuchen von guter Qualität und verschiedenen Seiden-, Samt- und Brokatstoffen in das Königreich Ungarn. Ausgeführt wurden vor allem gemästete Schlachtrinder, Leder, Minerale und Rohstoffe. Im Handel wurden zudem die hochkarätigen ungarischen Gold- und Silbermünzen geschätzt.

III.7 b

Tournai, 15. Jahrhundert

Fundort: Budapest, I. Szentháromság utca 2

Blei

D 1,5 cm

Budapest, Budapesti Történeti Múzeum, 2015.317.2

Vorderseitig ist ein zinnenbekrönter Turm – wie im Wappen der Stadt Tournai (Flandern) – dargestellt. Rückseitig steht die Aufschrift: VL[…]. Durch zwei Öffnungen wurden zwei kleine Bleibänder durchzogen und übereinander gekreuzt. Im Muster der Prägung sind ein Blumenmuster und der Buchstabe E erkennbar.

Aus französischen und niederländischen Städten wurde hauptsächlich fein gewebtes Tuch nach Ofen/Buda importiert. Das Ofner Stadtrecht (vgl. Kat.-Nr. I.34), ein Verzeichnis der Zolltarife aus Ofen (1436) und die städtische Preisliste von 1522 zeugen von einer großen Vielfalt der Textilien. Zur Tuchherstellung wurde Wolle von ausgezeichneter Qualität aus der sich im 14. Jahrhundert verbreitenden englischen Schafzüchtung verwendet.

III.7 c

Breslau/Wrocław, 15. Jahrhundert

Fundort: Budapest, I. Szentháromság utca 2

Blei

D 1,8 cm, L 2,5 cm

Budapest, Budapesti Történeti Múzeum, 2015.317.4

Das große W auf der Vorderseite weist auf den Herkunftsort Breslau/Wrocław hin. Auf der Rückseite ist der Kopf Johannes des Täufers dargestellt. Aus Breslau (ungar. Boroszló) wurde Tuch von mittlerer Qualität geliefert, aber in ziemlich großem Umfang. Das günstige Tuch kaufte hauptsächlich der königliche Hof, um dem Militär für dessen Dienste neben dem Sold auch eine Grundausstattung an Kleidung bieten zu können. In schwierigen Zeiten reichte das Geld dafür nicht aus. Daher stammt die ungarische Redewendung: »Weder Geld noch Tuch«.

III.7 d

Valenciennes, um 1400

Fundort: Budapest, Molnár utca 7–9 (Pester Innenstadt)

Blei

L 4,2 cm, B 1,6 cm

Budapest, Budapesti Történeti Múzeum, 2018.63.45

Auf der oberen Seite eines der beiden Teile der Tuchplombe ist ein stilisiertes Gewebemuster abgebildet. Zwischen den Textilfäden sind drei winzige Sterne erkennbar. Auf dem anderen, durchbohrten Teil ist ein Löwe dargestellt. Auf der Rückseite befindet sich ein Textilabdruck. Das Tuch wurde vermutlich aus dem damals flandrischen Valenciennes in die mittelalterliche Stadt Pest gebracht.

III.7 e

Neuhaus/Jindřichův Hradec, nach 1480

Fundort: Budapest, V. Stadtbezirk (Pester Innenstadt), Molnár utca 7–9.

Blei

L 2,5 cm, B 1,6 cm, T 0,4 cm

Budapest, Budapesti Történeti Múzeum, 2018.63.17

Auf der einen Seite der gefalteten, genagelten Bleiplombe ist – wie im Wappen der südböhmischen Stadt Neuhaus – der gekrönte Buchstabe

III.7 a

III.7 b

III.7 c

III.7 d

III.7 e

III.7 f

III.7 g

III.7 h

W zu sehen. Das Muster des gelochten Teils ist nicht identifizierbar, womöglich ist hier ebenfalls eine Krone dargestellt. Aufgrund des Kronenwappens muss die Tuchplombe nach 1480 entstanden sein.

III.7 f

Wien, 15. Jahrhundert

Fundort: Budapest, V. Stadtbezirk
(Pester Innenstadt), Molnár utca 7–9

Blei

L 4,8 cm, B 1,6 cm, T 0,1 cm

Budapest, Budapesti Történeti Múzeum, 2018.63.20

Der eine Teil der Bleiplombe ist durchbohrt, auf der Oberseite des anderen Teils ist ein Wappen mit Balken, auf der Unterseite ein Wappen mit Kreuz dargestellt, was auf seine Herkunftsstadt Wien hindeutet.

III.7 g

Aquileia (?), 15. Jahrhundert

Fundort: Budapest, V. Stadtbezirk
(Pester Innenstadt), Molnár utca 7–9

Blei

L 1,9 cm, B 1,7 cm, T 0,5 cm

Budapest, Budapesti Történeti Múzeum, 2018.63.24

Auf der einen Seite der gebrauchten, genagelten Plombe steht die Inschrift: AQV[IL]/[E]NSIS. Zwischen zwei waagerechten Punktreihen ist auf der anderen Seite der Bruchteil eines Worts erkennbar: VRG. Zwischen den Bleiplatten finden sich grobe Tuchreste.

III.7 h

Köln, 15. Jahrhundert

Fundort: Budapest, V. Stadtbezirk
(Pester Innenstadt), Molnár utca 7–9

Blei

L 3,0 cm, B 2,2 cm, T 0,5 cm

Budapest, Budapesti Történeti Múzeum, 2018.63.26

Auf der Oberseite beider Plombenteile sind in einem Perlenkranz drei winzige Kronen und darunter und darüber ein Gittermuster zu sehen, das Wappen der Stadt Köln.

III.7 i ohne Abb.

Iglau/Jihlava, 1530–1580

Fundort: Budapest, Buda, I. Stadtbezirk,
Königliche Burg

Blei

L 5,1 cm, B 1,6 cm

Budapest, Budapesti Történeti Múzeum, 52.748

Auf einem Teil der Plombe ist ein vierbeiniges Tier mit Stacheln oder Borsten dargestellt, wahrscheinlich ein Igel, das Wappentier der böhmisch-mährischen Stadt Iglau. Der andere Plombenteil ist durchlöchert.

III.7 j ohne Abb.

England (?), 16. Jahrhundert

Fundort: Budapest, Buda, I. Stadtbezirk,
Szent György Platz

Blei

D 4,0 cm, T 0,7 cm

Budapest, Budapesti Történeti Múzeum, 52.393

Auf der einen Seite ist in einem Perlenrahmen ein stilisiertes, vierteiliges, englisch-französisches Wappenschild abgebildet: in zwei Feldern sind winzige Lilien dargestellt, in den anderen zwei seitlich stehende Löwen, darüber eine Krone. Auf der anderen Seite ist eine Tudor-Rose zu sehen.
Judit Benda/Viktória Pomázi-Horváth

Literatur
Huszár 1956, S. 219 | Benda 2016 | Mordovin 2013, S. 106–110, 126–171, 221 f., 200–211.

III.8

Goslarer Bergkanne

Nürnberg, datiert 1477

Silber, Email, zum Teil vergoldet, gegossen, getrieben

H 72,5 cm, D 22 cm

Goslar, Stadt Goslar, Goslarer Museum, 8297

Die Bergkanne zählt zu den herausragenden Werken spätgotischer Goldschmiedekunst. Ob mit der auf der elfpassigen Sockelplatte eingravierten Jahreszahl 1477 das Entstehungsjahr gemeint ist oder das Jahr der Schenkung, ist wegen fehlender zeitgenössischer Quellen nicht zu klären. Eine Datierung in das letzte Viertel des 15. Jahrhunderts ist aber allgemein anerkannt. Trotz des Fehlens von Stempel oder Meistermarke ist wahrscheinlich, dass die Kanne in

Nürnberg oder im unmittelbaren Wirkungskreis der dortigen Goldschmiedewerkstätten entstanden sein muss.

Die Kanne hat eine schlanke, hohe Silhouette mit einem in der Mitte stark ausgebauchtem Gefäßkörper. Der Korpus besteht aus zwei Reihen tordierter Buckel (wiederum elf an der Zahl), die von einem Kranz aus vegetabilem Rankenwerk unterbrochen werden. Dieses bildet den Hintergrund für die Brustbilder von zehn Jünglingen, von denen neun Instrumente tragen, unter anderem eine Posaune, ein Portativ (tragbare Pfeifenorgel), einen Dudelsack und eine Harfe. Der zehnte zeigt das Goslarer Stadtwappen, den schwarzen Adler mit roter Bewehrung – ein Hinweis darauf, dass die Bergkanne schon bei ihrer Herstellung für Goslar bestimmt war. Ein weiterer Adler mit auffälliger Ähnlichkeit zum Goslarer Marktbrunnenadler bekrönt die Kanne.

Den Griff bildet ein Drache, aus dessen spitzbezahntem Maul eine Rosette wächst. Diese ist das Scharnier für den Deckel der Kanne: Unter einem Baldachin, geschmückt mit Fialen, Krabben (Kriechblumen) und Wimpergen (Ziergiebel) kämpft auf einem Berg aus grünem Email der heilige Georg mit dem Drachen. Zu Füßen des Berges sind – neben einem Jäger auf Hirschhatz – Bergleute bei der Arbeit mit ihren Werkzeugen dargestellt: mit Schaufel, Schlägel und Kratze, zwei weitere bedienen eine Haspel. Vermutlich handelt es sich hier um die ältesten vollplastischen Darstellungen von Bergleuten. Offenbar war aber der Künstler mit einer Haspel nicht wirklich vertraut, beide Kurbeln sind parallel an der Achse angebracht.

Vervollständigt wird der Figurenreigen durch einen springenden Löwen. Dieser und die Jahreszahl 1477 erlauben es, die Bergkanne unmittelbar mit einer wichtigen Person und einem wichtigen Ereignis der Goslarer (Bergbau-)Geschichte in Verbindung zu bringen. Der springende Löwe war das Wappentier Johann Thurzos (1437–1508), eines international agierenden Handelsherrn und Montangewerken. Thurzo schloss 1478 einen Vertrag mit der Stadt Goslar, die ihn am Rammelsberger Bergbau beteiligte. Sein Kapital und die von ihm eingebrachten bergbau- und hüttentechnischen Fähigkeiten gehörten zu den Grundlagen des Aufschwungs, den der Rammelsberger Bergbau in diesen Jahren nahm. Die Vermutung, dass Thurzo die Bergkanne dem Goslarer Rat zum »Antrittsgeschenk« machte, um ihn einer geschäftlichen Verbindung gewogen zu stimmen, liegt nahe.

Als um 1720 der fast 200 Jahre in Vergessenheit geratene und als Abstellkammer zweckentfremdete Huldigungssaal im Goslarer Rathaus »wiederentdeckt« wurde, fand man in einem Kastenversteck die Bergkanne und das Goslarer Evangeliar. Der 1777 formulierte Vorschlag, die Bergkanne zur Gewinnung von Münzmetall einzuschmelzen, erhielt im Magistrat der Stadt glücklicherweise keine Mehrheit.
Christoph Gutmann

Literatur
Griep 1957, S. 28–32 | Heppe 1985 | Kohlhaussen 1968, Nr. 353 | Slotta 1990.

III.8 Detail

III.8

III.9 a

Porträt eines Mannes (Georg Thurzo?), 1518

Meisters des Monogramms TK, um 1518 aktiv

Öl auf Holz

H 45,5, B 33,5 cm

Madrid, Museo Nacional Thyssen-Bornemisza, 213 (1930.44)

III.9 b

Porträt einer Frau (Anna Fugger?), 1518

Meister des Monogramms TK, um 1518 aktiv

Öl auf Holz

H 45,5, B 33,2 cm

Madrid, Museo Nacional Thyssen-Bornemisza, 214 (1930.45)

III.9 a

Dieses interessante Bildnispaar wurde ursprünglich Hans von Kulmbach zugeschrieben, hauptsächlich aufgrund der Initialen, die sich neben dem Datum befanden und einem »HK« ähnelten. Obwohl Jakob Rosenberg in seiner Beschreibung der »Sammlung Kommerzienrat Otto Held« (Auktionskatalog Cassirer-Helbing, Berlin, 1929) und in seiner Nachfolge andere Autoren wie Winkler diese Zuschreibung aufrechterhielten, kam es nie zu einem einstimmigen Konsens. Die an beiden Werken durchgeführten technischen Untersuchungen bewiesen, dass die zwei Buchstaben der Initialen übermalt wurden und keine ursprünglichen Bildbestandteile waren. Von den angewandten Verfahren erwiesen sich insbesondere die Ergebnisse der Röntgenaufnahmen und Infrarotreflektografien als aufschlussreich: Neben der weiter unten kommentierten Unterzeichnung enthüllten sie ein originales Monogramm mit den Buchstaben »TK« und darüber das Datum »1518«. Ab diesem Zeitpunkt schlug Isolde Lübbeke als Urheber einen Meister mit diesen Initialen vor, genannt Meister des Monogramms TK, der bis heute mit keinem bekannten Künstler in Verbindung gebracht werden konnte. In beiden Gemälden befand sich das Monogramm ungefähr auf der Höhe der linken Schulter der Protagonisten. Heute erkennt man nur die Linienreste des Monogramms neben dem Datum im Frauenbildnis.

Die zwei Tafeln stellen ein Bildpaar dar und folgen dem spezifischen Schema derartiger Porträttypen in der Renaissance. Der links gezeigte Mann und die Frau rechts verbinden sich, indem sie sich einander zuwenden. Zugleich teilen sich die Figuren den grünen Grund, in den sie eingebettet sind. Der Gebrauch dieser Farbe war in der deutschen Renaissance üblich und wurde etwa von den Künstlern der Werkstätten von Albrecht Dürer (1471–1528), Lucas Cranach dem Älteren (1472–1553) und Hans Baldung Grien (1484/85–1545) verwendet. Die Protagonisten sind jeweils als leicht geneigte Halbfiguren dargestellt. Beim Mann, der eine größere Bildfläche einnimmt, leuchtet das weiße Hemd mit seiner Borte hervor. Seine glänzende, schwarze Kleidung besteht aus einer Schaube mit breitem Pelzkragen und einem großen, seitlich geneigten Hut mit goldenen Applikationen. Unter diesem trägt er eine gleichfalls golddurchwirkte Kalotte, wie sie auch in anderen Werken dieser Zeit dargestellt ist, etwa im Porträt des »Markgrafen Christoph I. von Baden« von Hans Baldung Grien, das in der Alten Pinakothek in München aufbewahrt wird. Die rechte Hand des Mannes scheint sich leicht auf dem Rahmen abzustützen. Das Weiß des Hemds kontrastiert mit den Tönen des Inkarnats, das in beiden Gesichtern hell ausgeführt ist. Die Unterzeichnung ist mit bloßem Auge sowohl im Gesicht des Ehemanns bei Nase, Mund und Ohr als auch in dem der Gattin zu erkennen, tritt aber bei Letzterer noch deutlicher in ihrer Hand hervor.

Auf der Infrarotreflektografie des Protagonisten lässt sich eine Veränderung an seinem Ohr nachvollziehen, das anfangs kleiner war und vom Künstler später vergrößert wurde. Die Frau ist in der typischen Haltung der Epoche dargestellt: Die Arme sind übereinandergelegt, die obere rechte Hand verdeckt etwas die lange Kette. Dieselbe Haltung erkennt man wieder im späteren »Bildnis der Magdalena Neudörfer« von Barthel Beham (1502–1540) in der Gemäldegalerie Kassel sowie im »Porträt der Anna Dürer« der Sammlung Thyssen-Bornemisza, das von einem unbekannten Nürnberger Meister ausgeführt wurde. Die Frau trägt ein schwarzes Kleid aus einem dunkelroten, damastartigen Stoff, bedeckt mit

III.9 c

einer schwarzen Stola, die aus Samt bestehen dürfte. Auf ihrem Haupt hat sie einen goldweißen Kopfputz, der mit einem dünnen Schleier bedeckt ist. Dahinter ist ein deutliches Pentimento im grünen Hintergrund zu sehen. In der Infrarotreflektografie erkennt man, dass sich die Haube ursprünglich weiter fortsetzte, als man mit bloßem Auge wahrnehmen kann. Offensichtlich endete sie zuerst fast in einer Kreisform, die vollständig mit dem Pentimento übereinstimmt. Anders als Lübbeke, die sie als Nimbus interpretierte, veranlasst es uns zu der Annahme, dass die Haube der damaligen Mode entsprechend zunächst größer und als Kreis ausgeführt war, worauf schon Christian Salm hinwies. Dieser Haubentypus lässt sich auch in anderen Bildern wiederfinden, wie zum Beispiel in dem von Dürer geschaffenen »Bildnis der Elsbeth Tucher« in der Gemäldegalerie Kassel und dem »Porträt einer Frau« von Wolf Traut (um 1486–1520) im Nationalmuseum Thyssen-Bornemisza. Der Stil beider Tafeln entspricht der deutschen Renaissance; möglicherweise gehört der noch unbekannte Meister des Monogramms TK zum von Augsburg und Nürnberg beeinflussten geografischen Umkreis.

Die beiden porträtierten Persönlichkeiten sind elegant gekleidet und stellen ihren Schmuck zur Schau: Sie trägt verschiedene Ringe und Ketten. Eine ähnliche Kette scheint auch ihr Mann zu tragen. Von dieser Kette sieht man jedoch ebenso wenig wie von seinen Ringen, die durch die Schlitze seines Handschuhs hindurchleuchten. Derartige modische Handschuhe der Epoche findet man beispielsweise auch in Lucas Cranachs Werken. Accessoires wie der Hut des Mannes mit den goldenen Applikationen und seine Kalotte sowie Teile von ihrer Haube mit derselben Ausschmückung zeigen einen gewissen Luxus und Wunsch zur Zurschaustellung. Beide gehörten demnach einem sozial gehobenen Stand an und waren wohl Mitglieder einer einflussreichen Familie. Die Identifikation der Protagonisten als Anna Fugger und Georg Thurzo geht auf János Eisler zurück. Sie basiert auf dem Vergleich mit zwei Silberstiftzeichnungen der beiden Dargestellten von Holbein dem Älteren (um 1460/1465–1524) im Kupferstichkabinett der Staatlichen Museen zu Berlin. Die Ähnlichkeit zwischen Gemälde und Zeichnung liegt in der breiten Stirn, dem kleinen Mund, der langen Nase mit abgerundeter Spitze und im energischen Kinn. Georg Thurzo stammte aus einer einflussreichen Kaufmannsfamilie, deren Vermögen im Bergbau gründete. Ihre Besitzungen lagen im Norden Ungarns (heute Slowakei) mit Sitz in Krakau/Kraków, von wo die Familie nach Augsburg übersiedelte. Anna Fugger, die Tochter des Kaufmanns Ulrich Fugger, gehörte zu einer der mächtigsten Familien ihrer Zeit, mit Niederlassungen im ganzen Kaiserreich und Sitz in Augsburg. Beide Familien schlossen sich in einer gemeinsam gegründeten Gesellschaft zusammen und besiegelten die Verbindung durch die Ehe ihrer Kinder. Das Paar heiratete 1497 in Augsburg, derselben Stadt, in der sie auch beide starben. Zu ihren Kunden zählten Mitglieder fast aller europäischen Höfe einschließlich des Kaiserhofs.

Die beiden Tafeln stammen möglicherweise aus der Sammlung der Gräfin Hertzberg in Düsseldorf. Von dort aus kamen sie in die Hände von Sir Charles Turner (1833–1907?) in London, wo sie bis 1908 verblieben. Die Forschung kennt die Gemälde seit Beginn des 19. Jahrhunderts, da Alfred Woltmann und Karl Woermann sie 1888 in ihrer »Geschichte der Malerei« veröffentlichten. 1908 wurden die Tafeln bei Rudolph Lepke in Berlin versteigert und lassen sich später in der Sammlung von Otto Held in Berlin lokalisieren. Dort waren die Bilder 1915 Teil der »Ausstellung von Werken alter Kunst aus Berliner Privatbesitz« in der Galerie Paul Cassirer. 1929 wurden sie erneut in der deutschen Hauptstadt bei Cassirer-Helbing versteigert. Danach kam das Gemäldepaar in den Besitz der Galerie Goudstikker in Amsterdam, wo es schließlich Baron Heinrich Thyssen-Bornemisza erwarb – zunächst für die damals als »Sammlung Schloss Rohoncz« bekannte Sammlung, später Sammlung Thyssen-Bornemisza genannt. Von dort aus gelangten die Werke 1993 in das Nationalmuseum Thyssen-Bornemisza in Madrid. *Dolores Delgado*

Literatur
Buchner 1928, S. 140, Anm. 2 | Eisler 1974, S. 81 f., Abb. 4 u. 5 | Löcher 1977, S. 83–91 | Lübbeke 1991, Nr. 76, 77, S. 328–333 | Salm 1969, S. 182–183 | Sammlung 1929, Nr. 26, 27, Tafel XVI u. XVII | Winkler 1959, S. 87.

STEPHAN SELZER

Lebenssplitter aus dem Spätmittelalter

Menschen in ihren Verbindungen zwischen Nürnberg, Breslau, Posen, Krakau und Lemberg

Für eine Archäologie von Lebenssplittern

Städtelandschaften sind Menschenlandschaften. Doch wie leicht übersieht die Geschichtsforschung diesen Zusammenhang, wenn sie zu fragen vergisst, in welchen Köpfen sich eigentlich Stadtrechte, Kunststile und Ideen verbreiteten und auf welchen Füßen wohl Prozesse wie Modernisierung, Europäisierung oder Vernetzung abliefen? Tatsächlich waren es Menschen unterschiedlicher Individualität, die im spätmittelalterlichen Europa unterwegs waren und auf ihren Wanderungen eine Welt wachsender Verdichtung schufen.

Doch wer die Zirkulation von Menschen beschreiben will, die vor mehr als 500 Jahren lebten, kann nicht wie ein heutiger Flaneur in das Faszinosum der Stadtkulturen zwischen Magdeburg und Kiew/Kyjiv eintauchen und sich Alltagsgeschichten zutreiben lassen. Wer eine Geschichte alltäglicher Menschenverbindungen versunkener Epochen zu erfassen sucht, wird zum Spurensucher und Spurenleser. Eine Archäologie verschütteter Menschenkontakte muss kleinste Lebenssplitter sammeln – aus dem Boden, an Gebäuden, auf Bildern und in gedruckten und handgeschriebenen Texten. Denn die meisten Menschen wären im Tumult der Geschichte für immer verloren, wenn nicht unscheinbare Dinge von ihnen zeugten.

Ein Briefbündel wird entschnürt: Nürnberg 1444

Wer solche Splitter auffinden will, hofft auf günstige Umstände, die Informationsträger in Erinnerungsspeicher haben gelangen lassen. Ein besonderer Überlieferungszufall ließ ein Briefbündel in das Nürnberger Staatsarchiv gelangen, das 47 Geschäftsbriefe enthält, die zwischen dem 29. Oktober und dem 4. Dezember 1444 geschrieben worden sind. Weil zwar die Adressaten in Nürnberg lebten, jedoch die etwa 40 Absender in Breslau/Wrocław, Frankfurt an der Oder, Görlitz, Krakau/Kraków, Posen/Poznań und Schweidnitz/Świdnica saßen, führen uns ihre Zeilen mitten hinein in die Städtewelt des sächsisch-magdeburgischen Rechts (Abb. 231).

Was die Schreiber mitteilen wollten, haben die Adressaten allerdings niemals zu lesen bekommen. Denn in einer Fehde gegen Nürnberg wurde der Briefbote Langheinz kurz vor seinem Ziel gefangen gesetzt. Das mitgeführte Briefbündel wurde geöffnet und nach dem Friedensschluss zwar an Nürnberg abgegeben, doch dort nicht verteilt, sondern als Gerichtssache zu den städtischen Akten genommen. Für uns ist das ein Glücksfall, weil in Privatarchiven solche Schreiben kaum einmal erhalten blieben. Selbst in öffentlichen Archiven war ihre Überlieferung nicht gesichert, was man daran ermessen kann, dass das Material im ältesten Nürnberger Archivinventar als »unnütze Sendbriefe« beschrieben ist.

Doch glücklicherweise wurden die Stücke nicht als überflüssig entsorgt, weshalb wir das Briefbündel für unsere Zwecke entschnüren können, so wie es einst der Nürnberger Fehdegegner Markgraf Johann von Brandenburg (dem es wohl vorrangig um das vom Boten mitgeführte Geld ging) für die seinen tat: Da schreibt Nikel Wild an die Nürnberger Firma Landauer über die Verhältnisse auf dem Breslauer Jahrmarkt: Was ist an Produkten vorhanden? Wie verläuft das Marktgeschehen? Wie ist das Wetter? All das vermag die Preisgestaltung zu beeinflussen; und das gilt umso mehr für die Verkehrssicherheit. Denn wie eine böse Vorahnung bzw. eine äußerst

Abb. 231
Ausschnitt aus der Romwegkarte des Erhard Etzlaub, gedruckt in Nürnberg 1500. Die Informationen über die Straßenverläufe erhielt Etzlaub u. a. von Nürnberger Kaufleuten, deren Handelsgeschäfte sie nach Breslau, Posen, Krakau und Lemberg führten. München, Bayerische Staatsbibliothek, Rar. 278#Beibd. 4

präzise Aufklärung der Lage mutet es an, dass Heinz Dietrich aus Frankfurt an der Oder zu berichten weiß, dass der Brandenburger Markgraf sich in der Waldenfels-Fehde engagieren wolle – was dann ja tatsächlich geschah und zum Verlust aller Briefe führte (Abb. 232).

Der Horizont der Nürnberger Vertreter reichte dabei weit über die Orte hinaus, aus denen sie schrieben: Danzig/Gdańsk und der Ostseeraum, Oberungarn mit seiner Metallförderung und Lemberg/L'viv mit dem Weg ans Schwarze Meer hatten sie scharf im Blick. Eine breite Palette von Waren im Ost-West-Verkehr wurde taxiert: Alaun, Blei, Edelmetalle, Farben, Fische, Geld, Gewürze, Häute, Kupfer, Leder, Metallwaren, Papier, Pelze, Salz, Textilen aller Art, Wachs, Zucker. Darüber hinaus enthält die Geschäftskorrespondenz von 1444 viel Privates: Hans Kepf etwa schrieb aus Breslau an den befreundeten Fritz Teufel nicht nur über Waren, sondern auch über Menschen: über seine Ehefrau, über seine Schwester, über Teufels Gefährtin, über gemeinsame Freunde und über alle Menschen, »[…] dy lachent noch myr fragen« (Schaper 1986, S. 7). Andere Schreiber hingegen konnten nicht lachend, sondern nur weinend grüßen. Hans Lußmer, Handelsgeselle zur Ausbildung in Breslau, gehörte zu ihnen. Er beschwerte sich über seinen Lehrherrn Micolasch und dessen Ehefrau. Beide seien geizig, er bekäme schlechtes Essen und müsse früh aufstehen! Und ein anderer Nürnberger »Teenager« und Lehrling in der Fremde schwärzte seinen Bruder an, der in Görlitz verschwenderisch auftrete.

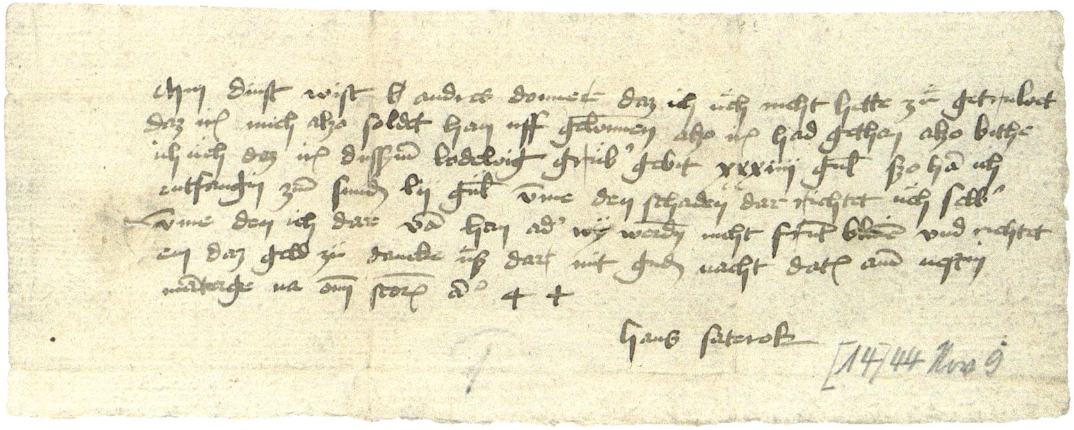

Abb. 232
Beispiel eines überlieferten Kaufmannsbriefs aus Nürnberg aus dem Jahr 1444. Staatsarchiv Nürnberg, 7-farb. Alphabet, Akten, Nr. 135

Die Firma Popplau in ihrem Geschäftsbuch: Breslau 1502

Über drei Generationen hinweg lässt sich die Kaufmannsfamilie Popplau verfolgen. Die erste Generation ist in Liegnitz/Legnica nachweisbar und wagte in den 1430er Jahren den Sprung in die schlesische Metropole Breslau. Hier gewann die Familie Popplau rasch hinzu: an materiellem Reichtum und sozialem Ansehen. Die erste Breslauer Generation bestand aus den Brüdern Kaspar (gest. 1499) und Niklas (gest. um 1490) sowie ihrem Großcousin Andreas (gest. 1507). Die beiden männlichen Erben der dritten Generation liquidierten um 1515 das Handelsgeschäft und zogen sich auf ihren Landsitz zurück.

Unter allen Familienmitgliedern ist der »Held« dieser Ausstellung zweifellos Kaspar, der zwischen 1484 und 1490 das in Breslau praktizierte Gewohnheitsrecht zusammenstellte (Kat.-Nr. III.10). Doch ist es ein anderes Buch der Familie Popplau, das hier interessieren soll, nämlich ein Handelsbuch aus den letzten zehn Geschäftsjahren der Firma. Es zeigt, dass das Geschäftsmodell der Popplau auf dem Umsatz westeuropäischer Textilien beruhte, die von Breslau aus an Großabnehmer weiterverkauft wurden. Name und Herkunft jedes Geschäftskunden sind akribisch notiert: Von den Identifizierten stammen 39 aus Breslau, 31 aus Krakau, sieben aus Sandec, drei jeweils aus Warschau/Warszawa und Liegnitz. Weitere, nur ein- oder zweimal genannte Orte kamen noch hinzu.

Die Geschichte von Aufbau, Bewahrung und Ende des Handelshauses Popplau über drei Generationen hinweg mutet wie eine schlesische Variante der Buddenbrooks an. Doch Parallelen finden sich nicht erst im Roman und in Lübeck: Aus Weißenburg/Wissembourg im Elsass stammte der Händler Friedrich Schilling, der 1473 ins Königreich Polen zog. In Krakau rasch etabliert, zog er 1475 seinen Bruder nach. Dieser Johann wanderte 1483 weiter nach Posen und fand dort als Maler beruflichen Erfolg. In Posen begegnen wir auch dem Handelsgesellen Nikel Wild wieder. Um 1450 kam er hierher und kooperierte weiterhin mit Nürnberger Geschäftsleuten. Schon 1454 wählte man ihn zum Schöffen, 1459 wurde er Ratsherr – ein Aufstieg, der den Landauern, seinen einstigen Nürnberger Arbeitgebern, nicht gelang. In noch größere soziale Höhen gelangte Hans Boner aus Landau in der Pfalz. Er erwarb 1483 das Bürgerrecht von Krakau. Hier wurde er vermögend, konnte ins Patriziat einheiraten und wurde Kreditgeber des polnischen Königs Sigismund I. (reg. 1507–1548), der ihn adelte. Als Hans Boner 1523 starb, übernahm das Geschäft sein Neffe Severin (1487–1549). Weniger als Finanzmann und polnischer Magnat, sondern vielmehr als Förderer von Renaissance und Humanismus ist Severin Boner heute präsent (Kat.-Nr. II.140 und II.141). Zu seinen Lebzeiten erinnerte der Nürnberger Rat hingegen gern daran, dass der mächtige Mann im polnischen Königreich aus Nürnberg gebürtig war, und appellierte an die Anhänglichkeit an seine Geburtsstadt.

So wie zugewanderte Kaufleute sich in städtische Gruppen integrierten, fanden andere Neuankömmlinge passenden Anschluss an ihr soziales Milieu: italienische Adlige am Hof des polnischen Königs, rheinische Mönche im Konvent eines polnischen Zisterzienserklosters, ungarische Studenten im Kolleg in Krakau, Armenier in der armenischen Gemeinde von Lemberg. Dies glückte auch der Jüdin Rachela Fiszel aus Prag/Praha. Als sie Mojżesz Fiszel Mitte der 1470er Jahre heiratete, zog sie zu ihm nach Krakau und gründete eine Familie. Nach dem Tod ihres Ehemanns leitete sie selbst das Handels- und Finanzgeschäft der Familie und wurde zur Geldgeberin für Könige und Bischöfe. Rachela und Mojżesz Fiszel hatten gemeinsam drei Söhne und drei Töchter. Durch ihre Eheschließungen erweiterten die Frauen das Familiennetzwerk. Sara heiratete nach Ofen/Buda und Estera nach Prag. Hendel blieb in Krakau und wurde die Ehefrau des Kabbalisten und Rabbiners Aszer Leml.

Helden der Landstraßen: Posen 1524

Die Gewürze und Häute, von denen die Nürnberger Handelsbriefe von 1444 berichten, sind verspeist oder verfault. Doch Spuren von Handelsgütern lassen sich zuweilen noch bei archäologischen Grabungen finden. Bleisiegel von Qualitätstuchen (Kat.-Nr. III.7), die häufig im Popplauischen Handelsbuch vermerkt sind, zählen dazu. Auch unspektakuläre Ochsenknochen sind Zeugnisse für europäische Vernetzungen. Denn der Wunsch nach Fleischnahrung war um 1500 so groß, dass der Bedarf nicht mehr überall regional zu decken war. Daher wurden Zehntausende Ochsen aus Osteuropa auf großen Viehmärkten in Lublin und Brieg/Brzeg umgeschlagen und anschließend nach Westen getrieben. Aus diesem europäischen Viehhandel floss viel Geld, wenn etwa der Posener Kaufmann Friedrich Schmalz im Jahr 1528 für eine Herde von 250 Ochsen vom hessischen Hof rund 3 000 Gulden erhielt. Dieser Viehhandel bewirkte aber auch eine umfängliche Zirkulation von Menschen. Denn auf 100 Tiere rechnet man einen Ochsenkapitän und fünf bis sechs berittene Treiber. Mit den Herden bewegten sich mithin Tausende Treiber, deren Rufe und Fluche beim Dirigieren des Viehs man sich wie »Wildwest« im Mittelalter vorstellen mag (Westermann 1979).

Ochsen als Handelsware besaßen einen Kostenvorteil, denn sie transportierten sich selbst. Bei Handelsgütern, die nicht auf eigenen Beinen liefen, besorgten professionelle Spediteure den Transport. In den Unterlagen der Firma Popplau erwähnt sind mit Paul von Grauppen und Nikel Rüdel zwei Leipziger Fuhrleute. Solche Profis der Raumbewältigung sind recht stille Helden der europäischen Verdichtung. Denn zu fassen bekommen wir sie nicht in Selbstzeugnissen, etwa in ihren abendlichen Gesprächen an den mittelalterlichen »Truck Stops«, sondern nur in amtlichen Aufzeichnungen. Hier erscheinen die »Helden der Landstraße« beispielsweise in der Geleitsrechnung von Wittenberg, die zwischen dem 1. Mai 1524 und dem 30. April 1525 gleich 26 Durchfahrten von Fuhrleuten aus Posen auflistet. Manche Posener Fuhrleute kamen einzeln, andere bewegten sich in Fahrzeuggruppen, wie am 11. August 1524 Blasius, Clemens Janicko und

Mattes. Drei große, mit 24 Pferden bespannte Wagen führten sie durch das Wittenberger Geleit. Und auch die Alleinfahrer unter den Posenern waren nicht ohne Berufskollegen unterwegs, denn als am 24. Juni 1524 Hans Janicko drei Wagen vergeleiten ließ, waren etwa auch Hans Fleischauer und Clemens Nytal aus Danzig auf derselben Route unterwegs. Ihre Leistungen sind bewundernswert, wenn man weiß, dass sie durchschnittlich 20 Kilometer am Tag bewältigten. In unserer Zeitwahrnehmung liegen heute zwischen Magdeburg und Posen vier Stunden auf der Autobahn. Für dieselbe geografische Distanz von etwa 400 Kilometern brauchten diese Fuhrleute hingegen 20 Tage.

Ein Breslauer Patrizier auf Reisen: Europa 1483

Im Sog dieser Transportströme wurden nicht nur klassische Handelswaren, sondern auch Kunstwerke transportiert. Andere Künstler wurden wie Handelsgehilfen von den europaweit tätigen Handelsfirmen nach Ostmitteleuropa geholt und produzierten vor Ort. Wenn sich dann ein Stifter auf einem Altarwerk abbilden ließ oder ein Porträt bestellte, sind wir mit besonders leuchtstarken Lebensspuren konfrontiert. Auge in Auge begegnen wir so beispielsweise Clara Popplau (gest. 1512), der Tochter von Kaspar Popplau. Sie heiratete 1487 in Breslau den aus Nürnberg zugewanderten Kaufmann Lorenz Heugel (gest. 1513), der ebenfalls porträtiert worden ist.

Dieselbe Individualität würde man gern aus schriftlichen Dokumenten heben. Aber mittelalterliche Autobiografien sind außerordentlich rar (Abb. 233, 234). Häufiger sind Schilderungen von Wallfahrten. Solche Reisebeschreibungen erschöpfen sich freilich oft in den damals üblichen Aufzählungen von Pilgerstätten. Aber zuweilen scheint in ihnen dennoch Persönliches durch. So beim Breslauer Peter Rindfleisch, der seine 1496 nach Jerusalem und 1506/07 nach Santiago de Compostela unternommenen Wallfahrten beschrieben hat. Auf der Rückfahrt von Akkon

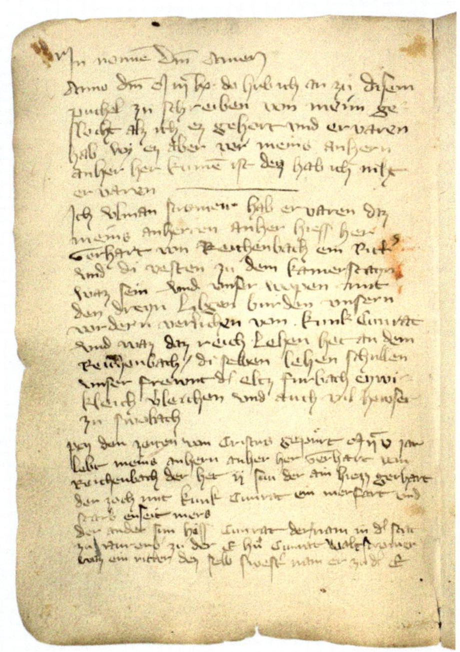

Abb. 233 und 234
Eines der seltenen autobiographischen Zeugnisse des Mittelalters stellt die Lebens- und Familiengeschichte des Nürnberger Fernhändlers, Unternehmers und Ratsherren Ulman Stromer (1329–1407) dar.
In seinem Püchel von meim geslecht und von abentewr beschreibt er die Geschichte seiner Familie zwischen 1349 und 1403. Nürnberg, Germanisches Nationalmuseum, Hs. 6146, Buchdeckel und fol. 3v

geriet seine Reisegesellschaft in einen heftigen Sturm. Als schwere Brecher ins Schiff schlugen und die Lage hoffnungslos schien, bat der Schiffsführer die Reisenden um Hilfe – nicht durch Wasserschöpfen, sondern durch Fürbitten. Auch Peter Rindfleisch rief seine Nothelfer an, und so fallen damals auf einer venezianischen Galeere im Mittelmeer die Namen der heiligen Barbara von Thorn, des heiligen Nikolaus zu Breslau vor dem Tore und der heiligen Hedwig zu Trebnitz.

Einen anderen Zuschnitt hatte die Europareise, die in den Jahren 1483 bis 1486 Niklas Popplau unternahm. An seinem Bericht bemerkenswert ist vieles, etwa auch, wie er Fremdheit in heimatliche Maßstäbe zu übersetzen suchte: Da schien ihm Toulouse so groß wie Breslau zu sein, aber doch anders, denn die französische Stadt sei sehr übel gebaut. Für Paris passte sein Breslauer Maßstab nicht, und so wurde Prag zur Vergleichsgröße. Selbst für das Ungewohnte der höfischen Welt fand Niklas Popplau eine Einordnung: Der portugiesische König benutze bei Tische kein Messer, sondern beiße mit den Zähnen oder breche mit den Händen vom Brot ab, »[...] wie der König in Pohlen wann er nicht Gäste hat [...]« (Radzikowski 1998, S. 81 f.). Und warum werde eigentlich der polnische König dafür kritisiert, dass er Nichtchristen in seinem Reich toleriere, wo doch in allen Königreichen der Iberischen Halbinsel viel mehr Menschen jüdischen und muslimischen Glaubens lebten?

Menschen massenhaft: Lemberg 1406

Wie überall in Europa haben Archäologen auch in Krakau, Danzig und Stettin/Szczecin Pilgerzeichen aus Metall (Kat.-Nr. III.11) gefunden. An den Wallfahrtsstätten in immenser Stückzahl verkauft und als Andenken mitgeführt, zeugen diese Fundstücke heute noch vom Unterwegssein vieler ansonsten vergessener Reisender. Andere Lebensschicksale erschließen sich nicht aus Bodenfunden, aber wir können sie gegen den Wunsch der Notierten nachlesen. Denn wer will beispielsweise als Opfer einer Straftat dokumentiert sein, wenn das etwa im Falle von Kaspar und Melchior Popplau im Herbst 1473 bedeutete, auf der Straße von Glogau/Głogów nach Frankfurt an der Oder überfallen und auf ein kleines Raubschloss bei Lübeck verschleppt zu werden. Auch in der Haut von Randständigen und Straftätern möchte man nicht stecken, die vor Gericht zum Sprechen gezwungen wurden. Im Fall von Krakau hat die Forschung 2 215 Kriminalfälle zwischen 1361 und 1405 quantifizierend erfasst: So weiß man beispielsweise zu sagen, dass zwei Täter aus Nürnberg stammten, und kann 317 Tötungsdelikte auszählen. Tatsächliche und vermeintliche Kriminelle wollten sich alle Städte des Mittelalters rasch vom Hals schaffen. Andere Menschen hingegen suchten sie anzulocken und als Bürger aufzunehmen. Wer dann wie Hans Boner das Bürgerrecht erwarb, wurde von der städtischen Verwaltung erfasst (Kat.-Nr. II.70).

Die Bürgerlisten der Stadt Lemberg beispielsweise sind für die Jahre von 1405 bis 1426 und 1461 bis 1514 erhalten. Um die Herkunft der Neubürger zu beurteilen, ist der Vor- und Nachname für die Forschung zumeist der einzige Anhaltspunkt. Dieses Kriterium ist jedoch unscharf, wenn nach Lemberg etwa ein Petrus Luneborg (Lüneburg) aus Frankfurt (an der Oder?) zuzog. Auch wer einen polnischen oder deutschen Namen führte, ist nicht ohne Fehlerquelle festzulegen. Außerdem ist zu beachten, dass gar nicht alle zuwandernden Menschen das Bürgerrecht erwerben konnten. So bleiben selbst dann Unsicherheiten, wenn man eine sorgfältige Auswertung von Hugo Weczerka für Lemberg referiert, die folgende Zahlen nennt: Von 1617 Neubürgern waren 679 Deutsche, 394 Polen, 139 Ostslawen, 35 Armenier, drei Litauer, drei Juden, zwei Tschechen, ein Italiener, ein Rumäne, ein Grieche und 359 Unbestimmbare. Von den Neubürgern mit ermittelter Herkunft stammten 74 Prozent aus dem damaligen Polen (ohne Litauen). Aus dem Heiligen Römischen Reich deutscher Nation stammten 17 Prozent, davon kamen rund drei Viertel aus Schlesien. Die Differenzen zwischen territorialer Herkunft und sprachlicher Zuordnung erklären sich daraus, dass deutschsprachige Untertanen des polnischen Königs zahlreich waren. Doch wollten diese Menschen in ihrer Zeit gar nicht als Deutsche oder Polen vereinnahmt werden, sondern vor allem zur Gemeinschaft der Lemberger Bürger dazugehören.

Menschen in selbst gewählten Gemeinschaften: Krakau 1383

Wer sich wie Niklas und Kaspar Popplau an den Universitäten von Leipzig und Krakau immatrikulierte, wählte ebenfalls die freiwillige Zughörigkeit zu einer Personengemeinschaft (Abb. 235). Auch studentische Neubürger wurden dabei für Gegenwartszwecke verzeichnet und späterhin nach ihrer Herkunft sortiert. An der Krakauer Universität schrieben sich zwischen 1470 und 1520 jährlich über 300 Scholaren ein; von ihnen kamen etwa 44 Prozent nicht aus dem Königreich Polen. Unter diesen bildeten die Untertanen der Könige von Böhmen und Ungarn die stärksten Gruppen. Aber auch Schweden, Italiener, Engländer und Türken finden sich. Schwierig ist es, insbesondere für Schlesier und Ungarn eine sprachliche Zuordnung zu treffen. Doch verlief die Verständigung unter Gelehrten ohnehin leichter und neutraler als heute, weil mit Latein eine Sprache benutzt werden musste, die niemand mehr als Muttersprache beherrschte. Daher war es überhaupt keine Frage, dass die 1490 vom Nürnberger Konrad Celtis (1459–1508) nach dem Vorbild italienischer Akademien in Krakau begründete »Sodalitas litteraria Vistulana« neben dem Italiener Filippo Buonaccorsi (1437–1496) auch Ungarn, Böhmen, Polen und Deutsche verband (Abb. 236).

Abb. 235 ►
Epitaph des Filippo Buonaccorsi, gefertigt in der Peter-Vischer Werkstatt. Dominikanerbasilika Krakau

Abb. 236 (folgende Seiten)
Stadtansicht von Krakau aus der Weltchronik des Hartmann Schedel, gedruckt in Nürnberg 1493. Darmstadt, Technische Universität, Inc. VI/14, Bl. 265

CASMIRVS

CRACOVIA
CLEPARDIA

Freiwillig eingegangene Gemeinschaften kannte das Mittelalter in zahlreichen Ausprägungen. Dazu gehörte etwa die Bruderschaft Unser Lieben Frauen an der Marienkirche in Krakau. Erstmals urkundlich erfahren wir 1383 von ihr. Ein glücklicher Umstand treibt uns menschliche Fülle zu, denn ein Totenbuch dieser Krakauer Bruderschaft hat sich erhalten. Die Einträge der Mitglieder und Wohltäter beginnen hierarchisch mit dem polnischen König Kasimir dem Großen (reg. 1333–1370) und reichen sozial hinab zu den Namen einfacher Brüder und Schwestern, die nur in dieser Aufzeichnung ihrer Bruderschaft bewahrt sind: Stadtdiener, Apotheker, Weinschenke, Glaser und Kirchendiener, eine Ratsherrengattin, Jungfrau Katharina Rymarowna, Barbara die Apothekerin, Regina, die Hausfrau von Jakob dem Fleischer. Die Gemeinschaft der Lebenden und Toten reichte über soziale Grenzen und Zeiten hinweg. Denn in das um 1503 angelegte Buch übertrug man nicht nur längst verstorbene Personen aus einer älteren Aufzeichnung, sondern führte es bis 1730 auf Lateinisch, Deutsch und Polnisch weiter.

Kleine Lebensschicksale in großen Forschungskategorien

Vor dem Schöffengericht in Frankfurt am Main wurde 1519 der Maastrichter Tuchlieferant Gerhard von Mecheln vom Nürnberger Wilhelm Weidolt verklagt. Die von ihm an den Krakauer Bürger Hans Schilling weiterverkauften Textilien waren beschädigt, was die Prüfung in Lemberg ergeben hatte. In heutigen Nationalstaaten gedacht, müsste es heißen: Ein Niederländer, ein Deutscher, ein Pole und Ukrainer treffen sich vor einem Frankfurter Gerichtshof. Das klingt wie der Beginn eines schlechten Witzes, doch deutet sich hierhin ein Zusammenhang an, der bei der Betrachtung mittelalterlicher Personenverbindungen zwischen Nürnberg und Lemberg erheblich ist. Denn die hier ausgebreiteten Lebensschicksale sind teilweise bereits von einer anderen deutschen Forschergeneration erzählt worden. Ihr Blick war dabei nicht auf menschliche Lebenswege in Europa im Allgemeinen gerichtet, sondern etwa bei Kurt Lück auf »Deutsche Gestalter und Ordner im Osten«. Sie machten dafür die Handelsdiener, Künstler und Gelehrten des Mittelalters zu Trägern nicht einer persönlichen, sondern einer deutschen Mission.

Individuelle Schicksale dienten als Projektionsfläche eines deutschen Überlegenheitsgefühls gegenüber den Völkern Osteuropas. Der Hanseforscher Fritz Rörig (1882–1952) beispielsweise folgerte 1943 in einem Vortrag zum Kopernikus-Jubiläum: »Auch in den weiten Räumen des südlichen Polens ist der Deutsche der Zauberer gewesen, der die in diesem Raume vorhandenen latenten Möglichkeiten zu blühendem Leben erweckte« (Rörig 1943, S. 269). Nur wäre Fritz Rörig niemals auf den Gedanken gekommen, das seit 1478 feststellbare Engagement für die technische Modernisierung des Goslarer Bergbaus durch den ungarisch-polnischen Adligen Johann Thurzo (1437–1508) (Kat.-Nr. III.8) oder die Bronzegrabplatte des Godhard Wigerinck (gest. 1518) in der Lübecker Marienkirche aus der Nürnberger Werkstatt Peter Vischers d. J. (1487–1528) als ungarische Aufbauhilfe oder nürnbergische Kulturüberlegenheit im niederdeutschen »Kolonialland« zu werten. Seine nationale Etikettierung darf man ohne Weiteres als einen wissenschaftlichen »Holzweg« bezeichnen. Denn einerseits sah er völlig von multiethnischen, multireligiösen und vielsprachigen Zusammenleben in Alteuropa ab, und andererseits wurde eine Homogenität von Nationen ins Mittelalter zurückgedacht, obwohl nationale Bindungen keine anthropologischen Konstanten sind, sondern als kulturelle Prägungen dem historischen Wandel unterliegen.

Nun sind wir heute in dieser Hinsicht schon deshalb klüger, weil wir wissen, wie solche Ideologien die deutsche Geschichte in Ostmitteleuropa mit sich in den Abgrund gezogen haben. Freilich wären wir aus großem Schaden und schlimmen Verbrechen zwar klüger, aber nicht weise geworden, wenn wir dafür jetzt mit äußerst guten Absichten auf dieselben mittelalterlichen Lebenswelten das Etikett einer Europäischen Union vor ihrer Zeit klebten und die Jüdin Rachela Fiszel und die Ochsentreiber aus der Walachei zu Helden unserer Tagespolitik machten. Daher ist es gut, dass jede welthaltige Ausstellung, die Originalstücke zeigt, eine vordergründige Gleichsetzung von gestern und heute unterläuft. Denn bei jeder konzentrierten und informierten Betrachtung von Objekten, die Signaturen ihrer einstigen Nutzer aufweisen, öffnen sich Fenster in die Welt von gestern. Wer Lebenssplitter sucht und Lebenswegen folgt, landet niemals im Europa der Ideologien, sondern beim individuellen Eigensinn jeder einzelnen Lebensgeschichte.

Literatur
Boockmann 1987 | Lück 1957 | Mitkowski 1968 | Petry 1935 | Pirozyński 1997 | Radzikowski 1998 | Röhricht/Meißner 1880 | Rörig 1943 | Schaper 1986 | Schlögel 2003 | Scholz-Babisch 1930 | Schüssler 1998 | Straube 2015 | Weczerka 1955 | Westermann 1979 | Zaremska 2013, S. 405–413.

III.10 ohne Abb.

Kaspar Popplau, »Der Rechte Weg«

Breslau/Wrocław, 1484–1490/1493

Papier, II + 324 Blätter; je ein Pergament-doppelblatt vor- und nachgebunden; Schrift: Kursive, zwei Hände: 1. 1ra–314ra, 2. Randnotizen von jüngerer Hand; fol. 1r Schmuck-initiale in den Farben Rosa, Blau, Grün und Gold; rote Überschriften, rote und blaue Initialen; Ledereinband 15. Jahrhundert; Einzelstempel im Mittelfeld und am äußeren Seitenrand, vorn Reste zweier Messingschließen, hinten sechs Messingnägel

Ostmitteldeutsch/lateinisch; Inhalt: Ir/v lateinischer Traktat (Bibelexegese), 1ra–1rb Prolog, 1rb–314ra »Der Rechte Weg« in 21 Büchern zu jeweils 100 Kapiteln von A bis X (I/J, U/V/W als ein Buchstabe); Buch X nur 34 Kapitel, 314v–324v leer

H 41,5 cm, B 28,5 cm, Schriftraum: 26 × 18 cm, zweispaltig, 46 Zeilen

Breslau/Wrocław, Archiwum Państwowe, Akta miasta Wrocławia (Stadtarchiv) J 7 (olim Stadtbibliothek, cod. chart Nr. 92)

»Der Rechte Weg« ist ein in Breslau für die Stadt entstandenes Sammelwerk unterschiedlicher Rechtsquellen, die der Patrizier Kaspar Popplau (nicht vor 1435–1499) in den Jahren von 1484 bis 1490 zusammentrug und für den Gebrauch in der Schöffenstube und im Rat der Stadt Breslau nutzbar machte. Er war der älteste Sohn von Hans Popplau, der zusammen mit seiner Frau Hedwig (geb. Ungeraten) aus Liegnitz/Legnica eingewandert war und in den 1440er Jahren in Breslau ein großes Handelsunternehmen aufgebaut hatte. Kaspar war 1454 an der Universität Krakau/Kraków immatrikuliert. 1458, drei Jahre nach dem Tod ihres Vaters, übernahmen Kaspar und sein jüngerer Bruder Niklas die Geschäftsleitung des Familienunternehmens, in den 1470er Jahren leitete Kaspar es allein. Es gelang ihm, das Familienunternehmen erfolgreich und gewinnbringend voranzubringen, denn er erwarb ab 1480 Grundbesitz, den er in späteren Jahren weiter vermehrte. In seinem Testament von 1495 richtete er als Grundherr und Gutsbesitzer Stiftungen für Bedürftige ein.

Ein Vergleich der Selbstaussagen und Hinweise zur Abfassung des »Rechten Wegs« im Prolog des »Remissoriums« (WAP, a. m. W. J 8; 1490–1493), dem Nachschlagewerk zum »Rechten Weg« (und anderer in Breslau vorliegender Rechtshandschriften), mit den Breslauer Ratslisten und Regestenbüchern hat ergeben, dass nur Kaspar Popplau als Verfasser der beiden anonym und unikal überlieferten Werke infrage kommt. Neben seiner Tätigkeit als Breslauer Kaufmann und Handelsherr war er Schöffe (1472, 1483–1490 und 1492–1499), Beisitzer im Breslauer Hof- und Mannengericht (1484–1490, 1492–1496 und 1498) und 1491 Ratsmitglied. Er saß sozusagen an der Quelle und war aufgrund seiner städtischen Ämter ein ausgewiesener Kenner der Breslau betreffenden Rechtsquellen.

»Der Rechte Weg« ist ein Sammelwerk von Rechtstexten unterschiedlicher Provenienz und Gattung. Es enthält neben Schöffensprüchen Teile von Rechtsbüchern und anderes mehr. Die Leistung des Verfassers besteht in der Zusammenstellung der Quellen und in deren wohl gebrauchsorientierter Bearbeitung, Auswahl und Abänderung. Die Quellen des »Rechten Wegs« sind Originale und Abschriften von Magdeburger Schöffensprüchen für verschiedene Empfänger, Magdeburger Urteile für Liegnitz, Breslauer, Leipziger und hallesche Schöffenurteile, Sprüche der Ratmannen zu Liegnitz, Neisse/Nysa und des Lehngerichts zu Dohna, Magdeburg-Breslauer »Systematisches Schöffenrecht«, Magdeburger-Breslauer »Unsystematisches Schöffenrecht«, das »Buch der Magdeburger Urteile«, Willküren der Stadt Breslau, Privilegien, meist in Regestenform, von 1261 bis 1483 für Breslau, »Breslauer Landrecht« von 1356, die alphabetische Sammlung von Rechtsregeln »Ad decus et decorem« und Auszüge des Liegnitzer Stadtrechts, beide von Nikolaus Wurm (vor 1370 – nach 1401), juristische Gutachten von Dietrich von Bocksdorf (Anfang 15. Jahrhundert – 1466) sowie ein Teufelsprozess. Mit Ausnahme der Texte von Nikolaus Wurm und Dietrich von Bocksdorf handelt es sich um Quellen des sächsisch-magdeburgischen Rechts, vor allem um solche aus der Rechtsprechung, also aus der Praxis und für eben diese. *Renate Schelling*

Literatur
Carls 2018 a | Ebel 2000, Bd. 1, S. X f. | Goerlitz 1936 | Oppitz 1990, Nr. 295, S. 421 f. | Petry 1935 | Pusch 1988 | Schelling 1995 | Schelling-Schiewer 1989 a | Schelling-Schiewer 1989 b.

III.11

Pilgerzeichen

Bis zum Ende der ersten Hälfte des 14. Jahrhunderts können im mittelalterlichen Europa etwa 60 Pilgerzentren identifiziert werden, die eigene Pilgerzeichen als Beleg der Frömmigkeit und Erinnerung an den Besuch im Heiligtum bzw. von heiligen Stätten hergestellt und verkauft haben. Die Zeichen stellten auch eine Art Ausweis dar, der den Pilgern kostenlose Unterbringung in Herbergen und Hospizen, die Freundlichkeit der Einwohner und sogar den Respekt seitens der Soldaten sicherte. Im 15. Jahrhundert wuchs die Zahl der Wallfahrtsorte, die Pilgerzeichen herstellten, auf etwa 300 an. Dieser Anstieg hing mit der wachsenden Beliebtheit von Pilgerfahrten zusammen, die allerdings nicht nur eine Folge der zunehmenden Frömmigkeit, sondern auch der großzügig erteilten Ablässe und vom Gericht erzwungenen Strafen in Form von Pilgerfahrten waren. In den 20 Jahren, in denen die archäologischen Ausgrabungen in Danzig/Gdańsk durchgeführt wurden, hat man über 1 200 mittelalterliche Pilgerzeichen gefunden, von denen die meisten aus dem 14. und 15. Jahrhundert und aus fast 50 europäischen Wallfahrtsorten bzw. Heiligtümern stammen.

III.11 a

Heiliger Mauritius, Petrus, Papst Bonifaz IX.

Magdeburg, 2. Hälfte 14. Jahrhundert

Fundort: Danzig (Rechtstadt), ulica Tartaczna

Zinn, Blei

H 6,2 cm, B 4,8 cm, G 6,3 g

Danzig/Gdańsk, Muzeum Archeologiczne w Gdańsku, MAG/GD/255/4/4/14

Die durchbrochene, viereckige Plakette mit dreieckiger Krönung ist an den Seiten mit kleinen Kreuzen verziert (das mittlere Kreuz ist oben abgebrochen) und in drei Spitzbögen unterteilt, in denen jeweils Figuren stehen: In der Mitte der heilige Petrus mit Schlüssel und Buch, über seinem Kopf das *Vera Icon*, rechts von Petrus der heilige Mauritius, dargestellt als römischer Soldat mit Speer und Schild, auf dem ein Adler abgebildet ist, auf der linken Seite Papst Bonifaz IX. mit Tiara und Bischofsstab, die rechte Hand seg-

III.11 a

nend erhoben. Unter den Füßen des Papstes befindet sich das Wappen des Heiligen Stuhls in Rom (zwei gekreuzte Schlüssel), unter Petrus das persönliche Wappen Bonifaz' IX. und unter Mauritius das Wappen vom Erzbistum Magdeburg.

Am Ende des 14. Jahrhunderts wurden im Magdeburger Dom zwei Mal im Jahr – am Sonntag nach Fronleichnam und am Tag des heiligen Mauritius – den zahlreich erscheinenden Pilgern die Reliquien des Heiligen präsentiert. Zu den wichtigsten gehörten die Mauritiusreliquien, die bereits in der zweiten Hälfte des 10. Jahrhunderts aus Regensburg in den Magdeburger Dom gebracht worden waren. Die Pilgerzeichen aus Magdeburg gehören zu äußerst seltenen Funden bei archäologischen Ausgrabungen. Abgesehen von Danzig wurde eine solche Plakette nur noch im Kloster Wienhausen im heutigen Niedersachsen gefunden, wo man sie auf die erste Hälfte des 14. Jahrhunderts datierte. Pilger aus Danzig und Pommern könnten schon im 15. Jahrhundert auch nach Magdeburg gekommen sein.

Literatur
Brumme 2010, S. 40 | Köster 1984 | Kühne 2004 | Paner 2016, S. 210 ff. | Paner/Paner 1998, S. 177, Abb. 3.

III.11 b

Heiliger Thomas Becket

Canterbury, 15. Jahrhundert

Fundort: Danzig (Speicherinsel), ulica Stągiewna

Zinn, Blei

H 8,5 cm, B 2,2 cm, G 6,1 g

Danzig/Gdańsk, Muzeum Archeologiczne w Gdańsku, MAG/GD/255/20/24/53

Auf Pilgerandenken, die mit dem Kult des heiligen Thomas Becket verbunden sind, stößt man bei Ausgrabungen auf dem Gebiet Englands, Schottlands, Irlands, Belgiens, Hollands, Norddeutschlands, Frankreichs und Schwedens. Insgesamt kennen wir mehr als 800 Funde von Objekten, die mit dem Kult dieses Heiligen zusammenhängen: Es gibt Pilgerzeichen mit der Darstellung seiner Person zu Fuß, zu Pferd oder im Boot, weiterhin Ampullen, kleine Reliquiare – Miniaturen seiner Reliquiare, Schwerter, kleine dreidimensionale Figuren von Pfauen mit Bischöfen auf dem Rücken, runde, münzenähnliche Plaketten, Glöckchen, Plakettenabgüsse auf Kirchenglocken sowie viele Broschen und Spangen. Auch die abgebildete Miniaturschwertscheide, die man in Danzig fand, mit jeweils einem Handschuh auf einer Seite ist ein solches Pilgerandenken an Thomas Becket.

Man weiß nicht genau, ab wann die Pilgerplaketten in Canterbury hergestellt wurden, doch es ist bekannt, dass sie anfangs von Händlern an Verkaufsständen vor dem Eingang zur Kathedrale angeboten wurden. Ganz sicher glaubte man an die heilsamen Kräfte des Pilgerabzeichens selbst. Der französische König Ludwig XI. trug am Hut eine Plakette aus Canterbury, die den Märtyrertod von Erzbischof Thomas Becket darstellte, um seine Gesundheit zu schützen. Abgesehen von Plaketten wurden auch kleine Behälter verkauft: Ampullen für das Wunderwasser, das aus Quellen auf dem Heiligtumsgelände stammte. Die heilende Wirkung des Wassers im Fall der Ampullen aus Canterbury wurde durch eine entsprechende Inschrift verstärkt und bescheinigt, wie zum Beispiel: »Die ganze Schwäche und der Schmerz sind weg, der geheilte Mensch isst und trinkt, und der Teufel und der Tod entfernen sich.«

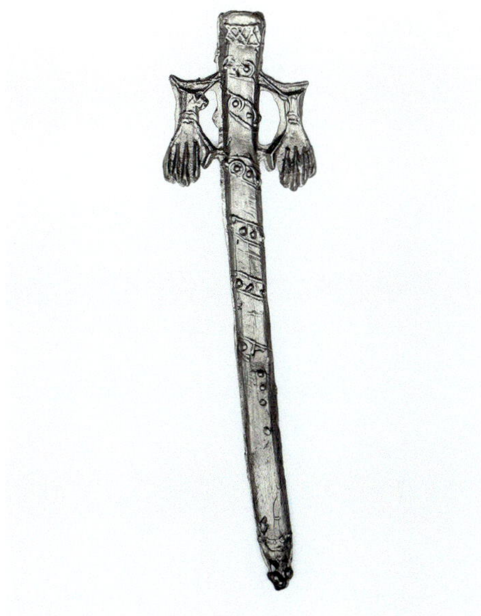

III.11 b

Seit der Heiligsprechung von Erzbischof Thomas Becket im Jahr 1173, der auf Befehl des englischen Königs Heinrich II. ermordet worden war, wurde Canterbury zum wichtigsten Pilgerort in ganz England und weit darüber hinaus. Die beste Quelle zu den Pilgerfahrten im 14. Jahrhundert bieten »Die Canterbury-Erzählungen« (»The Canterbury Tales«), eine Sammlung von Erzählungen des Dichters und Wanderers Geoffrey Chaucer. Hier finden wir die detaillierte Beschreibung einer Pilgerfahrt von 29 Personen aus Southwark zum Grab von Thomas Becket in Canterbury. Schon am Anfang der Erzählung stoßen wir auf eine wichtige Information über die Gründe, weswegen man sich auf eine solche Pilgerfahrt begab: »Und Pilger ziehen nach manchem fremden Strande / Zu fernen Heil'gen, die berühmt im Lande; / In England aber scheint von allen Enden / Nach Canterbury sich ihr Zug zuwenden / Dem heil'gen Hülfespender aller Kranken / Dem segensvollen Märtyrer zu danken.«

Quellen
Chaucer 1963.

Literatur
Paner 2016, S. 54 – 59 | Spencer 1968, S. 141 – 144 | Spencer 1998, S. 37 | Williamson 1984.

III.11 c

Maria mit Kind, das Kleid Mariens

Aachen, 15. Jahrhundert

Fundort: Danzig (Speicherinsel), ulica Basztowa

Zinn, Blei

H 10,5 cm, B 6,5 cm, G 18,7 g

Danzig/Gdańsk, Muzeum Archeologiczne w Gdańsku, MAG/GD/255/4/4/14

Die einseitige, durchbrochene Pilgerplakette besteht aus drei Segmenten. Der untere Teil des Zeichens ist in einem runden Rahmen untergebracht. Am unteren Rand dieses Rahmens ist die thronende Maria mit Kind dargestellt, das links von ihr steht und über dessen Kopf ein Kreuznimbus schwebt. Über ihnen hängt an einer waagerechten Stange das Kleid Mariens, das von zwei Engeln gehalten wird, von denen einer nur teilweise erhalten ist. Darüber ist im oberen Teil des Rahmens ein kleinerer, ebenfalls runder Rahmen zu sehen, über dem der thronende Christus und zu seinen beiden Seiten trompetenblasende Engel dargestellt sind.

Nach Ansicht von Andreas Haasis-Berner ist die Produktion von Pilgerplaketten in Aachen seit 1238 bezeugt, möglicherweise ist sie sogar früher anzusetzen. Das Heiligtum, das an der sogenannten deutschen Niederstraße nach Santiago de Compostela lag, zog große Massen von Pilgern an, aufgrund der hier aufbewahrten großen Aachener Heiligtümer, die den Gläubigen zum ersten Mal 1238 oder 1242 zugänglich gemacht und seit 1349 alle sieben Jahre ausgestellt wurden. Dazu gehörten das Kleid Mariens, das *Perisonium* (drapiertes Lendentuch Jesu), die Windeln Jesu und das Enthauptungstuch Johannes des Täufers. Diese Reliquien sind im 1238 fertiggestellten Marienschrein aufbewahrt, der mit Figuren von Maria und Karl dem Großen sowie einer Christusfigur in einer Majestas-Domini-Darstellung und Papst Leo III. (gest. 816) verziert ist, die von Apostelfiguren begleitet werden. Bereits 1307 wurde Aachen als Ort der Heiligtumsfahrten gleichwertig mit Rom, Bari und Santiago erwähnt. Nach schriftlichen Quellen zählte man in Aachen 1496 über 142 000 Pilger, die aus fast ganz Europa kamen.

Literatur

Haasis-Berner 2008 | Heilig en Profaan 2001, S. 320 | Köster 1956 | Köster 1957, S. 58 | Köster 1972 | Köster 1983, S. 31 | Paner 2013, S. 165–200 | Poettgen 2008, S. 70.

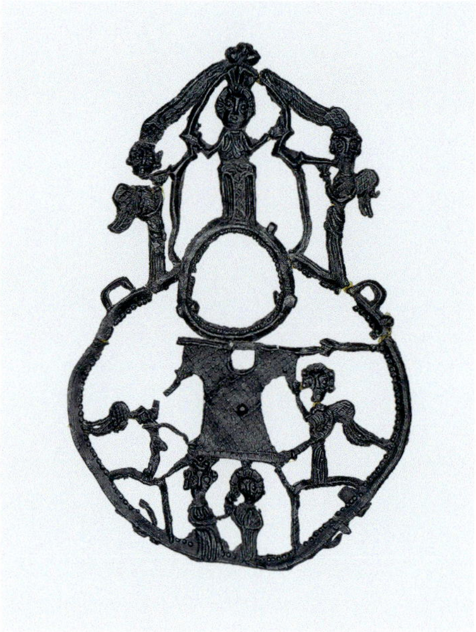

III.11 c

III.11 d

III.11 d

Heilige Ursula und Anbetung der Heiligen Drei Könige

Köln, 2. Hälfte 15./Anfang 16. Jahrhundert

Fundort: Danzig (Speicherinsel), ulica Jaglana

Zinn, Blei

H 8,9 cm, B 4,8 cm, G 10,1 g

Danzig/Gdańsk, Muzeum Archeologiczne w Gdańsku, MAG/GD/255/20/46/4800

Die durchbrochene Plakette in Form eines Kreises ist in zwei Teile getrennt. Im oberen sind die auf Pferden nach Bethlehem reitenden Heiligen Drei Könige zu sehen, darunter befindet sich zentral dargestellt die heilige Ursula mit Pfeilen in den Händen. Unter ihren Armen sind, vom Mantel geschützt, vier Frauengestalten zusehen, flankiert vom heiligen Petrus mit dem Schlüssel und vom heiligen Paulus mit dem Schwert. Der obere Teil des Zeichens besteht aus drei Türmchen mit Maßwerkdekoration, gekrönt von kleinen Kreuzen. In der Mitte ist zentral Jesus am Kreuz dargestellt, an dem Maria und Johannes stehen.

Es gibt beinahe 300 Funde von mittelalterlichen Pilgerandenken aus Köln, darunter etwa 120 Pilgerplaketten, die in Europa verstreut und ein Nachweis für die große Bedeutung dieses Orts unter den größten Heiligtümern der christlichen Welt sind. Die meisten von ihnen finden wir auf dem heutigen Gebiet Deutschlands und Hollands, bedeutend weniger in Belgien, Frankreich, England, Polen, Schweden, Dänemark – und nur sporadisch in Slowenien, Böhmen, Rumänien und der Ukraine. Die Geschichte des Kults der Heiligen Drei Könige begann in Deutschland bereits im 12. Jahrhundert, als der Erzbischof von Köln, Rainald von Dassel, von Kaiser Friedrich Barbarossa Reliquien aus Mailand erhielt. Sie wurden in einem extra dafür vom Goldschmied Nikolaus von Verdun in den Jahren zwischen 1181 und 1230 gebauten Truhenreliquiar untergebracht, zusammen mit den Reliquien der Heiligen Felix, Nabor und Gregor von Spoleto. Zur großen Bedeutung von Köln trug auch der Brauch der meisten römisch-deutschen Könige bei, die sich in Aachen krönen ließen, zu den Drei-Königs-Reliquien zu pilgern.

Literatur

Brumme 2010 | Haasis-Berner/Poettgen 2002 | Paner 2016, S. 241–260 | Torsy 1964.

III.11 e

III.11 f

III.11 e

Heiliges Blut

Wusseken/Osieki (?), 15. Jahrhundert

Fundort: Danzig (Speicherinsel), ulica Spichrzowa

Zinn, Blei

H 4,5 cm, B 2,9 cm, G 4 g

Danzig/Gdańsk, Muzeum Archeologiczne w Gdańsku, MAG/GD/255/20/48/2658

Über dem Kelch mit zwei Griffen und Hostie ist der Kopf Christi im Kreuznimbus dargestellt. Laut Legende hatte zu der Zeit, als Nikolaus von Bock (amt. 1398–1410) Bischof der Diözese Kammin war, in der Dorfkirche das Wunder des Heiligen Blutes stattgefunden. Bei der Erteilung der Kommunion drängte sich ein Adelsfräulein zum Altar vor, wobei eine Hostie auf den Kirchenfußboden fiel. Nachdem sie hochgehoben worden war, bemerkte man Blutspuren an ihr. Ab dem Moment wurde die Hostie für wunderbar gehalten und angebetet, und das Ereignis selbst setzte zahlreiche Pilgerfahrten nach Wusseken in Gang, die das ganze 15. Jahrhundert lang währten. Von diesen in Europa – abgesehen von Danzig – unbekannten Plaketten tauchten bei Ausgrabungen in Danzig in den letzten Jahren 27 Stück auf. Außerhalb von Danzig wurde bisher nur in Amsterdam ein Exemplar dieser Plakette gefunden.

Literatur
Heilig en Profaan 2012, S. 249 | Paner 2016, S. 196–207.

III.11 f

Heiliger Jakobus

Santiago de Compostela, Ende 14./Anfang 15. Jahrhundert

Fundort: Danzig (Speicherinsel), ulica Jaglana

Zinn, Blei

H 2,6 cm, B 2,5 cm, G 4,8 g

Danzig/Gdańsk, Muzeum Archeologiczne w Gdańsku, MAG/GD/255/20/60/1554

Neben Wallfahrten ins Heilige Land und nach Rom nahmen Pilgerfahrten zum Grab von Apostel Jakobus dem Älteren in Santiago de Compostela den allerhöchsten Rang in der Hierarchie der mittelalterlichen Wallfahrten ein. Davon zeugen zahlreiche archäologische, in ganz Europa verstreute Funde von Andenken aus diesem Heiligtum, wobei die ältesten in Gräbern gefundenen Jakobsmuscheln auf die erste Hälfte des 11. Jahrhunderts datiert werden. Im »Jakobsbuch« steht folgende Notiz von 1130: Auf dem Kirchhof »werden kleine Muscheln von Fischen, Zeichen des hl. Jakobus, an die Pilger verkauft, wie auch leere Weinfässer, Schuhe, Taschen aus Hirschleder, Geldbeutel, Gürtel, Gurte, verschiedene medizinische Kräuter und andere Dinge. […] So wie diejenigen, die aus Jerusalem zurückkehren, die Palme mitbringen, so bringen diejenigen, die vom hl. Jakobus zurückkehren, eine Muschel mit.«

Die Jakobsmuscheln sind eine besondere Art des frühesten allgemein anerkannten Pilgerzeichens und zugleich das erste so breit erkennbare und im mittelalterlichen Europa anerkannte Zeugnis dafür, dass man eine lange und gefährliche Pilgerfahrt unternommen hatte. Diese Muscheln, die mit der Zeit zum Attribut und Symbol des Pilgers überhaupt geworden sind, hängen untrennbar mit der Gestalt des heiligen Jakobus und dem Heiligtum in Santiago de Compostela zusammen. Vermutlich hatte man schon an der Wende des 12. und 13. Jahrhunderts angefangen, sie aus Zinnblei in Miniaturform herzustellen – wie das hier abgebildete Pilgerzeichen aus späterer Zeit. Das bestätigt eine Aufzeichnung aus dem Heiligenleben des heiligen Thomas Becket, geschrieben in den Jahren 1172 bis 1174: »Aus Jerusalem werden Stücke vom Kreuz gebracht; aus Rocamadour Bleifiguren der Heiligen Jungfrau Maria, vom Heiligen Jakobus aus Santiago de Compostela symbolische Muscheln aus Blei«.

Quellen
Vielliard 1938 | Walberg 1922, S. 199.

Literatur
Bruna 2007, S. 12, 26 | Paner 2016, S. 67–70, 73.

III.11 g

III.11 g
Vera Icon

Rom, 1. Hälfte 14. Jahrhundert

Fundort: Danzig (Rechtstadt), ulica Szeroka

Zinn, Blei; H 2,3 cm, B 2,2 cm, G 3,4 g

Danzig/Gdańsk, Muzeum Archeologiczne w Gdańsku, MAG/GD/255/99/4/345

Der untere Teil der Plakette mit dem Antlitz Christi im Kreuznimbus ist als Gesichtskontur gegossen, unter dem Kinn ist ein Teil abgebrochen. 1199 gab Papst Innozenz III. den Kanonikern des Petersdoms in Rom das ausschließliche Recht, »den Gästen […] Blei- sowie Bleizinnzeichen mit der Darstellung der Apostel Peter und Paul […] als Beweis ihrer bemerkenswerten Reise« zu gießen und zu verkaufen. Das ist die älteste Quellenerwähnung der Produktion von Pilgerzeichen in der Stadt.

Pilgerfahrten nach Rom zu den Gräbern der Apostel Petrus und Paulus wurden neben Pilgerfahrten ins Heilige Land – ähnlich wie der Besuch des Grabes von Apostel Jakobus dem Älteren in Santiago de Compostela – zu den *Peregrinationes maiores* gezählt, was die höchste Position unter den mittelalterlichen Wallfahrten bedeutete. Pilgerandenken aus Rom sind in ganz Europa verstreut. Was jedoch verwundert, ist ihre geringe Anzahl: Die Gesamtzahl sowohl der Pilgerplaketten als auch Ampullen und Glockenabgüsse wird auf etwa 250 Exemplare geschätzt. Man sollte dabei jedoch bedenken, dass ihre aus Rom zurückkehrenden Käufer neben Pilgerplaketten auch andere Andenken in ihre Länder brachten, wie zum Beispiel zahlreiche oft falsche »Reliquien«, die ihnen von römischen Straßenhändlern verkauft wurden.

Literatur

Paner 2016, S. 261 ff., 266 | Spencer 1968, S. 141.

III.11 h
Heiliger Servatius

Maastricht, 15. Jahrhundert

Fundort: Danzig (Szafarnia), ulica Długie Ogrody

Zinn, Blei

H 6 cm, B 5,3 cm, G 12,2 g

Danzig/Gdańsk, Muzeum Archeologiczne w Gdańsku, MAG/GD/255/100/5/5023

Auf der Plakette ist die Miniatur einer Reliquienbüste des heiligen Servatius mit Bischofsmitra dargestellt. Er ist von zwei Engeln umgeben, von denen einer einen Schlüssel und der andere einen Bischofsstab in den Händen hält. Über 100 solcher Pilgerzeichen aus dem Heiligtum in Maastricht (Holland) wurden bisher in ganz Europa gefunden, unter anderem in Deutschland, Holland, Belgien, Dänemark, Schweden, Norwegen, Polen, Finnland, Frankreich, Großbritannien und in Rumänien. Der Kult des heiligen Servatius entwickelte sich bereits seit Ende des 12. Jahrhunderts, und Plaketten mit seiner Darstellung wurden schon im 13. Jahrhundert gegossen. Die seit der zweiten Hälfte des 14. Jahrhunderts praktizierte Präsentation der Reliquien des Heiligen in Maastricht fand zur selben Zeit wie in Aachen statt. Alle sieben Jahre wurde während dieser Feierlichkeiten das 1160 angefertigte Reliquiar mit den Überresten des Heiligen um die Stadt getragen.

Literatur

Brumme 2010, S. 62 | Haasis-Berner 2000 | Heilig en Profaan 1993, S. 194, Abb. 343 | Heilig en Profaan 2012, S. 160 | Paner 2016, S. 221–230.

III.11 h

III.11 i
Engelweihe

Einsiedeln, 15. Jahrhundert

Fundort: Danzig (Rechtstadt), ulica Klesza

Zinn, Blei

H 7,9 cm, B 7,4 cm, G 23,8 g

Danzig/Gdańsk, Muzeum Archeologiczne w Gdańsku, MAG/GD/255/129/4/905

Auf der linken Seite des Zeichens ist eine kleine Gnadenkapelle mit einem Schindeldach zu sehen, darunter sitzt die gekrönte Figur der heiligen Maria mit Jesuskind, das auf ihrem Schoß steht. Am Eingang zur Kapelle steht seitlich zu ihr ein Engel mit einer Kerze in der Hand. Vor dem Kapelleneingang ist Bischof Konrad von Konstanz mit Bischofsstab und Weihwasserwedel dargestellt und hinter ihm ein Engel mit Weihwasserkessel. In der Umrandung der Plakette erläutert eine Inschrift, deren Worte durch sechsblättrige Rosetten getrennt sind, die Szene: »dis * ist * vinser * froven * kapel * … * von * neisidellen * die * got * selb * wirht * mit * eng… *«

Das Heiligtum in Einsiedeln, das sich an einem Ort befindet, der auch unter dem Namen Finsterwald bekannt ist, nahm seinen Anfang mit der 934 errichteten Benediktinerabtei. Die Legende besagt, dass der Bischof während der Weihung des dortigen Gotteshauses eine Stimme vom

III.11 i

III.11 j

Himmel hörte, die zu ihm sagte: »Höre auf, Bruder! Die Kapelle ist von oben geweiht worden!« Dieses Ereignis ist als Wunder anerkannt worden. Bald wurde seine Wahrhaftigkeit von einer besonderen päpstlichen Bulle bestätigt, und die Szene der Kirchenweihe selbst fand sich auf den Pilgerplaketten aus Einsiedeln wieder. Bereits in der ersten Hälfte des 14. Jahrhunderts wurde das bis heute existierende Pilgerhaus errichtet – für Pilger, die in der Hoffnung auf eine wundersame Heilung nach Einsiedeln kamen. Die Konstanzer Chronik gibt an, dass im Jahr 1466 innerhalb von zwei Wochen im schweizerischen Einsiedeln etwa 130 000 Plaketten für jeweils zwei Pfennig pro Stück verkauft wurden, was eine Gesamtsumme von 1 300 Gulden ergab. Die Plaketten durften ausschließlich von der Stiftskirche produziert und vertrieben werden, die erstmals 1451 ein Plaketten-Amt gründete.

Literatur
Andersson 1989, S. 89 | Böck 1991 | van Heeringen/Koldeweij/Gaalman 1987, S. 119 f. | Heilig en Profaan 1993, S. 218 | Heilig en Profaan 2001, S. 334 | Köster 1957 | Köster 1984, S. 220 | Lustenberger 2000, S. 266 | Wallfahrtsorte 1950, S. 12–20.

III.11 j

Heiliges Blut

Wilsnack, 15. Jahrhundert

Fundort: Danzig (Alte Vorstadt), ulica Lastadia

Zinn, Blei

H 3,1 cm, B 2,7 cm, G 2,7 g; Scheiben: D 1,4 cm

Danzig/Gdańsk, Muzeum Archeologiczne w Gdańsku, MAG/GD/255/133/3/3829

Drei Scheiben (Hostien) sind auf diesem Pilgerzeichen zu einem Dreipass verbunden, mit den Darstellungen des gegeißelten, gekreuzigten und auferstandenen Christus; die beiden oberen Scheiben sind mit kleinen Kreuzen bekrönt. Am 24. August 1383 geschah in der niedergebrannten Kirche des kleinen Ortes Wilsnach, heute Bad Wilsnack, ein Wunder: Drei aus dem Feuer gerettete Hostien bluteten in Anwesenheit zahlreicher Zeugen, was diesen Ort in ganz Europa berühmt machte. Nach diesem Ereignis nahm das in Brandenburg gelegene Städtchen, das heute 3 000 Einwohner zählt, im 14. und 15. Jahrhundert jedes Jahr Hunderttausende von Pilgern auf.

Bereits ein Jahr nach dem Wunder stellte Papst Urban IV. einen Ablassbrief aus: für einen Ablass von einem Jahr und 40 Tagen für eine Pilgerfahrt nach Wilsnack. Später gab Papst Nikolaus V. dem Ort ein weiteres Ablass-Recht. Zum Gedenken an das Wunder wurde ein Relief erstellt, das an den Fund des »Heiligen Blutes« erinnerte und Priester Johannes Calbutz und dessen Nachfolger Johannes Bielefeld zeigt, wie sie kniend das Gefäß mit den Hostien halten. Pilger kauften die örtlichen Pilgerzeichen in Form von drei Hostien, die zu einem Dreieck zusammengesetzt und mit roter Farbe gefärbt waren. Die blutenden Hostien wurden in der Wunderblutkapelle in einem besonderen Altar (sogenannter Wunderblutschrein) aufbewahrt, der um 1450 in eine Wandnische eingebaut wurde. Der Schrein hat eine bemalte doppelflügelige Tür: Die Außentüren zeigen die Szene der Gregormesse mit der Vision von Papst Gregor I. beim Feiern der Heiligen Messe (Vision des gegeißelten Christus); die innere linke Seite ist mit einem Bild der Trinität bedeckt, die die drei Wunderhostien symbolisiert; an der rechten Seite außen ist die Szene der Verspottung Christi (*Ecce Homo*) dargestellt.

Wenn man das Städtchen heute sieht, kann man es kaum glauben, doch Wilsnack war zwischen dem Ende des 14. und Anfang des 15. Jahrhunderts gleich nach Jerusalem, Rom, Aachen und Santiago de Compostela einer der wichtigsten Wallfahrtsorte im mittelalterlichen Europa.
Henryk Paner

MATTHIAS PUHLE

Hanse, Städte, Bünde

Kooperation und Konflikt

»Denn sie (die lombardischen Städte) lieben die Freiheit so sehr, dass sie sich jedem Übergriff der Gewalt entziehen und lieber von Konsuln als von Herrschern regieren lassen« (zitiert nach Schulz 1992, S. 187). So beschrieb Otto von Freising (um 1112–1158) in seinen »Gesta Frederici« die lombardischen Städte. Der erste lombardische Städtebund (1167–1183), dem im 13. Jahrhundert der zweite folge, gilt als mächtigster Städtebund der mittelalterlichen und neuzeitlichen Geschichte: 14 oberitalienische Städte hatten sich am 1. Dezember 1167 zu einem Bündnis, zur *Lega Lombarda*, zusammengeschlossen, darunter Venedig, Verona, Mailand und Cremona. Er war aus einer Reihe von kleineren Städtebünden und dem direkten Vorgängerbund, dem Veroneser Bund von 1164, entstanden. In den folgenden Jahren erweiterte sich der Bund zeitweilig auf 25 Städte. Die Grundmotive des lombardischen Bundes lagen auch den späteren Städtebünden zugrunde: Erhalt der erreichten Freiheit und Autonomie der Städte sowie die Inanspruchnahme eines Widerstands- und Selbstbehauptungsrechts, verursacht durch die Infragestellung des bisherigen Gewohnheitsrechts. Der Widerstand der lombardischen Städte richtete sich nicht gegen ihre fürstlichen Stadtherren wie bei den späteren Städtebünden, sondern gegen den Kaiser des Heiligen Römischen Reichs, Friedrich Barbarossa (reg. 1152–1190). Dieser hatte durch erhebliche Steuererhöhungen und eine stärkere Kontrolle der städtischen Konsulatsverfassung versucht, die lombardischen Städte der kaiserlichen Herrschaftsgewalt zu unterstellen (Abb. 237).

Abb. 237
Kaiser Friedrich I. mit einem Gefolgsmann beim Ausbau der Stadt Tivoli östlich von Rom im Jahr 1155. Hier wie im Norden des heutigen Italiens weitete das Reichsoberhaupt seinen Zugriff auf städtische Kommunen aus und verlangte ihnen erhöhte Steuern ab, was zu Widerstand führte. Darstellung aus einer spätmittelalterlichen Bilderhandschrift, Heidelberg, Universitätsbibliothek, Cod. Pal. germ. 149, Bl. 207r

Es kam zu einem regelrechten Krieg des Kaisers gegen die lombardischen Städte. 1162 hatte Barbarossa Mailand mithilfe der Stadt Cremona zerstört. Da die Hoffnungen Cremonas, aus dieser Kriegsbeteiligung Nutzen zu ziehen, vom Kaiser nicht erfüllt wurden, schloss sich die Stadt 1167 dem lombardischen Städtebund an. 1176 erzielten die Städte Oberitaliens, gruppiert um den Fahnenwagen Mailands, bei Legnano einen triumphalen Sieg über die Truppen des Kaisers. 1177 wurde der Frieden von Venedig geschlossen, und schließlich wurde der Konflikt 1183 im Konstanzer Frieden endgültig beigelegt. Der Kaiser erkannte den Lombardenbund in diesem Frieden an, und die lombardischen Städte akzeptierten ihrerseits die Oberhoheit des Kaisers. »Mit dem Frieden von Konstanz wurde die privilegierte Rechtsstellung der Städte in Oberitalien so stark ausgebreitet, daß sie für die kaiserliche Politik in Reichsitalien normenbildend wirkte. Unter diesem Aspekt kann der Konstanzer Friede durchaus als ›magna carta libertatum‹ der ›civitates‹ in Reichsitalien charakterisiert werden« (Haferkamp 1987, S. 42). 1226 wurde der zweite Lombardenbund geschlossen, der sich gegen die Reichspolitik Kaiser Friedrichs II. (reg. 1212–1250) in Italien richtete. Nach dem Tod des Kaisers 1250 und dem dann einsetzenden Zerfall der Reichsherrschaft in Italien löste sich der Lombardenbund auf.

In der ersten Hälfte des 13. Jahrhunderts regten sich auch nördlich der Alpen erste bündnispolitische Aktivitäten innerhalb der erstarkenden Städte. Dieser politische Prozess lief parallel zur Etablierung von Stadträten, vergleichbar der Konsulatsverfassung der lombardischen Städte, und zur Entwicklung von Handel und Gewerbe. 1226 befahl König Heinrich (VII.) (reg. 1220–1235) den Städten Frankfurt am Main, Gelnhausen, Friedberg, Mainz, Bingen, Worms und Speyer ihre Bündnisse und Einungen aufzulösen. 1231 wurde das Verbot durch ein Reichsgesetz erlassen, womit die Städtebünde »ohne jede reichsrechtliche Legitimation abgeschlossen« (Angermeier 1966, S. 39) wurden. An der Ausbreitung der Städtebundsbewegung, die von Süd nach Nord verlief, konnte diese Haltung des Reichs nicht viel ändern. Sicherung des Friedens und des Handels sowie Schutz vor Übergriffen der Territorialherren waren die häufigsten Motive dieser Bündnispolitik der Städte. In Burgund, im Hochstift Lüttich/Liège sowie im allmählich entstehenden nördlich gelegenen Raum der Hanse entstanden erste Bündnisse.

Von Bedeutung für die weitere Städtebundsbewegung, aber auch für die deutsche Verfassungsgeschichte war der große Rheinische Bund der Jahre 1254 bis 1257. Trotz der kurzen Dauer wurde dieser Bund zum umfassendsten Städtebund nördlich der Alpen. Über 60 Städte traten dem Bund bis Ende 1256 bei. Das Besondere dieses Bundes war, dass er das erste gemischte Städte- und Adelsbündnis war. Denn neben den mehr als 60 Städten traten ihm über 30 Fürsten bei. Doch dieses Bündnis um die Städte Mainz, Köln, Worms, Speyer, Straßburg und Basel sowie zahlreiche weitere stand unter der Führung der Städte, obwohl mit den Erzbischöfen von Mainz, Köln und Trier, den Bischöfen von Worms, Straßburg, Metz und Basel sowie vielen weltlichen Herren mächtige Herrscher dem Bund beigetreten waren.

Eine weitere Besonderheit bestand darin, dass dieser Bund nicht gegen das Reich oder gegen einzelne Fürsten und deren möglicherweise städtefeindliche Politik gerichtet war, sondern ganz im Gegenteil: Er sollte – nach dem Ende des Stauferreichs 1250, dem die unsichere Zeit des *Interregnums* folgte – verhindern, dass sich nach dem Zusammenbruch des Reichs auch die Reichsordnung auflöste. Diese Reichsordnung war 1235 mit dem großen Mainzer Reichslandfrieden durch Kaiser Friedrich II. hergestellt worden (Abb. 238). »Der Rheinische Bund suchte in jenen Teilen des Reiches, aus denen sich seine Mitglieder rekrutierten, die Ordnung wiederherzustellen, die der Mainzer Reichslandfriede für das gesamte Heilige Römische Reich errichtet

Abb. 238
Bis Ende des Jahres 1256 hatten sich dem Rheinischen Bund über 60 Städte und über 30 adlige Herren angeschlossen. In dieser Urkunde vom 10. Oktober 1256 bestätigte der Nürnberger Rat die Aufnahme der Stadt Regensburg in den Bund und brachte seine Freude darüber zum Ausdruck. München, Bayerisches Hauptstaatsarchiv, Reichsstadt Regensburg 52

hatte« (Buschmann 1987, S. 199). Dem Rheinischen Bund war nur eine sehr kurze Lebensdauer beschieden. Nach der Doppelwahl von Alfons von Kastilien (reg. 1257–1273) und Richard von Cornwall (reg. 1257–1272) hielten sich die Städte nicht an die von ihnen selbst festgelegten Regeln und blieben nicht neutral. Hinzu kam eine schwere militärische Niederlage im Mai 1257 gegen den Markgrafen von Baden mit der Folge, dass zahlreiche Bürger gefangen genommen wurden, für deren Freilassung erhebliche Lösegeldzahlungen fällig wurden. Das Bündnis wurde nicht mehr erneuert, seine Auflösung nie förmlich beschlossen.

Dennoch brachte das Ende des Rheinischen Bundes 1257 nicht das Ende, sondern eher den eigentlichen Beginn der Städtebundsbewegung. »Der Bund markiert somit letztendlich den Übergang von einer durch die kaiserliche Gewalt bestimmten spezifisch mittelalterlichen Reichsordnung des 13. Jahrhunderts zu der förderativen Ordnung der Folgezeit, die vor allem für die neuzeitliche Verfassungsgeschichte des Heiligen Römischen Reiches zum bestimmenden Prinzip geworden ist« (Buschmann 1987, S. 212). Das heißt, dass die föderative Struktur des Heiligen Römischen Reichs, die bis zu seinem Ende 1806 ein Gegengewicht gegen den Kaiser bildete, sich im Wesentlichen von der Mitte des 13. Jahrhunderts an entwickelte (Abb. 239).

Reichsgrenze
Deutsches Königreich
Königreich Italien
sonstige Grenze
überwiegend Reichsgut und staufisches Hausgut
überwiegend geistliches Gebiet
Reichsstadt (in Auswahl)
staufische Pfalz
Reichsburg bzw. Stauferburg (in Auswahl)
Erzbischofssitz im staufischen Machtbereich
Bischofssitz im staufischen Machtbereich (in Auswahl)

◄ Abb. 239
Im Nachgang der Stauferherrschaft festigten sich allmählich die förderative Struktur des Reiches. Vor diesem Hintergrund verdeutlicht die Karte u. a. die politisch-herrschaftliche Bedeutung von Städten, deren Vertreter im Spätmittelalter bisweilen auch auf Reichsebene stärker in Erscheinung traten

Abb. 240
Auch kleinere Städte begannen im späten Mittelalter, sich mit Stadtmauern und Befestigungen zu schützen, was nicht nur der Verteidigung dienen, sondern auch städtische Wehrhoheit demonstrieren sollte. Heute werden die Anlagen wie hier in Neubrandenburg vielerorts als Wohnquartiere genutzt, Neubrandenburg, Stadtmauer mit Fachwerkwerkhäusern

Gerade das Erstarken der Territorialherren im Spätmittelalter infolge der Schwäche des Reichs führte parallel zum ökonomischen und politischen Erstarken der Städte dazu, dass diese zwischen dem 13. und 15. Jahrhundert neben Klerus und Adel zu einer neuen führenden Kraft in der ständisch strukturierten Gesellschaft dieser Epoche wurden. Manche Historiker sehen die Städte in der Rolle, die fehlende Autorität des Reichs vor allem im Ausland zu ersetzen. Besonders die Hanse wurde hier häufiger genannt. Dieser Ansatz führt aber schon deshalb in die Irre, weil die Städte und eben auch die Hanse zu keinem Zeitpunkt die Legitimität besaßen, für das Reich im Ganzen zu handeln. Es handelt sich bei allen Städtebünden um meist regional begrenzte Bündnisse, die anlassbezogen geschlossen wurden. Der Hanse lagen primär handelspolitische Interessen zugrunde, die in den Städten vorverhandelt wurden und auf den Hansetagen schließlich in Beschlüssen mündeten. Diese Interessen deckten sich in aller Regel nicht mit denen des gesamten Reichs, was auch gar nicht der Absicht der Hanse entsprach. Aber gerade die sich nun durchsetzende föderale Struktur des Reichs stellte die Städte, deren politische Autonomie fast im Sinn von Städterepubliken bis ins 15. Jahrhundert hinein erheblich wuchs, vor die Situation, die erreichte Freiheit und den erreichten Wohlstand, den Handel und Gewerbe zur Folge hatten, auf verschiedene Weise sichern zu müssen.

Die Städte begannen ab dem 13. Jahrhundert verstärkt damit, Mauern und Befestigungswerke zu errichten, um einerseits die Kontrolle über den in die Stadt gerichteten Verkehr zu besitzen und sich andererseits im Falle von Belagerungen wehren zu können (Abb. 240). So bildeten sich überall im Heiligen Römischen Reich im Spätmittelalter Städtebünde, meist in einem regionalen Rahmen. Diese Bünde sollten vor allem im 14. Jahrhundert den Landfrieden auf den Handels-

Abb. 241
Ein wichtiger Vereinbarungsgegenstand spätmittelalterlicher Städtebünde betraf Maßnahmen zur Friedenssicherung auf den Straßen. Darstellung eines Überfalls zweier Straßenräuber auf einen wandernden Reisenden. Holzschnitt, Augsburg 1470–1480, Wolfenbüttel, Herzog August Bibliothek, Sig. 10 Xylogr

straßen zwischen den Städten herstellen, den die Territorialfürsten und das Reich nicht gewährleisten konnten. Im Lauf des 15. Jahrhunderts nahmen die Städtebünde mehr und mehr den Charakter von Bündnissen zur Verteidigung der Stadtfreiheit gegenüber den Stadtherren an. Meist lagen den Städtebünden Schwureinungen zugrunde, ähnlich denen, die das Fundament für die Stadtgemeinden darstellten (Abb. 241).

Es gibt keine Hinweise darauf, dass die Städte, die sich in Bünden zusammenschlossen, durch ein gemeinsames Stadtrecht verbunden sein mussten. Entscheidend war vielmehr, dass die teilnehmenden Städte die Freiheit besaßen, eine weitgehend autonome Politik zu betreiben. Die Bünde waren zudem reine Zweckbünde, die aus definierten Gründen geschlossen und von den teilnehmenden Städten offensichtlich geteilt wurden. Einen langen Disput gibt es in der historischen Forschung, ob die Hanse, die größte Gemeinschaft der Städte im Spätmittelalter, als Städtebund anzusehen ist. Als allgemein akzeptiert kann man folgende Beschreibung der Hanse ansehen: »Die Hanse war eine Organisation von niederdeutschen Fernkaufleuten einerseits und von rund 70 großen und 100 bis 130 kleinen Städten andererseits, in denen diese Kaufleute das Bürgerrecht hatten [...]. Kennzeichnend für die Hanse war die doppelte Dichotomie [Zweigliedrigkeit, A. d. A.] von handelswirtschaftlicher und politischer Organisation sowie von Kaufleuten und Städten« (Hammel-Kiesow 2014, S. 10). Die Hanse bestand also aus Kaufleuten und Städten, ihr inneres Wesen war bestimmt durch den Handel, durch den Warenaustausch vor allem im nördlichen Europa. Beschreibt man die Hanse aber nur als Handelsgemeinschaft, greift man zu kurz. Sie beeinflusste mit ihren Beschlüssen politische und soziale Belange in den Städten und stellte im Spätmittelalter einen nicht unerheblichen Machtfaktor in Nordeuropa dar. Unter dem Dach der Hanse bildeten sich starke und dauerhafte Städtebünde zum Schutz der Städte und gegen die Rücknahme von Handelsprivilegien von Seiten der europäischen Mächte wie etwa Dänemark, England oder Russland.

Abb. 242 ►
Die Ratsherren der Stadt Hamburg treten zu einer Sitzung zusammen. Innerhalb des Hansebundes beanspruchte Hamburg eine führende Rolle für sich und richtete selbst eine Reihe von Hansetagen aus. Darstellung aus der Bilderhandschrift des Hamburger Stadtrechts, 1497, Hamburg, Staatsarchiv

Van ordineringe der hogesten ouerichteit der
Stadt hamborch

Die Hanse hat es selbst lange vermieden, sich eine Definition zu geben. Auf einem großen Hansetag 1418 in Lübeck kam die Frage nach der Entstehung der Hanse und der näheren Umstände auf. Anlass war der Streit Bremens und Hamburgs um die Sitzordnung auf diesem Hansetag. Vergeblich wurde nach der Gründungsurkunde gefahndet. Man konnte sie nicht finden, wahrscheinlich, weil sie nie ausgestellt worden war (Abb. 242). Die Hanse entstand über einen Zeitraum von 200 Jahren von der Mitte des 12. bis zur Mitte des 14. Jahrhunderts, ohne dass den Beteiligten bewusst war, an welchem historischen Prozess sie beteiligt waren. Als in der Mitte des 15. Jahrhunderts Haftungsfragen aufkamen, bemühte sich die Hanse, ihre Organisationsstruktur möglichst herunterzuspielen, um eben zum Beispiel vom englischen König nicht für Schäden der englischen Kaufleute in Haftung genommen zu werden. Oberste Maxime für die Teilnahme der Städte an der Hanse war, dass diese Teilnahme »profitlik« sein müsse. So erklärte man 1450 gegenüber dem englischen König, die Hanse sei ein Körper, der aus etlichen Freundschaften und Bündnissen bestehe. Und tatsächlich besaß die Hanse nur ein wirkliches Organisationsmerkmal: den Hansetag, der in der Regel einmal im Jahr in Lübeck stattfand und an dem alle Hansestädte teilnehmen sollten, was aber nie der Fall war. Viele Hansestädte scheuten die Aufwendungen einer Delegation nach Lübeck. Andere übertrugen ihr Stimmrecht anderen Städten, die nach Lübeck fuhren. Obwohl die Hanse die Stimmübertragung offiziell ablehnte, akzeptierte sie diese Form der Beteiligung an den Hansetagen stillschweigend. Denn die Besendung des Hansetags gehörte bei den Städtebünden innerhalb des Hanseraums häufig zu den vereinbarten Regelungen. Die Willensbildung der Hanse vollzog sich von 1358 an auf diesen Hansetagen. Allerdings hatte sie bereits zwei Stufen durchlaufen, bevor sie auf dem Hansetag zur Beschlussfassung kam.

Auf der ersten Stufe stand der Rat jeder Hansestadt, der »vullmechtig«, also mit voller Macht, ausgestattet sein musste, und auf der zweiten der regionale Städtetag. Aber nicht alle Gruppen der Hanse waren so durchorganisiert wie etwa der sächsische Städtebund, der regelmäßig zwischen Ostern und Pfingsten einen Städtetag in Braunschweig abhielt, der auch explizit zur Vorbereitung von Hansetagen diente. Dieses Dreistufenmodell war nicht in der Organisationsstruktur der Hanse festgelegt worden, entsprach aber weitgehend hansischer Lebenswirklichkeit. Im Hanseraum entwickelten sich parallel zu den regionalen Städtebünden wie etwa dem wendischen oder dem sächsischen Städtebund Raumvorstellungen, die den riesigen Raum zwischen Brügge und Nowgorod/Velikij Novgorod und tief ins niederdeutsche Binnenland hinein strukturieren sollten. Im europäischen Handel wurden als Stützpunkte und Umschlagplätze für den Warenaustausch in London, Brügge, Bergen und Nowgorod Kontore eingerichtet. Die Statuten des Brügger Kontors von 1347 schufen gewissermaßen die Grundstrukturierung der Hanse, die im Verlauf der nächsten zwei Jahrhunderte allerdings gewissen Veränderungen unterworfen war. Die wendischen und die sächsischen Städte wurden in einem Drittel der Hanse zusammengefasst, die westfälischen und preußischen Städte im zweiten Drittel, die gotländischen und livländischen Städte im letzten Drittel. Lübeck hatte sich längst als *caput omnium*, also als Haupt der Hanse, etabliert.

In der Mitte des 15. Jahrhunderts bildeten sich unter dem Druck der Territorialherren – die verstärkt dazu übergingen, die sich als autonom verstehenden Städte in ihrem Machtbereich zu unterwerfen – mehrfach gesamthansische Städtebünde aus, sogenannte Tohopesaten, denen aber keine lange Laufzeit beschieden war. Gerade die sich zusätzlich zur bestehenden, gleichsam »ewigen« Hanse herausbildenden, sich als temporär definierenden Städtebünde innerhalb jener sind der Hinweis darauf, dass man die Hanse in ihrer Gesamtheit nicht als einen großen Städte-

Abb. 243
Die mit den Königen Magnus II. von Schweden und Håkon VI. von Norwegen verbündeten Städte Lübeck, Hamburg, Wismar, Rostock, Stralsund, Greifswald, Anklam, Stettin, Kolberg, Bremen und Kiel bestimmen über die jeweils von ihnen zu stellenden Kontingente für die kriegerischen Auseinandersetzungen mit König Waldemar IV. von Dänemark. Urkunde vom 9. September 1361, Rostock, Stadtarchiv, U1p 1361 September 9

bund definieren kann. In den Tohopesaten, die in den Jahren 1443, 1447 und 1450/51 abgeschlossen wurden, wurde die Teilung der Hanse in Drittel bzw. Viertel widergespiegelt. In ihnen ging es ganz eindeutig um die Verteidigung der erreichten Autonomie und Freiheit der Städte als Reaktion auf die um die Mitte des 15. Jahrhunderts vermehrt aufkommenden Versuche der Fürsten, die aus ihrer Sicht unbotmäßigen Städte zu unterwerfen, um sie ihrer Landesherrschaft zu unterstellen. Diese Tohopesaten waren also ähnlich wie die regionalen Städtebünde gewissermaßen nach innen gerichtet. Konflikte mit den europäischen Ländern – in denen die Hanse Handelsprivilegien erkämpft hatte – wurden dagegen meist von Lübeck an der Spitze gemeinsam mit den vom Konflikt betroffenen Städten, nicht selten auch von entsprechend beteiligten Fürsten ausgetragen.

Den wahrscheinlich berühmtesten Fall in der Geschichte der Hanse stellt der Konflikt zwischen der Hanse und dem dänischen König Waldemar IV. Atterdag (reg. 1340–1375) in den Jahren von 1361 bis 1370 dar (Abb. 243). Waldemar landete 1361 mit einer großen Flotte auf der schwedischen Insel Gotland, schlug drei Schlachten gegen die Landbevölkerung und nahm die Insel in Besitz. Der Stadt Visby auf Gotland nutzte ihre Nichteinmischung in die Kämpfe wenig, sie wurde wie eine eroberte Stadt behandelt und mit einer hohen Steuer belegt. Visby war eine Hansestadt, die im 12. und 13. Jahrhundert eine herausragende Rolle beim Aufbau des hansischen Handelssystems in der Ostsee gespielt hatte. Die Bedeutung Visbys als Zwischenhandelsstation und Drehscheibe des Handels war zwar schon vor der Invasion des dänischen Königs gesunken, trotzdem wirkte dieser Kriegszug wie eine Kriegserklärung Waldemars an die Hanse, besonders an Lübeck, das die Entstehung einer starken Macht im Ostseebereich mit entsprechenden Auswirkungen auf den hansischen Handel unter allen Umständen vermeiden musste.

Im folgenden Jahr beschloss ein wendisch-pommerscher Städtetag in Greifswald, den Handel mit Dänemark zu unterbrechen. Die Städte schmiedeten ein Bündnis mit den Königen von Norwegen und Schweden, mit dem Herzog von Schleswig und den Grafen von Holstein. Es war aber nicht möglich, alle Hansestädte zu bewegen, sich dem Handelsboykott gegen Dänemark anzuschließen. Kampen und andere Städte an der Zuidersee unterliefen sogar den Handelsboykott der Hanse. Im April 1362 erlitt die aufgestellte Flotte der Hanse eine schwere Niederlage gegen Waldemar. Der Befehlshaber, der Lübecker Bürgermeister Johann Wittenborg (amt. 1359–1363), wurde dafür hingerichtet (Abb. 244). Die Hanse benötigte nun einige Jahre, um nach dieser Niederlage und dem Frieden von Vordingborg 1365, der für sie unbefriedigend war, den Krieg mit Waldemar wieder aufzunehmen. 1367 schlossen sich die Hansestädte um Lübeck herum auf dem einzigen Hansetag, der in Köln stattfand, zusammen mit einigen nichthansischen Städten aus Holland zur Kölner Konföderation zusammen, in der bis ins Einzelne festgelegt wurde, welche finanziellen und militärischen Maßnahmen gegen den dänischen König ergriffen werden sollten.

Dieses feste Bündnis, dem sich später Schweden, Mecklenburg, Holstein und aufständische dänische Adlige anschlossen, sollte nicht nur für die Dauer des bevorstehenden Kriegs, sondern bis drei Jahre nach Beendigung des Konflikts bestehen. Tatsächlich wurde die Kölner Konföderation bis 1385 verlängert, obwohl der Konflikt 1370 bereits beendet wurde. Wenngleich die Lasten des Kriegs, der 1369 stattfand, im Wesentlichen auf den Schultern der wendischen und der preußischen Städte ruhten – da die anderen Städtegruppen innerhalb der Hanse von der Politik des dänischen Königs nicht unmittelbar betroffen waren und deshalb unbeteiligt blieben –, gelang es dieses Mal, Waldemar zu besiegen. Als der dänische Reichsrat um Frieden bat, willigten die kriegführenden Städte ein, während die beteiligen Fürsten den Krieg weiterführen wollten, da sie sich territoriale Zugewinne versprachen. Die Städte, denen es in erster Linie um den Erhalt bzw. die Wiederherstellung der hansischen Handelsprivilegien ging, setzten sich mit ihren Vorstellungen jedoch durch.

»Wirtschaftlich forderte die Hanse keine neuen Vorteile, sondern gab sich mit der Bestätigung der früheren Privilegien zufrieden; dazu gehörte die völlige Handelsfreiheit und die Abschaffung der erhöhten Abgaben, die seit 1361 von den deutschen Kaufleuten in Schonen erhoben wurden.

Abb. 244
Aufgrund der im April 1362 erlittenen Niederlage der hansischen Flotte gegen König Waldemar wurde der Lübecker Bürgermeister Johann Wittenborg, der das Kommando über die Verbände der Hanse inne hatte, noch im selben Jahr hingerichtet. Szene aus der um 1620 entstandenen Chronik des Heinrich Rehbein, Lübeck, Stadtbibliothek, Ms. Lub. 2° 59, fol. 17r

Abb. 245
An der Fassade des Görlitzer Rathauses erinnern Figuren mit den Wappen von Löbau, Bautzen, Zittau, Lauban und Kamenz bis heute an den ins Mittelalter zurückreichenden Sechsstädtebund in der Oberlausitz

Aber auf militärischem Gebiet erlangte sie die Überlassung von vier Festungen am Sund, Helsingborg, Malmö, Skanör und Falsterbo, für 15 Jahre an die Konföderation mit zwei Dritteln ihrer Einkünfte, was ihr die Herrschaft über den Sund für eine Reihe von Jahren sicherte. Schließlich verpflichtete sich der dänische Reichsrat, im Falle des Todes von Waldemar IV. seinen Nachfolger nicht ohne die Zustimmung der verbündeten Städte zu wählen« (Dollinger 1989, S. 100 f.). Der Frieden von Stralsund vom 24. Mai 1370 gilt als der Höhepunkt der politischen und wirtschaftlichen Macht der Hanse in Europa. Die Kölner Konföderation war ein Zweckbündnis, das Partner zusammenführte, die nur dieses eine Ziel verband, nämlich den dänischen König zu besiegen.

Doch die Städtebünde erhielten ab der Mitte des 14. Jahrhunderts ein neues Einigungsmoment. Zunehmend entwickelten sich in den Städten innere Unruhen, die in teils blutigen Aufständen gegen den herrschenden Rat gipfelten. 1360 schlossen die Städte Braunschweig, Helmstedt, Goslar, Lüneburg, Hannover, Einbeck und Hameln ein Bündnis, das nicht nur gegen sämtliche »Verunrechtungen« von außen, sondern auch gegen innere Unruhen Schutz bieten sollte. Die Städte beschlossen daher, im Fall einer Erhebung der Gemeinde gegen den Rat in einer verbündeten Stadt gemeinsam dagegen vorzugehen. Diese Kämpfe um die Teilhabe an der Macht, die als »Partizipationskonflikte« bezeichnet werden, griffen ab der Mitte des 14. Jahrhunderts in ganz Mitteleuropa um sich und zogen sich bis zum Beginn des 16. Jahrhunderts. Da die aufständischen Gruppen in regem Austausch mit den entsprechenden Gruppen in anderen Städten standen, konnte eine Erhebung in einer Stadt durchaus Unruhen in anderen Städten auslösen.

Reichsgebiet um 1521

Die größten Städte durch Fettschrift hervorgehoben

Reichsstadt in der Reichsmartikel von 1521

- mit Kontinuität vom Ende des 13. Jhs.
- am Ende des 13. Jhs. noch nicht beim Reich
- Reichsstadt am Ende des 13. Jhs.; Statusverlust zumeist durch Verpfändung im 14. u. 15. Jh.

Freie Stadt

- im 14. u. 15. Jh.
- mit Statusverlust
- mit Statuswechsel zur Reichsstadt

Weitere Städte in der Reichsmartikel von 1431 und/oder 1521 (vom Reich als leistungspflichtig beansprucht)

- Städte mit weitgehend unabhängigem Status, zumeist Hansestädte, Annäherung an Reichsstädte und Freie Städte
- Reichsstädte, Reichsvogteistädte bzw. Freie Städte im Einzugsbereich der Schweizer Eidgenossenschaft; zunehmende Distanzierung vom Reich
- Territorialstädte, doch Pflichtigkeit vom Reich beansprucht

A. *Aalen*
Au. *Aufkirchen*
B. *Buchau*
Bi. *Biberach*
Bo. *Bopfingen*
Br. *Brackenheim*
Bu. *Buchhorn*
D. *Dinkelsbühl*
E. *Eppingen*
Essl. *Esslingen*
G. *Germersheim*
Ge. *Gengenbach*
Gi. *Giengen*
Go. *Godramstein*
H. *Heidelsheim*
Ha. *Hagenbach*
He. *Heilbronn*
La. *Lauterburg*
Le. *Leutkirch*
M. *Markgröningen*
N. *Neckargemünd*
Off. *Offenburg*
Pf. *Pfullendorf*
R. *Ravensburg*
Rad. *Radolfzell*
S.G. *Schwäbisch Gmünd*
S.H. *Schwäbisch Hall*
Si. *Sinsheim*
Ü. *Überlingen*
W. *Wangen*
Wai. *Waibstadt*
We. *Weil der Stadt*
Wi. *Wimpfen*
Z. *Zell am Harmersbach*
Ze. *Zeutern*

◄ Abb. 246
Viele der Königlichen und Freien Städte im Reich büßten im Laufe des späten Mittelalters und der Frühen Neuzeit ihren Status aufgrund von Verpfändungen und der wachsenden Macht der Fürsten ein. Städtebünde verloren im 16. Jahrhundert schließlich ihre einstige Bedeutung. Karte der Reichs- und Freien Städte im Mittelalter

Die Frage, inwieweit ein gemeinsames Stadtrecht das Zustandekommen von Städtebündnissen förderte, ist nach dem aktuellen Forschungsstand nicht abschließend zu beantworten. Im Bereich der Hanse spielte diese Frage wahrscheinlich aufgrund des Fehlens einer dominierenden Stadtrechtsfamilie keine Rolle. Es gibt ein Beispiel eines Städtebunds aus dem außerhansischen Bereich, das die Zugehörigkeit zum Magdeburger Recht tangiert: der Oberlausitzer Städtebund, der aus den Städten Bautzen, Görlitz, Kamenz, Lauban, Löbau und Zittau bestand (Abb. 245). Er wurde 1346 gegründet und existierte bis 1815, verlor aber ab 1547 erheblich an Wirkung. Er war als Landfriedensbündnis entstanden und entwickelte sich wie andere Städtebünde auch im Lauf der Zeit zu einem Instrument, das die Selbstständigkeit der Städte fördern und am Ende vor allem erhalten sollte. Bis fast zur Mitte des 16. Jahrhunderts nahm der Oberlausitzer Städtebund eine mächtige Stellung in der Region ein: »Durch Zusammenarbeit auf den Gebieten der Rechtspflege und Rechtsausübung, auf dem Gebiet der gemeinsamen Übernahme landesherrlicher Lasten, durch gegenseitigen Beistand gegenüber dem Landesherrn und gegenüber dem Landadel, auf dem Gebiete des Kirchenwesens und […] auf dem Gebiet der Wirtschaft stellten sie eine zu respektierende Macht dar, die weder König noch niederer Adel ohne weiteres zu umgehen vermochten« (Herrmann 1997, S. 28).

1546/47 gerieten diese evangelischen Städte der Oberlausitz in die kriegerischen Auseinandersetzungen zwischen dem katholischen Kaiser Karl V. (reg. 1519–1556) und dem evangelischen Kurfürsten Johann Friedrich den Großmütigen (reg. 1532–1547). Die sechs Städte leisteten ihrem Landesherrn Ferdinand I. (reg. 1531–1564) eher unwillig Heerfolge gegen den sächsischen Kurfürsten und wurden nach dessen Niederlage in der Schlacht bei Mühlberg 1547 von Ferdinand I. des Landesverrats bezichtigt. Die Städte wurden hart bestraft. Ihnen wurden alle Privilegien genommen, der Besitz beschlagnahmt, Abgaben und Strafzahlungen auferlegt, der Stadtrat und die Handwerkszünfte wurden aufgelöst. Die Städte verloren ihre Gerichtsbarkeit, auch den Rechtszug zu den Schöffenstühlen in Dohna, Magdeburg und Leipzig. Stattdessen mussten von nun an die Rechtsauskünfte beim königlichen Gericht in Prag/Praha eingeholt werden. Diese letztgenannte Neuregelung könnte darauf hindeuten, dass die Zugehörigkeit zum Magdeburger Recht als ein Kriterium der städtischen Unabhängigkeit angesehen wurde. In Ostmitteleuropa außerhalb des Heiligen Römischen Reichs gab es wesentlich schwächere Städtebundbewegungen, was wohl auf die geringer ausgebildete Autonomie der Städte zurückzuführen ist. Auch die verbreitete Zugehörigkeit der ostmitteleuropäischen Städte zum Magdeburger Recht scheint in der Frage der Unabhängigkeit der Städte von ihren Stadtherren nicht von durchschlagender Wirkung gewesen zu sein.

Die Epoche der Städtebünde ging mit dem Übergang ins 16. Jahrhundert allmählich zu Ende. Die Verdichtung und Intensivierung der Landesherrschaft sowie die konfessionelle Spaltung Mitteleuropas durch die Reformation schufen neue politische Konstellationen und engten den Handlungsspielraum der Städte erheblich ein. Da zudem zahlreiche Städte im Verlauf des 15. Jahrhunderts ihre Autonomie verloren hatten, wurde die Basis für die Bildung bzw. Fortsetzung von Städtebünden in der beginnenden Neuzeit ohnehin immer schmaler (Abb. 246).

Literatur
Angermeier 1966 | Buschmann 1987 | Distler 2006 | Dollinger 1989 | Haferkamp 1987 | Hammel-Kiesow 2014 | Herrmann 1997 | Puhle 1985 | Puhle 2006 | Schulz 1992.

III.12

III.12

Tohopesate (Bündnisvertrag) von 19 Hansestädten

13. Oktober 1476

Pergament, 19 Städtesiegel an Pergamentstreifen

H 46 cm, B 62 cm

Braunschweig, Stadtarchiv, A I 1 Nr. 885

Als Tohopesaten werden Bündnisse zwischen Hansestädten bezeichnet, die eine Sicherung der städtischen Freiheit und handelswirtschaftlicher Interessen der beteiligten Städte insbesondere gegen fürstliche Bedrohung zum Ziel hatten. Ihren Höhepunkt erlebte diese Form interkommunaler Bündnispolitik im 15. Jahrhundert. Die Tohopesate von 1476, die inhaltlich an mehreren früheren Vereinbarungen anschloss, ist nicht zuletzt wegen der großen Teilnehmerzahl und des weiten Geltungsbereichs, der tief ins hansische Binnenland reichte, ein besonderes Beispiel für diese spezielle Form hansestädtischer Kooperation.

Dem Abschluss der Tohopesate waren seit 1474 intensive innerhansische Verhandlungen und mehrere Vertragsschlüsse vorausgegangen. Zwischen dem 27. August und dem 13. September hatte in Bremen ein Hansetag stattgefunden, in dessen Rahmen am 3. September auch ein Bündnisvertrag der teilnehmenden Städte geschlossen worden war. Da die hier getroffenen Vereinbarungen aber eher den Charakter allgemeiner Absichtserklärungen hatten, war eine Reihe von Städten mit dem Ergebnis unzufrieden. Sie strebten einen verbindlicheren Vertrag an, der im Krisenfall zu wirklicher Hilfe verpflichtete. Die Vertreter von 19 Hansestädten des sächsischen und wendischen Quartiers handelten den Vertrag Mitte Oktober 1476 in Hildesheim aus. Am 31. Oktober 1476 wurde die Tohopesate verkündet und damit gültig. Teilnehmer waren die Städte Lübeck, Bremen, Hamburg, Rostock, Stralsund, Wismar, Lüneburg, Stade, Uelzen, Magdeburg, Braunschweig, Halle (Saale), Halberstadt, Goslar, Hildesheim, Göttingen, Stendal, Hannover und Einbeck.

Das auf sechs Jahre befristete Bündnis verpflichtete die Städte zur gegenseitigen politischen, finanziellen und militärischen Unterstützung insbesondere bei der Bedrohung des Handels und der städtischen Freiheit durch die Fürsten. Es wurden unter anderem Maßnahmen zum Schutz der Straßen sowie zum Vorgehen gegen Straßenräuber verabredet. Außerdem wurde die Größe des von jeder Stadt im Bedarfsfall zu stellenden militärischen Aufgebots gemäß der Leistungsfähigkeit der Städte festgelegt. Magdeburg stand dabei nach Lübeck und Hamburg an dritter Stelle, gleichauf mit Braunschweig, Lüneburg und Halle (Saale).

Die in vier Exemplaren ausgefertigte Urkunde wurde im Umlaufverfahren in den beteiligten Städten besiegelt und jeweils ein Exemplar in Braunschweig, Hamburg, Lübeck und Magdeburg niedergelegt. Da dasjenige aus Magdeburg im Dreißigjährigen Krieg zerstört wurde und die Hamburger Urkunde bei einem Brand im 18. Jahrhundert verloren ging, sind heute nur noch das Braunschweiger und das Lübecker Exemplar erhalten. *Henning Steinführer*

Quellen
Hansisches Urkundenbuch 10, Nr. 512, S. 327–333.

Literatur
Garzmann 1981, bes. S. 581 f., 593 | Garzmann 1995, S. 38 f. | Puhle 1985, S. 151–154.

III.13

Gedenkbild Maria mit dem Kind

Danzig/Gdańsk, 1466

Öl auf Lindenholz; Übermalungen 19. Jahrhundert, Restaurierung 1967/68; Inschrift: Sum quod eram eram quod sum Nunc dicor utrumque An[n]o LXVI

H 210 cm, B 110 cm

Danzig/Gdańsk, Dominikanerkirche St. Nikolai, nördliches Seitenschiff, Nordwand des zweiten westlichen Joches

Zur Erinnerung an die Beilegung der Konflikte zwischen Danzig und Holland im Zusammenhang mit dem Krieg gegen den Deutschen Orden (1454–1466) stifteten niederländische Kaufleute in Danzig 1466 das monumentale Gemälde mit der Madonna für die Dominikanerkirche St. Nikolai. Die Hansestadt Danzig wurde im 14. und 15. Jahrhundert durch zahlreiche internationale Handelsbeziehungen, vielfältige Kunstkontakte und die Einwanderung von Familien aus den verschiedensten Regionen, unter anderem aus den Niederlanden, geprägt.

Anders als viele importierte Gemälde gilt dieses als das Werk eines Danziger Malers. Es zeigt die gekrönte Madonna auf einem Fliesenboden stehend vor einem punzierten Goldgrund. Sie trägt einen blauen Mantel, der grün gefüttert ist und dessen rote Saumbordüre reich mit Perlen und Edelsteinen bestickt ist. Ihr unter dem Mantel sichtbarer roter Rock ist pelzgesäumt. Maria blickt auf den Jesusknaben, den sie vor sich hält, wobei sie mit ihrer Rechten auf seinen linken Fuß zu verweisen scheint, wohl als Hinweis auf die kommende Passion. Jesus ist in einen langen grünen, an den Ärmeln mit weißem Pelz gesäumten Rock gekleidet. In seiner Linken hält er ein Schriftband, auf das er mit dem Zeigefinger seiner rechten Hand weist, während er den Betrachter des Bildes anschaut. Die Inschrift (»Ich bin, was ich war, war aber nicht, was ich bin; nun heiße ich beides.«) verweist auf die Doppelnatur Christi: der Mensch gewordene Gott.

Vier Wappenschilde am unteren Rand des Bildes machen die Entstehungszusammenhänge deutlich: Unterhalb vom Schriftband ist das Wappen der Stadt Danzig zu sehen (in Rot zwei übereinanderstehende silberne Kreuze, über denen eine goldene Krone schwebt). Am unteren Bildrand sind drei weitere Wappen dargestellt (von links nach rechts): das Wappen der Grafschaft Holland (in Gold ein roter Löwe nach rechts), das Wappen der Stadt Amsterdam (in Rot ein mit drei silbernen Andreaskreuzen belegter schwarzer Stab) und das Wappen der Provinz Seeland (geteilt: oben in Gold ein halber roter Löwe nach rechts, unten: blaue Wellen). Während des sogenannten Dreizehnjährigen Krieges war es zu direkten Auseinandersetzungen zwischen Danzig und Amsterdam gekommen. Außerdem waren Danziger Kaufleute zum Beispiel in Middelburg in der Provinz Seeland bestraft und ihre Schiffe konfisziert worden. 1464 wurde ein formeller Friedensschluss zwischen Danzig und Amsterdam erreicht. Die holländischen Kaufleute stifteten das Gemälde in der Nikolaikirche, für die im Jahr 1492 auch die Einrichtung einer Bruderschaftskapelle belegt ist. Der Vertrag mit den Domini-

III.13

kanermönchen wurde 1514 von der Stadt Amsterdam bestätigt. Die Holländer-Bank der Bruderschaft stand im 1481 eröffneten neuen Artushof in der Mitte an den westlichen Pfeilern. Das Engagement holländischer Kaufleute in Danzig blieb also auch über eine Zeit der Konflikte hinweg bestehen. *Anja Rasche*

Literatur
Drost 1959 | Labuda 2015 | Schmid 1926 | Woziński 2011a.

III.14

Porträt der Roxelana, später Hürrem Sultan, Ehefrau des ottomanischen Sultans Süleyman I.

Westeuropa, 16. Jahrhundert

Ölmalerei auf Holz

H 38,0, B 25,5 cm

Lemberg/L'viv, L'vivs'kyj istoryčnyj muzej, Ж 1496

Das Porträt zeigt eine junge Frau mit Turban und Goldschmuck, roten Haaren und blassem Teint. Es ist das fiktive Antlitz der Roxelana, einer Frauenfigur, die über Jahrhunderte die Imaginationskraft von Literaten, Komponisten, Malern und Geschichtsschreibern anregte. Glaubt man der polnischen Literatur des 17. Jahrhunderts, so war Roxelana die Tochter eines orthodoxen Priesters aus Rohatyn im Westen der heutigen Ukraine. Ihr Name sei Aleksandra oder Anastasia/Nastia Lisovska gewesen, so wird überliefert. Sie wurde um 1500 in Rohatyn geboren und verstarb 1558 in Konstantinopel/Istanbul. Sie wurde als junges Mädchen vermutlich bei einem Raubzug der Krimtataren gefangengenommen und über den Sklavenmarkt von Kaffa/Feodossija nach Konstantinopel verkauft, wo ein Vertrauter des Prinzen Süleyman, des späteren Sultans Süleyman I., sie für den Harem kaufte. Dort erhielt sie ihren Beinamen Roxelana, der auf ihre ruthenische Herkunft Bezug nahm. Roxelana stieg zur ersten Frau an der Seite des Sultans auf, mit dem sie sechs Kinder, darunter fünf Söhne, hatte. Sie wurde Hürrem Sultan genannt, was wohl »die Lachende« oder die »Fröhliche« bedeutet.

Ill.14

Roxelana übte mit der Zeit großen Einfluss am Hof des Sultans aus, der ihr sehr zugetan war, wie Briefe mit Liebesgedichten belegen. Zeitgenossen beschrieben sie als Intrigantin, die skrupellos die Interessen ihrer Kinder verfolgte. Sicherlich war sie, trotz aller Einschränkungen, denen sie als Frau unterworfen war, eine wichtige Akteurin in machtpolitischen Fragen und fungierte als Beraterin ihres Mannes. Auch als Stifterin trat die zum Islam konvertierte Hürrem Sultan auf. Diese Geschichte wie aus »Tausendundeiner Nacht« inspirierte beispielsweise Lessing zu einem Theaterstück, und bereits 1561 schrieb Gabriel Bounin die Tragödie *La Soltane*. Ab dem Jahr 2011 entstand eine türkische Fernsehserie, die das Leben von Süleyman und Hürrem Sultan zum Gegenstand hat und die unter dem Titel »Das majestätische Jahrhundert. Roksolana« auch in der Ukraine ausgestrahlt wurde.

Ganz abgesehen vom märchenhaften Aufstieg von der Sklavin zur Sultansgattin erzählt die Geschichte von Roxelana von einem eher dunklen Kapitel europäischer Geschichte und von gänzlich ungewollter Mobilität. Die Überfälle von Krimtataren auf das Gebiet des Großfürstentums Litauen ab dem 15. Jahrhundert, die 1482 sogar zur Einnahme von Kiew/Kyjiv führten, sind nur ein Beispiel für kriegerische Auseinandersetzungen, in deren Folge Kriegsgefangene verkauft wurden. Eine Vielzahl von Einwohnern von Städten der heutigen Ukraine dürften auf dem Weg des Sklavenhandels vorwiegend in nicht-christliche Länder verkauft worden sein. Insgesamt spielte die Sklaverei im Mittelalter eine größere Rolle als gemeinhin angenommen. Auch das christliche Europa scheute sich nicht davor, vornehmlich Muslime und Heiden als Sklaven zu handeln und einzusetzen.
Christina Link

Literatur
Kappeler 2015 | Luzzati 1995 | Yermolenko 2010, S. 1–16.

Epilog

Zur Rezeption des sächsisch-magdeburgischen Rechts

HEINER LÜCK

Das Institut zur Erforschung des Magdeburger Stadtrechts (1940–1945)

Ein kritischer Rückblick*

Abb. 247
Institut zur Erforschung des Magdeburger Stadtrechts e.V., Sitz der Geschäftsstelle im Magdeburger Stadtarchiv, damalige Adresse Neuer Weg 6/7, heute Julius-Bremer-Straße/Ecke Weitlingstraße, Aufnahme von 1937. Magdeburg, Stadtarchiv, Fotobestand Hochbauamt, Nr. 12684 vom 20.2.1937

* Gekürzte und geringfügig überarbeitete Fassung von Lück 1999.

Der Magdeburger Schöffenstuhl war die Institution, welche das Magdeburger Recht wesentlich konstituierte, weiterentwickelte und verbreitete (Abb. 248). Seine Kompetenz für Rechtsauskünfte wurde von der Stadt Magdeburg und ihren »Tochterstädten« rege in Anspruch genommen. Tausende von Urteilen und Rechtsmitteilungen haben die Magdeburger Schöffen während dreier Jahrhunderte verfasst und an Rechtsuchende gegen Entgelt weitergegeben. Die riesige Anzahl von Spruchkonzepten bzw. -abschriften wurde im Archiv des Schöffenstuhls jahrhundertelang aufbewahrt. Am 10. Mai 1631 ist dieser unwiederbringliche Schatz europäischer Rechtskultur den Flammen zum Opfer gefallen. Aber nicht nur das Schöffenstuhlarchiv, sondern die ganze Stadt Magdeburg wurde von den kaiserlichen Truppen unter dem General Tilly zerstört. Magdeburg konnte sich von dieser Katastrophe nur mühsam erholen. Das, was Bürgerstolz und staatliche Förderung nach 1631 entstehen ließen, wurde während des Zweiten Weltkriegs im Zuge des Bombenangriffs auf Magdeburg am 16. Januar 1945 vernichtet. Unter der Vielzahl von ausgebombten Gebäuden befand sich auch das Haus Neuer Weg 6/7 im Zentrum der Stadt. Es beherbergte unter anderem das Institut zur Erforschung des Magdeburger Stadtrechts (Abb. 247).

Gründung

Seine Einrichtung, konzeptionelle Grundlage und Tätigkeit zeigen, wie eine wissenschaftlich ambitionierte Persönlichkeit, getrieben von leidenschaftlichem Lokalpatriotismus, ihre Forschungs- und Publikationsinteressen bei argumentativer Ausnutzung der politischen, nationalsozialistisch geprägten Großwetterlage verwirklichen konnte. Diese Persönlichkeit war der Oberbürgermeister der Stadt Magdeburg, der promovierte Jurist Fritz Markmann (1899–1949 vermisst)

Die Verbreitung des deutschen Stadtrechts nach dem Osten
Oberhöfe Magdeburger Rechts
Magdeburg Halle Leipzig Brandenburg Breslau
Neumarkt Olmütz Leitmeritz Culm Krakau
Oberhof Lübecker Rechts
Lübeck
Oberhöfe süddeutschen Rechts
Nürnberg Wien Iglau
Herausgegeben von der Stadt Magdeburg
nach den Vorarbeiten von
Prof. Weizsäcker, Dr. Joh. Schultze,
Dr. B. Schulze, Dr. P. Krause.
Entwurf und Ausführung E. Marcks.
Kurt Vowinckel Verlag G.m.b.H.
Heidelberg-Berlin
Finnischer Meerbusen
ESTLAND
LETTLAND
LITAUEN
Ostsee
RUSSLAND
Moskau
POLEN
Das Gericht zu Tschernigow
verurteilte einst zu sibirischer Zwangsarbeit
auf Grund des Sachsenspiegels.
Lübeck
Magdeburg
Nürnberg
Wien
Iglau
TSCHECHO-SLOWAKEI
ÖSTERREICH
UNGARN
RUMÄNIEN
Schwarzes Meer
Die grün unterstrichenen Orte in Böhmen und Mähren
haben später süddeutsches Recht angenommen
Die blau, bezw. rot unterstrichenen Orte in Pommern, Mecklenburg usw.
haben zwischen Magdeburger und Lübecker Recht gewechselt.
Maßstab 1: 3000000
Magdeburger Stadtrecht
Lübecker Stadtrecht
Süddeutsches Stadtrecht
Druck: Berliner Lithographisches Institut, Berlin W 35

◄ Abb. 248
Faltkarte, Die Verbreitung des deutschen Stadtrechts nach Osten, erarbeitet u. a. von den späteren Mitgliedern des Magdeburger Instituts zur Erforschung des Magdeburger Stadtrechts, Prof. Dr. Wilhelm Weizsäcker und Stadtarchivar Dr. Paul Krause, herausgegeben 1936 von der Stadt Magdeburg als Beilage der Festpublikation zum 1000. Thronjubiläum Ottos des Großen. Magdeburg, Bibliothek Kulturhistorisches Museum

Abb. 249
Oberbürgermeister Dr. Fritz Markmann, Magdeburg, um 1938/39
(aus: Der Goldene Reiter, Heimatspiegel des Gaues Magdeburg-Anhalt, 1939, Heft 2, S. 45)

Abb. 250
Stadtarchivar Dr. Paul Krause, Aufnahme spätestens 1933. Landesarchiv Sachsen-Anhalt, K 70 NS-Archiv des MfS, ZW 236 A. 21 (Personalakte von Paul Krause)

(Abb. 249). Markmann war der Begründer des Instituts und die treibende Kraft des Unternehmens. Ihm war es ein Anliegen, immer wieder auf die große Rolle des Magdeburger Rechts in Osteuropa hinzuweisen. Dabei konnte er sich auf solide eigene wissenschaftliche Kenntnisse stützen. In Jena, wo er Jura studiert hatte, wurde er 1921 mit einer Dissertation über die Geschichte und Verfassung seiner brandenburgischen Geburtsstadt Perleberg promoviert. So kam Markmann bereits als junger Doktorand mit Stadtverfassung und Stadtrecht im Mittelalter in Berührung. Nach dem Studium arbeitete er als Syndikus in verschiedenen Unternehmen. Nachdem er am 1. Oktober 1931 in die NSDAP eingetreten war, wurde er nach der »Machtergreifung« Hitlers 1933 Mitglied des Magdeburger Stadtparlaments und wenig später, am 22. März 1933, von den Nationalsozialisten als kommissarischer Oberbürgermeister eingesetzt. Dieses Amt bekleidete er bis zu seiner Verhaftung am 17. April 1945. Als Gründe der Verhaftung lassen die später angefertigten Entnazifizierungsakten die Funktion des Oberbürgermeisters und seine Mitgliedschaft in der NSDAP erkennen. Er habe den Nationalsozialismus unterstützt, aber nicht wesentlich gefördert (Belege bei Lück 2000, S. 290, 297). Am 8. September 1946 wurde er entlassen.

Markmann beabsichtigte, die Magdeburger Schöffensprüche von der Empfängerseite her zu ermitteln und zusammenzutragen. Diese Idee hat eine lange Vorgeschichte. Markmann selbst hatte sie erstmals 1935 formuliert. Schon während seiner Arbeit an der Dissertation in Jena soll er von der Notwendigkeit einer solchen Sammlung überzeugt gewesen sein. Auf jeden Fall muss Markmann spätestens zwischen 1936 und 1938 den festen Entschluss gefasst haben, die Magdeburger Schöffensprüche zu sammeln und zu verzeichnen. In dem ihm unterstellten Stadtarchiv Magdeburg sah er die fachliche und organisatorische Kompetenz zur Durchführung seines Plans. Im Sommer 1937 machte Markmann den Leiter des Stadtarchivs, den promovierten Historiker Paul Krause (1901–1944), mit dem Vorhaben vertraut (Abb. 250). Daraufhin erschien 1939 eine »Notiz« des Magdeburger Stadtarchivs in der Zeitschrift der Savigny-Stiftung für Rechtsgeschichte, in welcher mitgeteilt wird, dass der Oberbürgermeister der Stadt Magdeburg den Plan zu dem Vorhaben gefasst habe, »die Sammlung der für die deutsche Rechtsgeschichte höchst wichtigen Magdeburger Schöffensprüche in systematischer Form [...] mit Hilfe der Stadt Magdeburg so zu fördern, daß es in absehbarer Zeit auch wirklich zu Ende geführt werden kann« (Notiz 1939). Von einem »Institut« war zu diesem Zeitpunkt noch nicht die Rede.

Organisation und Ziele

Das »Institut zur Erforschung des Magdeburger Stadtrechts« ist am 8. Oktober 1940 in das Vereinsregister eingetragen worden. Vorbereitende Gespräche Markmanns mit dem Gauleiter der NSDAP und dem Nationalsozialistischen Deutschen Rechtswahrerbund (NSDRB) waren vorausgegangen. Auch die Zustimmung des »Stellvertreters des Führers« war im April 1940 eingeholt worden. Die finanzielle Grundlage sicherte Markmann aus städtischen Mitteln. Als Träger des Instituts werden die Stadt Magdeburg und das Gaurechtsamt der NSDAP genannt. Es war eine Leitung vorgesehen, die in turnusmäßigem Wechsel vom Oberbürgermeister der Stadt Magdeburg und dem »Führer« des NSDRB ausgeübt werden sollte. Die entscheidende wissenschaftlich-konzeptionelle Arbeit lag in den Händen eines wissenschaftlichen Beirats, den Fritz Markmann, der zukünftige Präsident des in Gründung befindlichen Instituts, um sich scharen konnte. Der Beirat wurde im Rahmen einer konstituierenden Sitzung am 27. April 1940 gebildet (Protokoll 27. 4. 1940). Dem Gremium gehörten hoch qualifizierte Rechtshistoriker, Historiker und Archivare an. Andere namhafte Wissenschaftler auf den Gebieten der Rechtsgeschichte, Geschichte und Archivwissenschaft waren 1933 auf der Grundlage des sogenannten Gesetzes über die Wiederherstellung des Berufsbeamtentums vom 7. April 1933 entlassen worden.

Abb. 251
Prof. Dr. Wilhelm Weizsäcker, 1961. Universitätsarchiv Heidelberg, UAH, BA Pos I 3264

Abb. 252
Prof. Dr. Theodor Goerlitz, Oldenburg 1925. Herder-Institut für historische Ostmitteleuropaforschung, DSHI 100 Goerlitz 06

Die hauptamtliche Leitung des Instituts sollte einer der »besten Rechtshistoriker« (Protokoll 27.4.1940, S. 17) übernehmen. Zunächst hatte man an Wilhelm Weizsäcker (1886–1961) in Prag/Praha gedacht, der jedoch unter Hinweis auf seine vielfältigen Projekte und seine räumliche Entfernung von Magdeburg verzichtete (Abb. 251). So ging man auf Theodor Goerlitz (1885–1949) zu, der im Frühherbst 1941 von Breslau/Wrocław nach Magdeburg übersiedelte und am 1. Oktober 1941 das Amt des Institutsdirektors antrat (Abb. 252).

Arbeitsweise

Die Arbeit des Instituts war auf die Sammlung und Edition aller noch vorhandenen Magdeburger Schöffensprüche und Rechtsmitteilungen gerichtet. Man hatte die Vorstellung, auf diesem Weg das 1631 vernichtete Schöffenstuhlarchiv in Gestalt von Fotokopien von Schöffensprüchen, die in den »Tochterstädten« Magdeburgs noch vorhanden waren, wiederherzustellen. Dazu war es notwendig, die Orte, die in einer Beziehung mit dem Magdeburger Recht standen, aufzusuchen und die Bestände der dortigen Bibliotheken und Archive zu sichten. Angesichts des immensen Verbreitungsgebiets des Magdeburger Rechts zeichnete sich hier eine gigantische Aufgabenstellung ab, die zwischen der Elbe und dem Dnjepr einerseits und vom Baltikum bis nach Ungarn andererseits ihrer Realisierung harrte. Markmann veranschlagte dafür einen Zeitraum von zehn bis 20 Jahren.

Ausführlicher geben zwei erhaltene Protokolle von Besprechungen im Magdeburger Rathaus vom 27. April 1940 (Protokoll 27.4.1940) und 8. März 1941 (Protokoll 8.3.1941) über die geplante Arbeitsweise des Instituts Auskunft (Abb. 253, 254). In der ersten Sitzung ging es vornehmlich um die einzelnen Erscheinungsformen der Magdeburger Schöffensprüche (Originale, Abschriften, Mehrfachüberlieferungen, Sprüche der Oberhöfe von Magdeburger Tochterstädten, Spruchsammlungen usw.), die Organisation der einheitlichen Erfassung der Sprüche, Abgrenzungskriterien, polnische und tschechische Fassungen der Sprüche, Editionsgrundsätze, Anmerkungsapparat sowie Festlegung und Strukturierung des Untersuchungsgebiets. Interessanterweise wurde auch die Systematisierung der Sprüche nach Oberhöfen erwogen, doch setzte sich die Gliederung nach Landschaften durch.

Schon zu diesem Zeitpunkt war sich Markmann sicher, »daß wir auf rechtshistorischem Gebiet im Bereiche des Magdeburger Stadtrechts Überraschungen allergrößten Ausmaßes erleben werden« (Protokoll 27.4.1940, S. 4). Im Ergebnis der zweiten Sitzung am 8. März 1941 wurde das Untersuchungsgebiet in sieben historische Landschaften aufgegliedert: I. Provinz Sachsen und Anhalt, II. Land Sachsen, III. Ober- und Niederlausitz, IV. Brandenburg, V. Mecklenburg und Pommern, VI. Preußen, VII. Schlesien. Diese Strukturierung gab zugleich die Benennung der geplanten unterschiedlichen Editionsreihen vor. Die bereits laufenden Forschungen in Böhmen und Mähren sowie im besetzen Polen (»Generalgouvernement«) sollten zusätzlich in die Reihen VIII und IX Eingang finden. Für die Quellenarbeit in den festgelegten Regionen waren je ein Rechtshistoriker (Historiker, Jurist oder Archivar) und je ein Assistent vorgesehen, die mit der Zentralstelle in Magdeburg intensiven Kontakt halten sollten. Darüber hinaus waren die verantwortlichen Bearbeiter angehalten, mit den entsprechenden Historischen Kommissionen eng zusammenzuarbeiten. Als Vorbild diente die Arbeitsweise von Wilhelm Weizsäcker, der schon seit mehreren Jahren in dieser Weise in böhmischen Archiven und Bibliotheken erfolgreich tätig war.

Stenographische Niederschrift
über die Besprechung am 27.April 1940 im Beigeordneten-Sitzungszimmer des Magdeburger Rathauses.

Anwesend sind:

Oberbürgermeister Dr.Markmann als Vorsitzender,
Universitäts-Professor Dr. Weizsäcker - Prag,
Generaldirektor Prof.Dr. Brackmann - Berlin(von 11^{30} Uhr ab),
Universitäts-Professor Dr.Lintzel - Halle a.S.,
Oberbürgermeister a.D.,Universitäts-Professor Dr.Görlitz -Breslau,
Staatsarchivdirektor Prof.Dr. Möllenberg - Magdeburg,
Justizrat Ehrhardt - Magdeburg,
Museumsdirektor Dr. Greischel - Magdeburg,
Stadtarchivar Dr.Krause - Magdeburg,
wissenschaftlicher Hilfsarbeiter Dr.Schrod - Magdeburg,
Stadtinspektor Eilenburg als Niederschriftführer.

<u>Beratungsplan.</u>

1. Die Quellen:
   a) Geographische Übersicht, Umfang und Gattungen der vorhandenen Quellen.
   b) Ordnung der Quellen nach Wichtigkeit und Dringlichkeit der Bearbeitung.
2. Bearbeitung der Quellen:
   a) Verfahren der Bearbeitung und Grundsätze für die Herausgabe.
   b) Erörterung der Möglichkeiten der Bearbeitung an Ort und Stelle und Beziehungen zu ausländischen Behörden.
   c) Zusammenarbeit der Mitarbeiter, Einrichtung einer zentralen Kartei.
   d) Stellung und Besoldung der Hilfsarbeiter.
   e) Erfahrungen und Anregungen einzelner Mitarbeiter.
3. Aufstellung eines Arbeitsplanes.
4. Verlagsabmachungen.

<u>Oberbürgermeister Dr. Markmann:</u>

Meine Herren! Im Namen der Stadt und auch persönlich heiße ich Sie herzlich willkommen und danke Ihnen, daß Sie heute den Weg zu uns gefunden haben. Herr Generaldirektor Prof. Brackmann wird etwas später erscheinen, da sein Zug erst kurz nach 11 Uhr einläuft; ich möchte dann, wenn Herr Generaldirektor Brackmann in unserer Mitte weilt, noch einige grundsätzliche Ausführungen machen. Zunächst bitte ich, den von Herren Dr. Greischel entworfenen Beratungsplan zu Grunde zu legen, an den wir uns aber nicht fest zu binden brauchen.

Geo-

Abb. 253
Sitzungsprotokoll des Instituts zur Erforschung des Magdeburger Stadtrechts vom 27. April 1940. Stadtarchiv Magdeburg, Rep. 12 G 8 Forschungen zum Magdeburger Recht im »Generalgouvernement«, Teil 1 1940-1942, Nr. 8

Abb. 254
Sitzungsprotokoll des Instituts zur Erforschung des Magdeburger Stadtrechts vom 8. März 1941. Stadtarchiv Magdeburg, Rep. 12 G 8 Forschungen zum Magdeburger Recht im »Generalgouvernement«, Teil 1 1940-1942, Nr. 9

Stenographische Niederschrift

über die Sitzung des Beirats für die Herausgabe der Magdeburger Schöffensprüche am 8.März 1941 im Beigeordneten-Sitzungszimmer des Magdeburger Rathauses.

Anwesend waren:

Oberbürgermeister Dr.Markmann als Vorsitzender,
Staatsarchivdirektor Universitäts-Professor Dr.Möllenberg, Magdeburg,
Oberbürgermeister a.D.Universitäts-Professor Dr.Goerlitz, Breslau,
Universitäts-Professor Dr.Lintzel, Halle,
Präsident des Reichsinstituts für ältere deutsche Geschichtskunde,
Universitäts-Professor Dr.Stengel, Berlin,
Gauhauptstellenleiter Amtsgerichtsrat Dr.von Rozycki-von Hoewel, Magdeburg,
Junge, Stuttgart (Kohlhammer-Verlag),
Stadtschulrat Gewecke, Magdeburg,
Stadtarchivar Dr.Krause, Magdeburg,
Archivar Dr.Schrod, Magdeburg,
Stadtinspektor Eilenburg als Schriftführer.

Oberbürgermeister Dr.Markmann:

Ich eröffne die Sitzung und begrüße besonders Herrn Prof.Dr. Stengel, der zum ersten Male in unserer Mitte weilt. Seien Sie uns herzlich willkommen! Ich freue mich, daß Sie in den Herausgeber-Ausschuß eingetreten sind, da hierdurch die Zusammenarbeit zwischen der Monumenta Germaniae und uns gesichert ist. Weiter begrüße ich Herrn Dr.von Rozycki-von Hoewel als Vertreter des NS.-Rechtswahrerbundes und Herrn Junge als Vertreter des Verlages Kohlhammer.

Ich habe darauf verzichtet, eine Tagesordnung aufzusetzen. – In den nächsten Tagen wird Ihnen der inzwischen herausgekommene erste Band der Schöffensprüche zugehen, und zwar die von Prof.Dr.Goerlitz bearbeiteten Magdeburger Schöffensprüche und Rechtsmitteilungen für Schweidnitz. Der Band ist gerade im Binden begriffen; Sie wissen, welche Schwierigkeiten heute auf diesem Gebiete bestehen. Wenn wir heute mit Stolz auf den ersten Band unserer Veröffentlichungen blicken können, so ist dies besonders Herrn Prof.Dr.Goerlitz zu danken, der unermüdlich unsere Arbeiten gefördert hat.

Ich bitte nun Herrn Dr.Krause, uns über seine Arbeit in Krakau zu berichten.

Stadtarchivar Dr.Krause:

Bereits im Dezember vorigen Jahres habe ich Herrn Oberbürgermeister Dr.Markmann über meine bisherigen Arbeiten in den polnischen

Archiven

Für die Kosten der Arbeiten vor Ort, insbesondere für die Bezahlung der Assistenten, wollte die Stadt Magdeburg aufkommen. Mit der angestrebten Rechtsform des eingetragenen Vereins sollte das Institut in Zukunft für die Assistenten als Arbeitgeber auftreten. Während das Reichsgebiet vom wissenschaftlichen Beirat in die oben genannten Regionen aufgeteilt wurde, liefen die Erfassungs- und Editionsarbeiten in Schlesien, Polen, Böhmen und Mähren seit geraumer Zeit. Sie waren schon Jahre zuvor von der Historischen Kommission für Schlesien und von Wilhelm Weizsäcker in Angriff genommen worden. Bereits 1939 konnten die von Theodor Goerlitz und Paul Gantzer bearbeiteten Schöffensprüche und Rechtsmitteilungen für die Stadt Schweidnitz/Świdnica in der Reihe der Historischen Kommission für Schlesien erscheinen. Dieser Vorlauf führte zu einer gewissen Konkurrenz im Hinblick auf das in Gründung befindliche Magdeburger Institut, das den Anspruch erhoben hatte, alle Magdeburger Sprüche zu edieren, was auch auf der Beratung am 27. April 1940 thematisiert wurde. Markmann betonte, dass sehr bald Ergebnisse publiziert werden müssten, um die Herausgeber bzw. Bearbeiter und die Öffentlichkeit für die große Aufgabe zu sensibilisieren. Die einzelnen Sprüche sollten auf einheitlich gestalteten Karteikarten erfasst werden. Auf jeden Fall wollte man von jedem Schöffenspruch eine Fotokopie in Magdeburg deponieren.

Markmann gab das Prinzip vor: »Wir müssen [...] das Material an Ort und Stelle suchen und uns im Laufe der Zeit einen Mitarbeiterstab suchen, der in die Provinz fährt, dort von Ort zu Ort zieht und die Archive untersucht« (Protokoll 27.4.1940, S. 26). Für Polen war bereits Paul Krause ausersehen, der demnächst nach Krakau/Kraków reisen würde. Für Brandenburg wollte Markmann einen Rechtshistoriker der Universität Berlin gewinnen. Diesem sollte wiederum ein von der Stadt Magdeburg bezahlter Assistent zur Seite gestellt werden. Die eigentlichen Editionsreihen sollten von monografischen Untersuchungen der Institutsmitglieder begleitet werden. Man beabsichtigte, zu diesem Zweck auf eine bereits bestehende renommierte rechtsgeschichtliche Schriftenreihe zurückzugreifen, die der Rechtshistoriker Guido Kisch (1889–1985) an der Universität Halle 1931 unter dem Titel »Deutschrechtliche Forschungen« begründet hatte. Nach sechs Bänden kündigte der Verlag Kohlhammer 1933 dem namhaften Gelehrten, der wegen seiner jüdischen Herkunft aus seinem Professorenamt in Halle in demselben Jahr entlassen worden war, die Verträge. So konnte Markmann 1941 großspurig verkünden, dass er »die Herausgeberschaft für die Deutschrechtlichen Forschungen, die sogenannte Kisch'sche Reihe« für das Institut gesichert habe (Protokoll 8.3.1941, S. 14). Ob hier eine politisch motivierte ablehnende Haltung gegen Guido Kisch mitschwingt, kann anhand der knappen Aussage nicht entschieden werden. Belege dafür gibt es nicht. Tatsächlich ist die in Rede stehende Reihe nicht vom Magdeburger Institut fortgesetzt worden.

Einbindung in die nationalsozialistische Ideologie und Politik

Markmanns Kalkül, mit seinem Vorhaben politisch-ideologisches Interesse bei maßgeblichen nationalsozialistischen Amtsträgern zu wecken, ging auf. Der *spiritus rector* des Instituts hatte das früh erkannt und präsentierte seine Idee vehement öffentlich. Am deutlichsten legt ein Werbeprospekt des Kohlhammer-Verlags Stuttgart, welcher die Editionen übernehmen wollte, Zeugnis von der politischen Relevanz des Projekts und dessen Nähe zur NS-Ideologie ab. Darin heißt es: »Die Gestaltung des Ostraumes durch den deutschen Menschen hat bis zum heutigen Tage nicht aufgehört. [...] Wenn so in vergangenen Jahrhunderten deutsche Kultur in weiteste Gebiete des Ostens, nach Böhmen und Mähren, nach Polen, ja bis nach Rußland und Ungarn, hineingetragen wurde, so bildete einen der wesentlichen Kulturfaktoren [...] das deutsche Recht, das [...] in der Form des Sächsischen Rechts, vor allem [...] des Magdeburger Rechtes, sich den Osten eroberte« (Protokoll 27.4.1940, S. 18 ff.).

Ferner kann man dem Papier entnehmen, dass die Stadt Magdeburg »im Einvernehmen mit dem NS-Rechtswahrer-Bund, Gau Magdeburg-Anhalt, mit Hilfe des Instituts zur Erforschung des Magdeburger Stadtrechts« die Herausgabe »einer auf viele Bände berechneten Quellensammlung« vorbereite (ebd.). Es gehe darum, »den Ostraum aus einem beschämenden Tiefstand wieder herauszuführen [...]. Der Deutsche kommt also im Osten in kein Neuland, weder im böhmisch-mährischen noch im polnischen Raum, sondern er besitzt dort alte angestammte Rechte, deren Umfang durch die Sammlung und Veröffentlichung aller erreichbaren Denkmäler Magdeburger Schöffenrechts festgestellt und untermauert wird« (ebd.). Dabei sei die Sammlung nicht nur eine »Verpflichtung gegenüber der Vergangenheit«, sondern sie habe eine durchaus aktuelle Komponente: »[...] auch der Rechtswahrer unserer Zeit wird aus dieser Veröffentlichung wichtige Anregungen für seine Tätigkeit schöpfen können. Wenn nämlich für ihn heute die Parole lautet: Reinige das deutsche Recht von fremden Einflüssen!, so muß er auf die deutschen Rechtsquellen des Mittelalters zurückgreifen, um sich an ihrem von fremdem Beiwerk nicht verfälschtem Inhalt zu schulen« (ebd.).

Nachdem der erste Band vorlag und der zweite im Erscheinen begriffen war, stellte Goerlitz fest: »Beide Bände zeigen für viele Jahrhunderte die umfassende deutsche Rechtskultur in diesen Gebieten und rechtfertigen [...] deren Zugehörigkeit zu Großdeutschland [...]« (Goerlitz 1942, S. 106). Diese propagandistische Untermauerung durch Repräsentanten des Instituts war dem Fortgang der Arbeiten dienlich. Mittelbar trugen die Magdeburger Forschungen unter diesen Vorzeichen zur Legitimation des Angriffskriegs und zur massenhaften Vernichtung »nicht-arischer« Bevölkerungsgruppen im In- und Ausland bei.

Praktische Durchführung der Institutsaufgaben vor Ort

Die praktische Durchführung des groß angelegten Planes konnte zunächst nur schleppend verlaufen. Schon in der Gründungsphase des Instituts wurde auf die Schwierigkeiten wegen des von Deutschland ausgelösten Weltkriegs hingewiesen. Nach dem bald erwarteten »Endsieg« wollte man jedoch richtig, »mit aller Kraft an die Ausführung herangehen« (Protokoll 27.4.1940, S. 15). Markmann hatte die Vorstellung, dass etwa drei bis vier Assistenten in Magdeburg mit der Bearbeitung der aus den östlichen Untersuchungsgebieten stammenden Schöffensprüche beschäftigt werden könnten. Nach seiner Auffassung müsse das gesammelte Material auch inhaltlich durchgearbeitet werden.

Markmann drängte mehrfach darauf, zunächst vor allem die Sprüche in Polen zu erschließen und zu erfassen. Sein Mann vor Ort sollte der bereits erwähnte Magdeburger Stadtarchivar Paul Krause werden, welcher auf Betreiben Markmanns und durch Fürsprache des Reichsministers des Innern vom Militärdienst zunächst freigestellt worden war. Krause reiste Mitte Mai 1940 mit einem entsprechenden »Sonderauftrag« versehen nach Krakau, um im »Generalgouvernement« mit seinen Recherchen zu beginnen. Hier hatte er bei der Archivverwaltung des »Generalgouvernements« unter Leitung des aus Breslau abkommandierten Staatsarchivdirektors Erich Randt (1887–1948) eine feste Anlaufstelle (Abb. 255). Neben seiner Aufgabe, die Magdeburger

Abb. 255
Akte aus dem Nachlass von Dr. Paul Krause. Stadtarchiv Magdeburg, Rep. 53 Nachlass von Paul Krause, Band 13, Mappe 21, s.p.

Schöffensprüche und Rechtsmitteilungen in den Archiven und Bibliotheken des »Generalgouvernements« aufzuspüren und zu kopieren, sollte Krause wohl auch polnische Literatur für das Magdeburger Institut anschaffen. Markmann stellte ihm die dafür erforderlichen Gelder zur Verfügung. Des Weiteren sollte Krause anhand einschlägiger Quellen prüfen, ob die Zerstörung Magdeburgs im Jahr 1631 in irgendeiner Weise in den Tochterstädten Magdeburger Rechts registriert worden war.

Abb. 256 ▸
Aus den Berichten über die Arbeiten in Krakau, Lublin und Lemberg 1940 und 1941 von Dr. Paul Krause. Stadtarchiv Magdeburg, Rep. 12 G 8 Forschungen zum Magdeburger Recht im »Generalgouvernement«, Teil 1 1940–1942

In Krakau bekam es Krause unmittelbar mit den Ambitionen des »Instituts für deutsche Ostarbeit« (IDO) zu tun, das seinerseits Anspruch auf die alleinige Veröffentlichung der Magdeburger Sprüche im Gebiet des »Generalgouvernements« erhob. Dieses Ansinnen wurde von Markmann in Magdeburg als unbegründet und nicht legitim zurückgewiesen. Der für die Archive des »Generalgouvernements« zuständige Staatsarchivdirektor Randt warnte nachdrücklich davor, »einen Kampf mit dem IDO heraufzubeschwören [...]. Dieser [...] werde ganz ohne Zweifel zum Vorteil des IDO ausgehen«, denn hinter dem IDO würde Hans Frank (1900–1946) stehen (Nachlass Krause 5, fol. 17r). Eine Auseinandersetzung mit dem IDO schien dennoch unvermeidlich. Offenbar hatte man damit gedroht, Krauses Arbeiten im »Generalgouvernement« zu verbieten. Doch ist es dazu wohl nicht gekommen. Die im Juli 1940 artikulierte Hoffnung, mit dem IDO fruchtbar zu kooperieren, erfüllte sich jedenfalls nicht.

B e r i c h t
über die Forschungen in Lemberg.

Schon nach dem Abschluß meiner Forschungen in den Warschauer Archiven Mitte August d.J. wies mich der Direktor der Archive des Generalgouvernements, Herr Staatsarchivdirektor Dr. Randt in Krakau, darauf hin, daß die Forschungen im Distrikt Galizien, der am 1. August 1941 dem Generalgouvernement angegliedert worden war, fortgesetzt werden könnten, da die dortigen Archive gut erhalten und schon benutzungsfähig seien. Ich kehrte zunächst nach Magdeburg zurück, um dienstliche Angelegenheiten zu erledigen und einen Urlaub anzutreten. Am 19. Oktober verließ ich wieder Magdeburg und traf am 20. Oktober in Krakau ein.

1. Krakau.

In Krakau nahm ich einige Tage Aufenthalt, um Erhebungen über die im dortigen Staatsarchiv befindliche Abhandlung (Varia 96) des früheren poln. Staatsarchivdirektors Dr. Bobrziński anzustellen. Es sollte dadurch geprüft werden, ob eine etwaige Veröffentlichung der Bobrziński'schen Schrift unbedenklich sei. Unterlagen dafür fanden sich im Universitätsarchiv in Krakau. Aus den Sitzungsprotokollen der Juristischen Fakultät vom 28. Juli 1874 ging hervor, daß damals über ein Habilitationsgesuch des Dr. Bobrziński mit der Schrift "Über die Sammlungen von deutschen Schöffensprüchen im Gebiete des alten polnischen Reiches" verhandelt wurde. Das Gesuch wurde angenommen, und Bobrziński ist dann auch Dozent für Geschichte des deutschen Rechtes an der Universität Krakau geworden, nachdem er 1873 bereits die venia legendi für Geschichte des polnischen Rechtes erhalten hatte. Nach diesen Feststellungen war es klar, daß die im Staatsarchiv Krakau liegende Abhandlung Bobrziński's, obwohl ihr der Titel und die ersten fünf Blätter heute fehlen, da aber über sie dem Inhalte nach gar kein Zweifel bestehen konnte, die Habilitationsschrift von 1874 ist. Die Direktion der Archive, welcher ich das Ergebnis meiner Ermittlungen mitteilte, erklärte darauf hin, daß einer Veröffentlichung der Bobrziński'schen Schrift nunmehr, allerdings unter bestimmten Bedingungen, nichts im Wege stehe.

Nach meiner Rückkehr von Lemberg nach Krakau am 13. Dezember versuchte ich im dortigen Staatsarchiv noch festzustellen, wo die von Bobrziński seiner Abhandlung beigefügten Abschriften Magdeburger Urteile in deutscher und lateinischer Fassung verblieben sind. Im Staatsarchiv - sie waren zunächst unter "Varia 96" zu vermuten - sind sie aber nicht vorhanden. Man glaubt dort, daß die fraglichen Abschriften möglicherweise im Nachlaß Bobrziński's zu suchen sind. Bobrziński besaß im Posenschen das Gut Garby (Kreis Posen oder Kreis

Środa

Über Krauses Studien in den besetzten polnischen Gebieten informieren mehrere Berichte, deren Extrakte Krause noch selbst veröffentlichen konnte (Krause 1943), bevor er 1942 zum Fronteinsatz eingezogen wurde (Abb. 256). Noch während seines Aufenthalts in Warschau/ Warszawa ist Krause von Markmann auf Kiew/Kyjiv und Charkow/Charkiv in der Ukraine orientiert worden, nachdem er schon früher auf Ungarn hingewiesen worden war. Dort ist Krause jedoch offensichtlich nicht gewesen. Da die bedeutenden Archive der westlichen Sowjetunion zu Beginn des Weltkriegs aus Sicherheitsgründen in Depots östlich des Urals ausgelagert worden waren, wurde der in die Ukraine geschickte Franz Klein (1912–1976) nicht besonders fündig. Die Archive der Städte an der Nordküste des Schwarzen Meeres hatte er zwar besucht, doch konnte er hier keine für das Magdeburger Recht relevanten Quellen ausfindig machen. Des Weiteren erarbeitete Klein eine Studie über das deutsche Recht in Kroatien, Serbien und Bulgarien. Darin führte er den Nachweis, dass in diesen Gebieten nicht das Magdeburger Recht, sondern vornehmlich sächsisches Bergrecht rezipiert worden war.

Editionen und Relikte

Das ehrgeizige Magdeburger Projekt wurde von den deutschen Rechtshistorikern und Historikern begrüßt. Über die Notwendigkeit, die Magdeburger Schöffensprüche aus ihrem großen Verbreitungsgebiet zusammenzutragen und der Wissenschaft zugänglich zu machen, bestand kein Zweifel. Unabhängig von diesen Bemühungen hatte die Preußische Akademie der Wissenschaften zu Berlin 1938 ein Preisgeld in Höhe von 5 000 Reichsmark für die beste wissenschaftliche Arbeit zu dem Thema »Die Verbreitung der deutschen Stadtrechte in Osteuropa« ausgelobt. Er ging an Gertrud Schubart-Fikentscher (1896–1985) aus Zwickau, die unter dem genannten Titel eine bis heute grundlegende Monografie vorlegte. Das Werk entstand etwa zeitgleich mit den Magdeburger Forschungen und Editionen. Die Autorin schreibt im Vorwort: »Vor allem möge sie [die Schrift, A. d. A.] der großen Sammlung Magdeburger Schöffensprüche zugute kommen, die Dr. Fritz Markmann als Oberbürgermeister von Magdeburg ins Leben rief und betreut, und deren Durchführung von Prof. Theodor Goerlitz geleitet wird« (Schubart-Fikentscher 1942, S. 4).

Doch stand das Vorhaben, das mitten im Krieg betrieben wurde, unter einem unglücklichen Stern. Man darf annehmen, dass mehrere Hundert Fotokopien von Schöffensprüchen in Magdeburg zusammengekommen sind. Bis auf spärliche Reste im Nachlass von Paul Krause sind sie infolge des Bombenangriffs auf Magdeburg am 16. Januar 1945 jedoch verbrannt (Abb. 257). Das Institut ist am 24. September 1946 aufgelöst und aus dem Vereinsregister gelöscht worden (Amtsgericht Magdeburg Vereinsregister). Von den Editionsträumen und -realitäten des Magdeburger Instituts sind drei Bände solider Editionen geblieben. Sie leisten der Wissenschaft bis heute gute Dienste (Abb. 258–260). Die jeweils als erster Band der Reihen VII (Schlesien), VIII (Wartheland) und IX (Sudetenland) erschienenen Editionen machen noch einmal den groß angelegten Plan und seine bruchstückhafte Verwirklichung deutlich. Im Hinblick auf diese Ergebnisse des Magdeburger Instituts fällt es nicht schwer, die Bemühungen Markmanns und seiner Mitstreiter als produktiv einzuschätzen. Fraglich ist jedoch, wie die Ausnutzung der politischen Situation und die Instrumentalisierung der deutschen Verwaltungsstrukturen im Osten zugunsten des Projekts zu sehen sind.

Abb. 257
Fotokopien aus den zahlreich gesammelten und überlieferten Unterlagen des Instituts zur Erforschung des Magdeburger Stadtrechts, durch Auslagerung im Zweiten Weltkrieg beschädigt. Stadtarchiv Magdeburg, Rep. 53 Nachlass von Paul Krause, Band 13, Mappe 1, s.p.

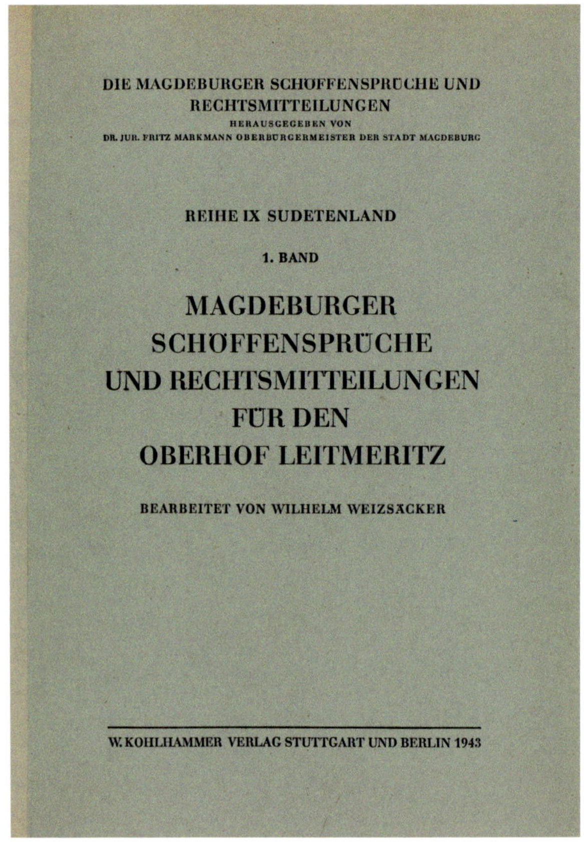

Abb. 259
»Magdeburger Schöffensprüche und Rechtsmitteilungen für den Oberhof Leitmeritz«, herausgegeben vom Magdeburger Oberbürgermeister Fritz Markmann (1943)

Abb. 258
Das von Fritz Markmann herausgegebene Buch »Magdeburger Schöffensprüche für die Hansestadt Posen und andere Städte des Warthelandes« (1944)

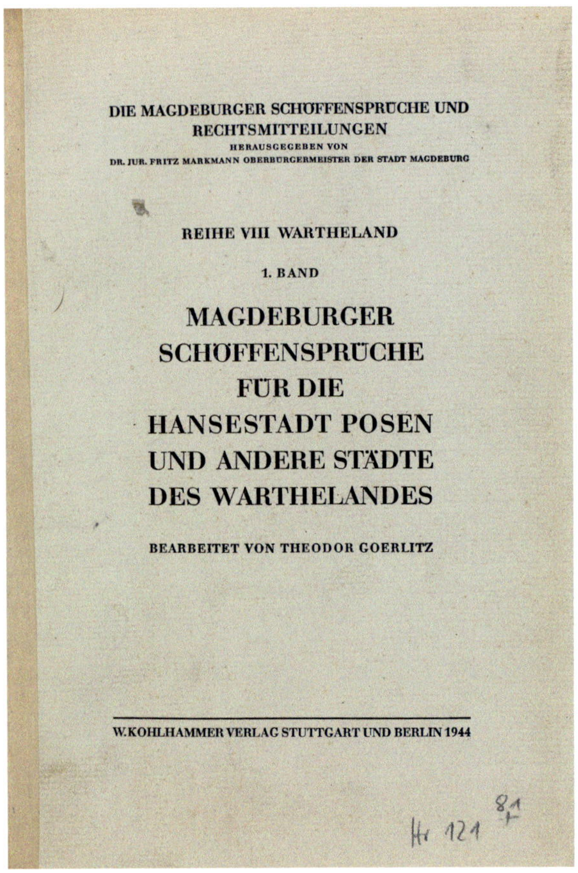

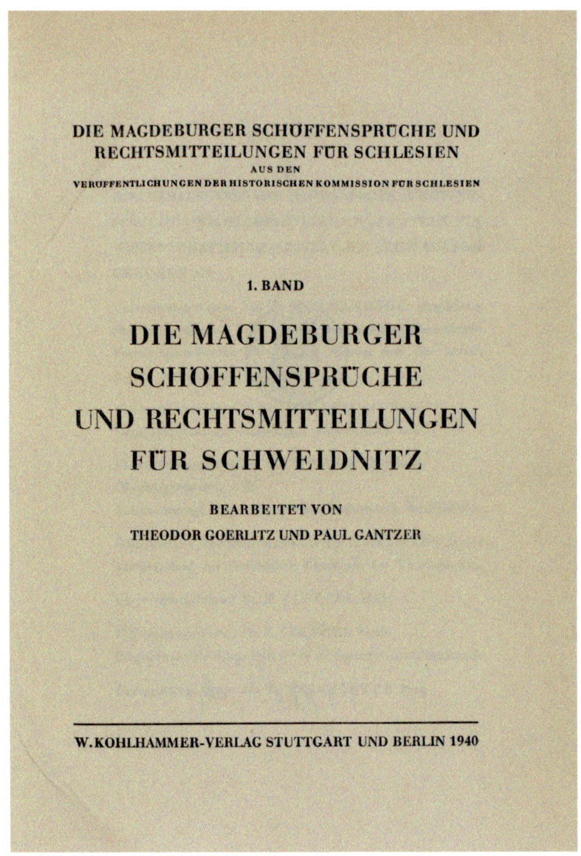

Abb. 260
Fritz Markmann verantwortete ebenfalls die Herausgabe des Bandes »Die Magdeburger Schöffensprüche und Rechtsmitteilungen für Schweidnitz« (1940)

Aufgrund der Quellenlage kann festgestellt werden, dass die Magdeburger Stadtrechtsforschungen unter Markmann keine Nachteile für bestimmte Personen zur Folge hatten. Niemand ist aus Lehr- oder Verwaltungsämtern bzw. von Forschungsstellen verdrängt worden, was von der Gesamtsituation auf dem Gebiet der Rechtsgeschichte im Besonderen und der Wissenschaft im Allgemeinen während der Zeit des Nationalsozialismus erheblich abweicht. Das kann freilich nicht darüber hinwegtäuschen, dass die Personen, die sich unter dem Dach des städtischen Instituts zur Erforschung des Magdeburger Stadtrechts zusammengefunden hatten, in unterschiedlichem Maße mit dem nationalsozialistischen Herrschaftssystem und seiner Ideologie verbunden waren. Unabhängig davon bleibt die Sammlung und Edition von Magdeburger Schöffensprüchen eine aktuelle Aufgabe der deutschen und europäischen Rechtsgeschichte, die nur in enger Kooperation mit den Wissenschaftlerinnen und Wissenschaftlern in den jeweiligen Ländern, in denen das Magdeburger Recht historisch einen Platz hatte, gelöst werden kann. Das Langzeitforschungsvorhaben an der Sächsischen Akademie der Wissenschaften zu Leipzig »Das sächsisch-magdeburgische Recht als kulturelles Bindeglied zwischen den Rechtsordnungen Ost- und Mitteleuropas« hat dafür in bewusster Abkehr von dem früheren deutsch dominierten Ansatz vorbildliche Grundlagen geschaffen.

Quellen
Amtsgericht Magdeburg Vereinsregister = Landesarchiv Sachsen-Anhalt, Abt. Magdeburg, Rep. C 129 Amtsgericht Magdeburg, Nr. 2504, Bd. 7, fol. 130v – 131r. | Nachlass Krause 5 = Stadtarchiv Magdeburg, Rep. 12, G 8, Nachlass Dr. Krause, Teil 5 | Protokoll 27. 4. 1940 = Stadtarchiv Magdeburg, Rep. 12, G 8, Nachlass Dr. Krause, Teil 1, Stenografische Niederschrift über die Besprechung am 27. April 1940 | Protokoll 8. 3. 1941 = Stadtarchiv Magdeburg, Rep. 12, G 8, Nachlass Dr. Krause, Stenografische Niederschrift über die Sitzung des Beirats für die Herausgabe der Magdeburger Schöffensprüche am 8. März 1941 im Beigeordneten-Sitzungszimmer des Magdeburger Rathauses.

Literatur
Bahlcke 2004 | Goerlitz 1942 | Goerlitz 1944 | Goerlitz/Gantzer 1940 | Krause 1943 | Lück 1999 | Lück 2000 | Lück 2005 | Lück 2008 | Lück 2009 a | Lück 2012 | Lück 2019 | Musial 1996 | Notiz 1939 | Perrin 2009 | Schubart-Fikentscher 1942 | Weizsäcker 1943 | Wörster 2007.

SABINE ULLRICH

Missbrauch und Neubeginn

Magdeburg und das sächsisch-magdeburgische Recht im 20. Jahrhundert

Nach der Machtübernahme der Nationalsozialisten wurde Ernst Reuter (1889–1953) im März 1933 gewaltsam aus seinem Amt als Oberbürgermeister der Stadt Magdeburg entfernt und an seiner Stelle von der NSDAP Fritz Markmann (1899–1949) eingesetzt – zuerst kommissarisch und ab Juli 1933 offiziell gewählt. Der promovierte Jurist hatte sich bereits seit einigen Jahren mit Themen zur Stadtrechtsgeschichte intensiv beschäftigt und sah sich nun als Oberhaupt der Stadtverwaltung in der Lage, sein persönliches Steckenpferd weiterzuverfolgen, zu finanzieren und sowohl politisch als auch im Sinn eines Stadtmarketings zum Vorteil Magdeburgs zu nutzen. Markmann setzte sich vielfach für die Förderung von Kultur und Stadtgeschichte ein, initiierte die Gründung von Museen und das Aufstellen von Denkmälern, meist im Geist nationalsozialistischer Erinnerungskultur und Propaganda. Hierzu gehören unter anderem ein Museum für Stadtgeschichte, ein nationalsozialistisches Museum oder der Umbau des mittelalterlichen Turms »Kiek in de Köken« zum »Ehrenmal der Alten Garde«. Magdeburgs Oberbürgermeister wurde nicht müde, in Buchpublikationen, Aufsätzen, Zeitschriften, Vorworten und zu offiziellen Anlässen auf die besondere Bedeutung des Magdeburger Rechts hinzuweisen: »Wenn man das Magdeburger Stadtrecht bisher als Gipfel mittelalterlicher deutscher Stadtrechtswissenschaft angesehen hat, so mit Recht« (Markmann 1938, S. 4). Sein Bemühen um die Würdigung des sächsisch-magdeburgischen Rechts gipfelte in der Gründung des Instituts zur Erforschung des Magdeburger Stadtrechts e.V. im Jahr 1940 (vgl. dazu den Beitrag von Heiner Lück in diesem Band, S. 702–717).

Abb. 261
Eike-von-Repgow-Brunnen in Magdeburg, aufgestellt 1937, Aufnahme 1939, die Brunnenbecken sind heute bepflanzt. Stadtarchiv Magdeburg, Fotosammlung Nr. 28 a 16462 vom 30. Juni 1939

Abb. 262
Pressefoto zur Einweihung des Eike-von-Repgow-Brunnens gegenüber dem Polizeipräsidium in Magdeburg am 4. Juni 1937. Stadtarchiv Magdeburg, Magdeburgische Zeitung vom 5. Juni 1937, s. p.

1937 ließ Markmann auf Kosten der Kommune ein Gemälde Eikes von Repgow (um 1180 – frühestens 1233) für das Rathaus anfertigen und erteilte den Auftrag hierzu an den Künstler Paul Jünemann (1891 – 1969) in Zerbst, der für die Regierung Anhalts bereits ein Bild Eikes von Repgow gemalt hatte, in Anlehnung an das 1934 entstandene »Ehrenmal« am Kirchturm in Reppichau. Das Bild hing bis Januar 1943 im Bürgersaal des Rathauses und wurde anschließend nach Staßfurt ausgelagert, wo es den Krieg nicht überlebte. Gleichfalls auf Markmanns Initiative hin und ebenfalls 1937 wurde in Magdeburg ein Denkmalbrunnen für den Autor des Sachsenspiegels aufgestellt (Abb. 261). Jetzt ging der Auftrag an den Bildhauer Hans Grimm (1886 – 1940), die Magdeburger Bildhauerwerkstatt Habs (Inhaber Paul und Fritz Maenicke) sollte die Ausführung unterstützen, die Kosten trug die Kommune.

1933 hatte sich das vermutliche Todesjahr des Sachsenspiegel-Autors zum 700. Mal gejährt. Dies war dem Bund Nationalsozialistischer Deutscher Juristen (BNSDJ) Anlass gewesen, noch im Jahr der »Machtergreifung« das Andenken an den mittelalterlichen Schöffen in ausgedehnten Feierlichkeiten am authentischen Ort auf der Burg Falkenstein zu zelebrieren. Eike von Repgow, der seine Rechtssammlung auf Bitten des Grafen von Falkenstein ins Deutsche übersetzt hatte, sollte als »Kämpfer für deutsches Recht« ins öffentliche Bewusstsein geholt werden. Dies war bei Magdeburgs Oberbürgermeister offensichtlich gelungen.

Abb. 263
Pressefoto von der Eröffnung der Ausstellung »Das Magdeburger Recht« am 4. Juni 1937 im Magdeburger Saal des Kaiser Friedrich Museums in Magdeburg; am Rednerpult Museumsdirektor Walther Greischel vor den Mitgliedern des Mitteldeutschen Rechtswahrerbunds, in der ersten Reihe von rechts: Kreisleiter der NSDAP Rudolf Krause, Gauführer des Rechtswahrerbunds Georg Kuhlmey und Oberbürgermeister Fritz Markmann. Staatsbibliothek Berlin, Der Mitteldeutsche vom 5. Juni 1937, Magdeburger Stadtnachrichten, s. p.

Zwei Stunden vor der offiziellen Einweihung des Magdeburger Denkmalbrunnens am 4. Juni 1937 (Abb. 262) fand um 17 Uhr die Eröffnung einer Ausstellung zur Geschichte des Magdeburger Stadtrechts im Kaiser Friedrich Museum (heute Kulturhistorisches Museum der Stadt Magdeburg) statt (Abb. 263). Die Anregung zu dieser Ausstellung dürfte ebenfalls Fritz Markmann zuzuschreiben sein. Beide Termine, die Ausstellungseröffnung und die feierliche Enthüllung des Denkmalbrunnens, bildeten zugleich Programmpunkte der ersten Mitteldeutschen Rechtswahrertagung in Magdeburg und Thale. Sie wurden wohl vom Oberbürgermeister ganz bewusst miteinander verknüpft, um Prominenz wie Reichsminister und Reichsrechtsführer Hans Frank (1900–1946) und Gauleiter Reichsstatthalter Rudolf Jordan (1902–1988) einladen zu können. Frank war promovierter Jurist und hatte die Gleichschaltung der Justiz im BNSDJ, ab 1936 Nationalsozialistischer Rechtswahrerbund (NSRB) organisiert, dem Richter, Staatsanwälte, Notare, Rechtsanwälte, Verwaltungsbeamte, Professoren, Rechtspfleger usw. angehörten, und die Akademie für Deutsches Recht in München gegründet. Ab 1939 verwaltete er als Generalgouverneur die von der Wehrmacht besetzten, nicht annektierten Gebiete Polens und ging als »Polenschlächter« in die Geschichte ein. Nach dem Zweiten Weltkrieg wurde Frank im Nürnberger Prozess als einer der Hauptkriegsverbrecher zum Tod verurteilt und hingerichtet.

◄ Abb. 264
Exponat der Ausstellung zum Magdeburger Recht 1937: Lüneburger Sachsenspiegel aus der Mitte des 15. Jahrhunderts mit vier Bildseiten des Malers Hans Bornemann, gestaltet zwischen 1442 und 1448, in dieser Szene der Kaiser, der vier Fürsten aus Sachsen, Bayern, Schwaben und Franken belehnt. Lüneburg, Ratsbücherei, Ms. Jurid. 1, fol. 3v (Kat.-Nr. I.13)

Sowohl die Arbeiten am Brunnen als auch die rechtshistorische Ausstellung und die Tagung der Berufsorganisation der Juristen im Dritten Reich im Jahr 1937 wurden intensiv von der lokalen Presse begleitet. Reichsjuristentage mit Ausstellungen historischer Rechtsquellen zu ergänzen; sei eine Tradition, berichtete die Tageszeitung »Der Mitteldeutsche«. Die Tagung begann mit einem Empfang im Magdeburger Rathaus und endete am Abend mit einer Großkundgebung in der Stadthalle, bevor die Teilnehmer zu weiteren Programmpunkten am 5./6. Juni nach Thale weiterreisten.

Eine Ausstellung zum Magdeburger Recht 1937

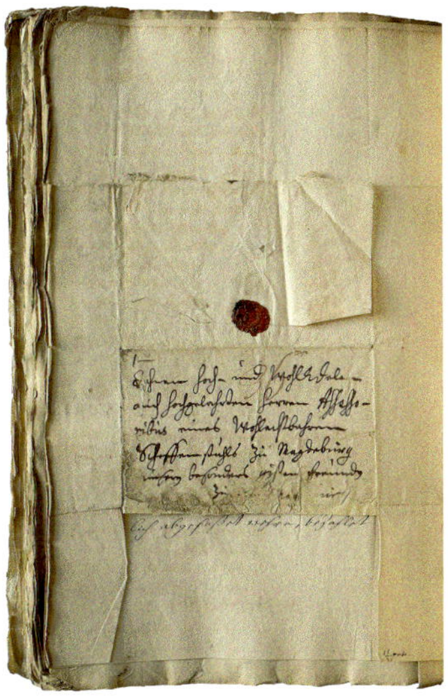

Abb. 265
Schreiben an den Herrn »Assessoribus eines Wohlachtbahren Schöffenstuhls zu Magdeburg«, Anfang 18. Jahrhundert. Stadtarchiv Magdeburg, Rep. A I S 27, Bd. 2, s. p.

Im Verwaltungsbericht der Stadt Magdeburg zum Jahr 1937 wird die sechswöchige Ausstellung »Das deutsche Recht« oder »Das Magdeburger Recht« – beide Titel sind von der Presse überliefert – als »Markstein für die Geschichte des Sachsenrechts« beschrieben, die zum ersten Mal die Geschichte des Sachsenrechts und im Besonderen des Magdeburger Rechts durch umfassende Beschaffung, Untersuchung und Beschriftung aller wesentlichen rechtsgeschichtlichen Urkunden, Handschriften und Altertümer dieses Rechtsgebiets dargestellt habe. Neben Urkunden und Exponaten aus staatlichen und städtischen Archiven, Bibliotheken und Museen ganz Deutschlands hätten der rechtsgeschichtlichen Forschung noch völlig unbekannte mittelalterliche Handschriften und wissenschaftlich noch »unverwertete« Rechtsdenkmäler vorgelegen.

Die Ausstellung lässt sich anhand der Zeitungsartikel teilweise rekonstruieren. Zu sehen war eine lange Reihe von Handschriften des Sachsenspiegels mit der »kostbare[n] Lüneburger Bilderhandschrift« (Stadtarchiv Magdeburg, Rep. 11 K 1.2, Blatt 291) aus der Mitte des 15. Jahrhunderts, die vier Bildseiten des Malers Hans Bornemann enthält (Abb. 264). Außerdem wurden mehrere Magdeburger Schöffensprüche präsentiert, darunter die »prachtvoll klar zu lesende und mit dem Siegel der Magdeburger Bürger versehene Mitteilung des Magdeburger Schöffenstuhles an die Stadt Breslau vom Jahre 1261« (Magdeburgische Zeitung, 5. Juni 1937, gemeint ist das Weistum der Magdeburger Schöffen für Breslau/Wrocław im Staatsarchiv Breslau), weiter historische Rechtsbücher aus dem Stadtarchiv Görlitz, als älteste Quelle Magdeburger Rechts die Urkunde Erzbischof Wichmanns von 1188 in der Abschrift für die Stadt Goldberg von 1211 aus Breslau, die Urkunde Ottos des Großen vom 21. September 937 für das Magdeburger Moritzkloster, Urkunden Albrechts des Bären sowie verschiedene rechtliche Hoheitszeichen. In den Ausstellungsräumen standen Abgüsse des Bamberger Reiters und des Braunschweiger Löwen als Zeichen kaiserlichen und herzoglichen Rechts sowie das Original der Bannerträgerin aus dem Denkmal des Magdeburger Reiters, das sich seit einigen Jahren im Museum befand. Aus dem städtischen Archiv waren historische Dokumente ausgestellt: Landfriedensverträge und Testamente, Fehdebriefe und Urkunden, Gerichtsordnungen, Personalakten von Rechtsbeamten, Strafprozessakten und eine Urkunde, die belegte, dass noch im 18. Jahrhundert Rechtsauskunft in Magdeburg erbeten wurde (Abb. 265).

Darüber hinaus zeigte die Ausstellung große Karten zur Ausbreitung des Magdeburger Rechts, Fotos des Magdeburger Reiters und sämtlicher in Deutschland erhaltener Rolande, Abbildungen der Thingstätte (Gerichtsplatz) in Abbenrode und des Rügegerichts von Volkmannrode (beides Harz), weiter Steckbriefe, Verhaftungsbefehle, das Tagebuch eines Scharfrichters um 1730, einige Folterwerkzeuge in Erinnerung an die sogenannte peinliche Befragung durch den Henker, einen Botenstab, Schultheißenstäbe, eine Reihe kunstvoll gearbeiteter Richtschwerter und weitere

Abzeichen richterlicher Würde. Im Kontext der Ausstellung gab das Museum für sein rechtsgeschichtliches Archiv bzw. die Abbildungssammlung 50 Großfotos der Bilderhandschrift des Sachsenspiegels aus Wolfenbüttel, 30 Großfotos von Rolandsstandbildern und etwa 200 große Aufnahmen von rechtsgeschichtlichen Urkunden und Handschriften, von denen es größtenteils noch keine Reproduktion gab, in Auftrag.

Reichminister Frank, der die Ausstellung eröffnen sollte, traf verspätet in Magdeburg ein. So sprach der Gauführer des Rechtswahrerbunds im Gau Magdeburg-Anhalt, der ebenfalls promovierte Rechtsanwalt und SA-Standartenführer Georg Kuhlmey Grußworte, anschließend trat Oberbürgermeister Markmann ans Rednerpult, um im Jargon der nationalsozialistischen Propaganda die Bedeutung des Magdeburger Rechts zu würdigen. »Im Sachsenspiegel sowohl wie im Magdeburger Recht seien Begriffe des heutigen deutschen Rechtes wie Blut und Boden, Scholle und Volksverbundenheit bereits klar zum Ausdruck gekommen, und deshalb bedeute die jetzt eröffnete Ausstellung einen prachtvollen Anstoß zu Studien über das deutsche Recht«, fasste die Presse Markmanns Worte zusammen (Generalanzeiger, 5. Juni 1937). Abschließend dankte Museumsdirektor Dr. Walther Greischel (1889–1970) den Leihgebern und Forschern, die am Aufbau der Ausstellung beteiligt gewesen waren, und es folgte ein kurzer Rundgang durch die Ausstellung. Franks Besuch in der Ausstellung einen Tag später, sein ausdrückliches Lob sowie seine nachdrücklichen Empfehlungen an die Wissenschaft und an alle Laien – trotz des »papierenen« Charakters der Ausstellung – waren der Presse Anlass genug für einen weiteren Bericht.

Ein Denkmal für Eike von Repgow

Magdeburgs Bewohner wurden aufgefordert, aus Anlass der Mitteldeutschen Rechtswahrertagung die Flaggen zu hissen, besonders in den Straßen um den Eike-von-Repgow-Brunnen gegenüber dem Polizeipräsidium und in den »Durchmarschstraßen« zwischen Rathaus, Museum und Denkmalbrunnen. Zur Enthüllung des Denkmals, dem zu diesem Zeitpunkt noch die Reliefs am Sockel fehlten, spielte ein Musikzug des Nationalsozialistischen Kraftfahrkorps (NSKK) laut Presse vor vielen Tausend Zuschauern. Reichsminister Frank nahm das Spalier der NS-Formationen ab, anschließend sprachen Kuhlmey, Markmann und der Kreisleiter der NSDAP Rudolf Krause (1894 – um 1945). Die »Magdeburgische Zeitung« hatte das Entstehen des Denkmals begleitet und zuvor bereits aus dem Atelier des Bildhauers berichtet (Abb. 266). Als Aufstellungsort war anfangs der Platz vor dem Seniorenheim in der Leipzigerstraße im Gespräch gewesen. Dem Reichsminister, der im Werk Eikes von Repgow eine Grundlage für die Gesetzgebung des »Dritten Reichs« sah, schenkte der Oberbürgermeister ein Abbild des Kopfes vom Magdeburger Reiter, zum Andenken an seinen Besuch in Magdeburg und mit dem Hinweis auf die besondere Bedeutung dieses kaiserlichen Rechtsdenkmals.

Eike von Repgow ist in doppelter Lebensgröße als Aluminiumguss, sitzend mit einem Kissen aus Eichenlaub über einem großen Kalksteinquader und mit einem Schwert auf dem Schoß, ausgeführt (Abb. 267). Sowohl die langen Gliedmaßen und der Schöffenmantel als auch die Gesten erinnern an die Miniaturen der Sachsenspiegel-Bilderhandschriften. Die Skulptur wird von Reliefs auf dem Kalksteinquader begleitet. Es sind sechs allegorische Figuren: Recht, Arbeit, Treue, Pflicht, Ehre und Wehrhaftigkeit (Abb. 268). Eine Karte mit dem Titel »Die Verbreitung des Magdeburger Stadtrechts« zeigt inzwischen deutliche Verwitterungsspuren. Überliefert sind die Länder und Orte Lettland, Riga, Russland, Kiew, Poltawa, Polen, Warschau, Lemberg,

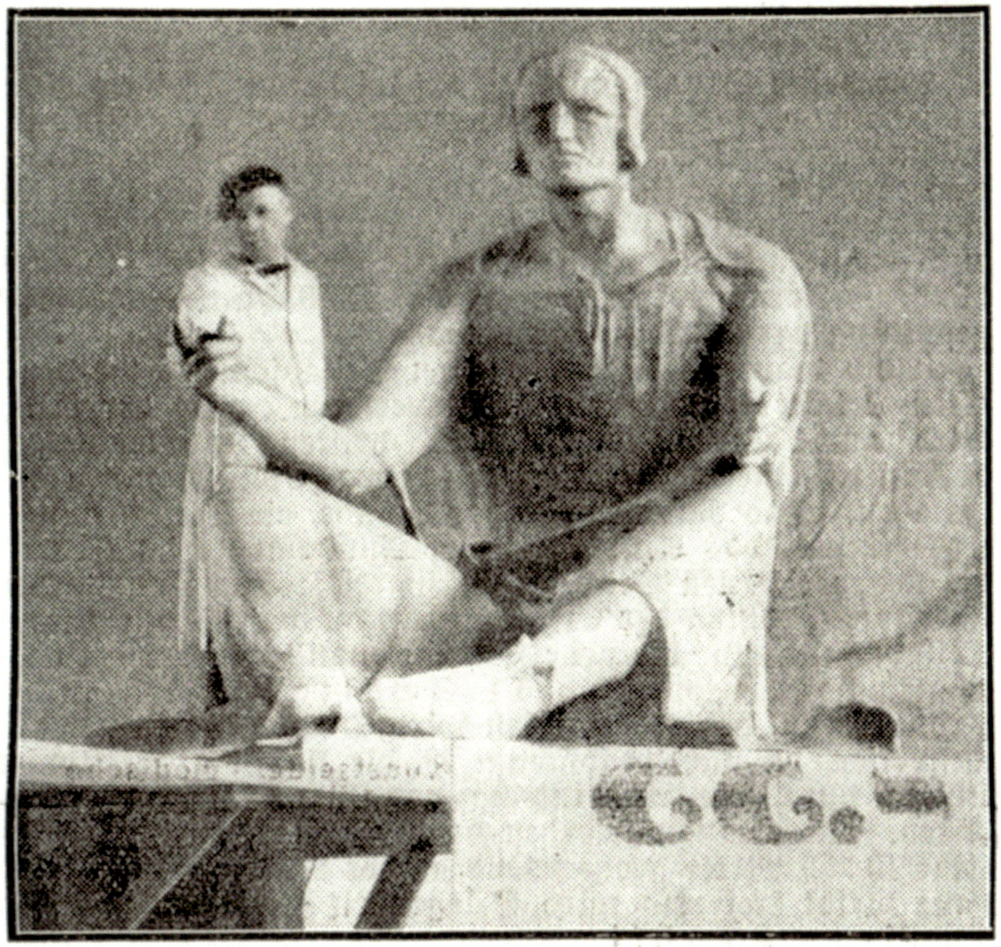

Neben der Figur Eike von Repkows der Schöpfer des Brunnens, Professor Hans Grimm

Abb. 266
Der Künstler Professor Hans Grimm neben seiner Skulptur des Eike von Repgow für den Magdeburger Denkmalbrunnen, Pressefoto 1937. Stadtarchiv Magdeburg, Magdeburgische Zeitung vom 15./16. Mai 1937, s.p.

Krakau, Breslau, Kattowitz, Thorn, Görlitz, Liegnitz, Tschechoslowakei, Mährisch-Olmütz, Prag, Österreich-Ungarn, Leipzig, Magdeburg und Spandau. Eine Inschrift zum Leben Eikes von Repgow und zur Bedeutung des deutschen Rechts wurde auf Anordnung der Abteilung Volksbildung/Landschaftl. Kulturpflege beim Präsidium der Provinz Sachsen in Halle 1946 entfernt. Zwei seitliche Brunnenbecken, deren Fontänen vermutlich nie die geplante Höhe von bis zu 2,5 Meter erreichten, dienen seit vielen Jahren als Pflanzschalen.

Über den aus Sankt Joachimsthal/Jáchymov in Böhmen stammenden Bildhauer Hans Grimm, der für Magdeburg noch eine Skulptur aus Kalkstein »Sitzende mit Kugel« schuf, gibt es nur wenige Informationen, zu seiner politischen Gesinnung bislang gar keine. Grimm war römisch-katholisch und hatte nach einer Ausbildung an der Fachschule für Keramik in Oberleutensdorf/Horní Litvínov (Tschechien) und an der Unterrichtsanstalt des Österreichischen Museums für Kunst und Industrie in Wien als Leiter der Staatslehrwerkstätten für Holz- und Spielwarenindustrie in Sankt Katharinaberg/Hora Svaté Kateřiny im Erzgebirge gearbeitet. Seit 1933 lebte er in

Abb. 267
Das Eike-von-Repgow-Denkmal in Magdeburg

Abb. 268
Detail aus dem Eike-von-Repgow-Denkmal in Magdeburg, Kalksteinsockel mit den Allegorien Recht, Arbeit und Treue

Magdeburg. Die Worte in der Presse, der Künstler wolle sein Volk aufklären, »wie diese geistige Kraft [Eike von Repgow, A. d. A.] imstande war, weit in die Ferne zu wirken und für die Stadt zu zeugen, die in vergangenen Jahrhunderten ein Träger des geistigen und politischen Vorstoßes nach dem Osten war« (Magdeburgische Zeitung, 15. April 1937), lassen sich nicht von den Gedanken des Redakteurs abgrenzen. Bei der Einweihung des Denkmals ist Grimm dabei gewesen und hat der anwesenden NSDAP-Prominenz sein Werk erläutert. Er starb am 11. November 1940 durch Selbstmord in seiner Magdeburger Wohnung.

800 Jahre Magdeburger Stadtrecht

Nach dem Zweiten Weltkrieg spielte die Stadtrechtsgeschichte in Magdeburg für Jahrzehnte kaum eine Rolle. Der Schwerpunkt ostdeutscher Geschichtsforschung lag nicht auf der Untersuchung deutscher Einflüsse im Osten, sondern umgekehrt, auf dem Nachweis slawischer Einflüsse in Teilen Deutschlands. Am 6. Februar 1986 gründete Magdeburgs SED-Oberbürgermeister Werner Herzig (geb. 1928), der über die offizielle DDR-Geschichtsvermittlung hinaus historisch bewandert war, einen Beirat für Geschichte und Kulturerbe, dem Mitglieder aus Museum, Archiven, Bibliothek, Kulturvereinen, Stadtverwaltung und Hochschule angehörten. Vorsitzender war der stellvertretende Oberbürgermeister Werner Nothe (geb. 1938) und sein Stellvertreter im Beirat Prof. Helmut Asmus (geb. 1931), Direktor der Sektion Geschichte an der Pädagogischen Hochschule Magdeburg. Der Beirat verfolgte das Anliegen, die Beschäftigung mit der Geschichte Magdeburgs neu anzuregen, sie neu zu bewerten und sich dabei besonders der bislang stiefmütterlich behandelten mittelalterlichen Geschichte der Stadt zuzuwenden. Dies sorgte für Aufsehen. Organisatorisch war der Beirat dem Stadtarchiv zugeordnet und tagte ein- bis zweimal jährlich.

Beirat, Stadtarchiv, Staatsarchiv (heute Landesarchiv Sachsen-Anhalt) und Museum organisierten für das Folgejahr eine Ausstellung im Kloster Unser Lieben Frauen mit Urkunden und Dokumenten zur Gründung des Magdeburger Moritzklosters vor 1 050 Jahren. Dass das Staatsarchiv hierfür Urkunden aus dem 10. Jahrhundert auslieh, war etwas sehr Besonderes. Nach damaliger mündlicher Auskunft einer Museumsmitarbeiterin soll während der Ausstellungsdauer vom 26. August bis zum 1. November 1987 die bemerkenswerte Zahl von etwa 60 000 Besuchern gezählt worden sein. Zudem fand im Kloster ein wissenschaftliches Kolloquium zur Geschichte des Moritzklosters statt, dessen Vorträge kurz darauf in einer zweibändigen kleinen Broschüre mit dem Titel »1 050 Jahre Moritzkloster Magdeburg« gedruckt wurden. Zu den Referenten gehörten unter anderen bekannte Historiker und Hochschulprofessoren wie Hans-Joachim Bartmuß (geb. 1929) und Walter Zöllner (1932–2011), aber ebenso der Domprediger Giselher Quast (geb. 1951) und der promovierte Kirchenhistoriker und katholische Geistliche Franz Schrader (1919–2007) – Letztere als Vertreter der Kirchen eine kleine Sensation.

Als nächstes plante der Rat der Stadt für den 4. November 1988 eine Festveranstaltung zum 800. Jahrestag des Magdeburger Stadtrechtsprivilegs von Erzbischof Wichmann von Seeburg (amt. 1152/54–1192). Zu den Ideen für die Gestaltung des Jubiläums gehörte ein internationales Treffen der Bürgermeister aus den Städten Magdeburger Rechts und eine wissenschaftliche Konferenz. Begleitend sollte eine Ausstellung zum Magdeburger Recht gezeigt werden, mit Dokumenten des Magdeburger Stadtarchivs sowie anderer Stadtarchive der DDR und mit Exponaten aus Bibliotheken und Museen. Für das Feinkonzept sollte das Kulturhistorische Museum verantwortlich sein.

Im Ergebnis beschränkte sich die Schau aus Versicherungsgründen auf eine eintägige Ausstellung im Rathaus, organisiert von den Mitarbeitern des Stadtarchivs. Zum festlichen Kolloquium im Rathaussaal sprachen die Professoren Rolf Lieberwirth (1920–2019) von der Universität Halle zum Magdeburger Stadtrechtsprivileg, Edwin Rozenkranz (1925–1992) von der Universität Danzig/Gdańsk zum Magdeburger Recht in Polen und Matthias Springer (geb. 1942) von der Pädagogischen Hochschule Magdeburg über Erzbischof Wichmann. Auch diese Vorträge erschienen im einfachen Manuskriptdruck, denn Papier war rar. Lieberwirth hatte erst kurz zuvor

IN NOMINE SANCTE ET INDIVIDUE TRINITATIS WICHMANNUS DEI GRATIA SANCTE MAGDEBURGENSIS ECCLESIE ARCHIEPISCOPUS.

Pro honore civitatis nostre Magdeburg et defensione ipsius multos labores pericula et expensas fecimus. Unde pro omnibus adversitatibus que ei possunt acci
dere nimirum compatiendo. de casu qui in eius exustione accidit vehementer perturbati ubicumque possumus ad eam consolandam piam voluntatem
habemus. Itaque cum ex antiqua institutione multis modis in iure civili et aliis incommoditatibus constricta fuerit pro huiusmodi mitigandis et
relevandis. consilio episcoporum. prelatorum et canonicorum ecclesie nostre. burcgravii quoque et aliorum fidelium nostrorum in eo convenimus. ut districtio que vara ap
pellatur. sola iuramenta que pro rebus obtinendis vel abdicandis fieri debent. excepta perpetualiter postposita sit. Insuper si filius alicuius quemquam vulne
raverit vel occidit et pater absens fuerit vel pleno manum non apposuerit si testimonio sex probabilium virorum hoc probare potuerit. a culpa et a pena cui
pro omnimodis absolutus sit. Eadem lex erit omni homini certamini astanti vel accurrenti. si testimonio sex probabilium virorum ostendere potuerit innoce
ntiam suam omnimodis absolutus sit. Si quis in varis fuerit eventus certaminum. si aliquis aliquem vulneraverit vel occidit. et ille qui reus est pro potentem querere
lam ei qui lesus est pro iudicium facere voluerit vel si aliquis de quo querela mota fuerit per verbum quod ambord appellatur. tenueri voluerit. nisi legitimo
testimonio causam suam ostendit. pro iudicium verbi illius quod ambord dicitur inhibemus. Si vero aliquis infra vel extra civitatem spoliatus vulneratus
vel occisus fuerit et infra termino in quibus iniuriam sustinuit ad iudicem proclamaverit. de reo si comprehensus fuerit. debita fiat iusticia. aut si aufu
gerit. si postmodum ille qui lesus est reum invenerit et iniuriam suam testibus idoneis se proclamasse probare potuerit tamquam si iniuria recens existeret ei
satisfaciat. Sed si aliquem de civitate in loco ex bono proposito peregrinandi obligatum esse constiterit. aut si aliquis pro agendis necessariis vite sue in
negotiis suis ad eundum paratus sit et interim aliqua causa occurrerit pro qua placitum burgravii aut scultheti expectare deberet. decerni
mus ne votum peregrinandi. aut causam negotiandi occasio huiusmodi dilationis impediat. sed potius eadem die sicut ad debitam fieri deberet indu
ciam causa immineat et finem accipiat. Similiter si civis contra hospitem vel hospes contra civem aliquam querelam habuerit pro qua placitum burgravii
vel scultheti expectare deberet. ne per huiusmodi dilationem alicui dampna utrimque emergant. statuimus ut eadem die cum causa mota fuerit ter
minetur et sopiatur. Verum quoniam huiusmodi cause non nisi per sententiam scabinorum iudicum terminari poterant. tam pro commoditate civium quam
hospitum ordinamus. ut si scabini iudices presentes non sint. a burgravio vel a sculthetho sententia a civibus requisita iusticie sortiatur effectum.
Et ut ius civile de bona nostra voluntate in omnibus mitigatum ex nullius iusticie impulsu sustineat dispendium. statuimus nichilominus ut in
consuetudine civium nulli stulto liceat in ordinatione verbi obstrepere. neque voluntati meliorum in ullo contraire. sed quia de talibus plerumque dampnum
toti provenit civitati. precipimus statuentes ut talium omnimodis postposita sit presumptio. et si quis ad id presumptionis prorupit. ea seve
ritate puniatur. a qua nullus talia que ad audeat. Ut itaque omnis huius nostre constitucionis series futuris temporibus firma et inconvulsa perma
neat. scripto notatam. noticie posterorum transmittimus. quam sigilli nostri impressione roborantes. sub anathemate confirmamus. adhibi
tis idoneis testibus. quorum nomina sunt hec. Baldramus brandeburgensis episcopus. Hupertus havelbergensis episcopus. Sifridus abbas hersueldensis. Rocke
rus magdeburgensis maior prepositus. Theodericus nuenburgensis maior prepositus. Bero decanus. Albertus archidiaconus. Conradus frater burgravii. Henricus longus.
Sifridus de anvorde. Olricus prepositus sancte marie. Fridericus seburch prepositus. Laici quoque. Bernardus dux saxonie. Dedo marchio orientalis. Burchar
dus burgravius magdeburgensis et frater eius gevehardus. Walterus de arnesten. Rodolfus de iericho. Richardus de alesleue et frater eius henricus et
Gumpertus et alii quamplures. Cives quoque magdeburgenses. Otto. Martinus. Reinbertus. Vdo. Henricus. Reinnerus. Druchtleuus.
Giselbertus. Johannes. Conradus magister monete. Walterus et alii multi tam clerici quam laici. Actum anno
Incarnationis domini. M.C.LXXXVIII. Indictione VI.

magdeburgensis archiepiscopus ... [illegible] ... de auro ... sigilli nostri impressione roborari ... anno ... [illegible]

◄ Abb. 269
Rekonstruktion der im Zweiten Weltkrieg verlorenen Breslauer Urkunde von 1211 für die Stadt Goldberg/Złotoryja, hergestellt von der Künstlerin Hanna Rößler in Deetz für das Stadtarchiv Magdeburg. Stadtarchiv Magdeburg, Rep. 02 Urk S Nr. 2

Abb. 270
Postkarte mit Sonderstempel zum 800. Jahrestag des Magdeburger Stadtrechtsprivilegs von Erzbischof Wichmann von Seeburg am 4. November 1988. Stadtarchiv Magdeburg, Rep. 41 0614, Blatt 113

Abb. 271
Plakat zum 800. Jahrestag des Magdeburger Stadtrechtsprivilegs von Erzbischof Wichmann von Seeburg am 4. November 1988. Stadtarchiv Magdeburg, Rep. 41 0614, Blatt 119

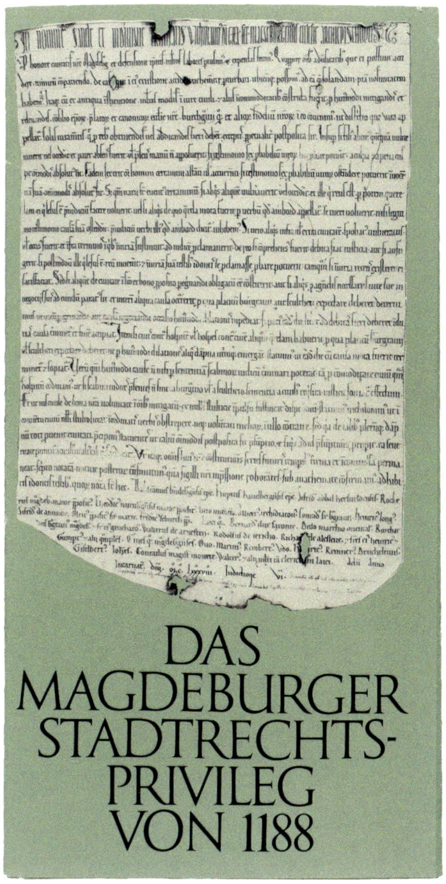

Abb. 272
Faltblatt zum 800. Jahrestag des Magdeburger Stadtrechtsprivilegs von Erzbischof Wichmann von Seeburg am 4. November 1988. Stadtarchiv Magdeburg, Rep. 41 0614, Blatt 159

durch die Beschäftigung mit der Magdeburger Stadtrechtsgeschichte und dem Sachsenspiegel in der Wissenschaft für Aufsehen gesorgt und hierzu den Begriff »sächsisch-magdeburgisches Recht« in Osteuropa verwendet. Er verzichtete in seinem Magdeburger Aufsatz gänzlich auf das übliche SED-Vokabular.

Die Ausstellung im Vestibül des Rathauses zeigte durchaus bemerkenswerte Stücke: Brakteate Wichmanns, Moritzpfennige und Grabungsfunde der Stadtkerngrabung aus dem Bestand des Kulturhistorischen Museums, 14 wertvolle Dokumente aus dem Staatsarchiv, darunter ein Vertrag Erzbischof Wichmanns mit dem Schultheißen Siegfried aus dem Jahr 1159 und ein Siegel der Schöffen von 1428, sowie historische Dokumente aus dem Stadtarchiv. Die genaue Auswahl

Abb. 273
Verleihung des Eike-von-Repgow-Preises 2014, von links: Preisträger Prof. Dr. Dirk Heirbaut aus Gent, Rektor der Universität Magdeburg Prof. Dr. Jens Strackeljan, Oberbürgermeister Dr. Lutz Trümper

der Exponate ist durch Leihverträge zwischen dem Stadtarchiv und dem Museum bzw. dem Staatsarchiv und durch genaue Beschreibungen zu den Inhalten der vier Vitrinen überliefert. Diese enthielten Objekte zu den Themen: Entstehung des Magdeburger Stadtrechts, Erwerbung von Burggrafen- und Schultheißenamt, Besetzung des Magdeburger Schöffenstuhls und Rechtssprüche der Magdeburger Schöffen. Darüber hinaus hatte das Stadtarchiv die Künstlerin Hanna Rößler in Deetz beauftragt, nach einem Schwarz-Weiß-Foto der im Zweiten Weltkrieg verlorenen Breslauer Urkunde von 1211 für die Stadt Goldberg, die eine Abschrift des Magdeburger Stadtrechtsprivilegs von 1188 war, eine Rekonstruktion zu erstellen. Das Ergebnis war ebenfalls in der Ausstellung zu sehen (Abb. 269). Weiter wurde das Jubiläum durch einen Sonderstempel und eine Postkarte aus der Hand des Gestalters Rudolf Purke (1934–2007), ein Poster aus der Druckerei Cuno und ein hochwertiges und informatives Faltblatt, hergestellt in der Druckerei der »Volksstimme«, beworben (Abb. 270–272).

Die Neubewertung des mittelalterlichen Erbes der Stadt passte zu einer sich verändernden Geschichtswissenschaft in der DDR, in der sich Historiker im Zuge der damaligen Erbe-Diskussion (Debatte um »Erbe und Tradition«) und mit Gründung der Gesellschaft für Heimatgeschichte zunehmend ein umfassenderes Bild über die bisherige DDR-eigene Geschichtsidentität hinaus machten, den Blickwinkel auf bislang vernachlässigte Forschungsfelder öffneten, noch unbeachtete Quellen erschlossen und sich mit regionalgeschichtlichen Themen beschäftigten. Der Beirat für Geschichte und Kulturerbe löste sich nach dem Mauerfall auf.

Des Weiteren gab die Stadt Magdeburg anlässlich des Jubiläums 1988 bei dem Magdeburger Künstler Heinrich Apel (geb. 1935) eine Kleinplastik Eikes von Repgow in Auftrag, die in einer Stückzahl von 100 Exemplaren in der Werkstatt von Hans Schuster (1928–2010), seinerzeit VEB Denkmalpflege, gegossen werden sollte. Die erste Figur wurde als Auszeichnung während der Feierlichkeiten an Rolf Lieberwirth übergehen. Bis heute werden mit der kleinen Bronzestatuette im Rahmen des Eike-von-Repgow-Preises der Landeshauptstadt Magdeburg und der Otto-von-Guericke-Universität Wissenschaftler ausgezeichnet, die sich um die Geschichte des sächsisch-magdeburgischen Rechts und der Erforschung des historischen Herzogtums Sachsen verdient gemacht haben (Abb. 273).

Quellen

Stadtarchiv Magdeburg, Rep. 11 K 1.2, Nachlass Peter Dömeland, Blatt 291, Beschreibung der Ausstellung im Kulturhistorischen Museum (maschinenschriftlich mit Details zu Exponaten ohne Nachweis der Quelle) | Stadtarchiv Magdeburg, Rep. 12 U 2, Nachlass Heinz Gerling, lose Blattsammlung, S. 77 | Stadtarchiv Magdeburg, Rep. 18/4 Bü 77, Protokollbuch der Stadtverordnetenversammlung 1936, Blatt 134 7. Sitzung der Ratsherren 29. Juni 1936 | Stadtarchiv Magdeburg, Rep. 18/4 Bü 78, Protokollbuch der Stadtverordnetenversammlung 1937, Blatt 145 verso, 10. Beratung mit den Ratsherren am 27. Mai 1937, Nr. 22, Blatt 182 12. Beratung mit den Ratsherren am 8. Juli 1937, Blatt 223 verso, 13. Beratung mit den Ratsherren am 12. August 1937 | Stadtarchiv Magdeburg, Rep. 18/4 Bü 259, Protokolle Beigeordneten-Besprechungen 1937, Mai bis Juni, Blatt 18 Beigeordneten-Besprechung vom 31. Mai 1937, Drucksache 177 vom 14. Juni 1937, Drucksache 199 vom 5. Juli 1937 | Stadtarchiv Magdeburg, Rep. 41 926, Rat der Stadt Magdeburg 1945–1990, S. 37 | Stadtarchiv Magdeburg, Rep. 41 0614, Rat der Stadt Magdeburg 1945–1990 | Stadtarchiv Magdeburg, Sterbebuch 1940, Bd. II, Reg.-Nr. 2638 | Verwaltungsbericht der Stadt Magdeburg für das Rechnungsjahr 1937, Magdeburg 1938, S. 108, S. 177 | Magdeburg ehrt Eike von Repkow, in: Magdeburgische Zeitung vom 15. April 1937, s. p. | Repkow-Brunnen in Sudenburg, in: Magdeburger Generalanzeiger vom 17. April 1937, s. p. | 1. Mitteldeutscher Rechtswahrertag, in: Der Mitteldeutsche. Neues Magdeburger Tageblatt. Amtliches Organ der NSDAP und sämtl. Behörden im Gau Magdeburg-Anhalt vom 9. Mai 1937, Magdeburger Stadtnachrichten, s. p. | Humor und altes deutsches Recht. Spaziergang durch Land- und Stadtrechte des Mittelalters – Jeder besuche die Ausstellung »Das Magdeburger Recht«, in: Der Mitteldeutsche. Neues Magdeburger Tageblatt vom 13. Mai 1937, Magdeburger Stadtnachrichten, s. p. | Der Künstler am Werk, in: Magdeburgische Zeitung vom 15./16. Mai 1937, s. p. | Heute tagen die Rechtswahrer, in: Magdeburger Generalanzeiger vom 4. Juni 1937, s. p. | Lebendiges Recht, in: Magdeburger Generalanzeiger vom 4. Juni 1937, s. p. | Flaggen heraus, in: Magdeburger Generalanzeiger vom 4. Juni 1937, s. p. | Das Magdeburger Stadtrecht, in: Magdeburgische Zeitung vom 4. Juni 1937, s. p. | Das Programm der Tagung, in: Magdeburgische Zeitung vom 4. Juni 1937, s. p. | Mitteldeutschland – Stätte deutschen Rechts. Zur ersten mitteldeutschen Rechtswahrertagung in Magdeburg und Thale, in: Magdeburgische Zeitung vom 4. Juni 1937, s. p. | Erster Mitteldeutscher Rechtswahrertag eröffnet, in: Der Mitteldeutsche vom 5. Juni 1937 (S. 1 f.) | Eike-von-Repkow-Brunnen enthüllt, in: Der Mitteldeutsche vom 5. Juni 1937, Magdeburger Stadtnachrichten, s. p. | Die Rechtswahrer in Magdeburg, in: Magdeburger Generalanzeiger vom 5. Juni 1937, 1. Beilage, s. p. | Eikes Denkmal enthüllt, in: Magdeburger Generalanzeiger vom 5. Juni 1937, 1. Beilage, s. p. | Auftakt der Rechtswahrertagung, in: Magdeburgische Zeitung vom 5. Juni 1937, s. p. | Das Denkmal für Eike von Repkow, in: Magdeburgische Zeitung vom 5. Juni 1937, s. p. | Ausstellung auch für Laien. Reichsminister Dr. Frank besichtigte die Ausstellung »Das Magdeburger Recht«, in: Magdeburgische Zeitung vom 5./6. Juni 1937, s. p. | Kulturhistorisches Museum Magdeburg, Liste der aus dem Rathaus am 4. Januar 1943 abgeholten Bilder | Freundliche Auskünfte der Zeitzeugen Dr. Maren Ballerstedt, langjährige Mitarbeiterin und Archivleiterin 2001 bis 2015 im Stadtarchiv Magdeburg, und Prof. Dr. Mathias Tullner von der Otto-von-Guericke-Universität Magdeburg | Leider sind die Aktenbestände aus den 1930er Jahren im Stadtarchiv und im Kulturhistorischen Museum Magdeburg nur fragmentarisch erhalten.

Literatur

Allgemeines Lexikon 1955, S. 310 | Köster 2017 b | Lieberwirth 1988 a | Lück 2006 a | Lück 2009 a | Markmann 1938 | Moritzkloster 1987 | Rozenkranz 1988 | Springer 1988.

OLGA KOZUBSKA-ANDRUSIV
MIT EINEM BEITRAG ZU LITAUEN VON JOLANTA KARPAVICIENE

Das Magdeburger Recht

in der öffentlichen Wahrnehmung und in der Erinnerungskultur Ostmitteleuropas

Der Zusammenbruch des kommunistischen Blocks im Jahr 1989 und nachfolgende sozio-politische Transformationen in Ostmitteleuropa wirkten sich tiefgreifend auf die Wahrnehmung der Vergangenheit aus. Es haben sich seitdem neue Erinnerungskulturen herausgebildet. Besondere Prominenz erhielt hier der Prozess der sogenannten Re-Europäisierung oder Rückkehr nach Europa. Das neue politische System beruhte weitgehend auf der Ablehnung der kommunistischen Vergangenheit. Der Historiker Pierre Nora (geb. 1931) nannte diesen Prozess »die ideologische Dekolonisierung«, die den befreiten Völkern hilft, ihr langes, traditionelles Gedächtnis wiederzufinden, das die kommunistischen Regime beschlagnahmt, zerstört oder manipuliert hatten. Der vorliegende Beitrag nimmt die Gedenkfeiern in den Blick, die anlässlich der Verleihung des Magdeburger Rechts bzw. städtischer Freiheiten stattfinden. Solche Feiern wurden in den 1990er Jahren zu einem festen Bestandteil der öffentlichen Erinnerungskultur in Städten Ostmitteleuropas. Am Beispiel Polens, Weißrusslands (Belarus) und der Ukraine soll im Folgenden gezeigt werden, warum das Magdeburger Recht für die heutigen Gesellschaften in diesem Teil Europas von Relevanz ist, wie das Magdeburger Recht im öffentlichen Diskurs dargestellt wird und wie die Jubiläen des Magdeburger Rechts gefeiert werden.

Polen

Zur Bedeutung des Magdeburger Rechts in der polnischen Erinnerungskultur äußerte sich der Historiker Michał Niezabitowski anlässlich des 750. Jahrestags des Krakauer Stadtrechts. Er wies darauf hin, dass das Jubiläumsjahr zu überdenken und das Magdeburger Recht als das gemeinsame europäische Erbe zu betrachten sei. Die frühere polnische Hauptstadt Krakau/Kraków hatte das Magdeburger Recht im Jahr 1257 erhalten und feierte 2007 dessen 750-jähriges Jubiläum. In Krakau führten die Vorbereitungen für den 750. Jahrestag zu hitzigen Debatten über den Sinn dieser Feierlichkeiten (die erste dieser Art Feierlichkeiten in der Geschichte Krakaus). Die Gegner der Feier argumentierten damit, dass die Öffentlichkeit fälschlicherweise annehmen könnte, es handele sich um den Tag der Gründung der Stadt Krakau. Sie sprachen sich daher dafür aus, stattdessen die erste schriftliche Erwähnung der Stadt von 965/966 zu feiern. Die Befürworter waren hingegen davon überzeugt, dass die Kritik nur aus der Unkenntnis der wichtigen Reformen in den rechtlichen, sozialen und wirtschaftlichen Bereichen des städtischen Lebens, für welche das Magdeburger Recht grundlegend war, entstehen konnte.

Im Jubiläumsjahr 2007 fanden im großen Rahmen Feierlichkeiten statt. Zahlreiche Konzerte (unter anderem von Ennio Morricone auf dem Marktplatz), Theateraufführungen, Ausstellungen, Festivals und Shows (so die Heißluftballonshow »Der Himmel des offenen Europas«) standen auf dem Programm. Das Historische Museum in Krakau organisierte eine internationale Konferenz mit dem Titel »Europäische Städte des Magdeburger Rechts: Tradition, Erbe, Identität«. Außerdem wurde im selben Jahr der historische Atlas von Krakau veröffentlicht. Der europäische Kontext des Krakauer Jubiläums wurde in verschiedenen Zusammenhängen thematisiert. Die Medien verglichen die Ereignisse des Jahres 1257 mit denen von 2004: Das Erstere steht für die Aufnahme Krakaus in eine große Familie europäischer Städte des Magdeburger Rechts, das Letztere für den Beitritt Polens zur Europäischen Union. An das Jubiläum waren auch ganz pragmatische Erwartungen geknüpft, mögliche Investoren für die Stadt zu gewinnen, die dazu beitragen könnten, ein Stadtviertel wiederzubeleben oder eine Konzerthalle zu bauen.

Abb. 274
Denkmal zur Erinnerung an das Magdeburger Recht in Minsk, der Hauptstadt von Weißrussland, aufgestellt 2014

Als die Stadt Lublin im Jahr 2017 das 700-jährige Bestehen des Stadtrechts feierte, betonte der Präsident von Lublin, Krzysztof Żuk, dass die Gedenkveranstaltungen »eine neue symbolische Stadtgründung von Lublin sein [sollen], diesmal nicht nach dem Magdeburger Recht, sondern nach bürgerlichem Recht« (Lublin 2017). Er wies ferner darauf hin, dass Lublin im Jahr 1317, als Fürst Władysław Łokietek (Ellenlang) die Stadt mit dem Magdeburger Recht bewidmete, »in den Europäischen Wirtschafts- und Kulturaustausch eingeführt« wurde. Auch in Lublin erhielt die Frage nach den gemeinsamen europäischen Wurzeln während der Gedenkfeier zum Stadtrecht besondere Aufmerksamkeit. Das Institut für Geschichte und die Stadtregierung veranstalteten eine internationale Konferenz zum Thema »Lublin 1317. Die Entstehung einer europäischen Stadt«. Die Polnische Post gab zudem eine Briefmarke mit der Aufschrift »700 Jahre Lublin« heraus. Diese Aufschrift könnte den Eindruck erwecken, dass die Stadt erst 1317 gegründet wurde. Lublins Gründung lag hingegen viel weiter zurück: Schriftliche Quellen erwähnen die Stadt erstmals im Jahr 1198, und 1205 belagerte der Fürst Roman von Wolhynien erfolglos deren Burg.

2003 feierte die Stadt Posen/Poznań das 750-jährige Jubiläum ihrer rechtlichen Gründung: 1253 hatte Fürst Przemysł der Stadt ein Privileg für Magdeburger Recht erteilt. Mit den Feierlichkeiten war sicherlich zudem die Idee verknüpft, Posen durch Großveranstaltungen zu fördern (es wurden die Opernsängerin Montserrat Caballé eingeladen und das NATO Air Meet veranstaltet), sodass »später niemand daran zweifeln konnte, dass Posen 2003 die tatsächliche Kulturhauptstadt Polens war« (Posen 2003). Das Fest gipfelte in einer großen »Gründungsparade«, welche die Geschichte der Stadt von ihrer Gründung bis heute präsentierte. Außerdem erinnerten Gedenkmünzen und Briefmarken an das Ereignis.

Abb. 275
Detail aus dem Denkmal zur Erinnerung an das Magdeburger Recht in Minsk mit Handelsszene auf dem Marktplatz, Künstler Alexander Prokhorov

In vielen Fällen kombinierte man das Jubiläum der Stadtrechte mit anderen Anlässen, wie dies beispielsweise in Krościenko 2018 der Fall war. Dort wurden an einem Tag gleich vier Ereignisse zelebriert: die Verleihung des Stadtrechts vor 670 Jahren, der kirchliche Festtag der »Jungfrau Maria Königin von Polen«, der Verfassungstag (poln. *Konstytucja 3 maja*) und die Einweihung einer Gedenktafel. Letztere war Stanisław Cięcielow, einem Bürger der Stadt, gewidmet, der 1940 als polnischer General Opfer des Massakers von Katyn geworden war. Bei den Feierlichkeiten in Rzeszów (663 Jahre Stadtprivileg) und Rajbrot (700 Jahre Stadtprivileg) äußerten sich die Bürgermeister beider Städte auf ähnliche Weise. Die jahrhundertelange Geschichte der Stadt sollte den Bürgern die Basis für die lokale Zugehörigkeit bieten (Rajbrot 2018). Somit diene das historische Gedächtnis auch als »Fundament für die lokale städtische Identität«, wie es auf dem Webauftritt der Woiwodschaft Karpatenvorland heißt (Rzeszów 2018).

Die polnischen Beispiele zeigen, wie sich das Feiern von Stadtrechtsjubiläen in der nationalen Erinnerungskultur als Tradition etablierte und zu einem wichtigen Teil der städtischen öffentlichen Gedenkpraktiken wurde. Die Geschichte der Stadt als Grundlage der lokalen Identität wurde in mehreren Städten hervorgehoben. Die Gedenkfeiern können gleichzeitig auch an andere historische Ereignisse und Personen erinnern, sodass jede Stadt bei den Feierlichkeiten eigene Akzente setzt. Zugleich bieten die Jubiläen die Möglichkeit, für die Stadt zu werben, um mehr Touristen anzulocken.

Republik Belarus

Eine andere Wahrnehmung des Magdeburger Rechts und seines Platzes im öffentlichen Gedächtnis konnte in Belarus beobachtet werden. Betrachten wir beispielsweise den Text »Brauchen wir das Magdeburger Recht?« [Нужно ли нам Магдебургскоеп раво?], welcher auf der Website »Belarus heute« veröffentlicht wurde. Im Unterschied zu Polen, wo das Magdeburger Recht als historisches Phänomen betrachtet wird, wird es in diesem Artikel als ein heute weiterhin adäquates Rechtssystem besprochen (Belarus heute 2003). Diese Ansicht wird in dem Bericht »Für die Entwicklung von Kleinstädten müssen wir ihnen das Magdeburger Recht zurückgeben« [Для развития малых городов им нужно вернуть Магдебургское право] von 2009 besonders deutlich (Zagorskaja 2009). Hier gilt das mittelalterliche Phänomen als mögliche Lösung für die Wiederbelebung heutiger Städte. Die Autorin des Berichts, Marina Zagorskaja, interpretiert das Magdeburger Recht offenbar als Synonym für lokale Selbstverwaltung und Dezentralisierung von Städten.

Der Appell, dass das Magdeburger Recht wieder auf die politische Agenda gesetzt werden sollte, tauchte in Belarus in letzter Zeit immer wieder auf. So geschehen 2018 in der Diskussion »Es wäre ideal, wenn Belarus auf das Magdeburger Recht zurückkommen würde« (Для Беларуси было бы идеальным вернуть принцип Магдебургского права. Как превратить «населенный пункт» в город) (Charter 2018). Diese Diskussion zeigte, welche Werte in den populären Vorstellungen mit dem Magdeburger Recht assoziiert werden – kommunale Selbstverwaltung, Dezen-

Abb. 276
Das 1857 zerstörte und 2000 wiederaufgebaute Rathaus in Minsk

tralisierung, freie Wahlen – all das, was im heutigen Weißrussland fehlt. Es überrascht kaum, dass das Magdeburger Recht stellvertretend für diese Werte vereinnahmt wurde. So bezeichnete die Autorin des Beitrags »Top-Ten-Städte mit Selbstverwaltung in Belarus« (Магдебургское правов Беларуси: топ-10 городов на самоуправлении), Katerina Sidoruk, die mittelalterlichen Prinzipien der Selbstverwaltung als »demokratische Volksherrschaft« und bedauerte, dass sie mit der Eingliederung der historischen Länder des heutigen Belarus in das Russische Reich zu Ende gingen (Sidoruk o. D.). Hier wurde das Magdeburger Recht für das genommen, was es nicht war: Es war kein demokratisches Recht im modernen Sinn, wurde jedoch zu einem historischen Referenzpunkt für eine ideale politische Ordnung.

In den Medien findet sich häufig der Kommentar, dass die russische kaiserliche Regierung nicht nur das Magdeburger Recht beseitigte, sondern auch die Rathäuser als Symbole für städtische Freiheit zerstörte (von ehemals 25 Rathäusern gibt es in Weißrussland nur noch sieben). Derzeit werden einige der alten Rathäuser in ihrer historischen Form wiedererrichtet. So wurde beispielsweise das Rathaus in Minsk (1857 zerstört) nach 2000 wiederaufgebaut (Abb. 276). Außerdem errichtete man in Minsk 2014 anlässlich des 515. Jubiläums der Einführung des Magdeburger Rechts ein Denkmal. In Mahiljou hatte die Gedenkfeier zum 435. Jahresjubiläum des Magdeburger Rechts keinen offiziellen Charakter. Die Initiative zu dieser Feier ging von der politischen Opposition aus, mit dem Ziel, »die Idee des Magdeburger Rechts in Belarus zu aktualisieren« (Aleksandr Silkow). Bei dieser Gelegenheit betonten die Oppositionsführer der Partei *Za swobodu*: »Wenn wir über unsere Europäizität im gesellschaftlichen und politischen Leben sprechen, ist dies genau das Magdeburger Recht, was uns von den östlichen Ländern unterscheidet, von Russland, wo dieses Recht keine Stadt hatte. Dies war das Recht für Selbstständigkeit, das Recht, die Regierung zu wählen.«(Aleksandr Milinkevič, Silkow/Milinkevič 2012) Die Opposition nutzte die Erinnerung an das Magdeburger Recht und die Geschichte als politisches Narrativ, das die Vergangenheit mit der Gegenwart verschmolz, um die europäische Identität unter Beweis zu stellen und sich vom autoritären Russland abzugrenzen.

Abb. 277
Der Schultheiß/Vogt mit dem Stadtschlüssel und der königlichen Urkunde vor dem Minsker Stadtplan, Denkmal gegenüber dem Rathaus der Stadt Minsk, in Erinnerung an die Bewidmung der Stadt mit Magdeburger Recht, Künstler Sergei Oganov

Ein Bericht über Brest (Магдебургский прецедент, или Как Брест первым обрел самостоятельность 2018) präsentierte die Stadt als die erste Stadt in Belarus, welche »die Unabhängigkeit erlangte« (Rubašewskij 2018). Der Diskurs über diese »Unabhängigkeit« wurde auch geführt, als Brest 2015 zur Kulturhauptstadt von Belarus gewählt wurde: »Brest war die erste belarussische Stadt, die das Recht zur Selbstbestimmung erhielt – das Magdeburger Recht« (Brest 2015). Wieder haben wir es hier mit einem Missverständnis zu tun, was die Rolle des Magdeburger Rechts anbetrifft (eine Unabhängigkeit von der Staatsmacht ist kaum vorstellbar), wie es gern in den Medien verbreitet wird. In solchen Berichten von Unabhängigkeit und Selbstbestimmung in der Geschichte belarussischer Städte ist leicht zu erkennen, dass die Aussagen vielmehr von der Gegenwart und von demokratischen Strukturen handeln, die in der heutigen politischen Situation von Belarus fehlen.

Die Gleichsetzung des Magdeburger Rechts mit Europäisierung, Unabhängigkeit, Selbstverwaltung, Demokratie und freien Wahlen in Belarus sowie das kreierte Bild einer geordneten nationalen Vergangenheit, die vom Russischen Reich und dem Sowjetregime beendet wurde, führen zu Konflikten mit prosowjetischen und prorussischen Bewegungen und mit der Politik von Alexander Lukaschenko (geb. 1954), seit 1994 Präsident von Belarus. Seine Regierung ist das Ergebnis der politischen Niederlage des Projekts »Nationale Erneuerung« und ist im Begriff, eine »Re-Sowjetisierung« der belarussischen Gesellschaft zu etablieren. Das vom Lukaschenko-Regime geschaffene Modell der kollektiven Identität basiert, wie in Russland, vor allem auf der Erinnerung an den sogenannten Großen Vaterländischen Krieg (1941–1945) gegen das nationalsozialistische Deutschland.

Brest ist ein repräsentatives Beispiel für diese Tendenz. Seit dem Zerfall der Sowjetunion bis heute ist die Erinnerungskultur der Stadt ausschließlich mit der Festung Brest und deren Verteidigung im Sommer 1941 gegen die deutschen Truppen verbunden. Das Gedenken an dieses Ereignis wurde zu einem der wichtigsten Erinnerungsanlässe für alle Anhänger des sowjetischen Erbes, und es dominiert das Geschichtsbewusstsein der Stadt: Jeder Versuch, auch andere historische Ereignisse (wie das Jubiläum des Magdeburger Rechts) in den Blickpunkt zu rücken, führte in der jüngeren Vergangenheit zu heftigem Widerstand von prorussischen und prosowjetischen Aktivisten. Eine antiwestliche Webseite kritisierte Oppositionsaktivisten, denen es gelungen war, Banner mit Zitaten von Lenin und Stalin aus dem auf dem Festungsgelände gegründeten patriotischen Jugendzentrum zu entfernen. Die Opposition unterstrich, der Zweite Weltkrieg sei nicht der einzige bedeutende Moment der Stadtgeschichte, er sei weniger zu heroisieren und die Jugend sollte aus der gesamten Geschichte Lehren ziehen. Der Kritiker argumentierte jedoch, dass die heutigen Bürger von Brest nur eine marginale Berührung mit dem Magdeburger Recht haben, da sie mehrheitlich von Bauern abstammen. Ihre Vorfahren konnten die Vorteile der städtischen Ordnung nicht erleben, und deshalb könnten die Bürger Brests sich nicht mit der Zeit des Magdeburger Rechts identifizieren. Hingegen habe oder hatte, so der Kritiker weiter, jeder in Brest Verwandte, die im Zweiten Weltkrieg kämpften. Die aufgezeigten Spannungen entstanden aufgrund gegensätzlicher Ansichten von nationalen/proeuropäischen Gruppen auf der einen und prorussischen Gruppen auf der anderen Seite der Gesellschaft. Unter diesen Umständen werden das Gedenken der Stadtfreiheiten sowie des Magdeburger Rechts, die Europäisierung des öffentlichen Gedächtnisses oder die Akzentuierung der vorkommunistischen nationalen Vergangenheit als »Gegenerinnerung« angesehen, die als Gegenstück zur herrschenden »Geschichtspolitik« stehe.

Die Ukraine

Historiker, die sich mit der Erinnerungskultur beschäftigen, sind der Meinung, dass die ukrainische Vergangenheit umstritten und kontrovers sei. Die Einbeziehung von Jubiläen des Magdeburger Rechts in einen Kalender der öffentlichen Gedenk- und Feiertage führt hingegen nicht zu Kontroversen. Betrachtet man, welche Akteure an der Ausrichtung der Gedenkfeiern für das Magdeburger Recht beteiligt sind, findet man unter ihnen verschiedene Mitglieder des Parlaments und des Ministerkabinetts der Ukraine und – darüber hinaus – Akteure aus den Provinzverwaltungen, Stadträte und private Initiativen. In den letzten zehn Jahren wurden im Dekret »Über Gedenktage und Jubiläen« (Про відзначення пам'ятних дат і ювілеїв) des ukrainischen Parlaments auch die Jubiläen des Magdeburger Rechts erwähnt. In der Regel sind die Gedenkveranstaltungen zum Magdeburger Recht mit den Stadttagen verbunden, wobei die Letzteren die größten regelmäßigen Stadtfeste darstellen. Eine der ersten Städte, die das Magdeburger Recht in das städtische öffentliche Gedächtnis aufgenommen hatte, war die Stadt Riwne in der Westukraine. Anlässlich des 500-jährigen Jubiläums der Stadtrechte im Jahr 1993 wurde der zentrale Platz in der Stadt in den Platz des Magdeburger Rechts umbenannt, zuvor war er einem sowjetischen Helden gewidmet. Riwne zeigte damit, dass das Magdeburger Recht eine wichtige Komponente der Entsowjetisierung des kollektiven Gedächtnisses werden konnte, die zugleich mit der nationalen Geschichte verbunden ist.

Die Aufnahme der Jubiläen des Magdeburger Rechts in den Gedenkkalender einer Stadt erfolgt in der Regel auf die Initiative der Stadtgemeinden. So geschah es auch 2013 in Tschernihiw: Die Gedenkfeier zum 390-jährigen Jubiläum des Magdeburger Rechts wurde hier vom Stadtrat initiiert. Beamte wie Wissenschaftler unterstrichen die Bedeutung des Magdeburger Rechts für Tschernihiw. Die Ziele, die der Stadtrat mit diesen Festlichkeiten verfolgte, waren »Popularisierung der Traditionen städtischer Selbstverwaltung, patriotische Erziehung« sowie die Verbesserung der

Abb. 278
Denkmal für das Magdeburger Recht in Tetijiw, Oblast Kiew/Kyjiv, Ukraine

Abb. 279
Gedenkmünze aus Silber, geprägt 1999 anlässlich des 500. Jubiläums der Übertragung des Magdeburger Rechts an die Stadt Kiew/Kyjiv

touristischen Attraktivität der Stadt. Einer der Gründe, warum dem Magdeburger Recht heute viel Beachtung zukommt, ist der Konsens innerhalb der Ukraine, dass dieses Recht der historische Vorläufer der heutigen kommunalen Selbstverwaltung ist. Aus diesem Grund sind die wichtigsten Förderer der beschriebenen Jubiläumsfeiern die Stadtverwaltungen und Stadträte.

Wie werden diese Jahrestage in den ukrainischen Städten gefeiert? Die Feierlichkeiten zum Magdeburger Recht fanden bislang häufig am Stadttag statt und wurden manchmal mit anderen Gedenkveranstaltungen kombiniert. So feierte die Stadt Butschatsch ihr 700-jähriges Gründungsjubiläum und den 485. Jahrestag des Magdeburger Rechts an einem Tag. In ähnlicher Weise verknüpfte die Stadt Brody den 934. Jahrestag ihrer ersten schriftlichen Erwähnung mit 434 Jahren Magdeburg Recht. Der Tag, an dem das Magdeburger Rechtsprivileg (7. Mai 1661) verliehen wurde, ist zugleich der Stadttag in Iwano-Frankiwsk (damals Stanislaw). Zur Feier des 354. Jahrestag des Magdeburger Rechts organisierte die Stadt unter anderem ein Schmiedefestival und das internationale Musikfestival »Karpaten Raum« (Карпатський простір). Die Stadt Schydatschiw beschloss, eine große Messe zum Gedenken an das 625-jährige Jubiläum des Magdeburger Rechts zu organisieren, weil einst das Privileg der Stadt zwei jährliche Messen verliehen hatte. Das 500-jährige Jubiläum des Magdeburger Rechts war in der Stadt Kowel Anlass, um eine Schachmeisterschaft, ein Jazzkonzert und eine mittelalterliche Theateraufführung zu veranstalten. Winnyzja zelebrierte 2018 sogar vier Gedenkfeiern an einem Tag: die erste schriftliche Erwähnung der Stadt vor 655 Jahren, die Verleihung des Magdeburger Rechts vor 380 Jahren, die Erneuerung des Stadtwappens vor 25 Jahren und das 60-jährige Bestehen der Städtepartnerschaft mit der polnischen Stadt Kielce. Die Feierlichkeiten begannen mit Blumeninstallationen und einem Sinfonieorchester-Festival; es folgten ein Mittelalterturnier, Popkonzerte und eine Modenschau. Diese Beispiele zeigen deutlich, dass die Jubiläumsfeierlichkeiten vor allem zum Vergnügen der Stadtbewohner und Touristen veranstaltet wurden. Die Intentionen der ukrainischen Städte sind in dieser Hinsicht mit denjenigen der polnischen Städte vergleichbar (auch wenn keine ukrainische Stadt das ganze Jahr feierte).

Abb. 280
Briefmarken von 2018, in Erinnerung an die Übertragung des Magdeburger Rechts 350 Jahre zuvor an die Stadt Horodenka, Ukraine

Wie in Polen sind Gedenkmünzen und Briefmarken Teil der öffentlichen Erinnerungskultur. Bekanntestes Beispiel ist die Gedenkmünze, die zum 500-jährigen Jubiläum der Verleihung des Magdeburger Rechts an Kiew/Kyjiv geprägt wurde. In der Stadt Ploskyriw/Chmelnyzkyj wurden eine Briefmarke und ein Umschlag zum 585. Jahrestag der ersten schriftlichen Erwähnung der Stadt und zum 450. Jahrestag der Verleihung des Magdeburger Rechts herausgegeben; auch Halitsch/Halič (650. Jahrestag des Magdeburger Rechts) und Kowel (500. Jahrestag des Magdeburger Rechts) veröffentlichten Gedenkmarken. Die Briefmarke für Horodenka (Abb. 280) wurde von einem privaten Unternehmer entworfen.

Häufig werden in der Ukraine wissenschaftliche Konferenzen wie auch Wechselausstellungen zum Magdeburger Recht organisiert. Das Nationale Historische Museum in Kiew eröffnete die Ausstellung »Zeugnisse der alten Kiewer Selbstverwaltung« (Реліквії старого київського самоврядування) mit dem Ziel, »die demokratischen Prinzipien und historischen Grundlagen der alten Selbstverwaltung in Kiew, die aus der europäischen Tradition der Stadtordnung nach dem Magdeburger Recht abstammt, hervorzuheben« (Kiew 2012). Häufig werden Denkmäler und Gedenksteine aufgestellt, um an das Jubiläum des Magdeburger Rechts im Stadtraum zu erinnern. So erhielten die Städte Korosten, Hostomel, Schydatschiw, Tetijiw und Olewsk Stelen zum Gedenken an das Magdeburger Recht. Das älteste Denkmal der Stadt Winnyzja, ein Säulendenkmal für das Magdeburger Recht, wurde restauriert und am 9. Mai 2019, dem Europatag, eröffnet.

Eine andere Möglichkeit, des Magdeburger Rechts im Stadtraum zu gedenken, ist das Umbenennen von Straßen und Plätzen. Außer dem bereits erwähnten Platz des Magdeburger Rechts in Riwne ist auch ein Beispiel aus der Stadt Dnipro (Dnipropetrowsk) zu erwähnen. Dort wurde 2015 infolge des sogenannten Dekommunisierungsgesetzes, das im selben Jahr verabschiedet wurde, auf Initiative des Bürgermeisters die »Straße des Magdeburger Rechts« in in das Straßennetz der Stadt aufgenommen. Weder in der Stadt Dnipro noch in der gesamten Provinz Dnipropetrowsk hat es je eine Stadt nach Magdeburger Recht gegeben. Die ukrainischen Beispiele zeigen: Das Magdeburger Recht ist ein Bestandteil der Europäisierung der Erinnerungskultur und der Akzentuierung gemeinsamer europäischer Wurzeln sowie der Dekommunisierung des öffentlichen Raums. Die Feiern zur Erinnerung daran, dass zahlreiche Städte der heutigen Ukraine einst Städte des Magdeburger Rechts waren, wurden reibungslos in den nationalen Gedenkkalender aufgenommen, und die Verleihung des Magdeburger Rechts wird als eines der wichtigsten Ereignisse in der Geschichte der jeweiligen Stadt betrachtet.

Die Beispiele aus Polen, der Ukraine und Belarus zeigen, dass das Magdeburger Recht in der Erinnerungskultur Osteuropas zu einer wichtigen historischen Referenz wurde. In der öffentlichen Wahrnehmung wird das Magdeburger Recht mit dem sozialen, rechtlichen und wirtschaftlichen Fortschritt der jeweiligen Stadt seit dessen Verleihung betrachtet, aber auch mit der seitdem gewandelten Stadtlandschaft, welche die Städte zu Mitgliedern der europäischen Städtefamilie machte. Während Polen und die Ukraine diese Feierlichkeiten hauptsächlich als große Werbekampagne für eine Stadt ansehen, als Entertainment für Bürger und Gäste und zum Teil als Bildungsprojekte (durch Ausstellungen, Publikationen und Konferenzen), ist die Rolle des Magdeburger Rechts in Belarus eine andere. Aufgrund der aktuellen politischen Situation scheint das Magdeburger Recht in den öffentlichen Diskussionen in Belarus als Symbol für Dezentralisierung, Demokratie, Unabhängigkeit, Selbstverwaltung, freie Wahlen und europäische Perspektive zu stehen. Es verkörpert in gewisser Hinsicht all die Komponenten eines politischen Systems, welche die Bürger von Belarus verlangen. Unter dem autoritären Druck vereint das Magdeburger Recht diejenigen Akteure der Gesellschaft, die eine Annäherung an die Werte befürworten, die das Magdeburger Recht in ihren Augen symbolisiert. Es verwundert daher auch kaum, dass die Förderer der Gedenkfeiern zum Magdeburger Recht in Belarus aus der Opposition stammen.

Das Magdeburger Recht im Bewusstsein der Einwohner von Litauen

Ganz ähnlich wie in Polen und der Ukraine verhält es sich in Litauen. Doch auch die Interpretation des Magdeburger Rechts als Symbol für Selbstverwaltung und Demokratie lässt sich ähnlich wie in Belarus beobachten. Insbesondere aber verkörpert das Magdeburger Recht die Zugehörigkeit Litauens zur westlichen Zivilisation. Zur Aktualität des Magdeburger Rechts heute: In den achtziger Jahren des 20. Jahrhunderts, als die Befreiungsbewegung (»Sajūdis«) entstanden war, gewannen historische Bezugspunkte Litauens zur westlichen Kultur, darunter auch das Phänomen des Magdeburger Rechts, politische Bedeutung. Die Aktualität dieser historischen Verbindungen verstärkte sich, als die Unabhängigkeit Litauens wiederhergestellt und der neue selbstständige Staat allmählich in die politischen, wirtschaftlichen und kulturellen Strukturen Europas integriert wurde. Die aktuelle geopolitische Situation hebt die Bedeutung dieses Phänomens noch besonders hervor und misst ihr politische Bedeutung bei.

Der Bedarf an historischer europäischer Identität ist auch heute zu spüren. Es gibt nun wieder eine Heraldik-Kommission bei der Kanzlei des Präsidenten der Republik Litauen. Die historischen Wappen jeder litauischen Stadt sind heute anerkannt, legitimiert und werden überall öffentlich zu verschiedene feierlichen Anlässen benutzt. Die litauischen Städte sind bestrebt, ihre eigene Geschichte im Kontext der europäischen Entwicklung und der Verbreitung des Magdeburger Rechts zu interpretieren. In den Städten, die eine historische Selbstverwaltung besaßen, werden oft wissenschaftliche Konferenzen durchgeführt, und Wissenschaftler werden zu Vorträgen unter anderem auch zu Fragen des Magdeburger Rechts eingeladen. Das zeugt vom Streben der Städte nach der Erschließung ihrer europäischen Identität und nach der Erforschung und der Aktualisierung ihrer historischen Wurzeln. In den Städtischen Museen z. B. von Kauen/Kaunas, Kedahnen/Kėdainiai, Birsen/Biržai, Georgenburg/Jurbarkas, Lasdien/Lazdijai u. a. werden Objekte gesammelt und ausgestellt, die die Entfaltung des Magdeburger Rechts thematisieren. Sie werden im Rahmen von Dauer- und Sonderausstellungen präsentiert.

Abb. 281
Denkmal zum 400. Jubiläum der Verleihung des Magdeburger Rechts an die Stadt Jurbarkas in Litauen, auf Initiative der Stadtgemeinde 2011 errichtet:
Ein Engel der Freiheit symbolisiert das Magdeburger Recht, Künstler Rasa Grybaitė und Gabija Viduolytė

Abb. 282
Denkmal von 1992 zum 200. Jubiläum der Verleihung des Magdeburger Rechts in der 850-Einwohner-Stadt Wiwirschen/ Veiviržėnai in Litauen

Den anderen Ländern vergleichbar organisieren verschiedene Städte Festveranstaltungen zu Jubiläen der Verleihung des Magdeburger Rechts. Außerdem wird die historische Tradition der Selbstverwaltung der Städte betont. Ein besonders interessantes Beispiel für ein lebendiges historisches Gedächtnis ist der Fall von Jurbarkas. Im Jahre 2011 feierte diese kleine Stadt in der Mitte Litauens das 400-jährige Jubiläum der Verleihung des Magdeburger Rechts. Auf Initiative der Stadtgemeinschaft wurde ein Denkmal in Jurbarkas errichtet. Es zeigt einen Engel, der die Freiheit verkörpert und das Magdeburger Recht symbolisiert (Abb. 281).

Ein besonders eindrückliches Beispiel für die Bewahrung und Aktualisierung der eigenen Bezüge zum Magdeburger Recht stellt die Stadt Biržai dar. Diese Kleinstadt im Norden des heutigen Litauen erhielt 1589 das Magdeburger Recht. Bis zum Ende des 18. Jahrhunderts war sie eine private Stadt im Besitz der Familie Radvilos/Radziwiłł. Als am Ende des 18. Jahrhunderts die polnisch-litauische Rzeczpospolita ihre Existenz verlor und Biržai Teil des russischen Zarenreichs wurde, nahmen die Bürgerfamilien der Stadt das sogenannte »magdeburgische Archiv« der Stadt an sich. Die alten Urkunden mit der Verleihung und den Bestätigungen des Magdeburger Rechts, mit den Privilegien der verschiedenen Stadtherren, den Wappen, Siegeln und Siegelstempeln wurden für die nächsten 200 Jahre bewahrt. Heimlich gingen sie von Generation auf Generation, von Familie zu Familie über. Erst nach der Wiederherstellung der Unabhängigkeit Litauens im Jahr 1990 haben die Bürger von Biržai den historische Schatz, den dieses Archiv darstellt und der für sie die bürgerliche magdeburgische Freiheit symbolisiert, an ein Museum abgegeben. Im Jahr 2019 werden diese Objekte in einer speziellen Sonderausstellung anlässlich der 430-jährigen Verleihung des Magdeburger Rechts an die Stadt für eine große Öffentlichkeit zu sehen sein.

Im März 2015 fanden in Litauen zum ersten Mal kommunale Wahlen statt, bei denen erstmals nach der Wiederherstellung der Unabhängigkeit des Landes die Bürgermeister direkt von der Bevölkerung gewählt wurden. In manchen Städten wurden dabei historische Elemente der Inauguration des Bürgermeisters wiederbelebt. Das zeugt davon, dass die Bevölkerung ein starkes Interesse an der Vergegenwärtigung ihrer Geschichte zeigt. Das Magdeburger Recht kann als genetischer Code der europäischen Identität Litauens bezeichnet werden. Wir sollten ihn entdecken, verstehen und aktualisieren und dabei historische und kulturelle Gemeinsamkeiten Europas erschließen und stärken.

Literatur
Niezabitowski 2007 a.

Lublin 2017: https://dzieje.pl/aktualnosci/obchody-700-rocznicy-nadania-praw-miejskich-lublinowi
Posen 2003: http://poznan.wyborcza.pl/poznan/1,36001,1246542.html?disableRedirects=true
Rajbrot 2018: www.informatorbrzeski.pl/700-lecie-lokacji-rajbrotu/
Rzeszów 2018: https://rzeszow.uw.gov.pl/aktualnosci/663-lecie-lokacji-miasta-rzeszowa/
Belarus heute 2003: www.sb.by/articles/nuzhno-li-nam-magdeburgskoe-pravo.html
Zagorskaja 2009: www.zautra.by/art.php?sn_nid=5234
Charter 2018: https://charter97.org/ru/news/2018/10/7/308127/
Sidoruk o. D.: www.realbrest.by/novosti/istorija-bresta/magdeburgskoe-pravo-v-belarusi-top-10-gorodov-na-samoupravlenii.html
Silkow/Milinkevič 2012: https://pyx.by/rus/news/1776/
Rubaševskij 2018: https://vb.by/society/history/magdeburgskoe_pravo_brestu.html
Brest 2015: http://redant.by/blog/4/brest-kulturnaja-stolica-belarusi/
Kiew 2012: www.istpravda.com.ua/short/2012/05/16/85716/

Anhang

Quellen

EDIERTE QUELLEN

Arheografičeskij sbornik 1867–1904 Arheografičeskij sbornik dokumentov, otnosjašichsja k istorii Severo-Zapadnoj Rusi, izdavaemye pri upravleni Vilenskago učebnago okruga [Archeografische Dokumentensammlung zur Geschichte der Nord-West-Rus', hg. unter der Verwaltung des Učebnyj Okrug von Wilna], Vilnius 1867–1904.

Bately 2009 Janet Bately: Wulfstan's Voyage and his Description of Estland: the Text and the Language of the Text, in: Wulfstan's Voyage: The Baltic Sea Region in the Early Viking Age as Seen from Shipboard, hg. v. Anton Englert u. Athena Trakadas, Roskilde 2009, S. 14–28.

Bately/Englert 2007 Ohthere's Voyages. A Late 9th-century Account of Voyages along the Coast of Norway and Danemark and its Cultural Context, hg. v. Janet Bately u. Anton Englert, Roskilde 2007.

Bujnoch 1978 (Polens Anfänge –) Gallus Anonymus: Chronik und Taten der Herzöge und Fürsten von Polen (= Slavische Geschichtsschreiber 10), hg. v. Jósef Bujnoch, Graz u. a. 1978.

Chaucer 1963 Geoffrey Chaucer: Opowieści kanterberyjskie. Wybór [Die Canterbury-Erzählungen. Auswahl], übersetzt v. H. Pręczkowska, in: Biblioteka Narodowa Nr 138, Seria II, Wrocław/Warszawa/Kraków 1963, S. 3–47.

von Daniels/von Gruben 1858 Das saechsische Weichbild. Jus municipale Saxonicum (= Rechtsdenkmäler des deutschen Mittelalters 1: Weltchronik und Weichbildrecht in 136 Artikeln mit der Glosse), hg. v. Alexander von Daniels u. Franz von Gruben, Berlin 1858.

Dubiński 1788 Zbiór praw y przywilejów miastu stołecznemu W.X.L. Wilnowi nadanych [Sammlung der Rechte und Privilegien für die Hauptstadt des Großfürstentums Litauen Wilna], hg. v. Piotr Dubiński, Wilno 1788.

Ebel 1989 Magdeburger Recht. Bd. 2: Die Rechtsmitteilungen und Rechtssprüche für Breslau, Teil 1: Die Quellen von 1261 bis 1452 (= Mitteldeutsche Forschungen 89/2,1), hg. v. Friedrich Ebel, Köln/Wien 1989.

Emler 1874 Fontes rerum bohemicarum. Bd. 2: Cosmae Chronicon Boemorum cum Continuatoriubus, hg. v. Josef Emler, Praha 1874.

Eschenloer 2003 Peter Eschenloer: Geschichte der Stadt Breslau (= Quellen und Darstellungen zur schlesischen Geschichte 29), hg. u. eingeleitet v. Gunhild Roth, 2 Bde., Münster u. a. 2003.

Flint 1982 Honorius Augustodunensis, Imago mundi, hg. v. Valerie I. J. Flint, in: Archives d'histoire doctrinale et littéraire du moyen âge 57 (1982), S. 7–153.

Friedrich/Rädle 1995 Udo Friedrich/Fidel Rädle (Hg.): Konrad Kyeser. Bellifortis. Feuerwerkbuch. Farbmikrofiche-Edition der Bilderhandschriften 2° Cod. Ms. philos. 64 und 64 a Cim. Einführung und Beschreibung der kriegstechnischen Bilderhandschriften von Udo Friedrich. Anmerkungen zum lateinischen Text, Transkription und Übersetzung der Vorrede von Fidel Rädle (= Codices figurati – Libri picturati 3), München 1995.

Gardonyi 1936 Budapest történétenek okleveles emlékei [Urkunden aus der Geschichte Budapests] (= Monumenta diplomatica civitatis Budapest, Bd. 1: 1148–1301), hg. v. Albert Gárdonyi, Budapest 1936.

Grasshoff 1986 Rauchspur der Tauben. Radziwiłł-Chronik, hg. v. Helmut Grasshoff, Leipzig 1986.

Hänselmann 1873 Urkundenbuch der Stadt Braunschweig. Bd. 1: Statute und Rechtebriefe 1227–1671, hg. v. Ludwig Hänselmann, Braunschweig 1873.

Hansisches Urkundenbuch 10 Hansisches Urkundenbuch, Bd. 10, bearb. v. Walther Stein, Leipzig 1907.

Heckmann 1995 Revaler Urkunden und Briefe von 1273 bis 1510, bearb. v. Dieter Heckmann, Köln/Weimar/Wien 1995.

Helbig/Weinrich 1970 Herbert Helbig/Lorenz Weinrich (Hg.): Urkunden und erzählende Quellen zur deutschen Ostsiedlung im Mittelalter. Bd. 2: Schlesien, Polen, Böhmen-Mähren, Österreich, Ungarn-Siebenbürgen, Darmstadt 1970.

Herrmann 1965 E. Herrmann: Slawisch-germanische Beziehungen im südostdeutschen Raum. Ein Quellenbuch mit Erläuterungen, München 1965.

Jacob 1927 Arabische Berichte von Gesandten an germanische Fürstenhöfe aus dem 9. und 10. Jh., hg. v. Georg Jacob, Leipzig 1927.

Janicke 1869 Die Magdeburger Schöppenchronik (= Die Chroniken der deutschen Städte 7), hg. v. Karl Janicke, Leipzig 1869.

Kaminiates 1975 Johannes Kaminiates: Die Einnahme Thessalonikes durch die Araber im Jahr 904 (= Byzantinische Geschichtsschreiber 12), hg. v. Gertrud Böhlig, Graz 1975.

Kapral' 1998 Privileji mista L'vova XIV–XVIII st. [Privilegien der Stadt Lemberg, 14.–18. Jh.], hg. v. Myron Kapral', L'viv 1998.

Kapral' 2000 Pryvileji nacional'nych hromad mista L'vova = Privilegia Nationum Civitatis Leopoliensis. (XIV–XVIII saec.) [Privilegien der nationalen Gruppen der Stadt Lemberg (14.–18. Jh.)], hg. v. Myron Kapral', L'viv 2000.

Koppmann 1902 Die Chroniken der niedersächsischen Städte. Lübeck III (= Chroniken der deutschen Städte 28), hg. v. Karl Koppmann, Leipzig 1902.

Kubinyi 1997 Elenchus fontium historiae urbanae III/2, hg. v. András Kubinyi, Budapest 1997.

Kumorovitz 1987 Budapest történétenek okleveles emlékei [Urkunden aus der Geschichte Budapests] (= Monumenta diplomatica civitatis Budapest, Bd. 3: 1382–1439), hg. v. L. Bernát Kumorovitz, Budapest 1987.

Kunze 2012 Jens Kunze: Das Leipziger Schöffenbuch 1420–1478 (1491). Edition (= Quellen und Darstellungen zur Geschichte der Stadt Leipzig 4), Leipzig 2012.

Kyeser 1967 Conrad Kyeser aus Eichstätt: Bellifortis. Bd. 1: Facsimile-Druck der Pergament-Handschrift Cod. Ms. philos. 63 der Niedersächsischen Staats- und Universitätsbibliothek Göttingen. Bd. 2: Umschrift und Übersetzung von Götz Quarg, Düsseldorf 1967.

Lietuvos Metrika 2005 Lietuvos Metrika [Litauische Metrica], Bd. 556 (1791–1792): Viešųjų reikalų knyga 35, hg. v. Algirdas Baliulis, Romualdas Firkovičius u. Edmundas Rimša, Vilnius 2005.

Markgraf/Frenzel 1882 Breslauer Stadtbuch (= Codex Diplomaticus Silesiae 11), hg. v. Hermann Markgraf u. O. Frenzel, Breslau 1882.

MGH DD H III Diplomata regum et imperatorum Germaniae. Bd. 5: Heinrici III. Diplomata [Die Urkunden Heinrichs III.] (= Monumenta Germaniae Historica, DD H III), hg. v. Harry Bresslau u. Paul Kehr, Berlin 1931.

MGH DD O III Diplomata regum et imperatorum Germaniae, Bd. 2, 2: Ottonis III. Diplomata [Die Urkunden Ottos III.] (= Monumenta Germaniae Historica, DD O III), hg. v. Theodor Sickel, Hannover 1893.

MGH Fontes iuris N. S. 1/1 Sachsenspiegel. Landrecht (= Monumenta Germaniae Historica, Fontes iuris Germanici antiqui N. S. 1/1), hg. v. Karl August Eckhardt, Göttingen/Frankfurt (Main) 1973[3], ND Hannover 1995.

MGH Fontes iuris N. S. 1/2 Sachsenspiegel. Lehnrecht (= Monumenta Germaniae Historica, Fontes iuris Germanici antiqui N.S. 1/2), hg. v. Karl August Eckhardt, Göttingen/Frankfurt (Main) 1973, ND Hannover 1989.

MGH Fontes iuris N. S. 7/1–3 Glossen zum Sachsenspiegel-Landrecht. Buch'sche Glosse, 3 Bde. (= Monumenta Germaniae Historica, Fontes iuris Germanici antiqui N. S. 7/1–3), hg. v. Frank-Michael Kaufmann, Hannover 2002.

Mollay 1959 Karl Mollay (Hg.): Das Ofner Stadtrecht. Eine deutschsprachige Rechtssammlung des 15. Jahrhunderts aus Ungarn (= Monumenta historica Budepestinensia 1), Budapest 1959.

Nazarenko 1993 Aleksandr V. Nazarenko: Nemeckie latinojazyčnye istočniki IX–XI vekov [Deutsche lateinischsprachige Geschichtsschreiber des 9.–11. Jahrhunderts], Moskva 1993.

Neubauer 1931 Ernst Neubauer: Häuserbuch der Stadt Magdeburg 1631–1720, Teil 1 (= Geschichtsquellen der Provinz Sachsen und des Freistaates Anhalt. Neue Reihe 12), Magdeburg 1931.

Riedel's Codex diplomaticus Brandenburgensis 1 Riedel's Codex diplomaticus Brandenburgensis. Sammlung der Urkunden, Chroniken und sonstigen Geschichtsquellen für die Geschichte der Mark Brandenburg und ihrer Regenten, hg. v. Adolph Friedrich Riedel, Bd. 1, Berlin 1838.

Riedel's Codex diplomaticus Brandenburgensis 15 Riedel's Codex diplomaticus Brandenburgensis. Sammlung der Urkunden, Chroniken und sonstigen Geschichtsquellen für die Geschichte der Mark Brandenburg und ihrer Regenten, hg. v. Adolph Friedrich Riedel, Bd. 15, Berlin 1858.

Schlesisches Urkundenbuch 3 Schlesisches Urkundenbuch, im Auftrage der Historischen Kommission für Schlesien hg. v. Heinrich Appelt u. Josef Joachim Menzel, bearb. v. Winfried Irgang, Bd. 3: 1251–1266, Wien/Köln 1984.

Seckt 1787 Johann Samuel Seckt: Versuch einer Geschichte der Ukermärkischen Hauptstadt Prenzlau, Zweiter Theil, Prenzlau 1787.

Šemšučenko 1997 Jurij Serhijovyč Šemšučenko (Hg.): Prava, za jakymy sudyt'sja malorosijs'kyj narod [Gesetze, nach denen das kleinrussische Volk Recht spricht]. 1743 (= Pamjatky polityko-pravovoi kul'tury Ukrainy). Kyjiv 1997.

Simson 1918 Paul Simson: Geschichte der Stadt Danzig, Bd. 4: Urkunden bis 1626, Danzig 1918.

Sobranie 1843 Sobranie drevnich gramot i aktov gorodov: Vil'ny, Kovna, Trok, pravoslavnych monastyrej, cerkvej, i po raznym predmetam [Sammlung alter Urkunden und Stadtakten: von Vilnius, Kovno, Trok, orthodoxen Klöstern, Kirchen, und zu diversen Belangen], Vil'no 1843.

Ssp. Ldr. > MGH Fontes iuris N. S. 1/1

Ssp. Lnr. > MGH Fontes iuris N. S. 1/2

Stoob 1983 Helmold von Bosau: Slawenchronik, neu übertragen v. Heinz Stoob (= Freiherr vom Stein-Gedächtnis-Ausgabe 19), Darmstadt 1983[4].

Sweet 1883 King Alfred's Orosius. Part I: Old English Text and Latin Original, hg. v. Henry Sweet, London 1883.

Szczerbic 2016 Paweł Szczerbic: Speculum Saxonum, albo prawo saskie i majdeburskie, porządkiem obiecadła z łacińskich i niemieckich egzemplarzów zebrane, a na polski język z pilnością i wiernie przełożone [Speculum Saxonum oder das Sächsische und Magdeburger Recht nach der alphabetischen Ordnung aus den lateinischen und deutschen Exemplaren gesammelt und mit Fleiß und treu in die polnische Sprache übertragen] (= Bibliotheca Iagellonica. Fontes et studia 19/20), hg. v. Grzegorz M. Kowalski, 2 Bde., Kraków 2016.

Toeppen 1884 Acten der Ständetage Preussens unter der Herrschaft des Deutschen Ordens, Bd. 4, hg. v. Max Toeppen, Leipzig 1884.

UB Erzstift Magdeburg 1 Urkundenbuch des Erzstifts Magdeburg, Teil 1: 937–1192 (= Geschichtsquellen der Provinz Sachsen und des Freistaates Anhalt, Neue Reihe 18), bearb. v. Friedrich Israël u. Walter Möllenberg, Magdeburg 1937.

UB Halle 1 Urkundenbuch der Stadt Halle, ihrer Stifter und Klöster, Bd. 1: 806–1300 (= Geschichtsquellen der Provinz Sachsen und des Freistaates Anhalt, Neue Reihe 10), bearb. v. Arthur Bierbach, Magdeburg 1930.

UB Leipzig 1 Urkundenbuch der Stadt Leipzig, Bd. 1 (= Codex Diplomaticus Saxoniae Regiae, II. Hauptteil, Bd. 8), bearb. v. Karl Friedrich v. Posern-Klett, Leipzig 1868.

UB Lübeck 1 Urkundenbuch der Stadt Lübeck. Codex diplomaticus Lubecensis, Bd. 1, bearb. v. Johann Friedrich Böhmer u. Friedrich Techen, Lübeck 1843.

UB Lübeck 2 Urkundenbuch der Stadt Lübeck. Codex diplomaticus Lubecensis, Bd. 2, bearb. v. Johann Friedrich Böhmer u. Friedrich Techen, Lübeck 1858.

UB Magdeburg 1 Urkundenbuch der Stadt Magdeburg, Bd. 1: Bis 1403 (= Geschichtsquellen der Provinz Sachsen und angrenzender Gebiete 26), bearb. v. Gustav Hertel, Halle (Saale) 1892.

UB Magdeburg 2 Urkundenbuch der Stadt Magdeburg, Bd. 2: 1403 bis 1464 (= Geschichtsquellen der Provinz Sachsen und angrenzender Gebiete 27), bearb. v. Gustav Hertel, Halle (Saale) 1894.

Vielliard 1938 Le guide du pèlerin de Saint-Jacques de Compostelle, hg. v. J. Vielliard, Paris 1938.

Vita Anskari 1961 Rimbert – Leben Ansgars, übertragen v. Werner Trillmich, in: Quellen des 9. und 11. Jahrhunderts zur Geschichte der Hamburgischen Kirche und des Reiches (= Freiherr vom Stein-Gedächtnis-Ausgabe 11), Darmstadt 1961, S. 3–133.

Volumina legum 8 Volumina legum: przedruk zbioru praw staraniem XX. pijarów w Warszawie od roku 1732 do roku 1782 wydanego, Bd. 8, Petersburg 1860.

Walberg 1922 La Vie de Saint Thomas le Martyr, par Guernes de Pont-Sainte-Maxence. Poème historique du XIIe siècle (1172–1174), hg. v. Emmanuel Walberg, Lund 1922.

ARCHIVALISCHE QUELLEN

Banská Bystrica, Štátny archív Banská Bystrica – pracovisko Archív Banská Štiavnica [Staatsarchiv Neusohl – Außenstelle Neusohl]

Fond Magistrát mesta Banská Štiavnica, Protokol mesta Banská Štiavnica z roku 1751, na konci je priviazaný popis cisárskej návštevy v stredoslovenských banských mestách [Fond Magistrat der Stadt Neusohl, Protokoll der Stadt Neusohl von 1751], S. 60–62.

Banská Bystrica, Štátny archív Banská Bystrica – pracovisko Archív Kremnica [Staatsarchiv Neusohl – Außenstelle Kremnitz]

Fond Magistrát mesta Kremnice [Fond Magistrat der Stadt Kremnitz], Tomus I, fons 36, fasciculus 8, nro. 427.

Fond Magistrát mesta Kremnice [Fond Magistrat der Stadt Kremnitz], Hospodárske zápisnice, Register klenotov z rokov 1767–1823, vložený súpis klenotov z roku 1820 [Wirtschaftsbücher, Register von Kleinodien aus den Jahren 1767–1823, Zusatzaufstellung aus dem Jahr 1820], S. 2.

Berlin, Landesarchiv

A Rep. 550, Nr. 2 (Corpus Bonorum 1718), Bl. 248 f.
A Rep. 550, Nr. 40/F Rep. 237.

Budapest, Magyar Nemzeti Múzeum Központi Régészeti Adattára [Archäologisches Zentralarchiv des Ungarischen Nationalmuseums]

Jankovich-gyűjtemény leltárkönyve [Inventarbuch der Jankovich-Sammlung].

Leipzig, Stadtgeschichtliches Museum

Signatur IO 1476, sog. Familien-Buch, Manuskript, 1734 ff.

Magdeburg, Kulturhistorisches Museum

Liste der aus dem Rathaus am 4. Januar 1943 abgeholten Bilder.

Magdeburg, Landesarchiv Sachsen-Anhalt

Abt. Magdeburg, Rep. C 129 Amtsgericht Magdeburg, Nr. 2504, Bd. 7, fol. 130v–131r.

Magdeburg, Stadtarchiv

Rep. 11 K 1.2, Nachlass Peter Dömeland, Bl. 291, Beschreibung der Ausstellung im Kulturhistorischen Museum.

Rep. 12 G 8, Nachlaß Dr. Krause, Teil 1, Stenographische Niederschrift über die Besprechung am 27. April 1940.

Rep. 12, G 8, Nachlaß Dr. Krause, Stenographische Niederschrift über die Sitzung des Beirats für die Herausgabe der Magdeburger Schöffensprüche am 8. März 1941 im Beigeordneten-Sitzungszimmer des Magdeburger Rathauses.

Rep. 12 G 8, Nachlaß Dr. Krause, Teil 5.

Rep. 12 U 2, Nachlass Heinz Gerling, lose Blattsammlung, S. 77.

Rep. 18/4 Bü 77, Protokollbuch der Stadtverordnetenversammlung 1936, Bl. 134 7. Sitzung der Ratsherren 29. Juni 1936.

Rep. 18/4 Bü 78, Protokollbuch der Stadtverordnetenversammlung 1937, Bl. 145v, 10. Beratung mit den Ratsherren am 27. Mai 1937, Nr. 22, Bl. 182 12. Beratung mit den Ratsherren am 8. Juli 1937, Bl. 223v, 13. Beratung mit den Ratsherren am 12. August 1937.

Rep 18/4 Bü 259, Protokolle Beigeordneten-Besprechungen 1937, Mai bis Juni, Bl. 18 Beigeordneten-Besprechung vom 31. Mai 1937, Drucksache 177 vom 14. Juni 1937, Drucksache 199 vom 5. Juli 1937.

Rep. 41 926, Rat der Stadt Magdeburg 1945–1990, S. 37.

Rep. 41 0614, Rat der Stadt Magdeburg 1945–1990.

Sterbebuch 1940, Bd. II. Reg.-Nr. 2638.

Minsk, Nacyjanal'nyj histaryčny archiŭ Belarusi [Historisches Nationalarchiv der Republik Belarus in Minsk]

Bestand 1767, Heft 1, Akte 298.

Tangermünde, Stadtarchiv

Statuta publica 1639.

Vilnius, Vilniaus universiteto biblioteka [Universitätsbibliothek Wilna]

Handschriftenabteilung, Inventare der Gemeindekirche Trakai, 1930, 1799, F. 57-B53-853, Bl. 1, F. 57-B53-855, Bl. 3.

Weißenfels, Stadtarchiv

G. H. Heydenreich: Chronik der Stadt Weißenfels 1817–1827, handschriftlich, W/Ch7, Bl. 33 ff.

Literatur

A

Abramowski 1926 Paul Abramowski: Danziger Plastik von der Mitte des 14. Jahrhunderts bis zum Beginn der Renaissance, Diss. Leipzig 1926.

Abramowski 1940 Paul Abramowski: Danzig als Kunststadt. Bildende Kunst und Handwerkskunst, Danzig [1940?].

Adamko/Bednáriková/Veselovská/Zahradníkováthe 2013 Rastislav Adamko/Janka Bednáriková/Eva Veselovská/Zuzana Zahradníkováthe: Middle Age Sacred Music Sources from Slovakia, Bratislava 2013, online abrufbar unter: https://pasningverli1988.files.wordpress.com/2018/07/the-middle-age-sacred-music-sources-from-slovakia.pdf [letzter Zugriff am 2.7.2019].

Albrecht 2004 Stephan Albrecht: Mittelalterliche Rathäuser in Deutschland. Architektur und Funktion, Darmstadt 2004.

Albrecht 2010 Stadtgestalt und Öffentlichkeit. Die Entstehung politischer Räume in der Stadt der Vormoderne, hg. v. Stephan Albrecht, Köln/Weimar/Wien 2010.

Alicke 2008 Klaus-Dieter Alicke: Lexikon der jüdischen Gemeinden im deutschen Sprachraum, Bd. 2, Gütersloh 2008, Sp. 1628–1633.

Allgemeines Lexikon 1955 Allgemeines Lexikon der Bildenden Künstler des 20. Jahrhunderts, Bd. 2, Leipzig 1955, Reprint 1999.

Altensleben 2007 Stephan Altensleben: Eine unbekannte Inschrift im Rathaus der alten Bergstadt Marienberg, in: Forschungen zur Rechtsarchäologie und Rechtlichen Volkskunde 24 (2007), S. 57–77.

Ambrušová 2013 Uršula Ambrušová: Kniha predpisov a nákresov k vyhotoveniu majstrovských kusov pre košický krajčírsky cech z roku 1760 [Das Buch der Vorschriften und Skizzen zur Fertigstellung meisterhafter Werkstücke für die Kaschauer Schneiderzunft aus dem Jahr 1760], in: Revue Pamiatky a múzeá 1 (2013), S. 26–29.

Ambrušová 2014 Uršula Ambrušová: Dejiny krajčírskych cechov v Košiciach a ich písomné pamiatky v zbierkach Východoslovenského múzea. Katalóg cechových písomností krajčírskych cechov v zbierkach Východoslovenského múzea v Košiciach [Geschichte der Schneiderzünfte in Kaschau und ihre schriftlichen Zeugnisse in der Sammlung des Ostslowakischen Museums. Katalog der Zunftschriftstücke der Schneiderzünfte in der Sammlung des Ostslowakischen Museums in Kaschau], Košice 2014.

Ameisenowa 1958 Zofia Ameisenowa: Rękopisy i pierwodruki iluminowane Biblioteki Jagiellońskiej [Handschriften und illuminierte Erstdrucke der Jagiellonen-Bibliothek], Wrocław 1958.

von Amira 1902 Karl von Amira (Hg.): Die Dresdener Bilderhandschrift des Sachsenspiegels. Bd. 1, Erste Hälfte, Leipzig 1902.

von Amira 1905 Karl von Amira: Die Handgebärden in den Bilderhandschriften des Sachsenspiegels (= Königlich Bayerische Akademie der Wissenschaften, Philosophisch-historische Klasse 33.2), München 1905, S. 163–263.

von Amira/von Schwerin 1943 Karl von Amira/Claudius Frhr. von Schwerin: Rechtsarchäologie. Gegenstände, Formen und Symbole germanischen Rechts, Teil 1: Einführung in die Rechtsarchäologie von Cl. Frhr. von Schwerin, Berlin-Dahlem 1943.

Amme 2012 Jochen Amme: Historische Bestecke III. Von der Frühzeit bis in die Zeit um 1600, Stuttgart 2012.

Anders/Winzeler 2005 Ines Anders/Marius Winzeler: Lausitzer Jerusalem. 500 Jahre Heiliges Grab zu Görlitz, Görlitz/Zittau 2005.

Anders/Wolfrum 1997 Ines Anders/Peter Wolfrum: Görlitz. Historische Ansichten aus vier Jahrhunderten, Würzburg 1997, S. 20–43.

Andersson 1989 Lars Andersson: Pilgrimsmärken och vallfart. Medeltida pilgrimskultur i Skandinavien (= Lund Studies in Medieval Archaeology 7), Lund 1989.

Angermann 1997 Norbert Angermann: Novgorod und die Hanse; in: Ferdinand Seibt u. a. (Hg.): Transit Brügge – Novgorod. Eine Straße durch die europäische Geschichte, Bottrop 1997, S. 281–286.

Angermeier 1966 Heinz Angermeier: Königtum und Landfriede im deutschen Spätmittelalter, München 1966.

Appuhn 1978 Horst Appuhn: Bürgereidkristall und Schwurlade, in: Wallraf-Richartz-Jahrbuch 40 (1978), S. 13–21.

Archiwum 1970 Archiwum miasta Elbląga. Przewodnik po zespołach 1242–1945 [Archiv der Stadt Elbing. Führer durch die Bestände 1242–1945], bearb. v. Janina Czaplicka u. Wanda Klesińska, Warszawa 1970.

Argálacs 2011 Mikuláš Argálacs: Mons Sancti Gregorii, in: Tatry 35/1 (2011), S. 18–19.

Arlinghaus 2006 Franz-Josef Arlinghaus u. a. (Hg.): Praxis der Gerichtsbarkeit in europäischen Städten des Spätmittelalters, Frankfurt a. M. 2006.

Arlinghaus 2018 Franz-Josef Arlinghaus: Inklusion – Exklusion. Funktion und Formen des Rechts in der spätmittelalterlichen Stadt. Das Beispiel Köln, Köln/Weimar/Wien 2018.

Armgart 2012 Martin Armgart: Handfeste, in: HRG^2, Bd. 2 (2012^2), Sp. 735–736.

Ars sacra 1993 Ars sacra: dawna sztuka Diecezji toruńskiej [Ars sacra: alte Kunst der Diözese Thorn]. Ausstellungskatalog, hg. v. Michał F. Woźniak, Toruń 1993.

Atlas historyczny 2017 Atlas historyczny miast polskich. The Historical Atlas of Polish Towns, Mappe 4: Śląsk [Schlesien], H. 13: Wrocław, Red. Rafał Eysymontt u. Mateusz Goliński, Wrocław 2017.

Atzbach/Lüken/Ottomeyer 2010 Burg und Herrschaft. Ausstellungskatalog, hg. v. Rainer Atzbach, Sven Lüken u. Hans Ottomeyer, Dresden 2010.

Auf den Spuren 2018 Auf den Spuren des mittelalterlichen Perleberg, hg. v. der Stadt Perleberg, Berlin 2018^2.

Augustinus 1997 Augustinus: De civitate dei, hg. v. Christoph Horn (= Klassiker Auslegen 11), Berlin 1997.

Aurea Porta 1997 Aurea Porta Rzeczypospolitej. Sztuka Gdańska od połowy XV do końca XVIII wieku [Aurea Porta der Adelsrepublik. Danziger Kunst von Mitte des 15. bis Ende des 18. Jahrhunderts], hg. v. Teresa Grzybkowska. Bd. 1: Essays, Gdańsk 1997.

Aurea Porta 1997a Aurea Porta Rzeczypospolitej. Sztuka Gdańska od połowy XV do końca XVIII wieku [Aurea Porta der Adelsrepublik. Danziger Kunst von der Mitte des 15. bis zum Ende des 18. Jahrhunderts], hg. v. Teresa Grzybkowska, Bd. 2: Katalog, Gdańsk 1997.

Averni 1968 Zvi Averni: Artikel Magdeburg, in: Germania Judaica, Bd. 2, hg. v. Zvi Averni, Tübingen 1968, S. 505–510.

B

Bada 2011 Michal Bada: Život v Žiline v zrkadle jej mestskej knihy [Das Leben in Sillein im Spiegel seines Stadtbuches], Bratislava 2011.

Badač 2003 Peter Badač: Stôl z bardejovskej radnice [Der Tisch aus dem Rathaus in Bartfeld], in: Buran 2003, Kat.-Nr. 5.15, S. 772.

Bader/Dilcher 1999 Karl Siegfried Bader/Gerhard Dilcher: Deutsche Rechtsgeschichte. Land und Stadt – Bürger und Bauer im alten Europa, Berlin/Heidelberg/New York 1999.

Baeriswyl 2018 Armand Baeriswyl: Torturm und Zinnenkranz. Die Stadtbefestigung als Mittel der kommunalen Selbstinszenierung im Mittelalter und in der frühen Neuzeit, in: Kommunale Selbstinszenierung: städtische Konstellationen zwischen Mittelalter und Neuzeit (= Medienwandel – Medienwechsel – Medienwissen 40), hg. v. Martina Stercken u. Christian Hesse, Zürich 2018.

Bahlcke 2004 Joachim Bahlcke: Wissenschaft und Nationalitätenkampf. Zur akademischen und hochschulpolitischen Tätigkeit des Prager Rechtshistorikers Wilhelm Weizsäcker (1886–1961) in der Zeit vom Münchener Abkommen bis zum Ende des Zweiten Weltkrieges, in: Österreichische Osthefte 2004, S. 345–359.

Bahrfeldt 1910 Emil Bahrfeldt: Die Münzen- und Medaillen-Sammlung in der Marienburg. Bd. 5: Münzen und Medaillen der Stadt Danzig, Danzig 1910.

Bąkowski 1913 Klemens Bąkowski: Kościół N. P. Maryi w Krakowie [Die Kirche der Heiligen Jungfrau Maria in Krakau] (= Biblioteka Krakowska 46), Kraków 1913.

Balčiūnas 2012 Dainius Balčiūnas: Rotušės aikštė 13 [Rathausplatz 13], in: Archeologiniai tyrinėjimai Lietuvoje 2011 metais [Archäologische Untersuchungen in Litauen 2011], Vilnius 2012, S. 380–385.

Balogh 1975 Jolán Balogh: Die Anfänge der Renaissance in Ungarn. Matthias Corvinus und die Kunst (= Forschungen und Berichte des Instituts für Kunstgeschichte der Karl-Franzens-Universität Graz 4), Graz 1975.

Baranowski 2000/2007 Henryk Baranowski: Bibliografia Wilna [Bibliografie von Wilna], Bd. 2: Miasto [Stadt], unter Mitarbeit v. Z. Baranowska u. J. Goławska, Toruń, 2000; Bd. 3: za lata 1999–2005 oraz uzupełnienia [für 1999–2005 samt Ergänzungen], unter Mitarbeit v. J. Goławska, Toruń 2007.

Barber 2013 Benjamin Barber: If Mayors Ruled the World: Dysfunctional Nations, Rising Cities, New Haven 2013.

Bardach 1988 Juliusz Bardach: Ustrój miast na prawie magdeburskim w Wielkim Księstwie Litewskim do połowy XVII wieku [Verfassung der mit dem Magdeburger Recht ausgestatteten Städte im Großfürstentum Litauen bis zur Mitte des 17. Jh.], in: Juliusz Bardach: O dawnej i niedawnej Litwie [Über das alte und nicht alte Litauen], Poznań 1988, S. 72–119.

Bartel 2017 Elisabeth Bartel: Eine Bank aus der Berliner Gerichtslaube? Der Versuch die Geschichte eines mittelalterlichen Möbels zu rekonstruieren, in: Der Bär von Berlin. Jahrbuch des Vereins für die Geschichte Berlins 66 (2017), S. 9–33.

Barton 2011 Ulrich Barton: Vera icon und Schau-Spiel. Zur Medialität der Veronica-Szene im mittelalterlichen Passionsspiel, in: Beiträge zur Geschichte der deutschen Sprache und Literatur 133/3 (2011), S. 451–469.

Bartoszewicz 2017 Agnieszka Bartoszewicz: Urban Literacy in Late Medieval Poland (= Utrecht Studies in Medieval Literacy 39), Turnhout 2017.

Bartsch 1882 Ludwig Bartsch: Sächsische Kleiderordnungen aus der Zeit von 1450 bis 1750 (Erste Hälfte), in: Neununddreißigster Bericht über die Königliche Realschule I. O. nebst Progymnasium Annaberg, Annaberg 1882, S. 1–28.

Barycz 1935 Henryk Barycz: Historja Uniwersytetu Jagiellońskiego w epoce humanizmu [Geschichte der Jagiellonen-Universität in der Epoche des Humanismus], Kraków 1935.

Bastl 2003 Ondřej Bastl: Spojení pražských měst v roce 1784 [Die Vereinigung der Prager Städte im Jahre 1784] (= Documenta Pragensia Monographia 18), Praha 2003.

Batári/Vadászi 2000 Ferenc Batári/Erzsébet Vadászi: The Art of Furniture-Making from the Gothic to the Biedermeier: European Furniture from the 15th to the 19th Century in the Nagytétény Castle Museum, Budapest 2000.

Bauer 2006 Andreas Bauer: Bildquellen des Mittelalters als Informationsträger für die Rechtsgeschichte, in: Kloster und Bildung im Mittelalter (= Veröffentlichungen des Max-Planck-Instituts für Geschichte 218; Studien zur Germania Sacra 28), hg. v. Nathalie Kruppa u. Jürgen Wilke, Göttingen 2006, S. 263–300.

Baumbach 2017 Hendrik Baumbach: Königliche Gerichtsbarkeit und Landfriedenssorge im deutschen Spätmittelalter. Eine Geschichte der Verfahren und Delegationsformen zur Konfliktbehandlung (= Quellen und Forschungen zur Höchsten Gerichtsbarkeit im Alten Reich 68), Köln/Weimar/Wien 2017.

Baumgärtel-Fleischmann 2002 Renate Baumgärtel-Fleischmann: Die Regensburger Heinrichsgewänder, in: Die Alte Kapelle in Regensburg, hg. v. Werner Schiedermair, Regensburg 2002, S. 257–265, S. 385–387.

Baumgärtner/Kugler 2008 Europa im Weltbild des Mittelalters. Kartographische Konzepte (= Orbis mediaevalis 10), hg. v. Ingrid Baumgärtner u. Hartmut Kugler, Berlin 2008.

Baxandall 1984 Michael Baxandall: Die Wirklichkeit der Bilder. Malerei und Erfahrung im Italien des 15. Jahrhunderts, Frankfurt a. M. 1984.

Becher 2006 Matthias Becher: Die Auseinandersetzung Heinrichs IV. mit den Sachsen. Freiheitskampf oder Adelsrevolte?, in: Vom Umbruch zur Erneuerung. Das 11. und beginnende 12. Jahrhundert. Positionen der Forschung, hg. v. Jörg Jarnut u. Matthias Wemhoff (= Mittelalter Studien des Instituts zur Interdisziplinären Erforschung des Mittelalters und seines Nachwirkens 13), München 2006, S. 357–368.

Becker/Overgaauw 2003 Aderlaß und Seelentrost. Die Überlieferung deutscher Texte im Spiegel Berliner Handschriften und Inkunabeln (= Staatsbibliothek zu Berlin – Preußischer Kulturbesitz, Ausstellungskataloge N. F. 48), hg. v. Peter Jörg Becker u. Eef Overgaauw, Mainz 2003.

Behling 1975 Lottlisa Behling: Die Triumphkreuzgruppe der Danziger Marienkirche von 1517, ein Werk Meister Pauls von Danzig, in: Lottlisa Behling: Zur Morphologie und Sinndeutung kunstgeschichtlicher Phänomene, Köln u. a. 1975, S. 1–7.

Behrisch 2005 Lars Behrisch: Städtische Obrigkeit und soziale Kontrolle, Görlitz 1450–1600, Epfendorf/Neckar 2005.

Bekmann 1753 Johann Christoph Bekmann: Historische Beschreibung der Chur- und Mark Brandenburg, Berlin 1753.

Bencze 1991 Zoltán Bencze: Die Handwerker und Kaufleute der Stadt Buda vom Anfang des 14. bis zum ersten Drittel des 16. Jahrhunderts, in: Biegel 1991, S. 335–350.

Benda 2016 Judit Benda: Cloth seals, in: On Common Path 2016, Kat. 5. H. 21, S. 249.

Berend 2012 Nora Berend (Hg): The Expansion of Central Europe in the Middle Ages (= The Expansion of Latin Europe, 1000–1500, Bd. 5), Farnham 2012.

Berend/Urbańczyk/Wiszewski 2013 Nora Berend/Przemysław Urbańczyk/Przemysław Wiszewski: Central Europe in the High Middle Ages. Bohemia, Hungary and Poland. c. 900–c.1300, Cambridge 2013.

Berg/Friedrich 1994 Theresia Berg/Udo Friedrich: Wissenstradierungen in spätmittelalterlichen Schriften zur Kriegskunst: Der ›Bellifortis‹ des Konrad Kyeser und das anonyme ›Feuerwerkbuch‹, in: Wissen für den Hof: Der spätmittelalterliche Verschriftungsprozeß am Beispiel Heidelberg im 15. Jahrhundert (= Münstersche Mittelalter-Schriften 67), hg. v. Jan-Dirk Müller, München 1994, S. 169–232.

Bergdolt 2003 Klaus Bergdolt: Der Schwarze Tod. Die große Pest und das Ende des Mittelalters (= Beck'sche Reihe 1378), München 2003[5].

Bergner1905 Paul Bergner: Verzeichnis der gräflich Nostitzschen Gemälde-Galerie zu Prag, Prag 1905.

Bergstedt 2011 Clemens Bergstedt u. a. (Hg.): Im Dialog mit Raubrittern und Schönen Madonnen. Die Mark Brandenburg im späten Mittelalter. Begleitband zum Ausstellungsverbund »Raubritter und Schöne Madonnen« (= Studien zur brandenburgischen und vergleichenden Landesgeschichte 6), Berlin 2011.

Bernet 2007 Claus Bernet: »Gebaute Apokalypse«. Die Utopie des Himmlischen Jerusalem in der Frühen Neuzeit, Mainz 2007.

Bernet 2007a Claus Bernet: Das Himmlische Jerusalem im Mittelalter: Mikrohistorische Idealvorstellung und utopischer Umsetzungsversuch, in: Mediaevistik 20 (2007), S. 9–25.

Bertelsmeier-Kierst 2007 Christa Bertelsmeier-Kierst: Zur ältesten Überlieferung des Sachsenspiegels, in: Stephan Buchholz/Heiner Lück (Hg.): Worte des Rechts. Wörter zur Rechtsgeschichte. Festschrift für Dieter Werkmüller zum 70. Geburtstag, Berlin 2007, S. 56–77.

Bertling 1884 Die Wachstafeln der Danziger Stadtbibliothek, hg. v. August Bertling, in: Zeitschrift des Westpreussischen Geschichtsvereins 11 (1884), S. 1–62.

Betlejewska 2006 Klejnot w koronie Rzeczypospolitej. Sztuka zdobnicza Prus Królewskich [Das Juwel in der Krone der Polnischen Adelsrepublik. Kunsthandwerk in Preußen Königlichen Anteils]. Ausstellungskatalog, hg. v. Czesława Betlejewska, Bd. 2, Gdańsk 2006.

Beumann 2000 Helmut Beumann: Theutonum nova metropolis. Studien zur Geschichte des Erzbistums Magdeburg in ottonischer Zeit (= Quellen und Forschungen zur Geschichte Sachsen-Anhalts 1), Köln/Weimar/Wien 2000.

Bialostocki 1967 Jan Bialostocki: The Sea-Thiasos in Renaissance Sepulcral Art, in: Studies in Renaissance and Baroque Art, London/New York 1967, S. 69–74.

Biedrzycka 2019 Agnieszka Biedrzycka: Kryspin Szarfenberg, online abrufbar unter: http://www.ipsb.nina.gov.pl/a/biografia/kryspin-szarfenberg [letzter Zugriff am 15. 7. 2019].

Biegel 1991 Budapest im Mittelalter. Ausstellungskatalog (= Schriften des Braunschweigischen Landesmuseums 62), hg. v. Gerd Biegel, Braunschweig 1991.

Bielec-Maciejewska 2015 Beata Bielec-Maciejewska: Kafle i piece kaflowe w Toruniu (XIV–XX wiek) [Kacheln und Kachelöfen in Thorn (14.–20. Jahrhundert)], Toruń 2015.

Biermann/Herrmann/Koperkiewicz 2016 a Felix Biermann/Christofer Herrmann/Arkadiusz Koperkiewicz: Alt-Wartenburg/Barczewko. Interdisziplinäre Erforschung einer spätmittelalterlichen Stadtwüstung im Ermland (Nordostpolen), in: Zeitschrift für Archäologie des Mittelalters 44 (2016), S. 115–148.

Biermann/Herrmann/Koperkiewicz 2016 b Felix Biermann/Christofer Herrmann/Arkadiusz Koperkiewicz: Alt Wartenburg/Barczewko na Warmii. Początki miasta średniowiecznego i jego fortyfikacje [Alt-Wartenburg/Barczewko im Ermland. Anfänge der mittelalterlichen Stadt und ihre Befestigungsanlagen], in: Archaeologica Hereditas 7 (2016), S. 49–70.

Biermann/Herrmann/Koperkiewicz 2018 Felix Biermann/Christofer Herrmann/Arkadiusz Koperkiewicz: Small Town in Great Wilderness. Research into the Former Medieval Town and Castle of Alt-Wartenburg (Barczewko, North-Eastern Poland), in: Nils Engberg u. a. (Hg.): Building a Castle. Preparing for War or Keeping the Peace? (= Castella Maris Baltici 13/Castles of the North 2), Bonn 2018, S. 123–134.

Biermann/Herrmann/Koperkiewicz 2018 a Felix Biermann/Christofer Herrmann/Arkadiusz Koperkiewicz: Alt-Wartenburg im Kontext der spätmittelalterlichen Stadtgründung im Ermland, in: Köster/Link/Lück 2018, S. 403–421.

Biller 2016 Thomas Biller: Die mittelalterliche Stadtbefestigung im deutschsprachigen Raum. Ein Handbuch, Darmstadt 2016.

Bimler 1934 Kurt Bimler: Die schlesische Renaissanceplastik, Breslau 1934.

Birkenmajer 1900 Ludwik Antoni Birkenmajer: Mikołaj Kopernik, Kraków 1900.

Birkholz 2017 Zenon Birkholz: English Medieval Alabaster Figures of St Christopher and Doubting St Thomas from Gdańsk and their Devotional Function, in: Studia Anthropologica. Pogranicza historii sztuki i kultury, Bd. 2, Lublin 2017, S. 233–258.

Birnbaum/Schaeke 1997 Henrik Birnbaum/Jos Schaeke: Das altkirchenslavische Wort. Bildung, Bedeutung, Herleitung, München 1997.

Biskup 1999 Historia Torunia [Geschichte Thorns], Bd. 1: W czasach średniowiecza (do 1454 r.) [Im Mittelalter bis 1454], hg. v. Marian Biskup, Toruń 1999.

Blaschke 1994 Karlheinz Blaschke: Vom Stadtbrief zum Reichsgericht. Die Stadt Leipzig als Ort der Rechtsprechung, in: Leipzig – Stadt der Rechtsprechung. Prozesse, Personen, Gebäude (= Sächsische Justizgeschichte, Bd. 3), Dresden 1994, S. 2–29.

Blaschke/Heilfurth 1980 Karlheinz Blaschke/Gerhard Heilfurth: Bergbau, in: Lexikon des Mittelalters, Bd. 1, München/Zürich 1980, Sp. 1946–1952.

Blau 1925/26 Ludwig Blau: Das Schreiben der Sefer Thora, in: Soncino-Blätter. Beiträge zur Kunde des jüdischen Buches 1 (1925/26), S. 16–28.

Błażejewska 2009 Dzieje Sztuki Torunia [Geschichte der Thorner Kunst], bearb. v. Anna Błażejewska u. a., Toruń 2009.

Blümcke 1884 Otto Blümcke: Die Handwerkszünfte im mittelalterlichen Stettin. in: Baltische Studien 34 (1884), S. 81–247.

Blume/Farrenkopf/Przigoda 2018 Lars Blume/Michael Farrenkopf/Stefan Przigoda: Geschichte des Bergbaus (= Veröffentlichungen aus dem Deutschen Bergbau-Museum Bochum 225, Schriften des Bergbau-Archivs 31), Berlin 2018.

Böck 1991 Hanna Böck: Einsiedeln. Das Kloster und seine Geschichte, Zürich 1991.

Boda 2014 A restaurálás művészete. Kiemelkedő restaurálások a Magyar Nemzeti Galériában 1957–2011 [Die Kunst der Restaurierung. Herausragende Restaurierungen in der Ungarischen Nationalgalerie 1957–2011], hg. v. Zsuzsanna Boda u. a., Budapest 2014.

de Boer/Füssel/Schuh 2018 Universitäre Gelehrtenkultur vom 13.–16. Jahrhundert. Ein interdisziplinäres Quellen- und Methodenhandbuch, hg. v. Jan-Hendryk de Boer, Marian Füssel u. Maximilian Schuh, Stuttgart 2018.

Boetticher 1897 Adolf Boetticher: Die Bau- und Kunstdenkmäler der Provinz Ostpreußen. Heft VII: Königsberg, Königsberg 1897.

Bog 1971 Ingomar Bog (Hg.): Der Außenhandel Ostmitteleuropas 1450–1650. Die ostmitteleuropäischen Volkswirtschaften in ihren Beziehungen zu Mitteleuropa, Köln/Wien 1971.

Bogdanowicz 1990 Stanisław Bogdanowicz: Dzieła sztuki sakralnej w bazylice mariackiej w Gdańsku [Werke der Sakralkunst in der Danziger Marienkirche], Gdańsk 1990.

Bohàč/Jeleček 1989 Zdeněk Bohàč/Leoš Jeleček: Medieval Bohemia in the Context of Central Europe, in: Montagnes, fleuves, forêts dans l'histoire: Barrières ou lignes de convergence?, hg. v. Jean-François Bergier, St. Katharinen 1989, S. 147–166.

Bohlmann 1939 Robert Bohlmann: Ein gesteppter Waffenrock des 15. Jahrhunderts in Stendal, in: Zeitschrift für historische Waffen und Kostüme 15 (1939), S. 258–261.

Bökenkamp 2002 Yvonne Bökenkamp: Das Blankenfelde-Haus in der Spandauer Straße 49 in Berlin, in: Zieringer Nachrichten 50 (2002), Anhang S. 1–18.

Bondy/Dworský 1906 Gottlieb Bondy/Franz Dworský: Zur Geschichte der Juden in Böhmen, Mähren und Schlesien, Bd. 1, Prag 1906.

Boockmann 1987 Hartmut Boockmann: Geschichte im Museum? Zu den Problemen und Aufgaben eines deutschen historischen Museums, München 1987.

Boockmann 1994 Hartmut Boockmann: Die Stadt im späten Mittelalter, München 1994^3.

Borawska 2005 Teresa Borawska: Die Frauenburger Kanoniker um Kopernikus und ihr Interesse an den geistigen Strömungen ihrer Zeit. Ein Beitrag zur Kulturgeschichte Ermlands, in: Kulturgeschichte Preußens königlich polnischen Anteils in der Frühen Neuzeit (= Frühe Neuzeit 103), hg. v. Sabine Beckmann u. Klaus Garber, Tübingen 2005, S. 61–71.

Borawska 2015 Teresa Borawska: Preußische Jura-Studenten an italienischen Universitäten vor 1525, in: Von Preußenland nach Italien. Beiträge zur kultur- und bildungsgeschichtlichen Vernetzung europäischer Regionen (= Innsbrucker Historische Studien 30), hg. v. Mark Mersiowsky u. Arno Mentzel-Reuters, Innsbruck 2015, S. 85–115.

Borchert 2010 Van Eyck bis Dürer. Altniederländische Meister und die Malerei in Mitteleuropa 1430–1530. Ausstellungskatalog, hg. v. Till-Holger Borchert, Stuttgart 2010.

Borggrefe 2002 Heiner Borggrefe: Hans Vredeman de Vries (1526–1609), in: Hans Vredeman de Vries und die Renaissance im Norden. Ausstellungskatalog, hg. v. Heiner Borggrefe u. a., München 2002, S. 15–38.

Borgolte 2006 Michael Borgolte: Christen, Juden, Muselmanen. Die Erben der Antike und der Aufstieg des Abendlandes 300 bis 1400 n. Chr., München 2006.

Borkopp-Restle 2010 Birgitt Borkopp-Restle: Local Relations in the Iconography of Liturgical Vestments in St. Mary's Church in Gdańsk, in: Iconography of Liturgical Textiles in the Middle Ages (= Riggisberger Berichte 18), hg. v. Evelin Wetter, Riggisberg 2010, S. 53–56.

Borkopp-Restle 2019 Birgitt Borkopp-Restle: Der Schatz der Marienkirche zu Danzig. Liturgische Gewänder und textile Objekte aus dem späten Mittelalter (= Berner Forschungen zur Geschichte der textilen Künste 1), Affalterbach 2019.

Borrmann 1893 Richard Borrmann: Die Bau- und Kunstdenkmäler von Berlin, Berlin 1893.

Bösen/Mikat 1999 Willibald Bösen/Paul Mikat: Prozeß Jesu, in: Lexikon für Theologie und Kirche, Bd. 8, Freiburg im Breisgau u. a. 1999^3, S. 675–678.

Bott/Arnold 1990 800 Jahre Deutscher Orden. Ausstellungskatalog, hg. v. Gerhard Bott u. Udo Arnold, München 1990.

Bott/de Montebello 1986 Gerhard Bott/Philippe de Montebello (Hg.): Nürnberg 1300–1550. Kunst der Gotik und der Renaissance. Ausstellungskatalog, München 1986.

Böttcher/Groll/Wende 2017 Claudia Böttcher/Ernst Thomas Groll/Ulrike Wende: Die Untersuchung und Restaurierung des Skulpturenensembles des Magdeburger Reiters von 2011 bis 2015, in: Köster 2017a, S. 58–93.

Božová/Drobniak/Gutek 1998 Jana Božová/Gabriel Drobniak/František Gutek: Kostol sv. Egídia v Bardejove [Die Kirche des hl. Ägidius in Bartfeld], Bardejov 1998.

Brachmann 1995 Hansjürgen Brachmann (Hg.): Burg – Burgstadt – Stadt: Zur Genese mittelalterlicher nichtagrarischer Zentren in Ostmitteleuropa (= Forschungen zur Geschichte und Kultur des östlichen Mitteleuropa 1), Berlin 1995.

Bracker 1989 Die Hanse. Lebenswirklichkeit und Mythos, 2 Bde., hg. v. Jörgen Bracker, Hamburg 1989.

Brand 2005 Jürgen Brand: Abgerechnet wird am Schluß oder: Das jüngste Gericht als kollektive Erinnerung, in: Kultur- und rechtshistorische Wurzeln Europas, Arbeitsbuch, hg. v. Jörg Wolff, Bad Godesberg 2005, S. 155–180.

Brand/Monnet/Staub 2003 Memoria, Communitas, Civitas, hg. v. Hanno Brand, Pierre Monnet u. Martial Staub, Ostfildern 2003.

Brandl 2009 Heiko Brandl: Die Skulpturen des 13. Jahrhunderts im Magdeburger Dom. Zu den Bildwerken der Älteren und Jüngeren Werkstatt (= Beiträge zur Denkmalpflege 4), Diss. Halle (Saale) 2003, Petersberg 2009.

Brandl 2017 Heiko Brandl: Der Magdeburger Reiter und die Jüngere Skulpturenwerkstatt am Dom, in: Köster 2017a, S. 166–185.

Bräuer/Schlenkrich 2001 Helmut Bräuer/Elke Schlenkrich (Hg.): Die Stadt als Kommunikationsraum. Beiträge zur Stadtgeschichte vom Mittelalter bis ins 20. Jahrhundert. Festschrift für Karl Czok zum 75. Geburtstag, Leipzig 2001.

Braun 1907 Joseph Braun: Die liturgische Gewandung in Occident und Orient. Nach Ursprung und Entwicklung, Verwendung und Symbolik, Freiburg im Breisgau 1907 (ND Darmstadt 1964).

Braune/Wiese 1929 Heinz Braune/Erich Wiese: Schlesische Malerei und Plastik des Mittelalters. Kritischer Katalog der Ausstellung in Breslau 1926, Leipzig 1929.

Braun-Niehr 2008 Beate Braun-Niehr: Magdeburg – Halberstadt – Quedlinburg. Buchmalerei im Harzvorland während des 13. Jahrhunderts, in: Kunst, Kultur und Geschichte im Harz und Harzvorland um 1200 (= Veröffentlichungen des Landesamtes für Denkmalpflege und Archäologie Sachsen-Anhalt; Arbeitsberichte 8), hg. v. Ulrike Wendland, Petersberg 2008, S. 262–273.

Braun-Niehr 2017 Beate Braun-Niehr: Innovative Text-Bild-Konzepte in Handschriften des späten 13. Jahrhunderts. Eine Spurensuche im nordöstlichen Harzvorland, in: Zentrum oder Peripherie? Kulturtransfer in Hildesheim und im Raum Niedersachsen (12.–15. Jahrhundert) (= Wolfenbütteler Mittelalter-Studien 32), hg. v. Monika E. Müller u. Jens Reiche, Wiesbaden 2017, S. 367–403.

Brehm 2017 Anne-Christine Brehm: Die steinernen Fragmente von Oktogon und Ölberg, in: Ulm und Oberschwaben 60 (2017), S. 92–116.

Brosig 1930 Alfred Brosig: Plastyka gotycka na Pomorzu [Gotische Plastik in Pommern], Toruń 1930.

Brown 1994 Michelle P. Brown: The Role of the Wax Tablet in Medieval Literacy: A Reconsideration in Light of a Recent Find from York, in: The British Library Journal 20 (1994), Nr. 1, S. 1–16.

Brückner 2008 Sigrid Brückner: Tangermünder Denkwürdigkeiten, in: Sigrid Brückner (Hg.): Tangermünde, 1 000 Jahre Geschichte, Dössel 2008, S. 19–92.

Brumme 2010 Carina Brumme: Das spätmittelalterliche Wallfahrtswesen im Erzstift Magdeburg, im Fürstentum Anhalt und im sächsischen Kurkreis. Entwicklung, Strukturen und Erscheinungsformen frommer Mobilität in Mitteldeutschland vom 13. bis zum 16. Jahrhundert (= Europäische Wallfahrtsstudien 6), Frankfurt (Main) 2010.

Bruna 2006 Denis Bruna: Enseignes de plomb et autres menues chosettes de Moyen Âge, Paris 2006.

Bruna 2007 Denis Bruna: Saints et diables au chapeau. Bijoux oubliés du Moyen Âge, Paris 2007.

Buchda 1941 Gerhard Buchda: Schöffenstuhlsiegel I, 1: Magdeburg, in: Zeitschrift der Savigny-Stiftung für Rechtsgeschichte. Germanistische Abteilung 61 (1941), S. 257–265.

Buchholz 1890 Rudolf Buchholz: Verzeichniss der im Märkischen Provinzial-Museum der Stadtgemeinde Berlin befindlichen Berlinischen Alterthümer von der ältesten Zeit bis zum Ende der Regierungszeit Friedrichs des Großen, Berlin 1890.

Buchinger/Hiley/Reichert 2017 Prozessionen und ihre Gesänge in der mittelalterlichen Stadt. Gestalt – Hermeneutik – Repräsentation (= Forum Mittelalter – Studien 13), hg. v. Harald Buchinger, David Hiley u. Sabine Reichert, Regensburg 2017.

Buchner 1928 Ernst Buchner: Hans von Kulmbach als Bildnismaler, in: Pantheon 1 (1928), S. 135–142.

Buchner 1953 Ernst Buchner: Das deutsche Bildnis der Spätgotik und der frühen Dürerzeit, Berlin 1953.

Buchwald 1909 Conrad Buchwald: Neuerwerbungen des Museums I: Ein Abendmahlsbild aus dem Breslauer Rathaus, in: Schlesiens Vorzeit in Bild und Schrift: Zeitschrift des Vereins für das Museum Schlesischer Altertümer 5 (1909), S. 144–150.

Buck 1965 Anne Buck: Clothes and Child. A Handbook of Childrens Dress in England 1500–1900, New York 1965.

Buczek 1979 Anna Buczek: Ornat krakowskiego cechu krupników ze zbiorów Muzeum Historycznego m. Krakowa [Kassel der Krakauer Grützmacherzunft aus der Sammlung des Historischen Museums der Stadt Krakau], in: Krzysztofory. Zeszyty Naukowe Muzeum Historycznego Miasta Krakowa 6 (1979), S. 21–25.

Budzyński/Gudel/Stankiewicz 1993 Gustaw Budzyński/Joachim Gudel/Marianna Stankiewicz: Barwa dźwięku zabytkowych gdańskich dzwonów [Die Klangfarbe der historischen Danziger Glocken], in: International Seminar Preservation of the Industrial Heritage – Gdańsk Outlook, Gdańsk 1993.

Bühler 1929 Johannes Bühler: Bauer, Bürger, Hansa. Nach zeitgenössischen Quellen, Leipzig 1929.

Bujak/Czyżewski 2007 Adam Bujak/Krzysztof Czyżewski: Wit Stwosz. Ołtarz Mariacki [Veit Stoss. Der Marienaltar], Kraków 2007.

Bulst 1988 Neithard Bulst: Zum Problem städtischer und territorialer Kleider-, Aufwands- und Luxusgesetzgebung in Deutschland (13.–Mitte 16. Jahrhundert), in: Renaissance du pouvoir législatif et genèse de l'état (= Publications de la Société d'Histoire du Droit et des Institutions des Anciens Pays de Droit Ecrit 3), hg. v. André Gouron u. Albert Rigaudière, Montpellier 1988, S. 20–57.

Bulst/Jütte 1993 Zwischen Sein und Schein. Kleidung und Identität in der ständischen Gesellschaft (= Saeculum. Jahrbuch für Universalgeschichte 44/1), hg. v. Neithard Bulst u. Robert Jütte, Freiburg/München 1993.

Bunčić 2012 Daniel Bunčić: The Standardization of Polish Orthography in the 16th Century, in: Susan Baddeley/Anja Voeste (Hg.): Orthographies in Early Modern Europe. A Comparative View, Berlin/Boston 2012, S. 219–254.

Bunde 2005 Christina Bunde: Bedeutung und Wirkung der schwarzen Bekleidungsfarbe in Deutschland zur Zeit des 16. Jahrhunderts, Diss. Bremen 2005, online abrufbar unter: https://elib.suub.uni-bremen.de/diss/docs/E-Diss1214_Burde.pdf [letzter Zugriff am 11. 7. 2019].

Bundschuh 1996 Miriam Bundschuh: Gesteppter Waffenrock aus dem Stendaler Rathaus, in: Puhle 1996, Bd. 2, S. 115.

von Bunge 1879 Friedrich Georg von Bunge (Hg.): Altlivlands Rechtsbücher, Leipzig 1879.

Bünz 2009 Enno Bünz: Gründung und Entfaltung. Die spätmittelalterliche Universität Leipzig 1409–1539, in: Geschichte der Universität Leipzig 1409–2009. Bd. 1: Spätes Mittelalter und Frühe Neuzeit 1409–1830/31, hg. v. Enno Bünz, Manfred Rudersdorf u. Detlef Döring, Leipzig 2009, S. 21–325.

Bünz 2015 Geschichte der Stadt Leipzig. Bd. 1: Von den Anfängen bis zur Reformation, unter Mitwirkung v. Uwe John hg. v. Enno Bünz, Leipzig 2015.

Bünz 2015 a Enno Bünz: Die Chronik des Thietmar von Merseburg und die Ersterwähnung von 1015, in: Bünz 2015, S. 86–89.

Bünz 2015 b Enno Bünz: Entstehung und Entwicklung der Stadt im 12. und 13. Jahrhundert, in: Bünz 2015, S. 123–146.

Bünz 2017 Enno Bünz: Die mittelalterliche Pfarrei. Ausgewählte Studien zum 13.–16. Jahrhundert (= Spätmittelalter, Humanismus, Reformation 96), Tübingen 2017.

Bünz/Fouquet 2013 Die Pfarrei im späten Mittelalter (= Vorträge und Forschungen 77), hg. v. Enno Bünz u. Gerhard Fouquet, Ostfildern 2013.

Buran 2003 Gotika: Dejiny slovenského výtvarného umenia [Gotik. Geschichte der Bildenden Kunst in der Slowakei], hg. v. Dušan Buran, Bratislava 2003.

Buran 2017 Dušan Buran: Majster Pavol z Levoče. Komentovaná chronológia diela [Meister Paul von Leutschau. Kommentierte Werkchronologie], in: Historická revue 28 (2017), Nr. 12, S. 14–21.

Buran/Dectot/Ton-That 2010 D'or et de feu. L'art en Slovaquie à la fin du Moyen Âge. Ausstellungskatalog, hg. v. Dušan Buran, Xavier Dectot u. Jean Christophe Ton-That, Paris 2010.

Burbianka 1968 Marta Burbianka: Produkcja typograficzna Scharffenbergów we Wrocławiu [Typografische Produktion der Scharffenbergs in Breslau], Wrocław 1968.

Burgemeister 1930 Ludwig Burgemeister: Die Kunstdenkmäler der Stadt Breslau, Teil 1, Breslau 1930.

Burgemeister/Grundmann 1933 Ludwig Burgemeister/Günther Grundmann: Die Kunstdenkmäler der Stadt Breslau, Teil 2, Breslau 1933.

Burke 1998 Peter Burke: Die europäische Renaissance. Zentren und Peripherien (Europa bauen), München 1998.

Burkhardt 1953 Valentine Rodolphe Burkhardt: Chinese Creeds and Customs, Hongkong 1953.

Büsching 1813 Johann Gustav Gottlieb Büsching: Bruchstücke einer Geschäftsreise durch Schlesien, unternommen in den Jahren 1810, 1811, 1812, Breslau 1813.

Buschmann 1987 Arno Buschmann: Der Rheinische Bund von 1254–1257. Landfriede, Städte, Fürsten und Reichsverfassung im 13. Jahrhundert, in: Kommunale Bündnisse Oberitaliens und Oberdeutschlands im Vergleich, hg. v. Helmut Maurer, Sigmaringen 1987.

Bushart 1994 Bruno Bushart: Die Fuggerkapelle bei St. Anna in Augsburg, München 1994.

Búsko 2007 Cezary Buśko: Antropomorficzna rękojeść noża [Anthropomorpher Messergriff], in: Lichończak-Nurek/Niezabitowski 2007, S. 460 f.

Buzinkay/Havassy 1995 Budapesti Történeti Múzeum [Historisches Museum Budapest], hg. v. Géza Buzinkay u. Péter Havassy, Budapest 1995.

Byrn 1995 R. F. M. Byrn: National Stereotypes Reflected in German Literature, in: Concepts of National Identity in the Middle Ages (= Leeds Texts and Monographs N. S. 14), hg. v. Simon Forde, Leeds 1995, S. 137–154.

C

Čáda 1963 František Čáda: Olomoucký kodex Václava z Jihlavy [Der Olmützer Codex des Wenzel von Iglau], in: Studie o rukopisech 2 (1963), S. 77–154.

Čáda 1969 František Čáda: Rukopisy města Olomouce [Die Handschriften der Stadt Olmütz], in: Studie o rukopisech 8 (1969), S. 123–173.

Caiger-Smith 1985 Alan Caiger-Smith: Lustre Pottery, London 1985.

Carlen 1987 Louis Carlen: Wallfahrt und Recht im Abendland, Freiburg 1987.

Carls 2018 Wieland Carls: Rechtsanfragen und Rechtssprüche. Zur Praxis des Rechtsverkehrs mit dem Magdeburger Schöffenstuhl, in: Köster/Link/Lück 2018, S. 126–143.

Carls 2018 a Wieland Carls: Popplau, Kaspar, in: HRG^2, Bd. 4, Lfg. 27 (2018^2), Sp. 681–682.

Catalogus 1980 Catalogus codicum manuscriptorum medii aevi Latinorum, qui in Bibliotheca Jagellonica Cracoviae asservantur, Breslau 1980.

Caviness/Nelson 2018 Madeline H. Caviness/Charles G. Nelson: Women and Jews in the Sachsenspiegel Picture-Books, London/Turnhout 2018.

Čelakovský 1886 Jaromír Čelakovský: Privilegia měst pražských.[Die Privilegien der Prager Städte], Praha 1886.

Čelková/Čelko 2017 Mária Čelková/Mikuláš Čelko (Hg): Banská Štiavnica: mesto svetového dedičstva UNESCO [Schemnitz als UNESCO Weltkulturerbestadt], Banská Bystrica 2017.

Cerman 2013 Regina Cerman: Der Bellifortis des Konrad Kyeser (= Codices Manuscripti et impressi, Supplementum 8), Purkersdorf 2013.

Černý 1999 Pavol Černý: Olomoucký právní sborník Václava z Jihlavy [Die Olmützer Rechtssammlung des Wenzel von Iglau], in: Ivo Hlobil/Marek Perůtka: Od gotiky k renesanci. Výtvarná kultura Moravy a Slezska 1400–1500 [Von der Gotik zur Renaissance. Die gestalterische Kultur Mährens und Schlesiens 1400–1500], Bd. 3: Olomoucko [Olmützer Land], Olomouc 1999, S. 476–479.

Ceynowa 2004 Beata Ceynowa: Późnośredniowieczne patynki gdańskie z badań na Wyspie Spichrzów [Spätmittelalterliche Danziger Trippen aus Ausgrabungen auf der Speicherinsel], in: Pomerania Antiqua 19 (2004), S. 139–154.

Ceynowa 2005 Beata Ceynowa: Patynki z badań na Wyspie Spichrzów w Gdańsku [Trippen aus Ausgrabungen auf der Speicherinsel], in: XIV Sesja Pomorzoznawcza [14. Tagung der Pommernkunde]. Bd. 2: Od wczesnego średniowiecza do czasów nowożytnych [Vom frühen Mittelalter bis zur Neuzeit], Gdańsk 2005, S. 319–326.

Ceynowa 2007 Beata Ceynowa: Patynki skórzane ze stanowiska Lastadia w Gdańsku [Ledertrippen aus der Ausgrabungsstätte Lastadie in Danzig], in: XV Sesja Pomorzoznawcza [15. Tagung der Pommernkunde], hg. v. G. Nawrolska, Elbląg 2007, S. 437–446.

Ceynowa 2009 Beata Ceynowa: Problem importu obuwia w Gdańsku w 1. połowie XVI w. na przykładzie znalezisk części butów ze stan. przy ul. Lastadia [Das Problem des Schuhimports in Danzig in der 1. Hälfte des 16. Jahrhunderts am Beispiel von Schuhfunden in der ul. Lastadia], in: Stan badań archeologicznych miast w Polsce [Stand der archäologischen Ausgrabungen der Städte in Polen], Gdańsk 2009, S. 403–416.

Ceynowa 2013 Beata Ceynowa: Archeologiczne świadectwa kultu maryjnego w średniowiecznym Gdańsku. Katalog skrócony wystawy [Archäologische Zeugnisse des Marienkults in Danzig im Mittelalter. Gekürzter Ausstellungskatalog], Gdańsk 2013.

Ceynowa 2015 Beata Ceynowa: Średniowieczna tradycja darów miłosnych na przykładzie bogato dekorowanych toreb skórzanych z badań w Gdańsku [Mittelalterliche Tradition von Liebesgeschenken am Beispiel reichverzierter Ledertaschen aus den Ausgrabungen in Danzig], in: In gremio – In praxi. Przedmioty skórzane na co dzień i od święta [In gremio – in praxi. Ledergegenstände im Alltag und an Feiertagen], hg. v. Anna B. Kowalska, Szczecin 2015, S. 75–96.

Ceynowa 2018 Beata Ceynowa: Zabytki skórzane [Fundstücke aus Leder], in: Jatki mięsne w Gdańsku od XIV do XX wieku [Die Fleischbänke in Danzig vom 14. bis zum 20. Jahrhundert], hg. v. Aleksandra Pudło, Waldemar Ossowski u. Ewa Trawicka, Gdańsk 2018, S. 479 f.

Ceynowa/Trawicka 2016 »Każdy krok zostawia ślad«. Obuwie historyczne ze zbiorów Muzeum Archeologicznego w Gdańsku [»Jeder Schritt hinterlässt eine Spur«. Historisches Schuhwerk aus der Sammlung des Archäologischen Museums in Danzig]. Katalog, hg. v. Beata Ceynowa u. Ewa Trawicka, Gdańsk 2016.

Chaloupecký 1934 Václav Chaloupecký (Hg.): Kniha žilinská [Das Buch von Sillein], Bratislava 1934.

Chittolini/Johanek 2003 Giorgia Chittolini/Peter Johanek (Hg.): Aspetti e componenti dell'identità urbana in Italia e in Germania (secoli XIV–XVI), Bologna 2003.

Chmiel 1907 Adam Chmiel: Pieczęć wójtowska krakowska z drugiej połowy XIII wieku [Krakauer Vogtsiegel aus der zweiten Hälfte des 13. Jahrhunderts], in: Rocznik Krakowski 9 (1907), S. 213–233.

Chmiel 1909 Adam Chmiel: Pieczęcie m. Krakowa, Kazimierza, Kleparza i Jurydyk krakowskich do końca XVIII w. [Siegel der Städte Krakau, Kasimir, Kleparz sowie der Krakauer Jurisdiktionsbezirke bis zum Ende des 18. Jh.], Kraków 1909.

Chmiel 1917 Adam Chmiel: Z dawnych opraw introligatorskich [Alte Bucheinbände], in: Exlibris 1 (1917), H. 1, S. 8–20.

Chmiel 1929 Adam Chmiel: Historia herbu miasta Krakowa. Tytuły miasta, barwa miasta [Geschichte des Stadtwappens von Krakau. Stadttitel, Stadtfarben], in: Dziennik Rozporządzeń stołecznego królewskiego miasta Krakowa R. 50, Nr. 7, Kraków dnia 31 lipca 1929, S. 2.

Chodynicki 1830 Ignacy Chodynicki: Geschichtliches Tagebuch Lembergs, der Hauptstadt Galiziens, vor und nach der Erstürmung derselben durch den schwedischen König Carl XII. und während der Belagerung durch die Türken und ihre Verbündeten, Wien 1830.

Chodyński 1992 Antoni Romuald Chodyński: Uzbrojenie turniejowe z Dworu Artusa w Gdańsku. Turnieje rozgrywane w miastach w XIV – XVI wieku [Turnierrüstung aus dem Artushof in Danzig. Stadtturniere im 14.–16. Jahrhundert], in: Porta Aurea 1 (1992), S. 67–94.

Chodyński 1994 Antoni Romuald Chodyński: Zbroje kolcze z gdańskiego Dworu Artusa. Z tradycji turniejowych w Polsce [Turnierrüstungen vom Danziger Artushof. Aus der Turniertradition in Polen], Malbork 1994.

Chodyński 1997 Antoni Romuald Chodyński: Uzbrojenie turniejowe z Dworu Artusa w Gdańsku [Turnierbewaffnung vom Artushof in Danzig], in: Aurea Porta 1997 a, S. 78.

Chorowska/Lasota 2014 Małgorzata Chorowska/Czesław Lasota: Die steinerne Bebauung der Ring- und Straßenzeilen im mittelalterlichen Breslau, in: Mühle 2014, S. 77–105.

Chranicki 1969 Jan Chranicki: Muzeum Pomorskie w Gdańsku. Zbiory sztuki [Pommerisches Museum in Danzig. Kunstsammlungen], Gdańsk 1969.

Chrzanowski 1974 Tadeusz Chrzanowski: Nyskie rzemiosło artystyczne od średniowiecza do połowy XIX wieku [Neisser Kunsthandwerk vom Mittelalter bis Mitte des 19. Jahrhunderts], in: Szkicenyskie. Studia i materiały [Neisser Skizzen. Studien und Materialien], hg. v. Zbigniew Kowalski, Bd. 1, Opole 1974, S. 106–153.

Ciecholewski 2000 Roman Ciecholewski: Quis ut Deus. Schätze aus dem Diözesanmuseum Pelplin. Kunst zur Zeit des Deutschen Ordens, Lüneburg 2000.

Cieślak 1978 Edmund Cieślak (Hg.): Historia Gdánska [Geschichte Danzigs], Bd. 1 (do roku 1454) [(bis zum Jahr 1454)], Gdańsk 1978.

Cieślak 1982 Edmund Cieślak (Hg.): Historia Gdánska [Geschichte Danzigs], Bd. 2 (1454–1655), Gdańsk 1982.

Clark 2016 Peter Clark (Hg.): The Oxford Handbook of Cities in World History, Oxford 2016.

Clasen 1939 Karl Heinz Clasen: Die mittelalterliche Bildhauerkunst im Deutschordensland Preußen, Teil 1, Berlin 1939.

Cónová 2006 Ilona Cónová u. a.: Vitráže na Slovensku [Bleiglasfenster in der Slowakei], Bratislava 2006.

Conze 1992 Werner Conze: Ostmitteleuropa. Von der Spätantike bis zum 18. Jahrhundert, hg. u. mit einem Nachwort v. Klaus Zernack, München 1992.

Cordes 2015 Albrecht Cordes (Hg.): Mit Freundschaft oder mit Recht? Inner- und außergerichtliche Alternativen zur kontroversen Streitentscheidung im 15.–19. Jahrhundert, Köln/Weimar/Wien 2015.

Cordes 2016 Albrecht Cordes: Lübisches Recht, in: HRG², Bd. 3 (2016²), Sp. 1072–1079.

Coulie 2014 Bernard Coulie: Collections and Catalogues of Armenian Manuscripts; in: Valentina Calzolari (Hg.): Armenian Philology in the Modern Era. From Manuscript to Digital Text, Leiden u. a. 2014, S. 23–64.

Crowfoot/Pritchard/Staniland 2001 Elisabeth Crowfoot/Frabces Pritchard/Kay Staniland: Textiles and Clothing c. 1150–c. 1450 (= Medieval Finds from Excavations in London 4), London 2001.

Csányi 1927 Az Országos Magyar Iparművészeti Múzeum régi ezüstkiállításának leíró lajstroma, hg. v. Károly Csányi, Budapest 1927.

Cserey 1974 Éva Cserey: Erörterung über einige Ofenkacheln des späten Mittelalters, in: Ars Decorativa 2 (1974), S. 33–44.

Curicke 1687 Reinhold Curicke: Der Stadt Danzig historische Beschreibung, Amsterdam/Danzig 1687.

Czacharowski 1982 Anton Czacharowski: Forschungen über die sozialen Schichten in den Städten des Deutschen Ordenslandes im 13. und 14. Jahrhundert, in: Bernhard Diestelkamp (Hg.): Beiträge zum spätmittelalterlichen Städtewesen, Köln/Weimar/Wien 1982, S. 119–129.

Czaja 1996 Roman Czaja: Korporative Formen der Religiosität des Patriziats in den preußischen Großstädten, in: Quaestiones Medii Aevi Novae 1 (1996), S. 107–119.

Czaja 2004 Roman Czaja: Uczty Rady Miejskiej w średniowiecznym Elblągu [Festmähler des Stadtrats im mittelalterlichen Elbing], in: Archaeologia et historia urbana [Archäologie und Stadtgeschichte], hg. v. Roman Czaja u. a., Elbląg 2004, S. 263–267.

Czaja 2014 Roman Czaja: Das soziale und wirtschaftliche Leben der preußischen Städte im Lichte der normativen Quellen, in: Hanno Brand/Sven Rabeler/Harm von Seggern (Hg.): Gelebte Normen im urbanen Raum? Zur sozial- und kulturgeschichtlichen Analyse rechtlicher Quellen in Städten des Hanseraums (13. bis 16. Jahrhundert), Hilversum 2014, S. 15–27.

Czaja 2018 Roman Czaja: Der Deutsche Orden und die Städte. Landesausbau als Rahmen des Rechtstransfers, in: Köster/Link/Lück 2018, S. 101–113.

Czartoryski 1978 Pawel Czartoryski: »The library of Copernikus«, in: Science and History: Studies in Honor of Edward Rosen, Warschau 1978.

Czechowicz 2003 Bogusław Czechowicz: Nagrobki późnogotyckie na Śląsku [Spätgotische Grabsteine in Schlesien], Wrocław 2003.

von Czihak 1901 Eugen von Czihak: Der Schatz der St. Georgenbrüderschaft zu Elbing, in: Zeitschrift für bildende Kunst, Neue Folge 12 (1901), S. 128–137.

von Czihak 1908 Eugen von Czihak: Die Edelschmiedekunst früherer Zeiten in Preussen. Teil 2: Westpreussen, III. Danzig, IV. Thorn, V. Elbing, VI. Marienburg, VII. Kleinere Städte, VIII. Nachträge, Leipzig 1908.

D

Dąbal 2013 Joanna Dąbal: Hiszpańsko-mauretańskie naczynia ceramiczne a status ekonomiczny ich posiadaczy i użytkowników. Nowe źródła z badań archeologicznych w Gdańsku [Spanisch-mauretanisches Keramikgeschirr und der wirtschaftliche Status seiner Besitzer und Benutzer. Neue Quellen archäologischen Untersuchungen in Danzig], in: XVII Sesja Pomorzoznawcza [17. Tagung der Pommernkunde], Bd. 2, hg. v. Henryk Paner u. Mirosław Fudziński, Gdańsk 2013, S. 430–443.

Dąbrowska 1987 Maria Dąbrowska: Kafle i piece kaflowe w Polsce do końca XVIII wieku [Kacheln und Kachelöfen in Polen bis Ende des 18. Jahrhunderts], Wrocław u. a. 1987.

Dadáková/Perůtka 1979 Ivana Dadáková/Marek Perůtka: Uměleckohistorický rozbor iluminací olomoucké právní knihy Václava z Jihlavy [Kunsthistorische Analyse der Illuminationen des Olmützer Rechtsbuches des Wenzel von Iglau], Okresní archiv v Olomouci 1978. Olomouc 1979.

Dahlig 1987 Ewa Dahlig: Nowe polskie źródło do archeologii muzycznej [Neue polnische Quelle der Musikarchäologie], in: Notatki Płockie 32 (1987), H. 2, S. 3–6.

Dahlig 1988 Ewa Dahlig: Chrodofon płocki. Przyczynek do historii instrumentów smyczkowych na ziemiach polskich [Das Chordophon aus Płock. Ein Beitrag zur Geschichte der Streichinstrumente auf polnischen Gebieten], in: Muzyka 33 (1988), H. 3, S. 35–52.

Dahlig 1994 Ewa Dahlig: A Sixteenth-century Polish Folk Fiddle from Płock, in: The Galpin Society Journal 47 (1994), S. 111–122.

Dahlig-Turek/Pomianowska 2014 Ewa Dahlig-Turek/Maria Pomianowska: Polskie fidele kolankowe (re)konstrukcja [Die (Re-)Konstruktion einer polnischen Knie-Fidel] (= Teka Lubelska 4), Warszawa/Lublin/Kraków 2014.

von Daniels/von Gruben 1858 Alexander von Daniels/Franz von Gruben (Hg.): Das sächsische Weichbildrecht. Weltchronik und Weichbildrecht in 136 Artikeln mit der Glosse (Rechtsdenkmäler des deutschen Mittelalters, Bd. 1: Das Sächsische Weichbildrecht. Jus municipale saxonicum), Berlin 1858.

Dáňová/Chlumská 2016 Helena Dáňová/Štěpánka Chlumská: Convent of St. Agnes of Bohemia. Monastery Guide, Prague 2016.

Dáňová/Chlumská 2017 Helena Dáňová/Štěpánka Chlumská: What the Eyes Cannot See. Underdrawing in 14th–16th Century Panel Paintings from the Collections of the National Gallery in Prague, Prague 2017.

Danziger Kunst 2003 Danziger Kunst vom 15. bis 18. Jahrhundert, bearb. v. Jutta Reisinger-Weber, Gdańsk 2003.

Danziger Silber 1991 Danziger Silber. Die Schätze des Nationalmuseums Gdańsk. Ausstellungskatalog, bearb. v. Barbara Tuchołka-Włodarska, hg. v. Alfred Löhr, Bremen 1991.

Decjusz 1960 Jodok Ludwik Decjusz: Księga o czasach króla Zygmunta [Buch über die Zeiten von König Sigismund], Gemeinschaftsübersetzung unter der Leitung von Kazimierz Kumaniecki, Einleitung: Tadeusz Bieńkowski, Warszawa 1960.

Degen/Levinka 2019 Milan Degen/Václav Ledvinka: Historie Prahy – Praha v průběhu staletí [Die Geschichte Prags – Prag im Laufe der Jahrhunderte], online abrufbar unter: www.starapraha.cz/historie-praha.php [letzter Zugriff am 1. 4. 2019].

Dehio 1993 Dehio-Handbuch der Kunstdenkmäler. West- und Ostpreußen, bearb. v. Michael Antoni, München 1993.

Dehio 2002 Georg Dehio: Handbuch der Deutschen Kunstdenkmäler. Sachsen-Anhalt I: Regierungsbezirk Magdeburg, bearb. v. Ute Bednarz u. a., München 2002.

Dehio/Gall 1952 Georg Dehio/Ernst Gall: Handbuch der deutschen Kunstdenkmäler. Deutschordensland Preußen, bearb. v. Bernhard Schmid u. Grete Tiemann, München 1952.

Deneke 1993 Bernward Deneke: Die Kennzeichnung von Juden. Form und Funktion, in: Maué 1993, S. 240–252.

Der sassenspeyghel 1995 Der sassenspeyghel. Sachsenspiegel – Recht – Alltag. Bd. 1: Beiträge und Kataloge zu den Ausstellungen »Bilderhandschriften des Sachsenspiegels – Niederdeutsche Sachsenspiegel« und »Nun vernehmet in Land und Stadt – Oldenburg. Sachsenspiegel. Stadtrecht«, hg. v. Egbert Koolman, Ewald Gäßler u. Friedrich Scheele. Bd. 2: Beiträge und Katalog zur Ausstellung »Aus dem Leben gegriffen – Ein Rechtsbuch spiegelt seine Zeit«, hg. v. Mamoun Fansa, Oldenburg 1995.

Dercsényi 1941 Dezső Dercsényi: Nagy Lajos kora [Die Zeit Ludwigs des Großen], Budapest 1941.

Descatoire 2009:Treasures of the Black Death, hg. v. Christine Descatoire, London 2009.

Dettloff 1949 Szczęsny Dettloff: Ze studiów nad sztuką Wita Stosza. Późnogotyckie krucyfiksy krakowskie [Studien zur Kunst von Veit Stoß. Spätgotische Krakauer Kruzifixe], in: Biuletyn Historii Sztuki i Kultury 11 (1949), S. 1–42.

Diener-Staeckling 2017 Antje Diener-Staeckling: Repräsentativ und untrennbar verbunden. Prozession und Musik als feststehender Bestandteil der mittelalterlichen Ratswahl, in: Buchinger/Hiley/Reichert 2017, S. 161–172.

Diestelkamp 1961 Bernhard Diestelkamp: Die Städteprivilegien Herzog Ottos des Kindes, ersten Herzogs von Braunschweig-Lüneburg (1204–1252) (= Quellen und Darstellungen zur Geschichte Niedersachsens 59), Hildesheim 1961.

Diestelkamp 2013 Bernhard Diestelkamp: Vom einstufigen Gericht zur obersten Rechtsmittelinstanz. Die deutsche Königsgerichtsbarkeit und die Verdichtung der Reichsverfassung im Spätmittelalter (= Quellen und Forschungen zur Höchsten Gerichtsbarkeit im Alten Reich 64), Köln/Weimar/Wien 2013.

Dilcher 1996 a Gerhard Dilcher: Rechtshistorische Aspekte des Stadtbegriffs, in: Bürgerrecht und Stadtverfassung, hg. v. Gerhard Dilcher, Köln/Weimar/Wien 1996, S. 67–94.

Dilcher 1996 b Gerhard Dilcher: Friede durch Recht, in: Träger und Instrumentarien des Friedens im Hohen und Späten Mittelalter, hg. v. Johannes Fried, Sigmaringen 1996, S. 203–227.

Dilcher 1996 c Gerhard Dilcher: Bürgerrecht und Stadtverfassung im europäischen Mittelalter, Köln/Weimar/Wien 1996.

Dilcher 2002 Gerhard Dilcher: Von der mittelalterlichen Stadtkommune zum Rechts- und Verfassungsstaat – Linien westlicher Bürgerkultur?, in: Städte im Globalisierungsdiskurs, hg. v. Helmuth Berking u. Richard Faber, Würzburg 2002, S. 191–201.

Dilcher 2018 Gerhard Dilcher: Die kommunale Stadtverfassung des Mittelalters als europäisches Modell, in: Köster/Link/Lück 2018, S. 215–233.

Dinges 2000 Martin Dinges: Justiznutzungen als soziale Kontrolle in der Frühen Neuzeit, in: Kriminalitätsgeschichte. Beiträge zur Sozial- und Kulturgeschichte der Vormoderne, hg. v. Andreas Blauert u. Gerd Schwerhoff, Konstanz 2000, S. 503–544.

Distel 1887 Theodor Distel: Beiträge zur älteren Verfassungsgeschichte des Schöppenstuhls zu Leipzig, in: Zeitschrift der Savigny-Stiftung für Rechtsgeschichte. Germanistische Abteilung 20 (1887), S. 89–115.

Distler 1006 Eva-Maria Distler: Städtebünde im deutschen Mittelalter. Eine rechtshistorische Untersuchung zu Begriff, Verfassung und Funktion, Frankfurt a. M. 2006.

Divald 1908 Kornél Divald: Beszterczebányai kályhák, in: Múzeumi és Könyvtári Értesítő 2 (1908), S. 220–223.

Divald 1927 Kornél Divald: Magyarország művészeti emlékei [Ungarns künstlerische Zeugnisse]. Budapest 1927.

Dobrzański 2019 Krzysztof Dobrzański: Wrzesień – Flet prosty z Nysy (XIV–XV w.) [Blockflöte aus Neisse, 14.–15. Jh.], online abrufbar unter: http://muzeum.nysa.pl/web.n4?go=1373 [letzter Zugriff am 10. 7. 2019].

Dobrzeniecki 1977 Tadeusz Dobrzeniecki: Catalogue of the Mediaeval Painting. National Museum in Warsaw, Warsaw 1977.

Dobrzeniecki 1980 Tadeusz Dobrzeniecki: Rzeźba sakralna w Polsce [Sakrale Skulptur in Polen] (= Sztuka sakralna w Polsce [Sakrale Kunst in Polen]), Warszawa 1980.

Dohrn-van Rossum 1992 Gerhard Dohrn-van Rossum: Die Geschichte der Stunde. Uhren und moderne Zeitordnungen, München/Wien 1992.

Dohrn-van Rossum 2016 Gerhard Dohrn-van Rossum: Glocken und Uhren. Zeitmessung und Zeitordnungen in der Stadt, in: Zeiten und Räume – Rhythmus und Region, hg. v. Dietmar Schiersner, Konstanz/München 2016, S. 73–94.

Dollinger 1989 Philippe Dollinger: Die Hanse, Stuttgart 1989^{4}.

Domagalska 2002 Kamila Domagalska: Średniowieczne i nowożytne zabawki dziecięce ze Starego Miasta w Elblągu [Kinderspielzeug aus Mittelalter und Neuzeit aus der Altstadt von Elbing], Magisterarbeit, IAiE UMK, Toruń 2002.

Döring 2016 Detlef Döring: Justizwesen, in: Geschichte der Stadt Leipzig. Bd. 2: Von der Reformation bis zum Wiener Kongress, unter Mitwirkung v. Uwe John in Verbindung mit Henning Steinführer hg. v. Detlef Döring, Leipzig 2016, S. 165–177.

Dounar 2016 Aliaksandr Dounar: Renavazyjny pryvilej Raduni 1792 g. Zmest, koscht, snacenne [Das Konfirmationsprivilegium für Radun' aus dem Jahr 1792. Inhalt, Wert und Bedeutung], in: Vestnik MGIRO. Naucno-metodiceskij schurnal, Minsk 2016, S. 45–50.

Dräger 1996 Ulf Dräger: Teile des Schmuckfundes von Weißenfels, in: Puhle 1996, Bd. 2, S. 233 ff.

Dräger 2001 Ulf Dräger: Zeugnisse der Liebe aus dem frühen 14. Jahrhundert – Teile des Schmuckfundes von Weißenfels, in: Schönheit, Macht und Tod. 120 Funde aus 120 Jahren Landesmuseum für Vorgeschichte Halle, Halle 2001, S. 48–49.

Drążkowska 2007 Anna Drążkowska: Odzież dziecięca w Polsce w XVII i XVIII wieku [Kinderkleidung in Polen im 17. und 18. Jahrhundert], Toruń 2007.

Drążkowska 2012 Anna Drążkowska: Ozdoby i nakrycia głowy na ziemiach polskich od X do XVIII wieku [Kopfschmuck und Kopfbedeckungen auf polnischen Gebiet vom 10.–18. Jahrhundert], Toruń 2012.

Drėma 2005 Vladas Drėma: Vilniaus namai archyvų fonduose, Bd. 10, Vilnius 2005.

Drėma 2013 Vladas Drėma: Dingęs, Vilnius 2013^{2}.

Drescher 1991 Ulrich Drescher: Die Lüneburger Ratshandschriften des Sachsenspiegels, in: Schmidt-Wiegand/Hüpper 1991, S. 105–142.

Drost 1958 Willi Drost: Kunstdenkmäler der Stadt Danzig. Bd. 2: Sankt Katharinen, Stuttgart 1958.

Drost 1959 Willi Drost: Kunstdenkmäler der Stadt Danzig. Bd. 3: Sankt Nikolai, St. Joseph, Königliche Kapelle, Hl. Leichnam, St. Salvator, Stuttgart 1959.

Drost 1963 Willi Drost: Kunstdenkmäler der Stadt Danzig. Bd. 4: Die Marienkirche in Danzig und ihre Kunstschätze, Stuttgart 1963.

Drüppel 1981 Hubert Drüppel: IUDEX CIVITATIS. Zur Stellung des Richters in der hoch- und spätmittelalterlichen Stadt deutschen Rechts (= Forschungen zur deutschen Rechtsgeschichte 12), Köln/Wien 1981.

Dunklau 2014 Florian Dunklau: Codex Levy 115, in: Wandrey 2014, S. 313–315.

Dunklau/Rebiger 2014 Florian Dunklau/Bill Rebiger: Codex Levy 116, in: Wandrey 2014, S. 316–318.

Dünnebeil 2003 Sonja Dünnebeil: Öffentliche Selbstdarstellung sozialer Gruppen in der Stadt, in: Brand/Monnet/Staub 2003, S. 73–86.

Dusil 2007 Stephan Dusil: Die Soester Stadtrechtsfamilie. Mittelalterliche Quellen und neuzeitliche Historiographie, Köln/Weimar/Wien 2007.

Dusil 2012 Stephan Dusil: Das hallische Stadtrecht und seine Verbreitung im Mittelalter. Forschungsstand, Fragen, Perspektiven, in: Halle im Licht und Schatten Magdeburgs. Eine Rechtsmetropole im Mittelalter (= Forschungen zur hallischen Stadtgeschichte 19), hg. v. Heiner Lück, Halle 2012, S. 37–60.

Dusil 2018 Stephan Dusil: Stadtrechtsfamilien, Rechtsräume und die Verbreitung des Magdeburger Rechts. Überlegungen zu Begriffen und Konzepten, in: Köster/Link/Lück 2018, S. 57–77.

Dusil Stephan Dusil: Konfliktlösung in Städten, in: Geschichte der Konfliktregulierung. Ein Handbuch, Bd. 2: Das Mittelalter, hg. v. David von Mayenburg u. a. (im Erscheinen).

Dutkowski 2007 Jarosław Dutkowski: Motyw idei mieszczańskich na monetach, medalach I żetonach gdańskich od końca XVI wieku do połowy XVIII wieku [Das Motiv bürgerlicher Ideen auf Danziger Münzen, Medaillen und Jetons vom Ende des 16. bis zum Anfang des 18. Jahrhunderts], Gdańsk 2007 (Manuskript einer Promotionsschrift).

Dutkowski/Suchanek 2000 Jarosław Dutkowski/Adam Suchanek: Corpus Nummorum Gedanensis, Gdańsk 2000.

Dutkowski/Suchanek 2002 Jarosław Dutkowski/Adam Suchanek: Corpus Nummorum Gedanensis, Gdańsk 2002.

Dymek 1995 Katarzyna Dymek: Średniowieczne i renesansowekafleśląskie [Schlesische Kacheln aus dem Mittelalter und der Renaissance], Wrocław 1995.

E

Ebel 1953 Wilhelm Ebel: Die Willkür. Eine Studie zu den Denkformen des älteren deutschen Rechts, Göttingen 1953.

Ebel 1961 Wilhelm Ebel: Justizverträge niedersächsischer Städte im Mittelalter, in: Göttinger Festschrift für das Oberlandesgericht Celle, Göttingen 1961, S. 9–26.

Ebel 1971 Wilhelm Ebel: Lübisches Recht, Bd. 1, Lübeck 1971.

Ebel 1992 Friedrich Ebel: Magdeburger Recht, in: Puhle 1992, S. 42–55.

Ebel 2000 Der Rechte Weg. Ein Breslauer Rechtsbuch des 15. Jahrhunderts, 2 Bde., hg. v. Friedrich Ebel, Köln/Weimar/Wien 2000.

Ebel 2004 Friedrich Ebel: *Des spreke wy vor eyn recht…* Versuch über das Recht der Magdeburger Schöppen, in: Friedrich Ebel: Unseren fruntlichen grus zuvor. Deutsches Recht des Mittelalters im mittel- und osteuropäischen Raum. Kleine Schriften, hg. v. Andreas Fijal, Hans-Jörg Leuchte u. Hans-Jochen Schiewer, Köln/Weimar/Wien 2004, S. 423–511.

Ebel 2009 Friedrich Ebel: Rechtsentstehung und Rechtstransfer im Spiegel der Überlieferung (Magdeburger und Lübecker Recht), in: Lück/Puhle/Ranft 2009, S. 37–48.

Eber 1900 László Eber: Aquamanile a Fővárosi Múzeumban [Aquamanilen im Hauptstädtischen Museum], in: Budapest Régiségei 7 (1900), S. 85–97.

Eck 2016 Werner Eck: Fragmente eines neuen Stadtgesetzes – der lex coloniae Ulpiae Traianae Ratiariae, in: Athenaeum – Studi di Letteratura e Storia dell'Antichità, hg. v. Dario Mantovani u. Giancarlo Mazzoli, Pavia 2016, S. 538–544.

Eckhardt 2004 Wilhelm August Eckhardt: Die Heerschildordnung im Sachsenspiegel und die Lehnspyramide in hessischen Urkunden, in: Hessisches Jahrbuch für Landesgeschichte 54 (2004), S. 47–67.

Edson 2007 Evelyn Edson: The World Map, 1300–1492. The Persistence of Tradition and Transformation, Baltimore 2007.

Edson 2008 Evelyn Edson: *Dacia ubi et Gothia*. Die nordöstliche Grenze Europas in der mittelalterlichen Kartographie, in: Baumgärtner/Kugler 2008, S. 173–189.

Egan 1995 Geoff Egan: Lead Cloth Seals and Related Items in the British Museum, London 1995.

Ehbrecht 2001 Wilfried Ehbrecht: Cyriak, Quirin, Reinold und ihre Konsorten. Der Ritterheilige als Schutz und Mitte von Burgen und Einwohnern, in: Wilfried Ehbrecht: Konsens und Konflikt. Skizzen und Überlegungen zur älteren Verfassungsgeschichte deutscher Städte, hg. v. Peter Johanek, Köln/Weimar/Wien 2001, S. 403–428.

Ehbrecht 2004 Wolfgang Ehbrecht: Jerusalem. Vorbild und Ziel mittelalterlicher Stadtgesellschaft, in: Dortmund und Conrad von Soest im spätmittelalterlichen Europa, hg. v. Thomas Schilp u. Barbara Welzel, Bielefeld 2004, S. 73–100.

Ehlers 1995 Joachim Ehlers: Was sind und wie bilden sich *nationes* im mittelalterlichen Europa (10.–15. Jahrhundert), in: Mittelalterliche *nationes*, neuzeitliche Nationen. Probleme der Nationenbildung in Europa (= Quellen und Studien. Deutsches Historisches Institut Warschau 2), hg. v. A. Bues, Wiesbaden 1995, S. 7–26.

Ehlers 2012 Caspar Ehlers: Vom karolingischen Grenzposten zum Zentralort des Ottonenreiches. Neuere Forschungen zu den frühmittelalterlichen Anfängen Magdeburgs (= Magdeburger Museumshefte 24), Magdeburg 2012.

Ehrbrecht 2001 Wilfried Ehrbrecht: Überall ist Jerusalem, in: Bräuer/Schlenkrich 2001, S. 129–185.

Ehrenthal 1899 Max von Ehrenthal: Führer durch das Königliche Historische Museum zu Dresden, Dresden 1899[3].

Ehrich/Oberste 2010 Städtische Kulte im Mittelalter, hg. v. Susanne Ehrich u. Jörg Oberste (= Forum Mittelalter – Studien 6), Regensburg 2010.

Eichler/Lück 2008 Ernst Eichler/Heiner Lück (Hg.): Rechts- und Sprachtransfer in Mittel- und Osteuropa. Sachsenspiegel und Magdeburger Recht (= IVS SAXONICO-MAIDEBVRGENSE IN ORIENTE 1), Berlin 2008.

Eike von Repgow 2002 Sachsenspiegel. Die Dresdner Bilderhandschrift Mscr. Dresd. M. 32. Vollständige Faksimile-Ausgabe im Originalformat der Handschrift aus der Sächsischen Landesbibliothek – Staats- und Universitätsbibliothek Dresden (= Codices selecti 107), hg. v. Heiner Lück, Graz 2002 (Faksimile).

Eike von Repgow 2006 Sachsenspiegel. Die Dresdner Bilderhandschrift Mscr. Dresd. M. 32. Vollständige Faksimile-Ausgabe im Originalformat der Handschrift aus der Sächsischen Landesbibliothek – Staats- und Universitätsbibliothek Dresden (= Codices selecti 107), hg. v. Heiner Lück, Graz 2006 (Textband).

Eike von Repgow 2006 a Eike von Repgow: Sachsenspiegel. Die Wolfenbütteler Bilderhandschrift Cod. Guelf. 3.1 Aug. 2° (= Codices selecti 111), hg. v. Ruth Schmidt-Wiegand, Graz 2006 (Textband).

Eike von Repgow 2009 Eike von Repgow: Sachsenspiegel. Die Heidelberger Bilderhandschrift Cod. Pal. germ. 164. Vollständige Faksimile-Ausgabe im Originalformat der Handschrift aus der Universitätsbibliothek Heidelberg (Codices selecti 115), hg. v. Gernot Kocher u. Dietlinde Munzel-Everling, Graz 2009 (Faksimile).

Eike von Repgow 2010 a Eike von Repgow: Sachsenspiegel. Die Heidelberger Bilderhandschrift Cod. Pal. germ. 164. Vollständige Faksimile-Ausgabe im Originalformat der Handschrift aus der Universitätsbibliothek Heidelberg (Codices selecti 115), hg. v. Gernot Kocher u. Dietlinde Munzel-Everling, Graz 2010 (Textband).

Eike von Repgow 2010 b Eike von Repgow: Sachsenspiegel. Die Heidelberger Bilderhandschrift Cod. Pal. germ. 164. Vollständige Faksimile-Ausgabe im Originalformat der Handschrift aus der Universitätsbibliothek Heidelberg (Codices selecti 115), hg. v. Gernot Kocher u. Dietlinde Munzel-Everling, Graz 2010 (Kommentarband).

Eike von Repgow 2011 Sachsenspiegel. Die Dresdner Bilderhandschrift Mscr. Dresd. M. 32. Vollständige Faksimile-Ausgabe im Originalformat der Handschrift aus der Sächsischen Landesbibliothek – Staats- und Universitätsbibliothek Dresden (= Codices selecti 107), hg. v. Heiner Lück, Graz 2011 (Aufsätze und Untersuchungen).

Eimer/Gierlich 2000 Die sakrale Backsteinarchitektur des südlichen Ostseeraums – der theologische Aspekt (= Kunsthistorische Arbeiten der Kulturstiftung der deutschen Vertriebenen 2), hg. v. Gerhard Eimer u. Ernst Gierlich, Berlin 2000.

Eisenmayer 1991 Tiborné Eisenmayer: A Szent Eligius Chlotár király előtt cimű kép restaurálásáról [Über die Restaurierung der Altartafel »Der heilige Eligius vor König Chlothar«]. in: Annales de la Galerie nationale hongroise/a Magyar Nemzeti Galéria évkönyve, Budapest 1991, S. 95–96.

Eisler 1974 János Eisler: Zwei Kulmbach-Bildnisse, in: Acta Historiae Artium 20 (1974), S. 81–86.

Ellmers 2010 Detlev Ellmers: Kogge kontrovers, in: Hansische Geschichtsblätter 128 (2010), S. 113–140.

Elmshäuser/Hägermann/Hedwig/Ludwig 1993 Konrad Elmshäuser/Dieter Hägermann/Andreas Hedwig/Karl-Heinz Ludwig: Mühle, Müller, in: Lexikon des Mittelalters, Bd. 6, München/Zürich 1993, Sp. 885–891.

Elmshäuser/Hofmeister 2003 Konrad Elmshäuser/Adolf E. Hofmeister (Hg.): 700 Jahre Bremer Recht (= Veröffentlichungen aus dem Staatsarchiv der Freien Hansestadt Bremen 66), Bremen 2003.

Elton 2017 Stuart F. Elton: Cloth seals. An Illustrated Reference Guide to the Identification of Lead Seals Attached to Cloth: from the British Perspective, Oxford 2017.

Encyklopedia 2006 Encyklopedia Wrocławia, hg. v. Jan Harasimowicz, Wrocław 2006.

Engel 1915–1917 Bernhard Engel: Aus dem Artushof in Danzig, in: Zeitschrift für historische Waffenkunde 7 (1915–1917), H. 5, S. 136–139.

Engel 1993 Evamaria Engel: Die deutsche Stadt des Mittelalters, München 1993.

Engel/Kristó/Kubinyi 1998 Pál Engel/Gyula Kristó/András Kubinyi: Magyarország története 1301–1526 [Geschichte Ungarns 1301–1526], Budapest 1998.

Ertl 2004 Thomas Ertl: Mission im späten Mittelalter. Kontinuitäten und Neuansätze zwischen Spanien und China, in: Im Zeichen des Kreuzes. Mission, Macht und Kulturtransfer seit dem Mittelalter (= Expansion – Interaktion – Akkulturation 7), hg. v. Bernd Hausberger, Wien 2004, S. 51–78.

Essenwein [o. D.] August von Essenwein: Die mittelalterlichen Kunstdenkmäler der Stadt Krakau, Graz [o. D.].

Essenwein 1869 August Essenwein: Die mittelalterlichen Kunstdenkmale der Stadt Krakau, Leipzig 1869[2].

Estreicher 1908 Karol Estreicher: Bibliografia polska [Polnische Bibliografie], Bd. 22, Kraków 1908.

Europas Juden 2004 Europas Juden im Mittelalter. Katalog, hg. v. Historischen Museum der Pfalz Speyer, Ostfildern 2004.

Evans 2018 Helen C. Evans: Armenia. Art, Religion, and Trade in the Middle Ages, New Haven u. a. 2018.

Ewe 1972 Herbert Ewe: Schiffe auf Siegeln, Bielefeld/Berlin 1972.

F

Faber 1840 Karl Faber: Die Haupt- und Residenz-Stadt Königsberg in Preußen. Das Merkwürdigste aus der Geschichte, Beschreibung und Chronik der Stadt, Königsberg 1840.

Fajt 1995 Jiři Fajt: Pozdně gotické řezbářství v Praze a jeho sociální pozadí (1430–1526) [Spätgotische Schnitzkunst in Prag und ihr sozialer Hintergrund (1430–1526) (= Průzkumy památek 2/1995, Beil. 1), Praha 1995.

Fajt 2004 Jiři Fajt: Das Zeitalter der Jagiellonen in den Ländern der böhmischen Krone und die tschechische Historiographie, in: Wetter 2004, S. 15–29.

Fajt 2006 Karl IV. Kaiser von Gottes Gnaden. Kunst und Repräsentation des Hauses Luxemburg 1310–1437, hg. v. Jiří Fajt, München/Berlin 2006.

Fajt 2012 Jiři Fajt (Hg.): Europa Jagellonica 1386–1572. Art and Culture in Central Europe under the Jagiellonian Dynasty. Ausstellungskatalog, Praha 2012.

Fajt 2012 a Jiři Fajt (Hg.): Europa Jagellonica 1386–1572. Sztuka i kultura w Europie Środkowej za panowania Jagiellonów [Kunst und Kultur Mitteleuropas unter der Herrschaft der Jagiellonen 1386–1572]. Ausstellungskatalog, Warszawa 2012.

Fajt 2013 Jiři Fajt (Hg.): Europa Jagellonica. Kunst und Kultur Mitteleuropas unter der Herrschaft der Jagiellonen 1386–1572. Ausstellungskatalog, Potsdam 2013.

Fajt/Chlumská 2014 Jiři Fajt/Štěpánka Chlumská: Bohemia & Central Europe 1200–1550. The Permanent Exhibition of the Collection of Old Masters of the National Gallery in Prague at the Convent of St Agnes of Bohemia, Prague 2014².

Fajt/Franzen/Knüvener 2011 Jiří Fajt/Wilfried Franzen/Peter Knüvener (Hg.): Die Altmark von 1300 bis 1600. Eine Kulturregion im Spannungsfeld von Magdeburg, Lübeck und Berlin, Berlin 2011.

Fajt/Hörsch/Jaeger 2011 Jiří Fajt/Markus Hörsch/Susanne Jaeger: Im Zeichen der Goldwaage. Das Europa der Jagiellonen, in: Mitropa 2011, S. 13–17.

Falck 1822 Sammlung der wichtigsten Abhandlungen zur Erläuterung der vaterländischen Geschichte und des vaterländischen Rechts, welche in den Schleswig-holsteinischen Anzeigen erschienen sind, Bd. 2. Mit einer Vorrede und einigen Anmerkungen begleitet von Herrn Professor Falck in Kiel, Tondern 1822.

Farbaky 2008 Matthias Corvinus the King: Tradition and Renewal in the Hungarian Royal Court, 1458–1490, hg. v. Péter Farbaky u. a., Budapest 2008.

Farbaky 2015 Mátyás-templom. A budavári Nagyboldogasszony-templom évszázadai (1246–2013) [Die Matthias-Kirche. Die Jahrhunderte der Budaer Liebfrauenkirche (1246–2013)]. Ausstellungskatalog, hg. v. Péter Farbaky u. a., Budapest 2015.

Feigl 1931–1932 Hugo Feigl: Krajiny ze čtyř století [Landschaften aus vier Jahrhunderten]. Ausstellungskatalog, Praha 1931–1932.

Felmy 1984 Karl Christian Felmy: Die Deutung der göttlichen Liturgie in der russischen Theologie. Wege und Wandlungen russischer Liturgie-Auslegung, Berlin u. a. 1984.

Fercowicz/Piotrowska 2018 Barbara Fercowicz/Maria Piotrowska: Sztuka druku [Druckkunst], Wrocław 2018.

Fiala 1906 Eduard Fiala: Katalog der Münzen- und Medaillen-Stempel-Sammlung des K. K. Hauptmünzamtes in Wien, Bd. 4, Wien 1906.

Fieber/Lück/Schmitt 2009 Wernfried Fieber/Heiner Lück/Reinhard Schmitt: »… ahnn den Stein, so uf den Anger stehet … Bauernsteine in Sachsen-Anhalt. Ein Inventar (= Archäologie in Sachsen-Anhalt, Sonderband 11), Halle 2009.

Fiebig-Drzewiecka/Grabowski/Szychliński 2000 Małgorzata Fiebig-Drzewiecka/Janusz Grabowski/Grzegorz Szychliński: Notacja kołkowa bębna carillonu Ratusza Głównego Miasta w Gdańsku [Die Notation mithilfe der Eisenstifte auf der Trommel des Carillons des Rechtstädtischen Rathauses in Danzig], in: d'Oriana. Awiza biblioteczne 5 (2000), S. 5–25.

Fillitz/Pippal 1986 Hermann Fillitz/Martina Pippal (Hg.): Europäische Kunst um 1300. Akten des XXV. Internationalen Kongresses für Kunstgeschichte, Bd. 6, Wien 1986.

Fingerlin 1971 Ilse Fingerlin: Gürtel des hohen und späten Mittelalters, München/Berlin 1971.

Firlet/Opaliński 2012 Elżbieta Firlet/Piotr Opaliński: Cracovia 3D. Via Regia – Krakau auf der Handelsroute im 13.–17. Jahrhundert, Krakau 2012.

Fischer 1982 Herbert Fischer: Stab und Schwert als Gegensatzpaar der Rechtssymbolik, in: Forschungen zur Rechtsarchäologie und Rechtlichen Volkskunde 4 (1982), S. 3–39.

Flor/Marcinkowski 2012 Ingrid Flor/Wojciech Marcinkowski: Eine Jan Wielki zugeschriebene Marienkrönung nach Veroneser Vorgabe. Die Ikonographie des »Veroneser Typus«, in: Rozprawy Muzeum Narodowego w Krakowie 5 (2012), S. 241–253.

Foltz 1912 Max Foltz: Geschichte des Danziger Stadthaushalts, Danzig 1912.

Fonferek 2012 Joanna Fonferek/Mirosław Marcinkowski/Urszula Sieńkowska: Elbląg – życie codzienne w mieście hanzeatyckim [Elbing – Alltag in einer Hansestadt], Elbląg 2012.

Font 2008 Márta Font: Im Spannungsfeld der christlichen Großmächte. Mittel- und Osteuropa im 10.–12. Jahrhundert, Herne 2008.

Fox 1989 Ulrich Fox: Kirchspiel Alt-Wartenburg im Ermland, Paderborn 1989.

Frączek 2015 Piotr Frączek u. a.: Retabulum Augustiańskie Nicolausa Haberschracka. Historia i stan zachowania dzieł. Podsumowanie badań [Das Augustiner-Retabel von Nikolaus Haberschrack. Geschichte und Erhaltungszustand. Forschungsstand], in: Rozprawy Muzeum Narodowego w Krakowie 8 (2015), S. 139–183.

Frantz 1974 Wiktor Frantz: W gnieździe drukarstwa Polskiego [Im Herzen der polnischen Druckkunst], Kraków 1974.

Franzen 2006 Wilfried Franzen: Nikolaus Haberschrack und der »Meister der Chöre«. Beobachtungen zur Krakauer Retabelkunst um 1460/70, in: Künstlerische Wechselwirkungen in Mitteleuropa, hg. v. Jiří Fajt u. Markus Hörsch (= Studia Jagellonica Lipsiensia 1), Ostfildern 2006, S. 183–201.

Freely 2014 John Freely: Celestial Revolutionary. Copernicus, the Man and His Universe, New York 2014.

Frensdorff 1905 Friedrich Frensdorff: Das Braunschweigsche Stadtrecht bis zur Rezeption, in: Zeitschrift der Savigny-Stiftung für Rechtsgeschichte. Germanistische Abteilung 26 (1905), S. 195–257.

Freund 2012 Stephan Freund: Die Gesta archiepiscoporum Magdeburgensium, in: Literatur in der Stadt. Magdeburg in Mittelalter und Früher Neuzeit (= Beihefte zum Euphorion 70), hg. v. Michael Schilling, Heidelberg 2012, S. 11–32.

Freus 2008 Paweł Freus: Die Ikonographie der Marienhimmelfahrt in Schlesien im Mittelalter und ihre Stellung in Mitteleuropa, in: Slezskozemě Korunyčeské. Historia a kultura 1300–1740 [Schlesien als Gebiet der Böhmischen Krone. Geschichte und Kultur 1300–1740], Praha 2008, S. 747–787.

Frey/Genschow 2014 Katrin Frey/Cäcilia Genschow: Grenzräume als Konflikträume – die abgeschlagenen Hände von Prenzlau, in: Grenzgänge. Brandenburgs Grenzen und Nachbarn in Geschichte und Gegenwart. Begleitheft zur Ausstellung, Bad Freienwalde (Oder) und Prenzlau 2014, S. 43–48.

Frick 2008 David Frick (Hg.): Wilnianie. Żywoty siedemnastowieczne [Vilniusser. Leben im 17. Jh] (= Bibliotheca Europae Orientalis, Bd. 32, Fontes 2), Warszawa 2008.

Frick 2013 David Frick: Kith, Kin, and Neighbors. Communities and Confessions in Seventeenth-century Wilno, Ithaca/London 2013.

Friedberg 1937 Marian Friedberg: Herb miasta Krakowa [Das Stadtwappen von Krakau], Kraków 1937.

Friedberg 1955 Marian Friedberg: Kancelaria miasta Krakowa do połowy XVIII w. [Die Kanzlei der Stadt Krakau bis in die Mitte des 18. Jahrhunderts], in: Archeion 24 (1955), S. 277–304.

Friedensburg 1887 Ferdinand Friedensburg: Schlesiens Münzgeschichte im Mittelalter, Theil I: Urkundenbuch und Münztafeln (= Codex diplomaticus Silesiae 12), Breslau 1887.

Friedensburg 1888 Ferdinand Friedensburg: Schlesiens Münzgeschichte im Mittelalter, Theil II: Münzgeschichte und Münzbeschreibung (= Codex diplomaticus Silesiae 13), Breslau 1888.

Friedensburg 1899 Ferdinand Friedensburg: Schlesiens neuere Münzgeschichte (= Codex diplomaticus Silesiae 19), Breslau 1899.

Friedensburg/Seger 1901 Ferdinand Friedensburg/Hans Seger: Schlesiens Münzen und Medaillen der neueren Zeit, Breslau 1901.

Friedrich 1996 Udo Friedrich: Herrscherpflichten und Kriegskunst. Zum intendierten Gebrauch früher ›Bellifortis‹-Handschriften, in: Der Codex im Gebrauch. Akten des 2. Internationalen Kolloquiums des SFB 231, hg. v. Hagen Keller, Christel Meier u. Dagmar Hüpper, München 1996, S. 197–210.

Friedrich 2019 Kościół Mariacki w Gdańsku. Malarstwo i rzeźba [Die Marienkirche in Danzig. Malerei und Skulptur], hg. v. Jacek Friedrich, Gdańsk 2019.

Fries 1929 Walter Fries: Die Schreinmadonna, in: Anzeiger des Germanischen Nationalmuseums 1928/1929 (1929), S. 5–69.

Frimmel 1892 Theodor Frimmel: Kleine Galeriestudien, Bd. 1, Bamberg 1892.

Fritz 1982 Johann Michael Fritz: Goldschmiedekunst der Gotik in Mitteleuropa, München 1982.

Fritze/Schich 2000 Wolfgang Hermann Fritze, Winfried Schich (Hg.): Gründungsstadt Berlin. Die Anfänge von Berlin-Cölln als Forschungsproblem (= Kleine Schriftenreihe der Historischen Kommission zu Berlin 5), Potsdam 2000.

Fröhlich/Wenzel 2008 Anke Fröhlich/Kai Wenzel: Meisterwerke auf Papier. Das Graphische Kabinett zu Görlitz, Dößel 2008.

Fusenig 2002 Thomas Fusenig: Bildausstattung der Danziger Sommerratsstube (Kat.-Nr. 168), in: Borggrefe 2002, S. 323–331.

G

Gadomski 1988 Jerzy Gadomski: Gotyckie malarstwo tablicowe Małopolski 1460–1500 [Die gotische Tafelmalerei Kleinpolens 1460–1500], Warszawa 1988.

Gadomski 1994 Jerzy Gadomski: Anielska asysta Gabriela w »Zwiastowaniach« Jana Wielkiego [Die Engelbegleitung des Gabriel in den »Verkündigungen« von Jan Wielki], in: Folia Historiae Artium 30 (1994), S. 87–98.

Gadomski 1995 Jerzy Gadomski: Gotyckie malarstwo tablicowe Małopolski 1500–1540 [Die gotische Tafelmalerei Kleinpolens 1500–1540], Warszawa/Kraków 1995.

Gadomski 2005 Jerzy Gadomski: Jan Wielki. Krakowski malarz z drugiej połowy wieku XV [Jan Wielki. Ein Krakauer Maler der zweiten Hälfte des 15. Jahrhunderts] (= Ars Vetus et Nova 17), Kraków 2005.

Gadomski/Bulsza 2002 Magistro et amico amici discipulique. Lechowi Kalinowskiemu w osiemdziesięciolecie urodzin ofiarowane [Festschrift für Lech Kalinowski zum 80. Geburtstag], hg. v. Jerzy Gadomski u. Władysława Bulsza, Kraków 2002.

Gaehtgens 1993 Thomas W. Gaehtgens (Hg.): Künstlerischer Austausch – Artistic Exchange. Akten des XXVIII. Internationalen Kongresses für Kunstgeschichte, Berlin, 15.–20. Juli 1992, Bd. 2: Mittel- und Osteuropa, Berlin 1993.

Gaimster 1997 David Gaimster: German Stoneware. 1200–1900, London 1997.

Galsterer 2000 Hartmut Galsterer: Municipium, in: Der neue Pauly, Bd. 8, Stuttgart/Weimar 2000, S. 476–479.

Galsterer/Galsterer 1971 Hartmut Galsterer/Brigitte Galsterer: Zum Stadtrecht von *Lauriacum*, in: Bonner Jahrbücher 171 (1971), S. 334–348.

Gancarczyk 2010 Paweł Gancarczyk: Kultura muzyczna Zakonu Krzyżackiego w Prusach [Die Musikkultur des Kreuzritterordens in Preußen], in: Pospieszna 2010, S. 269–280.

Gancarski/Muzyczuk 2002 Jan Gancarski/Anna Muzyczuk: Początki Krosna w świetle najnowszych odkryć archeologicznych na Rynku [Die Anfänge von Krossen im Lichte der neuesten archäologischen Funde auf dem Marktplatz], in: Prace Komisji Środkowoeuropejskiej 10 (2002), S. 7–26.

Ganz-Blättler 1990 Ursula Ganz-Blättler: Andacht und Abenteuer. Berichte europäischer Jerusalem- und Santiago-Pilger (1320–1520), Tübingen 1990.

Garlicki 2013 Przemysław Garlicki: Żetony z wykopalisk przeprowadzonych w południowo-zachodniej części kwartału ulic: Długie Ogrody, Szafarnia, Angielska Grobla i św. Barbary w Gdańsku w latach 2008 i 2009 [Jetons aus archäologischen Ausgrabungen im südwestlichen Teil des Straßenkarrees: Długie Ogrody, Szafarnia, Angielska Grobla und św. Barbary in Danzig in den Jahren 2008 und 2009], in: Archeologia Gdańska 5 (2013), S. 271–293.

Garncarstwo 1994 Garncarstwo i kaflarstwo na ziemiach polskich od późnego średniowiecza do czasów współczesnych. Materiały z konferencji – Rzeszów, 21–23 IX 1993 [Töpferhandwerk und Kachelherstellung in polnischen Landen vom Spätmittelalter bis in die heutige Zeit. Konferenzmaterial – Rzeszów, 21.–23. 9. 1993], Rzeszów 1994.

Garzmann 1978 Manfred Garzmann: Das Ottonianum und die Jura Indaginis. Zum 750jährigen Bestehen der Stadtrechte für Altstadt und Hagen in Braunschweig, in: Braunschweigisches Jahrbuch 59 (1978), S. 9–23.

Garzmann 1981 Manfred R. W. Garzmann: Ausgewählte Urkunden zur mittelalterlichen Geschichte der Stadt Braunschweig, in: Festschrift zur Ausstellung Brunswiek 1031. Die Stadt Heinrichs des Löwen von den Anfängen bis zur Gegenwart, hg. v. Gerd Spies, Braunschweig 1981, S. 571–593.

Garzmann 1995 Manfred R. W. Garzmann, Bürgertum und Landesherrschaft in Braunschweig während des Mittelalters und der Frühen Neuzeit, in: Heinrich der Löwe und seine Zeit, hg. v. Jochen Luckhardt u. Franz Niehoff, Bd. 3, München 1995, S. 20–40.

Gawlas 2011 Slawomir Gawlas: Fürstenherrschaft, Geldwirtschaft und Landesausbau. Zum mittelalterlichen Modernisierungsprozess im piastischen Polen, in: Mühle 2011, S. 13–76.

Gdańsk 2016 Gdańsk i Krzyżacy w 550 rocznicę zawarcia II pokoju toruńskiego [Danzig und der Deutsche Orden zum 550. Jahrestag des II. Thorner Friedens]. Ausstellungskatalog, Gdańsk 2016.

Gdańsk w Europie 2012 Gdańsk w Europie, Europa w Gdańsku. Kontakty handlowe i kulturowe Gdańska w XVI wieku w świetle wykopalisk archeologicznych [Danzig in Europa, Europa in Danzig. Handels- und Kulturkontakte Danzigs im 16. Jahrhundert im Lichte archäologischer Ausgrabungen]. Ausstellungskatalog, hg. v. Ewa Trawicka u. Beata Ceynowa, Gdańsk 2012.

Geike 1942 Waldemar Geike: Das Löwenberger Rechtsbuch. Eine Gesamtdarstellung und Würdigung der im Löwenberger Rechtsbuch enthaltenen Aufzeichnungen, Breslau 1942 (maschinenschrifl. Diss.).

Gerevich 1938 Tibor Gerevich: Magyarország román kori emlékei [Ungarns Denkmale aus der Römerzeit], Budapest 1938.

Gerevich 1971 László Gerevich: The Art of Buda and Pest in the Middle Ages, Budapest 1971.

Gerevich 1990 László Gerevich (Hg.): Towns in Medieval Hungary. Budapest 1990.

Gerth 2010 Julia Gerth: Wirklichkeit und Wahrnehmung: Hans Memlings Turiner Passion und die Bildgruppe der Passionspanoramen, Berlin 2010.

Gierszewski 1993 Historia Elbląga [Die Geschichte von Elbing], hg. v. Stanisław Gierszewski, Bd. 1 (bis 1466), Gdańsk 1993.

Giesau 1933 Hermann Giesau: Die Kunstdenkmäler der Provinz Sachsen, Bd. 3: Kreis Stendal Land, Burg 1933.

Gieysztor 1997 Aleksander Gieysztor: L'Europe chrétienne autour de l'an mille et ses nouveaux adherents, in: Przemysław Urbańczyk (Hg.): Early Christianity in Central and East Europe. Warszawa 1997, S. 13–19.

Gilomen 2006 Hans-Jörg Gilomen: Wirtschaftliche Eliten im spätmittelalterlichen Reich, in: Europa im späten Mittelalter. Politik, Gesellschaft, Kultur (= Historische Zeitschrift, Beihefte N. F. 40), hg. v. Rainer C. Schwinges, München 2006, S. 357–384.

Glatz 1983 Anton C. Glatz: Gotické umenie v zbierkach Slovenskej národnej galérie [Gotische Kunst in den Sammlungen der Slowakischen Nationalgalerie] (= Fontes 1), Bratislava 1983.

Glatz 1995 Anton Cyril Glatz: Gotické umenie z košických zbierok [Gotische Kunst der Kaschauer Sammlungen], Košice 1995.

Gleba 1993 Gudrun Gleba: Der mittelalterliche Bürgereid und sein Zeremoniell. Beispiele aus norddeutschen Städten, in: Anzeiger des Germanischen Nationalmuseums 1993, S. 169–175.

Gleba 2003 Gudrun Gleba: Sehen, Hören, Schmecken: Identifikationsangebote am Beispiel norddeutscher Städte, in: Chittolini/Johanek 2003, S. 135–153.

Glemža 2010 Liudas Glemža: Lietuvos Didžiosios Kunigaikštystės miestų sąjūdis 1789–1792 metais, Kaunas 2010.

Gluziński 1987 Wojciech Gluziński: Szklarstwo śląskie od poł. XIII do poł. XVIII wieku [Das schlesische Glaserhandwerk von Mitte des 13. bis Mitte des 18. Jahrhunderts], in: Polskie szkło do połowy XIX wieku [Polnisches Glas bis Mitte des 19. Jahrhunderts], hg. v. Zofia Kamieńska, Wrocław 1987, S. 63–69.

Goebel 1996 Ruth Goebel: Tora-Rolle aus dem Besitz der Stadt Magdeburg, in: Puhle 1996, S. 231–232.

Goerlitz 1936 Theodor Goerlitz: Der Verfasser der Breslauer Rechtsbücher ›Rechter Weg‹ und ›Remissorium‹, in: Zeitschrift des Vereins für Geschichte und Altertum Schlesiens 70 (1936), S. 195–206.

Goerlitz 1942 Theodor Goerlitz: Das Institut zur Erforschung des Magdeburger Stadtrechts. Stand und Aufgaben der Forschung über das Magdeburger Stadtrecht, insbesondere seine Verbreitung zwischen Ostsee und Schwarzem Meer, in: Jomsburg 6 (1942), 98–106.

Goerlitz 1943 Theodor Goerlitz: Die Magdeburger Schöffensiegel (Hängesiegel, aufgedrückte Siegel und Sekrete) sowie ihre verschiedenartige Verwendung, in: Zeitschrift der Savigny-Stiftung für Rechtsgeschichte. Germanistische Abtheilung 63 (1943), S. 327–333.

Goerlitz 1944 Theodor Goerlitz (Bearb.): Magdeburger Schöffensprüche für die Hansestadt Posen und andere Städte des Warthelandes (= Die Magdeburger Schöffensprüche und Rechtsmitteilungen, hg. v. Dr. jur. Fritz Markmann, Oberbürgermeister der Stadt Magdeburg, Reihe VIII: Wartheland, Bd. 1), Stuttgart/Berlin 1944.

Goerlitz/Gantzer 1940 Theodor Goerlitz/Paul Gantzer (Bearb.): Die Magdeburger Schöffensprüche und Rechtsmitteilungen für Schweidnitz (= Die Magdeburger Schöffensprüche und Rechtsmitteilungen, hg. v. Dr. jur. Fritz Markmann, Oberbürgermeister der Stadt Magdeburg, Reihe VII: Schlesien, Bd. 1), Stuttgart/Berlin 1940.

Goethe 1903 Weimarer Ausgabe. Goethes Werke, hg. im Auftrage der Großherzogin Sophie von Sachsen v. Carl Schüddekopf, Redaktor Bernhard Suphan, IV. Abt.: Briefe, Bd. 28: März–December 1817, Weimar 1903.

Gołaszewski/Górski 2016 Życie, śmierć i zbawienie. Inskrypcje kościoła św. Elżbiety we Wrocławiu w świetle rękopisu z 1649 roku [Leben, Tod und Erlösung. Inschriften der Elisabethkirche in Breslau im Lichte einer Handschrift von 1649], bearb. v. Janusz Gołaszewski u. Adam Górski, Wrocław 2016.

Gołębiewski 1988 Andrzej Gołębiewski: Użytkowanie naczyń szklanych w średniowiecznych miastach Pomorza i Prus [Die Nutzung von Glasgefäßen in mittelalterlichen Städten in Pommern und Preußen], in: Archaeologia Historica Polona 7 (1998), S. 214–225.

Gołębiewski 1997 Andrzej Gołębiewski: Importy naczyń szklanych na Starym Mieście w Elblągu w średniowieczu i okresie nowożytnym [Import von Glasgefäßen in der Altstadt von Elbing im Mittelalter], in: Archaeologia Elbingensis, Bd. 2, Elbląg/Gdańsk/Toruń 1997, S. 37–49.

Goliński 2015 Mirosław Goliński: Przy wrocławskim rynku. Rekonstrukcja własności posesji [Am Breslauer Markt. Rekonstruktion der Grundeigentumsverhältnisse], Teil 2, Wrocław 2015.

Goliński/Maliniak 2007 Mateusz Goliński/Jarosław Maliniak: Urzędnicymiejscy Świdnicy do 1740 r. [Städtische Beamte in Schweidnitz bis 1740], Toruń 2007.

Gomułka 2010 Izabela Gomułka: Zabawa odbiciem rzeczywistości – łódki-zabawki z Gdańska i Opola jako odzwierciedlenie lokalnego szkutnictwa średniowiecznego [Das Spielzeug als Abbild der Realität – Spielzeugboote aus Danzig und Oppeln als Spiegelbild des örtlichen Schiffbaus im Mittelalter], in: Życie codzienne przez pryzmat rzeczy [Der Alltag im Licht der Dinge], hg. v. Paweł Kucypera u. Sławomir Wadyl, Toruń 2010, S. 321–331.

Gönczi 1997 Katalin Gönczi: Ungarisches Stadtrecht aus europäischer Sicht. Die Stadtrechtsentwicklung im spätmittelalterlichen Ungarn am Beispiel Ofen (= Ius Commune 92), Frankfurt a. M. 1997.

Gönczi 2018 Katalin Gönczi: Zum kulturellen Erbe Ostmitteleuropas. Der Transfer des sächsisch-magdeburgischen Rechts in das Königreich Ungarn, in: Köster/Link/Lück 2018, S. 115–125.

Gönczi/Carls 2013 Katalin Gönczi/Wieland Carls (Hg.): Sächsisch-magdeburgisches Recht in Ungarn und Rumänien. Autonomie und Rechtstransfer im Donau- und Karpatenraum (= Ius saxonico-maideburgense in Oriente 3), Berlin/Boston 2013.

Goodrich 1964 Anne Swan Goodrich: The Peking Temple of the Eastern Peak, Nagoya 1964.

Gosch 2005 Gerhard Gosch: Archäologische Grabungen um St. Annen und das Heilige-Geist-Hospital, in: Puhle/Petsch 2005, S. 219–228.

Götze 1873 Ludwig Götze: Urkundliche Geschichte der Stadt Stendal, Leipzig 1873.

Goubitz 2007 Olaf Goubitz: Purses in Pieces. Archaeological Finds of Late Medieval and 16th Century Leather Purses, Pouches, Bags and Cases in the Netherlands, Zwolle 2007.

Goubitz/van Driel-Murray/Groenman-van Waateringe 2001 Olaf Goubitz/Carol van Driel-Murray/Willy Groenman-van Waateringe: Stepping through Time: Archaeological Footwear from Prehistoric Times until 1800, Zwolle 2001.

Grancsay 1950/1951 Stephen V. Grancsay: A Late Medieval Helmet (Sallet), in: The Journal of the Walters Art Gallery 13/14 (1950/1951), S. 20–29.

Grassl 2004 Herbert Grassl: Neue Beiträge zu den Stadtrechtsfragmenten aus Lauriacum, in: Tyche. Beiträge zur Alten Geschichte, Papyrologie und Epigraphik 18 (2004), S. 1–4.

Graßmann 1986 Antje Graßmann: Die Wachstafel. Notizbuch des mittelalterlichen Menschen, in: Zur Lebensweise in der Stadt um 1200. Ergebnisse der Mittelalter-Archäologie, hg. v. Heiko Steuer, Köln 1986, S. 223–236.

Graßmann 1989 Antjekathrin Graßmann: Die städtische Verwaltung, in: Bracker 1989, S. 350–360.

Graus 1987 František Graus: Pest – Geißler – Judenmorde. Das 14. Jahrhundert als Krisenzeit (= Veröffentlichungen des Max-Planck-Instituts für Geschichte 86), Göttingen 1987.

Greßhöner 2010 Kristine Greßhöner: Rathausbau im späten Mittelalter. Repräsentation und Raumbedarf. Forschungsüberblick und Bibliographie, in: Mediaevistik 23 (2010), S. 51–103.

Grew/de Neergaard 2001 Francis Grew/Margrethe de Neergaard: Shoes and Pattens (= Medieval Finds from Excavations in London 2), London 2001.

Grewe 1991 Klaus Grewe: Wasserversorgung und -entsorgung im Mittelalter. Ein technikgeschichtlicher Überblick, in: Die Wasserversorgung im Mittelalter, Mainz 1991, S. 9–86.

Griep 1957 Hans-Günther Griep: Mittelalterliche Goslarer Kunstwerke. Teil A: Goldschmiedearbeiten, Goslar 1957.

Groen 2013 Basilius J. Groen u. a. (Hg.): Die Liturgie der Ostkirche. Ein Führer zu Gottesdienst und Glaubensleben der orthodoxen und orientalischen Kirchen, Freiburg i. Br. u. a. 2013².

Gronowicz 2002 Krzysztof Gronowicz: Der Danziger Gemäldezyklus von Hans Vredeman de Vries, in: Borggrefe 2002, S. 153–158.

de Groot 1977 Jan Jacob Maria de Groot: Les Fêtes annuellement célébrées à Émoui, San Francisco 1977.

Grote 1933 Ludwig Grote: Georg Lemberger (Aus Leipzigs Vergangenheit. Eine Schriftenreihe, Bd. 2), Leipzig 1933.

Grote 1960/61 Ludwig Grote: Dürer-Werkstatt und Dürer-Schule, in: Anzeiger des Germanischen Nationalmuseums 1960/61, S. 11–16.

Groten 2013 Manfred Groten: Die deutsche Stadt im Mittelalter, Stuttgart 2013.

Grotkamp-Schepers 2015 Das Schwert – Gestalt und Gedanke. Ausstellungskatalog, hg. v. Barbara Grotkamp-Schepers u. a., Solingen 2015.

Gruber 2013 Elisabeth Gruber (Hg.): Mittler zwischen Herrschaft und Gemeinde. Die Rolle von Funktions- und Führungsgruppen in der mittelalterlichen Urbanisierung Zentraleuropas, Innsbruck 2013.

Gruber/Keyser 1929 Karl Gruber/Erich Keyser: Die Marienkirche in Danzig (= Die Baudenkmäler der Freien Stadt Danzig, 1. Teil: Die Kirchlichen Bauwerke 1), Berlin 1929.

Gruia 2007 Anna Maria Gruia: Sex on the Stove. A Fifteenth-century Tile from Banská Bystrica, in: Studia Patzinakia 4 (2007), S. 85–122.

Grunau/Grunau 1955 George Grunau/Axel Grunau: Die St. Georgen-Brüderschaft zu Elbing (= Wissenschaftliche Beiträge zur Geschichte und Landeskunde Ost-Mitteleuropas 21), Marburg/Lahn 1955.

Gründig/Dräger 1997 Rita Gründig/Ulf Dräger: Kunsthandwerk und Design. Bestandskatalog erste Hälfte 20. Jahrhundert, Staatliche Galerie Moritzburg, Bd. 1, Halle 1997.

Gründler 1981 Johannes Gründler (Hg.): Die Kuenringer. Das Werden des Landes Niederösterreich. Ausstellungskatalog, Wien 1981.

Grupa 2012 Małgorzata Grupa: Wełniane tekstylia pospólstwa i plebsu gdańskiego (XIV–XVII w.) i ich konserwacja [Wolltextilien des einfachen Danziger Volks und des Plebs (14.–17. Jahrhundert) und deren Konservierung], Toruń 2012.

Grzesiowski 1977 Jerzy Grzesiowski: Dzieje rogu górników wielickich [Geschichte des Horns der Bergleute von Wieliczka], in: Studia i Materiały do Dziejów Żup Solnych 6 (1977), S. 124–133.

Grzybkowska 1990 Teresa Grzybkowska: Złoty wiek malarstwa gdańskiego na tle kultury artystycznej miasta 1520–1620 [Das goldene Zeitalter der Danziger Malerei vor dem Hintergrund der künstlerischen Kultur der Stadt 1520–1620], Warszawa 1990.

Grzybkowska 1996 Teresa Grzybkowska: Muzea Gdańska [Danziger Museen], Warszawa 1996.

Grzybkowska 1997 Teresa Grzybkowska: Malarstwo [Die Malerei] in: Aurea Porta 1997, S. 35–59.

Gubler 2015 Kaspar Gubler: Strafjustiz im Spätmittelalter im Südwesten des Reichs. Schaffhausen und Konstanz im Vergleich, Zürich 2015.

Güdemann 1866 Moritz Güdemann: Zur Geschichte der Juden in Magdeburg, Breslau 1866.

Gudian 1986 Gunter Gudian: Zur Funktion des spätmittelalterlichen Ortsgerichts, in: Gerhard Dilcher/Bernhard Diestelkamp (Hg.): Recht, Gericht, Genossenschaft und Policey. Studien zu Grundbegriffen der germanistischen Rechtshistorie. Symposion für Adalbert Erler, Berlin 1986, S. 33–37.

Gündel 1942 Christian Gündel: Die Goldschmiedekunst in Breslau, Berlin 1942.

Günther 1903 Otto Günther: Katalog der Danziger Stadtbibliothek. Bd. 2: Katalog der Handschriften der Danziger Stadtbibliothek, Teil 2: Handschriften zur Geschichte Danzigs (Nachträge) […], Danzig 1903.

Günther 1905 Otto Günther: Zwei unbekannte altpreußische Willküren, in: Zeitschrift des Westpreussischen Geschichtsvereins 48 (1905), S. 3–54.

Günther 1909 Otto Günther: Katalog der Danziger Stadtbibliothek. Bd. 3: Katalog der Handschriften der Danziger Stadtbibliothek, Teil 3: Juristische Handschriften […], Danzig 1909.

Güntherová-Mayerová 1952 Alžbeta Güntherová-Mayerová: Dějiny nábytkového umění na Slovensku [Geschichte der Möbelkunst in der Slowakei], in: Dějiny nábytkového umění [Geschichte der Möbelkunst], Bd. 3, Brno 1952.

Gutek/Jiroušek 2011 František Gutek/Alexander Jiroušek: Radnica v Bardejove [Das Rathaus in Bartfeld], Košice 2011.

Gutiérrez 2000 Alejandra Gutiérrez: A Guide to the Identification of Spanish Medieval and Later Ceramics (13th to 17th Centuries), in: Alejandra Gutiérrez: Mediterranean Pottery in Wessex Households (12th to 17th Centuries) (= British Archaeological Reports 306), Oxford 2000, S. 15–73.

Gutkowska-Rychlewska 1968 Maria Gutkowska-Rychlewska: Historia ubiorów [Geschichte der Kleidung], Wrocław/Warszawa/Kraków 1968.

Gutkowska-Rychlewska 1968 a Maria Gutkowska-Rychlewska: Patynki z Pyrzyc na tle mody obuwia średniowiecznego [Trippen aus Pyrzyce vor dem Hintergrund der mittelalterlichen Schuhmode], in: Rozprawy i Sprawozdania Muzeum Narodowego w Krakowie 9 (1968), S. 33–40.

Gutkowska-Rychlewska/Taszycka 1967 Maria Gutkowska-Rychlewska/Maria Taszycka: Polskie hafty średniowieczne [Polnische mittelalterliche Stickereien]. Ausstellungskatalog, Kraków 1967.

Gyürky 1976 Katalin H. Gyürky: A domonkosok középkori kolostorának feltárása Budán [Freilegung des mittelalterlichen Klosters der Dominikaner in Buda], in: Budapest Régiségei 24/1 (1976), S. 371–379.

Gyürky 1981 Katalin H. Gyürky: Das mittelalterliche Dominikanerkloster in Buda, Budapest 1981.

H

Haas Kianička 2014 Daniel Haas Kianička: Kremnica – mesto klenotov. Encyklopedický sprievodca dejinami mesta. I. zväzok: od počiatkov do polovice 17. storočia [Kremnitz – Stadt der Schmuckstücke. Enzyklopädischer Führer durch die Stadtgeschichte. Bd. 1: von den Anfängen bis Mitte des 17. Jahrhunderts], Budmerice 2014.

Haasis-Berner 2000 Andreas Haasis-Berner: Archäologische Funde von mittelalterlichen Pilgerzeichen und Wallfahrtsandenken in Westfalen, in: Westfalen 78 (2000), S. 345–363.

Haasis-Berner 2008 Andreas Haasis-Berner: Das Wallfahrtswesen im 14. Jahrhundert im Spiegel der Pilgerzeichen. Eine These zur Geschichte des Wallfahrtswesens im Heiligen Römischen Reich Deutscher Nation, in: Das Zeichen am Hut im Mittelalter. Europäische Reisemarkierungen (= Europäische Wallfahrtsstudien 4), hg v. Hartmut Kühne, Lothar Lambacher u. Konrad Vanja, Frankfurt (Main) 2008, S. 143–151.

Haasis-Berner/Poettgen 2002 Andreas Haasis-Berner/Jörg Poettgen: Die mittelalterlichen Pilgerzeichen der Heiligen Drei Könige. Ein Beitrag von Archäologie und Campanologie zur Erforschung der Wallfahrt nach Köln, in: Zeitschrift für Archäologie des Mittelalters 30 (2002), S. 173–202.

HAB Handschriftendatenbank [o. D.] HAB Handschriftendatenbank, online abrufbar unter: http:/diglib.hab.de/?db=mss [letzter Zugriff am 15. 6. 2019].

Habich 1916 Georg Habich: Die Deutschen Medailleure des XVI. Jahrhunderts, Halle (Saale) 1916.

Habich 1929 Georg Habich: Die deutschen Schaumünzen des XVI. Jahrhunderts, Ulm 1929.

Haferkamp 1987 Alfred Haferkamp Der Konstanzer Friede zwischen Kaiser und Lombardenbund (1183), in: Kommunale Bündnisse Oberitaliens und Oberdeutschlands im Vergleich, hg. v. Helmut Maurer, Sigmaringen 1987, S. 37–47.

Hahlweg 1938 Werner Hahlweg: Die vier gotischen Original-Stechzeuge des Artushofes in Danzig, in: Weichselland 3 (1938), S. 53–55.

Hahn 1939 Karl Hahn: Zwickauer Rechtsaltertümer, in: Zwickauer Kulturbilder aus acht Jahrhunderten, hg. v. Ewald Dost, Zwickau 1939, S. 75–81.

Haisig 1978 Marian Haisig: Wrocławskie pieczęcie, medale i monety [Breslauer Siegel, Medaillen und Münzen], in: Wrocław jego dzieje i kultura [Breslau, seine Geschichte und Kultur], hg. v. Zygmunt Świechowski, Wrocław 1978, S. 77–83.

Halaga 1967 Ondrej R. Halaga: Kaufleute und Handelsgüter der Hanse im Karpatengebiet, in: Hansische Geschichtsblätter 85 (1967), S. 59–84.

Halaga 1978 Ondrej R. Halaga: Le grand commerce Occident-Orient et l'Europe centrale, in: Studi in memoria di Federigo Melis, Bd. 2, hg. v. Luigi De Rosa, Napoli 1978, S. 1–30.

Hallonová/Šimko 2012 Považské múzeum v Žiline 1942–2012 [Das Museum der Region Považie in Sillein 1942–2012], zusammengest. v. Katarína Hallonová u. Peter Šimko, Žilina 2012.

Hammel-Kiesow 2014 Rolf Hammel-Kiesow: Die Hanse, München 2014^{5}.

Hammerstein 2003 Notker Hammerstein: Bildung und Wissenschaft vom 15. bis zum 17. Jahrhundert (= Enzyklopädie Deutscher Geschichte 64), München 2003.

Händl 2017 Claudia Händl: Zur Text-Bild-Relation in den *Codices picturati* des *Sachsenspiegels*. Zur Aussagekraft von Illustrationen als Interpretationshilfe von Rechtsvorstellungen im Bereich der Sexualdelikte, in: Medieval German Tristan and Trojan War Stories. Interpretations, Interpolations, and Adaptations (= Göppinger Arbeiten zur Germanistik 786), hg. v. Sibylle Jefferis, Göppingen 2017, S. 145–179.

Hanse 1973 Hanse in Europa. Brücke zwischen den Märkten vom 12. bis 17. Jahrhundert. Ausstellungskatalog, Köln 1973.

Hänselmann 1892–1894 Ludwig Hänselmann: Die ältesten Stadtrechte Braunschweigs, in: Hansische Geschichtsblätter 7 (1892–1894), Heft 20, S. 2–57.

Harasimowicz 2016 Jan Harasimowicz: Die Repräsentation der protestantischen Fürsten und Stände in der Kunst des 16. und 17. Jahrhunderts nördlich der Alpen, in: Entdecken – Erforschen – Bewahren. Beiträge zur Kunstgeschichte und Denkmalpflege, hg. v. Camilla Badstübner-Kizik u. Edmund Kizik, Berlin 2016, S. 15–31.

Hardt 2017 Matthias Hardt: Westliche Zuwanderer im hochmittelalterlichen Landesausbau Europas; in: Harald Meller u. a. (Hg.): Migration und Integration von der Urgeschichte bis zum Mittelalter, Halle 2017, S. 335–343.

von Harsdorf 1958 Karl von Harsdorf: Der Kupferhammer zu Enzendorf bei Rupprechtstegen, in: Mitteilungen des Vereins für Geschichte der Stadt Nürnberg 1958, S. 26–50.

Hasse 2005 Claus-Peter Hasse: Ein Turnier der Magdeburger Patriziersöhne 1279, in: Puhle 2005, S. 106 f.

Hasse 2005 a Claus-Peter Hasse: Die Stadt Magdeburg von den Anfängen eines städtischen Rates um 1240 bis zur Ermordung Erzbischof Burchards von Schraplau 1325, in: Puhle/Petsch 2005, S. 113–122.

Hasse 2018 Claus-Peter Hasse: Rathaus, Reiter, Roland und Hirsch als Rechtsdenkmäler. Zum Selbstverständnis der Stadt Magdeburg im Mittelalter, in: Köster/Link/Lück 2018, S. 423–453.

Hasse/Puhle 2006 Heiliges Römisches Reich Deutscher Nation 962 bis 1806. Von Otto dem Großen bis zum Ausgang des Mittelalters, 29. Ausstellung des Europarates in Magdeburg und Berlin und Landesausstellung Sachsen-Anhalt, hg. v. Claus-Peter Hasse u. Matthias Puhle, Bd. 1: Katalog, Dresden 2006.

Hauke 1967 Karl Hauke: Das Bürgerhaus in Ost- und Westpreußen (= Das Deutsche Bürgerhaus 8), Tübingen 1967.

Haumann 1990 Heiko Haumann: Geschichte der Ostjuden, München 1990^{2}.

Haverkamp 2002 Alfred Haverkamp: »Concivilitas« von Christen und Juden in Aschkenas im Mittelalter, in: Alfred Haverkamp. Gemeinden, Gemeinschaften und Kommunikationsformen im hohen und späten Mittelalter. Festgabe zur Vollendung des 65. Lebensjahres, hg. v. Friedhelm Burgard/Lukas Clemens/Michael Matheus, Trier 2002, S. 315–344.

Haye 2000 Thomas Haye (Hg.): Humanismus im Norden. Frühneuzeitliche Rezeption antiker Kultur und Literatur an Nord- und Ostsee (= Chloe 32), Amsterdam 2000.

Hecht 2010 Michael Hecht: Patriziatsbildung als kommunikativer Prozess. Die Salzstädte Lüneburg, Halle und Werl in Spätmittelalter und Früher Neuzeit (= Städteforschung A/79), Köln/Weimar/Wien 2010.

van Heeringen/Koldeweij/Gaalman 1987 Robert M. van Heeringen/Jos Koldeweij/A.A.G. Gaalman: Heiligen uit de modder. In Zeeland gevonden pelgrimstekens, Utrecht/Zutphen 1987.

Heilig en Profaan 1993 Heilig en Profaan. 1000 laatmiddeleeuwse insignes uit decollectie H. J. E. van Beuningen, Bd. 1 (= Rotterdam Papers 8), hg. v. Hendrik Jan E. van Beuningen u. A. M. Koldeweij, Cothen 1993.

Heilig en Profaan 2001 Heilig en Profaan. 1200 laatmiddeleeuwse insignes uit openbare en particuliere collecties, Bd. 2 (= Rotterdam Papers 12), hg. v. H. J. E. van Beuningen, A. M. Koldeweij u. D. Kicken, Cothen 2001.

Heilig en Profaan 2012 Heilig en Profaan. 1300 laatmiddeleeuwse insignes uit openbare en particuliere collecties, Bd. 3 (= Rotterdam Papers 13), hg. v. H. J. E. van Beuningen u. a., Langbroek 2012.

Heimann-Jelinek 2016 Felicitas Heimann-Jelinek: Tora-Rolle, in: Glaubensfragen. Chatrooms auf dem Weg in die Neuzeit, Göttingen 2016, S. 34.

Heimerl 2008 Theresia Heimerl: Zwischen Babylon und Jerusalem. Die Stadt als locus theologicus im Mittelalter, in: Repräsentationen der mittelalterlichen Stadt, hg. v. Jörg Oberste, Regensburg 2008, S. 13–24.

Heimpel 1971 Hermann Heimpel: Rezension zu: Conrad Kyeser aus Eichstätt, Bellifortis […] von Götz Quarg, Düsseldorf 1967, in: Göttingische Gelehrte Anzeigen 223 (1971), S. 115–148.

Heise 1885 Johannes Heise (Bearb.): Die Bau- und Kunstdenkmäler des Kreises Pr. Stargard (= Die Bau- und Kunstdenkmäler der Provinz Westpreußen 3), Danzig 1885.

Heitzmann 2017 Christian Heitzmann: Sachsenspiegel online. Internetressourcen zur handschriftlichen Überlieferung, in: Zeitschrift für deutsches Altertum und deutsche Literatur 146 (2017), S. 409–412, online abrufbar unter: https://www.ingentaconnect.com/content/dav/zfda/2017/00000146/00000003/art00007 [letzter Zugriff am 31. 5. 2019].

Helmrath 2002 Johannes Helmrath (Hg.): Diffusion des Humanismus. Studien zur nationalen Geschichtsschreibung europäischer Humanisten, Göttingen 2002.

Helmrath 2007 Johannes Helmrath: Enea Silvio Piccolomini (Pius II.) – Ein Humanist als Vater des Europagedankens?, in: Themenportal Europäische Geschichte, 2007, online abrufbar unter: www.europa.clio-online.de/essay/id/artikel-3176 [letzter Zugriff am 31. 3. 2019].

von Hentig 1966 Hans Wolfram von Hentig: Harsdörfer, Hans, in: Neue Deutsche Biografie, Bd. 7, Berlin 1966, S. 705.

Heppe 1985 Karl Bernd Heppe: Goslarer Bergkanne, in: Stadt im Wandel. Kunst und Kultur des Bürgertums in Norddeutschland 1150–1650, hg. v. Cord Meckseper, Bd. 2, Stuttgart 1985, S. 1006–1008.

Herrmann 1997 Matthias Herrmann: Kamenz im Sechsstädtebund, in: 650 Jahre Sechsstädtebund der Oberlausitz, hg.v. Kamenzer Geschichtsverein, Kamenz 1997, S. 9–30.

Herrmann 2015 Christofer Herrmann: Kirche als Arbeitsplatz. Die Danziger Marienkirche, ein Großbetrieb, in: Backsteinarchitektur im Ostseeraum. Neue Perspektiven der Forschung. Ausstellungskatalog, hg. v. Christofer Herrmann, Ernst Gierlich u. Matthias Müller, Petersberg 2015, S. 208–209.

Herrmann/Kizik 2013 Christofer Herrmann/Edmund Kizik (Bearb.): Chronik der Marienkirche in Danzig. Das »Historische Kirchen Register« von Eberhard Bötticher (1616). Transkription und Auswertung, Köln/Weimar/Wien 2013.

Herrmann/von Winterfeld 2015 Mittelalterliche Architektur in Polen, hg. v. Christofer Herrmann u. Dethard von Winterfeld, 2 Bde., Petersberg 2015.

Herzog 1839/1845 Emil Herzog: Chronik der Kreisstadt Zwickau, 2 Bde., Zwickau 1839/45.

Heuer 1916 Reinhold Heuer: Die Werke der bildenden Kunst und des Kunstgewerbes in Thorn bis zum Ende des Mittelalters, Thorn 1916.

Heuer 2009 Christopher P. Heuer: The City Rehearsed. Object, Architecture, and Print in the Worlds of Hans Vredeman de Vries, London/New York 2009.

Heyde 2011 Jürgen Heyde: Ethnische Gruppenbildung in der spätmittelalterlichen Gesellschaft. Die Armeni in Lemberg und das Armenische Statut von 1519, in: Sławomir Gawlas/Michał T. Szczepański (Hg.): Historia społeczna późnego średniowiecza. Nowe badania [Gesellschaftsgeschichte des Spätmittelalters. Neue Forschungen], Warszawa 2011, S. 387–403.

Heyde 2014 Jürgen Heyde: Transkulturelle Kommunikation und Verflechtung. Die jüdischen Wirtschaftseliten in Polen vom 14. bis zum 16. Jahrhundert (Quellen und Studien/Deutsches Historisches Institut Warschau 29), Wiesbaden 2014.

Heyde 2016 Jürgen Heyde: Lemberg 1440. Ethnizität in der Vormoderne, in: Dekonstruieren und doch erzählen: polnische und andere Geschichten (= Polen. Kultur – Geschichte – Gesellschaft 2), hg. v. Jürgen Heyde u. a., Göttingen 2016, S. 32–38.

Heyde 2018 Jürgen Heyde: Armenier in Lemberg und Krakau. Städtische Migrationsgesellschaften und Magdeburger Recht, in: Köster/Link/Lück 2018, S. 285–297.

Higounet 2012 Charles Higounet: Die deutsche Ostsiedlung im Mittelalter, Berlin 1986.

Hintze 1906 Erwin Hintze: Die Breslauer Goldschmiede. Ein Archivalische Studie, Breslau 1906.

Hintze 1926 Erwin Hintze: Schlesische Zinngießer (= Die deutschen Zinngießer und ihre Marken 4), Leipzig 1926.

Hinz 1870 Alfred Hinz: Die Schatzkammer der Marienkirche zu Danzig, 2 Bde., Danzig 1870.

Hirsch 1843–1847 Theodor Hirsch: Die Oberpfarrkirche von St. Marien in Danzig in ihren Denkmälern und ihren Beziehungen zum kirchlichen Leben Danzigs, 2 Bde., Danzig 1843–1847.

Hirschi 2005 Caspar Hirschi: Wettkampf der Nationen. Konstruktionen einer deutschen Ehrgemeinschaft an der Wende vom Mittelalter zur Neuzeit, Göttingen 2005.

Hirschmann 2016 Frank G. Hirschmann: Die Stadt im Mittelalter (= Enzyklopädie Deutscher Geschichte 84), Berlin/Boston 2016.

His 1920 Rudolf His: Das Strafrecht des deutschen Mittelalters, 1. Teil. Die Verbrechen und ihre Folgen im Allgemeinen, Leipzig 1920.

Historische Kommission zu Berlin 2012 Historische Kommission zu Berlin e.V. u. a. (Hg.): Alte Mitte – neue Mitte? Positionen zum historischen Zentrum von Berlin (= Kleine Schriftenreihe der Historischen Kommission zu Berlin 10), Berlin 2012.

Hittinger 2007 Dieter Hittinger: Tuchplomben. Warenzeichen des späten Mittelalters und der Neuzeit aus dem norddeutschen Küstengebiet, Aachen 2007.

Hlavsa 1957 Václav Hlavsa: Malá Strana. Z minulosti pražského podhradí [Die Kleinseite. Aus der Vergangenheit des Prager Burgvorortes], Praha 1957.

Hoczyk-Siwkowa 1986 Stanisława Hoczyk-Siwkowa: Stan badań archeologicznych wodociągu staropolskiego w Lublinie (XV–XVI w.) [Stand der archäologischen Untersuchungen der altpolnischen Wasserleitung in Lublin (15.–16. Jh.)], in: Wodociąg 1986, S. 78–92.

Hoff 1942 Erwin Hoff: Lublins Gründungshandfesten zu deutschem Recht 1317/1342 (= Schriftenreihe des Instituts für deutsche Ostarbeit, Sektion Geschichte 2), Krakau 1942.

Hoffmann 1992 František Hoffmann: České mesto ve stredoveku. Život a dedictví [Die böhmische Stadt im Mittelalter. Leben und Erbe], Prag 1992.

Hoffmann Werner Hoffmann: Beschreibung Mscr. Dresd. M. 32, in: Manuscripta mediaevalia (im Erscheinen), online abrufbar unter: http://www.manuscripta-mediaevalia.de/dokumente/html/obj31604855 [letzter Zugriff am 23. 3. 2019].

Höfler 2007 Janez Höfler: Der Meister E. S. Ein Kapitel europäischer Kunst des 15. Jahrhunderts, Regensburg 2007.

Hofmann-Rendtel 1993 Constanze Hofmann-Rendtel: Pilgerzeichen und Sozialprestige, in: Maué 1993, S. 240–252.

Hojdis 2000 Bogdan Hojdis: O współistnieniu słów i obrazów w kulturze polskiego średniowiecza [Über die Koexistenz von Worten und Bildern in der Kultur des polnischen Mittelalters], Gniezno 2000.

Holák 1974 Ján Holák: Beda odsúdeným. Ako sa súdilo za feudalizmu [Weh den Verurteilten. Wie im Feudalismus gerichtet wurde], Martin 1974.

Holl 1991 Imre Holl: Stadtarchäologie in Budapest und in Ungarn, in: Biegel 1991, S. 71–94.

Hollstein 1956 Friedrich Wilhelm Heinrich Hollstein: Hans Sebald Beham (= German Engravings, Etchings and Woodcuts ca. 1400–1700, Bd. 3), Amsterdam 1956.

Homeyer 1931–1934 Gustav Homeyer: Die deutschen Rechtsbücher des Mittelalters und ihre Handschriften, Weimar 1931–1934.

Hordyński 2016 Piotr Hordyński: Kolekcja Jana Ponętowskiego. Wstęp do opisu zawartości [Die Sammlung Jan Ponętowski. Einleitung zur Beschreibung der Bestände], in: Biuletyn Biblioteki Jagiellońskiej 66 (2016), S. 69–84.

Horler 1955 Budapest műemlékei [Die Kunstdenkmäler von Budapest], Teil 1, hg. v. Miklós Horler u. a., Budapest 1955.

Hörsch 2006 Markus Hörsch: Gerechtigkeitsbild aus einem böhmischen Rathaus, in: Fajt 2006, S. 621–624.

Horváth 1932 a Henrik Horváth: A Fővárosi Múzeum kőemléktárának leíró lajstroma [Register des Lapidariums des Hauptstädtischen Museums], Budapest 1932.

Horváth 1932 b Henrik Horváth: A Székesfővárosi Múzeum középkori lapidáriuma a Halászbástyán [Das mittelalterliche Lapidarium des Museums der Residenzstadt auf der Fischerbastei], in: Magyar Művészet 8 (1932), S. 89–128.

Horzela/Organisty 2005 Wokół Wita Stwosza [Veit Stoß und sein Umfeld]. Ausstellungskatalog, hg. v. Dobrosława Horzela u. Adam Organisty, Kraków 2005.

Hosák 2004 Ladislav Hosák: Historický místopis země Moravskoslezské [Historisches Ortslexikon der Mährisch-Schlesischen Lande], Praha 2004.

HRG[2] Handwörterbuch zur deutschen Rechtsgeschichte, 2., überarbeitete u. erweiterte Auflage, hg. v. Albrecht Cordes u. a., Bde. 1–4 (27. Lfg.), Berlin 2008[2] ff.

Hrtánková 1985 Valéria Hrtánková: Mestská správa v Žiline v 17.–18. Storočí [Stadtrecht in Sillein im 17. und 18. Jahrhundert], in: Vlastivedný zborník Považia 15 (1985), S. 133–150.

Hrušková/Kejlová 1991 Eva Hrušková/Viera Kejlová: Gotický nábytok v zbierkach Východoslovenského múzea v Košiciach [Gotische Möbel in den Sammlungen des Ostslowakischen Museums in Kaschau], in: Historica Carpatica 22 (1991), S. 149.

Hucker 2002 Bernd Ulrich Hucker, Kritische Annotationen zur Klassifizierung von Rolanden, in: Pötschke 2002, S. 238–258.

Hunka 1999 Ján Hunka: Nálezy olovených plômb na zaisťovanie prepravovaných tovarov (14.–17. stor.) zo Slovenska [Funde von Bleiplomben zur Sicherung des Warentransports (14.–17. Jh.) aus der Slowakei], in: Študijné Zvesti Archeologického Ústavu SAV 33 (1999), S. 295–308.

Hüpper 1992 Dagmar Hüpper: Funktionstypen der Bilder in den Codices Picturati des Sachsenspiegels, in: Pragmatische Schriftlichkeit im Mittelalter. Erscheinungsformen und Entwicklungsstufen (= Münstersche Mittelalter-Schriften 65), hg. v. Hagen Keller, Klaus Grubmüller u. Nikolaus Staubach, München 1992, S. 231–249.

Husband 1970 a Timothy Husband: Valencian Lusterware of the Fifteenth Century: Notes and Documents, in: The Metropolitan Museum of Art Bulletin 29 (1970), Nr. 1, S. 11–19.

Husband 1970 b Timothy Husband: Valencian Lusterware of the Fifteenth Century: An Exhibition at The Cloisters, in: The Metropolitan Museum of Art Bulletin 29 (1970), Nr. 1, S. 20–32.

Huszár 1956 Lajos Huszár: A budai várpalota ásatásának éremleletei [Münzfunde der Ausgrabungen in der Budaer Burg], in: Budapest Régiségei 17 (1956), S. 197–240.

Huszár/Procopius 1932 Lajos Huszár/Béla von Procopius: Medaillen- und Plakettenkunst in Ungarn, Budapest 1932.

Huygebart 2016 Stefan Huygebart u. a. (Hg.), The Art of Law. Three Centuries of Justice Depicted. Ausstellungskatalog, Tielt 2016.

I

I tesori 1985 I tesori dell' antica Polonia. Dai Veneti ai Re di Cracovia. Ausstellungskatalog, Padova 1985.

Ilardi 2007 Vincent Ilardi: Renaissance Vision from Spectacles to Telescopes, Philadelphia 2007.

Irgang 1995 Winfried Irgang: Deutsche Sprache im Schlesischen Urkundenbuch, in: Keil/Menzel 1995, S. 13–27.

Iseler 2005 Maritta Iseler: Der Treppenaufgang am Rathaus in Görlitz. Ein Bauwerk bürgerlicher Repräsentation, in: Görlitzer Magazin. Geschichte und Gegenwart der Stadt Görlitz und ihrer Umgebung 13 (2005), S. 51–56.

Iseler 2014a Maritta Iseler: Bauwesen und Architektur der Stadt Görlitz (=Beihefte zum Neuen Lausitzischen Magazin 13), Bernstadt 2014.

Iseler 2014b Maritta Iseler: Bauwesen der Stadt Görlitz: Repräsentationsformen an der Schwelle zur Frühen Neuzeit, Bernstadt a. d. E. 2014.

Isenmann 2003 Eberhard Isenmann: Ratsliteratur und städtische Ratsordnungen des späten Mittelalters und der frühen Neuzeit. Soziologie des Rats – Amt und Willensbildung – politische Kultur, in: Stadt und Recht im Mittelalter (= Veröffentlichungen des Max-Planck-Instituts für Geschichte, Bd. 174), hg. v. Pierre Monnet u. Otto Gerhard Oexle, Göttingen 2003, S. 215–479.

Isenmann 2014 Eberhard Isenmann: Die deutsche Stadt im Mittelalter 1150–1550. Stadtgestalt, Recht, Verfassung, Stadtregiment, Kirche, Gesellschaft, Wirtschaft, Köln/Weimar/Wien 2014².

Ishikawa 1997 Takeshi Ishikawa: Das Gericht im Sachsenspiegel, in: Gerhard Köbler/Hermann Nehlsen (Hg.): Wirkungen europäischer Rechtskultur. Festschrift für Karl Kroeschell zum 70. Geburtstag, München 1997, S. 441–465.

Ivanov/Toporov 1981 Vjačeslav Vsevolodovič Ivanov/Vladimir Nikolaevič Toporov: Drevnee slavjanskoe pravo. Archaičnye mifopoètičeskie osnovy i istočniki v svete jazyka, in: V[ladimir] D. Koroljuk (Hg.): Formirovanie rannefeodal'nych slavjanskich narodnostej, Moskva 1981, S. 10–31.

Ivanusa 2017 Nataliia Ivanusa: Frauen im sächsisch-magdeburgischen Recht. Die Rechtspraxis in kleinpolnischen Städten im 16. Jahrhundert (= Studien zur Ostmitteleuropaforschung 38), Marburg 2017.

Iwanoyko 1986 Eugeniusz Iwanoyko: Sala Czerwona ratusza gdańskiego [Der Rote Saal des Danziger Rathauses], Wrocław 1986.

J

Jäger 2005 Franz Jäger: Die Inschriften des Landkreises Weißenfels (= Die deutschen Inschriften 62, Leipziger Reihe 1), Wiesbaden 2005.

Jahn/Brockhoff 2012 Verbündet – Verfeindet – Verschwägert. Bayern und Österreich, hg. v. Wolfgang Jahn u. Evamaria Brockhoff, Bd. 1, Augsburg 2012.

Jakimińska 2012 Grażyna Jakimińska: Elita władzy lubelskiej gminy miejskiej w latach 1555–1651 [Die Machtelite der Lubliner Stadtgemeinde in den Jahren 1555–1651], Lublin 2012.

Jakrzewska-Śnieżko 1972 Zofia Jakrzewska-Śnieżko: Dwór Artusa w Gdańsku [Der Artushof in Danzig], Poznań/Gdańsk 1972.

Jakubek-Raczkowska 2006 Monika Jakubek-Raczkowska: Rzeźba gdańska przełomu XIV i XV wieku [Danziger Skulptur an der Wende des 14./15. Jahrhunderts], Warszawa 2006.

Jakubek-Raczkowska 2007 Monika Jakubek-Raczkowska: Plastyka średniowieczna od XIII do XVI wieku [Mittelalterliche Plastik vom 13. bis zum 16. Jahrhundert], Gdańsk 2007.

Janeczek 2003 Andrzej Janeczek: Ethnische Gruppenbildungen im spätmittelalterlichen Polen, in: Wünsch/Patschovsky 2003, S. 401–446.

Janeczek 2011 Andrzej Janeczek: Die Modernisierung der Städte Rutheniens. Die Reformen des 14.–16. Jahrhunderts, in: Mühle 2011, S. 355–371.

Janicka 2009 Danuta Janicka: Zur Topographie der Städte des Magdeburger Rechts in Polen: das Beispiel Kulm und Thorn, in: Lück/Puhle/Ranft 2009, S. 67–81.

Janicka 2016 Danuta Janicka: Kulmer Handfeste, in: HRG², Bd. 3 (2016²), Sp. 307–309.

Janicka 2018 Danuta Janicka: Die Rezeption des Sachsenspiegels und des Magdeburger Rechts am Beispiel von Thorn im Kulmer Land, in: Eichler/Lück 2008, S. 61–74.

Januszajtis 1988 Andrzej Januszajtas: Muzyka gdańskich dzwonów [Musik der Danziger Glocken], in: Muzyka w Gdańsku wczoraj i dziś [Musik in Danzig gestern und heute], Gdańsk 1988, S. 7–24.

Januszajtis 1996 Andrzej Januszajtis: Beiträge zur Musikgeschichte Danzigs, in: Musica Baltica. Interregionale musikkulturelle Beziehungen im Ostseeraum (= Deutsche Musik im Osten, Bd. 8), Sankt Augustin 1996, S. 315–319.

Januszajtis 2003 Andrzej Januszajtis u. a.: Gdańskie carillony. The Gdańsk Carillons. Przeszłość i teraźniejszość. The Past and the Present, Muzeum Historyczne Miasta Gdańska, Gdańsk 2003.

Janz 1993 Brigitte Janz: Die Dresdener Bilderhandschrift des Sachsenspiegels. Anmerkungen zur Kodikologie und zur ›Aussagekraft‹ der Textlücken, in: Schmidt-Wiegand 1993, S. 233–246.

Jaritz/Szende 2016 Gerhard Jaritz/Katalin Szende (Hg.): Medieval East Central Europe in a Comparative Perspective, London 2016.

Járó 2002 Márta Járó: Catalogue of Metal Threads in Medieval Woven Textiles in the Collection of the German National Museum, Nuremberg, in: Historische Textilien. Beiträge zu ihrer Erhaltung und Erforschung, hg. v. Sabine Martius u. Sibylle Ruß, Nürnberg 2002, S. 51–58.

Jasas 1980 Rimantas Jasas: Pergamentų katalogas, Vilnius 1980.

Jäschke/Schrenk 2007 Was machte im Mittelalter zur Stadt? Selbstverständnis, Außensicht und Erscheinungsbilder mittelalterlicher Städte (= Quellen und Forschungen zur Geschichte der Stadt Heilbronn 18), hg. v. Kurt-Ulrich Jäschke u. Christhard Schrenk, Heilbronn 2007.

Jaser 2014 Christian Jaser: Der Bürger und das Schwert. Faktoren der städtischen Fechtschulkonjunktur im ausgehenden Mittelalter, in: Das Schwert – Symbol und Waffe (= Freiburger Archäologische Studien 7), hg. v. Lisa Deutscher, Mirjam Kaiser u. Sixt Wetzler, Rahden/Westfalen 2014, S. 207–223.

Jasiński 1991 Tomasz Jasiński: Tabliczki woskowe w kancelariach miast Pomorza Nadwiślańskiego [Wachstafeln in den Kanzleien der Städte Pommerellens], Poznań 1991.

Jaskelevičiūtė 2016 Simona Jaskelevičiūtė: Mergeliškumas: tarp suvaržymo ir išsilaisvinimo [Jungfräulichkeit: zwischen Einschränkung und Befreiung], in: Naujasis židinys-Aidai 2016, Nr. 5, S. 14–19.

Jaśniewicz 2018 Aleksandra Jaśniewicz: Portret w Gdańsku od schyłku średniowiecza do późnego baroku (1420–1700) [Das Porträt in Danzig vom Ende des Mittelalters bis zum Spätbarock (1420–1700)], Gdańsk 2018.

Jecht 1909 Richard Jecht: Quellen zur Geschichte der Stadt Görlitz bis 1600, Görlitz 1909.

Jecht 1927–1934 Richard Jecht: Geschichte der Stadt Görlitz. Bd. 1/2: Topographie der Stadt Görlitz im Mittelalter. Görlitz 1927–1934.

Jenks 2000 Stuart Jenks: Von den archaischen Grundlagen bis zur Schwelle der Moderne (ca. 1000–1450), in: Deutsche Wirtschaftsgeschichte. Ein Jahrtausend im Überblick, hg. v. Michael North, München 2000, S. 15–106.

Jodłowski 2009 Antoni Jodłowski: Wieliczka. Heritage of salt, Wieliczka 2009.

Jodłowski 2012 Antoni Jodłowski: From the Treasure. Trove of the Wieliczka Museum, Wieliczka 2012.

Jordánková/Sulitková 2002 Hana Jordánková, Ludmila Sulitková: Kompetence rychtářského úřadu v Brně v předbělohorském období [Kompetenzen des Richteramts in Brünn in der Zeit vor der Schlacht am Weißen Berg], in: Pocta Janu Janákovi [Festschrift für Jan Janák], hg. v. Bronislav Chocholáč u. Jiří Malíř, Brno 2002, S. 127–147.

Jučienė 1979 Irena Jučienė: Vytautas Levandauskas: Vilniaus miesto gynybinė siena, Vilnius 1979.

Juck 1990 Ľubomír Juck: Výsady banských miest na Slovensku v stredoveku [Privilegien der Bergstädte in der Slowakei im Mittelalter], in: Marsina 1990a, S. 82–90.

Juknevičius 2010 Algirdas Juknevičius: Kaip »terra Gaudine« tapo »civitas Caiodunensis« – Kėdainiai XIV–XVII a. [Wie »terra Gaudine« zu »civitas Caiodunensis« geworden ist], in: Miestų praeitis 2 (2010), online abrufbar unter: http://senas.istorija.lt/html/mts/mp2/ [letzter Zugriff am 26. 6. 2019].

Jurkowaniec 1989 Tadeusz Jurkowaniec: Gotycka rzeźba architektoniczna w Prusach [Die gotische architektonische Skulptur in Preußen], Wrocław u. a. 1989.

Jurkowlaniec 2001 Grażyna Jurkowlaniec: Chrystus Umęczony. Ikonografia w Polsce od XIII do XVI wieku [Schmerzhafter Christus. Ikonografie in Polen vom 13. bis 16. Jahrhundert], Warszawa 2001.

K

Kaak 2017 Heinrich Kaak (Hg.): Die Prenzlauer Chronik des Pfarrers Christoph Süring 1105–1670, Berlin 2017.

Kaczmarczyk 1913 Kazimierz Kaczmarczyk: Libri iuris civilis cracoviensis 1392–1506, Kraków 1913.

Kaczmarek/Witkowski 1990 Romuald Kaczmarek/Jacek Witkowski: Gotyckie epitafia obrazowe na Śląsku, cz. II: Zaryskatalogu [Gotische Bildepitaphien in Schlesien, Teil 2: Kurzdarstellung des Katalogs], in: Sztuki plastyczne na średniowiecznym Śląsku. Studia i Materiały [Bildende Kunst im mittelalterlichen Schlesien. Studien und Materialien], Bd. 3, Wrocław/Poznań 1990, S. 87–118.

Kaczmarek-Löw 2010 Klara Kaczmarek-Löw: Wendel Roskopf. Architekt Wczesnego Renesansu. Mity i rzeczymistość [Wendel Roskopf. Ein Architekt der Frührenaissance. Mythos und Wahrheit]. Wrocław 2010.

Kaemmerer 1919 Ludwig Kaemmerer: Nordniederländische Buchkunst und ostdeutsche Tafelmalerei im XV. Jahrhundert, in: Jahrbuch der Preußischen Kunstsammlungen 40 (1919), S. 36–60.

Kaepelli 1960 Thomas Kaepelli: Pour la biographie de Jacques de Cessole, in: Archivum Fratrum Praedicatorum 30 (1960), S. 149–161.

Kahsnitz 1978 Rainer Kahsnitz: Die Kunst der mittelalterlichen Kirchenschätze und das bürgerliche Kunsthandwerk des späten Mittelalters, in: Das Germanische Nationalmuseum Nürnberg 1852–1977. Beiträge zu seiner Geschichte, hg. v. Bernward Deneke u. Rainer Kahsnitz, München 1978, S. 709–711.

Kahsnitz 1995/1996 Rainer Kahsnitz: Veit Stoß, der Meister der Kruzifixe, in: Zeitschrift des Deutschen Vereins für Kunstwissenschaft 49/50 (1995/1996), S. 123–178.

Kalwat [o. D.] Wojciech Kalwat: »Artykuły prawa majdeburskiego« Bartłomieja Groickiego [»Artikel des Magdeburger Rechts« des Bartłomiej Groicki], online abrufbar unter: http://www.wilanow-palac.pl/artykuly_prawa_magdeburskiego_bartlomieja_groickiego.html [letzter Zugriff am 9. 6. 2019].

Kamenický 1998 Miroslav Kamenický: Brandschutz im Alltagsleben der Stadt Pressburg, in: Städtisches Alltagsleben in Mitteleuropa vom Mittelalter bis zum Ende des 19. Jahrhunderts, hg. v. Viliam Čičaj u. Othmar Pickl, Bratislava 1998, S. 151–157.

Kamińska 1980 Krystyna Kamińska: Sądownictwo miasta Torunia do połowy XVII wieku na tle ustroju sądów niektórych miast Niemiec i Polski [Die Gerichtsbarkeit der Stadt Thorn bis zur Mitte des 17. Jahrhunderts im Vergleich zur Gerichtsverfassung einiger deutscher und polnischer Städte], Warszawa/Poznań/Toruń 1980.

Kaňák 2015 Bohdan Kaňák: Památná kniha olomoucká (kodex Václava z Jihlavy) jako pramen k dějinám města Olomouce i jako předmět péče archivářů a výzkumu historiků [Das Memorialbuch von Olmütz (Codex des Wenzel von Iglau) als Quelle zur Geschichte der Stadt Olmütz und Gegenstand archivarischer Fürsorge sowie historischer Erforschung], in: XV. seminář restaurátorů a historiků [XV. Tagung der Restauratoren und Historiker], Olomouc 2012, Praha 2015, S. 24–35.

Kannowski 2001 Bernd Kannowski: Bürgerkämpfe und Friedebriefe. Rechtliche Streitbeilegung in spätmittelalterlichen Städten, Köln/Weimar/Wien 2001.

Kappeler 2015 Andreas Kappeler: Geschichte der Ukraine, Bonn 2015.

Kapustka 1996 Mateusz Kapustka: Mater Omnium Viventum. Symbolika obrazu Wniebowzięcia Marii ze zbiorów wrocławskiego muzeum [Mater Omnium Viventum. Die Symbolik des Bilds Himmelfahrt der Maria aus den Sammlungen des Breslauer Museums], in: Dzieła i Interpretacje [Werke und Interpretationen], Bd. 4, 1996, S. 131–154.

Kapustka 2000 Mateusz Kapustka: Hans Pleydenwurff i wzorce czyli mitologia wpływowego artysty [Hans Pleydenwurff und seine Vorbilder: Mythologie eines einflussreichen Künstlers], in: Dzieła i interpretacje 6 (2000), S. 113–139.

Kärgling 2005 Karlheinz Kärgling: Eine Religion trotzt der Verfolgung: die jüdische Gemeinde Magdeburgs, in: Puhle 2005, S. 116.

Karłowska-Kamzowa 1979 Alicja Karłowska-Kamzowa: Malarstwo śląskie 1250–1450 [Schlesische Malerei 1250–1450], Wrocław 1979.

Karłowska-Kamzowa 2000 Alicja Karłowska-Kamzowa: Społeczeństwo średniowieczne na szachownicy życia. Studium ikonograficzne [Die mittelalterliche Gesellschaft auf dem Schachbrett des Lebens. Studium der Ikonografie], Poznań 2000.

Károly 1917 Csányi Károly: Sigerus Emil gyűjteménye, in: Magyar Iparművészet 20/8 (1917), S. 231–235.

Karpavičienė 2008 Jolanta Karpavičienė: Das sächsisch-magdeburgische Recht in Litauen: Forschungsstand, Forschungsfelder und Perspektiven, in: Eichler/Lück 2008, S. 75–101.

Karpavičienė **2008 a** Jolanta Karpavičienė: Magdeburger Stadtrecht im Großfürstentum Litauen im europäischen Kontext, in: Akten des 36. Deutschen Rechtshistorikertages, Halle an der Saale, 10.–14. September 2006, hg. v. Rolf Lieberwirth u. Heiner Lück, Baden-Baden 2008, S. 489–509.

Karpavičienė 2009 Jolanta Karpavičienė: Das sächsisch-magdeburgische Recht in den Kleinstädten Litauens, in: Lück/Puhle/Ranft 2009, S. 83–116.

Karpavičienė 2015 Jolanta Karpavičienė: Der Sachsenspiegel in Litauen, in: Lück 2015 b, S. 81–103.

Karpavičienė 2018 Jolanta Karpavičienė: »Nach unserem Magdeburger Recht«. Zur Frage der stadtbürgerlichen Identität im Großfürstentum Litauen; in: Köster/Link/Lück 2018, S. 247–265.

Katalog 1907 Katalog der in dem städtischen Archiv in Perleberg befindlichen Urkunden und Akten von besonderem historischen Wert, Perleberg 1907.

Katalog 2014 Katalog dokumentów i listów królów polskich z Archiwum Państwowego w Gdańsku (do 1492 roku) [Katalog der Dokumente und Briefe der polnischen Könige aus dem Danziger Staatsarchiv (bis 1492)], bearb. v. Marcin Grulkowski, Beata Możejko u. Sobesław Szybkowski, Gdańsk 2014.

Katalog wystawy kafli 1961 Katalog wystawy kafli zabytkowych województwa rzeszowskiego. Muzeum w Jarosławiu. Październik–listopad 1961 [Katalog zur Ausstellung von historischen Kacheln der Woiwodschaft Rzeszów. Museum in Jaroslau. Oktober–November 1961], Katalogtext: Janina Olszewska, Rzeszów 1961.

Katalynas 2006 Kęstutis Katalynas: Vilniaus plėtra XIV–XVII a. [Ausdehnung von Wilna im 14.–17. Jh], Vilnius 2006.

Katz 1929 Viktor Katz: Kremničtí řezači želez a medailéři Kryštof Füssl, Lukáš Richter a Abraham Eysker [Die Kremnitzer Eisenschneider und Medaillenmacher Christoph Füssl, Lukas Richter und Abraham Eysker], in: Numismatický časopis československý 5 (1929), S. 139–180.

Katzenellenbogen 1935 Adolf Katzenellenbogen: Antlitz, heiliges, in: Reallexikon zur Deutschen Kunstgeschichte, Bd. 1 (1935), Sp. 732–742.

Kaufhold/Reininghaus 2004 Karl-Heinrich Kaufhold/Wilfried Reininghaus (Hg.): Stadt und Bergbau (= Städteforschung A/64), Köln/Weimar/Wien 2004.

Kaufmann 2008 Frank-Michael Kaufmann: Brand von Tzerstede (um 1400–1451), in: HRG^2, Bd. 1 (2008^2), Sp. 655.

Kaźmierczak 2002 Monika Kaźmierczak: Repertuar carillonu Ratusza Głównomiejskiego w Gdańsku na podstawie Księgi Wieżowej Theodora Friedricha Gülicha z 1769 roku zachowanej w Archiwum Państwowym w Gdańsku [Das Repertoire des Carillons des Rechtstädtischen Rathauses in Danzig auf der Grundlage des Turmbuchs von Theodor Friedrich Gülich aus dem Jahr 1769, das im Staatsarchiv Danzig erhalten ist] (Manuskript), Gdańsk 2002.

Keene/Nagy/Szende 2009 Derek J. Keene/Balázs Nagy/Katalin Szende (Hg.): Segregation, Integration, Assimilation. Religious and Ethnic Groups in the Medieval Towns of Central and Eastern Europe (= Historical Urban Studies), Farnham 2009.

Keil/Menzel 1995 Gundolf Keil/Josef Joachim Menzel (Hg.): Anfänge und Entwicklung der deutschen Sprache im mittelalterlichen Schlesien (= Schlesische Forschungen 6), Sigmaringen 1995.

Keller 2008 Olga Keller: Geschichte, Quellen und Literatur des Magdeburger Rechts in weißrussischen Ortschaften des Großfürstentums Litauen, in: Eichler/Lück 2008, S. 103–140.

Kelnar 2011 Svatá Anežka Česká. Princezna a řeholnice [Die heilige Agnes von Böhmen. Prinzessin und Ordensfrau]. Ausstellungskatalog, hg. v. Vladimír Kelnar, Praha 2011.

Kepinski 1981 Zdzisław Kepinski: Veit Stoss, Dresden 1981.

Kern 2015 Bernd-Rüdiger Kern: Rechtspflege, in: Bünz 2015, S. 213–221.

Kéry 2012 Lotte Kéry: Geistliche Gerichtsbarkeit, in: HRG², Bd. 2 (2012²), Sp. 1–8.

Keupp 2010 Jan Keupp: Die Wahl des Gewandes. Mode, Macht und Möglichkeitssinn in Gesellschaft und Politik des Mittelalters (= Mittelalter-Forschungen 33), Ostfildern 2010.

Kiaupa 2007 Zigmantas Kiaupa: Some Characteristics of the Municipal System of Lithuanian Towns under Magdeburg Law in the Late Middle Ages, in: Muzeum Historyczne Krakowa 2007b, S. 129–135.

Kiersnowski 1969 Ryszard Kiersnowski: Wielka reforma monetarna XIII–XIV w. [Die große Währungsreform des 13. und 14. Jahrhunderts], Teil 1, Warszawa 1969.

Kilarska/Kilarski 2009 Elżbieta Kilarska/Maciej Kilarski: Kafle z terenudawnych Prus Królewskich [Kacheln aus dem Gebiet des früheren Königlichen Preußen], Malbork 2009.

Kiss 2018 Szívmelengető középkor. Kályhák és kályhacsempék a középkori Magyarországon, hg. v. Virág Kiss, Enikő Spekner u. András Végh, Budapest, 2018.

Kizik 2013 Edmund Kizik: Danzig, in: Handbuch kultureller Zentren der Frühen Neuzeit, Bd. 1, hg. v. Wolfgang Adam u. Siegrid Westphal, Berlin 2013, S. 275–326.

Klápšte 2016 Jan Klápšte: The Archaeology of Prague and the Medieval Czech Lands, 1100–1600 (= Studies in the Archaeology of Medieval Europe), Sheffield 2016.

Klein 1998–2001 Jacob Klein u. a.: Nippur, in: Reallexikon der Assyriologie und Vorderasiatischen Archäologie, Bd. 9, Berlin 1998–2001, S. 532–565.

Klepacka 1957 Jadwiga Klepacka: Zabytki cechowe w zbiorach Muzeum Historycznego Miasta Krakowa [Historische Zunftobjekte in der Sammlung des Historischen Museums der Stadt Krakau], Kraków 1957.

Klesińska 1961 Wanda Klesińska: Archiwum miasta Elbląga [Das Archiv der Stadt Elbing], in: Rocznik Elbląski 1 (1961), S. 73–95.

Klier 1958 Richard Klier: Nürnberg und Kuttenberg, in: Mitteilungen des Vereins für Geschichte der Stadt Nürnberg 1958, S. 51–78.

Kłoczowski 2013 Jerzy Kłoczowski: Klöster und Orden im mittelalterlichen Polen, Osnabrück 2013.

Kloeppel 1935 Otto Kloeppel: Die Marienkirche in Danzig und Das Hüttengeheimnis vom Gerechten Steinmetzgrund, Danzig 1935.

Kluckert 1974a Ehrenfried Kluckert: Die Erzählformen des spätmittelalterlichen Simultanbildes, Tübingen 1974.

Kluckert 1974b Ehrenfried Kluckert: Die Simultanbilder Memlings, ihre Wurzeln und Wirkungen, in: Das Münster 27 (1974), S. 284–295.

Kluge 1993 Bernd Kluge: Die schlesischen Quartenses im Münzkabinett der Staatlichen Museen zu Berlin, in: Wiadomości Numizmatyczne 37 (1993), S. 163–171.

Kluge 2007 Bernd Kluge: Numismatik des Mittelalters, Bd. 1: Handbuch und Thesaurus Nummorum Medii Aevi (= Sitzungsberichte der philosophisch-historischen Klasse 45), Berlin/Wien 2007.

Klusch 2011 Horst Klusch: Siebenbürgische Goldschmiedekunst, Hermannstadt 2011.

Knetsch 1904 Carl Knetsch: Die Siegel der Stadt Danzig bis zum Untergange ihrer Selbständigkeit, in: Zeitschrift für Westpreußische Geschichte 47 (1904), S. 98–199.

Knötel 1894 Paul Knötel: Die Städtewappen Oberschlesiens, Tarnowitz 1894.

Kobielus 2007 Stanisław Kobielus: Osoba Judasza w obrazie pasyjnym z kościoła św. Jakuba w Toruniu [Die Person des Judas im Passionsgemälde aus der Jakobskirche in Thorn], in: Artifex doctus: studia ofiarowane profesorowi Jerzemu Gadomskiemu w siedemdziesiątą rocznicę urodzin [Artifex doctus: Studien für Professor Jerzy Gadomski zum 70. Geburtstag], hg. v.Wojciech Bałus, Krakau 2007, S. 87–95.

Köbler 1970 Gerhard Köbler: Richten – Richter – Gericht, in: Zeitschrift der Savigny-Stiftung für Rechtsgeschichte. Germanistische Abteilung 87 (1970), S. 57–113.

Köbler 1988 Gerhard Köbler: Bilder aus der deutschen Rechtsgeschichte von den Anfängen bis zur Gegenwart, München 1988.

Kobyleckyj 2008 Mikola Kobyleckyj: Das magdeburgische Recht als Quelle des Kodex von 1743, in: Eichler/Lück 2008, S. 141–155.

Koch 1988 Tankred Koch: Die Geschichte der Henker. Scharfrichter-Schicksale aus acht Jahrhunderten, Heidelberg 1988.

Koch 2005 Robert Koch: Ottonischer Metallguss als Alltagskunst, in: Puhle 2005, S. 66–67.

Kocher 1992 Gernot Kocher: Zeichen und Symbole des Rechts. Eine historische Ikonographie, München 1992.

Kocher 2002 Gernot Kocher: Realien als Elemente der rechtlichen Bildsprache, in: Pötschke 2002, S. 166–176.

Kocher 2012 Gernot Kocher: Gerechtigkeits- und Gerichtsbilder, in: HRG², Bd. 2 (2012²), Sp. 127–131.

Kocińska/Maik 2004 Maria Karolina Kocińska/Jerzy Maik: Średniowieczne i nowożytne plomby tekstylne z wykopalisk w Gdańsku [Mittelalterliche und neuzeitliche Tuchplomben von den Ausgrabungen in Danzig] (= Acta Archaeologica Lodziensia 50/2), Łódź 2004.

Kocowski 1948 Bronisław Kocowski: Zarys dziejów drukarstwa na Dolnym Śląsku [Abriss der Geschichte des Druckereiwesens in Niederschlesien], Wrocław 1948.

Kohlhaussen 1935 Heinrich Kohlhausen: Schlesischer Kulturspiegel im Rahmen der Kunstsammlungen der Stadt Breslau, Breslau 1935.

Kohlhaussen 1968 Heinrich Kohlhaussen: Nürnberger Goldschmiedekunst des Mittelalters und der Dürerzeit 1240–1540, Berlin 1968.

Kolba 1978 Judit Kolba: Zunfttafel der Gold- und Silberschmiedeinnung, in: Das Ungarische Nationalmuseum, hg. zum 175. Jahrestag seiner Gründung v. Ferenc Fülep, Budapest 1978.

Koldeweij 1993 Jos Koldeweij: Onder een Sint-Jan met drie torens. Pelgrimstekens uit 's-Hertogenbosch, in: Bouwkunst. Studies in vriendschap voor Kees Peeters 1993, S. 305–315.

Koldeweij 1999 Jos Koldeweij: The Wearing of Significative Badges, Religious and Secular. The Social Meaning of a Behavioural Pattern, in: Showing Status Representation of Social Positions in the Late Middle Ages, hg. v. Wim Blockmans u. Antheun Janse, Turnhout 1999, S. 307–328.

Koldeweij 2006 Jos Koldeweij: Foi et Bonne Fortune. Parure et Dévotion en Flandre Médiévale, Arnhem 2006.

Kolegia 2007 Kolegia uniwersyteckie średniowiecznej Europy [Universitätskollegien im mittelalterlichen Europa]. Ausstellungskatalog, hg. v. Danuta Ambrożewicz u. Grażyna Fallowa, Kraków 2007.

Koller 2006 Gabriele Koller: Schönheit aus dem Feuer: Fliesenkunst aus acht Jahrhunderten. Die Sammlung Forrer im Museum für Kunst und Kulturgeschichte Dortmund, Dortmund 2006.

Koller 2014 Michael Koller: Himmlisches und irdisches Gericht, in: Das Konstanzer Konzil. 1414–1418. Weltereignis des Mittelalters, Bd. 2: Katalog, hg. v. Badischen Landesmuseum, Darmstadt 2014, S. 353–354.

Komorowski 2010 Waldemar Komorowski: Dom Bonerów przy rynku głównym 42 w Krakowie [Das Bonerhaus am Ringplatz 42 in Krakau], in: Rocznik krakowski 76 (2010), S. 45–59.

Komorowski 2014 Waldemar Komorowski: Die hoch- und spätmittelalterlichen Residenzen der Krakauer Patrizier, in: Mühle 2014, S. 319–336.

Konczewski/Piekalski 2011 Paweł Konczewski/Jerzy Piekalski: The Streets of Medieval Wrocław – Methods of Construction and Functions, in: Ulica, plac i cmentarz w publicznej przestrzeni średniowiecznego i nowożytnego miasta Europy Środkowej [Straße, Platz und Friedhof in dem öffentlichen Raum der mittelalterlichen und frühneuzeitlichen Stadt Mitteleuropas] (Wratislavia Antiqua 13), hg. v. Stefan Krabath, Jerzy Piekalski u. Krzysztof Wachowski, Wrocław 2011, S. 155–162.

Konečný 2013 Karel Konečný (Red.): Uničov – historie moravského města [Mährisch-Neustadt – die Geschichte einer mährischen Stadt], Uničov 2013.

König 2010 Katharina König: Scheltegestus und Urteilsrosen: Vom Versuch, eine Ikonographie für die Urteilsschelte zu erschaffen, in: Zeitschrift der Savigny-Stiftung für Rechtsgeschichte. Germanistische Abteilung 127 (2010), S. 33–50.

Kononowicz 1999 Wanda Kononowicz: Dawne plany i mapy w warsztacie historyka architektury i urbanistyki na przykładzie Wrocławia [Alte Stadtpläne und Karten bei der Arbeit des Architektur- und Stadtplanungshistorikers am Beispiel von Breslau], in: Mapa w pracy historyka [Die Karte bei der Arbeit des Historikers] (= Z Dziejów Kartografii 11), Wrocław/Warszawa 1999, S. 72–82.

Kopania 2004 Kamil Kopania: Słowo – Obraz – Teatr: uwagi na temat »Rozmyślań dominikańskich« [Wort – Bild – Theater: Bemerkungen über »Dominikanische Kontemplationen«], in: Biuletyn historii sztuki 66 (2004), S. 7–48.

Kopania 2008 Kamil Kopania: Duchowa wędrówka po Jerozolimie: obraz pasyjny z kościoła św. Jakuba w Toruniu [Geistige Wanderung durch Jerusalem: das Passionsgemälde aus der Jakobskirche in Thorn], in: Biuletyn historii sztuki 70 (2008), S. 91–112.

Kopczyński 1963 Wawrzyniec Kopczyński: Mistrz Paweł, rzeźbiarz gdański pierwszej połowy XVI wieku [Meister Paul, Danziger Bildhauer der ersten Hälfte des 16. Jahrhunderts], in: Biuletyn Historii Sztuki 25 (1963), Nr. 3, S. 244–245.

Kopera/Kwiatkowski 1931 Feliks Kopera/Józef Kwiatkowski: Rzeźby z epoki średniowiecza i odrodzenia w Muzeum Narodowem w Krakowie [Skulpturen des Mittelalters und der Renaissance im Nationalmuseum Krakau], Kraków 1931.

Kopff 1971 Maria Kopff: Der Heilige Hieronymus büßend, in: Deutsche Kunst der Dürer-Zeit. Ausstellung im Albertinum, Dresden 1971, S. 205.

Kopicki 1995 Edmund Kopicki: Ilustrowany Skorowidz pieniędzy Polskich i z Polską związanych [Illustriertes Verzeichnis des polnischen und des mit Polen in Verbindung stehenden Geldes], Bd. 1, Warszawa 1995.

Koranyi/Patkaniowski 1959 Karol Koranyi/Michał Patkaniowski: Groicki (Grodzicki) Bartłomiej, in: Polski słownik biograficzny, Bd. 8, Wrocław/Kraków/Warszawa 1959, S. 628–629.

Kordowski/Wehner 2015 Janna Kordowski/Donat Wehner: Katalog archäologisch und bauhistorisch erfasster Wirtshäuser des Mittelalters und der Frühen Neuzeit, in: Wehner 2015 a, S. 179–194.

Korduba 2004 Piotr Korduba: Bemerkungen zum Danziger Patrizierhaus, in: Westpreußen-Jahrbuch 54 (2004), S. 19–40.

Körmendy 1995 Adrienne Körmendy: Melioratio terrae. Vergleichende Untersuchungen über die Siedlungsbewegung im östlichen Mitteleuropa im 13.–14. Jahrhundert, Poznań 1995.

Kornecki 1986 M. Kornecki: Goldschmiedekunst in Polen zur Jagiellonen-Zeit, in: Polen 1986, S. 301–311.

Kosman 2004 Marceli Kosman: Kiejdany – historia w cieniu wielkiej legendy [Kedahnen– im Schatten der großen Legende], in: Z dziejów kultury prawnej. Studia ofiarowane Profesorowi Juliuszowi Bardachowi w dziewięćdziesięciolecie urodzin [Aus der Geschichte der Rechtskultur. Festschrift zum 90. Jubiläum von Prof. Juliusz Bardach], Warszawa 2004, S. 539–552.

Köster 1956 Kurt Köster: Gutenbergs Aachener Heiltumsspiegel, in: Das werck der bucher. Von der Wirksamkeit des Buches in Vergangenheit und Gegenwart, hg. v. Fritz Hodeige, Freiburg 1956, S. 284–301.

Köster 1957 Kurt Köster: Meister Tilman von Hachenburg. Studien zum Werk eines mittelrheinischen Glockengießers des fünfzehnten Jahrhunderts. Mit besonderer Berücksichtigung der als Glockenzier verwendeten mittelalterlichen Pilger- und Wallfahrtszeichen, in: Jahrbuch der Hessischen Kirchengeschichtlichen Vereinigung 8 (1957), S. 1–206.

Köster 1972 Kurt Köster: Mittelalterliche Pilgerzeichen und Wallfahrtsdevotionalien, in: Rhein und Maas. Kunst und Kultur 800–1400. Ausstellungskatalog, hg. v. A. Legner, Köln 1972, S. 146–160.

Köster 1983 Kurt Köster: Gutenbergs Straßburger Aachenspiegel – Unternehmen von 1438/1440, in: Gutenberg-Jahrbuch 58 (1983), S. 24–44.

Köster 1984 Kurt Köster: Mittelalterliche Pilgerzeichen, in: Wallfahrt kennt keine Grenzen. Themen zu einer Ausstellung des Bayerischen Nationalmuseums und des Adalbert-Stifter-Vereins, hg. v. L. Kriss-Rettenbeck u. G. Möhler, München/Zürich 1984, S. 203–223.

Köster 2017 a Gabriele Köster (Hg.): Der Magdeburger Reiter. Bestandsaufnahme – Restaurierung – Forschung (= Schriftenreihe des Zentrums für Mittelalterausstellungen Magdeburg 3), Regensburg 2017.

Köster 2017 b Gabriele Köster: Vom »Leibzeichen« zum Wahrzeichen. Zur Bedeutung des Magdeburger Reiters für die Magdeburger, in: Köster 2017 a, S. 272–295.

Köster/Link/Lück 2018 Gabriele Köster/Christina Link/Heiner Lück (Hg.): Kulturelle Vernetzung in Europa. Das Magdeburger Recht und seine Städte. Wissenschaftlicher Begleitband zur Ausstellung »Faszination Stadt«, Dresden 2018.

Kotková 2007 Olga Kotková: National Gallery in Prague. German and Austrian Painting of the 14th–16th Centuries. Illustrated Summary Catalogue II/1, Praha 2007.

Kotková 2010 Olga Kotková: Böhmen, in: Borchert 2010, S. 465–469.

Kotula 1956 Franciszek Kotula: Materiały do dziejów garncarstwa na terenie województwa rzeszowskiego [Materialien zur Geschichte des Töpferhandwerks im Gebiet der Woiwodschaft Rzeszów], Rzeszów 1956.

Kowalczyk-Heyman 2010 Elżbieta Kowalczyk-Heyman: Anthropomorph verzierte mittelalterliche Messergriffe in Polen, in: Questiones Medii Aevi Novae 15 (2010), S. 241–282.

Kowalczyk-Heyman 2014 Elżbieta Kowalczyk-Heyman: Znalezisko kolejnej średniowiecznej rękojeści antropomorficznej w Polsce [Der Fund eines weiteren anthropomorphen Messergriffs in Polen], in: Kwartalnik Historii Kultury Materialnej 62 (2014), Nr. 4, S. 625–635.

Kowalska 1985 Halina Kowalska: Anselmus Ephorinus of Freideberg, in: Peter G. Bietenholz/Thomas Brian Deutscher (Hg.): Contemporaries of Erasmus: a Biographical Register of the Renaissance and Reformation, Toronto 1985, Bd. 1, S. 436–437.

Kowalska 2009 Joanna Regina Kowalska: Torebki, sakiewki, portfele ze zbiorów Muzeum Narodowego w Krakowie – Bags, Purses and Wallets from the Collection of the National Museum in Krakow, Kraków 2009.

Kowalski 2006 Krzysztof Maciej Kowalski: Gotyckie plomby towarowe jako źródła epigraficzne (w świetle artefaktów przechowywanych w kolekcjach gdańskich) [Gotische Warenplomben als epigrafische Quellen (im Licht der Objekte in Danziger Sammlungen], in: Studia Epigraficzne 2 (2006), S. 199–210.

Kowalski 2014 Krzysztof Maciej Kowalski: In arte sua quilibet rex. Studia nad dziejami kultury na Pomorzu [Studien zur Kulturgeschichte Pommerns], Gdańsk 2014.

Kozińska 2013 Bogdana Kozińska: Szczecińskie muzeum wczoraj [Das Stettiner Museum gestern], in: 100 lat muzeum w Szczecinie [100 Jahre Museum in Stettin], hg. v. Szymon P. Kubiak u. Dariusz Kacprzak, Szczecin 2013, S. 14–182.

Kozubska-Andrusiv 2007 Olha Kozubska-Andrusiv: Urban Development and German Law in Galician Rus' during the Thirteenth – Fifteenth Centuries, Diss. Budapest 2007.

Kozubska-Andrusiv 2016 Olga Kozubska-Andrusiv: Lemberg, in: HRG², Bd. 3 (2016²), Sp. 837 f.

Kozubska-Andrusiv 2018 Olga Kozubska-Andrusiv: Das Magdeburger Recht in den historischen Ländern der heutigen Ukraine. Historiografie – Rezeption – Nachleben, in: Köster/Link/Lück 2018, S. 267–281.

Krabath 2007 Stefan Krabath: Aussagemöglichkeiten spätmittelalterlicher Schatzfunde mit Edelmetallschmuck, in: Vom Umgang mit Schätzen. Internationaler Kongress 2004 (= Veröffentlichungen des Instituts für Realienkunde des Mittelalters und der frühen Neuzeit 20), Wien 2007, S. 115–138.

Krakowiecka 1956 Ludmiła Krakowiecka: Maciej z Miechowa. Lekarz i uczony Odrodzenia [Matthias von Miechów. Ein Arzt und Gelehrter der Renaissance], Warszawa 1956.

Krása 1980 Josef Krása: K olomouckým rukopisům 15. století [Zu den Olmützer Handschriften des 15. Jahrhunderts], in: Historická Olomouc a její současné problémy 3 (1980), S. 113–114.

Krause 1943 Paul Krause: Forschungen zum Magdeburger Recht im Generalgouvernement, in: Sachsen und Anhalt. Jahrbuch der Landesgeschichtlichen Forschungsstelle für die Provinz Sachsen und für Anhalt 17 (1941–1942–1943), S. 278–359.

Krausnick 1861 Heinrich Wilhelm Krausnick: Das Berliner Rathaus. Denkschrift zur Grundsteinlegung für das neue Rathaus. Am 11ten Juni 1861, Berlin 1861.

Krawczuk-Biernatowa 1986 Danuta Krawczuk-Biernatowa: Medaillenkunst in der Jagiellonischen Epoche, in: Polen 1986, S. 398–409.

Krawczyk 2019 Michał Krawczyk: Radomska Madonna [Die Radomer Madonna], in: Królowa Świata 3/65 (2019).

Krempel 2005 León Krempel: Albrecht, Endres und Hans Dürer, in: Künstlerbrüder von den Dürers zu den Duchamps, hg. v. León Krempel (Begleitbuch zur Ausstellung im Haus der Kunst, München), Petersberg 2005, S. 114–119.

Krenj 2004 Iwan Krenj: Pamjazj: Woranauski rajon. Gist.-dak. chroniki garadou i rajonau Belarusi [Gedächtnis. Der Bezirk Woranauski. Geschichtlich-dokumentarische Chroniken der Städte und Bezirke Weißrusslands], Minsk 2004.

Krey 2016 Alexander Krey: Niedergericht, Niedergerichtsbarkeit, in: HRG², Bd. 3 (2016²), Sp. 1909–1914.

Krohm 2012 Hartmut Krohm: Reliquienschrein und Himmelsstadt. Gotische Silberstatuetten zwischen Frankreich, Rheinland und Westfalen, in: Goldene Pracht. Mittelalterliche Schatzkunst in Westfalen (zur Ausstellung in Münster 2012), München 2012, S. 78–85.

Kropáček 1984 Jiři Kropáček: Ikonografický program oltáře křižovnického velmistra Mikuláše Puchnera z roku 1482 [Das ikonografische Programm des Altars des Großmeisters der Kreuzherren, Nikolaus Puchner], in: Muzeum a současnost 7 (1984), S. 151–170.

Krüger 2008 Klaus Krüger: Kirche, Kloster, Hospital. Zur mittelalterlichen Sakraltopographie Halles (= Forschungen zur Hallischen Stadtgeschichte 12), Halle 2008.

Kruszelnicki 1959 Zygmunt Kruszelnicki: Problem genealogii artystycznej Toruńskiego obrazu Pasyjnego [Die Problematik der künstlerischen Genealogie des Thorner Passionsgemäldes], in: Teka Komisji Historii Sztuki 1 (1959), S. 13–54.

Kruszelnicki 1968 Zygmunt Kruszelnicki: Trzy symultaniczne panoramy: w Turynie, Monachium i Toruniu [Drei simultane Panoramen in Turin, München und Thorn], in: Teka Komisji Historii Sztuki 4 (1968), S. 87–152.

Kruszyński 1913 Tadeusz Kruszyński: Stary Gdańsk i historya jego sztuki [Das alte Danzig und die Geschichte seiner Kunst], Kraków 1913.

Krzysztofory 2010 Krzysztofory. Zeszyty Naukowe Muzeum Historycz nego Miasta Krakowa 28 (2010), hg. v. Elżbieta Firlet.

Kubicka/Amrozińska 2017 Anna Kubicka/Patrycja Amrozińska: Skóra w służbie człowiekowi – skórzane dodatki do stroju w średniowieczu [Leder im Dienste des Menschen – Mittelalterliche Kleidungsaccessoires aus Leder], in: Młoda Muzeologia 2 (2017), S. 85–100.

Kubinyi 1972 András Kubinyi: Die Anfänge Ofens (= Osteuropastudien der Hochschulen des Landes Hessen, Reihe I. Gießener Abhandlungen zur Agrar- und Wirtschaftsforschung des europäischen Ostens 60), Berlin 1972.

Kubinyi 1977 András Kubinyi: Einige Fragen zur Entwicklung des Städtenetzes Ungarns im 14.–15. Jahrhundert, in: Die mittelalterliche Städtebildung im südöstlichen Europa (= Städteforschung A/4), hg. v. Heinz Stoob. Köln/Wien 1977, S. 164–183.

Kubinyi 1978 András Kubinyi.: Die Pemfflinger in Wien und Buda, in: Jahrbuch des Vereins für Geschichte der Stadt Wien 34 (1978), S. 67–88.

Kubinyi 1986 András Kubinyi: Epigráfia [Epigraphik], in: I. Kállay (Hg.): A történelem segédtudományai [Historische Hilfswissenschaften], Budapest 1986, S. 43–60.

Kuča 1996 Karel Kuča: Města a městečka v Čechách, na Moravě a ve Slezsku [Städte und Städtchen in Böhmen, Mähren und Schlesien], Praha 1996.

Kuchar 2001 Rudolf Kuchar: Žilinská právna kniha, zápisy právnych úkonov žilinských mešťanov [Das Rechtsbuch von Sillein, Aufzeichnungen zu Rechtshandlungen der Bürger Silleins], Žilina 2001.

Kuhn 2010 Christian Kuhn: Generation als Grundbegriff einer historischen Geschichtskultur. Die Nürnberger Tucher im langen 16. Jahrhundert, Göttingen 2010.

Kuhn 2015 Marko Kuhn: Totenhemd und Spendierhose. Testament des Heinrich Scherl, 1549, in: 100 × Leipzig. Tausend Jahre Geschichte, hg. v. Stadtgeschichtlichen Museum Leipzig, Petersberg 2015.

Kühne 2004 Hartmut Kühne: Heiltumsweisungen: Reliquien – Ablass – Herrschaft. Neufunde und Problemstellungen, in: Jahrbuch für Volkskunde N. F. 27 (2004), S. 43–62.

Kühne/Bünz/Müller 2013 Alltag und Frömmigkeit am Vorabend der Reformation in Mitteldeutschland, hg. v. Hartmut Kühne, Enno Bünz u. Thomas T. Müller, Petersberg 2013.

Kühnel 1989 Harry Kühnel: Mentalitätswandel und Sachkultur. Zur Entstehung der Mode im 14. Jahrhundert, in: Menschen, Dinge und Umwelt in der Geschichte. Neue Fragen der Geschichtswissenschaft an die Vergangenheit (= Sachüberlieferung und Geschichte 5), hg. v. Ulf Dirlmeier u. Gerhard Fouquet, St. Katharinen 1989, S. 102–127.

Kümper 2006 Hiram Kümper: Miniaturen und Bilder in Sachsenspiegelhandschriften abseits der Codices picturati, in: Concilium medii aevi 9 (2006), S. 103–140.

Kümper 2009 Hiram Kümper: Sachsenrecht. Studien zur Geschichte des sächsischen Landrechts in Mittelalter und früher Neuzeit (= Schriften zur Rechtsgeschichte 142), Berlin 2009.

Kunz 2017 Brigitta Kunz: Siedlungsentwicklung im Umfeld des Domes. Magdeburg im 8.–14. Jahrhundert (= Veröffentlichungen des Landesamtes für Denkmalpflege und Archäologie Sachsen-Anhalt. Landesmuseum für Vorgeschichte 71), Halle an der Saale 2017.

Kupczyński 1948 Tadeusz Kupczyński: Archiwum Elbląskie [Das Elbinger Archiv], in: Archeion 17 (1948), S. 101–113.

Kurinovská 2015 Michaela Kurinovská: Kati a ich činnosť pri výkone trestnej moci v Provincii XIII spišských miest v 16. storočí v provinčných protokoloch [Henker und ihre Aufgaben bei der Vollstreckung von Strafen in der Provinz der 13 Zipser Städte im 16. Jahrhundert in den Provinzprotokollen], in: Dejiny 2 (2015), S. 12–22, online abrufbar unter: www.dejiny.unipo.sk/PDF/Dejiny_2_2015.pdf [letzter Zugriff am 17. 6. 2019].

Kutzner 2000 Marian Kutzner: Die spätmittelalterliche Ausstattung der Marienkirche als Ausdruck der intellektuellen Empfindsamkeit und Religiosität der Danziger Bürger im ausgehenden Mittelalter, in: Eimer/Gierlich 2000, S. 131–154.

L

Labuda 1985 Dzieje Szczecina [Die Geschichte Stettins], Bd. 2, hg. v. Gerard Labuda, Warszawa/Poznań 1985.

Labuda 1986 Adam Labuda: Ein westfälischer Maler in Danzig und Thorn am Ende des 15. Jahrhunderts, in: Westfalen 64 (1986), S. 1–23.

Labuda 2002 Adam Labuda: Modlitwa, widzenie i przedstawienie w późnogotyckim obrazie »Biczowania« z kościoła Świętego Jana w Toruniu [Das Gebet, die Erscheinung und die Darstellung im spätgotischen Gemälde »Die Geißelung« aus der Johanniskirche in Thorn], in: Gadomski/Bulsza 2002, S. 541–566.

Labuda 2015 Adam S. Labuda: Die Tafelmalerei in Danzig in der zweiten Hälfte des 15. Jahrhunderts, hg. v. Institut für Kunst- und Bildgeschichte der Humboldt-Universität zu Berlin, Berlin 2015.

Lade-Messerschmied 1991 Ulrike Lade-Messerschmied: Die articuli reprobati des Sachsenspiegels. Zur Rezeption eines Rechtstextes, in: Schmidt-Wiegand/Hüpper 1991, S. 169–217.

Lade-Messerschmied 1997 Ulrike Lade-Messerschmied: »Meene sassesch landtrecht« – Illuminierte Sachsenspiegelhandschriften in Lüneburger Ratsbesitz, in: »Alles was Recht ist!«. 750 Jahre Stadtrecht in Lüneburg. Das Buch zur Ausstellung in den historischen Räumen des Lüneburger Rathauses vom 28. 4. bis 31. 10. 1997, hg. v. Christian Lamschus, Hilke Lamschus u. Uta Reinhardt, Lüneburg 1997, S. 125–147.

Lade-Messerschmied 2011 Ulrike Lade-Messerschmied: Die Textillustrationen des Dresdner Sachsenspiegels – Zwischen Tradition und Wandel, in: Eike von Repgow: Sachsenspiegel. Die Dresdner Bilderhandschrift Mscr. Dresd. M 32. Vollständige Faksimile-Ausgabe im Originalformat der Handschrift aus der Sächsischen Landesbibliothek – Staats- und Universitätsbibliothek Dresden. Aufsätze und Untersuchungen (= Codices selecti 107*), hg. v. Heiner Lück, Graz 2011, S. 69–77.

Łagiewski/Okólska/Oszczanowski 2011 1000 Jahre Breslau. Führer durch die Ausstellung, hg. v. Maciej Łagiewski, Halina Okólska u. Piotr Oszczanowski, Wrocław 2011².

Lambacher/de Fümel/Schumann 2014 Lothar Lambacher/Marina de Fümel/Dirk Schumann: »3 Finger Uf das alte Kirchlein«, in: Peter Knüvener/Dirk Schumann (Hg.): Die Mark Brandenburg unter den frühen Hohenzollern, Beiträge zur Geschichte, Kunst und Architektur im frühen 15. Jahrhundert, Berlin 2014, S. 375–412.

Lambrecht 2002 Karen Lambrecht: Stadt und Geschichtskultur. Breslau und Krakau im 16. Jahrhundert, in: Konstruktion der Vergangenheit. Geschichtsdenken, Traditionsbildung und Selbstdarstellung im frühneuzeitlichen Ostmitteleuropa (= Zeitschrift für Historische Forschung, Beiheft 29), hg. v. Joachim Bahlcke u. Arno Strohmeyer, Berlin 2002, S. 245–264.

Landau 2005 Peter Landau: Der Entstehungsort des Sachsenspiegels. Eike von Repgow, Altzelle und die anglo-normannische Kanonistik, in: Deutsches Archiv für Erforschung des Mittelalters 61 (2005), S. 73–101.

Lange 2016 Tylor Lange: Excommunication for Debt in Late Medieval France. The Business of Salvation, Cambridge 2016.

Lasocki 1868 Jósef Lasocki: Drugie sprawozdanie Dozoru Kościoła N. Maryi Panny o restauracji Ołtarza Wielkiego [Der zweite Bericht der Aufsicht der Marienkirche über die Restaurierung des Großen Altars], Kraków 1868.

Laucevičius/Vitkauskienė 2001 Edmundas Laucevičius/Birutė Rūta Vitkauskienė: Lietuvos auksakalystė. XV–XIX a. [Litauische Goldschmiedekunst. 15.–19. Jh.], Vilnius 2001.

Layh 2007 Wolfgang Layh: Die Dürrenmungenauer Abendmahlskanne aus der Zeit um 1500, in: Heimatkundliche Streifzüge 26 (2007), S. 76–87.

Le Goff 1978 Jacques Le Goff: Die Stadt als Kulturträger 1200–1500, in: Europäische Wirtschaftsgeschichte, Bd. 1: Mittelalter, hg. v. Carlo M. Cipolla u. Knut Borchardt, Stuttgart/New York 1978, S. 45–56.

Lechner 1953 Georg Lechner: Die Anfänge der öffentlichen Wohlfahrts- und Gesundheitspflege in Magdeburg, in: Städtewesen und Bürgertum als geschichtliche Kräfte. Gedächtnisschrift für Fritz Röhrig, Lübeck 1953, S. 467–476.

Ledvinka/Pešek 1985 Václav Ledvinka/Jiří Pešek (Hg.): Vývoj Prahy v moderní velkoměsto v období 1784–1984 [Die Entwicklung der Stadt Prag zu einer modernen Großstadt in den Jahren 1784–1984] (= Pragensia V/1), Praha 1985.

Ledvinka/Pešek 1998 Václav Ledvinka/Jiří Pešek: Nové město pražské ve 14.–20. Století [Die Prager Neustadt im 14.–20. Jahrhundert] (= Documenta Pragensia 17), Praha 1998.

Ledvinka/Pešek 2000 Václav Ledvinka/Jiří Pešek: Praha. Dějiny českých měst [Prag. Geschichte der böhmischen Städte], Praha 2000.

Leipzig 2010 Leipzig Charta zur nachhaltigen europäischen Stadt. Angenommen anlässlich des informellen Ministertreffens zur Stadtentwicklung und zum territorialen Zusammenhalt in Leipzig am 24./25. Mai 2007, abgedruckt in: Informationen zur Raumentwicklung, Jg. 2010, Heft 4 (Integrierte Stadtentwicklung – politische Forderung und Praxis), S. 315–319.

Leiske 2018 Patrick Leiske: Höfisches Spiel und tödlicher Ernst. Das Bloßfechten mit dem langen Schwert in den deutschsprachigen Fechtbüchern des späten Mittelalters und der frühen Neuzeit, Ostfildern 2018.

Leng 2002 Rainer Leng: Ars belli. Deutsche taktische und kriegstechnische Bilderhandschriften und Traktate im 15. und 16. Jahrhundert, Bd. 1 (Entstehung und Entwicklung), Bd. 2 (Beschreibung der Handschriften) (= Imagines mediiaevi 12/1–2), Wiesbaden 2002.

Leng 2009 Rainer Leng: Nr. 39. Feuerwerks- und Kriegsbücher, in: Katalog der deutschsprachigen illustrierten Handschriften des Mittelalters, hg. v. der Kommission für Deutsche Literatur des Mittelalters der Bayerischen Akademie der Wissenschaften, Bd. 4/2, Lieferung 3–4, München 2009, S. 145–512.

Lepszy 1889 Leonard Lepszy: Emalijerstwo krakowskie w XVI i XVII wieku [Die Krakauer Emailkunst im 16. und 17. Jahrhundert], in: Sprawozdania Komisji do Badania Historii Sztuki w Polsce 4 (1889), S. 56–62.

Lepszy 1898 Leonard Lepszy: Cech złotniczy w Krakowie. Jego organizacja i dzieje [Die Goldschmiedezunft in Krakau. Ihre Organisation und Geschichte], in: Rocznik Krakowski 1 (1898), S. 135–268.

Lepszy 1913 Leonard Lepszy: Róg Wielicki [Das Horn von Wieliczka], Kraków 1913.

Leroy 1999 Catherine Leroy: La découverte du Trésor de Colmar, in: Le Trésor de Colmar. Ausstellungskatalog, Paris 1999.

Lesiński 1985 Henryk Lesiński: Rozdrobnienie feudalne 1237–1478 [Feudale Zersplitterung], in: Labuda 1985, S. 61–196.

Leszczyński 2016 Tomasz Leszczyński: Handel na krośnieńskim Rynku w średniowieczu w świetle badań archeologicznych [Handel auf dem Marktplatz von Krossen im Mittelalter im Licht der archäologischen Forschung], in: Handel w średniowieczu w miastach południowo-wschodniej Polski, wschodniej Słowacji, północno-wschodnich Węgier i zachodniej Ukrainy w świetle badań archeologicznych i historycznych [Handel im Mittelalter in den Städten Südostpolens, der Ostslowakei, Nordostungarns und der Westukraine im Lichte der archäologischen und historischen Forschung], hg. v. Jan Gancarski, Krosno 2016, S. 125–160.

Lewandowska/Szczerbowska-Prusevicius/Zientare 2014 Vergangenes in Erinnerung rufen … Beiträge zur Kulturgeschichte des Königlichen Preußens, hg. v. Liliana Lewandowska, Katarzyna Szczerbowska-Prusevicius u. Włodzimierz Zientare (= Kulturgeschichte 1), Berlin 2014.

Lewicka-Kamińska 1956 Anna Lewicka-Kamińska: Renesansowy księgozbiór Mikołaja Czepla w Bibliotece Jagiellońskiej [Die Renaissance-Bibliothek von Mikołaj Czepel in der Jagiellonen-Bibliothek], Wrocław 1956.

Lewicka-Kamińska 1974 Anna Lewicka-Kamińska: Walenty z Pilzna. Introligator krakowski XV w. [Valentin von Pilzno. Ein Krakauer Buchbinder des 15. Jahrhunderts], in: Roczniki Biblioteczne 18 (1974), S. 265–273.

Lichner 2002 Marián Lichner u. a.: Banská Štiavnica: svedectvo času [Schemnitz als Zeuge der Geschichte], Banská Bystrica 2002.

Lichończak 1983 Grażyna Lichończak: Wit Stwosz życie i twórczość [Veit Stoss, Leben und Werk], Kraków 1983.

Lichończak 1987 Grażyna Lichończak: Prawda i legenda o srebrnym kurze krakowskiego Towarzystwa Strzeleckiego [Wahrheit und Legende über den Silberhahn der Schützengesellschaft], in: Krzysztofory. Zeszyty Naukowe Muzeum Historycznego Miasta Krakowa 14 (1987), S. 113–126.

Lichończak-Nurek 1993 Grażyna Lichończak-Nurek: Introdukcja króla kurkowego, czyli dzieje jednego obrazu [Einführung des Schützenkönigs, oder die Geschichte eines Bildes], in: Rocznik Krakowski 59 (1993), S. 49–62.

Lichończak-Nurek 2007 Grażyna Lichończak-Nurek: Kur Krakowskiego Bractwa Kurkowego [Der Hahn der Krakauer Schützenbruderschaft] in: Lichończak-Nurek/Niezabitowski 2007, S. 481.

Lichończak-Nurek 2014 Grażyna Lichończak-Nurek: Klejnoty krakowskiego Bractwa Kurkowego w zbiorach Muzeum Historycznego Miasta Krakowa [Kleinode der Krakauer Schützenbruderschaft in der Sammlung des Historischen Museums der Stadt Krakau] (= Katalog Zbiorów Muzeum Historycznego Miasta Krakowa), Kraków 2014.

Lichończak-Nurek/Niezabitowski 2007 Kraków. Europejskie miasto prawa magdeburskiego 1257–1791 [Krakau. Eine europäische Stadt des Magdeburger Rechts 1257–1791]. Ausstellungskatalog, hg. v. Grażyna Lichończak-Nurek u. Michał Niezabitowski, Kraków 2007.

Lieberwirth 1986 Rolf Lieberwirth: Das sächsisch-magdeburgische Recht als Quelle osteuropäischer Rechtsordnungen (= Sitzungsberichte der Sächsischen Akademie der Wissenschaften zu Leipzig, Philol.-hist. Klasse 127/1), Berlin 1986.

Lieberwirth 1988 Rolf Lieberwirth: Der Oschatzer Sachsenspiegel, in: Aus der Oschatzer Pergamenthandschrift des Sachsenspiegels von 1382. Farbige Nachbildungen des ersten und des letzten Blattes in natürlicher Größe mit einer Erläuterung von Prof. Dr. Rolf Lieberwirth, hg. v. Kulturbund der DDR, Kreisleitung Oschatz. Redaktion: Gabriele Teumer, »Der Rundblick«, Wurzen (Oschatz 1988).

Lieberwirth 1988 a Rolf Lieberwirth: Das Privileg Erzbischof Wichmanns und das Magdeburger Recht, Manuskriptdruck 1988.

Lieberwirth 1990 Rolf Lieberwirth: Das Privileg des Erzbischofs Wichmann und das Magdeburger Recht (= Sitzungsberichte der Sächsischen Akademie der Wissenschaften zu Leipzig, Philol.-hist. Klasse 130/3), Berlin 1990.

Lieberwirth 1993 Rolf Lieberwirth: Synopse. Überblick über die in den Bilderhandschriften illustrierten Textstellen des Sachsenspiegels, in: Schmidt-Wiegand 1993, S. 333–355.

Lieberwirth/Lück 1987 Rolf Lieberwirth/Heiner Lück: Die Notwendigkeit regionaler rechtsarchäologischer Forschung, in: Jahrbuch für Regionalgeschichte 14 (1987), S. 347–353.

Liška 2013 Karel Liška: Sbírka komunálních znaků, pečetí a razítek II. Znaky, pečeti a razítka moravských a slezských měst a městeček [Sammlung kommunaler Wappen, Siegel und Stempel. Wappen, Siegel und Stempel mährischer und schlesischer Städte und Städtchen], Brno 2013.

Litt 1995 Stefan Litt: Studien zur Geschichte der Juden in Magdeburg bis 1350, Berlin 1995 (ungedruckte Magisterarbeit).

Litwin 1985 Jerzy Litwin: Unikatowe modele statków średniowiecznych w zbiorach MNG [Unikale Modelle mittelalterlicher Schiffe in der Sammlung des Nationalmuseums Danzig], in: Gdańskie Studia Muzealne 4 (1985), S. 115–121.

Litwin 1997 Jerzy Litwin: Modele okrętów [Schiffsmodelle], in: Aurea Porta 1997, S. 341–348.

Litwin 2003 Jerzy Litwin: Schiffsmodelle, in: Danziger Kunst 2003, S. 396–404.

Löcher 1977 Kurt Löcher: Ein Bildnis der Anna Dürer in der Sammlung Thyssen-Bornemisza, in: Wallraf-Richartz-Jahrbuch 39 (1977), S. 83–91.

Löcher 1991 Kurt Löcher: Rainer Michaelis: Deutsche Gemälde des 14.–18. Jahrhunderts. Staatliche Museen zu Berlin. Gemäldegalerie (Rezension), in: Pirckheimer Jahrbuch 6 (1991), S. 132–136.

Löcher 1997 Kurt Löcher: Germanisches Nationalmuseum Nürnberg. Die Gemälde des 16. Jahrhunderts, Stuttgart 1997.

Lockert 1979 Martin C. Lockert: Die niedersächsischen Stadtrechte zwischen Aller und Weser – Vorkommen und Verflechtung. Eine Bestandaufnahme (= Rechtshistorische Reihe 6), Frankfurt a. M./Bern/Las Vegas 1979.

Łopaciński 1987 Hieronim Łopaciński: Przyczynek do dziejów wodociągów w Lublinie [Ein Beitrag zur Geschichte der Wasserleitung in Lublin], in: Dla Sierot. Księga zbiorowa [Für die Waisen. Eine Sammelpublikation], Warszawa 1897, S. 105–108.

Loserth 1881 Johann Loserth: Historische Aufzeichnungen aus der Hussitenzeit des Stadtschreibers Wenzel von Iglau, in: Mitteilungen des Vereins für Geschichte der Deutschen in Böhmen 19 (1880–1881), S. 81–89.

Löther 1998 Andrea Löther: Städtische Prozessionen zwischen repräsentativer Öffentlichkeit, Teilhabe und Publikum, in: Das Öffentliche und Private in der Vormoderne, hg. v. Gert Melville u. Peter von Moos, Köln/Weimar/Wien 1998, S. 435–469.

Lovag 1979 Zsuzsa Lovag: A középkori bronzművesség emlékei Magyarországon [Denkmale des mittelalterlichen Bronzehandwerk in Ungarn], Budapest 1979.

Lovag 1983 Zsuzsa Lovag: Aquamanilék. Évezredek, évszázadok kincsei [Schätze aus Jahrtausenden, Jahrhunderten], Budapest 1983.

Lovag 1994 Zsuzsa Lovag: A középkori bronzművesség [Das mittelalterliche Bronzehandwerk], in: Pannonia Regia. Művészet a Dunántúlon 1000–1541 [Kunst in Transdanubien 1000–1541]. Katalog, hg. v. Mikó Árpád, Budapest 1994.

Lővei 1991 Pál Lővei: Mittelalterliche Grabdenkmäler in Buda, in: Budapest im Mittelalter (= Schriften des Braunschweigischen Landesmuseums 62), hg. v. Gert Biegel. Braunschweig 1991, S. 351–365.

Lővei 2009 Pál Lővei: Posuit hoc monumentum pro aeterna memoria. Bevezető fejezetek a középkori Magyarország síremlékeinek katalógusához [Einleitende Kapitel zum Katalog der Grabmale im mittelalterlichen Ungarn], Univ.-Diss. Budapest 2009, online abrufbar unter: http://real-d.mtak.hu/381/ [letzter Zugriff am 11. 7. 2019].

Lővei 2015 Pál Lővei: A boldogasszony-plébániatemploms írköveiről [Über die Grabsteine der Liebfrauen-Pfarrkirche], in: Farbaky 2015, S. 89–91.

Lővei/Varga 1987 Pál Lővei/Lívia Varga: Síremlékek [Grabdenkmäler], in: Magyarországi művészet [Kunst in Ungarn], Budapest 1987, S. 334–342.

Łowmiańska 1936 Maria Łowmiańska: Borzymiński Mateusz, in: Polski słownik biograficzny, Bd. 2, Kraków 1936, Nr. 2, S. 368.

Łowmiańska 2005 Maria Łowmiańska: Dwa doktoraty z unywersitetu Stefana Batorego w Wilnie [Zwei Dissertationen aus der Stephan-Báthory-Universität in Wilna], Posen 2005.

Lübbeke 1991 Isolde Lübbeke: Early German Painting. 1350–1550. The Thyssen-Bornemisza Collection, London 1991.

Lübke 2003 Christian Lübke: Außenpolitik im östlichen Mitteleuropa: Expansion und Hegemonie am Beispiel Polens und des Landes Halič-Volyn' (bis 1387), in: Wünsch/Patschovsky 2003, S. 21–58.

Lübke 2004 Christian Lübke: Das östliche Europa (= Die Deutschen und das europäische Mittelalter 2), München 2004.

Lübke 2007 Christian Lübke: »Germanica Slavica« und »Polonia Ruthenica«. Religiöse Divergenz in ethno-kulturellen Grenz- und Kontaktzonen des mittelalterlichen Osteuropa, in: Grenzräume und Grenzüberschreitungen im Vergleich. Der Osten und der Westen des mittelalterlichen Lateineuropa (= Europa im Mittelalter 7), hg. v. Klaus Herbers u. Nikolas Jaspert, Berlin 2007, S. 175–190.

Luchs 1860 Hermann Luchs: Die Denkmäler der St. Elisabeth-Kirche zu Breslau, Breslau 1860.

Luchs 1875 Hermann Luchs: Über die kirchlichen Rathsalterthümer Breslaus, in: Schlesiens Vorzeit in Bild und Schrift, Bd. 2, 1875, S. 3–8.

Lück 1957 Kurt Lück: Deutsche Gestalter und Ordner im Osten, Leipzig (1. Auflage) 1940 und (2. Auflage) 1942, in 3. Auflage [unter dem bezeichnend gewandelten Titel] als Deutsch-polnische Nachbarschaft. Lebensbilder deutscher Helfer in Polen, hg. v. Viktor Kauder, Würzburg 1957.

Lück 1990 Heiner Lück: Magdeburger Recht in der Ukraine, in: Zeitschrift für Neuere Rechtsgeschichte 12 (1990), S. 113–126.

Lück 1996 Heiner Lück: Der Magdeburger Schöffenstuhl als Teil der Magdeburger Stadtverfassung, in: Puhle 1996, S. 138–151.

Lück 1997 Heiner Lück: Die kursächsische Gerichtsverfassung 1423–1550 (= Forschungen zur deutschen Rechtsgeschichte 17), Köln/Weimar/Wien 1997.

Lück 1999 Heiner Lück: »Der Deutsche kommt also im Osten in kein Neuland ...«. Das Institut zur Erforschung des Magdeburger Stadtrechts (1940–1945), in: Historische Forschung in Sachsen-Anhalt. Ein Kolloquium aus Anlaß des 65. Geburtstages von Walter Zöllner (= Abhandlungen der Sächsischen Akademie der Wissenschaften zu Leipzig, Philol.-hist. Klasse 76/3), hg. v. Heiner Lück u. Werner Freitag, Leipzig/Stuttgart 1999, S. 125–145.

Lück 2000 Heiner Lück: Dr. iur. Fritz Markmann (1899–1949) als Erforscher und Editor des Magdeburger Rechts, in: Sachsen und Anhalt. Jahrbuch der Historischen Kommission für Sachsen-Anhalt 22 (1999/2000), S. 289–314.

Lück 2000 a Heiner Lück: Schauplätze des Verfahrens. Zum Verhältnis von Gerichtsherrschaft, Gerichtsort und Richtstätte im frühneuzeitlichen Kursachsen, in: Jost Hausmann/Thomas Krause (Hg.): »Zur Erhaltung guter Ordnung«. Beiträge zur Geschichte von Recht und Justiz. Festschrift für Wolfgang Sellert zum 65. Geburtstag, Köln/Weimar/Wien 2000, S. 141–160.

Lück 2001 Heiner Lück: Gerichte in der Stadt. Konkurrenz und Kongruenz von Gerichtsbarkeiten in Kursachsen während des 15. und 16. Jahrhunderts, in: Bräuer/Schlenkrich 2001, S. 567–585.

Lück 2003 a Heiner Lück: Rechtsarchäologie, in: Reallexikon der Germanischen Altertumskunde, begründet v. Johannes Hoops, hg. v. Dieter Geuenich u. a., Bd. 24, Berlin 2003², S. 240–246.

Lück 2003 b Heiner Lück: Rechtssymbolik, in: Reallexikon der Germanischen Altertumskunde, begründet v. Johannes Hoops, hg. v. Dieter Geuenich u. a., Bd. 24, Berlin 2003², S. 284–291.

Lück 2004 Heiner Lück: Salinen als exemte Gerichts- und Rechtsbezirke in mittelalterlichen Salzstädten, in: Werner Freitag (Hg.): Die Salzstadt. Alteuropäische Strukturen und frühmoderne Innovation, Bielefeld 2004, S. 39–53.

Lück 2005 Heiner Lück: Magdeburger Forschungen zum Magdeburger Recht (1933–1945), in: Ramona Myrrhe (Hg.): Geschichte als Beruf. Demokratie und Diktatur. Protestantismus und politische Kultur. Festschrift zum 65. Geburtstag von Klaus Erich Pollmann, o. O. (Dößel) 2005, S. 367–381.

Lück 2006 Heiner Lück: Berg und Tal. Gericht und Recht in Halle während des Mittelalters und der Frühen Neuzeit, in: Geschichte der Stadt Halle, hg. v. Werner Freitag u. Andreas Ranft, Halle 2006, S. 239–257.

Lück 2006 a Heiner Lück: Inszenierung unter dem Hakenkreuz: Die Eike-von-Repgow-Feier auf der Burg Falkenstein am 29. Oktober 1933, in: Burg Falkenstein (= Schriftenreihe der Stiftung Dome und Schlösser in Sachsen-Anhalt 4), Dössel 2006, S. 201–224.

Lück 2007 Heiner Lück: Die Heilige Elisabeth und das Himmelfahrtsbier in Salzmünde. Von der Kontinuität eines Gerichtsbrauchs, in: Stephan Buchholz/Heiner Lück (Hg.): Worte des Rechts – Wörter zur Rechtsgeschichte. Festschrift für Dieter Werkmüller zum 70. Geburtstag, Berlin 2007, S. 227–246.

Lück 2008 Heiner Lück: »*... größtmögliche Förderung der Magdeburger Forschung ...*« Ein Österreicher im Dienst Magdeburgs (1941–1944), in: Gerhard Kohl/Christian Neschwara/Thomas Simon (Hg.): Festschrift für Wilhelm Brauneder zum 65. Geburtstag. Rechtsgeschichte mit internationaler Perspektive, Wien 2008, S. 289–306.

Lück 2008 a Heiner Lück: Trinken als rechtliches Ritual, in: Rüdiger Fikentscher (Hg.): Trinkkulturen in Europa (= mdv aktuell 4), Halle (Saale) 2008, S. 103–126.

Lück 2008 b Heiner Lück: Die westfälische Feme im Bildprogramm des Immermann-Brunnens in Magdeburg, in: SIGNA IVRIS 2 (2008), S. 165–193.

Lück 2008 c Heiner Lück: Freier Himmel, in: HRG², Bd. 1 (2008²), Sp. 1734–1736.

Lück 2008 d Heiner Lück: Feme, Femgericht, in: HRG², Bd. 1 (2008²), Sp. 1535–1543.

Lück 2009 Heiner Lück: Zur Verbreitung des Sachsenspiegels und des Magdeburger Rechts in den baltischen Ländern, in: Ulrich Kronauer/Thomas Taterka (Hg.): Baltisch-europäische Rechtsgeschichte und Lexikographie (= Akademiekonferenzen 3), Heidelberg 2009, S. 17–36.

Lück 2009 a Heiner Lück: »Deutsches Recht im Osten«. Strukturen, Kontexte und Wirkungen eines sensiblen Forschungsthemas (19. Jh.–1990), in: Zeitschrift der Savigny-Stiftung für Rechtsgeschichte. Germanistische Abteilung 126 (2009), S. 175–206.

Lück 2009 b Heiner Lück: Zur Gerichtsverfassung in den Mutterstädten des Magdeburger und Lübecker Rechts, in: Lück/Puhle/Ranft 2009, S. 163–181.

Lück 2009 c Heiner Lück: Anfänge der Stadtverfassung nach Magdeburger Recht in Ostmitteleuropa: Kulm (1233), Thorn (1233), Krakau (1257), Lemberg (1356), in: Thomas Großbölting (Hg.): Landesherrschaft – Region – Identität. Der Mittelelberaum im historischen Wandel. Festschrift für Prof. Dr. Mathias Tullner (Studien zur Landesgeschichte 20), Halle (Saale) 2009, S. 18–37.

Lück 2009 d Heiner Lück: Der Magdeburger Dom als Rechtsort. Eine rechtsarchäologische Annäherung, in: Wolfgang Schenkluhn/Andreas Waschbüsch (Hg.): Der Magdeburger Dom im europäischen Kontext. Beiträge des internationalen wissenschaftlichen Kolloquiums zum 800-jährigen Domjubiläum in Magdeburg vom 1. bis 4. Oktober 2009, Regensburg 2012, S. 297–308.

Lück 2010 Heiner Lück: Spuren des Rechts in der Heimat Eikes von Repgow (= Kulturreisen in Sachsen-Anhalt 10), Wettin 2010.

Lück 2012 Heiner Lück: Kisch, Guido (1889–1985), in: HRG², Bd. 2 (2012²), Sp. 1840–1842.

Lück 2012 a Heiner Lück: Was ist und was kann Rechtsarchäologie?, in: Denkströme. Journal der Sächsischen Akademie der Wissenschaften zu Leipzig 8 (2012), S. 35–55.

Lück 2012 b Heiner Lück: Gegenständliche Zeugnisse mittelalterlichen und frühneuzeitlichen Rechtslebens in Naumburg und Umgebung, in: Winfried Schubert (Hg.): Oberlandesgericht Naumburg 1992–2012. Facetten, Naumburg 2012, S. 79–90.

Lück 2012 c Heiner Lück: Gerichtsgebäude, in: HRG², Bd. 2 (2012²), Sp. 150–155.

Lück 2012 d Heiner Lück: Gerichtslaube, in: HRG², Bd. 2 (2012²), Sp. 162–165.

Lück 2012 e Heiner Lück: Gerichtsstätte, in: HRG², Bd. 2 (2012²), Sp. 171–178.

Lück 2012 f Heiner Lück: Kirchengebäude, in: HRG², Bd. 2 (2012²), Sp. 1787–1796.

Lück 2012 g Heiner Lück: Gericht, in: HRG², Bd. 2 (2012²), Sp. 131–143.

Lück 2012 h Heiner Lück: Gerichtsherr, in: HRG², Bd. 2 (2012²), Sp. 159–162.

Lück 2012 i Heiner Lück: Gerichtsverfassung, in: HRG², Bd. 2 (2012²), Sp. 192–219.

Lück 2012 j Heiner Lück: Hochgerichtsbarkeit, in: HRG², Bd. 2 (2012²) Sp. 1055–1059.

Lück 2012 k Heiner Lück: Von Ombudsleuten, Mediatoren, Schlichtern und Sühneverträgen – Institutionen der Konfliktlösung außerhalb des gerichtlichen Streitverfahrens im Mittelalter, in: Rüdiger Fikentscher/Angela Kolb (Hg.): Schlichtungskulturen in Europa (= mdv aktuell 8), Halle (Saale) 2012, S. 85–101.

Lück 2013 Heiner Lück: Rechtstransfer und Rechtsverwandtschaft. Zum Einfluss des Magdeburger Stadtrechts im Königreich Böhmen, in: Karel Malý/Jiří Šouša jr. (Hg.): Městské právo ve středni Evropě [Städtisches Recht in Mitteleuropa]. Tagungsband, Praha 2013, S. 298–317.

Lück 2015 Heiner Lück: Magdeburger Recht als verbindendes europäisches Kulturphänomen, in: Denkströme. Journal der Sächsischen Akademie der Wissenschaften zu Leipzig 14 (2015), S. 215–221.

Lück 2015 a Heiner Lück: Die Dorfkirche im Rechtsalltag des hohen und späten Mittelalters in Mitteldeutschland, in: Dirk Höhne/Reinhard Schmitt (Hg.): Wehrhafte Kirchen und befestigte Kirchhöfe. Tagung vom 12. bis 14. Oktober 2012 in Meiningen, Langenweißbach 2015, S. 31–49.

Lück 2015 b Heiner Lück (Hg.): Von Sachsen-Anhalt in die Welt. Der Sachsenspiegel als europäische Rechtsquelle (= SIGNA IVRIS 14), Halle (Saale) 2015.

Lück 2016 Heiner Lück: Leibzeichen, in: HRG², Bd. 3 (2016²), Sp. 796–798.

Lück 2016 a Heiner Lück: Königsbann, in: HRG², Bd. 3 (2016²), Sp. 25–27.

Lück 2016 b Heiner Lück: Linde, in: HRG², Bd. 3 (2016²), Sp. 1001–1004.

Lück 2016 c Heiner Lück: Marktkreuz, in: HRG², Bd. 3 (2016²), Sp. 1324–1327.

Lück 2016 d Heiner Lück: Menhire, in: HRG², Bd. 3 (2016²), Sp. 1447–1450.

Lück 2016 e Heiner Lück: Der Roland zu Halle – ein Symbol der Gerichtsherrschaft über die Stadt, in: Manfred Hettling (Hg.): Politische Denkmale in der Stadt (= Forschungen zur hallischen Stadtgeschichte 23), Halle (Saale) 2016, S. 33–71.

Lück 2016 f Heiner Lück: Lehnsgerichte, in: HRG², Bd. 3 (2016²), Sp. 750–753.

Lück 2016g Heiner Lück: Landrechtsbücher, in: HRG², Bd. 3 (2016²), Sp. 559–563.

Lück 2016h Heiner Lück: Magdeburger Recht, in: HRG², Bd. 3 (2016²), Sp. 1127–1136, online abrufbar unter: https://www.hrgdigital.de/HRG.magdeburger_recht [letzter Zugriff am 5. 5. 2019].

Lück 2017 Heiner Lück: Der Sachsenspiegel. Das berühmteste deutsche Rechtsbuch des Mittelalters, Darmstadt 2017.

Lück 2017 a Heiner Lück: Vielmehr als Rechtsprechung: »Gericht« als komplexes gesellschaftliches Gebilde, in: Birgit Richter (Redaktion): Sächsische Gerichtsbücher im Fokus. Alte Quellen im neuen Informationssystem. Fachkolloquium des Sächsischen Staatsarchivs 16. September 2016, Staatsarchiv Leipzig (= Veröffentlichungen des Sächsischen Staatsarchivs, Reihe A: Archivverzeichnisse, Editionen und Fachbeiträge 20), Halle (Saale) 2017, S. 11–29.

Lück 2017 b Heiner Lück: Offizial, in: HRG², 25. Lieferung, Berlin 2017, Sp. 119–124.

Lück 2018 a Heiner Lück: Urban Law. The Law of Saxony and Magdeburg, in: Heikki Pihlajamäki/Markus D. Dubber/Mark Godfrey (Hg.): The Oxford Handbook of European Legal History, Oxford 2018, S. 474–508.

Lück 2018 b Heiner Lück: Sächsisch-magdeburgisches Recht zwischen Elbe und Dnjepr. Rechtstransfer als verbindendes europäisches Kulturphänomen, in: Köster/Link/Lück 2018, S. 13–27.

Lück 2018 c Heiner Lück: Oberhöfe und Schöffenstühle als Anwendungs- und Verbreitungszentren des Magdeburger Rechts, in: Köster/Link/Lück 2018, S. 79–99.

Lück 2019 Heiner Lück: Schubart-Fikentscher, Gertrud, in: Eva Labouvie (Hg.): Frauen in Sachsen-Anhalt 2. Ein biographisch-bibliographisches Lexikon vom 19. Jahrhundert bis 1945, Wien/Köln/Weimar 2019, S. 409–415.

Lück/Puhle/Ranft 2009 Grundlagen für ein neues Europa. Magdeburger und Lübecker Recht in Spätmittelalter und Früher Neuzeit (= Quellen und Forschungen zur Geschichte Sachsen-Anhalts 6), hg. v. Heiner Lück, Matthias Puhle u. Andreas Ranft, Köln/Weimar/Wien 2009.

Luckhardt/Niehoff 1995 Heinrich der Löwe und seine Zeit. Herrschaft und Repräsentation der Welfen 1125–1235, Bd. 1: Katalog, hg. v. Jochen Luckhardt u. Franz Niehoff, Braunschweig/München 1995.

Ludiková 2006 Zuzana Ludiková (Hg.): Mária Uhorská (1505–1558) [Maria von Ungarn (1505–1558)], Bratislava 2006.

Lüdke 1983 Dietmar Lüdke: Die Statuetten der gotischen Goldschmiede. Studien zu den »autonomen« und vollrunden Bildwerken der Goldschmiedeplastik und den Statuettenreliquiaren in Europa zwischen 1230 und 1530, 2 Bde., München 1983.

Ludwig 1943 Max Ludwig: Die Frauen des Berliner Bürgermeisters Thomas Blanckenfelde, in: Herold, Neue Folge 3 (1943), H. 5, S. 117–135.

Luft 2001 Robert Luft: Přemysl Otakar II., in: Neue Deutsche Biographie 20 (2001), S. 697 ff., online abrufbar unter: www.deutsche-biographie.de/ [letzter Zugriff am 10. 7. 2019].

Lulewicz/Walas 2016 Dominik Lulewicz/Łukasz Walas: Antropomorphic Knife Hilt, in: On Common Path 2016, S. 109.

Lulewicz/Walas 2016 a Dominik Lulewicz/Łukasz Walas: Cloth Seal, in: On Common Path 2016, S. 226.

Lulewicz/Walas 2016 b Dominik Lulewicz/Łukasz Walas: Writing Burin, so called Stylus, in: On Common Path 2016, S. 227.

Lulewicz/Walas 2016 c Dominik Lulewicz/Łukasz Walas: Pouch, in: On Common Path 2016, S. 237.

Lustenberger 2000 Othmar Lustenberger: Bild und Abbild. Einsiedler Pilgerzeichen, Einsiedler (Gnaden)-Kapellen, Einsiedler Gnadenbilder. Ein Forschungsbericht, Sankt Meginrat 2000.

Luzzati 1995 Michele Luzzati: Sklave, IV. Europäisches Spätmittelalter, in: Lexikon des Mittelalters, Bd. 7, Stuttgart 1995, Sp. 1983–1984.

Łysiak 1990 Ludwik Łysiak: Ius supremum Maydeburgense castri Cracoviensis 1356–1794. Organisation, Tätigkeit und Stellung des Krakauer Oberhofs in der Rechtsprechung Altpolens (= Ius commune. Sonderhefte. Studien zur Europäischen Rechtsgeschichte 49), Frankfurt a. M. 1990.

M

Mácelová 1999 Marta Mácelová: Gotické kachľové pece z banskobystrickej radnice [Gotische Kachelöfen aus dem Rathaus Neusohl], in: Archaeologia Historica 24 (1999), S. 409–420.

Maciej z Miechowa 1998 Maciej z Miechowa 1457–1523 [Matthias von Miechów 1457–1523]. Ausstellungskatalog, bearb. v. Ludmiła Bularz-Różycka u. Barbara Lewińska, Kraków 1998.

Mackiewicz 2008 Maksym Mackiewicz: »Walka o miejsce na stole« – późnośredniowieczna ceramika luksusowa [»Der Kampf um den Platz auf dem Tisch« – spätmittelalterliche Luxuskeramik], in: Kultura materialna średniowiecza w Polsce. Materiały ze studenckiej konferencji naukowej. Toruń, 24–25 kwietnia 2008 roku [Materielle Kultur des Mittelalters in Polen. Materialien der studentischen wissenschaftlichen Konferenz. Thorn, 24.–25. April 2008], hg. v. Paweł Kucypera u. Sławomir Wadyl, Toruń 2008, S. 155–172.

Maćkowski 2012 Tomasz Maćkowski: Plomby towarowe jako źródło badań historycznych [Warenplomben als Quelle historischer Forschung], in: Kwartalnik Historii Kultury Materialnej 60 (2012), Nr. 3, S. 395–404.

Maćkowski 2016 Tomasz Maćkowski: Znaki ołowiane (tokeny/żetony) z wykopalisk przy ulicy Chmielnej 73–74 w Gdańsku [Bleizeichen (Tokens/Jetons) aus den Ausgrabungen in der Chmielna 73–74 in Danzig], in: Dantiscum 1, hg. v. Robert Krzywdziński, Gdańsk 2016, S. 219–234.

Maćkowski 2018 Tomasz Maćkowski: Tokeny fundacji gdańskiego kupca Zachariasza Zappio dla rozliczenia pomocy ubogim [Tokens aus der Stiftung des Danziger Kaufmanns Zacharias Zappio für die Abrechnung der Armenhilfe], in: Forum Numizmatyczne. Studia i materiały 2, hg. v. K. Filipow, Białystok 2018, S. 195–205.

Maćkowski 2018 a Tomasz Maćkowski: Między obrazami a słowami – problem interpretacji ikonografii artefaktów na przykładzie gdańskich tokenów »zwierzęcych« z lat 1574–1577 [Zwischen Bildern und Worten – das Problem der Interpretation von Artefakten am Beispiel von Danziger »Tier«-Token aus den Jahren 1574–1577], in: Studia Historica Gedanensia 9 (2018), S. 102–116.

Magdeburger Wappen [o. D.] Magdeburger Wappen, hg. v. der Landeshauptstadt Magdeburg, Magdeburg [o. D.].

Magin 1999 Christine Magin: »Wie es umb der iuden recht stet«. Der Status der Juden in spätmittelalterlichen deutschen Rechtsbüchern, Göttingen 1999.

Magyar 1991 Károly Magyar: Buda im 13. Jahrhundert, in: Biegel 1991, S. 153–184.

Maisel 1982 Witold Maisel: Archeologia prawna Polski [Juristische Archäologie Polens], Warszawa/Poznań 1982.

Maisel 1992 Witold Maisel: Rechtsarchäologie Europas, Wien/Köln/Weimar 1992.

Makowski 1986 D. Makowski: Płock. Zespół Staromiejski [Plock. Das Altstädter Ensemble], in: Informator Archeologiczny. Badania rok 1985 [Archäologische Nachrichten. Untersuchungen für das Jahr 1985], Warszawa 1986, S. 171–173.

Maksoudian 2004 Krikor Maksoudian: Armenian Communities in Eastern Europe; in: Richard G. Hovannisian (Hg.), The Armenian People from Ancient to Modern Times, Bd. 2: Foreign Dominion to Statehood: the Fifteenth Century to the Twentieth Century, New York u. a. 2004, S. 51–80.

Małachowicz 1985 Edmund Małachowicz: Stare miasto we Wrocławiu [Die Altstadt von Breslau], Warszawa 1985.

Malecki 2000 Jan M. Malecki: Königliche Residenz und Stadt: Der Einfluß des Hofes auf das Wirtschaftsleben Krakaus im 16. Jahrhundert, in: Krakau, Prag und Wien. Funktionen von Metropolen im frühmodernen Staat (= Forschungen zur Geschichte und Kultur des östlichen Mitteleuropa 10), hg. v. Marina Dmitrieva u. Karen Lambrecht, Stuttgart 2000, S. 93–102.

Malicki/Zwinogrodzka 1992–1995 Katalog poloników XVI wieku Biblioteki Jagiellońskiej [Katalog der Polonica des 16. Jahrhunderts in der Jagiellonen-Bibliothek], hg. v. Marian Malicki/Ewa Zwinogrodzka, bearb. v. Małgorzata Gołuszka u. a., Kraków 1992–1995.

Malinowski 1996 T. Malinowski: Instrumenty strunowe z badań archeologicznych w Polsce – przegląd znalezisk [Saiteninstrumente aus den archäologischen Forschungsarbeiten in Polen – Analyse der Funde], in: Przegląd Archeologiczny 44 (1996), S. 139–148.

Małkiewiczówna 2002 Helena Małkiewiczówna: Augustiańskie retabulum Mikołaja Haberschracka. Kolejna próba rekonstrukcji [Das Augustiner-Retabel von Nikolaus Haberschrack. Ein weiterer Rekonstruktionsversuch], in: Gadomski/Bulsza 2002, S. 521–540.

Małłek 2014 Janusz Małłek: Nikolaus Kopernikus – ein Gelehrter, Thorner, Renaissancemensch, in: Lewandowska/Szczerbowska-Prusevicius/Zientare 2014, S. 33–42.

Małowist 2012 Marian Małowist: East and West Europe in the 13th–16th Centuries. Confrontation of Social and Economic Structures, in: Western Europe, Eastern Europe and World Development 13th–18th Centuries, hg. v. Jean Batou u. Henryk Szlajfer, Leiden 2012, S. 215–227.

Mańko-Matysiak 2005 Anna Mańko-Matysiak: Schlesische Gesangbücher 1525–1741. Eine hymnologische Quellenstudie, Wrocław 2005.

Mannowsky 1931–1933 Walter Mannowsky: Der Danziger Paramentenschatz. Kirchliche Gewänder und Stickereien aus der Marienkirche, 4 Halbbde., Berlin 1931–1933, Nachtragsband Leipzig 1938.

Manuwald 2008 Henrike Manuwald: Medialer Dialog: Die ›Große Bilderhandschrift‹ des *Willehalm* Wolframs von Eschenbach und ihre Kontexte (= Bibliotheca Germanica 52), Tübingen/Basel 2008.

Manuwald 2009 Henrike Manuwald: Narrative Bilder in Rechtshandschriften. Zu den *Codices picturati* des Sachsenspiegels, in: AusBILDung des Rechts. Systematisierung und Vermittlung von Wissen in mittelalterlichen Rechtshandschriften, hg. v. Kristin Böse u. Susanne Wittekind, Frankfurt a. M. u. a. 2009, S. 168–197.

Manuwald 2016 Gesine Manuwald: Mediale Inszenierungen von Geschichtsmodellen in den Codices picturati des »Sachsenspiegels«, in: Paradigmen personaler Identität (= Abhandlungen der Akademie der Wissenschaften zu Göttingen N. F. 41,1), hg. v. Ludger Grenzmann, Burkhard Hasebring u. Frank Rexroth, Berlin 2016, S. 114–157.

Marcinkowski 2003 Wojciech Marcinkowski: Jörg Huber im Lichte der Forschungen, in: Gotik-Schätze Oberösterreich. Symposion im Linzer Schloss 20. bis 22. September 2002 (= Gesellschaft für Landeskunde – Schriftenreihe 20), hg. v. Lothar Schultes u. Gerhard Winkler, Linz 2003, S. 217–230.

Marcinkowski 2005/2006 Mirosław Marcinkowski: Człowiek ukryty w kości – średniowieczne rzeźbione rękojeści noży z Elbląga na tle Europejskim [Der im Horn verborgene Mensch – mittelalterliche geschnitzte Messerschäfte aus Elbing im europäischen Vergleich], in: Materiały Zachodniopomorskie. Nowa seria 2/3 (2005/2006), H. 1, S. 359–373.

Marcinkowski 2010 Wojciech Marcinkowski: Jan Wielki – Verkündigung und Krönung Mariens, in: Borchert 2010, S. 500.

Marcinkowski 2010 a Wojciech Marcinkowski: Veit Stoss – Kleines Kruzifix, in: Borchert 2010, S. 502.

Marcinkowski 2014 Mirosław Marcinkowski: Pas [Der Gürtel], in: Skarby elbląskiego muzeum [Schätze des Museums Elbling], Elbląg 2014, S. 140.

Marcinkowski 2018 Wojciech Marcinkowski: Hans Dürer (1490–1534). Heiliger Hieronymus, in: Der Meister und Katharina. Hans von Kulmbach und seine Werke für Krakau/Mistrz i Katarzyna: Hans von Kulmbach i jego dzieła dla Krakowa (Ausstellung im Nationalmuseum Krakau, zweisprachige Ausgabe), hg. v. Mirosław Piotr Kruk, Aleksandra Hola u. Marek Walczak, Kraków 2018, S. 344–346.

Marcinkowski/Klincewicz-Krupińska 2018 Wojciech Marcinkowski/Regina Klincewicz-Krupińska: Retabulum Augustiańskie Nicolausa Haberschracka (1468). Próba rekonstrukcji przepadłej struktury [Das Augustiner-Retabel von Nikolaus Haberschrack (1468). Versuch einer Rekonstruktion der verlorengegangenen Struktur], in: Claritas et consonantia. Funkcje, formy i znaczenia w sztuce średniowiecza [Claritas et consonantia. Funktionen, Formen und Bedeutung in der Kunst des Mittelalters], hg. v. Monika Jakubek-Raczkowska u. Juliusz Raczkowski, Toruń/Warszawa 2018, S. 253–286.

Marcinkowski/Zaucha 2010 Wojciech Marcinkowski/Tomasz Zaucha: Krakow within your Reach. Architectural Sculpture in the Collection of National Museum in Krakow, Kraków 2010.

Markmann 1938 Fritz Markmann: Magdeburger und Lübisches Stadtrecht im Norden und Osten Europas nach geopolitischen Gesichtspunkten, Magdeburg 1938.

Marksteine 2001 Marksteine. Eine Entdeckungsreise durch Brandenburg-Preußen. Ausstellungskatalog, hg. vom Haus der Brandenburgisch-Preußischen Geschichte, Berlin 2001.

Marosi 1981 Ernő Marosi: Zur Problematik der polnisch-ungarischen kunsthistorischen Beziehungen im Mittelalter, in: Seminaria Niedzickie/Niedzica Seminars 1,
hg. v. Ewa Zawadzka, Kraków 1981, S. 29–41.

Marosi 1987 Magyarországi művészet 1300–1470 körül [Kunst in Ungarn um 1300–1470], Bd. 1, hg. v. Ernő Marosi, Budapest 1987.

Marosi 2015 Ernő Marosi: Művészet a királyi udvarban és udvari művészet az ország középkori közepén/Art at the Royal Court and Court Art in the Middle of the Kingdom in the Medieval Period, in: Elek Benkő/Krisztina Orosz (Hg.): In medio regni Hungariae, Budapest 2015, S. 29–77.

Marquardt 1846 Joachim Marquardt: Notiz über die Münzsammlung des Danziger Gymnasiums in: Programm des Städtischen Gymnasiums zu Danzig für das Schuljahr Ostern, Danzig 1846.

Marquart 2013 Markus Marquart: Metallische Schreibgriffel des hohen Mittelalters aus Aschaffenburg und ihre Vergleiche, in: Aschaffenburger Jahrbuch 29 (2013), S. 9–63.

Marsina 1990 a Richard Marsina (Hg.): Banské mestá na Slovensku [Die Bergstädte in der Slowakei], Martin 1990.

Marsina 1990 b Richard Marsina: Banskoštiavnické mestské a banské právo [Das Schemnitzer Stadt- und Bergrecht, in: Marsina 1990 a, S. 13–35.

Marten 2012 Bettina Marten: Die mittelalterlichen Gründungsstädte im Nordosten des deutschen Reiches zwischen Staatsakt und städtebaulichen Prinzipien, in: Fondazioni urbane: città nuove europee dal Medioevo al Novecento, hg. v. Aldo Casamente, Rom 2012, S. 127–140.

Massowa 1996 Zbigniew Massowa: Angielska rzeźba alabastrowa z XIV–XV wieku w zbiorach polskich [Englische Alabasterskulpturen des 14.–15. Jahrhunderts in polnischen Sammlungen]. Ausstellungskatalog, Gdańsk 1996.

Matejková/Stehlíková 2010 Eva Matejková/Dana Stehlíková: Nálezy klenotu z druhé poloviny 13. století mezi Kutnou Horou a Prahou [Funde von Kleinodien aus der zweiten Hälfte des 13. Jahrhunderts zwischen Kuttenberg und Prag], in: Kutnohorko – Vlastivědný sborník 13 (2010), S. 1–23.

Matthies 1991 Jan Matthies: Die mittelalterlichen Metallfunde aus der Altstadt von Magdeburg, 2 Bde., Berlin 1991 (ungedruckte Diplomarbeit).

Matunák 1928 Michal Matunák: Z dejín slobodného a hlavného banského mesta Kremnice [Zur Geschichte der freien Hauptbergstadt Kremnitz], Kremnica 1928.

Matzke 2011 Michael Matzke: Weltgeschichte in der Hand: Münzen und Medaillen, in: Die grosse Kunstkammer. Bürgerliche Sammler und Sammlungen in Basel. Ausstellungskatalog, hg. v. Historischen Museum Basel, Basel 2011, S. 167–184.

Maué 1976 Hermann Maué: Eine spätgotische Zunftkanne im Germanischen Nationalmuseum, in: Anzeiger des Germanischen Nationalmuseums, Nürnberg 1976, S. 47–55.

Maué 1993 Visualisierung städtischer Ordnung. Zeichen – Abzeichen – Hoheitszeichen (= Anzeiger des Germanischen Nationalmuseums 1993), hg. v. Hermann Maué, Nürnberg 1993.

Mauntel 2018 Christoph Mauntel/Klaus Oschema/Jean-Charles Ducène/Martin Hofmann: Mapping Continents, Inhabited Quarters and The Four Seas. Divisions of the World and the Ordering of Spaces in Latin-Christian, Arabic-Islamic and Chinese Cartography in the Twelfth to Sixteenth Centuries. A Critical Survey and Analysis, in: Journal of Transcultural Medieval Studies 5/2 (2018), S. 295–367.

Mazurek 1986 Zdzisław T. Mazurek: Technologia wodociągu staropolskiego miasta Lublina z XVI w. [Technologie der altpolnischen Wasserleitung in der Stadt Lublin aus dem 16. Jh.], in: Wodociąg 1986, S. 36–57.

McGee 2004 David McGee: The Origins of Early Modern Machine Design, in: Picturing Machines 1400–1700 (= Transformations. Studies in the History of Science and Technology), hg. v. Wolfgang Lefèvre, Cambridge, Mass./London 2004, S. 53–84.

Mehl 2006 Manfred Mehl: Die Münzen des Stiftes Quedlinburg, Hamburg 2006.

Mehl 2011 Manfred Mehl: Münz- und Geldgeschichte des Erzbistums Magdeburg im Mittelalter, Bd. 1: Textteil und Münztafeln, Bd. 2: Katalog, Hamburg 2011.

Meier 1994 Christian Meier: Die okzidentale Stadt nach Max Weber. Zum Problem der Zugehörigkeit in Antike und Mittelalter, München 1994.

Meier 2009 Christian Meier: Kultur, um der Freiheit willen. Griechische Anfänge – Anfang Europas?, München 2009.

Meinert 2004 Till Meinert: Die Heilig-Grab-Anlage in Görlitz. Architektur und Geschichte eines spätmittelalterlichen Bauensembles, Esens 2004.

Meissner 2001 Renate Meissner: Schreibgerät und Schreibkultur im Judentum, in: Vom Griffel zum Kultgerät. 3000 Jahre Geschichte des Schreibgeräts, hg. v. Christian Gastgeber u. Hermann Harrauer, Wien 2001, S. 65–84.

Meister 1961 Meister um Albrecht Dürer. Ausstellung im Germanischen National-Museum vom 4. Juli bis 17. September [1961], Nürnberg 1961.

Melisch 2014 Claudia Maria Melisch: Der Petriplatz, in: Berlin. Ausflüge im Spree-Havel-Gebiet (= Ausflüge zu Archäologie, Geschichte und Kultur in Deutschland 58), hg. v. Uwe Michas, Darmstadt 2014.

Mellor 2014 Maureen Mellor: Seeing the Medieval Child: Evidence from Household and Craft, in: Medieval Childhood: Archaeological Approaches, hg. v. Dawn M. Hadley u. Katie A. Hemer, Oxford 2014, S. 75–94.

Melville 2007 Gert Melville: Zeichen der Stadt. Zum mittelalterlichen »Imaginaire« des Urbanen, in: Jäschke/Schrenk 2007, S. 9–23.

Mémoires 1848 Mémoires de la Société d'archéologie et de numismatique de St. Pétersbourg, Bd. 2, 1848.

Mende 2004 Matthias Mende: Hans Dürer (1490–1534), in: Fränkische Lebensbilder, Bd. 20 (= Veröffentlichungen der Gesellschaft für Fränkische Geschichte, Reihe 7A), Würzburg 2004, S. 37–50.

Mende 2013 Ursula Mende: Die mittelalterlichen Bronzen im Germanischen Nationalmuseum. Bestandskatalog, Nürnberg 2013.

Mennicken 2013 Ralph Mennicken: Raerener Steinzeug: Europäisches Kulturerbe, Raeren 2013.

Mentgen 2012 Gerd Mentgen: Judeneid, in: HRG^2, Bd. 2 (2012^2), Sp. 1409–1411.

Merian 1650 Matthäus Merian (Hg.): Topographia Bohemiae, Moraviae et Silesiae. Beschreibung und eigentliche Abbildung der vornehmsten und bekandtisten Stätte und Plätze in dem Königreich Boheim und einverleibten Landern Mähren und Schlesien, Frankfurt (Main) 1650.

Merian 2014 Sylvie L Merian: Illuminating the Apocalypse in Seventeenth-century Armenian Manuscripts. The Transition from Printed Book to Manuscript; in: Kevork B. Bardakjian/Sergio La Porta (Hg.): The Armenian Apocalyptic Tradition: A Comparative Perspective, Leiden u. a. 2014, S. 603–639.

Merzbacher/Lück 2016 Friedrich Merzbacher/Heiner Lück: Landgericht, in: HRG^2, Bd. 3 (2016^2), Sp. 518–527.

Meyer 1893 Wilhelm Meyer: Die Handschriften in Göttingen, Bd. 1: Universitäts-Bibliothek. Philologie – Literärgeschichte – Philosophie – Jurisprudenz (= Verzeichnis der Handschriften im Preußischen Staate I,1), Berlin 1893.

Meyer 2009 Tim Meyer: Gefahr vor Gericht. Die Formstrenge im sächsisch-magdeburgischen Recht, Köln/Weimar/Wien 2009.

Mezei 2013 Emese Mezei: Az Ébner-csempék. Egy késő középkori kályháról, in: Győzteseink szárnypróbálásai. A PPKE-BTK bölcsészhallgatóinak győztes dolgozatai a XXXI. OTDK Humán szekcióban, hg. v. Zsuzsanna J. Újvári, Piliscsaba 2013, S. 271–301.

Michael 2003 Bernd Michael: Eike von Repgow: Sachsenspiegel (Glossenhandschrift, lat. und dt.), in: Becker/Overgaauw 2003, S. 307–311 (Nr. 149).

Migracje 2018 Migracje. Sztuka późnogotycka na Śląsku [Migrationen. Spätgotische Kunst in Schlesien]. Ausstellungskatalog, hg. v. Agnieszka Patała, Wrocław 2018.

Mihalik 1903 József Mihalik: A Kassai Múzeum gyűjteményeinek leíró lajstroma [Inventar der Sammlungen des Museums Kaschau], Košice 1903.

Mikes 1971 Az evőeszközök története. Ausstellung im Kunstgewerbemuseum Budapest, 1971/72, hg. v. Ildikó Mikes, Budapest 1971.

Mikó 1986 Árpád Mikó: Jagelló-kori reneszánsz sírkövekről [Über unsere Renaissance-Grabsteine aus der Jagiellonen-Zeit], in: Ars Hungarica 14 (1986), S. 97–114.

Mikó 2010 Árpád Mikó: Kettős olvasatú síremlékek a kora újkori Magyarországon [Doppeldeutige Grabsteine im frühneuzeitlichen Ungarn], in: Színlelés és rejtőzködés. A kora újkori magyar politika szerepjátékai [Heuchelei und Verstecken. Rollenspiele der frühneuzeitlichen ungarischen Politik], hg. v. Nóra G. Etényi u. Ildikó Horn, Budapest 2010, S. 313–330.

Mikuła 2018 Maciej Mikuła: Das Magdeburger Weichbildrecht in seiner schlesisch-kleinpolnischen Fassung. Anmerkungen zur Autorschaft und Textevolution, in: Köster/Link/Lück 2018, S. 147–165.

Mikulski 1999 Krzysztof Mikulski: Przestrzeń i społeczeństwo Torunia od końca XIV do początku XVIII wieku [Raum und Gesellschaft Thorns vom Ende des 14. bis zum Anfang des 18. Jahrhunderts], Toruń 1999.

Milde 1995 Wolfgang Milde: Kodikologische und paläographische Einführung, in: Schmidt-Wiegand 1995/1996, Textband (1995), S. 31–52.

Milde/Schmidt-Wiegand 1992 Wolfgang Milde/Ruth Schmidt-Wiegand: Gott ist selber Recht. Die vier Bilderhandschriften des Sachsenspiegels: Oldenburg, Heidelberg, Wolfenbüttel, Dresden (= Ausstellungskataloge der Herzog August Bibliothek 67), Wolfenbüttel 1992.

Milewska 1995 Danuta Milewska: Nieznany portret Krzysztofa von Suchtena z 1507 r. w zbiorach Muzeum Narodowego w Gdańsku [Unbekanntes Bildnis von Christoph von Suchten von 1507 in der Sammlung des Nationalmuseums Danzig], in: Gdańskie Studia Muzealne 6 (1995), S. 9–22.

Miller 2008 Jaroslav Miller: Urban Societies in East-Central Europe, 1500–1700 (= Historical Urban Studies), Aldershot 2008.

Minkowska Małgorzata Minkowska: Katalog druków wydanych na Śląsku w XV–XVIII w. w zbiorach Zakładu Narodowego im. Ossolińskich [Katalog schlesischer Drucke des 15.–18. Jahrhunderts in den Sammlungen des Nationalen Ossoliński-Instituts], Wrocław (im Erscheinen).

Mitchiner 1988 Michael Mitchiner: Jetons, Medalets & Tokens. Bd. 1: The Medieval Period and Nuremberg, London 1988.

Mitchiner 1991 Michael Mitchiner: Jetons, Medalets & Tokens. Bd. 2 The Low Countries and France, London 1991.

Mitchiner 1998 Michael Mitchiner: Jetons, Medalets and Tokens. Bd. 3: British Isles circa 1558–1830, London 1998.

Mitkowski 1968 Józef Mitkowski: Księga zmarłych bractwa kościoł a panny marii w Krakowie (wiek XIV–XVIII) [Das Totenbuch der Bruderschaft der Marienkirche in Krakau [14.–18. Jahrhundert)], in: Studia historyczne 11 (1968), S. 71–95.

Mittelalter 2007 Mittelalter. Kunst und Kultur von der Spätantike bis zum 15. Jahrhundert (Die Schausammlungen des Germanischen Nationalmuseums 2), Nürnberg 2007.

mittendrin 1998 mittendrin. Sachsen-Anhalt in der Geschichte. Ausstellungskatalog, Dessau 1998.

Młynarska-Kaletynowa 1986 Marta Młynarska-Kaletynowa: Wrocław w XII–XIII wieku. Przemiany społeczne i osadnicze [Breslau im 12. und 13. Jahrhundert. Siedlungs- und Sozialwandel], Wrocław u. a. 1986.

Möhring 2004 Hannes Möhring: König der Könige. Der Bamberger Reiter in neuer Interpretation, Königstein im Taunus 2004.

Mojzer 1984 Ungarische Nationalgalerie Budapest. Alte Sammlung, hg. v. Miklós Mojzer, Budapest 1984.

Monok 2012 István Monok: Towns and Book Culture in Hungary at the End of the Fifteenth Century and During the Sixteenth Century, in: Print Cultures and Peripheries in Early Modern Europe: A Contribution to the History of Printing and the Book Trade in Small European and Spanish Cities, hg. v. Benito Rial Costas, Leiden/Boston 2012, S. 171–200.

Moraw 1995 Peter Moraw: Über Entwicklungsunterschiede und Entwicklungsausgleich im deutschen und europäischen Mittelalter. Ein Versuch, in: Peter Moraw: Über König und Reich. Aufsätze zur deutschen Verfassungsgeschichte des späten Mittelalters, hg. v. Rainer Christoph Schwinges aus Anlaß des 60. Geburtstages von Peter Moraw am 31. August 1995, Sigmaringen 1995, S. 293–320.

Mordovin 2013 Maxim Mordovin: A 15.–17. századi távolsági textilkereskedelem régészeti emlékei Pápán [Archäologische Spuren des Textil-Fernhandels des 15.–17. Jahrhunderts in Pápa], in: Fiatal Középkoros Régészek Konferenciájának IV. Tanulmánykötete [IV. Studienband der Konferenz Junger Archäologen des Mittelalters], hg. v. Máté Varga, Kaposvár 2013, S. 267–282.

Mordovin 2018 Maxim Mordovin: Textilvégek védjegyei. A textilkereskedelem régészeti emlékei a Magyar Királyság területén [Textilplomben. Archäologische Denkmale des Textilhandels auf dem Gebiet des Ungarischen Königreichs], Budapest 2018.

Moritzkloster 1987 1 050 Jahre Moritzkloster Magdeburg, 2 Teile, Manuskriptdruck 1987.

Moskal 2007 Katarzyna Moskal: Berełko burmistrzów krakowskich [Das kleine Zepter der Krakauer Bürgermeister], in: Lichończak-Nurek/Niezabitowski 2007, S. 202–203.

Moskal 2007 a Katarzyna Moskal: Pierścień burmistrzów krakowskich [Der Ring der Krakauer Bürgermeister], in: Lichończak-Nurek/Niezabitowski 2007, S. 203–204.

Moskal 2007 b Katarzyna Moskal: Miniaturowy portret Grzegorza Przybyły (przed 1500–1547) [Das Miniaturporträt von Grzegorz Przybyła (vor 1500–1547)], in: Lichończak-Nurek/Niezabitowski 2007, S. 470–471.

Mould/Carlisle/Cameron 2003 Quita Mould/Ian Carlisle/Esther Cameron: Leather and Leatherworking in Anglo-Skandinavian and Medieval York, in: The Archeology of York, Bd. 17, York 2003, S. 3392–3426.

Możdżyńska-Nawotka 2002 Małgorzata Możdżyńska-Nawotka: O modach i strojach [Von Moden und Kleidern], Wrocław 2002.

Mrozowicz 2006 Wojciech Mrozowicz: Die Geschichtsschreibung Breslaus im Mittelalter, in: Jahrbuch der Schlesischen Friedrich-Wilhelms-Universität zu Breslau 47–48 (2006), S. 47–84.

Muczkowski 1906 Józef Muczkowski: Dawny krakowski ratusz [Das alte Krakauer Rathaus], in: Rocznik Krakowski 8 (1906), S. 33, 48.

Mühle 2011 Eduard Mühle (Hg.): Rechtsstadtgründungen im mittelalterlichen Polen (Städteforschung A/81), Köln 2011.

Mühle 2014 Eduard Mühle (Hg.): Breslau und Krakau im Hoch- und Spätmittelalter. Stadtgestalt – Wohnraum – Lebensstil (= Städteforschung A/87), Köln/Weimar/Wien 2014.

Mühle 2015 Eduard Mühle: Breslau. Geschichte einer europäischen Metropole, Köln/Weimar/Wien 2015.

Müller 1969 Ernst Müller: Leipziger Neubürgerliste 1471–1501, Dresden 1969.

Müller 1989 Claudius Müller (Hg.): Wege der Götter und Menschen, Berlin 1989.

Müller 1995 Heinrich Müller: Bürger und Bauern besiegen Ritterheere. Städtisches Kriegswesen und Fußkampfheere im 14./15. Jahrhundert, in: Müller/Wirtgen 1995, S. 49–59.

Müller 1999 Karel Müller: Pečeti a znaky obcí na Hlučínsku [Siegel und Wappen der Ortschaften im Hultschiner Land], Kravaře 1999.

Müller 2011 Joachim Müller: Wasserbau als Infrastruktur der mittelalterlichen Stadt, in: Die historisch-landeskundliche Bestandsaufnahme und Darstellung von Gewässern und Gewässernutzungen (= Forum IfL. 15), hg. v. Vera Denzer, Leipzig 2011, S. 111–136.

Müller/Kölling 1981 Heinrich Müller/Hartmut Kölling: Europäische Hieb- und Stichwaffen aus der Sammlung des Museums für Deutsche Geschichte, Berlin 1981.

Müller/Štarha 1995 Karel Müller/Ivan Štarha: Znaková privilegia měst, městeček a vsí na Moravě a ve Slezsku [Wappenprivilegien der Städte, Städtchen und Dörfer in Mähren und Schlesien], Brno/Opava 1995.

Müller/Wirtgen 1995 Geharnischte Zeiten. 2000 Jahre Körperschutz des Soldaten vom antiken Muskelpanzer zur kugelsicheren Weste. Ausstellungskatalog, hg. v. Heinrich Müller u. Rolf Wirtgen, Koblenz 1995.

Müller-Mertens 2017 Eckhard Müller-Mertens: Die Entstehung der Stadt Berlin, in: Eckhard Müller-Mertens: Ausgewählte Schriften in fünf Bänden. Bd. 2: Studien zur Berliner und Brandenburgischen Geschichte, Leipzig 2017.

Mundus 2018 Doris Mundus: Alltagsleben, in: Geschichte der Stadt Leipzig. Von der Reformation bis zum Wiener Kongress, hg. v. Detlef Döring, Leipzig 2018, S. 592–619.

Munk 1968 Dieter Munk: Die Ölberg-Darstellung in der Monumentalplastik Süddeutschlands. Untersuchung und Katalog, Tübingen/Erlangen 1968.

Munzel-Everling 2008 Dietlinde Munzel-Everling: Die Verwendung von Rechtssymbolen in der Heidelberger Bilderhandschrift des Sachsenspiegels, in: SIGNA IVRIS 2 (2008), S. 81–120.

Munzel-Everling 2008 a Dietlinde Munzel-Everling: Eid, in: HRG^2, Bd. 1 (2008^2), Sp. 1249–1261.

Museum 1964 Museum für Kunst und Gewerbe Hamburg: Bildführer 2: Ausgewählte Werke aus den Erwerbungen während der Jahre 1948–1961. Festgabe für Erich Meyer zu seinem 65. Geburtstag am 29. Oktober 1963, Hamburg 1964.

Musial 1996 Torsten Musial: Staatsarchive im Dritten Reich. Zur Geschichte des staatlichen Archivwesens in Deutschland 1933–1945 (= Potsdamer Studien 2), Potsdam 1996.

Muzeum Historyczne Krakowa 2007 a Muzeum Historyczne Miasta Krakowa (Hg.): Kraków europejskie miasto prawa magdeburskiego 1257–1791 [Krakau – europäische Stadt des Magdeburger Rechts 1257–1791]. Ausstellungskatalog, Kraków 2007.

Muzeum Historyczne Krakowa 2007 b Muzeum Historyczne Miasta Krakowa (Hg.): Europejskie miasta prawa magdeburskiego. Tradycja, dziedzictwo, identyfikacja. Sesja komparatystyczna Kraków, 13–15 października 2006, Materiały konferencyjne. European Cities of Magdeburg Law. Tradition, Heritage, Identity. A Comparative Conference Kraków, October 13–15, 2006. Conference Proceedings, Kraków 2007.

Muzyczuk 2009 Anna Muzyczuk: Archeologia o Krośnie dawnym i najdawniejszym [Archäologie zu Krossen in alter und ältester Zeit] (= Wyklady Krośnieskie 3), Krosno 2009.

Muzyczuk/Gancarski 2003 Anna Muzyczuk/Jan Gancarski: Krosno. Parva Cracovia. Badania archeologiczne na Rynku [Krossen. Parva Cracovia. Archäologische Ausgrabungen auf dem Marktplatz], Krosno 2003.

Muzyczuk/Gancarski 2007 Anna Muzyczuk/Jan Gancarski: Średniowieczny Rynek w Krośnie w świetle badań archeologicznych. Uwagi wstępne [Der mittelalterliche Marktplatz in Krossen im Licht der archäologischen Forschung. Einleitende Bemerkungen], in: Późne średniowiecze w Karpatach polskich [Das Spätmittelalter in den polnischen Karpaten], hg. v. Jan Gancarski, Krosno 2007, S. 419–440.

Myskovszky 1879 Viktor Myskovszky: Bártfa középkori műemlékei [Mittelalterliche Denkmäler Bartfelds], in: Monumenta Hungariae Archeologica IV/1, Budapest 1879.

Myskovszky 1880 Viktor Myskovszky: Bártfa középkori műemlékei [Mittelalterliche Denkmäler Bartfelds], in: Monumenta Hungariae Archeologica IV/2, Budapest 1880.

N

Nabytki 1967 Nabytki i dary 1945–1967 ze zbiorów Muzeów Narodowych [Erwerbungen und Schenkungen aus den Sammlungen der Nationalmuseen], Poznań 1967.

Nagy 2016 Balázs Nagy u. a. (Hg.): Medieval Buda in Context (= Brill's Companions to European History 10), Leiden/Boston 2016.

Nagy/Schmieder/Vadas 2018 Balázs Nagy/Felicitas Schmieder/AndrásVadas (Hg.): The Medieval Networks in East Central Europe, London 2018.

Naphy/Spicer 2000 William G. Naphy/Andrew Spicer: The Black Death. A History of Plagues, 1345–1730, Stroud 2000.

Naß 1986 Klaus Naß: Die Wappen in den Bilderhandschriften des Sachsenspiegels. Zu Herkunft und Alter der Codices picturati, in: Text – Bild – Interpretation. Untersuchungen zu den Bilderhandschriften des Sachsenspiegels. Teil 1: Textband (= Münstersche Mittelalter-Schriften 55/I), hg. v. Ruth Schmidt-Wiegand u. Dagmar Hüpper, München 1986, S. 229–270.

Naß 2011 Klaus Naß: Die Wappen in der Dresdner Bilderhandschrift des Sachsenspiegels, in: Eike von Repgow: Sachsenspiegel. Die Dresdner Bilderhandschrift Mscr. Dresd. M 32. Vollständige Faksimile-Ausgabe im Originalformat der Handschrift aus der Sächsischen Landesbibliothek – Staats- und Universitätsbibliothek Dresden. Aufsätze und Untersuchungen (= Codices selecti 107*), hg. v. Heiner Lück, Graz 2011, S. 55–59.

Natkaniec-Frasiowa 2007 Józefa Natkaniec–Frasiowa: Ilustrowana nota plomby królewskiej VI.35 [Zur königlichen Plombe Katalognummer VI.35], in: Lichończak–Nurek/Niezabitowski 2007, S. 349–350.

Nawrolska 2001 Grażyna Nawrolska: Stadt: Platz-Wachstafelbehälter, in: Schauplatz Mittelalter Friesach, Bd. 2, hg. v. Barbara Maier, Klagenfurt 2001, S. 279.

Nawrolska 2002 Grażyna Nawrolska: Znaleziska hiszpańskiej ceramiki w średniowiecznym Elblągu [Grabungsfunde spanischer Keramik im mittelalterlichen Elbing], in: Civitas & villa. Miasto i wieś w średniowiecznej Europie środkowej [Civitas & Villa. Stadt und Dorf im mittelalterlichen Mitteleuropa], hg. v. Cezary Buśko u. a., Wrocław 2002, S. 271–276.

Nawrolska 2007 Grażyna Nawrolska: Okulary [Brillen], in: Kolegia 2007, S. 231–232.

Nawrolska/Tandecki 1997 Grażyna Nawrolska/Janusz Tandecki: Średniowieczne tabliczki woskowe ze Starego Miasta Elbląga [Mittelalterliche Wachstafeln aus der Altstadt von Elbing], in: Archaeologia Elbingensis, Bd. 2, Gdańsk/Elbląg/Toruń 1997, S. 131–144.

Nawrolski/Tandecki 1987 Tadeusz Nawrolski/Janusz Tandecki: Piętnastowieczne tabliczki woskowe z Elbląga [Wachstafeln des 15. Jahrhunderts aus Elbing], in: Kwartalnik Historii Kultury Materialnej 35 (1987), Nr. 4, S. 591–600.

Neumann 1851 C[arl] G[otthelf] Theodor Neumann: Magdeburger Schöffensprüche im Ratsarchiv Görlitz, in: Neues Lausitzisches Magazin 28,1 (1851), S. 105–362.

Neumann 2018 Hans Neumann: Nippur. »Heiliger Ort der Sumerer«, in: Heilige Orte der Antike (= Kasion 1), hg. v. Reinhard Achenbach, Münster 2018, S. 37–66.

Ng 2017 Aimee Ng: The Pursuit of Immortality: Masterpieces from the Scher Collection of Portrait Medals. Ausstellungskatalog, New York 2017.

Nickel 1956 Ernst Nickel: Ein mittelalterlicher Zinnfigurenstreifen aus Magdeburg, in: Ausgrabungen und Funde 1 (1956), S. 239–243.

Nickel 1960 Ernst Nickel: Zur Deutung des Magdeburger Zinnfigurenstreifens, in: Ausgrabungen und Funde 5 (1960), S. 40–42.

Nickel 1962 Ernst Nickel: Eine Abfallgrube des 10. Jahrhunderts in Magdeburg, in: Praehistorische Zeitschrift 40 (1962), S. 259–268, Abb. 4–5.

Nickel 1964 Ernst Nickel: Der Alte Markt in Magdeburg, Berlin 1964.

Nickel 1980 Ernst Nickel: Zur materiellen Kultur des späten Mittelalters der Stadt Magdeburg. Mit Beiträgen von Herbert Süß (Berlin) und Friederike Happach (Halle/Saale), in: Zeitschrift für Archäologie 14 (1980), S. 1–60.

Nickel 1997 Helmut Nickel: About a Crown Found and a Grail Tournament Held at the »Castle of the Maiden«, in: Arthuriana 7 (1997), Nr. 3, S. 36–44.

Niezabitowski 2007 Michał Niezabitowski: Geografia a historia Krakowa, warunki naturalne rozwoju Krakowa [Geografie und Geschichte Krakaus, natürliche Bedingungen der Entwicklung Krakaus], in: Kraków. Nowe studia nad rozwojem miasta [Krakau. Neue Studien zur Entwicklung der Stadt] (= Biblioteka Krakowska 150), hg. v. Jerzy Wyrozumski, Kraków 2007, S. 19–43.

Niezabitowski 2007 a Michal Niezabitowski: The Influence of Magdeburg Law on the Construction of Krakow's Cultural Identity, or Why We Should Celebrate the 750th Anniversary of the Establishment of Krakow under Magdeburg Law, in: Muzeum Historyczne Krakowa 2007 b, S. 6–11.

Noga 2018 Zdzisław Noga: Ethnische Gruppen in den Städten Kleinpolens in vorindustrieller Zeit, in: Köster/Link/Lück 2018, S. 299–311.

Nolte 1995 Hans-Heinrich Nolte: The Alleged Influence of Cultural Boundaries on Political Thinking. Images of Central Europe, in: Vampires Unstaked. National Images, Stereotypes and Myths in East Central Europe, hg. v. André Gerrits/Nanci Adler, Amsterdam 1995, S. 41–54.

Norman 1974 Vesey Norman: Waffen und Rüstungen, Stuttgart 1974.

North 1994 Michael North: Das Geld und seine Geschichte. Vom Mittelalter bis zur Gegenwart, München 1994.

Notiz 1939 [Notiz des Stadtarchivs Magdeburg; ohne Überschrift] in: Zeitschrift der Savigny-Stiftung für Rechtsgeschichte. Germanistische Abteilung 59 (1939), S. 670.

Nowak 1888 Adolf Nowak: Katalog der geschichtlichen Kunst- und Gewerbeausstellung veranstaltet zur Feier des 40jährigen Regierungsjubiläums Sr. Majestät des Kaisers, Olmütz 1888.

Nowakowski 2003 Andrzej Nowakowski: Uzbrojenie ochronne, [Schutzbewaffnung], in: Uzbrojenie w Polsce średniowiecznej [Bewaffnung im mittelalterlichen Polen], hg. v. Andrzej Nowakowski, Toruń 2003, S. 77–80.

O

Odenthal 2017 Andreas Odenthal: Was ist Sakraltopographie?, in: Buchinger/Hiley/Reichert 2017, S. 67–78.

Oelsner 2011 Joachim Oelsner/Peter Stein: Der Stadtplan von Nippur (HS 197), in: Archiv für Orientforschung 52 (2011), S. 104–116.

Olberg-Haverkate 2017 Gabriele von Olberg-Haverkate: Die Textsorte Rechtsbücher. Die Entwicklung der Handschriften und Drucke des Sachsenspiegels und weiterer ausgewählter Rechtsbücherhandschriften vom 13.–16. Jahrhundert (= Germanistische Arbeiten zu Sprache und Kulturgeschichte 55), Frankfurt a. M. 2017.

Olszewska-Świetlik 2002 Justyna Olszewska-Świetlik: Warsztat malarski Mistrza ołtarza ze Strzegomia (1486/87) [Die Werkstatt des Altarmalers von Striegau 1485/87], Toruń 2002.

Olszewski 1960 Andrzej M. Olszewski: Gotyckie rzeźby alabastrowe pochodzenia angielskiego w Polsce [Gotische Alabasterskulpturen englischer Herkunft in Polen], in: Biuletyn Historii Sztuki 22 (1960), Nr. 1, S. 35–64 S. 38.

Omilanowska 2011 Tür an Tür. Polen – Deutschland. 1000 Jahre Kunst und Geschichte. Ausstellungskatalog, hg. v. Małgorzata Omilanowska, Köln 2011.

On Common Path 2016 On Common Path. Budapest and Kraków in the Middle Ages. Ausstellungskatalog, hg. v. Judit Benda u. a., Budapest 2016.

van Oort 1991 Johannes van Oort: Jerusalem and Babylon. A Study into Augustine's City of God and the Sources of his Doctrine of the Two Cities, Leiden u. a. 1991.

Opll 2011 Ferdinand Opll (Hg.): Stadtgründung und Stadtwerdung: Beiträge von Archäologie und Stadtgeschichtsforschung (= Beiträge zur Geschichte der Städte Mitteleuropas 22), Linz 2011.

Oppitz 1990 Ulrich-Dieter Oppitz: Deutsche Rechtsbücher des Mittelalters. Bd. 2: Beschreibung der Handschriften, Köln/Wien 1990.

Oppitz 1990 a Ulrich-Dieter Oppitz: Deutsche Rechtsbücher des Mittelalters. Bd. 1: Beschreibung der Rechtsbücher, Köln/Wien 1990.

Orłowska 1954 Bartłomiej Groicki: Artykuły prawa majdeburskiego; Postępek sądów około karania na gardle; Ustawa płacej u sądów [Artikel des Magdeburger Rechts; Das Gerichtsverfahren bei der Todesstrafe; Die Kostenordnung bei den Gerichten], hg. v. Krystyna Orłowska, Warszawa 1954.

Orlowska Anna Paulina Orlowska: Johan Pyre – ein Kaufmann und sein Handelsbuch im spätmittelalterlichen Danzig (15. Jahrhundert) (im Erscheinen).

Ortelius 2006 Abraham Ortelius: Theatrum Orbis Terrarum [1572], Darmstadt 2006 [Faksimile].

Oschema 2013 Klaus Oschema: Bilder von Europa im Mittelalter (= Mittelalter-Forschungen 43), Ostfildern 2013.

Osipian 2018 Aleksandr Osipian: The »Invitation« of the Armenians into the Galician Rus' in the Renaissance Historical Imagination. Sources and Their Interpretations in Late 16th – Early 17th Century Lemberg, in: Tamara Ganjalyan/Stefan Troebst u. Bálint Kovács (Hg.): Armenier im östlichen Europa. Eine Anthologie (Armenier im östlichen Europa 1), Wien 2018, S. 231–245.

Ostritz 2010 Die mittelalterliche jüdische Kultur in Erfurt, Bd. 1 u. 2, hg. v. Sven Ostritz, Weimar 2010.

Oszczanowski 2011 Piotr Oszczanowski: Breslau im Herrschaftsbereich der Habsburger, in: Łagiewski/Okólska/Oszczanowski 2011, S. 55–183.

Otavský 1978 Karel Otavský: Ostensorium für eine Reliquie des hl. Vitus, in: Die Parler und der schöne Stil 1350–1400. Europäische Kunst unter den Luxemburgern, hg. v. Anton Legner, Bd. 1, Köln 1978, S. 373 f.

Otavský 2005 Karel Otavský: Reliquary of Saint Vitus, in: Prague 2005, Nr. 23, S. 150–152.

Otavsky/Salim 1995 Karel Otavsky/Muhammad Abbas Muhammad Salim: Mittelalterliche Textilien. Bd. 1: Ägypten, Persien und Mesopotamien, Spanien und Nordafrika, Riggisberg 1995.

Ottomeyer/Götzmann 2006 Heiliges Römisches Reich Deutscher Nation 962 bis 1806. Altes Reich und neue Staaten 1495 bis 1806. 29. Ausstellung des Europarates in Berlin und Magdeburg, hg. v. Hans Ottomeyer u. Jutta Götzmann, Dresden 2006.

Ożóg 1987 Krzysztof Ożóg: Kultura umysłowa w Krakowie w XIV wieku: środowisko duchowieństwa świeckiego [Die geistige Kultur in Krakau im 14. Jahrhundert: die Kreise der Säkularkleriker], Kraków 1987.

P

Pacyna 2015 Jana Pacyna: Mittelalterliche Judenrechte. Norm und Anwendung im Magdeburger Rechtskreis (1250–1400), Halle (Saale) 2015.

Paknys 2006 Mindaugas Paknys: Vilniaus miestas ir miestiečiai 1636 m.: namai, gyventojai, svečiai, Vilnius 2006.

Paner 2013 Henryk Paner: Średniowieczne świadectwa kultu maryjnego. pamiątki pielgrzymie w zbiorach Muzeum Archeologicznego w Gdańsku [Mittelalterliche Zeugnisse des Marienkults, Pilgerandenken in der Sammlung des Archäologischen Museums in Danzig], Gdańsk 2013.

Paner 2016 Henryk Paner: Gdańsk na pielgrzymkowych szlakach średniowiecznej Europy [Danzig auf den Pilgerrouten des mittelalterlichen Europa], Gdańsk 2016.

Paner/Paner 1998 Anna Paner/Henryk Paner: Gdańszczanie na pielgrzymkowych szlakach XIV i XV wieku [Die Danziger auf den Pilgerrouten des 14. und 15. Jahrhunderts], in: Gdańsk średniowieczny w świetle najnowszych badań archeologicznych i historycznych [Das mittelalterliche Danzig im Licht der neuesten archäologischer und historischer Untersuchungen], hg. v. Henryk Paner, Gdańsk 1998, S. 167–183.

Pańków 1964–1965 Stanisława Pańków: Jaskier Mikołaj (–1539), in: Polski słownik biograficzny, Bd. 11, Kraków/Warszawa 1964–1965, S. 60–62.

Papsonová 2014 Mária Papsonová: Sasko-magdeburské právo na Slovensku, krajinské právo v Žilinskej knihe [Sächsisch-magdeburgisches Recht in der Slowakei, Landrecht im Silleiner Buch], Bratislava 2014.

Paramentenschatz 1958 Aus dem Danziger Paramentenschatz und dem Schatz der Schwarzhäupter zu Riga. Ausstellungskatalog, Nürnberg 1958.

Parisius 1883 Ludolf Parisius: Tangermünde, in: Hermann Dietrichs/Ludolf Parisius: Bilder aus der Altmark, Hamburg 1883, S. 16.

Partyka 2017 Jacek Partyka: Early Polish Printing, in: Transactions. Poland, XXVIIth Congress (Konferenzschrift der Association Internationale de Bibliophilie), [Paris] 2017, S. 168–192.

Päsler 2003 Ralf G. Päsler: Deutschsprachige Sachliteratur im Preußenland bis 1500. Untersuchungen zu ihrer Überlieferung, Köln/Weimar/Wien 2003.

Päsler 2009 Ralf G. Päsler: Die Oldenburger Bilderhandschrift des ›Sachsenspiegels‹ als Medienprojekt des Oldenburger Grafenhauses, in: Zeitschrift für deutsches Altertum und deutsche Literatur 138 (2009), S. 468–484.

Paszkiewicz 2013 Borys Paszkiewicz**:** Moneta w dawnym Gdańsku. Badania archeologiczne w latach 1997–2009 [Münzen im alten Danzig. Archäologische Untersuchungen in den Jahren 1997–2009] (= Archeologia Gdańska 6, Monografia 1), Gdańsk 2013.

Patała 2014 Agnieszka Patała: Rola Norymbergi w kształtowaniu formalnym i ikonograficznym późnogotyckich malowanych epitafiów obrazowych z terenu Śląska (1480–1520) [Die Rolle Nürnbergs bei der formellen und ikonografischen Gestaltung spätgotischer Bildepitaphien auf schlesischem Gebiet (1480–1520)], in: Procesy przemian w sztuce średniowiecznej. Przełom – regres – innowacja – tradycja [Veränderungsprozesse in der Kunst des Mittelalters. Umbruch – Rückschritt – Innovation – Tradition], hg. v. Rafał Eysymontt u. Romuald Kaczmarek, Warszawa 2014, S. 239–251.

Patała 2018 a Agnieszka Patała: Pod znakiem świętego Sebalda. Rola Norymbergii w kształtowaniu późnogotyckiego malarstwa tablicowego na Śląsku [Im Zeichen des heiligen Sebaldus. Die Rolle Nürnbergs bei der Herausbildung der spätgotischen Tafelmalerei in Schlesien], Wrocław 2018.

Patała 2018 b Agnieszka Patała: Obcy i nieuchwytni. Aktywność pracowni Wilhelma Kalteysena von Oche, Mistrza Lat 1486–1487 i Mistrza Poliptyku z Gościszowic [Fremd und schwer zu fassen. Tätigkeit der Werkstatt Wilhelm Kalteysen von Oche, des Meisters der Jahre 1486–1487 und des Meisters des Polyptychons von Giessmannsdorf], in: Migracje 2018, S. 39–61.

Patała 2018 c Agnieszka Patała: Hans Pleydenwurff nad Odrą i wrocławskie konteksty [Hans Pleydenwurff an der Oder und das Breslauer Umfeld], in: Migracje 2018, S. 95–107.

Pátková 2011 Hana Pátková u. a. (Hg.): Liber vetustissimus Antiquae Civitatis Pragensis 1310–1518 [Altes Buch der altertümlichen Stadt Prag 1310–1518], Praha 2011.

Pätzold 2008 Julia Pätzold: Leipziger gelehrte Schöffenspruchsammlung. Ein Beitrag zur Rezeptionsgeschichte in Kursachsen im 16. Jahrhundert (= Schriften zur Rechtsgeschichte 143), Berlin 2008.

Pauli/Röttinger 1901–1927/ND 1974 Gustav Pauli: Hans Sebald Beham. Ein kritisches Verzeichnis seiner Kupferstiche, Radierungen und Holzschnitte. Mit Nachträgen, sowie Ergänzungen und Berichtigungen von Heinrich Röttinger (= Studien zur Deutschen Kunstgeschichte 33 [1901], 134 [1911], 246 [1927]), ND Baden-Baden 1974.

Pauliukevičiūtė 2012 Vilniaus sakralinė auksakalystė [Sakrale Goldschmiedekunst in Wilna]. Katalog, hg. v. Rita Pauliukevičiūtė, Vilnius 2012.

Paulsen 2016 Reinhard Paulsen: Schifffahrt, Hanse und Europa im Mittelalter. Schiffe am Beispiel Hamburgs, europäische Entwicklungslinien und die Forschung in Deutschland (= Quellen und Darstellungen zur hansischen Geschichte N. F. 73), Köln/Wien 2016.

Paulus 2008 Simon Paulus: Architektur der Synagogen im Mittelalter, Petersberg 2008.

Pauly/Lee 2015 Michel Pauly/Alexander Lee (Hg.): Urban Liberties and Civic Participation from the Middle Ages to Modern Times (= Beiträge zur Landes- und Kulturgeschichte 9), Trier 2015.

Pavlík/Vitanovský 2004 Čeněk Pavlík/Michal Vitanovský: Encyklopedie kachlů v Čechách a na Moravě a ve Slezsku. Ikonografický atlas reliéfů na kachlích gotiky a renesance [Enzyklopädie der Kacheln in Böhmen und Mähren und in Schlesien. Ikonografischer Atlas von Kachelreliefs der Gotik und Renaissance], Praha 2004.

Pechstein/Effmert 1990 Klaus Pechstein/Viola Effmert: Schlesische Goldschmiedearbeiten im Germanischen Nationalmuseum, Nürnberg 1990.

Pelzbauerová 2008 Věra Pelzbauerová: Dějiny Prahy jako dějiny farních obvodů [Die Geschichte Prags als Geschichte der Pfarrbezirke], Praha 2008.

Pencakowski/Malik-Ptaszyńska/Zając-Siedlecka 2018 Konserwacja drewnianej rzeźby Tronująca Matka Boża z Dzieciątkiem (XIV w.) w zbiorach Kurii Diecezjalnej w Radomiu 2018. Dokumentacja opisowa i fotograficzna [Restaurierung der Holzskulptur Thronende Muttergottes mit Kind (14. Jh.) in den Sammlungen der Diozösan-Kurie Radom 2018. Schriftliche und fotografische Dokumentation], bearb. v. Paweł Pencakowski, Agata Malik-Ptaszyńska u. Luiza Zając-Siedlecka, [Radom 2018] (Typoskript).

Pepys 1954 Samuel Pepys: Dziennik Samuela Pepysa, Bd. 2, übers. v. M. Dąbrowska, Warszawa 1954 [dt. Ausgabe: Samuel Pepys: Die Tagebücher 1660–1669, hg. v. Gerd Haffmans u. Heiko Arntz, übers. v. Georg Deggerich u. a., 9 Bde u. Begleitband, Berlin 2010].

Perrin 2009 Marion Perrin: Fotokopierte und transliterierte Magdeburger Schöffensprüche (1940–1945). Zu den Beständen im Magdeburger Stadtarchiv, in: Lück/Puhle/Ranft 2009, S. 223–237.

Pešina 1958 Jaroslav Pešina: Tafelmalerei der Spätgotik und der Renaissance in Böhmen. 1450–1550, Prag 1958.

Pešina 1984 Jaroslav Pešina: Desková malba [Tafelmalerei], in: Pozdně gotické umění v Čechách (1471–1526) [Spätgotische Kunst in Böhmen (1471–1526)], Praha 1984, S. 304–308, 350–370.

Péter 1988 Reneszánsz és manierizmus. Az európai iparművészet korszakai. Ausstellungskatalog, hg. v. Márta Péter, Budapest 1988.

Péter 1988 a Renaissance and Mannerism: An Exhibition from the Collection of Budapest Museum of Applied Arts, hg. v. Márta Péter, Budapest 1988.

Peters 1902 Otto Peters: Magdeburg und seine Baudenkmäler, Magdeburg 1902.

Petrovics 2009 István Petrovics: Foreign Ethnic Groups in the Towns in Southern Hungary in the Middle Ages, in: Keene/Nagy/Szende 2009, S. 67–88.

Petry 1935 Ludwig Petry: Die Popplau. Eine schlesische Kaufmannsfamilie des 15. und 16. Jahrhunderts, Breslau 1935.

Philipp 1987 Klaus Jan Philipp: Pfarrkirchen. Funktion, Motivation, Architektur. Eine Studie am Beispiel der Pfarrkirchen der schwäbischen Reichsstädte im Spätmittelalter (= Studien zur Kunst- und Kulturgeschichte 4), Marburg 1987.

Piech 1997 Zenon Piech: Skąd się wziął i co oznacza orzeł w herbie Krakowa? Ze studiów nad genezą, etapami rozwoju i treściami ideowymi herbu miasta [Woher kommt und was bedeutet der Adler im Krakauer Wappen? Studien zur Genese, Entwicklung und zu den Inhalten des Stadtwappens], in: Venerabiles, nobiles et honesti. Studia z dziejów społeczeństwa Polski średniowiecznej [Studien zur Geschichte der Gesellschaft im mittelalterlichen Polen], Toruń 1997, S. 369–388.

Piekalski 2001 Jerzy Piekalski: Von Köln nach Krakau. Der topographische Wandel früher Städte (= Zeitschrift für Archäologie des Mittelalters, Beiheft 13), Bonn 2001.

Piekalski 2008 Jerzy Piekalski: Wohlstand und Luxus in der mittelalterlichen Stadt Breslau, in: Lübecker Kolloquium zur Stadtarchäologie im Hanseraum VI: Luxus und Lifestyle, hg. v. Manfred Gläser, Lübeck 2008, S. 545–556.

Piekalski 2015 Jerzy Piekalski: Die Lokation Breslaus als archäologisches Forschungsproblem, in: Mühle 2015, S. 139–155.

Piekalski/Wachowski 2014 Jerzy Piekalski/Krzysztof Wachowski: Standard und Luxus im mittelalterlichen Breslau, in: Mühle 2014, S. 151–172.

Piekosiński 1878 Najstarsze księgi i rachunki miasta Krakowa [Die ältesten Bücher und Rechnungen der Stadt Krakau], Teil 1: Liber actorum, obligationum et resignationum od 1300 do 1375 [Liber actorum, obligationum et resignationum von 1300 bis 1375], hg. v. Franciszek Piekosiński, Kraków 1878.

Piekosiński 1889 Franciszek Piekosiński: Najdawniejsze inwentarze skarbca kościoła N. P. Maryi w Krakowie z XV wieku [Die ältesten Verzeichnisse des Schatzes der Kirche der Heiligen Jungfrau Maria in Krakau], Kraków 1889.

Piekosiński 1899 Franciszek Piekosiński: Pieczęcie polskie wieków średnich [Polnische Siegel des Mittelalters], Teil 1, Kraków 1899.

Pieper/Naujokat/Kappler 2003 Jan Pieper/Anke Naujokat/Anke Kappler: Jerusalemskirchen. Mittelalterliche Kleinarchitekturen nach dem Modell des Heiligen Grabes. Ausstellungskatalog, Aachen 2003.

Pietrusiński 2000 Jerzy Pietrusiński: Złotnicy krakowscy XIV–XVI wieku i ich cech [Die Krakauer Goldschmiede des 14.–16. Jahrhunderts und ihre Zunft], Warszawa 2000.

Pietrzyk 2009 Skarby Biblioteki Jagiellońskiej [Die Schätze der Jagiellonen-Bibliothek], bearb. v. Zdzisław Pietrzyk, Krakau 2009.

Piirainen 1986 Ilpo Tapani Piirainen: Das Stadt- und Bergrecht von Banská Štiavnica/Schemnitz: Untersuchungen zum Frühneuhochdeutschen in der Slowakei, Oulu 1986.

Piirainen/Papsonová 1992 Ilpo Tapani Piirainen/Mariá Papsonová: Das Recht der Zips. Texte und Untersuchungen zum Frühneuhochdeutschen in der Slowakei (= Veröffentlichungen des Germanistischen Instituts Oulu 8), 2 Bde., Oulu 1992.

Pilecka 1989 Elżbieta Pilecka: Kościół Najświętszej Marii Panny w Gdańsku [Die Marienkirche in Danzig], in: Zeszyty Naukowe Uniwersytetu im. Mikołaja Kopernika w Toruniu, Zabytkoznawstwo i Konserwatorstwo 176 (1989), S. 47–79 (gekürzt erschienen: Elżbieta Pilecka: Die spätgotische Architektur der Marienkirche zu Danzig, in: Kunst im Ostseeraum, mittelalterliche Architektur und ihre Rezeption (= 3. Greifswalder Kolloquium »Mittelalterliche Architektur und Bildende Kunst im Ostseeraum«), hg. v. P. Richter, Greifswald 1990, S. 49–57).

Pilecka 2005 Elżbieta Pilecka: Średniowieczne Dwory Artusa w Prusach. Świadectwo kształtowania się nowej świadomości mieszczańskiej [Mittelalterliche Artushöfe in Preußen. Zeugnis der Herausbildung eines neuen bürgerlichen Bewusstseins], Toruń 2005.

Piper 2012 Peter Piper: Leibzeichen – vergessene Rechtsdenkmäler, in: Jost Auler (Hg.): Richtstättenarchäologie, Bd. 4, Dormagen 2012, S. 564–605.

Pirozyński 1997 Jan Pirozyński: Die Krakauer Universität in der Renaissancezeit, in: Pirckheimer-Jahrbuch für Renaissance- und Humanismusforschung 12 (1997), S. 13–38.

Piskorski 2002 Jan Piskorski (Hg.): Historiographical Approaches on the Medieval Colonization of East Central Europe (= East European Monographs 611), Boulder 2002.

Pitz 1991 Ernst Pitz: Europäisches Städtewesen und Bürgertum. Von der Spätantike bis zum hohen Mittelalter, Darmstadt 1991.

Piwowarczyk 2000 Elżbieta Piwowarczyk: Dzieje Kościoła Mariackiego (XII–XVI w.) [Die Geschichte der Marienkirche (12.–16. Jh.)], Kraków 2000.

Piwowarczyk 2002 Elżbieta Piwowarczyk: Przedmioty i paramenty liturgiczne przechowywane w zakrystii kościoła mariackiego w Krakowie w wieku XIV i XV [Im 14. und 15. Jahrhundert in der Sakristei der Krakauer Marienkirche verwahrte Gegenstände und liturgische Paramente], in: Folia Historica Cracoviensia 8 (2002), S. 291–311.

Planitz 1980 Hans Planitz: Die deutsche Stadt im Mittelalter. Von der Römerzeit bis zu den Zunftkämpfen, Wien u. a. 1980[5].

Plath 1867 Johannes Plath: Chronica liberae regiae civitatis Cassoviensis [Chronik der Freien Königlichen Stadt Kaschau], Košice 1867.

Pleister/Schild 1988 Recht und Gerechtigkeit im Spiegel der europäischen Kunst, hg. v. Wolfgang Pleister u. Wolfgang Schild, Köln 1988.

Plessow 2007 Oliver Plessow: Mittelalterliche Schachzabelbücher zwischen Spielsymbolik und Wertevermittlung. Der Schachtraktat des Jacobus de Cessolis im Kontext seiner spätmittelalterlichen Rezeption, Münster 2007.

Plotzek 1992 Joachim M. Plotzek u. a. (Hg.): Biblioteca Apostolica Vaticana. Liturgie und Andacht im Mittelalter. Ausstellungskatalog, Stuttgart 1992.

Pociecha 1936 Władysław Pociecha: Boner Seweryn, in: Polski słownik biograficzny, Bd. 2, Kraków 1936, S. 300–301.

Poeck 2003 Dietrich W. Poeck: Rituale der Ratswahl. Zeichen und Zeremoniell der Ratssetzung in Europa (= Städteforschung A/60), Köln/Weimar/Wien 2003.

Poettgen 2008 Jörg Poettgen: Karl der Große auf Aachener Pilgerzeichen des Mittelalters. Mit einem Katalog der bisher bekannten Exemplare, in: Zeitschrift des Aachener Geschichtsvereins 110 (2008), S. 65–100.

Polak-Trajdos 1970 Ewa Polak-Trajdos: Więzy artystyczne Polski ze Spiszem i Słowacją od połowy XV do poczatkow XVI wieku. Rzezba i malarstwo [Die künstlerischen Beziehungen zwischen Polen, der Zips und der Slowakei ab der Mitte des 15. Jahrhunderts bis ins frühe 16. Jahrhundert. Skulptur und Malerei], Wrocław/Warszawa/Kraków 1970.

Polen 1986 Polen im Zeitalter der Jagiellonen 1386–1572. Ausstellungskatalog, Wien 1986.

Pollak 1963–1965 Piśmiennictwo staropolskie [Altpolnisches Schrifttum], hg. v. Roman Pollak, in: Nowy Korbut 1 (1963–1965), S. 285–287.

Polonia Typographica 1962 Polonia Typographica Saeculi Sedecimi: zbiór podobizn zasobu drukarskiego tłoczni polskich XVI stulecia [Polonia Typographica Saeculi Sedecimi: Faksimile-Sammlung aus dem Bestand polnischer Druckereien des 16. Jahrhunderts], Fasz. 4: Jan Haller 1505–1525, bearb. v. Helena Kapełuś, Wrocław 1962.

Popinigis 2005 Danuta Popinigis: W swoim stylu. Melodie z wież Ratusza Głównego Miasta i kościoła św. Katarzyny w Gdańsku [Im eigenen Stil. Melodien der Türme des Rechtstädischen Rathauses und der Katharinenkirche in Danzig], in: Forum Muzykologiczne 2005, S. 122–131.

Popinigis 2016 Danuta Popinigis: Gra carillonu Ratusza Głównego Miasta w Gdańsku w świetle procesu konfesjonalizacji [Das Carillonspiel des Rechtstädischen Rathauses im Licht des Konfessionalisierungsprozesses], in: Aspekty muzyki 6 (2016), S. 11–23.

Popławska 1997 Dorota Popławska: Instrumenty muzyczne średniowiecznego Elbląga [Musikinstrumente im mittelalterlichen Elbing], in: Archeologia Elblingensis, Bd. 2, hg. v. Grażyna Nawrolska u. Janusz Tandecki, Elbląg/Gdańsk 1997, S. 145–154.

Popławska 2007 Dorota Popławska: Średniowieczne instrumenty strunowe w polskich badaniach archeologicznych [Mittelalterliche Saiteninstrumente in der polnischen archäologischen Forschung], in: Opuscula Archaeologica, hg. v. Wojciech Dzieduszycki, Zielona Góra 2007, S. 303–311.

Popławska/Lachowicz 2014 Dorotea Popławska/Hubert Lachowicz: Drewniane flety proste z wykopalisk archeologicznych na terenie Europy [Hölzerne Blockflöten aus den archäologischen Grabungen auf dem Gebiet Europas], in: Sylwan 158 (2014), H. 1, S. 72–80.

Popławska/Lachowicz 2017 Dorotea Popławska/Hubert Lachowicz: Drewniane chordofony w polski chzbiorach archeologicznych [Holzchordophone in den polnischen archäologischen Sammlungen], in: Sylwan 161 (2017), H. 8, S. 693–704.

Popov 1993 Nikolai Popov: Das magische Dreieck: Rolandfiguren im europäischen Raum zwischen Bremen – Riga – Dubrovnik, Oschersleben 1993.

Pöppelmann 2001 Heike Pöppelmann: Mittelalterlicher Siedlungskomplex am Johanniskirchhof, in: Otto der Große – Magdeburg und Europa, hg. v. Matthias Puhle, Kulturhistorisches Museum, Magdeburg 2001, S. 318–321.

Pospieszna 2010 Fundacje artystyczne na terenie państwa krzyżackiego w Prusach [Kunststiftungen auf dem Gebiet des Ordensstaates in Preußen], hg. v. Barbara Pospieszna, Malbork 2010.

Pötschke 2002 Stadtrecht, Roland und Pranger. Zur Rechtsgeschichte von Halberstadt, Goslar, Bremen und märkischen Städten (= Harzforschungen 14), hg. v. Dieter Pötschke, Berlin 2002.

Prague 2005 Prague, the Crown of Bohemia, 1347–1437, hg. v. Barbara Drake Boehm u. Jiří Fajt, New York/New Haven 2005.

Prieur 1998 Jutta Prieur: Das Leiden Christi. Mäzenatentum und Frömmigkeit im Geist der Devotio Moderna, in: Jerusalem in Wesel. Die große Kalvarienbergstiftung des Kaufmanns Hermann Saelen, hg. v. Jutta Prieur, Reinhard Karrenbrock u. Holger Kempkens, Wesel 1998, S. 9–43.

Ptaśnik 1905 Jan Ptaśnik: Bonerowie [Die Boner], in: Rocznik Krakowski 7 (1905), S. 1–134.

Ptaśnik 1934 Jan Ptaśnik: Miasta i mieszczaństwo w dawnej Polsce [Städte und Bürgertum im alten Polen], Kraków 1934.

Pučalík 2010 Marek Pučalík: Sv. Anežka Přemyslovna. Zakladatelka řadu křižovníků s červenou hvězdou [Die heilige Agnes von Böhmen. Die Gründerin des Ritterordens mit dem roten Stern], in: Petr Polehla/Jan Hojda/Jan Církev: Žena a společnost ve středověku. Sv. Anežka Česká a její doba [Frau und Gesellschaft im Mittelalter. Die heilige Agnes von Böhmen und ihre Zeit], Ústí nad Orlicí 2010, S. 43–49.

Pugačiauskas 2001 Virgilijus Pugačiauskas: Magistrat wileński w pierwszych latach pod zaborem rosyjskim (1794–1808) [Der Wilnaer Magistrat in den ersten Jahren der russischen Besatzung (1794–1808)], in: Biuletyn Historii Pogranicza. Pismo Oddziału Polskiego Towarzystwa Historycznego w Białymstoku 2 (2001), S. 19–29.

Puhle 1985 Matthias Puhle: Die Politik der Stadt Braunschweig innerhalb des sächsischen Städtebundes und der Hanse im späten Mittelalter (= Braunschweiger Werkstücke 63), Braunschweig 1985.

Puhle 1992 Erzbischof Wichmann (1152–1192) und Magdeburg im hohen Mittelalter. Stadt – Erzbistum – Reich. Ausstellungskatalog, hg. v. Matthias Puhle, Magdeburg 1992.

Puhle 1996 Hanse – Städte – Bünde. Die sächsischen Städte zwischen Elbe und Weser um 1500, hg. v. Matthias Puhle, Magdeburg 1996.

Puhle 2001 Matthias Puhle (Hg.): Otto der Große, Magdeburg und Europa, 2 Bde., Magdeburg 2001.

Puhle 2005 Magdeburg 1200. Mittelalterliche Metropole – Preußische Festung – Landeshauptstadt. Die Geschichte der Stadt von 805 bis 2005, hg. v. Matthias Puhle, Kulturhistorisches Museum Magdeburg, Magdeburg 2005.

Puhle 2006 Matthias Puhle: Die Hanse-Gemeinschaft, Bündnis oder gar Vorläufer Europas?, in: Städtebünde – Städtetage im Wandel der Geschichte, hg. v. Franz J. Felten, Stuttgart 2006, S. 37–47.

Puhle 2009 Matthias Puhle (Hg.): Aufbruch in die Gotik. Der Magdeburger Dom und die späte Stauferzeit, Bd. 1 (Essays), Mainz 2009.

Puhle 2009 a Matthias Puhle (Hg.): Aufbruch in die Gotik. Der Magdeburger Dom und die späte Stauferzeit, Bd. 2: Katalog, Mainz/Magdeburg 2009.

Puhle 2018 Matthias Puhle: Magdeburg. Kleine Stadtgeschichte, Regensburg 2018.

Puhle 2018 a Matthias Puhle: Rat und »Schöppenstuhl«. Das Ringen um die Macht im mittelalterlichen Magdeburg, in: Köster/Link/Lück 2018, S. 235–245.

Puhle/Petsch 2005 Matthias Puhle/Peter Petsch (Hg.): Magdeburg. Die Geschichte der Stadt 805–2005, Dössel 2005.

Pusch 1987 Oskar Pusch: Die Breslauer Rats- und Stadtgeschlechter in der Zeit von 1241 bis 1741, Bd. 2 (= Veröffentlichungen der Forschungsstelle Ostmitteleuropa an der Universität Dortmund, Reihe B Nr. 33), Dortmund 1987.

Pusch 1988 Oskar Pusch: Die Breslauer Rats- und Stadtgeschlechter in der Zeit von 1241 bis 1741, Bd. 3 (= Veröffentlichungen der Forschungsstelle Ostmitteleuropa an der Universität Dortmund, Reihe B Nr. 38), Dortmund 1988.

R

Rábik 2010 Vladimír Rábik: Levoča [Leutschau], in: Lexikón stredovekých miest na Slovensku [Lexikon der mittelalterlichen Städte in der Slowakei], hg. v. Martin Štefánik u. Ján Lukačka, Bratislava 2010, S. 252–262, online abrufbar unter: www.history.sav.sk/eknihy/Martin-Stefanik-Jan-Lukacka-a-kol-Lexikon-stredovekych-miest-na-Slovensku.pdf [letzter Zugriff am 17. 6. 2019].

Radler 1990 Gudrun Radler: Die Schreinmadonna »vierge ouvrante« von den bernhardinischen Anfängen bis zur Frauenmystik im Deutschordensland (= Frankfurter Fundamente der Kunstgeschichte 6), Frankfurt a. M. 1990.

Radler 2009 Gudrun Radler: Die Schreinmadonnen des Deutschordenslandes Preußen, in: Terra sanctae Mariae. Mittelalterliche Bildwerke der Marienverehrung im Deutschordensland Preußen (= Kunsthistorische Arbeiten der Kulturstiftung der deutschen Vertriebenen 7), hg. v. Gerhard Eimer u. a., Bonn 2009, S. 199–212.

Radocsay 1955 Dénes Radocsay: A középkori Magyarország táblaképei [Tafelbilder des mittelalterlichen Ungarn], Budapest 1955.

Radocsay 1971 Dénes Radocsay: Les principaux monuments funéraires médiévaux conservés à Budapest, in: Mélanges offerts à Szabolcs de Vajay, Braga 1971, S. 461–486.

Radvan 2010 Laurențiu Radvan: At Europe's borders. Medieval Towns in the Romanian Principalities (= East Central and Eastern Europe in the Middle Ages, 450–1450, Vol. 7), Leiden 2010.

Radwan 2000 Danuta Radwan: Berełko burmistrzów krakowskich [Das kleine Zepter der Krakauer Bürgermeister], in: Kraj skrzydlatych jeźdźców. Sztuka w Polsce 1572–1764 [Das Land der geflügelten Reiter. Kunst in Polen 1572–1764], hg. v. Jan K. Ostrowski, Piotr Krasny u. Kazimierz Kuczman, Warszawa 2000, S. 311.

Radwan 2007 Anna Radwan: Ornat fundacji krakowskiego cechu krupników [Kasel aus der Stiftung der Krakauer Grützmacherzunft], in: Lichończak-Nurek/Niezabitowski 2007, S. 550.

Rady 1985 Martyn C. Rady: Medieval Buda. A Study of Municipal Government and Jurisdiction in the Kingdom of Hungary, New York 1985.

Radzikowski 1998 Piotr Radzikowski (Hg.): Reisebeschreibung Niclas von Popplau, Ritters bürtig von Breslau, Krakau 1998.

Ragauskas 2002 Aivas Ragauskas: Vilniaus miesto valdantysis elitas XVII a. antrojoje pusėje (1662–1702 m.) [Die herrschende Elite der Stadt Wilna in der 2. Hälfte des 17. Jh.], Vilnius 2002.

Rainer/Rainer 2003 Michael Rainer/Thomas Rainer: Hans Siebenbürger, in: Geschichte der bildenden Kunst in Österreich. Bd. 3: Spätmittelalter und Renaissance, hg. v. Artur Rosenauer, München u. a. 2003, S. 421.

Rajman 2004 Jerzy Rajman: Kraków: Zespół osadniczy, proces lokacji, mieszczanie do roku 1333 [Krakau: Siedlungsanlage, Gründungsprozess, Bürgerschaft bis zum Jahr 1333], Kraków 2004.

Rammo 2016 Riina Rammo: Silk as a Luxury in Late Medieval and Early Modern Tartu (Estonia), in: Estonian Journal of Archaeology 20 (2016), Nr. 2, S. 165–183.

Rasp 1870 Carl Wilhelm Rasp: Beiträge zur Geschichte der Stadt Lemberg, in: Archiv für österreichische Geschichte 43 (1870), S. 373–505.

Rębkowski 1995 Marian Rębkowski: Średniowieczna ceramika miasta lokacyjnego Kołobrzegu [Mittelalterliche Keramik der Lokationsstadt Kolberg], Kołobrzeg 1995.

Regulska 2015 Grażyna Regulska: Gotyckie złotnictwo w Polsce [Gotische Goldschmiedekunst in Polen], 2 Bde., Warszawa 2015.

Reichert 2013 Folker Reichert: Das Bild der Welt im Mittelalter, Darmstadt 2013.

Reindl 2010 Isabel Reindl: Georg Lemberger – Ein Künstler der Reformationszeit – Leben und Werk, 2 Bde., Diss. Bamberg 2006, Bamberg 2010, online abrufbar unter: https://opus4.kobv.de/opus4-bamberg/files/244/1DissReindlTextAe.pdf [letzter Zugriff am 14. 5. 2019].

Reininghaus 1988 Wilfried Reininghaus: Sachgut und handwerkliche Gruppenkultur. Neue Fragen an die »Zunftaltertümer«, in: Die Repräsentation der Gruppen: Texte, Bilder, Objekte, hg. v. Otto Gerhard Oexle u. Andrea von Hüllsen-Esch, Göttingen 1998, S. 429–463.

Reitemeier 2005 Arnd Reitemeier: Pfarrkirchen in der Stadt des späten Mittelalters. Politik, Wirtschaft und Verwaltung (= Vierteljahresschrift für Sozial- und Wirtschaftsgeschichte, Beihefte 177), Stuttgart 2005.

Rembowska 1971 Irena Rembowska: Gdański cech złotników od XIV do końca XVIII w. [Die Danziger Goldschmiedezunft vom 14. bis zum Ende des 18. Jahrhunderts], Gdańsk 1971.

Reuther 1958 Martin Reuther: Metzger-Scharfenbergs »Abcontrafeitung der Stadt Görlitz im 1565 Jar« im Spiegel stadtgeschichtlicher Betrachtung, in: Heimatkunde und Landesgeschichte. Zum 65. Geburtstag von Rudolf Lehmann, hg. v. Friedrich Beck, Weimar 1958, S. 52–90.

Richter 1999 Klaus Richter: Friedrich Barbarossa hält Gericht. Zur Konfliktbewältigung im 12. Jahrhundert (= Konflikt, Verbrechen u. Sanktion in der Gesellschaft Alteuropas. Fallstudien 2), Köln/Weimar/Wien 1999.

Riedel 2006 Frank Riedel: Stendaler Recht für Neuruppin, in: Jahrbuch Ostprignitz-Ruppin 2006, Neuruppin 2006, S. 4–9.

Riedel 2009 Frank Riedel: Die Edlen Herren von Plotho und ihre Herrschaft um Kyritz und Wusterhausen, in: Jahrbuch Ostprignitz-Ruppin 2009, Neuruppin 2009, S. 207–211.

Rieder 1998 Heinz Rieder: Die Hussiten, Gernsbach 1998.

Riedl 1998 Eckhard Riedl: Die Bilderhandschriften des Sachsenspiegels und das Bürgerliche Gesetzbuch (= Archäologische Mitteilungen aus Nordwestdeutschland, Beiheft 22), Oldenburg 1998.

Rimša 1992 Edmundas Rimša: Lietuvos privačių miestų herbai [Wappen der Privatstädte Litauens], in: Zigmantas Kiaupa/Edmundas Rimša (Hg.): Lietuvos miestų istorijos šaltiniai [Geschichtsquellen der Städte Litauens], Vilnius 1992.

Rimša 1998 Edmundas Rimša: The Heraldry of Lithuania 1, Vilnius 1998.

Rimša 1999 Edmundas Rimša: Lietuvos Didžiosios Kunigaikštystės miestų antspaudai, Vilnius 1999.

Rimša 2001 Edmundas Rimša: Lietuvos privačių miestų herbai [Wappen der Privatstädte Litauens], in: Lietuvos miestų istorijos šaltiniai [Geschichtsquellen der Städte Litauens], Bd. II, hg. v. Zigmantas Kiaupa u. Edmundas Rimša, Vilnius 2001, S. 76–168.

Rimša 2007 Edmundas Rimša: Pieczęcie miast Wielkiego Księstwa Litewskiego [Die Städtesiegel des Großfürstentums Litauen], Warszawa 2007.

Roehl 1900 Emil Roehl: Siegel und Wappen der Stadt Breslau, Breslau 1900.

Rogalska 2014 Karin Rogalska: Bartfeld/Bardejov, in: Online-Lexikon zur Kultur und Geschichte der Deutschen im östlichen Europa, 2014, online abrufbar unter: ome-lexikon.uni-oldenburg.de/p32332 [letzter Zugriff am 24. 6. 2019].

Rogge 2003 Jörg Rogge: Stadtverfassung, städtische Gesetzgebung und ihre Darstellung, in: Chittolini/Johanek 2003, S. 193–226.

Rogge 2004 Jörg Rogge: Kommunikation, Herrschaft und politische Kultur, in: Interaktion und Herrschaft: die Politik der frühneuzeitlichen Stadt, hg. v. Rudolf Schlögl, Konstanz 2004, S. 381–408.

Rohde 1931 Alfred Rohde: Das Kunstgewerbe in Ost- und Westpreußen, in: Deutsche Staatenbildung und deutsche Kultur im Preußenlande, Königsberg 1931, S. 622–641.

Rohde 1959 Alfred Rohde: Goldschmiedekunst in Königsberg (= Bau- und Kunstdenkmäler des Deutschen Ostens, Reihe B, Bd. 2), bearb. v. Ulla Stöver, Stuttgart 1959.

Rohdewald 2005 Stefan Rohdewald: »Vom Polocker Venedig«. Kollektives Handeln sozialer Gruppen einer Stadt zwischen Ost- und Mitteleuropa (Mittelalter, frühe Neuzeit, 19. Jh. bis 1914) (= Quellen und Studien zur Geschichte des östlichen Europa 70), Stuttgart 2005.

Röhrich 1903 Victor Röhrich: Die Kolonisation des Ermlands, in: Zeitschrift für Geschichte und Altertumskunde des Ermlands 14 (1903), S. 683–708.

Röhricht/Meißner 1880 Reinhold Röhricht/Heinrich Meißner: Deutsche Pilgerreisen nach dem Heiligen Land, Berlin 1880.

Rörig 1943 Fritz Rörig: Nikolaus Kopernikus und der deutsche Lebenskreis, in: Historische Zeitschrift 168 (1943), S. 263–279.

Rosen 1976 Edward Rosen: »The Alfonsine Tables and Copernicus«, in: Manuscripta XX (1976), S. 163–174.

Röskau-Rydel 1993 Isabel Röskau-Rydel: Kultur an der Peripherie des Habsburger Reiches. Die Geschichte des Bildungswesens und der kulturellen Einrichtungen in Lemberg von 1772 bis 1848 (= Studien der Forschungsstelle Ostmitteleuropa an der Universität Dortmund 15), Wiesbaden 1993.

Roth 2004 Gunhild Roth: Zwischen Pflicht und Kür. Der Stadtschreiber Peter Eschenloer als Botschafter, Übersetzer und Chronist. Mit drei Anhängen zu Gesandten, Prokuratoren und Boten des Breslauer Rates, in: Stadt, Kanzlei und Kultur im Übergang zur Frühen Neuzeit (= Kultureller Wandel vom Mittelalter zur Frühen Neuzeit 4), hg. v. Rudol Suntrup u. Jan R. Veenstra, Frankfurt a. M. u. a. 2004.

Roth 2010 Harald Roth: Kronstadt in Siebenbürgen. Eine kleine Stadtgeschichte, Köln/Weimar/Wien 2010.

Róth/Striedl 1984 Ernst Róth/Hans Striedl: Hebräische Handschriften. Teil 3: Die Handschriften der Sammlung H. B. Levy an der Staats- und Universitätsbibliothek Hamburg, Wiesbaden 1984.

Rothenberger 2012 Karl-Heinz Rothenberger: Der Aufstieg des Hans Boner (ca. 1450–1523) aus Landau zum »Fugger Polens« und Geldgeber der polnischen Könige, in: Festschrift für Jürgen Keddigkeit zum 65. Geburtstag (= Kaiserslauterer Jahrbuch für Pfälzische Geschichte und Volkskunde 12), hg. v. Barbara Schuttpelz u. Roland Paul, Kaiserslautern 2012, S. 165–180.

Royt/Vlnas 2007 Jan Royt/Vit Vlnas: Barokní slezské nebe v Čechách a české nebe ve Slezsku [Der barocke schlesische Himmel in Böhmen und der böhmische Himmel in Schlesien], in: Mateusz Kapustka u. a. (Hg.): Slezsko. Perla v České koruně. Historie, kultura, umění [Schlesien. Eine Perle in der böhmischen Krone. Geschichte, Kultur, Kunst], Praha 2007, S. 313–326.

Rozenkranz 1988 Edwin Rozenkranz: Das Magdeburger Recht in Polen im Mittelalter, Manuskriptdruck 1988.

Rozwalka/Niedzwiadek/Stasiak 2004 Andrzej Rozwalka/Rafal Niedzwiadek/Marek Stasiak: The Medieval Urban Centre in Lublin, in: Polish Lands at the Turn of the First and the Second Millenia, hg. v. Przemyslaw Urbanczyk, Warschau 2004, S. 357–382.

Rückert 1960 Rainer Rückert: Museum für Kunst und Gewerbe. Erwerbungen für die europäische Abteilung in den Jahren 1950–1959, in: Jahrbuch der Hamburger Kunstsammlungen 5 (1960), S. 151–232.

Rühle 1930 Siegfried Rühle: Die Danziger Personenmedaillen mit 7 Bildtafeln, in: Zeitschrift des Westpreußischen Geschichtsvereins 70 (1930), S. 137–175.

Rusina 2009 Ivan Rusina u. a.: Dejiny Slovenského výtvarného umenia. Renesancia [Geschichte der slowakischen Bildenden Kunst. Renaissance], Bratislava 2009.

Rüther 2008 Stefanie Rüther: Herrschaft auf Zeit. Rituale der Ratswahl in der vormodernen Stadt, in: Spektakel der Macht. Rituale im Alten Europa 800–1800, hg. v. Gerd Althoff, Matthias Puhle u. Barbara Stollberg-Rilinger, Darmstadt 2008, S. 32–37.

Rymaszewski 1985 Zygfryd Rymaszewski: Łacińskie teksty Landrechtu Zwieciadła Saskiego w Polsce. Jaskier – tekst główny i noty marginesowe [Die lateinischen Texte des Sachsenspiegel-Landrechts in Polen. Jaskier – Haupttext und Randnotizen] (= Acta Universitatis Lodzensis. Folia Iuridica 18), Łódź 1985.

Rymkiewicz 1980 B. Rymkiewicz: Ze studiów nad twórczością Mistrza Pawła [Studien zum Werk von Meister Paul], in: Poznańskie Towarzystwo Przyjaciół Nauk, Sprawozdania 98 (1980), S. 85–88.

Ryšánek 1954 František Ryšánek: Slovník k Žilinské knize [Wörterbuch zum Silleiner Buch], Bratislava 1954.

S

Sachs 1968 Hannelore Sachs: Stendal, Leipzig 1968.

Sachs 1983 Rainer Sachs: Die Magdeburger »Zinnfigurenstreifen« und ihre Funktion, in: Zeitschrift für Archäologie 17 (1983), S. 249–268.

Saliger 1882 Wilhelm Saliger: Ueber das Olmützer Stadtbuch des Wenzel von Iglau, Brünn 1882.

Salm 1969 Christian Salm: Malerei und Plastik der Spätgotik, in: Gotik in Böhmen, Geschichte, Gesellschaftsgeschichte, Architektur, Plastik und Malerei, hg. v. Karl M. Swoboda, München 1969, S. 361–413.

Salm 1969 a Christian Salm: Hans von Kulmbach. The Rosary Triptich, Portrait of a Man and Portrait of a Woman, in: The Thyssen-Bornemisza Collection, Bd. 1, Castagnola 1969, Nr. 158, 159, S. 182–183.

Salmen 1999 Walter Salmen: Tanz und Tanzen vom Mittelalter bis zur Renaissance, Hildesheim 1999.

Samek 1986 Jan Samek: Grzegorz Przybyło, in: Polski słownik biograficzny, Bd. 29, Wrocław u. a. 1986, S. 121.

Samek 1992 Jan Samek: »Rychtrady« Grzegorza i Katarzyny Przybyłów z r. 1534 w Muzeum Historycznym Miasta Krakowa [»Die Rychtrady« von Grzegorz und Katarzyna Przybyło aus dem Jahre 1534 im Historischen Museum der Stadt Krakau] in: Krzysztofory. Zeszyty Naukowe Muzeum Historycznego Miasta Krakowa 19 (1992), S. 7–14.

Samek 1993 Jan Samek: Dzieje złotnictwa w Polsce [Geschichte der Goldschmiedekunst in Polen], Warszawa 1993.

Sammlung 1929 Sammlung Kommerzienrat Otto Held. Auktionskatalog Cassirer-Helbing, Berlin 1929.

Saneuski 2006 Sjargej Saneuski: Radun' (XIII–XIX stst.), in: S gistoryi kraju i ljosaj ljudsej Woranauschyny: materujyly nawukowaj gistoryka-krajasnaucaj kanferenzyi. Radun', 11 sneschnja 2004 [Aus der Geschichte des Landes und vom Schicksal der Menschen des Bezirkes Woranauschyna: Materialien der wissenschaftlichen geschichtlich-landeskundlichen Konferenz in Radun' am 11. 12. 2004), hg. v. D. S. Aljaschkewic u. I. P. Krenj, Lida 2006.

Šapoka 2013 Adolfas Šapoka: Raštai [Werke], Bd. 1: Vilniaus istorija [Geschichte von Wilna], hg. v. Aivas Ragauskas, Vilnius 2013.

Sauer 2012 Christine Sauer (Hg.): Handwerk im Mittelalter, Darmstadt 2012.

Sauerlandt 1919 Max Sauerlandt: Ein Schmuckfund aus Weißenfels vom Anfang des 14. Jahrhunderts, in: Der Cicerone 11 (1919), Heft 16, S. 519–526.

Saurma von Jeltsch 1870 Hugo Saurma von Jeltsch: Wappenbuch der schlesischen Städte und Städtel, Berlin 1870.

Sawicka 2010 Anna Sawicka: Pugilares z Elbląga [Ein Etui aus Elbing], in: Fundacje artystyczne na terenie państwa krzyżackiego w Prusach [Künstlerische Stiftungen auf dem Gebiet des Ordensstaates in Preußen]. Ausstellungskatalog, hg. v. Barbara Pośpieszna, Malbork 2010, S. 308–330.

Schaper 1986 Christa Schaper: Die Fürleger von Nürnberg und ihre Niederlassung in Verona im 16./17. Jahrhundert, in: Mitteilungen des Vereins für Geschichte der Stadt Nürnberg 73 (1986), S. 1–44.

Scheele 2010 Friedrich Scheele: Das Judenprivileg Heinrichs von Meißen in der Mitüberlieferung des Sachsenspiegels. Mit einem Textanhang, in: Oldenburgische Landschaft/Museumsverband Niedersachsen und Bremen (Hg.): Blickwechsel. Festschrift für Ewald Gäßler, Oldenburg 2010, S. 109–120.

Schelling 1995 Renate Schelling: Vom Schöffenspruch zum ›Rechten Weg‹, in: Keil/Menzel 1995, S. 87–94.

Schelling-Schiewer 1989 a Renate Schelling-Schiewer: Der Rechte Weg. Zur Edition eines spätmittelalterlichen Rechtskompendiums aus Breslau, in: Jahrbuch der Schlesischen Friedrich-Wilhelms-Universität zu Breslau 30 (1989), S. 293–300.

Schelling-Schiewer 1989 b Renate Schelling-Schiewer: Popplau, Kaspar, in: Die deutsche Literatur des Mittelalters. Verfasserlexikon, Bd. 7, Berlin/New York 1989², Sp. 785–789.

Schich 2002 Winfried Schich: Zur Diskriminierung der wendischen Minderheiten im späten Mittelalter. Die Ausbildung des »Wendenparagraphen« in den Zunftstatuten nordostdeutscher Städte, in: Europa Regional 10/2 (2002), S. 57–61.

Schich 2009 Winfried Schich: Redende Siegel brandenburgischer und anderer deutscher Städte im 13. und 14. Jahrhundert, in: Die Bildlichkeit korporativer Siegel im Mittelalter: Kunstgeschichte und Geschichte im Gespräch, hg. v. Markus Späth u. Saskia Hennig von Lange, Köln/Weimar 2009, S. 113–130.

Schiedlausky 1978 Günther Schiedlausky: Reliquienmonstranz des hl. Veit, in: Kaiser Karl IV., 1316–1378, München 1978, Nr. 94, S. 92–93.

Schiewer/Leuchte 1999 Hans-Jochen Schiewer/ Hans-Jörg Leuchte: Wurm, Nikolaus, in: Die deutsche Literatur des Mittelalters. Verfasserlexikon, Bd. 10, Berlin/New York 1999².

Schild 1980 Wolfgang Schild: Alte Gerichtsbarkeit. Vom Gottesurteil bis zum Beginn der modernen Rechtsprechung, München 1980.

Schild 1988 Wolfgang Schild: Gott als Richter, in: Pleister/Schild 1988, S. 44–85.

Schild 1988 a Wolfgang Schild: Gerechtigkeitsbilder, in: Pleister/Schild 1988, S. 86–171.

Schild 2010 Wolfgang Schild: Folter, Pranger, Scheiterhaufen. Rechtsprechung im Mittelalter, München 2010.

Schindler/Keller/Schürer 2013 Zünftig! Geheimnisvolles Handwerk 1500–1800. Ausstellungskatalog, hg. v. Thomas Schindler, Anke Keller u. Ralf Schürer, Nürnberg 2013.

Schlesinger 1953/1961 Walter Schlesinger: Zur Gerichtsverfassung des Markengebiets östlich der Saale im Zeitalter der deutschen Ostsiedlung, in: Jahrbuch für die Geschichte Mittel- und Ostdeutschlands 2 (1953), S. 1–94 (Neudruck in: Walter Schlesinger: Mitteldeutsche Beiträge zur deutschen Verfassungsgeschichte des Mittelalters, Göttingen 1961, S. 48–132).

Schlesinger 1975 Walter Schlesinger (Hg): Die deutsche Ostsiedlung des Mittelalters als Problem der europäischen Geschichte (= Vorträge und Forschungen 18), Sigmaringen 1975.

Schlögel 2003 Karl Schlögel: Im Raume lesen wir die Zeit. Über Zivilisationsgeschichte und Geopolitik, München 2003.

Schmid 1919/1920 Bernhard Schmid: Die Miniaturmalereien des Elbinger Wiesenbuches, in: Elbinger Jahrbuch 1 (1919/1920), S. 95–100.

Schmid 1926 Arno Schmid: Die Bankenbrüderschaften des Artushofes, in: Ostdeutsche Monatshefte 7 (1926), S. 581–587.

Schmidt 1656 Tobias Schmidt: Chronica Cycnea oder Beschreibung der sehr alten/ Loblichen/ und Churfürstlichen Stadt Zwickau [...], Zwickau 1656.

Schmidt 1961 Das Schachzabelbuch des Jacobus de Cessolis, hg. v. Gerard F. Schmidt, Berlin 1961.

Schmidt 1962 Philipp Schmidt: Die Illustration der Lutherbibel 1522–1700. Ein Stück abendländische Kultur- und Kirchengeschichte. Mit Verzeichnissen der Bibeln, Bilder und Künstler, Basel 1962.

Schmidt 1999 Hans-Joachim Schmidt: Kirche, Staat, Nation. Raumgliederung der Kirche im mittelalterlichen Europa (= Forschungen zur mittelalterlichen Geschichte 37), Weimar 1999.

Schmidt 2016 Hans-Joachim Schmidt: Symbolische Aneignung des Unverfügbaren: Jerusalem und das Heilige Grab in Pilgerberichten und Bildern des Mittelalters, in: Die Stadt im Raum: Vorstellungen, Entwürfe und Gestaltungen im vormodernen Europa, hg. v. Karsten Igel u. Thomas Lau, Köln/Weimar/Wien 2016, S. 66–87.

Schmidtchen 1990 Volker Schmidtchen: Kriegswesen im späten Mittelalter. Technik, Taktik, Theorie, Weinheim 1990.

Schmidt-Wiegand 1993 Ruth Schmidt-Wiegand (Hg.): Die Wolfenbütteler Bilderhandschrift des Sachsenspiegels. Aufsätze und Untersuchungen. Kommentarband zur Faksimile-Ausgabe, Berlin 1993.

Schmidt-Wiegand 1993 a Ruth Schmidt-Wiegand: Die Wolfenbütteler Bilderhandschrift im Kreis der Codices picturati des Sachsenspiegels, in: Schmidt-Wiegand 1993, S. 1–24.

Schmidt-Wiegand 1993 b Die Oldenburger Bilderhandschrift des Sachsenspiegels, hg. v. der Kulturstiftung der Länder in Verbindung mit der Niedersächsischen Sparkassenstiftung durch Ruth Schmidt-Wiegand (= Patrimonia 50), Berlin/Hannover 1993.

Schmidt-Wiegand 1995/1996 Der Oldenburger Sachsenspiegel. Vollständige Faksimile-Ausgabe im Originalformat des Codex picturatus Oldenburgensis CIM I 410 der Landesbibliothek Oldenburg (= Codices selecti 101), 3 Bde., hg. v. Ruth Schmidt-Wiegand, Graz 1995/1996.

Schmidt-Wiegand 1999 Ruth Schmidt-Wiegand: Autorenbild und Kaiserbild im Harffer Sachsenspiegel des Jahres 1295, in: Festschrift für Märta Åsdal Holmberg zu ihrem 80. Geburtstag (= Germanistische Schlaglichter 4), hg. v. Dieter Krohn, Bengt Sandberg u. Martin Todtenhaupt, Göteborg 1999, S. 234–240.

Schmidt-Wiegand 2002 Ruth Schmidt-Wiegand: Die vier Bilderhandschriften des Sachsenspiegels. Verwandtschaft, Funktion, Sprache, in: Die Dresdner Bilderhandschrift des Sachsenspiegels. Interimskommentar, hg. v. Heiner Lück, Graz 2002, S. 35–57.

Schmidt-Wiegand 2009 Ruth Schmidt-Wiegand: Der Wolfenbütteler Sachsenspiegel und seine Sonderstellung in der Überlieferung der Rechtsbücher, in: Wolfenbütteler Beiträge 15 (2009), S. 9–43.

Schmidt-Wiegand/Hüpper 1991 Ruth Schmidt-Wiegand/Dagmar Hüpper (Hg.): Der Sachsenspiegel als Buch (= Germanistische Arbeiten zu Sprache und Kulturgeschichte 1), Frankfurt a. M. 1991.

Schmidt-Wiegand/Lück 2016 Ruth Schmidt-Wiegand/ Heiner Lück: Mallus, mallum, in: HRG², Bd. 3 (2016²), Sp. 1216–1218.

Schmieder 2012 Felicitas Schmieder: Die mittelalterliche Stadt, Darmstadt 2012³.

Schmieder 2013 Felicitas Schmieder: Die Pfarrei in der deutschen städtischen Kirchenlandschaft. Kirchliche, herrschaftliche, bürgerliche Gestaltung, in: Bünz/ Fouquet 2013, S. 131–156.

Schmugge 1982 Ludwig Schmugge: Über »nationale« Vorurteile im Mittelalter, in: Deutsches Archiv 38 (1982), S. 439–459.

Schneider 1906 Bruno Schneider: Zur Geschichte von Beneschau im Kreise Ratibor, Sonderabdruck aus der Oberschlesischen Heimat, Oppeln 1906.

Schneider/Kobler 1992 Hugo Schneider/Friedrich Kobler: Flamberg, in: Reallexikon zur Deutschen Kunstgeschichte, Bd. 9 (1992), Sp. 633–638, online abrufbar unter: http://www.rdklabor.de/wiki/Flamberg [letzter Zugriff am 30. 6. 2019].

Schneidmüller 2011 Bernd Schneidmüller: Grenzerfahrung und monarchische Ordnung. Europa 1200–1500, München 2011.

Schneidmüller 2014 Bernd Schneidmüller: Fitting Medieval Europe into the World. Patterns of Integration, Migration, and Uniqueness, in: The Journal of Transcultural Studies 2014.2, S. 8–38, online abrufbar unter: http://dx.doi.org/10.11588/ ts.2014.2.17446 [letzter Zugriff am 31. 5. 2019].

Schneidmüller 2019 Bernd Schneidmüller: Medieval Concepts of Migration and Transculturality, in: Engaging Transculturality. Concepts, Key Terms, Case Studies, hg. v. Laila Abu-Er-Rub u. a., London/New York 2019, S. 79–94.

Schoch/Mende/Scherbaum 2002 Rainer Schoch/ Matthias Mende/Anna Scherbaum: Holzschnitte und Holzschnittfolgen (Albrecht Dürer, das druckgraphische Werk, Bd. 2), in Zusammenarbeit mit Yasmin Doosry, München 2002.

Scholten 2016 Small Wonders. Late-Gothic Boxwood Micro-Carvings from the Low Countries, hg. v. Frits Scholten, Amsterdam 2016.

Scholz-Babisch 1930 Marie Scholz-Babisch: Oberdeutscher Handel mit dem deutschen und polnischen Osten nach Geschäftsbriefen von 1444, in: Zeitschrift des Vereins für Geschichte und Altertum Schlesiens 64 (1930), S. 56–74.

Schott 2014 Clausdieter Schott: Magdeburger Recht und Sachsenspiegel – Stadtrecht und Landrecht, in: Das Burger Landrecht und sein rechtshistorisches Umfeld: Zur Geschichte der Landrechte und ihrer Symbolik im Mittelalter von Rügen bis Niederösterreich, hg. v. Dieter Pötschke, Gerhard Lingelbach u. Bernd Feicke, Berlin 2014, S. 143–160.

Schottelius 1904 Walter Schottelius: Das Ottonische Stadtrecht und seine Fortwirkung im Rechte der Stadt Braunschweig, Göttingen 1904.

Schramm 1955 Percy Ernst Schramm: Die Fragmente dreier in Polen erhaltenen Kronen, in: Percy Ernst Schramm: Kaiser Friedrichs II. Herrschaftszeichen (= Abhandlungen der Akademie der Wissenschaften in Göttingen Philologisch-Historische Klasse Dritte Folge 36), Göttingen 1955, S. 52–80.

Schreiber 1962 Georg Schreiber: Der Bergbau in Geschichte, Ethos und Sakralkultur (= Wissenschaftliche Abhandlungen der Arbeitsgemeinschaft für Forschung des Landes Nordrhein-Westfalen Band 21), Köln/Opladen 1962.

Schröder 1931 Albert Schröder: Stadtgeschichtliches Museum zu Leipzig: Die Plastik 1350–1550, Leipzig 1931.

Schröder/Künßberg 1922 Richard Schröder/Eberhard Frhr. von Künßberg: Lehrbuch der deutschen Rechtsgeschichte, Berlin/Leipzig 1922[6].

Schubart-Fikentscher 1942 Gertrud Schubart-Fikentscher: Die Verbreitung der deutschen Stadtrechte in Osteuropa (= Forschungen zum deutschen Recht, Bd. IV, Heft 3), Weimar 1942.

Schubert 2006 Ernst Schubert: Essen und Trinken im Mittelalter, Darmstadt 2006.

Schuckelt 2019 Holger Schuckelt: Harnische, Helme und Schilde in den Dauerausstellungen der Dresdner Rüstkammer (= Schätze des Dresdner Residenzschlosses 3), Köln 2019.

Schuette/Müller-Christensen 1963 Marie Schuette/Sigrid Müller-Christensen: Das Stickereiwerk, Tübingen 1963.

Schulz 1992 Knut Schulz: »Denn sie lieben die Freiheit so sehr …«. Kommunale Aufstände und Entstehung des europäischen Bürgertums im Hochmittelalter, Darmstadt 1992.

Schulz 2008 Knut Schulz: Von der *familia* zur Stadtgemeinde. Zum Prozess der Erlangung bürgerlicher Freiheitsrechte durch hofrechtlich gebundene Bevölkerungsgruppen, in: Die Freiheit des Bürgers. Städtische Gesellschaft im Hoch- und Spätmittelalter, hg. v. Matthias Krüger, Darmstadt 2008, S. 41–68.

Schulz 2010 Knut Schulz: Handwerk, Zünfte und Gewerbe. Mittelalter und Renaissance, Darmstadt 2010.

Schulz 2015 Johann Schulz: Ereignisraum Jerusalem: Zur Konstituierung eines Sakralraumes vor den Mauern der Stadt Nürnberg, in: Räume der Passsion: Raumvisionen, Erinnerungsorte und Topographien des Leidens Christi in Mittelalter und Früher Neuzeit, hg. v. Hans Aurenhammer u. Daniela Bohde, Bern/Berlin/Frankfurt a. M. 2015, S. 83–116.

Schulze 1911 Friedrich Schulze: Die Hanse und England von Eduards III. bis auf Heinrichs VII. Zeit (Abhandlungen zur Verkehrs- und Seegeschichte 5), Berlin 1911.

Schulze 2006 Reiner Schulze (Hg.): Symbolische Kommunikation vor Gericht in der Frühen Neuzeit (= Schriften zur europäischen Rechts- und Verfassungsgeschichte 51), Berlin 2006.

Schulze 2006 a Hans K. Schulze: Siedlung, Wirtschaft und Verfassung im Mittelalter. Ausgewählte Aufsätze zur Geschichte Mittel- und Ostdeutschlands (= Quellen und Forschungen zur Geschichte Sachsen-Anhalts 5), Köln/Weimar/Wien 2006.

Schulze 2006 b Hans K. Schulze: Die Brandenburgischen Stadtrechte im Mittelalter. Bemerkungen zu einer Karte im Historischen Handatlas von Brandenburg und Berlin, in: Jahrbuch für die Geschichte Mittel- und Ostdeutschlands 13/14 (1965), S. 348–369 und in: Schulze 2006 a, S. 177–199.

Schulze 2006 c Hans K. Schulze: Kaufmannsgilde und Stadtentstehung im mitteldeutschen Raum: Stendal, Halberstadt, Magdeburg, in: Berent Schwineköper (Hg.): Gilden und Zünfte. Kaufmännische und gewerbliche Genossenschaften im frühen und hohen Mittelalter (= Vorträge und Forschungen 29), Sigmaringen 1985, S. 377–412 und in: Schulze 2006 a, S. 133–176.

Schumacher 2001 Meinolf Schumacher: Schriftliche Modelle vormoderner Gesprächskultur: Tischzuchten – Gesprächsspiele – Konversationsbüchlein, in: Der Deutschunterricht 6 (2001), S. 8–15.

Schumann 2003 Dirk Schumann: Zur Technik des Backsteinbaus in Norddeutschland. Eine historische Einführung, in: Backsteintechnologien in Mittelalter und Neuzeit (= Studien zur Backsteinarchitektur 4), hg. v. Ernst Badstübner u. Dirk Schumann, Berlin 2003, S. 9–23.

Schumann 2011 Dirk Schumann: Die mittelalterliche Bauskulptur im märkischen Museum, in: Franziska Nentwig (Hg.): Mittelalterliche Kunst aus Berlin und Brandenburg im Stadtmuseum Berlin, bearb. v. Peter Knüvener, Berlin 2011, S. 36–46.

Schüssler 1998 Martin K. Schüssler: Verbrechen in Krakau (1361–1405) und seiner Beistadt Kasimir (1370–1402), in: Zeitschrift der Savigny-Stiftung für Rechtsgeschichte. Germanistische Abteilung 115 (1998), S. 198–339.

Schuster 1975 Hans Schuster: Die Restaurierung des Stendaler Rolands, in: Denkmalpflege in der DDR 1 (1975), S. 69–72.

Schuster 2000 Peter Schuster: Eine Stadt vor Gericht: Recht und Alltag im spätmittelalterlichen Konstanz, Paderborn u. a. 2000.

Schwartz 1934 Emil Schwartz: Der Verrat von Prenzlau. Arbeiten des Uckermärkischen Museums- und Geschichtsvereins zu Prenzlau, Heft 12, Prenzlau 1934.

Schwerthoff 1991 Gerd Schwerhoff: Köln im Kreuzverhör. Kriminalität, Herrschaft und Gesellschaft in einer frühneuzeitlichen Stadt, Bonn 1991.

Schwinges 2006 Rainer C. Schwinges (Hg.): Europa im späten Mittelalter. Politik, Gesellschaft, Kultur (= Historische Zeitschrift, Beihefte N. F. 40), München 2006.

Schwob 1992 Anton Schwob: Schachzabelbücher, in: Die deutsche Literatur des Mittelalters. Verfasserlexikon, Bd. 8, Berlin/New York 1992[2], Sp. 589–592.

Secker 1913 Hans F. Secker: Die städtische Gemäldegalerie im Franziskanerkloster, Danzig 1913.

Secker 1917 Hans F. Secker: Die Kunstsammlungen im Franziskanerkloster zu Danzig, Berlin 1917.

Secomska 2004 Krystyna Secomska: Obrazy Zwiastowanie i Koronacja Marii [Bilder der Verkündigung und Krönung Mariens], in: Malarstwo gotyckie w Polsce [Gotische Malerei in Polen], hg. v. Adam Stanisław Labuda u. Krystyna Secomska, Bd. 2: Objektkatalog, Warszawa 2004.

Sedláčková 2006 Hedvika Sedláčková: Ninth- to Mid-16th-century Glass Find in Moravia, in: Journal of Glass Studies 48 (2006), S. 204–212.

Sedlar 1994 Jean W. Sedlar: East Central Europe in the Middle Ages, 1000–1500 (= A History of East Central Europe 3), Seattle 1994.

Seewann 2013 Gerhard Seewann: Geschichte der Deutschen in Ungarn. Bd. 1: Vom Frühmittelalter bis 1860 (= Studien zur Ostmitteleuropaforschung, 24/I), Marburg 2013.

Seichterová/Štěpán 2013 Hana Seichterová/Jan Štěpán: Typáře a pečeti města Olomouce [Typare und Siegel der Stadt Olmütz], in: Zprávy Vlastivědného muzea v Olomouci 2013, Nr. 306, S. 19–35.

Seier 1994 Günther Seier: Alte Fachwerkbauten in Perleberg, in: Die Mark Brandenburg 14 (1994), S. 10–15.

Seitz 1965 Heribert Seitz: Blankwaffen. Ein waffenhistorisches Handbuch. Geschichte und Typenentwicklung im europäischen Kulturbereich 1: Von der prähistorischen Zeit bis zum Ende des 16. Jahrhunderts, Braunschweig 1965.

Selzer 1996 Stephan Selzer: Artushöfe im Ostseeraum. Ritterlich-höfische Kultur in den Städten des Preußenlandes im 14. und 15. Jahrhundert (= Kieler Werkstücke D/8), Frankfurt u. a. 1996.

Simms 2007 Anngret Simms: Mittelalterliche Gründungsstädte als Ausdruck regionaler Identität, in: Aedificatio Terrae. Beiträge zur Umwelt- und Siedlungsarchäologie Mitteleuropa. Festschrift für Eike Gringmuth-Dallmer zum 65. Geburtstag, hg v. Gerson Jeute, Jens Schneeweiß u. Claudia Theune, Rahden (Westfalen) 2007, S. 347–354.

Simson 1900 Paul Simson: Der Artushof in Danzig und seine Bruderschaften, die Banken, Danzig 1900.

Simson 1904 Paul Simson: Geschichte der Danziger Willkür, Danzig 1904.

Simson 1913 Paul Simson: Geschichte der Stadt Danzig, Bd. 1 (von den Anfängen bis 1517), Danzig 1913.

Simson 1917 Paul Simson: Geschichte der Stadt Danzig, Bd. 2 (von 1517 bis 1626), Danzig 1917.

Skarby 2016 Skarby sztuki. Muzeum Narodowe w Gdańsku [Kunstschätze. Das Nationalmuseum Danzig], Warszawa 2016.

Skibiński 2019 Franciszek Skibiński: Rzeźba nowożytna w kościele Mariackim w Gdańsku [Neuzeitliche Skulptur in der Marienkirche in Danzig], in: Friedrich 2019, S. 111–123.

Skubiszewski 1978 Piotr Skubiszewski: Der Stil des Veit Stoß, in: Zeitschrift für Kunstgeschichte 41/2 (1978), S. 93–133.

Slavičkova 2013 Pavla Slavičkova: Der Prozess des Untergangs des sächsisch-magdeburgischen Rechts im Leitmeritzer und Olmützer Rechtskreis in Böhmen und Mähren, in: Zeitschrift für Neuere Rechtsgeschichte 35 (2013), S. 41–54.

Slotta 1990 Rainer Slotta: Sog. Goslarer Bergkanne, in: Slotta/Bartels 1990, S. 553–555.

Slotta/Bartels 1990 Meisterwerke bergbaulicher Kunst vom 13. bis 19. Jahrhundert. Ausstellungskatalog, hg. v. Rainer Slotta u. Christoph Bartels, Bochum 1990.

Słownik Geograficzny 1888 Słownik Geograficzny Ziem polskich [Geografisches Wörterbuch der polnischen Länder], Bd. 9, Warszawa 1888.

Šmahel 1969 František Šmahel: »The Idea of the Nation« in Hussite Bohemia, in: Historica 16 (1969), S. 143–247; 17 (1969), S. 93–197.

Smail 2013 Daniel Lord Smail: The Consumption of Justice? Emotions, Publicity, and Legal Culture in Marseille, 1264–1423, Ithaca, NY 2013.

Smolka 1967 Georg Smolka: Pfälzer Kaufherrn und Staatsmänner im Polen der Renaissance. Hans Boner aus Landau und sein Neffe Severin, in: Zeitschrift der Pfälzischen Gesellschaft zur Förderung der Wissenschaft 18 (1967), S. 93–100.

Sójka-Zielińska 1981 Katarzyna Sójka-Zielińska: Historia prawa [Geschichte des Rechts], Warszawa 1981.

Sójkowska 2005 Danuta Sójkowska: Srebrny kur – klejnotbydgoskiego Bractwa Strzeleckiego [Der Silberhahn – Das Kleinod der Bromberger Schützenbruderschaft], in: Materiały do Dziejów Kultury i Sztuki Bydgoszczy i Regionu 10 (2005), S. 18–34.

Sołtan-Kościelecka 2002 Klara Sołtan-Kościelecka: Stilusy późnośredniowieczne z terenu obecnej Polski [Spätmittelalterliche Schreibgriffel aus den Gebieten des heutigen Polen], in: Kwartalnik Historii Kultury Materialnej 50 (2002), Nr. 2, S. 123–133.

Sołtan-Kościelecka 2003 Klara Sołtan-Kościelecka: Późnośredniowieczne stilusy do pisania na tabliczkach woskowych znalezione na zamku puckim [Spätmittelalterliche Schreibgriffel zum Schreiben auf Wachstafeln, Funde vom Schloss in Putzig], in: Zapiski Puckie 2 (2003), S. 62–64.

Sommer 2006 Werner Sommer: Wie der Nonnenfurz zur Tunke kam. Mittelalterliche Kost, in: Küchenkunst und Tafelkultur. Culinaria von der Antike bis zur Gegenwart, hg. v. Hannes Etzlstorfer, Wien 2006, S. 191–206.

Sopko 1984 Július Sopko: Pisári a vznik Žilinskej knihy [Die Schreiber und die Entstehung des Silleiner Buches], in: Richard Marsina (Hg.): Národnostný vývoj miest na Slovensku do roku 1918 [Die Nationalitätenentwicklung der Städte in der Slowakei bis zum Jahr 1918], Martin 1984, S. 41–71.

Soukupová 1989 Helena Soukupová: Anežský klášter v Praze [Das Agneskloster in Prag], Praha 1989.

Soukupová 2015 Helena Soukupová: Svatá Anežka Česká. Život a legenda [Die heilige Agnes von Böhmen. Leben und Legende], Praha 2015.

Šouša 2015 Jiří Šouša: Zu einigen Aspekten des Magdeburg-Leitmeritzer Rechts in Böhmen, in: Lück 2015 b, S. 23–40.

Spáčil 1985 Vladimír Spáčil u. a.: Pečeti a znaky měst, městeček a obcí olomouckého okresu [Siegelstempel und Wappen von Städten, Städtchen und Ortschaften im Kreis Olmütz], Olomouc 1985.

Spáčil 2001 Vladimír Spáčil: Písaři a kanceláře města Olomouce do roku 1786 [Schreiber und Kanzler der Stadt Olmütz bis 1786], Olomouc 2001.

Spáčil/Spáčilová 2018 Vladimír Spáčil/Libuše Spáčilová: České překlady Míšeňské právní knihy [Tschechische Übersetzungen des Meißener Rechtsbuchs], Olomouc 2018.

Spáčilová/Spáčil 2004 Libuše Spáčilová/Vladimír Spáčil (Hg.): Památná kniha olomoucká (kodex Václava z Jihlavy) z let 1430–1492, 1528 (Úvod. Jazykový rozbor německých textů. Edice. Rejstříky) [Das Olmützer Memorialbuch. Der Codex des Wenzel von Iglau aus den Jahren 1430–1492 (Einleitung. Linguistische Analyse der deutschen Texte. Editionen. Register)], Olomouc 2004.

Späth 2018 Markus Späth: Stadtrecht und Siegelbild im mittelalterlichen Europa, in: Köster/Link/Lück 2018, S. 365–383.

Speer 2011 Christian Speer: Frömmigkeit und Politik. Städtische Eliten in Görlitz zwischen 1300 und 1550 (= Hallische Beiträge zur Geschichte des Mittelalters und der Frühen Neuzeit 8), Berlin 2011.

Speer 2018 Christian Speer: Stadtbücher im Magdeburger Rechtskreis. Die Anfänge neuer Formen pragmatischer Schriftlichkeit im 13. und 14. Jahrhundert, in: Köster/Link/Lück 2018, S. 333–363.

Spekner 2015 Enikő Spekner: A Boldogasszony-plébániaegyház középkori története [Die mittelalterliche Geschichte der Liebfrauen-Pfarrkirche], in: Farbaky 2015, S. 53–62.

Spencer 1968 Brian W. Spencer: Medieval Pilgrim Badges. Some General Observations Illustrated Mainly from English Sources, in: Rotterdam Papers, Rotterdam 1968, S. 135–153.

Spencer 1990 Brian Spencer: Salisbury and South Wiltshire Museum Medieval Catalogue 2: Pilgrim Souvenirs and Secular Badges, Salisbury 1990.

Spencer 1998 Brian Spencer: Pilgrim Souvenirs and Secular Badges (= Medieval Finds from Excavations in London 7), London 1998.

Sprawocnik 2002 Sprawocnik. Radun'ski narodny gistoryka-krajasnaucy musej [Handbuch. Das Volksmuseum von Radun' für Geschichte und Landeskunde], Radun' 2002.

Springer 1988 Matthias Springer: Erzbischof Wichmann von Magdeburg, Manuskriptdruck 1988.

Spufford 1988 Peter Spufford: Money and its Use in Medieval Europe, Cambridge 1988.

Stach 1926 Eduard Stach: Die St. Georgen-Brüderschaft, in: Elbing, bearb. v. Theodor Lockemann, Berlin 1926, S. 60 ff.

Stähli 1981 Marlis Stähli: Handschriften der Ratsbücherei Lüneburg III (= Mittelalterliche Handschriften in Niedersachsen 4), Wiesbaden 1981.

Stange 1958 Alfred Stange: Deutsche Malerei der Gotik. Bd. 9: Franken, Böhmen und Thüringen-Sachsen in der Zeit von 1400 bis 1500, München 1958.

Stangler 1982 Matthias Corvinus und die Renaissance in Ungarn 1458–1541 (Katalog des Niederösterreichischen Landesmuseums N. F. 118), hg. v. Gottfried Stangler u. a., Wien 1982.

Stapel 1911 Wilhelm Stapel: Der Meister des Salzwedeler Hochaltars. Nebst einem Überblick über die gotischen Schnitzwerke der Altmark, Magdeburg 1911.

Starski [o. D.] Michał Starski: Późnośredniowieczne naczynia ceramiczne [Spätmittelalterliche Keramikgefäße], in: Hotel Rezydent. Badania archeologiczne. Wstępne opracowanie zabytków ruchomych [Hotel Rezydent. Archäologische Ausgrabungen. Einführende Erarbeitung beweglicher Objekte], Bd. 1, S. 20–44 (Manuskript des Instituts für Archäologie der Warschauer Universität).

Starski 2017 Michał Starski: Późnośredniowieczne wyroby szklane z Pucka [Spätmittelalterliche Glaserzeugnisse aus Putzig], in: Puck. Kultura materialna małego miasta w późnym średniowieczu [Putzig. Materielle Kultur einer Kleinstadt im Spätmittelalter], hg. v. Michał Starski, Warszawa 2017, S. 275–292.

Starzyński 2010 Marcin Starzyński: Krakowska rada miejska w średniowieczu [Der Krakauer Stadtrat im Mittelalter], Kraków 2010.

Starzyński 2015 Marcin Starzyński: Das mittelalterliche Krakau. Der Stadtrat im Herrschaftsgefüge der polnischen Metropole (= Städteforschung A/92), Köln/Weimar/Wien 2015.

Štefánik/Lukačka 2010 Martin Štefánik/Ján Lukačka u. a.: Lexikon stredovekých miest na Slovensku [Lexikon der mittelalterlichen Städte in der Slowakei], Bratislava 2010.

Steffen 1971 Gerhard Steffen: St.-Georg-Reliquiar und Schlüsselabzeichen der Elbinger St.-Georgen-Bruderschaft, in: Westpreussen Jahrbuch 21 (1971), S. 49–51.

Steffenhagen 1865 Emil Steffenhagen: Die IX Bücher Magdeburger Rechtes oder Die Distinctionen des Thorner Stadtschreibers Walther Ekhardi von Bunzlau. Ein altpreußisches Rechtsbuch, in: Altpreußische Monatsschrift 2 (1865), S. 11–43.

Stehlíková 2004 Dana Stehlíková (Hg.): Bohemia sancta. Poklady křesťanského umění z českých zemí [Schätze christlicher Kunst aus böhmischen Landen], Ausstellungskatalog, Praha 2004.

Stein 1963 Rudolf Stein: Der Rat und die Ratsgeschlechter des alten Breslau, Würzburg 1963.

Stein 1966 Rudolf Stein: Das Bürgerhaus in Schlesien (= Das Deutsche Bürgerhaus 7), Tübingen 1966.

Stein 2017 Peter Stein: Der »Älteste Stadtplan der Welt«: ein Plan der Verteidigungsanlagen von Nippur?, in: Hilprecht-Sammlung Vorderasiatischer Altertümer – Frau Professor Hilprecht Collection of Babylonian Antiquities, hg. v. Peter Stein, Jena 2017, S. 108–113 (mit Ergänzung: Joachim Oelsner: Ein Duplikat zum Jenaer Stadtplan, ebd. S. 113).

Steinborn 1992 Bożena Steinborn: Schlesische Malerei 1520–1620. 1. Teil, in: Studia Muzealne 16 (1992), S. 11–41.

Steinborn/Ziemba 2000 Bożena Steinborn/Antoni Ziemba: Malarstwo niemieckie do 1600. Katalog zbiorów, Muzeum Narodowe w Warszawie [Deutsche Malerei bis 1600. Bestandskatalog, Nationalmuseum in Warschau], Warszawa 2000.

Steinführer 2005 Henning Steinführer: Der Leipziger Rat im Mittelalter. Die Ratsherren, Bürgermeister und Stadtrichter 1270–1539 (= Bausteine aus dem Institut für Sächsische Geschichte und Volkskunde, Kleine Schriften 3), Dresden 2005.

Steinführer 2007 Henning Steinführer: Stadtverwaltung und Schriftlichkeit. Zur Entwicklung administrativen Schriftwesens sächsischer Städte im späten Mittelalter, in: Kommunikation in mittelalterlichen Städten (= Forum Mittelalter 3), hg. v. Jörg Oberste, Regensburg 2007, S. 11–20.

Steinführer 2012 Henning Steinführer: »sub Hallensi et Magedeburgensi iure«. Der Leipziger Stadtbrief – eine Quelle früher Rezeption hallischen Rechts?, in: Halle im Licht und Schatten Magdeburgs. Eine Rechtsmetropole im Mittelalter, hg. v. Heiner Lück (= Forschungen zur hallischen Stadtgeschichte 19), Halle 2012, S. 61–71.

Steinführer 2015 Henning Steinführer: Stadtverfassung, in: Bünz 2015, S. 183–201.

Steingräber 1956 Erich Steingräber: Alter Schmuck. Die Kunst des europäischen Schmuckes, München 1956.

Steingräber 1969 Erich Steingräber u. a.: Fünf Satzbecher, in: Anzeiger des Germanischen Nationalmuseums, Nürnberg 1969, S. 220 f.

Stenzel 1862 Theodor Stenzel: Der Brakteatenfund von Freckleben im Herzogthum Anhalt, Berlin 1862.

Stephan 2004 Hans-Georg Stephan: Badania nad ceramiką »grupy Falkego«. Bogato zdobiona gotycka kamionka Łużycka i jej środowisko archeologiczno-historyczne [Untersuchungen zur Keramik der »Falke-Gruppe«. Das reich verzierte Lausitzer Steinzeug der Gotik und sein archäologisch-historisches Umfeld], in: Wrocław na przełomie średniowiecza i czasów nowożytnych. Materialne przejawy życia codziennego [Breslau an der Wende vom Mittelalter zur Neuzeit. Alltagsleben im Spiegel der materiellen Sachkultur] (= Studia z dziejów Wrocławia 6), hg. v. Jerzy Piekalski, Krzysztof Wachowski u. Wratislavia Antiqua, Wrocław 2004, S. 293–329.

Sternschuss 1899 Adolf Sternschuss: Godła domów krakowskich [Krakauer Gebäudewappen], in: Rocznik Krakowski 2 (1899), S. 175–199.

Stevens 1997 Keith Stevens: Chinese Gods, The Unseen World of Spirits and Demons, London 1997.

Stewart 2008 Alison G. Stewart: Before Bruegel: Sebald Beham and the Origins of Peasant Festival Imagery, Routledge 2008.

Stewart 2011 Alison G. Stewart: Sebald Beham, in: Die gottlosen Maler von Nürnberg. Konvention und Subversion in der Druckgrafik der Beham-Brüder. Ausstellungskatalog, hg. v. Jürgen Müller u. Thomas Schauerte, Berlin 2011, S. 13–19.

Stijnman 2012 Ad Stijnman: Engraving and Etching 1400–2000. A History of the Development of Manual Intaglio Printmaking Processes, Diss. Amsterdam 2012, Houten 2012.

Storm van Leeuwen 2014 Jan Storm van Leeuwen: Möglichkeiten und Gefahren des Studiums von Stempelabdrucken, oder Gießen und Schneiden bei mittelalterlichen Stempeln, in: Einband-Forschung 34 (2014), S. 32–54.

Straube 2006 Manfred Straube: »Hab und Güter, die mir der allmächtige Gott gnädiglich bescheret hat …« Das Testament des Leipziger Kaufmanns Heinrich Scherl (1475–1548), hg. v. Stadtgeschichtlichen Museum Leipzig, Leipzig 2006.

Straube 2015 Manfred Straube: Geleitswesen und Warenverkehr im thüringisch-sächsischen Raum zu Beginn der Frühen Neuzeit, Köln 2015.

Strenkouski 2013 Sjargej Strenkouski: Garadskoe samakirawanne na terytoryi Belarusi u kanzy XIV–XVIII st. [Die Stadtverwaltung auf dem Territorium Weißrusslands gegen Ende des XIV–XVIII Jh.], Bd. 1, Minsk 2013.

Strieder 1993 Peter Strieder: Tafelmalerei in Nürnberg 1350–1550, Königstein (Taunus) 1993.

Stroehl 1904 Hugo Gerard Stroehl: Städte-Wappen von Österreich-Ungarn, Wien 1904^2.

Stromer 1968 Wolfgang von Stromer: Nürnberger Unternehmer im Karpatenraum. Ein Oberdeutsches Buntmetall-Oligopol 1396–1412, in: Kwartalnik Historii Kultury Materialnej 16 (1968), S. 641–662.

Stromer 1970 Wolfgang von Stromer: Oberdeutsche Hochfinanz 1350–1450, 3 Bde., Wiesbaden 1970.

Studt 2007 Birgit Studt: Erinnerung und Identität. Die Repräsentation städtischer Eliten in spätmittelalterlichen Haus- und Familienbüchern, in: Haus- und Familienbücher in der städtischen Gesellschaft des Spätmittelalters und der Frühen Neuzeit (= Städteforschung A/69), hg. v. Birgit Studt, Köln/Weimar/Wien 2007, S. 1–32.

Stürzebecher 2010 Maria Stürzebecher: Der Schatzfund aus der Michaelisstraße in Erfurt, in: Ostritz 2010, Bd. 1, S. 60–323.

Suchodolski 1960 Stanisław Suchodolski: Grzywna i stopa mennicza w Polsce w XI–XII w. [Der Griwenka und die Prägequote in Polen im 11. bis 12. Jahrhundert], in: Wiadomości Numizmatyczne 4 (1960), H. 1–2, S. 15–48.

Suchý 1974 Michal Suchý: Dejiny Levoče 1 [Leutschauer Geschichte 1], Košice 1974.

Suckale 2004 Robert Suckale: Der Maler Johannes Siebenbürger (um 1440–1483) als Vermittler Nürnberger Kunst nach Ostmitteleuropa, in: Wetter 2004, S. 363–384.

Suckale 2009 Robert Suckale: Die Erneuerung der Malkunst vor Dürer, 2 Bde., Petersberg 2009.

Suhle 1950 Arthur Suhle: Das Münzwesen Magdeburgs unter Erzbischof Wichmann 1152–1192 (= Magdeburger Forschungen Band 1), Magdeburg 1950.

Świątek 1992 Henryk Świątek: Ukryte treści godeł i rzeźb architektonicznych na elewacjach kamienic krakowskich [Verborgene Inhalte von Wappen und architektonischer Skulpturen an den Fassaden Krakauer Wohnhäuser], in: Krzysztofory. Zeszyty Naukowe Muzeum Historycznego miasta Krakowa 19 (1992), S. 15–24.

Szcygieł 2017 Ryszard Szcygieł: Die Lokation Lublins nach Magdeburger Recht und der Weg zur Blüte der Stadt im 14. Jahrhundert, in: Annales Universitatis Mariae Curie-Skłodowska Lublin 72 (2017), S. 179–203.

Szczepankowska 2006 Irena Szczepankowska: Rola łaciny w kształtowaniu terminologii prawa polskiego w okresie od XVI do XVIII wieku. Problemy transferu pojęć i nazw [Die Rolle des Lateinischen in der terminologischen Entwicklung des polnischen Rechts im Zeitraum vom 16. bis 18. Jahrhundert. Probleme des Transfers von Begriffen und Namen], in: Maria Teresa Lizisowa (Hg.): Język w urzędach i w sądach [Die Sprache in Ämtern und Gerichten], Bd. 1, Kraków 2006, S. 75–89.

Szczepkowska-Naliwajek 1987 Kinga Szczepkowska-Naliwajek: Złotnictwo gotyckie Pomorza Gdańskiego, Ziemi Chełmińskiej i Warmii [Gotische Goldschmiedekunst in Pommerellen, Kulmer Land und Ermland] (= Studia z historii sztuki 40), Warszawa u. a. 1987.

Szczerba 2016 Michał Szczerba: Rooster of the Kraków Marksmen's Society – a Gift from the Kraków City Council, in: On Common Path 2016, S. 241–242.

Szczerba 2016 a Michał Szczerba: Sceptre – Insygnia of the Mayors of Kraków, in: On Common Path 2016, S. 106–107.

Szczerba 2016 b Michał Szczerba: Ring – Insygnia of the Mayor's Office, Kraków, in: On Common Path 2016, S. 107.

Szczerba 2016 c Michał Szczerba: Small Portrait of Katherine Przybyło (d. 1539), in: On Common Path 2016, S. 235.

Szczerba 2016 d Michał Szczerba: Ring of the Goldsmiths' guild, in: On Common Path 2016, S. 242.

Szczygieł/Gmiterek/Dymmel 2008 Ryszard Szczygieł/Henryk Gmiterek/Piotr Dymmel: Lublin. Dzieje miasta [Lublin. Geschichte der Stadt]. Bd. 1: Od VI do końca XVIII wieku [Vom 6. bis zum ausgehenden 18. Jh.], Lublin 2008.

Széghyová 2016 Blanka Széghyová: Súdnictvo a súdna prax v mestách Pentapolitany v 16. storočí [Gerichtsbarkeit und Gerichtspraxis in der Städten der Pentapolitana im 16. Jahrhundert], Bratislava 2016.

Szekely 1973 György Szekely: Roman Heritage and Medieval Development in Hungarian Urban Life, in: Acta Antiqua Academiae Scientiarum Hungaricae 21 (1973), S. 339–351.

Szende 2008 László Szende: Középkori kézművesség [Mittelalterliches Handwerk], in: Gazdaság és gazdálkodás a középkori Magyarországon: gazdaságtörténet, anyagi kultúra, régészet [Wirtschaft und Wirtschaften im mittelalterlichen Ungarn: Wirtschaftsgeschichte, materielle Kultur, Archäologie], hg. v. A. Kubinyi, J. Laszlovszky u. P. Szabó, Budapest 2008, S. 199–228.

Szende 2018 Katalin Szende: Trust, Authority, and the Written Word in the Royal Towns of Medieval Hungary (= Utrecht Studies in Medieval Literacy 41), Turnhout 2018.

Szmydki 1986 a Ryszard Szmydki: Jan de Molder, peintre et sculpteur d'Anvers au XVIe siècle, in: Jaarboek van het koninklijk museum voor schone kunsten 1986, S. 31–58.

Szmydki 1986 b Ryszard Szmydki: Retables anversois en Pologne. Contribution a l'étude des rapports artistiques entre les anciens Pays-Bas Méridionaux et la région de Gdańsk au début du XVIe siècle, Brussel 1986.

Sztuka w Krakowie 1964 Sztuka w Krakowie w latach 1350–1550. Wystawa w sześćsetną rocznicę założenia Uniwersytetu Jagiellońskiego [Die Kunst in Krakau in den Jahren 1350–1550. Ausstellung zum 600. Jahrestag der Gründung der Jagiellonen-Universität]. Ausstellungskatalog, Kraków 1964.

Sztuka Zdobnicza 1964 Sztuka Zdobnicza: Dary i nabytki 1945–1964 [Die Verzierkunst. Schenkungen und Erwerbungen 1945–1964], Warszawa 1964.

Sztyber 2017 Beata Sztyber: Średniowieczne wieńce tekstylne w zbiorach Muzeum Narodowego w Gdansku. Ikonografia i funkcja [Mittelalterliche Textilkränze in der Sammlung des Danziger Nationalmuseums. Ikonografie und Funktion], in: Uniwersitas Gedanensis 29 (2017), Bd. 53, S. 51–82.

Szujski 1878 Spisy przyjętych do obywatelstwa 1392–1400 [Bürgeraufnahmelisten 1392–1400], hg. v. Józef Szujski, in: Najstarsze księgi i rachunki miasta Krakowa [Die ältesten Bücher und Rechnungen der Stadt Krakau], Teil 2, hg. v. Franciszek Piekosiński u. Józef Szujski, Kraków 1878, S. 83–223.

Szydłowski 1922 Tadeusz Szydłowski: O Wita Stwosza Ołtarzu Marjackim i jego pierwotnym wyglądzie [Über Veit Stoß' Marienaltar und dessen ursprüngliches Aussehen] (= Prace Komisji Historii Sztuki 2), Kraków 1922.

Szynkiewicz 2011 Ewa Szynkiewicz: Plan Wrocławia Bartla Weihnera (ojca) i Bartla Weihnera (syna) z 1562 roku – jego zawartość informacyjna, wiarygodność i przydatność [Der Stadtplan von Breslau des Bartel Weihner (Vater) und des Bartel Weihner (Sohn) aus dem Jahr 1562 – Informationsgehalt, Glaubwürdigkeit und Nützlichkeit], in: Dawna kartografia miast [Alte Kartografie der Städte] (=Z Dziejów Kartografii 15), hg. v. Jerzy Ostrowski u. Paweł E. Weszpiński, Warszawa 2011, S. 85–94.

T

Tacke 2018 Andreas Tacke (Hg.): Statuta pictorum. Kommentierte Edition der Maler(zunft)ordnungen im deutschsprachigen Raum des Alten Reichs, 5 Bde., Petersberg 2018.

Tafiłowski 2007 Piotr Tafiłowski: Jan Łaski (1456–1531) kanclerz koronny i prymas Polski [Jan Łaski (1456–1531). Kanzler der polnischen Krone und Primas von Polen], Warschau 2007.

Takács1991 Imre Takács: A budapesti Eligius-táblakép: a bécsi késő gótikus festészet ismeretlen emléke [Das Budapester Eligius-Tafelbild: ein unbekanntes Werk der Wiener spätgotischen Malerei], in: Annales de la Galerie nationale hongroise / a Magyar Nemzeti Galéria évkönyve, Budapest 1991, S. 85–93.

Tandecki 2008 Janusz Tandecki: Szkice z dziejów Torunia i Prus w średniowieczu i na progu czasów nowożytnych [Beiträge zur Geschichte Thorns und Preußens im Mittelalter und in der Frühen Neuzeit], Toruń 2008.

Tandecki 2014 Janusz Tandecki: Intellektuelle Eliten in den Großstädten des Deutschordensstaates Preußen im Mittelalter, in: Lewandowska/Szczerbowska-Prusevicius/Zientare 2014, S. 9–24.

Tarpin 1999 Michel Tarpin: Colonia, Municipium, Vicus: Institutionen und Stadtformen, in: Colonia, municipium, vicus. Struktur und Entwicklung städtischer Siedlungen in Noricum, Rätien und Obergermanien, hg. v. Norbert Hanel u. Caty Schucany, Oxford 1999, S. 1–10.

Tausendfreund 2014 Heike Tausendfreund: Hohlglas aus Westfalen-Lippe. Vergleichende Untersuchungen zu archäologischen Funden des Mittelalters und der Neuzeit, Tübingen 2014.

Teige 1902 Josef Teige: Pašek z Vratu [Paschek aus Vrat], in: Ottův slovník naučný. Devatenáctý díl [Ottos Lehrwörterbuch. Zwölfter Teil], Praha 1902.

Teodorowicz-Czerepińska 1986 Jadwiga Teodorowicz-Czerepińska: Źródła pisane do dziejów wodociągu lubelskiego [Schriftquellen zur Geschichte der Wasserleitung von Lublin], in: Wodociąg 1986, S. 14–22.

Thesauri 2003 Thesauri Poloniae. Schatzkammer Polen. Zur Geschichte der polnischen Sammlungen. Eine Ausstellung des Kunsthistorischen Museums Wien in Zusammenarbeit mit dem Nationalmuseum Warschau und dem Königsschloss in Warschau, Wien 2003.

Theuerkauff-Liederwald 1988 Anna-Elisabeth Theuerkauff-Liederwald: Mittelalterliche Bronze- und Messinggefäße. Eimer – Kannen – Lavabokessel (= Bronzegefäße des Mittelalters 4), Berlin 1988, S. 37–45.

Thierry 1988 Jean-Michel Thierry: Armenische Kunst, Freiburg i. Br. u. a. 1988.

Thode 1891 Henry Thode: Die Malerschule von Nürnberg im 14. und 15. Jahrhundert in ihrer Entwicklung bis auf Dürer, Frankfurt (Main) 1891.

Thormann 1991 Dagmar Thormann: Zunftzinn und Zunftsilber im Germanischen Nationalmuseum, Nürnberg 1991, S. 62–64.

Timmermann 2014 Achim Timmermann: Locus calvariae: Walking and Hanging with Christ and the Good Thief, c. 1350 – c. 1700, in: Artibus et historiae 69 (2014), S. 137–161.

Timmermann 2017 Achim Timmermann: Memory and Redemption: Public Monuments and the Making of Late Medieval Landscape (= Architectura Medii Aevi 8), Turnhout 2017.

Tomek 1892 Václav Vladivoj Tomek: Dějepis města Prahy [Die Geschichte der Stadt Prag], 2 Bde., Praha 1892.

Toranová 1983 Eva Toranová: Zlatníctvo na Slovensku [Goldschmiedekunst in der Slowakei], Bratislava 1983².

Torbus/Weilandt (in Vorbereitung) Tomasz Torbus/Gerhard Weilandt (Hg.): Die Danziger Marienkirche – Der Bau und seine Ausstattung im europäischen Kontext (in Vorbereitung).

Török 1983 Mátyás király és a magyarországi reneszánsz 1458–1541 [König Matthias und die ungarische Renaissance 1458–1541]. Ausstellungskatalog, hg. v. Gyöngyi Török, Budapest 1983.

Török 1995 Gyöngyi Török: Újabb ismeretek az oltárépítő műhelyek munkamódszereiről [Neue Erkenntnisse über die Arbeitsmethoden der Altarbauer-Werkstätten.], in: Ars Hungarica 23 (1995), 2, S. 181–188.

Torsy 1964 Jakob Torsy: Achthundert Jahre Dreikönigsverehrung in Köln, in: Achthundert Jahre Verehrung der Heiligen Drei Könige in Köln, 1164–1964, in: Kölner Domblatt. Jahrbuch des Zentral-Dombauvereins 23/24 (1964), S. 15–162.

Trawkowski 1991 Stanisław Trawkowski: Lemberg, in: Lexikon des Mittelalters, Bd. 5, München 1991, Sp. 1869 f.

Trupinda 2001 Kancelaria Wielkich Mistrzów w Malborku [Die Kanzlei der Hochmeister auf der Marienburg]. Ausstellungskatalog, hg. v. Janusz Trupinda, Malbork 2001.

Trupinda 2007 Imagines Potestatis. Insignien und Herrschaftszeichen im Königreich Polen und im Deutschen Orden, hg. v. Janusz Trupinda (Ausstellung im Schlossmuseum Marienburg), Malbork 2007.

Trusen 1985 Winfried Trusen: Die Rechtsspiegel und das Kaiserrecht, in: Zeitschrift der Savigny-Stiftung für Rechtsgeschichte. Germanistische Abteilung 102 (1985), S. 12–59.

Trzeciecki 2000 M. Trzeciecki: Kultura materialna średniowiecznego Płocka [Die materielle Kultur des mittelalterlichen Płock], in: Historia Płocka w ziemi zapisana. Podsumowanie wyników dotychczasowych badań archeologicznych [Die Geschichte von Płock, in den Boden geschrieben. Zusammenfassung der bisherigen archäologischen Untersuchungen], hg. v. A. Gołębnik, Płock 2000, S. 87–133.

Trzynadlowski 2008 Jan J. Trzynadlowski: Die Goldschmiedekunst-Sammlungen des Städtischen Museums Breslau, in: Der Breslauer Schatz aus Bremen, hg. v. Maciej Łagiewski, Piotr Oszczanowski u. Jan J. Trzynadlowski, Wrocław 2008, S. 31–34.

Tuchen 2003 Birgit Tuchen: Öffentliche Badhäuser in Deutschland und der Schweiz im Mittelalter und der frühen Neuzeit, Diss. Heidelberg 1999, Petersberg 2003.

Tuchołka-Włodarska 1997 Barbara Tuchołka-Włodarska: Relikwiarz z figurą św. Barbary [Das Reliquiar mit der Figur der hl. Barbara], in: Aurea Porta 1997 a, S. 60, Nr. II. 23.

Tuchołka-Włodarska 2005 Barbara Tuchołka-Włodarska: Złotnictwo od XIV do XX wieku w zbiorach Muzeum Narodowego w Gdańsku [Goldschmiedekunst vom 14. bis 20. Jahrhundert in der Sammlung des Nationalmuseums Danzig], Gdańsk 2005.

Turnau 2007 Volker Turnau: Unruhehäufungen und ihre Zusammenhänge in Städten des Reiches zu Beginn des 14. Jahrhunderts (1300–1305), Born 2007.

Tyla 2000 Antanas Tyla: Decemviratas, arba Tertio ordo communitatis Kėdainių savivaldoje (XVII–XVIII a.) [Das Decemvirat oder Tertio ordo communitatis in der Selbstverwaltung von Kedahnen (17.–18. Jh.)], in: Lietuvos istorijos metraštis 1999, Vilnius 2000, S. 64–76.

Tyla 2002 Lietuvos magdeburginių miestų privilegijos ir aktai [Privilegien und Akten der magdeburgischen Städte Litauens], Bd. 3: Kėdainiai [Kedahnen], hg. v. Antanas Tyla, Vilnius 2002.

Tyla 2002 a Antanas Tyla: Kėdainių magdeburginio miesto teisių ir valdymo raida [Entwicklung der Vorrechte und der Verwaltung der magdeburgischen Stadt Kedahnen], in: Tyla 2002, S. 6–32.

U

Urbanová/Mikó 2003 Norma Urbanová/Árpád Mikó: Bardejov, Radnica [Bardejov, Rathaus], in: Buran 2003, Kat. Nr. 1.2.19, S. 615 f.

Uruszczak 2007 Wacław Uruszczak: Statut Jana Łaskiego z 1506 roku. 500 lat tradycji państwa prawa w Polsce [Das Statut Jan Łaskis aus dem Jahr 1506. 500 Jahre Tradition des Rechtsstaats in Polen], in: Czasopismo Prawno-Historyczne 59 (2007) 2, S. 9–19.

V

Várady 1984 Zoltán Várady: A bátai sírkő és epigráfiai összefüggései [Der Bátaer Grabstein und seine epigraphischen Zusammenhänge], in: A Béri Balogh Ádám Muzeum évkönyve 12 (1984), S. 105–121.

Vasiliūnienė 2013 »Jėga ir grožis jo šventovėje…« (Ps 96,6). Vilniaus arkivyskupijos sakralinės vertybės Bažnytinio paveldo muziejuje [»Pracht und Herrlichkeit in seinem Tempel…« (Ps 96,6). Sakrale Kostbarkeiten des Erzbistums Wilna im Museum für Kirchenerbe], hg. v. Dalia Vasiliūnienė, Vilnius 2013.

Väth 1993 Paula Väth: Die spätmittelalterlichen liturgischen Handschriften aus dem Kloster Salem, Frankfurt a. M. u. a. 1993.

VD16 Verzeichnis der im deutschen Sprachbereich erschienenen Drucke des 16. Jahrhunderts, online abrufbar unter: www.vd16.de [letzter Zugriff am 14. 5. 2019].

Végh 2015 András Végh: Buda I. (until 1686). Hungarian Atlas of Historic Towns 4, Budapest 2015.

Vernei-Kronberger 1939 Emil Vernei-Kronberger: Magyar középkori síremlékek [Mittelalterliche ungarische Grabmale], Budapest 1939.

Vetters 1991 Herman Vetters: Das Stadtrecht von Lauriacum, in: Jahrbücher des Oberösterreichischen Museumsvereins – Gesellschaft für Landeskunde 136 (1991), S. 53–57.

Vierhaus 2006 Rudolf Vierhaus (Hg.): Deutsche Biographische Enzyklopädie, Bd. 4, München 2006^2.

Vitkauskienė 2006 Birutė Rūta Vitkauskienė: Złotnictwo wileńskie [Wilnaer Goldschmiedekunst], Warszawa 2006.

Vizkelety 1973 András Vizkelety: Beschreibendes Verzeichnis der altdeutschen Handschriften in ungarischen Bibliotheken, Bd. 2, Wiesbaden 1973.

Vlčková 2005 Jitka Vlčková: Oltářni archa velmistra řádu křižovníků s červenou hvězdou Mikuláše Puchnera [Der Altar des Großmeisters des Kreuzritterordens mit dem roten Stern, Nikolaus Puchner], in: Doba Jagellonská v zemích české koruny (1471–1526) [Die jagiellonische Periode in den Ländern der böhmischen Krone (1471–1526)], České Budějovice 2005, S. 315–328.

Voit 1943 Pál Voit: Régi magyar otthonok [Alte ungarische Häuser], Budapest 1943.

Voit/Holl 1963 Pál Voit/Imre Holl: Régi magyar kályhacsempék, Budapest 1963.

Vossberg 1843 Friedrich August Vossberg: Geschichte der Preußischen Münzen und Siegel von frühester Zeit bis zum Ende der Herrschaft des Deutschen Ordens, Berlin 1843.

Vossberg 1852 Friedrich August Vossberg: Münzgeschichte der Stadt Danzig, Berlin 1852.

Vozár 2002 Jozef Vozár (Hg.): Kódex mestského a banského práva Banskej Štiavnice [Kodex des Stadt- und Bergrechtes von Schemnitz], Košice 2002.

Výstava 1937 Výstava Staré umění na Slovensku v Praze 1937 [Ausstellung zur Alten Kunst in der Slowakei in Prag 1937], Praha 1937.

W

Wachowiak 1985 Bogdan Wachowiak: Szczecin w okresie przewagi państwa feudalnego 1479–1713 [Stettin in der Zeit der Übermacht des feudalen Staates], in: Labuda 1985, S. 197–443.

Wachowski 1974 Krzysztof Wachowski: Wagi i odważniki na Śląsku wczesnośredniowiecznym na tle porównawczym [Waagen und Gewichte im frühmittelalterlichen Schlesien im Vergleich], in: Przegląd Archeologiczny 22 (1974), S. 173–207.

Wachowski 2002 Krzysztof Wachowski: Przybory kupieckie ze Starego Miasta we Wrocławiu [Kaufmannsutensilien aus der Breslauer Altstadt], in: Rynek wrocławski w świetle badań archeologicznych [Der Breslauer Markt im Lichte der archäologischen Forschung] (= Wratislavia Antiqua. Studia z dziejów Wrocławia 5), Teil 2, hg. v. Jan Piekalski, Wrocław 2002, S. 277–286.

Wachowski 2010 Krzysztof Wachowski: Kultura kupiecka [Die Kaufmannskultur], in: Ulice średniowiecznego Wrocławia [Straßen Breslaus im Mittelalter] (= Wratislavia Antiqua. Studia z dziejów Wrocławia 11), hg. v. Jan Piekalski u. Krzysztof Wachowski, Wrocław 2010, S. 205–207.

Wachowski 2013 Krzysztof Wachowski: Emblemata mediaevalia profana. Przykład Polski [Emblemata mediaevalia profana. Das Beispiel Polen], Wrocław 2013.

Waetzoldt 1989 Stephan Waetzoldt (Hg.): Deutsche Kunst aus dem Osten: Erwerbungen der Bundesrepublik Deutschland, Würzburg 1989.

Wagner 2013 Arkadiusz Wagner: Oprawa z superekslibrisami bpa Erazma Ciołka w zbiorach Biblioteki Raczyńskich w Poznaniu [Einband mit Supralibros des Bischofs Erasmus Ciołek in den Sammlungen der Raczyński-Bibliothek Posen], in: Ecclesia. Studia z dziejów Wielkopolski 8 (2013), S. 103–125.

Wagner 2015 Arkadiusz Wagner: Ergänzungen und Korrekturen zum Text von Jan Storm van Leeuwen über mittelalterliche Stempel aus polnischen Sammlungen, in: Einband-Forschung 36 (2015), S. 52–58.

Wagner 2016 Arkadiusz Wagner: Superekslibris Polski. Studium o kulturze bibliofilskiej i sztuce od średniowiecza do połowy XVII wieku [Das polnische Supralibros. Studium zur Kultur der Bibliophilie und zur Kunst des Mittelalters bis Mitte des 17. Jahrhunderts], Toruń 2016.

Walanus 2005 Wojciech Walanus: Chrystus Ukrzyżowany [Der gekreuzigte Christus], in: Horzela/Organisty 2005, S. 64–65.

Walanus 2006 Wojciech Walanus: Późnogotycka rzeźba drewniana w Małopolsce 1490–1540 [Die spätgotische Holzskulptur in Kleinpolen] (= Ars Vetus et Nova 21), Kraków 2006.

Walczak 2005 Marek Walczak: Godło domu »pod Jaszczurką« w Krakowie [Das Wappen des Gebäudes »Unter der Eidechse« in Krakau], in: Horzela/Organisty 2005, S. 150–153.

Walczy 2012 Łukasz Walczy: Dzieje konserwacji Ołtarza Wita Stwosza w Kościele Mariackim w Krakowie [Geschichte der Renovierung des Veit-Stoss-Altars in der Krakauer Marienkirche], Kraków 2012.

Walde 1916 Otto Walde: Storhetstidens litterära krigsbyten. En kulturhistorisk-bibliografisk studie, Uppsala 1916.

Walicki 1938 Michał Walicki: Katalog polskiej sztuki cechowej XIV–XVI w. (rzeźba i malarstwo) [Katalog der polnischen Zunftkunst des 14.–16. Jahrhunderts (Skulptur und Malerei], Warszawa 1938.

Wallfahrtsorte 1950 Wallfahrtsorte Europas. Stätten der Gnade in Wort und Bild, hg. v. R. Kriss u. Lenz Rettenbeck, München 1950.

Walter 1992 Ewald Walter: Der Lilienschild des Breslauer Bistumwappens und das Wappen der Stadt Breslau im Wappensaal der Burg des Kaisers Karl IV. zu Lauf an der Pegnitz, in: Archiv für schlesische Kirchengeschichte 50 (1992), S. 271–278.

Wandrey 2014 Tora – Talmud – Siddur: Hebräische Handschriften der Staats- und Universitätsbibliothek Hamburg (MC 6), hg. v. Irina Wandrey, Hamburg 2014.

Wanke 2007 Helen Wanke: Zwischen geistlichem Gericht und Stadtrat. Urkunden, Personen und Orte der freiwilligen Gerichtsbarkeit in Straßburg, Speyer und Worms im 13. und 14. Jahrhundert, Mainz 2007.

Wanke 2009 Tilman Wanke: Anderthalbhänder – Zweihänder – Langes Schwert. Klassifikation, Nutzung und Bezeichnung der großen Schwerter des Spätmittelalters und der frühen Neuzeit, in: Waffen- und Kostümkunde 51 (2009), S. 113–180.

Wardwell 1988–1989 Anne E. Wardwell: *Panni Tartarici*: Eastern Islamic Silks Woven with Gold and Silver (13th and 14th Centuries), in: Islamic Art. An Annual Dedicated to the Art and Culture of the Muslim World III (1988–1989), S. 95–173.

Watson/Pearce 2010 Sadie Watson/Jacqueline Pearce: Taverns and Other Entertainments in the City of London? Seventeenth- and 18th-century Finds from Excavations at Paternoster Square, in: Post Medieval Archaeology 44/1 (2010), S. 190–192.

Ważny 2007 Tomasz Ważny: Analiza dendrochronologiczna obrazu »Portret Christopha von Suchten« [Dendrochronologische Analyse des Bildes »Porträt des Christoph von Suchten«], Gdańsk 2007 (Typoskript im Nationalmuseum Danzig).

Weber 1921 Max Weber: Die Stadt, in: Archiv für Sozialwissenschaft und Sozialpolitik 47 (1921), S. 621–772.

Weber 1972 Ekkehard Weber: Die rechtliche Stellung der Zivilstadt von Lauriacum, in: Jahrbücher des Oberösterreichischen Museumsvereins – Gesellschaft für Landeskunde 117 (1972), S. 181–198.

Weczerka 1955 Hugo Weczerka: Herkunft und Volkszugehörigkeit der Lemberger Neubürger im 15. Jahrhundert, in: Zeitschrift für Ostforschung 4 (1955), S. 506–530.

Wędzki 1994 Andrzej Wędzki: Maciej (Mathes) Schilling, in: Polski słownik biograficzny, Bd. 35, Warszawa/Kraków 1994.

Wehner 2015 a Donat Wehner (Hg.): Rasthäuser – Gasthäuser – Geschäftshäuser. Zur Historischen Archäologie von Wirtshäusern (= Universitätsforschungen zur Prähistorischen Archäologie 271), Bonn 2015.

Wehner 2015 b Donat Wehner: Wirtshausarchäologie – Ergebnisse und Perspektiven, in: Wehner 2015 a, S. 163–172.

Wehner 2015 c Donat Wehner: Final Reflections: The Archaeology of Public Houses – Results and Perspectives, in: Wehner 2015 a, S. 173–177.

Weilandt 2010 Gerhard Weilandt: Transferkultur. Danzig im Spätmittelalter, in: Original – Kopie – Zitat. Kunstwerke des Mittelalters und der Frühen Neuzeit. Wege der Aneignung, Formen der Überlieferung, hg. v. Wolfgang Augustyn u. Ulrich Söding (= Veröffentlichungen des Zentralinstituts für Kunstgeschichte in München 26), Passau 2010, S. 73–100.

Weiß 1995 Mose ben Maimon: Führer der Unschlüssigen. Übersetzung und Anmerkungen v. Adolf Weiß, 3 Bde., Hamburg 1995².

Weitzel 1980 Jürgen Weitzel: Zum Rechtsbegriff der Magdeburger Schöffen, in: Dietmar Willoweit/Winfried Schich (Hg.): Studien zur Geschichte des sächsisch-magdeburgischen Rechts in Deutschland und Polen (= Rechtshistorische Reihe 10), Frankfurt a. M./Bern/Cirencester 1980, S. 62–93.

Weitzel 1981 Jürgen Weitzel: Über Oberhöfe, Recht und Rechtszug, Göttingen 1981.

Weitzel 1985 Jürgen Weitzel: Dinggenossenschaft und Recht. Untersuchungen zum Rechtsverständnis im fränkisch-deutschen Mittelalter (= Quellen und Forschungen zur Höchsten Gerichtsbarkeit im Alten Reich 15/I–II). Köln/Wien 1985.

Weizsäcker 1943 Wilhelm Weizsäcker (Bearb.): Magdeburger Schöffensprüche und Rechtsmitteilungen für den Oberhof Leitmeritz (= Die Magdeburger Schöffensprüche und Rechtsmitteilungen, hg. v. Dr. jur. Fritz Markmann, Oberbürgermeister der Stadt Magdeburg, Reihe IX: Sudetenland, Bd. 1), Stuttgart/Berlin 1943.

Wejwoda 2012 Marek Wejwoda: Die Leipziger Juristenfakultät im 15. Jahrhundert. Vergleichende Studien zu Institution und Personal, fachlichem Profil und gesellschaftlicher Wirksamkeit (= Quellen und Forschungen zur Sächsischen Geschichte 34), Stuttgart 2012.

Wenzel 2008 Kai Wenzel: Die Bautzener Taucherkirche und das Görlitzer Heilige Grab. Räumliche Reorganisationen zweier Orte spätmittelalterlicher Frömmigkeit im konfessionellen Zeitalter, in: Formierungen des konfessionellen Raumes in Ostmitteleuropa, hg. v. Evelin Wetter, Stuttgart 2008, S. 167–192.

Wenzel 2012 Kai Wenzel: Görlitz, in: Handbuch kultureller Zentren der Frühen Neuzeit. Städte und Residenzen im alten deutschen Sprachraum, hg. v. Wolfgang Adam u. Siegrid Westphal, Berlin/Boston 2012, S. 595–639.

Wenzel/Winzeler 2002 Kai Wenzel/Marius Winzeler: Kunst und Architektur in der Oberlausitz 1526 bis 1635, in: Welt – Macht – Geist: Das Haus Habsburg und die Oberlausitz 1526–1635, hg. v. Joachim Bahlcke u. Volker Dudeck, Görlitz/Zittau 2002, S. 129–152.

Wenzel-Homecka 1970 Zofia Wenzel-Homecka: Inwentarz akt sądów wyższych prawa miejskiego w Krakowie [Akteninventar der Höheren Gerichte des städtischen Rechts in Krakau], Warszawa 1970.

von Werdt 2006 Christophe von Werdt: Gemeinschaft und Gesellschaft im multikonfessionellen spätmittelalterlichen und frühneuzeitlichen Lemberg, in: Carsten Goehrke u. Bianka Pietrow-Ennker (Hg.): Städte im östlichen Europa. Zur Problematik von Modernisierung und Raum vom Spätmittelalter bis zum 20. Jahrhundert, Zürich 2006, S. 85–102.

Westermann 1979 Ekkehard Westermann (Hg.): Internationaler Ochsenhandel (1350–1750). Akten des 7th International Economic History Congress Edinburgh 1978, Stuttgart 1979.

Wetter 2001 Evelin Wetter: Böhmische Bildstickerei um 1400. Die Stiftungen in Trient, Brandenburg und Danzig, Berlin 2001.

Wetter 2003 Evelin Wetter: Cibórium zo Závady [Das Ziborium aus Závada], in: Buran 2003, Kat. Nr. 7.15, S. 812.

Wetter 2004 Die Länder der böhmischen Krone und ihre Nachbarn zur Zeit der Jagiellonenkönige (1471–1526). Kunst, Kultur, Geschichte (= Studia Jagellonica Lipsiensia 2), hg. v. Evelin Wetter, Ostfildern 2004.

Widawski 1973 Jarosław Widawski: Miejskie mury obronne w państwie polskim do początku XV wieku [Städtische Wehrmauern im polnischen Staat bis Anfang des 15. Jahrhunderts], Warszawa 1973.

Wiesehöfer 2009 Josef Wiesehöfer: Die altorientalische Stadt – Vorbild für die griechische Bürgergemeinde (Polis)?, in: Die Urbanisierung Europas von der Antike bis in die Moderne, hg. von Gerhard Fouquet und Gabriel Zeilinger (= Kieler Werkstücke E 7), Frankfurt a. M. u. a. 2009, S. 43–62.

Wiggert 1846 Friedrich Wiggert: Über einen in Weißenfels im Jahr 1826 gemachten Fund goldener und silberner Schmucksachen aus dem vierzehnten Jahrhundert, In: Neue Mitteilungen aus dem Gebiet historisch-antiquarischer Forschungen 7 (1846), Heft 2, S. 86–95.

Wijffels 2017 Alain Wijffels: Justiz und Gutes Regiment. Die Gemälde von Hans Vredeman de Vries für das Rathaus von Danzig (1593–1596), in: Justiz und Verfahren im Wandel der Zeit. Gelehrte Literatur, gerichtliche Praxis und bildliche Symbolik. Festgabe für Wolfgang Sellert zum 80. Geburtstag (= Abhandlungen der Akademie der Wissenschaften zu Göttingen, 9. Folge, Bd. 44), hg. v. Eva Schumann, Berlin/Boston 2017, S. 119–132.

von Wilckens 1992 Leonie von Wilckens: Mittelalterliche Seidenstoffe. Bestandskatalog des Kunstgewerbemuseums Berlin, Berlin 1992.

Willemsen 1997 Annemarieke Willemsen: Medieval Children's Toys in the Netherlands. Production, Sale and Trade, in: Papers of the »Medieval Europe Brugge 1997« Conference, Bd. 7, hg. v. Guy de Boe u. Frans Verhaeghe, Zellik 1997, S. 405–412.

Williamson 1984 Ronald Williamson: Medieval English Pilgrims and Pilgrimages, in: Wallfahrt kennt keine Grenzen. Themen zu einer Ausstellung des Bayerischen Nationalmuseums und des Adalbert-Stifter-Vereins, hg. v. Lenz Kriss-Rettenbeck u. Gerda Möhler, München/Zürich 1984, S. 114–126.

Winkler 1959 Friedrich Winkler: Hans von Kulmbach, Bayreuth 1959.

Wińska 2000 Krystyna Wińska: Fotele z Nysy [Sessel aus Neisse], in: Ornamenta Silesiae. Tysiąc lat rzemiosła artystycznego na Śląsku [Ornamenta Silesiae. Tausend Jahre Kunsthandwerk in Schlesien], Wrocław 2000, S. 87.

Wisłocki 1877–1881 Władysław Wisłocki: Katalog rękopisów Biblioteki Uniwersytetu Jagiellońskiego [Katalog der Handschriften der Bibliothek der Jagiellonen-Universität], Kraków 1877–1881.

Wisłocki 1900 W. Wisłocki: Incunabula typographica Bibliothecae Universitatis Jagellonicae Cracoviensis inde ab inventa arte imprimendi usque ad a. 1500, secundum Hainii »Repertorium bibliographicum« una cum conspectu virorum, qui libros olim habuerant, benefactorum bibliothecae ligatorum Cracoviensium, Krakau 1900.

Wiśniewski 1985 Jerzy Wiśniewski: Początki układu kapitalistycznego [Die Anfänge des kapitalistischen Systems], in: Labuda 1985, S. 445–702.

Witkowska-Żychiewicz 1967 Teresa Witkowska-Żychiewicz: Krakowskie malarstwo epitafijne 1500–1850 [Krakauer Epitaph-Malerei 1500–1850], in: Zeszyty Naukowe Uniwersytetu Jagiellońskiego 147 (1967), S. 5–42.

Wittekind 2018 Susanne Wittekind: Überlegungen zur Verwendung graphischer Marginalien in Rechtshandschriften ausgehend von Dom-Handschrift 127, in: Mittelalterliche Handschriften der Kölner Dombibliothek. Siebtes Symposion der Diözesan- und Dombibliothek Köln zu den Dom-Manuskripten (25. und 26. November 2016) (= Libelli Rhenani 70), hg. v. Harald Horst, Köln 2018, S. 83–114.

Wodociąg 1986 Wodociąg Lublina okresu staropolskiego [Die Wasserleitung in Lublin in altpolnischer Zeit], Lublin/Warszawa 1986.

Wókiewicz 2006 Ewa Wókiewicz: Viri docti et secretorum conscii. Kanzleipersonal im spätmittelalterlichen Breslau, in: Jahrbuch der Schlesischen Friedrich-Wilhelms-Universität zu Breslau 47–48 (2006), S. 85–113.

Wolf 1971 Johannes Rothes Ratsgedichte (= Texte des späten Mittelalters und der frühen Neuzeit 25), hg. v. Herbert Wolf, Berlin 1971.

Wolf 2008 Jürgen Wolf: Buch und Text. Literatur- und kulturhistorische Untersuchungen zur volkssprachigen Schriftlichkeit im 12. und 13. Jahrhundert, Tübingen 2008.

Wörster 2007 Peter Wörster: »Dieser stille und emsige Breslauer Forscher.« Theodor Goerlitz (1885–1941). Bausteine zu einer künftigen Biographie, in: Zeitschrift für Ostmitteleuropaforschung 56 (2007), S. 237–250.

Woziński 1996 Andrzej Woziński: Rzeźba drewniana na Pomorzu Wschodnim w latach 1450–1550 [Holzplastik in Ostpommern in den Jahren 1450–1550], Poznań 1996 (maschinenschriftl. Diss.).

Woziński 1997 Andrzej Woziński: Rzeźba XV i XVI wieku [Die Skulptur des 15. und 16. Jahrhunderts], in: Aurea Porta 1997, S. 99–121.

Woziński 2002 Andrzej Woziński: Michał z Augsburga, Mistrz Paweł i epilog gotyckiej rzeźby gdańskiej [Michael aus Augsburg, Meister Paul und der Epilog der gotischen Danziger Skulptur], in: Rocznik Historii Sztuki 27 (2002), S. 5–91.

Woziński 2004 Andrzej Woziński: Late Gothic Sculptured Retables in the Area between Danzig (Gdańsk), Elbing (Elbląg), Königsberg and Thorn (Toruń) (1450–1530), in: Malerei und Skulptur des späten Mittelalters und der frühen Neuzeit in Norddeutschland. Künstlerischer Austausch im Kulturraum zwischen Nordsee und Baltikum, hg. v. H. Krohm, U. Albrecht u. M. Weniger, Berlin 2004, S. 199–213.

Woziński 2005 Andrzej Woziński: Późnogotyckie rzeźbione retabula pomiędzy Gdańskiem, Elblągiem, Królewcem a Toruniem w latach 1450–1550 [Spätgotische geschnitzte Retabula zwischen Danzig, Elbing und Thorn in den Jahren 1450–1550], in: Teka Komisji Historii Sztuki 10 (2005), S. 138–139.

Woziński 2011 Andrzej Woziński: Chrystus z niewiernym Tomaszem i św. Krzysztof [Christus und der ungläubige Thomas] in: Materia światła i ciała. Alabaster w rzeźbie niderlandzkiej XVI–XVII wieku / Matter of light and flesh. Alabaster in the Netherlandish sculpture of the 16th and 17th centuries. Ausstellungskatalog, hg. v. Jacek Kriegseisen, Gdańsk 2011, S. 288–293, Nr. II.2.

Woziński 2011 a Andrzej Woziński: Die internationalen Kunstkontakte der Hansestadt Danzig, in: Omilanowska 2011, S. 308–313.

Woziński 2012 Andrzej Woziński: Późnogotycka rzeźba monochromatyczna w Prusach [Spätmittelalterliche monochromatische Skulptur in Preußen], in: Porta Aurea 11 (2012), S. 67–106.

Woziński 2019 Andrzej Woziński: Średniowieczne nastawy ołtarzowe, malarstwo i rzeźba w kościele Mariackim w Gdańsku[Mittelalterliche Altaraufsätze, Malerei und Skulpturen in der Marienkirche in Danzig], in: Friedrich 2019, S. 19–65.

Woźniak 1990 Michał F. Woźniak: Ziborium aus der Pfarrkirche in Konitz, in: Bott/Arnold 1990, Kat.-Nr. II.7.37, S. 117 f.

Woźniak 2000 Michał F. Woźniak: Die Kirchen der Stadt Thorn: Beiträge zur Liturgie im Deutschordensland Preußen, in: Eimer/Gierlich 2000, S. 179–193.

Woźniak 2007 Michał F. Woźniak: Cyborium eucharystyczne [Eucharistisches Ziborium], in: Imagines potestatis. Insygnia i znaki władzy w Królestwie Polskim i Zakonie Niemieckim [Insignien und Herrschaftszeichen im Königreich Polen und im Deutschen Orden]. Ausstellungskatalog, hg. v. Janusz Trupinda, Malbork 2007, Kat.-Nr. IV.7, S. 448 ff.

Wübbeke-Pflüger 1997 Brigitte Wübbeke-Pflüger: Stadtbefestigung und Stadtbewachung. Grundstrukturen städtischer Sicherheitsorganisation im späten Mittelalter, in: Die Befestigung der mittelalterlichen Stadt (= Städteforschung A/45), hg. v. Gabriele Isenberg u. Barbara Scholkmann, Köln/Weimar/Wien 1997, S. 45–58.

Wünsch/Patschovsky 2003 Thomas Wünsch/Alexander Patschovsky (Hg.): Das Reich und Polen. Parallelen, Interaktionen und Formen der Akkulturation im hohen und späten Mittelalter (Vorträge und Forschungen/Konstanzer Arbeitskreis für Mittelalterliche Geschichte 59), Ostfildern 2003.

Würbs1864 Carl Würbs: Verzeichniß der Gräflich Nostitzschen Gemälde-Galerie in Prag, Prag 1864.

Wyrozumska 1995 Bożena Wyrozumska: Kancelaria miasta Krakowa w średniowieczu [Die Kanzlei der Stadt Krakau im Mittelalter], Kraków 1995.

Wyrozumski 1972 Jerzy Wyrozumski: Rozwój życia miejskiego do połowy XVI wieku [Entwicklung des städtischen Lebens bis Mitte des 16. Jahrhunderts], in: Krosno. Studia z dziejów miasta i regionu [Krossen. Studien zur Geschichte der Stadt und Region], hg. v. Józef Garbacik, Bd. 1, Krosno 1972, S. 85–117.

Wyrozumski 1992 Jerzy Wyrozumski: Dzieje Krakowa [Geschichte Krakaus]. Bd. 1: Kraków do schyłku wieków średnich [Krakau bis zum Ende des Mittelalters], Kraków 1992.

Wyrozumski 1994 Jerzy Wyrozumski: Zwischen Osten und Westen. Lemberg im Mittelalter, in: Antoni Czacharowski (Hg.): Nationale, ethnische Minderheiten und regionale Identitäten in Mittelalter und Neuzeit, Torún 1994, S. 7–15.

Wysmułek 2011 Jakub Wysmułek: Krakowska Liber Testamentorum jako źródło do badań społeczeństwa miasta późnośredniowiecznego [Das Krakauer Liber Testamentorum als Quelle zur Erforschung der städtischen Gesellschaft im Spätmittelalter], in: Kwartalnik Historii Kultury Materialnej 59 (2011), S. 304–312.

Wytyczak 2000 Roman Wytyczak: Wśród starych planów Wrocławia [Zwischen alten Breslauer Stadtplänen], in: Rocznik Wrocławski 6 (2000), S. 333–349.

Yermolenko 2010 Galina Yermolenko (Hg.): Roxolana in European Literature, History and Culture, Farnham u. a. 2010.

Z

Żak [o. D.] Zdzisław Żak: Zabytki romańskie i gotyckie w zbiorach muzeum [Romanische und gotische Objekte in den Sammlungen des Museums], in: Informator Muzeum Architektury [Informationsbulletin des Museums für Architektur], hg. v. Olgierd Czerner u. Danuta Kohlberger, Wrocław [o. D.], S. 14–15.

Žalėnas 2006 Gintautas Žalėnas: Kryžius (pacifikalo aversas) [Kreuz (Avers eines Pacificale)], in: Krikščionybė Lietuvos mene [Christentum in der litauischen Kunst]. Katalog, Bd. 4: Goldschmiedekunst im 13.–20. Jh., Buch 1: Sammlungen, hg. v. Jolita Liškevičienė, Vilnius 2006, S. 179.

Zander-Seidel/Kregeloh 2014 Geschichtsbilder. Die Gründung des Germanischen Nationalmuseums und das Mittelalter (= Die Schausammlungen des Germanischen Nationalmuseums 4), hg. v. Jutta Zander-Seidel u. Anja Kregeloh, Nürnberg 2014.

Zaremska 2013 Hanna Zaremska: Juden im mittelalterlichen Polen und die Krakauer Judengemeinde, Osnabrück 2013.

Žebrácky 1926 Gejza Žebrácky: Sprievodca sbierkami Župného muzea v Bardiove [Führer durch die Sammlungen des Gaumuseums in Bartfeld], Bardiov 1926.

Žifčak 1997 a František Žifčak: K počiatkom levočského erbu [Zu den Anfängen des Wappens von Leutschau], in: Heraldika na Slovensku [Heraldik in der Slowakei], hg. v. Milan Šišmiš, Martin 1997, S. 55–59.

Žifčak 1997 b František Žifčak: O levočskom erbe [Zum Leutschauer Wappen], in: Pamiatky a múzeá. Revue pre kultúrne dedičstvo 1/1997, S. 13–15.

Zimmermann 1996 Harald Zimmermann: Siebenbürgen und seine Hospites Theutonici. Vorträge und Forschungen zur Südostdeutschen Geschichte. Festgabe zum 70. Geburtstag, hg. v. Konrad Gündisch, Köln/Weimar/Wien 1996.

Zinkiewicz 2016 Jacek Zinkiewicz: Sallet-type Helmet, in: On Common Path 2016, S. 230.

Zinkiewicz 2016 a Jacek Zinkiewicz: Chasuble, in: On Common Path 2016, S. 148 f.

Zinkiewicz 2016 b Jacek Zinkiewicz: Carved Pinnacle, in: On Common Path 2016, S. 155–156.

Žirgulis 2002 Rimantas Žirgulis: Three Hundred Years of Multiculturalism in Kėdainiai, in: The Peoples of the Grand Duchy of Lithuania, hg. v. Grigorijus Potašenko, Vilnius 2002, S. 130–140.

Zlinszky-Sternegg 1966 Maria Zlinszky-Sternegg: Renaissance-Intarsien im alten Ungarn, Budapest 1966.

Żurawski 1980 Jerzy Żurawski: Mieczceremonialny-bydgoskiejŁawySądowej z 1672 r. i klejnot Bractwa Kurkowego w Bydgoszczy z 1698 r. [Das Zeremonienschwert der Bromberger Gerichtsbank von 1672 und das Kleinod der Bromberger Schützenbruderschaft von 1698], in: Kronika Bydgoska [Bromberger Chronik], Bd. 5 (1971–1973), Bydgoszcz 1980, S. 199–204.

Ortsregister

Für die bessere Lesbarkeit der Texte wurde jeweils dem im deutschen Sprachraum geläufigen Ortsnamen der Vorzug gegeben. Bei der Ersterwähnung eines Ortes innerhalb eines Textes ist die doppelte Schreibweise auf Deutsch und in der jeweiligen Landessprache gewählt. Die Angaben der landessprachlichen Bezeichnungen folgen der ISO-Norm 639-2.

C

D

E

F

G

X

Y

Z

Personenregister

Für die bessere Lesbarkeit der Texte wurde jeweils dem im deutschen Sprachraum geläufigen Personennamen der Vorzug gegeben. Alle anderen sind in der jeweiligen Landessprache genannt.

C

D

E

F

G

H

I

J

K

L

M

N

O

P

Q

R

T

U

V

W

Y

Z

Bildnachweis

Abingdon, Fotoagentur Alamy: S. 52, 55, 170, 173, 184, 213, 221, 232, 235, 258, 261, 265, 269, 270, 306, 325, 378 unten, 426, 497, 498, 564, 611, 628 (aus: Paul Lacroix: Science and literature in the Middle Ages and at the period of the Renaissance, 1878, Abb. 28), S. 649, 693

Aken, Mirko Bauer: S. 740

Amsterdam, Rijksmuseum: S. 247 rechts

Aschaffenburg, Hofbibliothek Aschaffenburg: S. 453

Bamberg, Achim Timmermann: S. 328

Bamberg, Staatsbibliothek Bamberg: S. 329

Bartfeld/Bardejov, Šarišské múzeum v Bardejove: II.11, II.12, II.26, II.89, S. 506

Berlin, akg-images: S. 56, 77, 82 (© Estate of George Grosz. Princeton N.J./VG Bild-Kunst, Bonn 2019), S. 369 (Foto: Rabatti & Domingie), S. 687 (Foto: Florian Monheim/Roman von Götz)

Berlin/bpk: S. 20, 627, 689

Berlin, bpk/Ethnologisches Museum, SMB/ Dietrich Graf: I.3

Berlin, bpk/Kupferstichkabinett, SMB/ Dietmar Katz: S. 490

Berlin, bpk/Münzkabinett, SMB/ Reinhard Saczewski: II.130

Berlin, bpk/Münzkabinett, SMB/ Christian Stoess: II.129

Berlin, bpk/Staatliche Kunstsammlungen Dresden: II.82

Berlin, bpk/Staatliche Kunstsammlungen Dresden/Roger Paul: II.131, II.132

Berlin, bpk/Werner Köhler: S. 142

Berlin, Geheimes Staatsarchiv Preußischer Kulturbesitz: I.17

Berlin, Cornelsen Verlag: S. 175

Berlin, Ev. Kirchengemeinde St. Petri - St. Marien: S. 203 (Foto: Klemens Renner)

Berlin, Staatliche Museen zu Berlin – Preußischer Kulturbesitz, Münzkabinett: S. 79 (Foto: Lutz-Jürgen Lübke (Lübke & Wiedemann))

Berlin, Staatsbibliothek zu Berlin – Preußischer Kulturbesitz: I.11, I.12, I.16, I.19, I.30, S. 110, 721 (Foto: Sabine Ullrich)

Berlin, Stiftung Stadtmuseum Berlin: I.29 (Foto: Oliver Ziebe), II.18 (Foto: Oliver Ziebe), II.158 (Foto: Michael Setzpfandt), S. 337, 204 oben (Foto: Oliver Ziebe, Vier Jahreszeiten. Nikolaikirche, Sommer, Digitalfotografie, 2010)

Braunschweig, Herzog Anton Ulrich-Museum Braunschweig, Kunstmuseum des Landes Niedersachsen: I.5, II.152, S. 14, 646

Braunschweig, Stadtarchiv Braunschweig: I.21, III.12

Brentwood Dreamstime: S. 145

Breslau/Wrocław, Archiwum Państwowe we Wrocławiu: I.18, I.32, II.30, II.54, III.10

Breslau/Wrocław, Biblioteka Uniwersytecka we Wrocławiu: II.74, S. 432, 433

Breslau/Wrocław, Małgorzata Chorowska: S. 214 oben

Breslau/Wrocław, Muzeum Architektury we Wrocławiu: II.159

Breslau/Wrocław, Muzeum Miejskie Wrocławia: II.57, S. 410

Breslau/Wrocław, Muzeum Narodowe we Wrocławiu: S. 669

Breslau/Wrocław, Zakład Narodowy im. Ossolińskich (Ossolineum): II.61, II.176

Brünn/Brno, Archeologický ústav AV ČR: S. 166

Brünn/Brno, Rostislav Skopal: S. 167 (veröffentlicht als Umschlagbild von: Lumír Poláček, Jana Maříková-Kubková (Hrsg.): Frühmittelalterliche Kirchen als archäologische und historische Quelle. Internationale Tagung in Mikulčice (=VIII. Brno: Archäologisches Institut der Akademie Wissenschaften der Tschechischen Republik), Brno, 2010.)

Brüssel, Privatsammlung: II.157 (Foto: Charlen Christoph)

Budapest, Eötvös Loránd Tudományegyetem: I.34

Budapest, Budapesti Történeti Múzeum, Vármúzeum: II.148, II.149, III.6, III.7, S. 227 (Entwurf: András Végh, Zeichnung: Béla Nagy), 229

Budapest, Iparművészeti Múzeum: II.103, II.147, II.165, II.195

Budapest, Katalin Szende (Entwurf), Imre Faragó (Zeichnung): S. 308

Budapest, Szépművészeti Múzeum: II.51, II.92, III.3

Budapest, Magyar Nemzeti Múzeum: I.33, I.35, II.37, II.72, II.145, II.206, II.207, II.212, S. 534

Budapest, Országos Széchényi Könyvtár: S. 58

Budapest, Tihanyi Bence: S. 226

Bromberg/Bydgoszcz, Muzeum Okręgowe im. Leona Wyczółkowskiego w Bydgoszczy: II.85

Brüssel, Bibliothèque royale Albert Ier: S. 67

Danzig/Gdańsk, Christofer Herrmann: S. 183, 208, 209, 214 unten, 233, 246, 248, 377, 378 oben, 476, 477 (aus: Christofer Herrmann: Danzig – Marienkirche, Olsztyn 2007), 480

Danzig/Gdańsk, Archiwum Państwowe w Gdańsku: I.20, II.52, II.55, III.4, S. 247 links

Danzig/ Gdańsk, Arkadiusz Koperkiewicz: S. 274, 277

Danzig/Gdańsk, Klasztor OO. Dominikanów w Gdańsku, Parafia św. Mikołaja: III.13

Danzig/Gdańsk, Muzeum Archeologiczne w Gdańsku: II.102 (Foto: K.Wiącek), II.119 (Foto: K.Wiącek), II.134 (Foto: J. Szmit), II.135 (Foto: J. Szmit), II.136 (Foto: K.Wiącek, J. Szmit), II.151 (Foto: K.Wiącek), II.167 (Foto: K.Wiącek), II.168 (Foto: K.Wiącek), II.169 (Foto: K.Wiącek), II.170 (Foto: K.Wiącek), II.181 (Foto: J. Szmit), II.182 (Foto: Foto: K.Wiącek, J. Szmit), II.185 (Foto: J. Szmit), II.186 (Foto: K.Wiącek), III.11 (Foto: J. Szmit, A. Kamrowski), S. 586 (Foto: J. Szmit)

Danzig/Gdańsk, Muzeum Gdańska: II.23, II.24, II.31, II.199, S. 30/31, 368, 376

Danzig/Gdańsk, Muzeum Narodowe w Gdańsku: II.48, II.98, II.99, II.100, II.101, II.110, II.111, II.163, II.210, III.1, III.2, III.5, S. 375, 452 links, 478

Danzig/Gdańsk, Polska Akademia Nauk, Biblioteka Gdańska: II.21, II.53, II.76

Danzig/Gdańsk, Uniwersytet Gdański, Instytut Archeologii i Etnologii: I.45

Darmstadt, Universitäts- und Landesbibliothek Darmstadt: S. 163, 215, 228/229, 240/241, 640/641, 672/673

Dresden, Sandstein: S. 76, 169

Dresden, Städtische Galerie Dresden – Kunstsammlung: S. 26 (Foto: Franz Zadniček), S. 139 (Foto: Franz Zadniček), S. 140 (Foto: Franz Zadniček), S. 143 (Foto: Franz Zadniček), S. 144 (Foto: Franz Zadniček), S. 146 (Foto: Franz Zadniček), 148 (Foto: Franz Zadniček), S. 149 (Foto: Franz Zadniček)

Dresden, Sächsische Landesbibliothek – Staats- und Universitätsbibliothek Dresden: I.9, S. 98 oben, 107, 114 oben

Dresden, Sächsische Landesbibliothek – Staats- und Universitätsbibliothek Dresden/ Deutsche Fotothek: S. 223, 287 (Foto: Regine Richter)

Düsseldorf, Universitäts- und Landesbibliothek Düsseldorf: S. 239

Ebstorf, Kloster Ebstorf: S. 69

Elbing/Elbląg, Muzeum Archeologiczno-Historyczne w Elblągu: II.172, II.175, II.183, II.187, II.190, II.193, II.200, II.201, II.205, S. 598, 610

Eichstätt, Kirche der Passionisten: S. 321

Enns, Museum Lauriacum: I.2

Gent, Universiteitsbibliotheek: S. 65, 66

Görlitz, Kulturhistorisches Museum Görlitz: II.2, II.104

Görlitz, Stadtverwaltung Görlitz, Ratsarchiv Görlitz: I.47, I.48, II.10, II.73

Goslar, Stadt Goslar, Goslarer Museum: III.8 (Foto: Bernhard Heinze)

Göttingen, Niedersächsische Staats- und Universitätsbibliothek: II.78, S. 268

Grodno/Hrodna, Hrodzenski dzeržaŭny historyka-archealahičny muzej: I.51

Halle (Saale), Franckesche Stiftungen zu Halle an der Saale, Bibliothek: I.6

Halle (Saale), Kulturstiftung Sachsen-Anhalt – Kunstmuseum Moritzburg Halle (Saale): II.215 (Foto: Reinhard Hentze, Halle (Saale))

Halle (Saale), Stadtarchiv Halle (Saale): II.32 (Foto: Thomas Ziegler)

Halle (Saale), Stadt Halle (Saale): S. 353 (Foto: Thomas Ziegler)

Hamburg, Museum für Kunst und Gewerbe: II.127

Hamburg, Staats- und Universitätsbibliothek Hamburg Carl von Ossietzky: II.216

Heidelberg, Universitätsarchiv Heidelberg: S. 706 links

Heidelberg, Universitätsbibliothek Heidelberg: I.7 (Heidelberger Bilderhandschrift des Sachsenspiegels. Digitales Faksimile: https://digi.ub.uni-heidelberg.de/diglit/cpg164), S. 98 unten, 106, 114 unten, 115, 117, 118 unten, 285, 504, 683

Herrieden, Pfarrkirchenstiftung St. Vitus und St. Deocar Herrieden: II.150 (Foto: Kunstverlag Peda)

Jena, Hilprecht-Sammlung im Eigentum der Friedrich-Schiller-Universität Jena: I.1

Jena, Stadtkirche St. Michael zu Jena: S. 339 (Foto: Georg Elsner)

Jena, Thüringer Universitäts- und Landesbibliothek, Handschriften und Sondersammlungen: S. 295

Jurbarkas, Rasa Grybaitė und Gabija Viduolytė: S. 743

Jüterbog, Museum im Mönchenkloster Jüterbog: S. 286

Kaschau/Košice, Východoslovenské múzeum, Digitalisierungskampagne OPIS, Projekt Digitales Museum des Museum SNP Banská Bystrica, Europäischer Fonds für Regionale Entwicklung: II.27, II.143, II.164

Kauen/Kaunas, Kauno miesto muziejus: II.174

Kiew/Kyjiw, George Chernilevsky: S. 172

Kiew/Kyjiw, Nacional'nyj muzej istoriji Ukrajiny: I.49

Kiew/Kyjiw, Nick Grapsy: S. 57

Kopenhagen, Det Kongelige Bibliotek: S. 102

Kortenberg, Ben Pirard, bearbeitet durch Sandstein Verlag: S. 76 (creative commons CC BY-SA 3.0)

Krakau/Kraków, Archiwum Narodowe w Krakowie: I.36, II.33, II.34, II.70, II.96, S. 51 (Krakau, Archiwum Narodowe w Krakowie/National Archives in Krakow, Collection of parchment documents, ref. no. 29/657/2)

Krakau/Kraków, Muzeum Historyczne Miasta Krakowa: II.46 (Foto: Tomasz Kalarus), II.47 (Foto: Tomasz Kalarus), II.79 (Foto: Tomasz Kalarus), II.84 (Foto: Tomasz Kalarus), II.90 (Foto: Tomasz Kalarus), II.95 (Foto: Tomasz Kalarus), II.121 (Foto: Tomasz Kalarus), II.122 (Foto: Tomasz Kalarus), II.123 (Foto: Tomasz Kalarus), II.124 (Foto: Tomasz Kalarus), II.177 (Foto: Tomasz Kalarus), II.178 (Foto: Tomasz Kalarus), II.179 (Foto: Tomasz Kalarus), S. 563 (Cracovia 3D), S. 580 (Foto: Tomasz Kalarus)

Krakau/Kraków, Muzeum Historyczne Miasta Krakowa, Atelier für Visualisierung: S. 234 unten (Foto: Piotr Opalinski)

Krakau/Kraków, Muzeum Narodowe w Krakowie/ Laboratory Stock National Museum in Krakow: II.22, II.63, II.94, II.97, II.139, II.140, II.141, II.153, II.155, II.162, II.203, S. 530, S. 650 (Foto: Andrzej Walijewski)

Krakau/Kraków, Parafia Archikatedralna św. Stanisława B. M. i św. Wacława: S. 54

Krakau/Kraków, Parafia pw. Wniebowzięcia Najświętszej Maryi Panny: S. 454, 531

Kremnitz/Kremnica, Národná banka Slovenska – Museum of Coins und Medals, Kremnica: II.62 (Foto: Ivan Čillík), II.68 (Foto: Ivan Čillík), II.69 (Foto: Ivan Čillík), S. 424 (Foto: Ivan Čillík)

Krakau/Kraków, Uniwersytet Jagielloński – Biblioteka Jagiellońska: I.52, I.53, II.113, II.204, S. 294, 370, 505, 535, 536, 581, 587, 588, 626

Krossen/Krosno, Muzeum Podkarpackie w Krośnie: II.125 (Foto: T. Leszczyński), II.126 (Foto: T. Leszczyński), II.171 (Foto: T. Leszczyński)

Leipzig, punctum FOTOGRAFIE: S. 199

Leipzig, Stadtgeschichtliches Museum Leipzig: II.58 (Foto: Charlen Christoph), II.75 (Foto: Charlen Christoph), II.81 (Foto: Charlen Christoph), II.184 (Foto: Charlen Christoph), II.213 (Foto: Charlen Christoph)

Leipzig, Stadtarchiv Leipzig: S. 200

Lemberg/Lviv, L'vivs'kyj istoryčnyj muzej [Historisches Museum Lemberg]: I.41, II.9, II.35, II.36, II.43, II.44, II.117, II.118, II.144, III.14, S. 496

Lemberg/Lviv, Olga Kozubska: S. 741

Leutschau/Levoča, Slovenské národné múzeum – Spišské múzeum v Levoči: II.19, II.38

Linden, Steffen Kurtze: S. 425

Los Angeles, The J. Paul Getty Museum: S. 182

Lublin, Muzeum Lubelskie w Lublinie: II.64 (Foto: Bartłomiej Lenard)

Archiwum Państwowe w Lublinie: I.37, II.65, II.71

Lübeck, Archiv der Hansestadt Lübeck: I.38, I.39, I.40, II.120

Lübeck, Stadtbibliothek: S. 692

Lübeck, St. Annen-Museum, Leihgabe der Union Evangelischer Kirchen in der EKD: II.106 (Fotos: Birgitt Borkopp-Restle)

Lüneburg, Ratsbücherei der Hansestadt Lüneburg: I.13, S. 111, 722

Luzern, Korporation Luzern: S. 340 oben

Madrid, Museo Nacional Thyssen-Bornemisza: III.9

Magdeburg, Kulturhistorisches Museum Magdeburg: I.14, I.22, I.23 (Foto: Sebastian Anastasow), I.24 (Foto: Charlen Christoph), I.25 (Foto: Charlen Christoph), I.26 (Foto: Charlen Christoph), I.27 (Foto: Charlen Christoph), I.28 (Foto: Charlen Christoph), II.4 (Foto: Hans-Wulf Kunze), II.7, II.105 (Foto: Charlen Christoph), II.112 (Foto: Sebastian Anastasow), II.166, II.198 (Foto: Charlen Christoph), II.202 (Foto: Charlen Christoph), II.211, S. 99, 171 (Foto: Ryszard Knapinski), S. 190 (Foto: Dirk Mahler), S. 191 (Foto: Dirk Mahler), S. 193, 205, 338, 488 (Foto: Sebastian Anastasow), S. 704 (Foto: Charlen Christoph)

Magdeburg, Kulturhistorisches Museum Magdeburg, Dauerleihgabe der Nord/LB Norddeutsche Landesbank: I.15

Magdeburg, Kunstmuseum Kloster Unser Lieben Frauen: II.160 (Foto: Charlen Christoph), S. 562 (Foto: Charlen Christoph)

Magdeburg, Landesarchiv Sachsen-Anhalt: S. 705 unten

Magdeburg, Pressestelle der Landeshauptstadt Magdeburg: S. 730

Magdeburg, Sabine Ullrich: S. 700/701, 728, 729

Magdeburg, Stadtarchiv: S. 489, 703, 708 (Foto: Charlen Christoph), S. 709 (Foto: Charlen Christoph), S. 712 (Foto: Charlen Christoph), S. 713 (Foto: Charlen Christoph), S. 715 (Foto: Charlen Christoph), S. 719, 720, 728 (Foto: Charlen Christoph), 729 (Fotos: Charlen Christoph)

Magdeburg, Stadtbibliothek: S. 705 oben (Foto: Charlen Christoph), S. 716 (Foto: Charlen Christoph), S. 719, 720 (Foto: Charlen Christoph), S. 723 (Foto: Charlen Christoph), S. 725 (Foto: Charlen Christoph)

Magdeburg, Zentrum für Mittelalterausstellungen: S. 553 (aus: Zwölf Bücher vom Berg- und Hüttenwesen. In neuer dt. Übers. bearb. von Carl Schiffner, unter Mitw. von Ernst Darmstaedter, hrsg. u. verlegt von der Agricola-Gesellschaft beim Deutschen Museum, Darmstadt 1928, S. 170)